Plauen 900

Plauen 900

VON DEN **ANFÄNGEN** BIS IN DIE **GEGENWART**

Zum 900-jährigen Jubiläum der
ersten urkundlichen Erwähnung
Plauens

Herausgeber Stadt Plauen
Der Oberbürgermeister

Sandstein Verlag

Inhalt

13 **Grußwort**
14 **Vorwort**
 »Es ist an der Zeit …«

1 Von der Urgeschichte über das Mittelalter bis zur Mitte des 16. Jahrhunderts

↑
Plauen von Süden,
Ausschnitt der Teilkopie,
um 1970, von Hans Hegner
aus einem Gemälde
»Taufe Christi«, um 1725
Vogtlandmuseum Plauen,
Repro Uwe Fischer

20 **Die Besiedlung des Dobnagaus um Plauen**
20 Von der Steinzeit bis zur Latènezeit
21 Die slawische Besiedlung
22 Politisch-territoriale Entwicklung im 12. und 13. Jahrhundert
25 Der Ortsname Plauen

26 **Die Weiheurkunde der St.-Johannis-Kirche von 1122**

30 **Stadtentstehung und -entwicklung im 12. und 13. Jahrhundert**
30 Stadtentwicklung und Stadtbefestigung
38 Höhenburgen in Plauen
44 Die St.-Niklas-Kapelle bei Plauen und der Fernhandel
45 Altstraßen und Verkehrsverhältnisse in Plauen und Umgebung
47 »Plauen« in Personennamen

48 **Städtische Verwaltung, Rechte und Privilegien**
48 Siegel und Wappen der Stadt
50 Die Plauener Stadtbücher von 1382 und 1388
52 Bürgerrecht und Bürgerpflicht
52 Das Stadtregiment – die Verwaltung der Kommune
53 Das Rathaus – Zentrum der Stadtverwaltung

54 **Städtisches und wirtschaftliches Leben**
54 Bürger und Ackerbürger
55 Marktrecht und Handel
55 Das Brauwesen
56 Das Handwerk – ein Grundpfeiler der Stadt
56 Mühlen und Mühlgraben
59 Erster Exportartikel – Plauener Tuche
60 Der Bergbau in und um Plauen
61 Die mittelalterliche Wasserversorgung
62 Die Anfänge des Gesundheitswesens
63 Das frühe Schulwesen

64 **Stadt- und Landesherrschaft im 14. und 15. Jahrhundert**
64 Der Vogtländische Krieg von 1354 bis 1358
64 Plauen unter fränkischer Herrschaft
64 Die Herren von Plauen werden Burggrafen von Meißen

66 **Juden im mittelalterlichen Plauen**

67 **Kirchliches Leben**
67 Die Pfarrkirche St. Johannis
69 Der Deutsche Orden in Plauen
73 Dominikaner in Plauen

76 **Die Reformation und ihre Folgen**

81 **Notzeiten**
81 Der Einfall der Hussiten 1430
81 Die Bauernunruhen 1525
82 Brandereignisse – der große Brand 1548
84 Seuchenzeiten
84 Naturereignisse

85 **Schmalkaldischer Krieg und erneute Herrschaft der Herren von Plauen ab 1547**
85 Der Schmalkaldische Krieg
86 Burggraf Heinrich IV. und sein Staat

2. Vom Übergang Plauens an das albertinische Kursachsen bis zum Ende des 18. Jahrhunderts

94 **Plauen im albertinischen Kurfürstentum Sachsen**

95 **Städtisches Leben und wirtschaftliches Wachstum**
95 Das Stadtregiment
100 Das Handwerk und die Mühlen
102 Der Bergbau in und um Plauen
103 Das Textilgewerbe und die Goldene Zeit Plauens
107 Die erste Kattundruckerei Sachsens
109 Plauener Stadtansichten
110 Soziale Aspekte

113 **Brände, Seuchen, Naturereignisse**
113 Brände
115 Seuchenzeiten
116 Naturereignisse

117 **Kriegszeiten**
117 Aus dem Dreißigjährigen Krieg
119 Aus dem Nordischen Krieg
120 Aus dem Siebenjährigen Krieg

122 **Plauen im Sekundogeniturfürstentum Sachsen-Zeitz von 1657 bis 1718**
123 Herzog Moritz und Plauen
124 Bürgereid der Stadt Plauen 1681
124 Christian August – der »sächsische Kardinal«
125 Herzog Moritz Wilhelm und das Ende der Sekundogenitur
126 Plauen um 1700

128 **Religion und Sakralarchitektur**
128 Zwischen Reformation und Aufklärung
132 Die Exulantenfamilie Dörffel
133 Das Konsistorium zu Plauen
134 Die Johanniskirche vom 16. bis zum 18. Jahrhundert
136 Gottesacker und Gottesackerkirche St. Bartholomäus

138 **Das Schulwesen**

141 **Die Entwicklung des Gesundheits- und Sozialwesens**

142 **Architektur, Kunst, Kunsthandwerk und Musik**
142 Bauwerke des 17./18. Jahrhunderts
143 Bauleute, Maler und Kunsthandwerker
146 Das Plauener Musikleben

149 **Plauen als Druckort**

150 **Das Postwesen**

152 **Die Stadt Plauen am Ende des 18. Jahrhunderts**

3. Das »lange 19. Jahrhundert« – Auftakt zur neuzeitlichen Stadtentwicklung, Industrialisierung, Großstadtbildung

158 **Herausragende Vorgänge im Plauener Zeitgeschehen**
158 Die wirtschaftlichen und politischen Zustände zu Beginn des Jahrhunderts
159 Die besonders dynamischen Einflussfaktoren auf die Großstadtwerdung

162	Die Vergrößerung des Stadtgebietes durch erste örtliche Eingemeindungen
164	Die Herausbildung zur viertgrößten Stadt in Sachsen

165 Veränderungen in der Stadtverwaltung und bei den zentralörtlichen Institutionen

165	Die örtliche Umsetzung der sächsischen Städteordnung von 1832
165	Vordringliche Anliegen: Armenwesen, Syra-Hochwasser 1834, Stadtbrand 1844
166	Das verdienstvolle Wirken von Stadtoberhaupt Kuntze und Stadtrat Wieprecht
168	Die Herausgabe von regulierenden Erlassen durch die Stadtverwaltung
168	Die sich stark vergrößernde Stadtverwaltung benötigt neue Räumlichkeiten
169	Plauen als Standort wichtiger Einrichtungen von zentralörtlicher Bedeutung

171 Herausbildung von Gewerbe und Industrie

171	Die Entstehung der Weißwaren- und Stickereiindustrie
174	Die zunehmende Dominanz der Stickerei- und Spitzenindustrie
183	Die Entwicklung industrieller und gewerblicher Unternehmen neben der Textilbranche

194 Die rasche und vielgestaltige Verstädterung

194	Die Ausdehnung der Bebauung mit Vorstädten
204	Der Ausbau des Straßen- und Schienennetzes
209	Die Entfaltung der Wasser-, Gas- und Stromversorgung
213	Die Fortschritte in der Gesundheitspflege und Krankenfürsorge

216 Wachsender Zuspruch für Religionsgemeinschaften

216	Die Wiederbelebung der katholischen Glaubensbewegung seit 1840
216	Die Johannis- und die Luthergemeinde als protestantische Kirchenmittelpunkte
217	Die Errichtung der Pauluskirche für die bevölkerungsreiche Bahnhofsvorstadt
218	Die Gründung einer Israelitischen Vereinigung im Jahr 1884
218	Die methodistische Religionsgemeinschaft mit der Zionskirche von 1892

219 Der bedeutungsvolle Aufschwung des Bildungswesens

219	Mit neuen Ideen zu höheren Leistungen
219	Ein geglücktes Experiment – Gymnasium und Realschule als Doppelanstalt
221	Das erste sächsische Volksschulgesetz bewirkt die Allgemeine Bürgerschule
221	Erste Schulen für Erwachsene
222	Schulbauten für die werdende Großstadt
224	Bildungsstätten zur Förderung der Wirtschaft

226 Vielseitige Zunahme des Vereinswesens

226	Die spürbare Gründungsentfaltung von zeitgemäßen Vereinigungen
227	Die Entstehung verschiedenartig strukturierter Vereinsgebilde
227	Die zunehmende Interessenvielfalt bei der inhaltlichen Ausrichtung der Vereine infolge der dynamischen Stadtentwicklung

232 Geistig-kulturelle Bereicherungen

232	Der »Voigtländische Anzeiger« als intellektueller Informationsvermittler
233	Die Ausweitung der Presselandschaft und die bessere Verbreitung des Schrifttums
235	Die vielseitige Kenntniserweiterung durch die Entstehung lehrreicher Sammlungen
235	Der lange und wechselvolle Weg zu einem repräsentativen Stadttheater

Großstadt Plauen – Kaiserreich, Weimarer Republik, »Drittes Reich«

242 Plauen ist Großstadt

242	Bevölkerungsentwicklung
244	Politik
246	Stadtentwicklung
253	Wirtschaft
256	»Goldene Jahre«
256	Zwischen Spitzenboom und Spitzenpleite
257	Militärstandort – die Friedenszeit des 10. Königlich Sächsischen Infanterieregiments Nr. 134

258 Der Erste Weltkrieg

258	Kriegsausbruch
258	Die »134er« im Krieg
259	Ziviler Alltag im Krieg
260	Heimkehr der »134er«

261	**Goldene Zwanziger?**
	Die Weimarer Republik
261	Wirtschaft
264	Höchste Erwerbslosenquote aller deutschen Großstädte
265	Die Krise der öffentlichen Finanzen
266	Ansiedlung neuer Industrien
266	Notstandsmaßnahmen für die Krisenregion
267	Politische Radikalisierung
267	Das Ende der Weimarer Republik
270	**Die Herrschaft der Nationalsozialisten**
270	Prolog – der Aufstieg der NSDAP in Plauen
271	Die »Machtergreifung« in Plauen
273	Die »Säuberung« der städtischen Verwaltung
273	»Was Plauen alles plant«
275	Die Umsetzung der Programmatik zwischen Anspruch und Wirklichkeit
276	Wirtschaft
277	Die Plauener Industrie fertigt Rüstungsgüter
279	**Bildung**
279	Kaiserreich
281	Weimarer Republik
285	Nationalsozialistische Herrschaft
289	**Gesundheit und Soziales**
289	Stadtkrankenhaus
289	Privatkliniken
289	Kliniker, Praktiker und Hebammenwesen
291	Soziale Einrichtungen
292	Apotheken
292	Gesundheitsamt
293	»G. A. V. – Rassenpflegesachen«
294	**Kunst und Kultur**
294	Theater
297	Bildende Kunst
300	**Religion und Sakralarchitektur**
304	**Sport und Vereine**
308	**Jüdisches Leben**
308	Entstehung der jüdischen Gemeinde
308	Entwicklung der Gemeinde
309	Stellung der Plauener Juden im Sozialgefüge der Stadt
309	Juden in politischen Auseinandersetzungen Anfang des 20. Jahrhunderts
310	Die Vernichtung der jüdischen Gemeinde
311	**Die Zerstörung Plauens in der Schlussphase des Zweiten Weltkriegs**
311	»Der Preis der Niederlage«
312	Wäre die Verwüstung Plauens am 10. April 1945 vermeidbar gewesen?

Plauen im Sozialismus

318	**Die Nachkriegsjahre (1945–1949)**
318	Plauen am Ende des Krieges
318	US-amerikanische Besatzung
320	Besatzungswechsel und neue Rathaus-Führung
321	Trümmerberäumung
323	Ernährung, Wohnen und Soziales
324	Entnazifizierung und Enteignungen
325	Parteien und Wahlen
326	Polizei und Justiz
326	Wirtschaft
327	Handwerk, Handel und Verkehr
327	Gesundheit und Bildung
328	Kirche
328	Medien, Kultur und Sport
329	**Schlaglichter 1950**
	Momentaufnahme einer Stadt
330	**Von Trümmern und Träumen**
	Die »langen« 50er-Jahre
330	Republikgründung
331	»In meiner Schule sehen wir heute noch den Himmel.« – Der Wiederaufbau
333	Stadtplanung mit Visionen – ein neues Zentrum für Plauen?
335	**Die Verwaltung des Mangels**
	Entwicklungslinien in Handel und Versorgung
335	»Kunstbutter« und »Strumpf-Situation« – die 50er- und 60er-Jahre
336	Einkaufen und einkehren
339	»Das Schlangestehen ist eine ständige Begleiterscheinung des Sozialismus.« – Die 70er- und 80er-Jahre

343 **Wirtschaften im Zeichen des Plans**
Industrie, Handwerk und Landwirtschaft
343 Neue Vorzeichen – geteilte Räume, blockierte Wege
343 »Plauen, die Textilstadt« – Facetten der Spitzen-, Stickerei- und Textilindustrie
347 Streiflichter der industriellen Landschaft Plauens
350 »… für die sozialistische Umgestaltung zu gewinnen.« – Verstaatlichung der Privatindustrie
352 »Das sozialistische Dorf sei schön und seine Menschen seien klug!« – Blick aufs Land
354 Das Vermächtnis des Raubbaus – Umweltverschmutzung und Umweltschutz

357 **»Alle machen mit!«**
Streiflichter aus Kultur, Bildung, Jugend und Freizeit
357 Staatlich organisierte Lebensfreude – kulturelles Leben im Sozialismus
357 Stadttheater
358 Musikschule »Clara Wieck«
359 Kinos
360 Bibliothek
361 Vogtländisches Kreismuseum
361 Die Erziehung zum »sozialistischen Menschen« – Blick auf das Bildungswesen
364 Jungsein im Sozialismus – Facetten einer politischen Jugend
366 Das offene Fenster – Kultur- und Jugendpolitik in den 60er-Jahren
367 Zwischen »Hally« und Disko – Schauplätze von Jugendjahren in Plauen
368 Jugendtanz und Diskokultur
369 Jugendklubs
370 Blickpunkt Sport

371 **Zwischen Platte und Prestige**
Stadtentwicklung und Stadtverfall unter sozialistischen Vorzeichen
371 Phasen der Wohnbebauung
373 Altstadtverfall und Denkmalpflege
376 Zwei Vorzeigebauten – Oberer Bahnhof und Rathaus
377 Innenstadtgestaltung und neue Akzente im Verkehrswesen

381 **Abgesang und Zeitsprung**
Plauen als Impulsort für die Friedliche Revolution
381 Etappen einer Empörung – Plauen im Vorfeld des 7. Oktober 1989
381 Anders denken und widersprechen – Streiflichter zivilen Ungehorsams
382 Sehnsucht nach Franken – die Städtepartnerschaft mit Hof 1987
383 »Es kann so nicht sein!« – Die Kommunalwahlen im Mai 1989 und die Folgen
383 »Ich kann Ihnen versichern, ich habe geweint.« – Die Durchfahrt der Züge von der Prager Botschaft
385 »Jetzt oder nie!« – Beginn der Demonstrationen
388 »Lassen wir die Kerzen brennen.« – Aus Freiheit wird Einheit

6

Plauen in einem offenen politisch-gesellschaftlichen Transformationsprozess

394 **Das war doch erst gestern**
Ist Gegenwart Geschichte?

396 **Verwaltung im Wandel**
Strukturen und Aufgabenbereiche
396 Vom Rat der Stadt zu einem bürgerorientierten Dienstleistungsunternehmen
398 Kommunale Betriebe
401 Stasi-Abwicklung
402 Plauens »Entmilitarisierung«
404 Kreisreformen und der Verlust der Kreisfreiheit
406 Städtepartnerschaften und regionale Entwicklungen kommunaler Zusammenarbeit

407 **Wirtschaftliche Strukturen**
Der steinige Weg von der Planwirtschaft in die Marktwirtschaft
407 Die Arbeit der Treuhandanstalt
408 Offene Vermögensfragen als Investitionsbremse?
409 Plauener Betriebe im Wandel
417 Werbung für den Standort Plauen
420 Infrastruktur
422 Industrie- und Gewerbebetriebe
425 Handel im Wandel

427	Ein neuer Wirtschaftszweig entsteht – der Tourismus
429	Von der Arbeitslosigkeit zum Fachkräftemangel

431 Bau und Umwelt
Privates und städtisches Engagement bei der Gestaltung der Stadt

431	Stadtsanierung privater Träger
435	Stadtsanierung öffentlicher Träger
441	Veränderungen im Stadtbild
442	Natur und Umweltschutz

448 Die Kulturlandschaft

448	Grenzenlose Vielfalt – Kultur überall
448	Das Vogtlandtheater Plauen als Teil des fusionierten Theaters Plauen-Zwickau
451	Museen, Galerien, Konservatorium und Bibliothek
453	Vereine
453	Veranstaltungen

455 Die Bildungslandschaft

455	Die Umstrukturierung von 1990 bis 1992
456	Allgemeinbildende Schulen
458	Berufsbildende Schulen
460	Fachschule – Fachhochschule – Berufsakademie – Hochschulbildung

462 Die Entwicklung der Kirchen

466 Die Gesundheitsversorgung

466	Polikliniken und niedergelassene Ärzte
467	Krankenhäuser
468	Apotheken und weitere Gesundheitseinrichtungen
469	Corona-Pandemie

470 Soziales
Vielfalt des Lebens

470	Eine Gesellschaft im Wandel
471	Soziale Einrichtungen für alle Bevölkerungsgruppen
473	Sportstätten

474 … und das ist noch nicht alles
Ausblicke und Visionen

Anhang

482 Literatur, Quellen und Anmerkungen

482	1	Von der Urgeschichte über das Mittelalter bis zur Mitte des 16. Jahrhunderts
488	2	Vom Übergang Plauens an das albertinische Kursachsen bis zum Ende des 18. Jahrhunderts
494	3	Das »lange 19. Jahrhundert« – Auftakt zur neuzeitlichen Stadtentwicklung, Industrialisierung, Großstadtbildung
499	4	Großstadt Plauen – Kaiserreich, Weimarer Republik, »Drittes Reich«
503	5	Plauen im Sozialismus
507	6	Plauen in einem offenen politisch-gesellschaftlichen Transformationsprozess

511	**Autorinnen und Autoren**
512	**Impressum**

Grußwort

Liebe Plauenerinnen und Plauener,
sehr geehrte Leserinnen und Leser,

vielen Dank, dass Sie sich für unser Jubiläumsbuch »Plauen 900« entschieden haben. Sie werden feststellen, dass dies eine gute Wahl ist.

Im Jahr 1122 wurde die auch heute in unserem Stadtbild sehr präsente Kirche St. Johannis durch Bischof Dietrich I. von Naumburg geweiht. Die Weiheurkunde wurde, wie es in ihr heißt, im Beisein Erzbischof Adalberts von Mainz ausgestellt. Sie gilt als das älteste erhaltene handschriftliche Zeugnis für das Gebiet des Vogtlandkreises und ist Grundlage unseres Jubiläums: Plauen ist 900 Jahre alt! Die Johanniskirche unserer Stadt wurde in einem Jahr geweiht, in dessen Umfeld zum Beispiel das Geburtsdatum des großen Stauferkaisers Friedrich I., besser bekannt als Friedrich Barbarossa, zeitlich verortet wird. Es war das Jahr, in dem das Wormser Konkordat den Streit um weltliche und religiöse Machtbefugnisse zwischen Papst und Kaiser endgültig klärte.

Dieses 900-jährige Jubiläum unserer Stadt ist Grund genug, die bewegte und bedeutende Geschichte Plauens aufzuarbeiten, darzustellen und durch neueste wissenschaftliche Erkenntnisse zu bereichern. Entstanden ist ein Buch über die Stadtgeschichte, das in dieser Komplexität und zugleich sehr anschaulichen und gut zu lesenden Form bisher noch nicht vorhanden war. Erstellt wurde dieses Werk durch eine Arbeitsgruppe, koordiniert von der Leiterin des Plauener Stadtarchivs, Frau Doris Meijler, und zahlreichen weiteren Mitwirkenden. Über viele Jahre hinweg haben die Autoren und Autorinnen unter hohem Zeiteinsatz enormes Wissen komprimiert und aufgearbeitet. Diese Leistung wurde überwiegend durch ehrenamtliches Engagement erbracht! Dafür möchte ich sehr herzlich Danke sagen und meinen vollen Respekt zum Ausdruck bringen. Ebenso möchte ich dem Sandstein Verlag für die professionelle und stets angenehme Zusammenarbeit danken.

Plauen wird sehr häufig und oft ausschließlich mit Plauener Spitze in Verbindung gebracht. Sicherlich hat dieses textile Produkt den Weltruf unserer Stadt begründet. Der Aufstieg durch Spitzenfabrikation in höchster Qualität und die dazugehörige Produktion von Maschinen in der Vomag, dem damals größten Stickmaschinenhersteller der Welt, hat Plauen bedeutend gemacht. Neben vielen anderen geschichtlichen Episoden und bedeutenden Persönlichkeiten unserer Stadt wird ein Ereignis unmittelbar mit Plauen verbunden: Am 7. Oktober 1989 haben die Plauener ein Stück Weltgeschichte mitgeschrieben, hier fand die erste Massendemonstration in der DDR statt, die von den Regierenden nicht gewaltsam auseinandergetrieben und beendet werden konnte. Die Friedliche Revolution hat in Plauen einen ihrer Ausgangspunkte gefunden.

Dieses und viele andere interessante Details können Sie im vorliegenden Buch nachlesen. Es soll neben der Geschichte unserer Stadt auch den Erfindungsgeist, den Bürgerstolz sowie den Mut der Plauener Bürgerinnen und Bürger über so viele Jahrhunderte belegen. Ich wünsche Ihnen beim Lesen des Jubiläumsbuches »Plauen 900« viele interessante Informationen, gute Erinnerungen und ebenso Anregungen, die helfen sollen, aus dem Wissen über die Vergangenheit zu lernen und unsere Stadt Plauen auch zukünftig weiter zu entwickeln, so wie wir Plauener sie sehen: die Metropole des Vogtlands!

Alles Gute wünscht Ihnen

Steffen Zenner
Oberbürgermeister der Stadt Plauen

Blick vom
Bärensteinturm, 2021
Norman Richter

Vorwort
»Es ist an der Zeit...«

Zahlreiche Forscher haben sich besonders seit dem späten 19. Jahrhundert mit der Geschichte Plauens auseinandergesetzt und darüber publiziert. Das Jubiläumsbuch »Plauen 900« aber spannt zum ersten Mal ausführlich und mit einer inhaltlichen Tiefe, die über eine chronikalische Darstellung von Daten und Fakten weit hinausgeht, den Bogen von den ersten Spuren menschlicher Besiedlung bis ins 21. Jahrhundert. Damit schließt sich eine Lücke in der regionalgeschichtlichen Literatur.

Bereits im Jahr 1922 mahnte der Pfarrer und Kirchenhistoriker Franz Blanckmeister in seiner Festrede zum 800-jährigen Jubiläum der Johanniskirche: »Es ist an der Zeit, daß wir eine groß angelegte und doch nicht zu umfassende Geschichte Plauens erhalten, die den ganzen Werdegang der Stadt von dem Sporentritt des Grafen von Everstein und dem Kyrie eleison des Priesters Thomas bis zum Weltkrieg und seinen Wirkungen schildern müßte. Bei solch einem Buche müßten sich der Forscher und der Erzähler die Hände reichen, es müßte ein rechtes Volksbuch werden, das in jedem Plauenschen Hause seine Stätte hätte neben dem Gesangbuch und neben dem Kalender.«[1]

Damals verhallte dieser Appell, und auch in den folgenden Jahrzehnten konnte ein solches Projekt aus unterschiedlichen Gründen nicht in die Tat umgesetzt werden.

Das herannahende 900-jährige Jubiläum der urkundlichen Ersterwähnung Plauens rückte das anspruchsvolle Vorhaben erneut in den Fokus und 2013 ergriffen fünf geschichtsorientierte Vereine Plauens die Initiative: Der Verein für vogtländische Geschichte, Volks- und Landeskunde, der Verein der Freunde und Förderer des Vogtlandmuseums, der Verein für vogtländische Textilgeschichte, der Bergknappenverein und der Verein der Freunde Plauens formulierten in einem gemeinsamen Positionspapier das ambitionierte Ziel, anlässlich des Jubiläums im Jahr 2022 erstmals eine Gesamtdarstellung der Geschichte Plauens vorzulegen.

Die Stadt Plauen unterstützte die Idee. Damit war das gemeinsame Projekt eines Jubiläumsbuches geboren, das populärwissenschaftlich ausgerichtet, auf dem aktuellen Erkenntnisstand beruhend und ansprechend gestaltet einen bleibenden Beitrag zum Stadtjubiläum »Plauen 900« bietet.

In einem Zeitraum von mehr als fünf Jahren, die geprägt waren vom Konzipieren, Recherchieren, Schreiben und Redigieren, erarbeitete eine Arbeitsgruppe aus acht Hauptautoren und -autorinnen in Kooperation mit über 20 weiteren Autoren und Autorinnen vorwiegend ehrenamtlich diese Publikation. Zum Autorenkreis zählen bekannte und profunde Kenner und Kennerinnen der Stadtgeschichte beziehungsweise spezieller Themenschwerpunkte.

Allen am Entstehungsprozess des Jubiläumsbuches Beteiligten gilt großer Dank für das eingebrachte Fachwissen, das Engagement, die investierte Zeit und den Idealismus, ohne den ein solches Werk nicht hätte realisiert werden können.

Das Buch ist in sechs Kapitel untergliedert, deren Periodisierung sich an Meilensteinen der Stadtentwicklung wie Herrschaftswechsel oder politischen Zäsuren orientiert. Dabei wird auf 512 Seiten immer auch die Geschichte von Menschen in ihrer Zeit erzählt, denen Plauen Heimat oder Wohnsitz für eine gewisse Lebensspanne war. Sie haben hier auf diesem Flecken Erde ihr Auskommen, ihr Glück gesucht und ihr Umfeld gestaltet. Sie haben gearbeitet und ausgeruht, geliebt und gelitten. Sie haben der Stadt ihren Stempel aufgedrückt, geirrt und gestritten, gesiegt und verloren, niedergerissen und aufgebaut und dabei materielle und immaterielle Spuren hinterlassen, mit denen wir uns auch heute noch auseinandersetzen können.

Eigens für dieses Buch werteten Autoren und Autorinnen in gründlichen Archivstudien zahlreiche Quellen aus, die nie zuvor ein Historiker betrachtet hatte. Dies gilt in besonderem Maße für bislang vergleichsweise noch wenig erforschte Aspekte der Geschichte Plauens, wie zum Beispiel die Periode der DDR-Zeit.

Blick vom Schwarzen Steg zur Johanniskirche, um 1910
Stadtarchiv Plauen

Das ausführliche Quellen- und Literaturverzeichnis im Anhang verweist auf Archivalien und weiterführende Veröffentlichungen zur vertiefenden Information. Aufgrund der populärwissenschaftlichen Ausrichtung des Buches wurde auf einen Anmerkungsapparat und speziell auf Einzelnachweise der verwendeten Quellen bewusst verzichtet. Detaillierte Auskünfte darüber sind im Stadtarchiv Plauen zu erlangen.

900 Jahre Geschichte zwischen zwei Buchdeckeln unterzubringen, erfordert eine komprimierte Überblicksdarstellung, die Grundzüge, Entwicklungslinien und Zusammenhänge aufzeigt, herausragende Ereignisse beschreibt, sich zugleich aber auf Wesentliches konzentriert und insofern inhaltliche Beschränkungen auferlegt. So konnten Detailfragen und Einzelaspekte in diesem gesetzten Rahmen vielfach nur angerissen werden oder mussten gänzlich unberücksichtigt bleiben. An dieser Stelle sei auf die zahlreichen stadtgeschichtlichen Publikationen verwiesen, die einzelne historische Zeitabschnitte, thematische Schwerpunkte, prägende Ereignisse oder Leben und Werk von Persönlichkeiten beleuchten. Und selbstverständlich ist die lokale Geschichtsschreibung nie abgeschlossen, wird auch in Zukunft weiter geforscht, neuen Fragestellungen nachgegangen, werden weiße Flecken gefüllt.

»Es ist an der Zeit…« – 100 Jahre nach dem wortgewaltigen Aufruf von Pfarrer Blanckmeister hat sich endlich der Wunsch nach einer »Geschichte Plauens« erfüllt, die selbstverständlich auch die damals noch völlig ungeahnte Geschichte des dramatischen 20. und frühen 21. Jahrhunderts umfasst. Zweieinhalb Kapitel des Buches widmen sich dieser historisch kurzen Zeitspanne, die geprägt war von Krieg, Zerstörung und Gewaltherrschaft, aber ebenso von Aufbau, einer langen Friedensperiode, tiefgreifenden Transformationsprozessen, atemberaubender Innovation und neuen Krisen, deren Bewältigung uns herausfordert.

Geschichte wiederholt sich nicht. Doch sie kann uns einen Spiegel vorhalten, Denkanstöße geben, zum Handeln inspirieren. Auch deshalb ist dieses Buch entstanden. Es möchte spannende und berührende Lektüre bieten, zum Erkenntnisgewinn über die Vergangenheit und zur Reflexion über Gegenwart und Zukunft beitragen.

Und so wünschen wir diesem Jubiläumsbuch breite Beachtung und positive Aufnahme durch eine große Leserschaft weit über die Grenzen Plauens und des Vogtlands hinaus.

Doris Meijler
Leiterin des Stadtarchivs Plauen
Koordinatorin der AG Jubiläumsschrift

Anmerkung
1 Blanckmeister, Franz: Plauen in der Kirchengeschichte. Festrede, gehalten zum 800jährigen Jubiläum der St. Johanniskirche Plauen, Plauen 1922, S. 15.

20	Die Besiedlung des Dobnagaus um Plauen
26	Die Weiheurkunde der St.-Johannis-Kirche von 1122
30	Stadtentstehung und -entwicklung im 12. und 13. Jahrhundert
48	Städtische Verwaltung, Rechte und Privilegien
54	Städtisches und wirtschaftliches Leben
64	Stadt- und Landesherrschaft im 14. und 15. Jahrhundert
66	Juden im mittelalterlichen Plauen
67	Kirchliches Leben
76	Die Reformation und ihre Folgen
81	Notzeiten
85	Schmalkaldischer Krieg und erneute Herrschaft der Herren von Plauen ab 1547

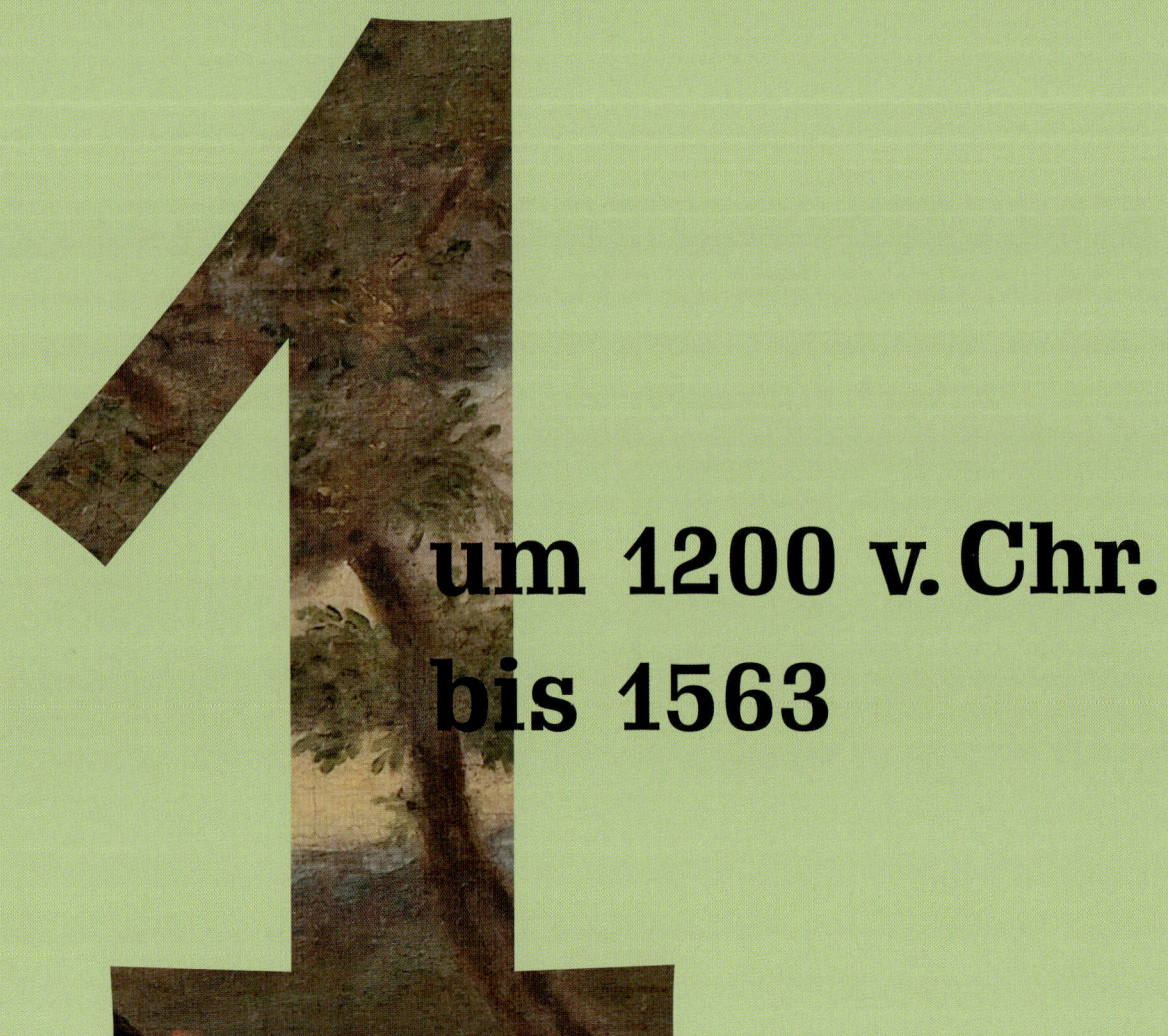

um 1200 v. Chr. bis 1563

Von der Urgeschichte über das Mittelalter bis zur Mitte des 16. Jahrhunderts

Die Besiedlung des Dobnagaus um Plauen

Gabriele Buchner

Von der Steinzeit bis zur Latènezeit

Bei den hier vorgestellten vorgeschichtlichen Funden handelt es sich um Bodenfunde aus dem sächsischen Vogtland. Im Mittelpunkt stehen dabei die Flusslandschaften an der Weißen Elster und der Trieb mit ihren Nebenflüssen. In der heute zum Stadtgebiet von Plauen zählenden Gemarkung wurden Tierknochenfunde aus der Eiszeit entdeckt, die in der Nähe des Elsterwehrs zwischen der Straßberger Straße, dem Flurstück Am weißen Stein beim heutigen Beruflichen Schulzentrum e.o.plauen an der Uferstraße geborgen worden sind. Die von Amandus Haase (1886–1947) in den 1930er-Jahren aufgefundenen Skelettreste stammen von Braunbär, Mammut, wollhaarigem Nashorn, Wisent sowie Rentier und lagen in den eiszeitlichen Ablagerungen am Felshang. Während der Eiszeit war unsere Mittelgebirgsregion kaum von Menschen begangen worden. Nur wenige Funde von Feuersteinwerkzeugen sind der Nachwelt überliefert. Aus der Jüngeren Steinzeit wurden 46 Felsgesteinwerkzeuge im Vogtland vorwiegend bei Flurbegehungen geborgen und kartiert. Dabei handelt es sich um Einzelfunde, die keine Beweise für eine dauerhafte Besiedlung während der Steinzeit im späteren Vogtland sind. Die Walzenbeile, Spitzhauen und jungsteinzeitlichen Felsgeräte, die bisher aufgespürt wurden, beweisen, dass Menschen unsere Landschaft durchstreift haben. Im Vogtlandmuseum existiert von Plauen-Chrieschwitz eine schuhleistenförmige Axt. Sie wurde auf dem Gelände der ehemaligen Henkelschen Brauerei beim Brunnenbau entdeckt. Es wurden in Plauen-Jößnitz ein Steinbeil und in Plauen-Straßberg ein Rillenhammer aufgefunden. Er stammt aus dem Übergang in die Bronzezeit und weist auf urgeschichtlichen Bergbau. Ebenso könnten weitere Felsgesteinbeile erst in der Bronzezeit entstanden sein. Denn auch in dieser Zeit wurden Steinwerkzeuge hergestellt und verwendet. Eine Anzahl dieser Steinbeile wurde später im tiefen Aberglauben von den Hausbewohnern als Schutz vor Gewittern hinterlegt und sie sind uns daher überliefert.

Jüngersteinzeitliches Alter weisen die Arbeitsäxte von Plauen und Plauen-Chrieschwitz auf. Ihr Gebrauch kann vielleicht auch noch in der Frühbronzezeit liegen. Ein äußerst interessanter Fund stammt aus der Gemarkung Treuen. Ein vorgeschichtliches Kupferbeil, welches zwischen Stein- und Bronzezeit datiert werden kann, ist ein wertvoller Einzelfund.

Mit Beginn der jüngeren Bronzezeit um 1200 v. Chr. begann in unserem Gebiet die Besiedlung durch Menschen. Damit gehören die Funde zur Lokalgruppe der Lausitzer Kultur und werden dominiert vom Siedlungskomplex um Taltitz und Dobeneck in der Nähe der Talsperre Pirk. Dieser bronzezeitliche Fundkomplex gehört heute verwaltungstechnisch zur Stadt Oelsnitz im Vogtland. Mit den beim Autobahnbau und dem Talsperrenbau in Pirk auftretenden Funden hat sich besonders Amandus Haase beschäftigt. An der Fundstelle Göse wird ein Besiedlungshorizont von der Hügelgräber- zur Urnenfelderzeit fassbar. Beim Komplex Dobeneck Nasser Acker kommt die zeitliche Zuordnung um 1100 v. Chr. in Betracht. Die Fundstellen waren eine weitläufige Siedlung zu beiden Seiten des Eiditzlohbaches, eines rechtsseitigen Zuflusses zur Elster. Bei seinen Untersuchungen fand Haase eine Bronzeschmelze. Dies deutet an, dass sich während der Bronzezeit die damaligen Siedler mit Bergbau, Metallurgie und Verhüttung beschäftigt haben. Die bronzezeitliche Wallanalge auf dem Eisenberg bei Pöhl-Jocketa nahe der Talsperre Pöhl zählt zu den größten bronzezeitlichen Wallburgen in Sachsen. Die Höhensiedlung lag 435 Meter über dem Meeresspiegel. Den wahren Charakter des »Schlackenwalls« auf dem Eisenberg bei Pöhl im Vogtlandkreis hat Ferdinand Mohr (1834–1929) erkannt. Die Erforschung seiner Geschichte haben dann Alfred Teuscher und Ulrich Otto publiziert. Eine Datierung in die Jung- bis Jüngstbronzezeit und jüngere Scherben weisen in den Übergang zur Hallstattzeit und wurden durch Klaus Simon bereits dokumentiert. Die Höhensiedlung wird von drei Seiten von der Trieb umflossen. Sie nimmt einen Platz von 4,5 Hektar ein. Seit der Jungbronzezeit und bis in die Späthallstatt- und Frühlatènezeit sind Funde vom Eisenbergwall vorhanden. Der Eisenberg ist nicht kontinuierlich von 1000 bis 500 v. Chr. besiedelt gewesen. Jüngste Untersuchungen haben sich dem mittelurnenfelderzeitlichen Keramikmaterial nochmals gewidmet. Die befestigte Siedlung war der Besiedlungsmittelpunkt des Vogtlands in der Bronzezeit. Eine direkte Beziehung zwischen der Zerstörung des Walls auf dem Eisenberg und dem Liebauer Grab kann damit vermutet werden.

Das Durchqueren der Wälder und der Kleinkuppenlandschaft erbrachte für das mittlere Vogtland eine Reihe von Grabhügeln. Sie legen auch Zeugnis ab über die bronzezeitliche Besiedlung und Bestattungsriten während der Vorzeit. Dies lässt sich unter anderem an den Hügelgräbern von Plauen-Chrieschwitz auf dem Flurstück An der Krähenleithe ableiten. Dort fand Haase zahlreiche Funde aus der Mittel- und Jungbronzezeit. Die von ihm zutage geförderten mehr als 30 Gefäße und einige Bronzen gehörten zu einem Grabverband mit Leichenbrandresten.

—1000–500 v. Chr.

Älteste bekannte Gesamtdarstellung Plauens im Epitaph für Burggraf Heinrich IV. von Meißen aus dem Hause Plauen († 1554), Kopie nach dem verlorenen Original Wolfgang Krodels von 1562 (Ausschnitt)
Vogtlandmuseum Plauen, Repro Uwe Fischer

In der Gemarkung der Stadt Plauen finden wir Grabhügel auf dem Langen Berg bei Chrieschwitz, im Reißiger Wald und auch in Plauen-Reinsdorf im Forst. Eine umfassende wissenschaftliche Untersuchung ist bisher noch nicht erfolgt. Die meisten archäologischen Hinterlassenschaften stammen für das Vogtland aus der jüngeren Bronzezeit und frühen Eisenzeit. Der Kulminationspunkt der urgeschichtlichen Siedlungen im Vogtland lag in der mittleren Urnenfelderzeit. Auch aus der Latènezeit um 450 v. Chr. finden sich Spuren von einem Grabhügel bei Liebau und aus der Zeit der Zerstörung des Eisenbergwalls bei Pöhl. Dieser sensationelle Fund eines Grabes wurde 1943 auf dem Knorrspöhl bei Liebau entdeckt, und wir verdanken die ersten Untersuchungen Amandus Haase. 1953 hat Gerhard Billig den Grabhügel nochmals nachuntersucht. Die rekonstruierten Funde der Kriegerbestattung aus der Frühlatènezeit sind im Vogtlandmuseum zu besichtigen und wurden durch den Präparator Artur Pietzsch am Landesmuseum für Vorgeschichte in Dresden gefertigt. Die Originale wurden in die Dauerausstellung des Archäologiemuseums in Chemnitz (smac) integriert.

Der Knorrspöhl bezeichnet das Ende der ältereisenzeitlichen Besiedlung im Vogtland. Amandus Haase hat in seinem regen Briefwechsel mit Georg Bierbaum auf die Funde des Vogtlands vor der jüngeren Bronzezeit hingewiesen. Ob das heimische Kupfer und die Zinnerze bereits in der Bronzezeit ausgebeutet worden sind, muss weiter auf eine wissenschaftliche Auswertung warten. Siedlungsspuren unterhalb der Burgruine von Liebau brachten neben den mittelalterlichen Scherben auch zahlreiche bronzezeitliche Scherben. Eine bronzezeitliche Pfeilspitze ist dabei der interessanteste Fund.

Eine weitere Höhensiedlung lag auf dem Viehhübel von Liebau, die ältereisenzeitlich scheint. Dort hat bereits Haase Schmelzschlacken vorgefunden. Auch die Späthallstatt- und Frühlatènezeit spielen bei der Ausbeutung lokaler Eisenerze eine wichtige Rolle. Germanische Funde sind im Vogtland bisher nicht bekannt.

Die urgeschichtliche Bodendenkmalpflege ist nach Amandus Haase im 20. Jahrhundert durch Archäologen wie Werner Coblenz, Gerhard Billig, Volkmar Geupel, Johannes Richter und Klaus Simon betrieben worden. Besonders hervorzuheben sind dabei die Arbeiten von Gerhard Billig und Klaus Simon.

Die slawische Besiedlung

Schon in der ersten Schriftquelle zur Geschichte Plauens, der Weiheurkunde von 1122, finden sich Belege für das Vorhandensein slawischer Bevölkerungsgruppen im Dobnagau. Genannt sind neben Plauen (»Plawe«) auch die Ortschaften Zöbern (»Zobi«) und Chrieschwitz (»Cribsiz«). In letzterer lebten slawische Bauern, deren Abgaben der Plauener Johanniskirche zugutekommen sollten.

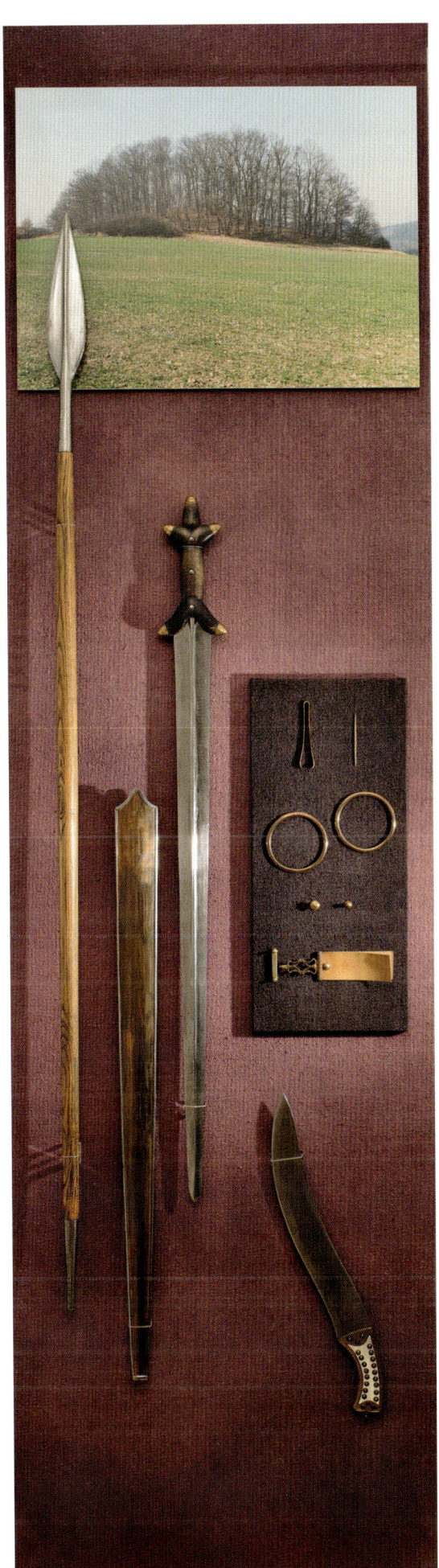

① Rekonstruktionen aus dem latènezeitlichen Grabfund von Liebau
Vogtlandmuseum Plauen (Leihgaben vom Landesamt für Archäologie Sachsen), Uwe Fischer

450 v. Chr.

Gabriele Buchner

Martina Bundszus

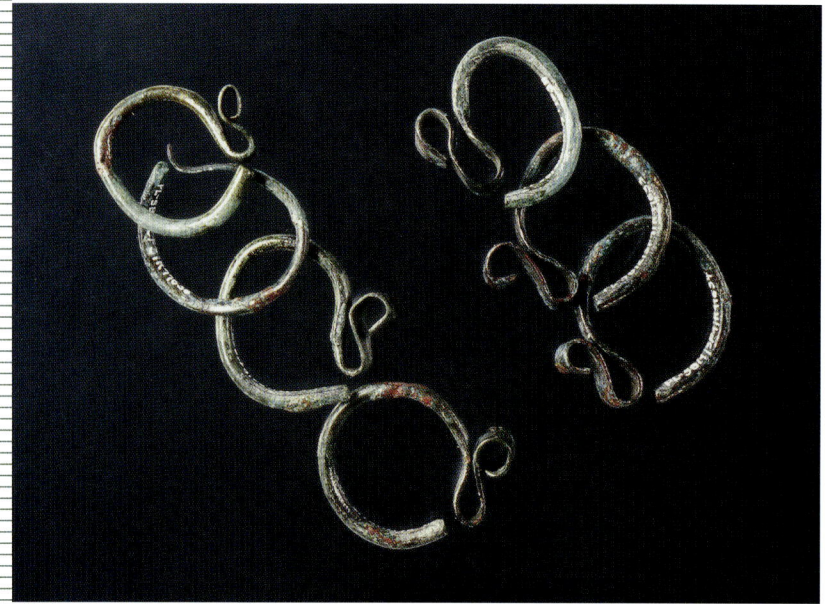

②
Slawische Schläfenringe, gefunden 2005 im Konventsgebäude des Komturhofs, vermutlich Ende des 12. oder Anfang des 13. Jahrhunderts
© Landesamt für Archäologie Sachsen, Ursula Wohmann

800–1000

Archäologische Funde

Die Anwesenheit slawischer Bevölkerung im Vogtland ist nur durch wenige archäologische Funde belegt. Bei den beiden ältesten Objekten handelt es sich um Keramik, zum einen um die Randscherbe eines Gefäßes mit typisch slawischer Kammstrich-Wellenzier, gefunden 1922 beim Bau des Elsterbads in Oelsnitz, zum anderen um eine Randscherbe mit slawischen Verzierungen, welche im Bereich des Plauener Komturhofs in den Schwemmschichten der Syra entdeckt wurde. Beide Scherbenfunde werden in die Zeit zwischen 800 und 1000 n. Chr. eingeordnet. Ins 10. bis 11. Jahrhundert wird ein Grabfund, ein bronzener Schläfenring, datiert, der schon 1873 beim Bahnbau in Straßberg zutage trat. Bei Gleisbauarbeiten war ein slawisches Skelettgräberfeld angeschnitten worden. Von den dabei gemachten Funden (darunter auch ein eisernes Messer und einige braune Tonperlen) hat sich leider nur der Schläfenring bis heute erhalten.

Die beiden jüngsten Funde stammen aus Plauen. 1954 wurde in Plauen-Kleinfriesen vor einem Felsen am Ostrand eines bewaldeten Höhenrückens in der Nähe der B 173 ein Scherbenfund geborgen. Die Verzierungen der Randscherben legen eine Datierung der Fundstücke in die spätslawische Periode, in das 11. und 12. Jahrhundert nahe. Der bislang allerjüngste slawische Fund steht wieder im Zusammenhang mit einem Friedhof. 2005 wurden innerhalb des Konventsgebäudes im Komturhofgelände vier Bestattungen entdeckt, die zum Teil durch das im 13./14. Jahrhundert errichtete Konventgebäude gestört waren. Dieser Umstand sowie die angetroffene West-Ost-Orientierung der Toten (der Kopf lag jeweils im Westen) und die Grabbeigaben (unter anderem sieben bronzene Schläfenringe) sprechen für eine Datierung der Beisetzungen am Ende des 12. oder am Anfang des 13. Jahrhunderts, also in die Zeit nach dem Bau der Johanniskirche.

Bei all diesen Funden handelt es sich um Grab- oder Einzelfunde. Siedlungsfunde (wie Hausgrundrisse und Ähnliches) traten bis heute nicht zutage. Dabei ist aber zu bedenken, dass die für die Slawen günstigen Wohnlagen diejenigen waren, die bis heute von Bebauung erfasst sind. Hier gestaltet sich der archäologische Nachweis generell sehr schwierig, die Fundarmut dürfte in hohem Maße den späteren Überbauungen und/oder der achtlosen Beseitigung der Funde geschuldet sein. Auffällig bleibt das Fehlen slawischer Burgwälle im sächsischen Vogtland.

Siedlungs- und namenkundliche Nachweise

Die überlieferte Menge von slawischen Orts- und Flurnamen ist deutlich größer als die Anzahl der archäologischen Funde, wenngleich die Erstnennungen deutlich später erfolgten. Bemerkenswert ist das Fehlen slawischer Ortsnamen im Oberen Vogtland (um Adorf) und im Ostvogtland (um Auerbach).

Neben den rein slawischen Ortsnamen wie Chrieschwitz, Kürbitz, Netzschkau, Oelsnitz, Plauen oder slawisch-deutschen Mischnamen wie Sachswitz und Zaulsdorf existiert auch eine Reihe slawisch geprägter Flur- und Flussnamen (unter anderem Syra und Göltzsch). Zusätzlich ist die Fluranordnung in etlichen Ortschaften auf dem Prinzip der Blockflur ein ernstzunehmender Hinweis auf eine slawische Gründung.

Unklar bleibt bis heute, wann und von wo die slawische Zuwanderung ins sächsische Vogtland erfolgte. Von der Forschung werden zwei Herkunftsgebiete für besonders wahrscheinlich gehalten: zum einen das heutige Nordostbayern, also Oberfranken, wo slawische Bevölkerung schon seit der Karolingerzeit fassbar ist (schon ab 793 entstanden zu ihrer Missionierung auf Anordnung Karls des Großen 14 sogenannte Slawenkirchen), und zum anderen Thüringen und Nordostsachsen, wo auch größere slawische Siedlungsgebiete bestanden.

Politisch-territoriale Entwicklung im 12. und 13. Jahrhundert

Aus der Zeit vor 1122 liegen keinerlei Nachrichten vor, wie das Vogtland herrschaftlich-politisch organisiert war. Das Fehlen von slawischen Burgen im Vogtland – wie sie zum Beispiel aus den slawischen Siedlungsgebieten in der Lausitz oder aus dem mittleren Sachsen bekannt sind – führte zu der Vermutung, dass es im Vogtland keine eigenständige slawische herrschaftlich-politische Organisation gab.

Im 10. Jahrhundert dürfte der Einfluss der Zentralmacht, das heißt in diesem Fall der Einfluss der Könige und Kaiser aus (nieder-)sächsischem Haus (Ottonen) noch nicht das Vogtland erreicht haben. Zwar ließen sie mit der Gründung der Bistümer Zeitz im Jahr 968 (1028 nach Naumburg verlegt) und Bamberg 1007 zwei Diözesen einrichten, die bis zur Reformation für das Vogtland von großer Bedeutung waren. Doch gibt die Schenkungsurkunde Kaiser Ottos III., mit welcher dem Zeitzer Bistum 995 das Land Puonzowa mit Crossen a. d. Elster (»Crosna«) im heutigen Saale-Holzland-Kreis bei Zeitz übereignet wird, den entsprechenden Hinweis. Die in der Urkunde enthaltene Beschreibung der Burgwartgrenzen listet als südlichsten Grenzpunkt nur Gera auf. Auch dies ist ein Indiz für die dünne Besiedlung des sächsischen Vogtlands im Hochmittelalter.

Die ersten Informationen über die Herrschergewalt im Vogtland gibt die Plauener Weiheurkunde von 1122. Hier ist als Machtinhaber Graf Adalbert von Everstein genannt, der zusammen mit dem Naumburger Bischof als Gründer der Plauener Johanniskirche auftritt. Der Stammsitz der Everstein'schen Familie, nach dem sie sich seit 1116 benannte, lag in der Gegend um Holzminden. Die Eversteiner stellten Urkunden noch in der zweiten Hälfte des 13. Jahrhunderts für den Deutschen Orden aus, waren aber nicht mehr im Vogtland gegenwärtig. Wann und auf welche Weise die erst im 15. Jahrhundert im Mannesstamm ausgestorbenen Eversteiner ihre Macht im Vogtland abgaben und wie sie von den Vögten abgelöst wurden, gehört zu den Geheimnissen der deutschen Geschichte.

Unklar ist auch die Rolle des Königtums bei diesem Herrschaftswechsel. Es war im 12. Jahrhundert zeitweilig im mitteldeutschen Osten tätig geworden. Dies belegen die Aktivitäten Lothars von Süpplinburg (reg. 1125–1137), Konrads III. (reg. 1138–1152) und besonders Friedrich I. Barbarossas (reg. 1152–1190). Gerade Letzterer war bemüht, das Egerland um Eger und das Pleißenland um Altenburg und Leisnig an der Mulde enger an das Königtum zu binden, indem er hier große Besitzkomplexe aufbaute, die unmittelbar der Krone unterstanden (»Reichsland«). Daraus leitet sich die spannende Frage ab, ob für das – genau zwischen diesen beiden Reichsgutkomplexen liegende – Vogtland auch eine Umwandlung zum direkt dem König unterstellten Reichsland vorgesehen war. Anhaltspunkte hierfür gibt es kaum: Im sächsischen Vogtland fehlen ebenso wie im thüringischen Vogtland zwischen Gera und Greiz für das Hochmittelalter Königsgut oder Reichsrecht. Pfalzen oder Königsorte gab es hier ebenfalls nicht. Aus dem bayerischen Vogtland liegt mit der Hofer St.-Lorenz-Kirche, die wahrscheinlich eine königliche Gründung war, nur ein einziger Hinweis auf eine königliche Einflussnahme vor.

Die Herkunft der Vögte ist wegen der unzureichenden Quellenlage bis heute ungeklärt und Anlass für die verschiedensten Mutmaßungen. Ihre Stellung kann nicht eindeutig aus einer Position als Reichministeriale abgeleitet werden. Der erste greifbare Familienvertreter ist Erkenbert von Weida (»Wida«), welcher schon unter den Zeugen der Plauener Weiheurkunde von 1122 auftritt. Die Familie nutzte den Weggang der Ever-

③
Wappen der Grafen von Everstein / Eberstein-Naugard, aus: Das grosse und Vollständige anfangs Siebmacherische/ hernacher Fürstische und Helmerische/ nun aber Weigelische Wappen-Buch, Nürnberg 1734
Vogtlandbibliothek Plauen, Repro Frank Weiß

④
Kapelle der Vögte an der Johanniskirche, erbaut vor 1322
Frank Weiß

Die Besiedlung des Dobnagaus um Plauen

⑤ Kopfstein Vogt Heinrichs (Sohn Heinrich des Langen) von Plauen und Gemahlin Agnes von Schwarzburg aus der Gruft unter der Kapelle der Vögte, vor 1348
Vogtlandmuseum Plauen, Uwe Fischer

steiner (die aber nicht alle Rechte im Vogtland aufgegeben hatten) für ihren eigenen Aufstieg. Dabei erhielten sie den Dobnagau vermutlich von den Eversteinern als Lehen; von ihren Besitzungen an der mittleren Elster war zumindest Gera ihnen als Lehen des Damenstifts Quedlinburg zugegangen. Weida und Greiz waren wohl Eigenbesitz der Vögte, allerdings ist nicht mehr zu unterscheiden, ob sie diese als Dienstgut der Reichsministerialen oder als frei verfügbares Allodialgut besaßen. Als ursprünglicher Stammsitz wird die heute wüst liegende Ortschaft Wida nördlich von Mühlhausen vermutet.

Begonnen haben dürfte die Familie ihren Aufstieg als Ministeriale im Dienst des sächsischen Herzogs Heinrich des Löwen. Sie wechselte wohl schon 1170/71 nach dem Bruch mit dem Herzog in die Reichsministerialität, also zu den persönlich unfreien Dienstmannen des Königs. Als Beleg hierfür gilt ihre bis 1234 häufig belegbare Präsenz am Königshof. Der Familie gelang es, von den Zeitgenossen als edelfreie Dynasten akzeptiert zu werden. Dies zeigen die Titulierungen als Herren (»domini«) in den Urkunden der Naumburger Bischöfe.

Die Vögte waren die wichtigsten, aber nicht die einzigen Machthaber im Vogtland. Mit den Herren von Mylau und den Herren von Lobdeburg (um Elsterberg), ursprünglich Edelfreie, konnten sich am Rand des Dobnagaus zwei weitere Familien etablieren, die wie die Vögte aus der Reichsministerialität stammten. Auch für die Vögte von Straßberg, deren namengebende Stammburg nur etwa vier Kilometer westlich von Plauen lag, wird eine reichsministeriale Herkunft vermutet.

Doch den Nachfahren des Erkenbert von Weida gelang es bis zum Ende des 13. Jahrhunderts, diese Machtkonkurrenten zu neutralisieren: Die Mylauer, die 1214/15 noch neben den Vögten erscheinen, sind schon 1274 Teil der vögtischen Gefolgschaft. Die Lobdeburger wurden in ihrer Machtausdehnung eingeschränkt. Abgedrängt wurden auch die Vögte von Straßberg, die sich dann nach ihren Burgen Voigtsberg (1249) und Laneck (1267) benannten. Die Herkunft des Straßberger Vogtstitels ist – wie bei den Weidaer Vögten – ungeklärt. Vermutet wird eine Herleitung als Verwalter der noch nicht gänzlich an die Weidaer gefallenen Evenstein'schen Lehen. Bemerkenswert bleibt der Umstand, dass die Straßberger wie die Weidaer seit 1209 ihren Vogtstitel führten.

Vorteilhaft für den Machtausbau der Vögte von Weida war nicht nur, dass sie in ihrem Herrschaftsgebiet augenscheinlich auf keine allzu ernsthafte Konkurrenz stießen (damit unterscheiden sich die vogtländischen Verhältnisse deutlich von denen in Nordwestsachsen, wo nach der Auflösung des Reichsterritoriums Pleißenland zahlreiche kleine Herrschaftsträger miteinander konkurrierten), sondern auch, dass sich der vögtische Landes- und Machtausbau in einem nur wenig besiedelten Gebiet vollzog; dies gilt insbesondere für den Dobnagau.

Die Herkunft des Titels »Vögte« ist ungeklärt. Die Forschung hat mehrere Thesen in den Fokus des historischen Interesses gestellt: In Analogie zu den angrenzenden Reichsländern Egerland und Pleißenland wurde einerseits die Herkunft aus der Inhaberschaft einer Reichsvogtei vermutet. Eine zweite These leitet den Vogtstitel aus Vogteirechten der Weidaer über den Besitz des Damenstifts Quedlinburg ab. Schließlich ist er

1209

⑥ Siegel Vogt Erkenberts von Straßberg, 1249
Mitteilungen des Altertumsvereins zu Plauen i. V., 4. Jahresschrift, 1883/84

als das Ergebnis einer erfolgreichen Rodungs- und Siedeltätigkeit sowie der von den Weidaern betriebenen Politik gedeutet worden.

In der Vogtsfamilie setzte im 13. Jahrhunderts eine Entwicklung ein, die charakteristisch für sie werden sollte. Sämtliche männlichen Nachkommen erhielten den Vornamen Heinrich, und die Familie begann, sich in verschiedene Zweige aufzuteilen. Um 1209 wurde das Erbe Heinrichs (II.) des Reichen auf drei Söhne verteilt, welche sich nach Weida, Gera/Plauen und Greiz nannten. Der Greizer Besitz fiel nach dem Tod Heinrichs (V.) 1240 wieder an die anderen Linien. Die inzwischen von Gera getrennte Linie Plauen teilte sich 1306 weiter auf in die ältere Linie Plauen (1572 ausgestorben) und die jüngere Linie Plauen-Reuß (deren Nachfahren bis 1918 die Fürstentümer Reuß älterer Linie und Reuß jüngerer Linie regierten). 1296 hatten die einzelnen Vogtlinien ihr Verhältnis zueinander im Vertrag von Bobenneukirchen geordnet. Vereinbart wurde eine gemeinsame Außenpolitik bei getrenntem innenpolitischem Vorgehen. Allerdings zeigte die weitere Geschichte, dass sich daran nicht gehalten wurde.

Der Aufstieg der Vögte lässt sich anhand zweier Verträge deutlich ablesen: Nach dem Untergang der Staufer schloss der wettinische Markgraf Heinrich der Erlauchte zum Schutz seines Territoriums gegen böhmische Expansionsbestrebungen mit den Vögten 1254 in Grimma einen Vertrag. Darin erscheinen die Vögte als den Wettinern gleichgestellt, es wurde auf Augenhöhe verhandelt. Im 1288 abgeschlossen »Weglosvertrag« für Hof und das Regnitzland legen die Vögte von Weida und Plauen – im Zusammenhang mit der Befestigung der Stadt Hof – die Bedingungen fest, unter denen umzugswillige Lehensleute, seien sie Kaufmann oder Bauer, in die einwohnerbedürftige junge Stadt Hof aufzunehmen wären. Diese Neubürger erhielten in der Stadt gegen eine geringe Gebühr Grund und Boden, über den sie dann frei verfügen konnten. In dieser Urkunde treten die Vögte als Landesherren auf.

Die Entstehung der Landesherrschaften im Hochmittelalter war auch im Vogtland nicht nur durch die Anlage neuer Dörfer und Burgen, sondern ebenso durch Stadtgründungen gekennzeichnet. Von den 16 damals entstandenen Städten geht die kleinere Zahl nicht auf eine Erhebung durch die Vögte zurück: So wurden Elsterberg von den Lobdeburgern, Mühltroff durch die Wettiner, Mylau und Schöneck durch den böhmischen König, Falkenstein und Lengenfeld durch lokale Adelsgeschlechter und zuletzt Netzschkau 1491/92 mit kaiserlicher und kurfürstlicher Zustimmung durch Caspar Metzsch zur Stadt erhoben. Wichtigste Städtegründer im heute sächsischen Vogtland waren aber die Vögte von Weida, Gera und Plauen, welche hier acht Stadtgründungen beziehungsweise -erhebungen vornahmen: Plauen, Reichenbach, Oelsnitz, Nothaft (das spätere Marktneukirchen), Auerbach, Pausa, Treuen und – wenig erfolgreich – Neumark bei Schönfels. Davon war Plauen die bedeutendste.

Der Ortsname Plauen

Frank Weiß

Der Ortsname Plauen wird abgeleitet vom altsorbischen »plav« in der Bedeutung »Holzschwemme, Flößplatz« oder auch »Pferdeschwemme« und gibt damit zugleich einen Hinweis auf die frühe Besiedlungsgeschichte. Historische Schreibweisen sind etwa »Plawe« (1122; 1244), »Plawen« (1267; 1358; 1506), »Plauwen« (1418), »Blawen« (1506), »Plauen« (1558; 1618; 1791). In der Mundart erhielt sich die Aussprache »Plaue/Blaue«. Die bis heute übliche tschechische Form für Plauen ist »Plavno«.

Der in Plauen geborene, in Basel ansässige Huldreich (Ulrich) Frölich erörterte die Namensfrage in seinem Text über seine Heimatstadt in der 1598 in Basel erschienenen Ausgabe von Sebastian Münsters Kosmografie. Nachdem er die volksetymologischen Herleitungen von zwei schönen blauen Blumen, an deren Stelle die Kirche erbaut worden sein soll, sowie von der blauen Farbe der Landschaft, wenn man sie aus der Ferne betrachtet, verworfen hatte, verwies er auf die glaubwürdigere Meinung des gelehrten Plauener Magisters Martin Pfüntel, nach der der Name aus zwei deutschen Wörtern gebildet sei, nämlich »Plan« in der Bedeutung von eben und »Auen« nach den um die Stadt gelegenen Auen. Dafür spräche auch die gängige Schreibweise mit P. Um diese Zeit erwähnte der aus Plauen stammende Coburger Paul Gebhard eine Sage, nach der in der Entstehungszeit der Stadt auf dem Markt ein reich tragender Pflaumenbaum gestanden habe.[1]

1747 wies der aus Plauen stammende Eibenstocker Lehrer Johann Paul Oettel in seiner »Zuverläßigen Historie aller Herren Pastoren und Superintendenten der Königl. Pohln. Und Churfürstl. Sächßl. Creyß-Stadt Plauen im Voigtlande« auf den slawischen Ursprung des Ortes und seines Namens hin. Ein Vertreter des Volkes der Wenden habe ihm versichert, dass »Plauen« wendischen Ursprungs und das Stammwort bei ihnen noch gebräuchlich sei: »Es bedeutet einen Ort, der am Wasser liegt, da man an Wasser handthieren, und seine Nahrung haben kan.«[2]

Noch bis ins frühe 19. Jahrhundert hat man gleichwohl versucht, einen deutschen Ursprung des Namens zu vertreten. 1815 trat dieser Meinung der Leubnitzer Pfarrer Christian Wilhelm Thamerus unter Berufung auf den 1772 verstorbenen Pfarrer, Heimathistoriker und Sprachforscher Georg(e) Körner in Bockau bei Schneeberg im »Voigtländischen Anzeiger« öffentlich entgegen. Körners Analysen aus der wendischen Sprache seien am befriedigendsten: »Plawa ist wendisch von plawia, ich flaue, plantsche, handthiere im Wasser«, bedauerlicherweise seien aber die vielen historischen Nachrichten Körners über das Vogtland des 10. bis 13. Jahrhunderts, die der ehemalige Plauener Superintendent Hand leihweise besessen hatte, nicht mehr greifbar.[3]

Die Weiheurkunde der St.-Johannis-Kirche von 1122

Gabriele Buchner
Martina Bundszus

Diese für die vogtländische Geschichte so wichtige, da älteste erhaltene echte Urkunde ist als Original mit Siegel auf uns gekommen. Geschrieben wurde sie in Latein, der kirchlichen Amtssprache, in Minuskelschrift auf einem rund 40 Zentimeter hohen und 33 Zentimeter breiten Pergament. Das Dokument gehört heute zu den Schätzen des Sächsischen Hauptstaatsarchivs Dresden und wurde schon mehrfach gedruckt.

Wie bei mittelalterlichen Urkunden üblich, ist an ihr als Beglaubigungszeichen das Siegel des Urkundenausstellers angebracht. Im vorliegenden Fall ist es das im Durchmesser rund vier Zentimeter große Siegel des Bischofs Dietrich I. von Naumburg (amt. 1111–1123) aus dunkelgrünem Wachs. Das Siegelbild stellt einen sitzenden Prälaten mit flacher Mütze dar, die rechte Hand in Brusthöhe segnend nach außen gespreizt, die linke Hand in Ellbogenhöhe von unten her ein Buch haltend. Die Umschrift des Siegels lautet »EP [ISCOPU]S + TIDERICVS . D[E]I .GRA[TIA] . NVENBVRGENSIS.« (= Dietrich von Gottes Gnaden Bischof von Naumburg).

Erläuterungen zur Urkunde

1122

Bischof Dietrich I. von Naumburg beurkundete 1122, dass Graf Adalbert von Everstein in dem ihm unterstellten Dobnagau im Ort Plauen – auf bischöfliche Ermahnung hin – eine Kirche hat errichten lassen. Der Neubau wurde durch den Naumburger Bischof zu Ehren der Gottesmutter Maria und des heiligen Johannes des Täufers geweiht. Die junge Kirche bildete den Mittelpunkt eines großen Pfarrbezirks, dessen Grenzen eingehend beschrieben werden. Dabei orientieren sich die Grenzpunkte überwiegend an Gewässer- und Bergnamen – ein Beleg dafür, dass in den neuen Kirchsprengel umfangreiche Waldgebiete einbezogen waren, welche erst zukünftig aufgesiedelt werden sollten. Obwohl die Urkunde keine Nachbarpfarreien benennt, lässt die verhältnismäßig genaue Beschreibung der südlichen Kirchsprengelgrenze vermuten, dass hier Rücksicht auf den Pfarrsprengel der damals schon bestehenden (aber erst 1214 erwähnten) Hofer Kirche genommen werden musste.

Als geistliches Personal wird nur der Priester Thomas genannt, dessen Sittenstrenge und Gelehrsamkeit besonders betont werden und dessen dringlichste Aufgabe es ist, die heidnische beziehungsweise nur unzureichend mit christlichen Vorstellungen und Werten vertraute ansässige Bevölkerung vertiefend zum Christentum zu bekehren. Angesichts der Größe seines Kirchenbezirks und des Arbeitsumfangs ist davon auszugehen, dass der Geistliche Thomas seine Aufgaben nicht allein wahrnahm, sondern dass in der Plauener Gemeinde weitere Mitarbeiter tätig waren.

Die Urkunde legt auch die wirtschaftliche Erstausstattung der Kirche fest, welche von Graf Adalbert von Everstein finanziert wurde. Der Graf stellte den, ursprünglich ihm zustehenden, halben Ertrag an der Elstermühle (der unteren Mühle in Plauen), den Zehnt von vier abgabenpflichtigen, in Chrieschwitz auf einer Hufe ansässigen slawischen Bauern (Smurden) sowie ein Waldstück in Plauen zur Verfügung. Wenngleich diese Einkünfte nicht sehr umfangreich sind, ließ die zukünftige Aufsiedlung des großen Pfarrsprengels auf weitere Einnahmen hoffen.

Dass 1122 im Dobnagau Slawen ansässig waren, belegen neben den erwähnten Smurden die auf slawischen Ursprung zurückgehenden Berg-, Gewässer- und Ortsnamen – neben Plauen (»Plawe«) und Chrieschwitz (»Cribsiz«) auch Zöbern (»Zobi«). Doch wie Enno Bünz 2006 herausgestellt hat, muss es neben der slawischen Bevölkerung im Dobnagau auch schon deutsche Siedler gegeben haben, »da bei den Zehntbestimmungen zwischen dem Ertragszehnten der ritterlichen Leute und dem fixierten Zehnten der Bauern unterschieden wird«.[1]

Die Plauener Weiheurkunde markiert also den Zeitraum, in dem die christliche Missionstätigkeit sowie der Landesausbau schon eingesetzt hatten, und steht damit, um mit den Worten Walter Schlesingers zu sprechen, »an der Scheide zweier Zeitalter«.[2]

①
Weiheurkunde der St.-Johannis-Kirche in Plauen, 1122
Sächsisches Staatsarchiv, Hauptstaatsarchiv Dresden, 10001 Ältere Urkunden, Nr. 43

Lateinischer Originaltext

C. In nomine sancte et individue trinitatis. Dietricus divina favente clementia Nuenburgensis episcopus omnibus Christi fidelibus ita presentibus quam futuris. In perpetuum gratia vobis et pax adimpleatur. X.[3] Teste propheta in memoria eterna iustus erit et e converso inpiorum memoria cum sonitu perit. Ea propter fidelium Christi pia facta laude digna approbamus et, ne aliqua oblivione obliterentur, in exemplum posteris scripto annotamus. Adelbertus namque comes de Everstein nobilitate et divitiis pollens pro peccatorum suorum indulgentia hortatu nostro in pago Dobna, qui dicioni eius subiacebat, ecclesiam in honore dei omnipotentis et beate dei genitricis Marie et sancti Johannis baptiste fabricavit et a nobis consecrari inpetravit. Hanc manso uno, qui situs est in villa Cribsiz quemque quatuor zmurdi incolunt et censum sibi prescriptum inde annuatim ecclesie solvunt, et molendini sui, quod in Alestra constructum est, dimidia utilitate cum areis et pratis et parte quadam silve in vico Plawe, ubi et ecclesia constructa est, dotavit. Ipsius etiam interventu omnem decimam eiusdem pagi, que nobis attinebant, tam plenariam militum quam constitutam rusticorum eidem ecclesie concessimus et banno nostro firmavimus et Thomam sacerdotem virum et scientia et moribus ornatum incolis prefecimus, qui eos ab errore gentilitatis plenius revocet et ad viam veritatis perfecte perducat. Terminos quoque pagi huic pagine inposuimus irrefragabiliter precipientes, ut omnes infra hos constituti decimas suas, ut prescriptum est, sacerdoti Thome eiusque in ecclesia Plawensi successoribus reddant et in omnibus, que divina sunt, in baptismo, in confessione et in sepultura se illi subiectos esse debere recognoscant: A capite rivi Cocotwia usque ad Turam et ab hac ad Esilbach inde ad aquam Golz et eam ad summum Grodini ultra Tirpisbe[rc] in Birbirbach descensumque eius in Mildam usque ad Snesnizam ad ortum eius inde ad Zvatowam et summum eius usque ad sanctam Alestram et descensum ad rectam Alestram et usque Milne eius ascensum ad originem medie Stirbile et cursum eius in Conin unde ad Milezibach usque Lomnizam fluxumque eius in Binin eius decursum inter villam Zobi in Kamenizam donec Wisnta et eam descendendo ad Tiliam in Mosilwita aqua in Dobna, a cuius cursu inter Striboz et Siroune ad Alestram et ascensum eius usque Cocotwiam. Infra hos ergo terminos nullus absque assensu plebani sacerdotis ecclesias construat vel dedicari faciat et, si qua constructa fuerit, matrici ecclesie obediat, cuius quilibet sacerdos ecclesie Plawensis curam de manu successorum nostrorum recipiat. Nos itaque factum nostrum et scriptum potestate beati Petri aposto-

Übersetzung

Im Namen der heiligen und unteilbaren Dreieinigkeit! Dietrich, durch göttliche Milde Bischof von Naumburg, allen Gläubigen Christi, gegenwärtigen wie zukünftigen. Gnade und Friede sei euch in Ewigkeit beschieden. Nach dem Zeugnis des Propheten wird der Gerechte in ewigem Angedenken bleiben und das Gedächtnis der Gottlosen umgekehrt mit Donnern untergehen. Deswegen billigen wir die frommen Taten der Christgläubigen als lobenswert und schreiben sie, daß sie nicht durch irgendein Vergessen aus dem Gedächtnis getilgt werden, der Nachwelt zum Beispiel nieder. Adelbertus, Graf von Everstein, durch edelfreie Geburt und Reichtum mächtig, hat nämlich zur Vergebung seiner Sünden auf unsere Ermahnung hin im Gau Dobna, der seiner Botmäßigkeit unterstand, eine Kirche zu Ehren des allmächtigen Gottes und der glückseligen Gottesmutter Maria und des heiligen Johannes des Täufers errichtet und von uns weihen lassen. Er hat sie mit einer Hufe, die im Dorfe Chrieschwitz (Cribsiz) gelegen ist und von vier Smurden bewohnt wird, die den ihnen vorgeschriebenen Zehnten davon jährlich der Kirche zahlen, und dem halben Ertrag seiner Mühle, die an der Elster erbaut ist, mit Hofstätten und Wiesen und einem Teil eines Waldes in der Ortschaft Plauen, wo auch die Kirche erbaut ist, begabt. Auf seine Vermittlung hin haben wir derselben Kirche den ganzen Zehnten dieses Gaues, der uns zukam, sowohl den vollen der ritterlichen Dienstmannen als den festgesetzten der Bauern zugestanden, haben das mit unserem Bann bekräftigt und über die Einwohner den Priester Thomas, einen sowohl in Wissen wie in Sitten ausgezeichneten Mann gesetzt, der sie von dem Irrtum des Heidentums noch völliger abbringen und dem Weg der Wahrheit vollkommen zuführen soll. Wir haben dieser Urkunde auch die Grenzen dieses Gaues beigefügt und ordnen unwiderruflich an, daß aller innerhalb dieser Grenzen (als wohnhaft) Festgesetzten ihre Zehnten, wie vorgeschrieben, dem Priester Thomas und seinen Nachfolgern an der Plauener Kirche zahlen und anerkennen, daß sie ihm in allem Göttlichen, in Taufe, Beichte und Begräbnis untergeben sein müssen: Von der Mündung des Baches Cocotwia (= Trieb) [= Ruppertsgrüner Bach] bis zur Tura (= obere Trieb) [= Limbach] und von dieser zum Esilbach (= Treuensches Wasser) [= Holzbach], von da zum Flusse Golz (Göltzsch) [= Göltzsch] und diesen hinauf zur Höhe des Grodinum (slawisch »grad« = Burg) [= Erhebung zwischen Rodewisch und Schnarrtanne], jenseits des Tirpisbercs [= Laubberg bei Schnarrtanne] hin zum Birbirbach [= Zinsbach] und diesen abwärts zur Milda (= unsicher zu bestimmen, jedenfalls von der oberen Göltzsch hinüber zur oberen Mulde) [= Zwickauer

lorum principis eiusque vicarii domini Kalisti summe sedis pontificis auctoritate quoque nostra banno firmamus et presentem paginam, ne ab aliqua ecclesiastica seculareve persona, que statuimus, vel mutari vel convelli debeant, sigillo nostro recognitam posterorum memorie commendamus. Huius rei testes sunt hii: Machtolfus prepositus Nuenburgensis, Heinricus magister, Brungerus, Ruvinus; Cic(enses): Hermannus prepositus, Rupertus, Johannes; nobiles: Albertus comes de Everstein, Luf, Arn, Wernerus; ministeriales: Erkenbertus de Withaa, Isinhardus, Hertwicus, Witilo et alii plures.

Acta sunt hec anno domini M°C°XX°II°, indictione I°, regnante et hec fieri inperante Heinrico V° anno inperii eius XII°, presente domino Alberto Moguntine sedis archiepiscopo, anno ordinationis Dietrici episcopi XI° Feliciter Amen.[4]

Mulde], bis zur Snesniza [= Weiße Mulde] zu deren Quelle, von da zur Zvatowa (= Zwota) [= Zwota] und deren Anhöhe bis zur Heiligen (Kleinen) Elster [= zweite Elster/ Schwarzbach] und flußabwärts den Schwarzbach zur rechten (= Weißen) Elster [= Weiße Elster] und dann bis zur Milne (Lochbach bei Eichigt) [= Lochbach bei Eichigt]; diese stromauf zur Quelle der mittleren Stirbil (= Triebel) [=Triebelbach]; ihren Lauf entlang zum Conin (= Pfaffenberg) [= Pfaffenberg], von hier zum Milezibach (bei Bobenneukirchen) [= Bach zur unteren Mühle von Bobenneukirchen], bis zur Lomniza (Schafbach) [= Schafbach] und längs ihres Laufes zum Binin (wohl Höhe von Zöbern) [= Höhe bei Zöbern], diesen zwischen dem Dorfe Zobi (= Zöbern Klein- und Groß-) [= Zöbern] hinab zur Kameniza (Kemnitz) [= Kemnitzbach], bis zur Wisinta (= die Wiesenthal) [= Wisenta] und dieselbe abwärts zur Tilia (Linde bei Pausa) [= Lindbach]; in den Fluß Mosilwitha (= Weida) [= obere Weida], in die Dobna (=Triebitzsch) [= Dobrabach] von deren Lauf zwischen der Striboz (= die Triebes bei Wolfshain) [= Triebitzsch] und der Siroune (= Syra) [= Syrabach] zur Elster [= Elster in ihrem Mittellauf] und diese stromauf bis zur Cocotwia (= Trieb) [= Ruppertsgrüner Bach].

Innerhalb dieser Grenzen darf also niemand ohne Zustimmung des Pfarrgeistlichen Kirchen bauen noch weihen lassen, und falls eine gebaut wird, soll sie der Mutterkirche unterstehen. Jeder Priester dieser Plauener Kirche soll sein Amt aus der Hand unserer Nachfolger empfangen. Daher bekräftigen wir, was wir getan und geschrieben haben, durch die Gewalt des seligen Apostelfürsten Petrus und seines Stellvertreters, des Herrn Papstes Calixt, und unsere Machtvollkommenheit mit dem Bann, und damit nicht von irgend einer kirchlichen oder weltlichen Person unser Beschluß geändert oder umgestürzt werden kann, übergeben wir gegenwärtige Urkunde durch unser Siegel beglaubigt dem Gedächtnis der Nachwelt.

Zeugen dieser Sachen sind die: Machtolf, Propst von Naumburg, Heinrich, Magister, Brunger, Ruvin; von Zeitz: Hermann, Propst, Rupert, Johannes; edle Herren: Albert, Graf von Everstein; Luf, Arn, Werner; ritterliche Dienstmannen: Erkenbert von Weida, Isinhart, Hertwig, Witilo und mehrere andere.

Dieses ist im Jahre des Herrn 1122 geschehen, in der 1. Indiktion, unter der Regierung Heinrichs V., der hierzu auch den Befehl gegeben hat, im 12. Jahre seiner kaiserlichen Herrschaft, in Gegenwart des Herrn Erzbischofs Adalbert von Mainz, im 11. Jahre der Ordination des Bischofs Dietrich. Amen!

Die Wiedergabe folgt der Transkription durch Ernst Pietsch.

Die Übersetzung basiert auf der Wiedergabe durch Erich Wild,[5] die in eckigen Klammern gesetzten Deutungen der geografischen Bezeichnungen folgen Gerhard Billig.[6]

Stadtentstehung und -entwicklung im 12. und 13. Jahrhundert

Martina Bundszus

Stadtentwicklung und Stadtbefestigung

Die in der Ersterwähnung Plauens 1122 enthaltene Ortsbezeichnung »vicus Plawe« lässt das Vorhandensein einer slawischen Vorbesiedlung vermuten. Allerdings bleibt deren genauere Lokalisierung bis heute Spekulation, da die überlieferten Schriftquellen hierzu schweigen und entsprechende archäologische Siedlungsbefunde noch ausstehen. Vermutet wurde das slawische Plauen im Bereich des Plauener Schlossbergs. Doch erscheint die als Argument herangezogene Flurbezeichnung »Hradschin« erst 1629 in der Stadtansicht Dilichs als »Rettschin«. Die auf den Stadtplänen von Dietz 1732 schraffierte und von Ulrich 1795 als »alte Schanze« bezeichnete Struktur im Bereich des Schlosses der Vögte könnte als möglicher Burgwall interpretiert werden, ist aber durch Neubauten für den Strafvollzug schon im 19. Jahrhundert abgetragen worden und nicht mehr nachprüfbar. Auch die von Christine Müller 2019 vorgestellte Überlegung, der 1122 erwähnte »vicus« habe sich zu Füßen der Johanniskirche im Syratal befunden, bleibt eine theoretische Annahme.

Bezüglich der Genese des mittelalterlichen Plauens findet bis heute das 1957 von Walther Ludwig beschriebene Entwicklungsmodell allgemeine Zustimmung. Danach ist der in der Weiheurkunde der Johanniskirche von 1122 erwähnte »vicus plawe« – von Ludwig als »Plauen I« bezeichnet – auf der Hochfläche über der Elster zwischen Johanniskirche und Altem Schloss (auf dessen Resten sich das Malzhaus erhebt) anzusiedeln. Unterstützung findet die These durch den Umstand, dass dieses Areal noch in der Zeit um 1500 steuerliche Sonderrechte besaß und als selbstständiges Stadtviertel galt. An den »vicus Plawe« angrenzend erfolgte nördlich eine regelmäßige Erweiterung, von Ludwig als »Plauen II« angesprochen, um einen viereckigen Markt, den heutigen Altmarkt, deren Anlage vor 1244 einer der Weidaer Vögte initiiert haben dürfte. Die erst in der Urkunde von 1244 von Vogt Heinrich I. von Plauen als »civitas«, das heißt als Stadt, angesprochene Ortschaft umfasste Plauen I und II. Doch wie Ludwig mit guten Argumenten ausführte, spricht vieles für eine Stadtwerdung Plauens schon vor dem Jahr 1224. Eine Urkunde zur Stadtrechtsverleihung ist nicht vorhanden.

1244 erweiterte Vogt Heinrich I. von Plauen die junge Stadt um die Neustadt (»Plauen III«). Anlass hierfür dürfte zum einen die nicht allzu große Ausdehnung gewesen sein: Plauen I und II maßen zusammen rund 350 Meter in Nord-Süd-Richtung und rund 300 Meter in West-Ost-Richtung. Zum anderen konnte mit der Neustadtanlage die für die Wegeführung nach Thüringen wichtige Querung der Elsterfurt – an deren Stelle erstmals 1244 eine Brücke genannt ist – in die Stadt einbezogen werden.

Möglich wurde die Stadterweiterung nach Osten durch einen Grundstückstausch mit dem seit 1224 in Plauen nachweisbaren Deutschen Orden. Dessen Anwesenheit in der Vogtlandmetropole wird aufgrund von Indizien ab 1214 angenommen. Wie der Grundstückstausch von 1244 belegt, war die Neustadt zu diesem Zeitpunkt schon teilweise bebaut (um den Bereich des heutigen Neustadtplatzes). So bestand damals bereits die Untere Mühle, wegen ihrer Anbindung an den Deutschen Orden auch »Kreuzermühle« genannt. Ebenso ist zu vermuten, dass der nördlich an die Neustadt angrenzende, am östlichen Syra-Ufer gelegene Hochsporn mit dem 1224 genannten »castrum« (dem späteren Schloss der Vögte) bebaut war. Eine Erhebung zur Stadt war mit der Verleihung besonderer Rechte verbunden, wie Marktrecht, Recht auf gewisse Selbstverwaltung und Befestigungsrecht.

Entsprechend zur dargestellten Entwicklung Plauens nimmt die Regionalforschung einen zweiphasigen Ausbau der Stadtbefestigung an. Aus dem Stadtmauerverlauf ergibt sich, dass die »civitas Plawe«, die Altstadt (Plauen I und II), vor Anlage der Neustadt befestigt war. Mit der Nennung der Neustadt 1263 soll dann auch deren Befestigung abgeschlossen gewesen sein. Diese Absicht sei schon in der Urkunde von 1244 greifbar. Mit der Einbeziehung der Neustadt in die Stadtumwehrung war die östliche Altstadtmauer in weiten Teilen quasi zu einer inneren Stadtmauer geworden, die zu unbekanntem Zeitpunkt aufgegeben wurde.

Bildquellen setzen erst ab der Frühen Neuzeit ein. Von besonderer Bedeutung für die Stadtumwehrung sind die Stadtansichten von Sebastian Münster (1598), Wilhelm Dilich (1629), Matthäus Merian (um 1650), Michael Köhler (1721) und Johann August Richter (1727) sowie die Stadtpläne von Christoph Moritz Dietz (1732), Johann Karl Anton Ulrich (1795) und der Stadtplan 1844. Hinzu kommen Fotos des späten 19. und frühen 20. Jahrhunderts. In den Schriftquellen ist die Stadtbefestigung ab dem 14. Jahrhundert fassbar. 1317 wurde eine Hausstätte genannt, welche in der Neustadt nahe dem Tor der Predigerbrüder liegt. Eine zweite Nennung erfolgte 1328, als dem Deutschen Orden die Besitzungen und Renten innerhalb und außerhalb der Stadt Plauen be-

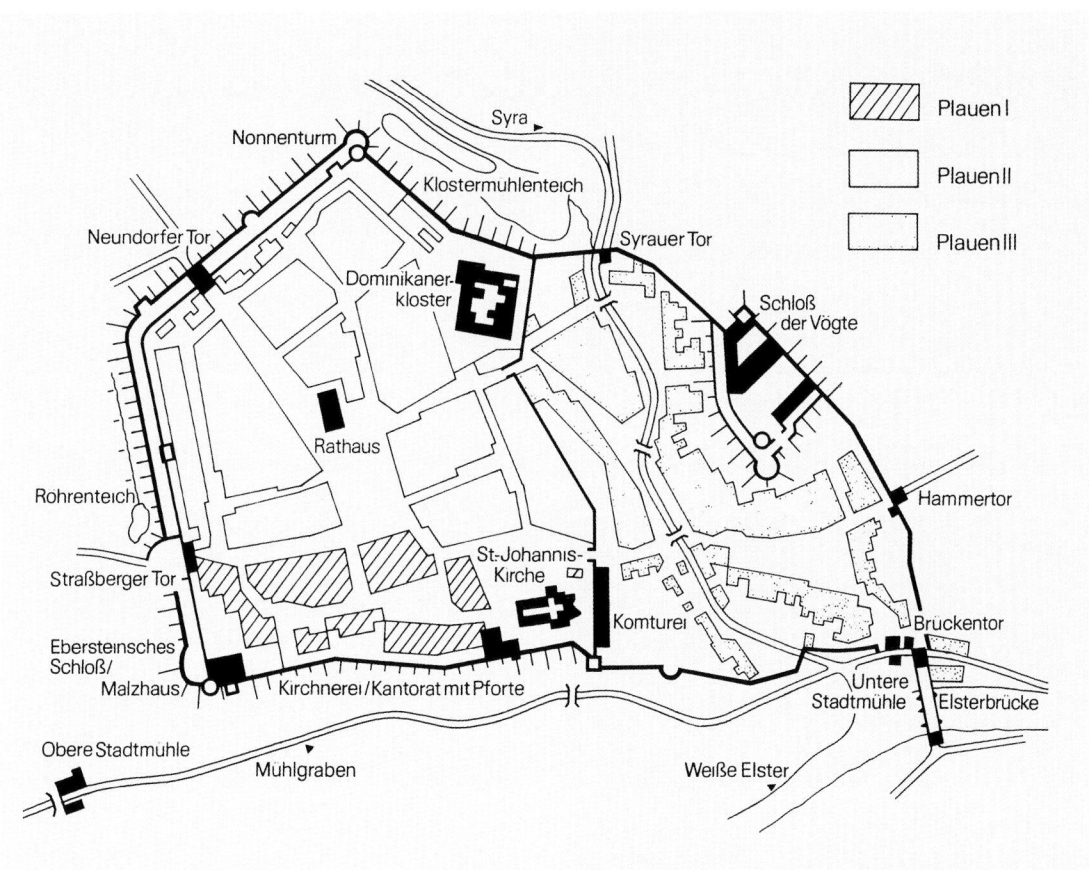

①
Die drei Phasen der
Stadtentstehung nach
W. Ludwig und J. Richter
Vogtlandmuseum Plauen

stätigt wurden: »vor dem tore der steinenen brueken, vor jessenizer tor, vor syreiner tor, vor der schulpforten und vor strazberger tor«.[1]

Von den zwölf im Mittelalter auf dem Gebiet des heutigen sächsischen Vogtlands bestehenden Städten (Adorf, Auerbach, Falkenstein, Markneukirchen, Mühltroff, Netzschkau, Oelsnitz, Pausa, Plauen, Reichenbach, Schöneck und Treuen) waren nur sechs, nämlich Adorf, Auerbach, Oelsnitz, Pausa, Plauen und Reichenbach, ummauert. Unter diesen besaß Plauen jahrhundertelang die stärkste Stadtbefestigung. Zur Befestigung gehörten Tore, Wasserdurchlässe, Türme und Bastionen. Am Ausgang des Mittelalters beinhaltete die Umwehrung neben dem zu unbekanntem Zeitpunkt abgetragenen Tor in der überflüssig gewordenen Stadtbefestigung zwischen Alt- und Neustadt (Steinwegtor) fünf weitere Stadttore (Neundorfer Tor, Straßberger Tor, Elsterbrückentor, Hammertor [= Jößnitzer Tor], Syrator). Hinzu kamen mindestens zwei, wahrscheinlich aber drei einfache Durchlässe: in der Neustadt die Mühlpforte, in der Altstadt die bis heute neben der Johanniskirche erhaltene Pforte sowie eine aufgrund der topografischen Lage angenommene Pforte am Schulberg. Zwei Wasserdurchlässe gewährleisteten den Durchfluss der Syra: der obere neben dem Syrator, der untere westlich des Brückentors.

Von den Stadtmauertürmen lassen sich drei sicher nachweisen (zwei Türme im Bereich der Altstadtumwehrung: Nonnenturm und Pulverturm sowie ein Turm in der Neustadtbefestigung (der Rote Turm beim Komturhof). Ob im nordöstlichen Schlossturm ein weiterer Turm der mittelalterlichen Befestigung zu sehen ist, muss stark angezweifelt werden. Ebenfalls bleibt unklar, ob sich an der Südwestecke der Altstadtbefestigung beim Malzhaus ein Turm erhob. Zwingermauern wurden nur dort ausgeführt, wo das vorgelagerte Gelände keinen natürlichen Schutz bot, nämlich in den Altstadtbereichen am Unteren und Oberen Graben.

Als Baumaterial für die Stadtmauer diente der vor Ort anstehende Naturstein (Phyllit, Grünstein und Diabas). Für Mörtel und Verputz verarbeitete man ein Kalk-Sand-Gemisch. Die Verwendung von Ziegeln ist nur bei den heute noch erhaltenen Schießscharten (Mauerabschnitt Oberer Graben/Mühlberg) nachweisbar.

Die Altstadtbefestigung

Der Nonnenturm mit Bastion

Das Bauwerk wird 1382 erstmals urkundlich erwähnt als »Turm in der Nonnengasse«. Die Bezeichnung »Nonnenturm« taucht 1563 auf und wird in Verbindung gebracht mit der bis zur Reformation in der Nähe befindlichen Niederlassung der Schwestern der dritten Regel zur Buße des heiligen Dominikus. Der heute insgesamt rund 20 Meter hohe Turm erhebt sich über einem kreisrunden Grundriss von etwa sechs Metern Durchmesser mit einer unteren Mauerstärke von rund zwei Metern. Die Höhe des erhaltenen Originalmauerwerks aus Tonschiefer lag 1954 bei mehr als acht Metern über dem Zwingerniveau. Im Originalmauerwerk sitzen drei Lichtscharten

1367

② Nonnenturm mit Bastion, 1940
Max Herold

Das Neundorfer Tor

Den Stadtzugang von Norden her ermöglichte das Dobenecker Tor, auch Dobenauer oder Neundorfer Tor genannt. Es lag an der Einmündung der heutigen Marktstraße/Neundorfer Straße zwischen dem 1911/12 erbauten Sparkassengebäude und dem Neuen Rathaus und wurde 1367 erstmals erwähnt in Zusammenhang mit einem Haus, »da ynne ist gesessen Cuntz Snydir, bey Dobenecker Tor«.[2] Neben dem Straßberger Tor hatte es den wehrhaftesten Ausbau. Dem Stadtplan von Dietz zufolge waren zwei Torgehäuse mit jeweils einer annähernd quadratischen Grundfläche von acht mal neun Metern angeordnet.

Laut den Bildquellen gab es zumindest einen großen markanten Torturm. Auf der Dilich-Zeichnung trägt er einen starken Aufbau mit einem Zinnenwehrgang und einer kleinen Spitze. Die überlieferte Grundrisssituation lässt hypothetisch die Existenz eines zweiten Torturms zu. Über den Graben führte eine Brückenkonstruktion, für die im Mittelalter eine Ausführung als Zugbrücke anzunehmen ist. Spätestens seit dem 18. Jahrhundert erfolgte die Zufahrt über eine steinerne Brücke, unter deren Bogen bis 1798 ein Töpferofen stand. Das Neundorfer Tor wurde 1837 abgetragen. Heute erinnert der Übergang vom Sparkassengebäude zum Neuen Rathaus symbolisch daran.

(Kreuzschlitzscharten). Darüber erhebt sich ein etwa drei Meter hohes, aus gröberen Bruchsteinen gemauertes Obergeschoss. Den Abschluss bildet wie bereits auf der Stadtansicht von 1598 ein steiles Kegeldach.

Dem Nonnenturm vorgelagert ist eine Dreiviertelkreis-Bastion, die zum nördlichen Zwingersystem gehörte. Nachdem sie 1962 aus verkehrsplanerischen Gründen abgerissen worden war, erfolgte Anfang der 1990er-Jahre ihre Rekonstruktion im Zusammenhang mit der Turmrestaurierung und der Neugestaltung seines Umfelds. Dabei wurde eindeutig festgestellt, dass Nonnenturm und vorgelagerte Bastion nur unwesentlich unter dem heutigen Geländeniveau auf einem sehr lehmhaltigen Geländevorsprung oberhalb der Syra gegründet wurden, also weit weniger hoch waren, als von Walter Bachmann 1954 angenommen.

Nördlicher Mauerverlauf zwischen Nonnenturm und Neundorfer Tor

Da das hier vor der Stadt liegende Gelände keinen natürlichen Schutz bot, wurde ein doppelter Stadtmauerzug mit vorgelagertem Graben errichtet. Dies ist sowohl in der 1643 gedruckten Darstellung eines 1640 bei Plauen stattgefundenen Gefechts sowie im Stadtplan von 1732 erkennbar. Diese Darstellungen zeigen – ungefähr in Höhe zwischen dem heutigen Rathauseingang und der Einmündung Herrenstraße – eine halbrunde, nach außen gerichtete Aufweitung (Bastion oder Halbschalenturm) der Zwingermauer.

Zwischen Neundorfer und Straßberger Tor

Vom Neundorfer Tor verlief der doppelte Stadtmauerzug in westliche Richtung zur Einmündung Oberer Graben/ Neundorfer Straße. Er winkelte im Gelände der Alten Feuerwache (heute Jugendherberge) nach Süden ab. Ob die Nordwestecke durch einen Turm zusätzlich gesichert war, wie es Walter Bachmann 1954 in seinem Rekonstruktionsplan darstellte, ist fraglich. Bild- und Schriftquellen schweigen, der archäologische Nachweis kann wegen Überbauung nicht mehr erbracht werden.

Von hier führte die Mauer nahezu geradlinig entlang der heutigen Straße Oberer Graben, wo sie in weiten Teilen als doppelter Mauerzug noch sichtbar erhalten ist. Hier zeigt sich zwischen dem ehemaligen Brandschutzamt (Oberer Graben 20) und der rückseitigen Einfahrt Nobelstraße 13 (Vogtlandmuseum) die einstige Situation mit innerer und äußerer Stadtmauer (Zwingermauer) und vorgelagertem Graben besonders deutlich.

Der im Dietz-Plan unter Nr. 31 etwas weiter südlich eingetragene Pulverturm wurde schon in den Stadtansichten von Münster (1598) und Dilich (1629) dargestellt. Demzufolge besaß er ein Pyramidendach mit mutmaßlichem Zinnenkranz. Den fast quadratischen Grundriss und die genauere Lage des Turms im Bereich zwischen den heutigen Straßen Oberer Graben/Nobelstraße gibt erstmals Merian (1643) wieder.

Der Pulverturm verschwand Ende des 18. Jahrhunderts mit dem Neubau der Wohnhäuser an der Jüdengasse (heute Nobelstraße) aus dem Stadtbild. Doch wurde er wohl nicht vollständig abgetragen, seine Grundmauern könnten in die neue Bebauung eingegangen sein. Der für das späte 18. Jahrhundert in Akten überlieferte Streit zwischen Stadt und Amt Plauen um die Steuereinnahmen aus dem Grundstück des Baumwollwarenhändlers Baumgärtel belegt den Standort des Pulverturms im Bereich der Hintergebäude der Anwesen Nobelstraße 9/11 – heute Teil des Vogtlandmuseums.

Von den Anwesen Nobelstraße 9 bis Nobelstraße 3 hat sich die innere Stadtmauer (Hauptmauer) als Außenmauer der später errichteten Hintergebäude in fast ursprünglicher Höhe mit Schießscharten erhalten. Bei Mitte der 1990er-Jahre erfolgten Sanierungsarbeiten konnte hier aufgrund der erhaltenen Bausubstanz ein Teil des einstigen Wehrgangs frei rekonstruiert werden.

Während im rückwärtigen Bereich des Museumskomplexes Nobelstraße 9–13 der Zwinger seit dem 18. Jahrhundert fast vollständig überbaut wurde, ist er im Abschnitt Nobelstraße 3–7 vom Oberen Graben aus nach der Neugestaltung wieder sichtbar.

Das Straßberger Tor

Das 1328 ersterwähnte Straßberger Tor lag vor der Kreuzung Oberer Graben/Straßberger Straße/Mühlberg und bildete den Hauptzugang der Stadt aus westlicher Richtung. Schon in der Stadtansicht Münsters (1598) ist es mit steilem Walmdach dargestellt, ebenso auf den späteren Ansichten von Dilich und Merian.

Unter den Plauener Stadttoren besaß es als einziges einen Torturm mit vorgelagerten, zangenartig halbrund endenden Seitenmauern. Sein markanter Grundriss wird von den Plänen Merians (1643) und Dietz (1732) dokumentiert. Das ursprüngliche Aussehen der Toranlage von Westen ist besonders in den Darstellungen von Münster und Köhler (1721) erkennbar. Dem Dietz-Plan zufolge besaß der Torturm eine Grundfläche von etwa sieben mal acht Metern.

Nach Beschluss des Plauener Bürgerausschusses von 1837 wurde das Tor 1838 abgetragen. Heute erinnern an das beeindruckende Bauwerk nur noch der vorgelagerte Straßberger Torplatz und eine Grundrissrekonstruktion der nördlichen Torzange mit Anschluss an die Stadtmauer in der Pflasterfläche.

Die Südwestecke mit Malzhaus

Vom Straßberger Tor fällt das Gelände nach Süden relativ steil zur Elsteraue ab. Der in großen Teilen erhaltene doppelte Stadtmauerzug wurde bis zur Südwestecke fortgeführt. Trotz seines wehrhaften Erscheinungsbilds sind große Mauerabschnitte einschließlich der Schießscharten Ausbesserungen des 17. Jahrhunderts und besaßen infolge des weiter entwickelten Geschützwesens bereits zu dieser Zeit keine größere Verteidigungsfunktion.

Die Südwestecke der Stadt war seit alter Zeit gesondert gesichert. Schon vor der Stadtwerdung befand sich hier eine Befestigung, die mit dem Geschlecht der Eversteiner in Verbindung gebracht wird und deren Existenz durch die Ausgrabungen des Landesamts für Archäologie Sachsen im Bereich Topfmarkt/Alter Teich Mitte der 1990er-Jahre bestätigt ist. Die äußeren Burgmauern wurden später in die Stadtbefestigung integriert. Auf den Resten der Burg errichtete die Stadt Plauen um 1730 ihr städtisches Malzhaus. An dessen Südseite sind heute noch markante Baudetails wie Schießscharten, Reste eines rechteckigen Abortturms und eines möglichen Rundturms erkennbar, westliche und südliche Außenmauer bildeten zugleich die Stadtbefestigung.

Gegenüber der Einmündung der Rosengasse in den Mühlberg fällt beim heutigen Treppenaufgang zum Malzhaus ein Versatz der Mauer aus der Flucht ins Auge. Er könnte in Zusammenhang mit der Darstellung bei Münster als Anschluss der Stadtmauer an einen 1598 noch vorhandenen Rest eines turmartigen Gebäudes der alten Burg gedeutet werden. Eine weitere mögliche Erklärung wäre in Zusammenhang mit der genau darauf zulaufenden Rosengasse die Deutung als Indiz für einen ehemaligen Zugang zur Burg beziehungsweise zum »vicus plawe« (= Plauen I).

Der weitere Verlauf der südlichen Altstadtumwehrung orientiert sich an der Hangkante zur Elsteraue. Dort war aufgrund der topografischen Situation und der Wasserläufe von Elster und Mühlgraben eine einfache Stadtmauer ausreichend. Der gesamte Mauerverlauf ist hier in unterschiedlichen Höhen erhalten.

1598

③
Innere Stadtmauer und Zwinger am Oberen Graben
Frank Weiß

Die Pforte

Die heute noch bestehende Pforte durchbrach als Fußgängerdurchlass die Altstadtmauer nahe dem Südturm der Johanniskirche und wurde seit 1598 in Ansichten und Plänen abgebildet. Wie Walther Ludwig belegte, ist 1328 mit der Nennung einer Badestube vor der »schulpforten« dieser Durchlass – über dem sich die erste Plauener Schule befand – gemeint und nicht eine Maueröffnung im Bereich des heutigen Schulbergs.

Er dürfte nicht für die Allgemeinheit bestimmt gewesen sein. Darauf weist eine vor den wettinischen Landesherren verhandelte Schlichtung hin: Als um 1500 im Bereich der Pforte ein großes Stück Stadtmauer mitsamt dem Pfortenoberbau eingestürzt war, entbrannte um den Wiederaufbau zwischen Stadt und Deutschem Orden ein Streit. Er konnte 1503 von Kurfürst Friedrich und Herzog Johann dahingehend beigelegt werden, dass beide Parteien für die Pforte einen Schlüssel besitzen sollten, aber keine ohne die andere auf- und zuschließen durfte.

Südostecke und Ostabschnitt der Altstadtmauer mit dem Steinwegtor

Östlich der Pforte ist die Altstadtmauer direkt vor der Johanniskirche bis heute erhalten. Doch an ihrer Südostecke zwischen Johanniskirche und Komturhof ist der ursprüngliche Verlauf nicht mehr sicher nachvollziehbar, da das Areal zum einen durch den wohl noch im 13. Jahrhundert errichteten Bau des mittelalterlichen Komturhofs überprägt wurde und sie zum anderen in den – mit der Neustadtbefestigung nach 1244 überflüssig gewordenen – östlichen Mauerabschnitt mündete. Die nach Südosten von der Johanniskirche herführende Altstadtmauer dürfte im Bereich des Konventsgebäudes am Schulberghang nach Norden weitergegangen sein.

Anders als von Bachmann vermutet, ist es sehr unwahrscheinlich, dass dieser Mauerzug schon mit einer ins Syratal vorgelagerten Zwingermauer versehen war, da nach heutigem Kenntnisstand Zwingermauern in Sachsen nicht vor dem 14. Jahrhundert auftreten, wobei die Masse eher in die Zeit der Hussitenzüge (1420/1430er-Jahre) oder bald danach fallen dürfte. Falls beim Bau des Konventsgebäudes ein Teil der inneren Stadtmauer genutzt wurde, dürfte es sich um die der Johanniskirche zugewandte Längswand gehandelt haben.

Durchlass am Schulberg

Über einen Zugang im Bereich des heutigen Schulbergs, den Bachmann irrtümlich mit der 1328 erwähnten Schulpforte gleichsetzt, ist nichts überliefert. Das beruht nicht zuletzt darauf, dass er in dem Teil der östlichen Altstadtbefestigung anzusiedeln wäre, welcher mit der Einbeziehung der Neustadt seine Funktion verlor. Doch legen es der Brandplan der Stadt Plauen (1844) sowie die topografischen Verhältnisse nahe, in ihm einen der Zugänge zum alten »vicus plawe« (Plauen I) zu sehen.

Zwischen Schulberg und ehemaligem Steinwegtor sind heute nach Gebäudeabbrüchen wieder Teile der östlichen Altstadtmauer vom Bereich Syrastraße/Unterer Steinweg sichtbar. Auch in der Tiefgarage des 1992 eingeweihten Klostermarkt-Treffs (Unterer Steinweg 6) ist ein Teil der Mauer als archäologisches Denkmal erhalten. Es wird erläutert durch ein vereinfachtes Stadtrelief mit eingetragenem Stadtmauerverlauf. Dieser Mauerzug war in die ehemalige Quartierbebauung Untere Endestraße/Oberer Steinweg/Unterer Steinweg eingebunden.

Das Steinwegtor

An der Ostseite der Altstadtmauer stand das Stadttor, über welches am wenigsten bekannt ist. Von ihm berichten allein Schriftquellen. Erstmals ist es in einer am 25. Juli 1317 ausgestellten Urkunde erwähnt. Damals tauschte Vogt Heinrich III. von Plauen Zinsen auf zwei Häuser in der Neustadt – gelegen beim Tor der Predigermönche (»prope valvam fratrum predicatorum«) – gegen Zinsen auf zwei Häuser in der Altstadt (»civitas«) mit dem Plauener Deutschordenshaus.[3]

Die Deutung Walther Ludwigs, es habe im Bereich Oberer/Unterer Steinweg gelegen, trifft sicher zu, da der Steinweg nicht nur nahe dem Dominikanerkloster verlief, sondern auch die älteste gepflasterte Straße Plauens war und als bedeutender Verkehrsweg anzusprechen ist. Bei archäologischen Ausgrabungen Ecke Klostermarkt/Oberer Steinweg/Klosterstraße konnte 1994 der Ansatz der nördlichen Torwangenmauer erfasst werden. Zum Zeitpunkt seiner Ersterwähnung hatte das Tor schon seine Verteidigungsfunktion verloren, da die ab 1244 angelegte Neustadt die östliche Altstadtmauer in weiten Teilen überflüssig machte. Ob in diesem Bereich ein älterer Stadtumwehrungszug für den Klosterbau (ab 1273) weiter nach Osten verlegt wurde, muss offenbleiben.

Das Steinwegtor ist nach 1533 nicht mehr gesichert erwähnt. Möglicherweise bezieht sich darauf die Bezeichnung »Hennebachs Thor« im 1548 abgefassten Kopienbuch der Stadt Plauen.[4]

Vom Steinwegtor zum Nonnenturm

Nördlich des Steinwegtors orientierte sich die Altstadtmauer an der Geländetopografie und führte mit einer

④ Rekonstruierte Grundmauern des 1677 eingestürzten Roten Turms am Komturhof
Frank Weiß

etwa rechtwinkligen Auszackung nach Nordwesten zum Nonnenturm. Im Bereich dieser Abwinklung oberhalb der Nordostecke des Dominikanerklosters vermutete Walter Bachmann einen weiteren Stadtmauerturm, welchen er in einem Rekonstruktionsplan verzeichnete und in seiner Idealrekonstruktion der Nordseite der alten Stadt darstellte. Zwar erscheint ein Turm an dieser Stelle verteidigungstechnisch sinnvoll, doch kann er nicht nachgewiesen werden. Die archäologische Ausgrabung der 1990er-Jahre im Bereich City-Parkhaus/Klosterstraße erbrachte keine eindeutigen Ergebnisse hierzu.

Bachmanns Annahme, die Altstadtmauer habe im Bereich des Dominikanerklosters noch eine vorgelagerte Zwingermauer besessen, beruht auf einer Fehlinterpretation. 1478 wurde den Plauener Dominikanermönchen zur Erweiterung ihres Klostergartens vom Rat die Benutzung des am Kloster anliegenden Stadtgrabens gestattet, ein Zwinger ist nicht genannt.

Die Neustadtbefestigung

Die Befestigung der ab 1244 angelegten Neustadt schloss südlich des Johanniskirchen-Querhauses an die Altstadtbefestigung an und führte die Hochfläche hinab in die Elsteraue. Die Ecke, an der sie nach Osten abknickte, war durch einen Turm gesichert.

Der Rote Turm beim Konventsgebäude

Diese markante Baulichkeit schloss mit ihrer Nordwestecke an die von der Hochfläche herabführende Stadtmauer an und ist nicht zu verwechseln mit dem Roten Turm beim Schloss der Vögte. Der Bau ist auf den Stadtansichten von Münster, Dilich und Merian gut dargestellt, nur auf dem Gefechtsplan von Merian (1643), auf dem dieser Stadtmauerabschnitt vereinfacht dargestellt ist, fehlt er.

Die Ersterwähnung 1336 bestätigt seinen Bezug zur Niederlassung des Deutschen Ordens. Er diente den Ordensbrüdern als Abtrittsturm, den ab 1336/37 ein Übergang mit dem Konventsgebäude verband: »[...] erloubet den brudern dez dutschen huses zcu plawe daz sy sullen obir dy stat mueren eynen gank zcu yrem heymelichen gemache buewen [...]«.[5]

Bildquellen und archäologischen Ausgrabungen (1994–1996) zufolge besaß er einen viereckigen Grundriss von 6,80 mal 6,80 Metern und eine Mauerstärke von rund 1,60 Meter und war noch mehr als 3,30 Meter über dem anstehendem Flussauenschotter erhalten. Er hatte drei Geschosse, ein Pyramidendach und überragte sogar das Konventsgebäude. Der Boden des Untergeschosses war mit einem deutlichen Gefälle zur Südseite ausgelegt. Die Südwand war im Untergeschoss nicht geschlossen, sondern besaß eine große, ursprünglich mit einem Bogen überspannte Öffnung zur Ausschwemmung der Fäkalien in den Mühlgraben.

Der Turm stürzte nach Geutebrück am 24. Februar 1677 ein. Die entstandene Baulücke wurde relativ schnell mit einer einfachen Mauer geschlossen. Hierauf verweisen die Kämmereirechnungen der Stadt, die unter »Ausgabe uff die Stadtmauer im Comturhof« ab dem 11. September 1677 Baumaßnahmen für den Platz, »wo der eingefallene rothe turm gestanden«, verzeichnen.[6]

Vom Roten Turm zur Mühlpforte

Die Neustadtmauer führte in der Elsteraue vom Roten Turm nördlich des 1224 ersterwähnten Mühlgrabens quer über das heutige Sparkassengelände zur Elsterbrücke. Die Ansichten des 16. bis 18. Jahrhunderts halten hier ein bastionsartiges Bauwerk fest. Seine Gestalt ist verschieden dargestellt: Während Münster, Dilich und Merian einen halbrund aus der Mauerflucht hervortretenden Baukörper abbilden, welcher die Höhe der Stadtmauer nicht übersteigt, zeigt der Plan von Dietz (1732) an dieser Stelle einen geschlossenen fünfeckigen Grundriss. In den Ansichten der 1720er-Jahre ist dagegen wieder ein halbrund hervortretender Bau dargestellt, welcher nun die anschließende Stadtmauer um mindestens ein Geschoss überragt.

Das gesamte Areal wurde seit der zweiten Hälfte des 19. Jahrhundert industriell genutzt, zuletzt durch den Volkseigenen Betrieb Vogtländische Webtextilien (VEB Vowetex). Nach dem Abbruch der Industriegebäude fanden zur Vorbereitung der Neubebauung durch die Sparkasse Vogtland von 1997 bis 1999 archäologische Untersuchungen statt. Der Einbau von Luftschutzkellern in den späten 1930er-Jahren hatte die Situation jedoch nachhaltig gestört.

(5) Blick auf Johanniskirche, Komturhof und Stadtbefestigung, Pastell, um 1880
Vogtlandmuseum Plauen, Repro Uwe Fischer

1336/37

⑥ Abbrucharbeiten an der Stadtmauer hinter der Schustergasse zum Unteren Graben, 1902
Vogtlandmuseum Plauen

——— 1328

Die Stadtmauer führte nördlich des Zusammenflusses von Syra und Elster an die Syra heran und überquerte sie mit einem bogenförmigen Wasserdurchlass. Von dort verlief sie weiter entlang der ehemaligen Kreuzer- oder Unteren Mühle.

Die Mühlpforte

Die Mühlpforte war ein Fußgängerdurchlass in der Stadtmauer an der am Neustadtplatz gelegenen Unteren Stadt- oder Kreuzermühle. Die Mühle schloss mit ihrer Südseite an die Stadtmauer an. Der Durchgang durch die Stadtumwehrung war auf der am Neustadtplatz gelegenen Seite der Mühle – zumindest seit dem späten 19. Jahrhundert – über ein paar Stufen unterhalb der Straßenfläche zu erreichen und führte durch die Mühle hindurch auf den Landstreifen zwischen Mühlgraben und Elster. Wann die Pforte entstand, ist unbekannt. Walter Bachmann vermutete in ihr einen ursprünglich deutschordensinternen Zugang zum zwischen Elster und Mühlgraben gelegenen Elisabeth-Hospital. Noch im 18. Jahrhundert war der Müller zu ihrer ordnungsgemäßen Verschließung verpflichtet. Geutebrück berichtete 1709: »[...] sonsten ist bey der Creuzmühle ein Pförtigen. Dießes muß der Müller nach Inhalt der alten Vergleich, sobalden als die Pforte bey der Kirche zugemacht wird, auch sperren und darff niemand nach solcher zeit hinaus laßen.«[7] Dieser Durchlass wurde gern von denen benutzt, die den Torschluss versäumt hatten oder die Torsteuer umgehen wollten. Auf den Darstellungen von Dilich und Merian sind sowohl Mühle als auch Pforte dargestellt. Die Kreuzermühle wurde samt Mühlpforte 1939/40 abgerissen, ohne dass eine Dokumentation oder gar Bauuntersuchungen erfolgt waren.

Das Brückentor

Die steinerne Elsterbrücke zählt zu den ältesten Bauwerken Plauens. Sie wurde schon 1244 genannt. Das rund 75 Meter lange und etwa sieben Meter breite Bauwerk besitzt fünf Brückenpfeiler und führt über den Mühlgraben und die südlich davor fließende Elster. Explizit als »Brückentor« wird das Bauwerk zwar erst 1328 bezeichnet, doch ist davon auszugehen, dass es mit der Anlage der Neustadt schon als Stadttor fungierte. Die Bildquellen belegen an jeder Uferseite einen turmartigen Brückenaufbau. Deren Dachformen waren, wie die Darstellungen von Münster, Dilich und Schramm zeigen, Wandlungen unterworfen.

Da die Brücke immer mehr zum Verkehrshindernis für schwer beladene Lastenwagen wurde, begannen 1817 der Abriss des südlichen Brückenturmes und die Teilabtragung der hohen seitlichen Brückenwangen. 1842/43 folgten die Beseitigung des stadtseitigen Brückenturms und des Torschreiberhäuschens in Verbindung mit der Herstellung einer verbreiterten Brückeneinfahrt. Seit den Restaurierungsarbeiten der 1980er-Jahre sind die Grundrisse der einstigen Tortürme in der Pflasterung der Brücke kenntlich gemacht.

Vom Brückentor verlief die Neustadtumwehrung mit einer Abwinklung im Bereich des heutigen Gerberplatzes zum Hammertor. Flussabwärts vorgelagert befand sich, außerhalb der Stadtmauer gelegen, das Elisabeth-Hospital.

Das Hammertor

Das Hammertor wird 1328 erstmals erwähnt. Den Plänen von Merian (1643) und Dietz (1732) zufolge ragte es aus der Stadtmauerflucht hervor. Über einem rechteckigen Grundriss von rund sieben mal neun Metern erhob sich das mehrgeschossige Torhaus, dessen Abschluss ein zwischen zwei Schaugiebel eingestelltes Satteldach bildete. Die Gestaltung der Giebel ist uneinheitlich überliefert. Während Münster (1598) geschweifte Renaissancegiebel darstellt, zeigen Dilich und Merian in ihren Stadtansichten eher Staffelgiebel. Nach dem Stadtbrand von 1708 scheint sein Wiederaufbau in vereinfachter Form erfolgt zu sein, da auf der Stadtansicht von 1721 die markanten Giebel bereits fehlen. Als letztes der Plauener Stadttore wurde es 1843 abgetragen.

Vom Hammertor zum Schloss

Die Neustadtmauer führte vom Hammertor nach Norden in Richtung Schloss. Die mittelalterliche Anbindung an das Schloss wurde Ende des 17. Jahrhundert durch den Bau des Amtshauses nachhaltig verunklärt. Dieser Mauerzug ist nur in der Stadtansicht Münsters erkennbar. Dilich und Merian zeigen ein relativ freistehendes Schloss ohne Anbindung zur Stadtmauer. In der Stadtansicht von 1721 unterbricht in diesem Bereich das ab 1693 errichtete Amtshaus die Stadtmauerflucht. Dieses Amtshaus ersetzte vielleicht einen im späten 16. Jahrhundert an gleicher Stelle erbauten Vorgänger.

Das Schloss

Das im 13. Jahrhundert errichtete Schloss der Vögte war in die Neustadtumwehrung eingebunden und schützte deren Nordostflanke. Dabei übernahm die nordöstliche Schlossmauer gleichzeitig die Funktion der Stadtmauer. Sie winkelte am Nordturm in südwestliche Richtung ab. Der heutige Nordturm dürfte wegen seiner Gesamtkonstruktion und seiner bescheidenen Ausmaße nachmittelalterlich sein. 1487/88 wurde an der bis dahin geschlossenen östlichen Außenmauer ein neuer Schlosszugang, das »Neue Tor« eingebaut, welches seit 1511/12 in den Quellen nur noch als »Hinteres Tor« tituliert wurde.

Vom Schloss zum Syrator

Am Schloss setzte die Stadtmauer etwa zehn Meter südwestlich vom Nordturm entfernt an und führte in Nordwestrichtung geradlinig hinunter ins Syratal. Die Bebauung im Syratal wurde durch das katastrophale Hochwasser 1834, den Bau der Bürgerschule an der Syrastraße, den Zweiten Weltkrieg und die Veränderungen der Straßenführung in der zweiten Hälfte des 20. Jahrhunderts maßgeblich gestört, sodass heute keine Spuren einstiger Befestigungen vorhanden sind.

Das Syrator und der obere Syradurchlass

Das 1328 erstmals erwähnte Syrator sicherte den nördlichen Zugang zur Neustadt. Es stand in unmittelbarer Nähe zur Syra. Dem Plan von Dietz zufolge besaß es eine annähernd quadratische Grundfläche von etwa 8,50 mal 8,50 Metern. Über seinen Aufbau ist fast nichts bekannt, da es auf nahezu allen bekannten Stadtansichten aufgrund des Blickwinkels und der Topografie fehlt. Allein Münster (1598) zeigt unter der Signatur »i« zumindest ein hohes Sattel- oder Walmdach. Als einziges weiteres Baudetail ist der gotische Torbogen auf einer Zeichnung Wilhelm Vogels von 1834 überliefert. Sie zeigt das Tor als Ruine, nachdem es am 22. Juli 1834 bei dem schweren Syra-Hochwasser stark geschädigt worden war. Noch im gleichen Jahr wurde es abgetragen.

In unmittelbarer Nachbarschaft befand sich der obere Syradurchlass, durch den der Wasserlauf die Stadt erreichte. Anders als beim unteren, südseitigen liegen von ihm keine Darstellungen vor.

Vom Syrator zur Altstadtbefestigung

Mit dem Syradurchlass überquerte die Neustadtbefestigung den Wasserlauf und verlief südlich der späteren Lohmühlenanlage den Hang hinauf zum Altstadtplateau. Hier schloss sie über der Nordostecke des alten Dominikanerklosters an die Altstadtumwehrung an.

Schlussbemerkung

Mit dem beschriebenen Verlauf um Alt- und Neustadt hatte die Stadtbefestigung ihre endgültige Ausdehnung erreicht. Außerhalb dieser Grenze verblieben die auch schon im Mittelalter entstandenen Vorstädte vor Brückentor, Hammertor, Straßberger und Neundorfer Tor.

Mit fortschreitender Fernfeuerwaffen-Entwicklung verlor die Stadtumwehrung immer mehr an Bedeutung.

1487/88

Altstädtisches Gebiet im heutigen Plauen: in der Mitte die vom Malzhaus (links) bis zum Konventsgebäude (rechts) heute noch erhaltene Stadtmauerflucht, 2021
Oliver Orgs

So diente sie nur noch dazu, die Einnahme von Zöllen und Verbrauchssteuern (Akzise) an den Stadttoren zu gewährleisten und Schutz vor »umherziehendem Gesindel« zu bieten. Mit dem Wegfall der Akzise und dem Wachsen der Stadt wurde die Stadtmauer einschließlich der Tore in der ersten Hälfte des 19. Jahrhunderts weitestgehend abgetragen.

Höhenburgen in Plauen

Jörg Wicke, Gert Müller

12./13. Jahrhundert

Das Vogtland ist außerordentlich reich an Burgen. Die etwa 20 herrschaftlichen Anlagen sind, bis auf wenige Ausnahmen, in Höhenlage errichtet worden. Rund die Hälfte von ihnen befindet sich am Elstertal oder in seiner unmittelbaren Umgebung. Gleich drei Höhenburgen liegen innerhalb der mittelalterlichen Stadtgrenzen Plauens oder nahebei: das Alte Schloss am Alten Teich in der Altstadt, das Schloss der Vögte über der Neustadt und die Anlage auf dem Dobenaufels vor den Toren der Altstadt. Durch Eingemeindung hinzugewonnen, gehört seit 1999 mit Straßberg eine weitere herrschaftliche Höhenburg zu Plauen.

Diese Burgen waren dem reicheren und höher stehenden Adel vorbehalten. Ihre im Gelände exponierte Lage war der Verteidigung förderlich, verlieh den Anlagen aber auch eine gewisse Imposanz, die durchaus erwünscht war und neben Freund wie Feind die eigenen Untertanen beeindrucken sollte. Die bauliche Ausführung der Hauptgebäude in Stein war enorm aufwendig, begünstigte aber ihre Erhaltung.

Das Alte Schloss

Die älteste Befestigungsanlage innerhalb der Stadtmauern kann an der Westecke der Altstadt vermutet werden. Das östliche Ende dieses ältesten Kerns Plauens (»Plauen I«) wurde von der Johanniskirche gebildet. Prominent über der Elsteraue, neben dem Straßberger Tor, befand sich das Alte Schloss, das zwischen 1727 und 1730 mit dem heute noch so genannten Malzhaus überbaut und stark verändert wurde. Das Alte Schloss wurde von vielen Autoren als Gründung der Eversteiner angesehen, weil sie in der Urkunde von 1122 an hervorragender Stelle im Dobnagau erwähnt werden und Plauen als Haupt(kirchen)ort des Dobnagaus galt, ein unzweifelhafter Bezug fehlt jedoch. Auf welche Anlage sich die Nennung eines »castrum« in der Urkunde von 1224 bezieht – ob Altes Schloss oder Schloss der Vögte – ist ebenfalls umstritten. Eindeutige Erwähnung findet die Burg allerdings erst spät im Privilegien- und Zinsbuch von 1382: »[…] pey stratzberger tor uf das houz«.[8]

Der archäologische Nachweis einer Befestigung gelang durch Ausgrabungen in den 1990er-Jahren. Zwischen Mühlgraben und Straßberger Tor wurde ein mehrere Meter tiefer und breiter Graben dokumentiert, der die Ecke gegen die Stadt abriegelte und Funde aus dem 14./15. Jahrhundert enthielt, selbst aber Schichten des 12./13. Jahrhunderts schnitt. Der Name der benachbarten Straße »Alter Teich« deutet die ehemalige Wasserführung dieses Grabens an.

Die Elsterseite des Malzhauses zeigt noch mittelalterliche Architekturelemente. In der Abfolge von West nach Ost: Ein schlanker runder Eckturm, gefolgt von einer Mauerfläche mit Resten von mindestens drei Spitzbogenfenstern, östlich davon wiederum ein eckiger Mauerturm mit kleinem Rundbogenfenster. Die Gebäudefront zwischen Mauerturm und östlicher Gebäudeecke wirkt kaum gegliedert.

Die Fassade ähnelt in Umriss und Maßen der nördlichen Außenseite von Schloss Voigtsberg, erbaut in etwa zwischen 1232 und 1248. Allerdings hat das Fensterchen im Malzhaus einen klaren Rundbogen, zwei Spitzbogenfenster tragen hier rundere Spitzbögen, und die Fensterrahmen erfuhren insgesamt eine rohere Bearbeitung, was Voigtsberg rein typologisch etwas jünger erscheinen lässt.

⑧ Malzhaus, Fassade von Südosten, 2016
Orthophoto Jörg Wicke

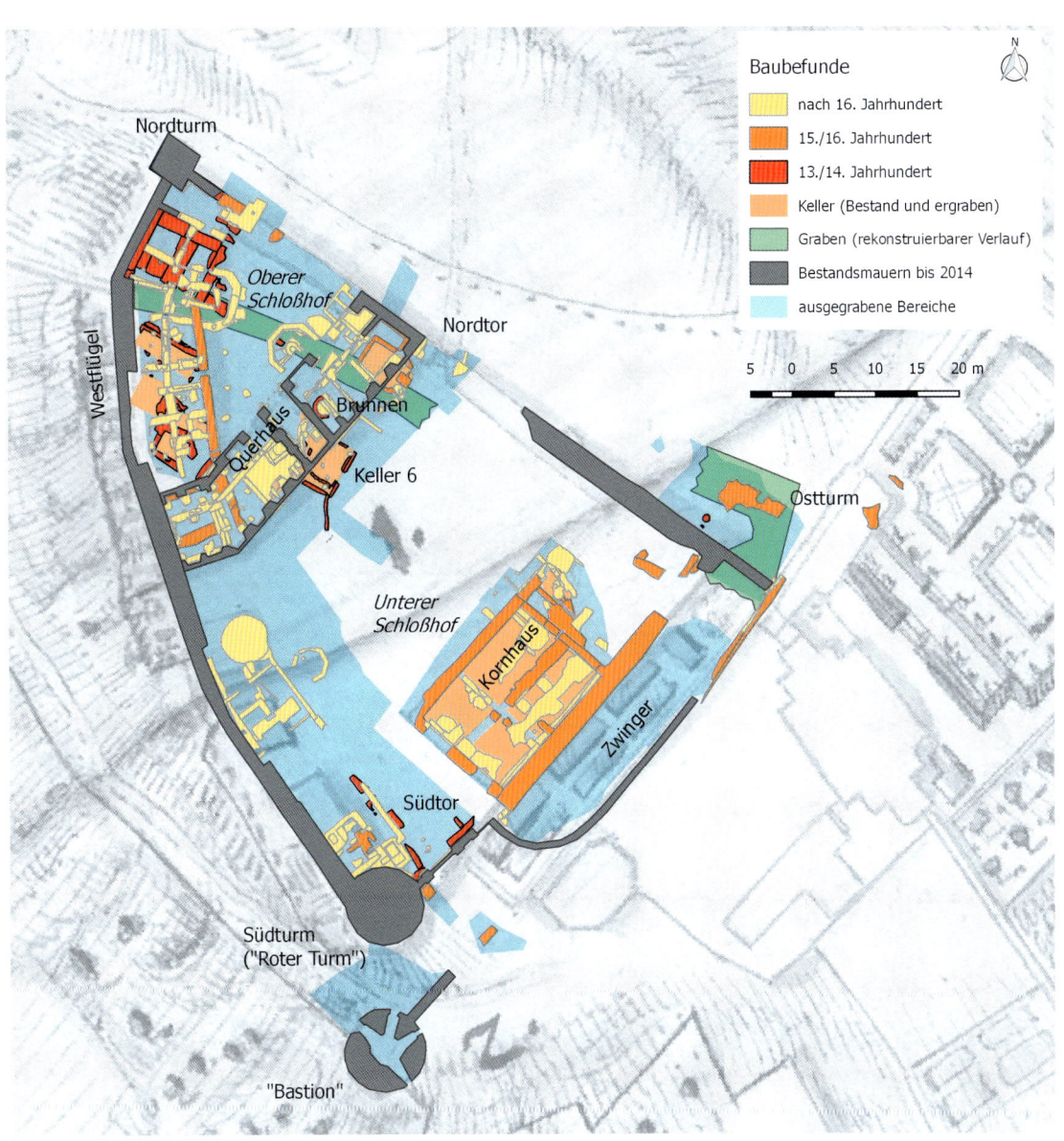

Schloss der Vögte, Übersicht mit Bauphasen und Lagebezeichnungen
© Landesamt für Archäologie Sachsen

Das Schloss der Vögte

Auf einem Sporn zwischen den Tälern der Syra und der Weißen Elster liegt, gegenüber der Altstadt, der Schlossberg mit dem ehemaligen Schloss der Vögte. Süd- und Nordecke der Anlage werden von Türmen markiert, im Osten war ein dritter Turm vorhanden, der im 17. Jahrhundert niedergelegt wurde. Die dreieckige Form bestand schon in der Frühphase der Anlage in der Mitte des 13. Jahrhunderts. Die Längen ihrer Außenseiten betragen etwa 50 mal 80 mal 100 Meter, wobei die längste Seite gegen die Stadt weist. Damit war das Schloss der Vögte eine der größten Burgen des Vogtlands, zumal in den erhaltenen Ausmaßen nur die Kernburg gelegen hat. Die mutmaßlich elsterseitig gelegene Vorburg wurde spätestens im Barock niedergelegt und neu überbaut. Die einzigen im aufgehenden Mauerwerk noch vorhandenen Reste der Innenbebauung gehören zur Ruine des Querhauses, das das Schlossareal in einen nordwestlichen (Oberen) und einen südöstlichen (Unteren) Schlosshof unterteilt. Das Kornhaus wurde um 1940 abgerissen, der übrige Bestand im Bombenkrieg 1945 zerstört.

Der Name einer hinter dem Schloss gelegenen Flur ist 1629 erstmals als »rettschin« in Dilichs Stadtansicht überliefert, was auf slawischen Ursprung und Gewässernähe verweist (rěčina, slaw., zu rěka = Fluss). Durch eine Kolportierung des Namens zu »Ratschien« (Stadtplan Dietz 1732) sah man wohl ab Beginn des 19. Jahrhunderts Parallelen zum aus dem Neutschechischen entlehnten »Hradschin« (Hradčany = Vorburg) und vermutete aufgrund dessen einen slawischen Beginn der Burganlage. Die Umdeutung des Flurnamens hat bis heute in Form des Straßennamens »Hradschin« nördlich des Schlosses überlebt.

Ausgrabungen 2014/15 brachten als älteste Befunde einen Abschnittsgraben zutage, der bald von einer Mauer und einem Vorgänger des Nordturms überbaut wurde. Diese ältesten Nachweise einer Befestigung im Norden liefen fast parallel zur und nur wenige Meter hinter der jüngeren Abschnittsmauer gegen das Hinterland im Norden. Als etwa zeitgleich mit diesen ältesten Befestigungen konnten fünf Kellerräume im Oberen Schlosshof angesprochen werden. Sie lassen sich zu drei bis vier Gebäuden in leichter Bauweise re-

Mitte 13. Jahrhundert

⑩ Schloss der Vögte, Ostseite, aus: Tableau »Plauen, seine Kirchen und Hauptgebäude«, W. Wegener, Lithografie [1844] Vogtlandmuseum Plauen, Repro Uwe Fischer

1244

konstruieren. Die Mauern der Keller verlaufen alle parallel beziehungsweise rechtwinklig zueinander und zur Abschnittsbefestigung im Norden, was auf ein planvolles und mehr oder weniger zeitgleiches Baugeschehen schließen lässt. Funde aus den Nutzungs- und Füllschichten der Keller stammen etwa aus der Mitte des 13. Jahrhunderts. Zu diesen ältesten Funden gehören die ersten Ofenkacheln Plauens. Der Nachweis von Kachelöfen deutet auf die regional herausragende Stellung des Schlosses in seiner Frühphase hin. Ferner belegt ein 23 Meter tief durch den Fels bis in das Grundwasser der Syra-Aue getriebener Brunnenschacht den Aufwand, der für die Gründungsburg betrieben wurde.

Obwohl sich Form und Größe der Grundfläche seit dem 13. Jahrhundert kaum geändert haben, ist über die frühe Bebauung im Unteren Schlosshof aufgrund späterer Abtragungen recht wenig bekannt. Die Lage des Südtors blieb wahrscheinlich unverändert. An Süd- und Ostecke ist mit stärkeren Verteidigungsbauten zu rechnen. Für 1389 ist ein »Tuern uff dem burgtor«[9] überliefert, bei dem es sich um einen Vorgänger des Südturms (Roter Turm) gehandelt haben wird, der aber 35 Jahre später von Grund auf neu errichtet wurde. Ähnliches gilt für den Ostturm, der in der Zeichnung von 1629 noch dargestellt ist und alsbald darauf abgerissen wurde, dessen Fundamente jedoch ebenfalls nicht bis in die Gründungszeit zurückreichen. Gerade hier, an der Hauptangriffsseite, sollte man mit einem Vorgängerbau als starke Bewehrung rechnen. Zu Füßen dieses Turms lag im Westen das Burginnere, im Osten eine zu vermutende Vorburg und weiter unten im Tal der für die Wirtschaft Plauens so wichtige Elsterübergang in Form der 1244 erwähnten Steinbrücke.

Die ältesten nachweisbaren Bauwerke liegen im Oberen Schlosshof und deuten in ihrer Größe und Ausführung eher Wirtschaftsbauten an. Repräsentativere Gebäude müssen sich weiter südlich befunden haben. Geringe Anteile davon wurden in die Fundamente des Querhauses, eventuell auch im Kornhaus, integriert, der größte Teil wurde jedoch vollständig abgetragen, wahrscheinlich im Zuge des Umbaus im 17. Jahrhundert.

Der archäologisch fassbare Gründungszeitraum um die Mitte des 13. Jahrhunderts geht einher mit der archivalisch überlieferten Expansion der Vogtsfamilie. In der Urkunde von 1244 nennt der erste Vogt von Plauen die Stadt sein Eigen. Der Text berichtet, dass der Vogt die Siedlung um die Neustadt erweiterte und die Verhältnisse zwischen seinem und dem Besitz des Deutschen Ordens sortierte. Der Bereich unter dem Schlossberg wird umständlich mit »pedem montis opposti versus aquilonem«[10] beschrieben, ohne eine Befestigung auf der Anhöhe zu erwähnen. Die bereits von Ernst Pietsch geäußerte Vermutung liegt nahe, dass das Schloss der Vögte erst auf Grundlage der 1244 geregelten Besitzverhältnisse entstand.

Als nächste umfangreichere Baumaßnahmen lassen sich die Errichtung des Südturms und der angrenzenden Außenmauern nachweisen. Bäume für die Baugerüste wurden in den Wintern 1424/25d und 1425/26d gefällt. Reste im Mauerwerk ließen sich dendrochronologisch datieren. Die Jahre fallen in die Regierungszeit Heinrichs X. († 1446/47). Er hatte das Schloss von 1418 bis 1423 den Burggrafen zu Nürnberg und den Kurfürsten von Brandenburg verpfändet. Seine Tätigkeit als Hofrichter beim König hatte ihm 1426 den Titel des Burggrafen von Meißen eingebracht, unter anderem, weil er

⑪
Schloss der Vögte, Stadtseite, aus: Tableau Plauen, Georg Könitzer, Lithografie, 1851
Vogtlandmuseum Plauen, Repro Uwe Fischer

sich um die Bekämpfung der Hussiten verdient gemacht hatte. Die Erneuerungen der Wehranlagen im Süden und Osten könnten in der Voraussicht auf den tatsächlich 1430 erfolgten Angriff eben jener Hussiten auf Plauen und sein Schloss erfolgt sein. Allerdings handelt es sich beim Südturm nicht um einen reinen Wehrbau. Mit dem hoch gelegenen Eingang und Ausbau lediglich der zwei bis drei oberen Etagen entspricht er noch ganz der Gestalt mittelalterlicher Bergfriede, doch offenbaren die 14-eckige Fassade und seine dominante Lage gegen Stadt und Elstertal auch einen gewissen Repräsentationswillen. Seine Wehrfunktion hingegen war klein, denn er konnte aufgrund des geringen Überstands vor die anschließenden Mauern und fehlender Öffnungen kaum als Flankierungsturm genutzt werden. Der Schutz oblag hier hauptsächlich dem wohl gleichzeitig entstandenen vorgelagerten Eckturm, der im Volksmund als »Bastion« und in den Quellen auch als »halber Turm« bezeichnet wird.

Auf die Gründungsphase folgte im Oberen Schlosshof eine Randbebauung, deren Beginn sich zeitlich nicht genau fassen lässt, auf deren Grundlage jedoch bis in das 19. Jahrhundert Um- und Neubauten entstanden. Mit Errichtung dieser Häuserzeile wurde das Konzept der schachbrettartigen Gebäudeanordnung aufgegeben, zudem sind diese Bauten nicht mehr unterkellert. Der wahrscheinlichste Entstehungszeitraum ist die Mitte des 15. Jahrhunderts. Denn wiederum archivalisch ist die Zerstörung von Stadt und Burg durch die Hussiten im Januar 1430 belegt.

Zur Belieferung eigener Baustellen legte man im 15. Jahrhundert einen Kalkbrennofen auf dem Burggelände an. Er wurde teilweise in die Verfüllung des Grabens aus der Frühphase eingetieft und nach seiner Aufgabe mit Schutt verfüllt.

Mit Übernahme des Schlosses durch die Wettiner und Verwaltung der Plauener Ländereien als Amt setzen ab 1486 überlieferte Amtsrechnungsbücher ein, die eine wertvolle Quelle unter anderem für die Baugeschichte des Schlosses bilden. Gleich zu Beginn der Bücher wird ein Neubau genannt, bei dem es sich wohl um eine Erweiterung des Kornhauses handelt. Insgesamt bestanden laut Rechnungsbücher zwei »Häuser«, also repräsentativere Bauten. Neben besagtem Kornhaus oder »Vorderem Haus« existierte ein »Hinteres Haus«, wohl identisch mit dem archäologisch fassbaren Westflügel. In diesen Bau war die ehemalige nördliche Eckbefestigung der Anlage eingebunden. Die Verteidigungslinie wurde wenige Meter weiter in Richtung Hinterland verschoben und dafür der Nordturm errichtet, an den sich die Ringmauer anschloss. Der Westflügel nahm die gesamte stadtseitige Länge des Oberen Schlosshofs ein und reichte wohl bis in den Unteren Schlosshof. Ausgrabungen an seinen südlichen Fundamenten erbrachten steinerne Skulpturenreste, die höchstwahrscheinlich unter anderem von einem Marienbildnis mit Jesuskind stammen. Im Bereich der Fundstelle, unter dem späteren Querhaus, ist der Kapellenstandort zu vermuten. Ihre Umwidmung zu einem Lagerraum ist für 1538/39 überliefert: »das Buchsssengereithe in die/ kirchen ader Capellen zu thun, hat man/ darhinn(en) die Altar außgebrochen, vnd/ mitten drein eine wandt ader vnderschiedt/ gemacht, das also die Büchssen alleine/ vorwart stehen, Vnd im andern theill/ der Amptman sein Getreyde vnd andern/ vorrath behaldten mag«.[11]

1430

Stadtentstehung und -entwicklung im 12. und 13. Jahrhundert   **41**

⑫ Dobenaufelsen mit Ruinenresten, Ansicht von Südwesten, aus: Tableau »Plauen, seine Kirchen und Hauptgebäude«, W. Wegener, Lithografie [1844]
Vogtlandmuseum Plauen, Repro Uwe Fischer

15. Jahrhundert

Auf der Federzeichnung Dilichs, die zwar erst 1629 entstand, doch ungefähr den Zustand zum Brand 1548 wiedergibt, sitzen im Bereich des Westflügels mehrere (Zwerch-?)Giebel auf der Außenmauer, die die stadtseitige Silhouette des Schlosses gliedern. Die auch in die Ferne wirkende Fassade und der Südturm deuten den Wandel von der mittelalterlichen Burg zum Renaissanceschloss im 15. Jahrhundert an. Dieser wurde jedoch mit der Umnutzung des ehemaligen Herrschaftssitzes zum Amtssitz gestoppt. Die Rechnungsbücher belegen das Ausbleiben von Neu- und Umbauten nach 1500, dafür treten Reparaturen in den Vordergrund, die nicht selten als dringlich und unaufschiebbar benannt werden. Beim Brand von 1548 fiel das Schloss zu großen Teilen in Ruinen. Lediglich der Südturm wurde um 1606 instand gesetzt, das übrige Areal lag noch auf der Darstellung Dilichs in Trümmern. Die Brache wurde in den 1670er-Jahren beräumt und als Nebenresidenz des Sekundogeniturfürstentums Sachsen-Zeitz neu gestaltet.

Das damals errichtete Querhaus verbindet die nördliche mit der westlichen Schlossmauer und unterteilt den Schlosshof. Beide Giebelseiten stammen von Vorgängerbauten, die man in den Neubau integrierte. Auch die Tür neben dem Westgiebel zum Wehrgang stammt von einem älteren Bau. Durch sie konnte man auf der Mauer den Südturm erreichen und über eine Tür auf selber Höhe auch betreten. In der Nähe des Ostgiebels überbaute man den mittelalterlichen Brunnen mit Entlastungsbögen, um ihn zu integrieren. Er war im Gebäude unter einer Treppe zugänglich und über eine Maueröffnung vom Durchgang aus bedienbar, der Oberen und Unteren Schlosshof verbindet. Auf der anderen Seite des Durchgangs entstand ein Keller unter dem Querhaus. Um 1806 verschloss man den Brunnenschacht mit einem Ziegelgewölbe. Wohl gleichzeitig entstand ein Stollen, der unter der Durchfahrt durch den Diabas ge-

trieben wurde, Keller und Brunnen verband und wahrscheinlich der Entwässerung diente.

Zur Umgestaltung des Schlosses im Barock griff man tief in die Substanz ein und beräumte fast im gesamten Unteren Schlosshof die mittelalterlichen Fundamente und Schichten. So entstand eine Anlage mit großem, ebenem Schlosshof zwischen dem Querhaus und dem Kornhaus. Der Westflügel im Oberen Schlosshof wurde für Stallungen genutzt. Oberlandfeldmesser Dietz hat 1732 die baulichen Gegebenheiten in seinem detaillierten Etagenplan festgehalten. Schon unter dem Sachsen-Zeitzer Fürsten wurden die Keller unter dem Kornhaus vermietet. Nach Wiedereingliederung des Amtes in die kurfürstliche Verwaltung 1718 wurden auch einige Schlossräume als Wohnungen vermietet und bürgerliche Neubauten am und im Schloss genehmigt. So entstand die Gritznersche Villa in den 1780er-Jahren an westlicher Außenmauer und Südturm. Letzteren erweiterte man durch Ausbau des bisher ungenutzten Leerraums in der unteren Hälfte auf fünf Etagen und einen Keller. Der Westflügel in seiner letzten Gestalt entstand erst 1873 auf den Fundamenten der Vorgängerbebauung. Der Nordturm wurde an das Gebäude angeschlossen. Im Westflügel befanden sich bis 1945 Beamtenwohnungen.

Während der Nutzung als Nebenresidenz verlagerte man den Amtssitz. Das neue Amtshaus südöstlich des Schlosses im Bereich der mutmaßlichen ehemaligen Vorburg ist 1721 auf Michael Köhlers Stadtansicht abgebildet. Über drei Generationen nutzten Amtmänner und ein Amtsgerichtsrat das Gebäude, bevor es zu einem Tanzhaus und später zu einer Herberge wurde. Von ihm sind noch ein Felsenkeller unter einem Nebengelass und ein Kellergang erhalten. Das Haus selbst wurde 1902 durch den Neubau des Amtsgerichts ersetzt.

Zum Amt gehörte ein im Schlossbereich untergebrachter Landrichter. Ein Gefängnis wird in den 1530er-

Jahren ebenfalls erwähnt und kann in der Nähe des Nordturms vermutet werden. Nachdem ein Teil der Wall- und Grabenreste im nördlichen Hinterland nach 1693 für die Anlage eines zum neuen Amtshaus gehörenden Gartens verebnet worden war, fiel 1852 der weitere Verlauf einem Gefängnisbau zum Opfer. 20 Jahre später erweiterte man den Bau zu einer dreiflügeligen Anlage, die, kaum verändert, bis 2007 als Haftanstalt genutzt wurde.

Seit 2012 laufen Umgestaltungen des Geländes, die auch den Abriss der Gefängnistrakte 2013 und Ausgrabungen beinhalten. Das Amtsgericht wurde für die Staatliche Studienakademie Plauen ausgebaut, die das Gebäude 2019 bezogen hat. Auf dem Querhaus entsteht derzeit ein weiterer Akademieteil unter Einbeziehung der historischen Bausubstanz.

Die Burgruine auf dem Dobenaufels

Der Dobenaufels liegt versteckt und vom Elstertal aus uneinsehbar nordwestlich der Altstadt Plauens. Er zeigt heute noch Spuren einer Befestigung, am auffälligsten die beiden Abschnittsgräben, und Reste einer vor allem auf der Nordseite noch gut erhaltenen (Ring-)Mauer. Die Länge des Sporns hinter Graben 2 beträgt etwa 40 Meter, die Breite maximal 20 Meter. In den Flanken von Graben 2 finden sich Aussparungen, die als Aufnahmen für Balken (einer Holzbrücke) gedeutet werden können. Das Areal nordöstlich von Graben 2 liegt zum größten Teil verborgen unter Vegetation und Schutt, so auch Graben 1.

Obertägige Ruinenreste waren im 19. Jahrhundert noch deutlich vorhanden, doch wohl schon von einer später errichteten Kapelle überprägt. Grabungen um 1940 durch Amundus Huuse förderten Teile der Kapelle zutage und bekräftigten die Vermutung einer vorangehenden Befestigung. Der Gleichklang von (pagus) Dobna und Dobenau hat früh zu Vermutungen über einen Zusammenhang geführt, dergestalt, dass es sich bei dem Dobenaufels um die Residenz der Herrschaft über den Pagus Dobna handeln sollte, doch klafft eine chronologische Lücke zwischen der Urkunde von 1122 und dem ältesten archäologischen Nachweis. Von den Grabungen stammende Funde im Vogtlandmuseum Plauen reichen nicht vor das 13./14. Jahrhundert. Nordöstlich von Graben 1 wird das Areal der Vorburg vermutet, später überbaut mit einem Gutshof, der im Zweiten Weltkrieg zerstört wurde.

Um 1470 wurde auf dem Felsen eine Kapelle St. Wolfgang mit »dem Bettel und Almosen erbaut«, die in den folgenden sechs Jahrzehnten in den Quellen auftaucht. Die ergrabenen Teile eines Chors mit polygonalem Schluss finden formale Parallelen zum Beispiel in den Kapellen auf dem Burgstein, weisen aber geringere Dimensionen und andere Maßverhältnisse auf.

Wenige Meter weiter spornwärts wurde in den Ruinen der Kapelle um 1677 das Bergwerk »Gnade Gottes« in der unerfüllten Hoffnung auf Silbererz errichtet. Ein senkrechter Schacht war von einem größeren unterirdischen Raum aus abgeteuft worden, der als Burgzisterne angesprochen wird, daneben befindet sich ein kleinerer, waagerecht geführter Raum, der als »Schneiders Keller« bezeichnet und auch in Zusammenhang mit dem Bergbau gestellt wird.

Das Gelände wird vom Vogtländischen Bergknappenverein betreut, der den Sporn zugänglich hält und sich um die Vermittlung der Ortsgeschichte kümmert. Der Bergwerksschacht wurde vom Verein dokumentiert, aus Sicherheitsgründen aber wieder verfüllt. Außerdem errichtete er eine Tür und Abdeckung, durch die hindurch der Zisternenraum beobachtet werden kann.

Die Burg Straßberg

Etwas weiter entfernt, im Ortsteil Straßberg, muss die ehemalige Burg erwähnt werden, denn sie gehörte nach Größe, Lage und Überlieferung zu den herrschaftlichen Anlagen. Die Befestigungsanlage befindet sich in ähnlichem Gelände wie das Schloss der Vögte in Plauen: auf einem Sporn links der Weißen Elster. Auch zu ihren Füßen mündet ein Seitental, der Rosenbach, in das Elstertal. Hier wie dort bieten die natürlichen Gegebenheiten eine Zugangsmöglichkeit in das Elstertal. Die Bedeutung der Wegeführung für die Orts-/Burggründung geht bei Straßberg schon aus dem Namen hervor. Im digitalen Geländemodell finden sich mehrere Geländeeinschnitte, die mit Wegen im Meilenblatt von 1794 korrespondieren und die durch Hohlwege erklärt werden können.

Eine weitere Parallele zum Schloss der Vögte liegt im gemeinsamen Auftreten von jeweils zwei Anlagen in relativ geringer Entfernung; im Fall von Plauen das Schloss über der Elster und die Dobenau 1,6 Kilometer weiter landeinwärts. In Straßberg liegen die Burg an der Elster und der Meilenblatteintrag »Warthehübel«, der einen Vorposten zur Burg vermuten lässt, 600 Meter weiter landeinwärts. In beiden Fällen ist ein Zusammenhang der jeweils benachbarten Burgen denkbar. Obertägige Gebäudereste sind nicht erhalten, doch deuten historische Flurnamen und zwei in Teilen erhaltene Abschnittsgräben auf eine Spornburg hin.

Ein Herrensitz lässt sich etwa ab 1194 indirekt durch die Erwähnung von Eckehard und Heinrich von Straßberg in einer Zeugenliste nachweisen. Ein Vogt von Straßberg wird 1209 erwähnt. Burg und zugehöriges Eigengut sollen über Heirat und Erbschaft an den Plauener Vogt gefallen sein – die Mutter Heinrichs I. von Plauen stammte wohl aus dem Hause Straßberg –, der es seiner dritten Frau Kunigunde als Leibgedinge übergab. 1280 wird die Burg als zerstört erwähnt, 1295 von Kunigunde dem Kloster Cronschwitz geschenkt. Die Auflassung der Burg unter der Plauener Vogtsfamilie könnte absichtlich erfolgt sein, um die mit Plauen konkurrierende Wegeführung zu beseitigen und allen Verkehr auf Plauen zu lenken.

um 1470

Roland Best **Die St.-Niklas-Kapelle bei Plauen und der Fernhandel**

In vorreformatorischer Zeit gab es auch zwei vor der Stadt gelegene Kapellen. Eine war dem Schutzheiligen St. Wolfgang geweiht und stand nordwestlich vor der Stadt auf dem Dobenaufelsen. Die zweite, die Niklaskapelle, lag in entgegengesetzter Richtung vor der Stadt rechts der Elster an der alten Handelsstraße nach Zwickau. Sie war dem heiligen Nikolaus von Myra, dem Schutzpatron der Reisenden, Pilger, Kaufleute und Händler, aber auch der Flößer und Bauern geweiht.

Diese mittelalterlichen Handelswege waren fast immer nur einfache unbefestigte Fahrwege und in einem sehr schlechtem Zustand. Manchmal verunglückten die schwer beladenen Pferdewagen mit oft schlimmen Folgen für die Beteiligten. Die reisenden Händler, Kaufleute und Gespannführer mussten auf den mühseligen und gefahrvollen Reisen immer in bestimmten Abständen Rast- und Übernachtungspausen einlegen und sie wollten dann auch an einem dafür angelegten geweihten Orten zu ihrem Schutzpatron, dem heiligen Nikolaus, für ihr Seelenheil und einen guten Reiseverlauf beten. Zur würdigen Unterbringung des Standbilds ihres Schutzpatrons wurden deshalb an solchen Plätzen schon frühzeitig Kapellen oder auch Kirchen mit dem Nikolaipatrozinium errichtet.

Leider kann man über die Gründungsphase unserer Niklaskapelle keine gesicherten Aussagen mehr treffen. Man ist auf Vergleiche und Rückschlüsse angewiesen. Deshalb dürfte die Gründung der hiesigen Niklaskapelle, wie an anderen Orten, in der städtischen Frühzeit durch reisende Kaufleute unabhängig vom jeweiligen Kirchensprengel am Handelsweg erfolgt sein. Man darf aber mit hoher Sicherheit davon ausgehen, dass diese dem heiligen Nikolaus geweihte Wegekapelle erst nach der Weihe der Johanniskirche im Jahr 1122, dem ersten Kirchenbau im Plauener Kirchensprengel, errichtet wurde.

Für die aus Sicherheitsgründen meistens nur in Gruppen reisenden Händler mit ihren Gespannen wurden für die notwendigen Aufenthalte und Übernachtungen ganz gezielt günstig gelegene Lager- und Rastplätze direkt an der Handelsstraße ausgewählt. Diese Plätze wurden regelmäßig immer wieder von den nachfolgenden Kaufmannszügen aufgesucht und genutzt. Wenigstens in Abständen einer Tagesreise müssen sich an den Fernhandelsstraßen solche sicheren Lager- und Rastplätze befunden haben.

Anfang des 13. Jahrhunderts soll der Überlieferung nach ein Nürnberger Kaufmann, der Plauen auf seinen Messereisen häufig berührte, auch hier ein Haus als Herberge (hospitium) für sich und andere Reisende begründet haben. Später geriet der ehemalige Standort der Niklaskapelle in Vergessenheit. Fast alle überlieferten Ortshinweise beziehen sich jedoch auf einen relativ eng begrenzten Bereich in der Nähe des alten Johannis-Hospitals, das am sogenannten Niclas- oder Nicolsberg gegenüber dem Haltepunkt Mitte und der Eisenbahnbrücke über die Reichenbacher Straße lag. Hier finden wir auch die Flurbezeichnung »Niclaswieslein«, das gleich an der Elster gelegen haben soll.

Eine Veröffentlichung Paul Reinhard Beierleins aus dem Jahr 1934, die auf genauen Archivrecherchen beruhte, lieferte bei der Suche nach dem Standort der Niklaskapelle den entscheidenden Hinweis. Er teilt dazu folgendes mit: »Das zweite plauensche Hospital, ›das äußerste Hospital, so man das Syghaus nennet‹, lag vor der Stadt am Siechenberge an der Schneebergischen Straße. Darin wurden Aussätzige und solche Personen aufgenommen, die an anderen anste-

Anfang 13. Jahrhundert

Hospital St. Johannis (rechts mit Dachreiter) und vermutete Niklaskapelle (links daneben), farbige Zeichnung von Gustav Wustmann (vor 1910) nach Johann August Richter (Ausschnitt), 1727
Vogtlandmuseum Plauen, Repro Martin Salesch

ckenden Hautkrankheiten litten. [...] Es war nach des Rates Angaben ›bis auf den Grund fast eingegangen‹. Es konnte am Ausgange des 16. Jahrhunderts also kaum mehr bewohnt werden. Deshalb schlug der Rat vor: ›Hat darneben [...] ein wust Capellen, dareiner eine bequemere Wohnunge fuglichen [...] erbauet könte werden‹.«[12] Die Bausubtanz dieser Kapelle muss um 1580 also noch in einem besseren Zustand gewesen sein als die des alten Hospitalgebäudes, sonst hätte man nicht einen derartigen Vorschlag für die Verlegung des Hospitals unterbreitet. Dieses Plauener Hospitium der Nürnberger Kaufmannschaft bildete zweifellos den Kern einer Kaufmannsniederlassung an der alten Handelsstraße, die von Nürnberg über Hof und Zwickau nach Leipzig führte. Mit der Stadtgründung und Erweiterung der Stadt werden sich, wie andere Beispiele zeigen, die Kaufleute auch hier in den sicheren Schutz der Stadt begeben haben. Damit wurde das Hospitium mit den Nebengebäuden in der alten Kaufmannssiedlung mit Ausnahme der Niklaskapelle nicht mehr benötigt. Es wurde dann als Hospital genutzt.

Das Hospital brannte am 24. Mai 1868 nieder. An seiner Stelle wurde die Schankwirtschaft »Kellerhaus« errichtet. Später entstand hier die Likörfabrik Ludwig Gräf. Der Stadtverwaltung Plauen lag 1997 der Bauantrag eines Investors für das verwahrloste und mittlerweile aus Treuhandbesitz verkaufte Gewerbegrundstück vor. Die Stadt nahm die Gelegenheit wahr, einen unschönen Schandfleck aus dem Stadtbild zu beseitigen. Man stand deshalb einem Flächenabriss aufgeschlossen gegenüber. Die wenigen Bauwerksreste, die der Abrissbagger vom Gebäude der alten Niklaskapelle übrig gelassen hat, liegen nun unter einer meterhohen Geländeaufschüttung verborgen.

Eine kolorierte Federzeichnung Johann August Richters von 1727 zeigt auf der äußersten rechten Seite des Bildes unmittelbar links neben dem Hospital ein weiteres großes Gebäude, das mit einem einfachen Spitzdach ausgestattet war und einige kleinere seitliche Anbauten besaß. Bei diesem massiven Gebäude kann es sich nur um die baulichen Hinterlassenschaften des um 1580 als »wust Capellen« bezeichneten Gebäudes handeln. Auch die 1997 aufgefundenen baulichen Überreste in der ehemaligen Likörfabrik lassen diesen Rückschluss zu. Richters sehr genaue Abbildung stellt damit bis heute den einzigen überlieferten bildhaften Beleg für dieses Bauwerk dar.

Altstraßen und Verkehrsverhältnisse in Plauen und Umgebung

Katrin Färber

Das Vogtland wird aufgrund seiner geografischen Lage als Durchgangslandschaft eingeordnet, in der verschiedene Mittelgebirgszüge aufeinandertreffen. Die Täler mit ihren Flüssen, die in den Oberläufen nicht schiffbar waren, stellten in wasserreichen Jahreszeiten schwer überwindbare Hindernisse dar. Im Gegensatz dazu barg das Überschreiten des Mittelgebirges weniger Schwierigkeiten. Vom Neolithikum bis zum frühen Mittelalter existierten Steige, Verbindungen zwischen benachbarten Orten, die von Fußgängern mit leichten Karren, Reitern und Lasttieren genutzt wurden.

Mit dem Beginn der eigentlichen Besiedlung der Region im 12. und 13. Jahrhundert wurden Verkehrswege angelegt, die bewährte Verbindungen nutzten, und damit wurden die Steige zu Siedlungsbahnen der Kolonisten, wodurch auch der Burgenbau einen Aufschwung erhielt. Meist verliefen die Pfade auf der Höhe und kreuzten Bäche und Flüsse nur an Furten oder Brücken, um in die Ortschaften zu gelangen. Mit der Ausbildung der mittelalterlichen Städte und des Marktwesens erhielten die Handelswege eine größere Bedeutung. Regelmäßig stattfindende Märkte erforderten den Ausbau des Wegenetzes, das auch für die Fuhrwerke nutzbar sein musste.

Aus dem ehemaligen Steig nach Hof bildete sich die Frankenstraße heraus, die Obersachsen und die Oberlausitz mit den großen süddeutschen Städten verband. Von Nürnberg kommend, führte diese Straße über Hof nach Plauen und von dort weiter in Richtung Zwickau nach Dresden beziehungsweise von Plauen über Altenburg nach Leipzig. Die Verbindung in die Messestadt und nach Nürnberg schuf Voraussetzungen für internationale Handelsbeziehungen. Eine weitere Handelsstraße führte von Eger (Cheb) über Oelsnitz und Plauen nach Leipzig. Außerdem gingen von Plauen seit früher Zeit die Wege nach Pausa und Schleiz.

Mit der Intensivierung des Warenhandels, dem weiteren wirtschaftlichen Erstarken der Städte und dem Ausbau der landesherrlichen Verwaltung in der zweiten Hälfte des 14. Jahrhunderts entwickelte sich das Geleitswesen. Dieses schützte die Wagenzüge der Kaufleute für ein Geleit oder Maut und stellte gleichzeitig eine lukrative Geldquelle für die Landesherren und später auch die Städte dar. Die Fernstraßen wurden mit den Zolleinnahmestellen verbunden. Damit bestand ein Straßenzwang, der die Fahrtrouten vorschrieb. Allerdings war dies zugleich ein Streitgegenstand zwischen den einzelnen Landesherren. Heinrich von Plauen, der spätere erste Burggraf, stritt mit den politisch und wirtschaftlich stärkeren Wettinern 1426 über das Geleit zwischen Hof und Zwickau. Die sächsischen Fürsten leiteten den Handelsverkehr über Oelsnitz, das ihnen unterstand, und entzogen somit den Vögten die Geleitseinnahmen in Plauen. Ein Streit, der sich spätestens nach 1466 erübrigte, als Plauen sächsisch wurde. Aller-

1426

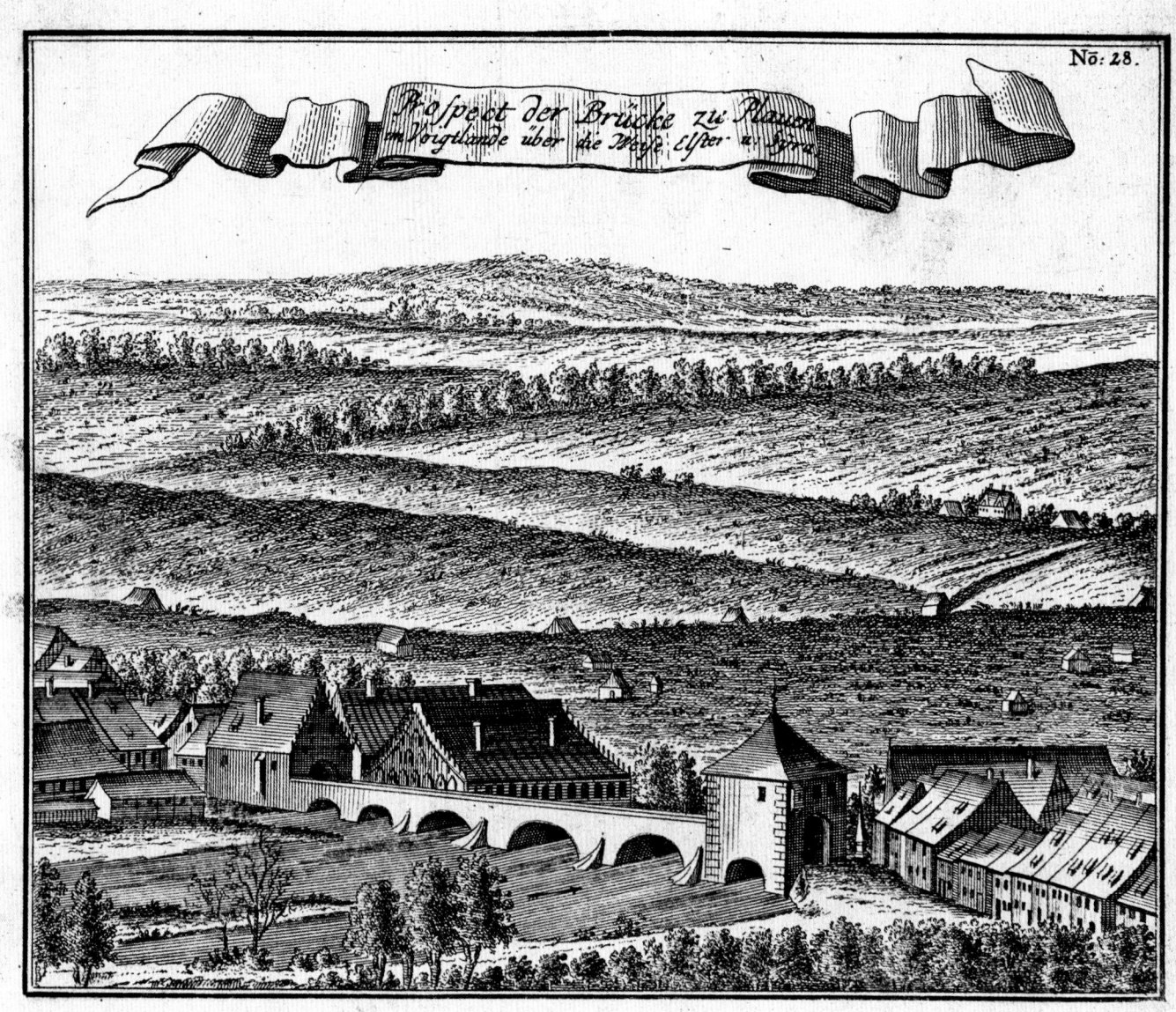

⑭ Die Elsterbrücke, Kupferstich, aus: Schramm, C. C.: Historischer Schauplatz, in welchem die Merkwürdigsten Brücken aus allen vier Theilen der Welt [...], Leipzig 1735
Vogtlandmuseum Plauen

1263

dings sanken die Einnahmen der Ämter Voigtsberg und Plauen im 16. Jahrhundert aus Verkehr und Handel, da neue Wege über Thüringen erschlossen wurden.

Durch die intensive Nutzung der Verkehrsbahnen verschlechterte sich deren Zustand oft, was zu den ersten recht einfachen Straßenbaumaßnahmen führte, die sich in den Amtsrechnungsbüchern des frühen 16. Jahrhunderts finden. Die erste urkundliche Erwähnung von Fernstraßen für das Plauener Gebiet erfolgte im 13. Jahrhundert. 1250 wurde der Weg nach Oelsnitz mit »viam versus Olsnitz« bezeichnet. Dieser führte über den Rinnelberg, am Kemmler vorbei in Richtung Oberlosa. 1263 wurde in einer Urkunde des Vogts von Plauen für den Deutschen Orden im Weiteren der Kauschwitzer Weg aufgeführt, der sich im Anschluss an die Dobenaustraße nahe des Dobenaufelsens vermuten lässt. Er ist als sogenannter Kommunikationsweg einzuordnen und war somit wohl nur von örtlicher Bedeutung. 1282 wird der Zwoschwitzer Weg, der vom gleichnamigen Dorf nach Pausa führte, als Grenze des Straßberger Forstes genannt.

Plauen verdankt seine Entstehung offensichtlich der günstigen Lage an den alten Verkehrswegen und dem Übergang über die Elster. Dieser fand dort statt, wo das Seitental der Syra einmündet und sich so eine natürliche Straße bildete. 1244 wird erstmals die steinerne Elsterbrücke (pons lapideus) erwähnt, die über Jahrhunderte als einziger Elsterübergang außerordentliche Bedeutung hatte. Sie war gleichzeitig das Eingangstor Plauens und die Zollstation. »Das Amt erhob von jedem durchfahrenden Wagen je nach Ladung Zoll; mußte ein Geleitsmann gestellt werden, trat eine Erhöhung ein. Eine besondere Taxe galt für reitendes und schriftliches Geleit. Ebenso forderte das Amt einen Zoll für Vieh, das durchgetrieben wurde, erhob bestimmte Beträge am Plauener Johannismarkt, an Pferdemärkten in der Fastenzeit zu Plauen und von den durchfahrenden Wagen, die mit Roheisen, Heringen, Salz, Bier, Getreide, Obst, nach einer Bestimmung vom Jahr 1532 [...] auch mit Mühlsteinen, Hopfen und Töpfen beladen waren, einen besonderen Zoll, den sogenannten Brückenzoll.«[13]

Alte Straßen und Flurnamen der Stadt

Wenngleich wenige Bauwerke aus der frühen Zeit Plauens erhalten blieben, so zeugen doch noch einige Flur- und Straßennamen von der historischen Vergangenheit der Stadt. Sie beziehen sich auf die alten Handwerke, beispielsweise Färberstraße oder Gerberplatz. Die Namen »Am Gericht« und »Am Galgenberg« sind letzte Relikte der vormaligen Richtstätten. In den alten Urkunden werden die Straßen lateinisch als »via« oder auch »platea« bezeichnet. Im Unterschied zu den Straßen waren die Gassen der Stadt nicht befestigt. Lediglich der Steinweg war gepflastert und führte von der Elsterbrücke über die Neustadt zum Marktplatz, dem heutigen Altmarkt. Feste Namen und Straßenbezeichnungen wurden erst im 19. Jahrhundert gebräuchlich. Vordem gab man den Gassen die Namen der Anwohner oder markanter Plätze beziehungsweise Gebäude wie Totengraben (Unterer Graben) oder Ziegelhüttenweg (Dobenaustraße).

Mancher Straßenname ist auch schon wieder Geschichte, wie zum Beispiel die Schustergasse oder die Alaunstraße, die in den alten Stadtplänen noch Alaungraben hieß. Dieser kennzeichnete das Gebiet des ehemaligen Alaunwerkes »Ewiges Leben«. Ebenso vom Stadtplan verschwunden ist die Straße Am Weidigt.

»Plauen« in Personennamen

Die Namen von Familien oder Einzelpersonen lassen oftmals Rückschlüsse auf Siedlungsbewegungen beziehungsweise regionale Herkunft zu. Plauen zog nicht nur Zuwanderer an, Plauener gingen auch in die Welt hinaus und nahmen in Zeiten, in denen sich feste Familiennamen erst herauszubilden begannen, den Namen ihres Herkunftsortes mit.

Eine spätestens im 13. Jahrhundert aus Plauen ausgewanderte Familie von Plauen lebte in Schleiz. Mit dem Geschlecht der Vögte und Herren von Plauen, in dem alle männlichen Nachkommen den Rufnamen Heinrich trugen (daher von der späteren Geschichtsforschung auch als »Heinrichinger« bezeichnet), darf sie nicht verwechselt werden. In einer Urkunde des Lobdeburgers Otto von Arnshaugk und seines Sohnes Hartmann vom Jahr 1285 für das Deutsche Haus Schleiz wird unter den Zeugen ein »Heinricus de Plauwe civis« als einziger und überhaupt erster bekannter Schleizer Bürger aufgeführt. In weiteren Urkunden für das Deutsche Haus Schleiz wird er als Zeuge 1292 »cives H. dictus de Plauwen« und 1297 »Heinricus de Plawe« genannt, ferner 1297 und 1302 zusammen mit seinem Sohn Friedrich. Noch 1303 tritt er als einziger bürgerlicher Zeuge auf. 1318 erscheint ein »Cunradus de Plawen«, dessen Witwe und Erben zu Schleiz Jenaer Bürgern 1327 einen Weinberg verkauften. Genoss die Familie in der Bürgerschaft offenbar bereits einen höheren sozialen Status, so trat sie wohl im 14. Jahrhundert mit dem Erwerb des Ritterguts (Ober-)Böhmsdorf in die Ritterschaft ein. Beim Erwerb eines Gutes zu Wüstendittersdorf wurde Heinrich von Plauen 1402 als der »erbare Heinrich von Plaven zu Behmisdorf« bezeichnet. 1485 nennt das Verzeichnis der Ritterschaft der Herrschaft Schleiz einen Stephan von Plauen. Erwähnt werden 1523 ein Hauptmann Adam von Plauen zu Böhmsdorf, 1534 Thieme von Plauen zu Böhmsdorf, 1538 Hartmann und Thieme von Plauen zu Böhmsdorf. Auch 1547 gab es noch einen Herrn von Plauen zu Böhmsdorf. Danach dürfte die Familie ausgestorben sein, das Rittergut Oberböhmsdorf kam an die 1538 mitbelehnte Familie von Rußwurm. In Plauen selbst wird 1288 ein »frater Rudolfus de Plawe« im Konvent des Deutschen Hauses genannt.

Eine in Nürnberg ansässige Familie von Plauen (auch Ploben) gehörte dort zum Patriziat. Das Bürgerbuch führt 1342 einen Cunrad Plaw auf. Ein Nürnberger Kaufmann Hans von Plauen war um 1418 als Waldensermeister von überregionaler Bekanntheit. 1444 war ein Hans von Plauen Amtmann zu Fürth, 1517/18 lebte ein weiterer Hans von Plauen in Nürnberg und 1545 starb dort ein Goldschmied Sebastian von Plauen.

In Jena gab es 1371 einen Vikar Theodericus de Plauwe, der von 1378 bis 1382 auch als Propst des Michaelisklosters Dietrich von Plawe/von Plauwe genannt wird, und unter den Jenaer Ratsgeschworenen taucht 1415 ein Sifrid Plauwen auf. Als Stifterin trat 1431 eine Jenaer Bürgerin Elße Pleuwyn in Erscheinung. In Saalfeld war 1391 ein Herman von Plauwin Ratsmeister und nach den Rechnungen des Plauener Gemeinen Kastens 1541/42 war ihm ein in Weida wohnhafter Jorg von Plauen drei Groschen schuldig geblieben. Zu Beginn des 16. Jahrhunderts war in Zeitz ein Bildhauer Matthias Plauener tätig. Als Wohnsitz- oder Herkunftsbezeichnung ist der Zusatz »von Plauen« auch bei Juden, die bis weit in die Neuzeit nur einen Namen trugen und erst im 18./19. Jahrhundert zum Führen von Familiennamen verpflichtet wurden, zu finden, so zum Beispiel im 14. Jahrhundert als Mayr, Gerson oder David von Plauen.

um 1418

Frank Weiß

(15) Blick von der Marktstraße in die Schustergasse, um 1900; in Vorbereitung des Baues des Neuen Rathauses abgerissen
Vogtlandmuseum Plauen

Stadtentstehung und -entwicklung im 12. und 13. Jahrhundert

Städtische Verwaltung, Rechte und Privilegien

Frank Weiß — ## Siegel und Wappen der Stadt

Zur Bestätigung der Glaubwürdigkeit und Rechtskraft wurden Urkunden mithilfe gravierter Siegelstempel Siegel (lateinisch »sigillum«, Bildchen) in Wachs und seit dem 16. Jahrhundert in Siegellack aufgedrückt beziehungsweise mittels Schnüren oder Pergamentstreifen angehängt. Das älteste bekannte Siegel des Rates zu Plauen befand sich an einer Urkunde aus dem Jahr 1329, die im Zweiten Weltkrieg im Sächsischen Hauptstaatsarchiv Dresden verloren ging. Der originale runde Siegelstempel aus Messing mit einem Durchmesser von 60 Millimetern blieb hingegen im Stadtarchiv Plauen erhalten. Das Bild zeigt zwei dreizinnige Türme mit spitzen Turmhelmen und je zwei übereinander angeordneten Spitzbogenfenstern, die durch eine Mauer mit spitzbogigem Tor verbunden sind. Die Mauer ist belegt mit einem dreieckigen Schild mit steigendem ungekröntem Löwen, darüber einem Topf- oder Kübelhelm mit Pfauenfedern, die vorn (rechts vom Träger aus gesehen) gespiegelt und hinten (links vom Träger aus gesehen) glatt sind. Die Umschrift lautet: »SIGILLVM CIVIVM IN PLAWE« (Siegel der Bürger zu Plauen). Es handelt sich dabei um eine übliche Stadtsymbolik einer befestigten Stadt, wie sie ähnlich etwa im ältesten Siegel von Zwickau aus dem Ende des 13. Jahrhunderts mit drei Türmen hinter einer Mauer erscheint. Auch die ersten, ab 1329 auftretenden Siegel von Chemnitz zeigen in unterschiedlicher Fassung eine Zinnenmauer mit drei Türmen. Der Löwe im Plauener Siegel wird mit den Vögten von Plauen als den Stadtherren in Verbindung gebracht, die allerdings einen gekrönten Löwen führten. Das Siegelbild fand später Eingang in das Stadtwappen, wobei die Mauer mit dem Tor lange Zeit wegfiel und bis 1899 oft lediglich der Löwe in einem Schild stand, die Türme bildeten gleichsam nur Schildhalter, um die sich die Helmdecken winden konnten.

Im Rahmen einer mehrjährigen Revision sächsischer Stadtwappen erhielt das Plauener 1899 durch das Ministerium des Innern im Wesentlichen die heutige Form, bei der es verbindlich in einen Schild gestellt wurde. In dem roten Schild befinden sich die zwei silbernen (weißen) gequaderten dreizinnigen Türme mit je zwei übereinander angeordneten Spitzbogenfenstern und spitzen Helmen, dazwischen ist die silberne Mauer mit spitzbogigem Tor und dem dreieckigen schwarzen Herzschild mit dem goldenen, rot bewehrten und gezungeten Löwen belegt. Der goldene Topfhelm trägt grüne Pfauenfedern, vorn glatt, hinten gespiegelt. Die Turmspitzen waren allerdings 1899 noch blau tingiert. Den seit 1932 von der Stadt und Stadtarchivar Ernst Pietsch gemachten Anregungen, die Turmspitzen ebenfalls silbern wiederzugeben, da man sie sich ursprünglich nicht als schiefergedeckt vorstellen dürfe, sondern als Steinkegel, folgte das Ministerium. Am 12. Januar 1939 beschloss der Stadtrat die bis heute gültige Form.

Im Rückblick auf frühere Jahrhunderte lassen sich unterschiedliche Ausformungen des Stadtwappens feststellen. Besonders fällt bei der Gestaltung der Türme auf den städtischen Siegeln beziehungsweise dem Stadtwappen auf, dass sie sich bis zum 19. Jahrhundert immer mehr an den Türmen der Stadtkirche St. Johannis orientiert hatte. Diese waren beim Wiederaufbau nach dem Stadtbrand von 1548 mit steilen Walmdächern und in den 1640er-Jahren mit achteckigen geschweiften welschen Hauben mit offener Laterne versehen worden. Auch in den Fällen, in denen die Helme spitz dargestellt wurden, war die Fensteranordnung offensichtlich von den romanischen Fenstern der Kirchtürme inspiriert. So zeigt sie das auf der Stadtansicht in Münsters Kosmografie von 1598 abgebildete, von einem Lorbeerkranz eingefasste Wappen mit den steilen Walmdächern auf einer niedrigen gezinnten Mauer stehend, dazwischen das Löwenwappen. Wilhelm Dilich gab sie auf seiner Zeichnung Plauens von 1629 mit hohen

① Siegelstempel des Rates, vor 1329
Stadtarchiv Plauen, Uwe Fischer

spitzen Pyramidendächern wieder, umwunden von Helmdecken. Der Helm ist wie schon bei Münster zum Spangenhelm geworden, die Zinnenmauer fehlt hier ebenso wie bei zwei auf Michael Köhler zurückgehenden gezeichneten Stadtansichten von 1721 sowie einer 1727 von Johann August Richter geschaffenen. In diesen drei Beispielen haben die Türme die schiefergedeckten Walmdächer der Johanniskirche.

Kupferstiche des 18. Jahrhunderts mit Stadtansichten geben unterschiedliche Varianten wieder. Der Titelkupferstich Johann David Schleuens zum »Vogtländischen Gesangbuch« von 1742 zeigt das Wappen in einem Schild, die Türme mit den barocken Hauben der Kirche auf einer gezinnten Mauer stehend. Bei der Ansicht im »Vogtländischen Gesangbuch« von 1751 wurde das gleiche Prinzip angewandt, nur dass die Türme die älteren Walmdächer tragen. Eine Zittauer Monatsschrift setzt das Wappen 1780 in eine ovale Kartusche, die auf der ungezinnten Mauer stehenden Türme haben die barocken Hauben auf den oktogonalen Aufsätzen. Ebenso verfahren das »Vogtländische Gesangbuch« 1796 und die Illustration eines Innungsbriefes der Zeug- und Wollweber von etwa 1805. In letzterem Falle wurde es sogar mit einem kurfürstlichen Wappenmantel unter dem Kurhut umgeben. Die »naturalistische« Tendenz setzte sich in den Siegeln städtischer Behörden wie Polizei-Expedition, Steuer-Einnahme, Stadt-Physikat oder Stadtbauamt ins 19. Jahrhundert fort, in denen der Schild um den Löwen entfällt, der nun frei vor der Westseite der Kirche steht, überragt vom Kirchendach. Die in den Wappen zu findende Mauer im Schildfuß kommt in den Siegeln nicht vor. Dem stehen im späteren 19. Jahrhundert wieder Varianten mit Löwe im Schild mit Helmzier zwischen spitzgedeckten Türmen etwa für Polizei- und Eichamt gegenüber.

Von zwei 1633 gefertigten Siegelstempeln der Stadt zeigt einer den Löwen mit Krone. Im November 1632 hatten kroatische Söldner außer der Kirche auch das Rathaus geplündert, alle verschlossenen Möbel gehauen und das große, mittlere und kleine Stadtsiegel geraubt. Eine weitere Ausnahme bildet ein Siegelstempel von 1650, der zwischen den spitzgedeckten altertümlich wirkenden Türmen einen Schild ohne Helmzier enthält, in dem sich statt des Löwen offenkundig das Lamm mit der Siegesfahne befindet. Die umlaufende Inschrift lautet: »SIGIL STADT 1650 PLAVEN«. Eine Besonderheit stellt ferner ein Siegelstempel des Rates von 1637 dar, der in den Bildmotiven als vom ältesten Siegel von 1329 beeinflusst erscheint und dessen Umschrift lautet: »'SVLATVS 1.6. OPIDI 3.7. PLAWEN«. Normalerweise wurde die Stadt als »civitas« bezeichnet, der Begriff »oppidum« kennzeichnete im Mittelalter eigentlich eher kleinere Land- oder Minderstädte ohne Stadtmauern und volles Stadtrecht beziehungsweise Marktflecken. Bestenfalls sagte er über den Rechtsstatus nichts aus.

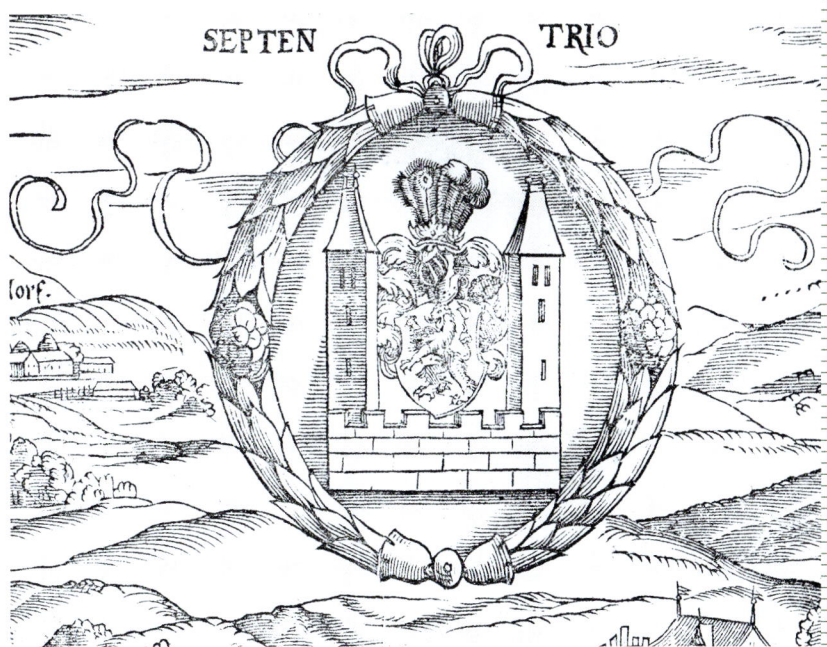

Die Farbigkeit des Wappens beschreibt Dilich 1629 so: »Der Lew gelb das Feld blaw, die Helmdecke rot und blaw, die eine Feder blaw und weiß« Die nicht beschriebene andere Feder dürfte als Pfauenfeder zu sehen sein. Diese alte Farbigkeit des Löwenwappens erinnert an das Wappen der Grafen von Everstein, die einen rot bewehrten und rot gezungten goldgekrönten silbernen Löwen im blauen Schild und einen Topfhelm mit Pfauenfederbusch führten.

Ob daraus Schlussfolgerungen für die Stadtgründung, für die kein Jahr angegeben werden kann, die aber allgemein den Vögten zugeschrieben wird, gezogen werden dürfen, muss dahingestellt bleiben. Unklar ist auch, ob das vögtische Wappen in ursprünglicher Abhängigkeit vom eversteinischen entstand, Schild und Helmzier widersprächen dem nicht, abgesehen von der Farbigkeit. Für diese ist eine Urkunde des Pfalzgrafen Rudolf bei Rhein und Herzogs in Bayern aufschlussreich, in der er Heinrich d. Ä. von Plauen und seinen Sohn sowie die Vögte von Weida und Gera 1294 im Feldlager bei Borna gleich seinen Vorfahren mit Schild und Banner belehnte. Die erste Belehnung und mögliche Änderung der Farbigkeit könnte also etwa durch den Vater Pfalzgraf Rudolfs um 1261 anlässlich eines Kriegsbündnisses erfolgt sein. Der Pfälzer beziehungsweise bayerische Löwe ist wie der vögtische golden, rot bewehrt, rot gezungt und rot gekrönt und steht wie er im schwarzen Feld. So beschreibt es auch Huldreich Frölich in der 1598 erschienenen Münster'schen Kosmografie: Das Wappen der Herrschaft Plauen ist ein gelber Löwe mit einer roten Krone auf dem Haupt in einem schwarzen Schild.

Die bisherigen Stadtfarben Gold und Blau wurden 1939 dem Vögtewappen entsprechend in Gold und Schwarz verändert, die Stadtflagge ist folglich eine Bikolore, auf die das Wappen aufgelegt werden kann.

②

Das Stadtwappen aus Münsters Kosmografie, 1598
Vogtlandmuseum Plauen, Repro Uwe Fischer

③

Das Stadtwappen in seiner heutigen Form
Stadt Plauen

Städtische Verwaltung, Rechte und Privilegien

Martina Bundszus

Die Plauener Stadtbücher von 1382 und 1388

Zwei der wichtigsten Quellen für unsere Kenntnis vom Leben im mittelalterlichen Plauen und seiner städtischen Organisation sind die Stadtbücher von 1382 und 1388.

Stadtbücher kamen mit der wachsenden Selbstständigkeit der mittelalterlichen Städte gegenüber den Landesherrn auf und sind ein repräsentativer Ausdruck des stadtbürgerlich-kommunalen Selbstverständnisses. In ihnen wurden wichtige rechtliche Anordnungen einer mittelalterlichen Stadt vermerkt. Zum ersten waren in ihnen die Privilegien, also die Zugeständnisse, die eine Stadt von ihrem Landesherrn erhalten hatte, in Abschrift festgehalten. Zweitens sammelten sie das in der Stadt gültige Recht, als Gerichtsprotokolle dokumentierten sie die Urteile und legten damit die schriftliche Grundlage für das Zusammenwirken der Bürgerschaft, für die stadteigene Gerichtsbarkeit und die Verwaltung. Und drittens schufen sie als Protokolle der Freiwilligen Gerichtsbarkeit Rechtssicherheit im Geschäftsleben.

1382 — Das Privilegien- und Zinsbuch von 1382

Das Original dieses Buches galt schon im 19. Jahrhundert als verloren. Kenntnis von seinem Inhalt vermittelt uns allein eine von Paul Daniel Longolius (1704–1779) angefertigte handschriftliche Abschrift des Originals. Sie wird heute im Staatsarchiv Bamberg verwahrt und ist bislang nur in Auszügen gedruckt. Der Inhalt des Originals lässt sich anhand der Abschrift wie folgt rekonstruieren:
- Abschriften von Privilegien der Stadt absichernden Urkunden
- Abschriften von Huldigungsurkunden bis ins 16. Jahrhundert, hier wurde von Longolius eine Chronik eingefügt, welche er wohl der Geutebrück'schen Chronik (um 1709) entnommen hatte
- Abschrift der Statuten von 1513
- Aufzeichnungen über einzelne Einigungen mit dem umliegenden Adel
- Zinsbuch, hier brach Longolius seine Abschrift ab und machte weiter mit dem
- Verzeichnis der in den Plauener Stadtvierteln verordneten Hauptleute (vermutlich Vorläufer der späteren Viertelsmeister) und der ihnen unterstellten Männer, das in das Jahr 1524/25 zu datieren ist
- Aufzeichnungen von Rechtsentscheidungen, unter anderem vom Leipziger Schöffenstuhl

Das Stadtbuch von 1388

Das Stadtbuch von 1388 ist die erste Quelle, die eingehender über die Bürger Auskunft gibt. In früheren Dokumenten (erstmals in der Urkunde von 1224) wurden Bürger nur am Rande erwähnt. Von dem im Plauener Stadtarchiv erhaltenen Original liegt seit 1996 eine Transkription und Auswertung vor. Das Buch besitzt 96 Blatt, also 192 Seiten, im Format 21 mal 30 Zentimeter, welche mit zwei vorsatzartigen Pergamentmakulaturen aus einer mittelalterlichen Notenhandschrift zwischen zwei lederbespannte Holzdeckel eingebunden sind und ursprünglich mit einem Metallverschluss verschließbar waren. Davon sind 86 Seiten unbeschrieben geblieben, die übrigen weisen oft nur wenige Einträge beziehungsweise große Abstände zwischen den Einträgen auf.

Das am 23. November 1388 begonnene Stadtbuch entstand im Auftrag des damaligen Plauener Bürgermeisters Conrad von Pirk, der Schöffen und der Ratsherren. Es wurde, wie auch das von 1382, von dem aus Nürnberg stammenden Friedrich Eybanger angelegt. Dieser war in Plauen als Schulmeister (»rector scolarum«) und als Stadtschreiber (»prothonotarius civitatis«) tätig. Eybanger war der erste, aber nicht der alleinige Verfasser. Mindestens drei verschiedene Schreiber haben die Einträge des Buches verfasst.

Sein Inhalt untergliedert sich in drei Teile:
1. Steuer- und Bürgerlisten (S. 1b–18a: Nr. 2–18; Laufzeit: 1388–1456/58):
   - Einwohnerverzeichnis von 1388
   - Bürgerverzeichnis von 1456/58
   - Häretikerregister (»registrum hereticorum«), undatiert, etwa frühe 1390er-Jahre
2. Ratsaufzeichnungen (S. 19a–22a: Nr. 20–92; Laufzeit: 1388/89):
   - Verzeichnis (»Inventarium«) der Ratsurkunden
   - Register über die Waffen der Stadt
   - Verzeichnis der Gerichtsbußen der Bürger
   - Abschriften der von der Stadt abgeschlossenen Verträge
3. Urkundenkopien und andere Texte über Rechtsakte (S. 83a–96b; Laufzeit: 1388–1420):
   - Abschrift des Egerer Landfriedens von 1379
   - die »Litteras liberalis«, der Freiheitsbrief des Stadtherrn, in dem die Freiheiten der Bürger niedergeschrieben waren
   - Abschrift einer Urkunde des Stadtrats von Hof vom 26. Juli 1384
   - Schöffensprüche unter anderem vom Leipziger Schöffenstuhl und Weidaer Rat

Das Stadtbuch von 1388 beinhaltet wichtige Informationen zur jungen, sich entwickelnden Stadtverwaltung und zur Organisation des städtischen Lebens.

Wir erfahren unter anderem über die Zusammensetzung des Rates, dass er aus zwölf Bürgern bestand, welche jährlich vom Stadtherrn bestätigt werden mussten. Auch die vom Rat bestellten Mitarbeiter (Stadtschreiber, Schützenmeister, Büchsenmeister und zwei Hirten, davon jeweils einer für Alt- und Neustadt) werden genannt. Wer das Bürgerrecht in Plauen erlangen wollte, musste sich ein Jahr und einen Tag in der Stadt aufhalten, einem bürgerlichen Broterwerb nachgehen, die in der Stadt erhobene Steuer (das sogenannte »Geschoss«) entrichten, eine Waffe zur Verteidigung der Stadt besitzen und nicht zuletzt eine Aufnahmegebühr

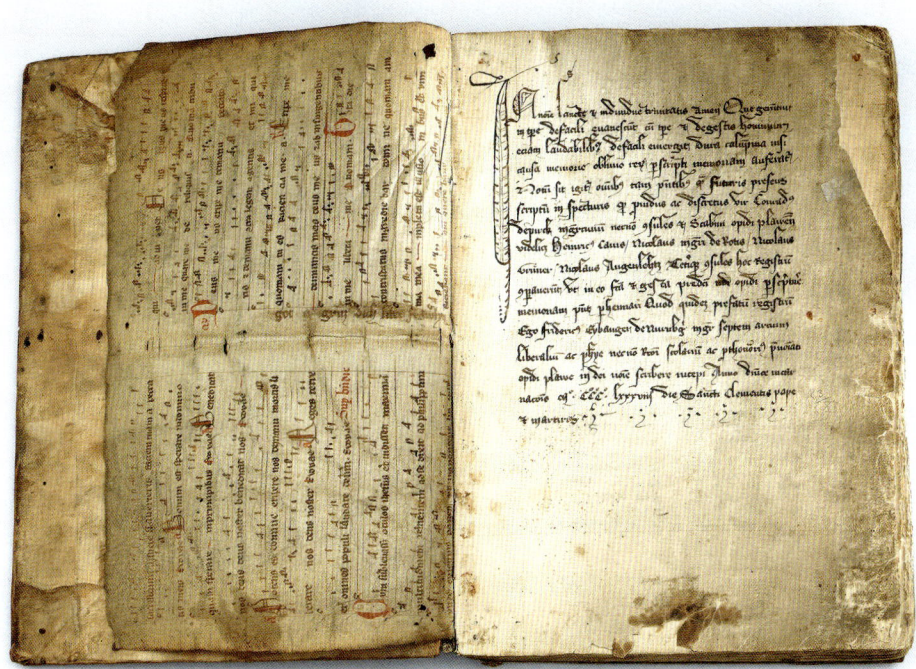

④
Titelseite des
Stadtbuchs von 1388
Stadtarchiv Plauen,
Uwe Fischer

entrichten, welche allerdings auch in Form einer Arbeitsleistung abgegolten werden konnte, gern in Gestalt von Fuhrdiensten von Baumaterialien für die Stadtmauer.

Das Einwohnerverzeichnis von 1388 unterteilt die Stadt in vier Altstadtviertel (Bl. 1 b–4 a), die Neustadt (Bl. 4 h–5 h), die Vorstädte (Bl. 6 a–6 b) und das sogenannte »Villanorum« (Bl. 7 a). Letzteres dürfte mit dem ehemaligen Meierhof unterhalb des Schlosses identisch sein, welcher vor 1542 von einem landesherrlichen Schlossgut zum Stadtgut wurde und damit der städtischen Verwaltung und Gerichtsbarkeit unterstellt war. Vermerkt wurden alle selbstständigen Haushaltsvorstände, auch Frauen und die Einwohner ohne Bürgerrecht. Dagegen sind im anschließenden Verzeichnis von 1456/1458 nur Bürger, also die Einwohner mit Bürgerrecht aufgelistet. Die aufgeführten Nachnamen geben oft Hinweise auf den Beruf oder die Herkunft der Bewohner.

Es werden 144 Namen genannt, welche auf 64 Berufe zurückgehen. Dabei ist der größere Teil der Berufsbezeichnungen nur ein- oder zweimal aufgeführt. Zu den meistgenannten Professionen gehörten Schmied/Drahtzieher (16-mal), Schneider (achtmal) und Kramer (fünfmal). Dabei spiegeln die Stadtbucheinträge eine sozialtopografische Differenzierung wider: In der Altstadt waren die angesehensten Berufe sowie der größere Teil der Kaufleute angesiedelt. Dagegen saßen die Angehörigen unehrenhafter oder nur wenig angesehener Berufe in den der Stadtmauer vorgelagerten Vorstädten. In der Neustadt war diese Trennung weniger stark ausgeprägt.

Die verzeichneten Gerichtsurteile belegen auch Unzufriedenheit mit der kommunalen Politik: So hatte der Bürger Laurentz Sighard die Entscheidungen des Plauener Rates mit der Äußerung »ez sey keyn wyser man in Plawe«[1] kritisiert. Dafür wurde er verurteilt, 60 Fuder Steine für die Stadt zu transportieren, die für Ausbesserungs- oder Umbauarbeiten bestimmt gewesen sein dürften.

Die beiden Plauener Stadtbücher wurden gleichzeitig geführt. Das heißt, man begann 1388 ein zweites Stadtbuch, obwohl das Buch von 1382 noch nicht abgeschlossen war. Diese Gleichzeitigkeit betrifft nicht nur gleiche Inhalte, sondern beide Bücher enthalten sogar jeweils die Abschrift der gleichen Urkunde. Anlass für das neue Stadtbuch könnte eine Änderung der Ratsverfassung beziehungsweise die Erweiterung der Kompetenzen der städtischen Verwaltung gewesen sein, welche für die neuen Funktionen ein auf sie zugeschnittenes erweitertes, neues Stadtbuch benötigte. Doch wäre es ebenso denkbar, dass die Entstehung des zweiten Stadtbuchs auf eine Anordnung des für Plauen zuständigen Landesherrn hin erfolgte. Da die Herrschaft Plauen seit 1327 ein Lehen der böhmischen Krone war, wäre dies der König von Böhmen gewesen.

Die Plauener Stadtbücher von 1382 und 1388 vermitteln uns ein sehr direktes und ungefiltertes Bild ihrer Zeit. Im Gegensatz zu anderen Schriftquellen weisen sie nicht nur einen hohen Gebrauchscharakter auf, sie bestechen auch durch die Vielfalt und Dichte, in der sie bestimmte Bereiche des mittelalterlichen Lebens dokumentieren. Sie zeigen nicht die große Geschichte wie die Chroniken und nicht die herrschaftlich-juristischen Beziehungen wie die Urkunden auf, sondern sie dokumentieren einen bis heute nur wenig beachteten Aspekt der Historie: das alltägliche Leben und seine praktische Organisation in der mittelalterlichen Stadt.

1388

Städtische Verwaltung, Rechte und Privilegien 51

Katrin Färber

Bürgerrecht und Bürgerpflicht

Mit der Herausbildung der deutschen Stadtverfassungen verstand man unter einem Bürger das freie, voll berechtigte Mitglied einer Stadtgemeinde. Das Bürgerrecht bedeutete in erster Linie, dass man frei war von Leibeigenschaft und Hörigkeit. Mit der Grundherrschaft besaßen die Adligen nicht nur das Land, sondern auch die Menschen, die darauf lebten. Daher stammt der Ausdruck »Stadtluft macht frei«. Ihre Autonomie mussten die Stadtbewohner erst erkämpfen und verteidigen. Dabei war es den Städten zuträglich, dass die Landesherren und Fürsten wegen Geldbedarfs Rechte abtraten. Heinrich, Vogt von Plauen, übertrug 1368 den Bürgern und Mitbürgern Plauens freies Erbrecht und das Recht der Freizügigkeit. Der Freiheitsbrief von 1368 richtete sich ausdrücklich an alle Bürger »der Stat zu Plawen [...] etz sey frawe [Frau] oder man«[2] und schloss die der Vorstädte mit ein. »Noch 1484 ist eine Gleichstellung von Mann und Frau in der Erbfolge ablesbar. Das endete erst mit der Einführung des sächsischen Erbrechts.«[3]

Das Bürgerrecht musste erworben werden, dafür waren Besitz, ehrliche, das heißt eheliche Geburt, sowie ein guter Leumund die Voraussetzungen, ebenso wie der Nachweis, sich ein Jahr und einen Tag in der Stadt aufgehalten zu haben. Natürlich war eine Gebühr zu entrichten, die wahrscheinlich vom Vermögen abhängig war und, wie erwähnt, auch durch Naturalien und Dienstleistungen für die Stadt beglichen werden konnte – beispielsweise mit einem Fuder Steine, einem Kelch oder einer Armbrust. Die Bürger genossen verschiedene Privilegien, die wirtschaftliche Vorteile sicherten, und sie konnten den Rat wählen oder selbst gewählt werden.

Zu den Pflichten des wehrfähigen Bürgers zählte die Verteidigung der Stadt und ihrer Mauern. Dem Stadtinventar Plauens zugehörig war eine Rüstkammer, die Harnische, Helme und Spieße (Hellebarden) beherbergte. Im Kriegsfall bestand eine allgemeine Wehrpflicht sowohl für die Ritterschaft als auch für Bauern und Bürger mit eigener Bewaffnung »zur Heerfahrt, Folge und Reise«[4].

Im schon erwähnten Stadtbuch von 1388 werden ein Büchsenmeister und Schützen genannt, so erhielt zum Beispiel im Jahr 1395 Jacob der Stadtschütze eine Anstellung mit den Worten: »[...] ir warthen sol, iren armbrosten [...]«[5]. Er war also auch für die Pflege der Armbrüste der Stadt zuständig. Ein weiterer schriftlicher Hinweis zur Organisation des Schutzes der Stadt findet sich in der Innungsurkunde der Schuhmacher von 1448. Hier heißt es zur Verwendung des für das Meisterrecht gezahlten Geldes, dass davon die Kosten für die Bewaffnung der Zunftmannschaft, besonders der sechs oder acht Armbrustschützen, die allzeit dem Handwerk gedient hätten, bestritten würden. Außerdem solle jedermann die ihm von der Stadt auferlegte Bewaffnung bereithalten. Die Handwerkszünfte bildeten für die Organisation der Wehrhaftigkeit der Städte eine wichtige Basis.

Das Stadtregiment – die Verwaltung der Kommune

Vor dem 14. Jahrhundert gab es noch keine gewählten Bürgermeister und Räte, dafür einen Verwalter, der vom Stadtherrn eingesetzt wurde, und beisitzende, beratende Bürger. Sehr früh wurden auch »die Vier von der Gemein« genannt, Vertreter der Gemeinde, die zu wichtigen Erörterungen herangezogen werden mussten und so als erste Bürgervertreter anzusehen sind. 1329 urkundeten das erste Mal ein Bürgermeister und geschworene Bürger, das bedeutet, es gab einen gewählten Rat mit Bürgermeister. Das älteste bekannte Stadtsiegel fand damals Verwendung. Wie in den sächsischen Städten dieser Zeit üblich, gab es einen regierenden sogenannten sitzenden Rat und den alten vorjährigen Rat. In dem 1421 beginnenden Ratsregister wurden im zweijährigen Turnus 20 bis 24 Ratsmitglieder einschließlich zweier Bürgermeister geführt. Besoldung erhielt aber nur der sitzende Rat. Seit 1478 wurden die Ratsherren auf Lebenszeit von den schon amtierenden Räten gewählt. 1482 wurde dem Rat das Recht über die bis dahin vom fürstlichen Amtmann ausgeübte Gerichtsbarkeit über die Bürger der Stadt verliehen.

Eine zentrale Aufgabe der Stadtverwaltung bestand im Einzug von Steuern und Abgaben und lag im Aufgabenbereich des Kämmerers, ein Amt, das die Kompetenz des Lesens und Schreibens voraussetzte.

Die Städte hatten das Recht, Maße und Gewichte zu setzen. Für Plauens eigenes Maßsystem gab es im Rathaus Gewichte, Maßstäbe und Maßgefäße, die als Grundmaße für das Eichen der benutzten Gefäße und Gewichte dienten. Die Überprüfung wurde mit dem Ratszeichen

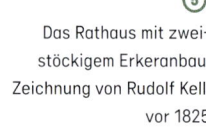

1368

⑤ Das Rathaus mit zweistöckigem Erkeranbau, Zeichnung von Rudolf Kell, vor 1825
Vogtlandmuseum Plauen

»P« bestätigt. Einem extra vereidigten städtischen Angestellten oblag die exakte Anwendung und Festlegung der Abgaben. Für diesen Posten wurden Stadträte oder vertrauenswürdige Bürger rekrutiert. Auf der Ratswaage mussten alle Waren, die in die Stadt kamen, gewogen werden. Die Waage war an den Weinschenk verpachtet. Diese wichtige Position sollte von einem guten, fleißigen Mann ausgeübt werden. Der von ihm betreute Wein wurde im Ratskeller gelagert. Es gab fränkische, rheinische und Saaleweine, außerdem noch Most und Met. Wenn der Weinmeister ein neues Fass anfing, waren auch der Ratsknecht und einer von den Vieren von der Gemein zugegen. Es wurde genau Buch geführt über den Verkauf, und was nach Abzug aller Auslagen übrig blieb, verbuchte der Kämmerer als Einnahme der Stadt.

Ein wichtiges Privileg der Städte stellte der Handel mit Salz dar, neben dem Würzen diente es hauptsächlich zum Konservieren der Lebensmittel. Erst 1503 hatte der Plauener Rat das alleinige Recht des Salzhandels erworben, vordem musste er es pachten. Den »Salzkasten« zu besitzen, bedeutete zum einen, das Recht, mit Salz zu handeln, innezuhaben und zum anderen auch die Verkaufsstelle selbst. Für den Transport des wertvollen Gutes aus Halle gab es einen vereidigten Salzfuhrmann, dem es untersagt war, selbst Salz zu verkaufen.

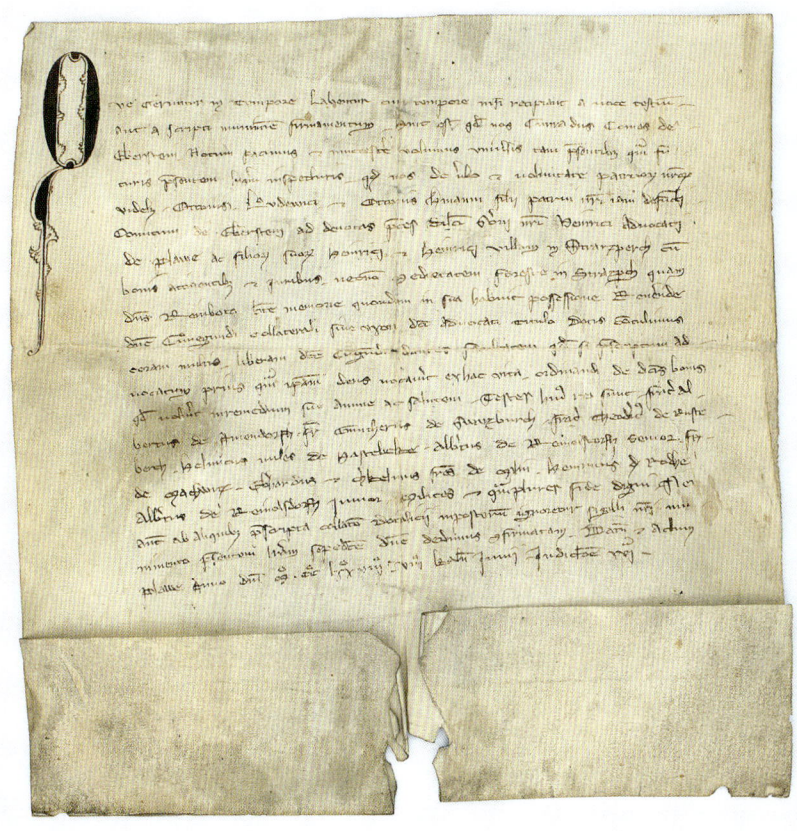

Das Rathaus – Zentrum der Stadtverwaltung

Die meisten Bestimmungen des mittelalterlichen Stadtrechts dienten zur Regulierung des Zusammenlebens der mit handwerklicher Produktion und Handel beschäftigten Bevölkerung. Rat und die Bürgermeister überwachten die Regeln und setzten sie durch. Das Zentrum der Verwaltung und des städtischen Lebens war wie in den meisten Städten auch in Plauen das Rathaus, das mit Stadtgründung und Anlage des Marktplatzes zu Beginn des 13. Jahrhunderts entstand. Erstmals urkundlich fassbar wurde das Rathaus 1382 im Privilegien- und Zinsbuch, es befand sich freistehend auf dem Marktplatz.

Die Grundmauern und Kellergewölbe des Alten Rathauses lassen sich in das 14. Jahrhundert datieren, auf ihnen gründete der um 1508 vollendete Neubau. Dieser geschah auf Kosten der wettinischen Landesherren, die mit der Finanzierung des Rathausbaus ihr Ansehen steigern wollten. Als Zeichen der Machtstellung wurde das sächsische Wappenrelief am zweistöckigen Erkeranbau des spätgotischen Baues angebracht, von dem heute noch die Vorhangbogenfenster und Balkendecken im Inneren vorhanden sind.

1548 brannte das Rathaus wie große Teile der Innenstadt nieder. Nur der Nordgiebel und der Bürgersaal blieben erhalten. Noch im gleichen Jahr wurde das städtische Verwaltungsgebäude im Stil der Renaissance wiedererrichtet. Der Erkeranbau blieb erhalten und wurde mit einem geschweiften Kupferdach versehen.

Das Wahrzeichen des Rathauses, dessen Beschreibung schon in früherer Zeit für die wandernden Handwerksgesellen als Nachweis ihres Aufenthalts in Plauen diente, ist die vom Hofer Meister Georg Puhkaw gelieferte Kunstuhr.

Im Rathaus tagte der Rat, es gab Verwaltungs- und Gerichtsräume, einen Saal für Festlichkeiten und den Ratskeller. Außerdem befand sich hier das Schriftwesen der Stadt samt Archiv. Von der am dreistöckigen Erker befindlichen Laube verkündete der Gerichtsdiener die Ausrufe. Das Rathaus hatte wohl nie die Funktion eines Gewandhauses, in dem die Tuche (Stoffe) verkauft wurden.

⑥
Die älteste Urkunde des Stadtarchivs Plauen wurde von Graf Konrad von Everstein am 25. Mai 1278 auf Bitten Vogt Heinrichs von Plauen über eine Schenkung des Dorfes und der Hälfte des Forstes zu Straßberg an seine Gattin Kunigunde ausgestellt.
Repro Uwe Fischer

1508

⑦
Spätgotischer Nordgiebel des Alten Rathauses
Frank Weiß

Städtische Verwaltung, Rechte und Privilegien

Städtisches und wirtschaftliches Leben

Katrin Färber

Bürger und Ackerbürger

— 1488

Informationen über die Bürger und Einwohner der Stadt sind zum ersten Mal ausführlicher in den Stadtbüchern niedergeschrieben. Erst seitdem gibt es Antwort auf die Frage, wer und wie viele Menschen in der Stadt lebten und wie sie ihren Lebensunterhalt sicherten. Der ehemalige Stadtarchivar Ernst Pietsch unterschied in einem unveröffentlichten Manuskript zur Stadtgeschichte zwischen ansässigen und nicht ansässigen Bürgern sowie Einwohnern, auch Inwohner oder Hausgenossen genannt. Er hat eine Einwohnerstatistik der Jahre zwischen 1388 und 1548 erstellt, die auf den wenigen vorhandenen Unterlagen beruht.

Da genaue Angaben zu den einzelnen Bewohnern der Häuser nicht vorliegen und nur die Bürger und Eigentümer verzeichnet wurden, handelt es sich dabei um ungefähre Werte. Die Mitbewohner wie Familienangehörige, Gesellen oder Mägde schätzte er anhand vergleichbarer Zahlen anderer Städte. Waren 1388 unter den Haushaltsvorständen auch die Frauen verzeichnet, so erfasste die Liste von 1548 nur die männlichen Bürger der Stadt.

Recht eindrücklich ist die Aufstellung, die Pietsch zur ackerbäuerlichen Struktur der 1506 in Plauen lebenden Hausbesitzer erhob, danach lebten:
- 127 ansässige Bürger mit Ackerbesitz in allen vier Stadtteilen und der Neustadt;
- 21 ansässige Bürger mit Garten und Wiesenbesitz ohne Acker;
- 64 ansässige Bürger ohne Garten-, Acker- und Wiesenbesitz.[2]

Fast 60 Prozent der Stadtbevölkerung versorgten sich also selbst mit eigenem landwirtschaftlichen Betrieb.

Vorwerke

Die landwirtschaftlichen Nebenbetriebe, aber auch jede Form landwirtschaftlicher Einrichtungen in städtischem Besitz, beispielsweise die Schäfereien oder ganze Güter wurden als Vorwerke bezeichnet. Mit wachsender politischer Autonomie und wirtschaftlichem Wachstum erwarb der Rat als Vertreter der Stadt Hausgrundstücke und Vorwerke, die er weiter verpachtete. 1488 wurde der Rat vom Kurfürsten mit dem Vorwerk im Dorf Chrieschwitz und der »Wüstung im Reyßig« belehnt; 1503 verkaufte Kunz Kopp sein Vorwerk zu Chrieschwitz mit allem Zubehör und dem Salzzins für 900 Gulden an den Rat zu Plauen.[3]

Durch den Erwerb der Güter gehörte die Stadt zur amtsansässigen Ritterschaft und musste den Landesherren entsprechende Kriegsdienste leisten, das bedeutete, dass ein bis zwei Pferde mit Knecht zu stellen waren. 1506 besaß der Rat die Lehen über je ein Gut in Zwoschwitz, Möschwitz, Schönberg, Reinsdorf, Thossen, Kobitzschwalde, zwei Güter in Grobau und zwölf Güter in Chrieschwitz. 1516 erwarben je zur Hälfte die Brüder Wenigel und der Rat das Vorwerk Haselbrunn. 1560 verzeichnete das Kämmereibuch Plauens die Vorwerke zu Chrieschwitz, Haselbrunn, Reißig, die Schäferei in Reißig sowie sieben Teiche im Eigentum der Stadt; 1563 erwarb sie das Hammergut.

	1388	1389/1391	1458	1506	1520	1548
Bürgerliche Einwohner der ummauerten Stadt	etwa 2 075	etwa 2 185	etwa 1 290–1 414	etwa 1 696	etwa 1 736	etwa 1 976
Gesamtbevölkerung der ummauerten Stadt	etwa 2 175	etwa 2 285	etwa 1 390–1 514	etwa 1 786	etwa 1 826	etwa 2 046
Einwohner der Vorstadtgüter	etwa 608	etwa 612		etwa 780	etwa 816	etwa 816
Gesamtbevölkerung der Vorstädte	etwa 638	etwa 642		etwa 810	etwa 846	etwa 850
Gesamtbevölkerung in und vor der Stadt	etwa 2 800	etwa 2 900		etwa 2 600	etwa 2 700	etwa 2 900

Statistische Erhebung der Bürger und Einwohner Plauens[1]

Marktrecht und Handel

Stand die Stadtmauer als äußeres Zeichen weithin sichtbar, so war doch die Funktion als Handels- und Handwerkersiedlung für die Stadtentwicklung von entscheidender Bedeutung. Mit dem Marktrecht besaß Plauen das alleinige Recht des Handels. Nur innerhalb der Stadt durfte der Markt abgehalten werden. Eine Bannmeile verbot die Entstehung anderer Märkte in einer Entfernung von etwa 7,5 Kilometern. »Der alte Marktplatz der Altstadt muß ein langes Rechteck von rund 150 Metern in der Nord-Süd-Richtung und rund 60 Metern in der Ost-West-Richtung gewesen sein [...] und das Rathaus lag in der Mitte der Gesamtanlage.«[4]

Die Durchführung der Märkte selbst war streng geregelt, es wurde zwischen Jahrmärkten und Wochenmarkt unterschieden. Letzterer fand einmal wöchentlich statt, seit 1550 hielt man den Wochenmarkt in Plauen am Sonnabend ab. Dort konnten die Einwohner Lebensmittel und Artikel des täglichen Bedarfs erwerben. Durch den Meilenbann und Landesordnungen war geregelt, dass die Landbevölkerung ihre Waren nicht an Zwischenhändler, sondern nur auf dem städtischen Wochenmarkt verkaufen durfte.

Eine Besonderheit des Marktrechts war der Verkauf »unterm Wisch« – einem an einer langen Stange befestigten Strohbündel. Der Marktwisch wurde eine Stunde vor der offiziellen Eröffnung des Marktes aufgestellt und bedeutete das Vorkaufsrecht der heimischen Bevölkerung. Fremden durfte in der Zeit unterm Wisch nichts verkauft werden. Zu den Jahrmärkten fanden regelrechte Volksfeste statt, mit fahrendem Volk, Musik sowie Gauklern und zahlreichen auswärtigen Händlern. Sie wurden vor allem zu kirchlichen Festtagen veranstaltet, aber immer erst nach dem Gottesdienst. Für die Städte waren die Jahrmärkte von großer wirtschaftlicher Bedeutung, weshalb sie sich auch um eine Erweiterung bemühten. In Plauen gab es zuerst drei Jahrmärkte, und zwar am Sonntag nach Ostern, am Johannistag (24. Juni) und am Sonntag nach Mariä Himmelfahrt (15. August). Nach herrschaftlichem Erlass vom 28. Mai 1533 kam der »Galli-Markt« hinzu, am Sonntag nach dem Gedenktag für den heiligen Gallus (16. Oktober). Ursprünglich war er nur als Austauschtermin für den 15. August gedacht. Der beliebteste und wichtigste Jahrmarkt, der die meisten Besucher anzog, war der Johannismarkt, weshalb die landesherrliche Amtsverwaltung zu diesem Termin Jahrmarktszoll erhob. An den anderen Markttagen wurde nur von der Stadt eine Standgebühr, ein sogenanntes »Stättegeld« von den fremden Verkäufern erhoben. Die Marktordnungen waren darauf ausgerichtet, den eigenen Bürgern möglichst günstige Einkaufsgelegenheiten zu geben, um ihren Wohlstand und sie vor Übervorteilung durch Fremde zu sichern.

Das Brauwesen

Mit dem Stadtrecht eng verbunden war bereits seit dem Mittelalter das Brauwesen. Neben der wirtschaftlichen Bedeutung, die aus dem Verkauf des Biers resultierte, war Bier auch ein Grundnahrungsmittel, was den Ausdruck »Braunahrung« erklärt. Bier zählte zu den in der Fastenzeit erlaubten alkoholischen Getränken.

Im Unterschied zu großen Handelszentren war das Bierbrauen in Plauen bis ins 19. Jahrhundert kein spezialisierter Beruf, sondern Bürgersache. Die Braugerechtigkeit war ein dingliches Recht, das auf Hausgrundstücken lag und auch bei Besitzerwechsel beim Haus verblieb. Um die Stadt herum bestand die sogenannte Biermeile, innerhalb welcher das Braugewerbe nur von den ansässigen Bürgern ausgeübt werden durfte. War dies anfangs wirkliche eine deutsche Meile von etwa 7,5 Kilometern, so wurde dieser Abstand später noch weiter gefasst. Die vogtländischen Dorfschenken, die sogenannten Kretzschmar, waren verpflichtet, sich in der nächstliegenden Stadt das Bier zu besorgen; untersagt war es, fremdes Bier auszuschenken. Im Gegenzug mussten die Städte immer ausreichend für gutes Bier sorgen. Von dem Verbot, selbst zu malzen und zu brauen, waren nur einige der Erbkretzschmar beispielsweise in Leubnitz und Theuma sowie die Rittergüter mit eigenen Brauereien ausgenommen. Laut landesherrlicher Verordnung von 1537 und 1583 wurde diese Bestimmung festgeschrieben.

Das erste Plauener Brauhaus wurde von den Brüdern des Deutschen Ordens im Komturhof eingerichtet, 1357 erstmals erwähnt. Nach 1500 besaß Plauen außer dem im Komturhof drei weitere Brauhäuser, die nach den Stadtvierteln aufgeteilt waren: das Obere in der späteren Herrengasse, im Alten Teich und in der Neustadt. Nur in diesen Häusern war mehrmals im Jahr das Brauen erlaubt. Gebraut werden durfte aber nur von demjenigen, der an der Reihe war. Um Streit zu verhindern, wurde vom Rat die Reihenfolge ausgelost. In den Häusern, die mit dem Brauen an der Reihe waren, durfte das Bier auch verkauft werden. Diese Hausbewohner hatten den sogenannt »Reiheschank« und vor ihrer Tür wurde der Bierwisch aufgestellt – ein an einer Stange befestigtes Bierzeichen. Das Braurecht durfte unter bestimmten Bedingungen an andere Brauberechtigte verpachtet werden.

Nach Paul Dicks Forschungen befand sich auf dem südlichen Turm der Johanniskirche eine Bierglocke, die am Abend offenbar das Ende des Bierschanks anzeigte. Zur Qualität des Bürgerbiers schrieb Neupert: »[...] im Jahre 1562 sieht sich der letzte Plauische Burggraf, der in Schleiz residierende Burggraf Heinrich VI., veranlasst, seinem Schösser Heinrich Pestel seine in etwa 14 Tagen beabsichtigte Ankunft mit Gefolge in Plauen deshalb besonders anzukündigen, damit dieser mit dem Rate Fürsorge träfe, dass zur angegebenen Zeit kein Mangel an gutem Getränk, besonders an einem guten Rheinwein,

1500

Städtisches und wirtschaftliches Leben

und, soweit möglich, an fremden tauglichen Bier, eintreten möge. Der Burggraf muss also früher nicht die besten Erfahrungen an dem Plauischen Bürgerbier gemacht haben.«[5]

Das Handwerk – ein Grundpfeiler der Stadt

»Jedes zünftige Handwerk bildete ein Glied im Ganzen der städtischen Verwaltung und erfüllte, vom Rat geleitet und beaufsichtigt, ausgesprochen öffentliche Pflichten. Sie bestanden zunächst in der gleichmäßigen Versorgung der Stadt mit allem, was man an Handwerksware brauchte, namentlich Nahrungsmitteln.«[6] Wie Erich Wild treffend formulierte, war die Ansiedlung der Handwerker ein wirtschaftliches und gesellschaftliches Kriterium für die Entwicklung einer Stadt. Zu Beginn siedelten sich vor allem sogenannte Fertigmacher in den Städten an. Im Textilgewerbe waren das beispielsweise Walker und Färber, aber auch die Schmiede benötigten aufwendigere Arbeitsmittel und Werkstätten, deren Besitz urkundlich niedergeschrieben wurde. Einen frühen Nachweis gibt es für Straßberg, wo bereits 1298 ein Pfannenschmied saß. Im 14. Jahrhundert lassen sich die ersten Eisenhämmer nachweisen, werden Huf- und Nagelschmiede, Kessel- und Harnischmacher häufiger genannt.

Die einzelnen Gewerke schlossen sich zu Zünften zusammen, diese wurden regional und zeitlich verschieden als Zeche, Gilde, Gaffel oder Innung bezeichnet, deren Aufbau und Regeln sich in den deutschen Ländern ähnelten. Mit der Bildung einer Zunft sicherte man sich alleinige Rechte und die Kontrolle der Qualität vom Einkauf der Rohstoffe bis zum Verkauf des Handwerksprodukts. Die Mitgliedschaft war streng geregelt, so durften nur Bürger beitreten und es mussten Prüfungen abgelegt werden. Nach den moralischen Vorstellungen der Zeit war eine eheliche Geburt Voraussetzung. Außerdem war der Eintritt in die Zünfte meistens nur Männern vorbehalten.

Die älteste in Plauen bekannte Innung war die der Schuhmacher. Der erste schriftliche Nachweis stammt von 1427, als die Schuhmacher durch den Bürgermeister und Stadtrat viermal jährlich ein Bad in der Badestube zugesagt bekamen. Die Innung der Schuhmacher bildete gemeinsam mit den Lederern und den Gerbern eine Zeche. Für die Gerberei benötigten die Handwerker fließendes Wasser. Aufgrund der Geruchsbelästigung waren ihre Werkstätten außerhalb der Stadt angesiedelt. Das Gerberviertel Plauens lag unterhalb der Stadtmauer an der Syra zwischen Unterem Steinweg und Schulberg. Ihre Privilegien erhielten die Innungen vom Landesherrn in Form einer Konfirmationsurkunde bestätigt. Auch wenn diese Urkunden oft den ersten archivalischen Nachweis bieten, können die Zünfte schon viel länger bestanden haben. So wurde 1301 in einer Urkunde, in der die Plauener Vögte dem Deutschen Orden in Plauen Zinsgüter zusicherten, unter den Zeugen ein Plauener Bürger namens Heinrich Schuhmacher aufgeführt. 1443 sicherte Burggraf Heinrich I., Herr von Plauen, den Schustern zu, dass die Landschuhmacher nur an den Markttagen ihre Waren anbieten durften, das Hausieren war verboten.

Einigen Innungen war es auch außerhalb der Markttage gestattet, Handel zu treiben, dazu gehörten die Bäcker und Fleischer. Der Verkauf der Waren erfolgte auf Bänken. Fleischbänke sind 1418 das erste Mal nachgewiesen, woraus abzuleiten ist, dass die Innung auch schon bestand, da die Anlage der Fleischbänke den Zusammenschluss der Fleischer, genannt Fleischhauer, voraussetzte. Diese mussten das Vieh im städtischen Kuttelhof schlachten, der sich bis Mitte des 18. Jahrhunderts am Mühlgraben gegenüber der Oberen Mühle befand. In den Statuten Plauens wurde 1532/33 festgelegt, dass die Fleischer an einem Pfund Unschlitt (Talg) nicht mehr als zwei neue Pfennige verdienen durften. Der Talg wurde für Lichter oder die Seifenherstellung benutzt.

Von 1477 bis 1493 und auch 1520 sind 18 Fleischbänke nachgewiesen, auf denen der Verkauf erfolgte. Während Kriegs- und Krisenzeiten dezimierte sich diese Zahl oft um die Hälfte. Streng untersagt war, aus dem eigenen Haus heraus etwas zu verkaufen. Das hatte den Vorteil, dass die Qualität der Waren und die Gebühren einfacher zu kontrollieren waren. Nach dem Brandunglück von 1548 gibt das Kopienbuch über den Wiederaufbau der Stadt die Nachricht von einem Kaufhaus, das die Bänke der Schuster, Gerber und anderer, damit wohl auch der Tuchmacher, beherbergte. Über den Standort dieses Warenhauses ist nichts überliefert. Heute erinnert noch der Name »Bänkegässchen« an die bis ins frühe 19. Jahrhundert gepflegten Verkaufsvorschriften.

Auch die Bäcker mussten auf den Bänken neben den Fleischern verkaufen. Bereits 1382 wurden das erste Mal sechs Brotbänke erwähnt, die den anfallenden Zins an die Stadt zahlen mussten. Von der Innung der Bäcker gibt es erstmals 1529 einen Nachweis. In Plauen stellten die wohlhabenden Haushalte den Brotteig selbst her und ließen diesen nur backen. Gebacken werden durfte nicht jeden Tag. Es wurde von den Viermeistern der Innung festgelegt, welcher Meister an der Reihe war.

Mühlen und Mühlgraben

Zu den Grundnahrungsmitteln gehörten im ausgehenden Mittelalter neben dem Brot vor allem enthülstes und geschrotetes Getreide, das waren Graupen und Grütze für Brei. Sie wurden mit einfachen Mörsern oder Stampfen hergestellt. Ebenso wurde das Mehl für das Brot in Handmühlen oder einfachen Tretmühlen gemahlen. Diese Mühlen unterlagen keinen Abgaben und vor allem die Handmühlen waren auch zu transportieren – ganz im Unterschied zu den Wassermühlen, die dem Mühlenbann unterlagen. Dieser bestand in dem alleinigen

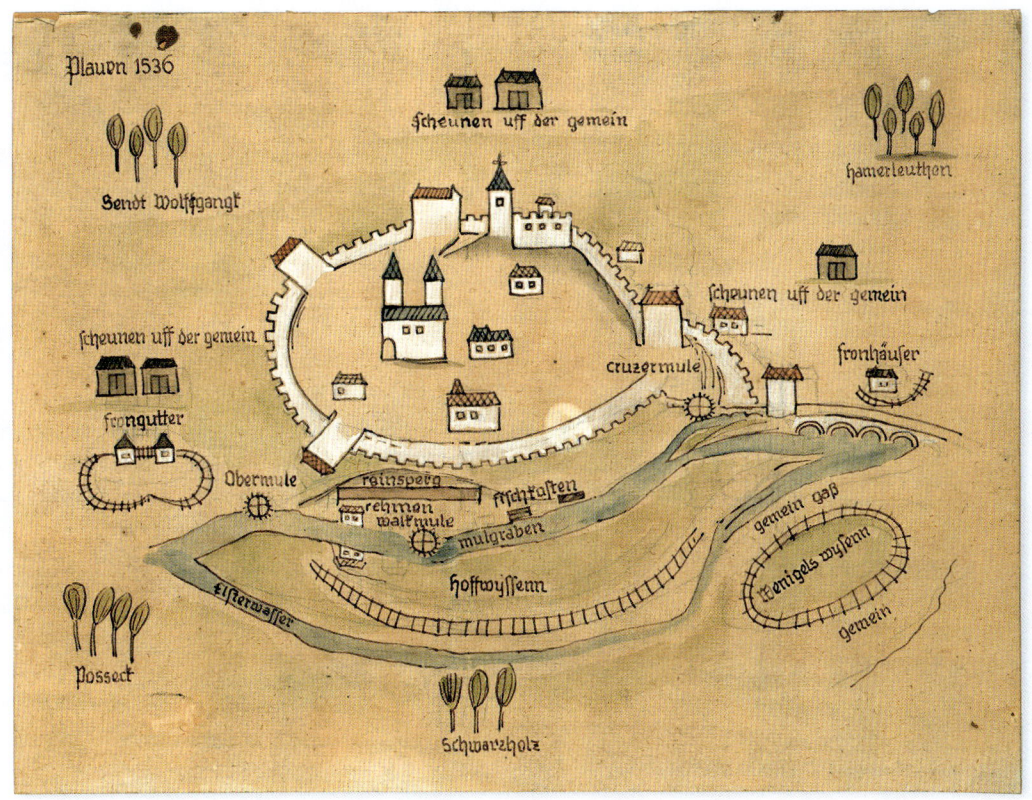

①
Planskizze Plauens von 1536 mit Darstellung von Stadt und Mühlgraben, Nachzeichnung Rudolf Donnerhack, um 1960
Vogtlandmuseum Plauen, Repro Uwe Fischer

Recht des Grundherrn, eine Mühle zu bauen und zu betreiben. Er zwang alle Untertanen, nur in dieser Mühle mahlen zu lassen und Abgaben darauf zu entrichten. Das hing nicht zuletzt damit zusammen, dass der Bau der Wassermühlen mit Mühlgraben und Antriebsrad sehr kostenintensiv war.

Die Nutzung der Wasserkraft für den Antrieb der Mühlen zählte zu den hervorragenden Leistungen des Mittelalters. Von der Konstruktion her handelte es sich um erste Maschinen.

Plauens Lage im Tal der Elster mit den Zuflüssen von Syra- und Milmesbach war wie geschaffen für die Anlage von Wassermühlen. So verwundert es nicht, dass bereits in der Urkunde von 1122 eine Mühle genannt wird. Adalbert von Everstein überließ den »[...] halben Ertrag seiner Mühle, die an der Elster erbaut ist [...]«, der Johanniskirche.[7] Diese Beschreibung lässt den Rückschluss zu, dass es sich um die Untere Mühle handelte, die wohl etwa zur gleichen Zeit wie die Kirche errichtet wurde. Somit ist diese Mühle auch die erste schriftlich nachweisbare Wassermühle des Vogtlands. Über diesen Fakt herrscht in der Geschichtsforschung Einigkeit, allerdings teilen sich die Auffassungen darüber, ob es die Obere Mühle bereits vorher gegeben hat. Walther Ludwig vertrat in der Auslegung der Urkunden des 13. und 14. Jahrhunderts die Ansicht, dass die Obere Mühle noch vor 1122 angelegt wurde. Ernst Pietsch dagegen nahm an, dass der Mühlgraben und die Obere Mühle erst zwischen 1122 und 1224 entstanden. Nach seiner Auffassung wurde die Untere Mühle von der Syra angetrieben. Dem ist auch nach heutigem Kenntnisstand zu folgen. Der Aufwand für den Bau und die Unterhaltung des Mühlgrabens und zweier Wassermühlen ist vor 1122 unwahrscheinlich und mit nichts zu belegen. Anders verhielt es sich dann 1244, als der Vogt Heinrich I. von Plauen dem Deutschen Orden seinen Anteil an der Unteren Mühle übertrug; zu dieser Zeit besaß er wohl eine weitere Mühle. Da der Orden bereits mit der Übertragung der Johanniskirche 1224 den vorher zu ihr gehörenden Anteil an der Unteren Mühle besaß, wurde er alleiniger Besitzer, wovon sich die spätere Bezeichnung Kreuz- oder Kreuzermühle herleitete.

Ein früher Nachweis für eine Mühle im heutigen Stadtgebiet Plauens findet sich in einer Urkunde, in der Heinrich Vogt von Plauen 1276 seiner Gemahlin Kunigunde zur persönlichen Absicherung das Dorf Straßberg mit Mühle schenkte. Damit ist die Straßberger Mühle die älteste noch produzierende Mühle im Plauener Gebiet.

Urkundlich erstmals nachgewiesen sind die Obere Mühle, der Graben und das Wehr erst in den Plauener Amtsrechnungen von 1438/39. In diesen wird besonders deutlich, welch hohe Kosten das Betreiben der Wassermühlen verursachte. Außerdem wird darin das erste Mal die Walkmühle der Tuchmacher genannt. Diese befand sich zu dieser Zeit noch gegenüber dem Roten Turm am Konventsgebäude, nicht zu verwechseln mit dem Turm am Schloss der Vögte. Wie aus den Amtsrechnungen weiter zu erfahren ist, wurde die Walkmühle 1496 dort, wo sich einmal die Mittelmühle befunden hatte, neu erbaut. Wörtlich hieß es: »do sie vor alters unter der pfortten by der deutschen herrn thurm vber das wasser ge-

1276

Städtisches und wirtschaftliches Leben 57

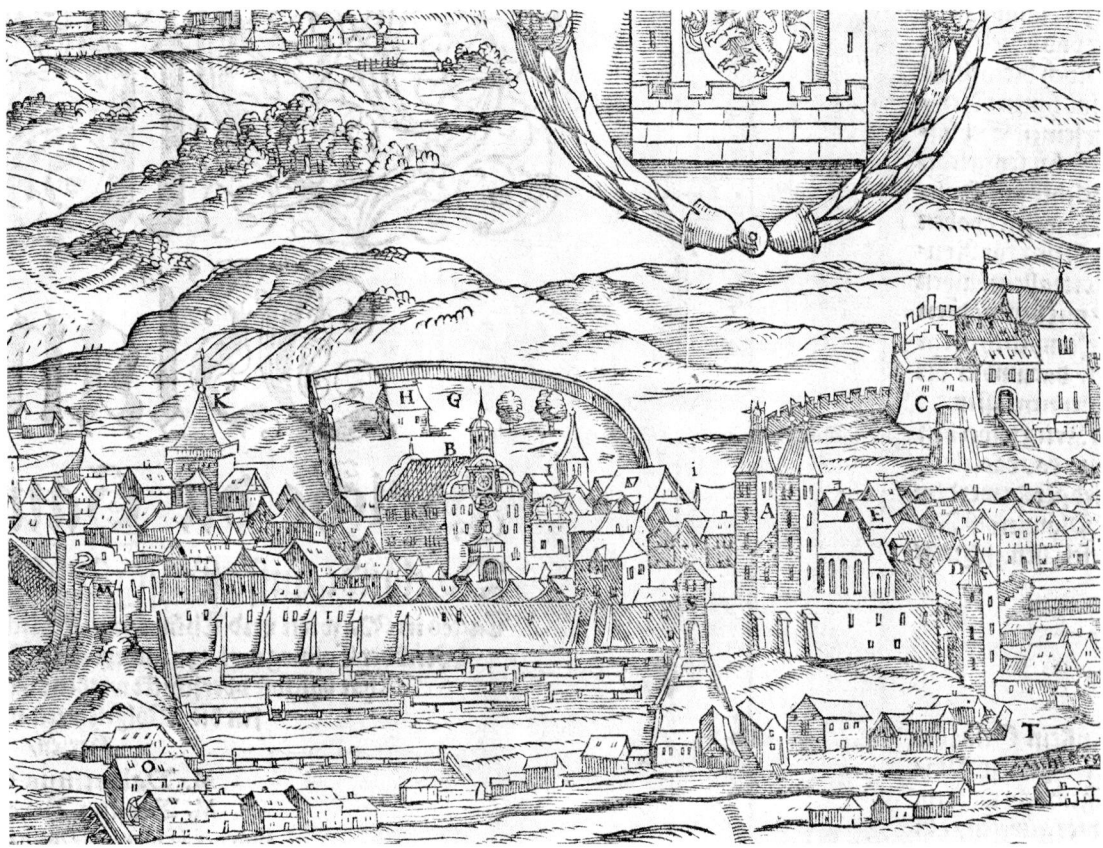

②
Tuchrahmen unterhalb der südlichen Altstadtmauer (Ausschnitt aus Münsters Kosmografie), 1598
Vogtlandmuseum Plauen, Repro Uwe Fischer

1504

standen, an der mitlen muhlstad gebaut«[8] Das geschah auf Befehl des Herzogs Johann, weil die Walkmühle am alten Platz der Hofwiese geschadet habe. Der Mühlenbetrieb beeinträchtigte die Heuernte am Platz, was den Wintervorrat für das Viehfutter verminderte.

Die Obere und Untere Mühle befanden sich im Besitz des Landesherrn, im Unterschied zur Walkmühle, die den Tuchmachern gehörte, welche allerdings dafür Abgaben leisten mussten. Durch die Existenz zweier weiterer Mühlen, die sich am Mühlgraben befanden, erscheint endlich auch der Aufwand für die Anlage des Grabens als gerechtfertigt.

Noch vor 1430 wurde vermutlich die Klappermühle am Milmesbach errichtet, denn ein Hans Klappermüller zählte zu den Opfern des Hussitenüberfalls. In den Amtsrechnungen von 1471 bis 1479 wird die Mühle als Klapper- oder Schlagmühle, auch Ölmühle erwähnt. Es konnte aber ebenso Getreide gemahlen werden. Sie hatte ihren Namen von dem Geräusch erhalten, welches das Schlagwerk der Ölmühle verursachte.

1504 erhielten die Brüder des Dominikanerklosters die Erlaubnis der sächsischen Landesfürsten zum Bau einer Mahlmühle unter dem Teich im Klostergarten, der von der Syra gespeist wurde. Diese Genehmigung betraf jedoch nur den eigenen Bedarf des für das Kloster zu mahlenden Getreides, woran sich die Mönche wohl nicht immer hielten. Nach der Säkularisierung des Klosters wurde die nun dem Gemeinen Kasten gehörige Mühle in eine Schleifmühle gewandelt, in welcher der Plattner Ottendörfer die von ihm gefertigten Helme und Harnische polierte. Beim Stadtbrand von 1548 zerstört, erwarb der Rat die Mühle 1554 und baute sie wieder auf. Fortan diente sie neben dem Mahlen von Getreide vorrangig der Herstellung der Gerberlohe.

Bereits zwischen 1510 und 1511 wurde an der Kreuzermühle eine Schneidemühle errichtet. Sie fungierte wie die schon 1417 erstmals erwähnte Holzmühle bei Kauschwitz als Bauholzlieferant.

Durch die Erwähnung des alten Eisenhammers bei Chrieschwitz erhalten wir zugleich den ältesten Hinweis auf den Bergbau in Plauen. Mit der Einführung der durch Wasserkraft betriebenen Schmiedehämmer und Blasbälge im 14. Jahrhundert wurden die Hammerwerke an Flüssen und Bächen gegründet, in ihnen wurden Eisen und Blech bearbeitet. Auf der Grundlage des Eisenerzes stellten die Hammerwerke im 15. Jahrhundert bis zum Gebrauchsartikel alles her. Die erste urkundliche Erwähnung des Hammers erfolgte am 14. Mai 1451. Burggraf Heinrich II. von Meißen, Herr zu Plauen, verlieh den Hammer an Nicel Salburgk, der ihn bereits von seinen Eltern geerbt hatte. Der Hammer war als landesherrliches Lehen verpflichtet, die Eisenteile zur Reparatur der drei Plauener Amtsmühlen zu liefern, dafür erhielt der Hammerschmied das Alteisen zur Wiederverwendung. Nach 1466 wurde der Hammer durch die jeweiligen Amtsleute des Kurfürsten zu Sachsen verwaltet. In den nächsten Jahrzehnten wechselten die Lehnsnehmer der Hammerschmiede mehrmals. In den Lehnsverträgen ändert sich jedoch lediglich, dass – nachdem die Mittelmühle an die Tuchmacher zum Bau der Walkmühle gegangen war – nur noch zwei Amtsmühlen mit Eisenteilen beliefert werden mussten.

Noch 1563 erwarb die Stadt Plauen von Burggraf Heinrich V. das Lehen am Hammer und den dazugehörigen Gütern. Das Hammerwerk lohnte sich wohl nicht mehr und wurde nicht weiter betrieben. Bis in unsere Zeit haben sich jedoch die Bezeichnungen Hammerstraße und Hammerbrücke erhalten.

Erster Exportartikel – Plauener Tuche

Das Vogtland gehörte bereits im Mittelalter zu den ausgewählten Gebieten der Wollverarbeitung, weil die natürlichen Voraussetzungen die Schafhaltung begünstigten. Im Gegensatz zum Flachs, der fast überall wachsen konnte, war die Wolle in dieser Zeit ein kostbarer Rohstoff und wurde teuer gehandelt. Dienten im frühen Mittelalter die von den Tuchmachern gewebten Stoffe vor allem dem Eigenbedarf der Stadtbevölkerung, so änderte sich das im 15. Jahrhundert. Die schweren Wollstoffe waren nun begehrte Handelsware, die über die Leipziger Messe abgesetzt wurden. Zwischen 1505 und 1544 fertigten die Tuchmacher laut Amtsrechnungen durchschnittlich 2 000 Tücher im Jahr. Auch wenn die erste schriftliche Überlieferung der Tuchmacherinnung Plauens – ein Innungsbrief – erst aus dem Jahr 1527 stammt, kann davon ausgegangen werden, dass die Innungsgründung 100 Jahre vorher geschah. Bereits 1412/13 ist im Plauener Stadtbuch ein Symon Tuchmacher aufgeführt, dessen Familienname Rückschlüsse auf den Beruf zulässt, ebenso wie die Existenz der Walkmühle.[9] Diese war eng mit dem Tuchmacherhandwerk verbunden und stellte eine der technischen Innovationen des Hochmittelalters dar. Bei den Walkmühlen wurde die Achse des Mühlrads zu einer Achswelle verlängert und mit Nocken versehen, die die schweren Holzhämmer heben konnten. Dabei wurde die Drehbewegung des Wasserrads in eine Auf- und Abwärtsbewegung der Nockenwelle umgewandelt. Die Hämmer stampften die gewebten Wollstoffe in mit Walklauge gefüllten Walkbänken, sogenannten Grubenbänken, wodurch die Tuche sich verdichteten und verfilzten.

Die Tuchweberei war ein höchst angesehenes Handwerk, die Gesellen wurden wie im Bergbau Knappen genannt. Zum Ende des 15. Jahrhunderts blühte das Tuchweberhandwerk immer weiter auf; den notwendigen Rohstoff, die Wolle, lieferten die Schäfereien der Umgebung. Auch die Plauener Amtsvorwerke Reinsdorf, Neundorf und Haselbrunn hielten in dieser Zeit Schafe. Die gewebten Wollstoffe waren hochwertig verarbeitet, den Seidenstoffen im Wert gleichzusetzen und ein wichtiger Exportartikel.

Aus der Walke kommend, wurden die Tuche zum Trocknen auf Rahmen gespannt, um sie in Form zu bringen. Diese horizontal unterhalb der Stadtmauer aufgestellten Tuchrahmen prägten bis in das 18. Jahrhundert das Stadtbild. Die mundartliche Bezeichnung »Rähme« ist bis heute für deren Standort erhalten geblieben.

(3) Siegelstempel der Tuchscherer zu Plauen, um 1540
Stadtarchiv Plauen, Frank Weiß

Die Tuchmacherinnung betrieb neben der Walkmühle auch mehrere Färberhäuser, für die ebenfalls Steuern ans Amt gezahlt werden mussten. Da es keine eigene Färberinnung gab, ist davon auszugehen, dass die Weber selbst färbten beziehungsweise die Färber als Lohnhandwerker arbeiteten.

Der letzte Arbeitsgang war das Tuchscheren, das heißt, erst wurden die Tuche aufgeraut und anschließend mit überdimensional großen Scheren die feinen Wollfasern abgeschnitten. Die vogtländischen Tuchscherer waren ursprünglich der Zwickauer Kreisinnung zugehörig, die gemeinsam mit den Scherenschleifern eine Innung bildeten. 1540 gründeten sie dann eine eigene Plauener Innung, deren Siegelstempel sich im Stadtarchiv Plauen befindet. Dass der Beruf schon im 15. Jahrhundert in Plauen ansässig war, lässt der 1427 genannte Plauener Bürger Hans Tuchscherer vermuten.

Gefärbt wurden die Wollstoffe vor allem mit Pflanzenteilen wie der Krappwurzel für Rot, Färber-Wau für Gelb und dem Waid für Blau. Waid ist eine dem Raps ähnliche Pflanze, die in Thüringen angebaut wurde und so auf kurzem Handelsweg ins Vogtland kam. Der Waidhandel war laut Innungsartikel der Tuchmacher allein den Meistern vorbehalten. Die Waidfärberei war ein komplizierter Prozess, der erfahrene Blaufärber voraussetzte. Pflanzliche Farben sind sehr lichtempfindlich, deshalb wurden sie mithilfe von Beizen stabilisiert. Dazu benutzten die Färber Alaun, verfaulten Urin und Hirschhornsalz. Die Tuche mussten laut Innungsartikel vor der Schau gefärbt werden. Die Schau war sozusagen die Qualitätskontrolle durch einen oder mehrere Meister. Es war wichtig, kontinuierlich für eine gute Qualität zu sorgen, damit das Ansehen der Plauener Tuche und damit der Verkaufserfolg nicht litten.

Anders als das Weben blieb das Spinnen eine typische Frauenarbeit, die in häuslicher Nebentätigkeit im ganzen Vogtland ausgeführt wurde und eine wesentliche Einnahmequelle für die Landbevölkerung darstellte. Das änderte sich auch gegen Ende des 16. Jahrhunderts nicht, als sich die Produktion vom Rohstoff Wolle auf die Baumwolle verlagerte.

1540

Gert Müller Der Bergbau in und um Plauen

Bergbau im Vogtland und im Raum Plauen ist in ur- und frühgeschichtlicher Zeit möglich gewesen, aber schwer nachweisbar, weil die damaligen Stollen und Schächte in der Regel von späteren Bergbaugenerationen überbaut und verändert, überprägt, wurden. Der Archäologe Klaus Simon hat einen wesentlichen Anteil an der Erforschung der Bronze- und Eisenzeit im Vogtland. Dabei widmete er sich auch dem Altbergbau in dieser Zeit und belegte, dass die Alten ein besonderes Interesse an den Kupfer-, Zinn- und Eisenvorkommen hatten. Eine bedeutende Rolle dürften hier die Kupfervorkommen in Thiergarten und die Eisenvorkommen in Straßberg gespielt haben, auch im 5. und 6. Jahrhundert wird Bergbau vermutet. 1276 gab es zwei Schmiedewerkstätten und 1419 ein Hammerwerk.

Dennoch kann durch die Mineralienvielfalt und den relativen Reichtum an Kupfer und Zinnerzen im Vogtland und sogar direkt im Gebiet der Stadt Plauen Bergbau in der Bronzezeit (1800–800 v. Chr.) nicht ausgeschlossen werden. Beim Autobahn- und Talsperrenbau zwischen 1937 und 1939 bei Taltitz-Pirk riefen die Bauarbeiten den verdienstvollen Heimatforscher Amandus Haase auf den Plan, dem wir die Zusammenhänge und das Bild der Urgeschichte verdanken, und führten zu seinen größten Forschungsarbeiten. Er entdeckte am 7. April 1936 zwei gegenüberliegende Gruben aus Lehm, die durch einen kleinen Kanal verbunden waren. Es stellte sich heraus, dass es sich hier um eine Bronzeschmelze handelte. Das war eine kleine Sensation, denn Schmelzwerkstätten aus der Bronzezeit sind extrem selten. Sie bezeugen die Tatsache, dass sich die Menschen in unserer Region damals mit Bergbau und Metallurgie beschäftigten.

Dazu kommt, dass in der Bronzezeit von einem größeren Besiedlungsniederschlag im Vogtland auszugehen ist, der berechtigt, von einer vogtländischen Gruppe der jüngeren Bronzezeit zu sprechen. Und so schlägt sich dieser Umstand in archäologischen Funden aus der Jungbronzezeit nieder. Die aufschlussreichsten Funde aus dieser Zeit stammen neben den Siedlungsfunden von Taltitz-Dobeneck aus den Hügelgräbern von Plauen-Chrieschwitz. Es wurden Leichenbrandurnen, Kannen und ein Tonsieb sowie zwei bronzene Halsringe geborgen. Die Grabhügel in Plauen-Chrieschwitz sind

④
Plan der Stadt Plauen, um 1790 (Ausschnitt mit Alaungraben)
Sächsisches Staatsarchiv, Hauptstaatsarchiv Dresden, 12884 Karten und Risse, Schrank 26, Fach 95, Nr. 21n

ein Zeugnis für die Nachbarschaft von Kupferbergbau in Chrieschwitz und Voigtsgrün.

Bergbau gab es auch zur Zeit der Vögte. Im Zeitraum von 1122 bis 1427 finden sich in den Urkundenbüchern der Vögte, herausgegeben von Berthold Schmidt, 18 Urkunden, die Bergbau in der Region zum Inhalt haben. In ihnen geht es meistens um Rechts- und Besitzverhältnisse. Wenngleich die erste Urkunde vom 10. Mai 1232 in ihrer Echtheit umstritten ist, wird sie doch auch in der weiteren Literatur als Ausgangspunkt für urkundlich verbrieften Bergbau gesehen. Sie hat zum Inhalt, dass König Friedrich II. Vogt Heinrich von Plauen mit der Bergwerks- und Münzgerechtigkeit belehnt. Das betrifft alle Gold- und Silberbergwerke, die bereits angelegt waren oder zukünftig noch entstehen sollten. Der König war Lehnsherr über den Boden und seine Erträge und er konnte sein »Bergregal« an Territorialherren verleihen. Und schließlich verschreibt Heinrich Reuß, Vogt von Plauen, seinem Landsassen Hans von Kospoth einiges Bergwerksgut bei Plauen. Der Inhalt der Urkunde von 1327 zeigt, dass die Vögte das Bergregal in seiner ganzen Ausdehnung besaßen und damit Fürstenrecht ausübten.

Eine weitere Grundlage der vögtischen Landesherrschaft bestand im Münzrecht. Die Plauener Münze befand sich vermutlich in nächster Nähe des inneren Brückenturms und -tors der Elsterbrücke. Bereits um 1220 wurden Münzen in Plauen hergestellt, 1279 war die Münzstätte an einen Münzmeister verpachtet. Am 11. März 1306 verkaufte Heinrich der Ältere, Vogt von Plauen, seine Münze für 600 Mark Silber an das Landvolk und die Kaufmannschaft zu Plauen.

Im Bereich Hammerstraße/Rinnelberg befanden sich vier große Steinbrüche. Der dort gewonnene violette und grüne Schiefer lieferte einen hervorragenden Naturwerkstein für den Bau der mittelalterlichen Stadt Plauen. Noch heute prägt er das Aussehen des Roten Turmes des Schlosses der Vögte, der aufgrund dendrochronologischer Befunde ins Jahr 1425 datiert.

So gab es auch im 18. Jahrhundert auf Chrieschwitzer Flur eine Vielzahl von Bergwerken, die auf Eisen und Kupfer bauten. In den Urkunden wird darauf verwiesen, dass sie jedoch auf alten Bergwerksgebäuden ihre Bergbautätigkeit ausübten. Einige dieser Bergwerke belieferten im Jahr 1438 das Hammerwerk in Plauen-Chrieschwitz mit Eisen.

1542 legten die erfolgreichen Marienberger Bergwerksunternehmer Martin Schilling und Franz Lingk in Plauen ein Vitriol- und Alaunwerk an. Sie nannten das Alaunwerk »Ewiges Leben«. Wahrscheinlich hat das Werk in der Nähe der heutigen Lutherkirche nach dem Schießberg gestanden. Das Alaunwerk hat seinen Alaunschiefer im sogenannten Alaungraben abgebaut. Das war ein riesiger Tagebau, der sich zwischen der Friedensbrücke und der Karlstraße, von der Syra bis in den Bereich des Oberen Bahnhofs erstreckte. Es war die größte bergbauliche Aktivität, die jemals in der Stadt beziehungsweise in ihrem unmittelbaren Umfeld offen sichtbar wurde.

Das Werk soll 1548 auflässig geworden sein. Den Stillstand beförderten der Schmalkaldische Krieg (1546/47) und der Stadtbrand vom 14. Mai 1548, die den Hauptabnehmern, den Färbern und Weißgerbern, zusetzten. In einer Urkunde vom 21. Mai 1554 forderten die Egerer, dass sich die Verantwortlichen des Bergwerks in Eger einzufinden hätten, um Rechenschaft über ihre Tätigkeit abzulegen. Danach sind keine konkreten Urkunden oder Berichte aufgefunden wurden.

Die mittelalterliche Wasserversorgung

Roland Best

Plauen besaß vom Mittelalter bis ins 19. Jahrhundert etliche Brunnen und mehrere freistehende große Wasserkästen aus Holz oder Granit, sogenannte Röhrenkästen. Über diese wurden der innerstädtische Bereich und das Schloss der Vögte, das auch noch einen alten, in den Felsen gehauenen, 23 Meter tiefen Ziehbrunnen besaß, mithilfe hölzerner Röhrenleitungen mit frischem Trink- und Brauchwasser aus der Umgebung versorgt.

In einem Sammelbehälter im Syratal, der 1913 noch vorhanden war und unterhalb des damaligen Touristenhauses stand, wurde Quellwasser aufgefangen und von hier über hölzerne Röhrenleitungen in die Altstadt geleitet. Diese Hauptwasserleitung wurde dort auf wichtige Straßenverläufe aufgeteilt. Der Wasserdruck in den Leitungen reichte aber nur bis zur Geländehöhe des Altmarkts aus, höher gelegene Gebiete wie die Neundorfer Vorstadt und der Neue Markt wurden weiter über einige Brunnen in vereinzelten Gehöften und Gärten versorgt. Außerdem gab es noch einen öffentlichen Ziehbrunnen an der Straßberger Straße vor dem Straßberger Tor, der bis 1866 genutzt wurde.

Das mühsame und zeitraubende Heranschaffen des als hygienisch sauber geltenden Wassers aus der Holzröhrenleitung zwang zu sparsamer Verwendung in den Haushalten. Im Gegensatz dazu stand das Wasser aus dem Bereich an der Syra – es wurde dem menschlichen Gebrauch dann auch ganz entzogen. Besonders gutes Trinkwasser konnte man von zwei Brunnen am Rinnelberg holen.

Die städtische Röhrenwasserleitung wird erstmals 1379 urkundlich fassbar, als der Rat den Dominikanermönchen deren Nutzung zugestand, wofür jene die Durchführung der Röhrenleitung durch das Kloster erlaubten.

Die Röhrenwasserleitung wurde durch einen von der Stadt bestellten Röhrenmeister betreut und instand gehalten. 1426 wird ein Cünczel Kestener als solcher namentlich genannt. Ferdinand Mohr beschrieb in seinen Lebenserinnerungen einen Nachfolger aus dem 19. Jahrhundert: »Der städtische Röhrenmeister, Zimmermeister Ruffer, ein kleiner älterer Mann, angetan mit braunem Schurzfelle und kleiner Hacke unter dem Arm, führte die Aufsicht über die ganze Wasserleitung und war den ganzen Tag unterwegs, dieselbe in Ordnung zu halten. Durch lange Erfahrung hatte er gelernt, die Le-

Heinz Zehmisch

bensdauer der Holzröhren richtig abzuschätzen, um diese rechtzeitig vor gänzlichem Verfallen auswechseln zu lassen, was ungefähr alle 10 bis 12 Jahre geschehen musste. Mitunter wurden doch einige Röhren vorzeitig schadhaft, wie ein aus der Erde hervorbrechender Wasserquell anzeigte. Zur schleunigsten Auswechselung der Röhre musste dann die Straße aufgerissen werden.«[10]

Im Röhrenteich, der nördlich vor dem Straßberger Tor am Oberen Graben lag und 1851 zugeschüttet wurde, bewahrte man die Holzröhren bis zur künftigen Verwendung im Wasser auf, um ein Reißen des Holzes zu verhindern.

In diesem Zusammenhang kann auf die eigenständige historische Schlosswasserleitung hingewiesen werden, die seit dem Mittelalter außer einem unter dem derzeit vereinfacht wieder entstehenden ehemaligen Barockgebäude noch vorhandenen alten Ziehbrunnen die Wasserversorgung des Schlosses zu gewährleisten hatte.

1236

Der Verlauf der alten Schlosswasserleitung folgte etwa der heutigen Straßenführung von Forststraße (Leitungslänge 293 Meter), Stresemannstraße (360 Meter) sowie Schlossstraße (250 Meter) und überbrückte dabei eine Entfernung von 903 Metern, bevor diese im Schlosshof an einem heute nicht mehr vorhandenen Röhrenkasten ausmündete. Dabei waren allein vom Quellbereich aus 193 Meter als begehbarer unterirdischer Gangverlauf ausgebaut worden. Das ungenutzte Wasser ließ man nicht weglaufen, sondern führte es in zwei weiteren Leitungen in die Plauener Neustadt unterhalb des Schlosses, wo es weitergenutzt wurde.

Im Zweiten Weltkrieg wurde die Schlosswasserleitung stark beschädigt und der Verlauf zum Schloss zerstört. Heute fließt das Wasser in die städtische Kanalisation ab.

⑤ Rathaus mit zwei Röhrenkästen in der heutigen Marktstraße (links) und auf dem Markt (rechts), Fotografie, um 1865
Vogtlandmuseum Plauen

Die Anfänge des Gesundheitswesens

Am 30. Dezember 1293 schenkten Vogt Heinrich d. Ä. von Plauen und sein Sohn zur Vergebung ihrer und ihrer Vorfahren Sünden und zum Heil ihrer Seelen dem Deutschen Haus zu Plauen auf Bitten des Physikus Magister Heinrich die bei Adorf gelegene Mühle (die Mittelmühle), die einem gewissen Muokil gehört hatte. Der Physikus Heinrich war vermutlich Zeuge des letzten Willens des Müllers, der die Mühle von den Vögten zu Lehen gehabt hatte. Dass die Schenkung an das Deutsche Haus Plauen und nicht an das zu Adorf ging, könnte seinen Grund im Willen der Vögte gehabt haben, dass das Seelgerät in der Johanniskirche gehalten wird. Ob der Physikus in Adorf oder eher in Plauen ansässig oder vielleicht ein Wanderarzt war, kann nicht entschieden werden. In Reichenbach ist ein Arzt schon 1279 als Magister Hermannus medicus dictus bezeugt.

1236 veranlasste der Weidaer Vogt Heinrich die Einrichtung einer Badestube südlich der Plauener Johanniskirche an der Elster. Die Badestube diente der Körperpflege und sollte armen Bürgern auch kostenlos ermöglicht werden. Für das zur Beheizung nötige Holz sorgte der Vogt selbst. Der Betreiber einer solchen Einrichtung war der Bader. Dieser verfügte auch über geringe medizinische Kenntnisse. Er behandelte Wunden und richtete Brüche, hantierte mit Salben und Pflastern, später kam noch das Schröpfen dazu. Eine Badestube war von fließendem Wasser abhängig, weshalb in Plauen diese Einrichtungen an der Elster und an der Syra lokalisiert waren. Neben den Badern gab es die Barbiere, die für die Pflege von Haaren und Nägeln zuständig waren, später kam teilweise noch das Zähneziehen hinzu. Aus diesen Tätigkeiten entwickelte sich das Zunftwesen der Barbiere, Bader und Wundärzte. Letztere waren keine an Universitäten ausgebildeten Mediziner. Als Bader waren in Plauen zum Beispiel tätig: 1427 Nicol Nohorn, 1531 Lucas Gontz und 1561 Philipp Bugner. Barbiere und Bader waren an strenge Regeln des Zunft- und Innungswesens gebunden. Für ihre berufliche Tätigkeit war der Besitz einer Bade- beziehungsweise Barbierstube vonnöten, ansonsten drohten empfindliche Strafen. Bis 1660 waren für Plauen zwei Bade- und drei Barbierstuben als ausreichend festgeschrieben.

Einer Amtsrechnung von 1538 zufolge soll damals der Zwickauer Stadtphysikus Dr. Stefan Wild auf das Plauener Schloss gerufen worden sein, da es zu der Zeit in Plauen noch keinen Arzt gab. Jedoch hatte Plauen seit 1557 mit Hartman Kuhn den ersten Stadtapotheker, der in den Opferpfenniglisten bis 1578 genannt wurde und zeitweise hier auch ein Haus besaß.

Im besagten Zeitabschnitt gab es in Plauen zwei Hospitäler. Das St.-Johannis-Hospital, das urkundlich 1255 und 1263 im Zusammenhang mit vier dem Deutschen Orden geschenkten Äckern als Leprosenanstalt genannt wurde, und das St.- Elisabeth-Hospital an der alten steinernen Elsterbrücke, welches der Plauener

Vogt Heinrich 1332 stiftete. Beide Hospitäler waren keine Krankenhäuser. Die Bezeichnung Hospital ist für die damaligen Verhältnisse als Herberge beziehungsweise Asyl zu verstehen, und es waren keine städtischen, sondern kirchliche Einrichtungen. Erst 1564 übernahm der Rat der Stadt Plauen die Verwaltung beider Hospitäler. In diesem Zeitabschnitt war die Pest eine gefährliche, wiederholt auftretende Seuche.

Das frühe Schulwesen

Mit der Weihe der Johanniskirche 1122 dürfte zugleich eine Schule entstanden sein, denn die kirchlichen Handlungen verlangten einen Chor, der religiöse Lieder sang. Dafür waren Kenntnisse in Lesen, Schreiben, Singen und elementarem Latein erforderlich. Als 1224 der Deutsche Orden die Kirche von Vogt Heinrich IV. geschenkt bekam, übernahm er auch Verantwortung für die Schule, die indirekt 1319 durch die Nennung eines »magister H., rector parvulorum in plawe« erstmals nachweisbar ist. Dieser hatte dem Orden die damals stattliche Stiftung von 24 Mark Silber gemacht, von der er jährlich drei Mark Zinsen beziehen sollte, und die später eine Seelmesse für ihn in der Adorfer Kirche finanzieren sollte. Vielleicht übte er wie 1388 Friedrich Eybanger neben dem Rektorenamt das wichtige des Stadtschreibers aus. Der Nürnberger Eybanger hatte 1384 in Prag zum Magister der freien Künste und der Philosophie promoviert. Die Plauener Schule war somit die erste in Sachsen, deren Rektor seine Ausbildung mit einem akademischen Grad abgeschlossen hatte.

Die Lehrer waren dem Orden und dem Stadtrat in gleicher Weise unterstellt, beide waren um qualifizierte Lehrkräfte bemüht. Der Orden besaß eine Art Vorschlagsrecht für die Lehrer und gewährte ihnen den Unterhalt, dem Stadtrat gelobten die Lehrer, treu und untertänig zu sein. Diese doppelte Unterstellung bewirkte, dass die Plauener Schule nicht allein auf kirchliche Zwecke ausgerichtet war, da neben der Einführung in die christliche Religion und ihre kirchlichen Rituale sowie dem Lesen, Schreiben und Singen gegen Ende des 14. Jahrhunderts auch Rechnen und das Verfassen kaufmännischer Briefe gelehrt wurden. Dafür war meist ein zusätzliches Schulgeld zu zahlen, doch diente es bürgerlichen Interessen der Förderung von Handel und Gewerbe. Diese Symbiose ersparte Plauen die andernorts heftig geführten Kämpfe zwischen Geistlichkeit und aufkommendem Bürgertum in Bildungsfragen. Diese Entwicklung wurde im 15. Jahrhundert durch politische und kriegerische Ereignisse wie auch die Pest gebremst, sodass sich vermehrt Plauener zum Besuch der berühmten Ratsschule nach Zwickau wandten. Der wirtschaftliche Aufschwung nach dem Übergang Plauens an die Wettiner ab 1466 förderte das Schulwesen wieder. Ausschlaggebend war der Einfluss des Frühhumanismus. So stand der 1478 als »rector scolarium in Plawen« nachgewiesene Johannes Brunngasser mit Paulus Niavis (Schneevogel) aus Eger (um 1460 – nach 1514), dem ersten und bedeutendsten Frühhumanisten Sachsens, in Verbindung, der mehrere sächsische Schulen im Sinne dieser geistigen Strömung gestaltete, und dessen Einfluss der Plauener Schule einen relativ leichten Übergang in die Reformationszeit ermöglichte.

Die Schule befand sich 1328 über der Stadtmauerpforte südwestlich der Johanniskirche, später nördlich von ihr am Schulberg. Nach dem Stadtbrand 1548 wiederaufgebaut, erwies sie sich als zu klein, sodass 1567 im Komtureigebäude eine zweite, kellerartige und ungesunde »neue schul« eingerichtet wurde. Beide Schulen brannten 1635 ab; 1645 bis 1815 diente letztere dem Unterricht der städtischen Lateinschule.

Seit der Einführung der Reformation in den 1520er-Jahren fungierten der Stadtrat als Kollator und Patron mit dem Superintendenten als Inspektor in gemeinsamer Verantwortung für das Schulwesen. Damit war die bisherige absolute Herrschaft der Kirche über die Schule gebrochen. 1525 gelang es dem Stadtrat, den protestantisch gesinnten Johannes Dolz als Rektor der Lateinschule zu verpflichten, der zu Luthers Wittenberger Freundeskreis gehört und um 1520 in mehreren Schriften dessen Lehre propagiert hatte. Er verfasste 1529 einen Lektionsplan der Plauener Schule, die viertälteste Schulordnung in Sachsen überhaupt. Dolz orientierte sich an Melanchthons »Sächsischem Schulplan«, unterteilte aber die Schüler statt in drei in vier »Haufen« (Gruppen). Die Zugehörigkeit ergab sich weniger aus dem Alter als aus dem Leistungsstand, sodass oft achtjährige Knaben mit zwölfjährigen gemeinsam unterrichtet wurden. Es gab weder Bestimmungen über Schuleintritt und Dauer des Schulbesuchs noch Vorgaben für das Versetzen in einen höheren »Haufen«. Beide Schulpläne beinhalteten ein stufenweises Eindringen in die lateinische Sprache, vom Erlernen des Alphabets bis zur Lektüre antiker Schriftsteller oder religiöser Literatur. Kenntnisse über Umwelt und Alltagsleben wurden bestenfalls nebenbei vermittelt. Bei der kursächsischen Kirchen- und Schulvisitation 1529 wurde Johannes Dolz als »geschickt befunden«. Die Visitatoren lobten seinen Schulplan und sprachen sich für die Anstellung eines Kantors und eines weiteren Lehrers aus. Aus dem 1529 gegründeten Gemeinen Kasten wurden neben kirchlichen, sozialen und schulischen Aufgaben auch die Besoldungen der Geistlichen und Lehrer finanziert. Die Visitation 1533 bestätigte die Leistungen von Dolz und seinem Gehilfen und veranlasste eine Erhöhung ihrer Einkünfte. Sie bewilligte eine dritte Lehrkraft und forderte den Rat zur Einrichtung einer »meidlein Schule« auf. Leider ist nicht bekannt, wann das geschah, 1581 wurde nur die Aussage getroffen, die Mädchenschule habe schon seit längerer Zeit bestanden.

Roland Schmidt

1319

Stadt- und Landesherrschaft im 14. und 15. Jahrhundert

Frank Weiß

So erfolgreich der Aufstieg der Vögte von Weida, Gera und Plauen war, so schwierig wurde es für sie, sich auf Dauer gegen ihre mächtigeren Nachbarn zu behaupten – die Könige von Böhmen, die wettinischen Markgrafen von Meißen und Landgrafen von Thüringen sowie die Hohenzollern'schen Burggrafen von Nürnberg. Obwohl ihnen Kaiser Ludwig der Bayer 1329 Reichsunmittelbarkeit und alle landesherrlichen Rechte bestätigte, konnten sie sich dieses Drucks nicht erwehren. Das trotz des Vertrags von Bobenneukirchen 1296 uneinheitliche bis gegensätzliche Agieren der einzelnen Zweige hatte dazu beigetragen. Die Vögte von Plauen unterstellten sich 1327 dem Schutz der böhmischen Krone durch Annahme von deren Lehnshoheit.

1354–1358

Der Vogtländische Krieg von 1354 bis 1358

Unter dem Vorwand der Bekämpfung des Raubritterunwesens wurde im meißnisch-böhmischen Einvernehmen von 1354 bis 1358 der sogenannte Vogtländische Krieg geführt, der den Charakter einer Strafexpedition trug, an der sich auch Erfurt und andere thüringische Städte beteiligten. Die Herrschaft Plauen wurde dem Königreich Böhmen einverleibt. Die Vögte von Plauen verloren etwa zwei Drittel ihres Besitzes an die Wettiner, unter anderem Oelsnitz, Voigtsberg, Adorf, Mühltroff und Pausa.

Karl IV., der sich 1358 selbst in Plauen aufhielt und urkundete, verlieh 1361 Plauen den Status einer böhmischen Stadt, nach dem alle Bürger die Rechte, Gewohnheiten, Freiheiten und den Schutz haben sollten wie im Königreich Böhmen, und nahm zudem die Juden in seinen Schutz. Nach der Vertreibung Vogt Heinrichs IV. aus Plauen und dem Vogtland setzte sich nach dreijähriger Unterbrechung die vögtische Herrschaftswahrnehmung durch seinen mündig gewordenen Neffen Heinrich VIII. fort, der sich stark nach Böhmen orientierte und 1387 die böhmische Herrschaft Königswart und Borschengrün von den Landgrafen zu Leuchtenberg erwarb.

① Wappen der Herren von Plauen um 1450–1480 aus dem Scheiblerschen Wappenbuch
Bayerische Staatsbibliothek München

Plauen unter fränkischer Herrschaft

Nachdem 1373 Vogt Heinrich XIV. von Weida Hof und das Regnitzland an Burggraf Friedrich V. von Nürnberg erblich verkauft hatte, sah sich 1418 Heinrich IX. von Plauen, der den böhmischen Besitz weiter vergrößerte, zu einem ähnlichen Schritt veranlasst. In diesem Jahr verkaufte er am 3. Juni Stadt und Herrschaft Plauen für 20 000 Gulden für vier Jahre auf Wiederkauf an Burggraf Johann III. von Nürnberg. Sollte es nach dieser Zeit zu dem Rückkauf kommen, so sollte der Burggraf im Falle eines erneuten Verkaufs innerhalb zweier Jahre das Vorkaufsrecht haben. Kurz darauf nahm der Nürnberger Burggraf in Plauen die Huldigung von Stadt und Herrschaft entgegen, erneuerte Belehnungen und setzte einen Amtmann ein. Als ein solcher wird 1422 Albrecht Rabe genannt, auch soll Heinrich d. Ä. (XVII.) von Weida 1423 dieses Amt ausgeübt haben. Nach dem Tod des Burggrafen Johann 1420 erbte sein Bruder, Kurfürst Friedrich I. von Brandenburg, seine Besitzungen und damit auch Stadt und Herrschaft Plauen. Obwohl die Frist im Juni 1422 abgelaufen war, kam der Rückkauf 1423 durch Heinrich IX. von Plauen, Herr zu Petschau und Königswart, doch noch zustande.

Die Herren von Plauen werden Burggrafen von Meißen

Heinrich IX. übte zeitweilig das Amt des Landpflegers von Eger aus und beteiligte sich neben den mit ihm verwandten Herren von Riesenburg am Aufbegehren des böhmischen Adels gegen König Wenzel. Unter König Sigismund nahm er aktiv am Kampf gegen die Hussiten teil, 1422 wurde er stellvertretender Oberbefehlshaber der königlichen Truppen und war zugleich Hauptmann des Pilsener Kreises, ab 1425 auch Reichshofrichter.

②
Spätgotisches Relief mit kursächsischen Wappen am Südgiebel des Alten Rathauses, um 1508
Frank Weiß

1426 wurde er nach der Schlacht bei Aussig, in der der letzte meinheringische Burggraf Heinrich II. von Meißen gefallen war, von König Sigismund wegen seines Einsatzes gegen die Hussiten mit der erledigten Burggrafschaft Meißen belehnt. Als Burggraf wird er unter Heinrich I. geführt. Das Ergebnis war ein langwieriger und erbitterter Streit, denn auch der Markgraf von Meißen, Friedrich IV. (seit 1423 als Kurfürst und Herzog von Sachsen Friedrich I., genannt der Streitbare), erhob Ansprüche darauf. 1428 wurde im Vertrag von Arnshaugk ein Kompromiss geschlossen, der Theorie blieb. Weitere Einigungsversuche scheiterten, 1438 kam es zum bewaffneten Kampf. Im April besetzte der Kurfürst Plauen. Während die Stadt den Huldigungseid leistete, weigerte sich die ehrbare Mannschaft. In König Albrechts II. »Schied von Preßburg« vom 4. Mai 1439 wurde der Krieg offiziell beendet. Er fiel für den Herrn von Plauen unvorteilhafter aus. Ihm und seinen Erben blieben letztlich nur der Burggrafentitel, immerhin aber auch Stadt und Herrschaft Plauen sowie die Mannschaft. Im diffizilen System der Standesfragen wurde die Burggrafenwürde offenbar als Standeserhöhung angesehen.

Burggraf Heinrich I. lebte bis 1446; unter seinem Sohn Heinrich II., der in Zwist mit der Ritterschaft geriet, kam es zu unruhigen politischen Verhältnissen, die von den Wettinern ausgenutzt und wohl geschürt wurden. Ihm wurde unter anderem Giftmord an seinem Vater nachgesagt. Er führte zahlreiche Fehden und geriet in eine Doppelfeindschaft mit den Wettinern und dem böhmischen König Georg Podiebrad, die große Ausmaße annahm. In den Auseinandersetzungen mit den Wettinern verlor er 1466 die Herrschaft Plauen an sie. König Georg beauftragte Kurfürst Ernst von Sachsen und seinen Bruder Albrecht mit der Vollstreckung der Acht gegen Heinrich II. Diese kündigten sie ihm am 7. Februar 1466 an und besetzten kurz darauf Plauen. Am 9. März belehnte der König seinen Schwiegersohn Herzog Albrecht von Sachsen mit Stadt, Schloss und Herrschaft Plauen, am 14. Juni gestattete er ihm, diesen Lehnsbesitz bis zum Absterben der von Plauen zu gebrauchen, dann sollte er an die böhmische Krone zurückfallen. Als erster sächsischer Amtmann übernahm Apel von Tettau auf Neuensalz die Verwaltung. Die Burggrafen zogen sich auf ihre böhmischen Besitzungen zurück. Der Streit ging aber weiter, auch der als Gegner Georg Podiebrads auf Seiten Heinrichs II. stehende Papst wurde hineingezogen. 1473 wurde Heinrich II. von den Wettinern gefangen genommen und drei Jahre inhaftiert. Erst im Vertrag von Brüx 1482 kam es zu einer Einigung, nach der die Wettiner unter anderem keine Ansprüche auf den böhmischen Besitz der Burggrafen stellten, Burggraf Heinrich III. hingegen auf alle Ansprüche auf Schloss, Stadt und Herrschaft Plauen verzichtete; den Titel eines Herrn von Plauen durften er und sein Vater aber weiterführen.

Seit dem Tod Kurfürst Friedrichs II. 1464 regierten seine Söhne Kurfürst Ernst und Herzog Albrecht gemeinsam. Bei der wettinischen Landesteilung (»Leipziger Teilung«) 1485 kamen die Ämter Plauen, Pausa und Voigtsberg an die ernestinische Linie, bei der sie bis 1547 verblieben, als im Ergebnis des Schmalkaldischen Krieges den Ernestinern außer der Kurwürde auch das Vogtland entzogen wurde und Burggraf Heinrich IV. von Meißen aus dem Hause Plauen das Gebiet seiner Vorfahren zurückerwerben konnte.

1485

Stadt- und Landesherrschaft im 14. und 15. Jahrhundert

Juden im mittelalterlichen Plauen

Frank Weiß

1361

Trotz aller Lückenhaftigkeit der schriftlichen Überlieferung, die in ihrer Schlaglichtartigkeit zudem oft von Interpretation abhängig ist, kann doch konstatiert werden, dass spätestens seit dem 14. Jahrhundert Juden in Plauen ansässig waren. Über ihre Anzahl und die konkrete Art des Zusammenlebens mit der übrigen Bevölkerung können keine präzisen Angaben gemacht, genaue Formen einer Selbstverwaltung wie etwa in Eger nicht benannt werden. Da jedoch die Statuten der Stadt Plauen in der zweiten Hälfte des 14. Jahrhunderts (wohl 1368) den Juden alle Rechte an Klage und Buße wie den Christen einräumten, deutet das zumindest in der theoretischen Rechtslage auf ein geregeltes Mit-, wenigstens aber Nebeneinander hin. 1361 sicherte Kaiser Karl IV., König von Böhmen, allen Juden, die in der Stadt zu Plauen gesessen und wohnhaft sind oder sein werden, des Reiches Schutz und Schirm und die Rechte und Freiheiten zu, die alle anderen Juden im Königreich Böhmen besitzen. Diese in Grenzen mitberechtigte Stellung, die letztlich in der schon im Römischen Reich entwickelten Sonderrolle als »Erlaubte Religion« gründete, wurde allerdings in der Realität vielerorts unterlaufen. Die oft vulgärtheologisch begründeten antijudaistischen Anschuldigungen wie Ritualmord oder Hostienfrevel, die auch zu Pogromen führten, hatten in der Regel sehr materielle Ursachen und standen im Wesentlichen außerhalb kirchlichen und weltlichen Rechts, immer wieder vorgebrachte Proteste, Verbote und Strafandrohungen seitens der Päpste verhallten.

Für Plauen sind keine Pogrome nachgewiesen. Allgemein galten Juden als kaiserliche Kammerknechte, sie standen gegen Zahlung von Schutzgeld unter kaiserlichem Schutz. Die Goldene Bulle von 1356 überantwortete den Judenschutz offiziell den Landesherren. In Plauen wurde der Judenzins 1470 an das kursächsische Amt entrichtet. 1484/85 endeten diese Zahlungen. Ob ein Zusammenhang mit Ausschreitungen, wie um 1500 in Hof und Zwickau, besteht, ist unbekannt. Es wird vermutet, dass auch die Plauener Juden nach Osteuropa ausgewandert sind. Seit der zweiten Hälfte des 19. Jahrhunderts wurden dann wieder Juden in Plauen ansässig. Immerhin enthält das Eidbuch der Stadt Plauen von 1681 einen Judeneid.

Als frühester Beleg für die Anwesenheit von Juden in Plauen wird in der Regel ein Ehekontrakt von 1308 zwischen Jehuda Löb ben Pinchas und Simcha Freude herangezogen, in dem »Plauen gelegen am Fluss Elster« erwähnt wird. In einem Geleitsbrief Vogt Heinrichs d. J. von Weida von 1351 wird ein Jude Mayr von Plauen genannt. In Erfurt gab es zu dieser Zeit einen Gerson von Plauen. 1374 ließ sich »der große Meyer von Plauen« mit Familie und Gesinde in Hof nieder, im zweiten Viertel des 15. Jahrhunderts lebte ein David von Plauen in Bamberg. Die Plauener Juden hatten Beziehungen zur Egerer Gemeinde, sowohl vor deren Zerschlagung und Vertreibung 1430 als auch nach deren Neuansiedlung 1435. »In der Zeit vor 1430 hatte Salman, der Schosser der Plauener Gemeinde, die Gelder der Armenkasse dem in Eger lebenden Josef ben Isaak anvertraut. Als es deshalb zum Streit kam, wandten sich die Plauener Juden u. a. an den Egerer Rabbiner Natan. Im Zusammenhang mit diesem Streit wird die Plauener Gemeinde als Chawura bezeichnet. Sie war somit, trotz eigener Gemeindestrukturen und wohl eigenen Friedhofs, auf eine Kahal angewiesen.«[1] Während eine Chawura eher eine Gemeinschaft bezeichnet, ist mit einer Kahal oder Kehillah eine vollkommenere Organisationsform als Religionsgemeinde mit Synagoge als Zentrum gemeint.

Die jüdische Siedlung Plauens, in der sich möglicherweise auch eine Synagoge befand, lag an der Westseite der Altstadt innerhalb der Stadtmauer zum Oberen Graben. Die alte Jüdengasse wurde 1813 in Königsgasse und nach dem Zweiten Weltkrieg in Nobelstraße umbenannt. Sie war wohl nicht in sich abgeschlossen, da seit 1382 urkundlich belegt auch Nichtjuden an der Jüdengasse wohnten, darunter nach der Mitte des 15. Jahrhunderts der Bürgermeister Friedrich Weiß. Zugleich gibt es Hinweise darauf, dass Juden außerhalb dieses Viertels lebten. Mögliche Abgrenzung – etwa im Sinne kultischer Reinheit – ist zudem von Ausgrenzung zu unterscheiden. Außerhalb der Stadtmauer lagen die 1412 erwähnten Jüdengärten beim Jüdengässchen, das seit 1938 »An der Rosentreppe« heißt. Dort wird die mittelalterliche Begräbnisstätte der Plauener Juden lokalisiert, wo um 1900 auch ein jüdischer Grabstein gefunden worden sein soll. Das Erbbuch des Amtes Plauen von 1506 nennt einen Garten beim Judengarten, 1520 wird der Judenacker erwähnt. Als 1731 die Tuchmacherswitwe Anna Sophia Wohlfahrt auf dem Gottesacker (heute Lutherplatz) begraben wurde, sang man auf dem Weg dahin bei einem »Stillstand auffn Jüdenhoff, vorm Straßberger Thor«.

Als weitere Städte im Vogtland mit jüdischen Siedlungen könnten etwa Elsterberg, Weida, Lobenstein und Gera genannt werden. Bei der Übereignung des Dorfes Pfaffengrün durch Burkhard und Hermann von Lobdeburg-Elsterberg 1327 an den Elsterberger Pfarrer tritt zum Beispiel unter den Zeugen ein Isaac Jüde auf, von dem vermutet wird, dass er Geld dazu verliehen hat. Nachdem Papst Alexander III. den Juden 1179 ausdrücklich das Zinsgeschäft erlaubt hatte, waren sie zeitweise die einzige Gruppe, die gewerbsmäßig Geld verleihen durfte, was sie in den Ruf von Wucherern brachte.

Kirchliches Leben

Frank Weiß

Die Pfarrkirche St. Johannis

Die 1122 zu Ehren des allmächtigen Gottes, der glückseligen Gottesmutter Maria und des heiligen Johannes des Täufers als Gaukirche geweihte Kirche entstand, so betont es die darüber ausgestellte Weiheurkunde, im Kontext der im Gange befindlichen Missionierung der einheimischen (slawischen) Bevölkerung. Darin dürfte sich auch die Wahl des Johannespatroziniums ausdrücken. Mitgedacht war die Betreuung der im Zuge beginnender deutscher Landeserschließung weiter zu erwartenden bereits missionierten Siedler. Sie geschah zu dem Zeitpunkt, als der jahrelang schwelende Investiturstreit um die Einsetzung von Geistlichen durch Regeln der Abgrenzung weltlicher und kirchlicher Machtbefugnisse im Wormser Konkordat zwischen Kaiser Heinrich V. und Papst Calixt II. beigelegt wurde. Einer der damaligen Hauptakteure, Erzbischof Adalbert von Mainz, wird als bei der Ausstellung der Weiheurkunde anwesend bezeichnet. Ein Tagesdatum nennt die Urkunde nicht, aber im Mittelalter feierte man das Plauener Kirchweihfest stets am Sonntag nach Bartholomäus (24. August).

1224 schenkte Vogt Heinrich IV. von Weida die Johanniskirche dem Deutschen Orden, 1244 erhielt das Deutsche Haus von Vogt Heinrich von Plauen dazu das Patronatsrecht. Die Kirche blieb über die Jahrhunderte die Pfarrkirche Plauens sowie, nachdem aus ihrem Sprengel heraus weitere Pfarreien gegründet worden waren, einiger umliegender Dörfer. Es entstand ein gewisser Dualismus, der Stadtpfarrer wurde vom Orden gestellt, das Vermögen der Kirche wurde offenbar schon früh von der Stadt durch die Kirchenväter verwaltet. Außer den ordensangehörigen Geistlichen waren zudem Weltpriester als Altaristen oder Vikare mit dem Dienst an Altarstiftungen von Nebenaltären tätig, sie lebten teils in Freihäusern in der Stadt. Bekannt sind die Altäre St. Michael, St. Marien und St. Georg im 13. Jahrhundert, Hl. Kreuz und St. Katharinen im 14. Jahrhundert, St. Fabian und Sebastian sowie Unser Lieben Frauen Empfängnis (Conceptionis Mariae) im 15., ferner St. Laurentius und St. Anna im 16. Jahrhundert. Teilweise besaß der Rat das Patronatsrecht, so über den Altar St. Fabian und Sebastian der schon 1298 bestehenden Kalandsbruderschaft von Geistlichen und Laien, die jeweils am ersten Tag des Monats Gottesdienst hier abhielt. Das Patronat des Altars Conceptionis Mariae ging 1492 von der Landesherrschaft an den Rat über.

Eine Orgel ist für 1492 nachgewiesen, dürfte aber weitaus früher existiert haben.

Das Bauwerk

Sichtbarer Ausdruck der langen Geschichte ist das Kirchengebäude, das den östlichen Endpunkt jenes sich über dem Hang zur Weißen Elster längs einer west-östlichen Achse hinziehenden, von der Forschung als »Plauen I« bezeichneten Siedlungsteils bildet, der im Westen vom Alten Schloss begrenzt wurde, auf dessen Areal sich seit 1730 das Malzhaus erhebt.

Über das Aussehen der Kirche von 1122 lassen sich keine sicheren Aussagen treffen. Theoretisch müsste sie nicht einmal unbedingt an der Stelle der heutigen Kirche gestanden haben, analog zur 1118 geweihten Zwickauer Marienkirche, die nicht an der Stelle der heutigen Marienkirche, sondern unter der Moritzkirche lokalisiert wird. Praktisch spricht aber alles für eine lokale Kontinuität. Entgegen der Meinung, es habe sich zunächst um eine kleine Missionskapelle in Holz- oder Fachwerkbau gehandelt, ist angesichts der mit der Stiftung verbundenen Personen und des Ranges als Gaukirche sowie der Tatsache, dass andernorts schon Dorfkirchen in Stein entstanden, bereits von Anfang an ein

① Die romanischen Türme der St.-Johannis-Kirche tragen seit der Mitte des 17. Jahrhunderts barocke Bekrönungen.
Frank Weiß

② Romanisches Kapitell, Sandstein, um 1180, aus dem ehemaligen Kirchnereigebäude neben der St.-Johannis-Kirche
Vogtlandmuseum Plauen, Frank Weiß

③ St.-Johannis-Kirche, Blick aus dem südlichen Seitenschiff nach Osten
Frank Weiß

Steinbau vorauszusetzen. Als Vergleich kann der im ersten Drittel des 12. Jahrhunderts errichtete Westturm der Veitskirche zu Wünschendorf-Veitsberg herangezogen werden. Dendrochronologische Untersuchungen ursprünglicher Deckenbalken ergaben dort 2008 ein Fälldatum der Hölzer um 1124 (+/- 5).[1]

Bis um die Mitte des 13. Jahrhunderts war jedenfalls eine dreischiffige Basilika mit Querhaus, Rechteckchor und westlicher Zweiturmfront entstanden. Diese Anlage ist trotz tiefgreifender Umbauten noch heute ablesbar. Ein Umbau könnte im Zusammenhang mit der Übernahme der Kirche durch den Deutschen Orden 1224 und der für 1244 dokumentierten Stadterweiterung gesehen werden, der Erhalt älterer Bauteile des 12. Jahrhunderts ist wahrscheinlich. Die schlichten Bauformen der Turmfront stünden damit im Einklang. Es erscheint durchaus auch nicht abwegig, nach der faktischen Übernahme des Dobnagaus durch die Weidaer und im Zusammenhang mit der Anlage der erweiterten Altstadt (»Plauen II«) beziehungsweise in Vorbereitung der Stadtgründung einen Um- oder Neubau anzunehmen, vielleicht schon im Auftrag Heinrichs des Reichen von Weida, des vor 1209 verstorbenen Vaters Heinrichs IV. von Weida. In diese Richtung könnte ein 1991 bei der Ruinenberäumung der unmittelbar benachbarten Kirchnerei im Keller gefundenes romanisches Sandsteinkapitell der Zeit um 1180 im Vogtlandmuseum Plauen deuten. Bei Erneuerungsarbeiten der 1990er-Jahre wurden zuseiten des frühgotischen Fensters der Westseite zwei flankierende schmale vermauerte Rundbogenfenster entdeckt und im Putz angedeutet. Insgesamt ist das in verputztem Bruchstein ausgeführte Bauwerk relativ schmucklos. Dem kreuzförmigen Grundriss kam symbolische Bedeutung zu, die materielle Kirche bildete die geistige ab. Die westliche Zweiturmfront, wie sie in Deutschland seit dem 11. Jahrhundert am Oberrhein aufgetreten war und Bestandteil des gotischen Kathedralschemas werden sollte, zeigt gekuppelte romanische Rundbogenfenster. Als Stadtkrone und Symbol der Himmelsburg überragt sie ihre Umgebung. Querhaus und Chor wurden um 1240/50 angelegt und zeugen vom Übergang zur Frühgotik. Der wie auch in St. Michael in Zeitz gerade Chorschluss ist in der Zisterzienserbaukunst öfter zu finden und könnte von dort beeinflusst sein. Man mag an das Kloster Waldsassen denken, dessen Werkmeister Wolframus 1265 in einer Urkunde des Priors Heinrich des Deutschen Hauses Plauen als Zeuge auftritt. 1992 bei Schachtarbeiten im Vierungsbereich angeschnittene Fundamentreste könnten auf einen Lettner zurückgehen.

Im Südwinkel zwischen Chor und Querhaus erhebt sich ein nachträglich eingefügter zweigeschossiger Anbau, dessen Untergeschoss als Sakristei dient. Ihn glaubte man als eine 1265 erwähnte Marienkapelle bezeichnen zu können, doch ist deren Lage ebenso unklar wie die der 1264 in der Kirche bezeugten Kapelle Johannes des Evangelisten. Der Altar der bis 1322 zwischen Chor und Nordquerschiff entstandenen sogenannten

Kapelle der Vögte wurde damals von Vogt Heinrich III. von Plauen, dem Langen, und seinen Söhnen als Pfründe an ihren Notar Johannes verliehen. Das Bauwerk stellt sich innen als siebenteiliges Polygon dar. Bei einer Grabung legte Gerhard Billig 1953 eine gestörte Gruft aus den 1340er-Jahren unter ihr frei. Zur ursprünglichen Bestattung gehörte ein Kopf- oder Kissenstein im Vogtlandmuseum Plauen, dessen Inschrift um die Kopfmulden Heinrich, den Sohn Heinrichs des Langen, und Gräfin Agnes von Schwarzburg nennt. Genealogisch ist Letztere nicht nachgewiesen, dafür eine Agnes von Schlüsselberg. Das zentralisierende Kapelleninnere sollte wohl an das Heilige Grab in Jerusalem erinnern, ohne eine direkte Kopie anzustreben. Zu einer solchen Bedeutungsübertragung genügten in der Regel schon einige rein formale oder ideelle Zitate. Der Hussitensturm 1430 schädigte auch die Kirche. 1473 stürzte der Nordturm teilweise ein, und 1480 bat der Plauener den Egerer Rat um einen Werkmeister zur Wiederherstellung der baufälligen Türme.

Sofort nach dem Stadtbrand 1548 wurde die Kirche unter innerer Verschmelzung von Lang- und Querhaus als dreischiffige Hallenkirche wieder aufgebaut. Man schloss dabei an noch lebendige Traditionen des spätgotischen obersächsisch-böhmischen Kirchenbaus an, während man für das Rathaus als weltliches Bauwerk die modernen Renaissanceformen nutzte. Auch wenn es sich nicht um einen völligen Neubau handelt, verdient die Johanniskirche doch als ein frühes Beispiel protestantischen Kirchenbaus Aufmerksamkeit. Vier kräftige Achteckpfeiler sowie ihnen entsprechende Wandpfeiler tragen reiche Sterngewölbe, deren Höhe dem erhaltenen Chor angepasst wurde. Zwischen die hohen Wandpfeiler sind mit je zwei Stichbogen Emporen eingespannt, die von zusätzlichen halbhohen Wandpfeilern gestützt sind. Über den Emporen erhellen hohe Spitz-, darunter kleinere Rundbogenfenster den Raum. Die Zimmerarbeiten waren 1548 dem Plauener Zimmermeister Erhard Pener († 1573) übertragen worden, der das Bauwerk auch in den folgenden Jahrzehnten betreute. 1553 wurden Pfeiler aufgeführt und der Fußboden gepflastert, 1556 erfolgte die Wölbung und wohl auch die Weihe. 1557 wurde noch am Schieferdach gearbeitet, ein Dachreiter wurde vor 1596 dem Nordturm aufgesetzt. Alte Ansichten zeigen an der Südseite einen Treppenturm. Allein in den Jahren von 1548 bis 1550 wurden 3 995 Gulden, 3 Groschen und 7 Pfennige ausgegeben. Damit wurden die Kirche äußerlich aufgebaut, das Dach (zunächst teils mit Schindeln) gedeckt sowie zwei Glocken von 80 und 50 Zentnern unter Nutzung von Metall des alten Geläuts gegossen. Noch während der Bauarbeiten war 1554 Burggraf Heinrich IV. in einer Gruft unter dem Altarraum beigesetzt worden.

Die Frage des Baumeisters ist ungeklärt, vielleicht ist an den Freiberger Werkmeister und Bildhauer Andreas Lorentz zu denken, dem 1569 die Herstellung des Altars übertragen wurde. Einiges deutet aber auf den Plauener Baumeister Heinrich Baldauf, der 1569 mit Lo-

④
Die St.-Johannis-Kirche von Südosten
Frank Weiß

rentz verhandelt hatte und 1582 mit dem Wiederaufbau der Stadtkirche St. Georg in Schleiz beauftragt wurde. Die Gewölbe der Stadtkirche St. Jacobi in Oelsnitz zeigen die gleiche Figuration wie in Plauen, eine Inschrift »15 HB 88« könnte dabei auf Heinrich Baldauf oder seinen Sohn Hans Bezug nehmen. Schließlich muss auch an den Baumeister Christoph Kölbel aus Plauen gedacht werden, der ab 1560 den von Wolf Blechschmidt 1558 begonnenen Bau der Stadtkirche zu Marienberg fortführte.

Der Deutsche Orden in Plauen

Der Deutsche Orden (Orden der Brüder vom Deutschen Haus St. Marien zu Jerusalem) ging aus einer während des Dritten Kreuzzugs 1190 vor Akkon im Heiligen Land von Deutschen gegründeten Hospitalgemeinschaft hervor. Nach dem Vorbild von Templern und Johannitern erfolgte 1198 die Erhebung in einen geistlichen Ritterorden, dessen Mitglieder den mönchischen Gelübden von Armut, Gehorsam und Keuschheit verpflichtet waren. Neben militärischen Aufgaben blieben Krankenpflege und Armenfürsorge wichtige Schwerpunkte seiner Tätigkeit, was in der Ordensregel fest verankert war. Priesterbrüder betreuten Pfarreien und wirkten missionarisch und seelsorgerlich. Die Niederlassungen – Deutsche Häuser, Kommenden oder Komtureien genannt – waren zu Balleien zusammengefasst. Die vogtländischen Ordenshäuser und -pfarreien Plauen, Reichenbach, Schleiz, Tanna, Adorf und Asch gehörten wie die Komturei Eger zu der von einem Landkomtur geleiteten Ballei Thüringen mit Sitz in Zwätzen bei Jena. In dem im 13. Jahrhundert entstandenen Deutschordensstaat im Baltikum, wohin der Orden vom polnischen Herzog Konrad von Masowien 1226 in der Auseinandersetzung mit heidnischen Pruzzen gerufen worden war, waren zahlreiche Vogtländer, unter anderem Ange-

1548–1556

Kirchliches Leben **69**

(5)
Vogt Heinrich der Mittlere von Weida schenkt dem Deutschen Orden 1224 die Pfarrkirche St. Johannis zu Plauen.
Sächsisches Staatsarchiv, Hauptstaatsarchiv Dresden, 10001 Ältere Urkunden, Nr. 264

1224

hörige des Geschlechts der Vögte von Weida, Gera und Plauen, das wie die Landgrafen von Thüringen zu den frühen Förderern des Ordens gehört hatte, tätig. Die Beziehungen dahin waren offenbar eng. Nach dem 1388 begonnenen Stadtbuch hatte zum Beispiel der Rat 1410/11 zwei Fässer Bier gekauft, die man dem Herrn von Plauen schenkte, als er aus Preußen kam. In Plauen erinnert seit 1923 ein Denkmal an den (nicht aus Plauen stammenden) Heinrich von Plauen, der von 1410 bis 1413 als Hochmeister den Orden leitete und dann abgesetzt wurde. Am 21. Mai 1421 schrieb Heinrich von Gera an Hochmeister Michael Küchenmeister, dass sich sein Vetter Heinrich von Plauen, abgesetzter Komtur von Danzig, wieder nach Preußen begeben wolle, und empfahl ihn und seinen Bruder, den früheren Hochmeister Heinrich von Plauen, der Gnade des Ordens. Daraufhin schrieb Küchenmeister am 1. Juni 1421 von Marienburg aus an den ehemaligen Danziger Komtur Heinrich von Plauen wegen seiner Wiederaufnahme in den Orden.

Die Komturei Plauen entstand wahrscheinlich 1214 und gehörte somit zu den frühen Gründungen in der Ballei. Es spricht einiges dafür, einen Zusammenhang mit der Reichslandpolitik Kaiser Friedrichs II., der damals einen Hoftag in Eger abhielt, für das Pleißen-, Vogt- und Egerland zu sehen. 1224 erhielt der Orden von Vogt Heinrich IV. von Weida, der ihm 1238 selbst beitrat, Landmeister in Preußen wurde und 1249 starb, die St.-Johannis-Kirche samt zugehörigen Werten mit Ausnahme einiger Grundstücke als Schenkung. Schon sein Bruder Heinrich III. († 1224) hatte dem Orden angehört. Als Vogt Heinrich I. von Plauen 1244 die Neustadt gründete, verlegte man nach einem Grundstückstausch den Sitz der Komturei von der »platea« im Gebiet des heutigen Neustadtplatzes bei der Elsterbrücke an die Stelle östlich unterhalb der Kirche. Es entstand der Wohn-, Verwaltungs- und Wirtschaftsbereiche umfassende Komturhof mit dem großen Konventsgebäude, das unter anderem einen Sommer- und einen beheizbaren Winterremter (Speisesaal) enthielt. Seit 1244 besaß der Orden auch das Patronatsrecht über die Johanniskirche. Er trug Sorge für die Entwicklung des Pfarreiennetzes im Vogtland und in Verbindung damit des Schulwesens. 1332 übertrug Vogt Heinrich d. Ä. von Plauen das von ihm gestiftete Hospital St. Elisabeth an der Elsterbrücke dem Orden zur Betreuung. Dieser stand wohl zudem mit dem schon 1255 erwähnten Aussätzigenhospital (später St. Johannis genannt) am Spittelberg (= Spitalberg) in Verbindung.

Die Bedeutung der Komturei Plauen lässt sich ferner daran erkennen, dass sie im Jahr 1328 aus 58 Ortschaften Einkünfte bezog. Ihr gehörte damals das Vorwerk Röttis, für das seit 1654 der Name Pfaffengut überliefert ist. Bei der Säkularisierung des Ordensbesitzes wurde es 1544 an den Pächter mit der Auflage verkauft, jährlich gegen eine Entschädigung das Zinsgetreide der Kirche, den Pfaffenscheffel, aus den Dörfern nach Plauen zu fahren und ein Pferd für die Landdiakone zu halten. In Plauen erinnern außerdem die Pfaffenfeldstraße und die Brüderstraße an den Orden.

Zum Waldbesitz des Ordens zählten die Hälfte des aus dem Erbe der Straßberger Vögte stammenden großen Straßberger Forstes, die Vogt Heinrich I. von Plauen 1279 zunächst verpfändet hatte, das Schwarze Holz zwischen Reinsdorf und Unterlosa sowie die Holzmark bei Röttis. Auch im Egerland hatte er Besitz und Einkünfte. 1311 bestätigte Bischof Ulrich von Naumburg dem Deutschen Haus Plauen das Patronat über die Kirche zu Tanna. Im 15. Jahrhundert hatten sich die wirtschaftlichen Verhältnisse verschlechtert, die ganze Ballei galt als verarmt. 1448 hatte sie 79 Priester- und 7 Ritterbrüder, 7 Weltkapläne und 145 Personen Gesinde. 1451 waren es 108 Brüder (einschließlich 10 Ritter), 50 davon im Vogtland und in Eger: Eger 20, Asch 2, Adorf 3, Plauen 12, Reichenbach 4, Schleiz 5 und Tanna 4.

Das Verhältnis zwischen der Komturei Plauen und den Vögten war indes nicht immer spannungsfrei. Von 1357 bis 1360 währte eine Auseinandersetzung um von der Komturei verweigerte Leistungen für Heinrich d. Ä. von Plauen, die seitens des Vogtes teils gewaltsam geführt wurde und die zeitweilige Vertreibung der Brüder mit sich brachte. Konkret ging es um die Bereitstellung eines gesattelten Lehnspferdes für feierliche Botschaften und die tägliche Lieferung von vier Broten und zwei Kannen Bier, jede zu zwölf Nößel Egerer Maß, auf das Schloss. Der Vogt untersagte hierauf den Untertanen den Verkauf von Grundnahrungsmitteln an den Orden und schränkte das Spendenaufkommen in der Kirche dadurch ein, dass niemand weniger als einen Goldgulden opfern dürfe, den kaum jemand aufbringen konnte. Schließlich brach er mit Bewaffneten in den Komturhof ein, konfiszierte Vieh und Pferde, ließ die Ordensmitglieder durch den Stadtschultheiß Nikolaus von Kauschwitz aus der Stadt vertreiben und verbot, diese zu beherbergen oder ihnen Nahrung zukommen zulassen. Der Deutschmeister Wolfram von Nellenberg wandte sich an Papst Innocenz VI. in Avignon. Dieser beauftragte im März 1357 die Dekane der Kirchen zu Avignon und Heiligenstadt und den Kantor der Erfurter Marienkirche, Vogt und Stadtschultheiß solange in den Bann zu tun, bis sie Gehorsam und Sühne geleistet hätten. 1358 wurde Kaiser Karl IV., König von Böhmen, um Schlichtung angerufen; er entschied im Dezember auf einem Rechtstag in Breslau, der Orden habe dem Vogt und seinen Erben die umstrittenen Leistungen zu erbringen, ferner dreimal wöchentlich Almosen an Arme auszuzahlen und täglich 16 Altäre in Plauen zu bedienen. Der Streit mündete 1360 durch Vermittlung des Vogtes von Gera und des Landkomturs von Thüringen Friedrich von Treffurt in einen Vergleich, der den kaiserlichen Spruch bestätigte, den Vogt aber verpflichtete, Rechte und Güter des Plauener Ordenshauses zu achten und zu schützen sowie ihm den Pfaffenscheffel und den rauen Zehnten zu liefern. Vermutlich löste der Orden im frühen 15. Jahrhundert seine Dienstbarkeit gegenüber der Herrschaft mit der Abtretung der Kreuzermühle, des Hofackers und anderer Zinsen und Frone ab und hatte um 1520, wenn überhaupt, nur noch in Kriegszeiten der Landesherrschaft einen Heerwagen samt Pferden zu stellen.

Die Priesterbrüder standen unter der Leitung des Priors, der zugleich das Amt des Pfarrers innehatte, die Ritterbrüder unter der des Komturs, der zudem dem gesamten Haus vorstand. So fungierten 1288 Bruder Johannes als Prior und Pleban und Bruder Hermann als Komtur. Beide Ämter konnten in einer Hand vereint sein, wie das beispielsweise 1265 bei Heinrich von Mylau der Fall war und später bis zuletzt üblich wurde, nachdem seit dem Hussiteneinfall 1430 keine Ritterbrüder mehr in der Komturei ansässig waren. Von den zehn Deutschen Herren, die 1448 im Deutschen Haus Plauen lebten, waren neun Priesterbrüder und einer ein Schüler-

⑥
Siegel des Komturs zu Plauen, 1265
Festschrift St. Johannis-Kirche 1922

1357–1360

⑦
Pilgerzeichen der Marienwallfahrt von Rocamadour in Südwestfrankreich, um 1300, gefunden 1995 bei archäologischen Grabungen am Komturhof
© Landesamt für Archäologie Sachsen, Juraj Lipták

Kirchliches Leben 71

8
Messbuch des Deutschen Ordens aus der Komturei Plauen, gedruckt 1519 von Thomas Anshelm in Hagenau
Vogtlandmuseum Plauen, Uwe Fischer

1529

bruder (der noch nicht alle Weihen hatte), außerdem ein Schulmeister, ein Terminierer und sieben Personen Gesinde. 1503 waren es zehn Priesterbrüder. Wohl um 1440 wurde dem Pfarrer und Komtur durch den Bischof von Naumburg aus dem Archidiakonat der Propstei Zeitz heraus noch Amt und Titel eines Archidiakons zu Dobna übertragen. Als erster erscheint 1444 Johann Lang in dieser Funktion, in der er Streitigkeiten und Gerichtssachen geistlicher Natur und Eheangelegenheiten auch gegenüber allen Weltlichen zu entscheiden hatte, und in der im 16. Jahrhundert bis 1583 das Plauener Konsistorium gründete. Komtur Andreas Hübner (amt. 1494–1503) stand mit dem um 1460 in Eger geborenen und unter anderem in Halle, Chemnitz, Zittau und Bautzen tätigen frühen Schulhumanisten Paulus Niavis (Schneevogel) in Verbindung, der in Plauen die Schule besucht hatte.

Die Einführung der lutherischen Reformation in den 1520er-Jahren wurde im Vogtland durch den Plauener Komtur Georg Eulner (Wimpfen 1460–1538 Plauen), Nachfolger Augustin Tuchels, wesentlich gefördert. In den Orden war Bewegung gekommen, worauf es auch in der Komturei Adorf Hinweise gibt. Luthers Schrift »An die Herren Deutschen Ordens, dass sie falsche Keuschheit meiden und zur rechten ehelichen Keuschheit greifen, Ermahnung Martinus Luther 1523«, die er nach Austausch mit dem eine Reform planenden Hochmeister Markgraf Albrecht von Brandenburg-Ansbach veröffentlicht hatte, war auf weithin fruchtbaren Boden gefallen. In ihr lehnte er unter biblischer Begründung den zölibatären Ordensstand ab. Der Hochmeister selbst trat aus und zum Luthertum über und wandelte in diesem Sinne den Ordensstaat 1525 in ein weltliches Herzogtum um, das er von seinem Onkel, dem polnischen König Sigismund I., zu Lehen nahm. Im Reich bestand der Orden unter katholischer Führung trikonfessionell weiter.

Der wohl 1526/27 unter städtische Verwaltung gestellte Komturhof diente den nunmehr evangelischen verheirateten Geistlichen weiter als Wohnung, von 1567 bis 1815 auch als Schule, und bis 1945 als Superintendentur. Das Deutsche Haus Plauen stand seit 1529 unter einem Vertrag zwischen Kurfürst Johann und dem Verweser des Hochmeistertums Walter von Cronberg, nach dem die Hälfte seiner Güter auf sechs Jahre der Geistlichkeit zugutekommen, die andere dem Orden verbleiben sollte, der darüber hinaus jährlich 150 Gulden an den Gemeinen Kasten zahlen sollte, und der auch weiterhin galt. 1544 aber wurde der Plauener Ordensbesitz durch den Kurfürsten säkularisiert, seine Grundstücke mit Ausnahme der Gehölze wurden zugunsten des Kirchen-, Schul- und Sozialwesens an Bürger der Stadt und Einwohner des Amtes für 1 366 Gulden, 10 Groschen und 6 Pfennige verkauft, das Vorwerk Röttis für 373 Gulden. Die von Kaiser Karl V. 1547 geforderte Rückgabe an den Orden erfolgte nicht. Am 14. Mai 1548 befahl König Ferdinand, die eingezogenen vogtländischen Ordenshäuser mit ihrem alten Besitz dem Administrator des Hochmeistertums wieder zu übergeben. Selbigen Tags wurde Plauen von einem verheerenden Stadtbrand heimgesucht. Der neue Landesherr Burggraf Heinrich IV. und der Rat der Stadt verhandelten in Anbetracht dessen mit dem Orden erfolgreich über eine Fristverlängerung. Schließlich erledigte sich das Problem 1555 durch den Abschluss des Augsburger Religionsfriedens, alles blieb beim Alten. 1667 wurde das Deutsche Haus Plauen zusammen mit dem zu Adorf durch Herzog Moritz von Sachsen-Zeitz dem Rat zu Plauen übertragen. Im Haushalt der Stadt erhielt sich die Deutschhauskasse bis ins 20. Jahrhundert.

Das als Bau- und Geschichtsdenkmal bedeutende ehemalige Konventsgebäude erlitt bei der Bombardierung Plauens am Ende des Zweiten Weltkriegs schwere Zerstörungen. Den Sicherungsmaßnahmen der Nachkriegszeit und der 1960er-Jahre schlossen sich in den 1990er-Jahren Bauforschungs- und Sanierungsarbeiten an. 2004 erhielt der Nordteil ein Notdach, 2006/07 wurde das große Satteldach aufgesetzt. Auf die ehedem das Erscheinungsbild prägenden Zwerchhäuser verzichtete man dabei, auch der Innenausbau als Veranstaltungsraum nach dem Einbau von Fenstern, Türen und Deckenbalken 2013 erfolgte stark vereinfacht. Ein 1496 als »Turm der Deutschen Herren« bezeichneter Teil der Stadtbefestigung diente zugleich als Abortanlage. 1336 gestattete Vogt Heinrich d. Ä. von Plauen den Brüdern des Deutschen Ordens den Bau eines Übergangs vom Konventsgebäude zu ihrem »heimlichen Gemach«. 1677 stürzte der Turm ein und wurde nicht wieder aufgebaut, nur seine Grundmauern sind zu sehen. Ein 1995 bei archäologischen Grabungsarbeiten am Komturhof gefundenes Pilgerzeichen der Zeit um 1300 aus einer Blei-Zinn-Legierung (4,9 mal 2,9 Zentimeter) stammt aus dem berühmten Marienwallfahrtsort Rocamadour in Südwestfrankreich und befindet sich heute im Staatlichen Museum für Archäologie Chemnitz. Es zeigt die sitzende Mutter Gottes mit dem Christuskind. Seitliche Ösen dienten zur Befestigung an der Pilgerkleidung. Im Vogtlandmuseum Plauen befindet sich ein 1519 von Thomas Anshelm in Hagenau gedrucktes Messbuch aus dem Besitz der Komturei Plauen. Hatte der Orden 1244 mit päpstlicher Genehmigung die Liturgie der Dominikaner übernehmen dürfen, so gab es doch immer wieder Veränderungen und Anpassungen an die eigenen Verhältnisse, wie es auch einen eigenständigen liturgischen Kalender gab.

Dominikaner in Plauen

Das Predigerkloster

Reformgedanken sind in der Kirchengeschichte nicht erst seit dem 15./16. Jahrhundert zu finden – man könnte sie sogar als ihren ständigen Begleiter bezeichnen. Im frühen 13. Jahrhundert drückten sie sich beispielsweise in der Armutsbewegung bei Laien aller Schichten und Theologen aus. Ihre Wurzeln reichten bis ins 11. Jahrhundert zurück und hatten die »vita apostolica«, das apostolische Leben in Armut und Verkündigung des Evangeliums, zum Ziel. Bekannte Beispiele sind Franz von Assisi und Landgräfin Elisabeth von Thüringen. Vor dem Hintergrund der Endzeiterwartung wurde die Institution Kirche prüfend hinterfragt, und größere Gruppen begannen, sich mehr oder weniger abzuwenden und ein armes strenges Leben als bewussten Gegensatz zum kritisierten Reichtum des Klerus zu führen oder, wie die Katharer (»die Reinen«), auch vom Christentum abweichende Sonderlehren zu entwickeln.

In diese Zeiten fällt das Leben des heiligen Dominikus, der um 1170 in Kastilien geboren wurde. Ausgestattet mit wachem sozialem Bewusstsein, soll er als Student seine teuren Bücher zugunsten hungernder Armer verkauft haben. Als Reisebegleiter des Bischofs Didactus von Azevedo begegnete er Waldensern und Katharern und verglich deren Bildungsniveau und Organisation mit dem oft unbefriedigenden vieler Priester. Schon Didactus hatte als Missionsmethode die Nachfolge der Apostel in Armut und Wanderpredigt eingeführt, und Dominikus folgte diesem Weg, indem er 1215 in Toulouse eine Gemeinschaft von Predigern gründete. Er schuf einen auf Armut und Studium beruhenden Seelsorgeorden, der als Reformorden auf festes Einkommen verzichtete und nur von Almosen lebte. Neben persönlichem Glaubensgespräch und Beichte stand die auf gründlichem Studium beruhende Predigt im Vordergrund. Papst Honorius III. bestätigte ihn 1216 und verlieh ihm 1217 unter der Bezeichnung »Predigerbrüder« seine Rechte. Dominikus starb 1221 in Bologna und wurde 1234 heiliggesprochen. Wie beim Franziskanerorden entstanden auch Frauenklöster. Aus dem männlichen Zweig gingen bedeutende Gelehrte hervor, so Thomas von Aquin, Albertus Magnus, Meister Eckhart und Johannes Tauler. Das spätere Engagement von Dominikanern in der Inquisition war kein generelles und muss differenziert gesehen werden.

Im Vogtland wurde der Orden schon im 13. Jahrhundert tätig. Vögtin Jutta von Weida hatte 1238 in Cronschwitz zunächst ein Magdalenerinnenkloster gegründet, das in weltlichen Fragen vom Deutschen Orden, in geistlichen aber vom Dominikanerorden betreut wurde, dem es 1246 durch Papst Innocenz IV. einverleibt wurde. Sein umfangreicher Besitz reichte weit (unter anderem Straßberg), in Plauen besaß es eine Reihe Zinshäuser, von denen etliche am Steinweg lagen, der im 16. Jahrhundert nach Erkenntnissen der Hausbesitzforschung auch als Nonnengasse bezeichnet wurde.

1266 entstand in Plauen, wohl auf Veranlassung des Vogtes, eine Tochtergründung des seit 1229 bestehenden Leipziger Predigerklosters. Die Plauener Bürgerfamilie Canis hatte in der Altstadt eine große Hofstätte samt einem Garten mit Teich im Tal der Syra dazu gestiftet. Im Unterschied zu den älteren Benediktinern und Zisterziensern pflegten Dominikaner wie Franziskaner, ihre Klöster innerhalb von Städten anzulegen. Der aus Spenden finanzierte Klosterbau wird in die Zeit ab 1273 datiert, 1285 soll er mithilfe Vogt Heinrichs und des Bürgers Hartmann Canis vollendet worden sein. Eine Urkunde von 1291 bezeugt den Prior Otto des Klosters, in einem Pariser Verzeichnis des Ordens von 1303 wird es ebenfalls aufgeführt. 1301 eignete Vogt Heinrich d. Ä. dem Kloster einen Zins in Thiergarten zu. 1309 verkauften die Mönche zur Finanzierung des Kirchenbaus Güter in Thiergarten an das Deutsche Haus Plauen. Das im Amtserbbuch von 1520 überlieferte Gründungsjahr 1266 befand sich mit der Nennung Plauens auch auf dem nicht mehr vorhandenen Gestühl der Göttinger Dominikanerkirche, auf dem die 35 ältesten Klöster der Ordensprovinz Saxonia verzeichnet waren. Offensichtlich von Plauen aus wurde gegen 1300 das ebenfalls zur Provinz Saxonia gehörige Dominikanerkloster Eger gegründet. Söhne bekannter Familien traten dem Plauener Kloster bald bei, etwa Heinrich von Plauen, Heinrich von Gera, Heinrich von Weida, Heinrich und Günther von Schwarzburg. Möglicherweise betreute das Kloster, in dem auch ältere Urkunden der Stadt aufbewahrt wurden, eine Zeit lang das Schriftwesen des Rates.

Vom offenbar stets bescheidenen Grundbesitz verkaufte das Kloster 1353 eine Hofstätte in Hof. Vielfach erhielt es Stiftungen zur Abhaltung von Seelenmessen, so 1426 durch den Hauptmann von Mühltroff Konrad Röder für seinen Bruder Hans und beider Vorfahren an dem von ihm gestifteten Altar oder 1451 durch Matthes Walman für seinen verstorbenen Vater. Auch die Herren von Plauen und Burggrafen von Meißen ließen hier Seelenmessen lesen. Bei der Belehnung des Guten Heinrich (an ihn erinnert heute noch der Gutheinrichsteich) 1458 mit einem Freigut in Meßbach wurde dieser verpflichtet, dafür einen jährlichen Geldbetrag an das Kloster abzuführen. Von Johann von Machwitz zu Chrieschwitz erhielten die Mönche 1487 die obere Badestube unter dem Klostergarten beim Syrator, wofür sie versprachen, für die Seelen des Stifters, seiner Familie und des ganzen Geschlechts eine ewige Seelenmesse mit vier Begängnissen zu halten. Als sie später noch die untere Badestube kauften, wehrte sich der Rat. Kurfürstliche Räte entschieden 1495, dass sie sie zunächst einem Plauener Bürger anvertrauen, in zwei Jahren an einen Weltlichen oder den Rat weiterverkaufen sollten. 1492 erhielt das Kloster von Kurfürst Friedrich und Herzog Johann als Schenkung den bis dahin zum Schloss gehörigen Siechenteich in der Nähe des Hospitals St. Johannis sowie einen Fronbauern in Gansgrün gegen Abhaltung von jährlich vier Seelenmessen für das Fürstenhaus. 1504 gestatteten dieselben dem Kloster den Bau einer Mahlmühle für den Eigenbedarf unter ihrem Teich beim Klostergarten. Bis zur Anstellung eines eigenen Kaplans 1478 hatten die Predigermönche täglich Messe auf dem Schloss zu halten. Damals wurde ihnen vom Rat auch die Nutzung des Stadtgrabens bei ihrem Garten erlaubt. Skurril mutet ein Streit mit der Stadt Oelsnitz an, nachdem das Kloster dort an den Markttagen alle Eier weggekauft hatte. 1506 verfügte das Kloster über eine der 18 Plauener Fleischbänke. Auswärts besaß es Terminierhäuser, in denen wandernde Mönche Gaben deponieren und übernachten konnten, und zwar in Gera, Zwickau, Schneeberg und wohl Mühltroff, ferner ein Haus in Oelsnitz. Die Zwickauer Terminei musste 1524 verkauft werden. Als sonstiger Besitz wurden unter anderem ein Miethaus, eine Ziegelhütte, ein Steinbruch am Straßberger Weg, einige Wiesen, Teiche und Gehölze sowie ein Weinberg bei Kahla genannt.

1476 wurde das Kloster durch das Leipziger Dominikanerkloster visitiert und reformiert, um inneren und äußeren Verfallserscheinungen entgegenzuwirken. In den Folgejahren gab es ordensinterne Auseinandersetzungen zwischen Befürwortern und Gegnern der Reform. 1487 bat der Leipziger Konvent Kurfürst Friedrich und Herzog Johann, die reformierten Konvente gegen Angriffe der Reformgegner zu schützen. Diese wiesen daraufhin die Amtleute von Jena, Plauen, Wartburg und Eisenach an, die reformierten Klöster vor Einfall, Gewalt, Unrecht und Schaden zu bewahren, niemanden gegen ihren Willen einzulassen und personelle Veränderungen zu verhindern. Im Orden wurde beschlossen, dass über die reformierten Klöster Leipzig, Freiberg, Eisenach, Plauen, Luckau und Jena kein anderer Vikar als der vom Leipziger Konvent bestimmte gesetzt wird. 1488 ordnete der Ordensgeneral eine Untersuchung in den Klöstern Freiberg, Eisenach, Plauen, Luckau, Pirna, Jena und Eger an, ob sie unter dem unreformierten Provinzial Meyer oder dem Leipziger Vikar Beyer stehen wollten. 1488 bekräftigten Kurfürst Friedrich und Herzog Johann ihre Weisung an Amtleute und Räte zu Jena und Plauen, die reformierten Klöster zu schützen. Mit dem Kloster verbunden war eine St.-Wolfgangs-Bruderschaft.

Über das Aussehen der Kirche ist nichts bekannt, es dürfte ein schlichter turmloser Bau gewesen sein. Neben den weiteren Baulichkeiten und einem Kreuzgang existierten ein Friedhof und ein Kornhaus. Das »Klösterlein« vor dem Neundorfer Tor ging hingegen auf ein dort befindliches Terminierhaus der Hofer Franziskaner zurück; noch vor der Reformation übernahm es der Rat zu erblichem Besitz. Von der anscheinend reichen Ausstattung der Klosterkirche mit mehreren Altären blieb nichts erhalten. So gab es 1369 einen Altar aller Apostel und

1405 hatte der Terminierer des Klosters Jacob bei Jacob dem Maler in Zwickau einen Altar nach Art der Altäre der dortigen Kirchen St. Marien und St. Katharinen bestellt.

Mit der Reformation kam das Ende des Klosters. Anders als in der Komturei des Deutschen Ordens stand man ihr hier ablehnend gegenüber, weshalb der Mönch Georg Raute (auch Rauth, Raut, Raudt) 1523 ausgetreten war. 1524 befanden sich noch zwölf Mönche im Konvent. Am 2. Mai 1525, zu einer Zeit, als sich an der Possig vor Plauen aufständische Bauern zu versammeln begannen, wurde es durch den Amtsschösser Peter Wenigel und Ratsmitglieder möglicherweise unter dem Einfluss des nunmehrigen Stadtpredigers Georg Raute, begleitet von Tumulten, Plünderungen und Zerstörungen, gewaltsam besetzt und geschlossen. Der Plauener Rat, der einiges Gut verwahrt hatte, wandte sich wegen der weiteren Verfahrensweise an Martin Luther, der am 30. Oktober 1525 eine allgemeine Antwort gab: Stadt oder Landesherrschaft sollten die Gebäude guten Zwecken zuführen, mit dem Adel und bedürftigen Erben der Stifter solle man sich gütlich einigen, die Kleinodien sollten an Ort und Stelle verbleiben. Insgesamt fielen die Eigentumsrechte dem Landesherrn zu, sein Amtsschösser übernahm Aufsicht und Buchführung. Überschüssige Einnahmen sollten der Besoldung von Kirchen- und Schuldienern zugutekommen. Der Auflösungsprozess zog sich infolge komplizierter Verhältnisse lang und widersprüchlich hin und fand sein nur offizielles Ende in der kurfürstlichen Sequestration der geistlichen Güter von 1531 bis 1543. In der Zwischenzeit war der Besitz unübersichtlich verstreut worden. So war die Einrichtung von Chor und Sakristei auf das Schloss verbracht worden, eine Glocke und eine Uhr hatte der Rat übernommen, das Gestühl kam teils in die Pfarrkirche, teils aufs Schloss, Amtmann Daniel von Feilitzsch ließ die Orgel sowie drei Fuder Bilder und Tafelgemälde nach seinem Sitz Trogen bringen, Silbergefäße und Messgewänder wurden nach Weimar zum Kurfürsten verschickt, die Bibliothek wurde auseinandergerissen. Ein geschnitztes Grab Christi befand sich noch eine Zeit lang im Kloster. Nicht auszuschließen ist, dass das dem Zwickauer Bildhauer Peter Breuer zugeschriebene spätgotische Kruzifix in der Kirche zu Trogen bei Hof aus der Plauener Klosterkirche stammen könnte. Ehemalige Mönche, darunter auch gebürtige Plauener, erhielten für ihr eingebrachtes Geld einige Entschädigungszahlungen. Manche traten in den lutherischen Kirchendienst über, etwa Martin Strauß als Diakon in Kürbitz, Landdiakon in Jößnitz und Pfarrer in Saalburg, Wolfgang Eichamer als Pfarrer in Kürbitz, Elsterberg und Treuen und Johann Braun als Pfarrer in Fröbersgrün.

Die Gebäude wurden von meist armen Leuten zu Wohnzwecken umgenutzt und verwahrlosten. Ab 1534 wurden die Grundstücke und Gebäude zum Kauf ausgeschrieben. Die Kaufgelder flossen dem Gemeinen Kasten zu, die Erbzinsen der Stadt. 1537 wurden Superintendent Eulner und Georg Raute Baulichkeiten übereignet. Das Kornhaus übernahm die Stadt als Arsenal. Die dem Gemeinen Kasten übertragene Klostermühle wurde städtisch und später privatisiert. Nach zahlreichen Um- und Neubauten sowie Bränden verschwanden die letzten Reste des Klosters beim Wiederaufbau der Stadt nach dem Stadtbrand von 1844, bei dem zur Anlage des Klostermarkts auf die alten Fluchtlinien keine Rücksicht genommen wurde.

Das »Nonnenhaus«

Außer den Dominikaner- oder Predigermönchen lebten in der Stadt auch Dominikanerinnen. Neben dem ersten (Mönche) und dem zweiten Orden (Nonnen) entstanden als Drittorden bezeichnete, meist aus Laien bestehende Gemeinschaften der Ordensfamilie, deren Mitglieder als sogenannte Terziaren entweder einzeln »in der Welt« oder als regulierte dritte Orden in klösterlich geprägter Gemeinschaft leben. In Plauen nun existierte ein solches Regelhaus von der Buße des heiligen Dominikus mit einer Anzahl Schwestern der Dritten Regel Sancti Dominici unter einer Priorin und unter Aufsicht des Ordensprovinzials in der Nähe des Klosters und des Nonnenturms, der 1382 als Turm in der Nonnengasse bezeichnet wurde. Sie pflegten Kranke und unterstützten die Mönche mit Haushaltsleistungen, Wäsche und Kleidung, fertigten Wachskerzen und sammelten Almosen und genossen daher seitens der Stadt einige Freiheiten. Die Vereinigung könnte auf Initiative des Dominikanerinnenklosters Cronschwitz, das nach dem Erbbuch von 1506 in Plauen zwölf Zinspflichtige mit 14 Häusern besaß, entstanden sein und Vorläufer im Semireligiosentum der Beginen haben, die schon 1300 in der Stadt wohnten und dem Armuts- und Bußgedanken in der Christusnachfolge verbunden waren.

1519 zeigte der Stadtrat zu Eger Interesse an der Ansiedlung eines solchen Regelhauses in seiner Stadt. Im Sommer hielten sich drei Schwestern des Plauener Hauses beim Egerer Bürgermeister Georg Daniel auf, um die Bedingungen zu prüfen. Das Projekt, zu dem der sächsische Ordensprovinzial Dr. Hermann Rabe zwei Plauener Schwestern entsenden wollte, scheiterte jedoch an der Wohnungsfrage, die in Klosternähe nicht zu lösen war.

Nach der Auflösung des Klosters in der Reformation verblieben noch einige Schwestern im Regelhaus oder Nonnenhaus, wie es genannt wurde. Die Priorin starb 1529, später wurde noch eine Schwester im Haus aufgeführt, die als Stadtnonne bezeichnete Orata Ruthart, die aber 1537/38 als Hausgenossin bei der Schieferdeckerin wohnte, 1541 starb und auf Kosten des Gemeinen Kastens begraben wurde. 1542 und 1543 wurde das Nonnenhaus an zwei Bürger verkauft.

Die Reformation und ihre Folgen

Frank Weiß

Die Reformation speiste sich aus unterschiedlichen Quellen – der Kritik an Missständen in der Kirche wie etwa Lebensstil und Reichtum des Klerus, Pfründenunwesen und Ablasshandel ebenso wie aus theologischen Strömungen und diversen Reformversuchen zur Erneuerung der Kirche, dem Aufbegehren der Bauern und ihren sozialen Forderungen, der gewachsenen wirtschaftlichen Stärke und dem Selbstbewusstsein des Bürgertums, territorialen Interessen der Landesherren, politischen Spannungen zwischen Landesfürsten, Kaiser und Papst, aber auch aus der Gelehrsamkeit der Humanisten und dem verbreiteten Interesse am Studium der Bibel, vor deren Hintergrund kirchliche Hierarchie und Praxis geprüft wurden. Dabei spielte zum Beispiel die Forderung nach dem Empfang des Heiligen Abendmahls unter beiderlei Gestalt durch das Reichen des Kelches, der schon zum Sinnbild der Hussiten geworden war, an alle eine bedeutende Rolle. In dieser Situation stellte sich dem Augustinermönch Martin Luther (1483–1546) die quälende Frage: Wie erhalte ich einen gnädigen Gott? Die Erkenntnis, vor Gott nicht aus eigener Kraft bestehen zu können, wurde zum Ausgangspunkt seiner Kritik am Ablasshandel und schließlich der nach ihm benannten Reformation. Der persönliche Glaube, das Vertrauen auf die konkrete Bedeutung des Heilshandelns Gottes für jeden Einzelnen erlangte Wesensbedeutung in der Rechtfertigungslehre.

Unter den Vorläufern der Reformation können die Waldenser genannt werden, die Teil der mittelalterlichen, sich auf das Leben Jesu und der Apostel berufenden Armutsbewegung waren. Als religiöse Laiengemeinschaft und Wanderprediger waren sie am Ende des 12. Jahrhunderts durch den Kaufmann Petrus Waldes aus Lyon in Südfrankreich gegründet worden («Arme von Lyon»), von wo aus sie sich über Europa ausbreiteten. Im 15. Jahrhundert schlossen sich viele deutsche Waldenser den Hussiten, namentlich den Böhmischen Brüdern an, sodass eine klare Unterscheidung oft schwerfällt, außerdem traten weitere Gruppierungen wie Beginen, Begharden und Lollarden auf. Matthias von Kemnat († 1476) meinte in seiner Chronik Kurfürst Friedrichs I. von der Pfalz, »der verkerer und winckelprediger seint fast vil vor dem Behamer Walde besunders umb Eger und in der Vogtland.«[1] Der Grad der Abkehr von der offiziellen Kirche war aber offenbar unterschiedlich, und dementsprechend fielen Duldung, Strafen und Verfolgung verschieden aus.

Die waldensische Reformbewegung hatte im 14. Jahrhundert zahlreiche Anhänger auch im Vogtland und seinen Nachbargebieten gefunden. Bei den im Plauener Stadtbuch von 1388 namentlich aufgelisteten 69 Ketzern dürfte es sich um Waldenser handeln. In Österreich wurde 1391 als Plauener Waldenser und Wanderprediger der Müllersohn Nikolaus verhaftet, früher schon waren dort zwei andere Plauener Waldenser zum Widerruf gezwungen worden. In Nürnberg war um 1418 der Kaufmann Hans von Plauen als Waldensermeister überregional bekannt. Ein von ihm ausgebildeter Waldensermeister und Wanderlehrer war der spätere hussitische Priester und Bischof Friedrich Reiser, der 1458 in Straßburg auf dem Scheiterhaufen starb.

Die Frage nach dem Zeitpunkt der Einführung der Reformation in Plauen ist nicht eindeutig zu beantworten, sie ist auch weniger als Ereignis denn als Prozess zu verstehen. Dieses Problem war dem Plauener Rektor Gottlieb Friedrich Irmisch 1746 in seiner Gedenkschrift für den ehemaligen Plauener Superintendenten und späteren sächsischen Oberhofprediger Matthias Hoë von Hoënegg (1580–1645) durchaus bewusst, in der er sich nach Abwägung verschiedener kursierender Angaben aber schließlich für das Jahr 1525 entschied. Nach einer nicht mehr nachprüfbaren Nachricht soll der Rat 1521 den Dominikanern in der Stadt das Betteln verboten haben und Termineien geschlossen haben. Im gleichen Jahr soll auch der Deutschordenskomtur Georg Eulner (1460–1538) schon im evangelischen Sinne gepredigt haben. Er gilt nicht zu Unrecht als wichtiger Förderer der lutherischen Reformation im Vogtland. Mit ihm gehörte der Ende November 1524 auf kurfürstliche Anordnung als Prediger an die Stadtkirche berufene Georg Raute zu deren Verfechtern. Der um 1495 als Sohn des Landrichters Johann Raute in Gera Geborene war ab 1513 als weltlicher Schreiber im Prämonstratenserkloster Mildenfurth tätig gewesen, wo 1516 der Plauener Andreas Olzan sein Nachfolger wurde. 1515 hatte er in Leipzig ein Studium begonnen und 1518 als Mitglied des Plauener Dominikanerkonvents in Merseburg die Priesterweihe erhalten. Sein Brief vom 2. April 1523 an den Zwickauer Rektor und Stadtschreiber Stephan Roth belegt, dass er den Konvent verlassen hatte. Später wandte er sich ratsuchend an Martin Luther, der ihm am 1. März 1524 antwortete: »Dem in Christo hochzuverehrenden Bruder, Georg Raudt, Prediger in Plauen, seinem [Freunde] in dem Herrn. ›Gnad und Fried.‹ Theuerster Bruder, nimm von mir überaus Beschäftigten mit wenigen Worten fürlieb. Wenn die Sache so steht, daß du dort dem Worte nicht sicher und frei folgen und es reden kannst, und genöthigt wirst, den gottlosen Messen und Ceremonien zu dienen, so ist es gerathen, daß du vielmehr den Ort verlassest und dahin gehest, wo du es frei thun und Frucht schaffen kannst, und denen überlassest, dafür Rechenschaft zu geben, die sich dawider setzen. So habe ich dem Edlen Nicolaus Sack auch geschrieben. Wenn du aber mit sicherem und unverletztem Gewissen bleiben kannst, daß du

1. März 1524

den Gesetzen jener Leute in keiner Weise dienest (was sie, wie ich glaube, nicht leiden können, es geschähe denn ein neues Wunder), so bleibe in dem Namen des Herrn. Bete für mich. Ich, der ich ein Einiger und allein bin, bin genöthigt, vielen zu antworten, deshalb mögest du dich nicht wundern über mein kurzes Schreiben, der ich mit so viel zu schreibenden Büchern und Briefen ganz überschüttet bin. Gehab dich wohl. Wittenberg, Dienstag nach Oculi [1. März] 1524. Martin Luther.«[2] Der im Original in Latein geschriebene Brief aus dem Ephoralarchiv Plauen blieb leider nicht erhalten. Ob sich die kritisierten Verhältnisse auf das Kloster oder allgemein auf Plauen bezogen, geht daraus nicht hervor. Unklar ist auch Rautes Rolle beim Sturm auf das Kloster am 2. Mai 1525, dessen Schließung und profane Umnutzung Teil der schrittweisen Auflösung aller vogtländischen Klöster war. Nach dem Tod Eulners 1538, der seit 1529 Superintendent war, folgte ihm Raute im Amt. Schon 1533 übertrug man ihm die »obersupperattendentz« im Vogtland und Oberkreis in Meißen. Auch im thüringischen Vogtland wurde er bei der Einführung der Reformation tätig. Er starb 1547, laut Überlieferung nach Erhalt der Nachricht vom bevorstehenden Einzug Kaiser Karls V. in Plauen.

Die Probleme der Neuordnung des Kirchenguts wie des gesamten Kirchenwesens einschließlich Schulwesens und sozialer Fürsorge waren vielfältig und langwierig. Um flächendeckend zu geordneten Formen und zur Konsolidierung des Erreichten zu kommen, setzte Kursachsen auf die Durchführung von Kirchenvisitationen, die eine Bestandsaufnahme unter Prüfung der konkreten Verhältnisse vor Ort sowie der Eignung der Geistlichen mit Anordnungen zur Verbesserung verbanden. 1527 weilte dazu Melanchthon selbst in Weida. Im heutigen sächsischen Vogtland erfolgten sie vom 15. Februar bis zum 6. März 1529, vom 23. März bis zum 13. April sowie am 19. und 20. September 1533. Visitatoren waren 1529 Georg Spalatin (Spalt 1484–1545 Altenburg), der kurfürstliche Rat Anarg Heinrich von Wildenfels zu Schönkirchen und Ronneburg und der Jenaer Pfarrer Anton Musa. 1533 traten als solche neben Spalatin der Plauener und Voigtsberger Amtmann Christoph von der Planitz, Asmus Spiegel auf Grünau, Joseph Lewin Metzsch auf Mylau, der Werdauer Pfarrer Johann Reimann und der Altenburger Bürgermeister Michael Alber auf. Sie alle spielten auf je eigene Art eine wichtige Rolle in der reformatorischen Bewegung, die bedeutendste kam dabei dem hochgebildeten Georg Spalatin (eigentlich Burkhardt) zu. Als Erzieher des späteren Kurfürsten Johann Friedrich (1503–1554) und als Hofkaplan, Beichtvater und Geheimsekretär Kurfürst Friedrichs des Weisen (1463–1525) war er dessen Vertrauter und Begleiter zu Reichstagen. Die Kontakte Luthers zum Kurfürsten liefen im Wesentlichen über ihn. Als über Luther 1521 nach seinem Auftritt auf dem Reichstag zu Worms die Reichsacht verhängt wurde, inszenierte er

1529 und 1533

① St.-Johannis-Kirche, Blick nach Westen mit spätgotischen Sterngewölben
Frank Weiß

Die Reformation und ihre Folgen 77

zu seiner Rettung die legendäre »Entführung« auf die Wartburg. Seit 1525 war er Pfarrer, seit 1528 Superintendent in Altenburg.

Die Beurteilung der Plauener Geistlichen fiel zumeist günstig aus. Eulner wurde, wie auch Raute, als feiner, frommer, ehrlicher und geschickter Mann bezeichnet, andere als geschickt oder ziemlich (= geziemend), lediglich der vom Rat eingesetzte Pfarrer zu Straßberg Pankratius Müller, ein ehemaliger Deutschherr und Tuchmachergeselle, wurde 1529 als ungeschickt bezeichnet. Ein Pankratius Müller wohnte später in der Neustadt, zwischen 1542 und 1546 tauchte er als Schosser in der Kanzlei des Naumburger Bischofs auf. Wert wurde auch auf einen ehrsamen Lebenswandel der Kirchen- und Schuldiener gelegt, sie sollten verheiratet sein. Wo nötig, wurde nach Möglichkeiten zur Verbesserung ihres Lebensunterhalts gesucht, Schuldner zur Zahlung bestehender Verpflichtungen gemahnt.

—1529

Nach dem Vorbild der Leisniger Gemeinen Kastenordnung von 1523, der ältesten Fassung einer lutherischen Soziallehre, wurde in Plauen 1529 der Gemeine Kasten als Kirchen- und Sozialkasse eingerichtet, in der sich das Bewusstsein öffentlicher Verantwortung für die Gesellschaft aus dem Glauben heraus manifestierte. Zum Beispiel finden sich neben Ausgaben für »Hausarme und Kranke, lagerhaftige und durchwandernde Personen« solche zur Förderung des Wiederaufbaus der Johanniskirche nach dem Stadtbrand von 1548, auch die Armen im Hospital wurden bedacht. Er speiste sich aus mehreren Quellen, so aus Grundstücken, Testamenten, Einkommen, Vermögen und alten Stiftungen des Klosters und der Kapellen St. Wolfgang und St. Niklas, aus Zahlungen der Zünfte und Zuwendungen aus dem Deutschen Haus. Das Einkommen des Cronschwitzer Klosterbesitzes in der Stadt floss hingegen dem Amt im Wesentlichen zur Besoldung der Kirchendiener zu.

Der Gemeine Kasten rechnete auch den »Opferpfennig«, eine Art Kirchensteuer, ab, den Eingepfarrte ab zwölf Jahren zu entrichten hatten, in der Regel jeweils zwei Pfennige zu Walburgis (1. Mai) und Michaelis (29. September). Die Opferpfenniglisten stellen eine wertvolle und aufschlussreiche Quelle zur Einwohnerschaft dar. Sie erfassen die Haushalte in den einzelnen Teilen der Stadt und den Vorstädten ebenso wie in den eingepfarrten Orten der Umgebung. Zum Beispiel wurden nach dem ersten derartigen Register in den Rechnungen des Gemeinen Kastens 1529 »in und vor der Stadt« insgesamt 20 Schock, 12 Groschen und 6 Pfennige eingenommen. Die Stadt war damals folgendermaßen untergliedert: Bürgermeister Nickel Hubners Viertel, Wolff Mostels Viertel, Im Kloster, Hanns Satlers Viertel, Wolff Baiers Viertel, Neustadt oberes Viertel, Neustadt unteres Viertel, Unter der Pforte und vor den Toren, Straßberger Tor, Wolfgangner Tor (= Neundorfer Tor), Jößnitzer Tor, Chrieschwitzer Tor, Brückner Tore. Extra erfasst wurden dabei sogenannte Hausgenossen in und vor der Stadt, die zur Miete wohnten.

Registriert wurden darüber hinaus die nach Plauen eingepfarrten Dörfer und Ansiedlungen: Meßbach, Reusa, Möschwitz, Haselbrunn, Chrieschwitz, Kleinfriesen, Voigtsgrün, Stöckigt, Thiergarten, Reißig, Schneckengrün, Neundorf, Reinsdorf, Zwoschwitz, Holzmühle, Kauschwitz, Tauschwitz, Oberlosa, Unterlosa, Kemmler (= Schäferei am Kemmler). Hier kam eine Gesamtsumme von 10 alten Schock, 16 Groschen und 10 Pfennigen ein.

Als verordnete Vorsteher des Gemeinen Kastens wurden im Rechnungsjahr 1541/42 Wolf Gebhardt, Jörg Schilbach und Thomas Widemann von Seiten des Rates sowie Hans Hübner, Nickel Brosel und Wolf Schaller von Seiten der Gemeinde genannt. 1542/43 waren es Thomas Widemann, Wolf Schaufuß und Heinrich Pestel vom Rat sowie Augustin Beier, Wolf Schaller und Hans Wolrab von der Gemeinde.

Nachdem die Kapellen St. Niklas und St. Wolfgang aufgegeben worden waren, wurden sie zur Materialgewinnung genutzt. So bezahlte man zum Beispiel 1536/37 für die Umsetzung zweier Fenster in die Schule 16 Groschen »vor ii fenster dy von S. Wolffgangs kirchen sint kumen, dem glaser gegeben, das er sy gerechtt auff dy schul gemacht hat, auch ruckfenster daraus gemacht«[3]. Bereits 1531/32 hatte man unter Einnahmen ein Schock und zehn Groschen ver-

---

Aus den Ausgaben des Gemeinen Kastens für Notleidende 1557/58

1 gr. der alten Kelnerin in ihrer Krankheit

1 gr. Wolff Pyring von wegen seiner Armut

5 gr. dem Pestel auf der Mauer in seiner Krankheit

5 gr. Nickel Gertners Tochter vor der Brücken, welche der Sinne beraubt gewesen

3 gr. einem armen Mann von Schöneck mit einem kranken Weib und 9 kleinen Kindern

2 gr. der Hutmannin und ihrer Tochter, beide »mit der frantzhosen« (Syphilis) beladen

4 gr. dem Maul in Haselbrunn von wegen einer armen kranken Frau, welche bei ihm verstorben, damit er sie zu der Erden bestattet hat

2 gr. einem armen Mann von Schleiz aus dem Spital daselbst

2 gr. einer armen Frau von Voigtsberg

3 gr. einem armen Jungen von einem Röcklein und ein paar Höslein zu machen

4 gr. Jacoff Waneßer in seiner Armut geben

5 gr. einem verjagten Priester aus dem Land zu Braunschweig

9 d einem armen lahmen Mann gegeben

gr. = Groschen, d = Pfennig

bucht, »von dem dach und Zimmer [= Dachkonstruktion] S. Nicklas capellen dem Ilg tischer vorkaufftt«[4].

Eine in den Anfangsjahren ab 1529 wichtige Einnahmequelle entstand aus Verkäufen aus dem reichen Bestand an liturgischen Gewändern, Kleinodien, Leuchtern und Gerätschaften. Der Erlös wurde zinsbringend verliehen. Textilien wurden teils kostenlos an Bedürftige abgegeben, etwa erhielt der Hundspeitscher Barthol, der die Hunde aus der Kirche auszutreiben hatte, drei alte Altartücher mit einem Vorhang. Aus der Küsterei der Johanniskirche, von mehreren Altären und Kapellen wurden zum Beispiel 1529/30 zahlreiche verschiedenfarbige und verzierte Kaseln (Messgewänder) mit und ohne Zubehör, Alben (lange weiße Gewänder), Kappen, Stolen, Vorhänge, Tücher und mehr verkauft. Allein der Plauener Maler Blasius Bergkholtz, den R. Johannes Hartenstein als möglichen Meister des Altars (1517–1520) der Kirche zu Thossen anspricht – wobei die Bezeichnung Maler damals auch für Schnitzer verwendet werden konnte –, erwarb zwei Messgewänder und eine samtene reiche Kappe. Das Hungertuch, mit dem in der Fastenzeit Altar oder Altarraum verhängt worden war, und das mit Passionsdarstellungen bemalt oder bestickt gewesen sein dürfte, wurde in sechs Teile zerschnitten und einzeln verkauft, eines erhielt die Wehefrau (Hebamme) Marell Ottel für arme Leute. Auch Silber und Zierraten wurden verkauft, der Gesamterlös betrug 318 alte Schock, 19 Groschen, 4 Pfennige und 1 Heller. Die Verkäufe setzten sich fort.

An Büchern befanden sich 1530 in der Küsterei unter anderem noch ein naumburgisches, ein meißnisches, zwei bambergische und ein magdeburgisches Messbuch sowie eines des Deutschen Ordens, ein Neues Testament Luthers, ein altes und ein neues Antiphonar und ein pergamentenes Lektionar. Die Wolfgangskapelle besaß immerhin vier Messbücher: ein naumburgisches, ein merseburgisches, ein geschriebenes und ein kleines geschriebenes.

Die gottesdienstliche Praxis verband Erneuerung und Bewahrung. Farbige liturgische Gewänder wurden weiterhin getragen, sodass nach der Phase des Verkaufs zu den erhaltenen auch wieder neue gestiftet und angeschafft wurden. Das Abendmahl wurde unter beiderlei Gestalt ausgeteilt, Opfermessen für Lebende und Tote entfielen. Heilige wurden nicht mehr angerufen, als Vorbilder betrachtet wurden ihre Feste aber vielfach weiter begangen. Bei den Sonn- und Werktagsgottesdiensten wurde in Teilen oft noch die lateinische Sprache verwendet, wie es auch die älteste bekannte Plauener Gottesdienstordnung von 1529 bezeugt. In den zwölf Artikeln der kurfürstlichen Visitatoren 1527 in Weida, die zugleich als kirchliche Landesordnung Kurfürst Johanns gedeutet wurden, hieß es sogar noch, dass die Messe nach jedermanns Gefallen auf Deutsch oder Lateinisch, wie es die Andacht erfordere, gehalten werden solle. Großer Wert wurde auf Katechismuspredigten gelegt.

Die als Pastor und Superintendent bezeichneten leitenden Geistlichen des 16. Jahrhunderts waren: 1529–1538 Komtur Georg Eulner; 1538–1547 Georg Raute; 1547–1564 Corbinianus Hendel (auch Heindel, Heinel etc.); 1564–1566 Christoph Friedrich; 1567–1584 Bartholomäus Reibold; 1585–1591 Martin Pfündel; 1591–1592 Martin Scotus (Schott) und 1594–1603 Nicolaus Polant. Ihnen standen weitere Geistliche zur Seite, zum Beispiel 1541 als Prediger Paul Rebhun, als Stadtkaplan Erhard Hueler und als Landkapläne Adam Viether für Straßberg und Martin Strauß für Jößnitz; der spätere Superintendent Corbinianus Hendel war Schulmeister, Blasius Müller Kantor.

Bekanntheit erlangte der um 1505 in Waidhofen an der Ybbs geborene Paul Rebhun. Nach seinem Studium in Wittenberg, wo er zeitweilig im Hause Luthers lebte, kam er nach Anstellungen seit 1526 als Kantor und Schulmeister in Zwickau und Kahla 1538 als Rektor und als von Luther ordinierter Pfarrer nach Plauen und 1542 als Pfarrer und Superintendent nach Oelsnitz, wo er 1546 starb. Als Schriftsteller wird er zu den bedeutendsten Vertretern des protestantischen Schuldramas gezählt. Eine von ihm geplante deutsche Grammatik kam nicht zustande. In Oelsnitz erinnert eine Straße an ihn.

Der wohl aus dem Fränkischen oder Bayerischen stammende Corbinianus Hendel hatte unter der Herrschaft der Burggrafen von Meißen eine führende Position im Kirchenwesen in deren Gesamtstaat inne.

Während der Reformationswirren im fränkischen Zisterzienserinnenkloster Himmelkron hielt sich nach Ausweis der Opferpfenniglisten des Gemeinen Kastens die protestantisch gewordene letzte Äbtissin Margarethe von Dölau († 1569), die in Plauen ein Haus besaß, einige Zeit hier auf.

Personelle Kontakte zwischen Plauen, den sächsischen Kurfürsten, Luther und Melanchthon bestanden unter anderem durch den in Oelsnitz und Plauen ansässigen Juristen und kurfürstlichen Rat Dr. Philipp Rosenecker, der 1535 und 1536 zum Plauener Stadtrat gehörte und 1536 als Bürgermeister regierte. 1525 war er schon an den Verhandlungen mit den Bauern im Feldlager an der Possig beteiligt. 1529 am Oberhofgericht in Jena tätig, bat er 1533 in Coburg um Entlassung aus kurfürstlichen Diensten, hielt sich bis 1536 in Plauen auf, danach einige Jahre in Franken (Neustadt bei Coburg). 1542 war er kurze Zeit Kanzler des Naumburger Bischofs Nikolaus von Amsdorf; von 1542 bis 1545 in herzoglichem Dienst in Coburg tätig, kehrte er dann mit der Familie nach Plauen zurück.

Ein Theologe, der sich früh mit der Geschichte der Reformation befasste und unter anderem Lutherbriefe sammelte und herausgab, war der 1525 in Plauen geborene Georg Coelestin (eigentlich Himmlisch), der in Leipzig Theologie studierte, als Geistlicher unter anderem in Schneeberg und Leipzig sowie als Hofprediger Burggraf Heinrichs V. von Meißen, schließlich ab 1564 (mit Unterbrechung 1570/71) als Domprediger in Berlin tätig war, wo er 1579 starb. Sein Bruder Johann Friedrich Coelestin (um 1535–1578) wurde ebenfalls Pfarrer und starb nach einem bewegten Leben in Wien.

Dass die im Zuge der Reformation geschaffenen Verhältnisse in Plauen und im Vogtland Bestand hatten und dem Land größere Turbulenzen erspart blieben, hat außer der reformationsfreundlichen Politik der sächsischen Kurfürsten und den politischen Kräfteverhältnissen ebenso mit dem wohl mehr als nur pragmatischen Agieren Burggraf Heinrichs IV. von Meißen als neuem Landesherrn nach dem Schmalkaldischen Krieg zu tun, der den konfessionellen Status des Vogtlands nicht nur beibehielt, sondern schützte und festigte, etwa durch die Verabschiedung der vom Plauener Superintendenten Corbinianus Hendel zusammengestellten Kirchenordnung 1552. Sie legte zum Beispiel Wittenberg als Ordinationsstätte für die vogtländischen Pfarrer fest. Obzwar seine eigene Konfessionszugehörigkeit unterschiedlich gesehen wird, so sind doch sowohl er als auch seine Söhne hier klar im evangelischen Sinne aufgetreten. Mit seiner Eigenschaft als böhmischer Oberstkanzler war das damals durchaus vereinbar. Dies bewies ebenso sein Schwager Bohuslav Felix von Hassenstein und Lobkowitz, der hohe Ämter der böhmischen Krone bekleidete, gleichwohl er zu den von der lutherischen Reformation beeinflussten Utraquisten zählte. Als Landvogt der Niederlausitz erließ auch er eine evangelische Kirchenordnung.

Nicht vergessen werden darf die besonnene und vermittelnde Persönlichkeit des letzten altgläubigen Bischofs von Naumburg Julius Pflugk. 1541 vom Domkapitel zum Bischof gewählt, nahm er im Januar 1542 die Wahl an. Auf Druck des sächsischen Kurfürsten als Schutzherr des Stifts wurde daraufhin umgehend der von ihm protegierte evangelische Luthervertraute Nikolaus von Amsdorf von Luther selbst im Dom zum Bischof ordiniert. Er sollte der erste und letzte evangelische Naumburger Bischof sein. Erst im Verlauf des Schmalkaldischen Krieges konnte Pflugk 1546 und endgültig 1547 nach dem Sieg des Kaisers in der Schlacht bei Mühlberg sein Amt übernehmen, das er bis zu seinem Tod 1564 innehatte. Danach wurde der jeweilige sächsische Kurfürst, zeitweilig auch der Regent der Sekundogenitur Sachsen-Zeitz, als Lutheraner gemäß seiner Rolle als »Notbischof« Administrator. Der intelligente, humanistisch gebildete, friedliebende und seelsorgerlich denkende Pflugk, der unter anderem mit Erasmus von Rotterdam und Philipp Melanchthon in Briefwechsel stand, bemühte sich als Reformkatholik um Ausgleich, machte Zugeständnisse bei der Zulassung der Priesterehe und des Abendmahls unter beiderlei Gestalt mit Brot und Wein, nahm an zahlreichen Religionsgesprächen teil und vermied aggressive Polemik, wie sie sich auf beiden Seiten herausgebildet hatte. Das hinderte ihn allerdings nicht am Versuch der Wiederherstellung bischöflicher Jurisdiktion im Vogtland. Seine Anstrengungen zur Überwindung der Kirchenspaltung konnten die Durchsetzung des Konfessionalismus nicht verhindern.

Die wesentlich von Melanchthon verfasste grundlegende reformatorische Bekenntnisschrift der Augsburgischen Konfession von 1530, die davon ausgeht, dass die reformatorische Kirche keine neue, sondern erneuerte katholische Kirche sei, wurde von altgläubiger Seite nicht akzeptiert. Provisorische Regelungsversuche eines Ausgleichs vor einem allgemeinen Konzil, wie das 1548 von Kaiser Karl V. als Reichsgesetz erlassene, von Julius Pflugk mit vorbereitete Augsburger Interim oder das sogenannte Leipziger Interim (Leipziger Artikel) vom gleichen Jahr, das unter Mitwirkung Philipp Melanchthons evangelische und reformkatholische Positionen und Formen verbinden wollte, scheiterten. Die dabei entstandene Trennung zwischen Gnesiolutheranern (»echten, wahren Lutheranern«) und Philippisten – auch als Kryptocalvinisten eingeordnet – sollte in der Folge in Sachsen für heftige Grabenkämpfe und Erschütterungen sorgen. Ebenso wenig konnte das lange von vielen Seiten geforderte, mit Unterbrechungen von 1545 bis 1563 tagende Reformkonzil von Trient, an dem Julius Pflugk zeitweilig teilnahm, der Aufgabe gerecht werden und die Spaltung rückgängig machen. Der Augsburger Religionsfrieden von 1555 erkannte die lutherische Kirche schließlich reichsrechtlich an und sicherte die bestehenden konfessionellen Verhältnisse. Er beruhte auf der Basis des Passauer Vertrags von 1552, zu dessen Vätern der Plauener Landesherr Burggraf Heinrich IV. von Meißen gehört hatte.

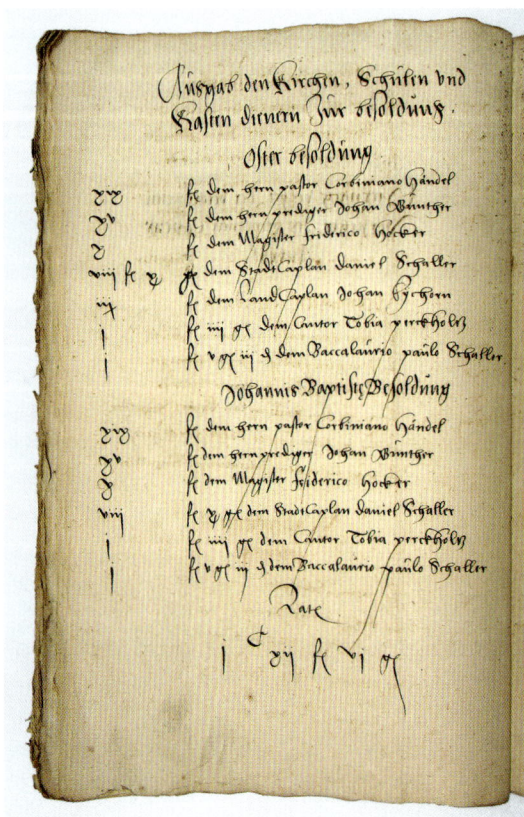

②
Besoldung der Kirchen-, Schul- und Kastendiener in den Rechnungen des Gemeinen Kastens Plauen, 1557/58
Stadtarchiv Plauen, Frank Weiß

Notzeiten

Der Einfall der Hussiten 1430

Roland Best

Nach der Verbrennung des Theologen und Reformators Jan Hus als Ketzer im Jahr 1415 bildeten sich unter der Bezeichnung »Hussiten« mehrere reformatorische und auch revolutionäre Bewegungen in Böhmen heraus. In den nun folgenden Hussitenkriegen wurden zwischen 1419 und 1436 zahlreiche bewaffnete Auseinandersetzungen und Schlachten in Mitteldeutschland und Oberfranken geführt, die vom Gebiet des Königreichs Böhmen ausgingen.

Am 20. und 21. Dezember 1429 überquerte das Hussitenheer unter Führung Prokops das östliche Erzgebirge, ließ Pirna, Dresden und Meißen rechts liegen und zog alles verwüstend und verheerend das linke Elbufer hinab. Am 29. Dezember 1429 zerstörten sie Oschatz und dann Wurzen. Diese Übermacht veranlasste den sächsischen Kurfürsten, sich nach Leipzig zurückzuziehen und jedem militärischen Zusammenstoß aus dem Weg zu gehen. So konnten die Hussiten ungehindert am 6. Januar 1430 unterhalb von Grimma die Mulde überschreiten. Am 12. Januar bemächtigten sie sich der Stadt Altenburg und raubten sie aus, jedoch ohne das gut verteidigte Schlosses erstürmen zu können. Von hier aus zogen sie südwärts. Ihr großes Heer hatten die Hussiten nun in fünf Heerhaufen geteilt, die das Land breitflächig heimsuchten. Das gut befestigte Zwickau erwehrte sich eines solchen hussitischen Angriffs allerdings erfolgreich.

Am 24. Januar 1430 erschienen sie vor Plauen, das heißt dem befestigten Schloss und der befestigten Stadt. Im Schloss wurde durch den Burggraf von Meißen, Heinrich I., Herr von Plauen (reg. 1413–1446), der selbst in dieser Zeit weit weg auf seiner böhmischen Besitzung in Königswart weilte, der hussitische Adlige Kaspar von Sternberg gefangen gehalten und auch nicht gegen gebotenes Lösegeld freigegeben. Dadurch höchst erbittert, wollten die hussitischen Heerscharen Rache nehmen. Durch Verrat oder durch falsche Versprechungen auf freien Abzug wurde am nächsten Tag das Schloss von den Hussiten eingenommen und in der Folge die ganze Stadt. Das Schloss und die Stadt wurden geplündert und dann durch Brand zerstört. Überall wurde zudem ein gewaltiges Blutbad angerichtet.

Im Schlossareal hatten sich neben der vorhandenen Besatzung auch zahlreiche Edelleute, Geistliche und Bewohner des Umlands in Sicherheit gebracht, die nach der Eroberung fast alle ihr Leben lassen mussten. Auch in der Stadt selbst starben zahlreiche Männer durch Waffengewalt. Beachtenswert ist, dass die Hussiten bei diesem Blutbad, wie hier überliefert, nur Männer getötet hatten und die Frauen wahrscheinlich verschonten. Das geht aus dem »Register und Verzeichnis etlicher Einwohner, so in diesem hussitischen Tumult (d. h. am 25. Januar 1430 in Plauen, R. B.) wider alle Treu und Glauben sind ermordet und erschlagen worden« in Sebastian Münsters Kosmografie von 1598 hervor.

Nach dieser namentlich geführten Aufstellung wurden 12 Adlige mit 23 Knechten, 6 Predigerbrüder, 11 Deutschordenspriester und 2 Mönche sowie 119 Bürger, darunter 20 frühere Ratsherren, umgebracht. Das waren allein 173 getötete Personen. Insgesamt überliefert uns diese Quelle bis zu 900 Tote in der ganzen Stadt.

Von Plauen aus zogen die Hussiten dann weiter über den Burgstein in das fränkische Gebiet und zerstörten hier Hof, Bayreuth und Kulmbach und das ganze weite Umland um diese Städte. Nun schließlich begannen Kurfürst Friedrich von Brandenburg und Pfalzgraf Johann von Neumarkt-Sulzbach zusammen mit dem Stift Bamberg und der Reichsstadt Nürnberg, Verhandlungen mit den Hussiten zu führen. Sie erreichten gemeinsam mit Unterstützung anderer Fürsten und Städte durch Tributzahlungen die Einstellung der Kampfhandlungen. Die Hussiten kehrten danach auf vier verschiedenen Wegen nach Böhmen zurück, wobei Teile des Egerlands um Königswart auch noch gewollt verwüstet wurden. Die Stadt Eger selbst konnte sich einen Waffenstillstand erkaufen und entging so der Gefahr einer Eroberung und Zerstörung. Am 21. Februar 1430 zog dann der Hauptteil der hussitischen Heeresmacht mit reicher Beute in Prag ein.

1430

Die Bauernunruhen 1525

Frank Weiß

Als sich um das Jahr 1525 in vielen Gebieten des Reiches auch unter dem Eindruck der Reformation Bauern gegen ihre gestiegenen Belastungen durch ein vielfältiges System von Abgaben und Frondiensten, unter dem sie die Hauptlast der bestehenden Feudalordnung trugen, erhoben und auf bessere Lebensbedingungen drängten, blieb das nicht ohne Einfluss auf das Vogtland. Von Thüringen, wo der ehemalige Zwickauer Prediger Thomas Müntzer als Mühlhäuser Pfarrer zum Hauptprotagonisten gewaltsamer Erhebungen geworden war, hatte sich die Bewegung ausgebreitet. Nachdem sie Ende April 1525 in Schleiz zu Unruhen gegen die Vertreter von Herrschaft und alter Kirche geführt hatte, nahm sie Anfang Mai 1525 in den Ämtern Plauen und Voigtsberg Formen an. Parallel war in der allgemeinen Stimmung in Plauen am 2. Mai die Schließung und Zerstörung des Dominikanerklosters erfolgt. Am 5. Mai berichtete der

Notzeiten **81**

Plauener Amtsschösser Peter Wenigel dem Kurfürsten nach Weimar, dass sich vor Plauen Bauern zusammengerottet und gelagert hätten. Eilig wurde die Rüstung auf dem Schloss verstärkt und einsatzbereit gemacht, ein Wachdienst wurde eingerichtet. Auch das Schloss Voigtsberg wurde in Verteidigungszustand versetzt. Da der gemeinsame Amtmann Hans Röder auf Pöhl in dieser Zeit aus unbekannten Gründen nicht im Amt war, wurde der »alte« Amtmann Marquardt von Tettau auf Ober- und Unterlosa reaktiviert. Vom 10. bis zum 13. Mai ritt Wenigel selbst zur Berichterstattung nach Weimar.

— Mai 1525

Mit den im Elstertal oberhalb Plauens an der Possig lagernden Bauern, die ja über Wehr und Waffen verfügten, wurden durch den Voigtsberger Schösser Leonhard Engelschall, den Plauener Schösser Peter Wenigel, den alten Plauener Amtsschreiber, den Plauener Bürgermeister Nicol Hübner, den in Oelsnitz wohnhaften Advokaten Jacob Philipp Rosenecker und den Adorfer Landrichter Enderlein vom Pach intensive Verhandlungen geführt. Letztere beide waren sechs Tage und fünf Nächte im Gasthof von Hans Hennebach in der unteren Neustadt untergebracht. Im Ergebnis der Gespräche und vielleicht in Kenntnis der vernichtenden Niederlage des Bauernheers am 15. Mai bei Frankenhausen löste sich das Bauernlager am 19. Mai auf, und die Aufständischen kehrten nach Zusage sicheren Abzugs wieder in ihre Dörfer zurück, ohne dass es zu Kampfhandlungen kam. Spätere Darstellungen in Chroniken und Geschichtswerken des 17. bis 19. Jahrhunderts, die von einer Schlacht an der Possig mit bis zu 7 000 Toten berichten, entsprechen nicht den historischen Tatsachen.

Marquard von Tettau setzte den Adel im Egerland und um Hof sowie Rat und Richter zu Schneeberg vom erreichten Zustand in Kenntnis. Anfang Juni stritten Adel und Bauernschaft noch über Zinsen und Frondienste. Als Mitte Juni der Verdacht aufkam, die Bauern könnten sich erneut zusammenrotten, forderte das Amt den Adel zur Wachsamkeit auf, und zum Johannismarkt in Plauen hielt die Ritterschaft das Schloss zwei Tage besetzt.

— 14. Mai 1548

Am 28. Juni kam Markgraf Hans Albrecht von Brandenburg-Kulmbach mit Bewaffneten nach Plauen. Kurfürst Johann traf über Jena und Neustadt am 28. Juni in Weida ein, hielt am Folgetag dort Gericht und kam am 30. Juni in Plauen an, wo er am 1. Juli in der Johanniskirche Gericht hielt und Geldstrafen verhängte. Am Abend des 2. Juli erreichte er dann Zwickau. Vom 5. bis zum 8. Juli hielt sich ein Zug Reisiger in Plauen auf, den Philipp von Feilitzsch Markgraf Casimir von Brandenburg-Kulmbach zubrachte, gefolgt wieder von Markgraf Hans Albrecht. Am 10. August übernachtete Feilitzsch abermals mit Reisigen für Casimir in Plauen. Die Bauern hatten ihre Harnische zur Aufbewahrung auf dem Schloss abzugeben.

Der 1524 in Oelsnitz auf Luthers Rat als »Schwärmer« entlassene Prediger Bartholomäus Kraus hatte im Lager vor Plauen den Bauern gepredigt. Am 15. Juli 1525 wurde er von Zwickau nach Plauen gebracht und fünf Wochen, wohl im Schloss, inhaftiert. Mehrere Bauern sagten über ihn aus, dass er das Wort Gottes klar und lauter gepredigt, zur Ruhe geraten und vor Aufruhr gewarnt hätte; die Bauern sollten weder Geistlichen noch Weltlichen ihr Eigentum nehmen, sondern in ihre Dörfer zurückkehren und ihre Anliegen dem Landesherrn vortragen.

Die Strafgelder für die einzelnen Orte richteten sich offenbar nach der Anzahl der Hofbesitzer und dem Ausmaß der Beteiligung und betrugen im Amt Plauen maximal 100 Gulden (zum Beispiel für Chrieschwitz, Straßberg und Kauschwitz). Die Stadt Plauen war davon nicht betroffen. Die Gelder sollten in drei Raten am 25. Juli und 25. Dezember 1525 sowie 2. April 1526 gezahlt werden, was sich jedoch bis November 1527 verzögerte. Auch wurden bei nachweislichem Unvermögen und Nichtbeteiligung Nachlässe gewährt, sodass etwa im Amt Plauen von den Amtsdörfern statt der veranschlagten 2 218 Gulden, 16 Groschen und 6 neuen Pfennige nur 1 686 Gulden, 16 Groschen und 6 neue Pfennige eingingen.

Brandereignisse – der große Brand 1548

Brände und Stadtbrände zogen sich wie ein roter Faden durch die Stadtgeschichte und führten für den Einzelnen wie für die Gemeinschaft zu existenziellen Problemen. Viele, besonders in mittelalterlicher Zeit, sind der Vergessenheit anheimgefallen, von anderen berichtet die Überlieferung mehr oder weniger detailliert. Aus dem Jahr 1391 erfahren wir, dass Heinrich Arnolt Strafe an den Rat wegen des bei ihm ausgebrochenen Feuers bezahlen musste (»umb daz fewr daz zu ym ist auz komen«[1]). Ein einschneidendes Ereignis stellte der Hussiteneinfall am 25. Januar 1430 dar, bei dem viele Menschen getötet und nach erfolgter Plünderung Schloss und Stadt in Schutt und Asche gelegt worden waren. 1435 sollen Bürgerhäuser beim Kloster gebrannt haben.

Für 1529 wird als einer der zahlreichen kleineren Brände ein solcher von fünf oder sechs Häusern in der Straßberger Gasse angegeben. Ihm folgte am 14. Mai 1548 eine verheerende Brandkatastrophe, der binnen weniger Stunden Stadt und Schloss zum Opfer fielen. Auch außerhalb der Mauern hatte es gebrannt. Ausgangspunkt war das hinter dem Rathaus befindliche Haus des Bäckers Georg Chruschwitz. Dieser hatte seinen Ärger über einen missratenen Backvorgang im neuen Backofen in Gemeinschaft mit anderen in Alkohol ertränkt. Darunter war auch sein betrunkener Nachbar Leonhard Haße, der einen Büchsenschuss abgab. Im gleichen Moment sei das Feuer ausgebrochen und habe sich rasend schnell ausgebreitet. Zwar konnte die Ursache nicht eindeutig geklärt werden, doch wurde ein Zusammenhang vermutet, und der Landesherr Burggraf Heinrich IV. verfügte schließlich die Ausweisung beider Männer aus der Stadt. In einem an die Städte benachbarter Länder gerichteten Hilfeersuchen des Rates vom 6. Juni 1548 hieß es, »das auch die besten Steinen [steinernen] gebeude, als kirchen, Schloß, Rathauß vnd alles anders in grundt vertorben, vnd also außgekolet, das in der gantzen Stadt kein Burgers hauß vbrig blieben«[2]. Anfang Juni sandte der Rat mit einem Schreiben versehene Spendensammler aus, die in Städten, beim Adel und sonstigen vermögenden Personen in den Bergstädten, Böhmen, Bayern und der (Ober-)Pfalz, in Franken, Thüringen, dem Harz und Sachsen sowie im Meißnischen vorsprechen sollten. Auch zum Reichstag zu Augsburg und zur Vertretung der Reichsstädte reiste man. Zentrale Sammelstellen wurden in Joachimsthal, Eger, Regensburg, Amberg, Coburg, Weimar, Naumburg, Halle, Leipzig und Zwickau eingerichtet. Die Kunde von dem Brand breitete sich rasch aus, so hatte schon am 3. Juni 1548 der Rat zu Eger zwei Fuder Brot für Bedürftige nach Plauen geschickt und weitere Hilfe in Aussicht gestellt, am 30. Juli folgte in Eger und Schlaggenwald unter den Einwohnern gesammeltes Geld. Die von Plauen erbetene alte Egerer Stadtuhr könne man leider nicht mit schicken, da sie infolge Defekts der neuen wieder gebraucht würde. Aus zahlreichen weiteren Städten gingen Zeichen der Solidarität unterschiedlicher Art ein, etwa als Geld, Getreide oder Brot. Finanzielle Vergünstigungen und Unterstützungen erwiesen unter anderem Burggraf Heinrich IV., Kaiser Karl V., Kurfürst Moritz von Sachsen, die ernestinischen Herzöge zu Weimar, Heinrich von Gera und diverse vogtländische Adlige.

Der Wiederaufbau der öffentlichen Gebäude begann unverzüglich. Schon am 11. Juni 1548 wurde der Schulbau verdingt, die Zimmerarbeiten übernahm der Plauener Meister Erhard Pener, am 25. Juni verdingte der Rat die Zimmerarbeiten am Rathaus an Meister Paul Mansagk aus Schneeberg, bis Jahresende lieferte Georg Puhkaw aus Hof die Kunstuhr. Am 10. Juli beauftragte man Veit und Georg Petzschner aus Adorf mit dem Bau der Brot- und Fleischbänke. Auch das Kaufhaus der Schuster, Lederer (Gerber) und anderer sowie die vier Brauhäuser sollten wieder erstehen. Am 13. Juli übernahmen Lorenz Grembs und Ambrosius Volgkel aus Eger die Zimmerarbeiten an Straßberger und Dobenauer/Neundorfer Tor sowie Hans Theynels Turm, schließlich am 15. Juli Hans Schmied den Wiederaufbau von Brückentor und Hennebachs Tor/Hammertor sowie die Aufstockung von »Hanemanns Tor«. Außer der Stadtbefestigung galt es, unter anderem das Hospital St. Elisabeth, den Ratsmarstall, das Ratskornhaus, die Ziegelhütte, das Hirtenhaus, die Totengräberwohnung und einen Kalkofen am Straßberger Weg wiederherzustellen. Der Markt und einige Straßen wurden erweitert.

Im Zuge des sich bis mindestens 1556 hinziehenden Wiederaufbaus der St.-Johannis-Kirche übernahm Erhard Pener am 16. September 1548 die Zimmerarbeit. Gottesdienste fanden auf dem schon 1281 erwähnten Kirchhof statt, wobei aus einer überdachten Ölbergdarstellung gepredigt wurde. Zu ihnen wurde mangels Glocken mit dem kleinen Kommunionglöcklein in den Straßen eingeladen. Die Errichtung der Gebäude für die Geistlichen oblag wesentlich dem widerstrebenden Deutschen Haus.

① Kunstuhr aus dem Jahr 1548 von Georg Puhkaw am Renaissancegiebel des Alten Rathauses
Frank Weiß

Die Bestimmungen zur Feuersicherheit wurden verschärft, an Eckhäusern sollten insgesamt 20 Leuchtpfannen zur Beleuchtung in nächtlichen Notfällen angebracht werden. Vormals offene Einfahrten und kleine Gassen sollten nicht mehr überbaut werden.

Vor dem Brand soll es etwa 247 Feuerstätten (Haushalte) gegeben haben. Anfang 1549 heißt es, dass viele noch nicht wieder aufgebaut seien, etliche Einwohner hausten in Hütten, Kellern oder anderen Provisorien; viele bauten gar nicht mehr oder zogen weg. Bis um 1560 dürfte die Stadt schließlich neu erstanden sein.

Seuchenzeiten

Als Plagen der Menschheit müssen epidemische Krankheiten erwähnt werden, früher oft unter der Bezeichnung Pest/Pestilenz (vom lateinischen »pestis« für Seuche) zusammengefasst. In Wellen rollten sie über das Land. Eine Pandemie von historischer Dimension war der aus Zentralasien über die Handelsrouten nach Europa eingeschleppte »Schwarze Tod«, dem um 1349 in Deutschland zwischen 10 und 30 Prozent der Bevölkerung, nach anderen Schätzungen auch mehr, zum Opfer gefallen sein sollen, wobei die Gebiete unterschiedlich betroffen waren. Charakteristischerweise wurde, ebenso späterhin, vom »Großen Sterb« gesprochen, so 1463, als in Plauen viele Menschen ihren Infektionen erlagen. Überliefert ist ein im 20. Jahrhundert durch Kurt Arnold Findeisen dichterisch bearbeiteter chronikalischer Bericht Gottfried Geutebrücks aus dem frühen 18. Jahrhundert, nach dem der betrunkene Schäfer Nicol Reifenteufel 1463 in der Neustadt auf der Straße eingeschlafen und nachts beim Einsammeln der Leichen mit auf den Wagen geworfen worden sei. Beim Erwachen am Morgen in der Grube auf dem Kirchhof habe er zum Erschrecken des Totengräbers, der den Rat alarmierte, auf seiner Sackpfeife geblasen und danach noch viele Jahre gelebt. Für den historischen Wahrheitsgehalt könnte durchaus sprechen, dass noch 1529 unter den Hausgenossen eine »reyffenteufflin« in den Opferpfenniglisten des Gemeinen Kastens erscheint.[3] Eine spätere Parallele stellt die Geschichte des Wiener Stadtoriginals Marx Augustin (»Der Liebe Augustin«) von 1679 dar.

1463

② Die Pestheiligen St. Sebastian und St. Rochus am Altar der Kirche zu Plauen-Steinsdorf, Peter Breuer, 1497
Repro Hilmar Raddatz

Beim »Großen Sterb« 1496 sollen um die 1 400 Menschen umgekommen sein, und auch 1521 soll ein »Kleiner Sterb« die Stadt geängstigt haben, der nach der Chronik Gottfried Geutebrücks ungefähr 900 Todesopfer gefordert habe. Die nicht mehr nachprüfbaren Zahlenangaben müssen zudem vor dem Hintergrund gesehen werden, dass darin die nach Plauen eingepfarrten Dörfer enthalten sind.

In den Rechnungen des Gemeinen Kastens 1552/53 heißt es 1552: »Den virtenn Jarmargk suntagk ist kein Marck gehalten worden vmb der sterblaufft wyllenn.«[4]

Naturereignisse

Natürlich übten auch das Klima mit wechselnden Kälte- und Wärmeperioden und die Witterung Einfluss auf die Stadt und das Leben der Bewohner aus, die in stärkerer Abhängigkeit von der Natur standen. Die sozialen Auswirkungen waren oft drastisch. Hatte eine Klimaerwärmung im 13. Jahrhundert in Europa zu guten Ernten, Bevölkerungswachstum und damit zu einem Besiedlungsschub geführt, so sank die Durchschnittstemperatur ab der Mitte des 14. Jahrhunderts wieder. Vom Beginn des 15. bis zur Mitte des 19. Jahrhunderts spricht man auch von der sogenannten Kleinen Eiszeit. Ernteausfälle führten zu Teuerungen. Manche Siedlungen wurden ganz aufgegeben, Wüstungen entstanden auch im Vogtland. 1488 erwarb der Plauener Rat die Wüstung Reißig und richtete ein Vorwerk ein. Andererseits soll es zu Weihnachten 1485 so warm gewesen sein, dass man ackerte und säte. Das Jahr 1529 wird als überdurchschnittlich nass geschildert, die Feldfrüchte verdarben mit der Folge einer Teuerung, die sieben Jahre gewährt haben soll. Wasserknappheit konnte aber ebenso zum Problem werden. Im heißen Dürrejahr 1540 etwa trockneten nicht nur im Vogtland viele Quellen, Teiche und Brunnen aus, der Grundwasserspiegel sank gefährlich ab, Wälder brannten. Es handelte sich bei dieser »Megadürre« um ein europäisches Klimaextrem – innerhalb der »Kleinen Eiszeit« –, für das es zahlreiche zeitgenössische Überlieferungen gibt und das in der Klimaforschung mit aktuellem Bezug im Hinblick auf die Zukunft diskutiert wird. In diesem Jahr gab es zahlreiche Stadtbrände, wie zum Beispiel in Pausa, die in der damaligen konfessionell aufgeheizten Stimmung oft auch mit antiprotestantischer Brandstiftung in Verbindung gebracht wurden (das »Mordbrennerjahr 1540«).

Die günstige Lage an Gewässern konnte in Hochwasserphasen zugleich Gefahren bergen. Das betraf nicht nur die Elster. So schwoll die in der Regel harmlose Syra am 25. August 1466 zum reißenden Fluss an, Bäume und Stege legten sich vor das Syrator und den Wasserdurchlass. Bei dem entstandenen Stau wurde eine Schafherde über die Stadtmauer geschwemmt.

Der Schmalkaldische Krieg

Schmalkaldischer Krieg und erneute Herrschaft der Herren von Plauen ab 1547

Frank Weiß

Nachdem sich Plauen seit 1466 unter sächsischer Herrschaft befunden hatte, sollte der im Verlauf der konfessionellen Auseinandersetzungen der Reformationszeit 1546/47 vom habsburgischen Kaiser Karl V. gegen den 1531 von protestantischen Fürsten und Städten gegründeten Schmalkaldischen Bund geführte Schmalkaldische Krieg Änderungen herbeiführen. Der Krieg wurde vom Bund nach Kriegsvorbereitungen auf kaiserlicher Seite als Präventivkrieg zunächst in Süddeutschland begonnen. Da er vom Kaiser offiziell nicht als Religionskrieg geführt wurde, sondern als Bestrafung von Rechtsbrechern, schlossen sich ihm auch protestantische Fürsten an, so nach langem Zögern der albertinische Herzog Moritz von Sachsen. Ursachen waren die Besetzung des Herzogtums Braunschweig-Wolfenbüttel, die Inhaftierung des altgläubigen Herzogs Heinrich II. und die Einführung der Reformation 1542 durch den Schmalkaldischen Bund sowie 1545 dessen Weigerung, am Reformkonzil von Trient teilzunehmen, gewesen. Daraufhin verhängte der Kaiser am 20. Juli 1546 die Reichsacht über seine Führer Kurfürst Johann Friedrich von Sachsen und Landgraf Philipp von Hessen. In Verbindung damit wurde dem Ernestiner Johann Friedrich am 27. Oktober 1546 die Kurwürde abgesprochen. Kursachsen sollte dazu besetzt werden. Mit der Ausführung wurde neben dem römisch-deutschen und böhmischen König Ferdinand I. (Bruder des Kaisers) Herzog Moritz beauftragt. Im Vertrag von Prag waren Letzterem am 14. Oktober 1546 Gebietsgewinne und die Übertragung der Kur in Aussicht gestellt worden, zugleich hatte Ferdinand konfessionelle Duldung in den böhmischen Lehen zugesagt. Nach der kriegsentscheidenden Schlacht bei Mühlberg an der Elbe am 24. April 1547 musste der geschlagene Kurfürst Johann Friedrich am 19. Mai die Wittenberger Kapitulation mit dem Verzicht auf die Kurwürde, seinen Anteil an der Markgrafschaft Meißen und den sächsischen Bergwerken sowie die böhmischen Lehen unterschreiben. Am 1. Juni 1547 entband er die Einwohner der abgetretenen Gebiete von ihrem Treueeid und wies sie an Moritz, den nunmehrigen Kurfürsten.

①
Burggraf Heinrich IV. kniet vor der Stadt Plauen. Ausschnitt aus einer Kopie des verlorenen Originals des Epitaphs aus der Johanniskirche (unrestaurierter Zustand)
Museum Schloss Burgk – Landkreis Saale-Orla, Repro Frank Weiß

1546/47

Die böhmischen Lehen im Vogtland übergab König Ferdinand allerdings einem weiteren wichtigen politischen Akteur in diesem Krieg, dem Oberstkanzler der böhmischen Krone Burggraf Heinrich IV. von Meißen aus dem Hause Plauen, dessen Großvater Heinrich II. die Herrschaft Plauen 1466 an die Wettiner abtreten musste, was dessen Sohn Heinrich III. 1482 im Vertrag von Brüx anerkannte. Durch die Leipziger Teilung 1485 war sie dann an die ernestinische Linie der Wettiner gekommen. Den Plauenern waren nur ihre Besitzungen in Böhmen geblieben. So war es Heinrichs IV. Bestreben gewesen, den vogtländischen Besitz zurückzuerwerben.

Der Krieg hatte sich im Vogtland zunächst an der böhmischen Grenze angekündigt. In der Grenzeregion nach Eger hin lagen seit dem Sommer Truppen zu Erkundungen und Grenzsicherungen, errichteten Schanzen und Gräben, zogen sich aber wieder zurück. Es herrschte allgemeine Unsicherheit. So warnte der Plauener Rat durch den Schösser am 6. Oktober 1546 die kurfürstlichen Befehlshaber vor dem kaiserlich gesinnten Meister des Alaunbergwerks zu Plauen, Hans Wunsam, der sich beim böhmischen Hauptmann in Joachimsthal aufhielte, und bezeichnete ihn als einen Landesverräter, den es zu verhaften gälte, falls er im Lager zu Adorf auftauche, um den Schichtmeister Dickert, der dort Proviantmeister sei, oder andere Plauener zu treffen.

Am 30. Oktober 1546 drangen die böhmischen Truppen aus dem Egerland ins obere Vogtland ein, setzten Dörfer und Städte in Brand, darunter Markneukirchen, Landwüst und die Adorfer Vorstadt. Adorf wurde geplündert, die Bürger mussten dem König huldigen. Als am Folgetag kursächsische Truppen eintrafen, verlangten sie unter Androhung von Gewalt die Rücknahme der Huldigung und zogen ebenfalls zunächst wieder ab. Am 1. November kam es dann bei Adorf zu einer vernichtenden Niederlage kurfürstlicher Truppen gegen die böhmischen. Es wird angenommen, dass an diesem Gefecht Burggraf Heinrich IV. persönlich beteiligt war. Es gab zahlreiche Gefallene und Gefangene, viele waren in Panik geflüchtet. Der Plauener Bürgermeister Nickel Hübner schrieb in einem Bericht über ihre Rückkehr ins Feldlager nach Plauen, einzeln wie die nassen Katzen seien die reisigen Herren vom Kampf angeritten gekommen, andere Ehrbare seien mit ihren Knechten einfach heimgeritten. Nachdem die königlichen Truppen ihr Hauptquartier in Oelsnitz, wo sie die Vorstadt abgebrannt hatten, aufgeschlagen hatten, wandte sich der Plauener Rat in seiner Not um Schutz an den Lutheraner Herzog Moritz in Lößnitz. Da die Herrschaft Plauen aber gemäß der Vereinbarungen an den König fallen sollte, bedurfte er dessen Zustimmung. So schickte er die Plauener Abgesandten mit seinem Rat Otto von Dieskau umgehend nach Oelsnitz zum Befehlshaber Sebastian von Weitmühl. Nach zäher Verhandlung gelang es ihnen, die geplante Erstürmung Plauens zu verhindern. Am 3. November erklärte Dieskau in Plauen dem Rat, dass Moritz die Stadt in allem schützen werde, wenn sie ihm förmlich huldige. Die Geistlichen könnten Gottes Wort weiter im evangelischen Sinne verkünden, sollten sich aber aller Polemik gegen Kaiser, König und sonstige Obrigkeiten enthalten.

Am 17. November 1546 forderte Ferdinand Moritz auf, die Böhmen zukommenden Gebiete, die ihm gehuldigt hätten, zu entpflichten und an die böhmischen Räte im Vogtland zu weisen. In Plauen geschah dies am 4. Januar 1547. Plauen legte den Eid auf König Ferdinand ab. Bereits am 22. Januar rückte Markgraf Albrecht von Brandenburg im Auftrag des Kaisers in Plauen ein, um Herzog Moritz zu unterstützen, weitere Truppendurchzüge folgten. Der Kurfürst versuchte in der Folge, in Zwickau und dem Vogtland wieder Fuß zu fassen. Am 11. Februar zog der in seinen Diensten stehende Heinrich Reuß d. Ä. in Plauen ein und nahm die Huldigung an den Kurfürsten entgegen, Städte und Stände der Umgebung folgten am 12. Februar. Am 19. Februar zog Reuß wieder ab. Eine böhmische Aufforderung zur Huldigung schlug Plauen am 1. März aus. Am 12. März versprach Kaiser Karl V. Moritz von Sachsen, ihn militärisch zu unterstützen und selbst zu kommen. Truppen wurden zusammengezogen. Am 4. April rückte Herzog Alba in Eger ein, am 5. der Kaiser, am 6. folgten König Ferdinand und Herzog Moritz. Alba und Moritz brachen am 11. April ins Vogtland über Adorf, Oelsnitz und Plauen nach Zwickau auf. Weitere Truppen folgten ihnen am 12. April. Alba wartete wohl in Plauen auf den Kaiser, der am 14. April mit seinem Bruder Ferdinand hier Quartier nahm, begleitet von Burggraf Heinrich IV. Der Überlieferung nach hatte den Superintendenten Georg Raute bei der Nachricht vom Herannahen des Kaisers auf der Kanzel der Schlag getroffen. Karl zog am 15. April unangefochten weiter über Reichenbach nach Werdau. Nach großen Truppendurchzügen blieb in Plauen eine kleinere königliche Besatzung zurück, als Befehlshaber im Vogtland saß hier Bohuslav Felix von Hassenstein und Lobkowitz, Heinrichs IV. Schwager. Nach Kriegsende und der Klärung der gegenseitigen Ansprüche Heinrichs IV. und Kurfürst Moritz' übernahm Heinrich die Herrschaft. Am 8. November 1547 huldigten ihm auf dem Plauener Schloss die Städte und Landsassen.

Burggraf Heinrich IV. und sein Staat

Burggraf Heinrich IV. von Meißen aus der älteren Linie der Herren von Plauen (die von der jüngeren Linie, der der Reußen von Plauen, unterschieden werden muss) kann zu den herausragenden Persönlichkeiten der vogtländischen Geschichte gezählt werden. Zugleich darf auch sein Anteil an der böhmischen und deutschen Geschichte seiner Zeit nicht unterschätzt werden.

Heinrich wurde, wahrscheinlich 1510, als Sohn Burggraf Heinrichs III. († 1519) und seiner zweiten Frau, Fürstin Barbara von Anhalt, geboren. In jungen Jahren kam er an den Hof König Ferdinands von Böhmen und stieg bald auf. 1530 war er königlicher Schenk und seit 1542 Oberstkanzler der Krone Böhmen sowie königli-

②
Epitaph für Burggraf Heinrich IV. von Meißen, Kopie nach dem verlorenen Original aus der Johanniskirche
Vogtlandmuseum Plauen, Repro Uwe Fischer

cher Rat und Kämmerer. Er hatte aber auch das Ziel, den vogtländischen Besitz der Vorfahren zurückzubekommen. Mit dem Schmalkaldischen Krieg rückte dies in greifbare Nähe. Nach dessen Ausgang wurden ihm durch König Ferdinand in Anerkennung seiner ihm geleisteten Dienste mit Zustimmung Kaiser Karls V. Stadt und Herrschaft Plauen als böhmisches Kronlehen sowie große Teile des alten Landes der Vögte zugesprochen. Für den Fall des Aussterbens der Burggrafen wurden zugleich der neue Kurfürst Moritz und sein Bruder August mitbelehnt. Schon 1537 hatte er beim damaligen Kurfürsten Johann Friedrich für die reußischen Herrschaften die Gesamtbelehnung mit den Reußen erreicht.

Schmalkaldischer Krieg und erneute Herrschaft der Herren von Plauen ab 1547   87

Epitaph der Burggrafen Heinrich V. und Heinrich VI., 1578, Kopie nach dem verlorenen Original aus der Schleizer Bergkirche
Museum Schloss Burgk – Landkreis Saale-Orla, Repro Frank Weiß

Im November 1547 übertrug ihm König Ferdinand die Ämter Plauen, Voigtsberg, Pausa und Schöneck, wozu es 1549 noch Nachverhandlungen zwischen Ferdinand und Kurfürst Moritz gab. Im April 1549 kaufte Heinrich die Gebiete für 66 200 Gulden vom König, der ihm Schulden halber verpflichtet war. Schöneck und Graslitz hatte er ebenfalls erkauft. Schließlich erwarb er noch die reußischen Herrschaften und 1550 die Herrschaft Gera. Der Reichstag zu Augsburg hatte ihm schon 1548 die Reichsfürstenwürde mit Sitz und Stimme auf dem Reichstag bestätigt.

Obwohl durch seine anderen Aufgaben stark beschäftigt, bemühte sich Heinrich IV. auch aus der Ferne um die Schaffung eines zeitgemäßen und einheitlichen Staatswesens im Vogtland, etwa durch die Einrichtung einer Statthalterei in Plauen. Staatsfinanzen und persönliche Finanzen des Fürsten wurden separat behandelt. Auf einem Landtag 1551 in Schleiz wurde unter anderem eine Polizeiordnung erlassen, die den Leuten jährlich zweimal vorgelesen werden sollte. Weitere Regulative waren eine Gerichtsordnung, eine Reichspfennigordnung und eine Trankstsuerordnung, 1552 folgte eine Kirchenordnung ganz im evangelischen Sinn. Städten und Zünften wurden ihre Statuten bestätigt. Verbote ergingen etwa zum Schutz des Waldes.

Heinrich IV. war vielfältig politisch, diplomatisch und militärisch tätig. So gehörte er zu den Vätern des Passauer Vertrags von 1552, mit dem der protestantische Fürstenaufstand befriedet wurde und der die Grundlage des Augsburger Religionsfriedens bildete. Im Auftrag Ferdinands bewegte er Kaiser Karl V. zur Unterschrift. In dem von Markgraf Albrecht Alkibiades von Brandenburg-Kulmbach zur Erlangung einer Vormachtstellung in Franken 1552 begonnenen sogenannten Markgräflerkrieg wurde Heinrich nach dem Tod Kurfürst Moritz' in der Schlacht bei Sievershausen 1553 zu einem führenden Gegner des Markgrafen. Während der Belagerung der Plassenburg bei Kulmbach starb er am 19. Mai 1554 in Stadtsteinach und wurde unter dem Altarraum der Plauener Johanniskirche beigesetzt. In Plauen erinnert die Heinrichstraße an ihn.

Seine beiden Söhne ließen ihrem Vater ein großes Epitaph fertigen und mit kurfürstlicher Genehmigung ab 1567 im Chor der Johanniskirche anbringen. 1815 wurde es entfernt und gelangte auf das Schloss des Fürsten Heinrich LXXII. Reuß zu Schleiz, wo es offenbar 1837 verbrannt ist. Gemälde mit stark verkleinerten Darstellungen befinden sich im Vogtlandmuseum Plauen und im Staatlichen Museum Schloss Burgk.

Einem zeitgenössischen Bericht zufolge wurde es von einem Maler und einem Tischler aus Schneeberg für 170 Taler geschaffen. Nach der Signatur »WK« und der Jahreszahl »1562« auf der wappenverzierten Renaissancerahmung um das große Mittelbild ist es dem Schneeberger Maler Wolfgang Krodel (vor 1500–1563) zuzuordnen, einem Schüler Lucas Cranachs d. Ä. Die Auftragserteilung dürfte durch den Hofprediger Heinrichs V., den gebürtigen Plauener Dr. Georg Coelestin, der ab 1549 eine Zeit lang Pfarrer in Schneeberg gewesen war, vermittelt worden sein.

Das Gemälde zeigt Heinrich IV. im Gebet kniend vor der ältesten bekannten Darstellung der Stadt Plauen. Darüber und darunter befinden sich Inschrifttafeln, die 1567 noch nicht ganz fertiggestellt waren. Die beiden Kopien weichen in Einzelheiten voneinander ab. Insgesamt ist die Stadtdarstellung der Burgker Kopie detailreicher. Auf ihr kniet der Burggraf so, dass das Schloss zu sehen ist, während die Elsterbrücke verdeckt wird. Hingegen ist auf der Plauener Fassung das Schloss (das ja nach dem Brand von 1548 noch Ruine war) verdeckt, und die Brücke ist zu sehen.

Die Söhne Heinrich V. (1533–1568) und Heinrich VI. (1536–1572) konnten das ungesicherte Erbe auf Dauer nicht halten, hatten und machten Schulden, verpfändeten, verkauften und verloren ihren Besitz im Vogtland und in Böhmen schrittweise wieder. Der Gebietszuwachs von 1554 aus dem Markgräflerkrieg, unter anderem Hof, Helmbrechts und Wunsiedel enthaltend, musste schon 1556 zurückgegeben werden. König Ferdinand (ab 1558 Kaiser) zeigte sich gegenüber den Verdiensten Heinrichs IV. undankbar, zahlte auch seine Schulden an ihn nicht, die Verbündeten aus dem Markgräflerkrieg taten es ihm gleich. Die nach dem Schmalkaldischen Krieg auf ihre Herrschaft Oberkranichfeld beschränkten Reußen erhielten 1562 ihren vogtländischen Besitz zurück, dazu das Erbe der 1550 ausgestorbenen Herren von Gera; lediglich Lobenstein, Schleiz, Saalburg, Burgk, Tanna und die Pflege Reichenfels blieben den Burggrafen. Heinrich V., der bei einer Erbteilung am 31. Mai 1563 die Ämter Plauen und Voigtsberg bekommen hatte und auf Schloss Voigtsberg wohnte, verlor als erster sein Gebiet. 1560 wurde es an Kurfürst August verpfändet und 1563 von ihm übernommen. So kam es dauerhaft an Sachsen, auch wenn sich die offizielle Belehnung Augusts durch Kaiser Maximilian noch bis 1575 hinzog.

Heinrich VI. verpfändete das Amt Pausa, das 1569 ebenfalls an Sachsen fiel, ferner den genannten Geraer Anteil, der schließlich reußisch wurde. Beide Brüder wurden in der Schleizer Bergkirche begraben. Da sie keine lebenden Nachkommen mehr hatten, starb die ältere Plauener Linie mit ihnen aus. Die Witwe Heinrichs V., Dorothea Katharina, geborene Markgräfin von Brandenburg, verschied 1604 auf ihrem böhmischen Witwensitz Theusing und wurde 1607 neben zwei kleinen Söhnen und ihrem Schwiegervater in der Plauener Johanniskirche beigesetzt. Heinrich VI. war seit 1564 mit Herzogin Katharina von Braunschweig-Lüneburg-Gifhorn verheiratet, die 1565 in Schleiz starb. 1566 vermählte er sich mit der Witwe Anna des Fürsten Karl von Anhalt-Zerbst, einer Tochter Herzog Barnims IX. von Pommern-Stettin, die nach Heinrichs Tod seit 1576 in dritter Ehe mit Graf Jobst III. von Barby-Mühlingen verheiratet war, 1592 starb und in Barby begraben wurde.

1547–1563

Schmalkaldischer Krieg und erneute Herrschaft der Herren von Plauen ab 1547

94	Plauen im albertinischen Kurfürstentum Sachsen
95	Städtisches Leben und wirtschaftliches Wachstum
113	Brände, Seuchen, Naturereignisse
117	Kriegszeiten
122	Plauen im Sekundogeniturfürstentum Sachsen-Zeitz von 1657 bis 1718
128	Religion und Sakralarchitektur
138	Das Schulwesen
141	Die Entwicklung des Gesundheits- und Sozialwesens
142	Architektur, Kunst, Kunsthandwerk und Musik
149	Plauen als Druckort
150	Das Postwesen
152	Die Stadt Plauen am Ende des 18. Jahrhunderts

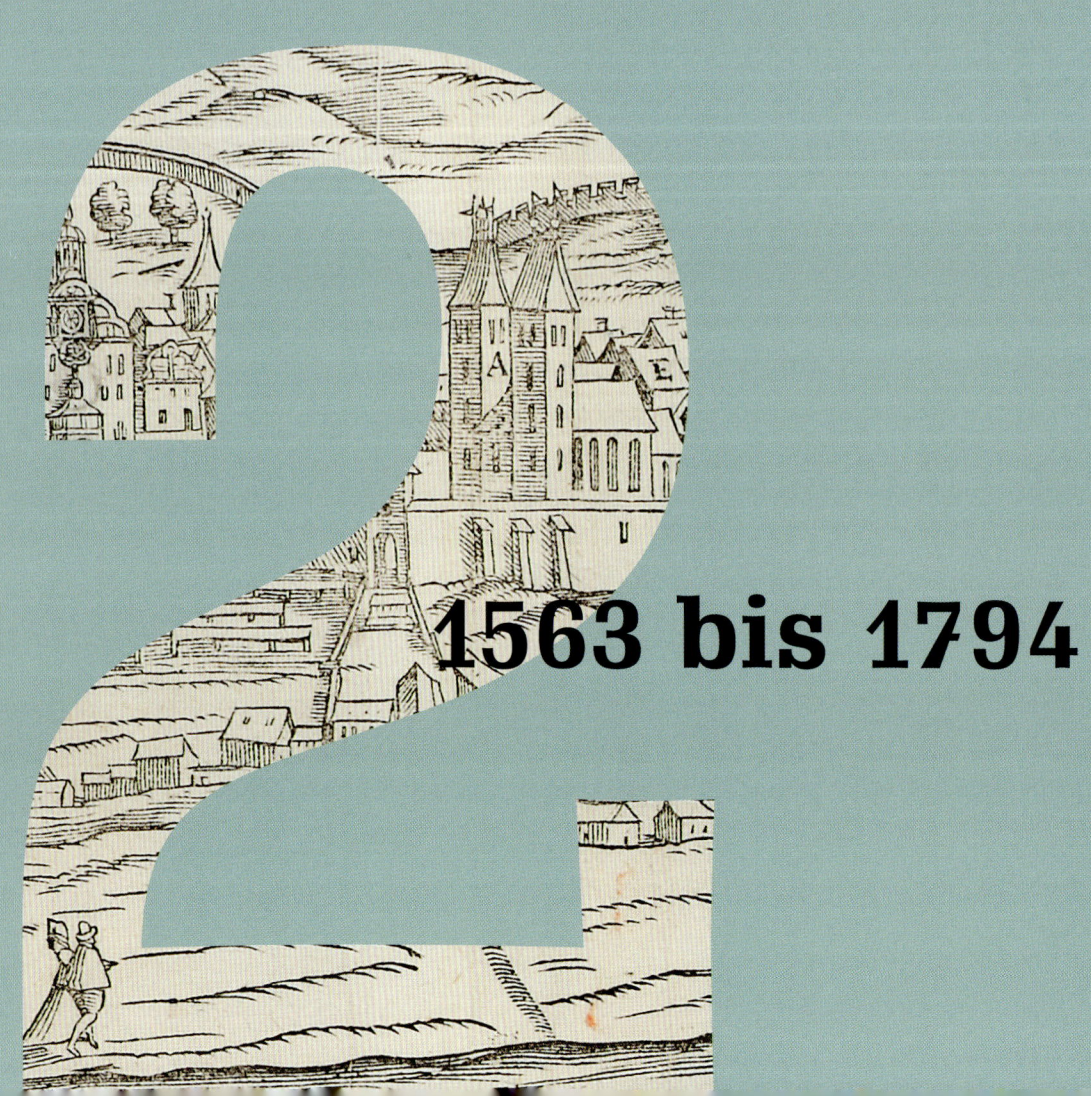

2 1563 bis 1794

Vom Übergang Plauens an das albertinische Kursachsen bis zum Ende des 18. Jahrhunderts

Plauen im albertinischen Kurfürstentum Sachsen

Frank Weiß

Mit dem Erwerb der Ämter Plauen und Voigtsberg 1563 sowie Pausa 1569 hatte das wettinische Fürstenhaus jahrhundertelange Bestrebungen erfolgreich – und wie sich zeigen sollte, dauerhaft – zum Ziel führen können. Die Geschicke der Stadt waren von nun an fest mit dem Kurfürstentum Sachsen verbunden. Der von 1553 bis 1586 regierende Kurfürst August gilt als »Staatswirt«, der die ausgeprägten Neigungen seines Bruders und Vorgängers Moritz zur nationalen und europäischen Politik nicht teilte, sondern sich im Einvernehmen mit den Ständen auf die Organisation eines geordneten und soliden Staatswesens konzentrierte und Kriege mied. Dies schuf gute Rahmenbedingungen für eine stabile wirtschaftliche, kulturelle und zugleich soziale Entwicklung des Landes, von der nach dem Konkurs des burggräflichen Regiments auch das Vogtland profitierte. Dazu trug das entspannte Verhältnis Kursachsens zum habsburgischen Kaiserhaus bei, das ihm innenpolitische Spielräume eröffnete und etwa auch in der Auseinandersetzung mit dem die Kurwürde nach wie vor beanspruchenden ernestinischen Wettiner Johann Friedrich II., dem Mittleren, Sohn des früheren Kurfürsten Johann Friedrich des Großmütigen, in den sogenannten Grumbachschen Händeln 1567 zugute kam. August vollstreckte im Auftrag Kaiser Maximilians II. an ihm die Reichsacht. Konfessionell stand er auf Seiten des Luthertums bei gleichzeitiger Treue zum katholischen Kaiser. Das Verwaltungssystem des Landes mit dem 1574 eingerichteten Geheimen Rat an der Spitze hatte Vorbildwirkung. Noch unter Augusts Regierung begann 1586 zudem die sich bis 1633 hinziehende Erste Kursächsische Landesaufnahme durch den Markscheider, Landvermesser und Kartografen Matthias Oeder. Trotz skizzenhaften Charakters übertrafen die Karten alle bislang in Deutschland bekannten. Schon zwischen 1553 und 1562 hatte August kursächsische Waldgebiete durch Johann Humelius und sodann durch Georg Oeder kartieren lassen. Die Bezeichnungen »Vater August« für den Kurfürsten und »Mutter Anna« für seine Frau kamen nicht von ungefähr. Die Ämter Plauen, Voigtsberg und Pausa wurden im Vogtländischen Kreis zusammengefasst, als dessen Kreisstadt Plauen seit 1602 offiziell firmierte. Als Vertreter des Landesherrn im Amt Plauen wirkte ein Amtmann, der die Aufsicht führte über die Umsetzung landesherrlicher Bestimmungen und landesherrliches Eigentum, in der Praxis unterstützt durch einen Amtsverwalter und einen Amtsschösser, der, vereinfacht gesagt, für Finanzen und Abgabenverwaltung zuständig war und etwa in der Stadt Erbzinsen von den dem Amt unterstehenden Häusern einnahm, sowie einen Landrichter. Die Stadt verstand dabei beharrlich, sich zu behaupten und ihre Freiräume zu nutzen und zu erweitern. Als Amtshaus dienten nach dem Brand von 1548 unter anderem von 1630 bis zum Brand 1635 das vormalige Wolfersdorfische Freihaus und spätere (ab 1669) Rektorats- und Kantoratsgebäude bei der Johanniskirche sowie ab 1643 wohl bis 1688 das vorherige Haus des Bürgermeisters Heinrich Möstel am Markt/Ecke Steinweg. Das barocke Amtshaus am Schloss entstand nach 1693.

— seit 1563

① Stadtansicht mit Stadtwappen, königlich polnisch-litauischem und kurfürstlich sächsischem Wappen, Kupferstich von J. D. Schleuen, aus dem »Vogtländischen Gesangbuch«, Plauen 1742
Stadtarchiv Plauen

⭡ Ansicht Plauens (Ausschnitt) aus Münsters Kosmografie von 1598, Holzschnitt nach einer Zeichnung von Benedict Richter, 1596
Vogtlandmuseum Plauen

Städtisches Leben und wirtschaftliches Wachstum

Die nach dem großen Brand von 1548 wiederaufgebaute Stadt nahm eine gute Entwicklung, die sich auch in der Vergrößerung ihres Besitzstandes durch den Erwerb von Gütern, Gehölzen und Grundstücken zeigte. Durch den Dreißigjährigen Krieg, der Plauen trotz der Friedensbemühungen Kurfürst Johann Georgs I. sehr zusetzte, traten dann wieder Verluste auf. So musste sie etwa das 1590 von der Familie Rabe erworbene Rittergut Reusa 1627 an Christoph von Winckelmann auf Unterlosa veräußern. Ebenso verhielt es sich mit dem 1614 von Kurfürst Johann Georg I. erkauften, schon einmal pachtweise von 1578 bis 1602 innegehabten Rittergut Reinsdorf, das sie 1635 an Joachim von Reibold auf Neundorf verkaufen musste. Bezeichnenderweise nahm sie aber davon zwei Tagewerke auf der Hofwiese aus, die zum Bleichen der Schleier weiter genutzt werden sollten.

Im Zuge einer Erbteilung unter Johann Georgs vier Söhnen gehörte Plauen mit dem Vogtländischen Kreis von 1657 bis 1718 zu dem dabei entstandenen, vom Kurfürstentum gleichwohl noch in Abhängigkeiten stehenden Sekundogeniturfürstentum Sachsen-Zeitz. Die unter August dem Starken, König von Polen und Kurfürst von Sachsen, durch den Vogtländer Johann Adam Zürner durchgeführte erneute Landesaufnahme fand in Plauen 1725 sichtbaren Ausdruck in der Setzung einer Distanzsäule.

Unter weiteren Kriegen hatte die Stadt zu leiden – dem Nordischen Krieg in den Jahren 1706 und 1707 und dem Siebenjährigen Krieg von 1756 bis 1763. Hinzu kamen immer wieder Brände, Naturkatastrophen, Hungersnöte und Seuchenzeiten.

Für Unruhe sorgten zeitweilig Krisenzeiten durch innerlutherische Auseinandersetzungen, die im letzten Viertel des 16. Jahrhunderts mit dem Einfluss reformierten beziehungsweise calvinistischen Gedankenguts in Verbindung standen, das nach Kurfürst Augusts Tod 1586 unter seinem Sohn Kurfürst Christian I. auch staatliche Förderung erfuhr. Nach seinem Tod 1591 setzte sich die lutherische Orthodoxie durch. Im Dreißigjährigen Krieg blieb der lutherische Status trotz der Bemühungen der vom Kaiser geförderten Gegenreformation gewahrt, während sie etwa im benachbarten Böhmen zur Vertreibung von Protestanten führte. In großer Anzahl kamen Exulanten auch ins Vogtland.

Im Auf und Ab der wirtschaftlichen Entwicklung, die über Manufakturen auf die Industrialisierung zusteuerte, stand gegen Ende des 18. Jahrhunderts die sogenannte Goldene Zeit Plauens, in der ein vermögender Baumwollwarenhändler wie Johann Christian Baumgärtel im Volksmund mit dem Beinamen »Fürst von Plauen« belegt werden konnte, und Kaufleute wie Carl Heinrich Höffer oder Johann George Eichhorn Rittergüter erwarben.

Das Stadtregiment

Katrin Färber

16.–18. Jahrhundert

Plauen war am Ende des 16. Jahrhunderts strukturell immer noch eine Kleinstadt mit etwa 3 000 Einwohnern und ländlichem Gepräge. Andererseits wuchs das Selbstbewusstsein des Bürgertums mit zunehmendem wirtschaftlichem Erfolg, da die Stadt das bedeutendste Handelszentrum der Region darstellte. Deutlich sichtbar wird das in Sebastian Münsters Kosmografie von 1598, in der Plauen es sich leistete, neben der Abbildung vier Seiten Text zur Stadt selbst zu beauftragen, wogegen Chemnitz und Dresden nur je eine halbe Seite des Buches gewidmet war.

Dagegen verlief das 17. Jahrhundert nach anfänglichem Erblühen der Baumwollweberei weniger günstig. Der Dreißigjährige Krieg mit all seinen Auswirkungen, wie dem Darniederliegen von Gewerbe und Handel, sowie mehrere Stadtbrände schadeten der wirtschaftlichen Entwicklung Plauens sehr. Nur langsam konnten die geschlagenen Wunden verheilen. Erst im 18. Jahrhundert begann der wirtschaftliche und gesellschaftliche Aufstieg der Stadt wieder. Die Zahl der Einwohner betrug in der Mitte des 18. Jahrhunderts circa 4 000.

Die Verwaltung der Stadt wurde nach den im Spätmittelalter entstandenen Strukturen weitergeführt. Die Zahl der Ratsmitglieder war jedoch zurückgegangen. 1749 wurden der sitzende und ruhende Rat aufgehoben und in ein ständiges Ratskollegium von sechs (später fünf) Personen umgewandelt. Dessen Vorsitz hatten zwei Bürgermeister, von denen jedoch nur jeweils einer im jährlichen Wechsel das Amt ausübte. Auf kurfürstlichen Befehl gehörte ab 1782 dem Ratskollegium auch ein Vertreter der Kaufmannschaft an, als Ratsherr – sogenannter Senator – besaß er Sitz und Stimme.

Einen Einblick in den Alltag der Stadt vermitteln Schriftstücke einer Akte des Stadtarchivs. Darin blieben Polizeiordnungen sowie Bekanntmachungen des 18. Jahrhunderts erhalten. Die Erlasse erfolgten schon im Mittelalter – mündlich durch Ausrufe sonntags nach dem Kirchgang, da so die meisten Bürger zu erreichen

Frank Weiß

waren. Frühzeitig wurden die Informationen zu Marktterminen, Versteigerungen, Polizeiordnungen oder andere Edikte auch am Rathaus ausgehangen.

So gab der Rat im April 1705 bekannt, dass überschüssige Karpfen abzugeben wären. Die Fischzucht in den Gewässern der Stadt stellte eine wichtige Nahrungsquelle dar. Vor allem die anpassungsfähigen Karpfen wurden in den Teichen gehalten, und im Mühlgraben befand sich eine Vielzahl von Fischreusen.

Die Viehhaltung in der Stadt erzeugte einige Probleme bezüglich der Sauberkeit. Aus diesem Grund sah sich der Stadtrat veranlasst, im Mai 1714 zum wiederholten Mal bekanntzumachen, dass nur Bürger mit Feldern und Wiesen auch Geflügel und Vieh halten dürfen. Es wurde untersagt, die Enten und Gänse frei in den Gassen herumlaufen zu lassen.

Zur Eindämmung eines zu großen Kleiderluxus' ihrer Untertanen erließen die sächsischen Kurfürsten in der Zeit zwischen 1486 und 1750 verschiedene Kleiderordnungen, die teilweise erhebliche Strafen androhten. Die fürstlichen Kleidergesetze dienten dazu, die äußerlich sichtbaren Standesgrenzen und die Zahlungsfähigkeit der Untertanen zu gewährleisten. Wer zu viel Geld für Kleiderluxus ausgab, hatte weniger Geld für Steuern. Wenn ein Verbot trotz empfindlicher Strafen öfter erneuert werden musste, ist das ein deutliches Indiz für geringe Akzeptanz in der Bevölkerung. Das zeigt sich auch in Plauen, wo am 11. Dezember 1714 mit Nachdruck darauf hingewiesen wurde, dass die Kleiderordnung von 1661 einzuhalten wäre und diese schon zum wiederholten Mal bekanntgemacht wurde, so 1682, 1683, 1685 und 1704, damit »[…] sich niemand über seinen Standt an Pracht und Hoffarth [Verschwendung] aufführen solle […]«.[1] Diese Ordnung richtete sich vor allem an Handwerksgesellen und Frauen, die Kopfbedeckungen und Kleidung mit teurem Zierrat wie Pelze, Gold- und Silberborten trugen. Außerdem war es den Bürgerinnen untersagt, halb- und ganzseidene Schürzen und Tücher zu tragen, weil es nicht ihrem Stand entspräche.

① Siegelstempel des Plauener Rates, Messing, 1633
Stadtarchiv Plauen, Uwe Fischer

Nach Recht und Gesetz

Da sich die Einhaltung von Spielregeln in der Gesellschaft nicht im Selbstlauf ergibt, war die Durchsetzung von Recht und Gerechtigkeit Aufgabe der Obrigkeit (Landesherrschaften, Gutsherrschaften, Städte) und ihrer Organe. Als Richtschnur dabei galt lange das zwischen 1220 und 1235 entstandene Rechtsbuch des Eike von Repgow, der Sachsenspiegel, das zum Beispiel auch um 1540 im Deutschen Haus in Plauen vorhanden war. In ihm waren Rechtsgewohnheiten notiert und Handlungsgrundsätze zusammengefasst. Späterhin wurden Polizei- und Gerichtsordnungen erstellt, etwa die Polizeiordnung Burggraf Heinrichs IV. von 1551 oder die sächsische Polizeiordnung von 1622. Der Begriff »Polizei« ist dabei nicht im modernen Sinne zu verstehen, sondern vom altgriechischen »politeia« (der Staat) her als »gute Ordnung« und deren Durchsetzung. In der Gerichtsbarkeit ist zwischen der niederen, die sich mit geringeren Delikten befasste, und der hohen, bei der es um Leib und Leben ging, zu unterscheiden, zum Beispiel im Falle von Mord, Raub, Vergewaltigung oder Zauberei. Zur Entscheidungsfindung wurden teilweise durch Folter erzwungene Geständnisse herangezogen und seit 1432 holte man sich Rechtsbelehrung und Urteile beim Leipziger Schöffenstuhl ein.

Anfangs unter der Gerichtsbarkeit des Landesherrn stehend, erwarb der Plauener Rat 1509/10 die Obergerichte in der Stadt pachtweise und 1617 erb- und eigentümlich, nachdem er schon 1614/15 die Gerichte über die Einwohner der Vorstädte erhalten hatte, und ließ sie durch einen Stadtvogt ausüben.

Die Prozessdauer konnte sehr kurz ausfallen. Als Jobst Widemann am Sonntag Invokavit (27. Februar) 1569 den Braumeister Jobst König erstochen hatte, wurde er bereits am folgenden Freitag auf dem Markt gerichtet. Albert von Reitzenstein auf Blankenberg wurde dagegen 1619 nach zweijähriger Haft wegen Mordes an einem Soldaten auf dem Markt enthauptet, er blieb dann über drei Wochen unbegraben. 1587 wurde Salome von Minckwitz wegen Mordes an ihrem neugeborenen Kind nach halbjähriger Haft durch Säckung ertränkt. Das gleiche Urteil war 1615 Elisabeth Weller, geb. Pestel wegen Ehebruchs und Tötung ihres außerehelich gezeugten Kindes bestimmt, es wurde aber aus kurfürstlicher Gnade in Enthaupten umgewandelt, sodass sie auf dem Friedhof in regulärer Weise begraben werden konnte. Wegen des von ihr mit ihrem Ehemann begangenen Kindermordes wurde 1683 Maria Grimm aus Steinsdorf gesäckt. Dabei wurden wie üblich ein Hund, eine Katze, ein Hahn und eine Schlange mit ihr in den Sack gesteckt. Das Urteil wurde beim Johannishospital in der Elster vollstreckt, begraben wurde sie ebenda auf dem Friedhof beim Siechenhaus. Dort auf dem »Köpfwieslein« wurde 1777 als Letzter der wegen Mordes verurteilte Schneckengrüner Schäfer Michael Geist enthauptet. Die Folter, Tortur, scharfe oder pein-

liche Befragung wurden in einem Raum unter dem Rathaus angewandt, zuletzt 1710 bei der des Kindesmordes beschuldigten Katharina Grünler aus Ebersgrün, die nicht gestand und freigelassen wurde.

Abschreckend weithin sichtbar erhob sich auf einer Anhöhe über dem Johannishospital, die schon 1244 in der Gründungsurkunde der Neustadt als Galgenhügel erwähnt wird, der hölzerne Galgen auf einem gemauerten Unterbau. 1833 wurde er beseitigt. Der Straßenname Am Gericht erinnert an ihn, so wie die Straße An der Meisterei auf die Lage der Scharfrichterei Bezug nimmt. Als weitere Richtstätte diente der Galgenberg bei Reinsdorf, 1410 als »marter am ölsnizer wege« bezeichnet.

Als 1693 der wegen Diebstahls zum Tode verurteilte Martin Kulck gehenkt werden sollte, war zuvor die Instandsetzung des Galgens erforderlich, was die Stadt 43 Gulden, 2 Groschen und 5 Pfennige kostete, zuzüglich zu den 48 Gulden, 1 Groschen und 4 Pfennigen Prozess- und Exekutionskosten. Damit einzelne Handwerker nicht »unehrlich« würden, hatten die vollzähligen Innungen der Zimmerleute und Maurer aus der Stadt und vom Land samt Gesellen und Lehrlingen die Arbeiten auszuführen, allein von der Zimmererinnung 61 Personen. Begleitet von »Pfeiffern und Trommelschlägern« zog man von der Stadt zum Galgen und nach getaner Arbeit wieder zurück.

Zur nächtlichen Sicherheit der Einwohner in der inneren Stadt bezahlte der Rat zwei Nachtwächter, 1639/40 zum Beispiel erhielten sie zusammen 34 Gulden.[2] Für ihre Bekleidung wurden ausgegeben 1 Gulden

② Hospital St. Johannis beim Siechenteich, darüber der Galgen (heute »Am Gericht«), Ausschnitt aus der Stadtansicht von Wilhelm Dilich, 1629 (Faksimiledruck 1888) Vogtlandmuseum Plauen

und 10 Groschen für Sommerschuhe, 1 Gulden und 6 Groschen für Wintersocken, 1 Gulden und 12 Groschen für Winterschuhe, 5 Gulden und 12 Groschen für einen neuen Pelz und 1 Gulden und 15 Groschen, um aus beiden alten Pelzen einen zu machen.[3] Zu ihrer Verstärkung stellten die Hausbesitzer auf eigene Kosten zwei Feuerwächter an. In den Vorstädten hatten sich die Hausbesitzer selbst in den Wachdienst zu teilen. Seit 1570 hatten zudem zwei städtische Flurschützen die Fluren vor der Stadt zu kontrollieren.

Auszüge aus Strafgeldregistern des Plauener Rates (»Bueß vnd Vberfahrung«) in den Kämmereirechnungen

1638/39	5 fl 15 gr	hat Davit Höffer zur straff erleget wegen einer schlägerey vf dem Rathhauß
	2 fl 18 gr	hat Sebastian Haaßlers Eheweib zur Straf erleget wegen Ihres Vngehorsams
	2 fl 18 gr	hat Adam Rüdel Gerber alhier zur Straff erleget, wegen deßen das Er E. E. Rath in ihre pflicht geredet
	8 fl 18 gr	hat Hanß Sommer wegen einer Schlegerey vndt das Er vber Verboth einem Soldaten einen Ochßen abgekauffet, zur Straff erleget
	6 fl 18 gr	Erleget Nicol Bauer, zur Straff wegen deßen das Er den Marck frieden gebrochen
	6 fl 18 gr	hat Adam Schmidt zur Straf erleget, wegen deßen das Er E. E. Rath in Ihr pflichten geredet
	2 fl 18 gr	hat Bastel Wiedemanns Weib zur Straf erleget, das Sie sich vf dem Rathhauß gezancket
	3 fl 9 gr	hat Caspar Wiedemanns Weib zur Straff erleget das Sie ezliche loße reden vf dem Rathhauß gethan
	3 fl 12 gr	haben etzliche bürger zur straff erleget, das Sie vfn Rathhauß ohne mendel getantzet
1640/41	1 fl 9 gr	Der Neue Sporer zur Straff erleget, daß er seine hauswirthin geschlagen
	22 fl 18 gr	An 20-thalern hat Nicol Schmidt ein gerber von Elsterbergk zur straff erleget, wegen deßen das Er einen großen Exces mit der wach vnter den Syra thor begangen
	11 fl 9 gr	hat Hanß Heinrich Straub von Nürenbergk wegen seines begangenen freuels so Er in der Nacht mit dem Feyerwergk begangen E. E. Rath alhier zur straff erleget
	2 fl 18 gr	hat Wolffg: Beyer Satler alhier E. E. Rath zur straff erleget, das in seinen hauß Feüer auskommen
	5 fl 15 gr	hat Wolffg: Pfündel ein Tuchmacher zur Straff erleget wegen deßen, das Er sich des holz eintragens beflissen, vnd darüber erdappet worden

fl = Gulden; gr = Groschen

Städtisches Leben und wirtschaftliches Wachstum

Katrin Färber   Über Märkte und Gasthöfe

Seit Mitte des 17. Jahrhunderts wurde an den Sonnabenden zwischen Fastnacht und Ostern der Pferdemarkt abgehalten. Dieser sogenannte Rossmarkt fand auf dem Neustadtplatz statt. Da er in die Fastenzeit fiel, erhob der kurfürstliche Amtmann »Pferdezoll in der Fasten«, wovon Käufer und Verkäufer je die Hälfte zahlen mussten. Nach 1820 wurde der Markt für das Vieh vor das Brückentor auf den Anger verlegt.

Mit wachsender Bevölkerungszahl wurde die Stellfläche auf dem Marktplatz knapper, weshalb zuerst im ehemaligen Kloster ein Markt für die Geschirre aus Ton entstand. Die Irdenwaren hatten als Koch- und Küchengeschirr bis in die Zeit der industriell gefertigten Porzellangeschirre und Eisentöpfe große Bedeutung. Kaputte Tonwaren wurden nicht weggeworfen, sondern vom »Rastelbinder« repariert, der die Scherben mit einem Drahtgeflecht zusammenband. Nach 1635, urkundlich erstmals 1671, wurde neben dem Topfmarkt im Kloster ein neuer Topfmarkt aufgeführt, auch als »vor der Kirchen« bezeichnet.

Zu Beginn des 18. Jahrhunderts fanden mittlerweile fünf Jahrmärkte in Plauen statt. Sie waren jeweils am Mittwoch nach Lichtmess (2. Februar), dem ersten Sonntag nach Ostern, vor dem Johannistag (24. Juni), nach Mariä Himmelfahrt (15. August) und der sogenannte Galli-Markt am Mittwoch nach St. Gallus (16. Oktober). 1709, das als das Jahr mit dem kältesten Winter in die Geschichte einging, musste der »Galli-Marcket« wegen »gefallenen großen Wassers und unbequemer Witterung«[4] auf Befehl des Herzogs Moritz Wilhelm verschoben werden. Der heutige Weihnachtsmarkt geht auf den seit 1714 abgehaltenen Adventsmarkt zurück, der am Mittwoch vor dem dritten Advent stattfand.

Nicht nur für die auswärtigen Besucher der Märkte, auch für Privat- und Geschäftsreisende waren Gasthöfe zur Unterkunft nötig. Der älteste Nachweis zu einem Gasthof in Plauen stammt aus dem Jahr 1529, als in der Opferpfennigliste des Gemeinen Kastens ein Gastwirt genannt wurde. Ernst Pietsch weist für 1546 dann schon vier Gasthäuser nach, davon befanden sich zwei am Markt und die beiden anderen in der Neustadt, durchaus erklärlich, weil sie vorrangig als Herberge für Fremde dienten. Aus diesem Grund mussten ausgedehnte Stallungen für die Pferde der Reisenden vorhanden sein. Die Gasthöfe waren bis ins 19. Jahrhundert keine Schankwirtschaften für die Einheimischen, denn für diese bestand ja der »Reiheschank« der brauberechtigten Häuser. Wie aus den Kämmereirechnungen der Stadt zu erfahren ist, wurden Festlichkeiten mit Tanz im Rathaus veranstaltet. So ist für 1560 verzeichnet: »Einnahm von Rathaus so man vf [auf] den Hochzeiten darauf getanzet […]«[5]

Im 18. Jahrhundert kamen zu den vier bereits bestehenden Wirtshäusern noch drei weitere hinzu. Der Bedarf an Übernachtungsmöglichkeiten für Auswärtige war mit der florierenden Baumwollwarenmanufaktur, die direkte Handelskontakte einschloss, noch gewachsen. In dieser Zeit entstand auch der einzige heute noch vorhandene alte Gasthof, der »Goldene Löwe« in der Straßberger Straße. Das Datum der Konzessionsverleihung ist nicht überliefert, da jedoch Christian Friedrich Hartenstein von seinem Vater 1757 den Gasthof übernahm, hat dieser ihn wohl vorher schon betrieben. Der Vater Paul Hartenstein, ein Fleischhauer wie der Sohn, hatte das Haus 1710 gekauft und aufwendig zum Gasthof ausgebaut.

Die Gesellschaft der Plauener Schützen

Obwohl das Schützenwesen von Beginn an eng mit der Entwicklung Plauens verbunden war, stellte Hermann Fiedler 1876 fest, dass die frühen Überlieferungen dazu recht lückenhaft sind. Erst seit 1764 blieben die Register des Vogel- und Scheibenschießens erhalten.

Im 15. und 16. Jahrhundert war die Armbrust die Waffe des städtischen Bürgertums, mit der geübt wurde. Dabei stellte ein hölzerner Vogel auf einer hohen Stange, der Vogelstange, das Ziel dar. In dieser Zeit entstanden freundschaftliche Wettbewerbe, zu denen die Städte einluden. 1489 fand in Zwickau zu Ehren des anwesenden Kurfürsten Friedrich des Weisen ein Vogelschießen statt, an dem eine Plauener Abordnung teilnahm. Die 1598 gedruckte bildliche Darstellung in Münsters Kosmografie zeigt die Vogelstange mit einem Armbrustschützen auf dem Anger.

Mit der allgemeinen Verbreitung der Feuerwaffen seit der Mitte des 16. Jahrhunderts wurden die Armbrustschützen von den Büchsen- oder Scheibenschützen abgelöst. Seit 1571 war jeder neue Plauener Bürger verpflichtet, einen guten Degen, eine Hellebarde oder ein »Pirschgewehr«, also bereits eine Handfeuerwaffe, anzuschaffen. Der Gebrauch der Waffen musste jedoch geübt werden, bedurfte fester Regeln und finanzieller Förderung. 1579 teilte Kurfürst August von Sachsen dem Schösser zu Plauen mit, dass er den Büchsenschützen zwischen Ostern und Michaelis bis auf Weiteres eine finanzielle Unterstützung von zwölf Groschen wöchentlich bewilligt habe.

Wann die Schützen ihr Schießhaus vor dem Neundorfer Tor errichteten, ist nicht überliefert. Die erste Nachricht stammt von der Zerstörung des Hauses 1632 durch die Soldaten Holks. Danach war aufgrund der Auswirkungen des Dreißigjährigen Krieges das Scheibenschießen eingestellt. Seit 1652 begann die Gesellschaft der Scheibenschützen wieder zu trainieren, weshalb sie beim Kurfürsten das früher gewährte Gnadengeld erneut beantragte. Dabei wurde jedoch festgestellt, dass man den Umgang mit den Feuerwaffen verlernt hätte, deshalb erließ der Rat 1656 eine Schützenordnung, die insgesamt 45 Artikel enthielt und auf die Ausbildung der jungen Bürger und den richtigen Umgang mit den

Gewehren besonderes Augenmerk richtete. Den vier Schützenmeistern stand immer ein Ratsherr vor. Die Verwahrung der Schützenlade oblag je einem Schützenmeister des Rates und der Bürgerschaft, von welchen einer den Schlüssel und der andere die Lade in Verwahrung hatte. In der Ordnung wurden das Verhalten am Schießplatz streng geregelt und Verstöße mit Geldbußen und Freiheitsstrafen belegt.

1662 gelang es mit landesherrlicher Unterstützung, das Schießhaus wieder aufzubauen. Geschossen wurde vom Schießhaus an der Dobenaustraße über die Syra hinweg auf die am gegenüberliegenden Berg aufgestellte Scheibe, wovon der Straßenname »Schießberg« zeugt.

Mit der Schaffung des stehenden Heeres 1682 in Sachsen oblag die militärische Verteidigung dem Staat. Da die Schützenordnung noch immer gültig war, unterstanden die Mitglieder wie 1656 festgeschrieben der kommunalen Aufsicht. Das Wohlwollen der Landesherren war ihnen weiterhin gewiss, was diese durch ihre finanziellen Unterstützungen beziehungsweise Steuernacherlässe manifestierten; dazu gehörte ebenfalls die Tranksteuerbegnadigung zum Vogelschießen. Zu den im Stadtarchiv verwahrten Unterlagen der Schützengesellschaft gehören Register über das Scheiben- und Vogelschießen des 18. Jahrhunderts. Die Plauener Schützen luden einmal jährlich zu ihrem »solennen [=feierlichen] Lust- und Vogel-Schüßen« ein. In den Schützenverzeichnissen finden sich die Namen begüterter Plauener Baumwollwarenhändler, vogtländischer Amtmänner und Rittergutsbesitzer, beispielsweise 1765 die Herren Facilides & Co. und Baron von Kospoth. Den Herren war es auch möglich, statt des Namens eine Devise anzugeben, die oft recht locker ausfiel, wie: »wenn ich gleich nicht will, ich muss.«[6]

Dagegen fand das Scheibenschießen während der warmen Jahreszeit wöchentlich statt, und alle Handwerksinnungen waren verpflichtet, sich mit einem oder zwei Männern zu beteiligen: »[...] damit die Jungen Bürger das gewehr zu gebrauchen in Übung gebracht werden.«[7] Außerdem musste jeder neue Bürger »das Bürgerjahr verschießen«. Ihre regelmäßige Teilnahme war nicht freiwillig, laut Register mussten sie 1786 bei Nichtteilnahme zwölf Groschen bezahlen. Aus dem Register sind Namen und Berufe der Jungbürger zu erfahren: Weber, Wirker, Müller, Kaufmann, Fuhrmann – selbst Christian Friedrich Klemm, der »Chyrugus«, wurde erfasst. Von der Pflicht befreit waren die jungen Männer, die sich als Soldaten verabschiedeten. Die Vertreter der Handwerkszünfte und die jungen Bürger wurden vom Rat am 17. September 1711 zur Teilnahme am Scheibenschießen per Bekanntmachung aufgefordert: »[...] bey Gottfried Schindler, Schützen Meister zu sonst gewöhnlicher früher Zeit mit ober- und unter-Gewehr zu erscheinen, den Aufzug verrichten zu helfen, und sofort den Abschiesen beyzuwohnen [...].«[8]

Erst mit den neuen Schützenordnungen des 19. Jahrhunderts kristallisiert sich der Vereinscharakter der Plauener Schützengesellschaft heraus. 1804 war das neue Schieß- und Geselligkeitshaus der Schützengesellschaft am Anger erbaut worden.

Der erste bürgerliche Verein Plauens war die »Gesellschaft der Freunde des Tanzes und geselligen Vergnügens«. Wie dem Namen zu entnehmen ist, war er 1794 aus dem Bedürfnis entstanden, sich zu treffen, nicht nur zum Tanz, sondern auch für Musik, Konversation und Karten- oder Billardspiel. Alles geschah unter strengen sittlichen Vorgaben; so wurde es bestraft, wenn jemand Aufwand mit seiner Kleidung betrieb. Neu war es, dass auch Frauen an den Gesellschaftsabenden teilnehmen durften.

③
Schild der Plauener Schützen, entworfen und gestiftet von Herzog Christian August von Sachsen-Zeitz, gefertigt von Johann Paul Oettel, Plauen, Silber, vergoldet, 1693
Vogtlandmuseum Plauen, Uwe Fischer

Städtisches Leben und wirtschaftliches Wachstum **99**

Die 1939 abgebrochene Kreuzermühle an der Elsterbrücke, Erhard Wolf, Mischtechnik, 1931
Vogtlandmuseum Plauen, Repro Uwe Fischer

1660

Das Handwerk und die Mühlen

Im 16. Jahrhundert werden Nachrichten zu den Handwerksinnungen vielseitiger. Bis 1561 schlossen sich die Schlosser oder Kleinschmiede, Sporer und Büchsenmacher zu einer Innung zusammen. 1570 trennten sich die Böttcher, die Fässer und hölzerne Gefäße herstellten, von den Schmieden und Wagnern. In deren Innung wurden 1663 die Handwerker von Jößnitz, Neundorf, Straßberg und Oberlosa einbezogen.

1611 erweiterten die Plauener Seifensieder ihre Innung auf den vogtländischen Kreis, zu ihrem Handwerk gehörte neben dem Kochen der Seifen auch die Herstellung von Kerzen – das Lichtziehen oder -gießen. 1639 konstituierte sich das Handwerk der Töpfer, die Koch-, Ess- und Trinkgeschirr fertigten.

Neben der Baumwollweberei waren noch andere textilverarbeitende Zünfte in Plauen ansässig, die für den heimischen Markt fertigten. Als Erstes wären dabei die Schneider aufzuführen, die 1563 als Innung genannt wurden. Die Hutmacher erhielten 1654 ihre Artikel als Kreisinnung für Plauen, Oelsnitz, Adorf, Weida und Reichenbach. 1740 entstanden die Innungen der Strumpfwirker, die mit Strickstühlen Strümpfe herstellten. Borten und Schnüre aus gesponnenem Gold und Silberfäden, Wolle oder Seide fertigten zur Verzierung von Kleidung und Kopfbedeckungen die Posamentierer, die sich 1744 zu einer Zunft zusammenschlossen. Ein angesehenes Handwerk waren auch die Nadler. Wie es der Name sagt, stellten sie Nadeln und Stecknadeln her. Die Nadler bildeten 1746 eine Innung wie 1772 die Perückenmacher und 1778 die Knopfmacher. Unmittelbar mit der Kleidung war auch das Handwerk der Kürschner verbunden, deren 1619 gebildetes Handwerk soll auf eine Gründung von 1570 zurückgehen.

Außerdem gründeten beziehungsweise verselbstständigten sich Handwerksinnungen, die für das Baugewerbe der Stadt von Bedeutung waren. 1597 traten die Maurer und Zimmerleute in Erscheinung. Die Gründung der Innung der Glaser und Tischler datiert auf das Jahr 1586. 1675 wurde ihr durch den Rat zu Plauen eine neue Ordnung bestätigt. Darin grenzten sich die Tischler gegen verwandte Handwerke ab, wie die Zimmerleute und Müller, denen es untersagt wurde, verleimte Hölzer herzustellen. Die Müller galten allgemein als besonders findig, weil sie für den Mühlenbau und die Reparaturen sowohl zimmermannsmäßiges Handwerk als auch technisches Wissen benötigten.

Obere und Untere Mühle

Nachdem Kurfürst August die Ämter Plauen und Voigtsberg 1563 übernommen hatte, stellte er fest, dass die Eigenbewirtschaftung der Amtsgüter unrentabel war, weshalb das Reinsdorfer Gut und die beiden Amtsmühlen – die Obere Mühle (Götzenmühle) und die Untere Mühle (Kreuzermühle) – verpachtet wurden.

1577 bewarb sich der Rat um die Pacht. 1607 kaufte die Stadt Plauen die beiden Mühlen mit Erb- und Obergericht, musste diese jedoch wegen der finanziellen Nöte durch den Dreißigjährigen Krieg 1634 wieder veräußern. Die Stadt als Verkäuferin sicherte sich jedoch das Vorkaufsrecht im Vertrag mit den neuen Besitzern, den Erben der Brüder Johann und Zacharias Clauß. Für den Erhalt der Mühlengebäude und die Pflege des Mühlgrabens waren mehrere Landmüller zum Frondienst verpflichtet. Während der Feuersbrunst in der Neustadt 1653 wurde auch die Untere Mühle zerstört und musste von Grund auf erneuert werden.

1660 erwarb der kurfürstliche Amtsschösser Wolfgang Ferber mit Einverständnis des Rates die Untere Mühle mit vier Mahlgängen und Schneidemühle. Die Obere Mühle verblieb bei den Erben des Zacharias Clauß. Dem folgten lange Auseinandersetzungen zwischen Ferber, den Besitzern der Oberen Mühle und den Tuchmachern, denen die Walkmühle gehörte. Es lief darauf hinaus, dass der nunmehrige Amtmann Wolfgang Ferber 1677 die Obere Mühle kaufte. 1686 wurden die Dienste der Fronmüller per Vertrag in einen jährlich zu zahlenden Erbzins umgewandelt. Nach Ferbers Tod 1687 wurden seine Schwiegersöhne, Paul Weidlich und Dr. Georg Melchior Widemann, die neuen Besitzer.

Zu den beiden Elstermühlen gehörte zudem der Mühlgrabenlauf, sowohl die Nutzung des Wassers als auch die Errichtung eines Gebäudes benötigten die Zustimmung der Mühlenbesitzer. Das betraf beispielsweise im 18. Jahrhundert die Bleichplätze und Bleichhäuser der Baumwollwarenmanufaktur, die auf das Wasser des Mühlgrabens angewiesen waren. 1815 kaufte Ernst Conrad Wilhelm Gössel die beiden Mühlen von den Familien Widemann und Weidlich. Gössel benötigte die uneingeschränkten Rechte der Mühlgrabennutzung für den Betrieb seiner von 1808 bis 1814 erbauten Baumwollspinnerei im heutigen Weisbachschen Haus.

Die anderen Mühlen

Die Lohmühle

Neben den beiden Elstermühlen gab es zur Stadt gehörig drei weitere Mahlmühlen, zu diesen gehörte die ehemalige Kloster- oder Mönchsmühle. Beim Stadtbrand von 1548 zerstört, erwarb der Rat 1554 die Mühle vom Gemeinen Kasten und baute sie wieder auf. Nach der hauptsächlichen Nutzung wurde sie nun als Lohmühle bezeichnet, denn das Handwerk der Lederer oder (Loh-) Gerber war zu dieser Zeit bedeutend. 1589 erhielten sie ihre eigenen Innungsartikel.

1725 beantragte der Pächter der Lohmühle zudem eine Genehmigung zur Herstellung von Braumalz. Das wurde zwecks Förderung des Brauwesens der Stadt auch genehmigt und ein speziell gestempelter und geeichter Malzkasten wurde eingebaut. Der Müller musste auf dem Rathaus den Eid des Malzmüllers ablegen. 1739 verkaufte die Stadt die »Loh-, Mahl- u. Schneide Mühle vor dem Syrauer Tor« an Johann Wilhelm Bauer. Der Name der 1873 abgerissenen Lohmühle erhielt sich bis ins 20. Jahrhundert in der Lohmühlenanlage.

Die neue Walkmühle

1659 gründeten die Weiß- mit den Sämischgerbern eine Innung für Plauen, Oelsnitz, Adorf und Pausa. Das Anwachsen ihres Handwerks erzeugte die Nachfrage nach einer eigenen Mühle. 1712 beantragte der Weißgerber Gabriel Hartenstein im Namen weiterer sieben Meister seiner Innung den Bau einer zweiten, an der Elster gelegenen Walkmühle bei Herzog Moritz Wilhelm und erhielt die Konzession. Das hatte er unter Umgehung des Rates der Stadt Plauen getan, worüber Letzterer Beschwerde führte, und man entzog Hartenstein nach einjähriger Untersuchung die Erlaubnis zum Bau der Walkmühle wieder. Der Bedarf war aber offensichtlich vorhanden, sodass die Tuchmacherinnung ihrer eigenen Walkmühle gegenüber eine neue Walkmühle errichtete, die sie an die Weißgerber verpachtete. Das genaue Baujahr konnte noch nicht ermittelt werden, erst von 1742 ist ein Pachtvertrag überliefert. 1744 erwarb der Weißgerbermeister Johann Paul Hartenstein die neue Walkmühle. Nach weiterem Besitzerwechsel ging sie 1756 in den Besitz des Kattundruckers Johann August Neumeister über.

1659

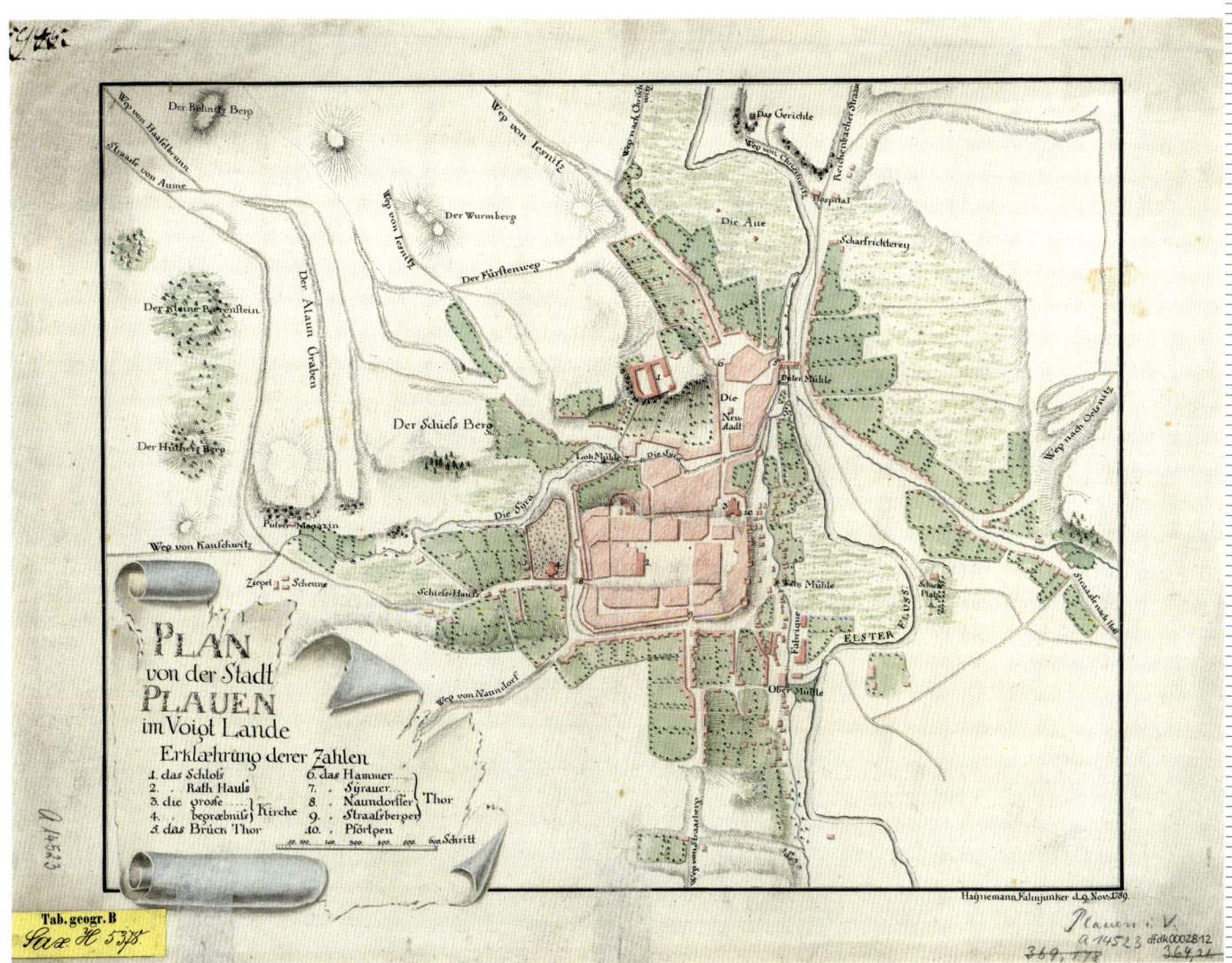

⑤
Plan der Stadt Plauen, gezeichnet von Fahnenjunker Haynemann, 1789
Sächsische Landesbibliothek – Staats- und Universitätsbibliothek Dresden, Tab. geogr. B, Sax. H 5378

Städtisches Leben und wirtschaftliches Wachstum **101**

Gert Müller

Die Poppenmühle

Eine vom Wasser der Syra angetriebene Mühle lag außerhalb der Stadt vor dem Neundorfer Tor am Fuß des Dobenaufelsens. Es war eine Schleifmühle, die wahrscheinlich zu Beginn des 16. Jahrhunderts entstand, nachdem sie, wie schon vorher die Walkmühle, von dem Platz am Mühlgraben gegenüber dem Roten Turm am Komturhof wegverlegt werden musste. 1569 erwarb der langjährige Ratsherr und Stadtvogt Caspar Möstel das Schleifwerk. Bevor er eine neue Mahlmühle mit zwei Gängen errichtete, ließ er 1570 den amtierenden Bürgermeister Valentin Schürer die Baustelle besichtigen. Er ließ sich den Fund von Bruchstücken eines alten feuergeschädigten Mühlsteins bestätigen. Das gab ihm das Recht, an Stelle der alten Schleifmühle ohne landesherrliche Genehmigung eine Mahlmühle zu errichten. Mit ihrer Inbetriebnahme klagte der Amtmann auf Einstellung des Mühlbetriebs, weil damit den Amtsmühlen geschadet werden würde, allerdings ohne Erfolg. Danach besaß die Mühle, nachdem er 1608 das Bürgerrecht erworben hatte, Franz Popp. Obwohl die Mühle bereits 1615 weiterverkauft wurde und dann noch häufiger die Besitzer wechselte, erhielt sich der Name bis in die Gegenwart. Der Betrieb der Mahlmühle wurde wahrscheinlich schon 1855 eingestellt, seit 1885 befand sich eine beliebte Gastwirtschaft darin. 1954 wurde das Gebäude wegen geplanter Umgestaltung des Syratals weggerissen.

Die Papiermühle

1577

1577 wurde der erste Papiermacher, Ambrosius Brüderlein, im alten ungenutzten Hammer vor Chrieschwitz ansässig. Paul Dick geht in seiner Arbeit über die Papiermühle davon aus, dass Brüderlein das Hammergut von der Stadt kaufte und nimmt das Jahr 1577 als das Gründungsjahr an. Nur fünf Jahre später verließ Brüderlein die Stadt und die Papiermühle ging an den Rat zurück, der sie 1588/89 an Valentin Schürer verkaufte. Ihm folgten verschiedene Eigentümer und Pächter. 1760 verlangte der Kurfürst eine Übersicht über die sächsischen Papiermühlen. In einer dafür angefertigten Aufstellung des Rates an den Amtmann Wehner sind folgende Produkte der Plauener Papiermühle aufgeführt: weißes Schreib- und Druckpapier, Konzeptpapier sowie Packpapier. Die Rohstoffe für die Papierherstellung waren Lumpen aus pflanzlichen Fasern wie Leinen und Hanf. Zum Lumpensammeln wurde ein Privileg vergeben, wofür der Papiermüller außer den Steuern noch ein Ries weißes Papier an die Stadtkämmerei liefern musste. Die Lumpen wurden in der Mühle mit dem sogenannten Holländer, der mit dem Wasserrad angetrieben wurde, zerkleinert.

Nachdem die Plauener Papiermühle über 100 Jahre im Besitz einer Familie Beyer war, kaufte sie 1779 Georg Nicol Geipel aus Schönlind. Sein Sohn Christian Friedrich überholte die Mühle wegen Einsturzgefahr 1791 völlig, modernisierte die technische Ausstattung und erweiterte sie um eine Mahlmühle. Trotz Konkurses blieb die Papiermühle weiter im Besitz der Familie Geipel, bis der Mühlenbetrieb 1867 von einer Dampfkesselanlage abgelöst wurde.

Die Klappermühle

Die Klappermühle stand in der heutigen Hofer Straße gegenüber der Pfaffenfeldstraße am Milmesbach. In den Amtsrechnungen von 1471 bis 1479 wurde die Klappermühle als »Schlag«- oder »Oelmühle« bezeichnet, das bedeutet, es wurden Ölfrüchte wie Leinsamen gepresst. Die Mühle blieb über die Jahrhunderte mit wechselnden Eigentümern in Betrieb, bis sie 1874 durch einen Brand vernichtet wurde.

Der Bergbau in und um Plauen

Im 17. und 18. Jahrhundert war in Plauen und Umgebung eine rege Bergbautätigkeit zu verzeichnen. Folgende Stätten lassen sich benennen:

– **1626: »Neubescheertes Glück der Zwogefürthen Fundgrube«, Plauen-Thiergarten/Straßberg,** existierte bereits im 16. Jahrhundert, 1626 Schachtbrüche, 1678 zwei Schächte, Kupfer
– **1626–1707: »St. Georg Zeche«, Plauen-Thiergarten/Straßberg,** 1698 Pochwerk, 1701 Betriebsstilllegung, 1704–1707 neu betrieben, Kupfererze
– **1670: unbenannte Fundgrube samt Erbstollen, Plauen Stadtgebiet, Friedensbrücke,** Eisenstein, Kupfer, Silber
– **1672–1774: drei Fundgruben samt Erbstollen, Plauen-Chrieschwitz, Ziegenberg,** Kupfer
– **1675: unbenannte Fundgrube samt tiefen Erbstollen, Plauen-Neundorf/Zwoschwitz,** nördlich vom Neuteich, Kupfer
– **1677: »Gnade Gottes«, Plauen Dobenau,** Silber, Kupfer, Eisenstein

Johann Jehring, einem angesehenen Ratsherrn von 1697 bis 1715 und umtriebigen Bergwerksunternehmer, wurde am 6. Juni 1677 eine Fundgrube (ein Grubenfeld nach berechtigter Mutung) auf der Dobenau unter der Kapelle St. Wolfgang verliehen. Das Bergwerk nannte er »Gnade Gottes«. Um das Unternehmen auf der Dobenau zu ermöglichen, brachte er 1677 eine Gewerkschaft zusammen, welche die bei Bergwerken herkömmlichen 128 Anteilscheine, Kuxe genannt, übernahm. Der Gehalt des Erzes erfüllte nicht die Erwartungen, und so kam die Grube im Herbst 1678 zum Erliegen. Es gab noch mehrere Versuche, das Bergwerk wieder in Gang zu bringen, doch die Schwierigkeiten führten dazu, dass die Grube 1729 auflässig wurde.

– **1677–1678: »Unverhoffte Segen Gottes Zeche« samt Erbstolln, Plauen-Chrieschwitz, Ziegenberg,** Kupfer
– **1697–1711: »Neue Segen Gottes Fundgrube« samt tiefen Erbstolln, Plauen Zaderaberg,** baute in einem alten Bergwerk Silber und Kupfer ab

- 1760: »Treue Gesellschaft Fundgrube« samt tiefen Erbstolln, Plauen-Neundorf, baute in einem alten Kupferbergwerk Kupfer ab
- 1760: »Unverhofft Glück Fundgrube« samt tiefen Erbstolln in einem alten Kupfergebäude, Plauen, Stadtgebiet Straßberger Straße, Kupfer
- 1764: »Friedrich August Stolln«, Plauen-Chrieschwitz, Poststraße, Eisenstein, Kupfererze
Der Stolln hat mit allen Abgängen und Strecken eine Gesamtlänge von 174 Metern. Im Stollen befindet sich bei 32 Metern ein Schacht mit einer Firsthöhe von 8 Metern.
- 1786: »St. Johannis Fundgrube«, Plauen-Thiergarten/Straßberg, 1788 Schacht, 1789 neuer Tagesschacht, Kupfererze
- 1791: »Unverhofft Glück Fundgrube«, Plauen Stadtgebiet Straßberger Straße, Eisenstein

Das Textilgewerbe und die Goldene Zeit Plauens

Die Baumwollweberei – treibende Kraft für Handel und Gewerbe

Nach 1566 begann das Handwerk der Tuchmacher, in Plauen zu stagnieren, trotzdem wird in Münsters Kosmografie das Tuchgewerbe noch als die »führnemeste Handtierung dieser Stadt« bezeichnet. Doch gleichzeitig wird »die Schleier- oder Tüchlein-Weberei von Baumwolle« als das neue aufstrebende Gewerbe herausgestellt.

Bei der Baumwolle handelte es sich um ein importiertes Material, dessen Verarbeitung als leichte, nicht ernst zu nehmende Arbeit galt, die deshalb auch nicht den Reglements der bestehenden Zünfte der »echten Weber« unterlag. Rein sprachlich unterschied man deshalb auch die zünftige Weberei von schweren Schafwollstoffen und die »Würkerei« (Wirkerei) der leichten Baumwollstoffe. Heute versteht man dagegen unter »Wirken« ein maschenbildendes Verfahren wie beim Stricken. Hieran wird deutlich, wie sich die Bedeutung der Wörter über die Jahrhunderte veränderte, was zu Missverständnissen führen kann.

Der erste schriftliche Nachweis zur Baumwollweberei findet sich im Kämmereirechnungsbuch von 1560. Darin wurde vermerkt, dass »Balzer Jorg Schlorrhendler vom Hof«[9] (Schleierhändler aus Hof) 14 Gulden für die Aufnahme als Bürger der Stadt entrichtete. Die Baumwollweberei wurde also, manch anderen Vermutungen entgegen, nicht aus der Schweiz, sondern aus dem Fränkischen nach Plauen verpflanzt. Im benachbarten Hof war bereits seit der Mitte des 15. Jahrhunderts neben der Tuchmacherei eine Hausindustrie entstanden, die sich auf die Baumwolltücher, sogenannte Stauchen (eine Stauche ist eine Elle) spezialisiert hatte. Die langen Kopftücher wurden im damaligen Sprachgebrauch auch als Schleier oder Schlöre bezeichnet, dementsprechend nannte man dieses Handwerk »Schleierwürkerei«.

Im Süden Deutschlands hatte sich die Verarbeitung der Baumwolle schon seit dem 14. Jahrhundert verbreitet. Die Kenntnis darüber brachte die Familie Fugger aus Italien mit. Zuerst verarbeitete man noch Leinen und Baumwolle zu einem Mischgewebe, dem Barchent. Später wurden immer feinere Baumwollstoffe hergestellt – anfangs als Schleier, seit dem 18. Jahrhundert als Musseline bezeichnet. Da die Baumwollverarbeitung keinen Zunftschranken unterlag, wurden vorrangig junge Frauen und Mädchen angelernt.

⑥
Stadtansicht mit Bürgertrachten, Zeichnung von Michael Köhler, 1721
Stadtbibliothek Leipzig
(Sax. urb. art. 20)

1560

Katrin Färber

Die Schleierhändlerinnung

22. Dezember 1600

In Plauen ließen nach Einführung der Baumwolle Zwischenhändler, sogenannte Faktore, im Auftrag von Nürnberger Kaufleuten die feinen Stoffe, die Schleier, weben. Doch schon bald erkannten auch die einheimischen Bürger, dass es sich um einen lukrativen Geschäftszweig handelte und bemühten sich darum, den Handel mit den Baumwollwaren selbst zu übernehmen. Am 22. Dezember 1600 erließ der Stadtrat eine erste Schleierordnung, die gleichzusetzen ist mit dem Gründungsdatum der Innung der Plauener Schleierhändler. Diese Ordnung war vom Stadtrat vor allem erlassen worden, um die Nürnberger Konkurrenz auszuschalten. Die Schleierhändlerinnung unterschied sich von den Webereinnungen darin, dass die Händler nicht selbst produzierten, sondern als Verleger auftraten. Das bedeutet, sie besorgten die Baumwolle, ließen diese vorbereiten, spinnen und anschließend »würken«. Die erste Ordnung brachte nicht den gewünschten Erfolg, weshalb 1617 der Stadtrat ein weiteres Reglement erließ, das 1618 der Landesherr, Kurfürst Johann Georg I., bestätigte. Die Plauener Kaufleute sicherten sich das alleinige Recht des Handels mit den Baumwollfabrikaten und für Plauen das Monopol der Herstellung. Es durfte nur in ihrem Auftrag und in Plauen Baumwolle gewebt werden. Um die Konkurrenz fernzuhalten, war die Beschäftigung der Faktore zu dieser Zeit ausdrücklich untersagt. Die Rohbaumwolle wurde anfangs offensichtlich über Nürnberg bezogen, wobei es sich noch in der Mitte des 17. Jahrhunderts um zyprische Baumwolle handelte. Über die Leipziger Messe wurde außerdem noch Baumwolle aus Mazedonien, Smyrna und der Levante gekauft. 1776 kam zu der gängigen mazedonischen eine besonders feine Baumwolle aus Caracas, Venezuela, dazu, die die Herstellung gut verkäuflicher, feinster Stoffqualitäten ermöglichte.

Das Spinnen der kurzen Baumwollfasern erforderte einige Übung. Anders als das langfaserige Flachs oder die Schafwolle konnten besonders die feinen Baumwollsorten nicht mit dem Tretspinnrad versponnen werden, sondern nur mit dem Handspinnrad oder der Handspindel. Obwohl das Spinnen auch weiterhin vor allem Frauenarbeit im häuslichen Nebenerwerb war, stellte die Spinnerei einen wichtigen Wirtschaftsfaktor dar. Gute Spinnerinnen waren gefragt und wurden gut bezahlt.

Von der Schleierhändlerinnung zur Baumwollwarenmanufaktur

1695 wurde von den Leipziger Großhändlern Leonhard Zöllner und Johann Philipp Küstner ein junger Handlungsgehilfe namens Johann Friedrich Schild nach Plauen geschickt, um in der Vogtlandstadt neue Warenartikel, die immer mehr in Mode kamen, herstellen zu lassen. Dafür sicherten sie sich bei Herzog Moritz das Privileg. Allerdings zogen sich die Leipziger schon bald wieder aus Plauen zurück und die Rechte der Herstellung gingen auf Schild über.

Schild war am 17. August 1668 in Zeitz als Sohn eines Fischhändlers geboren worden. Er erlangte das Bürgerrecht Plauens und errichtete am Mühlberg das erste Manufakturgebäude der Stadt. Hier ließ er von jungen Frauen und Mädchen auf seinen Webstühlen im Lohnverhältnis neuartige Fabrikate herstellen. Sie webten Kattune, gemusterte Baumwolltücher, seidene und halbseidene Stoffe. Die Baumwolle ließ Schild speziell vorbereiten und spinnen, sodass sich die fertigen Tücher besonders weich anfühlten. Dieser innovative Schub und die Erweiterung der Produktpalette brachten den Plauener Waren endlich wieder besseren Absatz. Interessant ist die Definition für die Manufaktur im damaligen Verständnis: »Manufactur ist [...] eine Anstalt, in welcher gewisse neuere Waaren von unzünftigen Personen ohne Feuer und Hammer in Menge verfertigt werden; zum Unterschiede von einer Fabrik, wo man sich gewöhnlich des Feuers und Hammers bedient.«[10]

Natürlich empörten sich die übrigen Händler, dass Schild als »Auswärtiger« allein das Privileg der Herstellung der neuartigen Baumwoll- und Seidenstoffe besitzen sollte. Sie intervenierten beim Landesherrn und schickten ihre als gleichwertig empfundenen Stoffe als Beweis zu ihm. Damit bewirkten die Schleierhändler, dass 1715 das Privileg auf die gesamte Innung überging. Schild starb am 28. August 1716, im Nachhinein gedachte man seiner Verdienste um das Plauener Textilgewerbe und benannte eine Straße nach ihm.

⑦ Damenkleid aus Musselin mit eingewebtem Pünktchenmuster, um 1800
Vogtlandmuseum Plauen, Uwe Fischer

⑧
Plauener Bürgertrachten,
Zeichnung von Johann
August Richter, 1727
Vogtlandmuseum Plauen,
Repro Uwe Fischer

Bei allen Höhen und Tiefen breitete sich in der zweiten Hälfte des 18. Jahrhunderts die Fabrikation baumwollener Stoffe immer mehr im Vogtland aus. Verzeichnete 1687 die Innung der Schleierhändler 52 Mitglieder, so wurden 1764 immerhin 90 Händler gezählt, die an 1 000 Webstühlen arbeiten ließen.

Auch die zünftigen Weber verlegten sich immer mehr auf die Baumwollverarbeitung. Da durch den florierenden Absatz nach dem Siebenjährigen Krieg auch der »Garnhunger« der Weber noch zunahm, wurde 1764 eine neue Ordnung der Schleierhändlerinnung erlassen. Darin hob man das Verbot der Beschäftigung von Faktoren auf und setzte vereidigte Garnsammler in den entlegeneren Orten des Vogtlands, vor allem in Grenzgebieten, ein. Diese gaben die Wolle an die Spinner aus und sollten für die Qualität und die vorschriftsmäßige Länge des Garns sorgen. Wichtig war es zudem, die Ausfuhr der Garne ins benachbarte Ausland zu verhindern.

Vor allem aber wurde mit dem nun fünften Reglement der formelle Übergang der Plauener Schleierhändlerinnung in die Baumwollwarenmanufaktur vollzogen. Hierbei wurden alle vogtländischen Händler mit integriert, ein wichtiger Schritt für die Plauener Kaufherren, um die Kontrolle zu behalten, denn schon länger bemühten sich die anderen vogtländischen Ortschaften um die Erweiterung des Privilegs des Handels mit Baumwollstoffen. Um auf dem internationalen Markt konkurrieren zu können, waren die Händler und Weber ständig auf der Suche nach neuen Techniken und Mustern. So ließen die Plauener Baumwollwarenhändler ihre Musseline in Eibenstock mit der dort um 1770 eingeführten Tamburstickerei verzieren.

Die Zeit von 1770 bis 1790 nannte man im Nachhinein die Goldene Zeit Plauens. Darüber berichtete der Kaufmann Carl Heinrich Höffer, ein Zeitzeuge, der mit seiner Schrift »Versuch einer Geschichte der Baumwollenen-Waaren-Manufaktur im Voigtländischen Creiß von 1550 bis 1790«[11] neben dem historischen Rückblick auch eine Schilderung des Gewerbes seiner Zeit gab.

Johann Christian Baumgärtel – »Fürst von Plauen«

Die Museumshäuser in der Nobelstraße legen Zeugnis ab vom Wohlstand, den der Handel mit den Baumwollstoffen brachte. Das Doppelhaus in der Nobelstraße (damals Jüdengasse) 9 und 11 wurde von Johann Christian Baumgärtel errichtet. Aufgrund seines Wohlstands und wohl auch wegen des einem Schloss gebührenden Festsaals nannte man ihn den »Fürsten von Plauen«. Bereits sein Vater, Paul Baumgärtel, war Schleierhändler und stand der Innung vor. Er legte mit seinem Schwiegersohn Johann Gottlob Schmidt gegen das Reglement der Schleierinnung von 1764 Beschwerde ein, da in diesem die Anzahl der beauftragten Webstühle auf 20 beschränkt wurde. Baumgärtel führte an, dass er »[...] etlichen 50 Würkern Arbeit gebe und sie dadurch im Stande seyen, daß sie nicht nur ihr Brodt verdienen, sondern auch die Landes Herrlichen Steuern absichern und überhaupt als contribuable [steuerzahlende] Unterthanen bestehen können«.[12] In ihrem recht selbstbewussten Schreiben gaben sie außerdem an, dass sie sich einen festen Kundenstamm aufgebaut hätten, den

1770 – 1790

Städtisches Leben und wirtschaftliches Wachstum **105**

sie auch weiterhin beliefern müssten. Schmidt erläuterte weiter, dass er seinen Lohnwebern während der Zeit des Siebenjährigen Krieges Kredite eingeräumt hätte, um diese zu unterstützen und sie gegen die Abwerbung ausländischer Fabrikanten zu sichern (siehe dazu den Abschnitt zum Siebenjährigen Krieg, S. 121). Nun fürchte er um sein Geld, wenn er die Weber nicht weiter selbst mit Aufträgen versorgen könne. Die Meinung der Weber selbst ist nicht überliefert. Sie profitierten wohl am wenigsten vom Gewinn, da der Verdienst in der Baumwollweberei zwar gut war, die Lebensmittelpreise im Vogtland wie im Erzgebirge aber immer die höchsten in Sachsen waren. Trotz ihrer Klagen arbeiteten die Händler recht erfolgreich, und die Nachfrage nach den feinen Baumwollstoffen wuchs weiter. Die Plauener »Innungs-Verwandten«, wie sie genannt wurden, unterhielten vielseitige Handelsbeziehungen vor allem auch nach Russland, Italien und Frankreich. Besonders gestickte und mit Seiden- oder Goldfäden verzierte Tücher wurden für den türkischen Markt produziert.

Für 1779 wird eine Einwohnerzahl Plauens um 5 000 angenommen, nach Höffer arbeiteten zu dieser Zeit 2 663 Weber und 174 Baumwollwarenhändler in der Stadt. Für einen Weber mussten vier bis fünf Spinner Garn zuliefern, das heißt, es arbeiteten allein für die Plauener Weber 10 000 bis 13 000 Spinner. Auch in der »Oeconomischen Encyklopädie« von J. G. Krünitz wird Plauen in mehreren Beiträgen erwähnt, zum Thema Manufaktur steht: »Die Mousselin=Manufactur in Plauen ist eine der betriebsamsten. […] Im Jahr 1785 sollen daselbst 96 000 Stück Mousseline, jedes zu 30 Ellen gewebt worden seyn. 1768 gewann das Land an baarem Gelde durch die Baumwoll=Manufacturen aller Art, über 1½ Millionen Thaler, davon an Materialien etwas über 300 000 Thaler dem Auslande bezahlt wurden.«[13]

Die Baumwollwarenmanufaktur war die Haupterwerbsquelle der Stadt Plauen und des gesamten Vogtlands. Mit der Erfindung der Spinnmaschine in England und deren ständiger Verbesserung wuchs für das vogtländische Textilgewerbe eine bedrohliche Konkurrenz heran. Das verfolgten die heimischen Händler mit wachsender Sorge, weshalb Johann Christian Baumgärtel 1790 England bereiste, um die Technik zu erforschen, wogegen Carl Heinrich Höffer noch glaubte, dass das Handspinnrad wegen seiner Einfachheit gegen die Spinnmaschine bestehen könne. Dem war jedoch nicht so, spätestens mit Erfindung der Mule, einer Kombination von Spinning Jenny und Wasserrad, konnte die Spinnmaschine das Handspinnrad nicht nur in der Quantität, sondern auch in der Qualität um Längen überholen. Das musste auch Baumgärtel einsehen, welcher, um mit seinen Musselinen auf den Messen gegen die Konkurrenz bestehen zu können, aus England maschinengesponnenes Garn bezog.

Der Einkauf beziehungsweise der Nachbau der Spinnmaschinen schlugen zu dieser Zeit fehl, die Engländer schützten die neue Technik vor allzu neugierigen Blicken. Es war trotz landesherrlicher Unterstützung nicht möglich, die 1791 bei Friedrich August Haußner aufgestellte, in Chemnitz gebaute erste Plauener Spinnmaschine zu verbessern. Den Sachsen gelang es noch nicht, das Geheimnis der richtigen Vorbereitung der Baumwolle zum Spinnen in der Maschine herauszufinden, wie Akten im Staatsarchiv Dresden zu entnehmen ist. Baumgärtel führte jedoch 1792/93 mit kurfürstlicher Förderung den Schnellschützen im Vogtland ein. In einem von ihm vor dem Neundorfer Tor erworbenen Haus wurden Weber aus dem Vogtland angelernt. Mit einem technischen Hilfsmittel am Webstuhl wurde das Webschiffchen nicht mehr von Hand geführt, sondern mit Schwung geschleudert. Das ermöglichte das Weben größerer Stoffbreiten. Baumgärtels rastloses Suchen nach neuen Wegen der Plauener Baumwollwarenmanufaktur endete im Dezember 1800 mit seinem Tod – seinen Söhnen gelang es nicht, das Geschäft weiterzuführen, sie mussten auch das prachtvolle Haus in der Jüdengasse verkaufen.

Die Veredlung der Stoffe

Im Jahr der Ersterwähnung eines Schleierhändlers 1560 zahlte auch ein Wolf Berk Zinsen für den Bleichplatz. Das Bleichen war ein wichtiger Arbeitsgang für die Veredlung der Baumwollstoffe. Die Faser der Baumwolle besteht neben der Zellulose zu zehn Prozent aus Wachs und anderen Rückständen. Durch die Vorbereitung zur Bleiche und diese selbst wurden die Baumwollfasern von den Rückständen befreit, erhielten die weiße Farbe und konnten erst dann bedruckt oder gefärbt werden. Gebleicht wurde bis ins 19. Jahrhundert mit der Rasenbleiche. Die Bleichplätze befanden sich in städtischer Regie auf den Wiesen der Elsteraue und am Mühlgraben, weil ausreichend Wasser nötig war. Gebleicht wurde zwischen Lätare und Martini, je nach Wetter dauerte es fünf bis neun Tage. Vor allem kurz vor den Messen waren die Bleichplätze heiß begehrt, was oft zu Streit führte. Aus diesem Grund durften im 18. Jahrhundert neben den städtischen auch private Bleichplätze angelegt werden. Die Bleicher übten zugleich eine Kontrollfunktion aus und mussten durch einen Eid versichern, sich an die Regeln zu halten.

Neben dem Bleichen war das Färben der Stoffe von Bedeutung. Aus diesem Grund siedelte sich schon 1566 der Schwarzfärber Balthasar Arnberger aus Kempten in Schwaben als Neubürger in Plauen an, mit der Zusicherung, keinen anderen »Winkelfärber« zu dulden. In der Literatur wird die Einführung der Schwarzfärberei immer im Zusammenhang mit der Zeugmacherei (Wollweberei) genannt. Allerdings erlangte, spätestens seit um 1650 schwarze Flöre (Baumwollhalstücher) von den Plauenern hergestellt wurden, die Schwarzfärberei auch hierfür Bedeutung.

Aus den archivalischen Unterlagen ist in den folgenden Jahrhunderten immer wieder von ansässigen Färbern zu erfahren, die sich auch Waid- oder Schönfärber nannten. Das Färberhaus der Schwarzfärber befand sich ursprünglich in der Brückenvorstadt am Oelsnitzer Fußweg, dort, wo keine weißen Baumwollstoffe gespült,

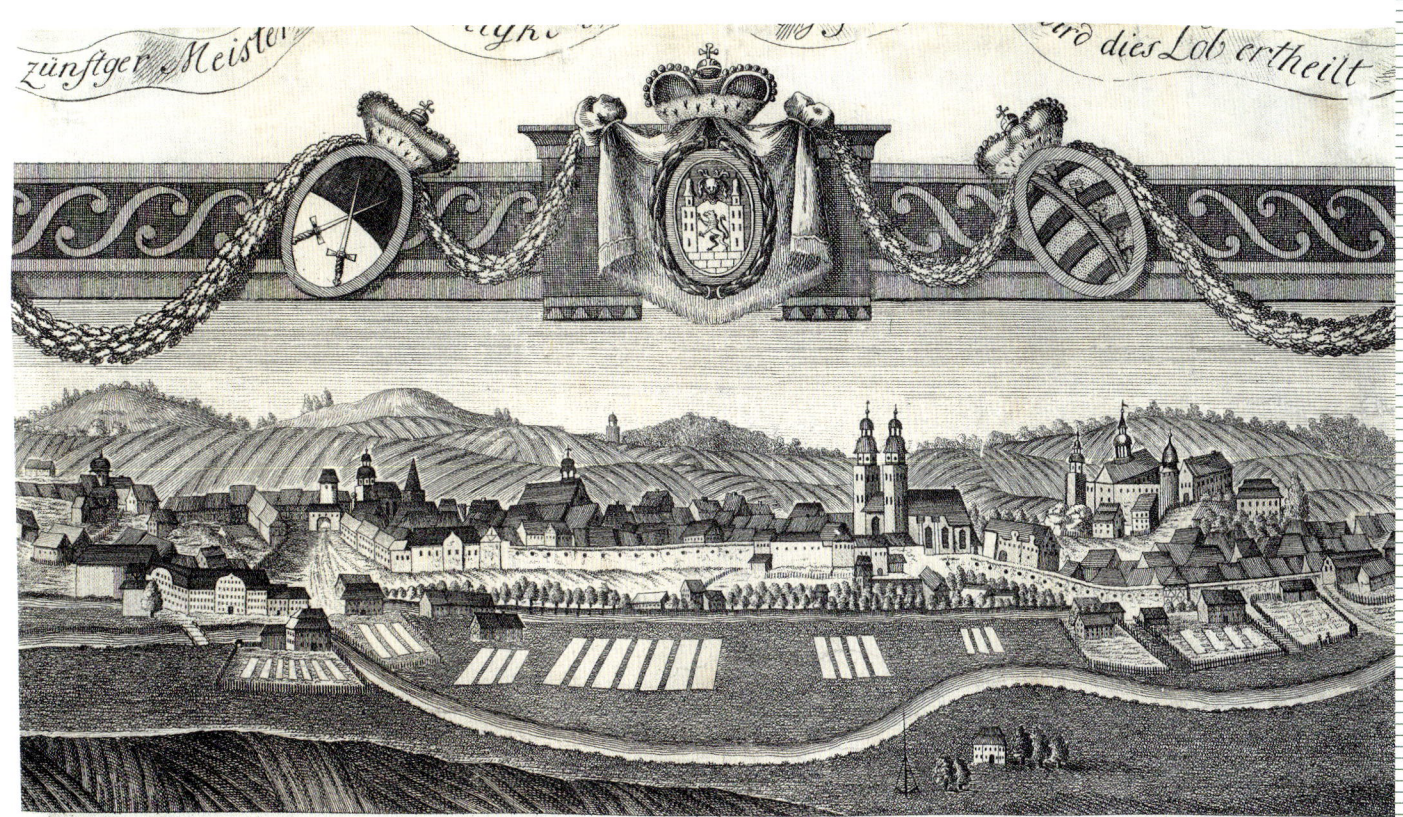

⑨
Stadtansicht auf einem Innungsbrief mit Darstellung der Rasenbleiche, Kupferstich, um 1805
Vogtlandmuseum Plauen, Repro Uwe Fischer

»gefleiht«, wurden. Nachdem dieses Gebäude in den 1750er-Jahren abbrannte, errichtete der damalige Färbermeister Johann Gottlieb Jahn am Mühlgraben gegenüber dem Elisabeth-Hospital seine neue Werkstatt. Diese wird im Adressbuch von 1854 noch als die »Alte Schwarzfarbe« in der Gerbergasse aufgeführt.

Ein letzter Arbeitsschritt nach dem Bleichen, Färben oder Bedrucken war das Appretieren der Stoffe für den Verkauf. Dabei wurden sie je nach Ausgangsmaterial mit wasserlöslichen Leimen, Gummis oder Ähnlichem behandelt und anschließend in Rahmen gespannt, gepresst oder in der Mangel geglättet, wodurch sie einen schönen Glanz beziehungsweise ein besseres Aussehen erhielten.

Die Zeugmacher sowie die Zeug-, Woll- und Leineweber

Der Niedergang des Plauener Tuchmacherhandwerks am Ende des 16. Jahrhunderts war begründet in einer allgemeinen europäischen Wirtschaftskrise und dem Aufkommen der Wollzeugfabrikation in England und den Niederlanden. Durch holländische Glaubensflüchtlinge wurde diese besondere Art der Verarbeitung von gekämmter Wolle, die leichtere weiche Stoffe (Zeug) hervorbrachte, nach Gera und von dort aus auch ins sächsische Vogtland verpflanzt. In Plauen erhielten 1659 die Zeugmacher die Bestätigung ihrer Spezial-Innungsartikel durch Herzog Moritz von Sachsen-Zeitz. Darin wurde festgehalten, dass einmal gekämmte Wolle jedermann verweben dürfe, die doppelgekämmte Wolle jedoch den Zeugmachern vorbehalten blieb. Wie auch bei der Baumwollverarbeitung wurde noch von der »Zeugwürkerei« gesprochen, also auch rein sprachlich von der Tuchweberei unterschieden. Ebenso gab es eine Abgrenzung zu den Zeugwebern. Als letztes städtebauliches Zeugnis dieses Handwerks blieb das Innungshaus der Zeugmacher am Alten Teich erhalten.

Die Zeugwirkerei konnte sich in Plauen gegenüber der Schleierwirkerei nicht dauerhaft durchsetzen. Das Zentrum der Wollverarbeitung des Vogtlands verlagerte sich bereits im 18. Jahrhundert nach Reichenbach und Greiz.

Die Zeugmacher sicherten ihre Rechte vor allem gegenüber den Zeug-, Woll- und Leinewebern, denen es vorbehalten war, die Leinen- und einfachen Wollstoffe beziehungsweise Fabrikate aus gemischten Materialien herzustellen. Die Zeug-, Woll- und Leineweber produzierten für den einheimischen Markt und waren nicht so zahlreich, weshalb sie 1659 mit Pausa und Voigtsberg eine Innung bildeten. Im 18. Jahrhundert gingen viele dieser Weber zur Baumwollmanufaktur über, stellten in Krisenzeiten aber durchaus wieder auf Wolle um.

Die erste Kattundruckerei Sachsens

Mit der Erweiterung der Plauener Baumwollwarenherstellung um 1700 wurden neben den feinen Musselinen auch große Mengen von derberem Kattun hergestellt und nach Hamburg und Süddeutschland exportiert, wo sich seit dem 17. Jahrhundert Zentren der Kattundruckerei entwickelt hatten. Diese bunt bedruckten Baumwollstoffe wurden im 18. Jahrhundert vor allem in der bürgerlichen Frauenkleidung modern. Nachdem die Plauener

1659

Städtisches Leben und wirtschaftliches Wachstum   **107**

Schleierherren bereits 1753 versucht hatten, einen Kattundrucker für Plauen zu gewinnen, vermittelte der Konferenzminister Graf Rex zur Leipziger Herbstmesse 1754 den Kontakt zu Johann August Neumeister.

Neumeister erblickte 1725 in der Klettigsmühle bei Schleiz das Licht der Welt. Seine Familie übersiedelte, als er neun Jahre alt war, nach Franken. Dort erlernte Johann August Neumeister wahrscheinlich den Beruf des Färbers. Er schrieb 1795 von sich selbst, dass er sein Handwerk von Jugend an gelernt und in den »[...] berühmtesten Cattun-Fabriquen zu Augsburg, Colmar und in der Schweiz [...]«[14] vervollkommnet hätte. Offensichtlich ohne Vermögen war er auf finanzielle Unterstützung angewiesen. Da er aus Nürnberg nach Plauen kam, war er im damaligen Verständnis ein Ausländer. Die sächsische Landesregierung bemühte sich, neue Produktionszweige im Land anzusiedeln, deshalb erteilte sie der Plauener Kattundruckerei 1755 ein Privileg für den Vogtländischen Kreis und diverse Steuervergünstigungen. Damit war die Plauener Kattundruckerei die erste ihrer Art in Sachsen. Dieses Gewerbe erforderte viele teure Gerätschaften und eine Arbeitsteilung, die eine Manufaktur als Vorstufe der späteren Fabrik kennzeichnete.

Durch die Gründung einer Vereinigung von acht Baumwollwarenhändlern, der »Societät Facilides & Co.«, wurde die Neumeister'sche Kattunmanufaktur finanziert. Die »Innungsverwandten« schlossen 1756 den Vertrag. Die Stadt stellte das Gebäude des ehemaligen Schlachthofs (Kuttelhof), der 1753 in den Komturhof verlegt worden war, direkt am Mühlgraben gegenüber der Oberen Mühle zur Verfügung und half dem Unternehmen mit einer Anschubfinanzierung auf die Füße. Alles wurde in einem umfangreichen Vertragswerk festgehalten, in dem die Schleierhändler die Lieferung der rohen Kattune und Neumeister den Druck zu festen Preisen zusicherten. Gleichzeitig war es dem Kattundrucker untersagt, selbst weben zu lassen. Begleitet wurde die Gründung außerdem von langwierigen Verhandlungen wegen der Verlegung des Floßplatzes, der die zur Bleicherei benötigten Elsterwiesen blockierte. Nach Erwerb des Plauener Bürgerrechts konnte Neumeister 1756 die Walkmühle der Weißgerber kaufen.

Das Unternehmen agierte recht erfolgreich, sodass die Kattundruckerei den Siebenjährigen Krieg zwar mit Verlusten, doch relativ unbeschadet überstand.

Schon 1761 zeichnete sich ab, dass der alte Kuttelhof für die aufwendige Manufaktur zu klein war, und Neumeister erwarb vier am Mühlgraben gelegene Brandstellen. Hier ließ er zwischen 1776 und 1778 ein neues Manufakturgebäude vom Maurermeister Johann Gottfried Raabe errichten, in welchem er auch mit seiner Familie wohnte. Das Gebäude blieb trotz Bombenschäden im Zweiten Weltkrieg erhalten und ist damit das älteste Manufakturgebäude Sachsens (s. Abb. 10).

Trotz des erfolgreichen Geschäftsganges der Kattunmanufaktur wuchsen die Diskrepanzen zwischen Neumeister und den Teilhabern der Sozietät. 1783 kam es zum Vergleich. Neumeister verkaufte die Gebäude und Druckerei, wurde Teilhaber sowie Mitdirektor und Farbmeister bei Facilides & Co. 1786 starb Johann Christian Facilides. Seine Witwe Maria Magdalena heiratete 1792 den aus Gilten im Fürstentum Lauenburg stammenden Ernst Wilhelm Conrad Gössel (1760–1843). Der bis dahin bei Facilides & Co. als Handlungsgehilfe arbeitende Gössel wurde Teilhaber und übernahm die Geschicke des Unternehmens. Das kann Neumeister bewogen haben, die Firma zu verlassen und 1794 seine Anteile zu verkaufen. Allerdings gelang es dem Kattundrucker nicht, in Zwickau an den Erfolg des Plauener Unternehmens anzuknüpfen, weshalb er später wieder nach Plauen zurückkehrte und bis zu seinem Tod 1807 hier blieb.

Die Kattundruckerei von Facilides & Co. wurde bis in die 1830er-Jahre von Gössel weitergeführt, dann ließ er das ursprüngliche Manufakturgebäude in ein herrschaftliches Wohnhaus umbauen.

⑩ Weisbachsches Haus, Ausschnitt aus einer Stadtansicht, Gouache/Tempera, um 1815
Vogtlandmuseum Plauen, Repro Uwe Fischer

108 Vom Übergang Plauens an das albertinische Kursachsen bis zum Ende des 18. Jahrhunderts

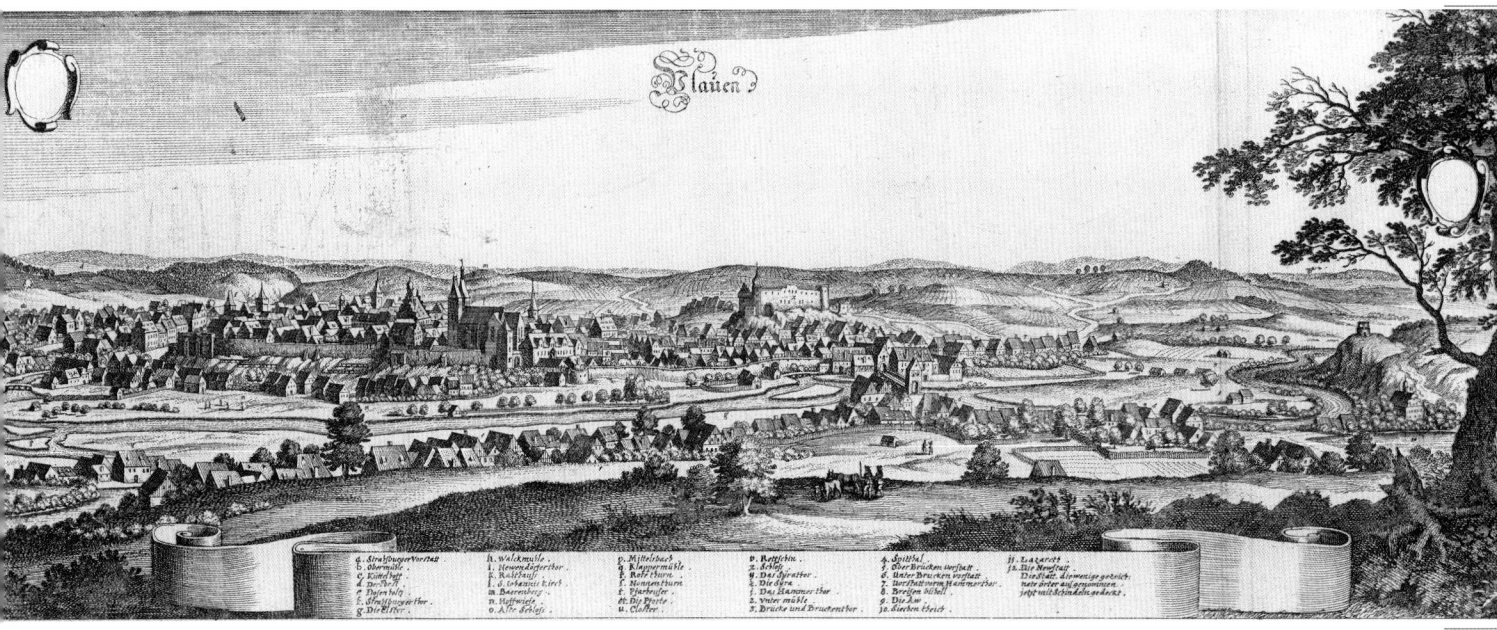

Plauener Stadtansichten

Bildliche Darstellungen Plauens vor dem 19. Jahrhundert sind selten und deshalb für die Stadtgeschichte besonders wertvoll. Umfassend wurden die Stadtansichten von Horst Fröhlich untersucht und zuletzt 2012 veröffentlicht. Er stellte fest: »Aus der zeitlichen Abfolge der historischen Stadtdarstellungen ergibt sich die Erkenntnis, dass auch die Ansichten unserer Stadt fast nie aus freiem künstlerischen Schaffen entstanden, sondern Auftragswerke waren, die der Repräsentation der Landesherren oder auch der Städte dienen sollten oder auch für topographische und militärische Dokumentation nützlich waren.«[15] Die frühen Ansichten bevorzugen den Blick aus südlicher Richtung, markant erscheinen das Alte Schloss – das spätere Malzhaus –, der Mühlberg, die Johanniskirche, die Elsterbrücke und das Schloss der Vögte. Dem entspricht auch die Abbildung in der Weltbeschreibung (Kosmografie) Sebastian Münsters aus dem Jahr 1598, die erstmals topografisch wirklichkeitsgetreu ein Bild der Stadt wiedergibt. Sicher war ein wichtiges Kriterium für die Beteiligung der Stadt an dieser Buchausgabe, dass der gebürtige Plauener Huldreich Frölich seit 1589 im herausgebenden Verlag in Basel angestellt war. Seiner Fürsprache ist es zu verdanken, dass der in Plauen lebende Maler Benedict Richter 1596 vom Rat beauftragt wurde, die Vorlage für den Holzschnitt anzufertigen. Die Entstehung vor Ort erklärt auch die detaillierte Legende.

1629 erstellte Wilhelm Dilich eine Zeichnung als Vorlage im Auftrag des sächsischen Kurfürsten für die Neugestaltung des Riesensaals im Dresdner Schloss. Der Hofmaler Kilian Fabritius schuf nach Dilichs Zeichnungen 18 farbige Wandbilder kursächsischer Städte. Beim Schlossbrand 1701 wurden alle Stadtbilder mit vernichtet. Von Dilichs Vorlagenzeichnungen blieben 140 erhalten, unter ihnen Plauen. In Veröffentlichungen wird jedoch meist auf einen Faksimiledruck zurückgegriffen.

Offensichtlich wurde 1650 in der Baseler Werkstatt des Matthäus Merian d. Ä. die Dilich-Zeichnung als Vorlage für den kunstvollen Kupferstich Plauens benutzt. Das war in dieser Zeit eine durchaus übliche Verfahrensweise. Auch der Fakt, dass die Darstellung historisch veraltet ist, schmälert ihren Wert nicht; so hatte die Johanniskirche, nachdem das Dach 1635 bei einem Brand zerstört wurde, 1640 barocke Zwiebelturmdächer erhalten. Die zweite grafische Darstellung Plauens von Merian aus dem Jahr 1643 hat einen besonderen stadtgeschichtlichen Wert: Neben einer Gefechtsdarstellung aus dem Dreißigjährigen Krieg ist der erste topografische Grundriss der Stadt abgebildet. Diesem folgte im Jahr 1732 der Stadtplan des Oberlandvermessers Christoph Moritz Dietz, der in exakter Weise Plauen mit seiner Stadtmauer in faktisch noch mittelalterlichen Ausmaßen darstellt.

Der Pfarrer und spätere Land- und Grenzkommissar Adam Friedrich Zürner erhielt 1713 von Kurfürst August dem Starken den Auftrag, ganz Kursachsen zu kartieren. Zürner entwickelte daraufhin den Plan eines großen Atlaswerks, das neben Karten auch die Ortsansichten, Angaben historisch-topografischer Art und die jeweiligen Wappen enthalten sollte. Außerdem verlangte er von den Ämtern und Städten 1716 die Darstellung der ortsüblichen Kleidung, damals als Kleidertracht bezeichnet. Vor allem aus finanziellen Gründen kam es nie zur endgültigen Fertigstellung dieses Atlaswerks. Dafür entstanden einzigartige Bildmaterialien von Plauen und der Kleidung der Bürger dieser Zeit. Zu diesen gehört die von Michael Köhler im Auftrag des Rates gezeichnete Stadtansicht mit Bürgertrachten, die er 1721 gleich zweimal anfertigte und von der beide Exemplare erhalten blieben.

Da Zürner nur wenige Orts- und Trachtenbilder zugesendet bekam, erwirkte er 1723 die Genehmigung, Zeichner durch Sachsen reisen zu lassen. Aus diesem Grund weilte der »Conducteur« Johann August Richter im Januar 1727 in Plauen und schuf eine großformatige Stadtansicht von einem Standort an der Meßbacher

⑪
Ansicht Plauens in Matthäus Merians »Topographia Superioris Saxoniae [...]«, Frankfurt 1650
Vogtlandmuseum Plauen, Repro Uwe Fischer

1629

Straße. Zudem fertigte er nach dem von Zürner entwickelten Schema eine Zeichnung der damals typischen Kleidung. Im Bild festgehalten wurden Alltags-, Festtags- und Trauerkleidung für Männer und Frauen, hervorzuheben ist die Darstellung eines »Tuchknappen« und der »Jungfrau am Würkstuhl«.

Frank Weiß ## Soziale Aspekte

Geschichtsdarstellungen stehen in der Regel unter dem Zwang zu Abstraktion und Verallgemeinerung, zeigen gesellschaftliche, politische oder wirtschaftliche Prozesse und können dabei kaum den Einzelnen in den Blick nehmen. Die Geschichte der Einwohnerschaft einer Stadt setzt sich aber eben aus den Lebensverhältnissen und Schicksalen der vielen Einzelnen zusammen. Von den meisten ist freilich, je länger die Zeit zurückliegt, nur noch wenig bis gar nichts mehr bekannt. Interessante, wenngleich wieder nur punktuelle Einblicke in ihre Zeit geben dazu Steuerlisten der Stadt Plauen aus dem Jahr 1719. Aus ihnen scheinen zahlreiche soziale Aspekte auf, die mit gesellschaftlichen Strukturen, wirtschaftlichen Veränderungen, Alters- und Gesundheitsproblemen, familiären Verhältnissen oder fehlenden finanziellen Absicherungsmöglichkeiten besonders im Alter zusammenhängen. Sie beleuchten schlaglichtartig auch Vertreter jener Personenkreise, die üblicherweise übersehen oder nur summarisch behandelt werden und anonym in Statistiken einfließen. Einige Beispiele sollen dies auszugsweise illustrieren, die historische Schreibweise wurde dazu beibehalten:[16]

— »Gottfried Heinel, Tuchmacher: Ist gelähmt auf der einen Seite, kann also nicht mehr viel verdienen, das Weib muß ihn samt 2 Kindern meist mit spinnen ernähren
— Tobias Hemm, Tuchmacher: Kann wegen Armuths kein eigen Tuch mehr fertigen, sondern arbeitet andern umbs Lohn, deßen Weib stets krank
— Johann Heinrich Hartenstein, Tuchmacher: Hat 3 kleine Kinder, worunter ein Kriepel [= Krüppel], verdienet kaum die Woche das liebe Brodt
— Johann Mattheus Hartenstein, Tuchmacher: Kann wegen Armuths auf dem Handwerge nicht mehr fortkommen, sondern verrichtet iezo die Thurmwache
— Hanß Günther, Tuchmacher: Ist 65 Jahr alt, viel schuldig, deßen Weib spinnt andern umbs Lohn
— Andreas Bernauer, Tuchmacher: Arbeitet wenig auf dem Handwerge, indem er 64 und sein Weib 59 Jahre alt, brennet inzwischen Brandewein, und hat 2 erwachsene Töchter
— Johann Gottfried Hartenstein, Tuchknapp: ist gebrechlich und kann fast nichts mehr arbeiten, deßen Weib ihn und die Kinder mit Würken ernähren hilfft
— Gottfried Ganßmüller, Tuchknappe: Kann aus Armuth das Handwerg nicht mehr treiben, sondern spinne mit dem Weibe Baumwolle, und verdieneten beyde in der Woche kaum 6 d [= Pfennige]
— Johann Ernst August, Tuchknappe: Hat geheyrathet, kann aber aus Armuth das Handwerg nicht treiben, sondern erhält sich mit Woll kämmen, und deßen Weib von spinnen«

Auch andere Berufszweige waren betroffen:
— »Christoph Hennebach: ein alter 70jähriger verarmter Becker, sucht meist auswärts seinen Unterhalt und hat allhier das geringste nicht in Vermögen
— Christian Freytag, Becker: Becket wegen Armuths nicht mehr, sondern erhält sich mit dem Weibe von Tagelohn
— Martin Beyer, Sattler: Ist 63 und dessen Weib 60 Jahr alt, an der einen Hand lahm, auch viel schuldig, und hat noch 3 Kinder zu Hauß
— George Seyfert, ein armer Schneider: Hat ein kränkliches Weib und wenig mehr zu arbeiten
— Michael Hartmann, Maurer: Ist krank und gebrechlich, daß er auf dem Handwerge nicht wohl arbeiten kann, hat ein Weib
— Johann Gottfried Löscher, Ziengießer [= Zinngießer]: Ist ganz verarmet und hat fast keinen Bewerb, nebst dem Weibe noch 5 unerzogene Kinder«

Schwer hatten es zumeist auch Witwen:
— »Heinrich Geutebrück, sen. Witbe: erhält sich dürftig von spinnen
— Martin Götzens, Zeugmachers Witwe: Sey stets krank, alles schuldig und habe 4 elende Kinder, also schlechten Bewerb
— Hanß George Haußners, Tuchmachers Witwe: Erhält sich nebst der ältesten Tochter und übrige 3 Kinder mit Spinnen und Würken
— Ägydii Haußners Witbe: mit 2 erwachsenen Töchtern, erhalten sich von würken und spinnen
— Johann Hartensteins Witbe: Erhält sich mit der Tochter von spinnen und brandtwein brennen, der Sohn alß ein Tuchknapp fertiget darneben dann und wann zu Hauße ein Tuch«

Im Alter war die innerfamiliäre Unterstützung in starkem Maße erforderlich:
— »Hanß Adam Schoppers Tochter: Müßte ihren beyden verlebten Eltern zur Hand gehen und sie ernähren helffen, dahero sie die angelegten 1 gr. [= Groschen] unmöglich aufbringen könnte«

Mitunter versuchte man sich zusätzlich mit dem erfolgversprechenden Schleierhandel:
— »Michael Fritzsch, Glaßer: Treibet neben dem Handwerg den Schleyerhandel, hat ein Weib, Sohn und Tochter
— Hanß Georg Lisnizer, Schieferdecker: Müßte seine Nahrung, wie erkandt meist auswärts suchen, deßen Weib inzwischen den Schleyerhandel angefangen«

Einer der erfolgreichsten und damit vermögendsten Kaufleute auf diesem Gebiet war hingegen Johann Paul Haußner, von dem es heißt:

1719

– »H. [= Herr] Johann Paul Haußner, Handelsmann: Handelt mit Baum- und Schafwolle, auch Seidenen und anderen Zeugen, treibet darneben den Schleyer- und Flohr-Handel vor allen anderen in der Stadt am stärksten«

Eine chronikalische Nachricht berichtet vom tragischen Schicksal eines Tuchmachers, der sich am 22. Oktober 1693, einem Sonntag, zur Gottesdienstzeit nahe der Stadt am Jößnitzer Weg in einem Teich mit seinem kleinen Sohn, den er mit einer Schnur an seinen Leib gebunden hatte, »wegen Armuth und aus Verzweiflung« ertränkte.[17]

Mildtätige Stiftungen aus der Bürgerschaft heraus suchten solcherart Nöten entgegenzuwirken. Der zeitgenössische Chronist Gottfried Geutebück führt im frühen 18. Jahrhundert Beispiele dafür an.[18] So gab es regelmäßige Spenden für Schüler und Schuldiener seitens der Schmiede, der Schuster, der Tuchmacher und der Fleischer. Ein altes Gestift sei, dass die Handwerke der Schuster und der Lohgerber in jährlichem Wechsel Spenden für Arme ausreichten, und auf dem Jehring'schen Haus am Markt läge die Verpflichtung, jeweils am Himmelfahrtstag acht arme Leute zu speisen. Gelder für Arme aus den Stiftungen von Joachim Reibold und Elisabeth Dörffel würden an den Namenstagen der Stifter ausgezahlt. Speziell armen Schülern kämen die Zinsen der Stiftung Magnus Leuthners von 100 und 150 Gulden am Tag Magnus und am Johannistag zugute. Die zumeist von frommen christlichen und gutherzigen Leuten gestifteten Kapitalien des Schulkastens würden teils zum Kauf von Tuchen und dergleichen zur Austeilung an bedürftige Knaben gebraucht, teils unter armen Stipendiaten zum Studienbeginn, teils aber auch unter den »Symphoniacos zur Erhaltung des Chori Musici« verteilt. Stiftungen von Michael Wunderlich und Georg Andreä kämen den Kurrendeschülern zugute, die dafür vor deren Häusern am Markt und in der Neundörfer Gasse (= Marktstraße) zu singen hätten. Von den Zinsen von 1000 Talern eines Legats im 1688 aufgerichteten Testament des Amtsverwalters Gottfried Dietzsch sollten unter anderem nach gehaltener Christmette in der Kirche zehn Taler an arme Schüler und Hausarme verteilt werden. Von weiteren 1000 Talern sollten die Zinsen zu einem Stipendium an Studierende aus seiner und seiner Frau Verwandtschaft oder gegebenenfalls auch an andere je vier Jahre lang gegeben werden. Ein vergleichbares Stipendium für »unverdächtige, reine Persohnen« hatte 1604 der Ratskämmerer Augustin Beyer mit 500 Gulden begründet, der zudem 100 Gulden Stammkapital zur Unterstützung armer Schüler eingebracht hatte. Der Plauener Stadtphysikus Nicolaus Widemann hatte 1615 ein Stipendium für einen Studenten testiert und eine Stiftung für arme Verwandte auf der Mädchenschule und deren Schulmeister gemacht. Auch gebürtige Plauener wie Wolfgang Lauenstein in Weimar 1596 und der 1561 verstorbene Wittenberger Universitätsverwalter Vincenz Hase bedachten angehende Studenten aus ihrer Heimatstadt. Noch viel früher – 1376 – hatten der Plauener Hermann Grundeis und seine Frau für ihr und ihrer Vorfahren Seelenheil ein ewiges Seelgerät gestiftet, nach dem jährlich auf den Martinstag anderthalb Scheffel Korn von ihrem Acker im »See« an arme Plauener gegeben werden sollten, und zwar auch von allen späteren Besitzern.

Im 18. Jahrhundert gab es etliche weitere Stiftungen. So stifteten 1728 Dr. Paul Schneider ein Vermächtnis zur Unterstützung armer Schüler und Advokat Christian Schneider eines zu einem Stipendium für je einen Studenten aus seiner Familie und einem anderen aus Plauen. 1739 rief Gottlob Friedemann Wayse eine Armenstiftung ins Leben, nach der zwei Plauener Arme wöchentlich einen viertel Taler und zu Ostern, Pfingsten und Weihnachten außerdem vier Groschen erhielten. Ein bedeutendes Gestift in Plauen begründete 1757 testamentarisch der königlich preußische Geheime Rat Johann Andreas von Osten, in das er sein Rittergut Raschau bei Oelsnitz einbrachte und aus dem arme verwaiste Kinder (1854 waren es 20) ernährt und erzogen werden sollten. Von 1767 bis 1836 war das Waisenhaus im Gebäude des Elisabeth-Hospitals an der Elsterbrücke untergebracht, danach in einem durch Zustiftungen ermöglichten Neubau an der Äußeren Straßberger Straße. Die Plauener Ostenstraße trägt den Namen seines Begründers. Erinnert werden muss ebenso an den vermögenden Plauener Kaufherrn und Besitzer des Ritterguts Untermarxgrün bei Oelsnitz Carl Heinrich Höffer (1732–1793), der in seinen 1787 ausgesetzten Legaten und seinem 1791 verfassten Testament unter anderem jährliche Zahlungen an arme Gottesdienstbesucher vorgesehen hatte.

Ein Instrument zur sozial verträglichen Preisgestaltung in Ernährungsfragen war die in den städtischen Satzungen verankerte Institution der Garküche. In einer frühestens 1532 entstandenen, von 1583 abschriftlich überlieferten Satzung Plauens heißt es dazu unter der Überschrift »Von der Garküchen«:

»85. Dieweil der Armut halber die Garküche erfunden, soll auch der Rat fleißig aufmerken, dass auch die Armut nicht übersetzt und dass dieselbe Garküchen mit einem geschickten Garkoch versorgt werden. Deme soll mit Leistung seines Eides eingebunden werden, die Küchen stattlich zu versehen, denen Leuten ja nichts Unreines oder Ungebührlichs zu geben, die Leute auch nicht ungewöhnlich zu übersetzen.

86. So oft das zu klagen kommt, soll der Rat Einsehens haben, dass es abgestellt und den Leuten um ihr Geld rechtschaffene Speis gegeben und Gnüge daneben geschehe.«[19]

Die Garküche sollte also auch ärmeren Schichten preiswertes und hygienisch einwandfreies Essen ermöglichen und niemanden »übersetzen«, das heißt, ihm keine überteuerte Ware verkaufen. Zu ihren besonderen Gerechtigkeiten gehörte bis 1834 der alleinige Fleischverkauf in der Karwoche, der damals auf Rindfleisch eingeschränkt wurde. Ihren Standort hatte sie bis zum Anfang der 1880er-Jahre an der Südseite des Neustadtplatzes. Der Garkoch war in der Regel ein Fleischermeister. Als erster nachweisbarer Garkoch wird 1458 ein Nickel Weiß genannt.

Außerdem war es seit dem 16. Jahrhundert üblich, dass in der Kirche, auf Jahrmärkten, in Gasthöfen und auf Hochzeiten regelmäßig durch städtische Beauftragte für Bedürftige gesammelt wurde.

Ein sich durch die Jahrhunderte ziehendes weitverbreitetes Problem stellte das Betteln dar. Immer wieder versuchten obrigkeitliche Verordnungen, regulierend einzugreifen, um Missbrauch zu verhindern, ohne jedoch andererseits Ursachen wirksam zu bekämpfen. Erste Bettelordnungen sind aus dem deutschsprachigen Raum seit dem späten 15. Jahrhundert bekannt. Ein entsprechendes Dokument aus dem 18. Jahrhundert erhielt sich im Plauener Stadtarchiv:

In der vom Amtmann Johann Friedrich Wehner unterzeichneten »Armen-Ordnung« des Amtes Plauen vom 3. Juni 1772 liest sich das so: »Dieweilen das Bettelwesen dergestalt überhand genommen, daß viele Müßiggänger beederley Geschlechts, die Boßheit so weit getrieben, daß, theils ohne Noth, theils aber um ihren Unfug desto beßer auszuüben, im Lande herumgezogen, und denen würcklich Armen die mildeste Beysteuer, so zu deren Unterhalt dienen sollen, entrißen worden; also haben Ihro Chur-Fürstl. Durchl. Unser gnädigster Herr, den daraus entstehenden großen Verderb, und da besonders Kinder und Jugend, zeithero, zu gleichen Unfug angereitzet, in der Wildniß herum gelaufen, und in der Erkänntniß ihres Heyls, unwißend verblieben, in der Boßheit aber zugenommen, die höchstgnädigste Verfügung getroffen, daß, alles Betteln aufgehoben, und dagegen, denen würcklich Armen und Hülfsbedürftigen, für die Leibes-Nahrung und Nothdurft, in so ferne nicht etwa eines oder das andere sein Brod ganz, oder zum Theil erwerben kann, auch bey Leibes Schwachheit- und Kranckheiten, ingleichen deren Beerdigung hülfliche Hand geleistet, wie nicht weniger für derer Armen Kinder, welche leider! bis daher, in Unwissenheit und Boßheit, zur Last des gemeinen Wesens, und zu ihren Zeitlichen und ewigen Verderben, öfters aufgewachßen, gesorget werden soll; So habe ich von Amts Wegen nunmehro folgende: Armen-Ordnung entworffen. [...]«

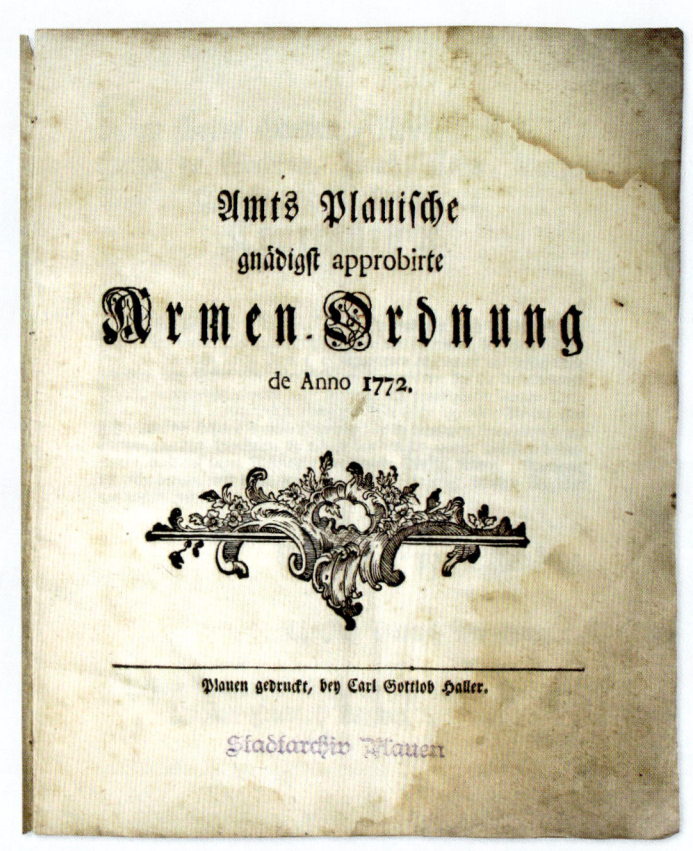

⑫
»Armen-Ordnung« des Amtes Plauen vom 3. Juni 1772, gedruckt von Carl Gottlob Haller in Plauen
Stadtarchiv Plauen, Frank Weiß

Unterstützung des Rates für wandernde Arme und Vertriebene nach den Plauener Kämmereirechnungen »Außgab Vff die Allmoßen 1637«, nur eine kleine Auswahl

2 gr. Einnen Armen Mann Von Weydenberg der mit der hinfallenden sucht beladen
3 gr. Zweyen Exulanten Auß den Eggerischen Kreyß
2 gr. Einnen Armen Außgeblinterten von Wurtzen
2 gr. Einnen Armen Abgebranden von Schleitz
2 gr. Einnen Armen beSchedigten Mann von Stambach
3 gr. Zweyen Exul. aus dem KönigReich Böheimb
2 gr. Zweyen Verdriebenen aus Böheimb
1 gr. Einnen Armen Zimmermann Von Anspach
2 gr. Zweyen Armen Männern Von Schneebergck
2 gr. Einnen Armen Menschen, der sich auff Einen Schaub Karn führen lasen
2 gr. Einnen Armen Lahmen Menschen Von Koburg
3 gr. Zweyen Exull. aus Östereich
1 gr. Einnen Blinten Mann Von Selb
1 gr. Einnen Armen Schullmeister Von Seeberg
2 gr. Zweyen Armen Soldaten
2 gr. Einnen Armen Kriepel

(gr. = Groschen)
Archivalische Quelle: Stadtarchiv Plauen: RR I I 81 a, Kämmereirechnungen Plauen 1637/38

Brände, Seuchen, Naturereignisse

Frank Weiß

Brände

Die nach dem großen Brand von 1548 wiedererstandene Stadt blieb auch in der folgenden Zeit nicht von Bränden verschont. 1582 brannten in der Neustadt und vor dem Hammertor 25 Häuser und 13 Scheunen sowie 1592 nach Blitzschlag vor dem Hammertor mehrere Scheunen. Von Bränden wird auch für 1594 und 1599 berichtet. In letzterem Jahr brannten 20 und nochmals 23 Häuser ab. Ein am 29. Oktober 1608 beim Bäcker Andreas Dölz am Steinweg ausgebrochenes Feuer verzehrte 20 Häuser mit Nebengebäuden und Ställen, 16 Häuser mussten teilweise abgebrochen werden, auch Todesopfer waren zu beklagen. In einem Schreiben der Geschädigten an den sächsischen Kurfürsten vom 8. Mai 1609 mit der Bitte um Gewährung einer landesweiten Kollekte in den Kirchen zu ihrer Unterstützung wird der Schaden mit etwa 40 000 Gulden beziffert. Von den zerstörten Gebäuden heißt es, dass mit ihnen »der besten und hiesiges orts gelegenheit nach wol erbautesten heußer 20 mit allen mobilibus und sehr großen vorrath gentzlich verbrant« seien.[1] Das Übergreifen des Feuers auf die ganze Stadt sei mit Gottes Hilfe durch das Drehen des Windes und einen starken Regen verhindert worden. Die erbetene Kollekte wurde per Patent vom 19. Mai 1609 bewilligt. Der den Geschädigten zuvor schon durch Vermittlung des Superintendenten Hoë von Hoënegg gewährte Erlass von Trank- und Landsteuer auf zwei Jahre hatte ihnen nur bedingt geholfen, da sie nun ohnehin keine Gelegenheit zum Brauen hatten.

Am 14. Mai 1613 brannten in und vor der Stadt 77 Häuser und am 13. Oktober 1632 im Zuge der Plünderung der Stadt durch kaiserliche Truppen Albrechts von Waldstein (Wallenstein) im Klösterlein vor dem Neundorfer Tor 18 Häuser und neun Scheunen ab. Einer am 2. Mai 1635 in der oberen Stadt ausgebrochenen Feuersbrunst fielen außer der Kirche, der Schule und den Pfarrgebäuden 178 Häuser zum Opfer. Am 29. März 1647 standen am Kuhmarkt zehn Häuser in Flammen. 1652 zählte man innerhalb der Stadtmauern 255 Häuser und 51 Brandstätten, außerhalb 98 Häuser und 16 Brandstätten. Die Beschaffenheit der eng und unter Verwendung von viel Holz bebauten Stadt ließ sich beim Stand der damaligen Löschtechnik aufgekommene Feuer rasch ausbreiten. Als 1629 der Architekt und Zeichner Wilhelm Dilich eine Ansicht Plauens zeichnete, vermerkte er zum Beispiel den hohen Anteil der Schindeldächer. 1610 erließ der Rat eine erste Feuerordnung, der 1654 eine erneuerte folgte, nachdem am 16. Oktober 1653 im Gebiet der Neustadt 33 Häuser, darunter die Untere Mühle, abgebrannt waren. Neben der grundsätzlichen Sündhaftigkeit des Menschen hätten die üble Disposition der Gebäude und die Unvorsichtigkeit der Einwohner Anlass dazu gegeben. Weiterhin brannten in der unteren Neustadt am 3. März 1669 einige Häuser ab, ebenso das Dach des neu erbauten Gasthofs »Zum Blauen Engel«.

1708 erging die dritte Feuerordnung. Am 25. August dieses Jahres brannten an der Syra und in der Neustadt 52 Häuser sowie vor dem Hammertor 20 Häuser und 20 oder 25 Scheunen, ebenso das Hammertor selbst. Auch der vordere Teil des 1670 wiederaufgebauten Schlosses und der Rote Turm des Schlosses wurden stark beschädigt. In der Hammertorvorstadt blieb nur die sogenannte Seidenfärbe, spätere Schwarzfärbe, verschont. Sie soll sich am Standort der 1279 erwähnten Münzstätte der Vögte befunden haben.[2]

Durch Blitzschlag brannte am 24. Juli 1712 die obere Badestube am Kuhmarkt ab, Regen verhinderte eine weitere Ausbreitung des Feuers. Blitzschlag war auch die Ursache eines Brandes vom 21. August 1714 in der Brückenvorstadt, bei dem vier Scheunen und ein Wohnhaus in Flammen standen. Während 1725 und 1726 jeweils nur ein einzelnes Haus in der Neustadt und am Komturhof betroffen war, brannten 1729 drei Häuser am Kirchplatz. Kurz vor Beginn der Christmette entstand am 25. Dezember 1730 im Haus des Stadtmusikus Christian Heydelmann im Endegässchen ein Brand, dem 32 Häuser im Endegässchen, auf dem Kirchplatz, am Topfmarkt und den angrenzenden Gassen, darunter die Mädchenschule mit den Amtswohnungen des Stadtdiakons, des 2. Landdiakons und zweier Lehrer, zum Opfer fielen. Über 60 Familien verloren ihr Obdach. Als Brandursache galt Verwahrlosung des Feuers durch die sich nach der Turmmusik aufwärmenden Stadtpfeifer. Beim Wiederaufbau sollen die Häuser am Topfmarkt bis an und auf die Stadtmauer oberhalb der Rähme versetzt worden sein.

Am 4. Mai 1732 brach gegen drei Uhr in der Nacht am Alten Teich ein Feuer aus, durch das dort, an der Straßberger Gasse samt dem Straßberger Tor, am Markt und an der Jüdengasse 58 Häuser abbrannten, 120 Familien geschädigt wurden und fünf Menschen ums Leben kamen. Unter ihnen war der 27-jährige Steinmetz Johann Christoph Wildner, den man nach drei Tagen im Keller seiner Mutter in der Straßberger Gasse fand. Auch seine Schwester Johanna Huscher kam im Keller ihres Hauses um. Nach dem Brand vermaßen im Auftrag des Dresdner Ingenieur-Obristen und Akzisbaudirektors Johann Christoph Naumann Zimmermeister Christian Lorentz und Maurermeister Johann Christoph Walther die abgebrannten Gassen. Vielleicht stand auch die Erstellung eines genauen Stadtplans im Juli 1732 durch den sächsischen

2. Mai 1635

1
Ältester Plauener Stadtplan von Christoph Moritz Dietz, 1732

Sächsisches Staatsarchiv, Hauptstaatsarchiv Dresden, 12884 Karten und Risse, Schrank 11, Fach 8, Nr. 18

Oberlandfeldmesser und Ingenieur-Hauptmann Christoph Moritz Dietz mit ortskundiger Unterstützung zweier Gemeindeherren im Zusammenhang mit der Brandschadenserfassung. Brandstiftung war im Spiel, als am 13. August 1732 in einem Haus auf dem alten Topfmarkt im Kloster Feuer entstand, das jedoch rechtzeitig gelöscht werden konnte. Weitere Brände ereigneten sich am 25. Januar 1761 vor dem Straßberger Tor mit drei Häusern und am 20. Mai 1762 vor dem Brückentor mit 16 Häusern und drei Scheunen nebst dem Hintergebäude einer Schmiede. Eine am Karfreitag 1786 in einem Hintergebäude am (neuen, seit 1671 so nachgewiesenen) Topfmarkt nahe der Johanniskirche »von einer gottlosen Weibsperson angelegte Feuersbrunst« konnte auf das Haus begrenzt werden.[3]

Die Feuerordnung von 1780 brachte speziell neue Bestimmungen für die Handhabung der Löschgeräte und die Leitung der Löschanstalten. Bereits im August 1720 hatte Johann Christoph Naumann anlässlich eines Aufenthalts in Plauen zur Klärung von Bausachen auch die Feuerlöschausrüstung inspiziert und Hinweise zur effektiven Brandbekämpfung gegeben, nachdem kurz zuvor, am 8. Juli, die Nachbarstadt Oelsnitz abgebrannt war. Am 24. August schrieb er Richtlinien zu Brandschutz und Brandbekämpfung auf. Unter anderem sollten mobile Bottiche an den Röhrenkästen aufgestellt werden, der

Rat sollte einige große Feuerspritzen anschaffen, Geistlichkeit und Zünfte je eine. Jeder Bürger müsse einige Ledereimer, eine Axt und eine Handspritze besitzen. Die Bürger hätten nach bekannten Vorgaben zum Löschen zu erscheinen, darunter auch Bewaffnete gegen Diebe und störende Schaulustige. Eine Gruppe solle in flexibler Bereitschaft stehen. Den Ältesten und Viertelsmeistern obliege die organisatorische und praktische Anleitung der auch schriftlich zu instruierenden Bürger. Neubauten betreffend verfasste er hier am 25. August ferner eine Aufstellung von Vorschriften zum Bauen und speziell brandschutzgerechten Bauen (zum Beispiel wurden Ziegeldächer vorgegeben), nach der ihm alle Entwürfe zur Prüfung eingesandt werden sollten, was bisher nur sporadisch geschehen und auf Naumanns Beschwerde hin von August dem Starken 1718 angemahnt worden war sowie 1721 erneut bekräftigt wurde. Nach Naumanns Tod 1742 sollten die Entwürfe seinem Amtsnachfolger Carl Friedrich Pöppelmann vorgelegt werden.

1786 führte Sachsen eine Brandversicherungskasse ein, mit der Geschädigte unterstützt werden konnten, sodass sie nicht wie früher oft geschehen bettelnd umherziehen mussten. So wurden beispielsweise im Januar 1654, nach dem Brand vom Oktober des Vorjahrs, einer armen Frau und einem Abgebrannten aus Plauen von der Schleizer Hofkasse Heinrichs IX. drei Groschen beziehungsweise fünf Groschen und vier Pfennige Almosen gegeben. Die gegenseitige Unterstützung der Städte bei Brandkatastrophen hatte sich beispielsweise am 8. Juli 1720 gezeigt, als die Stadt Oelsnitz abgebrannt war und Plauen noch am gleichen Abend 14 Zentner Brot und 7½ Eimer Bier dorthin geschickt hatte.

Das auf dem Brandschutz liegende Gewicht zeigt sich zudem darin, dass es bei der Erlangung des Bürgerrechts neben der Gebühr üblich war, einen »liedernen« (ledernen) Eimer zu finanzieren. Unachtsamkeit beim Umgang mit Feuer wurde bestraft. Die Kämmereirechnung 1589/90 weist solche Strafzahlungen aus: Einen Gulden und neun Groschen hatte Wolf Pfündel dafür zu entrichten, dass er seiner Magd die Unachtsamkeit »des Feuerwergs« nachgesehen hatte, zwei Gulden und 13 Groschen Georg Medler wegen »nicht beschriren [= nicht ausgerufenen] Feuers«.[4] 1641 musste der Sattler Wolfgang Beyer laut Kämmereirechnung zwei Gulden und 18 Groschen Strafe zahlen, da in seinem Haus Feuer ausgebrochen war. Und natürlich hatten der Türmer, die beiden Nachtwächter und die Wächter auf den Jahrmärkten auf Verdächtiges zu achten und sofort Alarm zu schlagen. Schon nach dem großen Brand von 1548 waren je zwei Ratsherren für die Alt- und die Neustadt unter der Regie des Stadtvogts zu »Feuerherren« bestimmt worden, die mit Unterstützung der Viertelsmeister Aufsicht zu führen hatten. Auch wurden an bestimmten Eckhäusern zur Orientierung bei nächtlichen Bränden Leuchtpfannen angebracht. Im Alarmfall, ob Brand, Aufruhr oder Krieg, hatten sich bereits in früheren Zeiten alle Bürger mit ihrer Wehr am Rathaus und bestimmten anderen Stellen einzufinden.

Seuchenzeiten

Epidemisch auftretende Krankheiten, üblicherweise unter der Bezeichnung »Pest« zusammengefasst, brachten vielfältiges Leid und stellten nach wie vor gefürchtete Plagen dar. Die mit Seuchenzeiten einhergehenden Nöte im Hinblick auf die Ernährung der Plauener Bevölkerung werden deutlich anhand der faul- oder fleckfieberartigen Epidemie, die von Juli bis September 1566 herrschte, und an der 1 267 Menschen gestorben sein sollen, unter ihnen Superintendent Friedrich. Wegen der Infektionsgefahr durfte niemand Lebensmittel einführen, die Plauener nicht außerhalb der Stadt einkaufen. Adel und Dorfschaften der Umgebung hatten verboten, ihnen Bier, Butter, Käse, Getreide, Holz und anderes zu verkaufen. Die Stadt Schleiz hatte dennoch Bier, Fleisch und Brot geschickt, wofür ihr der Rat herzlich dankte und – unter Sicherheitsvorkehrungen bei der Übergabe – um weitere Lieferungen gegen Bezahlung und Einkaufsmöglichkeiten ersuchte.

Weitere als Pestjahre bezeichnete Jahre mit ansteckenden Krankheiten waren 1607, 1611 mit 34 Toten und 1613 mit 212 Toten. 1625 hatte sich von Reichenbach her ein infektiöses Fieber ausgebreitet, in Plauen standen seit Ende September mehrere Häuser unter Quarantäne und wurden erst nach Weihnachten wieder geöffnet. Der dritte Jahrmarkt entfiel, zum vierten kamen keine fremden Händler, die einheimischen verkauften vor ihren Häusern, die Schüler konnten erst im Advent wieder zur Schule gehen, 48 Menschen waren gestorben. Das Fieber trat auch 1626 wieder auf und forderte zunächst in Chrieschwitz 35, in und vor der Stadt 29 Todesopfer. Der St.-Galli-Jahrmarkt konnte nicht gehalten werden. Als Pestjahr wird auch 1628 bezeichnet. Von Mitte August bis Anfang Dezember 1630 erkrankten über 200 Menschen, von denen 164 starben. Bei der Epidemie 1631 wurde der Bader und Wundarzt Peter Zeidler als »Pestilentialis« angestellt, wobei ihm die Bürgerrechtsgebühr erlassen wurde. Als ausgeprägtes Pestjahr gilt schließlich besonders 1633, in dem im Kirchspiel Plauen 1 748 Menschen gestorben sind. Nach einer »Plauischen Chronik« aus dem letzten Drittel des 17. Jahrhunderts soll die halbe Stadt ausgestorben sein.[5]

Die Bekämpfung von Seuchen gestaltete sich schwierig und für die Helfer auch gefährlich, weshalb ihnen teilweise Vergünstigungen gewährt wurden. So heißt es 1719 im Quatembersteuerregister der Stadt Plauen vom Besitzer einer Badestube, dass er als »Pestilentialis« bisher von der Steuer befreit gewesen sei. Mit dem Eid des »Pestilential Barbirers« verpflichtete sich ein solcher, dass er sich im Fall einer Seuchenzeit nicht aus der Stadt entferne, »sondern denen inficirten mit Rath und That, dem reichen sowohl als dem armen, bey Tag und Nacht, wenn man meiner Begehren wird, mit meiner von Gott verliehenen Kunst, willig und gerne beyspringen, auch bey solcher Cur mit allem fleiß die Patienten besuchen, und niemands übergehen will«.[6]

1633 ———

Vom Hospital St. Elisabeth wurden zudem einige Frauen bezahlt, die in Seuchenzeiten Kranke betreuten.

Als sich 1738 eine von der Schleizer Gegend ausgehende Ruhrepidemie im sächsischen Vogtland ausbreitete, hatte dies auch Auswirkungen auf Plauen.

Naturereignisse

Klima- und Witterungsunbilden und ihre wirtschaftlichen Folgen durch Missernten, Lebensmittelknappheit und steigende Preise machten den Einwohnern wiederholt zu schaffen. Nur wenige Beispiele sollen aufgeführt werden. Das Jahr 1603 war von viel Niederschlag und nachfolgender langer Dürre geprägt. Anhaltende Trockenheit kennzeichnete auch den Sommer 1616. Am 3. August 1615 wütete ein heftiger Sturm, der Häuser und Scheunen zum Einsturz brachte, Bäume entwurzelte und weitere große Schäden verursachte. Große Trockenheit verursachte 1616 Ernteausfälle, man musste wegen Wassermangels sechs bis acht Meilen zu einer arbeitsfähigen Mühle fahren, während 1621 die Mühlen wegen starken Frosts und Eises lange nicht arbeiten konnten. 1623 waren Trockenheit und eine ausgeprägte Mäuseplage der Ernte schädlich. Ein katastrophales Hagelunwetter zerschlug am 6. Juni 1626 die Feldfrucht, Obst, Fenster und Gebäude. 1627 herrschte ein harter langer Winter, sodass zu Pfingsten weder Gras noch Maien zum üblichen Kirchenschmuck verfügbar waren. Nach einem heftigen Gewitter schwoll der sonst unauffällige Milmesbach am 20. April 1630 derart an, dass er große Gebäudeschäden verursachte. Am 23. Mai 1648 führte die Syra ein plötzliches Hochwasser, das die Schildwache am Syrator mit sich fortriss und tötete. Bei einem weiteren am 6. Juli 1652 brachte sie mehrere Häuser zum Einsturz und am 7. August 1661 spülte sie nahe der Lohmühle eine Scheune weg. Im sehr kalten Winter 1672 fror das Röhrwasser in der ganzen Stadt ein und floss erst am 19. April wieder.

Gefürchtet waren Blitzschläge, aus denen sich Brände entwickeln konnten, die aber auch direkte Personenschäden verursachen konnten. Erst nach der Erfindung des Blitzableiters (in Deutschland wurde der erste 1769 auf einer Hamburger Kirche installiert) entspannte sich das Problem. So schlug zum Beispiel der Blitz am 1. Juli 1683 im Endegässchen in ein Haus ein und tötete die Hausfrau, ohne aber das an ihrer Brust liegende Kind zu verletzen. Am 16. Mai 1686 fügte ein Blitz dem Türmer auf dem nördlichen Kirchturm schwere Schäden zu. Bei einem Blitzeinschlag aus heiterem Himmel in das Rathaus am 29. Juli 1715 wurden mehrere Personen verletzt, unter ihnen der Stadtphysikus und Vizebürgermeister Dr. Georg Melchior Widemann, der darüber einen ausführlichen Bericht niederschrieb. Zuvor war die städtische Ziegelhütte getroffen worden.

Ein heftiger Sturm richtete in der Nacht des 1. Mai 1714 in den Ratshölzern großen wirtschaftlichen Schaden an, indem er etwa 3 000 Klafter Holz umwarf.

Am 15. August 1693 erschien aus Richtung Eger und Oelsnitz ein riesiger Heuschreckenschwarm, der die Vegetation abfraß. Ihm folgte am nächsten Tag ein weiterer, der sich als große dunkle Wolke zugleich auf benachbarte Dörfer verteilte und das Zerstörungswerk fortsetzte.

Von den für den vogtländisch-westböhmischen Raum typischen Schwarmbeben, für die sich 1552 schon Philipp Melanchthon interessiert und sie als Anzeichen für Türkenkriege gedeutet hatte, scheint das in Chroniken erwähnte vom 31. August 1789 in Plauen und anderen Orten des Vogtlands besonders intensiv gewesen zu sein. Auch für den 1. Juli 1719 war von zwei starken Beben berichtet worden.

Zu besorgten Spekulationen über Charakter und Bedeutung regten die als Wunderzeichen bezeichneten Nordlichter, die am 8. November 1605, am 25. Januar 1630 und am 25. August 1636 in Plauen beobachtet wurden, an. 1640 wurde ein solches so geschildert, dass die Lichter aufeinander geschossen hätten und ein schwarzes Kreuz dabei zu sehen gewesen sei. Um eine rationale Erklärung des Nordlichts vom 1. März 1721 über der Stadt im Sinne naturwissenschaftlicher Betrachtung »wider den Irrthum und Aberglauben« bemühte sich der Verfasser einer 1721 in Plauen gedruckten »Curiösen Untersuchung«.[7] Er stand damit in der Tradition des Plauener Geistlichen und Astronomen Georg Samuel Dörffel (1643–1688), der mit der Beobachtung und Bahnberechnung der in weiten Kreisen ebenfalls Angst hervorrufenden Kometen wesentliche Erkenntnisse gewonnen hatte.

Nicht weniger beunruhigend wirkte in der Stadt das am 25. Mai 1672, dem Samstag vor Pfingsten, aufgetretene »Blutzeichen« im Haus des Zeugwürkers Leonhard Weckerlein in der Jüdengasse. Dieser bemerkte nach einem Bad in der unteren Wohnstube Bluttropfen auf der Dielung, deren Ursache allen unerklärlich war, und die nach und nach an weiteren Stellen (Dielen, Wänden, Bank- und Würkstuhlbeinen, Wollstecken, Schiefertafel) oberflächlich auftraten und ganze Pfützen bildeten. Nachbarn und Stadtobrigkeit wurden herbeigerufen, sodass es einige Hundert Zeugen gab. Selbst der Amtmann Wolfgang Ferber erschien, zählte 31 Stellen und verfasste einen Bericht. Übereinstimmend hielt man die Flüssigkeit für Blut und dachte über eine Vorbedeutung nach. Eine 1793 dazu niedergeschriebene Nachricht resümierte hingegen: »Eine Sache vor die Naturforscher«. Ähnliche Phänomene wurden auch andernorts um diese Zeit beobachtet.[8] Erst später brachte man solche Erscheinungen mit dem Bakterium Serratia marcencens, auch als Monas prodigiosa bezeichnet, in Verbindung. Der von diesem Bakterium erzeugte rote Farbstoff Prodigiosin hat seine Bezeichnung vom lateinischen »prodigium« (= Wunderzeichen).

Kriegszeiten

Aus dem Dreißigjährigen Krieg

Frank Weiß

Der Dreißigjährige oder auch Große Krieg von 1618 bis 1648 hat sich in besonderer Weise nicht nur wegen seiner Dauer, sondern auch wegen der Brutalität gegenüber der Zivilbevölkerung in das Gedächtnis der nachfolgenden Generationen eingeprägt. Geführt um die Durchsetzung hegemonialer Interessen im Heiligen Römischen Reich und in Europa trug er zugleich Züge eines Religions- wie Territorialkriegs, in den mehrere Konflikte einflossen. Im Reich drängten die Spannungen zwischen dem habsburgischen Kaiser und der Katholischen Liga auf der einen und der Protestantischen Union auf der anderen Seite auf Lösung, auf europäischer Ebene waren es dynastische Interessenkonflikte zwischen den habsburgischen Mächten Österreich und Spanien mit Frankreich, den Niederlanden, Dänemark und Schweden. Ausgelöst durch den sogenannten Prager Fenstersturz vom 23. Mai 1618, mit dem der Böhmische Ständeaufstand gegen die Rekatholisierungsbestrebungen des böhmischen Königs Ferdinand sowie des Kaisers Matthias begann, sollte er erst 1648 mit dem Westfälischen Frieden von Münster und Osnabrück offiziell enden. Die vorherigen Friedensschlüsse von Lübeck 1629 zwischen dem Reich und Dänemark sowie von Prag 1635 zwischen Kaiser und Liga einerseits und Kursachsen, dem sich dann weitere protestantische Reichsstände anschlossen, andererseits hatten keine dauerhaften und allgemeinen Erfolge gebracht.

Zwar wurden Plauen und das Vogtland erst seit 1631/32 direkt in das Kriegsgeschehen einbezogen, doch hatte der Krieg seine Schatten lange vorausgeworfen. Wirtschaftliche Verwerfungen und hohe Rüstungsausgaben belasteten die Bevölkerung. Durch die Geldentwertung der »Kipper- und Wipper-Zeit« zu Anfang der 1620er-Jahre, bei der geringerwertige Münzen in Umlauf gebracht wurden, büßte die Stadt allein 1623 fast 6 000 Gulden ein. Da die Stadt Rittergüter erworben hatte, die mit einem Pferd lehnspflichtig waren, musste sie auch »reisige Knechte« stellen, die zur sächsischen Landesverteidigung herangezogen wurden. Diese sogenannte Lehnsreiterei wurde nach der Schlacht bei Breitenfeld 1631 durch Geldleistungen abgelöst. Nach der Defensionsordnung von 1613 wurde durch Losentscheid ein Teil der Bürger als Landwehr zu jährlichen Wehrübungen nach der Ernte verpflichtet, die »Defensioner«. Die Stadt unterhielt dazu einen Hauptmann, einen Fähnrich, einen Pfeifer und einen Trommler, musste Harnische, Musketen, Pistolen, Pulver und Hellebarden kaufen und die Stadtbefestigung ertüchtigen. 1620 bis 1623 wurden Defensioner und Heerwagen für die Belagerung von Bautzen und den Feldzug nach Böhmen gestellt und 1631 zu einem erneuten Einmarsch in Böhmen; an der Grenze zum Egerland wurden Schanzen errichtet. Im Dezember lagen verbündete sächsische und schwedische Truppen bei Wildstein und nahmen Eger ein. Nach dessen Rückeroberung durch die kaiserlichen Truppen unter Feldmarschall Heinrich von Holk am 10. Juni 1632 zog dieser auch ins Vogtland. Am 11. August erschienen erste Kroaten unter Oberst Markus Corpes vor Plauen, das sich nach anfänglicher Verteidigung durch Defensioner und Bürger am 13. August ergab, als Holk (auch Holck) mit großer Übermacht anrückte. Es folgte eine dreitägige Plünderung, bei der unter anderem das Klösterlein brannte. Der Kroatenhübel am Hauptfriedhof erinnert an deren Lager. Am 18. September 1632 zog General Matthias Gallas durch Plauen, am 12. Oktober nahm Generalissimus Albrecht von Waldstein (Wallenstein) Quartier. Nach der Schlacht bei Lützen am 6. November 1632 zogen am 15. sieben kaiserliche Regimenter unter Oberst von Bönninghausen ein. Ihnen folgten vom Dezember bis ins Frühjahr die Schweden. 1632/33 betrugen die städtischen Ausgaben für Rüstung stattliche 428 Gulden, 3 Groschen und 6 Pfennige.

1633 geriet infolge weiterer Kriegsereignisse und einer verheerenden Pestepidemie zu einem ausgesprochenen Katastrophenjahr. Die Zahl der Toten im Kirchspiel Plauen wird mit 1 748 angegeben. Holks Truppen fielen auf Befehl Wallensteins wieder in Sachsen ein. Unter Führung Melchior von Hatzfelds kam auf dem Weg nach Leipzig ein Flügel über Adorf, Hof und Oelsnitz nach Plauen. Der Plauener Organist Virgilius Ebhard (Ebard) berichtete darüber am 7. August, »an welchem wir in großer Angst wegen Schwerts und Feuers gewesen«: »Die ganze Armee wurde in die Stadt geführt, das aller verborgenste gefunden; im Amtshause haben sie sehr übel gehauset, alle Betten fast, so in der Amtsstuben und im Gewölbe gelegen, aufgeschnitten und ausgeschütt; es liegt in der Stuben und Gewölbe, dass es eine Schande ist. In Summa: jederman muss sagen, es ist Krieg, und das hat der Feind gethan. Die Leute sind sehr beschädiget und theils gar todt. Herr Martinus Schwanberger, infimus [= unterster] Diaconus, so ohne das etwas übel auf gewesen, und von ihnen übel gehalten, ist gestern auch gestorben. Es hat (wo Gott nicht hilft) in allem ein übel Aussehen. Heute befahl der Obrist Adelshoffen ganz ernstlich, dass die Stadt hinfüro ganz ohne Thor sein

1633

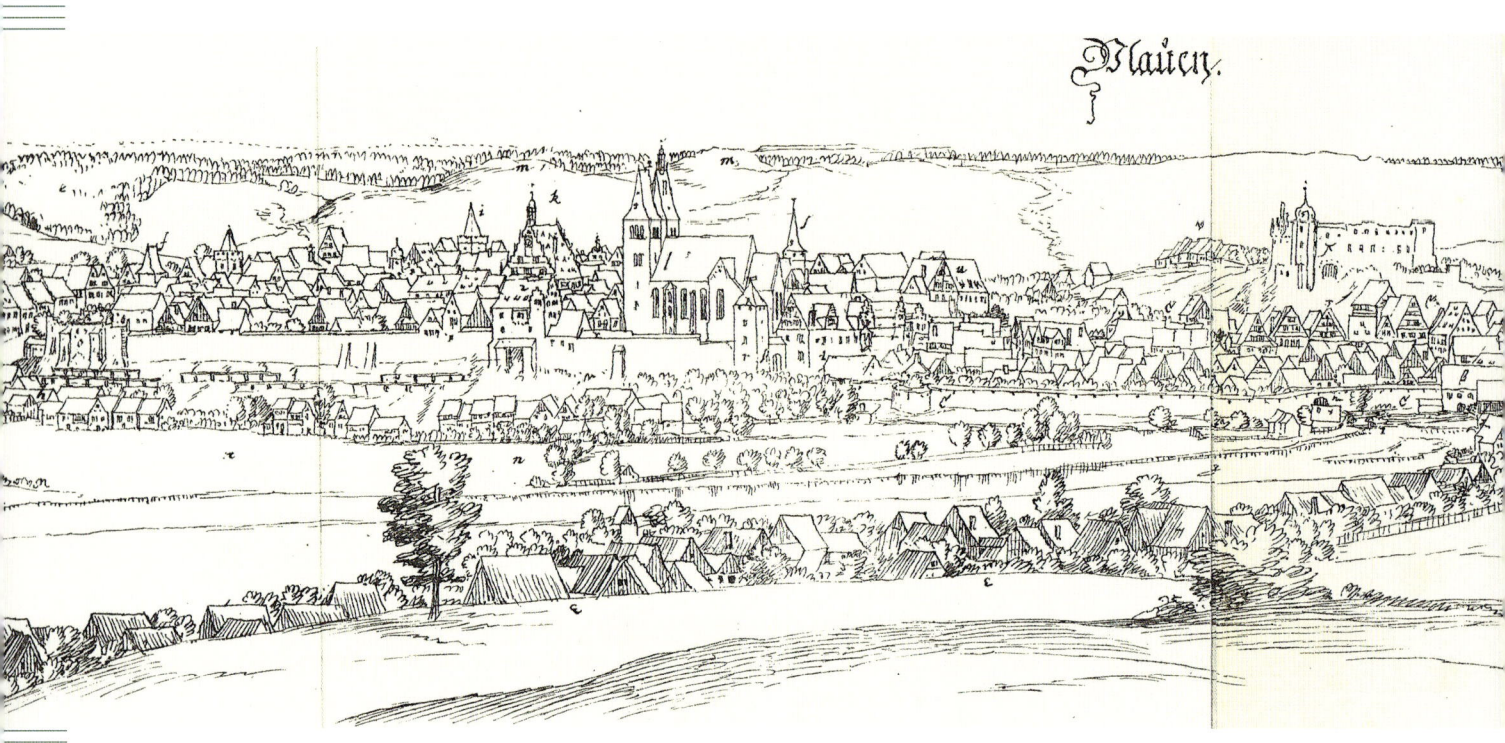

① Plauen von Süden, Zeichnung von Wilhelm Dilich, 1629 (Ausschnitt, Faksimiledruck 1888) Vogtlandmuseum Plauen

1640

sollte, und hat er selbsten durch die Soldaten die Pallisaden von dem Neundorfer Thor und Brückerthor, so anjetzo mit grossen Unkosten gebauet und kaum fertig gewesen, einhauen und verbrennen lassen; die andern sollten durch die Bürger wie auch das Schlossthor weiter gemacht, abgehauen und niedergeworfen werden, da aber die Stadt wieder zugehalten würde, wollte er sie in Brand stecken, und sollten alle Einwohner niedergehauen werden; sonsten sollten sie sich weiter ganz nichts böses befahren, sondern in Gottes Namen schneiden, einerndten und ausdreschen, auch von ihm von Zwickau aus Bescheids erwarten, was die Stadt sammt denen von Adel und den Landen wöchentlich an Getreide einschicken sollten; und sollte jederman ihm [= sich] keine andere Rechnung machen, dann das es alles eine Strafe von Gott dem Almächtigen um unser Sünde willen sei. Drei mal ist auch Feuer auskommen als zu Mitternacht in des Obersten Quartier und als er heut aus der Stadt zog, beim alten Sommer und seinem Nachbar.«[1] Ein weiterer, anonymer Bericht dieses Tages bestätigt das und ergänzt: »Einen Pfarr haben sie niedergehauen und einen Bürger dermassen gerättelt, dass er sterben müssen, sonst etzliche Personen beschädiget. Heut früh ist alles Volk, so in der Stadt und ausserhalb gelegen, fast nach Reichenbach marchiret. Als sie aber fortgezogen, sind sie der Intention gewesen, die Stadt in Aschen zu legen, auch die Garküchen und noch ein Haus schon niedergebrannt. Weil aber das Volk mit einander zugleich bald aufgebrochen, ist es von den Bürgern (derer zwar wenig vorhanden gewesen) wieder gelöschet.«[2] Auf dem Rückmarsch von Leipzig starb Holk von Greiz kommend am 30. August nach zeitgenössischen Berichten in Adorf an der Pest.

Nach aller erlittenen Not wurde am 24. Juni 1635 mit Erleichterung auch in Plauen zum Abschluss des Prager Friedens ein Friedensfest gefeiert. Am 2. Mai 1635 hatte eine Feuersbrunst Kirche, Schule, Pfarrgebäude und 178 Häuser in Asche gelegt, und die wirtschaftlich geschwächte Stadt musste in diesem Jahr ihre Rittergüter Chrieschwitz und Reinsdorf verkaufen.

Doch der Krieg sollte später wieder in die Stadt zurückkehren. Gab es im Februar 1639 eine Auseinandersetzung zwischen Schweden und Kaiserlichen in der Umgebung von Cunsdorf, Schönbach und Cossengrün, bei der der kaiserliche Generalfeldzeugmeister Hans Wolf von Salis gefangen wurde, und wurde im Januar 1640 Ruppertsgrün von Schweden unter Verübung von Gräueltaten geplündert, so zog Ende März 1640 der schwedische General Arvid Wittenberg mit neun Regimentern in und um Plauen ein. Am 10. April 1640 kam es bei Plauen (etwa zwischen Reichsstraße, Hradschin, Jößnitzer Straße, Friedhof I, Straße nach Reißig) zu einem Gefecht, bei dem die Kaiserlichen unter General von Bredow die Schweden schlugen. Einem 1643 darüber veröffentlichten Bericht verdanken wir einen Kupferstich Matthäus Merians d. Ä., auf dem bei der Darstellung des Geländeplans auch der älteste Umrissplan der Stadt zu sehen ist.[3] Am 15. April steckten die Kaiserlichen Ruppertsgrün in Brand. Mitte Mai zogen sie ab, doch weitere Durchzüge und Winterlager der Kriegsgegner belasteten die Bevölkerung schwer. Im April 1641 zog der kurbayerische Generalstab durch Plauen, im Mai bezog der kaiserliche General Octavio Piccolomini bei Bürgermeister Peter Sturm Quartier. 1644 kehrten die Schweden zurück, 1645 schlossen Schweden und Sachsen einen Waffenstillstand. Vom 6. Juni 1648 bis zum 4. September 1650 hatte Plauen eine sächsische

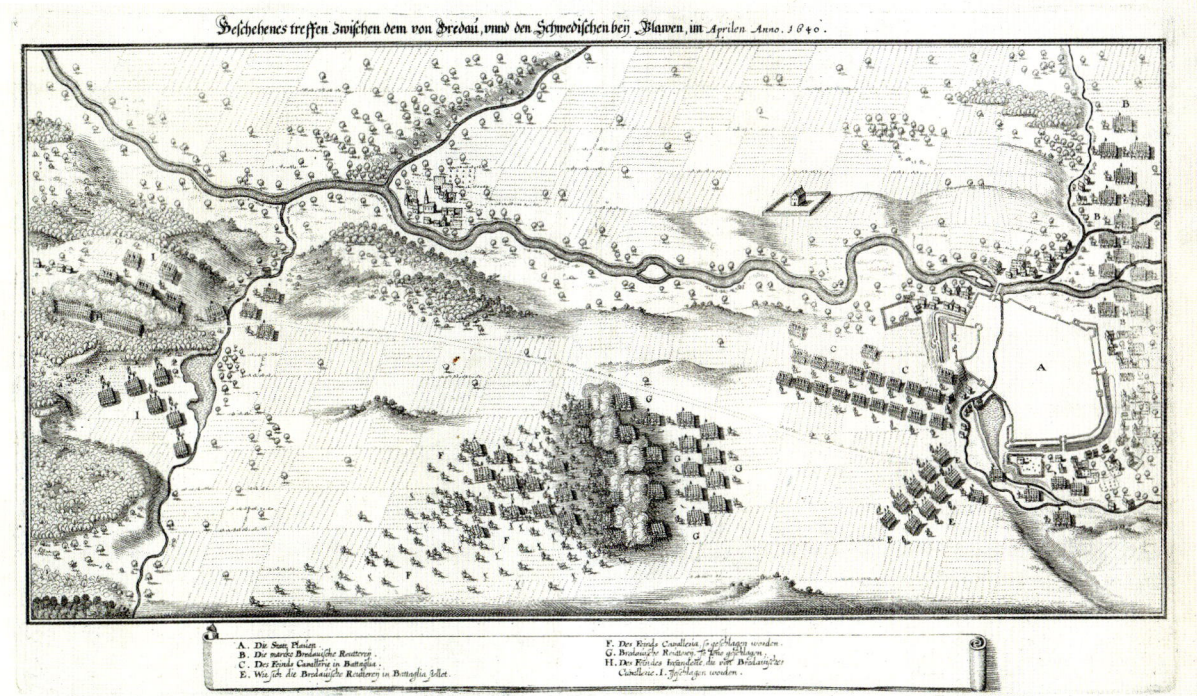

②

Gefecht zwischen kaiserlichen und schwedischen Truppen bei Plauen am 10. April 1640, Kupferstich von Matthäus Merian, aus: Theatri Europaei Vierdter Theil, Frankfurt 1643
Vogtlandmuseum Plauen

Besatzung. Am 24. Oktober 1648 fand der Krieg im Westfälischen Frieden sein offizielles Ende, doch war 1650 noch eine Kriegsentschädigung von Sachsen an Schweden zu zahlen. Am 22. Juli 1650 wurde auch in Plauen das allgemeine Friedensfest gefeiert.

Wie sehr einzelne Plauener Bürger belastet waren, zeigt die von ihm selbst verfasste Auflistung »Was Michael Rudorff von Ao. 1633 biß 1654 zum Freund und Feind, zur Einquartierung, Durchzügen und Contribution hat geben müssen«, die in der Summe 500 Meißnischo Gulden, 3 Groschen und 4 Pfennige ergibt.[4] Außer 255 Häusern in der Stadt und 98 Häusern in den Vorstädten gab es 1652 dort jeweils noch 51 beziehungsweise 16 Brandstätten.

Im Ergebnis des Krieges waren viele Gebiete verwüstet und entvölkert. So warb die Landgrafschaft Hessen-Darmstadt um Ansiedler. Auch Familien aus Plauen und dem Vogtland wandten sich dorthin. Ab 1671 tauchen zum Beispiel in Gundernhausen neue Familiennamen auf, die darauf hinweisen (Rebhun, Strauß, Tuchscherer, Wimmer, Fritsch, Riedel, Röhling).

Nach der Einführung eines stehenden Heeres 1682 in Sachsen lagen in Plauen und anderen Städten und Dörfern des Vogtlands sächsische Truppen in Quartier. Die städtische Wehr gehörte der Vergangenheit an. Noch in der Rüstkammer im Rathaus lagernde städtische Rüstungen, Waffen, Ausrüstungen, Helme und Wappenröcke wurden 1833 an einen Händler verkauft.

Aus dem Nordischen Krieg

Der um die Vorherrschaft im Ostseeraum von einer Dreierallianz aus Russland sowie den Personalunionen Sachsen-Polen und Dänemark-Norwegen geführte Große Nordische Krieg (1700–1721) wirkte sich auch auf Sachsen und das Vogtland aus. In seinem Verlauf hatten schwedische Truppen am 13. Februar 1706 in der Schlacht bei Fraustadt (heute Wschowa, Polen) die sächsisch-russische Armee besiegt. August der Starke, Kurfürst von Sachsen und König von Polen, wurde nun durch gewachsene Proteste des Adels und der Städte sowie des sächsischen Geheimen Rates wegen der desaströsen militärischen und wirtschaftlichen Lage in der Weiterführung des Krieges behindert, der Geheime Rat legte ihm nahe, die polnische Krone niederzulegen. Bereits 1704 war von einem Teil des polnischen Adels Stanislaus Leszczynsi, der das Vertrauen König Karls XII. von Schweden genoss, zum neuen König gewählt worden. Im September 1706 marschierte Karl XII. über Schlesien in Sachsen ein und besetzte es. Im von Karl in Abwesenheit Augusts diktierten Frieden von Altranstädt vom 24. September 1706 wurde unter anderem bestimmt: dauerhafter Friede und Freundschaft zwischen Karl von Schweden, Stanislaus von Polen und Friedrich August von Sachsen, Verzicht aller Beteiligten auf Schadensersatz, Verzicht Augusts auf die polnische Krone, Anerkennung Stanislaus' I. als König, Übergabe Polens und Litauens an ihn und Verzicht Augusts auf alle Aktivitäten gegen ihn, Aufkündigung aller antischwedischen Bündnisse namentlich mit dem Zaren. Ferner wurden auch Bestimmungen über die Beendigung aller Feindseligkeiten in Sachsen und über den Unterhalt der schwedischen Truppen in Sachsen, Win-

1706

1756–1763

terquartiere und Rückzug formuliert. August lehnte den Vertrag zunächst ab, erhielt aber keine Unterstützung anderer Höfe und musste ihn am 19. Januar 1707 anerkennen. Erst nachdem russische Truppen 1709 bei Poltawa die Schweden besiegt und geschwächt hatten, erneuerte August das Bündnis mit Russland, widerrief am 8. August 1709 den Vertrag und wurde von einem Großteil des polnischen Adels wieder zum König erklärt.

In der einjährigen Besetzung Sachsens inklusive der albertinischen Sekundogenituren hatte das Land für den Unterhalt der Truppen aufzukommen und hohe Kontributionen zu entrichten, pro Monat 500 000 Taler in bar und 125 000 Taler in Naturalien, insgesamt schätzungsweise 12 bis 14 Millionen Taler (die von August dem Starken 1709 angegebenen 23 Millionen dürften weit übertrieben sein). Einspruchsversuche Herzog Moritz Wilhelms von Sachsen-Zeitz, sein Gebiet herauszulassen, wurden ignoriert.

Seit Oktober 1706 lagen im Vogtländischen Kreis das Ostgotische Kürassierregiment unter Generalmajor Burenskjöld mit dem Hauptquartier in Reichenbach und im Neustädter Kreis das Nyländische Regiment unter Oberst Torstenson. Nach Plauen, Pausa und Gefell kamen 152 Mann, davon 44 nach Plauen, nach Oelsnitz, Adorf und Umgebung ebenso 152, nach Reichenbach mit Umgebung 120. An beide Regimenter hatte die Stadt Kontributionen zu zahlen, allein von Januar bis Mai 1707 an das Nyländische 4 344 Taler, 7 Groschen und 7 ½ Pfennige. Einige Dörfer liehen sich Geld, sodass sie an Plauen 1708 noch über 1 000 Taler für Verpflegungskosten zurückzuzahlen hatten. Da die Schweden aber bei der Festsetzung der Zahlungen für Kontribution, Fourage und »Mundportionen« versehentlich nur 188 151 gangbare Schocken (Steuereinheiten) berücksichtigt hatten statt der tatsächlichen 191 153, wies Herzog Moritz Wilhelm von Sachsen-Zeitz die Amtmänner Hickmann und Schmidt in Plauen und Voigtsberg insgeheim an, den vollen Betrag zu erheben, den Überbetrag aber zurückzuhalten und zum Besten des Kreises, etwa für arme geschädigte Untertanen, zu verwenden.

Die schwedische Armee wurde, obwohl ihr der König bei Strafe strenge Disziplin, korrektes Verhalten und Schonung der Bevölkerung verordnet hatte, nicht nur zu einer großen und lange nachwirkenden wirtschaftlichen Belastung für die Einwohner. Ausschreitungen blieben hier und da nicht aus. Der König nutzte die Besatzungszeit, um die Truppen zu sanieren und zu verstärken. Rekrutierungen waren gefürchtet, zum Teil erfolgten sie in Böhmen und Franken. Hinderlich wirkten die Verhältnisse auch für den Fortgang eines wichtigen städtischen Vorhabens, den Bau der Plauener Gottesackerkirche. Am 23. August 1707 ordnete Karl XII. dann den Rückzug an, Anfang September 1707 war die schwedische Besatzung Sachsens beendet.

Aus dem Siebenjährigen Krieg

Der von 1756 bis 1763 vom friderizianischen Preußen mit britischer Unterstützung zur Sicherung der 1740 erfolgten Annexion Schlesiens gegen Österreich – zu dessen Koalitionspartnern neben Russland, Frankreich und Schweden auch Sachsen gehörte – geführte Krieg wird auch als Dritter Schlesischer Krieg bezeichnet. Begonnen hatte er 1756 mit dem Einmarsch preußischer Truppen in Sachsen. Das durch das Ausscheiden Russlands vor der drohenden Niederlage bewahrte Preußen behielt in den zwischen Preußen und Österreich sowie Preußen und Sachsen unterzeichneten Verträgen des Friedens von Hubertusburg 1763 Schlesien.

Auch das Vogtland wurde von Truppendurchzügen, Einquartierungen, Kontributionen, Zwangsrekrutierungen, Zwangsdiensten, Verpflegung der wechselnden Heere sowie Kriegshandlungen geplagt. Preußische, österreichische und Reichstruppen wurden gleichermaßen zur Last. Am 13. November 1756 rückten erste preußische Truppen in Plauen ein, in Reichenbach und Plauen wurde ein preußisches Freibataillon aufgestellt. Als bekannter Feldherr hielt sich 1756 und 1757 der Reitergeneral Hans Joachim von Zieten (»Zieten aus dem Busch«) wiederholt in Plauen auf, am 11. April 1757 zog Prinz Moritz von Dessau mit 5 000 Mann durch. Die preußische Hauptmacht stand unter dem Befehl Prinz Heinrichs, des Bruders König Friedrichs II. Am 7. April 1757 hatten die Plauener Bürger ihre Gewehre abliefern müssen. Im Winter 1757/58 lagen in und bei Plauen kaiserlich-habsburgische Husaren des Obersten Splényi. Nachdem der preußische Generalmajor Johann von Mayr mit seinem Freibataillon die letzten österreichischen Husaren aus Plauen wieder vertrieben und 6 600 Reichstaler Brandschatzung erhoben hatte, wurden am 24. Februar 1758 die Stadträte von Plauen und Oelsnitz unter Waffengewalt zum Treueeid auf den preußischen König gezwungen, Plauen wurde mit Palisaden umgeben, bei Oberneundorf fand ein Scharmützel statt. General von Mayr, der seit Dezember 1758 wieder in Plauen in Quartier lag, starb am 3. Januar 1759 an einem Brustfieber und wurde in der Gottesackerkirche in der Gruft des Bürgermeisters Wild beigesetzt. Bis Ende April 1759 wurden an preußischen Soldaten und ihrem Tross in Plauen beerdigt: 1 Leutnant, 1 Feldscher, 99 Soldaten, 6 Frauen und 9 Kinder. Da der Gottesacker nicht ausreichte, wurde ein Garten gekauft. Das Plauener Totenbuch berichtet ferner: »6. April 1761. H. Johann Joachim Gottlieb Baron von Hund, ein Mecklenburger von Geburth, Königl. Preuß. Major unter dem Ziethenschen HusarenRegiment, unverehelicht, 36. Jahr alt, so bey dem, auf der Höhe, gegen Meßbach zu, mit denen Bayerl. Reichshülffs-Volkern gehabten Scharmützel mit einer Musquetenkugel durch den Kopff geschossen, und Abends nebst dem H: Lieut. Schultzen, gebürtig aus Liegnitz in Schlesien, 40 J. alt, so zu gleicher Zeit verunglücket, mit Fackeln beerdiget u. de facto in das

Wildische Begräbniß geleget, und für die Kirche und Geistl. nichts bezahlet worden.«[5] Zu einem größeren Gefecht war es am 8. Mai 1759 bei Himmelreich im Ascher Gebiet gekommen.

Vor große Probleme wurde das kursächsische Floßamt Plauen gestellt, das wie üblich auch 1759 und 1760 zur Schneeschmelze Holz aus dem oberen Vogtland die Elster abwärts in Richtung Leipzig/Halle zu verbringen hatte und ins Spannungsfeld der Besatzungszonen mit den daraus entstehenden Verwicklungen geriet. Die Versorgung des Tieflands konnte nicht ohne die Zustimmung der Österreicher im oberen Vogtland erfolgen, zumal in Leipzig das Preußische General-Feld-Kriegs-Direktorium saß. Die bis Zeitz begrenzte Erlaubnis führte dann darüber hinaus zu Engpässen und wirtschaftlichen Problemen. 1761 wirkten Wasserschwankungen und veränderte militärische Verhältnisse sowie enormer Floßholzdiebstahl besonders durch Marketender der Reichsarmee nachteilig. Der Stadt Plauen wurde 1762 eine preußische Brandschatzung von 30 000 Reichstalern auferlegt.

Die vogtländische Einwohnerschaft litt. Ein zeitgenössischer Bericht aus Jößnitz schrieb 1758, dass unter den österreichischen Truppen überall Willkür herrsche mit Einquartierungen, Lieferungen und Vorspanndiensten, das Vieh würde aus den Ställen gejagt, und schilderte die preußischen Truppen 1759 als unbarmherzig raubend, sie brächen überall ein, nähmen, was sie wollten, zerstörten die Feldfrüchte durch Gehen, Reiten und Fahren. Als 1763 in Jößnitz drei preußische Dragoner desertiert waren, verlangte das Kommando von den Einwohnern, diese zu suchen und auszuliefern, dazu nahm es vier Geißeln aus dem Dorf. Man fand sie, lieferte sie aber nicht aus, sodass die Geißeln schließlich bei Ronneburg freigekauft werden mussten. Im gleichen Jahr hatte der Vogtländische Kreis 8 000 Schafe nach Pommern zu liefern. In Plauen wurden Wirkstühle beschlagnahmt und nach Berlin verbracht, wo eine Fabrikation wie in Plauen aufgerichtet werden sollte. Auch fanden sich Männer und Frauen, die mit dorthin zogen. Viele Handwerker und sonstige Arbeitskräfte sahen sich seit den Zeiten der Schlesischen Kriege um die Jahrhundertmitte – auch von Preußen angeworben – zur Auswanderung veranlasst. An der Berliner Stadtgrenze war schon seit 1752 vor dem Rosenthaler Tor auf königlichen Befehl eine Siedlung zur Ansässigmachung der zahlreichen als Saisonarbeiter tätigen Bauhandwerker aus Sachsen und speziell aus dem Vogtland entstanden, »Klein-Voigtland« oder kurz »Voigtland« und nach 1800 »Rosenthaler Vorstadt« genannt. In Sachsen versuchte man daher 1773, mit einem »Generale wider die Entfernung hiesiger Unterthanen außer Landes« gegenzusteuern.

Militärisch erhielt Plauen nach Abzug der Preußen bis 1806 eine ständige Garnison als Teil eines kursächsischen Infanterieregiments mit Stab in Zwickau, dessen Kompanien in Zwickau, Plauen und Schneeberg

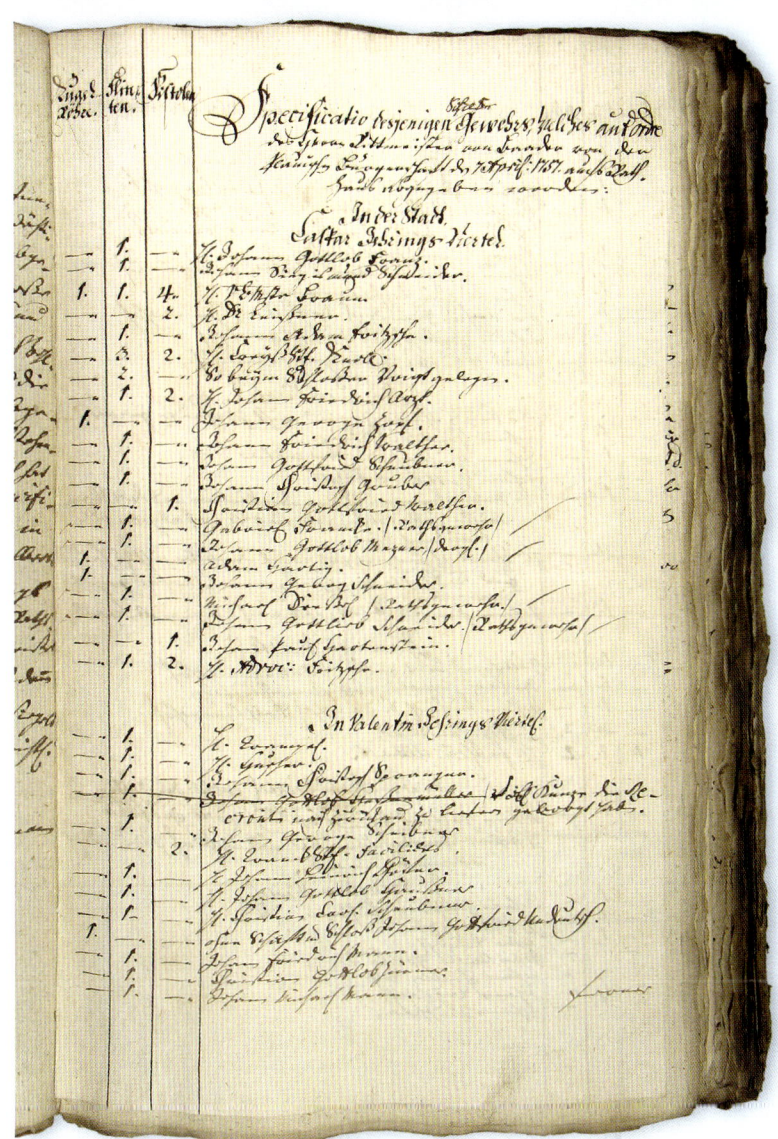

③
Aufstellung der von den Einwohnern Plauens am 7. April 1757 auf Anordnung des preußischen Militärs im Rathaus abgegebenen Waffen
Stadtarchiv Plauen, Frank Weiß

stationiert waren. Nach seinen Inhabern hieß das Regiment »Prinz Maximilian von Sachsen«, ab 1764 »Graf Solms«, ab 1779 »von Riedesel«, ab 1786 »von Lindt« und ab 1801 »von Rechten«.

Nach Kriegsende fand in Sachsen ein »Fried- und Freudenfest« statt, das auch in Plauen am 22. März 1763 feierlich begangen wurde. Das Plauener Totenbuch resümierte: »Nota. Am 17ten Febr. 1763 sind, Gott Lob! nach hergestellten Frieden, die Königl: Preuß: Völcker, welche am 28. Aug. 1756. in Sachsen eingerücket, Von denen noch hier gestandenen Bataillions vom General vom Bulow, von hier wieder abmarschiret, nachdem die Stadt, währenden Krieges, über 100 000 Thlr. – Brandschatzung, Contributiones, Fourage, Recrouten, und unsägl: andere Praestationes lieffern müssen. Gott sey uns gnädig, und bewahre uns ferner für KriegsUnruhen, um Christi willen, Amen!«[6]

Kriegszeiten 121

Plauen im Sekundogeniturfürstentum Sachsen-Zeitz von 1657 bis 1718

Frank Weiß

Obwohl seit 1499 ein kaiserlich bestätigtes Hausgesetz, die »Väterliche Ordnung«, bestimmte, dass das albertinische Herzogtum nicht mehr geteilt werden dürfe, entschloss sich der sächsische Kurfürst Johann Georg I. 1652 in seinem Testament, zur Versorgung seiner drei nachgeborenen Söhne eine territoriale Landesteilung zu verfügen. Nach seinem Tod 1656 einigten sich die vier Brüder Johann Georg II., der nunmehrige Kurfürst, Herzog August, Herzog Christian und Herzog Moritz im »Freundbrüderlichen Hauptvergleich« vom 22. April 1657 über die konkrete Umsetzung. Mit ihm traten die Sekundogenituren Sachsen-Weißenfels unter Herzog August, Sachsen-Merseburg unter Herzog Christian und Sachsen-Zeitz unter Herzog Moritz ins Leben. Diese gegenüber der Kurlinie begrenzt selbstständigen Nebenlinien starben im 18. Jahrhundert wieder aus, ihre Fürstentümer fielen an die Hauptlinie zurück – Sachsen-Zeitz 1718, Sachsen-Merseburg 1738 und Sachsen-Weißenfels 1746. Innerhalb der einzelnen Sekundogenituren, die zudem keine in sich geschlossenen Staatsterritorien bildeten, herrschten sehr inhomogene und damit unübersichtliche verfassungsrechtliche Verhältnisse.

Der Vogtländische Kreis mit den Ämtern Plauen, Voigtsberg und Pausa fiel, differenziert nach Schrift- und Amtssassen, dem jüngsten der vier Brüder, dem 1619 geborenen Herzog Moritz zu. In dem »Freundbrüderlichen Hauptvergleich« vom 22. April 1657 heißt es dazu über den Anteil Herzog Moritz':

»**H: Moritzens Antheil**
Ihrer Fürstl: Durchl: Herzog Moritzen aber verbleiben nechst dem Stifft Naumburg vnd Zeitz, wie auch dem Churfürstlichen antheil an der Grafschafft Hennenberg, die herrschafften Tautenburgk, Frawen Prießnitz vnd Nieder Trebra, sowohl die Ämpter Voigtsberg, Plawen vnd darinnen bezirckte Amptsäßige Ritterschafft, wie auch die Ämpter Pausa, Triptitz, Arnshaug, Weyda, Ziegenrück vnd Müldenfurth, ausgeschlossen der nach itztgedachten Müldenfurth gehörigen Höltzer, nebenst der darinnen bezirckten vnd gehörigen Schrifft- vnd Amptsäßigenn Ritterschafft, ingleichen die Städte Plauen, Pausa, Triptitz, Ziegenrück, Ölßnitz, Adorff, Weyda, Auma, MarckNeukirchen vnd Neustadt an der Orla, inhalts des väterlichen Testaments vnd beschehenen freundbrüderlichen absonderlichen vergleichung,

Schrifftsassen im Voigtlande
Jedoch behalten Ihre Churf. Durchl. die in denn Voitländischen Ämptern Plawen vnd Voigtsberg bezirckte Schrifftsäßige Ritterschafft mit Ritterdienst, Steuern, Folge, Aufgeboth, Pflicht, Lehen, vnd Gerichten, ingleichen die Flößen in Erblanden vnd Stifftern, sowohl das Städtlein Schönegg, zu sampt den Schöneckischen vnd Auerbachischen Wäldern, so sonst ein Ampt genennet worden, wie auch die Müldenfurthischen Hölzer zu beförderung des Flößwercks alleine,

Flössen
Sonsten sol außer itzt specificirter Wälder vnd Hölzer vnter der Flöße kein Holz, sondern nur die Waßerstraße verstanden werden, vnd sol denen ienigen, so zu dem Holzschlage vnd andern aus den Ämptern Plawen, Voigtsberg, Pausa vnd andern orten, do sie es zu thun schuldig, Dienste leisten, oder aufsicht haben, der gewöhnliche Lohn nochmahls gegeben werden, Do sich auch iemand an den Flößholz vergriffen vnd dessen vberführt würde, wieder den soll mit der Straffe, dem herkommen gemeß, vnnachläßlich verfahren werden, vnd werden sonst die Ämpter, Stiffter, Clöster vnd Forwerge denen Herren Brüdern dergestalt abgetreten, wie solche der Serenissimus Testator in seinem Munde verlediget, denn was bey seinem Leben davon veralieniret, andern cedirt, verkaufft vnd vbergeben worden, darbey soll es billich gelassen werden.«[1]

Diese komplizierte Konstruktion führte dazu, dass in Reichenbach 1682 ein besonderes Verwaltungsamt für die vogtländischen Schriftsassen geschaffen wurde und von 1697 bis 1720 eine Kircheninspektion für die schriftsässigen Pfarrkirchen existierte. 1658 hatte Kurfürst Johann Georg II. seinem Bruder Moritz zwar auch bis auf Widerruf in gewissem Umfang Administration und Jurisdiktion über die vogtländischen Schriftsassen eingeräumt, 1663 aber eine Verlängerung abgelehnt.

Der Vogtländische Kreis beschickte auch unter der Sekundogeniturzugehörigkeit den Sächsischen Landtag. Dieser war folgendermaßen gegliedert: Im Ersten Corpus waren Prälaten, Grafen und Herren vertreten, im Zweiten Corpus die Ritterschaft und im Dritten Corpus die landtagsfähigen Städte. Letztere bildeten den Engeren Ausschuss mit acht Städten, den Weiteren Ausschuss mit 19 Städten und die große Gruppe (etwa 100) der Allgemeinen Städte. Plauen gehörte als Hauptstadt und bedeutendste Stadt des Vogtländischen Kreises

① St.-Johannis-Kirche, Komturhof, Schloss und Amtshaus, farbige Zeichnung von Johann August Richter, 1727 (Ausschnitt)
Stadtbibliothek Leipzig (Sax. urb. art. 20)

zum Weiteren Ausschuss. Sechs weitere Städte aus dem Vogtländischen Kreis entsandten ihre Deputierten zu den Allgemeinen Städten: Adorf, Gefell, Markneukirchen, Oelsnitz, Pausa und Schöneck. Andere, wie Falkenstein, Mühltroff, Netzschkau, Reichenbach waren nicht vertreten, da sie als Patrimonialstädte unter der Herrschaft eines Ritterguts standen.

Herzog Moritz und Plauen

Am 1. August 1657 kam Herzog Moritz nach Plauen, bezog, da das Schloss seit 1548 noch nicht wieder aufgebaut war, Quartier im Haus des Landrichters und nahm am 3. August die Erbhuldigung persönlich entgegen. Bei einem weiteren Besuch seit dem 9. Juni 1659 logierte er auf Schloss Voigtsberg, ging im Schönecker Wald zur Jagd und reiste zum gleichen Zweck am 25. Juni weiter nach Neustadt an der Orla.

Der 1619 in Dresden geborene Moritz hatte 1647 die Statthalterschaft über die Deutschordensballei Thüringen übernommen und war seit 1653 postulierter Administrator des Hochstifts Naumburg-Zeitz, das ihm 1660 als Reichslehen zugesprochen wurde. Als Residenz ließ er zwischen 1657 und 1678 anstelle der ehemaligen Burg der Bischöfe von Naumburg-Zeitz in Zeitz das Schloss Moritzburg an der Elster errichten. Nach dem Tod seiner ersten Frau Sophie Hedwig und der beiden Söhne heiratete er 1656 die Tochter Dorothea Maria († 1675) des Herzogs Wilhelm von Sachsen-Weimar, mit der er vier Söhne und vier Töchter hatte. Eine 1676 geschlossene dritte Ehe blieb kinderlos. Moritz starb 1681 in Zeitz. Als Landesherr folgte ihm sein 1664 geborener Sohn Moritz Wilhelm.

Herzog Moritz bemühte sich, das im Dreißigjährigen Krieg geschundene Land zu stärken. In seinem Kanzler und Konsistorialpräsidenten Veit Ludwig von Seckendorff stand ihm dabei von 1665 bis 1681 ein bedeutender Staatswissenschaftler, Schriftsteller, Historiker und Theologe zur Seite.

1667 übertrug Moritz die Deutschen Häuser Plauen und Adorf mit allen Zugehörungen erblich und unwiderruflich der Stadt Plauen zur Verwaltung. Nachdem die Adorfer Komtureigebäude 1768 abgebrannt waren, verweigerte der Plauener Rat ihren Wiederaufbau, 1836 gelang ein Vergleich, nach dem die Stadt Adorf den Besitz übernahm.

Ein für Plauen wichtiges Projekt war der von Moritz angeordnete Wiederaufbau des Schlosses, der im Februar 1670 begann. Bei der feierlichen Einweihung der bis dahin fertiggestellten Bauten am 24. Juni 1674, dem Johannistag, hielt in Anwesenheit der herzoglichen Familie und des Hofstaats Superintendent Heiffel eine Predigt, in der er den Namen »Johannisburg« aufbrachte, der jedoch von Moritz abgelehnt wurde. Eine von dem mit der Inspektion und Direktion des Baues beauftragten Amtsverwalter Gottfried Dietzsch verfasste Urkunde wurde am 23. Juni 1675 im Knopf des kleinen (1873 eingerissenen und veränderten) Turmes an der Nordseite mit seiner barocken Haube eingelegt. Sie bezifferte die bis dahin entstandenen Baukosten mit 5 269 Gulden, 11 Groschen und 11 ½ Pfennigen (ohne das aus den herrschaftlichen Wäldern frei angewiesene Holz sowie Frondienstleistungen) und nannte unter anderem die beteiligten »Bedienten und Werckleute«: Laufschreiber George Helbig, Maurer Michael Fröber, Zimmermann Michael Deschner, Maler Christian Pastor, Schieferdecker Christian Liesnitzer, Tischler Hans Melchior Scheubner, Schmied Hans Walther und Bauknecht Hans Schwab.

Beim Brand in der Neustadt wurde 1708 auch das Schloss in Mitleidenschaft gezogen. Zur Instandsetzung des großen Turmes verfasste der Zeitzer Landbaumeister Johann Heinrich Gengenbach am 4. April 1715 ein Memoriale. Für das außen 16-eckige Bauwerk sei nur eine achteckige Bedeckung nötig, deren unteres Dach mit Ziegeln, die obere Kuppel mit Schiefer gedeckt werden sollten. Die Dachkonstruktion solle so stabil sein, dass sie auch heftigste Stürme überstehe. Den vorliegenden Entwurf eines Zimmermanns lehnte er ab, da er

1670–1675

schon bei mäßigen Winden gefährdet sei, denn er bestehe aus vielen kleinen Holzteilen, auch seien die vorgesehenen drei Hauben mit zusammen 34 Ellen höher als der Turm selbst. Der Name des Zimmermanns wird nicht genannt, die Konstruktion mit drei übereinander angeordneten Hauben erinnert aber an vergleichbare Bauten des Plauener Zimmermeisters Joachim Marquardt (zum Beispiel 1672 am Turm der Zwickauer Marienkirche). Da Marquardt schon 1694 gestorben war, könnte es sich um einen bereits zum Wiederaufbau des Schlosses in den 1670er-Jahren eingereichten Entwurf gehandelt haben.

Das wiederaufgebaute Plauener Schloss wurde zeitweilig in barocken fürstlichen Glanz getaucht, als sich Herzog Moritz mit Familie samt Hofstaat, Personal und Jagdgefolge vom 24. Juli bis zum 5. September 1680 hier aufhielt. Dabei waren 147 Personen (Gäste nicht mitgezählt) und 99 Pferde; zur Bestellung kamen 56 Vorspannpferde und vier Wagen. Die sechstägige Jagd begann in den Auerbacher Wäldern bei Georgengrün, wozu auch Bauern und Ochsengespanne herangezogen wurden. Für die Rückreise mussten von Plauen bis nach Weida noch 64 Pferde und 38 Ochsen mit sechs Wagen und einem Karren bereitgestellt werden.

Bürgereid der Stadt Plauen 1681

Das Bürgerrecht ergab sich nicht automatisch, es musste erworben werden, in der Regel gegen Gebühr und mit Nachweis der ehelichen Geburt; nach Ermessen des Rates konnte es unter bestimmten Voraussetzungen auch gratis erteilt werden. Es war nicht zwangsläufig daran gebunden, in der Stadt wohnhaft zu sein. So finden sich in den Akten auch immer wieder auswärtige Bürger. Etwa weisen die Kämmereirechnungen 1589/90 unter ihnen die Pfarrer von Kürbitz, Geilsdorf, Taltitz und Theuma, die Schulmeister von Wiedersberg, Rodersdorf und Altensalz sowie den Apotheker Daniel Lüttich in Schleiz aus. Nachfolgend wird der Eid auf Herzog Moritz in der Form von 1681 wiedergegeben. Nach dem Tod Herzog Moritz' von Sachsen-Zeitz am 4. Dezember 1681 wurde er auf seinen Sohn Moritz Wilhelm geleistet, nach dessen Tod am 15. November 1718 und dem Rückfall des Sekundogeniturfürstentums Sachsen-Zeitz an die Kurlinie auf den Kurfürsten.

»**Bürger Eydt**
Ich N. N gelobe und schwere hiermit zu GOTT dem Allmächtigen mit auffgereckten Fingern, daß dem Hochwürdigsten und Durchlauchtigstem Fürsten und Herrn, Herrn Moritzen Herzogen zu Sachßen, Jülich, Cleve und Berg, Engern und Westphalen, Postulirten Administratori des Stiffts Naumburgk, Landgraffen in Thüringen, Margkgraffen zu Meißen, auch Ober- und Niederlausiz, Gefürsteten Graffen zu Hennebergk, Graffen zu der Marck, und Rabensbergk u. Barby, Herrn zu Ravenstein, und der Balley Thüringen Stadthaltern, Meinem gnedigsten Fürsten und Herrn, dann einen WohlEhrenVesten Tot: Tit: Herrn Burgermeistern Rath und Stadt Voigten alhier, ich in allen billigen und schuldigen Sachen, geboten undt befehlichen, auch in abrichtung aller pflichtigen Steuer, Zinß und anders gefolgich, gehorsam, getreu, holdt und gewertig sein, ihren frommen werben, gemeinen Nutz, Friedt und Einigkeit betrachten und erhalten, allen Auffruhr, Zwietracht, wiederwertigkeit undt uneinigkeit in der Gemein, Bürgerschafft undt bey den Gerichten, soviel mir menschlich und müglich, treulich unter kommen, keinen gefehrlichen schlüpflichen noch schmehlichen Reden, rath noch anschlägen wieder meine gnedigste Herrschafft, Obrigkeit, Rath und Gerichten alhier nicht bey wohnen, Viel weniger ichtwas thätliches für nehmen, besondern ihren Schaden treulich warnen, alle wiederwertigkeit so zu ihrer undt gemeines nutzes und Gerichts ver kleinerung und nach theil gereichet, vermelden undt offenbahren, In Gerichtsfällen, wann ich in gemein oder mit nahmen angeruffen, alles stehen und liegen laßen, dem StadtGerichtshalter mit der sezung leibes und Bluths folgen und beystand leisten und hierinnen nichts ansehen will, weder Freundschafft noch Feindschafft, Neid, Haß noch keinerley anders besondern mich als einen ehrlichen unbescholtenen getreuen Unterthanen und Bürger ziemet und gebühret, in allen meinem Handel Leben und Wandel ufrichtig und erbarlich bezeigen,
Treulich und ungefehrlich,
Alles so wahr mir Gott helffe und sein allein seelig machendes Wortt durch Jesum Christum meinen einigen Heylandt Amen!«[2]

Christian August – der »sächsische Kardinal«

Von 1692 bis 1694 diente das Schloss dem mittleren Sohn Herzog Moritz', dem 1666 geborenen Herzog Christian August, als Residenz. Ihm, der von 1692 bis 1696 außerdem Gut und Schloss Reusa sowie das Rittergut Oberlosa besaß, verblieb es auch bis zu seinem Tod 1725, gleichwohl er sich infolge seiner kirchlichen und politischen Karriere, die ihn zum Paradebeispiel eines barocken Kirchenfürsten und zum Stellvertreter des Kaisers machen sollte, nicht mehr hier aufhielt. Ein 1693 von ihm den Plauener Schützen gestifteter und selbst entworfener Silberschmuck erinnert im Vogtlandmuseum Plauen an ihn.

Nach Erlangung der Volljährigkeit war er in niederländische und kaiserliche Militärdienste getreten und hatte an Feldzügen teilgenommen. Während des Türkenkriegs befreundete er sich mit seinem Vetter Friedrich August, dem späteren sächsischen Kurfürsten und polnischen König, sowie dem katholischen Hoch- und Deutschmeister Ludwig Anton von Pfalz-Neuburg. 1684 hatte er die ehedem von seinem Vater ausgeübte Statthalterschaft der Deutschordensballei Thüringen übernommen. Als er 1691 seine bereits 1689 vollzogene Konversion zur römisch-katholischen Kirche öffentlich machte, wurde ihm die evangelische Ballei Thüringen auf der Grundlage reichsgesetzlicher Regelungen durch Kursachsen entzogen. Dank der Freundschaft mit dem Hoch- und Deutschmeister und seinem Nachfolger erhielt er 1695 Statthalterschaft und Einkünfte gegen Garantie des konfessionellen Status und der Zusicherung an Kursachsen, bei Erwerb eines geistlichen Reichsfürstentums darauf ebenso zu verzichten wie auf das etwaige Erbe des Stifts Naumburg, zurück. In rascher Folge erhielt er ab 1691 Kanonikate in Köln, Lüttich, Breslau, Münster und Regensburg, schließlich noch in Eichstätt. 1695 wurde er in Frankfurt zum Priester geweiht. Hatte er sich schon auf einer Romreise 1692/93 ein erstes päpstliches Wählbarkeitsbreve für die deutsche Reichskirche ausstellen lassen, wurde er nach erfolgter Bischofsweihe in Wien 1696 Bischof von Raab (Györ) in Ungarn. Er begleitete August den Starken beim für den Erwerb der polnischen Königskrone notwendigen Übertritt zur römischen Kirche und war von 1697 bis 1699 dessen Großkanzler und Stellvertreter als albertinisches Familienoberhaupt. 1700 wurde er Koadjutor des Erzbischofs von Gran (Esztergom) in Ungarn und erhielt 1702 die Administration des Erzstifts Köln. 1706 vom Papst zum Kardinal ernannt, verließ er 1707 Köln und trat die Nachfolge des Erzbischofs von Gran an. Das Erzbistum entsprach damals weitgehend der heutigen Slowakei, als Erzbischof und Primas von Ungarn vollzog Christian August zum Beispiel 1712 die Königskrönung Kaiser Karls VI. 1713 wurde er Kardinalprotektor für die Deutsche Nation.

1716 zum kaiserlichen Prinzipalkommissar auf dem Immerwährenden Regensburger Reichstag ernannt, vertrat er hier den Kaiser. Dabei geriet er in den Wirbel konfessioneller Auseinandersetzungen im Zusammenhang mit der Konversion des sächsischen Kurprinzen zur römischen Kirche und dem Konflikt um die Direktorialstellung Kursachsens innerhalb des die protestantischen Reichsstände vertretenden Corpus Evangelicorum, dessen Präsident der sächsische Kurfürst auch blieb, nachdem er als Privatperson von der evangelisch-lutherischen zur römisch-katholischen Kirche übergetreten war. Die Vermittlungsbestrebungen Christian Augusts weckten, obgleich er der römischen Kirche Eingang ins traditionell lutherische sächsische Herrscherhaus verschafft hatte, seitens der Kurie Zweifel an seiner Konfessionstreue, er blieb aber im Amt.

1716 übernahm er anstelle Moritz Wilhelms die Erziehung seines Neffen Moritz Adolph (Carl), Sohn des 1713 verstorbenen jüngsten Bruders Friedrich Heinrich, der in Pegau und Neustadt an der Orla residiert hatte. Auch ihn brachte er zur Konversion. Christian August starb 1725 in Regensburg, wo er zunächst in St. Emmeram, auf Anordnung des Kaisers aber schließlich im Pressburger Dom bestattet wurde.

②
Kardinal Herzog Christian August zu Sachsen-Zeitz mit Deutschordenskreuz, Kupferstich, nach 1706
Vogtlandmuseum Plauen, Repro Frank Weiß

Herzog Moritz Wilhelm und das Ende der Sekundogenitur

Als ältester Sohn Moritz' sollte Moritz Wilhelm zweiter, aber zugleich letzter Landesherr des Fürstentums Sachsen-Zeitz werden. 1682 vom Naumburger Domkapitel zum Administrator gewählt, stand er jedoch wegen Minderjährigkeit bis 1685 unter Vormundschaft des sächsischen Kurfürsten Johann Georg II. 1689 heiratete er die Tochter Maria Amalia Kurfürst Friedrich Wilhelms von Brandenburg, des »Großen Kurfürsten«. Nach der Krönung ihres Bruders Friedrich 1701 zum König in Preußen stand ihr der königliche Titel zu, in einer Zeit, in der Rang- und Reputationsfragen hohen Stellenwert besaßen, ein Vorteil, der aber zugleich das ohnehin gespannte Verhältnis zur Kurlinie, die alle Souveränitätsbestrebungen unterbinden wollte, eher belastete. So verhinderte Kursachsen etwa Moritz Wilhelms Bemühungen, die Erlangung der Reichsstandschaft durch die Wiedereinführung des Stimmrechts der Naumburger Bischöfe beziehungsweise der in ihrer Nachfolge stehenden Administratoren im Reichsfürstenrat zu erreichen. Auch sein Versuch im Nordischen Krieg, Schweden als Schutzmacht zu gewinnen, scheiterte. Kursachsen übte militärischen Druck aus, und nachdem 1710 der Zeitzer Erbprinz gestorben war, stellte er gegen Geldzahlungen vertraglich sein Streben nach einem Sitz im Reichstag ein und stimmte zudem der Einführung der kursächsischen Generalkonsumakzise, einer Verbrauchssteuer, in seinen Gebieten zu.

1710

③
Plauen von Süden, Teilkopie, um 1970, von Hans Hegner aus einem Gemälde »Taufe Christi«, um 1725
Vogtlandmuseum Plauen, Repro Frank Weiß

1718

15. November 1718 starb er in Weida und wurde in der dortigen Stadtkirche St. Marien beigesetzt.

Das Fürstentum fiel nun an die Kurlinie zurück, da die beiden letzten männlichen Erbanwärter, Herzog Christian August und Herzog Moritz Adolf Carl gegen Apanagen zugunsten Kursachsens auf das Erbe verzichtet hatten. Am 16. Dezember 1718 nahm der Hof-, Justiz- und Appellationsrat Ernst Friedrich von Döring in Plauen die Erbhuldigung an August den Starken entgegen.

Plauen um 1700

In seiner wohl um 1709 verfassten handschriftlichen Chronik der Stadt Plauen beschrieb Gottfried Geutebrück († 1735), der seit 1704 Ratsmitglied und zwischen 1725 und 1735 wiederholt Bürgermeister war, seine Stadt im Kapitel II »Von Ursprung, Erbauung, Größe und Eintheilung der Stadt« unter anderem so: »In der Stadt ist alles in gewiße viertheil, Gaßen, Märkte und Pläcze eingetheilet. Worbey wohl zu glauben, daß die Eintheilung der viertheile öfters in vorigen zeiten geändert worden. Aniczo ist es folgender maßen beschaffen. Es wird nehmlich die gancze Stadt in VI Theile getheilet, Das Erste Theil wird Caspar Jehrings Viertel genennet, weil ao 1628 da diese Eintheilung vermuthlich geschehen, Caspar Jehring darinnen das erste Haus beseßen. Daßelbe hat aniezo Christian Schneider, Bürger und Tuchmacher innen, nun gehet das Viertel an Herrn Brauns Hauß herauf bis an das Neundörffer Thor, so dann die Jüden Gaße hin, begriffet die halbe Straßberger Gaße und das obere Theil des Marckts bis an die Brodt Bäncke und bestehet in 43 Häußer.

Der andere Theil heiset Valentin Jehrings Viertel fänget bey weyl. Herrn Vice Bürgermeisters Valentin Jehrings Hauß, untern Rathhauße an, begriffet das Rathhauß das untertheil der Neundörffer Gaße, die ganze Schustergaße, das Kloster, den alten Töpffmarckt und die obere Reihe am Steinweg von Hn. Johann Jehrings Rathsverwanthens Hauß biß an Joachim Daniels Specks Seiffensieders Hauß, hat also 57 Häußer.

Das Dritte Theil heißet das Spenglers Viertel, fähet bey Herrn Paul Schneiders des Raths und Materialistens Haus am Marckte an, gehet sodann dem Steinweg hinab biß an Frau Johannen Sophien Geutebrückin meiner Mutter Haüßlein, so dann das Endengäßlein hinein biß an Fr. Susannen Reginen Langin Haus am Schulberg, begriffet den ganzen Stock bey der Kirche item etliche geistliche Wohnungen als des Correctoris und Caplans Häußer biß an Herrn Michael Ruderts Creyß Steuer Cassirers Hauß aufn Marckt.

Der vierte Theil, das Apothecker Viertel, fänget bey Herrn Theodori Leißners Stadt Caplans eigenen Wohnhauß am Marckte an, gehet biß an Christian Eichhorns Haus am Straßbergerthor, begriffet sodann was in alten Teich enhalten ingleichen die Häußer bey der Kirche

Moritz Wilhelm war vielseitig interessiert, an alten Sprachen ebenso wie an religionsgeschichtlichen und theologischen, historischen, philosophischen, genealogischen oder naturwissenschaftlichen Fragen sowie an der Kunst. Er kam mit dem lutherischen Pietisten Philipp Jacob Spener und dem radikalen kirchenkritischen Pietisten Gottfried Arnold in Berührung, stand in Kontakt mit Gottfried Wilhelm Leibniz und förderte den Komponisten Johann Friedrich Fasch.

Seit 1697 dem Katholizismus zuneigend, trat er 1715 heimlich im böhmischen Kloster Doxan vor seinem Bruder Christian August über. Als der Schritt 1717 publik wurde, musste er die Administration des Stifts Naumburg-Zeitz aufgeben und das Stiftsgebiet trotz anderweitiger Versprechungen Augusts des Starken mit den Residenzen Naumburg und Zeitz gegen eine lebenslange Pension an Kursachsen, dessen Erbschutzherrn, abtreten. Als neue Residenz bei verkleinertem Hofstaat diente nun die Osterburg im vogtländischen Weida, in der er eine katholische Kapelle einrichten ließ. Die allgemeine Erregung schlug auch in der Publizistik Wellen. Als Moritz Wilhelm die Verbrennung einer Druckschrift anordnete, weigerte sich der Rat zu Plauen 1718 im Gegensatz zu anderen Städten und wandte sich an die theologische Fakultät der Universität Jena. Deren Antwort lautete dahingehend, man müsse Gott mehr gehorchen als den Menschen, eine erzwungene Verbrennung durch einen evangelischen Magistrat wäre ein Eingriff in die im Westfälischen Frieden festgeschriebene Religionsfreiheit – und sie unterblieb. Zweifel, Enttäuschung, äußerer Druck und das seelsorgerliche Einwirken des Hallenser Pietisten August Hermann Francke nährten Moritz Wilhelms Entschluss, zur lutherischen Kirche zurückzukehren. Am 16. Oktober 1718 vollzog er diesen Schritt in der Stadtkirche zu Pegau. Bereits am

und höret bey Andreas Groiczschens Schusters Häußlein auf, hat 38 Häuser.

Das Vte theil wird der obere Theil der Neustadt genennet, und fähet bey Jacob Voigts Haus am unteren Steinwege an, gehet dißeits des Syra-Baches fort, den Schulberg hinauf biß und mit an Herrn M. Hebenstreits land Diaconi eigenthümlichen Hauß, begreifft so fort die andere Helfte des Schulberges, den ganzen Compturhoff, die andere Seite an der Syra von Christoph Höffers Haus an biß an das Syrauer Thor und läuffet die sogenannte Saugaße herauf, biß an Johann Paul Haußners Tuchmachers Haus am untern Steinweg, hat 58 Häußer.

Das VI. Theil heiset der untere theil der Neustadt, oder das Hammer Viertel fähet bey Hannß Adam Mehlers, eines Seilers in der Neustadt an, begreift die Häußer auf dem Viehemarckt biß ans Brückner Thor, und höret bey der untern Bad Stuben wieder auf, hat 34 Häuser und alßo sind in der ganzen Stadt 268 Häußer.«[3]

Bei den genannten Straßennamen ist zu beachten, dass mit der »Neundörffer Gasse« die heutige Marktstraße und mit den »Brodt Bäncken« das Bänkegässchen gemeint sind und die »Jüden Gasse« heute Nobelstraße heißt. Die heute als solche nicht mehr existierende Schustergasse führte von der Marktstraße zur Klosterstraße, ihr oberer Teil fiel dem Bau des Neuen Rathauses zum Opfer, nördlich von ihr verlief die Stadtmauer am Unteren Graben, sodass sie auch das nördliche Ende der Herrenstraße einschloss. Das Kloster bezeichnet das mit Wohnhäusern bebaute Gebiet des in der Reformation aufgelösten Dominikanerklosters, das nach dem Stadtbrand 1844 bei der Anlage des Klostermarkts verschwand. Daneben hatte sich der alte Topfmarkt befunden. Die Saugasse führte vom Oberen Steinweg ins Syratal unterhalb des Syrators, im 19. Jahrhundert wurde sie zur Schulstraße. Daneben lag der Kuhmarkt unter der Linde, wie ihn der Stadtplan des Oberlandfeldmessers Christoph Moritz Dietz von 1732 ausweist.

Über Stadttore und Vorstädte berichtete er so: »Diese Stadt hat Fünff Thore, als das Neundörffer und Syrauer Thor, so gegen Mitternacht gehen, das Straßberger Thor so gegen Abend gehet, das Hammer Thor welches gegen Morgen und das Brückner Thor, so gegen Mittag gehet. Es ist auch noch eine Pforde gegen Mittag hinter der Kirche, dadurch mann aber nur zu gehen pfleget, Das Neundörffer, Straßberger und Syrauer Thor haben ihre Nahmen von denen davor gelegenen Dörffern, das Brücknerthor aber von den über den ElsterFluß gehenden und aus 4 Schwibbögen bestehenden grosen Steinernen Brücken, auf der das Hospital zu S. Elisabeth stehet.

Das Neundörffer Thor ist auch sonsten das Dobenauer Thor genennet worden, und zwar von der vormals davor gelegenen Capelle zur Dobenau S. Wolffgang genannt. Vor einem ieden Thor aber ist eine ziemliche Vorstadt, und in derselben sind unterschiedene feine Gärtten welche von Tag zu Tag durch Antrieb der fleißigen Inwohner verbeßert und nun innerhalb 10 biß 12 Jahren mit allerhand schönen Bäumen gezieret worden sind.«[4]

Über die Lage der Stadt bemerkte Geutebrück im nächsten Kapitel: »Sonsten lieget Plauen zwischen Bergen auf einem Hügel zum Theil an den Fischreichen und klaren Fluß die Elster, welcher wegen der führenden Perlen und guten Fische sehr berühmet ist. Umb die Stadt ist eine schöne lustige Gegend, und sind sonderlich drey schöne Auen umb solche herumb davon auch einige wie oben gedacht den Nahmen [Plauen, FW] nehmen wollen. Der Ackerbau ist nach Beschaffenheit des Landes der Beste mit im ganzen Voigtlande. Wie denn auch die Luft umb die Stadt wärmer als in denen benachbarten Orthen wahrzunehmen. Es giebt auch unterschiedene Kupffer Bergwercke insonderheit 2 die bißhero in ziemlichen guten Stande geweßen, in dieser gegend, als eines zum Seegen Gottes aufn Zadaraberg, und eines in der Straßberger Gegend zur neuen Himmelfarth genennet.

Auch wird ohnweit der Elster untern Straßberger weg auf Johann Dölzens Feldt, nebst schönen Kalcksteinen ein feiner Marmor gegraben, so zu Tischen und andern Bedürffnis gebrauchet wird. Dieser Marmor ist roth und weiß gesprengt, gleich wie in einem dorffe mit nahmen Pöhl eine Stunde von der Stadt schwarz und weißer Marmor zufinden ist, Die Luft endlich ist gesund und bequem, und findet mann daher noch ziemliche alte Leute alda.«[5]

Von der Wiege bis zur Bahre – Plauen 1690

»Cap. I: In diesem abgewichenen 1690sten Jahr sind in allhiesiger Kirchen getaufft worden,
145 Kinderlein, als 84 von H. Stadt-Diacono
                    25 von H. Landt-Diac. nach Jößnitz
                    36 von H. Landt-Diac. nach Oberlosa und Straßbergk
und eben so viel als vorn Jahr.

Cap. II: Hingegen hat der Allgewaltige Gott der Herr über alles lebendige Fleisch durch den zeitlichen Todt von dieser Welt abgefordert,
192 Personen, alß 98 Alte,
                   60 Junge,
                   3 Sechswöchnerin,
                   22 Sechswochen Kinderlein,
                   9 ungetauffte Kinderlein, und also 57 mehr gestorben, als vorm Jahr.

Cap. III: Proclamirt und copulirt sind worden,
                   42 Paar proclamirt, hingegen nur
                   30 paar copulirt, als 21 paar von H. Stadt-Diacono
                   2 paar von H. Landt-Diac. nach Jößnitz
                   7 paar von H. Landt-Diac. nach Oberlosa und Straßbergk
und also 14 paar weniger proclamirt aber 2 paar mehr copul. als vorm Jahr.«

Aus dem Totenbuch Plauen 1653–1699, III, Blatt 162 b; Abschrift im Stadtarchiv Plauen

Religion und Sakralarchitektur

Frank Weiß — **Zwischen Reformation und Aufklärung**

1577/80

Der politische Übergang vom burggräflichen Staat zum kursächsischen war ein Wechsel des landesherrlichen Kirchenregiments, der keine konfessionellen Veränderungen bedeutete. Das albertinische Kursachsen war lutherisch mit melanchthonischem »Akzent« – der Kurfürst selbst sah als strenger Lutheraner keinen Widerspruch zu Melanchthon –, wurde allerdings in konfessionelle Spannungen verwickelt, die aus innerlutherischen Lehrstreitigkeiten resultierten. Solche traten vor allem seit Luthers Tod 1546 und vermehrt seit Melanchthons Tod 1560 auf. Die Reibungen zwischen den sogenannten Gnesiolutheranern (griechisch »gnesios« = echt), die besonders im ernestinischen Gebiet tonangebend waren, und den nach Melanchthon benannten Philippisten, denen sie Abweichung von Luthers Lehre und mangelnde Abgrenzung zum Calvinismus vorwarfen, verschärften sich und berührten das ganze Land. Dabei ging es etwa um Fragen der Realpräsenz Christi im Abendmahl, der zugleich menschlichen wie göttlichen Natur Christi, der Vorherbestimmung des Menschen und der Taufpraxis. Nach einer 1573 erschienenen Druckschrift in calvinistischem Geiste kam es zu einer Krise des Philippismus in Sachsen, in deren Verlauf der Kurfürst vor angeblich gegen ihn gerichteten Umtrieben gewarnt wurde, worauf es zu mehreren Verhaftungen, Inhaftierungen und Amtsenthebungen in seinem Umfeld und an der Universität Wittenberg kam.

Einer der Betroffenen war der Theologieprofessor Christoph Pezel. 1539 in Plauen als Sohn eines Ratsherrn geboren, hatte er nach dem Besuch der Lateinschule ab 1554 in Jena und ab 1557 in Wittenberg bei Melanchthon studiert, arbeitete dann als Lehrer in Plauen und Annaberg, studierte ab 1564 wieder in Wittenberg, wurde 1567 Magister und Professor der philosophischen Fakultät, 1569 Schlosskirchenprediger und Mitglied der theologischen Fakultät sowie 1570 Doktor der Theologie. Sein 1571 an den sächsischen Schulen eingeführter Wittenberger Katechismus befeuerte den Kryptocalvinistenstreit (Kryptocalvinisten = verdeckte Calvinisten). Nachdem er sich 1574 zur Distanzierung von der reformierten Abendmahlslehre genötigt sah, unter Hausarrest gestellt und 1576 aus Sachsen ausgewiesen wurde, hielt er sich in Eger (und insgeheim auch in Plauen bei Verwandten und Anhängern) auf. 1577 in die Grafschaft Nassau-Dillenburg berufen, trat er nun mit deutlich calvinistischen Auffassungen auf und prägte die reformierten Kirchen von Nassau-Dillenburg und Bremen, wo er auch für die entsprechend nüchterne Umgestaltung der Kirchenräume sorgte. In Bremen starb er 1604.

Die Streitigkeiten schwelten weiter. Da sich die reichsrechtliche Anerkennung des Protestantismus im Augsburger Religionsfrieden von 1555, den Kurfürst August mit ausgehandelt hatte, auf die Lutheraner bezog, wurde die Unterscheidung vom Reformiertentum beziehungsweise Calvinismus für das kirchliche und gesellschaftliche Leben wie für das Verhältnis zur kaiserlichen Seite dringlich. August, der die kirchlichen und gesellschaftlichen Verhältnisse etwa durch die Generalartikel von 1557, in denen auch Regeln für das Alltagsleben und den Lebenswandel formuliert wurden, und Visitationen steuern wollte und theologischem Gezänk abhold war, sah sich nach dem Scheitern mehrerer Verhandlungen in reichsrechtlicher Verantwortung und veranlasste ein Dokument zur Klärung, das als Konkordienformel (Eintrachtsformel) 1577 veröffentlicht, unter Berufung auf Bibel, Kirchenväter und Augsburgische Konfession Frieden herstellen sollte. 1580 wurde sie gemeinsam mit den drei altkirchlichen Glaubensbekenntnissen, der Augsburgischen Konfession (1530) samt Melanchthons Apologie (1530/31), Luthers Schmalkaldischen Artikeln (1537), Melanchthons Traktat über Macht und Primat des Papstes (1537) sowie Luthers Kleinem und Großem Katechismus (1529) im Konkordienbuch zusammengefasst. Konkordienbuch und -formel wurden von 86 Reichsständen – Landesherren und Freien Reichsstädten – angenommen, darunter von ernestinischem und albertinischem Sachsen. Geistliche und Lehrer wurden hier bindend darauf verpflichtet. 1580 erging zudem eine Kirchen- und Schulordnung im Kurfürstentum. Im Zuge von Zentralisierungsmaßnahmen verlor das Vogtland 1583 sein eigenes Konsistorium in Plauen.

Die in den Generalartikeln aufgeführten Verhaltensmaßregeln betrafen alle Stände. So wurden etwa die Geistlichen aufgefordert, untereinander kollegial und gute Vorbilder zu sein, weltliche Dinge und ihre Privatangelegenheiten nicht auf die Kanzeln zu tragen, nicht strafend und rachsüchtig, sondern freundlich, bescheiden und sanftmütig zu sein, die Predigten zu geregelten Zeiten und kurz zu halten und kein Gezänk wegen Lehre oder Personen anzustellen, das Volk nicht zu irritieren und keine andere Gewerbstätigkeit auszuführen. Kein Pfarrer solle gegen den Willen der Gemeinde angestellt werden. Das Volk solle mit den Grundkenntnissen des Glaubens immer wieder vertraut gemacht werden. Uneheliche Kinder sollten ohne Diskussion getauft werden.

Auch der Lebenswandel des Volkes fand Beachtung, Täuflinge sollten nicht in die Wirtshäuser getragen und keine Fressgelage gehalten werden. Zudem wurden das unmäßige Saufen vor und zu Feiertagen kritisiert sowie die Einhaltung der Sonn- und Feiertagsruhe angeordnet. Während der Gottesdienste hätten Geschäfte und Lustbarkeiten zu ruhen, die Stadttore geschlossen zu bleiben. Betrügerische Bettler sollten nicht auf Kosten der bedürftigen Armen unterstützt werden. Kranken sei ohne Ansehen der Person zu helfen, Arme wie Reiche seien ehrlich zu bestatten, auch Armen solle das letzte Geleit gegeben werden. In Pestzeiten solle niemand unbegraben bleiben, was außerdem nicht den Angehörigen überlassen werden dürfe, die Teilnahme an der Bestattung sei aber unter solchen Umständen freigestellt.

Philippismus und Kryptocalvinismus behielten Einfluss in Sachsen. Nach Augusts Tod 1586 kamen sie unter seinem Sohn Christian I. und seinem mächtigen Kanzler Nicolaus Crell (auch Krell) wieder offen zum Zuge. Christian suchte das lutherische Kirchenwesen durch einen weiter gefassten Protestantismus zu verändern. Auf einem Treffen in Plauen Anfang März 1590 mit seinem Schwager, dem reformierten Pfalzgrafen bei Rhein Johann Casimir, strebte er ein umfassendes deutsch-protestantisches Schutzbündnis an, das jedoch nicht wirksam wurde. Zugleich wurde über militärische Unterstützung der französischen Protestanten beraten.

Als 1591 eine Anordnung zum Weglassen des Exorzismus bei der Taufe von den Geistlichen unterschrieben werden sollte, zeigte sich deren Spaltung. Während Archidiakon und Prediger Balthasar Hendel, der nach dem Tod Superintendent Martin Pfüntels die Ephorie kommissarisch leitete, mit den übrigen Plauener Geistlichen und einigen aus der Ephorie unterschrieb, weigerten sich andere, wie die Pfarrer von Reichenbach, Treuen, Lengenfeld, Auerbach, Elsterberg, Mühltroff, Mylau, Kloschwitz, Leubnitz und Kürbitz wiederholt. In Verteidigungsschriften lehnten sie auch eine Vorladung vor das Leipziger Konsistorium ab und verwiesen auf den Widerstand, der im Falle einer Unterschrift von Adel, Bürgern und Bauern drohte. Unter dem neuen Superintendenten David Scotus bröckelte ihre Front.

Der Tod Christians I. am 25. September 1591 leitete die Wende ein, in deren Ergebnis die Verhältnisse im Sinne des künftig bestimmend bleibenden orthodoxen Luthertums neu geregelt wurden. Kanzler Crell wurde abgesetzt, inhaftiert und schließlich 1601 verurteilt und hingerichtet. Der Vormund des erst achtjährigen Christian II., der ernestinische Herzog Friedrich Wilhelm von Sachsen-Weimar, war wie die kurfürstliche Witwe streng lutherisch eingestellt, und der Landtag zu Torgau beschloss 1592 die Entfernung aller Calvinisten aus Kirchen, Schulen, Universitäten und Verwaltungen. In Visitationen wurden nun Superintendenten, Pfarrer, Lehrer, Theologen und Beamte überprüft, diese hatten die vier Visitationsartikel (vom Abendmahl, von der Person Christi, von der Taufe und von der Gnadenwahl) und die von Christian I. außer Kraft gesetzte Konkordienformel zu unterschreiben, von Letzterem Entlassene wurden wieder eingestellt.

In Plauen fand die Visitation vom 23. bis zum 27. November 1592 statt. Superintendent Scotus verweigerte die Unterschrift und wurde entlassen, alle anderen Geistlichen und Lehrer wie auch Rat und Gemeindevertreter unterschrieben. Neuer Superintendent wurde 1593 der zuvor in Eger tätige Nikolaus Polant, der 1603 als Stiftssuperintendent nach Meißen berufen wurde.

Der gebürtige Plauener Wolfgang Frantz (1564–1628), Sohn eines Maurers und Tuchmachers, muss zu dieser Zeit ebenfalls erwähnt werden. Nach dem Schulbesuch in Plauen und Küstrin studierte er in Frankfurt/Oder und Wittenberg und wurde 1587 Magister. Nach mehrjähriger Dozententätigkeit erhielt er 1598 eine Geschichtsprofessur an der Universität Wittenberg und erwarb den theologischen Doktortitel. Ab 1601 als Propst in Kemberg und ab 1605 wieder in Wittenberg tätig, bekleidete er dort neben einer theologischen Professur an der Universität, der er dreimal als Rektor vorstand, das Amt des Propstes an der Schlosskirche und war später auch Assessor am Wittenberger Konsistorium. Anfangs unter Calvinismusverdacht, trat er als Vertreter der lutherischen Orthodoxie in Erscheinung. Unter seinen Publikationen befand sich auch eine »Historia Animalium Sacra« (1613), in der er damaliges zoologisches Wissen zusammenfasste. Ein Schlaganfall fesselte ihn ab 1620 ans Krankenbett.

Der lutherischen Orthodoxie war ebenso der Amtsnachfolger Nikolaus Polants als Plauener Superintendent, der in der sächsischen Kirchengeschichte bekannte Dr. Matthias Hoë von Hoënegg (1580–1645), zugehörig. Der gebürtige Wiener hatte in Wien und Steyr die Schule besucht und ab 1597 in Wittenberg Philosophie, Rechte und Theologie studiert, war seit 1602 dritter Hofprediger in Dresden, wurde 1603 nach Plauen berufen und wirkte hier seit 1604 als Superintendent, wo er äußerst beliebt war und sich große Verdienste erwarb – nicht nur um das Kirchen- und Schulwesen, sondern etwa auch um soziale Belange nach einem Großbrand 1608 oder um den Erhalt der der Stadt streitig gemachten Obergerichtsbarkeit; zudem lieh er der Stadt 6 000 Taler. Berufungen nach Rostock, Braunschweig, Oldenburg, Chemnitz, Zeitz und Österreich lehnte er ab. Er kaufte einen Garten und das Gut Heidenreich. 1611 wurde er Direktor der deutschen lutherischen Gemeinden in Prag und Böhmen. Der Abschied von Plauen fiel ihm schwer, er behielt sich zunächst auch seine Stelle vor, verzichtete aber nach dem Tod des Kurfürsten darauf, kam nochmals von Prag nach Plauen, hielt im September 1611 eine Synode und eine Abschiedspredigt. In einer 1612 gedruckten Abschiedsschrift, die er Rat, Bürgerschaft und Gemeinde widmete, kommt seine innere Bewegung zum Ausdruck, wenn er etwa schildert, wie Hunderte Menschen mit Wagen ihn und seine Familie teils meilenweit begleitet haben, und wie viele – er selbst auch – vor Weinen kaum noch ein Wort herausbrachten. In Prag legte er 1611 den Grund-

Religion und Sakralarchitektur

① Matthias Hoë von Hoënegg, 1603–1611 Superintendent in Plauen, Kupferstich
Vogtlandmuseum Plauen

② Aegidius Wild, 1643–1673 Superintendent in Plauen, Kupferstich von Christian Romstet
Stiftung Preußischer Kulturbesitz, Staatsbibliothek zu Berlin, © bpk-Bildagentur

Weesenstein und ab 1633 Pfarrer in Waldheim) das Amt und übte es in schwerer Zeit bis zu seinem Tod 1673 aus. In Waldheim waren seine Magd und seine Frau mit der Pest infiziert worden, sodass er zeitweise mit ihnen im vor der Stadt gelegenen Schießhaus isoliert leben musste. In Plauen waren nach dem Brand von 1635 Pfarrwohnung und Schule im Komturhof erst ab 1645 nutzbar. Dazu stellte er ersparte 500 Taler zur Verfügung. Sein Amt führte er mit großem Engagement und Demut, den ihm angetragenen Doktortitel lehnte er ab.

Weitere Superintendenten waren dann Johann Heiffel (1674–1696), Johann Avenarius (1697–1713), Johann Georg Hermann (1714–1737), Johann Gottfried Hermann (1738–1746), Johann Christian Stemler (1746–1748), Georg Friedrich Strantz (1749–1785) und Johann Christian Hand (1785–1798).

Die große Ephorie Plauen reichte von Gefell bis Stützengrün. Zwischen 1697 und 1720 war sie durch die Einrichtung einer eigenen Inspektion für die schriftsässigen Kirchen in Reichenbach geteilt. Zur Parochie Plauen zählten außer der Stadt noch Thiergarten, Meßbach (das zeitweilig nach Kürbitz gepfarrt war), Neundorf, Zwoschwitz, Kauschwitz, Haselbrunn, Reißig, Chrieschwitz, Kleinfriesen, Reusa, Tauschwitz und die Filialkirchen Jößnitz (vom 1. Landdiakon betreut) sowie Straßberg mit Unterneundorf und Kobitzschwalde einerseits und Oberlosa mit Unterlosa und Stöckigt andererseits (vom 2. Landdiakon betreut). Die Pfarrkirche St. Johannis wurde nach dem Brand von 1635 wieder aufgebaut, die Gottesackerkirche ist ein Neubau von 1693 bis 1722. Im Gebiet der Plauener Parochie wurden zudem die Kirchen von Straßberg 1576/77 und Oberlosa von 1782 bis 1786 von Grund auf neu erbaut und die Kirche zu Jößnitz 1755 unter Einbeziehung des alten Chorturms barock erneuert. In Kauschwitz ließ Rittergutsbesitzer Adam Friedrich von Watzdorf 1763/64 einen als Kornspeicher genutzten alten runden Wehrturm zur Kapelle umbauen.

Exulanten und Salzburger Emigranten

Die konfessionelle Spaltung mit ihren Streitigkeiten, Unduldsamkeiten und politischen Auseinandersetzungen hatte im Plauen des 17. Jahrhunderts in unterschiedlichen Formen, etwa in Gestalt zahlloser durchwandernder von der Gegenreformation Vertriebener oder dem Zuzug von Exulantenfamilien vor allem aus Böhmen, Niederschlag gefunden. Die Beziehungen zwischen der dortigen Pfarrerschaft und dem Vogtland waren eng, wie das Beispiel von Martin Pfüntel zeigt, der von 1569 bis 1583 Rektor, Archidiakon und Prediger in Plauen, dann Pfarrer in Schlaggenwald und von 1585 bis 1591 Superintendent in Plauen war. Als Exulanten kamen infolge der Gegenreformation im Dreißigjährigen Krieg die Pfarrerfamilien Dörffel aus der Tachauer Gegend und Zimmermann aus Joachimsthal nach Plauen und ins Vogtland. Ein Grabstein in der Lutherkirche erinnert an Salome Wildner (1677–1742). Die Ehefrau des Steinmetzen Georg Christoph Wildner entstammte der im Zuge

stein zur Salvatorkirche mit und eröffnete die evangelische Schule, deren erster Rektor Petrus Eilber aus Oelsnitz war. 1613 holte ihn Kurfürst Johann Georg I. als Oberhofprediger nach Dresden; dieses Amt übte er bis zu seinem Tod aus.

Nachfolger wurde 1612 Hieronymus Kromayer (* 1572 in Döbeln, ab 1608 Pfarrer in Zeitz), der 1613 an der Pest starb. Ihm folgten von 1614 bis 1624 Caspar Pamler (* 1573 in Reichenbach, ab 1607 Pfarrer in Schneeberg) und von 1624 bis 1643 Gabriel Lotter (* 1584 in Grimma, ab 1621 Superintendent in Weida). 1643 übernahm Aegidius Wild (* 1601 in Reichenbach, nach entbehrungsreicher Ausbildung ab 1631 Pfarrer in

der Gegenreformation aus Klagenfurt in Kärnten um 1600 vertriebenen Familie Wurtzer, die über Niederösterreich und zuletzt Auerbach im Vogtland nach Plauen und Umgebung kam. Großvater Veit – er erwarb 1656 das Plauener Bürgerrecht – und Vater Georg übten das Posamentiererhandwerk aus.

Nachdem mehrere Wettiner, darunter der Kurfürst, seit dem Ende des 17. Jahrhunderts durch Konversionen zur römischen Kirche für Verunsicherung und Beunruhigung gesorgt hatten, war die Einwohnerschaft im lutherischen Kursachsen wie auch seinen Sekundogenituren quer durch alle Stände alarmiert. Auch die Politik der Ständevertretung, des Landtags, reagierte in dem Sinne. Plauen war dort als bedeutendste Stadt des Vogtländischen Kreises im Weiteren Ausschuss der Städte vertreten.

Ein Ereignis, das die Bevölkerung gerade vor diesem Hintergrund stark bewegte, war der Durchzug der Salzburger Emigranten 1732. Im Rahmen einer erneuten Welle von Gegenreformation und Rekatholisierung hatte der Salzburger Fürsterzbischof Leopold Anton von Firmian 1731 ein mit seinen rigorosen Bestimmungen im Widerspruch zum Westfälischen Frieden stehendes Emigrationspatent zur Vertreibung der in seinem Territorium ansässigen Protestanten, die zum Teil verdeckt als Krypto- beziehungsweise Geheimprotestanten gelebt hatten, erlassen. Diese Vertreibung hatte mit Grundbesitzlosen begonnen und erreichte ihren Höhepunkt 1732 mit Bauern- und Handwerkerfamilien, geschätzt etwa 17 000 bis 20 000 Personen. König Friedrich Wilhelm I. in Preußen reagierte darauf am 2. Februar 1732 mit einem Einladungspatent zur Ansiedlung der Salzburger in Ostpreußen, das während der großen Pestepidemie zwischen 1708 und 1714 ungefähr ein Drittel seiner Bewohner verloren hatte.

In Plauen kam der erste Zug von etwa 800 Salzburger Emigranten am Nachmittag des 9. Juni 1732 aus Hof kommend an, von der Bürgerschaft teilnahmsvoll begrüßt und über Nacht beherbergt, bevor er am Folgetag seinen Weg über Chrieschwitz fortsetzte. Ein im Haus des Goldschmieds Salomon Geigenmüller verstorbenes zweijähriges Mädchen wurde am 10. Juni in dessen Erbbegräbnis beigesetzt. Weitere etwa 450 Salzburger trafen am 15. Juli ein, ebenso herzlich von Einwohnern, Geistlichkeit und Schule empfangen und mit Andacht und Kommunion in der Kirche gestärkt, ehe sie am 16. Juli in gleicher Richtung weiterzogen. Eine von den evangelischen Ständen in Regensburg beschlossene Generalkollekte zugunsten der Salzburger Emigranten wurde in Sachsen am 10. August 1732 eingesammelt. Dabei kamen im Land über 28 366 Taler zusammen, allein aus Plauen 626. Auf Befehl des Kurfürsten durfte das Geld jedoch, trotz Einspruchs des Oberkonsistoriums und des Geheimen Konsiliums, nicht an die weitergeleitet werden, für die es bestimmt gewesen war, sondern musste nach Abzug von 50 Talern für Ausschreibung und Auszählung zum Weiterbau der Dresdner Frauenkirche verwendet werden.

Die konfessionelle Trennung zwischen katholischen und protestantischen Gebieten fand ihren Ausdruck selbst in der Frage des Kalenders. Im alten Julianischen Kalender hatte sich durch das kürzere Sonnenjahr seit der Antike eine Differenz von zehn Tagen ergeben, sodass der Frühlingsbeginn, nach dem das Osterfest berechnet wird, vom 21. auf den 11. März gerückt war. Papst Gregor XIII. folgte den Vorschlägen einer Kommission unter wissenschaftlicher Leitung des Astronomen Christoph Clavius und verkündete 1582 mit einer verpflichtenden Bulle eine Reform, nach der dem 4. der 15. Oktober 1582 folgen sollte. Die katholischen Gebiete schlossen sich dem an, die den Primat des Papstes ablehnenden Protestanten nicht. Im Reich galten nun zwei Kalender. Auch wenn schon 1582 die Universität Leipzig die sachliche Begründung anerkannte und der Regierung nahelegte, einen eigenen aktualisierten Kalender zu veröffentlichen, sollte es noch bis 1699 dauern, ehe das Corpus Evangelicorum auf dem Regensburger Reichstag einen »Verbesserten Julianischen Kalender« beschloss, zu dem Erhard Weigel, der Lehrer Georg Samuel Dörffels, wesentliche Vorarbeiten geleistet hatte, und der im Wesentlichen dem Gregorianischen entsprach. Da für 1700 eine Differenz von elf Tagen bevorstand, wurden die dem 18. Februar 1700 folgenden elf Tage ausgelassen.

1732

Freimaurer

Die im Kontext der Aufklärung im 18. Jahrhundert in England entstandene Freimaurerei sieht ihre Wurzeln in den mittelalterlichen Bauhütten, Winkelmaß und Zirkel deuten als Symbol darauf hin. Ihr Selbstverständnis ist das eines Bundes freier Menschen zur Beförderung von Humanität und Toleranz durch Selbsterkenntnis. Organisiert in Logen, in die ursprünglich nur Männer aufgenommen wurden, möchte man der eigenen wie gesellschaftlichen Verbesserung dienen. Dabei wird die menschliche Entwicklung mit der Errichtung eines Bauwerks verglichen, des durch den weisen alttestamentlichen König Salomo erbauten Tempels, der in einen Tempel der Humanität umgedeutet wird. Interner freier Meinungsaustausch verbindet sich mit Verschwiegenheit nach außen. Nach den Erfahrungen der Geschichte sollte Streit über religiöse oder konfessionelle Fragen vermieden werden. Die grundsätzliche Bemühung der subjektiven Vernunft durch die Aufklärung war dabei in Deutschland nicht a priori gegen Religion gerichtet, diese sollte aber eine »natürliche«, von »unnatürlichem Beiwerk« befreite sein.

Im Plauener Bürgertum fand die Freimaurerei ebenfalls Anhänger, zum Teil auch unter Geistlichen. Im Jahr der Französischen Revolution 1789 gründete sich die »Loge zu den drei Flammen«. Ihr Logenlokal war zunächst im Haußner'schen (später Heynig'schen) Haus am Neundorfer Tor. Auch ein Hintergebäude der Straßberger Straße 17 (heute Gaststätte »Altes Handelshaus«) gilt als ein solches. Mitglieder dieser Loge waren zum Beispiel die Kaufherren Johann Christian Kanz, Johann Christian Baumgärtel und Friedrich August Haußner. Es ist anzunehmen, dass zudem in die Stuckverzierungen des 1787/89 geschaffenen Festsaals des Baumgärtel'schen Hauses (heute Vogtlandmuseum Plauen) freimaurerische Inspirationen eingeflossen sind. 1803 versuchte man, das Gärtner Lehmann'sche Haus vor dem Neundorfer Tor zu kaufen, 1804 mietete man sich im Advokat Wehner'schen Haus, dem alten Amtshaus am Amtsberg, ein, 1811 im Birkner'schen Hinterhaus an der Inneren Neundorfer Gasse, der heutigen Marktstraße. Am 27. August 1820 gründete man sich als »Loge zur Pyramide im Oriente von Plauen« neu und bezog nach Zwischenstationen (unter anderem bei Kammerrat Gössel im späteren Weisbachschen Haus in der Bleichstraße) einen nach Plänen des Mitglieds Ernst Eduard Ulbricht in der unteren Schustergasse durch Maurermeister Carl Gottlob Rädel, ebenfalls Mitglied, 1835/36 errichteten Neubau, das spätere Gasthaus »Zur Pyramide«. 1876/77 entstand ein von Arwed Rossbach in Leipzig entworfenes großes Logengebäude an der Ecke Windmühlen-/Bärenstraße (1945 zerstört).

Die Exulantenfamilie Dörffel

Die Dörffelstraße und ein Denkmal auf dem Bärenstein in Plauen erinnern an den Pfarrer und Astronomen Georg Samuel Dörffel, der 1643 in Plauen geboren wurde und 1688 in Weida starb. Er entstammte einer Exulantenfamilie, die mit mehreren Geistlichen im Vogtland vertreten war und exemplarisch für die damaligen Verhältnisse steht.

Der Vater Friedrich Dörffel wurde 1612 in Neudorf bei Tachau in Westböhmen geboren, dessen aus Oelsnitz stammender und in Wittenberg ordinierter Vater Nicolaus war hier als lutherischer Pfarrer tätig und starb 1618. Amtsnachfolger wurde Friedrichs ältester Bruder Christoph, zu dem Friedrich auch zog, als dieser Pfarrer in Haid wurde. Durch die Gegenreformation im Dreißigjährigen Krieg vertrieben, lebten sie drei Jahre in Vohenstrauß in der Oberpfalz. Fast mittellos begab sich Friedrich 1626 auf einen Bildungsweg, der ihn über Stationen in Leipzig, Magdeburg, Schönebeck/Elbe und Hettstedt ans Gymnasium nach Halle führte, wo sein Bruder Matthäus Kantor war. Dem Kriegsgeschehen ausweichend, erreichte er 1633 zum Studium Königsberg. Kriegsbedingt hielt er sich einige Zeit in Litauen auf und studierte bis zum Ausbruch der Pest in Kopenhagen. Über abenteuerliche Seereisen gelangte er in die Niederlande, wo er unter anderem in Leiden studierte, und nach Norddeutschland, wo er sich in Hamburg und Bremen aufhielt. 1638 wandte er sich nach Oelsnitz, wo sein Bruder Christoph inzwischen Superintendent war. Auf Vorschlag von Oberhofprediger Hoë von Hoënegg und nach Prüfung durch das Leipziger Konsistorium erhielt er 1638 das Schulrektorenamt in Plauen. Von 1644 bis zu seinem Tod 1672 wirkte er als Landdiakon für Straßberg und Oberlosa. 1641 hatte er den Magistertitel und kurz zuvor den eines kaiserlich gekrönten Dichters erworben. Verheiratet war er mit der Plauener Tuchmacherstochter Maria Tröger (1608–1673). 1664 resümierte er über seine bisherige Plauener Zeit, dass er und die Seinigen manche Krankheit, Plünderung, Einquartierungen und allerlei Kreuz und Unglück ausstehen und auch viele Neider, Hasser und Unterdrücker ertragen mussten. Drei von seinen vier Kindern waren im Kindesalter gestorben, der überlebende Sohn Georg Samuel war als Kind von Krankheit geplagt.

Nach dem Besuch der Lateinschule in Plauen und des Gymnasiums in Halle ab 1659 studierte Georg Samuel ab 1661 in Leipzig. 1662 erwarb er das Baccalaureat der Freien Künste und studierte dann ein Semester in Jena Mathematik und Astronomie bei Erhard Weigel, traf hier auf den Mathematikstudenten Gottfried Wilhelm Leibniz und wurde 1662/63 Magister der Philosophie. Sein Theologiestudium in Leipzig schloss er 1667 als Baccalaureus ab. 1668 begann er seine Tätigkeit in Straßberg und Oberlosa, zunächst als Substitut und 1672 bis 1684 als Nachfolger seines Vaters. Seit Jahresbeginn 1685 bis 1688 wirkte er als Superintendent in Weida. Ein Epitaph in der Stadtkirche erinnert dort ebenso an ihn wie eine Gedenktafel am Pfarrhaus, ein Straßen- und ein Schulname.

Dörffel heiratete in Plauen 1668 die Tochter Maria Elisabeth (1650–1678) des Landrichters Matthäus Gebhardt, 1679 Maria Salome verwitwete Klinger (1651–1686), Tochter des Oelsnitzer Superintendenten Thomas Gottsmann, und schließlich in Weida die Tochter Judith (1660–1736) des Weidaer Archidiakons Bartholomäus Francke. Er hatte insgesamt neun, teils früh verstorbene, Kinder.

1670 veröffentlichte er bei Johann Christian Meiß in Plauen ein hebräisches Handbuch zum praktischen Bibellesen und 1683 bei Johann Jacob Bauhofer in Jena im Kontext der konfessionellen Auseinandersetzungen der Zeit und wohl auch vor dem Hintergrund der eigenen Familiengeschichte eine theologische Streitschrift »Der ärgste Seelen-Gifft des trostlosen Pabstthums […]« gegen den Prager Jesuiten Aloysius Richardus. Der Schwerpunkt seiner Publikationen lag aber auf naturwissenschaftlichem, speziell astronomischem Gebiet. So erschien bei Meiß in Plauen ein »Warhafftiger Bericht von dem Cometen/ Welcher im Mertzen dieses 1672. Jahrs erschienen […]. Von M. G. S. D. [= Magister Georg Samuel Dörffel]«.

In seinem Hauptwerk »Astronomische Betrachtung des Grossen Cometen/ welcher im ausgehenden 1680. und angehenden 1681. Jahre höchstverwunderlich und entsetzlich erschienen: dessen zu Plauen im Voigtlande angestellte tägliche Observationes, Nebenst etlichen sonderbahren Fragen und neuen Denckwürdigkeiten/ sonderlich von Verbesserung der Hevelischen Theoriae Cometarum/ ans Liecht stellet M. G. S. D.« (1681 gedruckt und verlegt durch Meiß, der in Dörffels Haus am Topfmarkt bei der Johanniskirche wohnte) erbrachte er den

Nachweis, dass sich Kometen auf parabolischen Bahnen bewegen, in deren Brennpunkt die Sonne steht, und äußerte sich auch zur meistgestellten Frage, welche Bedeutung die Kometen hätten: Die Beantwortung solle man der astronomischen Forschung nicht zumuten. Doch billige er die Ablehnung höherer Zusammenhänge durch die »Naturalisten« ebenso wenig wie den Missbrauch durch die Astrologen. Das Thema »Kometen« war ihm wohl von Kind auf auch durch die Erzählung Friedrich Dörffels geläufig, der berichtete, dass ihn sein Vater kurz vor seinem Tod 1618 auf einen Kometen aufmerksam gemacht hatte, der großes Unglück für Deutschland ankündigen würde, was mit Ausbruch des Dreißigjährigen Krieges auch eingetroffen sei. Der Komet von 1680/81 war von großer Helligkeit, mit ausgeprägtem Schweif und zeitweilig bei Tag zu sehen. Er wird heute als C/1680 V1, Großer Komet von 1680 oder auch Kirchs Komet bezeichnet und hat eine Umlaufzeit von 9 356 Jahren. Mit dem bekannten Kalendermacher und Astronomen Gottfried Kirch (1639–1710) stand Dörffel zwischen 1682 und 1688 in Kontakt.

In seiner Schrift über ein »Neues Mond-Wunder/ wie solches den 24. Januar dieses angehenden 1684. Jahres/ zu Plauen im Voigtlande gesehen worden« (ebenfalls gedruckt durch Meiß in Plauen), bei dem der von zwei regenbogenfarbigen Nebenmonden flankierte Mond einen kreuzförmigen Schein gebildet hatte, grenzte er sich bewusst von René Descartes und den »Naturalisten« wie auch von den Astrologen ab und betonte, nicht alles sei natürlich erklärbar, wobei er auch auf eine Erscheinung verwies, die nach eidlicher Aussage vierer Personen am 11. Mai 1665 in Plauen zu sehen gewesen sei. Am Südhimmel sei ein Kruzifix mit dem hängenden Haupt, den Haaren und übereinander genagelten Füßen des Gekreuzigten klar erkennbar gewesen.

Wirkliche Würdigung erfuhren seine astronomischen Forschungen, zu denen auch Mondbeobachtungen, Sternbedeckungen und die Mitentdeckung des Halleyschen Kometen (1P/Halley) zählten, erst lange nach seinem Tod. 1791 benannte der Astronom Johann Hieronymus Schröter zwei Mondgebirge nach Dörffel und Leibniz. Seit 1979 ist ein Krater auf der Rückseite des Mondes und seit 1989 der 1982 entdeckte Kleine Planet 4076 nach Dörffel benannt.

Das Konsistorium zu Plauen

In der Mitte des 16. Jahrhunderts bestand in Plauen ein Fürstlich Burggräfliches Konsistorium, das als Oberinstanz der Superintendenturen des Herrschaftsgebiets der Burggrafen von Meißen aus dem Hause Plauen dienen und zur Vermeidung rechtsfreier Räume nach Wegfall des kanonischen Kirchenrechts durch die Reformation wichtige kirchliche Angelegenheiten wie auch Ehesachen regeln sollte. Ihm gehörten, wie es 1583 hieß, fünf Geistliche sowie drei Vertreter des Plauener Rates an. Es stand 1548 bis zu dessen Tod 1564 unter der Leitung des Plauener Superintendenten Corbinianus Hendel, der von Burggraf Heinrich IV. zum »Obersuperattendenten« des Vogtlands bestimmt worden war. Längere Kompetenzstreitigkeiten entstanden mit dem Oelsnitzer Superintendenten Christophorus Crato, in deren Verlauf 1563 Burggraf Heinrich VI. von Schloss Burgk aus Hendels Position stärkte. Crato und der Oelsnitzer Rat beschwerten sich hingegen bei Kurfürst August von Sachsen (die verschuldeten Burggrafen hatten ihr verpfändetes Gebiet 1563 an ihn abtreten müssen), der 1565 dem neuen Plauener Superintendenten Christoph Friedrich über den Zwickauer Superintendenten Johann Petrejus mitteilen ließ, dass die Oelsnitzer Ephorie in ihren Rechten nicht geschmälert werden dürfe. Nun stellten Bürgermeister und Rat Plauens gegenüber dem kurfürstlichen Hauptmann Wolf Trützschler, Befehls-

③
Epitaph für Georg Samuel Dörffel († 1688) in der Stadtkirche St. Marien in Weida
Thomas Wicht

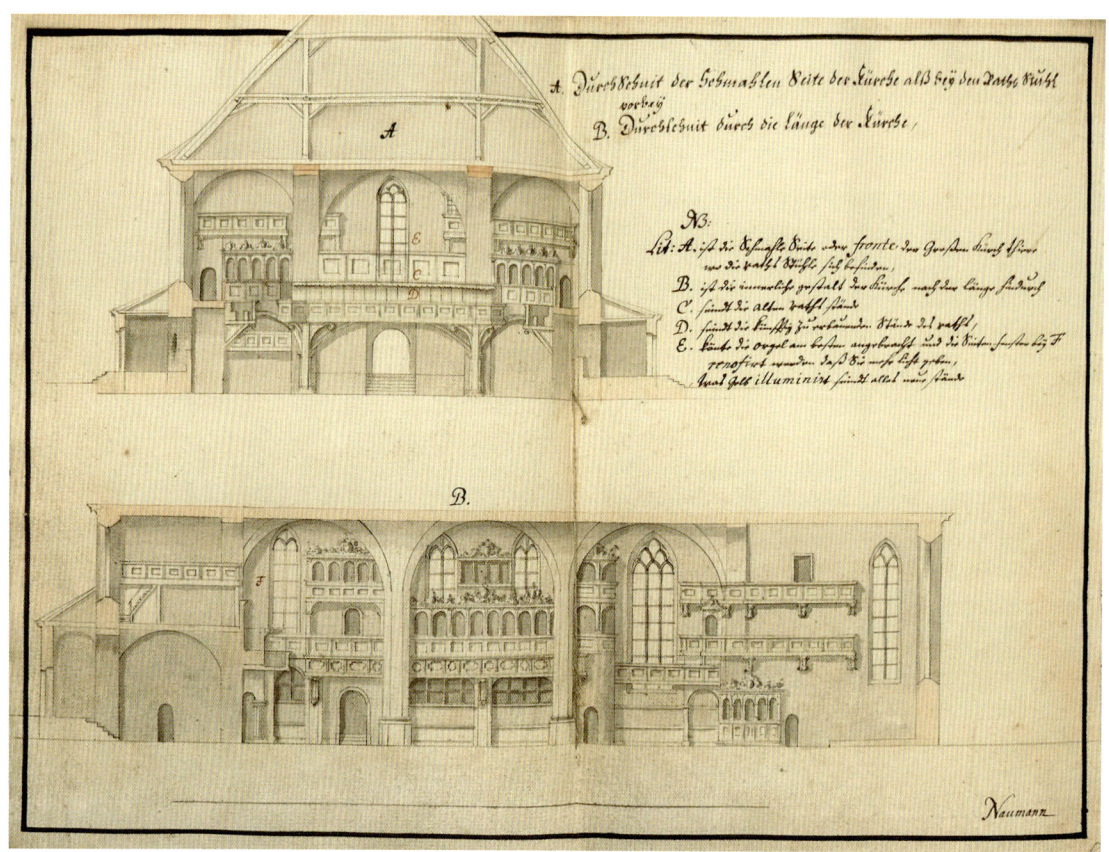

④ St.-Johannis-Kirche, Quer- und Längsschnitt, Zeichnung von Johann Christoph Naumann, 1720
Stadtarchiv Plauen, Repro Frank Weiß

haber im Vogtland, klar, dass Crato in Sachen der Oelsnitzer Superintendentur durchaus nicht untertan sein sollte, er habe nur regelwidrig irrige Ehesachen entscheiden und ein Privatkonsistorium halten wollen. Am 1. März 1565 ordnete Kurfürst August an, dass im Vogtland außerhalb Plauens kein Konsistorium zu halten sei, hochwichtige Bedenken aber von Plauen an das Konsistorium zu Leipzig übergeben werden sollten. Am 6. Juli 1583 wurde das Plauener Konsistorium auf kurfürstlichen Befehl ganz aufgelöst, seine Angelegenheiten dem zu Leipzig überwiesen. Der Einwand des Plauener Rates, dass es doch schon im alten Archidiakonat Dobna des Naumburger Bistums gründe, von den Burggrafen von Meißen und ebenso von den Kurfürsten von Sachsen Schutz genossen habe, auch den Beteiligten lange kostspielige Reisen nach Leipzig erspart werden sollten, blieb erfolglos. Ein vermittelndes späteres Zwischenspiel blieb von kurzer Dauer: In Ausübung des landesherrlichen Kirchenregiments hatte der ernestinische Kurfürst Johann Friedrich von Sachsen schon 1539 die Gründung von Konsistorien mit territorialen geistlichen und juristischen Zuständigkeiten erwogen. Neben dem »Stuhl zu Wittenberg«, wo speziell Luther hinzugezogen wurde, sollten ein »Stuhl zu Zeitz« und ein »Stuhl zu Zwickau oder Saalfeld« geschaffen werden. Erst 1602 aber wurde ein relativ klein angelegtes Konsistorium mit Geistlichen und Juristen in Zwickau begründet, das für die Ephorien Zwickau, Chemnitz, Plauen, Oelsnitz, Weida und Neustadt an der Orla mit ihren etwa 220 Geistlichen zuständig war. Es wurde jedoch schon 1606 wieder aufgehoben und nach Leipzig verlegt.

Der Bezug auf den alten Archidiakonat Dobna innerhalb des Bistums Naumburg wurde auch im Siegel deutlich, das Johannes den Täufer in seinem härenen Gewand zeigte, die Bibel in der Hand haltend und auf das darauf stehende Lamm Gottes hinweisend, darunter einen Schild mit dem Ordenskreuz. Die Umschrift lautete: »ARCHIDIACONATUS DOBNENSIS S.« Das Petschaft war mit Zustimmung Burggraf Heinrichs IV. 1548 vom Plauener Goldschmied Valten Springsfeld für einen Gulden dem verloren gegangenen alten nachgebildet worden.

Die Johanniskirche vom 16. bis zum 18. Jahrhundert

Die im Zuge des Wiederaufbaus nach dem Stadtbrand von 1548 entstandene Hallenkirche wurde in der Folgezeit im Inneren weiter ausgebaut und erfuhr besonders durch den Einbau von Emporen und Ständen Veränderungen. 1571 wurde an einer neuen Empore gebaut, weitere folgten unter anderem 1666 bis 1668 und 1697/98. Die Brüstungen erhielten Malereien. Auch die Ausstattung wurde immer wieder bereichert. Nach den Gotteshausrechnungen 1569/70 schuf der Freiberger Bildhauer, Steinmetz und Baumeister Andreas Lorentz den Altar und sein Sohn Samuel Lorentz arbeitete am Taufstein, zu dem der Plauener Tischler Jobst Marckard den Deckel fertigte. Letzterer baute 1571/72 auch den Beichtstuhl beim Altar. Um 1570 war die Annaberger Orgelbauerfamilie Eckstein mit dem Orgelbau beschäftigt, genannt werden Johannes, Matthes und Caspar Eckstein; Jobst Marckard arbeitete am Gehäuse mit den Flügeln, Benedict Richter bemalte sie. 1586 von Esaias Prell umgebaut, wurde sie nach 1623 durch den Plauener Orgelbauer Joachim Zschuck entweder stark erneuert oder ersetzt. 1586 stiftete der Stadtvogt Möstel einen zwölfarmigen Messingleuchter.

1567 ließen die Burggrafen Heinrich V. und Heinrich VI. von Meißen aus dem Hause Plauen mit Genehmigung des sächsischen Kurfürsten ein großes Epitaph für ihren Vater Heinrich IV. († 1554) im Altarraum anbringen. 1607 wurde die 1604 in Theusing, das sie als Leibgedinge innegehabt hatte, verstorbene Dorothea Katharina, Witwe Burggraf Heinrichs V., neben ihren zwei im Kindesalter verstorbenen Söhnen und ihrem Schwiegervater in der Gruft unter dem Altarraum beigesetzt.

Vom Stadtbrand 1635 war auch die Kirche stark betroffen. Beim Wiederaufbau erhielten die Türme ihre markanten barocken Bekrönungen mit Achteckaufsätzen und welschen Hauben mit offener Laterne und Zwiebel ab 1639/40 durch den Zimmermeister Hans Schössing aus Thoßfell. Der 1775 einsturzbedrohte Nordturm, auf dem sich bis 1913 die Türmerwohnung befand, bekam nach Gutachten und dem Rat des Oberlandbaumeisters Christian Friedrich Exner eine Untermauerung und Abstützung. 1720 gab der Dresdner Ingenieuroffizier und Akzisbaudirektor Johann Christoph Naumann Hinweise zur Stabilisierung des Glockenstuhls und zum Einbau neuer Emporen und Stände.

Die 1635 verbrannte Orgel wurde zunächst durch ein kleines Instrument ersetzt, das nach Oberlosa verkauft wurde, als die Kirche 1650 ein großes Werk von Jacob Schedlich und seinem Sohn Andreas aus St. Joachimsthal erwarb. Ihr Standort war an der Südseite.

Die Glockengeschichte soll kurz gestreift werden. 1638 schenkte der Kurfürst der Kirche die 1497 gegossene Marienglocke aus Dresden. Nach vorherigen, teils misslungenen Versuchen wurden 1649 zwei Glocken im Hof des Malzhauses durch die aus Lothringen stammenden Jean Delapaix († 1681) und Jean Malavet (Maillard?) gegossen und zum Michaelisfest erstmals geläutet. In seiner Glockenpredigt erinnerte Superintendent Aegidius Wild an die Verheerungen des Brandes und der Kriegszeit und freute sich: »Gottes Güte ist ferner zupreisen/ daß in folgenden Jahren etliche willfahrige und gutherzige Leute sich gefunden/ welche zum Theil die Kirche mit weissen Chor-Hembden/ mit einem neuen Meß-Gewand/ mit Kelchen/ mit einer schönen übergüldenen Kanne/ und mit kostbaren Altar-Tüchern versehen/ zum Theil den Predig-Stuel gezieret/ zum Theil das kleine Orgel-Wercklein in die höhe gebracht/ zum Theil ziemliche Legata vor die arme Schul-Knaben und andere arme Leute gestifftet/ zum Theil aber ein Ehrliches wiederumb zum beiden neuen Glocken spendiret haben/ welche durch Gottes Gnad und Segen/ dieses 1649. Jahrs verfertiget worden sind.«[1] Der Landdiakon für Straßberg und Oberlosa, Friedrich Dörffel, verfasste dazu ein Gedicht in Glockenform, und der Organist Moritz Brendel schloss ebenda sein Widmungsgedicht mit der Aufforderung: »Derhalben ihr Bürger ermuntert nur euch/ Und bittet den großen Gott alle zugleich/ das er uns genädig mit Segen vermehre/ Und künfftig auch wieder ein Orgel beschere.« Beide Glocken existieren nicht mehr. Glockengüsse erfolgten 1756 und 1782 (Umguss der Marienglocke durch die Brüder Ulrich in Apolda); auf Friedhof I erhielten sich eine Glocke von 1650 und eine 1763 von Christoph Salomon Graulich in Hof gegossene.

Wiederholt wurden Stiftungen gemacht. So ließ Amtsschösser Johann Zürner mit seinen drei kleinen Kindern 1649 die Figur des Christkindleins (des volkstümlich sogenannten Bornkinnels) kostbar neu bekleiden. Die dem Zwickauer Bildhauer Leonhard Herrgott zugeschriebene Figur entstand um 1520. Andere folgten diesem Beispiel. Zürner stiftete außerdem 1651 einen Kelch, dessen Fuß noch mittelalterliche Bildreliefs zeigt. 1666 erhielt der Altarraum einen Messingleuchter. Vielfach wurden liturgische Gewänder wie Chorhemden und Messgewänder gestiftet, zum Beispiel 1694 durch die Witwe Regina Mylius ein kostbares schwarzsamtenes Messgewand. 1678 ließ der Amtsverwalter Gottfried Dietzsch einen neuen Beichtstuhl beim Altar errichten, in seinem Testament bestimmte er 1688 unter anderem auch Gelder für die festliche Gestaltung von Zeremonien, insbesondere die stimmungsvolle Gestaltung der Christmette mit verkleideten Engeln wie in etlichen benachbarten Kirchen, auch wenn das von der Obrigkeit nicht bestätigt sei. Beliebt war ferner die Ausschmückung der Kirche zu Christi Himmelfahrt und Pfingsten mit Maien (jungen Birken) und Gras, für die es schon Belege aus dem 16. Jahrhundert gibt.

Die reiche Ausstattung der Johanniskirche wurde bei der im Sinne eines strengen, nüchternen Rationalismus 1815 unter Superintendent Tischer durchgeführten Renovierung beseitigt und zerstört. Zu den herben Verlusten zählte auch das Epitaph für Burggraf Heinrich IV., das ins fürstlich reußische Schloss Schleiz gelangte und bei einem Brand 1837 zugrunde ging. Inzwischen

1635

⑤
St.-Johannis-Kirche,
Lithografie aus dem
Tableau »Plauen« von
Constantin Schmidt, 1839
Vogtlandmuseum Plauen,
Repro Uwe Fischer

Religion und Sakralarchitektur   **135**

Gottesacker mit Gottesackerkirche und Beinhaus, Lithografie nach einer Zeichnung von W. Wegener: »Plauen und seine Hauptgebäude«
Sachsens Kirchen-Galerie, Das Voigtland [1844], Vogtlandmuseum Plauen, Repro Uwe Fischer

1693–1722

völkerungszahlen (1840: 10 152) und die bauliche Ausdehnung der Stadt hielt die Kreisdirektion Zwickau die Kircheninspektion Plauen 1857 an, einen neuen Friedhof weiter außerhalb anzulegen. 1866 begann man an der Reißiger Straße mit dessen Bau (Friedhof I). Eine in diesem Jahr grassierende Choleraepidemie zwang zu seiner vorzeitigen Belegung und zur Schließung des alten Gottesackers. Ein weiterer sogenannter Totengraben lag zwischen der alten Straße über Rinnelberg und heutige Stöckigter Straße nach Oelsnitz und der 1854 angelegten Oelsnitzer Straße. Hier wurden im Dreißigjährigen Krieg und während des Lazarettfiebers von 1813/14 Tote bestattet.

Der Gottesacker war ummauert und wurde durch ein Tor an der Dobenaustraße betreten. Ein ehemals etwa in der Mitte des Platzes befindliches Beinhaus war wohl im 16. Jahrhundert entstanden und hatte 1616 eine Außenkanzel erhalten. Seit 1801 als Leichenhaus genutzt, wurde es 1881 auf Abbruch verkauft. Ebenso fielen nach und nach die Friedhofsmauern samt den seit 1617 erbauten Gruftkapellen. Anlässlich des 400. Geburtstags Martin Luthers erhielt die Kirche 1883 den Namen Lutherkirche, der alte Friedhof wurde zum Lutherplatz.

Erst 1693 wurde mit dem Bau einer Friedhofskirche begonnen, nachdem Vizebürgermeister Johann Balthasar Mylius in seinem am 10. März errichteten Testament 1000 Reichstaler in Species bestimmt und am 30. Juni freigegeben hatte. In einem Schreiben an Herzog Moritz Wilhelm vom 6. August wurde die weiterführende Absicht ausgesprochen, das Bauwerk künftig nicht nur als Friedhofskirche zu nutzen, sondern auch für reguläre Gottesdienste mit Predigt und Abendmahl, besonders in Ansteckungszeiten. Am 24. August 1693 wurde der Grundstein am geplanten Kanzelstandort gelegt. Bis zur Weihe der Kirche sollten allerdings widriger Zeitumstände und Geldmangels wegen noch 29 Jahre vergehen, sie fand am 10. Dezember 1722 statt. Der Verfasser des Entwurfs ist nicht mit Sicherheit zu benennen, auch gab es schon 1694 Planänderungen, nach denen der Turm aus Sicherheitsbedenken nicht auf die Mitte des Gebäudes kommen sollte, sondern an die Westseite. Eine entsprechende farbige Zeichnung mit Grund- und Aufriss dürfte vom Plauener Maurermeister Michael Fröber (1637–1695) stammen, der bei der Grundsteinlegung als Baumeister bezeichnet wurde. Sie greift zum Beispiel architektonische Motive der Plauener Johanniskirche und der Kürbitzer Salvatorkirche (1624–1626) auf.

Die Kirche stellt einen bedeutenden barocken Zentralbau dar. Zugleich wird sie durch die harmonische Verschmelzung von barocken und nachgotischen Formen geprägt. Sie erhebt sich auf einem interessanten Grundriss. Einem etwa rechteckigen Langhaus schließen sich im Norden und im Süden je eine 3/8-Konche (man könnte auch von einem unregelmäßigen quergerichteten Achteck sprechen) und im Osten ein irregulärer 5/8-Chor an. Im Westen ist ein quadratischer Turm

hatte man zudem die kostbar verzierten liturgischen Gewänder abgeschafft, 1833 wurden die verbliebenen Reste des Ornats für 36 Taler an einen Händler aus Krakau verkauft.

Gottesacker und Gottesackerkirche St. Bartholomäus

Der schon 1281 erwähnte mittelalterliche Friedhof Plauens um die Pfarrkirche St. Johannis war im Laufe der Jahrhunderte zu klein geworden. Seine Verlegung vor die Stadt, bereits 1509 vom Kurfürsten angeordnet und 1529 von den reformatorischen Visitatoren erneut diskutiert, erfolgte nach dem Stadtbrand von 1548. Nunmehr vor dem Neundorfer Tor gelegen, weshalb der Untere Graben vor der nördlichen Stadtmauer bis ins 19. Jahrhundert auch als Totengraben bezeichnet wurde, machten sich in der Folge Vergrößerungen erforderlich, so 1596, 1679, 1790 und 1826, da nicht nur die Einwohner der Stadt, sondern auch die eingepfarrter Dörfer hier bestattet wurden. Bedingt durch den Anstieg der Bemit Achteckaufsatz und welscher Haube mit offener Laterne und Zwiebel vorgelagert. Er wird beiderseits von polygonalen Treppentürmen mit geschweiften Hauben flankiert. Nördlich des Chors befindet sich ein weiterer Treppenturm, südlich erhebt sich die als Erstes errichtete Sakristei, unter der der 1694 verstorbene Stifter begraben ist. Das Äußere zeigt Strebepfeiler, der Chor und die großen Fenster sind gotisch geformt. 1697/98 schuf der Plauener Steinmetz Georg Christoph Wildner das Südportal, 1708 waren der Turm und die flankierenden Treppentürme fertig. Zwischen 1714 und 1718 sollte eine Kirchbaulotterie die Finanzen aufbessern. Ab 1716 errichtete der Zimmermeister Johann Baumann (1657–1718) aus Thiergarten das markante, den Zentralbaucharakter unterstreichende Mansarddach. Als 1720 der Dresdner Akzisbaudirektor Johann Christoph Naumann zur Baustellenbesichtigung gebeten wurde, veranlasste er die Vermauerung des unteren Teils der zu lang geratenen Chorfenster und die Reduzierung der geplanten Stuckverzierungen, lobte aber zugleich die vom Reichenbacher Bildhauer Daniel Fischer geschaffene Kanzel. Letztere wurde 1900 entfernt. 1722 wurde das auf Vermittlung des ehedem in Plauen tätig gewesenen Leipziger Superintendenten Salomon Deyling aus der dortigen Thomaskirche geschenkte spätgotische Altarwerk mit Spätrenaissanceaufsatz und -umrahmung aufgestellt. Es gehört zu den bedeutendsten Werken seiner Art in Mitteldeutschland. Die geschnitzten Reliefs der Zeit um 1490/1495 mit Passionsdarstellungen sind Werke eines Erfurter Meisters, dem man zum Beispiel auch Altäre in der Leipziger Paulinerkirche, der Marienkirche in Stendal, der Predigerkirche und der Reglerkirche in Erfurt zuschreibt. Im Zentrum steht die Beweinung Christi. Mit dem Altar kamen vier Gemälde Johann de Perres von 1614 in die Kirche, sie zeigen die Evangelisten Markus, Matthäus und Lukas sowie den Apostel Paulus.

Zwei barocke Epitaphien im Chor weisen die Porträts der Bürgermeister Johann Balthasar Mylius († 1718) und Johann Friedrich Leucht († 1721) sowie deren Witwe Johanna Margaretha, geborene von der Burgk († 1760) einerseits und des Bürgermeisters Johann David Tauber († 1741) andererseits auf. An und in der Kirche sind Grabsteine des 17. bis 19. Jahrhunderts zu finden.

Eine Orgel erhielt die Kirche erst 1787 als Stiftung des vermögenden Plauener Kaufherrn Carl Heinrich Höffer, der sie der Kirche zu Oberlosa abgekauft hatte, als dort ein neues Werk der Gebrüder Trampeli aus Adorf angeschafft wurde. Es handelte sich um ein kleines achtstimmiges Werk, das Adam Engelhard von Steinwach auf Oberlosa für die Dorfkirche gebraucht aus der Plauener St.-Johannis-Kirche erworben hatte, wo es nach dem Stadtbrand von 1635 bis zum Kauf der Schedlich-Orgel 1650 als Interimsinstrument gedient hatte. 1834 wurde es durch eine Orgel von Johann Gottlob Mende ersetzt, diese 1926 durch eine später mehrfach umgebaute Jehmlich-Orgel, der 2022 eine Orgel von Thomas Wolf, Limbach, folgen wird.

⑦
Grabmalbüsten eines Ehepaars aus einer Gruftkapelle des Gottesackers, Lindenholz, um 1700
Vogtlandmuseum Plauen, Uwe Fischer

⑧
Epitaph für Witwe Johanna Margaretha Leucht († 1760) und ihre Ehemänner Johann Balthasar Mylius († 1718) und Johann Friedrich Leucht († 1721) in der Lutherkirche Plauen
Frank Weiß

Religion und Sakralarchitektur   **137**

Das Schulwesen

Roland Schmidt

Ab 1563 standen der Stadt Plauen jeweils für sechs Jahre zwei Freiplätze für befähigte Knaben an der Fürstenschule zu Schulpforta bei Naumburg zur Verfügung.

Sie gehörten zu dem Kontingent von sieben Plätzen, die Kurfürst August dem Vogtland zusicherte. Die auserwählten Knaben wurden auf Staatskosten in einem anspruchsvollen Unterrichtsprogramm sechs Jahre lang auf ein Studium vorbereitet, um später einmal als »Pfarrherren, Prediger […] Kanzler, Räte, Schreiber, Amtleute« wichtige geistliche oder weltliche Ämter auszuüben. Als erster Plauener Schüler wurde am 21. November 1564 Christoph Hubner (Hübner) aufgenommen, er studierte nach Absolvierung der Fürstenschule Theologie und war später als Superintendent in Saalburg tätig. Von 1564 bis 1648 besuchten insgesamt 25 Plauener die Fürstenschule Schulpforta, aus dem gesamten Vogtland waren es 90. Da Schulpforta 1815 infolge der sächsischen Teilung preußisch wurde, übernahmen fortan die Fürstenschulen Meißen und Grimma die vogtländischen Freistellen. Sie wurden bis 1945 gewährt.

— 1580

In der zweiten Hälfte des 16. Jahrhunderts gab es häufige Wechsel im Rektorat der Plauener Schule, da einige Amtsinhaber ihre Stellung nur als abgesicherte Wartezeit auf eine geistliche Anstellung betrachteten; andere bewarben sich mit Erfolg um das Amt des Bürgermeisters der Stadt. Dieses war der Schule nicht förderlich, zumal es auch in Plauen zunehmend Auseinandersetzungen über religiöse Fragen gab. Kurfürst August wollte den Streit mit einer »Konkordienformel« zugunsten der lutherischen Lehre klären. Sie wurde 1577 erarbeitet und enthielt zwölf Artikel. Alle Pfarrer und Lehrer mussten sich per Unterschrift verpflichten, sich in Kirche und Schule streng nach ihnen zu richten. Wer die Unterschrift verweigerte, verlor seine Anstellung, wurde verfolgt oder gar des Landes verwiesen. Die Konkordienformel wurde zur ideologischen Basis der Kursächsischen Kirchen- und Schulordnung vom 1. Januar 1580, der ersten staatlichen Regelung für beide Institutionen in Kursachsen. Für die Plauener Schule war vor allem der Abschnitt »Von den Partikular-Schulen« bedeutsam. Er bestimmte Latein als vorherrschendes Unterrichtsfach, dessen Ziel es sein sollte, die Schüler zum Gebrauch des Lateinischen in Wort und Schrift zu führen. Sie lasen und interpretierten teils römische Autoren, teils christliche Dokumente. Dabei erwarben sie mit der Sprache auch ein bescheidenes Sachwissen, für das es kein spezielles Unterrichtsfach gab. Der Griechischunterricht beschränkte sich auf elementare Kenntnisse, nur in Einzelfällen wurden Teile des Neuen Testaments in der Originalsprache gelesen. Die Lateinschule wurde jedoch nicht nur von angehenden Studenten besucht, sondern auch von Söhnen der Handwerker, Händler und anderer städtischer Mittelschichten. Sie sollten auf Wunsch der Eltern eine elementare Bildung erhalten und besuchten deshalb nur die unteren Klassen, wo sie in deutscher Sprache Lesen und Schreiben lernten sowie in Religion und Singen unterwiesen wurden. Rechnen gehörte nur in Ausnahmefällen zum Fächerkanon. Es wurde meist gegen ein besonderes Entgelt erteilt oder gar einem privaten »Rechenmeister« überlassen. Der Religionsunterricht stand im engen Zusammenhang mit dem Gesang, beide Fächer dienten der Vorbereitung des sonntäglichen Kirchgangs, der Kurrendeumgänge und des Singens der Knaben bei Beerdigungen.

Die Schulordnung von 1580 gab der Plauener Lateinschule ein festeres Fundament, sodass auch der unter Kurfürst Christian I. von 1586 bis 1591 herrschende Kryptocalvinismus – im Unterschied zu Schulen in anderen sächsischen Städten – relativ schnell überwunden werden konnte. Dagegen erlitt die Schule zu Beginn des 17. Jahrhunderts einen großen Ansehensverlust infolge des Lebenswandels und der Amtsführung des seit 1599 tätigen Rektors Martin Pfüntel. Viele Plauener Eltern schickten ihre Kinder nicht mehr zur Schule, und auswärtige folgten ihrem Beispiel. Nachdem bereits Superintendent Dr. Polant ständige Auseinandersetzungen mit Pfüntel hatte, dauerten diese unter seinem Nachfolger Dr. Matthias Hoë von Hoënegg an, der von 1604 bis 1611 der Plauener Ephorie vorstand. Er war bemüht, den Ruf der Schule wieder zu heben, indem er 1605 den Stadtrat überzeugte, das Ratsmitglied Friedrich Leutherer als Schulinspektor einzusetzen, um Pfüntels Arbeit durch regelmäßige Visitationen zu kontrollieren und die Lehrer zu besserer Arbeit zu motivieren. Die dabei erzielten Fortschritte schlugen sich bald in wieder steigenden Anmeldungen Plauener und auswärtiger Schüler nieder. 1608 übergab Hoë dem »ehrbaren Rath und gemeiner Bürgerschaft zu Berathung« ein Exposé zu »einfältigen Bedenken wegen der Stadtschule zu Plauen«, das die Mängel der Einrichtung aufzeigte und Wege zur Abhilfe wies. Hoë forderte die Stadt auf, begabten Schülern für ein nachfolgendes Studium ein Stipendium zu gewähren und durch »freie Herbergen für fremde Knaben« mehr auswärtige Schüler zu werben. Auch die Lehrer müssten noch größere Anstrengungen unternehmen, die Schüler besser auf ein Studium vorzubereiten. Der Stadtrat nahm Hoës Exposé sehr ernst und entließ 1609 Rektor Pfüntel. An seine Stelle trat Caspar Schultheß, der bereits seit 1599 als Konrektor fungiert hatte und nun von 1609 bis 1629 mit Erfolg die Schule führte. Als Hoë von

Hoënegg 1611 Plauen verließ, um in Prag erster Pfarrer der deutschen evangelischen Gemeinde zu werden, hob der Stadtrat bei der Verabschiedung seine Verdienste um das Plauener Schulwesen ausdrücklich hervor. Neuer Superintendent wurde Hieronymus Kromeyer, der mehrjährige Erfahrungen als Konrektor der Fürstenschule Schulpforta mitbrachte und der Stadtschule ebenfalls hohe Aufmerksamkeit widmete. Er gründete 1613 die Kurrende, das Umsingen der Schüler in der Stadt, das zum einen der Förderung des Kirchengesangs diente, zum anderen armen Kindern eine kleine finanzielle Einnahme ermöglichte. 1616 vermachte der Plauener Arzt Dr. Nicolaus Widemann der Stadtschule seine Bibliothek mit 236 medizinischen, theologischen und philosophischen Werken, sie wurde der Grundstock für die spätere Schulbibliothek.

Als 1632 der Dreißigjährige Krieg das Vogtland erreichte, begann für die Lateinschule die bitterste Zeit. Kriegshandlungen und immer wieder durchziehende Heeresverbände brachten Tod, Verwüstung und Krankheiten in die Stadt, unter Schülern und Lehrern waren Opfer zu beklagen. Auswärtige Schüler blieben aus, frei werdende Lehrerstellen konnten nicht wieder besetzt werden, die Besoldung der Lehrer erfolgte unregelmäßig oder blieb längere Zeit völlig aus. 1635 zerstörte der große Stadtbrand auch die Schule. Fehlendes Geld und Material verhinderten ihren sofortigen Wiederaufbau, sodass fast zehn Jahre hindurch – wenn überhaupt – notdürftig in gemieteten Bürgerhäusern unterrichtet werden musste. Erst 1645 konnte die seit 1567 bestehende neue Schule in den Pfarrhäusern wieder aufgebaut werden, wofür der seit 1643 fungierende Superintendent Aegidius Wild aus eigenen Mitteln 500 Taler spendete. Dagegen verzichtete die Stadt auf den Wiederaufbau der »alten Schule«, deren Wurzeln bis ins 14. Jahrhundert belegt werden konnten.

1657 fiel Plauen an die sächsische Sekundogenitur Sachsen-Zeitz unter der Regentschaft von Herzog Moritz. Der junge Landesherr betrachtete als seine vorrangige Aufgabe, dem durch den Dreißigjährigen Krieg verursachten Verfall von Bildung und Wissenschaft entgegenzutreten. Er berief 1665 mit Veit Ludwig von Seckendorff einen der bedeutendsten pädagogischen Schriftsteller zum Kanzler seines Herzogtums und beauftragte ihn, grundlegende Maßnahmen zur Verbesserung der Schule einzuleiten. Noch im gleichen Jahr erließ Moritz ein vom Kanzler verfasstes Reskript, wonach alle angehenden Studenten vor ihrer Immatrikulation an der Universität vom Hofprediger in Zeitz geprüft werden sollen, ob sie reif und geschickt genug seien, ein Studium zu beginnen. Mit dieser Vorform einer Reifeprüfung sollten »unreife« Bewerber vom Hochschulbesuch ausgeschlossen werden, eine damals durchaus berechtigte Maßnahme, die einer wahllosen Aufnahme von Studenten entgegenwirken sollte. Offizielle »Reifeprüfungen« in Form des Abiturs gab es in Sachsen erst ab 1829/30.

1667 und 1669 erließ Herzog Moritz nach vorangehenden Visitationen der Plauener Lateinschule Verordnungen zur Hebung der Unterrichtsqualität. Anlass dazu gab ein Schreiben Rektor Bartels über »Plauische Schulgebrechen«. Er nannte mehrere Missstände, die einer besseren Arbeit der Schule entgegenstanden, so den beliebigen Schulbesuch der Kinder (keine offizielle Einschulung, keine aktenmäßige Registrierung der Schüler, Eltern nahmen ihre Kinder nach eigenem Ermessen aus der Schule und verdingten sie zu zeitig bei Handwerkern, viele Eltern hassten die Lehrer, begüterte Bürger gewährten auswärtigen Schülern kaum noch freies Quartier und Unterhalt). Die Zeitzer Verordnungen gingen auf diese Missstände ein und gaben Hinweise zu ihrer Abstellung, waren aber mehr als Empfehlung formuliert. So sollten die Kinder nicht vor dem vollendeten fünften Lebensjahr eingeschult werden, es sollte ein regelmäßiger Schulbesuch vor allem in den höheren Klassen gesichert werden, die Eltern sollten sich um das häusliche Lernen der Kinder kümmern, und schließlich sollten sich wohlhabende Leute mehr der Söhne armer Eltern erbarmen und ihnen Unterstützung gewähren. Verbindlichere Aussagen trafen die Verordnungen zum Lehrplan in den einzelnen Klassen, sie wurden auch weitgehend realisiert. Doch mit vier Lehrern in einer sechsklassigen Stadtschule 147 Schüler zu unterrichten, verlangte zwangsläufig, mehrere Klassen zusammenzufassen. So wurden in allen Griechischlektionen Prima und Sekunda gemeinsam unterrichtet, und in der einzigen Arithmetikstunde pro Woche waren sogar alle vier oberen Klassen vereint. Dieses Fach erteilte der Kantor, der dafür aber nicht ausgebildet war. Der Unterrichtsstoff in den oberen Klassen beschränkte sich auf Religion, Latein, Griechisch, Musik, Arithmetik. Dagegen fehlten Fächer wie Geschichte, Erd- und Naturkunde im offiziellen Lehrplan, sie wurden von den Lehrern gegen besondere Bezahlung in Privatlektionen erteilt. Die deutsche Sprache wurde zwar als Verständigungsmittel gebraucht, vor allem in den unteren Klassen, war jedoch kein spezielles Unterrichtsfach. Ein positives Echo fand der Appell an vermögende Bürger, Freistellen und/oder Freitische für befähigte Knaben aus sozial schwachen Familien zu gewähren. Nachdem bereits nach dem Stadtbrand von 1635 der Neundorfer Rittergutsbesitzer Joachim von Reibold ein erstes Legat für fleißige und arme Schüler gestiftet hatte, folgten im letzten Drittel des 17. Jahrhunderts mehrere Zuwendungen. Sie ermöglichten den bedachten Schülern den Besuch der Plauener Lateinschule und in Einzelfällen auch ein nachfolgendes Universitätsstudium.

Gegen Ende des 17. Jahrhunderts erlebte die Schule eine Phase des Niedergangs. So war seit 1685 kein öffentliches Schulexamen durchgeführt worden, und seit 1667 hatte kein Absolvent der Plauener Schule ein Universitätsstudium aufgenommen. Es war daher ein Glücksfall, dass mit Johann Avenarius 1697 ein Superintendent nach Plauen kam, der sich intensiv um die Belange der Lateinschule kümmerte. Binnen kurzer Zeit unterbreitete er dem Stadtrat einen »Vorschlag zur Aufrichtung und Verbesserung des Plauischen Schulwesens«. In

17. Jahrhundert

Das Schulwesen **139**

① Superintendentur und Archidiakonat im Komturhof (1567–1815 zugleich Schule), Lithografie nach einer Zeichnung von W. Wegener: »Plauen und seine Hauptgebäude«
Sachsens Kirchen-Galerie, Das Voigtland [1844], Vogtlandmuseum Plauen, Repro Uwe Fischer

18. Jahrhundert

ausführlichen Gesprächen motivierte er die Lehrer und entließ gleichzeitig den seines Amtes unwürdigen Konrektor, er hospitierte regelmäßig den Unterricht und übernahm selbst den Religionsunterricht in den beiden oberen Klassen. Avenarius führte die öffentlichen Examensprüfungen wieder ein, desgleichen neue Lehrpläne und Lehrbücher, und er sorgte dafür, dass »die deutsche Sprache als unsere Muttersprache auf der Schule nicht verachtet« wurde. Mit den Rektoren Johann Georg Eckhard († 1706) und Johann Georg Birkhan († 1732) hatte Avenarius Männer an seiner Seite, die die Schule zu neuer Blüte führten. Das traf auch auf Superintendent Johann Georg Hermann zu, der Avenarius nach dessen Tod 1713 im Amt folgte. Er setzte die Anstellung eines weiteren Lehrers, des Tertius, durch, scheiterte aber in seinem Bemühen, die völlig unzureichenden Räumlichkeiten der Schule (alle sechs Klassen wurden in einem großen Raum unterrichtet, der nur durch eine dünne Bretterwand getrennt war, auf der einen Seite unterwiesen zwei Lehrer die beiden oberen Klassen, auf der anderen Seite ein Lehrer die nachfolgenden vier Klassen) zu überwinden, am fehlenden Geld in der Stadtkasse.

Gottlieb Friedrich Irmisch setzte ab 1732 einen sehr anspruchsvollen Lehrplan durch, gab als erster Plauener Rektor Schulprogramme in deutscher Sprache heraus, interessierte Schüler für deutsche Dichtungen und regte sie zu eigenständigen literarischen Schöpfungen an. Ihm folgte von 1747 bis 1759 Christoph Jeremias Rost, der neben dem Frontalunterricht auch das Disputieren der Schüler förderte. Unter seiner Regie entwickelten sich erste bescheidene Keime des zukünftigen Schullehrerseminars, indem befähigte Schüler aus sozial schwachen Schichten zu pädagogischen Themen unterwiesen wurden, die sie für Privatunterricht zur Sicherung ihres nötigsten Lebensunterhalts nutzen konnten. 1759 folgte Rost im Amt der erst 27-jährige Gottlieb Wilhelm Irmisch. Er hatte sich durch literarische Arbeiten einen guten Ruf erworben, besaß eine gründliche philologische Ausbildung und führte die Schule bis zu seinem Tod 1794. Unter seiner Leitung überstand die Schule relativ unbeschadet die Auswirkungen des Siebenjährigen Krieges. Er erteilte erstmals – wenn auch nur in Privatlektionen – interessierten Schülern Französisch und Italienisch und konnte bis 1790 die Frequenz der drei oberen Klassen um 65 Prozent steigern. In Irmischs letzten Amtsjahren sank die Zahl der Primaner von 34 auf 13. Dieser Rückgang war jedoch nur bedingt der zunehmenden Dienstmüdigkeit des Rektors geschuldet, vielmehr einem stärkeren Zulauf der jungen Männer zu Gewerbe und Handel ihrer Heimatstadt – ein Prozess, der auch in den folgenden Jahren anhielt.

Seine Nachfolger, Friedrich Wilhelm Ehrenfried Rost (bis 1796) und Johann August Görenz (bis 1800) waren zu kurz im Amt, um die Schule nachhaltig zu erneuern, zudem fehlten reformfreudige Mitstreiter. Dennoch haben sich beide Rektoren bleibende Verdienste um die Plauener Lateinschule erworben. Rost veranlasste 1795 die Anstellung des Elsässers Mylet als Französischlehrer, sodass erstmals für alle Schüler in den oberen Klassen eine neue Fremdsprache obligatorisch wurde. Görenz führte die bisher sporadischen Bemühungen, zukünftige Volksschullehrer auf ihre Tätigkeit vorzubereiten, konsequent weiter, sodass er 1797 erstmals von einem »Schullehrerseminar« schrieb, wenngleich es erst 1810 offizielle staatliche Anerkennung erhielt.

Neben der städtischen Lateinschule gab es in Plauen seit Ende des 16. Jahrhunderts wie in anderen Städten Winkelschulen. Ihr Name leitete sich von ihrer Lage etwas abseits der Öffentlichkeit in einem Straßenwinkel ab. Sie wurden in der Regel von Menschen ohne pädagogische Vorbildung betrieben, die sich dadurch ihren Lebensunterhalt verdienten. Zuweilen unterrichteten auch gescheiterte Lehrer oder Studenten gegen ein billiges Schulgeld. Eigentlich waren Winkelschulen verboten, da sie sich weitgehend der Aufsicht durch Stadt und Kirche entzogen. Außerdem machten sie der Stadtschule Schüler abspenstig, sodass es immer wieder zu Beschwerden der Stadtschullehrer kam. Dennoch ging die Stadt nicht konsequent gegen sie vor, da sie sonst eigene Maßnahmen zur Beschulung der Kinder der untersten Schichten der Stadtbewohner hätte ergreifen müssen. 1667 hatte Herzog Moritz eine dieser privat betriebenen Schulen, die am Stadttor vor der Elsterbrücke lag, prüfen lassen und unter städtische Aufsicht gestellt; ein wichtiger Schritt, in die Arbeit der dort tätigen Lehrer eine gewisse Ordnung zu bringen. Nach dem Beispiel der Brückenschule wurden bis zum Ende des 18. Jahrhunderts sieben weitere »Torschulen« rings um die Stadtmauer geschaffen, die – im Gegensatz zu den in anderen sächsischen Städten üblichen Armenschulen – von Kindern der ärmeren Einwohner in den Vorstädten gegen ein geringes Schulgeld besucht wurden. Sie waren meist bescheiden ausgerüstet, oft war der Unterrichtsraum auch die Wohnstätte des von der Stadt lizenzierten Schulhalters. Erst gegen Ende des 18. Jahrhunderts bewilligte der Stadtrat die Anstellung von Katecheten, wesentliche Verbesserungen der Schulbildung der Kinder bewirkten sie jedoch nicht.

Die Entwicklung des Gesundheits- und Sozialwesens

Heinz Zehmisch

Im 16. Jahrhundert beginnt die nachweisbare Tätigkeit von Ärzten in der Stadt Plauen. Den Anfang machte 1578 Dr. Georg Mylius, der vom Rat der Stadt Plauen als Stadtphysikus und Apotheker besoldet wurde. Aus Annaberg stammend, hatte Mylius zunächst in Wittenberg bei Melanchthon Philosophie studiert und war dann einige Jahre Rektor einer Lateinschule in Annaberg. Dann zog es ihn wieder nach Wittenberg, und er studierte unter namhaften Lehrern wie Salomon Alberti Medizin. Die Amtszeit in Plauen endete 1583 durch seinen frühen Tod. Nachfolger als Stadtphysikus waren zum Beispiel die Doctores Nicolaus Widemann (1553–1616) aus Plauen, Georg Leisner (1609–1684) aus Saalfeld und Georg Melchior Widemann (1652–1735) aus Plauen. Interessant und bis heute von praktischer Bedeutung ist Georg Leisners Werk über den Elstersäuerling, das 1669 erschien und Herzog Moritz von Sachsen-Zeitz gewidmet war. Geradezu poetisch beschreibt der Autor den Weg von Adorf zum Brunnen nach Elster: »Von daraus kan mann in den Grunde uff Wiesen / bis an den Brunn / fast stets an der Elster hinauff spatzieren. Uff beyden Seiten ist dieses Thal mit lustigen Hügeln / theils mit Getraidig angebauet / theils mit Gehöltze gezieret / daß es lustig zu sehen / bevoraus / wenn zu der Zeit in Sommer / do der Sauerling gebrauchet wird / eine Heerde Viehe von Schafen und Rindern der andern nach Weidet / und die Hirten und Schäfer ihre Schalmeyen und Hirten-Lieder hören lassen [...].« Leisner sorgte persönlich und mit eigenen Mitteln auch dafür, dass der Säuerling 1670 eine Brunnenfassung erhielt. Als Moritzquelle sprudelt sie heute noch in Bad Elster und wird von Kurpatienten gern angenommen.

Ein Stadtphysikus war als Amtsarzt Vorgesetzter aller in der Stadt tätigen Ärzte, Apotheker und Hebammen. Hebammen, auch Wehefrauen genannt, gehörten in Plauen seit 1567 zu den städtischen Beamten. 1579 soll es zwei Hebammen bei einer Einwohnerschaft von 3 500 Personen gegeben haben. Im Jahr 1650 wurden in Plauen 101 Kinder geboren. Die hohe Säuglings- und Müttersterblichkeit in der damaligen Zeit hatte viele Ursachen, Grund dafür aber waren vor allem die hygienischen Bedingungen. Der aus Plauen stammende Stadtphysikus Dr. Carl Christian Leißner verlor zwischen 1693 und 1719 drei Ehefrauen durch das Kindbettfieber. Erst 1847 setzte Ignaz Semmelweis mit der Händedesinfektion in der Geburtshilfe diesem Elend ein wirksames Stoppschild. Sicher spielte damals zudem die fachliche Qualifikation der Hebammen eine Rolle. In diese Richtung weist auch die 1784 in Dresden geschaffene Landesentbindungsschule. Ab 1789 wurden in Plauen nur noch Hebammen in Dienst genommen, die eine Ausbildung am Dresdner Hebammen-Institut absolviert hatten. In diesem Zeitabschnitt gab es nur die sogenannte Hausentbindung, denn stationäre Einrichtungen für Kranke und Schwangere existierten nicht.

In Plauen gab es zu dieser Zeit noch die beiden Hospitäler, und bezeichnenderweise wurde der Leiter einer solchen Einrichtung auch Hospitalvater oder Bettelvogt genannt. Das Bettelwesen war damals sehr verbreitet, denn ein Sozialwesen wie in der Gegenwart existierte nicht. Die Fürsorge für Arme ging überwiegend von der Kirche aus. Im Ergebnis der damaligen sozialen Notlage sind 1771/72 in Sachsen das Bettelwesen betreffende Verordnungen erlassen worden. 1773 folgte für die Kreisstadt Plauen eine Armenordnung. Wenn arme Kranke nicht in der Familie versorgt werden konnten, landeten sie manchmal sogar im Gefängnis.

Durch ein landesherrliches Privileg aus dem Jahr 1663 durfte in Plauen 200 Jahre lang keine zweite Apotheke eröffnen. Es war außerdem zu unterscheiden, ob eine Person eine Apotheke besaß oder als Apotheker tätig war. Das betraf zum Beispiel den Stadtphysikus Dr. Georg Leisner, der damals über einen gewissen Zeitraum auch Besitzer der einzigen Apotheke Plauens war, die er dann später für 800 Gulden an den Apotheker Constantin Kindler verkauft hatte. Eine zweite Apotheke wurde erst 1867 in Plauen mit der Schlossapotheke eröffnet und die bisherige nannte sich fortan »Alte Apotheke«.

① Elsterbrücke und ehemaliges Hospital St. Elisabeth, um 1880
Vogtlandmuseum Plauen

Architektur, Kunst, Kunsthandwerk und Musik

Frank Weiß **Bauwerke des 17./18. Jahrhunderts**

Vom Erscheinungsbild Plauens zwischen Spätrenaissance und Frühklassizismus ist heute nur noch wenig unmittelbar erkennbar. Brände, Kriege, Modernisierungen, Umbauten, Vernachlässigungen und Abrisse aus unterschiedlichen Gründen haben den Bestand stark verändert und reduziert. Allein der Bau des riesigen Komplexes des Neuen Rathauses für die junge Großstadt Plauen im frühen 20. Jahrhundert bedeutete das Ende zahlreicher historischer Gebäude aus Renaissance und Barock auf mittelalterlicher Basis. Selbst das Alte Rathaus stand dabei wie auch schon 1829 kurz vor dem Abbruch. Das nach 1693 durch Amtmann Christian Wilhelm Graë erbaute barocke Amtshaus am Schloss, ein palaisartiger Bau mit Saal, war bereits 1902 im Zuge eines Gerichtsbaus abgerissen worden. Der zeitgenössische Chronist Gottfried Geutebrück hatte das Haus als das »zierlichste und regularste alhier zu Plauen, maßen es nach den Principiis Architectarum von Grund aus aufgeführt« samt dem zugehörigen Garten gerühmt.[1] Noch davor, in den frühen 1870er-Jahren, war das Schloss seines barocken Charakters entkleidet worden. Das wohl um 1627 anstelle einer mittelalterlichen Wasserburg erbaute und später wiederholt umgebaute Schloss Reusa ging 1901 in den Besitz der Stadt über, die 1910 den Abbruch beschloss und 1918 bestätigte und ausführen ließ. 1954 wurde auch die 1646 erbaute zugehörige Grabkapelle abgerissen.

Von hohem architektonischem Wert ist die zwischen 1693 und 1722 als Gottesackerkirche erbaute Lutherkirche, ein barocker Zentralbau mit nachgotischen Elementen. Der Turm ist in seiner Form denen der Johanniskirche angeglichen, wie sie diese ab 1639/40 durch den Zimmermeister Hans Schössing aus Thoßfell mit achteckiger welscher Haube, offener Laterne und Zwiebel erhalten hatte.

Ein markantes Gebäude stellt das Malzhaus mit seinem hohen Mansarddach dar, das von 1727 bis 1730 für die brauberechtigten Bürger durch Maurermeister Johann Christoph Walther und Zimmermeister Christian Lorentz auf der Grundlage des Alten Schlosses errichtet wurde und heute als Kultur- und Kommunikationszentrum genutzt wird.

1787–1789

Das Weisbachsche Haus in der Bleichstraße am Mühlgraben, 1777/78 durch den Kattundrucker Johann August Neumeister als Wohn- und Fabrikhaus erbaut und später erweitert, entstand noch ganz in spätbarocker Tradition und zeigt ein palaisartiges Erscheinungsbild. Es ist ein herausragendes frühes Beispiel auf dem Wege zur Industriearchitektur. Das heute an der Rückseite des Hauses Nobelstraße 13 zum Oberen Graben eingebaute Granitportal mit dem Handlungszeichen und der Jahreszahl 1786 stammt ursprünglich von dem abgerissenen Heynig'schen Firmengebäude am Mühlgraben 12 unweit des Elsterwehrs.

Am Haus Altmarkt 13 mit der 1886 neu gestalteten Fassade erhielten sich barocke Stuckelemente mit einem Besitzermonogramm, einem Christusmonogramm und der Jahreszahl 1680. Zu dieser Zeit gehörte es dem Amtsverwalter Gottfried Dietzsch. Das Haus Straßberger Straße 2 zeigt unter anderem Fenstergewände der Renaissance und wird überragt vom Nachbau des 1967 abgetragenen oberen Teils eines achteckigen Treppenturms des 17. Jahrhunderts. Im Obergeschoss des Hauses Straßberger Straße 13 hat sich eine qualitätvolle Stuckdecke im Rokokostil erhalten, das Eingangsportal an der Teichgasse gehört dem Ende des 18. Jahrhunderts an. Das alte Magazingebäude mit Kreuzgewölben des 18. Jahrhunderts über mittelalterlichen Tonnengewölben im Hofbereich des Hauses Straßberger Straße 19 ist heute Teil einer Gaststätte (»Altes Handelshaus«). Als ehemaliges Zeugmacherinnungshaus blieb das Haus Alter Teich 11 erhalten, dessen Granitportal mit dem geschnitzten Türblatt dem späten 18. Jahrhundert entstammt.

Auf die lange Geschichte des wiederholt veränderten Gebäudes Herrenstraße 6, in dem sich die Alte Apotheke befand, weist ein an der Fassade vermauerter Reliefstein aus der Zeit um 1600 hin, der nach unterschiedlicher Deutung einen Igel als Hauszeichen der alten Plauener Familie Wenigel oder ein Gürteltier oder auch einen Eber zeigt.

Höhepunkte bürgerlicher Architektur des ausgehenden 18. Jahrhunderts stellen die um zwei große Innenhöfe gruppierten Häuser Nobelstraße 9/11 und 13 dar, die vom Wohlstand Plauener Baumwollwarenhändler der sogenannten Goldenen Zeit Plauens künden. Das Doppelhaus Nr. 9/11 ließ der Baumwollwarenhändler Johann Christian Baumgärtel zwischen 1781 und 1789 errichten, nachdem er die auf mittelalterlicher Basis bebauten Grundstücke 1773 und 1786 erworben hatte. Zwischen 1797 und 1799 ließ der Baumwollwarenhändler Johann Christian Kanz das Haus Nr. 13 erbauen. 1920 und 1925 durch die Stadt Plauen erkauft, beherbergen all diese das Vogtlandmuseum Plauen. Im Kellerbereich ist mittelalterliche Bausubstanz vorhanden, unter anderem auch ein Brunnen und unterirdische Gänge, die Stadtmauer ist an der Westseite einbezogen. Als Glanzstück der Architektur kann der die volle Breite des Hauses Nr. 11 einnehmende Festsaal (1787–1789) bezeichnet werden. Wände und Decke sind von Stuckreliefs im

①
Festsaal von 1787/89 im Haus des Baumwollwarenhändlers Johann Christian Baumgärtel, heute Vogtlandmuseum Plauen, Nobelstraße 9/11
Uwe Fischer

frühklassizistischen Louis-seize-Stil geziert, zwischen den hohen Türen mit der Überschrift »FREUNDEN GEWEIHET« erhebt sich ein Terrakottaofen, gegenüber die dreiachsige Fensterfront. Die zwölf rechteckigen Wandfelder zeigen jeweils Monatsdarstellungen mit durch Bänder zusammengefassten Gehängen aus Gegenständen, Tieren, Pflanzen und Früchten. Die Namen der Künstler sind nicht überliefert. Stilistisch verwandte und etwa gleichzeitige Arbeiten im reußischen Sommerpalais zu Greiz werden mit der aus Italien stammenden und auch in Franken tätigen Stuckatorenfamilie Bossi in Verbindung gebracht. Weitere Räume der Gebäude sind mit Stuckdecken versehen.

Das 1798 durch den Fleischermeister Conrad Hartenstein erbaute Haus Nobelstraße 18 (»Hammerklause«) zeigt auf durch die Ecksituation bedingt unregelmäßigem Grundriss eine ebenso schlichte wie solide noch im Barock wurzelnde Architektur mit dreiachsigem Mittelrisalit unter einem Dreiecksgiebel, hohem Mansarddach und gewölbten Innenräumen. Ein Stück unterirdischen Ganges führt Richtung Marktstraße. Die schmale Gasse hin zur Marktstraße gehört zum ursprünglichen Straßenverlauf der Nobelstraße, die breite Öffnung zur Neundorfer Straße wurde erst 1891 geschaffen.

An die am Ende des 18. Jahrhunderts auf dem schon 1409 als Neue Mark erwähnten Neumarkt zwischen Neundorfer und Straßberger Straße um Seminar- und Neustraße begonnene Stadterweiterung erinnern noch einige kleinere Häuser. Das Haus Neundorfer Straße 24 erhielt zum Beispiel eines der damals beliebten geohrten Granitportale mit der Inschrift »SOLI DEO GLORIA 1795«, bei einer Sanierung in neuerer Zeit wurde die Jahreszahl allerdings irrtümlich in 1775 verändert. Auch der ehemalige Gaststättenname »Neumarkt« an dem Eckhaus Moritzstraße 25 wurde abgeschlagen. Die für dieses Gebiet vergessene Bezeichnung »Neumarkt« wird heute mit einem Platz im DDR-Neubaugebiet Chrieschwitzer Hang in Verbindung gebracht.

Rein bäuerlichen Charakter trägt das vor der Stadt »im See« zwischen Westbahnhof und Glockenberg gelegene, 1786 als Fachwerkbau errichtete Seehaus, ehemals als »Klein-Neundörfel« bezeichnet.

Bauleute, Maler und Kunsthandwerker

Bauleute

Als Steinmetz und Baumeister erlangte der in Plauen geborene Wolf Löscher in Franken Ansehen. In seiner Wahlheimat Nürnberg fertigte er 1548 sein Meisterstück und war bis zu seinem Tod 1577 dort ansässig. Über viele Jahre übte er das Amt des Stadtmeisters (= Stadtbaumeisters) aus, wurde aber zugleich immer wieder andernorts zu Bauprojekten wie etwa dem Rathausbau in Rothenburg ob der Tauber (1572/73) hinzugezogen, wozu er jeweils durch den Rat beurlaubt werden musste. Als er zum Beispiel 1569 vom Rat zu Bamberg zu einem Brückenbau geholt werden sollte, erlaubte man ihm drei Wochen »und lenger nit«.[2]

Handwerk wurde oftmals in Familien weitergegeben und wirkte auch über die Stadtgrenze hinaus. Bereits ab 1548 hatte der Plauener Zimmermeister Erhard Pener am Wiederaufbau der Plauener Johanniskirche mitgewirkt. Nachdem das von 1563 bis 1566 durch Nickel Hoffmann aus Halle errichtete Rathaus in Hof 1625 abgebrannt war, baute der »kunstreiche« Plauener Zimmermeister Lorenz Pöhner bis 1627 den Turm samt Glockenstuhl wieder auf.

② Beschneidung Jesu, im Hintergrund Landdiakon Markus Wenigel, Gemälde von Benedict Richter am Taufstein der Kirche zu Jößnitz, 1598
Frank Weiß

1596/98

Bauart der Turmhelm der evangelisch-lutherischen Stadtkirche von Tilsit in Ostpreußen an.

Ein an vielen Bauwerken der Region tätiger Plauener Zimmermeister war der aus Möschwitz stammende Michael Deschner († 1686). 1660 übernahm er die Zimmerarbeiten an der Altensalzer Kirche. Am Wiederaufbau der Rodersdorfer Kirche nach einem Brand war er 1662 beteiligt und schuf 1675 den barocken Dachturm. Beim Bau der Kirche zu Gefell 1664/65 mit der barocken Turmhaube war er ebenso tätig wie von 1665 bis 1667 bei Arbeiten am Chor der Thossener Kirche, beim Emporenbau 1666 in der Plauener Johanniskirche oder bei Kirchturmbauten 1670 in Theuma und 1678 in Mylau. Mit dem Plauener Maurermeister Michael Fröber baute er von 1670 bis 1675 das Schloss in Plauen wieder auf und von 1680 bis 1682 die Kirche zu Taltitz. Auf Michael Fröber (1637–1695) geht wohl der Plan zur Gottesackerkirche (Lutherkirche) zurück, bei der Grundsteinlegung 1693 wurde er als Baumeister bezeichnet.

Als Steinmetz trat der aus Schierstein bei Mainz stammende Georg Christoph Wildner (1671–1719) in Erscheinung. 1697 konvertierte er zur lutherischen Kirche und heiratete 1698. Seit 1696 arbeitete er an der Gottesackerkirche mit und erhielt in diesem Jahr den Auftrag zur Fertigung des Südportals, des damaligen Hauptportals, das bei der Friedlichen Revolution 1989 als »Kerzenportal« in die Plauener Geschichte eingehen sollte. Auch außerhalb Plauens war er tätig, so von 1715 bis 1717 in der Prämonstratenserstiftskirche Tepl im Egerland. Der Sterbeeintrag seiner Frau bezeichnet ihn als Steinmetz, Schleierhändler und königlich preußischen Marmorfaktor. Sein Sohn Johann Christoph (1704–1732) wurde ebenfalls Steinmetz. Als der kurfürstlich sächsische Berg- und Münzsecretarius Lichtwer im August 1731 auf der Suche nach edlen Gesteinen in Plauen weilte, berichtete er über die hiesigen Marmorbrüche vor dem Straßberger Tor, die dem Bürger Johann George Döltz gehörten, und aus denen der Rat Kalk brennen ließ. Es seien große Stücke in verschiedenen Farben, rot und grün, rot und weiß, licht und dunkelrötlich, auch schwarz und weiß, aus denen ein Bildhauer Johann Christoph Wildner allerhand Arbeiten wie Tischblätter, Leichensteine oder Kaminstücke fertige. Der schlüge vor, Ihre Königliche Majestät sollte die Brüche kaufen.

Zwei Plauener, die bedeutende architektonische barocke Meisterwerke geschaffen haben, waren die Zimmermeister Peter und Joachim Marquardt. Die Brüder gehörten einer über Generationen tätigen Handwerkerfamilie an, deren Name öfters variierte, etwa Markert, Marckert, Markart. Ihr Vater war der Plauener Stadtbaumeister Peter Marckert (1585–1629). Der gleichnamige Sohn Peter, 1613 in Plauen geboren, war mit seinem Bruder Joachim wohl 1653 oder 1654 nach Hamburg gekommen, wo er Meister des Hauszimmeramts wurde und 1689/90 auch starb. Von 1654 bis 1656 errichtete er den dreihaubigen, kupfergedeckten Turm der Hauptkirche St. Nikolai und 1657/58 zusammen mit Joachim den vergleichbaren Turm der Hauptkirche St. Katharinen. Er übernahm ferner die Oberbauleitung für die St.-Michaelis-Kirche, für die er zwischen 1667 und 1669 eine ebensolche Turmkonstruktion schuf, die 1750 einem Blitzschlag zum Opfer fiel. Die St.-Nikolai-Kirche brannte 1842 ab, der im Zweiten Weltkrieg zerstörte Turm der Katharinenkirche wurde 1957 in seiner Form rekonstruiert. Joachim Marquardt, in Plauen 1619 geboren und 1694 gestorben, erlangte in seiner Heimatstadt 1659 das Bürgerrecht und errichtete 1672 den Turmhelm der Marienkirche in Zwickau in ganz ähnlicher Gestalt. Auch der nach 1677 erbaute Turmhelm der Kirche St. Petri in Riga zeigt diese Form (1941 in Brand gesteckt, ab 1973 wiederaufgebaut). Noch um 1700 schloss sich dieser

Maler

Die bekannte und häufig reproduzierte Stadtansicht Plauens in Sebastian Münsters Kosmografie von 1598 wurde nach einer im Auftrag des Rates 1596 gezeichneten Vorlage des Plauener Malers Benedict Richter vom Schweizer Formschneider Ludwig Frig in Holz geschnitten. Richter hatte als Maler von Wittenberg 1569 in Plauen die Tochter des verstorbenen Superintendenten Corbinian Hendel geheiratet und 1574 das Bürgerrecht erworben, wofür er eine Darstellung des Jüngsten Gerichts malen wollte. Er starb hier 1605. Seine Arbeiten in der St.-Johannis-Kirche blieben alle nicht erhalten. So hatte er 1571 die Orgel und 1573 einen Altarvorhang bemalt sowie 1603 die Bildnisse Martin Luthers und Philipp Melanchthons geschaffen. Vermutlich gingen auch Gemälde an den Emporenbrüstungen auf ihn zurück. In der Kirche zu Jößnitz erhielten sich hingegen die biblischen Gemälde von 1598 an der Cuppa des Taufsteins.

1615 wurde dem Plauener Kunstmaler Wolf(gang) Wolfart ein Sohn Tobias geboren, der 1639 in Plauen heiratete und 1643 einen Sohn Wolfgang taufen ließ. Tobias ließ sich als Kunstmaler in Hof nieder, wo er 1669 starb. Sein Sohn war von 1660 bis 1664 Lehrling des Egerer Kunsttischlers Lorenz Eck, der wie sein Onkel Adam Eck und andere die europaweit geschätzten Reliefintarsien, die sogenannten Egerer Arbeiten schuf. Der schon ab 1603 in Hof nachweisbare Maler Christoph Wolfart war zwar aus Schleiz zugezogen, dürfte aber auch in Plauen geboren sein, und zwar 1573 als Bruder des 1570 geborenen Wolfgang. Beider Vater hieß Martin. Ob dieser mit dem Maler und Bildhauer Martin Wolfart identisch ist, der um 1571 in Prachatitz unter anderem Fassadenmalereien am Rathaus ausgeführt hatte, muss vorerst offen bleiben. Da aber bereits 1582 ein Kunstmaler Wolff Wolfart das Plauener Bürgerrecht erworben hatte, der Vater von Tobias hingegen erst 1614, könnte er ein Bruder Martins gewesen sein.

1639 heiratete in Plauen der ansässige Kunstmaler Carl Nußhacker, Sohn des Elsterberger Kunstmalers Daniel Nußhacker. Der 1646 in Plauen als Sohn eines Bierbrauers geborene Christian Pastor heiratete 1669 eine Planschwitzer Pfarrerstochter, 1688 und 1699 ist er noch in Plauener Steuerregistern erfasst, dann verliert sich seine Spur. Mit dem Elsterberger Kunsttischler Christian Preller ist eine Zusammenarbeit 1689 in der Weidaer Stadtkirche belegt. In der Kirche zu Theuma schuf er 1669 vier Gemälde an der Emporenloge des Rittergutes Mechelgrün untern Teils.

Der Familie des Pfarrers Johann Zimmermann, die als böhmische Exulanten ins Vogtland gekommen war, entstammte der vor 1624 in Maschau geborene und 1699 in Plauen verstorbene Kunstmaler Felix Zimmermann, ein Ururenkel des lutherischen Reformators Johann Matthesius in St. Joachimsthal. Ihm wurde 1666 in Plauen ein Sohn Johann geboren, der sich nach der Gesellenzeit bei Heinrich Andreas Lohe in Hof in Schleiz niederließ, wo er 1751 starb. In der dortigen Bergkirche findet sich etwa eine Darstellung der Anbetung der ehernen Schlange an einem Epitaph für Anna Dorothea Slevogt. Sein 1701 in Schleiz geborener Sohn Christian Friedrich wurde ebenfalls Maler und zog später nach Plauen, wo er 1746 das Bürgerrecht erwarb und 1776 starb. Zwei Ganzfigurenbildnisse aus der Familie von Feilitzsch schuf er 1755 für die Kürbitzer Kirche. Am Kanzelalter der Kapelle zu Kauschwitz mit dem Gemälde der Himmelfahrt Christi nach Sebastiano Ricci findet sich seine Signatur von 1764.

Der 1668 in Plauen geborene und noch 1689 als Maler hier ansässige Christian Schilbach wurde 1696 als Hofmaler in Dresden bezeichnet und war später als Hofmaler und Kunstkämmerer in Gotha tätig, wo er 1741 starb. Möglicherweise ist ihm das wohl um 1700 entstandene Porträt Philipp Ferdinands von Reibold in der Straßberger Kirche zuzuschreiben.

Sohn einer Schwester Schilbachs und des Plauener Kantors Victorinus Irmisch war der 1694 geborene Johann Benedict Irmisch, der bei seinem Tod 1726 in Plauen als »berühmter Kunstmahler alhier« bezeichnet wurde. Der 1739 mit 66 Jahren verstorbene Plauener Maler Michael Köhler schuf 1721 im Auftrag des Rates zwei kolorierte Stadtansichten mit den Darstellungen Plauener Bürger im Vordergrund. Wenn es im Quatembersteuerregister der Stadt 1719 von dem aus Asch stammenden Hans Nicol Willmoser heißt, er wolle neben dem Tischlerhandwerk auch einen Maler »abgeben«, so ist dabei vielleicht eher an Möbelmalerei zu denken.[3]

In Paris erlangte der 1758 als Sohn des Pachtmüllers auf der Unteren Mühle geborene Emailmaler Carl Christian Kanz Ansehen. Nach einer Lehre als Gold- und Silberschmied in Plauen soll er eine weitere als Porzellanmaler in Meißen absolviert haben. Über Wien kam er nach Paris, wo er Schüler an der Akademie wurde. Franz Peter Kymli soll sein Lehrer in der Miniatur- und Emailmalerei gewesen sein. Er heiratete 1783 und blieb in Paris bis zu seinem Tod 1848. Seine Arbeiten waren international geschätzt, Werke befinden sich im Louvre ebenso wie im Vogtlandmuseum Plauen. Sein 1784 geborener Sohn Charles Jean Baptiste Theodore († 1868 in Livry) folgte ihm in der Kunst. Der Bruder Carl Christians, Johann Christian, kam in Plauen als Baumwollwarenhändler zu Vermögen und erbaute zwischen 1797 und 1799 ein stattliches Haus, das heute Teil des Vogtlandmuseums ist.

Kunsthandwerker

Zu den am frühesten in Plauen nachweisbaren Handwerkern gehören die Zinngießer, die ja auch Haushaltsgegenstände schufen und reparierten. Schon um 1400 werden ein Heinrich und ein Nickel Kandelgießer genannt und 1529 Alt Hans Koch oder Kandelgießer und im gleichen Jahr Linhart Koch oder Kandelgießer. Zwischen 1600 und 1795 gab es wenigstens 20 Zinngießer in Plauen. So schufen etwa David Löscher um 1670 die Taufschale in der Kirche zu Thossen, Adam Pippig 1743 den Willkommpokal der Plauener Zimmerleute und Johann Paul Schmidt 1768 ein Weihwasserbecken für die St.-Johannis-Kirche. Die Plauener Zinngießer standen unter der Schneeberger Kreislade.

Gold- und Silberschmiede waren ebenfalls in Plauen tätig. Geht man davon aus, dass es sich dabei um Berufsbezeichnungen handelt, so nennt schon das Einwohnerverzeichnis von 1388 einen Cunrad Goltsmid von Eger (auch Cuntzel Goltsmit) und einen Niklas Goltsmit, ferner das von 1458 einen Sebastian Goltsmid, und 1414 wird ein Claws Goltsmyd erwähnt. Gegen Mitte des 16. Jahrhunderts war der Goldschmied Valten Springsfeld (auch Springinsfeld) tätig, 1572 erlangte der Goldschmied Georg Grieb das Bürgerrecht. Die Auswertung des Bürgerbuches von 1654 bis 1770 zeigt, dass allein im Zeitraum von 1654 bis 1759 19 Goldschmiede, Goldarbeiter oder Gold- und Silberarbeiter das Plauener Bürgerrecht erworben haben. Unter ihnen waren zum Beispiel vier Vertreter aus drei Generationen der Familie Degenkolb (1704, 1732, 1752), drei Vertreter der aus Falkenstein zugewanderten Familie Leucht (1681, 1692, 1730) und zwei Vertreter der Familie Oettel (1671, 1718). Salomon Geigenmüller (1707) wurde zusätzlich als Juwelier bezeichnet. Johann Paul Oettel schuf 1693 einen Schützenschmuck mit dem Wappen des damals in Plauen residierenden Herzogs Christian August zu Sachsen-Zeitz.

Beginnend mit dem aus Dortmund zugewanderten Johann Melchior Scheubner († 1704) erwarben elf Angehörige aus der Familie Scheubner (auch Scheibner) über drei Generationen zwischen 1670 und 1767 als Tischlermeister das Bürgerrecht. Johann Melchior wird 1675 unter den am Schlossbau Beteiligten genannt, die Brüder Johann Georg und Christoph Scheubner fertigten um 1716 Türen für die Gottesackerkirche. Die Tischler bildeten mit den Glasern eine gemeinsame Innung, anfangs gehörten auch die Schäfter dazu, im 18. Jahrhundert die Drechsler.

Das Plauener Musikleben

Das musikalische Leben in Plauen war durchaus rege, wenngleich zu unterschiedlichen Zeiten durch äußere Einflüsse mehr oder weniger stark beeinträchtigt, etwa durch Kriegsläufte. Da war zunächst die durch die Reformation zu größerer Bedeutung gelangte Kirchenmusik, die durch Kantoren und Organisten und unter deren Regie durch Schüler und den Chor ausgeübt wurde. Die Schüler der 1613 durch Superintendent Kromeyer begründeten Kurrende sangen nicht nur in den Gottesdiensten, sondern auch dreimal wöchentlich in der Stadt, zu Beerdigungen oder gemäß bestimmter Stiftungen vor Bürgerhäusern, wofür sie ein Entgelt erhielten.

Eine bedeutende Institution im Plauener Musikleben des 17. Jahrhunderts war die unter Leitung des Kantors stehende Chorgemeinschaft des sogenannten Chorus musicus. Es handelte sich um eine Vereinigung zumeist auf Lateinschulen, Gymnasien und Kantoreien musikalisch vorgebildeter Männer, die regelmäßige Treffen mit Gastmählern abhielten, im kirchlichen, öffentlichen und privaten Bereich Musik pflegten, bisweilen wohl durch Schüler und auch instrumental durch Stadtpfeifer verstärkt. Die Gründung des Chorus musicus dürfte 1615 durch Superintendent Caspar Pamler unter dem Gesichtspunkt der Erhaltung der Kirchenmusik erfolgt sein. Die Auswirkungen des Dreißigjährigen Krieges seit 1632, die Pest 1633 und der Stadtbrand 1635 unterbrachen die Tätigkeit und vernichteten das Ehren- und Gästebuch des Chorus, der 1637 seine Arbeit wieder aufnahm und ein neues, künstlerisch gestaltetes Buch, das »Sertum musicale oder Musicanten-Buch«, anlegte. In ihm findet sich außer zahlreichen interessanten Widmungseinträgen unter anderem die Satzung.

Neben finanziellen städtischen und privaten Zuwendungen wurde dem Chorus musicus Förderung in barockem Geiste zum Beispiel auch durch die Stiftung von 1000 Talern gemäß dem 1688 errichteten Testament des Plauener Amtsverwalters Gottfried Dietzsch zuteil, von deren Zinsen jährlich »zehen Thaler dem Choro Musico, und davon insonderheit dem H. Cantori 5 Thaler ausgezahlet werden, doch daß er Anstalt mache, damit solche Christmetten, wie bey etlichen benachbarten Kirchen gebräuchlich durch verkleidete Engel /: dieses ist von hoher landes herrschaft nicht approbiret :/ und andere Ceremonien Solenniter celebriret werden möge. Ingleichen werden wegen dieser Anstalt denen Herren Inspectoribus der Kirchen zehen Thaler, dem Herrn Rectori 3 Thaler, dem Correctori und Baccalaureo ieden 1 Thaler beschieden.«[4] Auch aus dem sogenannten Schulkasten wurden Gelder unter die »Symphoniacos zur Erhaltung des Chori Musici« verteilt.[5]

Üblicherweise pflegten Sänger zum Neuen Jahr über Land zu ziehen. Am reußischen Hof zu Schleiz zahlte 1652 der Schösser Heinrichs IX. einen Gulden und drei Groschen »am 7. und 8. alß die Schüler von Plauen das Neue Jahr gesungen«[6] und im Folgejahr einen Taler »der Cantorey zu Plauen, so das Neue Jahr gesungen, am 12 January«.[7]

Die ohnehin nicht üppige Bezahlung von Musikern wurde in Notzeiten noch problematischer. Im Dreißigjährigen Krieg waren in der Besoldung der Geistlichen, Kirchen- und Schuldiener aus dem Gemeinen Kasten große Rückstände entstanden, die sich 1642/43 auf insgesamt 678 Gulden und 13 Groschen beliefen. Allein der Organist Moritz Brendel hatte für die Zeit seit 1637 noch 310 Gulden, 10 Groschen und 6 Pfennige zu fordern, die Witwe des früheren Organisten Virgil Ebhardt 40 Gulden und 12 Groschen.[8]

Daneben gab es die Stadtpfeifer (seit dem 18. Jahrhundert Stadtmusiker genannt) mit ihren wenigstens vier Adjuvanten, die das Privileg hatten, bei allen öffentlichen Gelegenheiten sowie privaten bürgerlichen Anlässen wie etwa Hochzeiten zu musizieren, zugleich hatten sie aber auch die Kirchenmusiken mit aufzuführen, wozu sie nach 1619 erfolgter Aussage des Superintendenten Pamler schon vor 100 Jahren verpflichtet gewesen seien. Damals war von erster und zweiter Geige, Viola da Gamba, Violino Basso, Fagott und zwei Hörnern die Rede. Neben der Mitwirkung in Gottesdiensten, Brautmessen und so weiter hatten sie noch zu Beginn des 18. Jahrhunderts dreimal täglich und an den hohen Festen früh vom Turm zu blasen. 1584 wurde der Stadtpfeifer zugleich als Türmer ausgewiesen. Ehrbarer Lebenswandel und Gehorsam dem Kantor gegenüber wurden erwartet. 1639/40 zahlte ihnen die Stadtkämmerei 29 Gulden und 15 Groschen auf 52 Wochen.[9] Das Verhältnis zur Obrigkeit war gleichwohl nicht immer spannungsfrei. So wurden den Stadtpfeifern 1645 aus dem Gemeinen Kasten 19 Gulden und 6 Groschen gezahlt, eigentlich hätten es 21 Gulden und 18 Groschen sein müssen, »So ist doch vff befehlich des Herren Superintententen Ihnen 2 fl 12 gr wegen Ihres Vnfleysses abgezogen worden«.[10] Jeder Nebenverdienst wie durch das zu Neujahr übliche »Herumblasen« in der Stadt war daher willkommen. Das 1791 abgefasste Testament des Kaufmanns Carl Heinrich Höffer sah etwa unter anderem sechs Reichstaler dafür vor, »Den ganzen Chor und den Herren Stadt-Musicanten, um am heiligen Abend vor dem Weynachts-Fest, abends um 6 Uhr, vor dem Haußse, das ich itzt noch durch Gottes Gnade bewohne, 3 Advents- oder Weynachts-Lieder unter Begleitung der Instrumenten abzusingen; wovon das Chor nebst Praefect 2 fl 20 gr und die Herren Stadt-Musicanten eben so viel erhalten und die übrigen 8 Groschen zu Lichtern und Besorgung der Laternen angewendet werden sollen; alljährlich aus zu zahlen.«[11] Lange Lebensarbeitszeiten waren unumgänglich, der 1735 im Alter von 77 Jahren verstorbene Stadtmusikus Christian Heydelmann war 55 Jahre im Amt gewesen.

Das Plauener Orgelbuch

Ein wertvolles Dokument der Musikgeschichte stellte das Plauener Orgelbuch von 1708 dar, dessen Original zwar bei den Bombenangriffen 1945 im Archiv der St.-Johannis-Kirche verbrannt ist, das aber vollständig fotografisch dokumentiert ist. Es enthält 325 meist voll beschriebene Seiten und besteht aus zwei Teilen, wobei unterschiedliche Schreiber tätig waren und der größere zweite Teil wohl ab 1710 entstanden ist. Sein Ursprung muss nicht in Plauen liegen, vermutet wird eine Entstehung in Thüringen unter dem direkten Einfluss Johann Gottfried Walthers (1684–1748), der zunächst in Erfurt und ab 1707 in Weimar tätig und mit seinem entfernten Vetter Johann Sebastian Bach befreundet war. Der ursprüngliche Titel »Fugen über Choral-Gesänge geschrieben 1708« wurde später unter anderem mit der Jahreszahl 1828 und dem Eigentümervermerk des Kirchenchors zu Plauen ergänzt. Möglicherweise wurde es damals erworben. Von den 188 enthaltenen Stücken stammen 49 von anonymen Komponisten, die übrigen zum Beispiel von Johann Sebastian, Johann Michael und Johann Bernhard Bach, aber auch von Johann Gottfried Walther, Johann Pachelbel, Dietrich Buxtehude, Georg Böhm, Friedrich Wilhelm Zachow, Johann Krieger, Johann Friedrich Alberti, Georg Friedrich Kauffmann, Daniel Erich und Georg Dietrich Leyding.

Zwei Kantoren und ein Organist

Eine direkte Verbindung zu Johann Sebastian Bach ergab sich im Zusammenhang mit der Wahl eines neuen Kantors, nachdem der bisherige, Victorinus Irmisch, 1726 verstorben war. Ihn hatte der Rat 1688 auf Empfehlung des damaligen Leipziger Thomaskantors Johann Kuhnau eingestellt, und so wandte man sich nun mit der Bitte um eine Empfehlung an Johann Sebastian Bach, der dem Rat am 14. September 1726 schriftlich Unterstützung zusicherte. Am 26. September teilte Bach – ohne einen Namen zu nennen – mit, einen geeigneten Kandidaten gefunden zu haben. Der Rat dankte ihm am

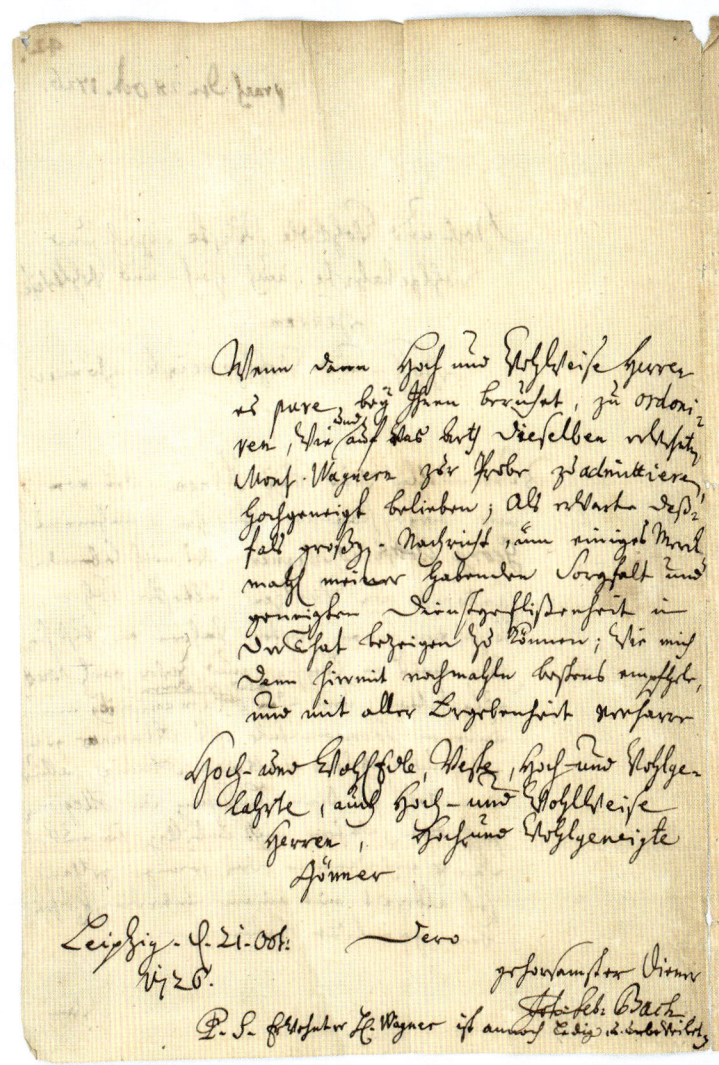

8. Oktober und erkundigte sich nach dem Namen. Dem folgte am 21. Oktober ein dritter Brief Bachs mit der gewünschten Auskunft und ausdrücklichen Empfehlung. Auch der Kandidat meldete sich, Georg Christoph Wagner, ein 1698 in Mühlberg an der Elbe geborener Kantorensohn, der ab 1705 in Wurzen aufgewachsen war, seit 1712 die Leipziger Thomasschule besucht, ab 1719 Theologie studiert und sich nach Bachs Amtsantritt wieder ganz der Musik gewidmet hatte. Am 15. November gab Bach der dringlichen Hoffnung Ausdruck, dass sein Schüler nach erfolgtem Probespiel die Stelle erhalten werde. Am 9. Dezember bestand Wagner die Probe und wurde am 28. Januar 1727 berufen, was mit der öffentlichen Aufführung einer Kantate am 11. März bestätigt wurde. Bis zu seinem Tod 1756 hatte er das Amt inne. Von seinen zahlreichen Kompositionen blieb leider wenig erhalten.

Sein übernächster Nachfolger Johann Martin Recknagel (1725–1797) aus Schmalkalden hatte in Leipzig Theologie studiert, als Konzertmeister in den dort stattfindenden großen Konzerten mitgewirkt und war dann ab 1753 in Reichenbach und ab 1773 bis zu seinem Tod in Plauen Kantor. Eine von ihm komponierte »Serenata 1781«, zu der Schulrektor Friedrich Wilhelm Irmisch den

③ Schlussteil eines Briefes Johann Sebastian Bachs an den Rat der Stadt Plauen vom 21. Oktober 1726
Stadtarchiv Plauen, Repro Uwe Fischer

Architektur, Kunst, Kunsthandwerk und Musik **147**

④ Fahne der reitenden Kaufmannschaft zu Plauen, 1773, Seide, bestickt
Vogtlandmuseum Plauen, Uwe Fischer

deutschen und italienischen Gesangstext verfasst hatte, wurde im Rahmen des die ganze Stadt in Feststimmung versetzenden Empfangs der sardinischen Königstochter Maria Carolina von Savoyen am 20. Oktober 1781 vor ihrem Nachtquartier am Markt aufgeführt. Den Beschluss bildeten eine Janitscharenmusik und ein Zapfenstreich der Schützengesellschaft. Der Tag war überhaupt von Musik geprägt gewesen, sei es bei der Nagelung der Fahne der angetretenen reitenden Kaufmannschaft unter Pauken und Trompeten (deren Verwendung hochfeierlichen Anlässen vorbehalten war), sei es beim Auszug zum Empfang nach Meßbach und auch dort und auf dem Markt. Hinzu kamen die Schützen mit ihrer Janitscharenmusik, blasende Postillione sowie Trommeln und Pfeifen der Miliz. Die 17-jährige Braut des Prinzen und späteren sächsischen Königs Anton, die selbst eine begabte Komponistin gewesen sein muss, traf am 24. Oktober in Dresden ein, wo eine feierliche Hochzeitszeremonie in der Hofkirche stattfand. Sie starb bereits ein Jahr später.

Ein hochtalentierter Orgelvirtuose und Pianist war der 1748 in Rastenberg geborene Ernst Friedrich Roesler. 1774 wurde er Nachfolger des in der Elster ertrunkenen Organisten und Mägdleinschulmeisters Georg Heinrich Gerlach. Er entfaltete in Plauen eine rege Konzerttätigkeit, oft im großen Saal des alten Amtshauses am Amtsberg, unternahm aber auch Konzertreisen, so nach Karlsbad, Prag und Dresden. Wegen seines dem Alkohol geschuldeten Lebenswandels häuften sich Probleme. Nachdem er sich 1790 ohne Erlaubnis auf Wanderschaft begeben hatte, wurde er bei der Rückkehr 1791 entlassen und acht Wochen inhaftiert. Danach verließ er Plauen zunächst, kehrte aber im September zurück, bat um Unterstützung und erhielt im Winter pro Woche acht Groschen aus der Armenkasse. 1793 und 1794 wurden noch neue Kompositionen angekündigt, seine Spur verlor sich aber aus Plauen. 1800 wurde er als einer der berühmtesten Orgelspieler Deutschlands bezeichnet.

5. März 1673

Plauen und der Orgelbau

Nachdem bisherige Orgeln der Stadtkirche, soweit überhaupt bekannt, von auswärtigen Orgelbauern erbaut worden waren, ließ sich als erster nachweisbarer Orgelbauer der um 1580 in Stolpen geborene Joachim Zschuck (auch Zschucke) in Plauen nieder. Im Jahr seiner Hochzeit 1607 erlangte er kostenlos das Bürgerrecht und sagte zu, kleinere Reparaturen an der Orgel unentgeltlich auszuführen. Ab 1605 ist seine Tätigkeit in St. Johannis in Plauen belegt. 1608 erlitt er einen Brandschaden, als am Steinweg Feuer ausgebrochen war, späterhin war er am Alten Teich ansässig. Gelernt hatte er in Kamenz bei Johann Lange (1543–1616) aus Wesselburen in Dithmarschen, einem führenden sächsischen Orgelbauer, der norddeutsch-niederländische Einflüsse vermittelte. Zschuck erlangte hohes Ansehen und war im weiten Umkreis tätig, unter anderem in St. Thomas und St. Nikolai in Leipzig, St. Marien in Zwickau, St. Wenzel in Naumburg sowie in Dornburg/Saale, Niederplanitz und Zschorlau. Über die um 1570 wohl von den Gebrüdern Eckstein aus Annaberg gebaute und von Esaias Prell 1586 umgebaute Orgel der Plauener Johanniskirche gab er 1622 Urteile ab, und entweder erneuerte er sie in den Folgejahren stark oder schuf sogar einen Neubau, dessen Gehäuse vom Maler Wolf Glas bemalt wurde. So heißt es auch in den Akten von dem beim Stadtbrand 1635 abgebrannten Orgelwerk: »so von Joachim Zschucken gemacht gewesen«.[12] 1628 begab er sich mit seinem gleichnamigen Sohn, der dort das Organistenamt übernahm, nach Greiz und reparierte die Stadtkirchen-Orgel. Er starb wohl 1639. Zu Michaelis 1638 zahlte er noch sieben Groschen Erbzins für sein Haus, zu Michaelis 1639 entrichteten diese Summe seine Erben.[13]

Der aus Leubnitz stammende Johann Gruber war eigentlich Tischler, wirkte aber zugleich als Orgelbauer. 1665 ließ er als Bürger und Tischler in Mühltroff eine Tochter Salome in Plauen taufen. Am 28. April 1669 erwarb er für sieben Gulden und einen ledernen Eimer das Plauener Bürgerrecht. Bei der Taufe seiner Tochter Esther 1670 wurde er als Tischler und Orgelmacher vor der Brücken bezeichnet, Paten waren der Stadtpfeifer und Türmer Salomon Augst, die Frau Maria des Müllers Hannß Wolff vor der Brücken und die Tochter Esther des Stadtpfeifers Johann Höfer. Am 5. März 1673 wurde sein Sohn Adam Heinrich Gruber geboren. Weitere Kinder waren Gabriel (* 1669), Johannes (* 1671), Susanna (* 1676) und Hans Caspar (* 1680). Johann Gruber starb 1696 in Hof, Adam Heinrich Gruber führte ab 1700 bis zu seinem Tod 1734 eine sehr produktive Werkstatt in Adorf. Er erneuerte unter anderem 1707/08 die Orgel in Oberlosa und führte 1727 Arbeiten an der Orgel der Johanniskirche seiner Geburtsstadt Plauen aus.

Schließlich erwarb am 28. Dezember 1707 noch ein dritter Orgelbauer das Bürgerrecht in Plauen, der aber in Schleiz wohnhaft blieb. Es handelte sich um den aus Halle gebürtigen David Mercker (auch Märker). Er erhielt das Bürgerrecht gratis, da er versprochen hatte, das Orgelwerk in St. Johannis unentgeltlich zu reparieren.

Plauen als Druckort

Frank Weiß

Während sich Druckereien im benachbarten Hof seit 1552 nachweisen lassen, tritt in Plauen als erster Drucker 1643 der aus Weida gebürtige Kalendermacher und »der Astronomischen Kunst Liebhaber« Johann Fülle (1577–1668) in Erscheinung. 1643 hatte er als gewesener Schul- und Kirchendiener zu (Unter-)Koskau bei Tanna das Plauener Bürgerrecht gratis erhalten, weil er dem Rat das »vergangene und heurige iahr seine Calender dediciret vnd ein guter armer mann ist«.[1] Im gleichen Jahr druckte er hier eine Hochzeitsschrift und 1654 eine Plauener Feuerordnung. Beim Kauf eines Hauses vorm Straßberger Tor am Mühlberg über der Obermühle 1650 wurde er als Schulmeister zu Straßberg und als Buchdrucker bezeichnet. Als frühes Druckerzeugnis Fülles gilt ein 1625 in Weida erschienener Einblattdruck zu einer Hochzeit. Zum Druck seiner (wohl seit etwa 1624 bis 1663 erschienenen) Kalender zog er meist Melchior Göpner in Zwickau heran. Als 91-Jähriger veröffentlichte er zum Abschied von der Welt ein Buch unter dem Titel »Der Gottesfürchtigen Seelen Valet: [...] Mit Fleiß also zusammen getragen/ und zum Valet hinterlassen von Johann Fülle/ alten 50. Jährig gewesenen Schul- und Kirchen-Diener/ und freyer Künste Liebhabern zu Plauen.« Gedruckt wurde es 1668 von Johann Christian Meiß (auch Meyß), dem zweiten – seit 1666 in Plauen tätigen – Drucker. Von diesem sind zahlreiche Drucke bekannt, unter anderem die dem Landesherrn Herzog Moritz von Sachsen gewidmete Abhandlung des Plauener Arztes Georg Leisner über den Elstersäuerling zu Elster von 1669 sowie Publikationen des Landdiakons und Astronomen Georg Samuel Dörffel im Zusammenhang mit dessen Kometenforschungen, außerdem diverse Leichenpredigten. Er verkaufte die Druckerei an Paul Friedrich Haller und richtete 1686 als fürstlich sächsischer Hofbuchdrucker die Druckerei in Eisenberg wieder ein.

Die Haller'sche Druckerei blieb über drei Generationen in der Familie. Häufig werden die Drucker nicht namentlich genannt, sondern es heißt dann »gedruckt mit Hallerischen Schrifften«, etwa beim »Zucht-Sitten-Lehr- und Hauß-Calender Auf das Jahr JEsu Christi 1744« oder dem Vogtländischen Gesangbuch von 1735. 1798 verkauften die Hofbuchdrucker Carl Gottlob und Carl Friedrich Haller in Gera die Plauener Druckerei an Carl Christoph Wieprecht aus Weida inklusive der zugehörigen Leihbibliothek.

Traten die Drucker zugleich als Verleger und Buchhändler auf, so übernahmen gelegentlich auch andere Verlag oder Verkauf. Beim Druck einer medizinischen Schrift Georg Leisners durch Meiß trat der Apotheker Esaias Tschucke 1666 als Verleger auf, und im »Vogtländischen Gesangbuch« von 1742 wird darauf hingewiesen, dass es bei Johann Anton Langheinrich, Buchbinder am Schulberge, zu finden sei. Zwischen 1790 und 1793 betrieb die Vierling'sche Buchhandlung Hof eine Filiale in Plauen. 1652 erhielt der Buchbinder Johann Jeremias Zeuner aus Freiberg das Bürgerrecht.

Als frühe Presseerzeugnisse werden die politische Monatsschrift »Gespräche eines curiösen Bauern mit dem durch die Welt reuthenden Kriegs- und Friedensbothen von den Neuesten dieser Zeit« (1751–1755) und ein »Anzeigeblatt der Churfürstlich Sächsischen Creysstadt Plauen im Voigtlande«, das ab 1776 bis zum 1. Januar 1779 in der Haller'schen Druckerei durch den Schauspieler Carl Friedrich Keller herausgegeben wurde, genannt. Eine »Plauensche Wochenschrift für alle Stände« erschien nur 1789. Wesentlich längeren Bestand sollte das von Haller ab 12. März 1789 herausgegebene »Intelligenzblatt« haben, das zwar bis 1799 seinen Namen mehrfach änderte (1791 »Unterhaltend gemeinnütziges Anzeigeblatt«, 1792 »Wochenblatt«, später »Gemeinnütziges Wochenblatt«, ab 1800 »Intelligenzblatt«), ab 1804 aber schließlich als »Voigtländischer Anzeiger« und »Vogtländischer Anzeiger und Tageblatt« unter der Familie Wieprecht bis gegen Mitte des 20. Jahrhunderts existierte.

①
Zucht-Sitten-Lehr- und Hauß-Calender, gedruckt in der Haller'schen Druckerei, Plauen 1744
Stadtarchiv Plauen, Frank Weiß

Das Postwesen

Frank Weiß

Das sächsische Postwesen wird in seinen Anfängen bis in die Zeit Kurfürst Augusts, der von 1553 bis 1586 regierte, zurückgeführt. Seit 1661 unterstand es dem Postmeister von Leipzig, der ab 1681 den Titel »Ober-Postmeister« führte und zu dem alle Postbediensteten in einer Art privatem Dienstrechtsverhältnis standen. 1691 wurde es an den Leipziger Kaufmann Johann Jacob Käß verpachtet. Er und ab 1705 sein gleichnamiger Sohn entwickelten es so erfolgreich, dass es 1712 wieder vom Staat übernommen wurde. Schon lange vorher gab es die Hofpost mit kurfürstlichen Fußboten und berittenen Boten zwischen der Regierung und den Ämtern. Plauen war bereits seit 1565/66 einbezogen. Das Hofpostamt unterstand kurfürstlichen Post- und Botenmeistern, denen der Plauener Rat, wie auch den Boten und Postreitern, in der Regel zu Neujahr Geschenke machte.

1693

Die Stadt selbst unterhielt Stadtboten oder nutzte die Dienste von Gelegenheitsboten, die im Vogtland und weit darüber hinaus (zum Beispiel Zwickau, Dresden, Nürnberg) unterwegs waren. Ein solcher verpflichteter Bote war um die Mitte des 17. Jahrhunderts Hans Wentzel, der unter anderem die jeweiligen kurfürstlichen Bestätigungen beim Ratswechsel abholte. Das war im Krieg nicht ungefährlich, so mussten er und Paul Albert bei dieser Gelegenheit laut Kämmereirechnung 1639/40 wegen des Feindes etliche Meilen Umwege gehen und »stilliegen«.[1] Zu den Fußboten oder »ordinari« Boten kamen die fahrenden Boten.

1692 ließ Landesherr Herzog Moritz Wilhelm von Sachsen-Zeitz den Plauener Amtmann Erkundigungen über Postverbindungen zwischen Eger und Wien einholen, in deren Ergebnis er einen Botendienst zu Fuß von Zeitz nach Eger anordnete: Sonnabendfrüh ein Bote von Weida nach Pausa, am Mittag nach Plauen, am Sonntagfrüh nach Eger, am Abend Übergabe der Post an den Egerer Postmeister. Der Rückweg begann Montagfrüh und endete am Mittwochabend in Zeitz. Analog verlief eine zweite Tour von Mittwochfrüh ab Weida bis Donnerstagabend in Eger. Das wohl nur für Regierungsbriefe gedachte Unternehmen endete bald wieder.

Zwischen Dresden und Zwickau bestand seit 1693 eine wöchentliche Fahrpost, die durch eine Reitpost über Plauen nach Hof fortgesetzt wurde. 1697 wurde von der Leipzig-Schneeberger Fahrpost eine Linie von Zwickau über Reichenbach, Plauen, Oelsnitz, Adorf, Asch nach Eger abgezweigt, die dort durch eine Reitpost Anschluss nach Regensburg, seit 1663 Sitz des Immerwährenden Reichstags, bekam. Ab 1699 gab es wöchentlich zweimal eine Reitpost Zwickau–Reichenbach–Plauen–Hof–Münchberg–Bayreuth–Erlangen–Nürnberg. Wiederholt änderten sich aber Kurse, Fahrtage, Abfahrts- und Ankunftszeiten. Im 18. Jahrhundert wurde das Postnetz weiter ausgebaut. 1782 werden die Nürnberger fahrende und reitende Post, die Dresdner fahrende und reitende Post, die Leipziger und die Hofer fahrende Post sowie die Post über Oelsnitz, Adorf, Eger nach Karlsbad erwähnt.

① Neustadtplatz, ganz rechts das alte Posthaus, farbige Zeichnung, Kopie nach Rudolf Kell, um 1845
Vogtlandmuseum Plauen, Repro Uwe Fischer

Neben den Postsendungen war von den Poststationen der Personenverkehr zu bewältigen, zu den regelmäßigen traten auf Bestellung noch Extraposten. Die normalen Posten legten etwa eine Meile pro Stunde zurück, etwas schneller fuhren die komfortableren »Diligencen«, die Eil- oder Schnellposten benötigten etwa 45 bis 50 Minuten pro Meile. Packereiposten dienten dem Güterverkehr, Botenposten erfolgten durch Fußboten oder Reiter. Auf Bestellung fuhren Extraposten, bei Estafetten wurden Briefe oder auch Pakete durch Postillione zu Pferd oder einspännige Wagen transportiert; fremden Kurieren wurden Postpferde zur Verfügung gestellt. Die Postmeister hatten Reisende und Gepäck zu versorgen sowie frische Pferde bereitzustellen. In Plauen konnten an besonderen Tagen 30 bis 50 Extrapostpferde gebraucht werden. Im Zweiten Schlesischen Krieg wurden 1744 die Pferde für die Extraposten knapp, der Kurfürst wies daher Rat und Amtmann zu Plauen an, die erforderlichen Pferde notfalls mit Gewalt zu beschaffen. Die Postmeister waren zugleich Posthalter und organisierten den aufwendigen, aber profitablen Postfuhrbetrieb. Postämter wurden meist bei Gastwirten untergebracht, die Reisende mit Quartier, Speise und Trank oder geheizten Aufenthaltsräumen versorgten, Boten betreuten und Briefe entgegennahmen. In Plauen war dies der Gasthof »Zum wilden Mann« von Heinrich Albert am Neustadtplatz.

Das Plauener Postamt wurde seit seiner Gründung um 1697 von der Familie Albert betrieben. In einem etwas unklaren Verhältnis waren es gleichzeitig die Brüder Adam Heinrich († 1740) und Christoph Heinrich Albert († 1732), die beide als Postmeister und Postkommissarius bezeichnet wurden, wobei Christoph Heinrich die Führung zu haben schien. An die Stelle des Letztgenannten trat 1732 sein Sohn Christian Heinrich Albert († 1773). Ihm folgte sein Schwiegersohn Gottfried Wilhelm Irmisch († 1805), dessen Nachfolger wiederum sein Sohn Carl Friedrich Irmisch wurde. Dieser schied 1828 aus dem Postdienst aus und starb 1845. An seine Stelle trat sein Sohn Carl Julius Irmisch, der 1852 das Postamt in das Haus Bahnhofstraße 15 verlegte, 1860 pensioniert wurde und 1876 als Postmeister a. D. starb.

Am 21. August 1781 reiste Minister Graf Marcolini durch Plauen nach Mestro, um die Braut Prinz Antons, Prinzessin Maria Carolina von Sardinien, abzuholen, 28 Zug- und vier Reitpferde mussten bereitgestellt werden, und als am 30. September noch eine Abordnung des Dresdner Hofes zu ihrem Empfang nach Augsburg reiste, wurden an die 100 Pferde benötigt, sodass Bürger mit ihren Rössern aushelfen mussten. Für die Weiterreise der am 20. Oktober 1781 in Plauen eingetroffenen Prinzessin nach Dresden samt Gefolge von etwa 100 Personen wurden sogar 200 Pferde angefordert. Im Rahmen einer Karlsbader Kurreise dokumentierte Johann Wolfgang von Goethe 1795 in seinen Aufzeichnungen ein Gespräch mit dem Postmeister Gottfried Wilhelm Irmisch. Vielfach belegt sind die Beschwerlichkeiten der Reise mit engen, schmutzigen, zugigen, unbequemen

② Königlich polnisch-litauisches und kurfürstlich sächsisches Wappen an der Distanzsäule vor der Alten Elsterbrücke
Frank Weiß

Wagen, groben Postillionen (die zudem auf eigene Kasse blinde Passagiere mitnahmen) und Verspätungen. 1713 verbot die Postordnung Passagieren wie Postillionen das Tabakrauchen. 1774 beschwerte sich das Hofer Postamt beim Plauener, die Plauener Postillione würden »die ordinairen Posten nach Hof so langsam fahren, als wenn sie einen Mistwagen hätten und man meinen sollte, sie wären auf dem Pferde gar eingeschlafen und würden herunterfallen«.[2] Andererseits klagte das Plauener Postamt 1774 über den schlechten, gefährlichen Zustand der Poststraße nach Hof.

Sichtbares Denkmal der Postgeschichte ist die 1986 aufgestellte und 2011 restaurierte Nachbildung einer Distanzsäule aus Rochlitzer Porphyr vor der Alten Elsterbrücke, deren verschollenes Original 1725 vor dem damaligen Brückentor aufgestellt worden war. Das System der 1721 angeordneten Aufstellung von Postmeilensäulen beruhte auf den kartografischen Arbeiten des Skassaer Pfarrers und späteren Land- und Grenzkommissars Adam Friedrich Zürner, geboren 1679 in Marieney im Vogtland und gestorben 1742 in Dresden. August der Starke hatte ihm 1713 den Auftrag zur topografischen Erfassung der kursächsischen Gebiete einschließlich der Sekundogenituren Sachsen-Weißenfels, Sachsen-Merseburg und Sachsen-Zeitz, der Schönburger Lande, der beiden Lausitzen sowie der Anteile an den Grafschaften Henneberg und Mansfeld erteilt. 1718 folgte die lange gebräuchliche kursächsische Postkarte. 1722 wurde mit der Errichtung von Postmeilensäulen in vier Kategorien begonnen: Distanzsäulen, Ganzmeilensäulen, Halbmeilensäulen und Viertelmeilensteine. Die etwa 4,5 Meter hohe Plauener Säule zeigt Distanzinschriften, die Jahreszahl 1725, das Posthorn sowie das königlich polnisch-litauische und kursächsische Allianzwappen. Die 1722 eingeführte kursächsische Postmeile zu zwei Wegstunden oder 2000 Dresdner Ruten entsprach 9062 Kilometern.

1725

Das Postwesen 151

Die Stadt Plauen am Ende des 18. Jahrhunderts

Frank Weiß

Im ausgehenden 18. Jahrhundert beschrieb der Schriftsteller und Ökonom Friedrich Gottlob Leonhardi (1757–1814) in seinem schon 1793 angekündigten, aber erst 1796 in Leipzig erschienenen »Handbuch für Reisende durch die sächsischen Lande« in lexikalischer Weise auch die Stadt Plauen als Station einer »Reise aus Leipzig über Zwickau und Plauen nach Wien«. In praktischer Weise hatte er sich dabei, wie er hervorhebt, nach dem »eingeführten Lauf der Posten« gerichtet, sodass »dieses Handbuch dem Reisenden gleichsam zum Wegweiser dienen kann.« Aus dieser Beschreibung soll abschließend auszugsweise zitiert werden: »Sie hat über 500 Häuser und 6 000 Einw[ohner], die sich, vom Kinde bis zum Greise, von Manufacturen ihren Unterhalt erwerben. 1779 lebten hier in 1032 Famil[ien] 3 064 Menschen über 10 Jahr, mit 217 Kühen und 145 Schaafen; 1788 aber waren 57 Paar Getr[aute] 218 Geb[orene] mit Einschluß 15 Todtgeb[orener] und 20 Unehel[icher] 213 Gest[orbene] und 9 575 Kommunik[anten]. Am beträchtlichsten sind die Baumwollen- und Musselinmanufacturen, und die letztere ist die vortheilhafteste und betriebsamste in ganz Sachsen. Bey derselben werden viele 1000 Hände beschäftiget. Man muß sich in der That über die feine Spinnerey verwundern, wenn man die rauhen Hände der Spinner betrachtet, welche hier wie im Erzgebirge aus 16 Loth Baumwolle einen Faden von 22 500 Ellen spinnen. Ja einige sind so geschickt, daß sie oft 1500 Ellen darüber daraus spinnen, welcher Überschuß ihnen, als eine Aufmunterung zur feinen Spinnerey, besonders bezahlt wird. Durch die baumwollenen Schleyer, Flohr, alle Gattungen von Nesseltüchern, glatt sowohl als geblumt, werden beträchtliche Summen ins Land gezogen, und der Absatz dieser Waaren gehet größtentheils nach der Türkey, Italien etc. etc. Vorzüglich stark aber gehet der Handel mit Musselinen aller Art. Man findet hier fast eben soviel Weberinnen als Weber, die jährlich über 2 Millionen Ellen Musselin weben, da diese Manufactur zwar 1758 angelegt aber 1766 erst recht eingerichtet worden ist, und immer noch zunimmt. 1774 wurden 45 000 Stück, das Stück zu 30 Ellen, gewebet; 1779 machte man 75 000 Stück; 1783 bereits 95 794 Stück oder 2 880 000 Ellen; 1784 aber 120 042 Stück und 1785 endlich 142 735 Stück oder 3 272 050 Ellen. Die hiesige Kattun- und

① Plauen im Voigtlande, kolorierte Radierung von F. R. Naumann, um 1820
Vogtlandmuseum Plauen

②
Plauen von der Abendseite, Stahlstich von L. Oeder nach einer Zeichnung von Ludwig Rohbock, 1862
Vogtlandmuseum Plauen

Zitzmanufactur gehöret zu den besten in Sachsen und hat in Ansehung der Bleichen, Muster, etc. etc. die vortrefflichste Einrichtung. Das hiesige schöne Manufacturhaus ist aus Crottendorfer Marmor erbauet. Übrigens werden jährlich hier 6 Kram- Roß- und Viehmärkte gehalten.«[1]

③
Plauen von Osten, unbekannter Künstler, kolorierte Lithografie, 1836
Vogtlandmuseum Plauen

Die Stadt Plauen am Ende des 18. Jahrhunderts

158	Herausragende Vorgänge im Plauener Zeitgeschehen
165	Veränderungen in der Stadtverwaltung und bei den zentralörtlichen Institutionen
171	Herausbildung von Gewerbe und Industrie
194	Die rasche und vielgestaltige Verstädterung
216	Wachsender Zuspruch für Religionsgemeinschaften
219	Der bedeutungsvolle Aufschwung des Bildungswesens
226	Vielseitige Zunahme des Vereinswesens
232	Geistig-kulturelle Bereicherungen

1795 bis 1904

Das »lange 19. Jahrhundert« – Auftakt zur neuzeitlichen Stadtentwicklung, Industrialisierung, Großstadtbildung

Herausragende Vorgänge im Plauener Zeitgeschehen

Gerd Kramer

Das 19. Jahrhundert verzeichnete im Vergleich zu den vorangegangenen Zeitabschnitten eine besonders große und tiefgreifende Anzahl von Einwirkungen auf die bisherigen regionalen und lokalen Gegebenheiten, wobei speziell auch ausländische Einflüsse markante Vorwärtsbewegungen auslösten. So führte die Französische Revolution von 1789 dazu, dass deren fortschrittliches Gedankengut sich umgehend weit ausbreitete und dadurch aus allgemein-historischer Sicht für den zeitcharakteristischen Anfangspunkt des Folgejahrhunderts bereits jenes Jahr ausgewählt wurde. Damit wurde der Begriff des langen Jahrhunderts geprägt, dessen Abschluss das folgenreiche Jahr 1914 bilden sollte. Für die lokalhistorische Einordnung Plauens trafen jedoch diese beiden Stichjahre weniger zu, da in diesem Zeitraum zwei Ereignisse die Stadtentwicklung viel stärker beeinflussten: einerseits 1795 der punktuelle Bebauungsbeginn der Neundorfer Vorstadt als erste auffällige neuzeitliche Stadterweiterung und andererseits 1904 die statistische Vollendung der Großstadtwerdung, die zu den bislang bedeutendsten Umwälzungen in den meisten Lebensbereichen führte und die Struktur sowie das Antlitz des sich ausdehnenden Stadtgebiets völlig veränderten. Eine genaue räumliche Ausgangsübersicht von Plauen zu Beginn des langen 19. Jahrhunderts bietet der 1795 von dem Ingenieur-Unteroffizier Johann Karl Anton Ulrich (1768–1834) aufgenommene Grundriss von Plauen (Originalmaßstab 1:2 000), von dem der verkleinerte Ausschnitt des engeren Stadtgebietes einen Überblick zur damaligen Gebäudeverteilung vermittelt.

Die wirtschaftlichen und politischen Zustände zu Beginn des Jahrhunderts

Im Gegensatz zu der Großstadtentwicklung verzeichneten die ersten Jahrzehnte des 19. Jahrhunderts einen wenig vorteilhaften Verlauf, da sowohl die ungünstigen wirtschaftlichen als auch politischen Verhältnisse we-

① Ausschnitt einer kolorierten Reproduktion des von Johann Karl Anton Ulrich 1795 erstellten Grundrisses von Plauen
Stadtarchiv Plauen

⬆ Zu feierlichen Anlässen wurde der Plauener Altmarkt geschmückt und von zahlreichen Einwohnern aufgesucht: Dieses Foto zeigt den Einzug des 2. Bataillons des Regiments 104 am 3. November 1871.
Stadtarchiv Plauen

sentliche Einschnitte beziehungsweise Belastungen für die Einwohner hervorbrachten. Insbesondere die durch die französische Besatzungsmacht und weitere Truppenverbände verursachten Durchmärsche, Beschlagnahmungen, Versorgungsauflagen, Repressalien, Plünderungen und Gewalttätigkeiten sowie die partiellen Folgen der Kontinentalsperre für die Textilherstellung riefen umfangreiche Beeinträchtigungen hervor. 1816 setzte außerdem eine erhebliche Verteuerung des Getreidepreises ein. Durch die zugleich sehr niedrigen Einkommen nahm die Armut immer mehr zu, sodass es 1831 zu einem Weberaufstand kam. Ausgehend von den revolutionären Bewegungen der Jahre 1830 und 1848 in Frankreich hatten sich auch im Vogtland Bestrebungen zur Minderung des offensichtlichen Notstandes und zur Durchsetzung demokratischer Mitsprache in der konstitutionellen Monarchie offenbart. Da 1846 wiederum eine Missernte mit erhöhten Brotpreisen aufgetreten war, wurden die Monate bis zur ersten Ernte im Folgejahr zu einer zusätzlichen Belastung der zunehmenden ärmeren Einwohnerschichten von Webern und Stickern. Am 24. Juli 1847 wurde daher der erste Erntewagen auf dem Altmarkt mit einem Dankesfest bejubelt. Die auf eine Verbesserung der wirtschaftlichen und politischen Lage in Sachsen ausgerichteten Bewegungen wurden ergänzt durch das sich verstärkende Eintreten für eine nationale Einheit in einem freiheitlichen Bundesstaat.

Befördert wurde dies durch die sich bemerkbar machende oppositionelle Regsamkeit und die politischen Ambitionen der seit 1830 unter Otto Leonhard Heubner bestehenden Plauener Turnerschaft, der unter anderem Gustav und Friedrich Fincke angehörten, Söhne des ebenfalls in die Aktionen von 1848/49 einbezogenen Kantors Johann Friedrich Fincke. Dessen Befürwortung der Annahme der Reichsverfassung durch das Land Sachsen führte zu seiner Verhaftung. Bereits 1833 durch Forderungen nach demokratischen Reformen in Erscheinung getreten und 1848 Gründungsmitglied des örtlichen Volksvereins, der neben weiteren vaterländischen Vereinigungen die Märzbewegung vorantrieb, war Stadtrichter Heinrich Adolph Haußner, der den radikalen Linken angehörte. Er konnte jedoch 1849 in die Schweiz fliehen und kehrte erst 1863 nach Plauen zurück. Auch der Kaufmann Wilhelm Zschweigert entkam als Obmann des im Mai 1849 gebildeten Wehrausschusses durch Flucht in das Alpenland. Der Schriftführer des Ausschusses, Heinrich Lindemann, Konrektor des Gymnasiums, blieb dagegen in Plauen, wurde aus dem Schuldienst entlassen und zu einer sechsjährigen Zuchthausstrafe verurteilt. Die höchsten Strafen erhielten der ehemalige Turnvater Otto Leonhard Heubner, der seit 1843 in Freiberg als Kreisamtmann tätig war, und der ab 1862 als Sekretär der in Plauen ansässigen Handels- und Gewerbekammer angestellte Rechtsanwalt und Notar Franz Moritz Kirbach. Obwohl beide 1850 beziehungsweise 1852 zum Tode verurteilt wurden, erfolgten noch Schuldspruchveränderungen in lebenslange Zuchthausstrafen und schließlich 1859 in Begnadigungen, jedoch ohne Wiedererlangung der bürgerlichen Ehrenrechte. Allerdings wurden einige progressive Plauener Bürger, die deutlich freiheitlich-demokratische beziehungsweise liberale Ideen vertraten, nicht belangt. Dazu gehörten unter anderem Christian Böhler, August Wieprecht und Julius Otto Heinrich von Dieskau, dem sogar am 4. Mai 1871 das Ehrenbürgerrecht verliehen wurde. Obwohl nicht an den Vorkommnissen von 1848/49 beteiligt, waren die Plauener Franz August Mammen und Dr. Alexander Karl Hermann Braun direkt eingebunden in die Zeitgeschehnisse, wobei Dr. K. Braun, der seinen Doktortitel 1854 ehrenhalber erwarb, selbst 1848/49 Regierungsverantwortung in Sachsen ausübte.

Der aus Ostfriesland stammende Kaufmann F. A. Mammen, der seit 1834 in Plauen lebte, war 1848 in das Frankfurter Parlament gewählt worden und konzentrierte sich damit auf die viel diskutierten nationalen Anliegen und weniger auf die speziell sächsischen Probleme. Dabei hatte er bereits 1837 den revolutionär gesinnten Robert Blum kennengelernt, mit dem er auch im Briefwechsel stand und der ihn 1839 in Plauen besuchte. In der Nationalversammlung vertrat Mammen links-liberale Positionen, äußerte seine Vorstellungen in gemäßigter Form und befürwortete eine monarchische Regierungsform auf demokratischer Basis. In seinen späteren Lebensjahren neigte er mehr zu national-liberalen Ansichten. Der Jurist Dr. K. Braun engagierte sich schon in den Jahren 1831 bis 1833 politisch und unterstützte dabei die Verbesserung der Rechtspflege, die Verminderung von Abgaben und die Pressefreiheit. 1839 wurde er Landtagsabgeordneter und 1847 Präsident der zweiten Kammer. Mit seiner gemäßigt-liberalen und vermittelnden Haltung avancierte er 1848 zum ersten bürgerlichen Regierungschef Sachsens und zum Justizminister. Zu den ersten Maßnahmen der Märzregierung gehörten unter anderem die Aufhebung der Zensur, die Amnestie für politisch Verurteilte, die Herbeiführung der Vereins- und Versammlungsfreiheit und die Reformierung des Wahlsystems. Obwohl Braun über den Großenhainer Wahlkreis in das Frankfurter Parlament berufen wurde, verzichtete er auf diese Ehrbezeugung und widmete sich bis zum Rücktritt seiner Regierung am 24. Februar 1849 und in seinem Abgeordnetenstatus bis 1862 der Landespolitik, in der die konservativen Kräfte zunehmend die Oberhand gewannen.

Die besonders dynamischen Einflussfaktoren auf die Großstadtwerdung

Neben den denkwürdigen politischen Vorgängen in der ersten Jahrhunderthälfte traten weitere bedeutungsvolle Prozesse in Erscheinung, die in den nächsten Jahrzehnten zu den größten Veränderungen in der bisherigen Geschichte der Stadt Plauen führten. Unübersehbar waren die sich ausbreitende Industrialisierung, die Entfaltung der technischen und sozialen Infrastruktur, das stetige Wachstum der Einwohnerzahl sowie die Stadt-

②
Johann Friedrich Fincke
(1788–1868)
Stadtarchiv Plauen

1830

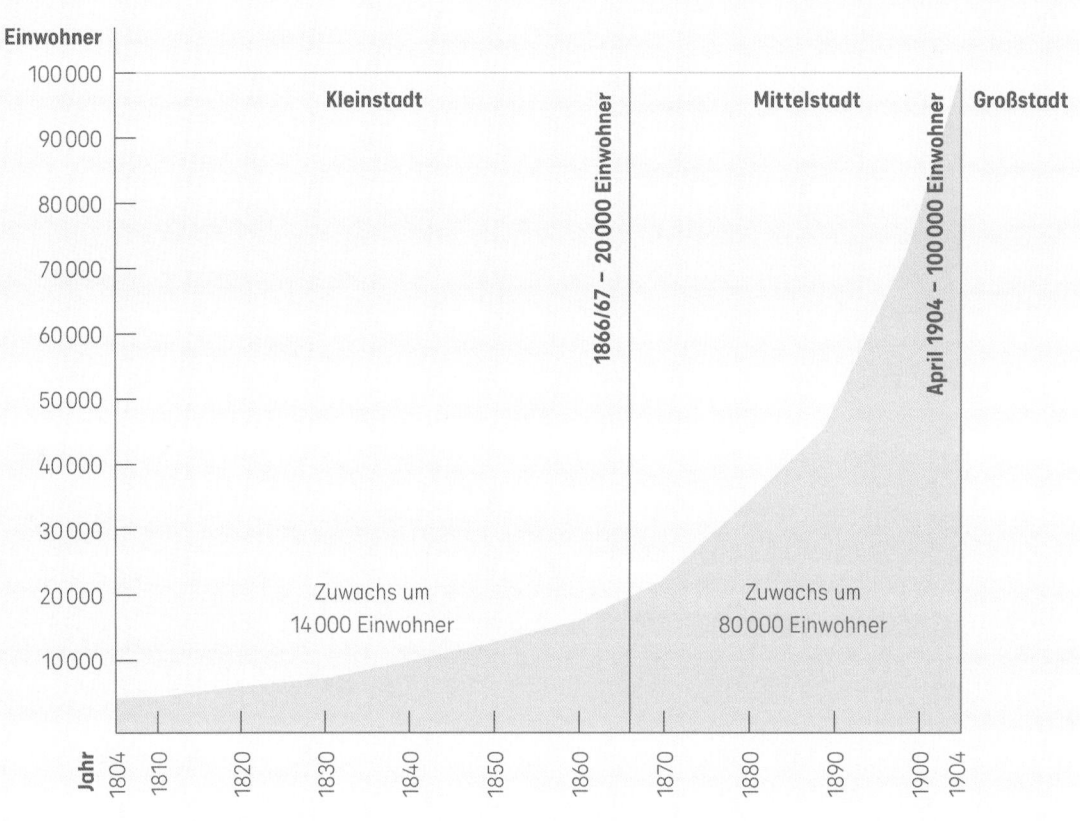

(3) Die Entwicklung der Plauener Einwohnerzahl im Zeitraum von 1804 bis 1904
Kramer 2003

1844

1848

1858

erweiterung durch neue Vorstädte und erste Eingemeindungen. Die 1844 in der Kammgarnspinnerei Facilides & Co. aufgestellte Dampfmaschine, der zwischen 1848 und 1851 erfolgte Anschluss an das überregionale Eisenbahnnetz und die Inbetriebnahme von zwei modernen Schweizer Stickmaschinen in der Firma von Schnorr & Steinhäuser im Jahr 1858 markierten den lokalen Anbruch der Industriellen Revolution. Parallel wirkte sich die industrielle Verstädterung erheblich auf die Siedlungsstruktur aus, die jedoch durch die umfangreichere flächenhafte Ausdehnung der Wohnbebauung eine noch größere Umgestaltung erfuhr, deren Dynamik von der demografischen Verstädterung ausgelöst wurde. Da die drangvolle Bevölkerungsentwicklung alle städtischen Wirtschafts- und Lebensbereiche, darunter auch soziokulturelle Betätigungsfelder, maßgeblich beeinflusste, stellt sie den aussagekräftigsten Gradmesser der Urbanisierung von Plauen bis zur Vollendung der Großstadtwerdung dar.

Der Ort hatte sich zwar von 1795 mit etwa 5000 Einwohnern bis 1866/67 mit rund 20000 Bewohnern immerhin von einer Kleinstadt zur Größe einer Mittelstadt entwickelt, verzeichnete aber danach bis 1904 die umfangreichste Bevölkerungszunahme mit 80000 Einwohnern, sodass der statistische Schwellenwert einer Großstadt erreicht wurde. Dabei wies der Zeitabschnitt bis zur Entstehung der Mittelstadt zwei Phasen mit gedeihlichen Zuwachsraten der Einwohnerzahl auf, einerseits ab 1833 durch einen gewissen wirtschaftlichen Aufschwung und andererseits ab 1847 durch die absehbare Anbindung an das Eisenbahnnetz. Der eigentliche großstadtbildende Durchbruch erfolgte ebenfalls in zwei Phasen, einerseits durch ein deutlich zunehmendes Bevölkerungswachstum ab 1872 und andererseits in einem erhöhten und beschleunigten Anstieg um 50000 Einwohner ab 1894. Ursachen dieser eindrucksvollen demografischen Entwicklung waren die bereits anfänglich vorhandenen hohen Geburtsraten und, abgesehen von den Epidemiejahren, die absinkenden Sterbeziffern sowie vor allem die anteilmäßig stärker hervortretende Zuwanderung. Schon in den Jahren 1867 bis 1871 beruhte der Plauener Einwohnerzuwachs zu zwei Dritteln auf dem Zuwanderungsgewinn und nur zu einem Drittel auf dem Geburtenüberschuss.

Die durch den beträchtlichen Zuzug ausgelösten Ansiedlungen führten zu erheblichen proportionalen Veränderungen in der bisherigen räumlichen Bevölkerungsverteilung, wobei zuerst die Stadterweiterungsareale immer mehr als Wohnstandorte an Bedeutung gewannen. Während die Innere Stadt (Alt- und Neustadt) noch die höchste Einwohnerzahl verzeichnete, sank ihr Anteil bis 1904 stark ab, weil sich durch die auf relativ kleiner Fläche vorhandene dichte Bebauung keine Ausdehnungsmöglichkeiten darboten, sodass sogar ansässige Gewerbetreibende in andere Stadtteile umzogen. So siedelten sich auch zahlreiche Neuankömmlinge zuerst in der angrenzenden Neundorfer Vorstadt, in der besonders verkehrsgünstig gelegenen Bahnhofsvorstadt und in der mit zahlreichen Textilstandorten ausgestatteten Brückenvorstadt an, der die aufkommenden benachbarten Arbeiterwohngebiete der Ost- und Südvorstadt statistisch zugeordnet wurden. Da sich diese Stadtteile im Laufe der nächsten Jahrzehnte weiter ausdehnten, behielten sie ihre Vorrangstellung in der Be-

Plauener Stadtteil Abteilung	1852 Einwohner	Anteil (%)	1874 Einwohner	Anteil (%)	1904 Einwohner	Anteil (%)
A	4 981	36,6	5 405	20,0	4 528	5,1
B	2 561	18,8	6 274	23,2	19 270	21,7
C	954	7,0	5 280	19,6	20 244	22,7
D	1 370	10,1	1 968	7,3	8 389	9,4
E	1 814	13,3	4 954	18,3	21 180	23,8
F	1 567	11,5	2 189	8,1	2 249	2,5
G	371	2,7	931	3,5	13 205	14,8
A bis G	13 618	100,0	27 001	100,0	89 065	100,0

Bevölkerungsverteilung 1852, 1874 und 1904 in den Plauener Stadtteilen beziehungsweise statistisch aussagefähigen Abteilungen des örtlichen Brandversicherungskatasters: Innere Stadt (A), Neundorfer Vorstadt (B), Bahnhofsvorstadt (C), Hammertorvorstadt (D), Brückentor-, Ost- und Südvorstadt (E), Straßberger Vorstadt (F), Äußere Stadt (G)

1889 Straßenname	Lage	Bewohner	1904 Straßenname	Lage	Bewohner
Forststr.	C	1717	Neundorfer Str.	B	2979
Rähnisstr.	C	1480	Lessingstr.	C	1955
Dobenaustr.	B	1439	Wettinstr.	C	1926
Hofer Str.	E	1356	Forststr.	C	1915
Jößnitzer Str.	C	1238	Albertstr.	C	1915
Wettinstr.	C	1199	Rähnisstr.	C	1877
Johannstr.	C	1122	Schillerstr.	C	1790
Seestr.	B	977	Dobenaustr.	B	1744
Lützowstr.	C	923	Pausaer Str.	H	1662
Burgstr.	B	894	Jößnitzer Str.	C	1551
Schulze-Delitzsch-Str.	E	878	Carolastr.	C	1486
Bahnhofstr.	C	858	Viktoriastr.	C	1483
Straßberger Str.	F	818	Reinsdorfer Str.	E	1411
Reichsstr.	C	716	Hofer Str.	E	1343
Gartenstr.	B	637	Oelsnitzer Str.	E	1332
Pfaffenfeldstr.	E	598	Stöckigter Str.	E	1325
Schützenstr.	E	589	Hammerstr.	D	1238
Böhlerstr.	E	588	Pestalozzistr.	B	1206
Wilhelmstr.	D	552	Fichtestr.	E	1197
Ziegelstr.	C	544	Johannstr.	C	1185

Aufstellung der am meisten bevölkerten Straßen im Vergleich der Jahre 1889 und 1904, wobei die Lage nur die Haupterstreckung der Straßenzüge im jeweils angegebenen Stadtteil anzeigt

völkerungsverteilung gegenüber den weniger begünstigten Stadtteilen Hammertorvorstadt und Straßberger Vorstadt bei.

Diese Standorttendenz spiegelte sich auch mikroräumlich im Vergleich der am meisten bevölkerten Straßen zwischen den Jahren 1889 und 1904 wider, wobei allerdings durch die Zunahme von Firmen und Läden die Anzahl der Bewohner in entstandenen Geschäftsstraßen teilweise nicht so stark anstieg wie in reinen mehrgeschossigen Wohnlagen. Analog der Einwohnerverteilung nach Stadtteilen verzeichneten die Neundorfer Vorstadt (B), die Bahnhofsvorstadt (C) sowie die Brückentor-, Ost- und Südvorstadt (E) die größte Anzahl der am meisten bevölkerten Straßen. Während das drangvolle Haselbrunn (H) mit der Pausaer Straße eine Hauptentwicklungsachse erhielt, verzeichneten Straßen der stärker industrialisierten Hammertorvorstadt (D) und der von Villen durchsetzten Straßberger Vorstadt (F) eine wesentlich geringere Bevölkerungskonzentration.

Die Vergrößerung des Stadtgebietes durch erste örtliche Eingemeindungen

Weil das begrenzte administrative Stadtgebiet im Zeitabschnitt der beschleunigten Verstädterung nicht mehr den Erfordernissen der besonders rasch anwachsenden Einwohnerschaft, Industrie und Infrastruktur Genüge leisten konnte, vollzogen sich mit den ersten Eingemeindungen weitere herausragende Vorgänge in der Plauener Stadtentwicklung im 19. Jahrhundert. Mit den 1899, 1900 und 1903 vorgenommenen Einbezirkungen von Haselbrunn, Chrieschwitz und Reusa ergaben sich zusätzliche Besiedlungs- und Erschließungsräume, auf deren Nutzung und Mitgestaltung die Stadtverwaltung nunmehr einen wesentlich größeren Einfluss hatte, obwohl schon vorher mehrere beiderseitig förderliche Vereinbarungen getroffen worden waren.

— 1899

Am 1. Januar 1899 erfolgte die Eingemeindung der bis in die Nähe des Oberen Bahnhofs reichenden Flur von 457 Hektar des 1418 erstmals erwähnten Ortes Haselbrunn mit 3 691 Einwohnern. Initiator der Eingliederung war der Haselbrunner Hausbesitzerverein, nachdem schon 1888 der von der Stadt Plauen geäußerte Vorschlag zur Einverleibung hauptsächlich am Widerstand des Plauener Vereins der Hausbesitzer scheiterte, der eine Bebauungskonkurrenz befürchtete. Das Anliegen der Ortsangliederung gewann aber an Gewicht, da sich zwischen der eigentlichen dörflichen Siedlung und der Stadtgrenze immer mehr Bewohner ansiedelten und nach 1870 der Ortsteil Neuhaselbrunn beziehungsweise die Haselbrunner Vorstadt entstanden. Gab es 1871 in der Flur von Haselbrunn 342 Einwohner, so wurden 1895 bereits 2 122 gezählt. Der umfangreiche Waldbestand, die verbreiteten Lehmvorkommen und mehrere Ziegeleien (unter anderem von Friedrich Kessler, Otto Meyer und August Roßbach) führten, obwohl Haselbrunn Standort eines Vorwerks war, dazu, dass der Ort kein typisches Bauerndorf war, sondern sich dessen Bewohner vorwiegend aus Ziegeleiarbeitern, Webern, Stickern und Bahnangestellten zusammensetzten. Erst 1879 wurde ein Schulgebäude eröffnet, während vorher nur die seit 1839 in Reißig bestehende Schule besucht werden konnte. Unter den etlichen Wirtschaften traten als größere Einrichtungen das 1886 eröffnete Waldrestaurant »Echo« und das Ausflugslokal »Schillergarten« hervor, das seit 1889 gastronomisch genutzt und 1893/94 um einen Saalbau erweitert wurde. Ab 1903 entwickelte es sich zu einem Treffpunkt der Plauener Arbeiterschaft. Durch die vorteilhafte Verkehrslage zur Stadt Plauen, das reichliche Flächenangebot und die standortgünstige Oberflächengestalt entstanden neben allerhand Wohnbauten verschiedenartige Gewerbeeinrichtungen, sodass der neue Stadtteil eine dynamische Entwicklung nahm und in diesem Prozess immer mehr Straßen angelegt wurden. So erinnert die bereits vor der Eingemeindung existierende Gunoldstraße in Neuhaselbrunn an Johann Friedrich Gunold, der 1847 im alten Ort Haselbrunn geboren wurde und von 1878 bis 1895 das Amt des Gemeindevorstehers ausübte, das zuvor der Schankwirt Johann Gottfried Schneider bekleidet hatte. Die administrative Tätigkeit des Landwirts J. F. Gunold fiel in einen Zeitabschnitt, in dem besonders die südliche Gemeindeflur deutliche Entwicklungsimpulse erhielt. Diese Orientierung brachte aber gleichzeitig eine Fülle von Besiedlungsproblemen mit sich, weshalb Neuhaselbrunn schalkhaft auch als »Neu-Texas« charakterisiert wurde. Obwohl das heute noch vorhandene Gunold'sche Wohnhaus (Nr. 15) zugleich als »Gemeindebureau« unter anderem für Vorbesprechungen zu kommunalen Aufgaben diente, fanden aus Platzgründen die meisten Beratungen des Gemeinderats in wechselnden Lokalen statt, so im »Gasthof zu Haselbrunn«, im »Löwenstein«, im »Waldschlößchen«, in »Mönnichs Schankwirtschaft« und im »Schillergarten«. Ergebnisse der Sitzungen ergaben unter anderem 1878 und 1888 die Ortsstatuten, 1881 die Lokalbauordnung und 1886 den Bebauungsplan. So hatte J. F. Gunold in seiner 17-jährigen Amtszeit eine Menge von belangreichen Entscheidungen vorzubereiten und umzusetzen, die er in solider Weise bewältigte. Seine Nachfolge übernahm vom 1. Januar 1896 bis zum 31. Dezember 1898 der aus Limbach bei Chemnitz stammende Emil Engelmann.

— 1900

Mit der am 1. Januar 1900 vorgenommenen Eingemeindung der bereits 1122 erstmals genannten Siedlung Chrieschwitz mit 1 606 Einwohnern und einer Fläche von 723 Hektar erhielt Plauen für längere Zeit den umfangreichsten Gebietszuwachs. Die in den Talbereichen von Weißer Elster und Friesenbach gelegene Ortsflur hatte, ähnlich wie bei Neuhaselbrunn, das Interesse städtischer Grundstücksspekulanten am preisgünstigen Landerwerb geweckt und auch das Augenmerk der Plauener Stadtverwaltung im Prozess der Großstadtwerdung auf sich gelenkt, um anstehende Probleme der Abwasserbeseitigung und auch der Verkehrserschließung lösen zu können, da trotz der seit 1875 tangierenden Eisenbahnstrecke Greiz–Plauen dort kein Haltepunkt errichtet worden war. Die beiderseitigen Anliegen förderten die Bereitschaft zu einer engeren Zusammenarbeit und letztlich zur Eingemeindung, die durch die praktikable Mustervereinbarung zwischen Plauen und Haselbrunn einen zusätzlichen Anstoß erhielt. Die Initiative zur Einbezirkung ging vom Gemeinderat Chrieschwitz aus, der in seiner Sitzung am 17. Juni 1899 dazu seine Bereitschaft erklärte und am 10. Juli 1899 der Amtshauptmannschaft ein diesbezügliches Ersuchen zur Eingliederung nach Plauen übergab. Der Stadtgemeinderat erteilte dann am 7. September 1899 dem Vorhaben seine Zustimmung. Bis 1817 war die alte bäuerliche Ortslage mit der Furt des Friesenbachs ein viel benutzter Durchfahrtsabschnitt der Verbindungsstraße zwischen Plauen und Reichenbach. In dessen Nähe wurden 1883 das Rittergutsgebäude und 1900 die Fuchs'sche Mühle durch Brände zerstört, das Gutsherrenhaus aber schon 1884 neu errichtet. Gewisse wirtschaftliche Bedeutung erlangten in dem unteren Dorf die Brauerei und seit 1886 eine mechanische Weberei.

④
Früheres Ortsbild
von Reusa mit Schloss
und Kapelle
Poenicke 1859

1903 ———

Das näher zu Plauen gelegene obere Dorf entstand erst mit der Ausbreitung der Stickerei- und Spitzenindustrie und führte zum Ansteigen der Einwohnerzahl von 1871 bis 1890 von 630 auf 1 183. Durch die zunehmende Ansiedlung wurde auch 1885/86 die Errichtung eines größeren Schulgebäudes notwendig. Die Verkehrsverbindung nach Plauen hatte sich bereits mit der 1884 erbauten Hammerbrücke wesentlich verbessert.

Im Zuge der zum 1. Juli 1903 erfolgten Eingemeindung des selbstständigen Gutsbezirks und der seit 1886 bestehenden Verbandsgemeinde Reusa mit insgesamt 2 649 Einwohnern und den vier ländlichen Siedlungen Reusa, Kleinfriesen, Sorga und Tauschwitz vergrößerte sich das Plauener Stadtgebiet um 553 Hektar. In der örtlichen Verteilung der 336 Hektar umfassenden Rittergutsfläche und den aus 217 Hektar bestehenden Gemeindeflächen wies die Flur Reusa mit 82 Prozent Guts- und 18 Prozent Gemeindeanteil die umfangreichste lokale Rittergutsfläche auf, während die Flur Tauschwitz mit 77 Prozent Gemeinde- und 23 Prozent Gutsanteil die größte örtliche Gemeindefläche verzeichnete. Die Eingemeindung des Ritterguts Reusa hatte sich bereits 1901 angedeutet, als die Stadtverwaltung es ankaufte, um über nutzbare Flächen für anstehende Einzelvorhaben, so zur Krankenhauserweiterung und zur Anlage eines Zentralfriedhofs sowie zur Naherholungserschließung des günstig gelegenen Reusaer Waldes, verfügen zu können. Obwohl südlicherseits sowie vom Haus- und Grundstücksbesitzerverein und vom Gemeinderat von Reusa die Einbezirkung der Ortsgemeinde befürwortet wurde, gab es zur zusätzlichen Angliederung von Kleinfriesen, Sorga und Tauschwitz gegenteilige Auffassungen. Während sich Plauen nur anfänglich gegen eine Eingemeindung aussprach, zogen noch am 13. März 1903 die drei Orte in Erwägung, als Ausweg aus der angedachten Eingliederung in das Stadtgebiet eine Gesamtgemeinde Kleinfriesen zu bilden. Erst am 28. März 1903 erfolgte durch Mehrheitsbeschluss der bisherigen Verbandsgemeinde das notwendige Einverständnis zur gemeinsamen Einverleibung nach Plauen. Der Stadtgemeinderat gab sodann am 7. April 1903 seine Zustimmung zur Eingemeindung der Verbandsgemeinde und des Ritterguts. Der offizielle Akt fand schließlich am 2. Juli 1903 im Rahm'schen Gasthof in Reusa statt.

In Anbetracht der vorherrschenden bäuerlichen Erwerbsstruktur und der abseitigen verkehrsgeografischen Lage, die erst 1817 mit der Straßenanbindung nach Reichenbach und 1895 nach Falkenstein etwas verbessert wurde, vollzog sich nur eine geringe neuzeitliche Entwicklung. Der straßenseitige Anschluss von Plauen erfolgte über den Spittelberg und den über den Reusaer Berg führenden Kommunikationsweg als örtliche Zugangstrasse. Bis zur Entstehung von Stickereien gab es wenige gewerbliche Einrichtungen, zu denen mehrere Gastwirtschaften, darunter seit 1884 das »Schützenhaus« und seit 1888 »Erlers Restauration«, zwei Mühlen, eine Ziegelei in Kleinfriesen sowie eine weitere in Sorga gehörten, das von dem Vorwerk und der Schäferei geformt worden war. Das Dorf Reusa verdankte sein hervortretendes Erscheinungsbild dem Rittergutsgelände, das sich ab 1590 schon 37 Jahre im Besitz der Stadt Plauen befand, dem seit 1627 bestehenden Schloss mit seiner vornehmen Ausstattung, den zugehörigen Wirtschaftsgebäuden des Gutshofes, dem umrahmenden Schlosspark mit dem Tausendtalerhäuschen und der am Fahrweg nach Plauen gelegenen herrschaftlichen Begräbniskapelle, die 1646 errichtet worden war. Zusätzlich mit dem Schulgebäude war 1879 ein größerer Bau entstanden, der im Jahr 1900 infolge der Zunahme der Schülerzahl eine Erweiterung fand. Innerhalb der Verbandsgemeinde verzeichnete Reusa seit 1871 mit 280 und 1903 mit 2 024 Einwohnern den höchsten Bevölkerungsanstieg, der zu einem erheblichen Gebäudezuwachs führte und sich in der Bauweise immer mehr dem vorstädtischen Besiedlungscharakter anglich.

Die Herausbildung zur viertgrößten Stadt in Sachsen

Zusammen mit den Personenzahlen der Verbandsgemeinde Reusa verzeichnete Plauen im Juli 1903 die seit Januar 1901 höchste monatliche Zuwanderung von 4 587 Einwohnern, davon 1938 aus dem sonstigen Zuzug. Diese Höhe wurde aber noch im Oktober 1903 mit 5 222 Zuwanderern übertroffen, einerseits durch die Anfang Oktober erfolgte Übersiedlung des Infanterieregiments Nr. 134 von Leipzig mit 973 beziehungsweise mit zusätzlich 830 Militärangehörigen zum Monatsende und andererseits durch den normalen Zuzug von 3 419 Personen. Da sich im April 1904 der gewöhnliche Zuzug auf 3 839 Personen erhöhte und auch der Geburtenüberschuss angestiegen war, hatte trotz erheblicher Abwanderung die Bevölkerungszahl so zugenommen, dass etwa Mitte des Monats Plauen mit 100 000 Einwohnern Großstadt wurde und Ende April schon 101 167 Bewohner zählte, deren Anzahl sich bis Ende des Jahres auf 102 109 erhöhte. Der denkbare Termin des Vollzugs der Großstadtwerdung war im Herbst des Vorjahres auf das Jahresende 1903 beziehungsweise auf den Beginn des Jahres 1904 ziemlich zutreffend durch die Stadtverwaltung eingeschätzt worden, während weiter zurückliegende Prognosen den voraussichtlichen Zeitpunkt infolge irrtümlicher Annahmen eines abnehmenden Wachstums der Bevölkerungszahl im Jahr 1886 mit rund 85 000 Einwohnern für 1905 berechneten und noch im Jahr 1901 erst 1911 als wahrscheinliches Jahr der Vollendung der Großstadtwerdung veranschlagt hatten. Leider konnten durch Versäumnisse in den tagesstatistischen Erfassungen von Standes-, Polizeimelde- und Statistischem Amt nicht der genaue Tag im Monat April 1904 und nicht der eigentliche 100 000. Einwohner ermittelt werden, obwohl diese Feststellungen ein geeigneter Würdigungsanlass für die Erlangung des Großstadtstatus gewesen wären. So spiegelt nur die von Felix Fischer, Lehrer an der Höheren Bürgerschule, der auch schriftstellerisch tätig war, am 4. Mai 1904 veröffentlichte Lobpreisung »100 000!« das allgemeine Freudengefühl anlässlich des besonders herausragenden Ereignisses in der Stadtgeschichte wider. Der Jubelanlass war auch dadurch gegeben, weil Plauen damit nach Dresden (1852), Leipzig (1871) und Chemnitz (1883) die viertgrößte Stadt Sachsens und die 39. Großstadt Deutschlands geworden war. Dabei hatte zu der Großstadtbildung Plauens vorrangig die deutschlandweit einmalige Expansion der Stickerei- und Spitzenindustrie beigetragen, die durch ihr stetig gewachsenes Beschäftigungsangebot als mächtigster Magnet der Bevölkerungszuwanderung in Südwestsachsen fungierte und deshalb sogar die bereits wirtschaftsstarke Mittelstadt Zwickau hinter sich ließ. Während Zwickau am 1. Dezember 1871 durch den seinerzeit noch dominierenden Steinkohlenbergbau 4 478 Einwohner mehr als Plauen aufwies, hatte die Vogtlandstadt am 1. Dezember 1885 3 605 und am 1. Dezember 1900 schon 18 066 mehr Einwohner als Zwickau, das durch zunehmende Konkurrenz eine verlangsamende Stadtentwicklung verzeichnete.

100 000!

Sei hunderttausendmal gegrüßt,
Du Tag, der endlich nun erschienen;
Die hellste Freude spiegelt sich
Mit Recht in unser aller Mienen.
Durch unser schönes Vogtland hallt
Es heute mächtig, jubelbrausend:
Die Kreisstadt Plauen hat erreicht –
Glück auf! Glück auf! – die 100 000!
Die Freudenbotschaft fliegt geschwind
Am Draht nach Ost, West, Süd und Norden,
Erstaunt vernimmt man's allerwärts,
Daß unser Plauen Großstadt worden.
Gott schütze dich, geliebtes Plau'n!
Mögst weiter blühen, weiter wachsen!
Bewahre Deinen Weltruf dir!
Gott schütze Plau'n, Gott schütze Sachsen!

Die örtliche Umsetzung der sächsischen Städteordnung von 1832

Nachdem über längere Zeit im monarchischen sächsischen Staatswesen keine grundlegenden Verbesserungen in der landeshoheitlichen Zentralverwaltung und in den städtischen Verwaltungen zu verspüren waren, setzten mit den Reformbestrebungen seit Beginn der 1830er-Jahre nachhaltige Veränderungen ein. Dabei förderte insbesondere die Verfassung vom 4. September 1831 die Einführung von Fachministerien sowie die Neueinrichtung von mittleren Verwaltungsbehörden. Auch die am 2. Februar 1832 erlassene »Allgemeine Städte-Ordnung«, die mit einer Einführungsverordnung verbunden war, trug erheblich zu Fortschritten in der kommunalen Administration bei. Die Städteordnung umfasste 21 thematische Abteilungen mit 281 Paragrafen, die auch die Wahl neuer Stadträte und Stadtverordneter auf der Grundlage bereits gebildeter Bürgerausschüsse und zu bestätigender örtlicher Statuten vorsahen. So erfolgte in Plauen am 4. November 1832 durch den Kreishauptmann Georg Ernst von Zezschwitz die offizielle Verpflichtung des neuen Stadtrats, der bereits am 14. Juli 1832 vom Bürgerausschuss gewählt worden war. Zum neuen Stadtrat gehörten Ernst Wilhelm Gottschald als Bürgermeister, die zwei besoldeten Stadträte Friedrich Gottlieb Facilides und Dr. Julius Friedrich Lorenz sowie sieben unbesoldete Stadträte. Durch den auf Lebenszeit gewählten Bürgermeister endete der bislang vorherrschende oftmalige Führungswechsel. Mit dem seit 1818 in der Stadtverwaltung tätigen und seit 1828 als besoldetes Ratsmitglied wirkenden E. W. Gottschald rückte ein in kommunalen Angelegenheiten besonders erfahrener und befähigter Jurist an die Spitze der städtischen Behörde. Er hatte durch seine liberale Haltung die politischen Folgen der Jahre 1830/31 überstanden und war als Abgeordneter des Landtags in Erscheinung getreten. Die bis 1865 andauernde Amtszeit als Stadtoberhaupt, in der Plauen von der Kleinstadt zur Mittelstadt heranwuchs, beinhaltete eine breite Fülle von Aufgaben und Entscheidungen, denen er sich mit außerordentlicher Verantwortung und lösungsweisender Orientierung stellte.

Vordringliche Anliegen: Armenwesen, Syra-Hochwasser 1834, Stadtbrand 1844

In der seinerzeit schwierigen wirtschaftlichen Situation trat als ein vorrangiges kommunales Problemfeld das sich ausbreitende »Stadt-Armenwesen« hervor, für dessen Zustandsverbesserung die Städteordnung bestimmte Pflichten für die Stadtverwaltung vorgab, darunter die Bildung eines vom Stadtrat zu bestimmenden Armenausschusses und eine den neuen Bezirksabteilungen zugeordnete territoriale Obhut der Armenpflege. Dem Armenausschuss gehörten 1845 als Vorsitzender Stadtrat Friedrich Gustav Fincke, Bürgermeister Gottschald, Stadtrat Friedrich Wilhelm Hanoldt, zwei Stadtverordnete, fünf Mitglieder aus der Einwohnerschaft und die Bezirksvorsteher an. Die Pflichtaufgaben der Bezirksvorsteher wurden 1853 in einer vom Bürgermeister abgezeichneten »Instruction« veröffentlicht, aber erst 1886 durch eine städtische Dienstanweisung präzisiert. 1854 bestanden bereits 68 Bezirke, wobei dem 12. Bezirk der erfolgreiche Mechanikus Carl Eisenreich vorstand. Mit der zunehmenden Stadterweiterung erhöhte sich die Anzahl der Bezirke 1891 auf 80, 1900 auf 90 und 1903 durch die Eingemeindung des Gemeindeverbands Reusa auf 110. Eine zusätzliche Armenbetreuung erfolgte nach dem Abbruch der Siechenhäuser am Spittelberg ab 1842 durch ein Armenhaus im Bereich

Veränderungen in der Stadtverwaltung und bei den zentralörtlichen Institutionen

Gerd Kramer

1818

①
Ernst Wilhelm Gottschald (1795–1871)
Vogtlandmuseum Plauen

② Oskar Theodor Kuntze (1827–1911)
Stadtarchiv Plauen

1865

der Altstadt, das aber schon durch den Stadtbrand von 1844 zerstört wurde. Ab 1849 sorgte ein umgenutztes Gebäude vor dem Hammertor als Unterbringung, bis 1870 an der Reißiger Straße ein geräumiger Neubau eingeweiht werden konnte, der jedoch bereits 1885 und 1899 erweitert werden musste. Die Armenpflege hatte zudem durch mehrere soziale Vereine eine beachtliche Unterstützung gefunden. Für weitere bedürftige Einwohner waren 1883 mit dem Tennera-Asyl und 1887 mit dem Bürgerasyl zusätzliche Beherbergungseinrichtungen geschaffen worden, wenn auch aufnahmeseitig ziemlich begrenzt.

Mit den Auswirkungen des Syra-Hochwassers 1834 und des großen Stadtbrandes 1844 hatte die Stadtverwaltung zwei weitere belangreiche soziale und städtebauliche Probleme zu lösen. Dazu und zum Gelingen der zahlreichen übrigen kommunalgestalterischen Aufgaben trug in vorbildlicher Weise der Bürgermeister bei, der nach Einschätzung des Zeitzeugen und bedeutendsten Chronisten des damaligen Plauener Stadtlebens, Ferdinand Mohr, diese Aufgabenmenge mit Umsicht und Tatkraft bewältigte und der durch seine zugängliche Art in der Bürgerschaft beliebt gewesen war. Als 1857 aus Anlass der 25-jährigen Wiederkehr der Einführung der Städteordnung und des gleichzeitigen Amtsjubiläums des Bürgermeisters am 4. November eine Feier im Ratssaal stattfand, wurden seine Verdienste durch Amtshauptmann Dr. K. Braun gewürdigt, ihm ein Ehrenpokal durch Stadtrat Carl Friedrich Wieprecht überreicht und ihm von Gymnasiallehrer Wilhelm Anton Freytag als Vorstand der Stadtverordneten ein lobreiches »Festgedicht« gewidmet. Außerdem wurde dem Bürgermeister für sein langjähriges und erfolgreiches Wirken an der Spitze der Stadtverwaltung am 28. April 1865 das Ehrenbürgerrecht verliehen.

Das verdienstvolle Wirken von Stadtoberhaupt Kuntze und Stadtrat Wieprecht

Dr. K. Braun nahm auch am 5. Oktober 1865 die Einweisung und Verpflichtung des neuen Stadtoberhaupts im Ratssaal vor. Als neuer Bürgermeister war am 4. Juli 1865 der Jurist Oskar Theodor Kuntze gewählt worden, der zuvor 1864/65 als Bürgermeister in Reichenbach i. V. wirkte. Der mit in Aussicht genommene Jurist Franz Moritz Kirbach, der seit 1862 die Funktion als Sekretär der neu gegründeten Handels- und Gewerbekammer ausübte, durfte das Amt nicht antreten, da er sich durch seine Verurteilung wegen der Beteiligung am Maiaufstand 1849 noch nicht im Besitz der bürgerlichen Ehrenrechte befand. Die bis zum 1. Mai 1893 reichende Amtsdauer von Kuntze umfasste einen eindrucksvollen Zeitraum der Großstadtwerdung, in dem infolge des außergewöhnlichen industriellen und bevölkerungsseitigen Zuwachses eine sehr große Anzahl von bauplanerischen und infrastrukturellen Vorhaben vorbereitet werden mussten. In die Amtszeit des neuen Bürgermeisters fiel auch die Umsetzung der revidierten sächsischen Städteordnung vom 24. April 1873 und des Ortsstatuts der Stadt Plauen vom 1. Mai 1877, das zur Bildung des Stadtgemeinderats führte. Durch dessen Beschluss vom 14. Februar 1882 zum Oberbürgermeister befördert, hatte Kuntze sich besonders mit der Entfaltung der städtischen Sparkasse und der Gemeindefinanzen befasst sowie seine Wertschätzung des umfangreichen Waldbesitzes der Stadt zum Ausdruck gebracht, dessen Verkauf das Ratsgremium schon 1829 trotz notwendiger Schuldentilgung nicht in Erwägung zog und auf dessen Erhalt der Vorgänger von Bürgermeister Kuntze seit 1832 vornehmlich achtete. So konzentrierte sich Kuntze später auch anstatt eines zeittypischen Engagements zur Errichtung von Denkmälern beziehungsweise Standbildern auf die Anlegung von stadtverschönernden

---

Aus dem Festgedicht von 1857 zum Amtsjubiläum von E. W. Gottschald

Ein Ehrenmann im Amte, wie im Leben,
Gerad und wahr, feind allem Trug und Tand,
Voll Ernst und Milde, fromm und gottergeben,
Treu Deiner Stadt, treu Deinem Vaterland,
Fest in Gefahr und ohne Furcht und Zagen:
So hast Du Dich bewährt in allen Tagen.
Denn Deines Wirkens Feld ist wohl bereitet;
Denn froh in des Gewerbes frischem Flor
Und neu und schön und weithin ausgebreitet
Hebt sich die Stadt aus Fluth und Gluth hervor,
Und neben ihr prangt in der Hoffnung Kleide
Der Wald, Dein Stolz und Deine Augenweide.

③
Ehrenbürgerurkunde für Oberbürgermeister Oskar Kuntze aus dem Jahr 1890
Stadtarchiv Plauen, Repro Uwe Fischer

1890

Baumreihen und Erinnerungshainen, bei deren Benennung er allerdings oft Namen von Monarchen auswählte (Kaiser-Wilhelm-Hain 1887, König-Albert-Hain 1889). Diese ihn kennzeichnende Huldigungsausrichtung spiegelt sich vor allem in den vaterländischen Liedern und Gedichten wider, die er 1889 zu dem in Plauen stattfindenden XII. Mitteldeutschen Bundesschießen veröffentlichte. Für seine umfangreichen Verdienste um die Plauener Stadtentwicklung wurde er anlässlich seines 25-jährigen Amtsjubiläums am 5. Oktober 1890 zum Ehrenbürger ernannt.

In seiner bis 1893 dauernden Amtszeit war bereits am 16. Mai 1878 Carl Friedrich Wieprecht für sein langjähriges und verdienstvolles Engagement in der Stadtverwaltung zum Ehrenbürger ernannt worden. Während Wieprecht von 1842 bis 1845 nebenberuflich beim »Voigtländischen Anzeiger« die redigierende Funktion ausübte, war er zuvor schon als studierter Jurist, als Gerichtsdirektor in Raschau und als Rechtsanwalt, so auch für Dr. K. Braun, tätig, ehe er 1842 seinen Dienst als Aktuar bei der Stadtverwaltung Plauen begann. Von 1853 bis 1882 wirkte er als Stadtrat und unterstützte bis 1865 vor allem Bürgermeister E. W. Gottschald in wichtigen städtischen Entscheidungen, zum Beispiel für die kommunale Eigenregie des Gaswerks, der neben den anwachsenden kommunalen Aufgaben viele zusätzliche Verpflichtungen als Landtagsabgeordneter wahrzunehmen hatte. In Anerkennung seiner hoch angesehenen Verwaltungsführung wurde Wieprecht sogar noch im Alter von 67 Jahren am 14. Februar 1882 als Bürgermeister berufen, dessen Amt er bis zum 30. Juni 1884 ausfüllte.

Die O. Kuntze nachfolgenden Oberbürgermeister für den Zeitraum von 1893 bis 1904 waren die Juristen Dr. Rudolf Dittrich (November 1893 bis September 1899), in dessen Amtszeit die Inbetriebnahme des Straßenbahnnetzes, des Elektrizitätswerks und des Stadttheaters fiel, Dr. Max Otto Schröder (Oktober 1899 bis Juni 1902) und Dr. Johannes Ferdinand Schmid (ab Juli 1902), der zur Vollendung der Großstadtwerdung im April 1904 Stadtoberhaupt war.

Die Herausgabe von regulierenden Erlassen durch die Stadtverwaltung

In der im 19. Jahrhundert hervortretenden Vielseitigkeit und Menge an Aufgaben für die Stadtverwaltung ergab sich zur ordnungsgerechten Beherrschung des zunehmenden Verstädterungsprozesses die dringende Notwendigkeit der Steuerung von zeitgemäßen Verhaltensweisen und Nutzungsregulierungen. Dabei konnte in gesamtstädtischer Bedeutung auf die in der Vergangenheit dominierenden kommunalen Feuerordnungen zurückgegriffen werden, von denen die 1834 verfasste eine verbesserte Löschausstattung vorsah und den Bürgermeister als Leiter der Löschanstalt bestimmte. Aktualisierungen traten mit der Bauordnung von 1844 und 1853 durch eine neue Feuerlöschordnung ein. Nach zwischenzeitlichen Aktivitäten zur Mobilisierung des Feuerlöschwesens in den Jahren 1857 und 1866 gründete sich 1872 eine Freiwillige Bürgerfeuerwehr und 1884 die Pflichtfeuerwehr, nachdem 1878 die ersten Feuermeldestellen entstanden waren. Trotz aller örtlichen Fortschritte in der Feuerabwehr traten regelmäßig Brände auf, wobei die noch zahlreich vorhandenen Scheunen aus der Ackerbürgerzeit alljährliche Ursachenherde darstellten. Innerhalb der Stadtverwaltung befasste sich insbesondere der Ausschuss für das Feuerlöschwesen mit der ausstattungsseitigen Unterstützung der Brandbekämpfung.

Kennzeichnend für den fortschreitenden Zeitraum der Großstadtwerdung war die Vielzahl der von der Stadtverwaltung erlassenen beziehungsweise beschlossenen Anweisungen, Bekanntmachungen, Bestimmungen, Genehmigungen, Instruktionen, Ortsgesetze, Regulative, Satzungen, Statuten, Verordnungen, Verträge und Vorschriften, die als vorbeugende, ordnende, steuernde und informierende Maßnahmen auf die Fülle und Raschheit der urbanen Veränderungen erfolgten. Somit stellen diese amtlichen Festlegungen zugleich denkwürdige Erkennungsmerkmale für die seinerzeitigen alltäglichen Lebensverhältnisse, Begebenheiten und Amtshandlungen dar, zu denen unter anderem gehörten: Geschäftsordnung für den Stadtrat (1876), Regulativ für das Dienstmannwesen (1877), Geschäftsordnung für den Stadtgemeinderat (1877), Marktordnung (1882), An- und Abmeldung der Einwohner und Fremden (1885), Anzeigen über Erkrankungen an Pocken usw. (1886), Droschkenordnung (1890), Erlaubnis für Musikaufführungen, Schaustellungen, Tanzvergnügen und Lustbarkeiten (1891), Einquartierungsordnung (1892), Vorschriften über das Fahren auf Fahrrädern (1893), Vorschriften für die Fahrgäste der elektrischen Straßenbahn (1894), Namensangaben der Bauherren und Bauleiter bei Neubauten (1898), Anbringung von Haus- und Brand-Katasternummern (1900), Vorschriften zur Erhaltung der Reinlichkeit auf den Straßen (1900). Mit der am 12. März 1890 aufgestellten neuen »Sparkassen-Ordnung der Stadt Plauen« ergab sich eine längere Abfolge von aktualisierten Verfügungen (so von 1854, 1862), die in dem am 21. Februar 1838 genehmigten Regulativ für die am 7. Januar 1839 eröffnete städtische Sparkasse ihren Ausgangspunkt hatte. Damals trat vor allem Bürgermeister E. W. Gottschald für deren Gründung ein, da für das neue Bürgerschulgebäude Finanzmittel bereitgestellt werden sollten. Der in der Amtszeit von O. Kuntze ansteigende städtische Reingewinn der Sparkasse diente als willkommene Geldquelle für die zunehmende Realisierung kostenaufwendiger kommunaler Vorhaben und für sonstige Verpflichtungen. Weil sich von 1865 bis 1889 der Fehlbedarf des städtischen Haushalts von 68 400 auf 502 627 Mark erhöhte, vergrößerten sich im selben Zeitraum die Schulden der Stadtgemeinde von 730 340 auf 5 596 119 Mark, da Plauen immer mehr umfangreiche Anleihen aufnehmen musste. Allein 1903 erreichte die neue Anleihe eine Höhe von 15 Million Mark. Trotz des erheblich angewachsenen Guthabens der Sparkasse konnten die umfangreichen Darlehen nur über größere auswärtige Kreditgeber beschafft werden, da sich erst 1875 eine Agentur der Preußischen Bank im Rathaus niederließ, wo schon seit ihrer Gründung die Sparkasse ihren Standort hatte, bis sie 1893 das 1803 erbaute und 1886 von der Stadtverwaltung angekaufte besonders repräsentative Heynig'sche Haus bezog.

Die sich stark vergrößernde Stadtverwaltung benötigt neue Räumlichkeiten

Das Rathaus als zentraler kommunaler Verwaltungsstandort war bereits 1839 wegen Baufälligkeit zum Abbruch vorgesehen, der aber noch verhindert werden konnte. Die mit der wachsenden Stadtgröße anschwellenden örtlichen Angelegenheiten und die damit verbundene Abteilungs- und Ämtervermehrung hatten schon bald aufgezeigt, dass für eine höhere Beschäftigtenzahl die Räumlichkeiten keinesfalls ausreichen würden. Aber erst mit dem Ankauf des unmittelbar an der Herrenstraße angrenzenden ehemals Brückner'schen beziehungsweise Hartenstein'schen Hauses im Jahr 1873 und mit dessen Umbau zu einem behördengerechten »Stadthaus« wurde eine gewisse Entlastung erreicht. Weiterhin konnten verschiedene Ratsabteilungen im Heynigschen und im Jahr 1870 erworbenen Franke'schen Haus an der Inneren Neundorfer Straße untergebracht werden. Nachdem 1899 der größere Neubau des Lehrerseminars an der Blücherstraße eingeweiht wurde, ergaben sich außerdem im alten Lehrerseminar in der Seminarstraße 4 und 6 etliche Büroräume, in die neben der Abteilung für Steuersachen und der Stadtsteuereinnahme sowie der Wasserwerksverwaltung und der Ortskrankenkasse hauptsächlich die sich besonders ausdehnende Stadtbauverwaltung mit der Baupolizei-Abteilung einzogen. Mit der Ratsabteilung für Vermessungswesen fand der Standort noch eine fachlich geeignete Ergänzung. Nachdem Sachsens größte Städte Chemnitz, Dresden und Leipzig schon gute Erfahrungen mit kommunalen Vermessungsämtern gewonnen hatten, empfahl der städtische Finanzausschuss am 7. November 1901 auch für Plauen eine entsprechende Einrichtung, zu der am 12. Dezember 1901 der Stadtgemeinderat seine Zustimmung für ein »Geometerbureau« gab, wobei Stadtbaurat Georg Fleck diesen Schritt als Notwendigkeit kennzeichnete. Da die letzte Neuvermessung des Plauener Stadtgebiets noch aus dem Jahr 1870 stammte, sich aber mit der überaus umfangreichen Bebauung in den nachfolgenden Jahrzehnten und mit den Eingemeindungen das topografische Erscheinungsbild fast völlig verändert hatte, fehlten genauere Karten in großmaßstäblichen Darstellungen. Zwar hatten die Tiefbauverwaltung sowie private und staatliche Geometer dringend erforderliche Kartierungen vorgenommen, die jedoch zumeist nicht flächendeckend entstanden, sondern projektorientiert beziehungsweise planungsgebunden nur als Inselkarten existierten. So wurde mit der am 1. Juli 1902 erfolgten Bildung einer Ratsabteilung für Vermessungswesen unter der Leitung des aus Dirschau in der Provinz Westpreußen stammenden Hans Hartmann (1869–1951), zuletzt Kaiserlicher Regierungslandmesser in Deutsch-Südwestafrika, eine bislang fehlende und aufgabenreiche Einrichtung geschaffen, die schon in kurzer Zeit auf sich aufmerksam machte. Während das neue Amt anfangs nur aus vier Personen bestand, erhöhte sich ab 1904, als die ersten geländeseitigen Neuaufnahmen vorgenommen wurden, die mit einem Feinnivellement verbunden wurden, die Anzahl der Beschäftigten erheblich. Durch seine früheren Tätigkeiten in Vermessungsämtern von Malmö, Bremen, Berlin und Dresden besaß Hans Hartmann umfängliche fachspezifische Kenntnisse, die er als erfolgversprechende Ansatzpunkte für eine neuzeitliche Stadtvermessung mit einem modernen Stadtkartenwerk nutzte, was zunehmend nationale und internationale Anerkennung fand.

Da sich bis 1904 insgesamt 52 städtische Geschäftsabteilungen herausgebildet hatten, existierte schon seit längerer Zeit das Verlangen nach einem großräumigen Verwaltungsgebäude, welches die verstreuten Dienststellen aufnehmen sollte. So wurden für dieses begreifliche Anliegen bereits ab 1889 in den das bisherige Rathaus umgebenden Straßen zahlreiche bebaute Grundstücke angekauft, um für einen neuen flächenverbrauchenden Gebäudekomplex die notwendige Baufreiheit zu schaffen. 1898 ging man deshalb davon aus, im Jahr 1900 mit der Errichtung des Neubaus beginnen zu können, der aber durch die kostenaufwendige Realisierung gewichtigerer infrastruktureller Vorhaben um etliche Jahre zurückgestellt werden musste.

Plauen als Standort wichtiger Einrichtungen von zentralörtlicher Bedeutung

Während die Obliegenheiten der Stadtverwaltung vornehmlich auf örtliche und anrainerseitige Aufgaben ausgerichtet waren, beherbergte Plauen infolge seiner zentralen Lage und Gemeindegröße auch mehrere überörtlich ausstrahlende Einrichtungen, die gebietliche, überregionale, landes- und staatsweite Belange umsetzten. In gebietlicher Hinsicht kamen dabei bis 1835 der Vogtländische Kreis und seit 1816 die zugehörige Amtshauptmannschaft mit Sitz in Plauen in Betracht, der von 1850 bis 1868 Dr. K. Braun vorstand. Sie umfasste allerdings seit 1874 durch die Bildung der Amtshauptmannschaften Oelsnitz und Auerbach nur noch 38 Prozent ihrer bisherigen Ausdehnung. Ein von Plauen aus geleiteter überregionaler Wirkungskreis betraf die seit dem 27. November 1862 geschäftsfähige Handels- und Gewerbekammer als Körperschaft, die aber trotz ihrer juristischen Eigenständigkeit dem Innenministerium berichtspflichtig war. In den Jahren 1869 und 1874 wurde der bislang kleinste sächsische Kammerbezirk um die Amtshauptmannschaft Zwickau und um andere erzgebirgische Ortschaften erweitert. Die Geschäftsstellen der Handels- und Gewerbekammer, die einen wesentlichen Anteil an der Förderung der das Kammergebiet immer mehr beherrschenden Textilindustrie hatte, befanden sich bis 1902, als zwei getrennte Körperschaften gebildet wurden, anfangs am Klostermarkt, seit 1866 in der Schloßstraße, ab 1870 in der Bahnhofstraße und seit 1897 in der Carolastraße.

Die überwiegende Anzahl der in Plauen außerdem ansässigen zentralörtlichen Verwaltungseinrichtungen stellten nachgeordnete Behörden der 1831 entstandenen sächsischen Ministerien dar. Dazu zählte unmittelbar nach dem Beitritt Sachsens zum Zollverein 1834 die Installation des Hauptsteueramts in der Hofer Straße, das 1875 in das Eckhaus von Bahnhof- und Fürstenstraße umzog und im Jahr 1900 die Bezeichnung Hauptzollamt erhielt. Durch den Umzug konnte 1875 die am Klostermarkt befindliche Bezirkssteuer-Einnahme für über 25 Jahre das freigewordene Verwaltungsgebäude beziehen, während andere Einrichtungen die verkehrsgünstiger gelegene Bahnhofsvorstadt bevorzugten. Im Jahr 1854 gab es insgesamt zehn zentralörtliche Institutionen: Amtshauptmannschaft, Justizamt, Rentamt, Hauptsteueramt, Bezirkssteuer-Einnahme, Eisenbahnamt, Postamt, Chaussee- und Straßenbauinspektion, Brandversicherungsinspektion und das Elsterfloßamt, das aber 1864 aufgehoben wurde. Als neue Ämter entstanden unter anderem 1856 das Bezirksgericht, 1858 das trotz kommunaler Zuordnung der Ober-Aichungs-Kommission in Dresden unterstehende Eichamt, 1862 ein Handelsgericht am Bezirksgericht, 1879 das Landgericht, 1884 die Straßen- und Wasserbauinspektion, 1898 das Landbauamt. Durch die 1849 vorgenommene Aufhebung der städtischen Gerichtsbarkeit gewann vor allem der Amtsberg als konzentrierter Standort von königlichen Justizeinrichtungen wieder an Bedeutung, wozu auch die 1852 erfolgte Errichtung eines Arresthauses gehörte, das 1876 und 1903 als Gefängnis wesentlich vergrößert wurde. Das Schloss hatte schon 1874 einen Anbau für Beamtenwohnungen erhalten, und den angrenzenden Nordturm zierte seither anstelle einer Haube ein spitzförmiger Abschluss. 1882 wurde das bislang exemte Schlossgrundstück in die Stadtge-

1862

④ Das bis 1903 genutzte Gebäude der Amtshauptmannschaft am Postplatz
Stadtarchiv Plauen

1887

meinde eingegliedert. Das außerhalb des eigentlichen Schlossgeländes gelegene alte Amtshaus wurde 1899 von der Stadtverwaltung angekauft und 1902 abgebrochen.

Bis 1904 hatte sich die Anzahl der zentralörtlichen Institutionen beziehungsweise der nachgeordneten königlichen Behörden auf 20 erhöht, wobei die meisten Einrichtungen dem Geschäftsbereich des Ministeriums der Finanzen unterstellt waren: Amtshauptmannschaft, Bezirksarzt, Bezirkstierarzt, Bezirksbrandversicherungsinspektion, Gewerbeinspektion, Baumeisterprüfbehörde; Landgericht, Staatsanwaltschaft, Amtsgericht; Bezirksschulinspektor, Landbauamt, Straßen- und Wasserbauinspektion, Bauverwaltung, Bezirkssteuereinnahme, Vermessungsingenieur, Eisenbahnbauinspektion, Bahnhöfe, Hauptzollamt; Garnisonverwaltung, Bezirkskommando mit Hauptmeldeamt. Im Gefolge der Proklamation des deutschen Kaiserreichs am 18. Januar 1871 entstanden zahlreiche Reichsbehörden, zu denen auch die Postanstalten gehörten, sodass Plauen mit dem von 1875 bis 1877 im Stadtzentrum errichteten reichseigenen Gebäude ein stattliches Kaiserliches Postamt erhielt, nachdem die am 19. Oktober 1852 von der Neustadt an die Bahnhofstraße C 33 (Nr. 15) verlegte Einrichtung der Postfamilie Irmisch infolge des stark angestiegenen Postaufkommens und der ungünstigen Lage zum Bahnhof nicht mehr den Anforderungen gewachsen war.

Nachdem Carl Julius Irmisch seit Oktober 1828 als Postmeister und Posthalter tätig gewesen war, trat er im Ergebnis der am 18. November 1860 erfolgten Trennung des Postamts von der Posthalterei Ende desselben Jahres in den Ruhestand. Nach dem Stand von 1863 wirkte der erfahrene Treuener Postvorsteher Gottfried Friedrich Hüttner als Nachfolger, während sich der Adorfer Friedrich Wilhelm Färber als Posthalter um die aufwendige Absicherung des mit zahlreichen Pferden betriebenen Postfuhrunternehmens kümmerte. Im Jahr 1870 fungierten Arthur von Mandelsloh als Postdirektor und Karl Friedrich Redlich als Posthalter. 1873 amtierte Johann Andreas Zschucke als Postdirektor. Während sich von 1852 bis 1870 die Anzahl der Briefkästen lediglich von zwei auf sieben erhöht hatte, belegt dagegen der Bestand von 50 Postbriefkästen im Jahr 1889 das in der Zwischenzeit erheblich vorangeschrittene Siedlungswachstum von Plauen. Weil damals besonders auch die Menge der innerörtlichen Geschäftsbriefe angestiegen war, gründete sich im Folgejahr das erste private »Stadt-Briefbeförderungs-Institut« durch Carl Julius Marquardt in der Blumenstraße 16, das im Stadtgebiet 25 eigene Briefkästen unterhielt. Bis 1897 wurde durch nachfolgende Anbieter diese zusätzliche lokale Möglichkeit der Briefzustellung fortgeführt.

Das schon 1848 zusammen mit dem Eisenbahnamt gebildete »Telegraphenbureau« wurde 1856 vom Bahnhof an den Kirchplatz verlegt und bezog 1877 als selbstständiges Kaiserliches Telegraphenamt das neue Postgebäude und 1893 das benachbarte ehemalige Domizil eines Gasthofs aus dem Jahr 1846, für das ab 1904 ein Neubau entstand. Das flächenmäßig größte Einflussgebiet von überregional in Plauen wirkendenden Institutionen besaß seit dem 17. August 1887 die Handelsagentur der Vereinigten Staaten von Amerika, die am 21. August 1896 den Konsulatsstatus erhielt. Die bereits 1882 von Oberbürgermeister O. Kuntze vorgeschlagene Ansiedlung dieser ausländischen Repräsentation kam hauptsächlich der dominierenden Textilindustrie entgegen, da sich der Export von Spitzen und Stickereien in die USA von 1888 mit 1,7 allein bis 1904 auf 17,7 Millionen Mark erhöhte. Die umfangreiche Ausfuhrabwicklung war besonders auf die konsularische Vertretung angewiesen, da diese die erforderlichen Legalisierungen, Mustersondierungen und Geschäftsverhandlungen beförderte, in die auch die ansässigen Kommissionäre und überseeischen Einkäufer einbezogen wurden. Durch die weiträumige Standortausdehnung der Spitzen- und Stickereiindustrie umfasste der Konsularbezirk die Kreishauptmannschaft Zwickau, Gebietsteile von Ostthüringen und den nördlichen Bereich von Oberfranken.

Die Entstehung der Weißwaren- und Stickereiindustrie

Die wirtschaftlich nutzbringende Errichtung von Baumwollspinnereien

Nachdem in den 1770er-Jahren die Plauener Baumwollwarenmanufaktur zur Blüte gekommen war, endete das Jahrhundert für das heimische Textilgewerbe umso tragischer. Der Gradmesser des Erfolgs der Plauener Innungsverwandten war die Menge der verkauften Baumwollstoffe auf den Messen in Leipzig und Frankfurt am Main. Die Engländer überschwemmten seit 1790, nach Einführung der wasserangetriebenen Mule-Spinnmaschine, die Messen mit kostengünstigen maschinell gesponnenen und gewebten Stoffen in feinster Qualität. Die englischen Zwischenhändler unterboten die Preise der sächsischen Produzenten um 20 bis 30 Prozent. Solch einer Konkurrenz waren die vogtländischen Handweber trotz größter Anstrengungen nicht gewachsen. Die Handlungsvertreter kehrten von den Messen ohne nennenswerte Aufträge nach Plauen zurück. Der Export der Plauener Musseline kam nach 1800 fast völlig zum Erliegen. So ging das neue Jahrhundert mit dem Konkurs vieler alteingesessener Kaufleute einher. Im »Voigtländischen Anzeiger« finden sich zwischen 1800 und 1810 beispielsweise die Versteigerungsanzeigen der Häuser und Grundstücke von Johann Friedrich Haußner, Johann Martin Morell sowie Gottlob Friedrich Eichhorn. Eine kurzzeitige Entspannung der Lage brachte der gestiegene Absatz von Kattunen. Im Mai 1804 beantragte die Kattundruckerei Facilides & Comp. die weitere Zusicherung ihres alleinigen Privilegs im Vogtländischen Kreis für weitere 20 Jahre die Kattune drucken und verkaufen zu dürfen. In der Begründung führte sie an, dass durch die Firma 2 000 Menschen Arbeit bei der Anfertigung der Kattune hätten und weitere 1000 Spinner beschäftigt wurden. Auf der Suche nach einem Ausweg aus der wirtschaftlichen Krise beantragten Plauener Verleger bereits 1802 bei der sächsischen Regierung, die Einführung der Maschinenspinnerei großzügig finanziell zu unterstützen, was dieser zunächst zu riskant war. Erst 1807 wurden vom sächsischen König sogenannte Spindelprämien zur Förderung der mechanischen Baumwollspinnerei für das Vogtland ausgegeben. Daraufhin erfolgte im Vogtland die Gründung von insgesamt 21 Baumwollspinnereien, wovon sich zwölf in Stadt und Amt Plauen befanden.

Befördert und auch notwendig wurde die Gründung von Spinnereien durch die von Napoleon verhängte Kontinentalsperre. Diese von 1806 bis 1813 bestehende

Herausbildung von Gewerbe und Industrie

Katrin Färber

①
Die erste Plauener Dampfmaschine, 1844 bei Facilides & Co. aufgestellt, von C. Pfaff aus Chemnitz, im Jahr 1892
Vogtlandmuseum Plauen

Ort	Zeit	Firmenbesitzer	Antrieb
Stadt Plauen	1808–1813	Karl Ludwig Leonhardt Heubner	Wasserrad
	nach 1809–1834	E. W. C. Gössel	Wasserrad
	ab 1834	C. W. Weisbach	
	1811–1813	Wunder	unbekannt
	1811–1813	Lorenz	unbekannt
	1810–1814	Johann Gottlieb Mehnert	unbekannt
	1817–1823	stellte um auf Wolle	
	1812–1814	Wehner	unbekannt
	1813	Facilides & Hähnel	Göpel
	1830	stellte um auf Wolle	
	ab 1844		Dampfmaschine
Neundorf bei Plauen	1812–1813	Friedrich Emanuel Haußner	Pferdegöpel
Reusa bei Plauen	1808–1814	Johann Christian Merz	Pferdegöpel
Unterweischlitz Amt Plauen	1809–1817 bis ca. 1831	Ernst August Freiherr von Seckendorf Möckel aus Plauen	Wasserrad
Thossfell Amt Plauen	1811–1831	Freiherr von Beust	Pferdegöpel
Neuensalz Amt Plauen	1812	Hentschel	Pferdegöpel

Baumwollspinnereien in Stadt und Amt Plauen im Zeitraum von 1808 bis 1834

Wirtschaftsblockade untersagte den Handel mit England, was zu einem Engpass an maschinengesponnenen Baumwollgarnen und -stoffen führte. Die dadurch entstandene steigende Konjunktur der Baumwollspinnerei hielt im Vogtland lediglich wenige Jahre an.

Nach 1830 existierte in Plauen nur noch die Baumwollspinnerei des Kaufmanns Ernst Wilhelm Conrad Gössel. Sein Neffe, Ludwig Daniel Gössel, verpachtete kurz vor seinem Tod 1834 die Baumwollspinnerei mit 18 Feinspinnmaschinen an Carl Wilhelm Weisbach aus Chemnitz. Dieser heiratete 1839 Luise Gössel, eine der Töchter des Ludwig Daniel Gössel, und so kam die Spinnerei in den Familienbesitz der Weisbachs. Direkt am Mühlgraben gelegen, dienten Wasserräder als Antrieb der Spinnmaschinen. Die zweite in Plauen bestehende Spinnerei von Facilides & Hähnel stellte auf Kammgarnspinnerei (Schafwolle) um und erhielt 1844 einen Neubau mit Dampfmaschinenantrieb. Seit 1846 firmierte die Spinnerei unter Facilides & Wiede.

Erste mechanische Spitzen und die Einführung der Weißstickerei

Trotz der Entwicklung eines mechanischen Webstuhls durch den gebürtigen Plauener Louis Schönherr wurde in der Vogtlandmetropole mit dem Handwebstuhl gearbeitet. Das erklärt sich durch die Spezialisierung der Weber auf verschiedene Techniken gemusterter Baumwollstoffe wie das sogenannte Drehergewebe, die zu dieser Zeit nur mit Handwebstuhl möglich waren. Mithilfe besonderer Vorrichtungen am Webstuhl wurden die Kettfäden miteinander verschlungen, sodass gazeartige Stoffe entstanden. Diese Stoffe eigneten sich gut für Gardinen, wurden aber auch mit Handstickereien verziert und zu modischem Zubehör der Frauenkleidung und Innendekoration weiterverarbeitet. Für die in teurer Handarbeit gefertigten Spitzen wurde im Zuge der Mechanisierung der Textilproduktion nach günstigen Alternativen gesucht. Zu diesen gehörten die Petinets, deren Herstellung 1807 durch Johann Friedrich Francke in Plauen eingeführt worden war. Der Petinetstuhl funktionierte ähnlich wie der Strumpfstrickstuhl. Die auf ihm gewirkten Netze wurden bestickt, und so entstand eine Art Tüllspitze. Erst in den 1840er-Jahren wurden die Petinets immer mehr von den aus England kommenden maschinell produzierten Bobinetspitzen verdrängt. Für Francke war das Geschäft mit den Petinets jedoch so lukrativ, dass dieser 1854 ein Bankgeschäft gründen konnte.

Um 1810 hatte das Baumwollwarenhändler-Ehepaar Karl Gottlob Krause und Caroline Wilhelmina Krause die Plattstichstickerei im Vogtland eingeführt. Mit dieser Weißstickerei wurden Taschentücher, Ärmel, Kragen und Ähnliches bestickt. Damit hatte das Kaufmannsehepaar einerseits einen weiteren Weg aus der Absatzkrise der vogtländischen Baumwollwarenmanufaktur gefunden und zum anderen die Grundlagen für einen neuen Erwerbszweig gelegt. Die Herstellung von Kleidungszubehör und Innendekoration aus feinen Baumwollstoffen mit Stickereien, ganz in Weiß verziert und genäht, wurde als »Plauische Weißwaren- und Stickereiindustrie« bezeichnet. Der Begriff der Weißwarenbranche umfasste jedoch nicht nur die Stickerei- und Spitzenindustrie, sondern auch die Gardinenproduktion. Die Häuser des heutigen Vogtlandmuseums in der Nobelstraße sind Zeitzeugen dieser Textilentwicklung. Im Haus Nummer 13 war seit 1832 die Firma Georg Friedrich Schmidt ansässig. Das klassizistische Bürgerhaus gehörte von 1839 bis 1889 der Familie Schmidt. Aus den Jugenderinnerungen von Rudolf Schmidt, eines Sohnes des Kaufmanns Georg Friedrich Schmidt, erfährt man viel über den Geschäftsgang und das Leben der patriarchalisch geführten Großfamilie eines Weißwaren- und Stickereifabrikanten. Schmidt gehörte wie Krause zu den erfolgreichsten vogtländischen Fabrikanten. Laut Messebericht von 1838/1840 beschäftigte Schmidt um die 2 000 Stickerinnen im Vogtland. Anschaulich schilderte R. Schmidt das Leben in dem Wohn- und Geschäftshaus in der damaligen Königsgasse, in dem neben der Familie auch das Haus- und Geschäftspersonal lebte. Die Stickerinnen lieferten ihre bestickten Waren auf ungebleichtem grauem Grund ab und erhielten neue Muster. Die fertigen Stickereien wurden zu langen Streifen zusammengenäht und dann der Veredlung, also dem Bleichen, Appretieren und Spannen zugeführt. Anschließend kamen sie ins Haus zurück, wo sie genäht, gebügelt und für den Versand fertiggestellt wurden. Die Familie Schmidt war wie die meisten Plauener Bürgerfamilien noch Selbstversorger mit Viehhaltung am Wohnhaus und Feldern vor der Stadt. Entweder direkt oder auch indirekt durch Heirat waren diese Bürger oft mit den ehemaligen Schleierherren verwandt. Sie überstanden die Krisenzeit wegen ihrer Flexibilität. Ihre Handelsbeziehungen bestanden über die traditionellen Messestädte wie Leipzig und Frankfurt am Main, in denen Vertretungen eingerichtet waren, nach ganz Europa und Amerika. Wichtig für ihre Konkurrenzfähigkeit war die hochwertige Veredlung der Produkte, weshalb sich seit den 1830er-Jahren neue Appreturanstalten gründeten beziehungsweise die Händler selbst solche Firmen anlegten, wofür die Firma Böhler als Beispiel genannt werden kann. Der namensgebende Gründer der Firma, Friedrich Ludwig Böhler, in Frankfurt am Main gebürtig, war seit 1793 als Buchhalter in der Firma Schreiber & Co. angestellt. Er heiratete 1795 die Tochter seines Prinzipals und wurde Teilhaber der

Weißwarenfabrikanten als Verleger

Viele der Weißwarenfabrikanten traten wie Schmidt und Böhler als Verleger auf, die Halbfabrikate außerhalb Plauens arbeiten ließen, da dort die Löhne günstiger waren. Die Endfertigung und der Versand erfolgten dann vom Geschäft in Plauen aus. Nach dem Adressbuch von 1854 gab es 28 Fabrikgeschäfte, die glatte und gemusterte Musselin-, Jacquard- und weiße Stickereiwaren herstellten, und 34 handeltreibende Fabrikanten mit diesen Artikeln. Der Fabrikant dieser Zeit wäre im heutigen Verständnis eher als Unternehmer zu bezeichnen, da er nicht unbedingt große Werkhallen besaß.

alten Plauener Baumwollwarenhandelsfirma. 1808 übernahm er das Geschäft und firmierte ein Jahr später unter eigenem Namen. Das Handlungs- und Fabrikgeschäft vertrieb Plauener Weißwaren und Stickereien. Zwischen 1835 und 1837 wurde die Firma um eine Appreturanstalt in der Elsteruferaue erweitert.

Das Gebiet der Elsteraue in Plauen, an Mühlgraben und Weißer Elster gelegen, war für die Anlage dieser Fabriken ein begehrtes Baugebiet, weil das Wasser für die Veredlung der Stoffe eine wichtige Voraussetzung bildete. Aus diesem Grund siedelte sich auch Friedrich August Hempel gegenüber der Weisbach'schen Spinnerei an.

Bereits 1837/38 ließ er im Brandkataster das Wohnhaus mit Kuhstall und Schuppen sowie das im Hof befindliche Bleichhaus mit neu angebautem Trockenturm eintragen und in den darauffolgenden Jahren ständig ergänzen. 1852 ließ Hempel das Dampfkesselgebäude mit der angebauten Dampfesse errichten. In der Böhler'schen Appreturanstalt wurde die Dampfmaschine 1855 in Betrieb genommen, und Robert Zöbisch errichtete auf dem ehemaligen Heynig'schen Grundstück am Oberen Steg beim Neubau seiner Fabrik diese Gebäude gleich mit. Die Dampfmaschinen waren für die erfolgreiche Entwicklung der Veredlungsindustrie unabdingbar, da hohe Temperaturen und ein effizienter Antrieb nötig waren. Damit wurden die Veredlungsbetriebe in Plauen zum Vorreiter der Industrialisierung.

②
Blick von Süden auf die Elsteraue im Jahr 1865. Von links: Weisbachsches Haus, Hempel'sche Appretur, Böhlers Fabrik und die Stickerei von Schnorr und Steinhäuser. Im Vordergrund ist der Baubeginn der Maschinenweberei von Böhler zu erkennen.
Vogtlandmuseum Plauen

Herausbildung von Gewerbe und Industrie

Gerd Naumann

Die zunehmende Dominanz der Stickerei- und Spitzenindustrie

Industrielle Wegbereitung durch die Beschaffung von Handstickmaschinen aus der Schweiz

Als sich die vogtländische Weißwarenindustrie in den 1840er-Jahren in ihrer Blüte befand, gelang es Franz Elysäus Rittmeyer und Franz Anton Vogler in der weitgehend vom deutschen Markt verdrängten Schweiz, die 1828 von Josua Heilmann entwickelte Handstickmaschine soweit technisch zu verbessern, dass darauf marktfähige Ware hergestellt werden konnte. In den 1840er-/1850er-Jahren entstanden in der Ostschweiz zahlreiche Handmaschinen-Stickereibetriebe, deren Erzeugnisse guten Absatz fanden, weil sie in größeren Mengen und billiger als von der Handstickerei des Vogtlands hergestellt werden konnten. Das Desaster der Handspinnerei um 1800 war allenthalben noch gut in Erinnerung, als bereits zum zweiten Mal innerhalb nur eines halben Jahrhunderts Plauen und das Vogtland Gefahr liefen, im Wettbewerb zwischen Hand- und Maschinenarbeit das Nachsehen zu haben. Die bedeutende heimische Weißwarenindustrie musste in historisch kurzer Zeit in den Besitz der neuen Maschine kommen, wenn sie verfahrenstechnisch nicht den Anschluss an die Schweiz verlieren wollte. Da für eigene Entwicklungen weder entsprechende finanzielle Ressourcen noch Maschinenbaukapazitäten zur Verfügung standen, kam nur ein Transfer ausländischer Technologie infrage, um die Wettbewerbsfähigkeit des Vogtlands zu erhalten. Der in Schneeberg geborene und seit **1844** in Plauen ansässige Kaufmann Fedor Schnorr (1817–1896), Mitinhaber des seinerzeit bedeutenden Stickerei- und Weißwarenunternehmens Schnorr & Steinhäuser, begegnete der existenziellen Bedrohung seines eigenen Unternehmens – und mithin der vogtländischen Weißwarenbranche – mit unternehmerischem Weitblick und Wagemut. Schnorr beauftragte den an der Chemnitzer Werkmeisterschule studierenden Albert Voigt (1829–1895) – später sollte dieser mit der von Schnorr gezahlten Prämie die Maschinenbauanstalt in Kändler bei Chemnitz gründen und sich zum leistungsfähigen Maschinenlieferanten der sächsischen Stickereibranche entwickeln – mit der Beschaffung einiger Schweizer Stickmaschinen, um diese, zunächst probehalber, in Plauen aufzustellen. Das geschah unter Vermittlung von Friedrich Kohl, Schnorrs ehemaligem Nachbar aus der Bleichgasse, der es zum Professor an der Königlichen Mechanischen Baugewerken- und Werkmeisterschule zu Chemnitz gebracht hatte. Es bleibt das Verdienst des Triumvirats Schnorr-Kohl-Voigt, dass es zum »Schrittmacher einer industriellen Notwendigkeit« wurde: 1857 gelang es Voigt, einige der begehrten Maschinen in der Maschinenfabrik Burkhard in St. Fiden (St. Gallen) zu erwerben. Die ersten zwei Handstickmaschinen, die laut Überlieferung am 27. Oktober 1857 via Bodensee in Plauen eingetroffen waren, nahmen im Januar 1858 – mit dem aus der Schweiz stammenden Sticker Friedrich Roth am Pantograf – die Fertigung auf. Die Ära der mechanischen Stickerei hatte begonnen.

Ort des denkwürdigen Geschehens – mit der Bedeutung einer Zäsur für die Plauener, vogtländische und sächsische Wirtschaftsgeschichte – war die Schnorr-Steinhäuser'sche Fabrik auf dem Grundstück Hofwiesenstraße 7 als die Geburtsstätte der mechanischen Stickerei in Sachsen. Infolge der erfolgreichen Verpflanzung der mechanischen Stickerei in das Vogtland war unter maßgeblicher Beteiligung des aus dem Volketswill im Zürcher Oberland stammenden Stickmaschinentechnikers Johann Conrad Dietrich ein wichtiger Wettbewerbsvorteil der Stickereibranche in St. Gallen und Umgebung obsolet geworden, ohne dass die Tragweite des Geschehens den Protagonisten bewusst war. Neben Schnorr & Steinhäuser partizipierte bald die gesamte Weißwarenbranche an den neu gewonnenen technischen Möglichkeiten. Plauen und das sächsische Vogtland wurden in den Folgejahren zum Schauplatz für die umfassende verfahrenstechnische und arbeitsorganisatorische Revolutionierung der Stickerei, die als Sonderform auch den – eher schwerfälligen – Großbetrieb hervorbrachte, prädestiniert für die Fertigung mittlerer Qualitäten, in größeren Mengen, zu niedrigeren Preisen. Aber in weitaus stärkerem Maße brachte sie die für die Branche typischen zahllosen Klein- und Kleinstbetriebe hervor, ihrerseits eingebunden in das – sozioökonomisch betrachtet – archaische, zugleich aber zeitgemäße, weil äußerst flexible System des Verlags. Sie entwickelten sich zum eigentlichen Rückgrat der Mode- und Exportindustrie und waren zugleich Verfügungsmasse von Verlegern und Fabrikanten, die sich ihrer nach Bedarf, sprich Marktlage, bedienten.

Die Aufstellung der Handstickmaschinen machte rasche Fortschritte. Schnorr & Steinhäuser hatten 1862 bereits 42 Stickmaschinen in Betrieb. Nur 15 Jahre nach Einführung der mechanischen Stickerei zählte man im Vogtland bereits 1330 Maschinen, davon allein in Plauen 907. Der Maschinenbestand hatte sich also um 3166 Prozent vermehrt. In Plauen steigerte er sich wie folgt:

Jahr	Betriebe	Handstickmaschinen
1863	8	65
1865	9	84
1867	18	159
1869	70	327
1871	167	625
1872	239	907

Die Zunahme des Bestands an Handstickmaschinen in der Stadt Plauen von 1863 bis 1872

Bis in die späten 1860er-Jahre hinein fanden Stickmaschinen vorwiegend in größeren, kapitalstarken Betrieben Aufstellung, kostete doch eine Stickmaschine damals etwa 900 Taler; zum Vergleich: Der Preis für einen Zentner Roggen betrug etwa 2½ Taler.

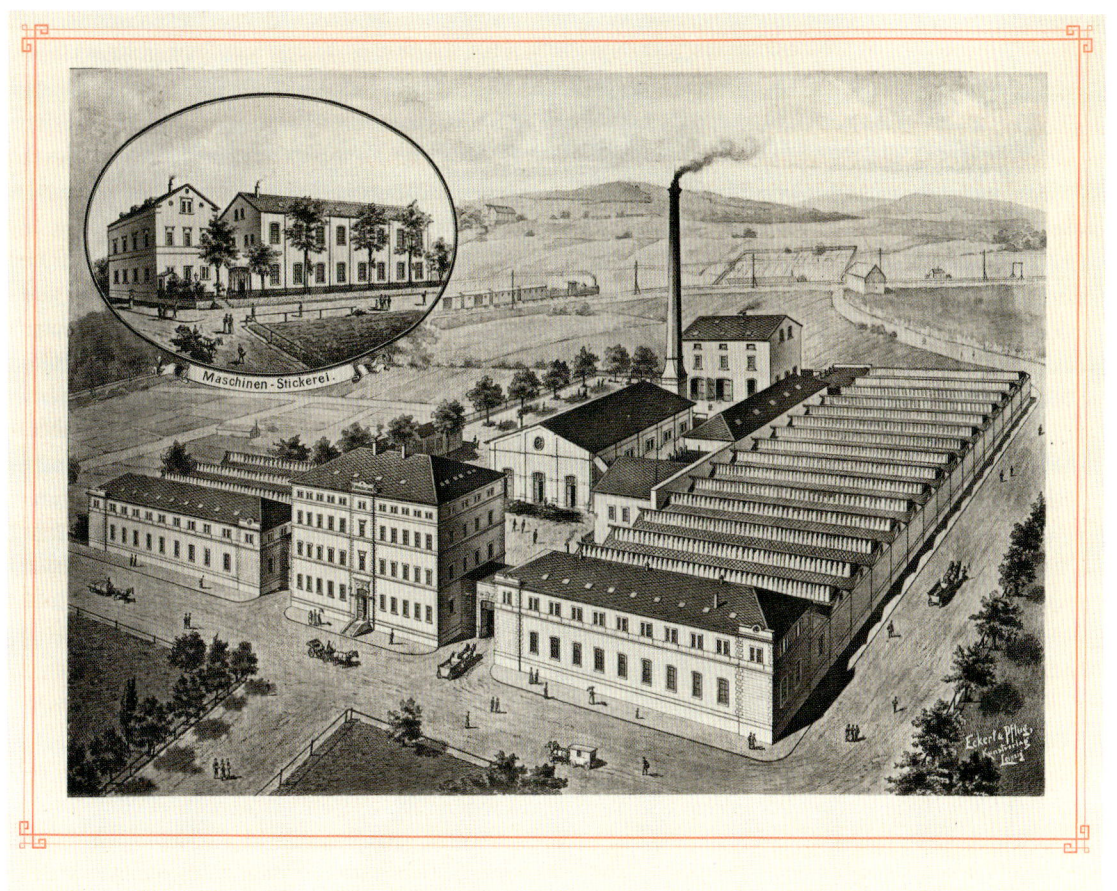

F. L. Böhler & Sohn, Plauen, Vogtl.
Mechanische und Handweberei, Hand- und Maschinenstickerei, Konfektion. (Gegründet 1795.)

F. L. Böhler & Sohn,
Mechanische und
Handweberei, Hand- und
Maschinenstickerei,
Konfektion, Brüderstraße 2
Die Groß-Industrie 1893

Zu den Unternehmen, die sich frühzeitig der Maschinenstickerei zuwandten, zählte vor allem die Firma F. L. Böhler & Sohn. Böhler – ein altes Kaufmannsgeschlecht, bei dem mit der Firma die merkantilen und technischen Fähigkeiten sich forterbten vom Vater auf den Sohn, vom Sohn auf den Enkel. Es gehörte zu jenen, die mit sicherem Blick das Treiben des Weltmarkts überschauten, den Zeitströmungen in Handel und Wandel zu folgen vermochten, und – kaufmännisch universell veranlagt – in jeder Branche heimisch wurden, beim Aufkommen neuer Industriezweige aber als Pioniere bahnbrechend vorangingen. Der Begründer des Hauses war Friedrich Ludwig Böhler aus Frankfurt am Main, der vom Jahr 1826 an, in dem sein Sohn Christian Böhler als Teilhaber eintrat, als F. L. Böhler & Sohn firmierte. Nach dem Tod Christian Böhlers ging das Geschäft 1866 an dessen drei Söhne über. Bis 1878 bewirtschafteten es dieselben gemeinsam. Seit 1887 führte Julius Böhler mit seinem Sohn Hermann, dem bisherigen Prokuristen, die Firma weiter. Die Firma F. L. Böhler & Sohn fabrizierte im Laufe der Zeit die mannigfaltigsten Artikel sowohl in Hand- und später Maschinenstickerei, als auch in Langwaren auf Hand- und – seit 1866 – auf mechanischem Wege. Mitte der 1890er-Jahre waren im Etablissement von F. L. Böhler & Sohn drei Dampfkessel aufgestellt, die eine 80-PS-Zwillingsmaschine mit doppelter Kondensation bedienten. In einem großen, modernen Websaal befanden sich 320 Webstühle in Tätigkeit, außerdem noch Vorbereitungsmaschinen neuester Konstruktion. Im geschlossenen Etablissement waren rund 300 Arbeiter und Arbeiterinnen, außer Haus mindestens die gleiche Anzahl beschäftigt.

Bereits 1867 ist die Existenz sogenannter Lohnsticker erstmals aktenkundig. Man darf sie zunächst wohl in den Reihen selbstständiger Handweber vermuten, die, den Niedergang ihres bisherigen Hausgewerbes vor Augen, ihre Ersparnisse riskierten, um eine Stickmaschine anzuschaffen. Die Stickmaschinenhersteller erleichterten mit der Zeit durch die Gewährung von Ratenzahlungen den kleinen Stickern die Maschinenbeschaffung und trugen damit zur Vermehrung des Maschinenbestands bei. Auf diese Weise bemächtigte sich, wie es in der Schweiz schon zuvor geschehen war, auch in Plauen und im Vogtland das Hausgewerbe der neuen Maschine.

Der Status der »Hausindustriellen«, als lohnabhängig Beschäftigte, konnte sozioökonomisch ambivalent sein, sofern sich Maschinen, Anlagen und Liegenschaften in ihrem persönlichen Besitz befanden – eine sehr häufig auftretende Konstellation. Um die Stickmaschine in der lohngewerblichen Hausindustrie über Anfänge hinaus – in der Breite – einzusetzen, bedurfte es allerdings des äußeren Anstoßes. Diese Anschubfunktion mögen die Zahlungen besessen haben, die Frankreich

1826

Herausbildung von Gewerbe und Industrie

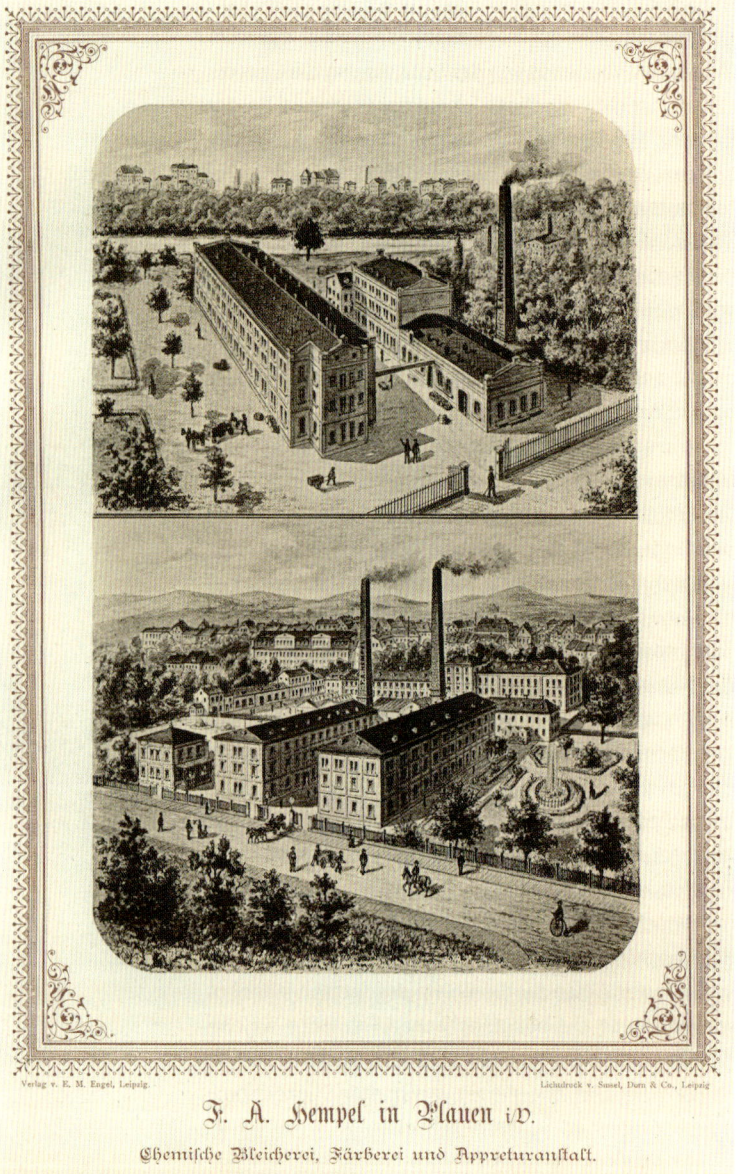

F. A. Hempel, Chemische Bleicherei, Färberei und Appreturanstalt, Am Mühlgraben 17 (oberes Bild) und Hofwiesenstraße 24 (unteres Bild)
Die Groß-Industrie 1892

Ätzspitze jene entscheidende Technologie zur Entfaltung, mit der die Herstellung jeglicher Art von Spitzen und mit Einführung des Stickautomaten zudem in jeder Größenordnung möglich wurde: Mit Beherrschung der als Trocken- beziehungsweise Nass-Ätze bezeichneten, modernen Chemo-Technologien gelang es, auch die Spitzen des 17. Jahrhunderts nachzuahmen, bei denen überhaupt kein Stoff als Grundlage vorhanden ist, die italienischen Nadelspitzen. Der vom Schweizer Ingenieur J. A. Gröbli entwickelte Stickautomat, 1902 eingeführt, erlaubte einen weiteren erheblichen Produktivitätsschub: Er ersetzte den Sticker am Pantografen! Die Disqualifizierung eines ganzen Berufsstandes war die Folge und erwies sich als Kehrseite der gewonnenen Produktivität. Und: Die Automatenstickmaschine erleichterte weniger Qualifizierten oder gar Quereinsteigern den Zugang zur Stickerei- und Spitzenfertigung.

Neben der Nachahmung der klassischen Vorbilder – die Museen wurden durchstöbert, Jahrhunderte alte, edle Spitzenschätze ans Tageslicht gezogen – kamen Kombinationen in Mode. Man vereinigte verwandte oder entgegengesetzte Spitzenarten. Spitzen, die in der Zeit und dem Raum nach weit auseinanderlagen, wurden in der Maschinenspitze in schöner Harmonie als ein prächtiges Ganzes wiedergegeben. Ebenso wie in der Architektur des späten 19. Jahrhunderts beschritt auch die Spitzen- und Stickereiherstellung in ihrer Musterung nach der Nachahmung der »reinen Stile« den Weg des Eklektizismus und Manierismus.

Das 1884 von Wilhelm Berkling gegründete Unternehmen zur Fertigung gestickter Spitzen richtete sein Hauptaugenmerk auf die Herstellung möglichst getreuer Imitationen alter echter Handspitzen wie Point de Venise, Irish Point, Point de Gaze. Die Fabrikate der Firma – Nachahmungen der »reinen Stile« – galten mit als die besten, welche in der Branche geschaffen wurden, sowohl in technischer als auch künstlerischer Ausführung. Damit gelangte das Unternehmen in verhältnismäßig kurzer Zeit zu hohem Ansehen. Seine Erzeugnisse fanden besonders großen Absatz in Frankreich und den Vereinigten Staaten von Amerika.

Die gestickte Spitze erzeugende Industrie war zunächst in Gänze und aufs Engste mit der vogtländischen Konfektion verbunden, die etwa ein Drittel der insgesamt produzierten Spitze für Kragen, Blusen, Blusenpassen, Spitzenschleifen, Jabots, Babyartikel, Frauen- und Kinderkleider und sowie elegante Spitzenroben und Blusen verwertete.

niger als 306 827 Kilogramm, also 96,5 Prozent, in den Handelskammerbezirk Plauen gingen.

Innerhalb von nur kurzer Zeit trat eine – unausweichliche – Überproduktionskrise verbunden mit Qualitätsverlust ein, die erst 1888 endgültig überwunden werden konnte. Fabrikanten versuchten mangels Nachfrage und stockendem Absatz durch die Produktion minderwertiger, wohlfeiler Massenware abzuhelfen. Als auch die Qualität der neuen gestickten Tüllspitze verfiel, wandten sich die Importeure von diesem Produkt für eine Zeitlang ab. Das Exportgeschäft wurde in anderen Artikeln ebenfalls fast vollständig lahmgelegt, weil die Schweizer Konkurrenz in Sachsen Filialen gründete, die große Mengen Maschinenstickereien gegen Lohn im Vogtland herstellten und dann in die USA, England und Frankreich exportierten.

Als sich um 1888 die schmerzhafte »Selbstreinigung« der Stickereibranche vollzogen hatte, begann die Modewelt, sich auch wieder für Tüllspitze zu interessieren. In der Situation wirtschaftlichen Wiederaufschwungs kam 1888 mit Einführung der sogenannten

Die stürmische Entfaltung der Stickerei- und Spitzenbranche

Auf dem breiten Hang rechts der Bahnhofstraße sollte das neue große Stickereizentrum Plauens entstehen. Schon waren die Rähnis- und Kaiser-, die Tischer-, Leißner- und Schildstraße angelegt, in denen sich binnen kurzer Zeit junge aufstrebende Firmen ansiedelten. Damit erweiterte sich der bisherige Kern der Plauener

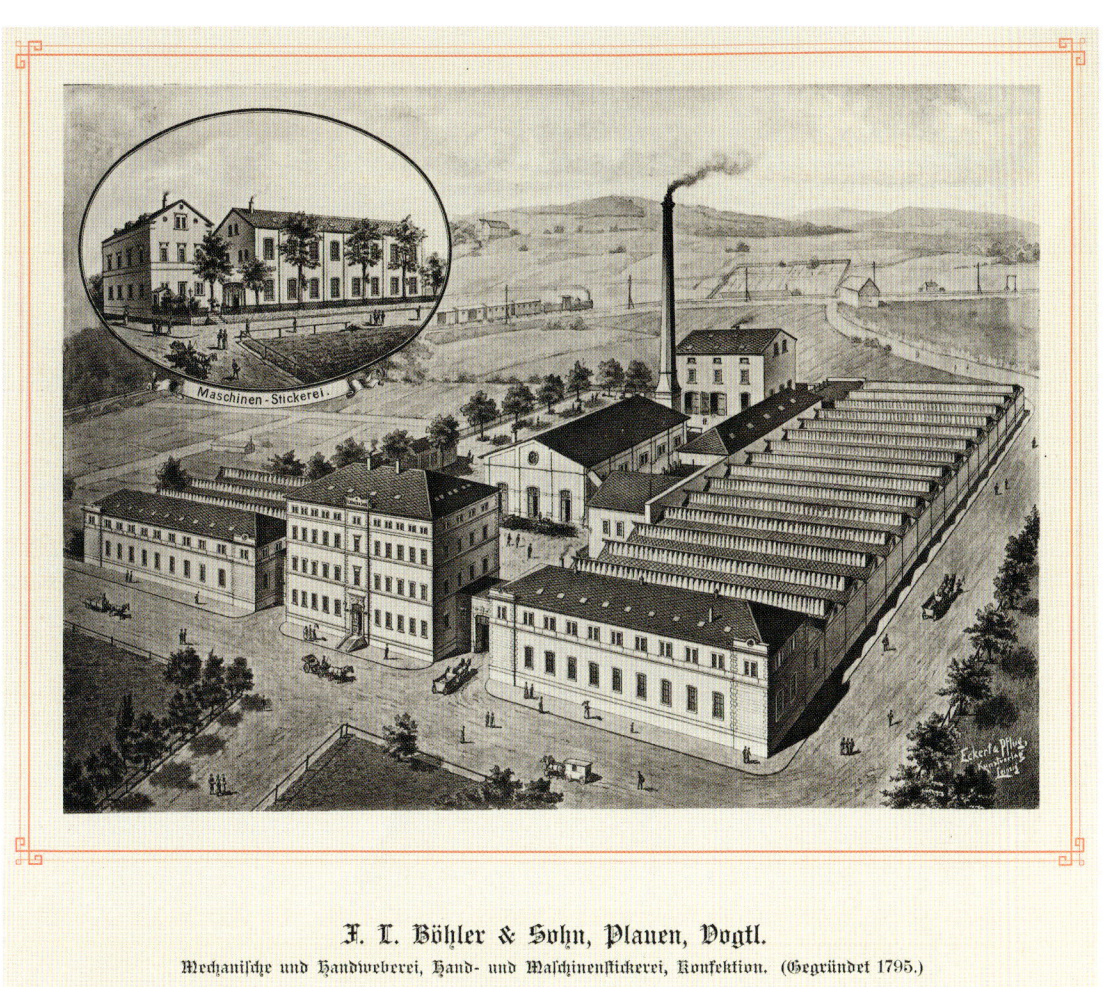

F. L. Böhler & Sohn, Plauen, Vogtl.
Mechanische und Handweberei, Hand- und Maschinenstickerei, Konfektion. (Gegründet 1795.)

③
F. L. Böhler & Sohn,
Mechanische und
Handweberei, Hand- und
Maschinenstickerei,
Konfektion, Brüderstraße 2
Die Groß-Industrie 1893

Zu den Unternehmen, die sich frühzeitig der Maschinenstickerei zuwandten, zählte vor allem die Firma F. L. Böhler & Sohn. Böhler – ein altes Kaufmannsgeschlecht, bei dem mit der Firma die merkantilen und technischen Fähigkeiten sich forterbten vom Vater auf den Sohn, vom Sohn auf den Enkel. Es gehörte zu jenen, die mit sicherem Blick das Treiben des Weltmarkts überschauten, den Zeitströmungen in Handel und Wandel zu folgen vermochten, und – kaufmännisch universell veranlagt – in jeder Branche heimisch wurden, beim Aufkommen neuer Industriezweige aber als Pioniere bahnbrechend vorangingen. Der Begründer des Hauses war Friedrich Ludwig Böhler aus Frankfurt am Main, der vom Jahr 1826 an, in dem sein Sohn Christian Böhler als Teilhaber eintrat, als F. L. Böhler & Sohn firmierte. Nach dem Tod Christian Böhlers ging das Geschäft 1866 an dessen drei Söhne über. Bis 1878 bewirtschafteten es dieselben gemeinsam. Seit 1887 führte Julius Böhler mit seinem Sohn Hermann, dem bisherigen Prokuristen, die Firma weiter. Die Firma F. L. Böhler & Sohn fabrizierte im Laufe der Zeit die mannigfaltigsten Artikel sowohl in Hand- und später Maschinenstickerei, als auch in Langwaren auf Hand- und – seit 1866 – auf mechanischem Wege. Mitte der 1890er-Jahre waren im Etablissement von F. L. Böhler & Sohn drei Dampfkessel aufgestellt, die eine 80-PS-Zwillingsmaschine mit doppelter Kondensation bedienten. In einem großen, modernen Webssaal befanden sich 320 Webstühle in Tätigkeit, außerdem noch Vorbereitungsmaschinen neuester Konstruktion. Im geschlossenen Etablissement waren rund 300 Arbeiter und Arbeiterinnen, außer Haus mindestens die gleiche Anzahl beschäftigt.

Bereits 1867 ist die Existenz sogenannter Lohnsticker erstmals aktenkundig. Man darf sie zunächst wohl in den Reihen selbstständiger Handweber vermuten, die, den Niedergang ihres bisherigen Hausgewerbes vor Augen, ihre Ersparnisse riskierten, um eine Stickmaschine anzuschaffen. Die Stickmaschinenhersteller erleichterten mit der Zeit durch die Gewährung von Ratenzahlungen den kleinen Stickern die Maschinenbeschaffung und trugen damit zur Vermehrung des Maschinenbestands bei. Auf diese Weise bemächtigte sich, wie es in der Schweiz schon zuvor geschehen war, auch in Plauen und im Vogtland das Hausgewerbe der neuen Maschine.

Der Status der »Hausindustriellen«, als lohnabhängig Beschäftigte, konnte sozioökonomisch ambivalent sein, sofern sich Maschinen, Anlagen und Liegenschaften in ihrem persönlichen Besitz befanden – eine sehr häufig auftretende Konstellation. Um die Stickmaschine in der lohngewerblichen Hausindustrie über Anfänge hinaus – in der Breite – einzusetzen, bedurfte es allerdings des äußeren Anstoßes. Diese Anschubfunktion mögen die Zahlungen besessen haben, die Frankreich

1826

Herausbildung von Gewerbe und Industrie 175

an das Deutsche Reich nach dem verlorenen Krieg 1870/71 leisten musste. Der finanzielle Impuls brachte zunächst einmal Schwung in die mechanische Stickerei des Vogtlands und bewirkte beziehungsweise begünstigte eine starke Vermehrung des Maschinenbestands. 1871 existierten bereits 32 Betriebe, die über mehr als drei Maschinen verfügten, während die Zahl der Lohnstickereibetriebe, die nur eine bis zwei Maschinen besaßen, schon 141 betrug. Die Domäne der Handmaschinenstickerei, die vorwiegend von Lohnstickern in hausindustriellen Kleinbetrieben praktiziert wurde, war die Wäsche- oder Weißstickerei, bei der Stickerei und Konfektion noch eine Einheit bildeten.

Ironie der Geschichte: Mit dem Ende des Kaisertums in Frankreich ging der europäischen Modewelt das bisherige ultimative Vorbild verloren: Eugénie de Montijo, die Gattin von Kaiser Napoleon III. Die Loslösung der Damenmode vom höfischen Vorbild nahm ihren Lauf. Rund 40 Jahre später sollte vor allem dieser Paradigmenwechsel die vogtländische Stickerei- und Spitzenindustrie in eine tiefe und umfassende Krise stürzen.

Dieser »Gründerzeit« folgte 1873 auch in der Stickereibranche der große »Gründerkrach«. Diese erste schwere Krise im Zeitalter der mechanischen Stickerei wurde durch eine Erscheinung verschärft, die in allen folgenden Zeiten schlechten Geschäftsganges ebenfalls als »hausgemachtes«, der Branche immanentes, Problem auftrat: Lohnsticker begannen um 1873 in Ermangelung von Stickaufträgen seitens ihrer Verleger kurzerhand, auf eigene Faust zu fabrizieren. Sie vermehrten damit den bereits bestehenden Warenüberhang mit Produkten, die sie mit Preisen zum Verkauf brachten, die jeder gewissenhaften Kalkulation entbehrten und eine völlig unvernünftige Konkurrenz darstellten. In dieser Erscheinung lag der wohl am schwersten wiegende Nachteil der stark hausindustriell geprägten Struktur in der Stickereiindustrie mit ihrer Unzahl kleiner (schein-)selbstständiger Betriebe. Dieser eine, wenngleich wesentliche strukturelle Nachteil wurde in Kauf genommen, weil für die Branche die Vorteile dieser Struktur schwerer wogen. Unübertroffen war der Nutzen des neuen Standes der Lohnsticker für die Fabrikanten, die nicht selten nur Verleger waren: Fabrikanten und Verlegern wurde es leicht gemacht, die Produktion kurzfristig auszudehnen oder einzuschränken, wodurch Anlage- und Betriebskapital gespart und das wirtschaftliche Risiko auf viele Schultern verteilt wurden. Diese Form der Risikoverteilung blieb der Mode- und Saisonindustrie mit starker Exportorientierung stets immanent. Der Hausindustrielle nämlich trug die Folgen einer beschäftigungslosen Zeit. In Konjunkturzeiten konnte es aber kaum jemand in Hinblick auf Verdienstmöglichkeiten, auf Risikofreudigkeit und Risikogefährdung, auf Flexibilität und Rücksichtslosigkeit gegenüber sich selbst, mit den selbstständigen Lohnstickern aufnehmen. Ihre Ausbreitung war der entscheidende Grund, weshalb in Plauen die stark kleinbürgerliche Prägung der Bevölkerungsstruktur des 19. Jahrhunderts nicht nur erhalten blieb, sondern sich vertiefen konnte und für das Kleinbürgertum typische Wertvorstellungen reproduziert wurden, welche maßgeblich das gesellschaftliche Milieu in der Stadt prägten.

Getragen vom Zeitgeist und von der Mode in dem von Anton von Lutterotti eingeschätzten »Jahrhundert der Nachahmung« breitete sich die Maschinenstickerei unablässig in Plauen und weiten Teilen des Vogtlands, Ostthüringens und im Westerzgebirge aus. Hierbei verdrängte sie nach und nach die Weberei als traditionellen textilen Haupterwerbszweig, in der zeitgleich – nach zähem Ringen – die Maschine über die Hand obsiegte, um schließlich selbst, und zwar von der Maschinenstickerei besiegt zu werden. Etwa fünf Jahre nach Einführung der Maschinenstickerei hatte im Oktober 1863 in Plauen die erste mechanische Weberei eröffnet. 1866 erschien der mechanisch betriebene Jacquard-Webstuhl. Damit war im branchentinternen Wettbewerb das Schicksal der traditionellen Handweberei endgültig besiegelt. Während 1872 in Plauen noch 1274 Handwebstühle betrieben wurden, waren es 1880 nur noch 204. 1860 zählte man in Plauen etwa 700 zünftige Weber-

Textilbranchen/Firmen	1872	1889
Fabrikgeschäfte für glatte und brochierte Baumwollwaren, Gardinen und Webereien, Stickereien und konfektionierte Weißwaren	139	232
Mechanische Baumwollwebereien (darunter drei Webereien für englische Gardinen)	6	7
Bleichereien mit Färberei und Appretur	13	12
Färbereien	8	5
Zwirnereien mit zusammen 11 845 (1872: 2 999) Spindeln	6	5
Bandfabrik	–	1
Sengereien	4	2
Handwebstühle insbesondere für Mulls	1274	97
Maschinenstickereien (einschl. Lohnstickerei)	167	600
Hand- und		3 000
Schiffchenstickmaschinen		240

Vergleichende Angaben 1872 und 1889 zur Entwicklung der Textilbranche in Plauen

meister, also einen Webmeister auf 23 Einwohner. 1880 waren es bei verdoppelter Einwohnerzahl nur noch 294 Meister, also weniger als ein Viertel in zwei Dekaden. Beschäftigungslos gewordene Webermeister und Söhne von solchen legten ihre Kapitalien in den neuen Maschinen an und erlernten das Sticken. 1899 fanden allein in Plauen, das damals 73 000 Einwohner zählte, über 6000 Menschen in der mechanischen Stickerei Beschäftigung. 1902 erfassten statistische Erhebungen in Plauen 3 279 Hand- sowie 4 423 Schiffchenstickmaschinen, von denen 603 hochmoderne Automatenstickmaschinen waren. 1910 standen bereits 6 000 Schiffchenstickmaschinen mit einem Anschaffungswert von über 20 Millionen Mark zur Verfügung. In Plauen und dem Vogtland war binnen weniger Jahre eine ganz neue Industrie mit wirtschaftlicher Bedeutung für das Königreich Sachsen und für das Deutsche Reich entstanden, die im letzten Drittel des 19. Jahrhunderts eine ungeahnte Blüte erlebte und Weltgeltung erlangte.

Historismus als Triebfeder für die gestickte Spitze

Wichtigste Triebfeder für Ausbreitung, Aufschwung und Blüte der mechanischen Stickerei war die anhaltend hohe Nachfrage gestickter Artikel vogtländischer Provenienz im In- und Ausland. Die stetige Nachfrage nach Stickereien und den später hinzutretenden Spitzenartikeln erklärt sich schlüssig aus den Besonderheiten des menschlichen Schmuckbedürfnisses im gesamten 19. Jahrhundert, das sich bis zur Ausprägung des Jugendstils an historischen Vorbildern orientierte. Diese als »Historismus« bezeichnete europäische und außereuropäische Stilerscheinung öffnete Märkte in Europa und Übersee für historisierende Produkte aus Plauen und dem Vogtland. Der historisierende Stil fand in der Spitze ein weiteres geeignetes und lohnendes Betätigungsfeld. War das Bestreben der Stickereibranche – ganz im Einklang mit dem vorherrschenden Zeitgeist – zunächst dahin gegangen, alte kunstvolle Stickereien auf der Maschine nachzuahmen, so schaltete sich die Stickmaschine nun in die Spitzenfertigung ein. Von allen Maschinen, die sich an diesem komplizierten Textilerzeugnis versuchten, sollte sie der gefährlichste Konkurrent für die Handarbeit werden. Weder der Spitzenwebstuhl noch die Klöppelmaschine entwickelten eine solche Vielseitigkeit und Anpassungsfähigkeit in der Wiedergabe alter und in der Schaffung neuer Spitzengenres, wie die Heilmann-Gröblische Maschine. Herausforderungen des Marktes – zuletzt durch die regelrechte Renaissance der Spitze – begegnete die mechanische Stickerei mit Erfindergeist, technischer Innovation und unternehmerischem Mut.

Das Jahr 1881 markierte eine wesentliche Zäsur in der Geschichte der vogtländischen Stickereiindustrie, als es in Plauen gelang, von den Stickereien auf dichtem Grund zu solchen überzugehen, bei denen ein bereits durchbrochener Stoff – glatter Tüll – die Grundlage für die Stickerei bildete. Damit gelang in fabrikationstechnischer Hinsicht der entscheidende Schritt zur Loslösung des Vogtlands von der Schweiz und die Emanzipation zum gleichwertigen Produktionsstandort. Bei der Entwicklung und Vermarktung der »gestickten Tüllspitze«, die Imitationen der Handspitzen des 18. Jahrhunderts möglich machte, erwarb sich der Unternehmer Theodor Bickel (1837–1903) bleibende Verdienste, neben Fedor Schnorr die zweite Persönlichkeit mit herausragender Bedeutung für die Entwicklung der Stickerei- und Spitzenindustrie. Die gestickte Tüllspitze entwickelte sich unter der Bezeichnung »Dentelles de Saxe« oder »Saxon Laces« zum Exportschlager.

In diesem Zusammenhang verdient die Firma F. A. Mammen & Co. besondere Erwähnung. Sie wurde 1838 von Franz August Mammen und Robert Hermann Ulbricht begründet. Letzterer trat im Jahr 1859 aus, und M. H. Mammen, der Bruder des bisherigen Mitbesitzers, trat an seine Stelle. 1871 wurden dann Enno Mammen, der Sohn, sowie Theodor Bickel, der Schwiegersohn von F. A. Mammen, als Teilhaber in die Firma aufgenommen. Die beiden neu Eingetretenen arbeiteten mit den bisherigen Besitzern gemeinschaftlich bis zum Jahr 1884 und führten von da ab nach deren Austritt das Geschäft allein weiter. Ende 1889 zogen auch sie sich ins Privatleben zurück, und die Firma ging in den Besitz von Th. Wild, dem Schwiegersohn von M. H. Mammen über, der jedoch bereits im Mai 1891 verstarb. Danach wurde das Geschäft unter der alten Firmenbezeichnung in unveränderter Weise für die Witwe des letzten Inhabers weitergeführt. Die hauptsächlichen Fabrikate, welche die Firma F. A. Mammen & Co. erzeugte, waren gestickte Spitzen jeder Art, alle hiermit verwandten Stickereiprodukte sowie Hand-Spachtel-Artikel.

Die Manufaktur beschäftigte Mitte der 1890er-Jahre durchschnittlich 250 Arbeiter und Arbeiterinnen und hatte 35 Handstickmaschinen in Betrieb. Als Rohmaterialien wurden ausschließlich Baumwolle und Seide benutzt. Europa sowie Amerika bildeten die wichtigsten Absatzgebiete der Firma, die indes auch in allen übrigen Weltteilen umfangreiche Geschäfte betrieb.

Im Sog des neuen Aufschwungs erfolgte 1883 in vier vogtländischen Orten die Aufstellung von 33 in ihrer Anschaffung teuren Schiffchenstickmaschinen, die der Schweizer Ingenieur Isaak Gröbli (1822–1917) 1863 erfunden hatte. Die neuen Maschinen, die seit 1884 auch in Plauen hergestellt wurden, ließen die Produktivität bis um das Sechsfache hochschnellen. Die Produktion nahm daraufhin einen derartigen Aufschwung, dass innerhalb von drei Jahren ebenso viele neue Stickmaschinen (2 358) aufgestellt wurden wie in den 24 Jahren seit Aufnahme der mechanischen Stickerei 1858. Der Preis des als Stickgrund benötigten englischen Tülls stieg allein von August 1880 bis August 1881 auf 400 Prozent. Wie gewaltig der Tüllbedarf der einheimischen Stickereiindustrie war, geht daraus hervor, dass von der gesamten Tülleinfuhr ins deutsche Zollgebiet, die 1886 317 800 Kilogramm betrug, inmitten der Krise nicht we-

④
F. A. Hempel, Chemische Bleicherei, Färberei und Appreturanstalt, Am Mühlgraben 17 (oberes Bild) und Hofwiesenstraße 24 (unteres Bild)
Die Groß-Industrie 1892

Ätzspitze jene entscheidende Technologie zur Entfaltung, mit der die Herstellung jeglicher Art von Spitzen und mit Einführung des Stickautomaten zudem in jeder Größenordnung möglich wurde: Mit Beherrschung der als Trocken- beziehungsweise Nass-Ätze bezeichneten, modernen Chemo-Technologien gelang es, auch die Spitzen des 17. Jahrhunderts nachzuahmen, bei denen überhaupt kein Stoff als Grundlage vorhanden ist, die italienischen Nadelspitzen. Der vom Schweizer Ingenieur J. A. Gröbli entwickelte Stickautomat, 1902 eingeführt, erlaubte einen weiteren erheblichen Produktivitätsschub: Er ersetzte den Sticker am Pantografen! Die Disqualifizierung eines ganzen Berufsstandes war die Folge und erwies sich als Kehrseite der gewonnenen Produktivität. Und: Die Automatenstickmaschine erleichterte weniger Qualifizierten oder gar Quereinsteigern den Zugang zur Stickerei- und Spitzenfertigung.

Neben der Nachahmung der klassischen Vorbilder – die Museen wurden durchstöbert, Jahrhunderte alte, edle Spitzenschätze ans Tageslicht gezogen – kamen Kombinationen in Mode. Man vereinigte verwandte oder entgegengesetzte Spitzenarten. Spitzen, die in der Zeit und dem Raum nach weit auseinanderlagen, wurden in der Maschinenspitze in schöner Harmonie als ein prächtiges Ganzes wiedergegeben. Ebenso wie in der Architektur des späten 19. Jahrhunderts beschritt auch die Spitzen- und Stickereiherstellung in ihrer Musterung nach der Nachahmung der »reinen Stile« den Weg des Eklektizismus und Manierismus.

Das 1884 von Wilhelm Berkling gegründete Unternehmen zur Fertigung gestickter Spitzen richtete sein Hauptaugenmerk auf die Herstellung möglichst getreuer Imitationen alter echter Handspitzen wie Point de Venise, Irish Point, Point de Gaze. Die Fabrikate der Firma – Nachahmungen der »reinen Stile« – galten mit als die besten, welche in der Branche geschaffen wurden, sowohl in technischer als auch künstlerischer Ausführung. Damit gelangte das Unternehmen in verhältnismäßig kurzer Zeit zu hohem Ansehen. Seine Erzeugnisse fanden besonders großen Absatz in Frankreich und den Vereinigten Staaten von Amerika.

Die gestickte Spitze erzeugende Industrie war zunächst in Gänze und aufs Engste mit der vogtländischen Konfektion verbunden, die etwa ein Drittel der insgesamt produzierten Spitze für Kragen, Blusen, Blusenpassen, Spitzenschleifen, Jabots, Babyartikel, Frauen- und Kinderkleider und sowie elegante Spitzenroben und Blusen verwertete.

niger als 306 827 Kilogramm, also 96,5 Prozent, in den Handelskammerbezirk Plauen gingen.

Innerhalb von nur kurzer Zeit trat eine – unausweichliche – Überproduktionskrise verbunden mit Qualitätsverlust ein, die erst 1888 endgültig überwunden werden konnte. Fabrikanten versuchten mangels Nachfrage und stockendem Absatz durch die Produktion minderwertiger, wohlfeiler Massenware abzuhelfen. Als auch die Qualität der neuen gestickten Tüllspitze verfiel, wandten sich die Importeure von diesem Produkt für eine Zeitlang ab. Das Exportgeschäft wurde in anderen Artikeln ebenfalls fast vollständig lahmgelegt, weil die Schweizer Konkurrenz in Sachsen Filialen gründete, die große Mengen Maschinenstickereien gegen Lohn im Vogtland herstellten und dann in die USA, England und Frankreich exportierten.

Als sich um 1888 die schmerzhafte »Selbstreinigung« der Stickereibranche vollzogen hatte, begann die Modewelt, sich auch wieder für Tüllspitze zu interessieren. In der Situation wirtschaftlichen Wiederaufschwungs kam 1888 mit Einführung der sogenannten

Die stürmische Entfaltung der Stickerei- und Spitzenbranche

Auf dem breiten Hang rechts der Bahnhofstraße sollte das neue große Stickereizentrum Plauens entstehen. Schon waren die Rähnis- und Kaiser-, die Tischer-, Leißner- und Schildstraße angelegt, in denen sich binnen kurzer Zeit junge aufstrebende Firmen ansiedelten. Damit erweiterte sich der bisherige Kern der Plauener

Weißwarenindustrie, der sich um die Friedhof- (die spätere Reißiger Straße), die Linden-, Schloß-, Berg-, Wilhelm- und Heinrichstraße konzentriert hatte, während sich ein Teil um die West-, Reichs-, Gottschald-, Windmühlen- und Lützowstraße bildete und ein dritter bereits in der Gegend der unteren Neundorfer-, Burg-, Marien-, Straßberger und Gartenstraße bestand. Neue große Fabriken wurden erbaut.

Hauptsächlich durch das stürmische Wachstum der Stickerei- und Spitzenindustrie sahen sich die großen Ausrüster im Appreturviertel an den Ufern der Weißen Elster – Gebrüder Höppner, F. A. Hempel, Robert Zöbisch, Dr. A. Nietzsche, Gebr. Wolff und andere – Mitte der 1880er-Jahre veranlasst, ihre Kapazitäten bedeutend zu erweitern und weitläufige, vier- bis fünfstöckige Gebäude neu zu errichten.

Die Entwicklung der beiden Firmen F. A. Hempel sowie Robert Zöbisch soll im Folgenden exemplarisch und skizzenhaft umrissen werden: Die Gründung der Veredlungsanstalt durch Friedrich August Hempel datiert in das Jahr 1827. Erst nach und nach gelangte das Werk des Gründers zu seiner späteren Ausdehnung und Bedeutung. Mitte der 1890er-Jahre waren in der Fabrik sieben Dampfkessel mit 830 Quadratmetern Heizfläche aufgestellt, zu welchen vier Dampfmaschinen mit einer Leistung von insgesamt 100 PS gehörten. Außerdem waren verschiedene andere Hilfsmaschinen in Tätigkeit. Zum selben Zeitpunkt beschäftigte die Fabrik unter ihren Besitzern August und Richard Hempel circa 250 Arbeiter und Arbeiterinnen. Die Domänen der Fabrik waren die Bleicherei, Färberei und Appretur sämtlicher Erzeugnisse der Plauener und vogtländischen Weißwarenindustrie, und zwar von Stickereien, Spitzen, aller Art von Gardinen, Battisten, Mulls, Kongressen, Tarlatans, Futterstoffen, Tülls usw. Die ersten, zwischen 1830 und 1880 entstandenen, schon recht umfangreichen Gebäude wurden 1884 aufgrund glänzenden Geschäftsgangs durch Neubauten ergänzt, wodurch sich die Fabrik wesentlich erweiterte.

Im Jahr 1845 wurde die Firma von Robert Zöbisch unter den bescheidensten Verhältnissen in Lengenfeld i. V. gegründet. Dieser erwarb 1855 in Plauen ein eigenes Fabrikgrundstück, die damals noch sehr kleine Heynig'sche Appreturanstalt. Die Bleicherei und Appretur baumwollener Weißwaren wurden nunmehr in erweitertem Maße betrieben. Im Besitz eines nur ihm selbst bekannten vorzüglichen Apprets für Mull, erwarb sich Zöbisch bald einen großen Kundenkreis. Florierende Geschäfte veranlassten den Gründer 1862 dazu, ein größeres Fabrikgebäude zu errichten. Als sich später die französische Mullappretur mehr und mehr in Deutschland durchsetzte, stellte Robert Zöbisch seine Fabrikation sehr rasch auf diese Methode um. Der Erfolg war ein ganz außergewöhnlicher. Die Vermehrung der Aufträge war rapid und führte im Jahr 1872 zu der Notwendigkeit, noch eine neue große Fabrik zu erbauen. Die Zahl der Arbeiter stieg nach und nach auf circa 200 Personen. Nach Einführung des Schutzzolls in Deutschland nahm die Appretur englischer Tüllgardinen einen bedeutend größeren Umfang an. Um allen Anforderungen für diesen Artikel gerecht werden zu können, entschloss sich Robert Zöbisch im Jahr 1884, noch eine vollständig neue rotierende chemische Bleicherei und Appreturanstalt nach englischem System, verbunden mit einer Färberei baumwollener Waren, seinem bisherigen Fabrikbetrieb hinzuzufügen, sodass die Firma in den 1890er-Jahren über drei völlig selbstständige Bleichereien und Appreturanstalten verfügte. Damals war die Fabrik eine der größten ihrer Branche in ganz Sachsen; sie beschäftigte 70 männliche und 220 weibliche Arbeitskräfte.

In der Fabrik wurden baumwollene Waren gebleicht, gefärbt und appretiert. Hierzu kamen an Rohmaterialien zur Verwendung: Soda, Chlorkalk, Schwefelsäure, Seife, Kartoffelmehl, Dextrin, Talkum, Stärke, Gelatine, Anilin und Ultramarin usw. Die Fabrik verfügte über sieben Dampfkessel mit 380 Quadratmetern Heizfläche sowie drei Dampfmaschinen mit einer Leistung von zusammen 90 PS.

Ab den späten 1880er-Jahren erlebte die Spitzen- und Stickereibranche als Hauptindustriezweig im sächsischen Vogtland keine einschneidenden Krisen mehr. Wirtschaftliche Tiefstände zwischen 1873 und 1880, 1883 und 1888 waren entweder die Folge internationaler, die Exporte hemmender Entwicklungen, oder sie waren von der Branche maßgeblich selbst verursachte, modisches Desinteresse provozierende, temporäre Er-

1827

Auf der Weltausstellung 1900 ausgezeichnete Plauener Firmen

C. A. Jahn (außer Wettbewerb)

Grand Prix:
Plauen'sche Gesamtgruppe für Spitzen
J. G. Baumann
Wilhelm Berkling
C. R. Eichhorn
Klemm & Steger
Walther Poppitz
Schrage & Rössing
Johannes Singer
Unger & Eckardt
Voigtländer & Lesser
W. Weindler & Co.
J. Wild-Mammen & Co.

Goldene Medaille:
Blank & Co.
Gebr. Schindler

Silberne Medaille (auf Vorschlag der Firmen):
Wilhelm Berkling, 4 Mitarbeiter
G. A. Jahn, 4 Mitarbeiter
Johannes Singer, 2 Mitarbeiter
Unger & Eckardt, 1 Mitarbeiter
Voigtländer & Leser, 5 Mitarbeiter
J. Wild-Mammen & Co., 1 Mitarbeiter

⑤ Obwohl das Foto erst um 1912 aus Richtung Liebigstraße aufgenommen sein dürfte, bietet es einen einmaligen und panoramaartigen Überblick zur maßgeblichen Ausbreitung der industriellen Hauptstandorte Plauens im 19. Jahrhundert. Die Anhäufung der Fabrikschornsteine in der standortbegünstigten Talaue der Weißen Elster offenbart in eindrucksvoller Silhouette das das Stadtbild in vielen Jahrzehnten besonders prägende Ansiedlungsareal von Großbetrieben der Textilindustrie.
Vogtlandmuseum Plauen

scheinungen, die aber die Entwicklung der Industrie insgesamt nicht entscheidend zurückwerfen konnten.

1893 präsentierte sich die einheimische Stickerei- und Spitzenindustrie mit einer von Prof. Richard Hofmann gestalteten Kollektivausstellung auf der Weltausstellung in Chicago, die ehrende Anerkennung fand. Insbesondere die Produzenten aus Plauen, Eibenstock, Schönheide und dem vogtländischen Oelsnitz hatten wesentlich zum Erfolg beigetragen.

Um die Wende vom 19. zum 20. Jahrhundert schwang sich die Stickerei-, Spitzen- und Gardinenindustrie zur Höchstform auf. Ihre Erzeugnisse fanden auf der Weltausstellung 1900 in Paris mit der Verleihung eines Grand Prix sowie Gold- und Silbermedaillen für eine Sammelausstellung von 16 Plauener und zwei Falkensteiner Stickerei-, Spitzen- und Gardinenfirmen höchste internationale Anerkennung. Zu den mit Silbermedaillen Geehrten zählten auch Richard Schauer und Albert Forkel, beide Lehrer an der Königlichen Industrieschule Plauen, die von ihren ausgezeichneten Firmen vorgeschlagen worden waren. An diesem Erfolg hatte der 1888 gegründete Vogtländisch-Erzgebirgische Industrieverein zu Plauen wesentlichen Anteil. Sein Vorstand hatte geduldig und letztendlich erfolgreich unter den Firmen für eine Beteiligung an der Exposition geworben, sein Geschäftsführer Richard Hofmann realisierte sowohl die Gestaltung als auch die Leitung der Kollektivausstellung.

Im Sog der sich stürmisch entwickelnden Stickerei- und Spitzenindustrie entstanden neue Hilfsindustrien, bestehende passten sich den Bedürfnissen der Branche an und stellten sich in den Dienst der neuen Hauptindustrie. Mit der Vervielfachung des Bestands an Stickereifirmen ging eine so vielgliedrige Arbeitsteilung einher, dass infolge fortschreitender Spezialisierung ein Betrieb ohne die anderen Elemente gar nicht existieren konnte. Fabrikanten beziehungsweise Verleger sowie Zeichner, Sticker und Heimarbeiterinnen existierten in sensibler Symbiose. Sie bedurften ihrerseits vor- und nachgelagerte Dienstleister: Garnlieferanten, Stoffwebereien, Zwirnereien, Bobinen-Spulereien, Tüllfabriken, Bleicher, Färber, Appreteure, Ätzereien, Hersteller von Kartonagen und Transportunternehmen.

Aus den Gewinnen der erfolgreichen und deshalb immer stärker expandierenden Textilbranche flossen jährlich zwischen 100 und 140 Millionen Mark vor allem in ihr kommerzielles Zentrum Plauen, das neben zahlreichen Millionären eine in weiten Teilen zu materiellem Wohlstand gelangte Bevölkerung beherbergte. Ein Großteil der Gewinne waren Exporterlöse, denn zwei Drittel der Fertigung waren für ausländische Kunden bestimmt. Im Export Sachsens in die USA, die sich zum Hauptkunden der Stickerei- und Spitzenbranche entwickelt hatten, besetzte der Konsulatsbezirk Plauen bald die dritte Stelle hinter Leipzig und Chemnitz – Spitzen und Stickereien auf Baumwolle waren jahrelang nach Leipziger Rauchwaren Sachsens zweitwichtigstes Ausfuhrgut in die Vereinigten Staaten.

Über zweieinhalb Jahrzehnte relativer Stabilität, wirtschaftlichen Aufschwungs sowie außergewöhnlich verlockender Verdienstmöglichkeiten stimulierten immer neue Existenzgründungen. Arbeitskräfte aus anderen Industriezweigen wechselten in die Spitzen- und Stickereifertigung, sodass in Zeiten höchster Konjunktur in weniger qualitätsorientierten und daher auch weniger Verdienst versprechenden Gewerben akuter Arbeitskräftemangel herrschte. Dazu traf der herausragende Branchenchronist Willy Erhardt folgende Aussagen: »Nicht nur Fabrikanten und Lohnmaschinenbesitzer, nein, jeder, der irgendwie freies Kapital in den Fingern hatte, setzte auf die Stickmaschine. Gastwirte und Fleischer, Schlosser und Klempner, Kleinbauern, Kaufleute und Baumeister erwarben und stellten Maschinen auf […] Wie das ›neu Geschrei‹ von der Entdeckung eines ergiebigen Erzvorkommens einst die Bergleute von weither ins Gebirge rief, wie überraschende Goldfunde ein weltentrücktes Gebiet plötzlich zum Ziel aller Schatzgräber und Abenteurer machte, so setzte nun der glückliche Stern der Plauener Spitze von nah und fern eine wahre Völkerwanderung in Bewegung. Wo eine Industrie stockte, wo […] Arbeit und Verdienst ausfielen, wo jemand persönlich Unglück hatte, da bot sich als Rettung […] der Weg nach Plauen an. Viele, viele Tausende beschritten ihn. Sie kamen aus den benachbarten sächsischen Gebieten, kamen aus Thüringen, aus Bayern […] und sie kamen vor allem aus Böhmen. Die Brunnen-, Servier- und Zimmermädchen von Franzensbad, Karlsbad, Marienbad […] suchten für den Winter Unterschlupf und Erwerb im nahen Plauen. Es kamen Willkommene und Unwillkommene, solide und lockere Elemente, rechtschaffene Leute und Gauner.«

Die stark textil geprägte gewerbliche Struktur der Stadt verformte sich jedoch immer mehr zu einer Branchenmonostruktur, die von der Stickerei- und Spitzenindustrie und den ihr dienstbaren vor- und nachgelagerten Gewerben dominiert wurde. Die Abhängigkeit der städtischen und regionalen Hauptindustrie von den Launen der Mode – in der Überlagerung relativ beständiger und variabler, kurzzeitig wirkender Faktoren – bei gleichzeitiger hochgradiger Exportabhängigkeit wirkte sich somit in einem bestimmten historischen Zeitraum auch auf die großstädtische Entwicklung aus.

Die Entwicklung der übrigen Zweige der Plauener Textilindustrie

Das letzte Viertel des 19. Jahrhunderts war nicht nur für die Stickereien und Spitzen fertigende Hauptindustrie eine Zeit grandiosen Aufschwungs, sondern ebenso für Gardinenweberei, Näherei, Konfektion und die Herstellung von Bekleidung.

Albert Schädlich, Leopold Hartenstein und andere bauten neue, moderne Fabriken für die Herstellung von Gardinen und Dekostoffen auf. Sie stützten sich dabei auf Traditionen, die bis in die 1840er- und 1860er-Jahre zurückreichten: Um 1840 wurden in Plauen handgewebte Gardinen gefertigt. 1871/72 erlebten sie ihre Blütezeit: Nach dem Deutsch-Französischen Krieg fertigten rund 9 200 Personen – häufig Kleinunternehmer und Lohnweber – in hausindustrieller Form auf 1 274 Handwebstühlen (1872) Webgardinen. Die 1871 erfolgte »Verpflanzung« der englischen, maschinell gewebten Tüllgardine führte unweigerlich zum Niedergang der vogtländischen Handgardinenweberei. Um 1880 entstanden in Plauen Gardinenfabriken, moderne Webereien, die sich als konkurrenzfähig und krisenstabil erwiesen.

Exemplarisch für diesen Prozess steht die Entwicklung der 1880 gegründeten Gardinenfabrik Plauen AG. Sie war die älteste und zugleich größte für sogenannte englische Gardinen im Deutschen Reich. Ihr gebührt das große Verdienst, diesen Industriezweig, welcher Mitte der 1890er-Jahre im Königreich Sachsen mehrere Tausend Arbeiter mit guten Löhnen beschäftigte, in Deutschland eingeführt zu haben. Für den Betrieb, für Beleuchtung und Heizung waren vier Dampfkessel, drei Dampfmaschinen, eine Lokomobile und drei Dynamomaschinen vorhanden; auch unterhielt die Fabrik eine eigene Reparaturwerkstatt mit allen nötigen Hilfsmaschinen sowie eine Kistenfabrik mit Dampfbetrieb. Der Garnverbrauch betrug Mitte der 1890er-Jahre in zwei Betrieben pro Woche 14 000 bis 16 000 Pfund; täglich konnten 1 500 bis 2 000 Fenstergardinen von den billigsten bis zu den feinsten Qualitäten fertiggestellt werden. Infolge der großen Leistungsfähigkeit der Maschinen war die Zahl der Arbeiter im Verhältnis zur Produktion nur gering und betrug durchschnittlich 250 bis 300 Personen; außerdem waren noch etwa 50 kaufmännische und technische Beamte für die Firma tätig. Mit wenigen Unterbrechungen waren die zwei Betriebe seit ihrem Bestehen Tag und Nacht beschäftigt.

Ende des 19. Jahrhunderts entstand aus neuen Bedürfnissen heraus die gewebte Buntgardine. Das waren Gardinen aus gewebten, buntgemusterten Stoffen, die zu den in Mode gekommenen bunten Tapeten passten. 1864 wurden in Plauen Gardinen noch hausgewerblich tamburiert, das heißt Tüll in Handarbeit mit grobem Garn bestickt. Um 1870 verzeichnete die gestickte Gardine eine Hochkonjunktur, circa 1882 begann ihre Krise, um 1884 gänzlich von der Bildfläche zu verschwinden. Sie war schließlich der Konkurrenz der englischen gewebten Tüllgardine nicht gewachsen. Der sogenannten

1880

Spachtelgardine blieb dieses Schicksal erspart, weil sie als Luxusartikel die englische Konkurrenz nicht zu fürchten hatte. Für die Fertigung von Tüllen und Gardinen sowie Webspitzen wurden Bobinet-Maschinen mit hohem finanziellem Aufwand aus England importiert. Erst 1892 konnte man aus dem Abhängigkeitsverhältnis ausbrechen, als es der Maschinenfabrik Kappel in Chemnitz gelang, Tüllstühle zu bauen, auf denen marktfähige Ware hergestellt werden konnte.

Plauen war neben Chemnitz der Ausgangspunkt für die Baumwollweberei in Deutschland. 1863 erfolgte die Einführung der mechanischen Weberei in die Glattweberei. Diese verdränge nach und nach die Handweberei, was zur Freisetzung von Arbeitskräften führte, die jedoch wegen der besseren Verdienstaussichten häufig in die Stickerei- und Spitzenindustrie wechselten. Der mechanischen Weberei erwuchsen daraus latente Personalprobleme. Die Spinnerei, ein Gewerbe mit langer Tradition in Plauen und dem Vogtland, starb nach ständigem Rückgang 1882 endgültig aus. Hauptverantwortlich dafür war der Siegeszug der Stickerei- und Spitzenindustrie, die der Spinnerei die notwendigen Arbeitskräfte entzog.

Aus dem ständig zunehmenden Bedarf nach Stickmaschinengarnen entstand um 1860 die Zwirnerei. Ihre Entwicklung verlief in etwa parallel zu der in der Stickereiindustrie. Der Geschäftssitz dieser Industrie war Plauen, die Produktionsstätten indes befanden sich wegen niedrigerer Lohnkosten weit außerhalb, beispielsweise in Lemnitzhammer und in Oberfranken.

Wäscheherstellung war ein wesentlicher Zweig der Plauener Weißwarenindustrie und Domäne der Plattstichstickerei. Bis 1871 wurde die Maschinenstickerei ausschließlich in Verbindung mit Konfektion betrieben (Kragen, Blusen, Röcke, Schürzen). Um 1870/71 vollzog sich die Trennung in reine Stick- oder Konfektionsfirmen und in sogenannte Mischbetriebe. Die vogtländischen Produzenten arbeiteten von Anfang an für großstädtische Märkte und für den Export. Die Hersteller in Plauen spezialisierten sich auf Damenartikel, Hersteller in Auerbach, Rodewisch und Treuen fertigten Herrenartikel. Die zweite Stufe der Spezialisierung erfasste die einzelnen Betriebe, die sich fortan auf Details beschränkten oder auf die Herstellung modischer Artikel konzentrierten. Zum technischen Hauptinstrument dieser Branche avancierte die amerikanische Nähmaschine, was ideale Voraussetzungen für die intensive Einschaltung der Heimarbeit bot.

Wegen seiner herausragenden Bedeutung im Kontext der sächsischen Wirtschaft sei an dieser Stelle auf das Stickerei- und Konfektionsunternehmen Schrage & Roessing verwiesen. Schrage & Roessing gehörte Mitte der 1890er-Jahre insofern zu den führenden Firmen der sächsischen Großindustrie, als sie eine ganz neue Branche im Königreich Sachsen einbürgerte, die bis 1880, dem Gründungsjahr der Firma, nur in Paris und Berlin sesshaft war. Es war dies die Konfektion besserer Babyartikel, Kinderkleider und Damenschürzen, zu denen sich später noch Stickereien gesellten und durch deren Einführung für die im Niedergang begriffene Mullkonfektion Plauens rechtzeitig Ersatz geschaffen wurde. Den Begründern des jungen Geschäfts, Friedrich Hermann Schrage und Erich Roessing, gelang es, trotz der nur geringen Mittel, die ihnen anfangs zur Verfügung standen, durch Heranziehung und Ausbildung tüchtiger Arbeitskräfte den neuen Industriezweig der Pariser und Berliner Konkurrenz zuerst in Deutschland, später auch im Ausland bald ebenbürtig zu machen. Mitte der 1890er-Jahre galten die Artikel von Schrage & Roessing als die besten, die deutschlandweit überhaupt fabriziert wurden. Nachdem für dieselben Deutschland als Hauptabsatzgebiet gewonnen worden war, wurde zum Export

Gründungsjahr	Textilfirma
1795	F. L. Böhler & Sohn
1826	J. G. Heynig & Co., G. F. Schmidt
1830/31	Gebr. Zschweigert
1835	G. A. Jahn
1838	F. A. Mammen & Co.
1847	Schnorr & Steinhäuser
1851	Ludwig Köchel jun.
1860	F. W. Gritzner, F. D. Goesmann
1865	Listner & Buchheim
1869	Wilhelm Weindler & Co.
1871	Joh. Mammen, Arnold v. Schwarze, Grössel & Apitzsch
1872	Fiedler & Meutzner
1873	Walther Poppitz, Voigtländer & Lesser
1875	Friedrich Seidel
1876	Lehr & Zimmermann
1878	Hoffmann & Tröger, F. L. Wellner, Hüttel & Mehlbaum, Gebr. Gräf, Klemm & Steger
1880	A. L. Lorenz, Schrage & Rössing, Roßbach & Naumann
1883	Hoffmann & Magerhans, C. R. Eichhorn, Blanck & Co., Gebr. Ludwig
1884	Wilhelm Berkling
1885	Georg und Christian Denker, Max Allihn & Fulda
1886	Joh. Friedrich Egerland, Franz Geyer jun., E. R. Mauersberger, Martin & Götz, A. H. Meyer, A. Neuwinger & Co., Reis & Herz
1887	Richard Seidel & Co.
1888	Max Seydewitz, Johannes Singer
1899	Gebr. Teuscher, Höckner & Viehweg
1900	Gebr. Lay

Gründungsdaten ausgewählter Plauener Textilfirmen im Zeitraum von 1795 bis 1900

übergegangen, der sich vorwiegend auf England, Holland und Amerika erstreckte. Das florierende Unternehmen wurde Anfang der 1880er-Jahre aus dem Bahnhofstraßenviertel in das einstmalige alte Theater verlegt. Als sich auch dieses Domizil als zu klein erwies, mussten noch Nebenhäuser hinzu gemietet werden, sodass die Anlagen der Firma Mitte der 1890er-Jahre einen ganzen Komplex von Gebäuden beanspruchten, in denen 140 bis 160 Arbeiterinnen beschäftigt wurden und sich 85 Nähmaschinen, drei Schiffchenmaschinen, vier Handmaschinen und ein Gasmotor im Gange befanden. In Zeiten hoher Konjunktur beschäftigte die Firma, die als Rohprodukte hauptsächlich baumwollene, wollene und seidene Stoffe verarbeitete, außerdem noch 50 bis 70 Handstickmaschinen im Lohn außer Haus. Besondere Anerkennung fand eine für das Arbeiterpersonal bestimmte humanitäre Einrichtung der Firma. Diese hatte in Bad Elster eine Erholungsstation begründet, welche in den Sommermonaten ältere, bewährte Arbeiterinnen aufnahm und ihnen mithilfe des Entgegenkommens der Regierung Bäder und Wohnung gewährte.

Seit ältester Zeit waren Plauen und das Vogtland Hauptsitz des Ausrüstungsgewerbes. Bis zum Anfang des 19. Jahrhunderts befanden sich Produktion, Ausrüstung, Absatz und Geschäft in einer Hand. Erst danach erfolgte in einem ersten Schritt die Trennung von Produktion und Veredlung. In einem zweiten Schritt kam es zur Aufspaltung der Ausrüstung in Bleicherei, Färberei und Appretur zu selbstständigen Gewerben. Diese Spaltungsprozesse waren die unmittelbare Folge einer zunehmend höheren Spezialisierung in der Sphäre der Produktion. Zu den innovativsten Unternehmen des Ausrüstungsgewerbes zählte zweifellos die Firma Gebrüder Wolff, die sachsenweite Bedeutung zu erlangen vermochte. Ende 1865 nahmen die Brüder Carl Otto und Carl Hermann Wolff den Neubau einer Bleicherei und Appreturanstalt für Gardinen und feine glatte Waren in Betrieb. Die damit verbundene Einführung der französischen »Crêpe-lisse-Appret« für feine Musseline (Mulls) erfolgte zum wahren Segen für die Plauener Industrie. Bis zu dieser Zeit hatte Frankreich in diesem Artikel den deutschen Markt fest in den Händen, von welchem es jedoch durch die Einführung dieser Appretur vollständig verdrängt wurde. Die Artikel der glatten Mulls nahmen bald darauf einen nie geahnten großen Aufschwung, sodass die Fabrikation derselben mindestens verzehnfacht werden musste. Als später durch Modeschwenkung die glatten Mulls geringeren Absatz fanden, wurde dieser Ausfall durch Einführung von Frankreichs Monopol-Artikeln, den kouleurten Tarlatanen und dazu gehörigen verwandten weiteren kouleurten glatten Geweben, ersetzt, sodass es auch hierin vom deutschen Markt mit großem Erfolg verdrängt wurde. Dies bedingte die Aufnahme der Färberei. Im Jahr 1874 wurden die Bleiche und Appretur für Stickereien neu aufgenommen. Als später noch die gestickten Tüllspitzen aufkamen, welche die Firma Gebr. Wolff zuerst und lange Zeit in aller Stille für den Erfinder derselben gefärbt und appretiert hatte, wurden dieselben schließlich ihr hauptsächlicher Artikel. Die Firma führte mit großem Aufwand eine neuartige, kombinierte Bleichmethode ein, bei der die Ware in Strangform durch maschinelle Vorrichtungen gewaschen, gekocht und transportiert wurde. Hierdurch wurde ein ganzvorzügliches Weiß erzielt. Mit dieser Einrichtung stand die Firma noch in den 1890er-Jahren der Konkurrenz ganz allein gegenüber. Die seinerzeit aus England importierten Gardinen hat die Firma ebenfalls in Sachsen zuerst gebleicht und appretiert und später erfand Otto Wolff für gute schwere Qualitäten derselben den »Relief-Appret«. Im Jahr 1885 unternahm die Firma noch einen sehr bedeutenden Erweiterungsbau speziell für die Appretur der nunmehr in Sachsen selbst fabrizierten englischen Gardinen und führte gleichzeitig im ganzen Etablissement mit großem Erfolg die »Vacuumbleiche« ein.

Zwischen 1849 und 1899 war die Zahl der in der Plauener Textilindustrie Beschäftigten von 3 707 auf 11 531 gestiegen. Das entspricht einer relativen Zunahme von 211,1 Prozent oder einer durchschnittlichen jährlichen Zunahme von 4,22 Prozent.

Die Entwicklung industrieller und gewerblicher Unternehmen neben der Textilbranche

Gerd Kramer

Die Entstehung neuer Geschäftszweige in den ersten Dezennien des Jahrhunderts

Obwohl die traditionelle textile Fertigung auch die Beschäftigungsstruktur im 19. Jahrhundert eindeutig bestimmte, machten sich schon seit Ende der 20er-Jahre Anzeichen einer dauerhaften gewerblichen Angebotserweiterung bemerkbar, die mit dem Einwohnerzuwachs, der vorstädtischen Siedlungsausdehnung und dem technischen Fortschritt vor allem in der zweiten Jahrhunderthälfte zu zahlreichen Geschäftsgründungen ohne textile Ausrichtung führten. Diese traten aber häufig als branchenunterstützende Zulieferer in Erscheinung, so zum Beispiel von Werbedrucksachen, Schreibwaren, Kartonagen oder Versandkisten. Im zunehmenden Mechanisierungsprozess fokussierten sich auch neu entstandene Maschinenwerkstätten auf die Reparatur und den Bau von Textilmaschinen sowie von Anlagen für die Bleicherei, Färberei und Appretur. Zahlenmäßige Angaben zur Aufgliederung der Gewerbetreibenden für das Jahr 1843 durch den Stadtrat und für 1854 im ersten Plauener Adressbuch lassen erkennen, dass zu diesen Zeitpunkten eine beträchtliche Anzahl der nicht in der Textilbranche Beschäftigten als Handwerker beziehungsweise Handarbeiter tätig gewesen waren und somit die vorindustrielle Herstellungsweise vorherrschte. Dafür spricht auch der Umstand, dass es damals noch Gewerbetreibende gab, zum Beispiel Flaschner, Nadler, Beutler, Siebmacher, Riemer, Büch-

1865

⑥ Das Betriebsgelände der Hammer-Brauerei mit der 1858 zuerst entstandenen Mälzerei (kleines Bild)
Stadtarchiv Plauen

senmacher, Rußbrenner, die in der nachfolgenden Zeit fast nicht mehr oder unter anderen Bezeichnungen vorhanden waren. Für den Siedlungstyp als Ackerbürgerstadt war zudem charakteristisch, dass vor allem Handwerker und aus ländlichen Gegenden Zugezogene nebenberuflich noch Ackerbau und Viehzucht betrieben. So bewirtschaftete Johann Gottfried Spranger, der im Mai 1826 eine Schlosserei begründet hatte, mehrere Grundstücke an der alten Ausfallstraße nach Oberlosa zur landwirtschaftlichen Nutzung. Seine Werkstatt befand sich bis zum Stadtbrand von 1844 in der Endegasse und danach am Klostermarkt, die allerdings einer Fertigungsausweitung nicht genügte und 1871 in ein extra errichtetes Werkstattgebäude in der Blumenstraße verlegt wurde. Mit der zusätzlichen Anfertigung von Eisenkonstruktionen, darunter Brücken- und Tafelwaagen, hatte die Firma einen Fabrikcharakter erlangt, sodass sich Friedrich August Spranger in das 1861 geschaffene Handelsregister eintragen ließ. 1826 erfolgte durch Friedrich Ludwig Gräf die Gründung einer weiteren örtlichen Traditionsfirma, die zuerst ein Spirituosengeschäft eröffnete und sich nach dem Großbrand von 1859 in der Neustadt durch verschiedene Ankäufe und Sortimentserweiterungen (Weinbrennerei, Kaffeerösterei, Essig- und Senfherstellung) zu einer Großhandlung an der Syrastraße entwickelte.

Mit der Pianofabrik von Johann Gottlob Vogel und dem »Atelier für Maschinenbau« von Carl Friedrich Eisenreich entstanden 1828 zwei wegweisende Betriebe für eine vielseitigere Produktionsstruktur, wobei der Mechanikus C. F. Eisenreich durch das sehr umfangreiche Fertigungsangebot, welches 1843 immerhin 106 Einzelpositionen aufwies, als Pionier des Plauener Maschinenbaus betrachtet werden kann. Die Voraussetzungen für das Zustandekommen dieses breitgefächerten Leistungssortiments verschaffte sich der Maschinenbauer 1819/20 mit einem Kursus an der Gewerbeschule in Brüssel und nach 1822 mit seiner fachgerechten Ausbildung zum Monteur in der bedeutenden Spinnmaschinenfabrik Labord & Co. in Paris, durch die er zur Aufstellung entsprechender Maschinen in viele europäische Städte gesandt wurde, womit er bei seiner Firmengründung bereits einen herausragenden Erfahrungsschatz besaß, den er beispielgebend zu nutzen wusste. Eine seit 1841 bestehende Gerberei erweiterte Carl Tröger 1870 mit einer Dampfanlage zu einem Großbetrieb, und er konnte mit einem 1884 errichteten Fabrikgebäude die Lederverarbeitung so steigern, dass die Firma zum landesweit bedeutendsten Sohllederhersteller wurde.

Die Umwidmung vom Reiheschank zu absatzstärkeren Bierbrauereien

Ebenso wie das Gerben gehörte das Bierbrauen zu denjenigen traditionellen Betätigungsfeldern, die sich erfolgreich in die moderne Gewerbestruktur des 19. Jahrhunderts einpassten. Allerdings bot der althergebrachte Reiheschank nicht die Gewähr zur Absicherung des gestiegenen Bierbedarfs und zur Begrenzung der auswärtigen Konkurrenz, sodass am 1. Juli 1858 der Verzicht von 178 brauberechtigten Häusern auf das Reiheschankrecht erfolgte und der schon 1857 gebildete Actien-Brauverein die Errichtung einer Brauerei im Frühjahr 1858 im Syratal begann. Zum Gedeihen dieses Betriebs trugen die günstige Wasserbeschaffung, die vorhandene Möglichkeit zum Ausbau von Felsenkellern und die vorteilhafte Lage zum Bahnhof bei, auch wenn der 1859 geschaffene steile Verbindungsweg den Einsatz von größeren Ochsen- und Pferdegespannen erforderte. Außerdem wurde durch die neuzeitliche technische Ausstattung und die sich anbietende Geländeerweiterung der Grundstock zu einem sich industriell formierenden Unternehmen gelegt. Das Jahr 1858 markierte zugleich den Ausgangspunkt einer weiteren Brauerei durch den aus Rodau stammenden Wilhelm Friedrich Hammer, der an der seit 1854 bestehenden neuen Oelsnitzer Straße eine Mälzerei begründete und 1865/66 an der Brunnenstraße 15 ein Brauereigebäude errichten ließ, sodass 1857 die Hammer-Brauerei die

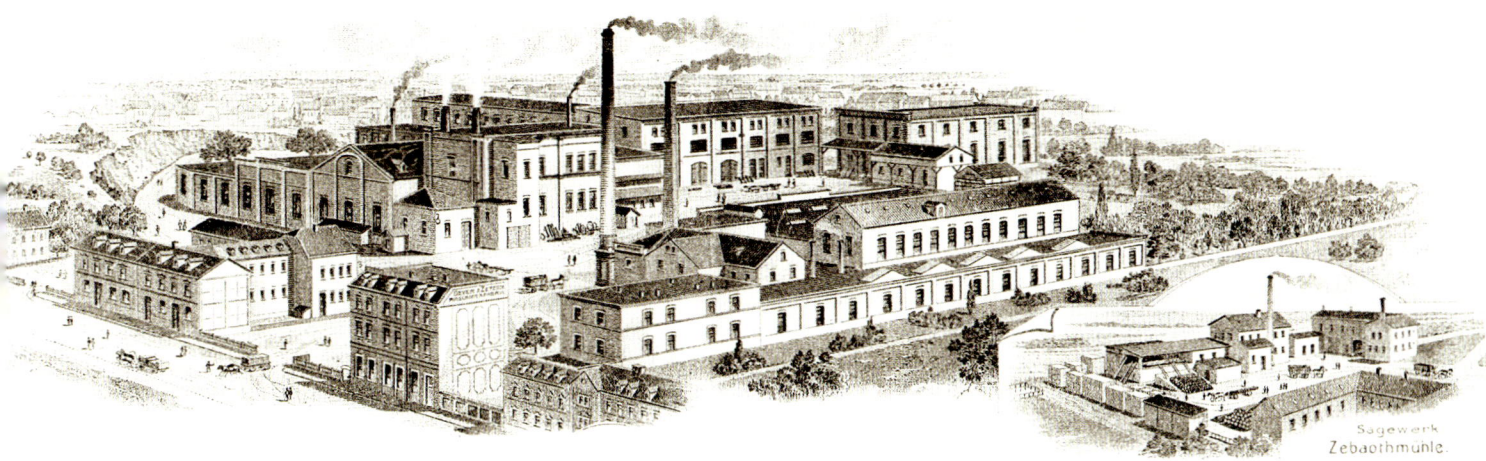

⑦
Das Fabrikgelände von F. Beyer & Zetzsche an der Forststraße mit der bis 1913 noch zugehörigen Sägemühle in Unterreichenau (kleines Bild)
Stadtarchiv Plauen

Bierherstellung aufnehmen konnte. Von der Mälzerei führte ein kurzer Zufahrtsweg zu der Brauerei, die in unmittelbarer Nähe des Milmesbachs und der Klappermühle lag, die jedoch 1874 abbrannte. Der Wasserbedarf wurde durch Brunnen in der Aue gewährleistet, und das am Talrand aufsteigende Schiefergestein erlaubte die Anlage von Felsenkellern sowie durch den Bauunternehmer Anton Benjamin Liebner die Einrichtung eines Schieferbruchs. Ein von ihm 1871 errichtetes Gebäude an der Brunnenstraße 13 erwarb die Brauerei im Jahr 1896 und nutzte es als Kontor. Da sich der Bierabsatz gut entwickelte, entstanden außerdem mehrere Zusatzbauten, darunter das Kesselhaus, Kohlenlager, Bassingebäude, die Fassspülhalle und Kellereianlage, deren weitgehende Fertigstellung 1901 erfolgte und die es ermöglichte, die seit 1877 in Brauereien angewandte künstliche Kältetechnik zu übernehmen. An der oberhalb der Brauerei verlaufenden Klemmstraße entstand überdies die von Architekt Wilhelm Sachs entworfene repräsentative Hammer-Villa, für die 1904 die Rohbauabnahme vorgenommen wurde.

Der Ausgangspunkt des 1873 von Bernhard Hüttel erweckten Brauereibetriebs war das Neustädter Brauhaus, allerdings ergänzt durch den Ankauf des alten Kellerhauses am Fuß des Spittelberges, das über geeignetere Räumlichkeiten und einen großen Felsenkeller verfügte und damit den Anreiz zu einer Standortveränderung bot. So wurde 1878 mit der Inbetriebnahme eines Sudhauses im Kellerhaus der technische Grundstock zu einer sich weiter vergrößernden Brauereianlage gelegt, wozu 1883 der Einsatz einer Dampfmaschine, 1885 die Einweihung einer eigenen Mälzerei und 1886 die Anschaffung eines größeren Sudhauses zählten. 1890/91 erfolgte die Aufstellung der ersten Kältemaschine, die 1896/97 durch eine zweite ergänzt wurde. Ab dem 1. Februar 1900 ging die Brauerei in den Besitz des Actien-Brauvereins über. Auch wenn die Actien-Brauerei als angehende Großbrauerei bereits vor diesem Zeitpunkt den umfangreichsten Bierausstoß verzeichnete, der 1903 100 000 Hektoliter erreichte, gehörten die Brauereien von W. F. Hammer und B. Hüttel zu den bedeutendsten Bierherstellern Plauens, zu denen neben der Brauereigenossenschaft noch einige kleinere Bierproduzenten, wie zum Beispiel Strobel, Herold, Henkel und Zänsler, hinzukamen.

Der produktive Einfluss der Entstehung von größeren Maschinenbaufabriken

Den in Plauen entstandenen Brauereien gereichte es zum Vorteil, dass sich einige neue Maschinenfabriken teilweise auch auf Ausrüstungen für die Bierherstellung spezialisiert hatten. So bewarb die von dem aus der Lausitz stammenden Johann Friedrich Beyer am 28. Mai 1860 gegründete mechanische Werkstatt, die seit dem 8. Februar 1867 als Maschinenfabrik und Eisengießerei F. Beyer & Zetzsche an der Forststraße hervortrat, 1869 ebenso Anlagen für Brauereien, obwohl sie damals noch vorrangig auf den Mühlenbau ausgerichtet war. Zehn Jahre später belegte der Katalog zur vogtländischen Gewerbe- und Industrieausstellung in Plauen, dass die Firma ihr Sortiment auf Dampfmaschinen (seit 1870) und auf Maschinen zur Steinbearbeitung sowie für Appreturanstalten, Gerbereibetriebe und Holzwerkstätten ausgeweitet hatte und damit den Anforderungen expandierender Industriezweige entgegenkam. Dadurch hatte sich auch die Anzahl der in der Firma beschäftigten Arbeiter bis 1885 auf 100 erhöht. Der bereits bis dahin erfolgte Ausbau des Fabrikgeländes bot die Gewähr für eine weitere dynamische Entfaltung, da zudem der Sohn Ferdinand Paul Beyer schon 1884 als leitender Ingenieur in die Firma eingetreten war und zwei Jahre nach der Großstadtwerdung alleiniger Firmeninhaber wurde.

Die Herausbildung der Eisengießerei und Maschinenfabrik von Hermann Tröger spiegelt zwei Entwicklungsabschnitte einiger lokaler Maschinenbauanstalten wider: Einerseits lag, wie bereits das Beispiel von J. G. Spranger aufzeigt, der Ausgangspunkt in einer Schlosserei, und andererseits verursachte deren Ausdehnung eine Standortverlagerung. Die Schlosserei von H. Tröger besaß zwar 1862 einen zentralen Sitz am Klostermarkt, war aber durch zwei weitere Gewerbetreibende raummäßig eingeengt und mit der 1869 ersichtlichen Nutzung als Geldschrank- und Maschinenfabrik schließlich auf eine Verlagerung angewiesen, die in den Folgejahren in die benachbarte Neundorfer Vorstadt erfolgte. Zuerst entstand in der Äußeren Neundorfer Straße 60 das Fabrikgebäude, und 1871/72 erbaute Maurermeister Carl Gottlob Rädel auf dem Nachbargrundstück das Kontor- und Wohngebäude. Das bis zur damaligen Zimmerstraße reichende Hintergelände bot zudem günstige Voraussetzungen für Erweiterungen, sodass dort 1881 eine Gießerei in Betrieb genommen werden konnte. Obwohl die Firma seit 1874 Dampfmaschinen herstellte, trug die bereits 1882 vergrößerte Gießerei wesentlich dazu bei, das Produktionssortiment mit Bau- und Maschinenguss zu vergrößern und damit zugleich die Angebotsvielfalt von maschinellen Einrichtungen auszudehnen. Dazu gehörten unter anderem Ausrüstungen für Brauereien, Färbereien, Bleichereien, Appreturanstalten und Dampfziegeleien mit Ringofenteilen, die seinerzeit für Plauen besondere Bedeutung besaßen. Nachdem am 16. Mai 1891 H. Tröger verstarb, ging die Firma in den Besitz des Kaufmanns Carl Hermann Tröger, des Technikers Carl Oscar Tröger und des Ingenieurs Carl Reinhard Tröger über, der aber schon am 6. September 1903 im Alter von nur 36 Jahren verschied.

Obwohl mit dem immer stärkeren Zuwachs der Stickerei- und Spitzenindustrie dringend benötigte moderne Stickmaschinen vorerst nur durch auswärtige Maschinenfabriken geliefert werden konnten, setzte ab Ende der 70er- und mit Beginn der 80er-Jahre eine beachtliche Entfaltung des örtlichen Stickmaschinenbaus ein. Dabei kam dem gelernten Zeugschmied Christian Gottlieb Hornbogen das Verdienst als Schlosser, Mechaniker und Monteur zu, sich zuerst der Herstellung von Stickmaschinen gewidmet zu haben. Als Besitzer der Schützenstraße 5 beauftragte er den Maurermeister Friedrich Gustav Richter 1874 mit der Errichtung eines Werkstatthintergebäudes, orientierte sich aber 1878 in der familiär verbundenen Schützenstraße 25 auf eine Reparaturwerkstatt in einem Hinterhaus. 1879 ließ Ch. G. Hornbogen in dem erworbenen Grundstück Schützenstraße 19 durch Maurerpolier Leopold Leheis ein Hinterhaus als »Stickmaschinengebäude« errichten, das sich in unmittelbarer Nähe zur Reithalle (1875 bis 1894) befand. 1880 erfolgte ein Anbau als Kesselhaus mit einer Dampfkraftanlage der Maschinenfabrik F. Beyer & Zetzsche und 1883 ein weiteres Hintergebäude. Nachdem die Hornbogen'sche Firma seit 1876 lediglich mit der Reparatur und dem Umbau von Stickmaschinen beschäftigt war, trugen 1879 die größeren Räumlichkeiten mit einem Arbeitssaal für Drehbänke dazu bei, den Bau von Stickmaschinen zu beginnen. Während 1879 erst 19 Stickmaschinen hergestellt wurden, waren es 1880 bereits 54 und 1881 schon 100. 1882 und 1883 waren die erfolgreichsten Geschäftsjahre der Stickmaschinenfabrik mit 120 und 134 fertiggestellten Stickmaschinen und ab Ende 1882 mit 150 Arbeitern. Zwar verließen 1884 noch 28 Maschinen die Fabrik, aber schon 1885 wurden von nur noch zwei Arbeitern hauptsächlich Reparaturen ausgeführt und lediglich eine Maschine gefertigt. Schließlich lieferte die Firma 1887 die letzten drei Handstickmaschinen aus, da dieser Maschinentyp seit 1883 durch wesentlich produktivere Schiffchenstickmaschinen nur noch einen geringen Absatz fand. Hinzu kam, dass durch die von 1884 bis 1888 vorherrschende schlechte Geschäftslage in der Stickerei viele Stickmaschinenbesitzer ihre Handstickmaschinen verkauften, auch als Alteisen, oder sogar an Maschinenfabriken zurückbrachten, weil sie die Abzahlungen nicht mehr leisten konnten. Zudem war mit einer neuen Stickmaschinenfabrik eine ernsthafte örtliche Konkurrenz entstanden, die schon 1883 mengenmäßig die Fertigung der Hornbogen'schen Fabrik überholt hatte. Das Domizil der aufgegebenen Hornbogen'schen Firma nutzte als Nachmieter die »Vogtländische Stickmaschinenfabrik« von Gustav Friedrich Schöniger und Franz Nowotny, die aber nur als Werkstatt für Maschinenreparatur und Montage tätig war. Bereits nach kurzer Zeit zog die Maschinenfabrik in die Schützenstraße 7 um. Ab 1896 wurde jedoch der vorherige Standort durch die Maschinenfabrik von Max Paul Hornbogen, einem Sohn des ehemaligen Firmenbesitzers, genutzt. Der relativ junge Maschinenfabrikant wurde am 27. April 1896 in das Handelsregister eingetragen. Allerdings ist der Betrieb bereits am 23. März 1898 in diesem Verzeichnis wieder gelöscht worden.

Das 1881 begonnene bescheidene Anfangsstadium des zweiten lokalen Stickmaschinenherstellers, der sich zur bedeutendsten Plauener Maschinenfabrik herausbilden sollte, belegt ein von dem aus Kändler bei Chemnitz stammenden Paul Hermann Dietrich am 30. August 1881 an das Stadtbauamt überreichter Antrag mit Bauriss zur Genehmigung für die Aufstellung

---

1879

Die seit 1868 bestehende Familie Hornbogen

Am 15. November 1868 heiratete der jüngste gleichnamige Sohn des Apoldaer Wirkermeisters Christian Gottlieb Hornbogen im Alter von 22 Jahren in Plauen die einzige Tochter des ansässigen Tischlers Johann Christoph Rannacher und der Hebamme Emilie Rannacher, die im Verlauf der 70er-Jahre von der Hammerstraße 3 in die Schützenstraße (heutige Trützschlerstraße) 25 umzogen. Das junge Ehepaar bekam nach der ersten Tochter am 26. Oktober 1869 weitere sechs Kinder zwischen 1871 und 1883, darunter 1874 Max Paul als ältesten Sohn, der noch vor der Jahrhundertwende für nur zwei Jahre wenig erfolgreich als Maschinenfabrikant in Erscheinung trat. Danach übersiedelte er Ende 1898 mit seinen Eltern nach Apolda, wohin über viele Jahre enge Beziehungen zu Verwandten bestanden, da diese auch Patenschaften der 1874, 1877 und 1879 geborenen Kinder von Christian Gottlieb Hornbogen jun. übernommen hatten. Trotz der Rückwanderung nach Apolda war die Plauener Stadtverwaltung noch mehrere Jahre mit Nachnutzungsvarianten für die 1897 angekauften Hornbogen'schen Grundstücke im Milmestal beschäftigt, wozu auch der Vorschlag für einen König-Georg-Park gehörte.

eines Dampfkessels in einem Anbau an einen größeren Fabriksaal, der sich zusammen mit einem kleineren Fabriksaal in »Schlossers Garten« an der Hofer Straße 18 befand. Das Gartengelände, das in unmittelbarer Nachbarschaft zu dem am 24. Juni 1840 eingeweihten Turngarten am Anger lag, breitete sich von dem Hinterland der Hofer Straße 16 aus, wo Bäckermeister Christian Friedrich Schlosser als Eigentümer wohnte und zugleich die Restauration »Stadt Wien« besaß. Obwohl am 21. September 1881 die Bauerlaubnis für den vorgesehenen Anbau erteilt wurde, informierten am 13. Oktober 1881 der Antragsteller und der aus der Schweiz stammende Johann Conrad Dietrich das Stadtbauamt darüber, dass die Kesselanlage nicht zur Ausführung gekommen sei, weil sie in der Straßberger Vorstadt errichtet werden soll. Diese Entscheidung kennzeichnet, auch unter Berücksichtigung der am 28. Oktober 1881 erfolgten Bildung der Stickmaschinenfabrik J. C. & H. Dietrich, die vorausschauenden Entwicklungsvorstellungen der Firmengründer unter günstigeren Erweiterungsbedingungen. Diese waren jedoch an dem bislang angemieteten Standortbereich nicht gegeben, da zudem die zwei Scheunen des Gartenbesitzers und des Lohnkutschers August Liebner, dessen Mutter zuletzt das Haus Hofer Straße 18 bewohnt hatte, eine bauliche Betriebserweiterung verhinderten. Angesichts des gedeihlichen Herstellungsstarts mit 25 Arbeitern und der Auslieferung von drei Handstickmaschinen noch Ende 1881 erwarben bereits im Februar 1882 die beiden Fabrikeigentümer an der Ostenstraße 2 bisher von Friedrich Hermann Müller und Hermann Zschweigert genutzte größere Räumlichkeiten eines Stickereibetriebs. Die zwei Kaufleute hatten bereits dort 1866 die Bauerlaubnis zur Errichtung einer diesbezüglichen Produktionsstätte erhalten, die 1869 um einen dreigeschossigen Verlängerungsanbau erweitert wurde. Der aufstrebenden Firma J. C. & H. Dietrich boten sich somit geeignetere fabrikmäßige Voraussetzungen, auch wenn der Stickmaschinenbesitzer August Louis Buschner noch im gleichen Jahr einen kleinen randlichen Gebäudeteil ankaufte. Allein das Müller & Zschweigert'sche Grundstück umfasste jedoch mit einer weiträumigen Gartenfläche ein überaus geeignetes Gelände, das zu 80 Prozent noch unbebaut war, für Erweiterungen des Unternehmens, welches sich auf die Ostenstraße 4 und 6 sowie entlang der Trockentalstraße 8, 10 und 14 ausdehnte. Mit den seit 1883 vorgenommenen vielfältigen Fabrikneubauten entstand schließlich im Geviert von Osten-, Trockental-, Garten- und Seminarstraße ein auch das zunehmende Wohnumfeld beherrschendes Industrieareal. Bei Beschäftigung von 144 Arbeitern wurden schon 1882 174 Handstickmaschinen angefertigt. 1883/84 musste ein weiterer Neubau für eine Montagehalle und Modelltischlerei errichtet werden, da in diesen beiden Jahren zusammen 449 Schiffchenstickmaschinen hergestellt wurden. Obwohl sich seit 1885 infolge der Stickereiflaute ein Fertigungsrückgang bemerkbar machte, konnte am 7. Dezember 1892 die 1000. Stickmaschine ausgeliefert

⑧
Das erweiterte Fabrikgelände der Vomag, 1897
Stadtarchiv Plauen

werden, wobei zunehmend die meisten Maschinen im Ausland abgesetzt wurden. 1894 kamen als Erweiterungen ein großes Seitengebäude für die Schlosserei und Maschinenhalle sowie ein Kesselhaus hinzu. Weil damit im Vergleich zu den zweigeschossigen Wohnhäusern der umgebenden Straßen ein wesentlich höheres Fabrikgebäude entstand, richteten am 2. Juni 1894 zwei an der Trockentalstraße wohnende Hausbesitzer einen Beschwerdebrief an den Stadtrat, in dem sie forderten, dass die Bauhöhe wegen des Einflusses auf die Luft- und Lichtverhältnisse eingeschränkt und in Anbetracht des laufenden industriellen Betriebslärms diese Industrie nicht in der Nähe von Wohnhäusern angesiedelt werden sollte. Allerdings vollzog sich in den nächsten Jahren eine weitere umweltbelastende Standortverdichtung mit Sortimentserweiterungen auf einer begrenzten Ausdehnungsfläche. Dazu trugen einerseits die Aufnahme der Herstellung von Zubehörmaschinen, wie zum Beispiel von Transmissionsanlagen, und andererseits die Herstellung von Rotationsdruckmaschinen bei, die 1898 begann und seit der 1899 erfolgten ersten Auslieferung großen Zuspruch fand. Zur notwendigen Kapitalbeschaffung war bereits am 21. Juni 1895 die Gründung der Aktiengesellschaft Vogtländische Maschinenfabrik A.-G. (Vomag) vorgenommen worden, die am 18. Juli 1895 in das Handelsregister eingetragen wurde.

Für die gesamte entwicklungstechnische Entfaltung des Betriebs war es von großem Vorteil, dass der aus Münchberg stammende Eduard Robert Zahn (1861–1914), der wie J. C. & H. Dietrich in der bedeutenden Stickmaschinenfabrik in Kappel sein ideenreiches Rüstzeug erhielt, kurzzeitig (1896) und nach 1900 als Konstrukteur tätig war und am 8. Juli 1902 vorausschauend zum Vorstandsmitglied bestellt wurde, da H. Dietrich 1903 in den Ruhestand ging. So übernahm R. Zahn 1904 als Alleinvorstand beziehungsweise Direktor die Maschinenfabrik und setzte in dieser Funktion die Ziele der einstigen Gründer mit großem Erfolg um. Dazu zählte die

1895

Herausbildung von Gewerbe und Industrie 187

Ausgewählte Adressbücher von Plauen	Firmenübersicht zu Mechanischen Werkstätten, Maschinenbauanstalten/ Maschinenfabriken und Reparaturwerkstätten von Maschinen in Plauen im Zeitraum von 50 Jahren (1854 bis 1904)
1854	C. Eisenreich
1863	F. Beyer/Ch. Keilhack, C. Eisenreich jun.
1870	F. Beyer & Zetzsche, L. Hadam, H. Tröger
1874	F. Beyer & Zetzsche, L. Hadam, H. Tröger
1877/78	F. Beyer & Zetzsche, H. Tröger, M. Wagner, J. G. Hornbogen
1881	F. Beyer & Zetzsche, J. G. Hornbogen, A. Stöckel, H. Tröger, M. Wagner, J. C. & H. Dietrich
1886/87	F. Beyer & Zetzsche, J. C. & H. Dietrich, H. Tröger, M. Wagner, G. Schöniger & F. Nowotny
1888/89	F. Beyer & Zetzsche, J. C. & H. Dietrich, H. Tröger, M. Wagner, G. Schöniger & F. Nowotny
1890/91	F. Beyer & Zetzsche, J. C. & H. Dietrich, H. Tröger, M. Wagner, G. Schöniger & F. Nowotny, G. Köppel & G. Obermeier
1892/93	F. Beyer & Zetzsche, J. C. & H. Dietrich, H. Tröger, M. Wagner, G. Schöniger & F. Nowotny, G. Köppel & G. Obermeier, Maschinenfabrik Kappel, J. B. Prager, M. Ruckdeschel & Co.
1894/95	F. Beyer & Zetzsche, J. C. & H. Dietrich, H. Tröger, M. Wagner, G. Köppel & G. Obermeier, J. Ruckdeschel, W. Fischer
1896/97	F. Beyer & Zetzsche, Vogtländische Maschinenfabrik (Vomag), H. Tröger, M. Wagner, G. Köppel & G. Obermeier, P. Ruckdeschel, W. Burkart, Chemnitzer Wirkwarenmaschinenfabrik, K. Endesfelder & G. Weiß, Maschinenfabrik Kappel, E. Kottusch, M. Hornbogen
1898/99	F. Beyer &. Zetzsche, Vomag, H. Tröger, M. Wagner, G. Köppel & G. Obermeier, P. Ruckdeschel, W. Burkart, K. Endesfelder & G. Weiß, Maschinenfabrik Kappel, A. Vocke
1900/01	F. Beyer & Zetzsche, Vomag, H. Tröger, M. Wagner, G. Köppel & G. Obermeier, P. Ruckdeschel, M. Ruckdeschel, K. Endesfelder & G. Weiß, Maschinenfabrik Kappel, A. Vocke & J. Künzl
1902/03	F. Beyer & Zetzsche, Vomag, H. Tröger, M. Wagner, G. Köppel & G. Obermeier, P. Ruckdeschel, M. Ruckdeschel, K. Endesfelder & G. Weiß, Maschinenfabrik Kappel, A. Vocke & J. Künzl, L. Häusler & J. Pietschmann, H. Hunschede, R. Meyer & W. Quaas
1904/05	F. Beyer & Zetzsche, Vomag, H. Tröger, M. Wagner, G. Köppel & G. Obermeier, K. Endesfelder & G. Weiß, Maschinenfabrik Kappel, R. Meyer, H. Hunschede, A. Rudolph & G. Hübner

— 1902

schrittweise Anpassung des Firmengeländes an die expandierenden Fabrikgebäude, die schon ab 1902 zu einer sehr vorteilhaften Standortverlagerung in die Nähe der unteren Bahnlinie in die Obere Aue an die Cranachstraße 3 geführt hatte, wo durch die Regulierung der Weißen Elster umfangreiches Bauland zur Verfügung stand und durch ein Zweiggleis erstmalig ein transportgünstiger Verkehrsanschluss geschaffen werden konnte. Mit der 1903 fertiggestellten ersten Fabrikhalle und dem ein Jahr später in Nutzung genommenen neuen Verwaltungsgebäude wurde im Jahr der vollzogenen Großstadtwerdung zeitgleich ein vielversprechendes Fundament für den größten Maschinenbaubetrieb Plauens gelegt, der am 7. Mai 1904 die 5 000. Schiffchenstickmaschine auslieferte.

Auch wenn sich im Vergleich zu anderen Industriestädten die Anzahl der Maschinenbaufabriken erst relativ spät erhöht hatte, stellten diese in der bedeutendsten lokalen Wachstumsphase eine Aufbauhilfe für andere entstehende Industrie- und Gewerbebetriebe dar, weil bis 1904 in Plauen zahlreiche Maschinenbauanstalten entstanden. Darunter wäre möglicherweise auch ein Motorwagenwerk gewesen: Obwohl der Automobilbau erst in späteren Jahren von der Vomag als zusätzlicher Produktionszweig aufgenommen wurde, gab es bereits am 1. März 1902 mit dem Ankauf der Firma A. Horch & Cie. durch den Plauener Kaufmann Wilhelm Moritz Bauer einen vielversprechenden Versuch der Ansiedlung einer Fabrik zur Herstellung von Kraftwagen. Da sich August Horch um einen neuen Standort bemühte, bot sich zunächst an der Bahnhofstraße 10 ein Verwaltungssitz an, aber geeignete Fabrikationsräumlichkeiten konnten nicht gefunden werden, da in diesem besonders dynamischen Stadium der Großstadtwerdung eine sofort geeignete und preisgünstige Lokalität in Plauen kaum zu erlangen war, sodass selbst einheimische Unternehmensgründer bei solch einer Suche verzagten. Erst verkehrsgünstige Räumlichkeiten eines bisherigen Spinnereigebäudes in Reichenbach boten geeignete Fabrikationsmöglichkeiten, sodass bereits am 22. März 1902 mit der Produktion von Motorwagen begonnen werden konnte. Beibehalten wurde dabei die Plauener Firmenverwaltung in der Bahnhofstraße 10 unter der Leitung von W. M. Bauer und Reinhard Steinhäuser. Der Reichenbacher Standort zählte vor seiner Betriebsverlagerung 1904 nach Zwickau immerhin 90 Mitarbeiter.

Die Bauwirtschaft als wichtige Impulsgeberin der Siedlungsausdehnung

Nachdem Plauen 1866/67 mit 20 000 Einwohnern die Größe einer Mittelstadt erreicht hatte und sich die Errichtung von Wohn- und Geschäftsgebäuden als besonders notwendiges Erfordernis ergab, erlangte die Bauwirtschaft eine ungestüme Entfaltung in zunehmend industrieller Ausrichtung. Ein Gradmesser dieser mitunter auch unsteten Entwicklung war die Anlage von Ziegeleien. Der 1874 von Dr. Kurt Schurig herausgegebene Plan »Plauen und Umgegend« bietet dahingehend einen aussagekräftigen Überblick zur Standortverteilung der damaligen Ziegeleien, wobei eine größere Anzahl in der Flur Haselbrunn vorhanden war. Zu den seinerzeitigen Plauener Ziegelfabrikanten gehörte unter anderem Anton Benjamin Liebner (1825–1881), der aus Zwickau stammte, in der Brunnenstraße 3 wohnte, schon 1861 als Bauunternehmer in Erscheinung getreten war und Ziegeleien neben dem Friedhof und im Milmesgrund unterhalb der alten Hofer Straße betrieb. Obwohl der Friedhof erst 1866 eingeweiht worden war, mussten bereits 1875 und 1881 Erweiterungen vorgenommen werden, sodass auch im Besitz von A. B. Liebner befindliche Feld- und Ziegeleigrundstücke mit den schon damals im Verfall begriffenen Baulichkeiten angekauft wurden. Die Versteigerung der angebotenen Aufbauten umfasste 1881 das Wohngebäude des Zieglers, den Ziegelbrennofen und drei Ziegeltrockenschuppen. Um die Lehmgruben und den Lehmteich aufzufüllen, war zudem die Gelegenheit zur Ablagerung von Bauschutt offeriert worden. Da in der Reißiger Vorstadt noch mehrere Ziegeleien über längere Zeit vorhanden wuren, so ab 1881 die Ziegelei von Curl Eduard Lorenz am späteren Standort des Goetheplatzes, bildeten nachfolgend die schluchtartig ausgehöhlten und aufgelassenen Lehmgruben für die voranschreitende Bebauung und stadttechnische Erschließung wesentliche Ausdehnungshindernisse.

Die Anzahl und Auslastung der lokalen Ziegeleien war vorwiegend abhängig von der Zunahme größerer Wohn- und Geschäftshäuser sowie Produktions- und Gewerbeeinrichtungen. Allerdings übte auch die sich damals verändernde technische Ausrüstung einen fördernden Einfluss auf die Ziegelfabrikation aus. Zwar überwogen noch Handziegeleien, aber 1865 existierte schon die erste leistungsfähigere Dampfziegelei, und die Entstehung von Ringofenziegeleien trug zu einer deutlich besseren Qualität der Ziegel bei. 1885 gab es in Plauen und Umgebung bereits sieben Ringöfen, doch die Nachfrage nach Ziegeln war so stark, dass diese unter anderem aus Glauchau, Meerane, Werdau und Zwickau bezogen werden mussten.

1874

In Anbetracht der zumeist regen Bautätigkeit erhöhte sich die Zahl der Ziegelfabrikanten bis 1904 auf 16. Zu den Gewerbebetrieben, die ebenfalls eine große Auftragszunahme verzeichneten, gehörten unter anderem die mit Baugeschäften beziehungsweise Holzhandlungen verbundenen Dampfsäge- und Hobelwerke, Bautischlereien und Bauglasereien. So besaß in der Bahnhofsvorstadt die seit 1857 bestehende Firma Gebr. Hofmann einen ziemlich ausgedehnten Zimmerplatz in unmittelbarer Nähe zu entstehenden Wohnbauten im Bereich um die Alaunstraße. Die Spezialität der Holzhandlung bestand im Angebot von Kanthölzern und Brettern von Fichten und Kiefern. 1876 beantragte Zimmermeister Friedrich Hofmann sogar die Errichtung eines Ziegelmeilers, um bis zu 30 000 Luftziegel brennen zu können. Da am 8. November 1877 zudem die Bitte um die Nutzung eines vergrößerten Ziegelmeilers an die Stadtverwaltung herangetragen wurde, versagte der Gewerbeausschuss die Genehmigung. Durch den Einspruch des Antragstellers vom 25. Januar 1878 konnte schließlich doch noch ein Abbrennen bis Anfang April 1878 erreicht werden. Dass F. Hofmann auch weiterhin an diesem Baustoff geschäftsmäßig interessiert war, wird dadurch belegt, dass er 1892 neben seinem Dampfschneidemühlenbetrieb ebenso als Ziegelfabrikant in Erscheinung trat.

Unter diesen Verhältnissen hatte sich eine Expansion der Beschäftigten im Baugewerbe vollzogen, in dem 1882 noch 1 171 und 1895 bereits 2 050 Personen

⑨
Das seit 1889 in Haselbrunner Flur bestehende Meyer'sche Ziegelwerk
Rauh 1907

Herausbildung von Gewerbe und Industrie **189**

Jahr	Firmenbezeichnung	Jahr	Firmenbezeichnung
1826	Spirituosen Gräf	1887	Buchbinderei Gruner
1826	Schlosserei Spranger	1887	Optikgeschäft Sydow
1828	Pianofabrik Vogel	1888	Spedition Kupfer
1828	Werkstatt Eisenreich	1889	Optikgeschäft Schellhammer
1833	Zimmerei Baumgärtel	1890	Sanitätshaus Wilke
1840	Bücher-Neupert	1891	Möbelfabrik Schindler
1841	Gerberei Tröger	1895	Kofferfabrik Jörgen
1844	Pelz-Klaus	1895	Hutgeschäft Wolle
1848	Liköre Sünderhauf	1896	Geschäftsbücher Graser
1852	Modewaren Reißmann	1896	Weinhandlung Albig
1852	Seilerwaren Schmidt	1897	Musterkarten Thoß & Gushurst
1855	Geschäftsbücher Kaiser	1897	Maschinenbau Vocke & Künzl
1856	Photogeschäft Axtmann	1899	Nähmaschinen Günther
1857	Zimmerei Hofmann	1901	Baugeschäft Graupner
1864	Schreibwaren Posselt	1901	Maschinenbau Meyer
1865	Lederfabrik Preßler	1901	Automobile Strunz
1865	Zementwaren Schreiber	1901	Baugeschäft Leheis
1866	Spedition Baum	1902	Möbelfabrik Fischer
1870	Bindfadenfabrik Wagner	1902	Baugeschäft Bauer
1875	Modehaus Gottheil	1902	Bandagen-Fischer
1876	Baumkuchen-Eichhorn	1902	Möbel-Spranger
1877	Geldschränke Vogel	1903	Baumaterialien Homuth
1880	Sägewerk Zimmermann	1903	Schirmfabrik Müller
1880	Kartonagen Theeg	1903	Reisebüro Knorr
1880	Baugeschäft Keßler	1903	Möbelfabrik Wieduwilt
1880	Obsthandlung Oheim	1903	Schornsteinbau Grimm
1881	Hutfabrik Höfer	1904	Eisenwarenhandlung Seidel
1882	Sauerkraut-Schlichting	1904	»Central-Hotel« Hubert
1884	Möbelfabrik Gülsdorf	1904	Hotel »Stadt Leipzig« Spengler
1884	Baugeschäft Reinhold	1904	Optikgeschäft Wild
1885	Kartonagen Naumann	1904	Kistenfabrik Einsiedel
1885	Eisenhandlung Sachs	1904	Elektro-Ammon

Auswahl von Plauener Firmen außerhalb der Textilwirtschaft, die zwischen 1826 und 1904 gegründet wurden

tätig waren, wobei deren Anzahl durch zahlreiche Zuwanderer und Pendler weiter anstieg. Jedoch führten ungenügende Arbeitsbedingungen dazu, dass es 1903 zu länger anhaltenden Streiks kam, wobei Tischler (zwölf Wochen), Klempner (acht Wochen) und bis zu 2 000 Maurer (sechs Wochen) die Arbeit niederlegten, um Lohnerhöhungen und Verkürzungen der Arbeitszeit zu erreichen. Da 1903/04 mit der Errichtung von zusammen 761 Wohngebäuden mit insgesamt 5 001 Wohnungen der größte Zuwachs an Wohnstätten erfolgte, endete die jahrelange Wohnungsnot sogar mit Wohnungsleerstand, welcher wiederum zu sinkenden Mietpreisen führte. Der sich ergebende Rückgang des Neubaus führte somit zu einer zeitlich begrenzten Verringerung der Beschäftigten und Betriebe in der Bauwirtschaft. Daher gab es eine Vielzahl von Zwangsversteigerungen und Konkursverfahren, die mitunter durch Kreditentzug bedingt waren. Die meisten Firmenauflösungen innerhalb von drei Jahren nach dem Vollzug der Großstadtwerdung verzeichneten die Bauunternehmer (– 56 Prozent), Ziegeleibesitzer (– 31 Prozent), Maurer- und Zimmermeister (– 28 Prozent) und Baumaterialienhändler (– 24 Prozent). Diese Dezimierung beinhaltete zumindest auch den branchenheilenden Effekt einer spürbaren Einschränkung der seit der früheren Regsamkeit von Carl Gottlob Rädel sich verstärkenden Aktivitäten von Grundstücks- und Bauspekulanten, die sich zunehmend der noch unbebauten Flächen der Vorstädte bemächtigt hatten.

Das 1897 eröffnete Kaufhaus von Julius Tietz am Postplatz, 1900
Vogtlandmuseum Plauen

Die wachsende Bedeutung der übrigen Gewerbe- und Industriebetriebe

Neben zahlreichen Firmen der Stickerei- und Spitzenindustrie, des Maschinenbaus und der Bauwirtschaft waren im zunehmenden Prozess der Großstadtwerdung weitere Produktionszweige und Gewerbebetriebe entstanden, die sich in ihren Sortimenten vornehmlich auf die Erfordernisse der örtlichen Industrie und der gestiegenen Nachfrage der deutlich anwachsenden Einwohnerzahl Plauens ausrichteten. Diese Entwicklung zeigt ein Erweiterungsbeispiel auf: So hatte Friedrich Wilhelm Kaiser an der Syrastraße 1855 eine Geschäftsbücherfabrik gegründet, die er 1867 an die Rädelstraße verlagerte und die seit 1872 als Sächsische Geschäftsbücherfabrik firmierte. 1889 fand sie schließlich in einem größeren Objekt an der Jägerstraße ihren endgültigen Sitz. Die zunehmende Zahl von Textilbetrieben hatte dazu geführt, dass ein hoher Bedarf an Musterkarten, Konto- und Musterbüchern sowie Schreibpapier vorhanden war und die Notwendigkeit von Verpackungsmaterial die Entstehung von mehreren Kartonagenfabriken beschleunigte. Mit der zunehmenden Geschäftskorrespondenz erhielten die Druckereien eine erhebliche Aufwertung, sodass 1904 schon 19 Betriebe existierten, darunter die 1845 von Moritz Wieprecht übernommene und die 1870 von Alwin Neupert begründete Druckerei. Zugleich hatte der erhebliche Verbrauch an Verschnürungen 1870 die Gründung einer Mechanischen Bindwarenfabrik durch Richard Wagner befördert, in die 1871 Carl Georg Pietschmann als Teilhaber eintrat. Eine Seilerwarenfabrik, die auch Maschinenbindfäden und Schnüre herstellte, ergänzte das diesbezügliche Angebot. Werkstätten zur Firmenschilderherstellung trugen zu einer auffälligen Anpreisung neuer Unternehmen bei, und Geldschrankfabriken boten Tresore verschiedener Größen an. Weitere Firmen lieferten unter anderem folgende Erzeugnisse: Badeapparate, Baumkuchen, Bierdruckapparate, Druckfarben, Fahnen, Heizungszubehör, Hüte, Jalousien, Kisten, Koffer, Lack- und Ölfarben, Lederwaren, Likör, Malz, Möbel, Mosaikplatten, Papier, Pappe, Parfüm, Puppenwagen, Sauerkraut, Schirme, Schokoladenprodukte, Seife, Senf, Spielkarten, Treibriemen, Zementsteine, Zuckerartikel.

Die gleichzeitig erkennbare Zunahme von Gewerbebetrieben hatte außer der ansteigenden Bevölkerungs- und Gebäudezahl eine förderliche Ursache in dem am 15. Oktober 1861 erlassenen Sächsischen Gewerbegesetz, das am 1. Januar 1862 in Kraft trat und für etliche Gewerbegruppen freie Niederlassungen mit Anmeldepflicht ab vollendetem 24. Lebensjahr zuließ. Für bestimmte Geschäftszweige war jedoch weiterhin die behördliche Erteilung einer Konzession erforderlich. Das Gesetz traf zudem nicht auf freiberuflich Tätige zu. Die Gewerbefreiheit kam neben den immer mehr benötigten Handwerksbetrieben besonders denjenigen Beschäftigungsgruppen entgegen, die unter vielseitigen neuzeitlichen Einflüssen entstanden. So führte der Eisenbahnanschluss Plauens dazu, dass die Zahl der Steinkohlenhändler sowie der Lohnfuhrbetriebe und Speditionen erheblich zunahm und sich das Droschkenwesen ausdehnte. Durch die 1872 gesetzlich veranlassten Vertriebsbegünstigungen für Arzneimittel ergab sich eine Gründungswelle von Drogerien, die zusätzlich als Farbenhandlungen in Erscheinung traten. Die Gründung von Fahrradvereinen seit 1884 führte zur Eröffnung von Verkaufs- und Reparaturgeschäften von Fahrrädern, von denen im Jahr 1904 schon 15 vorhanden waren. Mit der 1901 erfolgten ersten Registrierung von Kraftwagen und Motorrädern verbreiteten sich auch dementsprechende Kraftfahrzeugwerkstätten. Nachdem bereits 1882 örtlich die erste elektrische Beleuchtung Fuß gefasst hatte und dann 1897 mit dem flächenhaften Ausbau des Stromnetzes begonnen wurde, gründeten sich gleichfalls mehrere elektrotechnische Geschäfte und Büros.

⑪
Das 1880 gegründete Café »Trömel« beim »Tunnel« im Neubau von 1903/04
Stadtarchiv Plauen

1880

In dem sich zur Großstadt entwickelnden Häusermeer entstanden in Anbetracht des beträchtlichen Wohnungszuwachses auch mehrere Möbelgeschäfte. In Verbindung mit der textilen häuslichen Ausstattung nahmen neben der stärkeren Verbreitung von Schneidereien ebenso Putz- und Wäschegeschäfte sowie Bezugsquellen für Mode-, Schnitt-, Galerie-, Kurz-, Strumpf-, Wirk- und Wollwaren zu. Außerdem boten die in zentraler Lage befindlichen ersten Kaufhäuser, darunter das 1897 am Postplatz 5 eröffnete Warenhaus von Julius Tietz, ein konzentriertes Angebot dieser Sortimente und weiterer Warengruppen an. Für den Einkauf von Haushaltsartikeln verfügten zudem die in großer Anzahl entstandenen Material- und Kolonialwarengeschäfte über eine sehr vielfältige Produktauswahl. So hatte Heinrich Friedrich Ferdinand Wickel 1871 am Klostermarkt eine »Colonialwaren-, Tabak-, Cigarren-, Spirituosen-Handlung« eröffnet, die er 1874 in das platzmäßig geeignetere Haus seines Vaters an der Hofer Straße 12 verlegte. Die günstigeren Nutzungsverhältnisse mit Hintergebäude, Pferdestall, Hofgelände und Ladenerweiterungsmöglichkeit führte dazu, dass der Firmeninhaber das bisherige Warenangebot auf den Vertrieb von Farben, Petroleum, Viehsalz, Schießpulver und Munition ausdehnte sowie um eine Kaffeerösterei und Lotterieannahme ergänzte. Während die Kolonialwarenhandlungen als spezielle Anbieter von Nahrungs- und Genussmitteln überseeischer Herkunft hervortraten, erfolgte die Versorgung mit alltäglichen Lebensmitteln zunehmend in verschiedenen Geschäftsarten des Kleinhandels, die sich zusätzlich zu traditionellen Gewerbetreibenden, wie zum Beispiel Bäcker, Fleischer, Marktverkäufer, herausgebildet hatten. Dazu gehörten Delikatessen-, Esswaren-, Fisch-, Geflügel-, Getränke-, Kaffee-, Mehl-, Molkereiwaren, Obst- und Gemüse- sowie Teehandlungen. Die mit dem städtischen Aufschwung sich ausbreitenden gehobenen Ansprüche führten auch dazu, dass Konditoreiwaren stärkeren Zuspruch fanden, die vor allem in Cafés dargeboten wurden. Dazu gehörte an vorderster Stelle das Café »Trömel«, das sich seit seiner Eröffnung am 5. Februar 1880 durch den aus Kändler stammenden Konditor Emil Trömel (1854–1930) zum größten Anziehungspunkt Plauens entwickelte. Der eigentliche Entstehungsort war ein kleiner Mietladen in der Syrastraße 2 in unmittelbarer Nähe zum Neustadtplatz gewesen, der aber schon 1883 durch den Erwerb des Gebäudes Postplatz 9 einen wesentlich geräumigeren Nachfolgestandort mit Garten zur Syra fand, der 1892 über die Anlage von Terrassen nutzungsseitig besser erschlossen wurde. Da besonders seit der Eröffnung des Stadttheaters 1898 die Funktion als Kaffeehaus immer mehr Gäste anzog, machte sich die Errichtung eines größeren Bauwerks erforderlich, das 1903/04 nach dem Plan des Leipziger Architekten Max Fricke entstand, der schon 1902 das Stickereigebäude der Firma Blanck & Co. entworfen hatte. Der imposante und zentral gelegene Neubau am Postplatz 9/10 wurde mit seiner Ausstattungsvielfalt (Kaffeeräume, Konditoreiladen, Onyxsaal, D-Zug, Billardsäle, Kegelbahnen) und Angebotsauswahl (Konditoreiwaren, Baumkuchen, Stollenbäckerei, Vertrieb von Kaffee, Tee, Schokolade, Kakao, Konfitüren, Likör) zu einem noch stärker frequentierten Etablissement der einheimischen Bürgerschaft und auswärtiger Besucher der Stadt, wozu vor allem Geschäftsreisende gehörten. Das Café »Trömel« wurde somit zu einem großstädtischen Wahrzeichen von Plauen. Auch das an der oberen Bahnhofstraße 1897 eröffnete Café »Carola« verzeichnete durch seine verkehrsgünstige Eingangslage zur Innenstadt eine beachtliche Anziehungskraft. Damit erweiterte sich zugleich die Anzahl der konzessionsbetroffenen Gewerbetreibenden, die sich bereits durch die zunehmende Gründung von normalen gastronomischen Einrichtungen vervielfacht hatte. Schon vor der Aufhebung des Reiheschanks gründeten einige Brauberechtigte mehrere Bierwirtschaften, sodass sogar für Teilbereiche der Herrenstraße und Schustergasse die Bezeichnung »Bierwinkel« aufkam.

Mit der Bebauung der Vorstädte nahm die Entstehung von Schank- und Gaststätten unterschiedlicher Größe zu. So eröffnete Christian Kramer 1873 in dem 1867 fertiggestellten Wohngebäude Bergstraße 21 eine kleine Restauration, die mittels einer reichhaltigen Speisekarte sowie mit Schlacht- und Gartenfesten um Gäste warb. Ein 1874 hinzu gekommenes Gesellschaftszimmer bot auch Gelegenheit für Zusammenkünfte von Vereinen geringer Mitgliedszahl. Für größere Vereinstreffen, Festlichkeiten, Jubiläen und Tagungen, die sehr oft in einem umfangreichen Personenkreis stattfanden, empfahlen sich die dazu geeigneten Saalwirtschaften, unter denen vor allem »Bellevue«, »Bergschlößchen«, »Centralhalle«, »Erholung«, »Felsenschlößchen«, »Freundschaft« und »Prater« infrage kamen. Diese Etablissements hatten auch durch das regelmäßige Angebot an Tanz-, Konzert- und Theaterveranstaltungen einen zusätzlichen Gästezuspruch zu verzeichnen. Aber auch weniger geräumige Wirtschaften lenkten durch unterhaltsame Aktionen die Aufmerksamkeit auf sich. Das wirkungsvollste Beispiel bildete die Einkehrstätte »Bürgergarten« in der Annenstraße 15, in der von 1894 bis 1904 der aus Eibenstock stammende Hilmar Mückenberger (1855–1937) als Wirt tätig war und aufmunternde musikalische und humorvolle Darbietungen bot. Der von ihm am 24. Mai 1895 komponierte und mit mehreren Textstrophen versehene Marsch »Plau'n bleibt Plau'n« breitete sich von diesem beengten gastfreundlichem Wirkungskreis in kurzer Zeit zu einer weit über den Entstehungsort hinaus populären und hochgeschätzten Lobeshymne aus, die den Bekanntheitsgrad von Plauen eindrucksvoll erhöhte. Immerhin stieg die Zahl der Übernachtungen in Hotels, darunter der 1888 neueröffnete »Wettiner Hof« und das seit 1904 bestehende »Central-Hotel«, und Gaststätten innerhalb von sechs Jahren von 18 897 (1899) auf 48 663 (1904) und unterstrich damit die wachsende Bedeutung des Fremdenverkehrs durch und für das Gastgewerbe.

Dazu hatte bereits Ernst Traugott Anders mit der Eröffnung des Saales in seiner Schankwirtschaft »Zum Tunnel« an der Schustergasse am 31. Juli 1851 beigetragen. Der Wirt, der ab 1842 als Turnlehrer und Amtswachtmeister in Plauen tätig war und am 24. April 1851 die Schankkonzession erwarb, präsentierte im August 1858 einen eleganten Glassalon. Dem von der älteren tunnelartigen Überbrückung der Syra abgeleiteten Namen des zentral gelegenen Restaurants war es zu verdanken, dass er zu einem bleibenden Wahrzeichen Plauens wurde. Ihre mehrfache Verbreitung und ihr Standort als zentrale Umsteigestelle der Straßenbahn führten aber nicht zu einer Bewilligung des »Tunnels« als Platzbezeichnung, da schon 1887 der Postplatz bestand und ihm bereits mehrere bedeutende Gebäude zugeordnet wurden, darunter unter anderem die Königliche Amtshauptmannschaft.

⑫
Autograf des von Hilmar Mückenberger 1895 verfassten Marsches »Plau'n bleibt Plau'n« Vogtlandmuseum Plauen, Repro Uwe Fischer

1895

Herausbildung von Gewerbe und Industrie **193**

Die rasche und vielgestaltige Verstädterung

Gerd Kramer

Die Ausdehnung der Bebauung mit Vorstädten

Der Beginn der neuzeitlichen Siedlungsausdehnung in der Neundorfer Vorstadt

1795

Die über längere Zeit räumlich nur wenig veränderte Siedlungskonfiguration der Stadt Plauen erfuhr ab Ende des 18. Jahrhunderts eine erkennbare, wenngleich punktuelle bauliche Ausdehnung in westlicher Richtung. Aus dem 1795 von Johann Karl Anton Ulrich erstellten mehrfarbigen Stadtplan geht hervor, dass an der nach Oberneundorf führenden Straße einige Gebäude im stadtnahen Umfeld von Gärten, Wiesen und Feldern kartiert wurden. Linksseitig der Ausfallstraße sind acht Gebäude (unter anderem Brandversicherungskataster B 35/später Hausnr. 11, B 36/Nr. 13, B 38/Nr. 17, seit 1863 Restaurant »Wolfsschlucht«) und rechtsseitig vier Gebäude erkennbar, darunter das Haus B 66/Nr. 24. Die ursprüngliche Inschrift des Türsteins dieses Neubaus verzeichnete das maßgebliche Jahr 1795. Während im Jahr 1800 noch das Wohnhaus B 62/Nr. 32 hinzu kam, führte die Errichtung des geselligen Zwecken dienenden Gesellschaftshauses (B 88, Nr. 10) der »Erholung« im Jahr 1811 im ehemaligen Gartengelände des Baumwollhändlers Johann Christian Baumgärtel zu einer gewissen Aufwertung des Areals in unmittelbarer Nähe der am dichtesten bevölkerten Altstadt. Angesichts dieser lagegünstigen Situation, die durch eine bebauungsfördernde Oberflächengestaltung sowie durch die fehlende Überschwemmungsgefahr einen zusätzlichen Standortvorteil bewirkte, wurde das Gebiet des Neumarkts, der neuen Mark um die später umbenannte Äußere Neundorfer Straße, zunehmend zum Ausgangsterrain der Neundorfertor-Vorstadt beziehungsweise nachfolgend zur Neundorfer Vorstadt. Obwohl der Zuzug durch Weber anhielt, schritt die Bebauung nicht so zügig voran, wie sie von bauwilligen Grundstückseigentümern erhofft worden war. Dazu gehörte an vorderster Stelle Carl Friedrich Baumgärtel, der 1833 in der später benannten Seminarstraße eine Zimmerei begründet hatte, die 1870 in die Äußere Neundorfer Straße verlegt wurde und sich immer mehr zu einem Bauunternehmen entwickelte. So hatte der Zimmermeister schon ab 1867 mehrere Baugesuche für Feldflächen an dieser Ausfallstraße beim Plauener Stadtrat eingereicht und beschwerte sich 1874 darüber, dass er noch keine Bau-

① Das zeittypische zweigeschossige Gebäude (mit Bäckereiladen) an der Ecke Feld- und Neundorfer Straße wurde 1898 durch einen größeren Neubau als Feldstraße 24 ersetzt.
Stadtarchiv Plauen

genehmigungen für mehrere Häuser erhalten habe. Daher bat er darum, dass endlich ein Bauplan für die Neundorfer Vorstadt festgelegt werden solle. Da jedoch dieser Wunsch nicht in Erfüllung ging, legte C. F. Baumgärtel 1877 einen selbst angefertigten Bebauungsplan zur Neundorfer und Straßberger Vorstadt vor, für den noch im gleichen Jahr vom Stadtrat Baulinien für die Seminarstraße und die Äußere Neundorfer Straße bis zur Moritzstraße festgesetzt wurden. Der gesamte Plan wurde schließlich 1879 beschlossen und bildete eine wesentliche Voraussetzung für den weiteren Ausbau dieser Vorstädte. Dazu sollte auch die 1886 von Stadtbaurat Georg Osthoff geäußerte Absicht dienen, das Gebiet des Neumarkts zu einem Geschäftsviertel zu entwickeln, denn bereits 1843 hatte Franz August Mammen als Inhaber der seit 1838 bestehenden Textilfirma F. A. Mammen & Co. an der Äußeren Neundorfer Straße B 14/Nr. 9, gegenüber der »Erholung« gelegen, ein Wohnhaus mit Seitenbauten erworben, das er 1871 um ein geschäftlich nutzbares Nachbargrundstück (B 13/Nr. 7) ergänzte. Außerdem kam noch ein Stickereigebäude in der Marienstraße B 15/Nr. 21 hinzu. Weil allerdings das Gebiet des Neumarkts über keine ansiedlungsfördernde Verkehrserschließung verfügte, ließ sich das für das Stadtviertel angedachte Vorhaben des Stadtplaners nicht prompt umsetzen: Einerseits diente die damalige Eisenbahnhaltestelle Plauen-Neundorf nur der Personenabfertigung und andererseits konnte der konstruktive Vorschlag für eine Straßenbrücke zwischen der sich herausbildenden Neundorfer Vorstadt und der verkehrsbegünstigten Bahnhofsvorstadt erst nach der Jahrhundertwende realisiert werden. Zudem hatte sich die Örtlichkeit des Neumarkts bereits zu einem beachtenswerten Schulstandort entwickelt, denn mit den Gebäuden des Lehrerseminars (1844/45) und der Gewerbschule (1846/48, seit 1854 Gymnasium/Realschule) in der Seminarstraße sowie der Bürgerschule (1860/61) bei der »Erholung« hatten sich neben der zunehmenden Wohnbebauung preis- und lagegünstige Grundstücke zu einer anderweitigen Nutzung empfohlen. 1895 befanden sich schon rund 19 Prozent der Wohngebäude Plauens in der Neundorfer Vorstadt, deren Einwohnerzahl sich von 1861 bis 1885 um 4 825 Personen erhöht hatte.

Die städtebaulichen Veränderungen seit der »Localbau-Ordnung« von 1844

Obwohl 1834 durch ein starkes Hochwasser der Syra in deren innerstädtischem Talbereich 32 Wohnhäuser zerstört und 44 erheblich beschädigt wurden, führte erst der Großbrand von 1844, der 107 Wohnhäuser sowie 199 Seiten- und Hintergebäude in der Altstadt einäscherte, zu grundlegenden städtebaulichen Veränderungen. Vor allem sollten verschärfte Bauvorschriften dazu beitragen, die offenkundige Brandgefahr einzuschränken, die durch die vorwiegend mit Stroh oder Holzschindeln bedeckten Wohnhäuser, die fehlenden Brandmauern und durch die geringe Breite der Gassen beziehungsweise Straßen gegeben war. Auch wurde das Erscheinungsbild der bisherigen Ackerbürgerstadt weitgehend durch leicht entzündbare landwirtschaftliche Bauten bestimmt, denn 1843 gab es im Stadtgebiet immerhin noch 143 Scheunen, deren Anzahl sich seit 1850 nach und nach durch alljährliche Brände und auch seit 1877 durch Abriss verringerte. Noch 1904 gelangten zwei Scheunen am Dittrichplatz zum Abbruch. In Anbetracht der erkannten Stadtbrandgefahr wurde am 1. November 1844 vom Plauener Stadtrat eine »Localbau-Ordnung« für das gesamte Stadtgebiet beschlossen, die in 77 Paragrafen im Detail festschrieb, wie durch bauseitige Veränderungen die Brandgefahr gezielt verhindert beziehungsweise eingedämmt werden sollte. Dazu gehörten unter anderem folgende Auflagen:
— Die Anlegung neuer Gassen, Straßen und Plätze mit entsprechender Bebauung darf nur nach einem genehmigten Plan erfolgen, wobei besonders ein gerader Trassenverlauf zu bevorzugen ist.
— Auf breiten Straßen dürfen Gebäude mit höchstens drei Geschossen, auf Gassen beziehungsweise Straßen geringer Breite mit höchstens zwei Geschossen errichtet werden. An Plätzen werden nicht weniger als drei und höchstens vier Geschosse genehmigt.
— Die Errichtung hölzerner Gebäude wird untersagt, sodass die Hausfronten massiv aus Stein oder gebrannten Ziegeln herzustellen sind. Haustreppen sind ebenfalls mit Steinen auszuführen.
— Hofräume dürfen nicht verbaut oder in verengter Form angelegt werden.

Da im bewohnten Stadtgebiet Gassen und Straßen geringer Breite vorherrschten, bildete sich über einen längeren Zeitraum der siedlungscharakteristische Typ des zweigeschossigen »Plauener Hauses« als Putzbau mit einem Erdgeschoss mit drei Fenstern und der seitlichen Haustür, einem vierfenstrigen Obergeschoss und einem anfänglich aus Gauben bestehenden Dachaufsatz heraus. Die markantesten Beispiele des »Plauener Hauses« waren die zahlreichen Wohnhäuser in der Burgstraße, die aber 1988 zum größten Teil abgebrochen wurden. Trotz der strengen Baunormen von 1844 kam es in bestimmten Stadtteilen, in denen noch zahlreiche ältere Bauten vorhanden waren, trotzdem zu weiteren Bränden, so in der Neustadt (1844, 1859, 1861), Straßberger Vorstadt (1850, 1864), Hammertorvorstadt (1853, 1858, 1861) und Brückentorvorstadt (1864). Da zumeist mehrere Häuser betroffen waren, musste eine Neubebauung erst von der Local-Baupolizei-Behörde genehmigt werden. Die vorrangig zu lösenden Baufeststellungen ergaben sich jedoch aus dem städtischen »Plan zum Wiederaufbau« der 1844 vom Großbrand zerstörten Altstadtbebauung zwischen Kirchplatz/Markt und Syra/Lohwiese. Dessen Hauptanliegen bestand einerseits in der Ausweisung neuer Baulinien zur Verbreiterung der Gassen und Straßen und andererseits in der Anregung zu einer neuen Straßenführung in Richtung geplantem Bahnhof.

Die rasche und vielgestaltige Verstädterung **195**

②
Der Ausschnitt des Stadtplans von 1854 zeigt, dass damals die Bahnhofsvorstadt noch weitgehend unbebaut war.
Stadtarchiv Plauen

Die frühzeitige Bebauungsplanung der Bahnhofsvorstadt als Standortvorteil

1845/46

1865

Auf der Grundlage des Vorschlags wurde bereits 1837 von erwerbslosen Webern die Neue Straße zu dem vorgesehenen Standort des Bahnhofs fertiggestellt. Mit der auf Brandschutt angelegten Klosterstraße und der 1845/46 erbauten Überbrückung des Syrataleinschnitts ergab sich der bedeutendste städtebauliche Richtungseinfluss des 19. Jahrhunderts in Plauen mit der Entstehung der Bahnhofsvorstadt, der bisherigen Syrauer Vorstadt. Diese war bislang von der steilen Äußeren Syrauer Straße, der späteren Reichsstraße, durchquert worden, während die neue Verbindungsstraße zu dem zu erbauenden Bahnhof einen sanfteren Anstieg aufwies. Obwohl schon bald mehrere Gebäude an der unteren Bahnhofstraße entstanden, darunter 1852 das Postamt und »Deils Hotel«, bot erst der 1865 von den Stadtverordneten genehmigte Neubauplan des Terrainspekulanten, Bauunternehmers, Ziegeleibesitzers und Kaufmanns Johannes Groh die notwendige Voraussetzung zur großflächig ausgerichteten Bebauung dieser Vorstadt. Der grafisch eigenwillige Neubauplan mit seiner alleeartigen Umrahmung durch drei Ringstraßen und durch die parkähnlich angedachte Grünfläche (Groh'scher Platz), die am 11. März 1873 den Namen Albertplatz erhielt, fand großen Anklang, obwohl die Bauviertel eine rastermäßige Gestaltungsstruktur vorgaben und damit die Straßenführungen teilweise keine Beachtung der unvorteilhaften Steigungsverhältnisse fanden. Der Neubauplan kam aber den Landbesitzern, Bodenspekulanten und Bauunternehmern besonders entgegen, weil die Zahl der Baugesuche immer mehr zunahm und die sich nunmehr günstiger anbietende Zergliederung landwirtschaftlicher Grundstücke in bebauungsseitig nutzbare Areale zu einem herausragenden Vorsprung der Bahnhofsvorstadt im weiteren Verstädterungsprozess führte.

Dabei hatten über einen längeren Zeitraum die Bauunternehmer sowohl bei der ergänzenden Erstellung von Neubauplänen für ausgewiesene Bebauungsareale als auch bei der Anfertigung von Teilbebauungsplänen für Stadtgebiete die Hauptausarbeitungen ohne Neubaupläne zu leisten, da diese noch nicht fertiggestellt waren. Eine spürbare Mitwirkung der Stadtverwaltung an der Bebauungsplanung ergab sich erst, als die neuzeitliche technische Infrastruktur als Planungsaufgabe an Bedeutung gewann, mit der erforderlichen Einbeziehung weiterer Vorstädte, bebaubarer Teilgebiete und neuer Straßenzüge eine erhebliche Beplanungsausweitung notwendig wurde sowie durch laufende Bauanpassungen zahlreiche Planabänderungen, Ergänzungen und Neufassungen vorgenommen werden mussten. Außerdem oblag es der Stadtverwaltung aus baulichräumlichen Abstimmungsgründen für angrenzende Ortslagen, an der Aufstellung von Bebauungsplänen mitzuwirken.

Die städtebaulichen Folgen der »Straßenbau-Ordnungen« von 1871 und 1896

Neben der »Localbau-Ordnung« vom 1. November 1844 hatten auf die Feststellung von Bebauungsplänen besonderen Einfluss die »Straßenbau-Ordnungen« für die Stadt Plauen vom 19. Juli 1871 und vom 14. April 1896, die zwar eingangs die allgemeinen Anforderungen an die

③
Der 1865 von Johannes Groh vorgelegte Neubauplan war neben der günstigen Verkehrslage der entscheidende Auslöser zur bevorzugten Bebauung der Bahnhofsvorstadt.
Stadtarchiv Plauen

Erstellung von Neubauplänen enthielten, aber ihr Schwergewicht auf die Herstellung von Straßen und Plätzen beziehungsweise auf die Ausgestaltung des öffentlichen Verkehrsraums legten und damit deren wichtige siedlungserschließende Funktion hervorhoben. Die Vielzahl der seit 1865 bestätigten Bebauungspläne belegt, dass eine zunehmende Anhäufung von Baugesuchen existierte, die zum Beispiel vom 1872 bis 1880 bestehenden Aktienbauverein in der Ostvorstadt ausgingen, von dem 1876/77 mehrere Wohnhäuser in der Schulze-Delitzsch-Straße errichtet wurden. 1878 betraf ein Baugesuch auch das Terrain an der alten Oelsnitzer Straße, als der Eisenhändler Johann Erler einen Bebauungsplan einreichte, der in abgeänderter und erweiterter Fassung für ein oberhalb der Aktienhäuser gelegenes Areal der Kemmlervorstadt 1881 festgestellt wurde. Bereits von 1876 bis 1880 hatte der Bauunternehmer Anton Liebner seine Bauabsichten an der alten Hofer Straße planseitig vorgestellt, sodass nach erforderlicher Vervollkommnung durch den Stadtbauinspektor schließlich 1881 vom Stadtrat die Feststellung des Bebauungsplans erfolgen konnte. Die schrittweise erkennbare Planungsbeihilfe der Stadtverwaltung hatte sich schon daran gezeigt, dass auf der Grundlage des Bebauungsplans der Bahnhofsvorstadt von 1865 und der »Straßenbau-Ordnung« von 1871 der Stadtrat 1873 diesen Neubauplan auf der östlichen Seite der Bahnhofstraße bis zur Bahnlinie ausdehnte und ab 1875 mehrere Planänderungen durch die Festlegung von Straßen und Baulinien vornahm. Damit ergab sich rechtsseitig der oberen Bahnhofstraße eine Planausweitung bis zu den Grundstücken von Petzoldt und Uebel, während

Die rasche und vielgestaltige Verstädterung **197**

Plauener Stadtteil Abteilung	1874 Anzahl	Anteil (%)	1894 Anzahl	Anteil (%)	1904 Anzahl	Anteil (%)
A	294	20,2	286	10,4	292	6,9
B	300	20,6	496	18,1	813	19,2
C	331	22,8	793	28,9	1114	26,3
D	109	7,5	195	7,1	399	9,4
E	222	15,2	468	17,0	836	19,7
F	128	8,8	144	5,2	155	3,6
G	71	4,9	364	13,3	631	4,9
A bis G	1455	100,0	2746	100,0	4240	100,0

Anzahl bewohnter Gebäude beziehungsweise bewohnter Grundstücke 1874, 1894 und 1904 in Plauener Stadtteilen beziehungsweise statistisch aussagefähigen Abteilungen des örtlichen Brandversicherungskatasters: Innere Stadt (A), Neundorfer Vorstadt (B), Bahnhofsvorstadt (C), Hammertorvorstadt (D), Brückentor-, Ost- und Südvorstadt (E), Straßberger Vorstadt (F), Äußere Stadt (G)

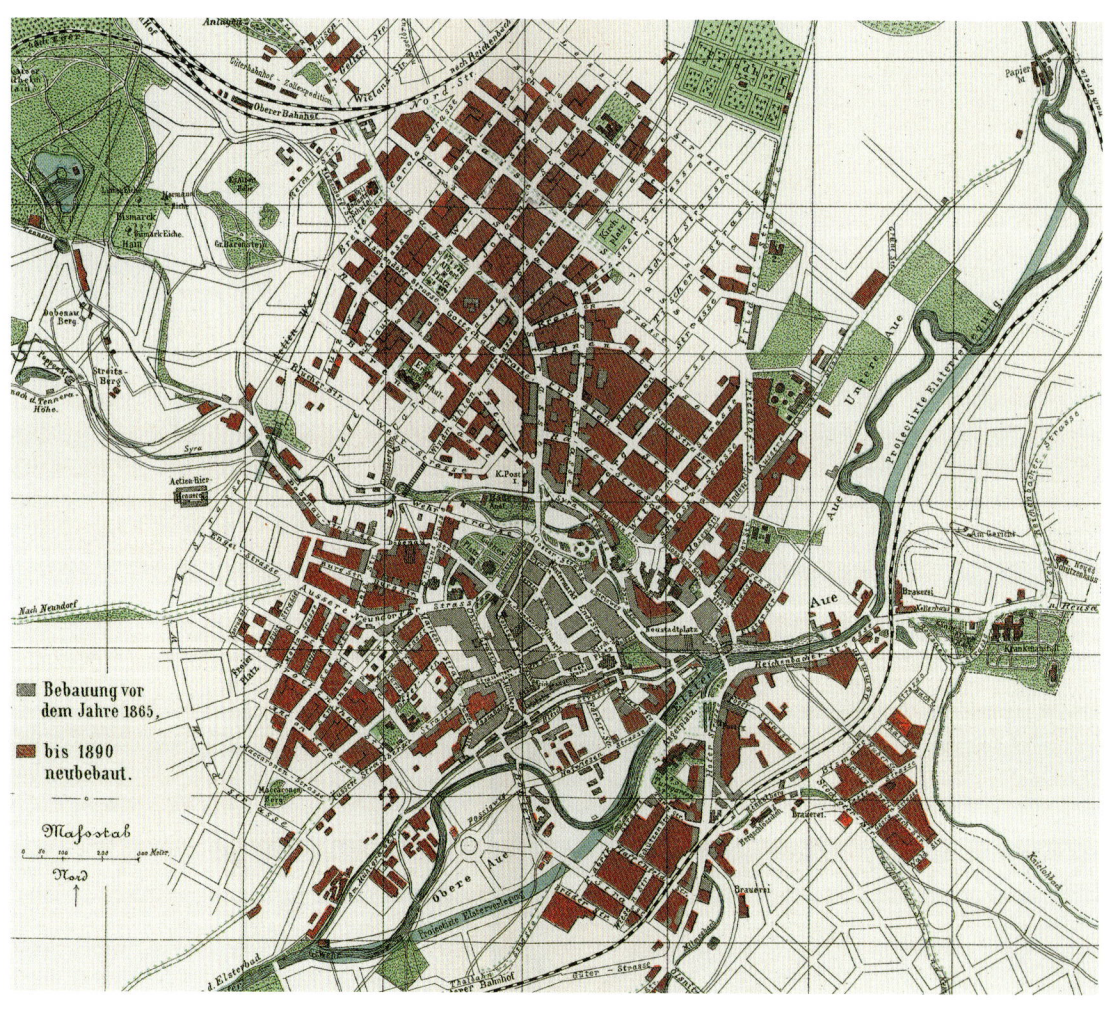

④ Die Ausdehnung der Bebauung Plauens vor 1865 und bis 1890 Bericht 1865/66–1889/90

1881

sich der ursprüngliche Plan von 1865 schon linksseitig bis zu den Arealen von Redlich und Reinhold in Bahnhofsnähe erstreckte. Die jeweils flächenseitig begrenzte Ausdehnung der Bauvorhaben hatte zur Folge, dass die vom Brandversicherungskataster bisher verwendeten Bezeichnungen für traditionelle Stadtteile nicht ausreichten, um die in das Blickfeld geratenen drangvollen Raumeinheiten namentlich zu erfassen. Insofern gab es mit der Chrieschwitzer Vorstadt, Friedhofsvorstadt, Haselbrunner Vorstadt, Hofer Vorstadt, Kemmlervorstadt, Ostvorstadt, Reichenbacher Vorstadt, Reinsdorfer Vorstadt, Reißiger Vorstadt, Reusaer Vorstadt und Südvorstadt Hinweise auf neu bebaute Wohnquartiere, wobei die Ostvorstadt offiziell vom Stadtrat am 28. Februar 1881 ihre Bezeichnung erhielt. Mit den Eingemeindungen von Haselbrunn (1899), Chrieschwitz (1900) und Reusa (1903) ergab sich eine zusätzliche Ausweitung der Bebauungsplanung, vornehmlich des Ausbaus der technischen Infrastruktur. Dabei gereichte es zum Vorteil, dass aus früheren kommunalen Abstim-

Objektadresse	Brandkataster-nummer	Baujahr	Bauherr	Entwurfsverfasser/Architekt
Wohnhaus				
Rädelstr. 21	C 71 K	1868	Robert Neubauer	Julius Rädel
Weststr. 4	C 18 C	1885	Richard A. Woldert	Friedrich Kessler
Rähnisstr. 40	D 105 J	1888	Arthur Hofmann	Arthur Hofmann
Dobenaustr. 66	B 140 G	1893	Gustav Richter BM	Gustav Richter
Hainstr. 26	B 131 P	1896	Bauges. Plauen	Carl Fischer
Annenstr. 59	D 90 L	1897	Gebr. Hofmann	Alban Hofmann
Stöckigter Str. 43	E 84 Z	1897	Richard Leheis	Richard Leheis
Weststr. 40	B 134 X	1897	Otto Taubald	Otto Taubald
Weststr. 42	B 134 W	1897	Otto Taubald	Otto Taubald
Schillerstr. 31	C 59 P	1898	Arno Friedrich	Arno Friedrich
Weststr. 38	B 134 Y	1898	Otto Taubald	Otto Taubald
Bonhoefferstr. 148	G 3 K	1899	Otto Taubald	Otto Taubald
Hainstr. 4	B 131 E	1899	Bauges. Plauen	Carl Fischer
Julius-Fučik-Str. 24	C 70 K	1899	Alban Hofmann	Alban Hofmann
Beethovenstr. 11	C 89 G	1900	Edmund Seydel	Edmund Seydel
Beethovenstr. 17	C 89 J	1900	Edmund Seydel	Edmund Seydel
Beethovenstr. 6	C 88 U	1900	Franz Knorr	Franz Knorr
Breitscheidstr. 76	G 3 M	1900	Otto Taubald	Otto Taubald
Eugen-Fritsch-Str. 19	C 77 P	1900	Herrmann Stöhr	Herrmann Stöhr
Ostenstr. 26	B 29 X	1900	Hermann Graupner	Hermann Graupner
Fichtestr. 8	E 86 W	1902	August Hartmann	Josef Ambrosch
Freiheitsstr. 35	B 60 M	1902	Robert Lorenz	Robert Lorenz
Freiheitsstr. 37	B 59 B	1902	Robert Lorenz	Robert Lorenz
Geibelstr. 31	H 22 W	1902	Ernst Porst	Ernst Porst
Knielohstr. 35	E 84 P	1902	Emil Schwabe	Emil Schwabe
Schildstr. 42	D 106 X	1902	Christian H. Schleicher	Christian H. Schleicher
Seumestr. 55	H 3 R	1902	Baumgärtel & Müller	Baumgärtel & Müller
Beethovenstr. 33	D 25 F	1902	Emil Schwabe	Emil Schwabe
Bertrand-Roth-Str. 11	D 28 B	1903	A. Eisenschmidt/R. Noack	A. Eisenschmidt/R. Noack
Bonhoefferstr. 138	C 69 H	1903	August Weinhold	August Weinhold
Kasernenstr. 7	B 101 G	1903	Reinhard P. Roßbach	Reinhard P. Roßbach
Moritzstr. 37	B 56 W	1903	Herrmann Baumgärtel	Herrmann Baumgärtel
Moritzstr. 53	B 30 H	1903	Louis Stüber	Louis Stüber
Neundorfer Str. 49	B 64 G	1903	Max Schuller	Max Schuller
Robert-Blum-Str. 11	B 96 V	1903	Karl H. Kelz	A. Schneider
Schumannstr. 15	D 25 C	1903	Pfaff & Pflug	Friedrich Eisenwinter
Stöckigter Str. 55	E 73 Y	1903	Paul Brückner	Paul Brückner
Jößnitzer Str. 127	C 81 J	1904	Albin Oertel	Albin Oertel
Moritzstr. 38	B 65 M	1904	Klix & Förster	Klix & Förster
Moritzstr. 44	B 65 J	1904	Klix & Förster	Klix & Förster
Ostenstr. 28	B 29 W	1904	Hermann Rudorf	Ferdinand Härtel
Schildstr. 33	C 59 Q	1904	Albin Schneider	Albin Schneider
Schumannstr. 23	D 26 E	1904	Alfred Hager	Alfred Hager

Objektadresse	Brandkataster-nummer	Baujahr	Bauherr	Entwurfsverfasser/Architekt
Stöckigter Str. 57	E 73 X	1904	Paul Brückner	Paul Brückner
Streitsberg 4	B 132 F	1904	Christian R. Streit	Emil Dressel
Villa				
Hradschin 10	C 62 G	1868	Eduard Eder	Ferdinand Härtel
Rädelstr. 13	C 62 L	1874	Max Hartenstein	Alexander Lehn
Mosenstr. 17	D 6 K	1880	Carl Tröger	Richard Vogel
Hofwiesenstr. 24	F 34 F	1882	Richard Hempel	Carl E. Hofmann
Weststr. 61	B 134 M	1888	Louis Apitzsch	Gustav Zimmermann
Hofwiesenstr. 12	F 34 H	1889	Friedrich A. Hempel	Gustav Richter
Weststr. 57	B 134 J	1890	Gustav Zimmermann	Gustav Zimmermann
Reißiger Str. 45	D 102 B	1894	Kurt Koechel	Carl Stöhr
Straßberger Str. 109	F 121 H	1895	Enno Zöbisch	Clemens Illing
Weststr. 39	B 144 B	1895	Paul Köchel	Oskar Kessler
Karlstr. 56	B 144 D	1896	Paul Fischer	Gustav Kürschner
Am Alberthain 10	K 44 K	1896	Curt Facilides	unbekannt
Antonstraße 1	F 125 L	1897	Christian Tröger	Gustav Seifert
Straßberger Str. 64	F 125 M	1897	Paul Zöbisch	Carl Brandt
Hradschin 11	C 62 B	1903	Richard Göpel	Johannes Bieger
Am Preißelpöhl 32	J 76	1900	Ernst Tröger	Carl Brandt
Schminckestr. 6	B 106 B	1901	Albin R. Leupold	Carl Brandt
Schminckestr. 8	B 106	1901	Gustav A. Leupold	Carl Brandt
Schminckestr. 9	B 105	1901	August Sommer	Kurt Oehler
Kopernikusstr. 44	B 107 B	1902	Paul Erhardt	Carl Brandt
Kopernikusstr. 35	B 106 K	1903	Carl H. Waldenfels	Carl Brandt

Auswahl der von 1868 bis 1904 errichteten Wohnhäuser und Villen, Zusammenstellung Andreas Stephan

mungsgründen mit belangreichen Anrainerorten schon Planvorstellungen vor den Einflurungen entstanden, so seit 1875 für Haselbrunn, für Chrieschwitz seit 1880 und für Reusa seit 1887.

Ausgehend von der erheblichen Zunahme der Einwohnerzahl, den Eingemeindungen sowie der voranschreitenden Aufstellung von Bebauungsplänen für Stadtteile und von Detailplänen für bebauungsfähige Areale erhöhte sich die Anzahl der bewohnten Grundstücke von 1871 bis 1904 von 1254 auf 4888, wobei sich eine Konzentration auf die Bahnhofsvorstadt, Neundorfer Vorstadt und Brückenvorstadt ergab. Dabei wies die Innere Stadt durch die historisch entstandene Besiedlungsdichte bis 1871 noch den höchsten Anteil an bewohnten Grundstücken auf, wurde aber schon wenig später von den größeren und sich zur Bebauung anbietenden neuen Vorstädten übertroffen. Zeitgleich übernahm die Bahnhofsvorstadt die führende Position unter allen Stadtteilen, denn die Neundorfer Vorstadt erfuhr nur 1903/04 einen geringfügigen Anstieg. Lediglich die Brückenvorstadt erlebte noch einen bemerkenswerten Zuwachs an bewohnten Grundstücken, allerdings auch hervorgerufen durch die räumlich-statistische Zuordnung von Ost- und Südvorstadt. Bei der Bebauung der Ost- und Bahnhofsvorstadt traten die erheblichen Höhenunterschiede im Stadtgebiet besonders hervor, vor allem im Vergleich mit dem sanfter ansteigenden Terrain der Neundorfer Vorstadt. Da sich eine günstige hangparallele Bebauung der Wohngebäude nur teilweise anbot, ergaben sich zusätzliche Anforderungen an die Gründung beziehungsweise den Geländeausgleich in den steileren Lagen. Der mehrfarbige »Plan der Kreisstadt Plauen i./V.« (1890) bietet mit seiner Kennzeichnung der Neubebauung im Zeitraum seit 1865 einen aussagekräftigen räumlichen Überblick zu den seinerzeitigen Bebauungsschwerpunkten Bahnhofsvorstadt, Neundorfer Vorstadt und Brückenvorstadt. Wurden 1865 im Plauener Stadtgebiet nur 37 Neubauten errichtet, erhöhte sich 1871 die Anzahl von Neubauten als Hochbauten auf 128, 1894 auf 198 und 1903 auf sogar 779, wobei der Anteil des Neubaus von Wohn- und Geschäftshäusern von 1894 bis 1903 von 36,4 auf 64,1 Prozent anstieg. Diesbezüglich trat besonders die Bahnhofsvorstadt durch eine ausgeprägte Mischstruktur von Wohn- und Geschäftshäusern hervor, die dazu führte, dass dort der Anteil mehrgeschossiger Neubauten erheblich zunahm, während die vorher dominierende Bauweise von niedrigen Wohnhäusern, wie zum Beispiel an der unteren Bahnhofstraße, am Hradschin oder an der Syrastraße, verdrängt wurde. In anderen Stadtteilen, in denen mehrere Straßen geringer Breite vorhanden waren, überwogen noch die zweigeschossigen Wohnhäuser, so beispielsweise in der hinteren Seminarstraße und in der Lettestraße. In Anbetracht der vorherrschenden Wohnungsnot im Prozess der sich verstärkenden Großstadtwerdung, der Gewinnerwartung der Bauherren durch mehr Mieteinnahmen und angesichts des großen Arbeitskräftebedarfs in der Textilindustrie war jedoch eine zunehmende Ausbreitung von mehrgeschossigen Wohnhäusern zu verzeichnen. Diese Kriterien führten auch dazu, dass 1897 eine vorwiegend von Industriekreisen gegründete Baugesellschaft die Initiative zur Errichtung von einfachen Arbeiterwohngebäuden mit kleiner Wohnungsgröße und der Möglichkeit zur wöchentlichen Mietzahlung ergriff. So wurden zwölf Wohnhäuser von 1897 bis 1899 an der Hainstraße, sechs Häuser 1900/01 an der Dobenaustraße und vier Gebäude 1902 an der Haußnerstraße erbaut. Es entstanden insgesamt 193 Wohnungen, deren Mieter hauptsächlich folgende Berufe ausübten: 40 Ausbesser-, Aufpasser- und Wieblerinnen, 39 Weber, 30 Sticker und Tamburierer, 18 Handwerker und Maurer. Die Baugesellschaft errichtete 1903/04 noch fünf Häuser mit 143 Wohnungen an der Stöckigter Straße, sodass von dem Unternehmen von 1897 bis 1904 dringend benötigte Unterkünfte für rund 2 000 Wohnungssuchende geschaffen wurden. Auch wenn die Wohngebäude an der Hainstraße in einer uniformen architektonischen Gestaltung und teilweise mit einer hohen Bewohnerdichte (Hainstraße 4/6, 26) erbaut wurden, sind in Plauen trotz der Wohnungsnot keine großstadttypischen Mietskasernen mit zusätzlichen rückseitigen Wohnbauten in zweiter oder dritter Parallelanordnung errichtet worden, da mit der sich vermehrenden Bebauungsplanung und Erschließung der Vorstädte und eingemeindeten Orte sowohl flächenseitig ausreichendes als auch preisgünstigeres Bauland für neue Wohnareale zur Verfügung stand.

Das in Plauen besonders seit 1894 aufwallende Baugeschehen mit zahlreichen auffälligen Fassadengestaltungen des Historismus und teilweise des Jugendstils sowie mit der anwachsenden Zahl wirkungsvoller Villen trug insgesamt wesentlich zu einem attraktiveren städtebaulichen Erscheinungsbild der angehenden Großstadt bei. Trotz der erheblichen Zerstörungen in den Jahren 1944/45 ist eine bemerkenswerte Anzahl der im 19. Jahrhundert entstandenen, gestalterisch bedeutsamen Gebäude als sehenswerte Denkmalobjekte erhalten geblieben.

Der verkleinerte Ausschnitt des Plauener Stadtplans von 1904 (Originalmaßstab 1:10 000) bietet eine weitreichende Übersicht zu den sich bis zur Vollendung

1894

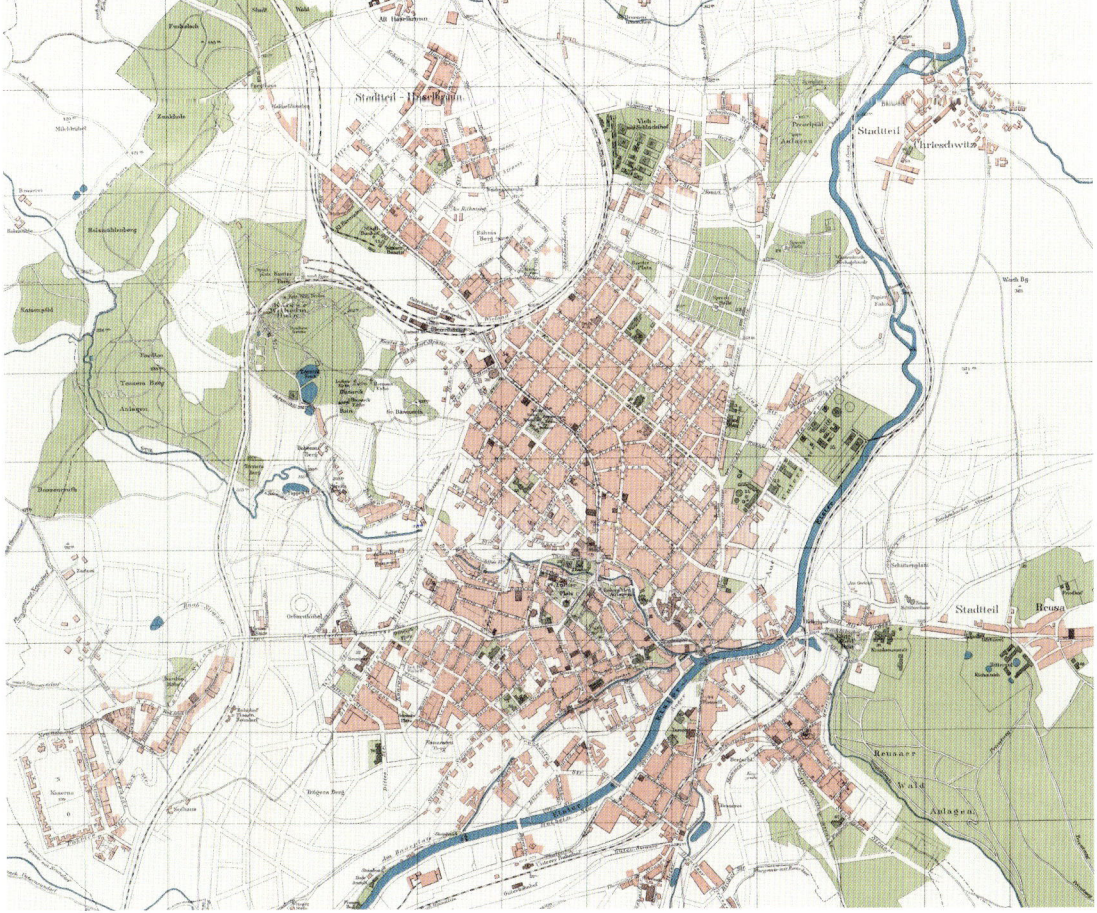

⑤
Ausschnitt des von Gustav Herold entworfenen Stadtplans von 1904, dem Jahr der Vollendung der Großstadtwerdung
Stadtarchiv Plauen

Die rasche und vielgestaltige Verstädterung 201

Straße Hausnummer	Bezeichnung/ Bauwerksname	Baujahr	Denkmalwert	Bauherr	Entwurfsverfasser/Architekt
Annenstraße 21	ehem. Spitzenfabrik F. A. Hertel	1904	bau- und ortsgeschichtliche Bedeutung	Friedrich August Hertel	Wilhelm Sachs
Bärenstraße 14 und 16	Wohnhäuser	1897	reich gegliederte Mietshausbauten des kaiserzeitlichen Historismus, baugeschichtliche Bedeutung	Wilhelm Aurich	Wilhelm Aurich
Bergstraße 35 und 37	Wohnhäuser	1902	historisierende Fassade der Stadterweiterung um 1900, baugeschichtliche Bedeutung	August Eisel	August Eisel
Breitscheidstraße 127, Schlachthofstraße 1, 1a, 3, 3a, 3b	Schlachthof Plauen, heute Vogtl. Kabelwerk GmbH	1898– 1901	bau-, orts-, produktions- und sozialgeschichtliche Bedeutung	Stadt Plauen	Stadtbauamt Plauen, Georg Fleck, Arno Dolzig
Eugen-Fritsch-Straße 44	Wohnhaus	1901	Historismus der Zeit um 1900, baugeschichtliche Bedeutung	Kurt Buchheim	Kurt Buchheim
Hainstraße 4	Wohnhaus	1899	bildprägender Teil einer einheitlich gestalteten Mietshauszeile, baugeschichtliche Bedeutung	Baugesellsch. im Vogtland m.b.H.	Carl Fischer
Hammerstraße 74	ehem. Dünger-Abfuhr-aktiengesellschaft	1899	geschlossen erhaltener Gebäudekomplex von bau-, orts- und sozialgeschichtlicher Bedeutung	Dünger-Abfuhr Actiengesellschaft	Carl Brandt
Herrenstraße 6, 8	ehem. Alte Apotheke, heute Wohn- und Geschäftshaus	1850/ 1887	stadtentwicklungs- und baugeschichtliche Bedeutung	Bauer & Eberhardt	Gustav Richter
Hofwiesenstraße 1	Wohn- und Kontorgebäude	1900	bau- und ortsgeschichtliche Bedeutung	Klee & Schreiber	Klee & Schreiber
Hofwiesenstraße 12/22/24	Hempelsche Fabrik mit zwei Villen, zwei Produktionsgebäuden und einem Schornstein, der zum Wasserturm umgebaut wurde	ab 1830	große stadtgeschichtliche, industrie- und technikgeschichtliche sowie bau- bzw. baukonstruktionsgeschichtliche Bedeutung	August und Richard Hempel Inhaber	Gustav Richter, Carl Ernst Hofmann
Julius-Fučík-Straße 17	ehem. Stickereifabrik, Wohn- und Geschäftshaus	um 1880	repräsentativer, stadtpalaisartiger Bau von bau- und ortsgeschichtlicher Bedeutung	Adolf Hoffmann, Christian Tröger	Carl Emil Löwe
Kasernenstraße 1	Wohn- und Geschäftshaus	1904	historisierender Bau mit Jugendstilelementen, bildprägend, baugeschichtlich von Bedeutung	Emil Erler	Alfred Illner
Lindenstraße 5	Villa	um 1880	aufwendiger Bau des Historismus, baugeschichtliche Bedeutung	Theodor Pöschmann	Carl Brandt
Neundorfer Straße 68	Wohn- und Geschäftshaus	1903	elegantes Neorenaissancegebäude mit Jugendstilelementen, bildprägende und baugeschichtliche Bedeutung	O. Leonhardt	Gustav Seifert
Neundorfer Straße 88	Wohnhaus	1899	aufwendiger Bau des Späthistorismus mit Jugendstilapplikationen, baugeschichtliche Bedeutung	Hermann Baumgärtel	Hermann Baumgärtel
Neundorfer Straße 96	ehem. Amtshauptmannschaft	um 1901	straßenbildprägendes, architektonisch qualitätvolles Bauwerk mit neobarocken Einflüssen, von bau- und ortsgeschichtlichem Wert	Baurat Gläser, Baurat Hempel	Kgl. Amtshauptmannschaft

Straße Hausnummer	Bezeichnung/ Bauwerksname	Baujahr	Denkmalwert	Bauherr	Entwurfsverfasser/Architekt
Obstgartenweg 1	ehem. Wohn- und Stickereigebäude, heute Schaustickerei	1896	technisches Denkmal, auch baugeschichtliche Relevanz	Max Vollstedt	Clemens Illing
Pauluskirchplatz 1	Pauluskirche	1895/ 1897	neugotischer Klinkerbau von künstlerischem, baugeschichtlichem und ortsbildprägendem Wert	Ev. Pauluskirchgemeinde	Georg Weidenbach
Rädelstraße 21	Wohnhaus	1868, 1899 Umbau	baugeschichtliche Relevanz	Robert Neubauer	Julius Rädel
Rankestraße 6	Villa	1904	bemerkenswerter und pittoresker neubarocker Bau, baugeschichtliche Bedeutung	Otto Tröger	Curt Prager
Rosengasse 1	Wohnhaus	1876	repräsentatives spätklassizistisches Wohnhaus mit bildprägender Wirkung, baugeschichtliche Bedeutung	Otto Kühnel	Gustav Richter
Schlachthofstraße 10	Wohn- und Geschäftshaus	1903	repräsentatives Eckgebäude, baugeschichtliche Bedeutung	Franz Knorr	Franz Knorr
Untere Endestraße 4	Pfarrhaus, heute Superintendentur	1902	stadtentwicklungs- und baugeschichtliche Bedeutung	Ev. Johanniskirchgemeinde	Max Mayer
Weststraße 2	ehem. Plauener Bank	1903	Bau- und ortsgeschichtlich von Bedeutung	Plauener Bank	Wilhelm Martens
Weststraße 53	Wohnhaus	1903	architektonisch qualitätvolles und reich gestaltetes Gebäude, baugeschichtlich von Bedeutung	Gustav Zimmermann	Gustav Zimmermann
Windmühlenstraße 20	Wohnhaus	1900	aufwendig gestaltetes späthistorisches Gebäude von baugeschichtlichem Wert	Emil Richard und Ernst Arthur Wellner	Carl Brandt

Auswahl von vorhandenen Bauwerken, die stadtgeschichtlich beziehungsweise baukünstlerisch von besonderer Bedeutung sind, im Zeitraum von 1840 bis 1904 entstanden und als Kulturdenkmal erfasst wurden, Zusammenstellung Dagmar Groß

der Großstadtwerdung vor allem vollzogenen baulichen, verkehrsmäßigen und weiteren nutzungsseitigen Veränderungen. Der Stadtplan wurde über 20 Jahre lang in den Maßstäben 1:6000 und 1:10000 regelmäßig von Ludwig Gustav Herold (1850–1915) erstellt, der nach dem Besuch des Lehrerseminars von 1870 bis 1872 in Reusa und danach in Plauen als Lehrer tätig war und ein besonderes kartografisch-zeichnerisches Talent besaß. Damit setzte er die Herausgabe gediegener stadtkartografischer Darstellungen durch Dr. Kurt Schurig (1837–1923) fort, der von 1868 bis 1895 in Plauen als Lehrer an höheren Bildungseinrichtungen wirkte und 1874 sowie 1875 zwei sehr inhaltsreiche Stadtpläne im Maßstab 1:6000 vorgelegt hatte. Außerdem veröffentlichte er 1875 eine grundlegende Abhandlung zur Geschichte des Bergbaus im Vogtland. Während der Stadtrat 1883 einen eigenen, aber völlig unzureichenden Stadtplan von H. Koppenhagen in Dresden im Maßstab 1:6000 herausgab, bildeten die von G. Herold entworfenen Pläne einen gestalterisch erfreulichen Gegensatz.

> ### Ein neuer Stadtteil 1904 im Blickfeld eines Bürgers
>
> Bei dem wahren Frühlingswetter am Sonntag, welches mich aus dem Weihnachtsgeschäftstrubel hinauslockte in die frische, freie Luft, gelangte ich, von der Pausaer Straße abbiegend, über Alt-Haselbrunn nach der Gegend am Preißelpöhl und war erstaunt, in welch kurzer Zeit dort, wo vor wenigen Jahren nichts als Ackerland war, ein ganz neuer Stadtteil entstanden ist, dessen Fortsetzung sich durch die Anlage neuer Straßen nach dem Pietzschebachtal auch schon erkennen läßt. Die ganze Anlage mit den darauf erbauten schönen, freistehenden Häusergruppen macht tatsächlich einen freundlichen, vornehmen Eindruck, und bei der reinen, unverdorbenen, ozonreichen Luft, die dort herrscht, braucht man wirklich kein Prophet zu sein, wenn man dort binnen wenigen Jahren einen mächtigen Stadtteil voraussieht. Auf dem Rückweg über die Jößnitzer Straße überzeugte ich mich ferner von der enormen Bautätigkeit auch in diesem Zwischengelände; es wird wohl nicht langer Zeit bedürfen, bis die beiden Friedhöfe vom Preißelpöhl her und von der Bahn herab von Häusern dicht umgeben sind.

⑥ Blick über den »Tunnel« vor 1875 zur bereits 1837 angelegten Bahnhofstraße, die sich zum repräsentativsten Straßenzug und zur Flaniermeile der Stadt Plauen herausbildete
Vogtlandmuseum Plauen

Der Ausbau des Straßen- und Schienennetzes

Die Zunahme von Straßennamen und die Festlegung von Hausnummern

1874

Auch wenn in der ersten Hälfte des 19. Jahrhunderts die bereits mit der älteren Stadtentwicklung entstandenen Landstraßen zu weiter entfernten Orten und die Verbindungswege zu nah gelegenen Siedlungen noch weitgehend die Hauptverkehrsstraßen darstellten, führten zugleich 1817 der Abbruch des Brückentors und besonders 1834 die Zerstörung des Syrauer Tores sowie der Beitritt Sachsens zum Deutschen Zollverein zu einer günstigeren Frequentierung des inneren Plauener Stadtgebiets, die nachfolgend durch die Abtragungen des Neundorfer Tores 1837, des Straßberger Tores 1838 und des Hammertors 1843 noch verstärkt wurde. Mit der Aufhebung des Brücken- und Pflasterzolls im Jahr 1839, dessen größte Einnahmen beim Brückentor erlangt worden waren, sowie mit der Anlage der Klosterstraße und der Errichtung der Brücke über die Syra 1845/46 hatten vor allem die Gassen und Straßen der Altstadt einen beträchtlichen Zuspruch zu verzeichnen. Diese den Stadtteil fördernde Entwicklung ergab sich auch aus seiner vergleichsweise besseren Ausstattung von Handwerk und Handel sowie durch seine Funktion als städtischer Verwaltungssitz, der mit den sich andeutenden Stadterweiterungen an Bedeutung gewann. Die »Localbau-Ordnung« von 1844 trug auch dazu bei, dass in der inneren Stadt mit der Verbreiterung und Begradigung von Gassen und Straßen die vorhandene Verkehrsenge allmählich reduziert wurde.

Da dieser Stadtteil trotz seiner Besiedlungsdichte bislang nur über eine begrenzte Anzahl von offiziellen Namen für Gassen, Straßen und Plätze verfügte, wurden mit dem Stadtratsbeschluss vom 17. Oktober 1846 weitere Benennungen vorgenommen, die auch teilweise erste Stadtausläufer einbezogen. 1859 wurde der Maurermeister Carl Gottlob Rädel von der Stadtverwaltung für seine Verdienste um den Ausbau der Neundorfer und Bahnhofsvorstadt, wozu unter anderem 1846 die Errichtung der Gewerbschule in der Seminarstraße und 1851/52 des Postgebäudes an der Bahnhofstraße gehörten, mit einer Straßenbezeichnung geehrt. Zahlreiche Neubenennungen erfolgten jedoch erst mit einer Bekanntmachung vom 12. Oktober 1874, und am 5. Juli 1875 wurden weitere ergänzende Namensgebungen für projektierte Straßen des Terrains des Aktienbauvereins bekannt gegeben. Während in den 70er-Jahren 35, in den 80er- und 90er-Jahren 27 neue Straßenbenennungen erfolgten, erhöhte sich allein in den Jahren 1900 bis 1904 die Anzahl auf 47 und belegt so die mit der Großstadtwerdung erheblich vorangeschrittene Vorstadterweiterung. Zusätzliche Straßennamen ergaben sich außerdem durch die Eingemeindungen von Haselbrunn (1899), Chrieschwitz (1900) und Reusa (1903). Im bisherigen Stadtgebiet erfolgte in den meisten Fällen eine namentliche Benennung erst mit der Straßenherstellung, denn in den Bebauungsplänen wurden die angedachten Trassen noch mit Buchstaben und Ziffern gekennzeichnet. Mit dem Ausbau des Straßennetzes kam es auch zu zahlreichen Umbenennungen und Neuzuordnungen von Straßen. Damit verbunden war der teilweise Wegfall älterer Namen und Kommunikationswege, und so kam es zum Verschwinden eines längeren Abschnitts des zum Bahnhof führenden Aktienwegs und des das nordöstliche Vorstadtareal durchkreuzenden Haselbrunner Weges. Auch seinerzeit bereits von Straßen umsäumte Plätze beziehungsweise Haine, wie der Albertplatz (1873), König-Albert-Hain (1889), Dittrichplatz (1899), Goetheplatz (1899) oder der Schroederplatz (1902), trugen zu topografischen Veränderungen im Stadtgebiet bei. In Anbetracht der immer zahlreicheren Straßen und Plätze erschwerte aber über viele Jahrzehnte eine bislang fehlende Hausnummerierung die private und geschäftliche Orientierung für Einheimische

Jahr	Straßenname	Jahr	Straßenname
1874	Bismarckstraße	1898	Heubnerstraße
1874	Blumenstraße	1899	Beyerstraße
1874	Carolastraße	1899	Blücherstraße
1874	Dörffelstraße	1900	Beethovenstraße
1874	(alte) Engelstraße	1900	Chamissostraße
1874	Heinrichstraße	1900	Leibnizstraße
1874	Leißnerstraße	1900	Mozartstraße
1874	Lindenstraße	1900	Schlachthofstraße
1874	Mosenstraße	1901	Gabelsbergerstraße
1874	Schildstraße	1901	Haydnstraße
1874	Stöckigter Straße	1901	Myliusstraße
1874	Tischerstraße	1902	Fiedlerstraße
1874	Weststraße	1902	Gutenbergstraße
1875	Auguststraße	1902	Hegelstraße
1875	Huberstraße	1903	Bickelstraße
1875	Knielohstraße	1903	Bülowstraße
1875	Lettestraße	1903	Hartmannstraße
1875	Moritzstraße	1903	Hauffstraße
1875	Talstraße	1903	Haußnerstraße
1875	Waldstraße	1903	Jahnstraße
1877	Gottschaldstraße	1903	Kasernenstraße
1877	Jößnitzer Straße	1903	Klopstockstraße
1880	Moltkestraße	1903	König-Georg-Straße
1883	Antonstraße	1903	Mammenstraße
1883	Dammstraße	1903	Schumannstraße
1883	Goethestraße	1903	Uferstraße
1885	(neue) Engelstraße	1904	Cranachstraße
1886	Konradstraße	1904	Gustav-Freytag-Straße
1896	Hohe Straße	1904	Herbartstraße
1896	Wildstraße	1904	Klemmstraße
1896	Reinsdorfer Straße	1904	Raabstraße
1896	Wieprechtstraße	1904	Virchowstraße

Ausgewählte Straßenneubenennungen im Zeitraum von 1874 bis 1904

und Fremde. Standörtliche Hinweise bot lediglich das sich damals räumlich in sieben Abteilungen (A bis G) gliedernde Brandversicherungskataster, das mit Buchstaben und Ziffern die Gebäude zwar lokalisierte, jedoch keine prompte straßenseitige Zuordnung erkennen ließ. Erst eine Bekanntmachung vom 21. Juni 1877 informierte über die vom Stadtrat beschlossene Hausnummerierung, wobei die Anbringung der Hausnummernschilder durch die Stadtbauverwaltung vorgesehen war, aber auch eine Selbstanbringung infrage kam. Da die flächenhafte Festlegung und Befestigung der neuen Hausnummern längere Zeit erforderte, behielt die bisherige Brandkatasterkennzeichnung weiterhin einen gewichtigen Informationswert.

Die höheren Aufwendungen für den sich ausdehnenden Straßen- und Brückenbau

Weil sich bis 1889 die Anzahl der Straßen und Plätze auf 170 erhöht hatte und bis 1904 auf 270 anstieg, verursachte deren Herstellung innerhalb nur weniger Jahrzehnte einen enormen Aufwand an Tiefbaumaßnahmen, die neben dem eigentlichen Straßen- und dem seit 1862 vorgenommenen Fußwegebau vor allem den Einbau von Schleusen sowie die Verlegung von Wasser- und Gasleitungen umfassten. Hinzu kam, dass durch die bauliche Überwindung der besonders kostenaufwendigen Höhenunterschiede bestimmte Areale noch nicht ver-

1871/96

kehrsseitig ausreichend verbunden waren und somit notwendige Straßenverknüpfungen immer dringender erforderlich wurden.

Während die »Local-Bauordnung« von 1844 nur geringfügige Brandschutzbemerkungen zur Anlegung neuer Straßen und Gassen enthielt, boten erst die »Straßenbau-Ordnungen« von 1871 und 1896 ausführliche Anleitungen zur allgemeinen Planung und Ausführung von Straßenbauvorhaben. Dabei wurde zur Neubaubeschleunigung und zur Kostenverträglichkeit eine einstweilige und eine endgültige Herstellung vorgegeben, wobei die einstweiligen Baumaßnahmen von den Bauträgern der zu errichtenden Gebäude finanziell zu begleichen waren, während die endgültige Ausführung teilweise von der Stadtverwaltung mitfinanziert wurde. Auf der Grundlage dieser Regelungen erhöhten sich mit der zunehmenden Ausdehnung des Straßennetzes die städtischen Ausgaben für Tiefbaumaßnahmen ganz erheblich und konnten zum größten Teil nur über Anleihen beglichen werden.

Zusätzliche Aufwendungen erforderten auch zahlreiche Brückenbauten, die bereits durch das Hochwasser von 1834 und durch die Verbindung von der Altstadt zur Bahnhofsvorstadt über die Syra notwendig wurden. Dieser den bisher schroffen Taleinschnitt überquerende Viadukt, der am 6. November 1846 fertiggestellt worden war, hatte bereits frühzeitig durch seine drei beeindruckenden Bogen, die den Durchlass von Mühlgraben, Bachlauf und Fußweg ermöglichten, die Standortbezeichnung »Tunnel« erhalten. Obwohl die Syrabrücke durch ihre zunehmende Funktion als Verkehrsmittelpunkt 1894, 1899 und 1904 verbreitert werden musste und sich somit ihr ursprünglicher Anblick doch etwas veränderte, bekam das Bauwerk den Status eines Plauener Wahrzeichens, zumal die neben dem Nonnenturm befindliche Gaststätte »Zum Tunnel« wesentlich zur namentlichen Bewahrung beitrug. Eine gleichermaßen

Jahr	Veränderung des Straßennamens
1874	Bärenstr. statt Westringstr.
1874	Kaiserstr. statt Ostringstr.
1874	Albertstr. statt Nordringstr.
1877	Reichsstr. statt (äußere) Syrauer Str.
1881	Ostenstr. statt von Ostenstr.
1881	Schillerstr. statt Oststr.
1882	Körnerstr. statt Holzstr.
1883	Trögerstr. statt Trögergäßchen
1883	Rähnisstr. statt Kaiserstr.
1883	Kaiserstr. statt Rähnisstr.
1885	Weststr. statt (alte) Engelstr.
1888	Burgstr. statt Zimmerstr.
1893	Mühlstr. statt (alte) Theaterstr.
1897	Melanchthonstr. statt Wehrstr.
1897	Hainstr. statt Krummer Weg
1897	Reißiger Str. statt (vordere) Friedhofstr.
1897	Thiergartner Str. statt Thiergartner Weg
1897	Meßbacher Str. statt (äußere) Hofer Str.
1898	Theaterstr. statt Erholungsstr.
1898	Marktstr. statt Innere Neundorfer Str.
1898	Neundorfer Str. statt Äußere Neundorfer Str.
1898	Dobenaustr. statt Kauschwitzer Str.
1898	Straßberger Str. statt Innere und Äußere Straßberger Str.
1898	Hammerstr. statt Äußere Hammerstr.
1902	Zwoschwitzer Str. statt Zwoschwitzer Weg
1903	Trockentalstr. statt Weidigtgäßchen
1904	Am Alberthain statt Krankenhausstr.

Auswahl zu Umbenennungen und Neuzuordnungen von Straßennamen im Zeitraum von 1874 bis 1904

Ein verständlicher Straßenbauwunsch von 1890 in der Presse

Am Abend des 27. März 1890 versammelte sich im kleinen Saal des Restaurants »Zum Prater« eine größere Anzahl Grundstücksbesitzer an der Dobenaustraße und in der oberen Bahnhofsvorstadt zum Zweck der Herbeiführung der baldigen Eröffnung der Ziegelstraße. Von allen Anwesenden wurde die große Dringlichkeit der baldigen Erschließung der Ziegelstraße nach der Dobenaustraße anerkannt, da bislang eine notwendige Straßenverbindung zwischen der oberen Bahnhofsvorstadt und dem an die Syra angrenzenden Siedlungsteil fehlte. Die Ansicht aller Anwesenden ging dahin, diese Angelegenheit dem Stadtrat in einem Bittgesuch vorzutragen, und zwar neigte die Mehrheit dahin, es möchte der vom Stadtgemeinderat für die Ziegelstraße festgesetzte Plan endlich zur Ausführung kommen.

Trotz dieses eindringlichen Bürgerbegehrs erfolgte der Bau des noch ausstehenden unteren Straßenabschnitts zwischen West- und Dobenaustraße erst im Zeitraum vom 18. Dezember 1897 bis zum 16. Mai 1900 als Verlängerung der Carlstraße, die zukünftig die Bezeichnung Karlstraße erhielt.

erforderliche Verbreiterung hatte auch schon eher die alte Elsterbrücke erfahren, die dazu führte, dass sie mit der Vergrößerung am 18. September 1888 den Namen »König-Albert-Brücke« erhielt. Infolge der 1897 begonnenen Begradigung der Weißen Elster wurde die 1836 erbaute Gösselbrücke im Jahr 1900 abgebrochen und an der Böhlerstraße neu errichtet. Zudem ist schon 1899 anstelle von Höppners Brücke im Verlauf der Fürstenstraße eine tragfähigere Brücke erbaut worden, die zwischen der Hammervorstadt und der Ost- und Reusaer Vorstadt eine bessere Verkehrsverbindung schuf. Mit der 1904 fertiggestellten Straßenbrücke über den Mühlgraben am bisherigen Weidigtgäßchen entstand ein vordringlicher verkehrsseitiger Zusammenschluss von Straßberger Vorstadt und Brückenvorstadt. Diese Verkehrsanbindung wurde noch 1904 durch die Elsterbrücke im Verlauf der Dürerstraße erweitert, weil dadurch der Untere Bahnhof günstiger erreicht werden konnte. Kurz vor der Vollendung stand auch 1904 der

⑦
Blick zum »Tunnel« mit den drei röhrenartigen Durchlässen der Brücke von 1845/46 über die Syra
Stadtarchiv Plauen

Syratalviadukt als bereits 1886 erstmalig angedachte Verbindung zwischen der Neundorfer Vorstadt und der Bahnhofsvorstadt. Eine gesonderte Überbrückungsform, die infolge der Verkehrszunahme notwendig erschien, war die abschnittsweise Überwölbung von straßenbegleitenden oder -querenden Bächen, so zum Beispiel bei der Syra an der Dobenaustraße oder beim Milmesbach an der Hofer Straße. Neben weiteren Straßenbrücken und Überwölbungen hatte auch das Schienennetz der Eisenbahn dazu beigetragen, die Anzahl der Brücken im Plauener Stadtgebiet zu erhöhen.

Die Dynamik der Stadtentwicklung durch die Anbindung an das Eisenbahnnetz

Die am 20. November 1848 und am 15. Juli 1851 erfolgten Anschlüsse an das sächsisch-bayerische Eisenbahnnetz stellten den bedeutendsten infrastrukturellen Entwicklungsimpuls für Verkehr, Siedlung und Wirtschaft von Plauen im Prozess der Großstadtwerdung dar. Dadurch erlangte die damalige Kleinstadt eine bahnbrechende Einbindung in das überregionale und internationale Verkehrswegenetz, die einerseits den ansteigenden Gütertransport von Handel, Gewerbe und Industrie beförderte und andererseits mit dem Standort eines Bahnhofs eine bestimmte räumliche Zielrichtung der weiteren Stadterweiterung veranlasste. Mit den zusätzlichen Streckeneröffnungen am 1. November 1874 (Plauen–Oelsnitz), am 8. September 1875 (Plauen–Greiz) und am 20. September 1875 (Plauen–Weischlitz) ergab sich für Plauen eine insgesamt noch bessere regionale Verkehrsanbindung und für die äußere Neundorfer Vorstadt sowie für die Brückenvorstadt ein günstigerer lokaler Verkehrsanschluss, wobei die Haltestelle Neundorf erst am 1. Mai 1901 die Bezeichnung »Plauen-Neundorf i. V.« erhielt. Zur Unterscheidung zum neuen Bahnhof in der Elsteraue hatte das zwischen 1846 und 1848 erbaute Bahnhofsgebäude am Bärenstein 1875 den zutreffenden Namen Oberer Bahnhof erhalten, obwohl dessen Standort infolge der unterschiedlichen Streckenplanungen für das bergige Vogtland nicht von Anfang an feststand. Zur Vermeidung von größeren Steigungsverhältnissen wurde unter anderem im Plauener Stadtgebiet eine Linienführung am Talhang der Hofer Vorstadt in Erwägung gezogen, wobei der Platz für den Bahnhof in die Nähe des »Felsenschlößchens« gerückt wäre. In Kenntnis dieses möglichen Trassenverlaufs hatte der schon in der Syrauer Vorstadt als Bauspekulant in Erscheinung getretene Maurermeister Carl Gottlob Rädel in diesem abgelegenen Terrain zahlreiche Grundstücke erworben, zu denen auch mehrere Sandgruben und ein Steinbruch gehörten. Als jedoch der endgültige Schienenweg feststand, verkaufte er im Oktober 1845 sein dort befindliches Wohnhaus, seine benachbarte Gartenanlage, den Steinbruch und einige Feldgrundstücke mit den Sandgruben. Bereits im November 1845 wurde in der vorherigen »Rädels Anlage« durch Gustav Müller der Schankbetrieb fortgeführt, der ab 1846 als »Felsenschlößchen« firmierte und sich zu einer der bedeutendsten örtlichen Saalwirtschaften mit Konzert-, Theater- und Ballveranstaltungen herausbildete.

1848/51

⑧ Die ersten Bahnhofsbauten für die Eisenbahnanschlüsse von 1848 und 1851 (Ausschnitt eines Ölbildes von 1861)
Vogtlandmuseum Plauen

Trotz der seinerzeit noch siedlungsabseitigen Lage des endgültigen Bahnhofsstandorts übte dieser schon zwischen 1848 und 1851, als die Transportanstalt zwischen Plauen und Reichenbach den Verkehr fortführte, eine bebauungsfördernde Entwicklung aus. So hatte Carl Friedrich Redlich östlich der oberen Bahnhofstraße das »Deutsche Haus« als Restauration mit Saalbetrieb und Konzertgarten erbaut. Da das Gebäude 1854 abbrannte, konzentrierte er sich als Ökonom auf seinen umfangreichen landwirtschaftlichen Grundstücksbesitz westlich der oberen Bahnhofstraße, der bis zu seiner Ziegelei in der Tennera reichte. So wurde der Milchausschank in »Redlichs Garten« in direkter Bahnhofsnähe zugleich zu einem beliebten Ausflugsziel. Die Anziehungskraft des Bahnhofs bewirkte auch ein verstärktes Bauinteresse der Grundstücksbesitzer in dessen Umgebung, sodass 1873 der Bebauungsplan auf die östliche Seite der oberen Bahnhofsvorstadt bis zum Bahndamm ausgedehnt wurde und dadurch eine rege Bautätigkeit einsetzte, so unter anderem auf dem umfänglichen Feld des Maurermeisters Karl Reinhard Petzoldt. In ähnlicher Weise wurde Ende der 70er-Jahre auch der westliche Teil der äußeren Bahnhofsvorstadt zu einem gefragten Bebauungsgebiet, wozu »Redlichs Areal« gehörte.

1882 kein Votum für eine Pferdestraßenbahn

In einer der damaligen Schreibweise entsprechenden Pressemitteilung vom 24. Februar 1882 wurde die Plauener Bevölkerung darüber informiert, dass sich der Stadtrat gegen die Idee einer Pferdestraßenbahn entscheiden hat: Mit der Erbauung einer Pferdeeisenbahn in unserer Stadt scheint es noch gute Wege zu haben. Oficiell verlautet über diese Angelegenheit aber Folgendes: Ein hiesiger Kaufmann hatte dem Rathe das Anerbieten gemacht, vermitteln zu wollen, daß eine Gesellschaft englischer Capitalisten nach noch näher zu treffenden Vereinbarungen die Erbauung einer Pferdebahn in unserer Stadt übernehmen werde. Der Rath erklärte hierauf, daß er, so lange nicht genügend Unterlagen dafür geboten werden, daß das Unternehmen wirklich zur Ausführung gelangt und in sonstigen Beziehungen hinreichende Sicherheiten gegeben werden, nicht in der Lage ist, seinerseits weitere Erörterungen in der Sache vorzunehmen.

In Anbetracht der zeitgleich verlaufenden Aufwärtsentwicklung des Güter- und Personenverkehrs erfuhr das Bahnhofsgebäude 1874, 1894 und 1897 notwendige Erweiterungen, außerdem wurde 1874 und 1900 die nahe Eisenbahnbrücke durch Neubauten ersetzt. Von 1898 bis 1902 erfolgten die Herstellung eines Kohlebahnhofs sowie der Ausbau der Gütergleise und der zugehörigen Ladeanlagen, denn über sie musste der größte Teil des Verkehrsaufkommens bewältigt werden. Hier überragte der Empfang von Gütern den Güterversand um ein Mehrfaches, wobei die Anfuhr von Stein- und Braunkohle den höchsten Anteil (rund 55 Prozent) verzeichnete. Dieser außerordentliche Bedarf resultierte vor allem aus dem wachsenden Verbrauch der mit Dampfmaschinen ausgestatteten Textilindustrie und aus der steigenden Abnahme durch die zwei Gaswerke und das Elektrizitätswerk. Bei den sonstigen angelieferten Gütern traten im Voranschreiten der Großstadtwerdung die Baumaterialien hervor, für die sich durch die umfangreiche Bautätigkeit eine zunehmende Nachfrage entwickelt hatte. Wurden 1899 am Oberen Bahnhof täglich rund 60 Waggons entladen, erhöhte sich im Oktober 1902 die Entladungsmenge auf über das Doppelte mit 132 Waggons. Im selben Jahr passierten insgesamt 98 Züge den Bahnhof, während Plauen-Neundorf von 30 und der Untere Bahnhof von 28 Zügen angefahren wurden.

Die erfolgversprechende Eröffnung des Straßenbahnnetzes im Jahr 1894

Unter Berücksichtigung der ebenfalls gestiegenen Anzahl der ankommenden und abfahrenden Personen stellte die Eröffnung der Straßenbahnlinie ab Oberem Bahnhof eine regelmäßige Anbindung zur Innenstadt dar. Vorher hatten Lohnkutscher, Hotelwagen und seit Juni 1889 auch Droschken als Zubringer gedient. Dabei gab es schon 1882 den ersten Vorschlag für eine Straßenbahn. Zwar stellte im Jahr 1885 ein Leipziger Unternehmer weitere Ausführungsvarianten vor, die zusätzlich auch Kabel- und Dampfstraßenbahnen beinhalteten, gleichfalls aber nicht zur Umsetzung gelangten.

Erst weitere 1887 begonnene Verhandlungen führten im Mai 1893 zu einem Vertrag mit der Berliner Allgemeinen Elektrizitäts-Gesellschaft zur Einrichtung einer elektrisch betriebenen Straßenbahn.

Voraussetzung zu dieser für die erheblichen Steigungsverhältnisse besser geeigneten Antriebsart war der im März 1894 begonnene Bau einer Kraftstation in der Erholungsstraße (ab 1898 Theaterstraße). So konnte am 17. November 1894 die erste Fahrtstrecke von 1,7 Kilometern Länge vom Oberen Bahnhof zum Neustadtplatz mit einer Spurbreite von einem Meter in Betrieb genommen werden.

Bereits am 3. Dezember 1894 erfolgte als Fortsetzung die 1,6 Kilometer lange Teilstrecke vom Neustadtplatz zum Unteren Bahnhof. Das Strecken- beziehungsweise Liniennetz erweiterte sich bis 1902 auf 5,78 Kilometer, darunter die neuen Abschnitte Syrabrücke – Grüner Kranz und Wettiner Hof – Schillergarten. Die Zunahme der beförderten Personen erhöhte sich von 1 239 281 (1896) auf 3 284 390 (1904) und belegte damit die bedeutungsvolle Funktion der Straßenbahn für eine bessere innerörtliche Mobilität und für eine standörtliche Aufwertung abgelegener Stadtteile. Der zur Streckeneröffnung im November 1894 zu verzeichnende Erstnutzeransturm erbrachte neben der verständlichen Neugier auf das moderne Transportmittel den offenkundigen Beleg der längst überfälligen lokalen Verkehrsdurchquerung in dem immer mehr entstehenden Siedlungsgebilde einer Großstadt.

Die Entfaltung der Wasser-, Gas- und Stromversorgung

Die Absicherung der Wasserversorgung als vordringliche kommunale Aufgabe

Ein noch größeres und weiter zurückreichendes Bedürfnis hatte sich herausgebildet, als Plauen nach der Mitte des 19. Jahrhunderts immer deutlicher von einer Kleinstadt zu einer Mittelstadt heranwuchs und durch die ständig höhere Einwohnerzahl der Bedarf an Wasser erheblich anstieg. Versorgten bislang die hölzernen Röhren vom Syratal zum Altmarkt Bereiche der tiefer gelegenen Innenstadt durch das natürliche Gefälle zumeist noch ausreichend mit Trinkwasser, so führte die Herausbildung der Neundorfer Vorstadt und der Syrauer Vorstadt (Bahnhofsvorstadt) dazu, dass einerseits die nutzbare Wassermenge nicht ausreichte, um die zahlreichen zusätzlichen Bewohner zu versorgen, und andererseits die neuen Vorstädte bedeutend höher lagen als die Quellfassung und somit bisherige Zuleitungen nicht infrage kamen. Deshalb gewann in dieser Zeit vor allem in der sich zuerst ausdehnenden Neundorfer Vorstadt die Anlage von Brunnen an Gewicht, wobei zum Beispiel der Brunnen im Garten der »Erholung« von 1842 bis 1865 auch der Wasserversorgung von Einwohnern des Stadtviertels diente. Zwar gab es 1852/53 Bemühungen zur Errichtung einer Wasserleitung aus Rich-

1894

⑨
Der Triebwagen Nr. 9 der 1894 eröffneten Straßenbahnlinie Oberer Bahnhof – Unterer Bahnhof
Stadtarchiv Plauen

⑩ Blick über den am 9. September 1865 geschmückten Altmarkt zum Rathaus und zu dem späteren Stadthaus
Vogtlandmuseum Plauen

tung Neundorf und 1863 Vorstellungen zu einem Pumpwerk an der Weißen Elster im Terrain der oberen Aue, um der immer häufigeren Wasserknappheit zu begegnen, aber erst die steigende Anzahl von diesbezüglichen Eingaben an den Stadtrat führte schließlich dazu, dass 1864 durch ein fundiertes Gutachten des Wiener Sachverständigen Gustav Henoch das Quellgebiet des Milmesbachs als besonders ergiebiges Grundwasserreservoir bewertet wurde. Auf dieser Grundlage wurde 1864/65 die Milmes- beziehungsweise Meßbachleitung mit einem Hochbehälter fertiggestellt, deren höhenseitige Ausgangslage eine bessere Gewähr zur Wasserversorgung bislang benachteiligter Vorstädte bot und bei deren Einwohnern große Freude auslöste. So fand am 9. September 1865 in der Neundorfer Vorstadt ein umfangreiches Festprogramm mit Illumination zum Beginn der »Wassermangelaufhörungsperiode« statt. Außerdem war durch die zu erwartende Feststimmung der Altmarkt geschmückt und mit einem Springbrunnen versehen worden. In Anerkennung der überaus erfolgreichen Wasserbeschaffung wurde G. Henoch am 6. November 1865 die Ehrenbürgerschaft der Stadt Plauen zuerkannt. Da jedoch durch die erhebliche Zunahme der Einwohnerzahl und durch die Ausbreitung der Bebauung auf höher gelegenen Arealen wie in der Ostvorstadt und in der oberen Bahnhofsvorstadt der Wasserbedarf weiter anstieg, wurden von G. Henoch weitere geeignete Wassernutzungsgebiete vorgeschlagen, sodass 1873/74 die Syrau-Kauschwitzer Leitung entstand, die 1885 um eine Zuleitung von Zwoschwitz ergänzt wurde. In günstiger Lage zur Stadt wurde zudem 1874 ein Hochbehälter an der Pausaer Chaussee bei Neuhaselbrunn errichtet. Weil aber trotzdem die Wassermenge nicht ausreichte, auch bedingt durch die Trockenheit im Sommer 1885, wurde noch im Herbst jenes Jahres der Berliner Ingenieur A. Thiem mit der Erkundung neuer Bezugsquellen beauftragt, die er bis 1887 durchführte, wobei er schon im November 1885 eine Grundwassergewinnung im Elstertal bei Straßberg in den Vordergrund rückte. Da jedoch die laufenden Ausgaben für den erforderlichen Pumpaufwand von der Talsohle bis in die wesentlich höher gelegenen Stadtteile der Stadtverwaltung als zu voluminös erschienen, wurden andere Lösungen gewählt. So entstanden 1894/95 die bei Syrau einsetzende Kaltenbachleitung und 1895/97 die Bergener Leitung mit einem Hochbehälter bei Reusa, die die umfangreichste Wassermenge lieferte und vor allem für die höher gelegenen Stadtviertel von Nutzen war.

Obwohl der beträchtliche industrielle Wasserbedarf nur durch das Brauchwasser von Weißer Elster und Mühlgraben gedeckt werden durfte, stieg der Trinkwasserbedarf infolge der rasanten Zunahme der Einwohnerzahl weiter an, sodass von 1900 bis 1902 mit den Vorarbeiten zur Errichtung einer Talsperre bei Poppengrün begonnen wurde. Die detaillierte Planung zur Geigenbachtalsperre ist 1903 auf der ersten Deutschen Städteausstellung in Dresden vorgestellt worden. In Anbetracht des 1904 erfolgten Baubeginns mit einer absehbar längeren Bauzeit wurden deshalb für verschiedene öffentliche Einrichtungen, zum Beispiel Oberer Bahnhof, Königliche Industrieschule, Lehrerseminar, Gaswerk, Abdeckerei, und für zahlreiche Privathaushalte, besonders in der Haselbrunner Vorstadt, weiterhin tiefe Brunnen genutzt beziehungsweise erst angelegt. Außerdem sind fortwährend neue Haupt- und Zweigzuleitungen geschaffen worden. Da sich auch der Wasserverbrauch der örtlichen Industrie ausdehnte, ist zur Verbesserung der Nutzwasserqualität der Weißen Elster, in die bis 1899 die städtische Kanalisation einmündete, schon 1874 und 1893 der erste Abschnitt eines Abfangkanals für Schmutzwasser fertiggestellt worden, dessen teilweise Fortführung von 1899 bis 1901 erfolgte. Zur vorteilhaften Brauchwasserversorgung, besonders in der unteren Aue, wurde außerdem 1900/01 ein Rein- beziehungsweise Betriebswasserkanal errichtet. Dadurch, dass mit der 1897 begonnenen Begradigung der Weißen Elster ab der oberen Aue für einige industrielle Anlieger der unmittelbare Wasserbezug entfiel, hatte sich schon die Notwendigkeit eines Ersatzstrangs für das benötigte Nutzwasser angedeutet, der im Jahr 1904 bis zur unteren Aue fertiggestellt werden konnte.

Das Gaswerk diente seit 1856 zu Leucht-, Koch-, Wärme- und Kraftzwecken

Zwar waren bereits 1828 in Dresden und 1838 in Leipzig die ersten sächsischen Gasanstalten entstanden, während weitere städtische Gaswerke 1851 in Zwickau, 1854 in Chemnitz und 1856 in Plauen in Betrieb genommen wurden. Der Auslöser zur Erzeugung von Gas aus Steinkohle war die allerorten unzulängliche Beleuchtung der alten und neuen Straßen. Obwohl in Plauen seit 1842 eine gewisse Straßenbeleuchtung durch eine begrenzte Anzahl von Öllaternen vorhanden war, verbreiteten diese nur bis Mitternacht ihr Licht und wurden in den Monaten Juni und Juli überhaupt nicht angezündet, sodass es angesichts der zumeist noch ungepflasterten Verkehrswege zu zahlreichen Beschwerden aus der Bürgerschaft kam. So ist dem Kaufmann Christian Carl Böhler die Anregung zu verdanken, dass er neben einem geschäftlichen Vorteil der besseren Ausleuchtung und Beheizung der seit 1826 firmierenden Textilfabrik F. L. Böhler & Sohn auch die Vervollkommnung der kommunalen Straßenbeleuchtung durch die Errichtung einer von der Stadtverwaltung mitgetragenen Gasanlage vorschlug. Während Ch. F. Böhler zur Realisierung eine von ihm geführte Aktiengesellschaft gründen wollte, empfahl ein 1853 vom Stadtrat gebildeter Ausschuss am 29. November 1854 unter dem Vorsitz von Carl Wilhelm Wieprecht aus bereits erkennbaren einnahmebezogenen Nutzungsgründen die alleinige Verantwortung der Stadt zu übergeben. Da der Stadtrat am 8. Dezember 1854 und die Stadtverordneten am 29. März 1855 trotz kostenseitiger Skepsis vom 17. Januar 1855 aus der Bürgerschaft diesem Vorschlag zustimmten, konnten nunmehr die speziellen Vorbereitungen zur Erbauung und technischen Ausstattung des Gaswerks getroffen werden. Diese wurden von dem bisherigen Betriebsinspektor der Dresdner Gasanstalt, Gottfried Lorenz, vorgenommen, der auch bis 1864 die Plauener Gasanstalt leitete. Die umfangreichen Maurerarbeiten an der westlichen Seite der Hammerstraße vergab man an den bei vielen lokalen Bauvorhaben hervorgetretenen Carl Gottlob Rädel. Nach der am 26. Oktober 1856 vollzogenen Inbetriebnahme erfolgte am 31. Oktober 1856 die erstmalige Zuleitung mit Leuchtgas an 61 Privatabnehmer und an die 159 stadteigenen Straßenlaternen, deren Anzahl sich bis 1904 auf 2 045 erhöhte. Der seit 1856 zügig vorangetriebene Ausbau des Hauptröhrennetzes förderte in kurzen Zeitabständen den Gasbedarf, vorerst zur Beleuchtung und zunehmend auch zu Koch-, Wärme- und Kraftzwecken, wobei bis 1896 die Gasmotoren für die Textilindustrie Bedeutung besaßen. Wurden 1857 insgesamt 67 600 Kubikmeter verbraucht, waren es 1863 bereits 176 710 Kubikmeter, sodass 1864, 1872 und 1875 drei zusätzliche Gasometer errichtet werden mussten. Schon 1876 gab der bis 1891 tätige Direktor Rudolf Albert Merkel die Anregung zum Bau einer zweiten Gasanstalt, der aber erst 1901/02 nach der erfolgten Elsterregulierung auf der östlichen Seite

1897

Seit 1867 unumgängliche Messung des Wasserverbrauchs

Nachdem 1865 die Meßbacher Wasserleitung in Funktion kam, wurde am 5. August 1867 der erste Wassermesser in Betrieb genommen, dem im Laufe des Jahres noch 21 Wasserzähler folgten. Wenn auch die verbindliche Einführung von Wassermessern in den folgenden Jahren immer noch auf Schwierigkeiten stieß, so sah man sich doch zum Einbau derselben veranlasst, da sich die Grenze der Leistungsfähigkeit bei der Wasserbeschaffung näherte. Man sah in der genauen Zumessung und Berechnung der tatsächlich verbrauchten Wassermengen den einzigen Weg, die mit erneuten Kosten verbundene Erweiterung der bestehenden Anlagen noch auf fernere Zeit hinauszuschieben. Es gab sogar die Auffassung, dass es weniger auf absolut genaues Anzeigen der Messer ankomme als darauf, dass die Verbraucher zur Sparsamkeit erzogen und Wasservergeudungen ausgeschlossen werden.

Die rasche und vielgestaltige Verstädterung

⑪ Das erste Gaswerk Plauens stammt aus dem Jahr 1856.
Stadtarchiv Plauen

der Hammerstraße verwirklicht werden konnte. Nach der am 24. November 1902 erfolgten ersten Gasabgabe erhielt das Gaswerk noch 1904 den Standortvorteil eines Gleisanschlusses, sodass vor allem die umfangreiche Steinkohlenzufuhr aufwands- und kostengünstiger vonstattenging. Betrug der Kohleverbrauch 1857 noch 546 750 Tonnen, so stieg er 1901 für die zwei Gaswerke auf 15 564 000 Tonnen und 1904 sogar auf 21 377 500 Tonnen.

Die Energieversorgung durch Strom gewann immer mehr an Bedeutung

Obwohl der mit der zunehmenden Großstadtwerdung erheblich angewachsene Gasbedarf abgedeckt werden konnte, deutete der 1891 in Deutschland vorhandene Bestand von 52 Elektrizitätswerken darauf hin, dass auch für Plauen die Errichtung einer solchen Anlage zur ergänzenden neuzeitlichen Energieversorgung überdacht werden musste. So befasste sich die Stadtverwaltung Ende 1891 erstmalig mit dieser Angelegenheit und bildete einen Sonderausschuss zur Errichtung eines städtischen Elektrizitätswerks. Dieser befürwortete eine Ausschreibung für das Gesamtprojekt, das am 20. Mai 1896 der Allgemeinen Elektrizitäts-Gesellschaft Berlin zugesprochen und gleichzeitig zur 20-jährigen Verpachtung übertragen wurde. So begann nach dem im August 1896 angefangenen Bau am 26. März 1897 die Versorgung mit Elektroenergie über die Straßenleitungen des Elektrizitätswerks und über Hausanschlusskabel an die Abnehmer. Ende 1897 gab es 208 Hausanschlüsse, deren Anzahl sich bis zum Jahresende 1904 auf 1361 erhöhte, wobei die werkseitige Stromübertragung von 3 000 Volt auf 120 Volt Abnahmespannung transformiert wurde. Der kontinuierlich ansteigende Strombedarf führte von 1898 bis 1904 zu Kapazitätserweiterungen, die zwar anfänglich auf die Beleuchtung ausgerichtet waren, sich aber rasch auch auf den Elektroantrieb ausdehnten, da die Elektromotoren besonders für die dominierende Textilindustrie eine bessere Nutzungseignung boten. Vor der Eröffnung des Elektrizitätswerks gab es in Plauen 169 Gasmotoren, im Jahr 1904 nur noch 36. In der Stickereibranche stieg dagegen die Anzahl der effektiver einsetzbaren Elektromotoren von 75 im Jahr 1898 auf 1690 im Jahr 1904. Das Elektrizitätswerk trug somit ganz wesentlich dazu bei, dass sowohl der Plauener Hauptindustriezweig als auch weitere industrielle und handwerkliche Branchen, die auf wirkungsvolle Antriebskräfte angewiesen waren, beachtliche Entwicklungsimpulse erhielten.

Dabei wurde schon seit 1882 in bestimmten Geschäftsbereichen, in denen eine vorteilhaftere Beleuchtungsart auf außerordentliches Interesse stieß, mittels privater Stromerzeugung eine beeindruckende Ausleuchtung erreicht. So verfügten 1896 acht Textilbetriebe über fast 78 Bogenlampen und 877 Glühlampen. 1891 gab es bereits 25 elektroerzeugende Anlagen, die überwiegend von der Textilwirtschaft genutzt wurden sowie der Beleuchtung der Papierfabrik August Geipel, der Königlichen Industrieschule, der Apotheke Langbein & Lange, dem Elektrogeschäft J. P. Wild und des Restaurants »Prater« dienten. Zur Absicherung des Straßenbahnverkehrs errichtete die Allgemeine Elektrizitäts-Gesellschaft 1894 eine eigene Kraftstation. Obwohl das Elektrizitätswerk umgehend bedeutendster städtischer Stromerzeuger wurde, waren 1898 noch 43 privat betriebene Elektroanlagen vorhanden. Eine wesentliche Ursache dafür lag in dem noch nicht flächendeckend ausgebauten Stromverteilungsnetz und damit in dem unzureichenden Erschließungsgrad zahlreicher Strombedarfsstandorte. Trotzdem konnte von 1897 mit 4 602 Glühlampen bis zum Jahr 1904 die Anschlusszahl auf 30 943 erhöht werden.

⑫
Die 1863 eröffnete Turnhalle am Anger, vor 1894
Stadtarchiv Plauen

Die Fortschritte in der Gesundheitspflege und Krankenfürsorge

Die die Gesundheit fördernden Bademöglichkeiten und Turnbewegungen

Obwohl in Plauen die Badestuben schon eine jahrhundertelange Tradition besaßen, erfuhr das Badewesen erst im 19. Jahrhundert eine größere Aufmerksamkeit und Inanspruchnahme, da 1798 Moritz Erdmann Engel auf die dringende Notwendigkeit der Schwimmkunst hingewiesen hatte und wenige Jahrzehnte später mit der Anlage von Badeplätzen an der Weißen Elster mehr Bademöglichkeiten zur Verfügung standen. Zudem hatte sich mit dem von dem Arzt Dr. Jacob Julius Böhler, Sohn des Textilfabrikanten Friedrich Ludwig Böhler, von 1836 bis 1844 betriebenen Badehaus das Nutzungsangebot auf gesundheitspflegende und medizinische Bäder erweitert. Außerdem bestand mit der von 1844 bis 1847 existierenden Schwimm- und Badeanstalt der Allgemeinen städtischen Turnanstalt eine zusätzliche Möglichkeit zur Körperertüchtigung durch Schwimmübungen. Schwimmen und auch Wandern in Form von Turnfahrten zählten damals zu den wegweisenden sportlichen Aktivitäten unter den Vorbildern Johann Christoph Friedrich GutsMuths und Friedrich Ludwig Jahn, die zugleich philanthropisches und nationales Gedankengut einbrachten. Diese Turnbewegung breitete sich seit 1833 durch Otto Leonhard Heubner in Plauen sowie im Vogtland und im übrigen sächsischen Raum aus. Der Garten seines Vaters Johann Leonhard Heubner beim alten Amtshaus am Schlossberg wurde acht Jahre Standort der ersten Turnanstalt, in der Kraftübungen an Turngeräten stattfanden. Da die Teilnahme von Seminaristen, Gymnasiasten und auch Schülern der Bürgerschule immer mehr zunahm, wurden ein besser geeignetes Gartengrundstück am Anger erworben, das sich bisher im Besitz von Carl Gottlob Rädel befunden hatte, und am 24. Juni 1840 ein größerer Turnplatz als Allgemeine städtische Turnanstalt eingeweiht. Obwohl ab 1841 auch der Turnunterricht an der Bürgerschule gefördert wurde, unterbrach seit 1848 die Unterdrückung des freiheitlich-demokratischen Anliegens der Turnerkreise deren Aktivitäten und damit zugleich das verdienstvolle Wirken von O. L. Heubner vor allem in der Zeit seiner Gefängnisverbannung von 1850 bis 1859. In Plauen regte sich 1860 der Wunsch nach einer Vereinsturnhalle; nach zweijähriger Bauzeit am Anger konnte sie am 18. Oktober 1863 mit einem Schauturnen eingeweiht werden und stand ab sofort auch dem schulischen Turnunterricht zur Verfügung. In Anbetracht der doch begrenzten Räumlichkeiten diente ein am 22. September 1901 eröffneter größerer Neubau dem immer mehr nachgefragten Turnwesen. Im dem vom politischen Zeitgeschehen unbeeinflussten Badewesen zeichnete sich schon seit 1851 eine kontinuierliche Nutzungsentwicklung ab, weil seither über viele Jahrzehnte Badeanstalten existierten, zu denen seit 1873 ebenso die Einrichtung des Aktienbadevereins gehörte, die 1879 als städtisches Bad angekauft wurde. Der Stadtgemeinderat beschloss am 12. Oktober 1897 die Erbauung eines größeren Stadtbades, die aber erst nach der Großstadtwerdung erfolgte. Bis dahin stellte der Gebrauch von Schulbädern, die teilweise auch von der Bevölkerung genutzt werden konnten, eine zusätzliche Badegelegenheit dar. Zudem hatte die Gesundheitspolizei seit 1897 die badseitige Reinigung und Desinfektion von bestimmten Personengruppen (Wanderburschen, Strafgefangenen) nichtstädtischer Herkunft veranlasst. Das im Jahr 1900 eingeweihte Sonnenbad am Preißelpöhl war ein längst notwendiger Schritt zur stadtnahen Inanspruchnahme von günstigen Freiluftbedingungen, die vor allem im Einflussbereich der beträchtlichen ungefilterten Emissionen der Industriegase an der Weißen Elster nicht gegeben waren. Bereits 1881 gab es erste Aktivitäten für örtlichen Luftwechsel mit Körperpflege für eine begrenzte Anzahl Plauener Schulkinder, denen seit 1884 ein gesundheitsfördernder Ferienaufenthalt in Schöneck ermöglicht wurde.

Die Verbesserung der Gesundheitsverhältnisse durch sanitär-hygienische Maßnahmen

Vor der Ausbreitung der Textilindustrie wurden schon in der Innenstadt Umweltbeeinträchtigungen spürbar, die hauptsächlich durch mangelhafte sanitär-hygienische Verhältnisse hervorgerufen worden waren. Einerseits führten die unzureichend gepflasterten Gassen, die noch verbreitete Viehhaltung der Ackerbürger und die unzulängliche Entwässerung zu einer erheblichen Verschmutzung der Fahrwege. Außerdem trug die nicht vorhandene Gewässerreinigung zu einem sich ausbreitenden Abwasseranteil und zu einer unangenehmen Geruchsbelästigung bei. Diesbezüglich erregte besonders der im Kontaktbereich von Altstadt und Bahnhofsvorstadt gelegene Lohmühlenteich Anstoß bei Anwohnern und Besuchern der Stadt. Zwar erfolgte die eigentliche Wasserzufuhr über einen Mühlgraben der Syra, jedoch verursachte die Zuleitung der offenen Abwasserschleuse aus dem alten Stadtteil vornehmlich in der warmen Jahreszeit üble Ausdünstungen. Noch im Juni 1866 wurde festgestellt, dass der Teich einen ekelhaften Gestank verbreitete und seine Oberfläche aus einer Bedeckung von Exkrementen bestand. Trotzdem wurde erst im Oktober 1872 vom Stadtrat der Ankauf des Lohmühlengrundstücks zeitgleich mit der Maßgabe beschlossen, die Einleitung der Schleusenwässer einzustellen. Nachfolgend ist noch der Teich trocken gelegt und zugeschüttet worden, sodass endlich ein zentral gelegener gesundheitsschädigender Standort verschwand. Allerdings entstand 1894 mit der Kraftstation für die Straßenbahn auf der entgegengesetzten Seite der Syrabrücke mit einem 40 Meter hohen Schornstein eine neue umweltbeeinträchtigende Stätte mit starker Ruß- und Rauchemission, über die regelmäßig Beschwerden eingingen, da das Stadtzentrum immer mehr Anziehungspunkte erhielt und stärker frequentiert wurde.

Die Eindämmung von Krankheiten durch eine bessere medizinische Betreuung

Größere Auswirkungen auf die damaligen Gesundheitsverhältnisse hatten jedoch die sich flächenhaft im Stadtgebiet ausbreitenden Infektionskrankheiten, die besonders in der ersten Hälfte des 19. Jahrhunderts zu einer größeren Anzahl von Inkubationen und von Todesfällen führten. Die Ursachen bestanden unter anderem darin, dass diese teilweise pandemischen Erkrankungen und die Ansteckungswege oft weitgehend unbekannt waren, Impfmöglichkeiten noch nicht zur Anwendung kamen, neben einer geringen Zahl von Allgemeinärzten noch die medizinisch dürftig vorgebildeten Bader, Barbiere und Wundärzte als Heilkräfte fungierten und aus Kostengründen selbst auf notwendige Behandlungen verzichtet wurde. In Plauen wiesen zudem die Hospitäler St. Elisabeth und St. Johannis sehr unzureichende stationäre Platz- und Ausstattungsbedingungen auf. Insofern waren in dieser Zeit Pocken, Ruhr, Scharlach, Darmkatarrh und Tuberkulose die wesentlichen Todesursachen. Bis zum Ende des Jahrhunderts lösten nur noch Katarrh und Tuberkulose einen höheren Morbiditätsanteil aus, da bessere hygienische Voraussetzungen und die seit 1875 wirksamen Impfungen die Verbreitung von Infektionskrankheiten eingedämmt hatten. Allerdings kam es trotzdem noch zum periodischen Auftreten von epidemischen Krankheiten, so 1866 mit Cholera, 1869/70 und 1875 mit Typhus, 1871/72 mit Pocken, 1874 mit Masern und 1882 mit Scharlach. Seit den 50er-Jahren hatte durch Auswirkungen der zunehmenden Frauenbeschäftigung in der Textilindustrie auch die frühe Kindersterblichkeit zugenommen. In Anbetracht der untragbaren Zustände in den beiden Hospitälern hatte 1843 Stadtrat Gustav Fincke, Mitbegründer des Turnrats und der Turngemeinde sowie Vorsitzender der Armendeputation, die sich besonders um eine bessere Krankenpflege bemühte, die Anregung zur Errichtung einer Krankenanstalt gegeben, die 1850 von Stadtrat C. A. Schwauß erneut aufgegriffen wurde. Schließlich erfolgten am 4. November 1858 die Grundsteinlegung an der Hammerstraße und am 31. August 1860 die Einweihung des dringend notwendigen Neubaus, der von dem in unmittelbarer Nachbarschaft wohnhaften Maurermeister Wilhelm Traugott Vogel, dem Vater von Hermann Vogel, errichtet worden ist. Leiter der Krankenanstalt, die anfangs nur 33 Betten zur Aufnahme bot, wurde der seit 1830 in Plauen praktizierende Dr. Jacob Julius Böhler. Obwohl durch eine Behelfsbaracke Betten hinzukamen, reichte die Kapazität von 66 Krankenbet-

---

Sehr unangenehme Ausdünstungen des Lohmühlenteichs an der Ecke des Klostermarkts im Jahr 1850

Wollt' mein teures Plauen
Jüngst mal wiederschauen,
Kam zur Bahnhofstraße just herein.
Doch, o welche Düfte
Füllten da die Lüfte!
Ei, wer ist der Mann,
Der da helfen kann?
Warum hält der seine Nase fern?
Wohlfahrtspolizei
Nur getrost herbei!
Hier sieht wahrlich dich der Bürger gern!

⑬
Das neue Plauener
Krankenhaus, um 1889
Vogtlandmuseum Plauen

1889

ten an dem eingeengten Standort nicht aus, sodass der Stadtgemeinderat am 18. November 1884 den Ankauf von Grundstücken an der Flurgrenze zu Reusa für ein wesentlich größeres Krankenhaus beschloss. Nachdem Stadtbaurat Georg Osthoff am 18. April 1885 das Projekt abzeichnete und der Stadtgemeinderat am 7. Mai 1885 diesem Vorhaben zustimmte, erfolgten am 8. September 1887 die Grundsteinlegung und am 7. Dezember 1889 die Inbetriebnahme des Neubaus. Nun konnte die Bettenzahl durch Erweiterungen schrittweise von 114 (1890) auf 124 (1891), 140 (1897), 148 (1899), 210 (1902) und 250 (1904) erhöht werden. Allerdings vergrößerte sich seit 1860 beziehungsweise ab 1889 das zuständige ärztliche Personal nur in einem geringen Umfang, während bis 1904 in Plauen im Zusammenhang mit der stark anwachsenden Einwohnerzahl die Quote der ambulanten Ärzteschaft erheblich anstieg, die sich auch zunehmend immer mehr aus gefragten Spezialärzten (zum Beispiel für Augenuntersuchungen, Kinderkrankheiten, Hals-, Nasen- und Ohrenbeschwerden, Zahnbehandlungen) zusammensetzte. Die spezifischen Heilanwendungen verlangten eine Vielzahl von Arzneimitteln, sodass zusätzlich zur Alten Apotheke bis zur Großstadtwerdung weitere fünf Apotheken in den nunmehr dichter bevölkerten Stadtteilen entstanden: 1867 Schloss-Apotheke, 1879 St.-Johannis-Apotheke, 1890 Schwan-Apotheke, 1900 Concordia-Apotheke, 1904 Adler-Apotheke.

In Ergänzung zu der stationären städtischen Krankenbetreuung seit 1860 beziehungsweise 1889 trugen die sozialen und seelsorgerischen Aufgabenfelder christlicher Einrichtungen sowie die von bürgerlichen Frauenvereinen vorgenommene Unterstützung kranker ärmlicher Bevölkerungsschichten, die mit der sich ausbreitenden Industrialisierung merklich zunahmen, auch ganz wesentlich zu einer besseren ambulanten und stationären Krankenfürsorge bei.

Wachsender Zuspruch für Religionsgemeinschaften

Gerd Kramer

Die Wiederbelebung der katholischen Glaubensbewegung seit 1840

Zwar war infolge der Reformation auch in Plauen der Katholizismus vom Protestantismus abgelöst worden, aber nach über 300 Jahren gab es am 11. Oktober 1840 in der protestantischen Gottesackerkirche von 1722 einen katholischen Gottesdienst, der in den Folgejahren jeweils im Frühjahr und Herbst von einem Pfarrer der seit 1820 in Zwickau wiedererstandenen katholischen Kirche abgehalten wurde. Obwohl durch die steigende Anzahl von Zugewanderten katholischen Glaubens das verständliche Bedürfnis einer spürbaren Seelsorge bestand, ist erst 1860 die Anstellung eines Kaplans genehmigt worden, der zuerst in der Oberen Endestraße 62 und ab 1861 in der Schloßstraße 6 den Gottesdienst durchführen konnte. Für die Besetzung mit einem Hilfsgeistlichen hatten sich schon im Oktober 1859 angesehene Plauener Katholiken eingesetzt, darunter der Gastwirt Carl Deil, der 1852 das erste Hotel in der Bahnhofsvorstadt eröffnet hatte. Während 1858 in Plauen 104 Katholiken ansässig waren, erhöhte sich die Zahl 1871 auf 176, 1885 auf 911 und 1900 auf 3996, wobei die größere industrielle Anziehungskraft in der zweiten Jahrhunderthälfte den Zuzug aus den katholischen Regionen von Böhmen, Bayern und Schlesien beförderte hatte. So wurde auch am 1. Juli 1892 die bisherige Expositur Plauen unter Einbeziehung der Tochterkirche Reichenbach zu einer Pfarrei erhoben, die bis zur späteren Errichtung eines eigenen Pfarrgebäudes Standorte in der Erholungsstraße 2b, Theaterstraße 10, Neundorfer Straße 45 und in der Ziethenstraße 14 bezog. Der als Kapelle beziehungsweise als interimistische Pfarrkirche genutzte Betsaal in der Schloßstraße 6 erwies sich immer mehr als völlig unzureichende Versammlungsräumlichkeit, die trotz eines 1893 vorgenommenen Anbaus nur 200 Personen Platz bot, sodass an Sonn- und Feiertagen die Kapellenbesucher bis auf die Straße ausweichen mussten oder nicht dem Gottesdienst beiwohnen konnten. Diese unzumutbaren Verhältnisse traten besonders in den Sommermonaten auf, als sich rund 1000 katholische Wanderarbeiter, unter anderem aus Italien und Kroatien, in Plauen aufhielten. In Voraussicht notwendiger Veränderungen wurden Spendengelder für einen Kirchenbau gesammelt, der seit 1890 durch einen Kirchenbauverein eine wesentliche Förderung erhielt. Damit konnten 1895 ein geeignetes Baugrundstück Ecke Ziethen- und Gustav-Adolf-Straße erworben und am 27. Juni 1901 der Grundstein für den Bau nach dem Entwurf des Leipziger Architekten Julius Zeißig gelegt werden. Bei der Grundsteinlegung waren zahlreiche Persönlichkeiten anwesend, unter ihnen auch der von 1892 bis 1899 wirkende Pfarrer Paul Kaiser, der das Vorhaben des Kirchenbaus an vorderster geistlicher Stelle vorantrieb. Der erste Gottesdienst fand am 28. September 1902 in der im neoromanischen Stil mit Klinkern und Sandstein errichteten Herz-Jesu-Kirche statt, die mit ihrem 48 Meter hohen Turm zu einem markanten Wahrzeichen der Neundorfer Vorstadt wurde. Das benachbarte Gebäude des Pfarramts wurde 1903 fertiggestellt. Bereits ab 10. April 1899 konnte an der Ziethenstraße 9 die erste katholische Volksschule von anfänglich 179 Schülern besucht werden. Schon im Folgejahr musste durch die weiter gestiegene Schülerzahl das Gebäude um einen Anbau erweitert werden.

Die Johannis- und die Luthergemeinde als protestantische Kirchenmittelpunkte

Da sich Plauen immer mehr der Einwohnerzahl einer Großstadt angenähert hatte, verzeichneten in der protestantisch geprägten Region die evangelisch-lutherischen Kirchen gleichzeitig den meisten Zuspruch an Gläubigen. Dadurch reichten selbst die Johanniskirche und die bisherige Gottesackerkirche, die 1880 die Bezeichnung Bartholomäikirche und 1883 im Zusammenhang mit dem 500-jährigen Geburtsjubiläum des Reformators den Namen Lutherkirche erhielt, nicht mehr als Gotteshäuser aus. Auch unter Berücksichtigung der regionalen Ausdehnung der Plauener Superintendentur, der überörtlichen Zuständigkeit der Johannisgemeinde für Umlandgemeinden und der Durchführung zahlreicher Gottesdienste in verschiedenen Einrichtungen der sich immer mehr ausbreitenden Vorstädte ergab sich die Notwendigkeit einer geeigneteren Aufgliederung der bisher sehr großen Parochie. Somit wurden per 1. April 1893 mit der Johannis-, Luther- und Paulusgemeinde drei eigenständige Kirchspiele gebildet, deren jeweiliges Areal durch ein Ortsgesetz vom 1. Januar 1894 bestimmt wurde:

- Johannisgemeinde: vornehmlich Innere Stadt, Brückentor-, Hammertor-, Ost- und Straßberger Vorstadt sowie elf Dörfer und zwei Tochterkirchgemeinden (Straßberg 1902, Jößnitz 1903 ausgepfarrt);
- Luthergemeinde: vorwiegend Neundorfer Vorstadt und nordwestliche Bahnhofsvorstadt;
- Paulusgemeinde: hauptsächlich nordöstliche Bahnhofsvorstadt.

1895 umfassten die drei neuen Kirchgemeinden folgende Mitgliederzahlen: Johannisgemeinde 29 422, Luthergemeinde 14 475, Paulusgemeinde 19 068. Zur Abhaltung von Gottesdiensten in der Ostvorstadt wurde ab dem 10. Oktober 1893 in der Lettestraße 8 ein Betsaal angemietet, der mit der Schuleinweihung am 7. April 1902 in der Fiedlerstraße 3 durch einen größeren Kirchensaal ersetzt werden konnte. Für einen angedachten Kirchenbau war schon 1894 die Fläche einer ehemaligen Kiesgrube erworben worden. Im Jahr 1900 gründete sich im nördlichsten Stadtteil der Kirchenbauverein Plauen-Haselbrunn, da auch hier nur provisorische Einrichtungen für Gottesdienste zur Verfügung standen. Auf der Grundlage ihrer jahrhundertelangen Entwicklung besaß die St.-Johannis-Kirche den Status einer Hauptkirche, die besonders mit ihren zwei weithin sichtbaren Türmen zum markanten Erscheinungsbild in der Stadtsilhouette wurde. Die reiche innere Ausstattung der Kirche wurde aber 1815 durch den ansonsten verdienstvollen und angesehenen Pfarrer Johann Friedrich Wilhelm Tischer entfernt, und 1885/86 erfolgte im Ergebnis einer umfangreichen Renovierung eine weitere Umgestaltung in neogotischer Ausrichtung. Das 1902/03 neu errichtete geräumige Pastoratsgebäude an der Unteren Endestraße 4 wurde am 3. November 1903 eingeweiht. Dabei erinnerte der mit altem Kleinpflaster versehene angrenzende Kirchplatz nicht mehr daran, dass sich dort der frühere Friedhof befand.

Da der neuere Gottesacker vor dem Neundorfer Tor schon 1826 die vierte Vergrößerung erfahren hatte und mit dem Auftreten von Epidemien eine deutliche Zunahme von Todesfällen zu verzeichnen war, reichte der Raum des ummauerten Gottesackers für mehr Bestattungen in den folgenden Jahrzehnten nicht mehr aus. Weil aber durch die Siedlungsverdichtung eine weitere Vergrößerung nicht infrage kam, erfolgte am 26. September 1866 dessen Schließung und zugleich die Eröffnung eines neuen Gottesackers am Rand der östlichen Bahnhofsvorstadt beziehungsweise der oberen Hammertorvorstadt. Trotz Erweiterungen in den Jahren 1875, 1881 und 1886 wurde die Anlage eines weiteren Friedhofs notwendig, der am 7. Januar 1889 in der Nähe des Preißelpöhls eingeweiht werden konnte. Mit der 1866 begonnenen Friedhofsverlagerung hatte sich auch schrittweise der Wandel der Gottesackerkirche zu einer Predigtkirche vollzogen, wenngleich noch zahlreiche Vorbehalte gegenüber der früheren Begräbniskirche mit ihren dominierenden Beisetzungsfeierlichkeiten bestanden. Obwohl 1883 das Areal des ehemaligen Gottesackers den Namen Lutherplatz erhielt, wurde erst am 10. März 1899 mit dessen Säkularisierung auch die formale Trennung zur einstigen Nutzung vollzogen. Mehrere Grabsteine waren jedoch mit der Auflösung des Gottesackers zur Erinnerung an denkwürdige Persönlichkeiten nicht beseitigt worden, darunter die Grabplatte für die 1854 im Alter von 27 Jahren verstorbene Tochter Adelaide von Albert von Chamisso, die mit dem seit 1850 in Plauen wirkenden Rektor des Gymnasiums Prof. Dr. Johann Friedrich Palm verheiratet gewesen war.

Die Errichtung der Pauluskirche für die bevölkerungsreiche Bahnhofsvorstadt

Da sich neben der Neundorfer Vorstadt vor allem die Bahnhofsvorstadt zum bedeutendsten Stadterweiterungsgebiet mit dem größten Einwohnerzuwachs herausgebildet hatte, aber in dem zunehmend dichter bebauten Raum kein großräumiges Gotteshaus vorhanden war, gab es 1881 erste Bestrebungen zur Errichtung eines Kirchengebäudes. Diese wurden 1883 in einem sehr ausführlichen Vortrag über das »Bedürfniß zur Erbauung einer dritten Kirche für die Stadt Plauen« von Oberbürgermeister O. Kuntze deutlich unterstützt. Immerhin bestand die Paulusgemeinde 1893 schon aus 14 000 Mitgliedern. Nachdem vorerst seit 1885 der Gottesdienst in der Aula der II. Bürgerschule an der Johannstraße 56 stattfand, wurde schließlich 1891 eine Ausschreibung für den geplanten Kirchenbau auf dem 1884/85 angekauften Grundstück am Wurmberg veranlasst. Mit 79 Einsendungen hatte der Wettbewerb eine überaus starke Resonanz erzielt, unter denen die Preisrichter am 28. Oktober 1891 den Entwurf des Leipziger Architekten Georg Weidenbach auswählten. Die Grundsteinlegung erfolgte am 17. Juni 1895, der Weihegottesdienst am 29. November 1897. Die vorwiegend in Klinkerbauweise errichtete Kirche im neogotischen Stil mit 1200 Plätzen erhielt einen Turm von damals 73 Metern Höhe. Im Jahr 1904 wurde der Pauluskirche noch die seit 1903 bestehende Plauener Militärgemeinde zugeordnet.

1897

> ### Auf Spurensuche zu einstigen Persönlichkeiten
>
> Obwohl in den vorliegenden Ausführungen zum 19. Jahrhundert bereits zahlreiche Namen verdienstvoller oder ziemlich bekannter örtlicher Personen genannt werden, sind für die Aufhellung ihrer eigenen und familiären Vergangenheit weiterführende Lebensdaten von durchaus breiterem Interesse. Für die Erlangung solcher Angaben ist jedoch kein sofortiger aufwendiger Rückgriff auf Kirchenbücher sowie Geburts- und Sterberegister erforderlich, weil insbesondere einige stattliche Familien- und Erbbegräbnisstätten älterer Friedhöfe dazu bestimmte Aussagen liefern können. Zwar sind zahlreiche Ruhestätten nicht mehr vorhanden, doch der Denkmalschutz und jüngere Nachfahren haben den Bestand einer überschaubaren Anzahl von Grabmalen gesichert, sodass eine gewisse Erinnerung an Plauener Persönlichkeiten sowie an deren Familienstammväter und Abkömmlinge gegeben ist. Diesbezügliche Beispiele weist der seit 1866 bestehende Friedhof I mit folgenden ausgewählten Grabstellen auf: Heinrich Axtmann, Richard Eichhorn, Johannes Fleischer, Wilhelm Friedrich Hammer, Leopold Oscar Hartenstein, Friedrich August Hempel, Carl Louis Höppner, Arthur Kell, Friedrich Kessler, Hilmar Mückenberger, Friedrich Gustav Richter, Fedor Schnorr, Theodor Schurig, Carl Hermann und Carl Reinhard Tröger, Emil Trömel, Wilhelm Traugott Vogel, Ehrenbürger Richard Wagner, Carl Wilhelm Weisbach, Ehrenbürger Carl Friedrich Wieprecht. Infolge des verwitterten Bauzustands einzelner Grabmale (zum Beispiel für den Bürgermeister Richard Wagner und die Textilfabrikanten August und Richard Hempel) ist jedoch durch die kaum noch lesbaren Inschriften und durch nicht mehr vorhandene Grabplatten eine namentliche Spurensuche mitunter schon schwierig geworden.

① Die 1892 errichtete Zionskirche Ecke West- und Reichsstraße, um 1902
Stadtarchiv Plauen

1884

Die Gründung einer Israelitischen Vereinigung im Jahr 1884

Obwohl mit der bis 1813 bestehenden Namensbezeichnung Jüdengasse ein topografischer Bezug zur einstigen mittelalterlichen Existenz von jüdischen Einwohnern vorhanden war, ermöglichten erst sächsische Gesetzgebungen der Jahre 1867 und 1871 die Neuansiedlung von Juden in Plauen. Weil mit der spürbaren Zuwanderung die Anzahl von 4 (1871) auf 93 (1885) anstieg, wurde am 19. Februar 1884 in der Windmühlenstraße 10 eine Israelitische Vereinigung gegründet, während schon zuvor Gottesdienste am Altmarkt 14 abgehalten worden waren. Die eigentliche Gründung einer Israelitischen Gemeinde erfolgte wenige Wochen später am 1. April 1884 in dem am Neustadtplatz gelegenen Hotel »Zum blauen Engel«. Die Gottesdienste wurden seit Juni 1884 in den Räumlichkeiten der Gaststätte »Zur Pyramide« in der Schustergasse 9 durchgeführt, aber infolge unzureichender Bedingungen ab dem 1. September 1893 in den neuen Betraum in der Blumenstraße 2 verlegt. Zwar gab es schon 1887 erste Überlegungen zur Errichtung einer Synagoge, jedoch konnte angesichts der beschränkten Finanzverhältnisse am 31. März 1898 in der Nähe des Tannenhofs auf Kauschwitzer Flur lediglich ein Grundstück zur Anlage eines gemeindeeigenen Friedhofs angekauft werden, dessen Einweihung 1899 erfolgte. Im gleichen Jahr wurde der Israelitischen Gemeinde der Status einer öffentlich-rechtlichen Korporation zuerkannt, und 1904 wurde ihr Zuständigkeitsbereich durch eine gesetzliche Verfügung auf die Amtshauptmannschaften Plauen, Auerbach und Oelsnitz ausgedehnt. Da allein in Plauen die Anzahl der Gemeindemitglieder im Jahr 1900 auf 208 angestiegen war, reichte der bisherige Betraum nicht aus, sodass ein Jahr nach der Großstadtwerdung ein bislang als Stickmaschinensaal der Firma Arthur Seidel & Co. genutztes Hintergebäude in der Schillerstraße 41 als geräumigere Synagoge eingeweiht wurde.

Die methodistische Religionsgemeinschaft mit der Zionskirche von 1892

Unter den sonstigen Religionsgemeinschaften hatte das Jahr 1867 konfessionelle Auswirkungen in der Weise, dass ein zurückgekehrtes Plauener Auswanderehepaar einerseits methodistische Anregungen aus Nordamerika mitbrachte und andererseits Erfahrungen eines in Plauen existierenden Bibelkreises nutzte, um 1869 über eine Frauenvereinigung, 1870 durch auswärtige und ab 1871 durch gemeindeeigene Prediger die evangelisch-methodistische Mission zu verbreiten. Die Gottesdienste fanden zuerst in Wohnungen in der Gartenstraße und in der Burgstraße statt, bevor 1874 ein Saal in der Seminarstraße 26 bezogen werden konnte. Weil zu der Plauener Hauptgemeinde auch zahlreiche methodistische Gemeindebezirke im Vogtland gehörten, stieg die gesamte Mitgliederzahl erheblich an. So erfolgte am 21. September 1891 Ecke West- und Reichsstraße die Grundsteinlegung zu einem großen Kirchengebäude, das am 6. Juni 1892 als Zionskirche eingeweiht wurde. Infolge des Zuspruchs in anderen Stadtteilen wurde in der Südvorstadt ab 1904 auch ein Saal in der Oelsnitzer Straße 86 genutzt. Von den übrigen kleineren Glaubensgemeinschaften errichtete 1901 die Apostolische Gemeinde an der Ecke Blumen- und Annenstraße ein eigenes Gotteshaus.

Das Plauener Schulwesen befand sich gegen Ende des 18. Jahrhunderts in einem mangelhaften Zustand. Das betraf seine Struktur, die Bildungsinhalte, die Qualifikation der Lehrer und vor allem die räumlichen Verhältnisse. Die den Jungen vorbehaltene städtische Lateinschule hatte ihr Domizil noch in den Kellerräumen der Pfarrhäuser, die Mädchen wurden im sogenannten Gemeindekirchkasten am Kirchplatz unterrichtet, und die Kinder der armen Bevölkerung besuchten die acht dürftigen Schulstuben an den Toren der Stadtmauer.

Der bedeutungsvolle Aufschwung des Bildungswesens

Roland Schmidt

Mit neuen Ideen zu höheren Leistungen

Dank eines großen Engagements der Superintendenten Johann Christian Hand (bis 1798), Dr. Johann Friedrich Wilhelm Tischer (bis 1823) und Dr. Christian Anton August Fiedler (bis 1843) sowie tüchtiger Schulmänner wie der Rektoren Johann August Görenz, Adolf Friedrich Wimmer und Johann Gottlob Dölling konnten bis 1835 wichtige Veränderungen durchgesetzt werden. So wurden ab 1797 befähigten Lateinschülern, denen aus sozialen Gründen ein Universitätsstudium verschlossen blieb, spezielle didaktisch-methodische Kurse angeboten, um ihnen eine Perspektive als Volksschullehrer zu geben. Es entstand das sogenannte Voigtländische Schullehrerseminarium, das 1810 durch ein königliches Dekret seine offizielle Anerkennung erhielt, aber bis 1835 in räumlicher und personeller Einheit mit der Lateinschule verbunden blieb.

Für diese Lateinschule setzte sich um 1800 immer mehr der Name Lyceum durch, da sie eine doppelte Aufgabe besaß. Zum einen bereitete sie zukünftige Studenten auf die Universität vor, von denen später der Schriftsteller Julius Mosen und der Kirchenhistoriker Konstantin von Tischendorf die bekanntesten waren. Zum anderen vermittelte sie dem größten Teil der Knaben in einem kürzeren Lehrgang elementare Kenntnisse für eine bürgerliche Lebensführung. Dieser Differenzierung folgend, erarbeiteten Superintendent Tischer und Rektor Wimmer ab 1803 wiederholt neue Lehrkonzeptionen, die beiden Richtungen dienlich waren. So wurde für die zukünftigen Studenten die altsprachliche Ausbildung erweitert, während in den unteren Klassen eine größere Stundenzahl für Deutsch, Rechnen und Naturkunde angeboten wurde. Diese Maßnahme bewirkte einen stärkeren Schulbesuch der unteren Klassen. Die Leistungssteigerung der Lateinschüler förderte Superintendent Fiedler gemeinsam mit Rektor Wimmer, indem er 1826 – drei Jahre vor der gesetzlichen Einführung in Sachsen – für die Absolventen Abiturprüfungen einführte. Sie ließen die Plauener Schule, die seit 1830 von Rektor Dölling geleitet wurde, in den Kreis der elf höheren Schulen Sachsens aufrücken, die die offizielle Berechtigung zu Abiturprüfungen erhielten. Zugleich waren sie ein erster Schritt zur 1835 erteilten Anerkennung als Gymnasium. Maßgeblichen Anteil an diesem Aufschwung des Lyceums hatte der 1815 vollzogene Umzug der Schule in das Landrock'sche Haus am Schulberg. Auch wenn es als ehemaliges Wohnhaus kein ideales Schulgebäude war, verbesserten sich die Unterrichtsbedingungen wesentlich. Die Kaufsumme von rund 4475 Talern war durch freiwillige Spenden Plauener Bürger sowie von Wohltätern aus dem gesamten Vogtland aufgebracht worden.

Dahinter blieben die Bildungsmöglichkeiten für die Mädchen und die Kinder der untersten Schichten der Stadtbevölkerung weit zurück. So wurden im Gemeindekirchkasten am Kirchplatz bis 1841 meist 240 Mädchen in zwei Räumen von je einem Lehrer unterrichtet, und in den Torschulen am Neundorfer, Straßberger, Syrauer und Hammertor sowie an der Elsterbrücke herrschten noch schlimmere Zustände, da sie vielfach Unterrichtsstätte und Wohnung des Lehrers und seiner Familie zugleich waren. Zwar versuchte Superintendent Tischer mit seiner »Ordnung für die Tor- und Spinnmaschinenschule« vom 23. September 1822, feste Regeln für ihre Tätigkeit durchzusetzen, ihre grundlegenden Mängel in der räumlichen und materiellen Ausstattung sowie in der ungenügenden Qualifikation der Lehrer blieben aber bestehen. Ende der 1820er-Jahre wurden vereinzelt Absolventen des Lehrerseminars eingestellt, schließlich verlangte das erste sächsische Volksschulgesetz vom 6. Juni 1835, dass nur noch staatlich geprüfte Lehrer eine ständige Anstellung in der Volksschule erhalten konnten. Eine generelle Besserung der Bildungssituation der Kinder der armen Bevölkerung trat erst 1841 ein, als in der Syrastraße die Allgemeine Bürgerschule als elementare Bildungsstätte für alle Kinder eröffnet wurde, die die acht Torschulen und den Gemeindekirchkasten überflüssig machte.

1835

Ein geglücktes Experiment – Gymnasium und Realschule als Doppelanstalt

1835 vollzogen sich im Plauener Bildungswesen einschneidende Veränderungen. Das Lyceum, das bisher Elementarschule, Lateinschule und Lehrerseminar unter einer Leitung und einem Dach vereinte, gliederte sich

① Das Gebäude der 1841 errichteten Allgemeinen Bürgerschule an der Syrastraße
Stadtarchiv Plauen

1848/49

in drei selbstständige Bildungsstätten mit eigenem Lehrkörper. Am 7. Mai 1835 wurde das Plauener Gymnasium gegründet. Es nahm die drei oberen Klassen des Lyceums auf und gliederte die 80 Schüler in die vier Gymnasialklassen Prima, Sekunda, Tertia und Quarta sowie in die als »Progymnasium« deklarierte Quinta und Sexta mit jeweils anderthalbjährigem Lehrgang. Die von Rektor Dölling geleitete Schule betonte weiterhin die altsprachliche Bildung, erhielt aber mit Zeichnen, Gesang und Turnen ein breiteres Fächerangebot, für das ein erweitertes Lehrerkollegium zur Verfügung stand. Von besonderer Bedeutung war die Verpflichtung des Mathematikers Dr. Eduard Thieme, sodass dieser Unterricht erstmals in Plauen von einem Fachlehrer erteilt wurde.

Die mit der Gründung des Gymnasiums erzeugte Aufbruchstimmung erhielt aber bereits 1836 einen herben Rückschlag. Zum einen blieb die Zahl der Schüler hinter den Erwartungen zurück, zum anderen lehnte das Kultusministerium die von der Stadt erbetene Förderung von jährlich 3 000 Talern für die nächste Finanzperiode nicht nur ab, sondern es erklärte das Gymnasium für überflüssig, weshalb es geschlossen werden müsse. Dagegen erhoben die Stadt Plauen und nahezu alle vogtländischen Kommunen entschiedenen Protest, der am 7. Juli 1837 zu einer lebhaften Debatte in der II. Kammer des Landtags führte. In einer kämpferischen Rede warnte der Adorfer Bürgermeister Carl Todt vor den negativen Folgen, die die Schließung des Gymnasiums für das Vogtland hätte. Er beantragte, sie nicht nur zu vermeiden, sondern auch für die Zukunft seine finanzielle Unterstützung zu sichern. Das Ministerium musste einlenken, begrenzte aber die jährliche Zuwendung auf maximal 1 700 Taler. Das zwang das Gymnasium zu Kürzungen im Lehrangebot, zu Lehrerentlassungen und Gehaltsminderungen. Erst 1843 wurde für das Gymnasium per Vertrag eine »gemischte Kollatur« vereinbart, die bis Ostern 1889 gültig war und nach der der Staat die Lehrer berief und vergütete sowie die Lehrmittel finanzierte, während die Stadt für den Unterhalt des Schulgebäudes zuständig war.

Die nunmehr gesicherte Existenz des Gymnasiums erlaubte es Rektor Dölling, der Schule einen anspruchsvollen Lehrplan zu geben, der neben dem weiteren Übergewicht der Altsprachen mehr Stunden für den Deutschunterricht vorsah. Erstmals wurden Werke der klassischen deutschen Literatur gelesen und etwas später auch deutsche Aufsätze geschrieben. 1847 wurde per staatliches Regulativ für alle sächsischen Gymnasien ein einheitlicher Stundenplan verbindlich, der für die oberen Klassen der Mathematik mehr Zeit einräumte und sie erstmals zu einem Versetzungsfach erhob.

1848/49 beteiligten sich einige Lehrer und Schüler des Gymnasiums an den revolutionären Kämpfen. Sie stellten im Rathaus Patronen her, die für Barrikadenkämpfe verwendet werden sollten. Konrektor Heinrich Lindemann fungierte als Schriftführer des städtischen Wehrausschusses. Nach der Niederschlagung des Dresdner Maiaufstands 1849 wurde er zu sechs Jahren Zuchthaus und lebenslangem Berufsverbot verurteilt, die Schülerschaft des Gymnasiums wurde pauschal der Disziplinlosigkeit beschuldigt, der es dringend abzuhelfen gelte. Diese Aufgabe fiel Prof. Dr. Johann Friedrich

Palm zu, der 1850 nach Döllings Tod dessen Amtsnachfolger wurde. Er sah seine Hauptaufgabe in der Erziehung der Schüler zu treuen Untertanen der sächsischen Monarchie, der viele Schüler zunächst reserviert gegenüberstanden. Durch sein ausgezeichnetes Lehrgeschick konnte er aber nach und nach die Vorbehalte gegen ihn abbauen und ihre Achtung erwerben. Er führte viele Neuerungen im Schulalltag ein, zugleich erkannte er die Notwendigkeit, das Plauener Gymnasium mit einer Realschule zu verbinden. Zum einen war das Gymnasium allein auf Dauer nicht zu halten, zum anderen forderten die gewerbetreibenden Kreise der Stadt eine bessere mathematisch-naturwissenschaftliche Bildung der Knaben. Palm entwarf 1854 einen Plan, der dem Gymnasium die Klassen der seit 1836 bestehenden Königlichen Gewerbschule zuführte. In der neuen Doppelanstalt sollten alle Schüler die beiden untersten Klassen gemeinsam absolvieren und erst nach vollendetem 12. oder 13. Lebensjahr entscheiden, ob sie nachfolgend einen Realschulabschluss oder das gymnasiale Abitur erstreben wollen.Das Experiment gelang nicht nur in Plauen, sondern fand auch in anderen Städten Nachahmung. Begünstigt wurde der Erfolg durch den Einzug der Doppelanstalt in das 1848 fertiggestellte Gewerbschulgebäude in der Seminarstraße 13. In den 1870er-Jahren wurde der gemeinsame Unterbau beider Schultypen des »Gymnasiums mit Realschule zu Plauen« wieder aufgegeben. Die bisherigen drei Gymnasialoberklassen Prima, Sekunda und Tertia wurden in jeweils einjährige Unter- und Oberklassen geteilt, und für die Realschulklassen der Doppelanstalt wurde 1874 ein eigenes Gebäude in der Seminarstraße 15 errichtet.

Das erste sächsische Volksschulgesetz bewirkt die Allgemeine Bürgerschule

Vier Wochen nach der Gründung des Plauener Gymnasiums, am 6. Juni 1835, trat in Sachsen des »Gesetz, das Elementar-Volksschulwesen betreffend« in Kraft. Es war die erste für das gesamte Königreich verbindliche Regelung für diesen Schultyp. Die Stadt Plauen traf es weitgehend unvorbereitet, denn um die Bildung der Kinder des einfachen Volkes war es schlecht bestellt. Für etwa 1500 Schülerinnen und Schüler standen nur 14 Lehrer zur Verfügung, Unterrichtsräume wie der Gemeindekirchkasten am Kirchplatz und die acht Torschulen blieben weit hinter den Vorschriften zurück und das Gebäude am Schulberg 4 war bereits völlig überbelegt. Die Stadt benötigte dringend eine Bürgerschule, doch für deren Bau fehlte das Geld. Es wurde durch den Verkauf von Schuldscheinen an die Bürger aufgebracht, die binnen 26 Jahren gegen vierprozentige Verzinsung nach einem Losverfahren von der Stadt getilgt wurden. So kamen bis 1838 rund 20 000 Taler in die Stadtkasse, genügend Geld für den Baustart am 4. September 1838. Knapp drei Jahre später, am 6. Juni 1841, wurde an der Syrastraße das repräsentative Schulhaus für 2 000 Kinder geweiht. Die Eröffnung der Allgemeinen Bürgerschule gestaltete sich zu einem Festtag für die ganze Stadt. Erstmals erhielt Plauen eine ursächlich für Bildungszwecke gebaute Schule. Sie nahm alle Kinder auf, die bislang in unzureichenden Räumen unterrichtet worden waren, und unter Leitung des Direktors Adolph Gustav Caspari traten ausnahmslos qualifizierte Lehrer ihren Dienst an. Caspari bemühte sich mit ihnen um neue Wege im Mathematik- und naturwissenschaftlichen Unterricht, darüber hinaus kümmerte er sich um eine bessere Bildung der Mädchen. Bis Ende der 60er-Jahre vollzog sich in der Allgemeinen Bürgerschule ein vordergründig sozialer Differenzierungsprozess innerhalb der Schülerschaft, sodass sich entsprechend dem Gesetz von 1835 eine 1. (höhere), 2. (mittlere) und 3. (einfache) Bürgerschule im gemeinsamen Schulhaus herausbildeten. Standen sie anfangs alle noch unter dem Direktorat Casparis, so bezog die 2. Bürgerschule 1861 den Neubau an der Neundorfer Str. 8 und die 3. Bürgerschule das 1875 geweihte Schulhaus am Anger, beide unter eigenständiger Leitung.

Schließlich war bereits am 8. April 1835 auch das Lehrerseminar eine selbstständige Einrichtung unter Leitung von Johann Gottfried Wild geworden. Es fand zunächst in gemieteten Räumen an der Ecke Königsgasse/Neundorfer Straße Unterkunft, musste jedoch noch dreimal innerhalb der Stadt umziehen, bevor am 29. Oktober 1845 der Neubau in der Seminarstraße übergeben wurde, in den 54 Seminaristen und sieben Lehrer einzogen. Das Internat für auswärtige Schüler wurde 1848 und ein weiteres Seminargebäude 1864 für die inzwischen auf 100 Seminaristen und 99 Kinder der Übungsschule gewachsenen Schülerschaft fertiggestellt. Trotz dieser baulichen Erweiterung blieben die Wohn- und Arbeitsbedingungen der Seminaristen weiter sehr beengt. Zwei Schlafräume für jeweils 50 junge Männer waren ein unwürdiger Zustand. Das Plauener Seminar blieb bis 1876 die einzige Lehrerbildungsstätte im Vogtland, folglich waren bis dahin die meisten vogtländischen Lehrer an ihr ausgebildet worden. Zu ihnen gehörten der Irfersgrüner Häuslersohn Friedrich Dittes (1829–1896), der später als Lehrerbildner weit über Deutschlands Grenzen hinaus bekannt wurde, aber auch die späteren Plauener Volksschuldirektoren Carl Friedrich Höckner, Christian Friedrich Krause und Johannes Delitsch sowie der spätere Seminaroberlehrer Louis Eduard Lohse.

Erste Schulen für Erwachsene

Von 1830 bis 1875 entstanden in Plauen auch wichtige Bildungsstätten für schulentlassene Jugendliche und Erwachsene. Am 22. Januar 1832 gründeten weitblickende Pädagogen, Industrielle und Handwerksmeister eine Sonntagsschule, um den bereits im Arbeitsprozess stehenden jungen Männern eine Weiterbildung zu ermöglichen.

Der bedeutungsvolle Aufschwung des Bildungswesens

Wenn auch die anfängliche Euphorie zum Besuch der von Prof. Dr. Christian Gottlieb Pfretzschner geleiteten Einrichtung in kurzer Zeit wieder abklang, da vielen Teilnehmern die nötigen Vorkenntnisse fehlten, so wurden an der Plauener Sonntagsschule bis zu ihrem 25-jährigen Jubiläum 1857 insgesamt 4 117 Lehrlinge und Gesellen weitergebildet, und das trotz einer oft 60-stündigen Wochenarbeitszeit. Die Sonntagsschulen waren ein wichtiger Schritt zur allgemeinen Fortbildungsschule für Knaben, die 1873 per Gesetz eingeführt wurde.

1836 wurde Plauen neben Chemnitz und Zittau als Standort einer Königlichen Gewerbschule bestimmt. Sie nahm Knaben nach dem achtjährigen Volksschulbesuch auf und bereitete sie auf eine gehobene gewerbliche Tätigkeit vor. Die Zahl der vorzeitigen Abbrüche des dreijährigen Lehrgangs war infolge mangelnder Vorkenntnisse sehr hoch, sodass seit 1848 die weitere Existenz der Schule gefährdet war. Da zur gleichen Zeit auch am Gymnasium ein Missverhältnis von vorzeitigen Abgängern und Abiturienten bestand, die Stadt aber keineswegs zwei kriselnde Einrichtungen fördern konnte, war 1854 die Umwandlung der Königlichen Gewerbschule in eine Realschule und ihre bereits erwähnte Angliederung an das Gymnasium die einzige Möglichkeit, der Stadt Plauen und dem gesamten Vogtland eine höhere Schule zu erhalten.

Bereits 1840 war aus der Königlichen Gewerbschule die Baugewerkenschule herausgelöst und zu einer selbstständigen Fachschule erhoben worden. Sie bildete junge Bauhandwerker zu Maurer- oder Zimmermeistern aus. Anfangs war sie mit in der neuen Bürgerschule an der Syrastraße untergebracht, 1854 zog sie in das Schulhaus am Schulberg 4 um. Im gleichen Jahr übernahm der Architekt Ernst Otto Roßbach die Leitung der Schule, die er bis 1883 innehatte. Aus den ursprünglich zwei Klassen wuchs die Einrichtung bis 1881 auf vier Klassen an, deren Absolventen von den Plauener Baufirmen angesichts voller Auftragsbücher sehnlichst erwartet wurden.

1858 gründeten Plauener Kaufleute den Handelsschulverein, dessen Ziel es war, für kaufmännische Lehrlinge eine Berufsschule ins Leben zu rufen und zu unterhalten. Sie sollte nach dem dualen System der Berufsausbildung arbeiten (an einem Tag in der Woche Unterricht in der Schule, die restlichen Wochentage praktische Arbeit in der Handelsfirma). Sie nahm am 31. Oktober 1858 ihre Tätigkeit auf. Da die Handelsschule zunächst keine eigenen Schulräume besaß, wurde der erste Unterricht in der Privatwohnung des einzigen Lehrers erteilt. Unter dem von 1862 bis 1897 als Direktor amtierenden Albert Braune (1831–1908) nahm sie einen bedeutenden Aufschwung. Sie zählte 1875 170 Schüler, die in gemieteten Räumen in einem Haus am Alten Teich von zwei hauptamtlichen Lehrern und mehreren Volksschullehrern im Nebenamt unterrichtet wurden.

Schulbauten für die werdende Großstadt

Mit dem »Gesetz, das Volksschulwesen betreffend« vom 26. April 1873 änderte sich auch für die Stadt Plauen die Schulaufsicht. Anstelle des Superintendenten wurde sie künftig von pädagogischen Fachleuten ausgeübt. Im Schulinspektionsbezirk Plauen fungierte von 1874 bis 1900 Heinrich Gustav Seltmann als Bezirksschulinspektor, nach dessen Pensionierung übernahm der als Autor historischer Karten bekannte Dr. Friedrich Wilhelm Putzger das Amt. In den großen Plauener Stadtschulen übten laut Gesetz die jeweiligen Direktoren zugleich die staatliche Aufsicht aus.

Das Gesetz von 1873 führte die 1835 begonnene Dreigliederung der Volksschule nach sozialen Gesichtspunkten konsequent weiter, und es wurde Aufgabe der Kommune, bei Schulbauten das soziale Gefüge des jeweiligen Stadtbezirks zu beachten. So verblieb die Höhere Bürgerschule weiterhin im Gebäude an der Syrastraße, ebenso die mittlere in der Neundorfer Straße. Beide zentral gelegene Bildungsstätten nahmen Kinder aus dem gesamten Stadtgebiet auf und hatten – voneinander abgestuft – unterschiedlich hohe Unterrichtsziele, Wochenstunden und Klassenstärken, aber auch Schulgeldsätze. Das galt ebenso für die 1892 eröffnete mittlere Bürgerschule in der Johannstraße (heute August-Bebel-Straße). Dagegen besaßen die einfachen Bürgerschulen einen fest umrissenen Einzugsbereich und wurden deshalb bis 1896 als Bezirksschulen geführt und befanden sich in den Wohnbezirken der ärmeren Bevölkerung in den Randzonen der Stadt. Sie hatten größere Klassenstärken und verfolgten mit weniger

---

Die misslichen Gegebenheiten für Karl May im Lehrerseminar

1860/61 verbrachte Karl May 16 harte Monate am Plauener Lehrerseminar, wo ihm nach seiner Entlassung in Waldenburg eine zweite Chance gegeben wurde, seine Ausbildung zum Volksschullehrer abzuschließen. Diese Zeit war für den 18-Jährigen alles andere als leicht, denn er stand unter strenger Aufsicht seiner Lehrer, die seinem Naturell völlig widersprach. Den Unterricht empfand er als kalt und hart, ohne jede Spur von Fantasie. Der strenge Tagesablauf ließ ihm und seinen Kameraden keine Freizeit, und auch die räumlichen Verhältnisse des Gebäudes in der Seminarstraße 4 waren für die damals rund 90 Seminaristen völlig unzureichend. Sie provozierten regelrechtes Aufbegehren gegen die Hausordnung und verleiteten die jungen Männer zu – wie es damals hieß – »sexuellen Verirrungen« (Onanie), die vom Lehrerkollegium akribisch verfolgt und bestraft wurden, freilich ohne Erfolg. Bei allem war Karl May dabei, ständig in Angst vor einer erneuten Relegierung lebend, rückblickend schrieb er von einer »Vergiftung«. Es ehrt ihn aber, dass er später als gefeierter Schriftsteller seine Plauener Zeit auch positiv sah. So vermerkte er, dass er »das schöne Plauen herzlich lieb hatte« und dass ihm im Restaurant »Zum Tunnel« die Schweinsknöcheln mit vogtländischen Klößen besonders gut schmeckten.

Bezeichnung	Schultyp	Aufsteig. Klassen	Ursprüng. Gründung	Neu- bau	Standort 1903	Lehrer männl.	Lehrer weibl.	Lehrer ∑	Schüler männl.	Schüler weibl.	Schüler ∑
Höhere Bürgerschule	Höhere Volksschule	Knaben 5–8 Mädchen 5–10	1862	1889	Bärenstr. 22	34	9	43	558	832	1390
1. Bürgerschule	Mittlere Volksschule	1–8	1862	1862	Neundorfer Str. 8	24	1	25	517	565	1082
2. Bürgerschule	Mittlere Volksschule	1–8	1862	1892	Johannstr. 56	35	1	36	852	991	1843
3. Bürgerschule	Mittlere Volksschule + Einfache Volksschule	1–8	1862	1875	Am Anger 3	25	1	26	487	475	962
		1–8	1862	1875	Am Anger 3				164	125	289
4. Bürgerschule	Einfache Volksschule	1–8	1875	1876	Straßberger Str. 50	24	1	25	737	801	1538
5. Bürgerschule	Einfache Volksschule	1–8	1882	1882	Jößnitzer Str. 61	20	1	21	544	587	1131
6. Bürgerschule	Einfache Volksschule	1–8	1892	1897	Reißiger Str. 46	19	2	21	536	600	1136
7. Bürgerschule	Einfache Volksschule	1–8	1899	–	Rückertstr. 35	15	1	16	447	536	983
8. Bürgerschule	Einfache Volksschule	1–8	1900	–	Möschwitzer Str. 44	4	1	5	95	115	210
9. Bürgerschule	Einfache Volksschule	1–8	1902	1902	Fiedlerstr. 3	24	1	25	741	799	1540
10. Bürgerschule	Einfache Volksschule	1–7	1903	–	Tauschwitzer Str. 7	7	1	8	273	240	513
Kath. Schule	Einfache Volksschule	1–7	1899	–	Ziethenstr. 5	4	2	6	153	189	342
Hilfsschule	Förderschule	1–6	1893	–	Schulberg 4	.	.	5	59	67	126
Lehrerseminar	Übungsschule/ mittl. Volksschule	zwei- klassig	1835	1899	Blücherstr. 2	.	1	.	.	.	116
					Gesamt	240	23	263	6163	6922	13085

Statistische Übersicht zu den Volksschulen, 1903

Unterrichtsstunden als die höheren und die mittleren Bürgerschulen geringere Bildungsziele für weniger Schulgeld. Die erste Plauener Bezirksschule bezog 1875 den Neubau am Anger, die zweite wurde 1876 an der Straßberger Straße/Ecke Trockentalstraße eröffnet, 1882 folgte die ihr baugleiche dritte Bezirksschule in der Jößnitzer Straße und 1897 die vierte in der Reißiger Straße. Mit Ausnahme der Höheren Bürgerschule, die 1889 das neue Schulhaus an der Bärenstraße 20 bezog, wurden ab 1896 alle anderen Volksschulen als Bürgerschulen bezeichnet. Sie erhielten in der Reihenfolge ihrer Indienstnahme als städtische Einrichtung eine Nummer. Das betraf die bisherigen mittleren Volksschulen, die Bezirksschulen und die durch Eingemeindung von Haselbrunn, Chrieschwitz und Reusa nunmehr städtischen Schulen dieser Orte sowie alle weiteren Bauten im Volksschulbereich. 1899 wurde in der Ziethenstraße (heute Thomas-Mann-Straße) die erste katholische Volksschule Plauens eröffnet.

Als junge Großstadt verfügte Plauen im Frühjahr 1904 über eine höhere, zwei mittlere und neun einfache Volksschulen. Sie wurden von insgesamt 13904 Kindern besucht, die sich mit 11, 32 und 57 Prozent auf die drei Schultypen verteilten. Der Besuch der höheren Bürgerschule kostete jährlich 60 Mark, für die mittleren Bürgerschulen zahlten die Eltern wöchentlich 50 Pfennige. In den einfachen Bürgerschulen wurden ebenfalls wöchentlich pro Kind in den unteren Klassen 10 und in den oberen 15 Pfennige kassiert. Mögen diese Pfennigbeträge aus heutiger Sicht gering erscheinen, so waren sie damals für viele Arbeiterfamilien eine spürbare Belastung.

In den 1880er-Jahren erfolgten unter Leitung des Bezirksschuldirektors Höckner erste Versuche zur individuellen Förderung leistungsschwacher Schüler. Sie wurden von Delitsch in größerem Rahmen fortgesetzt, indem spezielle Hilfsschulklassen gebildet wurden, aus der später eine eigenständige Hilfsschule – eine der ersten in Sachsen – hervorging.

Das Volksschulgesetz von 1873 verpflichtete alle schulentlassenen Knaben vom 14. bis zum 17. Lebensjahr zum Besuch der neu zu schaffenden Allgemeinen Fortbildungsschule, die wöchentlich bis zu sechs Unterrichtsstunden umfasste und sich im Wesentlichen auf die Fächer Deutsch und Rechnen beschränkte. Sie wurden von den Volksschullehrern in den Abendstunden erteilt. In Plauen geschah das – wie fast überall in Sachsen – in den jeweiligen Bezirksschulen. Ab 1895 wurde der Unterricht auf zwei Bürgerschulen konzentriert, sodass berufsspezifische Klassen gebildet werden konnten. Das war der entscheidende Schritt zum allmählichen Übergang zur Berufsschule für die männlichen Jugendlichen, die sich in den Jahren vor dem Ersten Weltkrieg immer stärker durchsetzte.

Das Volksschulgesetz sah auch die Möglichkeit einer zweijährigen Fortbildungsschule mit zwei Wochenstunden für schulentlassene Mädchen vor, sofern sie vom örtlichen Schulvorstand befürwortet und getragen wurden. Die Stadt Plauen war der einzige Ort in Sachsen, der diese Möglichkeit zur Pflicht erhob. Die Stadträte reagierten damit auf den außergewöhnlich starken Zuzug junger Mädchen in die Stadt infolge der rasch wachsenden Textilindustrie. Der Unterricht beschränkte sich ebenfalls im Wesentlichen auf Deutsch und Rechnen, er wurde aber auch genutzt, um den meist allein in der Stadt lebenden Mädchen neben der täglichen Arbeit einen weiteren festen Lebensbezug zu geben. 1904 zählte die Fortbildungsschule für Mädchen 1061 Schülerinnen, die von 37 Lehrern unterrichtet wurden. Da die um 1900 eingemeindeten Orte Haselbrunn, Chrieschwitz und Reusa bis dahin keine Fortbildungsschule für Mädchen unterhielten, wurde deren Besuch für die Mädchen der neuen Ortsteile wieder Pflicht, wobei die Übergänge sehr moderat gehandhabt wurden.

Im August 1876 trat das »Gesetz über die Gymnasien, Realschulen und Seminare« in Kraft. Da es an der bisherigen Regelung festhielt, dass nur ein Gymnasialabitur zu einem Universitäts- beziehungsweise Hochschulstudium berechtigte, stieg auch in Plauen die Zahl der Gymnasiasten von 145 (1876) auf 226 (1885) an, wobei ihre Studienwünsche vielfältiger wurden. Die bisher meistgewählte Fachrichtung Theologie verlor ihre Vorrangstellung. 1889 wurde die bisherige Verbindung des Gymnasiums mit einem Realgymnasium wieder aufgelöst. Der gymnasiale Zweig der Doppelanstalt wurde zu einem Königlichen Gymnasium, das allein vom Staat unterhalten wurde. Doch seine räumlichen Verhältnisse blieben weitere zwei Jahrzehnte unverändert schlecht. Erst 1904 konnte Rektor Prof. Dr. Konstantin Angermann der Regierung die Zusage für einen Neubau abringen, sodass die Suche nach einem geeigneten Standort beginnen konnte.

Dagegen verlief die Entwicklung der Realschule schwieriger. Nachdem sie in den 1870er-Jahren zu einem neunjährigen Realgymnasium gewachsen war, litt sie ab 1883 an einer stark rückläufigen Zahl der Schüler. Die Ursachen lagen zum einen in den damals noch unzureichenden Berechtigungen des von ihr erteilten Abiturs für ein Hochschulstudium, zum anderen in einer zeitweiligen wirtschaftlichen Flaute der Stadt. Folglich beschloss das Ministerium die Rückwandlung des Realgymnasiums in eine städtische Realschule. Dieser Prozess erfolgte ab 1886. 1890 wurde im Schulhaus an der Syrastraße die neue Realschule unter der Leitung von Prof. Dr. Christian Achmed Scholtze eröffnet. Scholtze kämpfte aber weiter für ein Realgymnasium für Plauen, wobei er sowohl von der Stadtverwaltung als auch Wirtschaftskreisen starke Unterstützung erfuhr. Er führte ab 1896 zunächst fakultativen Lateinunterricht ein, der immer weiter ausgebaut wurde. Ab 1898 gab es die erste Obersekunda, die drei Jahre später das Abitur ablegte, nachdem die Schule an der Syrastraße am 1. Januar 1901 vom Ministerium offiziell wieder als Realgymnasium mit Realschule anerkannt worden war.

Das Lehrerseminar entwickelte sich im letzten Drittel des 19. Jahrhunderts unter Leitung seines Direktors Hermann Friedrich Römpler (bis 1901) zu einer stark frequentierten und leistungsfähigen Einrichtung. Die Zahl der Seminaristen erhöhte sich von 1876 bis 1903 von 135 auf 216, die der Lehrkräfte von zwölf auf 21. Der entscheidende Fortschritt wurde durch das neue Seminargebäude in der Blücherstraße erzielt. Es verfügte über große und helle Unterrichtsräume und ebenso freundliche Internatszimmer. Zugleich ermöglichte der Neubau endlich auch die seit 1876 unterbrochene Aufnahme von Mädchen in die Übungsschule, die bisher unter anderem wegen fehlender Räume für Mädchentoiletten nicht möglich war. Diese merkwürdige Besonderheit des Plauener Seminars – 25 Jahre Übungsschule ohne Mädchen – gehörte damit der Vergangenheit an.

Bildungsstätten zur Förderung der Wirtschaft

Auch die Bildungseinrichtungen der Erwachsenen entwickelten sich in den letzten drei Jahrzehnten bis zur Großstadtwerdung weiter. So stieg die Zahl der Schüler an der Baugewerkeschule von 106 (1879) auf 167 (1905). Das zwang die seit 1883 in Nachfolge von Prof. Ernst Otto Roßbach von Prof. Karl Emil Löwe geleitete Einrichtung, für den Unterricht längere Zeit zusätzliche Räume in der Innenstadt zu mieten, bevor 1894 ein repräsentativer Neubau in der Schild-/Ecke Kaiserstraße bezogen werden konnte. 1901 übernahm Prof. Franz Albert das Direktorat der Bildungsstätte, die ab 1905

②
Das 1891 eröffnete
Gebäude der Königlichen
Industrieschule an der
oberen Bahnhofstraße
Stadtarchiv Plauen

ihre Kurse nicht nur – wie bisher – in den Wintermonaten, sondern ganzjährig durchführte. Den Unterricht erteilten insgesamt neun Lehrkräfte, darunter drei Professoren. 1904 bereiteten sich 28 Teilnehmer auf den erfolgreichen Abschluss ihrer Ausbildung im Folgejahr vor.

Die weitgehend aus Spenden der Kaufmannschaft finanzierte Handelsschule war 1875 in der Lage, den Bau eines eigenen Schulgebäudes in der Wehrstraße 11 (heute Melanchthonstraße) in Auftrag zu geben, der 1878 bezogen wurde. 1880 unterstellte das »Gesetz, die gewerblichen Schulen betreffend« auch die Handelsschule der Oberaufsicht durch das Ministerium des Innern. Bis zu diesem Zeitpunkt war infolge der kriselnden Wirtschaftslage der Stadt die Schülerzahl von 190 (1877) auf 160 gesunken. Sie konnte aber ab 1880 wieder kontinuierlich gesteigert werden, sodass 1902 der Umzug in den größeren Neubau in der Wehrstraße 1 erfolgen musste. Im Schuljahr 1904/05 zählte die Schule 453 Schüler und 28 Schülerinnen, die von zwölf Lehrern und einer Lehrerin unterrichtet wurden.

1877 wurde die städtische Kunstgewerbliche Fachzeichenschule gegründet. Sie war ein dringendes Erfordernis der sich rasch entfaltenden heimischen Textilindustrie, vor allem der Stickerei und Gardinenfabrikation. Unter Leitung von Bezirksschuldirektor Friedrich Krause bildeten Richard Hofmann und andere Lehrkräfte Musterzeichner aus, später auch Hand- und Maschinensticker und weibliche Arbeitskräfte für die Textilindustrie. 1885 wandte sich der Stadtrat an das Ministerium des Innern mit der Petition, die Einrichtung zur Vogtländischen Kunstgewerbeschule mit einem Sammlungshaus für textile Muster zu genehmigen und zu finanzieren. Unter der neuen Bezeichnung »Königliche Industrieschule« war sie ab 1890 eine staatliche Bildungsstätte, die von 300 Schülern besucht wurde. Ein Jahr später bezog sie das repräsentative Gebäude an der Bahnhofstraße/Ecke Breite Straße. Sie wurde von Prof. Richard Hofmann geleitet und trug mit ihren produktionsbezogenen Musterentwürfen maßgeblich zum Aufstieg der Spitzen- und Gardinenstickerei im Vogtland bei. 1903 wurde sie zur »Königlichen Kunstschule für Textilindustrie« umbenannt. Zugleich erweiterte die Bildungsstätte ihr Profil, indem sie künftig auch Fachkurse für Lehrlinge durchführte, die bisher nur die Fachzeichenkurse der gewerblichen Fortbildungsschule besucht hatten, sowie Vorbereitungskurse zur Ablegung der staatlichen Prüfung für Handarbeitslehrerinnen anbot.

1903

Vielseitige Zunahme des Vereinswesens

Gerd Kramer

Die spürbare Gründungsentfaltung von zeitgemäßen Vereinigungen

Zwar stellten auch im 19. Jahrhundert traditionsgemäß die kirchlichen Einrichtungen die wichtigsten kommunikativen Treffpunkte der Einwohnerschaft dar, aber mit den Innungen, Schützengesellschaften und Freimaurerlogen gab es bereits einige Vereinigungen, die aus beruflichen Belangen oder aus zeitgemäßen Interessenlagen zweckentsprechende Zusammenkünfte und Aktivitäten pflegten. Diese wurden vor allem auf der Grundlage musikalischer Inspirationen und geselliger Bestrebungen durch neuartige Organisationsformen des Beisammenseins ergänzt. So entwickelten sich schon innerhalb weniger Jahrzehnte immer mehr Vereine, wobei sich mit der dabei zunehmenden Vielfalt an inhaltlichen Ausrichtungen eine Bereicherung der bisherigen städtischen Lebensweise herausbildete. Die Empfänglichkeit für ansprechende Vereinszugehörigkeiten bezog sich jedoch anfänglich vordergründig auf gehobene bürgerliche und adlige Kreise, die über notwendige zeitliche und finanzielle Möglichkeiten verfügten und denen durch geschlossene Gesellschaften der Zugang geebnet worden war. Einige Vereine nahmen aber auch Mitglieder aus mittleren und unteren Bevölkerungsschichten auf. Erst die fortschrittlichen Bewegungen der Jahre 1848/49 förderten die weitere Bildung von Vereinen, in denen sich mehr Kleinbürger und Arbeiter zusammenschlossen, um aktuelle politische Fragestellungen zu diskutieren und öffentlichkeitswirksam zu verbreiten. So erhielten der Vaterlands-, Arbeiter-, Volks- und der Märzverein großen Zuspruch, erlangten jedoch durch ihr vorwiegend zeitlich begrenztes Wirken keine breite nachhaltige Einflusskraft im Plauener Vereinswesen im 19. Jahrhundert. Dessen Entstehung und Regsamkeit ist aus volkskundlicher und musikgeschichtlicher Sicht teilweise schon tiefgründig erforscht worden, während andere Vereinsausrichtungen, so zum Beispiel sozialer, gemeinnütziger und geschäftlicher Orientierung, die vor allem die zweite Hälfte des 19. Jahrhunderts prägten, bislang nur partiell zusammenfassend dargestellt wurden.

Das 1854 erschienene lokale Adressbuch bietet einen ersten allgemeinen Überblick zur Anzahl und Aufgliederung der damaligen Gesellschaften und Vereine, wobei unter den 38 Vereinigungen (ohne Innungen) zwölf verschiedenartige (darunter Maria-Verein, Turngemeinde, Gewerbeverein), neun musikalische (darunter Ressource, Cäcilia, Orpheus, Musikverein), acht gesellige (darunter Erholung, Freundschaft, Harmonie, Union) und neun Lesevereine vertreten waren. Bis 1889 stieg die Gesamtzahl (mit Innungen) auf 184, wobei die Gruppierung von gemeinnützigen, politischen, Bildungs-, Fach- und Sportvereinen mit 83 Einzelvereinen die höchste Anzahl verzeichnete und damit neuzeitliche Schwerpunkte der Vereinsbildung hervortraten, in denen sich die bedeutenden Veränderungen in der Bevölkerungsanzahl und in der qualifizierteren Beschäftigtenstruktur widerspiegelten. Im Jahr 1904 gab es bereits 349 Vereine (mit Innungen), wobei die statistisch ausgewiesene Gliederungsgruppe »Vereine für Gemeinnützige, Politische, Wissenschaftliche und Fachzwecke« nunmehr 141 Einzelvereine umfasste. Aber auch die bislang schon erhebliche Zahl an musikalischen, geselligen und sportlichen Vereinen, darunter seit 1884 Radfahrvereine, erfuhr einen weiteren Zuwachs, sodass eine Vereinszugehörigkeit immer offenkundiger zu einem festen Bestandteil des städtischen Lebensstils geworden war. Hinzu kam die Erscheinung, dass zahlreiche Einwohner Mitglieder von mehreren Vereinen wurden und teilweise mehrere Vorstandsfunktionen übernahmen.

M. Engel gab schon 1816 einen aufschlussreichen Einblick in den Verlauf des Stiftungsfestes eines geselligen Vereins

Da geht's erst an ein Schwätzen,
In Gruppen groß und klein,
Hier muß das Täßchen letzen,
Dort stopft man's Pfeifchen ein;
Von Mode und von Kriegen,
Von Kurs und Wirtschaftsgang
Schwätzt man recht nach Vergnügen
Und ohne steifen Zwang.
Und hat man ausgeschwätzt;
Dann, Kärtchen, freue dich!
Denn um die Tische setzt
Zum Spiele Alles sich.
Dabei fliegt's junge Völkchen
Den weiten Saal entlang,
Wie leichte Silberwölkchen
Bei wildem Sturmesdrang.
Da jucken oft die Sohlen
Beim flinken Walzer dort,
Und Mancher schleicht verstohlen
Sich von dem Spieltisch fort.

Die Entstehung verschiedenartig strukturierter Vereinsgebilde

Zu den Besonderheiten der Plauener Vereinsentwicklung zählte die bleibende oder veränderliche Einordnungsart als selbstständiger Verein oder als Zweigverein, wobei in der ersten Hälfte des 19. Jahrhunderts fast ausschließlich lokal entstandene Vereine existierten. Erst mit der Bildung des Albert-Zweigvereins 1868 setzte eine schrittweise Tendenz zum Gründungs- und Zuordnungseinfluss überregionaler Vereinigungen ein, die sich besonders in den 80er-Jahren bemerkbar machte. Bereits seit 1862 begann auch Plauen selbst zur Keimzelle zweiggegliederter Vereinsgebilde zu werden, wozu beispielsweise die Gründungen des Verbands Vogtländischer Gebirgsvereine (1881) und des Verbands vogtländischer Gewerbevereine (1887) gehörten. Weitere Vereinsschöpfungen entsprangen dem Zusammengehen inhaltlich gleich orientierter Vereinigungen, wozu der 1897 erfolgte Zusammenschluss des seit 1866 bestehenden lokalen Pädagogischen Vereins mit dem 1873 gebildeten regionalen Bezirkslehrerverein zum Lehrerverein zu Plauen zählte. Indes war eine 1870 angestrebte Verschmelzung des Maria-Vereins mit dem Albert-Zweigverein nicht zustande gekommen, obwohl sich damit eine ersprießliche Symbiose hätte entwickeln können. Hinsichtlich der Namensgebung der Plauener Vereine sind zwei Erscheinungen erwähnenswert: Einerseits lassen sich aus etlichen Vereinsnamen keine unmittelbaren Rückschlüsse auf die eigentliche Kernausrichtung erkennen und andererseits gab es verschiedentliche Namensänderungen zumeist als Folge gleichartiger Benennungen. 1881 änderte zum Beispiel der 1879 gegründete Gesangsverein Apollo seine Bezeichnung in »Ossian« um, da ein weiterer Apollo-Verein existierte.

Neben der jeweiligen Hauptausrichtung umfasste das Wirkungsspektrum eines Vereins auch zusätzliche Betätigungsfelder, vor allem in musikalischen und sportlichen Interessenkreisen beziehungsweise Abteilungen, wobei Gesangs- und Turnvereine eine anregende Vorbildwirkung ausübten. Neben Turnen und Radsport hatte sich unter anderem im Kaufmännischen Verein 1893 eine Abteilung für Bewegungsspiele mit 40 Teilnehmern gegründet, die schon vor der Entstehung der Fußball-Vereinigung Plauen (1900) und des Vogtländischen Fußball-Clubs 03 Plauen (1903) Fußballspiele auf einer großen Waldwiese durchführte und damit die Entwicklung des Rasensports förderte. Wenngleich eine bestimmte Anzahl von Sportarten im Freien stattfand, erforderte die Durchführung von regelmäßigen Zusammenkünften und unterhaltsamen Veranstaltungen fast aller Vereinsgattungen die Nutzungsmöglichkeit von platzmäßig und angebotsseitig geeigneten Örtlichkeiten, sodass Gasthäuser, Hotels, Gesellschaftsdomizile und Restaurationen mit Saalausstattung beziehungsweise geräumigen Vereinszimmern vornehmlich infrage kamen. Die Vielzahl der Vereine hatte zur Folge, dass sich auch die Anzahl gastronomischer Einrichtungen deutlich erhöht hatte und diese umsatzseitig von der erhöhten Besuchsfrequenz erheblich profitierten. Da die Arbeitervereine über keine eigenen Turnhallen verfügten, waren die Turnabteilungen besonders auf gastwirtschaftliche Räumlichkeiten angewiesen, deren Nutzung aber von standesorientierten Einschränkungen betroffen war. So konnte der am 19. April 1902 gegründete Arbeiter-Turn- und Sportverein Eiche seinen Turnbetrieb anfänglich nur im Hof der »Königsburg« (Königstraße 13) durchführen und durfte die Übersiedlung in den »Linderhof« (Lettestraße 1) lediglich kurz nutzen. Erst ab Mai 1903 erhielt der Verein im Gewerkschaftshaus »Schillergarten« (Pausaer Straße 95) eine feste turnerische Heimstatt, auch wenn die abseitige Lage zu den Hauptwohngebieten der Arbeiterschaft den Zuspruch minderte.

Die zunehmende Interessenvielfalt bei der inhaltlichen Ausrichtung der Vereine infolge der dynamischen Stadtentwicklung

Unter den in der Frühzeit der Plauener Vereinsgeschichte dominierenden geselligen und musikalischen Vereinen kam der 1811 gebildeten Gesellschaft Erholung eine besondere Bedeutung zu, da ihre Vereinswurzeln durch zwei Gesellschaftsvorläufer bis in die Jahre 1794 beziehungsweise 1804 zurückreichten. Das 1812 fertiggestellte zweigeschossige Vereinsgebäude in der Neundorfer Vorstadt bot mit dem Saal und diversen Klubräumlichkeiten einen besonders anziehenden Veranstaltungsort. Die gesellige Stätte der Gesellschaft entwickelte sich mit dem Vereinsvorsitzenden und Kantor Georg Christian Tromlitz zum Mittelpunkt des Plauener Musiklebens und trat besonders 1834/35 durch drei Konzerte seiner Enkeltochter Clara Wieck hervor, die 1840 den Komponisten Robert Schumann heiratete. In Anbetracht der wachsenden Beliebtheit wurde die Erholung zum bedeutendsten Treffpunkt des unterhaltsamen Lebens des gehobenen Bürgertums und des Adels sowie von weiteren geselligen und musikalischen Vereinen. Zu dieser Vereinsart zählte der 1838 gegründete Vergnügungsverein Union, der sich schon 1836 als Zeltverein aus bisherigen jüngeren schützenfreudigen Mitgliedern der Erholungsgesellschaft formierte und von 1839 bis 1844 das Alte Amtshaus beim Schloss als Aufenthaltsort nutzte, nachdem bereits bis 1804 die Vorläufergesellschaft Casino dort ihre Heimstätte hatte. Die Union beanspruchte auch den benachbarten ehemaligen Turngarten von Otto Leonhard Heubner als geeignetes Freiluftdomizil für Konzerte, gesellige Anlässe und für eine Kegelanlage. Weitere Vereinsaktivitäten setzten sich unter anderem aus musikalischen und theatralischen Abendveranstaltungen, Bällen, Schützenfesten sowie Landpartien und Schlittenfahrten zusammen. Die jährlich wechselnden Vorstandsmitglieder stammten vorwiegend aus bekannten Plauener Bürgerfamilien, wobei die örtlich bedeutend zunehmende

1811

Kaufmannschaft überwog. Während dem Verein zur Gründung erst 18 Interessenten angehörten, erhöhte sich in den nächsten Jahrzehnten die Mitgliederzahl auf 70 (1859), 106 (1867), 181 (1873) und auf 242 im Jahr 1890. Um den lokalen familiären Zusammenschluss zu erhalten, wurde angesichts der gewachsenen Vereinsgröße 1893 eine Mitgliederhöchstzahl von 300 Personen festgeschrieben.

— 1837

Unter den ersten musikalischen Vereinen traten Gesangsvereine hervor, während zuvor der Chorgesang seine Heimstätte in Schulen und Kirchen hatte. So bildeten die Vereine Ressource, Cäcilia und Orpheus den Anstoß zur Gründung weiterer musikbetonter Vereinigungen, unter denen der in der Jahrhundertmitte entstandene Musikverein herausragte, auch wenn er eine sehr schwankende Mitgliederzahl aufwies. Förderlich auf seine Regsamkeit wirkte sich vor allem das Engagement von Johann Friedrich Fincke aus, der von 1825 bis 1859 als Kantor in Plauen wirkte und bereits Mitglied des Männergesangsvereins Ressource gewesen war. Der Musikverein fand eine breite Zuhörerschaft durch seine Ausrichtung auf gemischten Chorgesang, Solodarbietungen und auf die bevorzugte Aufführung guter Musikwerke. Bis 1892 wurden die meisten Veranstaltungen in den Räumen der Erholung durchgeführt, danach hauptsächlich in renommierten gastronomischen Einrichtungen mit Saalkapazitäten. Die sich aus aktiven (musizierenden) und passiven (rezeptiven) Vereinsangehörigen zusammensetzende Mitgliederzahl erhöhte sich von 46 (1855) auf 132 (1877), 184 (1891) und 1904 auf 310. Unter den aktiven Mitgliedern trat über einen längeren Zeitraum Prof. Dr. Richard Beez, der von 1851 bis 1893 als Mathematiklehrer in Plauen wirkte, besonders hervor, da er zahlreiche Veranstaltungen als vortrefflicher Pianist und als Bassist bereicherte und von 1867 bis 1872 als Vorsteher den Verein leitete, weshalb er mit der Ehrenmitgliedschaft ausgezeichnet wurde. Zusätzliche Verdienste hatte er auch durch seine mehrjährigen meteorologischen Beobachtungen erworben.

— 1868

Obwohl mit der erheblich angewachsenen Zahl bürgerlicher Musikvereine bereits eine gewisse Anhäufung von Konzertveranstaltungen zu verzeichnen war, gründete sich 1884 ein Zweigverein des Allgemeinen Richard-Wagner-Vereins, dessen Anliegen einerseits darin bestand, einen Anteil zur Förderung der Bayreuther Festspiele zu leisten und andererseits mit der Durchführung größerer und qualitativ hochwertigerer Konzerte bedeutender Komponisten zur Anhebung des Niveaus des Musiklebens in Plauen und Umgebung beizutragen. Als Veranstaltungsorte wurden neben der »Erholung« Säle bekannter Gaststätten und später auch des Stadttheaters genutzt. Die seit 1887 ausgerichteten Familienabende führten zur Festigung und Erhöhung der Mitgliederzahl, die damals 120 betrug und bis 1904 auf 660 anstieg. Bereits 1892 hatte die Umwandlung des Zweigvereins mit 376 Mitgliedern in einen selbstständigen Verein stattgefunden.

Obwohl der Stadtverwaltung die Aufgabe der offenen und geschlossenen Armenpflege oblag, hatte durch unzulängliche wirtschaftliche Verhältnisse schon in der ersten Hälfte des 19. Jahrhunderts die Zahl der Bedürftigen so zugenommen, dass eine Unterstützung durch sozial ausgerichtete Vereinigungen gefragt war. Der 1837 gebildete Frauenverein, der 1842 aktiviert werden musste und 1852 über Mathilde Gottschald, die Ehefrau des Bürgermeisters, eine Neugründung und offizielle Namensbenennung als Maria-Verein erfuhr, widmete sich der Krankenpflege und der Verköstigung notleidender Bevölkerungsschichten. Bereits kurz nach der Wiederbegründung konnte eine Speiseanstalt eröffnet werden, die 1856 erweitert wurde, da die Anzahl der Bittsteller immer mehr zunahm. Das Betätigungsfeld der Krankenpflege war auch bei besonderen Vorkommnissen wie dem großen Brand 1861 in der Neustadt oder beim Auftreten der Cholera 1866 im gesamten Stadtgebiet gefragt. Trotz zeitweise sinkender Mitgliederzahlen von 477 (1852) auf 303 (1871) stieg die Anzahl der Vereinsangehörigen nach der Jahrhundertwende auf 1035 (1904). Finanzielle Unterstützung der Vereinsleistungen gab es durch Konzerte musikalischer Vereine, Zuwendungen anderer Vereinigungen und Privatspenden. Auch erhoben die »Erholung« und die »Freundschaft« für die Saalnutzung keine Kosten, sodass der Maria-Verein trotz Mehraufwendungen seine karitativen Ziele weiterhin verfolgen konnte. Da jedoch mit der ständig wachsenden Einwohnerzahl ein steigender Anteil Bedürftiger zu verzeichnen war, trugen die zusätzlichen Gründungen sozial orientierter Vereine, zu denen unter anderem der Verein zur Unterstützung armer Kinder (1868), der Albert-Zweigverein (1868) und der Elisabeth-Verein (1898) gehörten, dazu bei, einen noch breiteren Beistand zu ermöglichen.

Unter diesen Vereinigungen kam dem Albert-Verein eine besondere Bedeutung zu, weil er mit dem Schwerpunkt der Armenkrankenpflege eine Aufgabe übernahm, die die seit 1860 verbesserte stationäre Betreuung nicht leisten konnte. Obwohl es nur 24 Gründungsmitglieder gab, darunter auch Mathilde Gottschald, erhöhte sich durch die ausschlaggebende Mitwirkung der Ehefrauen prominenter Persönlichkeiten die Mitgliederzahl von 99 (1872), 211 (1882) und 617 (1892) schließlich auf 1240 (1904). Die vorrangige Aufgabe des Vereins stützte sich seit 1882 auf mehrere ausgebildete Albertinnen aus Dresden und vereinseigene Schwestern, nachdem in jenem Jahr ein Schwesternheim in der Fürstenstraße 2 eingeweiht werden konnte. Einige Albertinnen übten ihre Tätigkeit seit 1885 auch im Stadtkrankenhaus aus. Gegen Bezahlung wurde außerdem in finanziell besser gestellten Haushalten eine Privatkrankenpflege durchgeführt. Eine bereits 1877 erfolgte Umfrage hatte ergeben, dass zur Verminderung von Notzuständen in Arbeiterkreisen neben der Krankenpflege vor allem eine versorgungsseitige Unterstützungsverteilung notwendig sei. So wurde durch die Ausgabe von Speise-, Holz-

Jahr	Vereinsname	Jahr	Vereinsname
1804	Casino	1880	Vogtländischer Touristenverein
1809	Ressource	1880	Städtischer Verein
1810	Harmonie	1880	Merkur
1811	Erholung	1880	Eisklub
1815	Freundschaft	1880	Kolonialgesellschaft
1819	Landwirtschaftlicher Verein	1880	Hausbesitzer-Verein
1820	Pyramide	1882	Alpen-Verein
1832	Verein für Natur- und Heilkunde	1883	Naturschutzverein
1837	Maria-Verein	1884	Radfahrer-Klub
1838	Cäcilia	1884	Richard-Wagner-Verein
1838	Union	1885	Brieftaubenzüchter-Verein
1838	Gewerbeverein	1886	Turnklub
1842	Orpheus	1886	Skat-Verein
1843	Turngemeinde	1886	Naturheilverein
1844	Bürgerverein	1887	V.-E.-Industrie-Verein
1851	Musikverein	1888	Sprachverein
1855	Thalia	1888	Turnverein Jahn
1855	Bibelverein	1889	Zeichner-Verein
1857	Actien-Brauverein	1889	Verein der Ärzte
1858	Polyhymnia	1889	Seeverein
1861	Volksverein	1890	Ornis
1861	Gartenbauverein	1890	Consum-Verein
1861	Allgemeiner Turnverein	1890	Theaterverein
1862	Badeverein	1891	Arbeiter-Sänger-Bund
1862	Stenographen-Verein	1891	Alldeutscher Verband
1862	Vogtländischer Sängerbund	1892	Camera
1864	Bethanien	1894	Museums-Gesellschaft
1866	Pädagogischer Verein	1894	Techniker-Verein
1867	Bienenzüchter-Verein	1894	Alpenrose
1868	Albert-Verein	1895	Stahlroß
1869	Konzertverein	1895	Briefmarken-Sammler
1870	Volksbildungsverein	1897	Lehrerverein
1872	Bürgerfeuerwehr	1897	Sängerlust
1873	Bezirkslehrerverein	1897	Kunstverein
1873	Altertumsverein	1898	Elisabeth-Verein
1873	Kriegerverein	1898	Verein für Ferienkolonien
1874	Arbeiter-Sparverein	1899	Flottenverein
1875	Reit-Klub	1899	Verein der Restaurateure
1875	Verein der Naturfreunde	1900	Naturwissenschaftliche Vereinigung
1875	Gemeinnütziger Verein	1901	Tausendblatt
1876	Schach-Klub	1902	ATS Eiche
1877	Gastwirtsverein	1902	Kunstgewerbeverein
1877	Kaufmännischer Verein	1903	Vogtländischer Fußball-Club 03
1878	Kutscherverein	1903	Entomologische Vereinigung
1878	Arbeiterbildungsverein	1903	Tierschutzverein
1878	Architekten- und Ingenieurverein	1904	Diakonie-Verein

Auswahl von Vereinsgründungen im Zeitraum zwischen 1804 und 1904

Vielseitige Zunahme des Vereinswesens

①
Mitglieder des Vogtländischen Touristenvereins auf einer Wanderung, um 1904
Festschrift des VTV 1905

1877

und Kohlenmarken sowie seit 1881 durch Freitische eine gewisse Zustandsverbesserung erreicht. Für eine lokal ausgeglichenere Berücksichtigung wurde das Stadtgebiet 1882 in 22 Armenbezirke (Distrikte) unterteilt, deren Anzahl sich bis 1902 auf 33 Raumeinheiten erhöht hatte. Mit der Ziehkinderbetreuung ab 1886 und der Unterbringung einer Kleinkinderbewahranstalt im Jahr 1900 in dem am 7. Oktober 1899 eingeweihten Vereinsgebäude König-Albert-Stift in der Dobenaustraße 14, das von Prof. Richard Vogel entworfen worden war, übernahm der Verein neben einer Nähgruppe weitere vordringliche soziale Aufgaben. Hinsichtlich seiner Hauptbestimmung, der Krankenpflege, erfüllte der Albert-Verein praktisch schon das Anliegen des Roten Kreuzes.

Da mit der voranschreitenden wirtschaftlichen Entwicklung Plauens neben den vorhandenen Handwerkern weitere Gewerbetreibende zunehmend an Bedeutung gewonnen hatten, bildete sich im Zusammenhang mit dem Einfluss der seit 1836 bestehenden Gewerbschule eine berufsfördernde Interessengemeinschaft heraus. So wurde 1838 die Gründung eines Gewerbevereins durch den Gewerbelehrer Friedrich Gottlob Kohl angeregt, der ihn bis 1841 leitete und bis 1846 40 Vorträge zu aktuellen Themen der Gewerbetätigkeit hielt. Der Verein initiierte auch 1839 und 1841 Ausstellungen über vogtländische Gewerbeerzeugnisse und warb damit für zeitgemäße Produkte und Verrichtungen. Obwohl der Verein im Jahr 1846 76 Mitglieder zählte, stellte er 1848 seine Tätigkeit ein, beschloss aber 1857 mit 87 Mitgliedern seine Erneuerung, beendete jedoch 1869 teilweise und letztlich 1881 gänzlich seine Betätigung. Zuvor hatte sich schon 1867 ein Handwerkerverein gebildet, dessen Mitglieder sich vorwiegend aus dem immer mehr anwachsenden Baugewerbe zusammensetzten. Am 20. Oktober 1877 erfolgte die Umbenennung in die frühere Bezeichnung Gewerbeverein. Diese Vereinigung entwickelte sich nunmehr im dynamischen Prozess der Herausbildung der Großstadt Plauen zu einem dauerhaften und angesehenen Verein mit folgenden Mitgliederzahlen: 147 (1877), 151 (1887), 332 (1897), 436 (1904). Eine große Anzahl von praxisbezogenen Vorträgen, Exkursionen und Betriebsbesichtigungen, auch außerhalb der Region, trug ganz wesentlich dazu bei, den Vereinszuspruch zu erhöhen. In ähnlicher Weise vollzog sich mit der kraftvollen wirtschaftlichen Stadtentwicklung auch die Herausbildung des Kaufmännischen Vereins, zumal dessen eigentliche Benennung ebenfalls in das Jahr 1877 fiel. Zwar bestand der Vorläuferverein Hansa schon seit 1873 als Vergnügungsverein und seit 1875 als Verein mit kaufmännischer Zielrichtung, aber der Mitgliederschwund von 22 auf fünf führte schließlich zur Gründung des Kaufmännischen Vereins zu Plauen i. V. am 3. Oktober 1877. Mit einer wirksamen Werbeoffensive erlangte der Verein innerhalb von wenigen Jahren einen merkbaren Mitgliederzuwachs: 14 (1877), 224 (1882), 590 (1892), 981 (1904), wobei sich die Mitgliederstruktur im Jahr 1892 aus 301 selbstständigen und 257 angestellten Kaufleuten sowie aus 32 Nichtkaufleuten zusammensetzte. Die überwiegende Anzahl reiner Kaufleute verdeutlicht einerseits die vordergründig geschäftliche Vereinsausrichtung und verweist andererseits auf das angewachsene Potenzial wirtschaftsorientierter Fachkräfte, die seit 1858 vor allem an der Handelsschule ausgebildet wurden und in der Gründerzeit sehr gefragt waren. Mit der Vereinsmitgliedschaft ergaben sich zahlreiche Möglichkeiten der Weiterbildung zu den verschiedensten Themen, wobei Volkswirtschaft und Rechtswissen, Länder- und Völkerkunde sowie Experimentalerkenntnisse besonderes Interesse fanden.

Als eine Folge des verstärkten National- und Heimatgefühls nach 1870/71 entstanden in Plauen neuartige Vereinsrichtungen, deren Ziele sich weitgehend darin ähnelten, dass sie einerseits einen strengeren Schutz der einheimischen Natur und andererseits eine verbesserte Erschließung des Stadtgebiets und seiner Umgebung zu Erholungszwecken beinhalteten. So erfolgten mit den Gründungen des Vereins der Naturfreunde und des Gemeinnützigen Vereins im Jahr 1875 sowie des Vogtländischen Touristenvereins 1880 und des Naturschutzvereins 1883 beachtenswerte Bereicherungen des Vereinswesens. Für den am 8. April 1875 von 16 Interessenten gebildeten Verein der Naturfreunde wurde zwar zuerst die Bezeichnung »Schutzverein für Singvögel« in Erwägung gezogen, aber nach der besonders anfänglich hervortretenden Fürsorge für den durch Wilderei gefährdeten Vogelbestand und dem Fokus auf die Bewahrung vorhandener Anpflanzungen verlagerten sich die Vereinsaktivitäten immer mehr auf die landschaftliche Ausschmückung. Dabei stand schon 1881 mit der Loreley und der Bastei das Triebtal im Vordergrund, und 1890 beziehungsweise 1897 wurden Aussichtstürme auf dem Eisenberg errichtet. Die zahlreichen Vorhaben, darunter das Aufstellen von Bänken, Tourentafeln und Wegweisern, lagen in den Händen eines regen Verschönerungsausschusses. Große Verdienste erwarb sich auch der Ehrenvorsitzende Hermann Reinstein, der über drei Jahrzehnte dem Verein vorstand. Nachdem Ende 1875 der Verein 45 Mitglieder zählte, wuchs deren Anzahl 1881 bereits auf 328, darunter 83 Akademiker, Angestellte, Beamte und Lehrer, 77 Fabrikanten und Kaufleute, 74 Freiberufliche, 54 Arbeiter und 34 Gewerbetreibende. Die Mitgliederzahl erhöhte sich 1896 auf 400 und 1904 auf 450. Die größte Bedeutung bei der seinerzeit aufkommenden Fremdenverkehrswerbung für Plauen und seine Umgebung erlangte allerdings trotz der besuchsfördernden Namensgebungen durch den Verein der Naturfreunde für attraktive Zielpunkte der Vogtländische Touristenverein.

Mit dem am 28. April 1880 gegründeten Vogtländischen Touristenverein (VTV) war eine Vereinigung entstanden, die sich von Anfang an der Erschließung und Verschönerung der heimatlichen Natur für Wanderzwecke und der Förderung des Fremdenverkehrs widmete. Zu den 29 Gründungsmitgliedern gehörten unter anderem Ferdinand Mohr, Alwin Neupert, Friedrich Oscar Metzner (1846–1905) und Carl Friedrich Richard Wagner (1848–1915), der seit dem 5. November 1879 als Stadtrat und seit dem 10. November 1885 als Bürgermeister wirkte. In dem neuen Verein übernahm er den Vorstandsvorsitz, während O. Metzner die Funktion als Schriftführer und ab 1881 als Zweiter Vorsitzender wahrnahm. Er hatte schon ab 1877 in mehreren kenntnisreichen Beiträgen die Region vorgestellt und 1879 den ersten gesamtvogtländischen Wanderführer verfasst. Die Vereinsaktivitäten für den Ausbau der touristischen Infrastruktur konzentrierten sich zunächst auf das Syratal und den Stadtwald sowie nachfolgend auf die Vogtländische Schweiz und den Reiboldsruher Forst. Ein Wanderausschuss kümmerte sich um die Festlegung der zahlreichen Ausflüge und legte dazu anregende Taschenwanderbücher vor.

Nachdem am 10. Juli 1881 der Verband vogtländischer Gebirgsvereine (VVGV) gegründet worden war, dessen Geschäftsführung der VTV inne hatte, trat der VVGV dem am 14. Mai 1884 gebildeten Verband deutscher Touristen-Vereine (VDTV) bei. In dieser Vereinigung leitete der VTV über den VVGV ab 1894 den Zentralausschuss, wobei R. Wagner als Erster Vorsitzender und O. Metzner als Zweiter Vorsitzender die Führung dieses Ausschusses übernahmen. Im Rahmen dieses mehrjährigen Amtes organisierte der VTV die 8. Hauptversammlung des VDTV vom 14. bis zum 16. September 1895 in Plauen, die in der örtlichen Vereinsgeschichte des 19. Jahrhunderts einen herausragenden Höhepunkt darstellte. Dabei konnte sich der VTV auf eine erheblich angewachsene Mitgliederzahl stützen (1881: 77, 1885: 304, 1891: 584, 1895: 804), die 1904 979 Vereinsangehörige umfasste. Die größten Verdienste um die insgesamt eindrucksvolle Vereinsentwicklung erwarben sich O. Metzner und R. Wagner, der als langjähriges Ratsmitglied bestimmte Vorhaben des VTV mit städtischen Möglichkeiten unterstützen konnte. Da er über 30 Jahre gleichfalls tatkräftig in der Stadtverwaltung zum Wohle von Plauen tätig war, so als Vorsitzender gewichtiger Ausschüsse (zum Beispiel für das Armenwesen, die Baupolizei, die Wahlangelegenheiten, das Elektrizitätswerk) und Abteilungen (unter anderem für Forst-, Wirtschafts- und Grundstückssachen, Feuerlöschsachen, Gewerbesachen), wurde ihm am 31. Juli 1909 das Ehrenbürgerrecht verliehen.

Geistig-kulturelle Bereicherungen

Gerd Kramer

Der »Voigtländische Anzeiger« als intellektueller Informationsvermittler

100 Jahre vor der Vollendung der Großstadtwerdung erschien mit der ersten Ausgabe des »Voigtländischen Anzeigers« ein Zeitungsname, der als weitergeführtes örtliches und regionales Nachrichtenblatt die größte Bedeutung für das im 19. Jahrhundert erheblich zunehmende Informationsbedürfnis im Plauener Raum erhielt. Zwar war in den ersten Jahrzehnten nur eine geringfügige Leseranzahl zu verzeichnen, denn es gab 1845 nur 800 Abonnenten, jedoch erhöhte sich mit den anwachsenden Druckseiten, Ausgaben und Einwohnern allein bis 1884 die Zahl der Zeitungsabnehmer auf 7 700. Bis Mitte 1840 erschien der Anzeiger wöchentlich einmal als Hauptblatt und zusätzlich einmal als Beiblatt, von Januar 1845 bis Juni 1848 zweimal, von Juli 1848 bis Dezember 1861 dreimal, von Januar 1862 bis Dezember 1865 viermal pro Woche und ab Januar 1866 als Tageblatt. Die alte regionale Schreibweise wurde am 10. September 1874 getilgt, sodass die Zeitung nunmehr als »Vogtländischer Anzeiger und Tageblatt« in Erscheinung trat. Dem Zuspruch der Zeitung kam zugute, dass sie außer ihrer seit 1858 wirksamen Funktion als Amtsblatt über einen längeren Zeitraum mehrere höher gebildete Schriftleiter besaß, die durch ihr sowohl breitgefächertes als auch spezielles Wissen dazu beitrugen, ein inhaltsreiches Presseprofil zu entfalten. So wirkte bis 1836 über 42 Jahre der poetisch veranlagte Theologe Moritz Erdmann Engel (1767–1836), der als Lehrer und seit 1801 als Stadtdiakon tätig war, nebenberuflich als Redakteur. In vielen Beiträgen behandelte er landwirtschaftliche Fachfragen und stieß damit auf großes Interesse bei den noch zahlreichen Plauener Ackerbürgern. Neben praktischen Ratschlägen für eine gesunde Lebenshaltung erlangte er hohes Ansehen für sein fürsorgliches, wohltätiges, progressiv anregendes und vereinsförderndes Engagement, das vor allem auf die Linderung der Not der armen Bevölkerungsschichten und auf die Verbesserung des Gemeinwohls ausgerichtet war, wozu auch seine Dankbarkeitsstiftung gedacht war. Seine Bedeutung als damaliger geistiger Mittelpunkt Plauens spiegelt sich ebenfalls in seinen diversen Druckschriften wider, wobei das Werk »Der Geist der Bibel für Schule und Haus« von 1824 bis 1846 in 15 Auflagen erschien.

Ein würdiger Nachfolger von M. E. Engel als Redakteur des »Voigtländischen Anzeigers« wurde ab 1836 der Kantor und Lehrer Johann Friedrich Fincke (1788–1868), der sich seit 1826 als maßgebende musikalische Führungspersönlichkeit entwickelt hatte und der mit seinen zahlreichen Kompositionen und Konzertaufführungen sowie mit seinem Engagement für Gesangsvereine sehr große Anerkennung fand. Durch seine vielfältigen Kontakte und Auftritte war er über lokale und regionale Vorgänge sehr gut informiert und hatte dadurch günstige Voraussetzungen für seine journalistische Tätigkeit, die er bis 1842 ausübte. Da seine Söhne Gustav und Friedrich der aufgeschlossenen Turnerschaft unter Otto Leonhard Heubner angehörten, bekannte er sich immer deutlicher als Anhänger des fortschrittlichen Bürgertums, rief aber damit auch die Ablehnung monarchischer Kreise hervor.

Daher übernahm von 1846 bis 1854 der konservative Oelsnitzer Rektor Dr. Johann Gottlieb Jahn (1804–1878) die Stelle als Redakteur, die er bis 1848 nebenberuflich ausübte, nachdem er bereits ab 1833 erfolgreich den »Oelsnitzer Anzeiger« redigiert hatte. Obwohl er Theologie studiert hatte, widmete er sich seit 1830 immer mehr der Erforschung der vogtländischen Geschichte und besonders seines obervogtländischen Heimatgebiets und legte dazu bis 1875 zahlreiche tiefgründige Abhandlungen vor. Dazu zählte auch die umfangreiche Darstellung zur Chronik der Stadt Oelsnitz aus dem Jahr 1841, mit der er 1844 in Leipzig promovierte. In Anbetracht seiner ausgeprägten Schreibfreudigkeit, der kinderreichen Familie und dem relativ geringen Gehalt als Schulleiter folgte er der Bitte des mit ihm befreundeten Plauener Verlegers Moritz Wieprecht zur Übernahme als Schriftleiter des »Voigtländischen Anzeigers«. In der revolutionären Zeit um 1848/49 trat er dabei als monarchischer Anhänger in Erscheinung und lehnte demokratische Veränderungen ab.

So wie M. E. Engel als namentlich prädestinierter »Anwalt« seinerzeit im Vordergrund stehender sozialer Probleme in Erscheinung trat, griff der seit 1834 als Bürgerschullehrer tätige Johann Gottlieb Günnel (1806–1870), der von 1854 bis 1870 nebenberuflich als Schriftleiter fungierte, Themenbereiche auf, die mit dem zunehmenden Eisenbahnverkehr und Export von Wirtschaftsgütern den Blick des Bildungsbürgertums, spe-

① Der seit 1891 zwischen Forst- und Bergstraße befindliche Gebäudekomplex des »Vogtländischen Anzeigers und Tageblatts«
Denkschrift 1914

ziell der Kaufmannschaft, auf andere Länder lenkten. Wie mit seinen anfänglich belehrenden Unterhaltungsschriften über Alltagsthemen hatte er mit Wandererlebnissen und mit länderkundlichen Beschreibungen einen ansprechenden Grundstock für eine anschauliche und abwechslungsreiche Informationsvermittlung an die Zeitungsleser gelegt.

Nach der 1873 erfolgten Gründung des Altertumsvereins zu Plauen und der ab 1875 vorgenommenen Herausgabe von Mitteilungen beziehungsweise Jahresschriften, in denen unter anderem fundierte Aufsätze von Dr. Johannes Müller, Prof. Dr. William Fischer und Dr. Curt von Raab zur weitgehend noch wenig erforschten Geschichte des sächsischen Vogtlands erschienen, war zusätzlich auch ein stärkeres Interesse für historische Sachverhalte der Region und seiner größten Stadt zu verspüren. Dies spiegelte sich in der Zunahme von heimatgeschichtlichen Veröffentlichungen im »Vogtländischen Anzeiger und Tageblatt« wider, an dem von 1874 bis 1890 der Gymnasiallehrer Prof. Dr. Wilhelm August Eduard Johnson (1840–1903) nebenberuflich redigierend Einfluss nahm und von 1895 bis 1903 hauptamtlich als Schriftleiter wirkte und dabei von Oscar Dietel unterstützt wurde. In diesem Zeitraum publizierte E. Johnson über 160 Zeitungsartikel unter den Kennworten »Vogtländische Altertümer«. Als Altphilologe und Geschichtslehrer besaß er besonders geeignete Voraussetzungen zur präzisen Erforschung und Erklärung vielfältiger Zeugnisse aus der Vergangenheit. Mit dieser inhaltlichen Bereicherung trug er zu einer erheblichen Aufwertung der Zeitung bei, auch wenn die Tagespolitik die augenfälligsten Seiten beanspruchte und deren Beurteilung bestimmte Anzeichen zur tragenden Herausgeberschaft beziehungsweise zum Hauptleserkreis aufzeigte.

So fügt sich der von 1870 bis 1874 als Schriftleiter amtierende Gymnasiallehrer Prof. Otto Hermann Gessing (1809–1874) zwar in die Reihe gedenkwürdiger Zeitungsredakteure ein, offenbarte aber durch seine polemische und unrichtige Berichterstattung über die am 27. April 1870 im Plauener Tivoli von August Bebel gehaltene Rede vor über 700 Zuhörern die konservative Ausrichtung des Zeitungsblattes und seine klare Feindschaft gegenüber der Sozialdemokratie. Als im März 1872 ein Strafprozess gegen den Redner stattfand, war der Redakteur als Zeuge geladen und belastete A. Bebel wegen vager Bemerkungen zu einer gewaltsamen Revolution. Dagegen entlastete Franz Moritz Kirbach als Sekretär der Handels- und Gewerbekammer den Angeklagten. Nach zwei im Februar 1876 in Plauen durchgeführten Volksversammlungen hatte die bürgerliche Zeitung erneut die Sozialdemokraten als politische Gefahr diffamierend eingestuft und somit ihre politische Ausrichtung bekräftigt.

Die Ausweitung der Presselandschaft und die bessere Verbreitung des Schrifttums

Im Gegensatz zu dieser traditionsgebundenen Orientierung wurden bereits in der ersten Hälfte des 19. Jahrhunderts zeitweilig Blätter mit fortschrittlicher Einstellung herausgegeben. Hervorgerufen durch die demokratischen Bewegungen erschienen von 1831 bis 1833 die »Blätter aus dem Voigtlande« und von 1848 bis 1850 die »Voigtländischen Vereinsblätter, aus dem Volke für das Volk«, die allerdings besonders der Zensur ausgesetzt waren und bald ihr Erscheinen einstellen mussten. Mit dem allgemein zunehmenden Informationsbedürfnis

②
Im jetzigen Festsaal des Mittelbaus der drei Ende des 18. Jahrhunderts entstandenen Bürgerhäuser, gelegen an der damaligen Königsgasse (heutige Nobelstraße), fand 1876 die erste Ausstellung geschichtlicher Sammlungsgegenstände des Altertumsvereins statt.
Stadtarchiv Plauen

der differierenden Bevölkerungsschichten und Interessengruppen erschienen im Prozess der Großstadtwerdung mehrere neue Zeitungen von kürzerer und längerer Bestandsdauer. Dazu gehörten folgende Ausgaben: »Plauensches Wochenblatt« (1862 bis 1863), »Der Voigtländer« (1865 bis 1879), »Plauensche Zeitung« (1878 und 1879), »Plauener Sonntags-Anzeiger« (ab 1880), »Vogtländische Volkszeitung« (1882 bis 1886), »Vorwärts« (1889 bis 1892), »Tageblatt für Plauen und Umgegend« (1892 bis 1899), »Neue Vogtländische Zeitung« (ab 1898). Einen förderlichen Einfluss auf die Herausgabe von Presseerzeugnissen übten anfänglich Druckereien, Buchhandlungen und Buchbindereien aus, die neben der Herstellung und dem Vertrieb von Druckschriften zugleich als Verleger in Erscheinung traten. So lag das Erscheinen des »Voigtländischen Anzeigers« bis 1839 in den Händen der Druckerei von Carl Christoph Wieprecht, die nachfolgend von seinem Sohn Moritz Eduard bis 1891 fortgeführt wurde. Die später zahlreich entstandenen Druckereien und Buchgeschäfte, darunter die Buch- und Musikalienhandlung von Anselm Hohmann (seit 1861) und die Sortiments- und Verlagsbuchhandlung von Arthur Kell (seit 1874), haben durch das immer umfangreichere Schrifttum ganz wesentlich zu einer deutlichen Bereicherung des städtischen Bildungsangebots beigetragen, das mit weiteren geistig-kulturellen Ausdrucksformen vervollständigt wurde. Dazu zählte in Ergänzung zur musikalisch-gesanglichen Betätigung, zum Beispiel als Haus- und Kirchenmusik und als Ausbreitung in Vereinen und Etablissements, besonders ein allmählich entstehender Zugriff auf verschiedene Sammlungen von Büchern.

Dabei führte das sich verstärkende Bildungsbedürfnis des Bürgertums zuerst dazu, dass auf Initiative von Gustav Heubner im Juni 1840 die Gründung einer Stadtbibliothek angeregt wurde. Zwar fand im Oktober 1840 noch das Zustandekommen einer Lesebibliothek für Jugendliche statt, aber beide Ansätze erfuhren nicht die erhoffte breite Resonanz und Bestandserweiterung, sodass erst 1870 zu einem finanzwirtschaftlich günstigeren Zeitpunkt eine vom Volksbildungsverein gegründete Volksbibliothek entstand. Diese konnte allerdings nur in einem Zimmer untergebracht werden, was keine absehbare Entwicklungsmöglichkeit bot. Dadurch gewann jedoch in der Bürgerschaft der frühere Entschluss zur Gründung einer Stadtbibliothek an Aktualität. Nachdem die Stadtverwaltung die einstige umfangreiche Büchersammlung des Rechtsanwalts Dr. Carl August Steinberger 1898 als Geschenk erhielt, war der geeignete Grundstock zu einer größeren öffentlichen Stadtbücherei vorhanden, der noch 1899 die ansehnliche Bibliothek des Altertumsvereins übergeben wurde, sodass am 6. Oktober 1900 die neue Einrichtung in der Dobenaustraße 5 eröffnet werden konnte. Mit dem zuzüglichen Vorhandensein von bemerkenswerten Fachbibliotheken, wie der Ratsbibliothek, der Bibliothek der Handels- und Gewerbekammer, der Büchersammlung des Kaufmännischen Vereins, der Büchersammlung der Königlichen Industrieschule und den bereits bejahrten Büchereien des Gymnasiums und Lehrerseminars besaß Plauen mehrere Standorte wertvollen und informationsreichen Schriftguts, die sich in den intellektuellen Fundus einer entstehenden Großstadt vorteilhaft eingliederten.

Die vielseitige Kenntniserweiterung durch die Entstehung lehrreicher Sammlungen

Zu einem weiteren Ausstattungsmerkmal dieses Stadttyps entwickelte sich die Existenz kulturhistorischer beziehungsweise museal bedeutungsvoller Sammlungen und künstlerischer Veranstaltungsorte mit regionaler Ausstrahlung. Diesbezüglich bot der Altertumsverein schon 1876 erstmalig eine Ausstellung seiner geschichtlichen Sammlungsgegenstände lokaler und regionaler Herkunft, wozu unter anderem historische Ansichten, Porträts, Urkunden, Dokumente, Landkarten, Münzen, Waffen, alte Haus- und Wirtschaftsgeräte zählten. Die Ausstellung fand im Königssaal des Mittelbaus der drei besonders repräsentativen klassizistischen Bürgerhäuser Königsgasse (frühere Jüdengasse, ab 1813 Königsgasse, seit 1877 Königstraße) Nr. 9, 11 und 13 statt, wo Kaiser Napoleon im Mai 1812 übernachtete. In Anbetracht des zunehmenden Objektbestands wurde das Sammlungsdomizil mehrfach gewechselt, bis es ab 1894 am Schulberg 4 eine etwas größere Unterkunft fand. Da sich aber der Altertumsverein schwerpunktmäßig auf die quellenorientierte Erforschung der Geschichte des Vogtlands konzentriert hatte, stellte die am 18. Januar 1894 auf Anregung des Seminaroberlehrers Oscar Metzner, der sich schon Verdienste um die touristische Erschließung der Region erworben hatte, gegründete Museums-Gesellschaft mit ihrem Vorhaben einer heimatgeschichtlichen Sammlung eine willkommene Bereicherung dar. Obwohl das »Vogtländer-Museum« offiziell erst am 8. Februar 1903 in der Melanchthonstraße 11 eröffnet wurde, fanden bereits ab 1895 mehrere Ausstellungen von geschenkten und erworbenen Gegenständen mit volkskundlichen und künstlerischen Besonderheiten statt, zu denen unter anderem gehörten: Porträts bedeutender Vogtländer, Städtebilder, häusliches Inventar, Trachten, Innungsladen, Feuerwehrrequisiten, Fahnen, Uniformen, Waffen, Kirchenschmuck, Modelle, Lagepläne, Postkarten, Zeichnungen. Mit den 1904 immerhin 426 Mitgliedern hatte die vielgestaltige museale Zweckbestimmung einen erfreulichen Widerhall gefunden. Neben den zwei historischen Repräsentationsstandorten wies Plauen damals noch drei fachspezifische Sammlungen von Schauwert auf, wobei die Königliche Kunstschule für Textilindustrie mit ihrem Lehrmaterial aus Vorbildern, Gipsmodellen, Naturalien und einem Museum der Textilindustrie die größte Bedeutung besaß. In dem Gebäude an der Bahnhofstraße 83 fanden auch jährlich vier Ausstellungen von Bildwerken durch den 1897 gegründeten Kunstverein statt, der die Errichtung eines Kunstmuseums beabsichtigte. Die Sammlung der Königlichen Baugewerkenschule beinhaltete hauptsächlich Modelle und Baugeräte, während der Verein der Naturfreunde vornehmlich präparierte Tiere sowie im Vogtland vorkommende Gesteinsarten ausstellte.

Der lange und wechselvolle Weg zu einem repräsentativen Stadttheater

In kultureller Hinsicht wies Plauen im 19. Jahrhundert überwiegend ein Defizit an konstanten Bühnenaufführungen und Theaterstandorten auf, sodass erst mit der am 1. Oktober 1898 erfolgten Einweihung des Stadttheaters kontinuierliche Aufführungen an einer den künstlerischen Ansprüchen gerecht werdenden Spielstätte verwirklicht werden konnten. Während noch am Anfang des Jahrhunderts der Rathaussaal eine Heimstatt für zahlreiche wandernde Theatergesellschaften war, bot ab 1834 der von Ernst Wilhelm Conrad Gössel in einem ehemaligen Fabrikgebäude karg eingerichtete Theatersaal mehrjährige Vorführungsmöglichkeiten. Der von seinem Neffen Ernst Heinrich Löbering vorgenommene Neubau war ab 1848 behaglicher ausgestattet und verschaffte damit den Besuchern und Gastdarstellern in Opern, Operetten und Schauspielen angenehmere Veranstaltungen. Nach dem Ende 1881 in Wien ausgebrochenen Theatergroßbrand wurde wegen einer denkbaren allgemeinen Feuergefährdung mit polizeilicher Verfügung das Löbering'sche Theater geschlossen. Obwohl es Überlegungen für die Errichtung einer neuen Spielstätte am unteren Anger gab, kam es auch aus Kostengründen nicht zur Umsetzung des Vorhabens. Als Ersatz traten Theatergesellschaften in den großen Tanzsälen von »Felsenschlößchen«, »Prater«, »Schillergarten« und in der »Freundschaft« auf, wo allerdings der zugehörige gastronomische Betrieb zu einer Minderung des künstlerischen Gesamteindrucks führte. Obwohl besonders durch den von 1876 bis 1883 wirkenden Stadtrat Carl Adolf Wilhelm Brink, der von 1883 bis 1907 Stadtoberhaupt in Offenbach war, Bestrebungen für einen provisorischen Theaterbau unterstützt wurden, führte erst die Gründung eines Theater-

1898

1903

Der »Anzeiger« stellt die Innenausstatter des Stadttheaters vor

Der Hauptvorhang ist von einer kleinen Anzahl Damen, an deren Spitze Frau Louis Apitzsch steht, gestiftet und im Atelier von Schulz in Leipzig gemalt; auch die Decken- und Innen-Malerei ist von dieser Firma ausgeführt. Erwähnt sei übrigens, daß alles, was irgendwie in Plauen beschafft werden konnte, mit nur zwei Ausnahmen bei hiesigen Handwerksmeistern bestellt worden ist. Falck-Berlin, Krüger und Freder in Leipzig lieferten die Dekorationen, letzterer lieferte auch den Zwischenakts-Vorhang, der gleichzeitig als Sicherheitsvorhang dient, da er von Asbest ist. Die Stühle usw. sind von Hyan-Berlin beschafft, die elektrische Beleuchtungsanlage stammt von Schuckert u. Co. in Nürnberg, die Beleuchtungskörper sind von Schäffer u. Walter in Berlin bezogen. Rietschel u. Henneberg in Dresden haben die Beleuchtungsanlage, Kortüm-Berlin hat die Bühneneinrichtung ausgeführt. Vornehme Intimität, die in einem Theater so anheimelnd ist und die man in manchem stolzen neueren Prachtbau vermißt, ist völlig gewahrt, aber doch ist das Theater groß genug, um allen Ansprüchen in dieser Hinsicht zu genügen. Insgesamt sind etwa 1050 Plätze vorhanden.

③ Der Standort des Stadttheaters vor dessen Grundsteinlegung, 1897
Stadtarchiv Plauen

— 1897

vereins am 25. März 1890 ab 1891 zu einem breiteren finanziellen Engagement für den lang ersehnten Neubau eines Theaters, welches auch im Stadtgemeinderat einen notwendigen ausgabenseitigen Rückhalt fand. Nachdem Oberbürgermeister Oskar Kuntze ab Anfang 1893 das Interesse des bedeutenden Leipziger Architekten Dr. Arwed Roßbach, Sohn des Direktors der Plauener Baugewerkenschule Prof. Ernst Otto Roßbach, für das Bauvorhaben weckte, legte dieser schon im Juni 1894 die meisten Entwurfspläne vor, sodass bis Anfang 1897 noch Gestaltungsergänzungen und Kostenvoranschläge vorgenommen werden konnten. Dadurch fand am 24. Juni 1897 die feierliche Grundsteinlegung an der damaligen Erholungsstraße statt, die noch am 26. September 1898 in Voraussicht der anstehenden Eröffnung des Bühnengebäudes in Theaterstraße umbenannt wurde. Mit der Einweihung dieser repräsentativen Spielstätte erlangte Plauen die bislang bedeutendste kulturelle Bereicherung.

Allerdings wies der 1890 von der Stadtverwaltung dem Theaterverein zur Verfügung gestellte Standort, den die Stadt schon 1886 als Theaterbauplatz angekauft hatte, neben der 1889 erworbenen Heynig'schen Villa, der bereits 1893 die Bezeichnung »Theater-Restaurant« zuerkannt worden war, auch bestimmte Nachteile auf. Da der Stadtrat den finanziellen Nutzen aus der gastronomischen Bewirtschaftung beibehalten wollte, wurde das Gebäude nicht abgerissen, und somit erlitt das neue Theaterbauwerk mit seiner abseitigen Eingangsfront einen städtebaulichen Wahrnehmungsverlust. Kostensteigernd wirkte sich zudem das abschüssige Baugelände zur Syra aus, geruchsbelästigend die schon 1894 errichtete angrenzende Kraftstation für den elektrischen Straßenbahnbetrieb. In der am 15. Mai 1893 stattgefundenen Hauptversammlung des damals über 650 Mitglieder zählenden Theatervereins war von einer veranschlagten Bausumme von 200 000 Mark ohne Berücksichtigung der dekorativen Ausstattung ausgegangen worden. Unter Einbeziehung dieses Kostenbereichs und weiterer sich ergebender Aufwendungen, aber ohne Hinzuziehung städtischer infrastruktureller Erschließungsmaßnahmen ergab sich jedoch nach der Gebäudefertigstellung eine gesamte Unkostensumme von 365 000 Mark, nachdem 1896 schon 325 000 Mark veranschlagt worden waren.

Das im Stil der italienischen Renaissance errichtete Bauwerk erhielt bis 1901 noch äußerliche Verzierungen mit drei aufgesetzten Giebelfiguren und drei bildhaften Reliefs oberhalb des Haupteingangs. Eigentlich angedachte Stuckzierrate im Neubau wurden aus Kostengründen zwar nicht realisiert, dafür aber Wert auf eine gediegene Innenausstattung gelegt.

(4)
Das Plauener Stadttheater wurde am 1. Oktober 1898 eröffnet.
Stadtarchiv Plauen

Um die künstlerische Leitung des Stadttheaters hatte sich schon im September 1897 Siegfried Conrad Staack beworben, der 1896/97 als Direktor am Stadttheater Liegnitz wirkte und als Schauspieler und Autor von Theaterstücken in Erscheinung getreten war. In seiner Tätigkeit als Direktor und Pächter des Plauener Stadttheaters bis Ende April 1904 wusste er durch eine umfangreiche Anzahl von Vorstellungen (1898: 94, 1899: 200, 1900: 218, 1901: 224, 1902: 226, 1903: 236) mit sehenswerten Darbietungen eines abwechslungsreichen Repertoires zu überzeugen, wobei 1899/1900 Lustspiele dominierten, während bis 1903 meist Operninszenierungen aufgeführt wurden. Nach der sechsjährigen Vertragsdauer übernahm der angesehene Hofschauspieler Richard Franz, der vorher zahlreiche Erfolge in Dresden zu verzeichnen hatte, ebenfalls für sechs Jahre die Nachfolge in der Direktion. Zur laufenden Klärung von Theaterangelegenheiten war bereits 1898 ein Theaterausschuss gebildet worden, dem jeweils zwei Ratsmitglieder, Stadtverordnete und Mitglieder des Theatervereins angehörten. Im Theaterausschuss wurden zahlreiche aktuelle Aufgaben behandelt, so unter anderem von der Stadt zu tragende alljährliche Aufwendungen, wobei die meisten Kosten durch Heizung, Beleuchtung, Instandhaltung und neue Dekorationen entstanden.

Auch wenn das Theatergebäude durch seine rückwärtige Lage zum stark frequentierten »Tunnel« und wegen seiner weniger monumentalen Formgestalt im Vergleich zum Café »Trömel« keine sofort auffällige Sehenswürdigkeit im Stadtzentrum bildete, stellte die Möglichkeit künstlerisch ansprechender Theaterbesuche für das gehobene Bürgertum Plauens das herausragende kulturelle Ereignis im 19. Jahrhundert dar und offenbarte einen wesentlichen Bestandteil der aufkommenden großstädtischen Lebensweise. Ansonsten verzeichneten Schausteller, Zirkusgesellschaften und Marionettentheater schon seit den 80er-Jahren einen beachtlichen Zuspruch durch viele Bevölkerungsschichten, wobei Ende 1889 erstmalig das Marionettentheater von Ernst Richard Bonesky im »Gasthof zu Haselbrunn« in Erscheinung trat und seit 1891 vorwiegend im »Tivoli« gastierte. Mit dem vielseitigen Programmangebot des Stadttheaters erreichte Plauen jedoch eine beachtlich höhere regionale Anziehungskraft sowie ein größeres Interesse durch die wachsende Anzahl von Geschäftsreisenden und Touristen.

1889

Geistig-kulturelle Bereicherungen **237**

242	Plauen ist Großstadt
258	Der Erste Weltkrieg
261	Goldene Zwanziger? Die Weimarer Republik
270	Die Herrschaft der Nationalsozialisten
279	Bildung
289	Gesundheit und Soziales
294	Kunst und Kultur
300	Religion und Sakralarchitektur
304	Sport und Vereine
308	Jüdisches Leben
311	Die Zerstörung Plauens in der Schlussphase des Zweiten Weltkriegs

1905 bis 1945

Großstadt Plauen – Kaiserreich, Weimarer Republik, »Drittes Reich«

Plauen ist Großstadt

Sönke Friedreich

November 1912

Bevölkerungsentwicklung

Nachdem Plauen Ende April 1904 die Zahl von 101 167 Einwohnern erreicht und damit den Status einer Großstadt erlangt hatte, war auch die weitere Entwicklung von starkem Wachstum geprägt. Ein Jahr später, im Mai 1905, registrierte man bereits 104 255 Einwohner, das heißt die Bevölkerung war innerhalb eines Jahres um etwa drei Prozent gewachsen. In den Folgejahren setzte sich dieser Trend in der gleichen Größenordnung fort, wobei ein besonders großer Sprung von 1909 auf 1910 stattfand, als die Bevölkerung von etwa 113 000 auf etwa 121 000 Einwohner wuchs. Mit 128 014 Bewohnern war Ende November 1912 der Höchststand erreicht. Plauen war damit am Anfang des 20. Jahrhunderts neben Chemnitz und Leipzig die am stärksten wachsende Stadt im Königreich Sachsen. Bestandteil dieses Prozesses waren die Eingemeindungen, die unmittelbar vor der Großstadtwerdung 1904 erfolgt waren: Haselbrunn (1899), Chrieschwitz (1900), Kleinfriesen, Reusa und Tauschwitz (alle 1903).

↑
Bahnhofstraße in Plauen, Gemälde von Kurt Geipel (Ausschnitt), 1938
Vogtlandmuseum Plauen, Repro Uwe Fischer

Jahr	Einwohner
1905	105 381
1906	107 923
1907	112 198
1908	112 021
1909	113 396
1910	121 272
1911	123 663
1912	126 411
1913	123 225
1914	108 553
1915	100 113
1916	96 244
1917	92 816
1918	100 838

Einwohnerentwicklung (Jahresmittel), von 1905 bis 1918

Die Bevölkerungsvermehrung wirkte sich zunehmend kritischer auf die Wohnungssituation in der Stadt aus. Aufgrund der Verknappung von Krediten stockte der Wohnungsbau vor 1905. In diesem Jahr existierten 5 204 bewohnte Gebäude mit 22 870 Haushalten, was den Durchschnittswerten von 20,25 Einwohnern pro Gebäude, 4,39 Haushalten pro Gebäude und 4,61 Einwohnern pro Haushalt entsprach.

In der Stadt überwogen Einzimmerwohnungen, in denen mehr als die Hälfte der Stadtbewohner lebte, wobei die Behausungsziffer bei 4,3 Personen je Einzimmerwohnung lag. Die bedrängten Wohnverhältnisse werden auch durch den hohen Anteil an Schlafgängern an der Wohnbevölkerung deutlich; dieser lag Anfang des 20. Jahrhunderts bei 8,7 Prozent.

Die Beengtheit der Verhältnisse bei relativ hohen Mieten veranlasste bereits Walther Naumann, in seiner 1902 publizierten Doktorarbeit über die »Wohnungsfrage im Königreich Sachsen« von Plauen als einer Stadt mit einer »wirklichen Wohnungsnot« zu sprechen.[1] Dennoch wurden zwischen 1904 und 1910 jährlich weniger Wohnungen gebaut; erst ab 1911 stieg die Zahl wieder an.

Jahr	Neu gebaute Wohnungen
1904	2856
1905	1773
1906	1049
1907	849
1908	650
1909	360
1910	177
1911	406
1912	596
1913	796

Anzahl neu gebauter Wohnungen, von 1904 bis 1913

Das konstante Bevölkerungswachstum ging hauptsächlich auf den Geburtenüberschuss zurück, durch den die Bevölkerung einen jährlichen Zuwachs von etwa 2 000 Menschen erfuhr. Dagegen waren die Bewegungen von Zu- und Wegzug sehr schwankend. Entscheidend für die Fluktuation der Bevölkerung war die konjunkturelle Entwicklung, auf die die örtliche Industrie sehr kurzfristig reagierte. In der Krisenzeit des Jahres 1908 verließen knapp 2 000 Menschen die Stadt, während im Boomjahr 1910 über 3 600 Zuzüge zu verzeichnen waren. Vor allem der Anteil der Schlafgänger an der Wohnbevölkerung wurde von einer äußerst mobilen Bevölkerungsgruppe gestellt, die sehr flexibel auf Änderungen des Arbeitsmarktes reagierte.

Eine Konstante war der hohe Frauenanteil der Bevölkerung. Dieser war bereits im Jahr 1890 von der Handelskammer auf 54,39 Prozent beziffert worden und blieb auch nach 1905 durchgehend hoch bei 53 bis 54 Prozent. 1910 gab es bei 121 272 Einwohnern

56 636 Männer und 64 636 Frauen. Der entscheidende Faktor war die hohe Beschäftigtenquote von Frauen in der Textilindustrie.

Das Textilgewerbe bot insbesondere jüngeren Frauen die Chance auf ein eigenes Einkommen und eine Alternative zur Beschäftigung als Hausbedienstete. Dies wird eindrucksvoll durch den statistischen Wert des Familienstandes belegt: 1907 waren über 58 Prozent der männlichen Beschäftigten in der Plauener Industrie, einschließlich Bergbau und Baugewerbe, verheiratet, dagegen nur 16 Prozent der Frauen. Besonders ausgeprägt war das zahlenmäßige Übergewicht der Frauen in der Bahnhofsvorstadt, dem Stadtteil, in dem allein ein Viertel aller Betriebe konzentriert war. Hier waren in den Jahren 1908 bis 1910 fast doppelt so viele Arbeiterinnen wie Arbeiter in der Industrie tätig. Dennoch herrschte aus Sicht der Industrie ein Mangel an Arbeiterinnen, sodass der Fabrikantenverein der Sächsischen Stickerei- und Spitzenindustrie darum bemüht war, jüngere Frauen auch außerhalb Sachsens anzuwerben. Drastisch trat der hohe Frauenanteil dann während des Ersten Weltkriegs zutage: Zu Beginn des Jahres 1915 lag er bei 57,2 Prozent und stieg bis 1918 auf über 62 Prozent. Die Abwanderung männlicher Industriearbeiter aufgrund der kritischen Wirtschaftslage und die Masseneinberufungen der Kriegszeit sorgten zudem dafür, dass sich die Zahl der jährlichen Eheschließungen halbierte, während die Zahl der Geburten im letzten Kriegsjahr nur noch etwa ein Drittel des Standes von 1914 betrug.

Die soziale Struktur der Stadtbevölkerung entsprach der Prägung einer Industriestadt des frühen 20. Jahrhunderts. Bereits seit dem Beginn des Booms der Spitzen- und Stickereiindustrie waren neben das klassische Stadtbürgertum, bestehend aus Handwerkern, Kaufleuten, Beamten und freien Berufen, weitere bürgerliche Gruppen getreten, insbesondere die Angestellten sowie die Fabrikbesitzer. Die frühen Großstadtjahre Plauens waren aber vor allem durch die wachsende Gruppe der Arbeiterschaft geprägt. Im Jahr 1907 lebten bei einer Gesamteinwohnerzahl von 111 000 Menschen circa 25 000 Arbeiter und Arbeiterinnen in der Stadt, die gemeinsam mit ihren Familienmitgliedern zwischen 50 und 60 Prozent der Stadtbevölkerung stellten. Unter der Arbeiterschaft war der Textilsektor führend, in dem in den Jahren 1905 bis 1907 knapp drei Viertel der Beschäftigten und kurz vor Kriegsausbruch 1914 immer noch fast 65 Prozent tätig waren.

① Hinterhof in der Stadtmitte. Die Behausung wurde 1912 für den Rathaus-Neubau abgerissen.
Stadtarchiv Plauen

Eine Besonderheit der sozialen Struktur Plauens bestand zudem in der starken Verbreitung der Lohnstickerei. Durch die Übernahme des in der Hausweberei verbreiteten Verlagssystems in der Stickereiindustrie war ein erheblicher Teil der Arbeiterschaft selbstständiger Besitzer von Maschinen und Anlagen und führte – teilweise mit wenigen Familienangehörigen oder Angestellten – Auftragsarbeiten von einem oder mehreren Verlegern aus. Die Lohnsticker waren damit keine Variante des klassischen lohnabhängigen, im

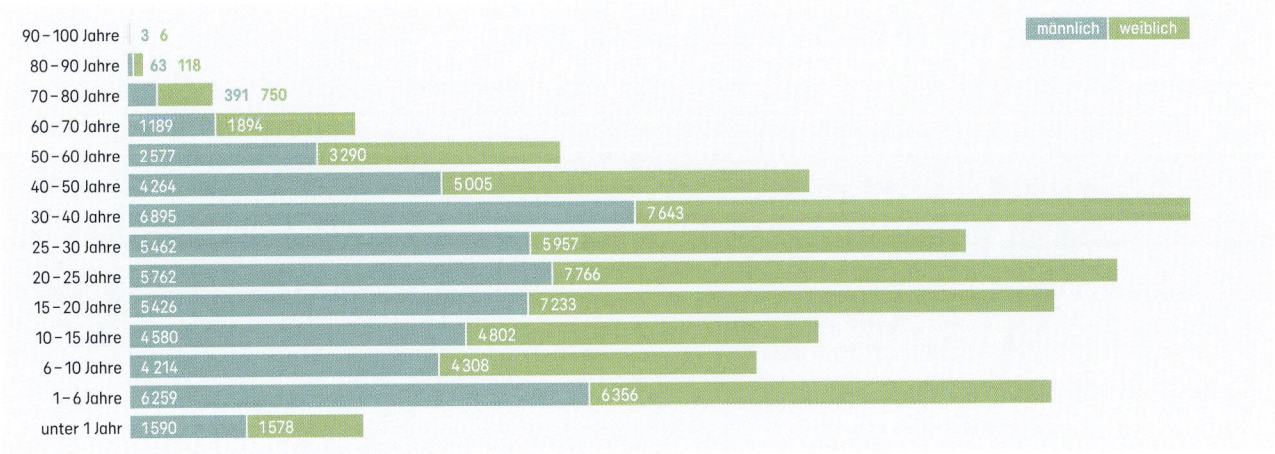

② Plauener Bevölkerung nach Altersklassen, 1905

Plauen ist Großstadt **243**

Großbetrieb arbeitenden Industriearbeiters, sondern nahmen eine Zwischenstellung zwischen Arbeiter und Kleinbürger ein. Durch die »stark kleinbürgerliche Prägung der Bevölkerungsstruktur des 19. Jahrhunderts«[2] wurde der Gegensatz zwischen Arbeiterschaft und Bürgertum in der Stadt deutlich entschärft.

Angesichts des allmählich fühlbar werdenden Einflusses der Arbeiterschaft in der Stadt ist es nachvollziehbar, dass in der bürgerlichen Publizistik zunehmend sentimentale Reminiszenzen an die (angeblich heile) Vergangenheit geäußert wurden. So beschrieb Ferdinand Mohr, Inhaber einer Stickerei und Heimatforscher, in seinem 1913 erschienenen Büchlein »Plauen in der guten alten Zeit« den sozialen Frieden der Stadt um das Jahr 1840: »Wie anderwärts auch, zerfiel die Bewohnerschaft von Plauen in mehrere Schichten, welche sich jedoch nicht schroff gegenüberstanden und gegenseitige Berührung nicht ängstlich mieden. Protzerei gab es fast gar nicht. Andererseits war auch von Neid und Mißgunst wenig zu verspüren. Die obere Schicht, die Honoratioren, bestand aus höheren Beamten, Advokaten, Ärzten, studierten Lehrern, Kaufleuten und Fabrikbesitzern […]. Die viel zahlreichere Mittelschicht der Bevölkerung setzte sich zusammen aus den Hausbesitzern, Handelsleuten und Handwerkern, die ihre Gewerbe betrieben, meist wie sie es vom Vater erlernt hatten. […] Ein wenig zahlreicher Teil der Einwohnerschaft bestand aus Handarbeitern und Tagelöhnern, Arbeitern in den Bleichereien und Spinnereien.«[3] Das friedliche Nebeneinander, der Zusammenhalt der sozialen Netzwerke und der Interessenausgleich gerieten in den ersten Jahren des 20. Jahrhunderts jedoch immer stärker unter Druck.

Politik

Eine wichtige politische Folge des starken Bevölkerungswachstums und der wirtschaftlichen Entwicklung war das Ausscheiden der Stadt aus dem Bezirk der Amtshauptmannschaft zum 1. Januar 1907. Ein entsprechendes Landesgesetz, das gleichermaßen für Zwickau galt, war am 30. April 1906 erlassen worden, doch lag die Initiative in diesem Verfahren bei der Stadt. Bereits am 9. Juni 1905 hatte der Stadtrat bei der Amtshauptmannschaft einen Sonderstatus beantragt, da die Belange der Großstadt immer weniger mit denjenigen der ländlichen Gebiete zu vereinbaren waren. 1905 stellte die Stadt mehr als die Hälfte der insgesamt 201 000 Einwohner der Amtshauptmannschaft, während es 1871 lediglich 26 Prozent gewesen waren. Dies hatte zur Folge, dass der Bezirk immer stärker durch Fragen der städtischen Entwicklung betroffen wurde und entsprechend finanzielle Schieflagen entstanden, etwa durch eine ungerechte Verteilung der Lasten für Wegebauten. Die Kreishauptmannschaft Zwickau konstatierte dann auch im Sommer 1905 ein »besonders in letzter Zeit sehr gewachsenes Selbstbewußtsein der Bewohner der Stadt Plauen« und stimmte der Kreisfreiheit zu.[4] Dabei spielten ebenso parteipolitische Erwägungen eine Rolle, denn das Wachstum der Stadt brachte einen stärkeren Einfluss der liberalen Freisinnigen Volkspartei mit sich, durch den die dominante Rolle der agrarkonservativen Kreise im Bezirksverband geschwächt wurde. Eine weitere Reform der politischen Verfassung bestand in der Trennung der seit 1873 im Stadtgemeinderat zusammengefassten Organe des Stadtrats und der Stadtverordnetenversammlung mit Wirkung vom 1. Januar 1908. Dieser Schritt erhöhte die Bedeutung der Stadtverordneten als Repräsentanten des Wahlvolks und professionalisierte die Stadtverwaltung und deren Anleitung durch den Stadtrat.

Die Jahre nach der Großstadtwerdung waren durch eine Verfestigung der Organisation politischer Vereine, eine allmählich spürbar werdende politische Polarisierung sowie das Erstarken der Sozialdemokratischen Partei (SPD) geprägt. Aufschlussreich ist die Übersicht über die Ortsvereine politischer Parteien und deren ungefähre Mitgliederzahlen in den Adressbüchern. Daraus ist zu entnehmen, dass in den Jahren vor dem Ersten Weltkrieg unter den bürgerlichen Parteien die Liberalen ein deutliches Übergewicht besaßen. Vor allem der Freisinn beziehungsweise die Fortschrittliche Volkspartei, ein Vorläufer der späteren Deutschen Demokratischen Partei, konnte sich auf die Gruppe der Kaufleute, Fabrikbesitzer, Ladeninhaber, aber auch eine breite Schicht von Angestellten stützen, die sich für niedrige Steuern, Freihandel und höhere soziale Mobilität einsetzte. Durchaus nicht im Widerspruch dazu stand die Stärke von nationalistisch ausgerichteten Vereinen. Dazu zählten der Alldeutsche Verband (gegründet 1890), der Deutsche Flottenverein (1899), der Reichsverband gegen die Sozialdemokratie (1907) und der Deutschnationale Handlungs-Gehilfen-Verein (1897).

Die maßgebliche politische Opposition wurde durch die Sozialdemokraten gestellt. Sie organisierten in den Jahren nach 1900 sowohl Demonstrationen und Aufmärsche für eine Wahlrechtsreform und die Verbesserung der Arbeitsbedingungen als auch die enge Zusammenarbeit mit den freien Gewerkschaften, deren sozialer Mittelpunkt das Gewerkschaftshaus »Schillergarten« in der Pausaer Straße war. Die frühesten nachweisbaren Mitgliederzahlen für Plauen liegen für das Jahr 1908/09 vor, als die SPD vor Ort nicht weniger als 1500 Anhänger zählte, deutlich mehr als alle anderen parteipolitischen Vereine zusammen. In den Jahren bis zum Kriegsausbruch wuchs die Zahl weiter an, bis im Frühjahr 1914 etwa 5500 Mitglieder gezählt wurden. Diese Zahlen sind indes insofern zu relativieren, als die Organisationserfolge der SPD im Vergleich zu anderen Städten und Regionen Westsachsens bescheiden blieben und sich ein erheblicher Teil der Textilarbeiter von der SPD fernhielt. So hatten im Juli 1909 die Sozialdemokraten in Plauen 1700 Mitglieder, während zur gleichen Zeit die städtischen Wahlkreise Stollberg, Zwickau und Mittweida jeweils über 3000 Mitglieder zählten. Damit spiegelten die parteipolitischen Verhältnisse jene Probleme wider, vor denen auch die Gewerkschaften standen, um die Arbeiter zu organisieren. So bemerkte Hans von Langermann in seinem 1909 erschienenen Buch über die soziale Lage der sächsischen Textilarbeiter, dass zwar »in Crimmitschau mit seinen 23 000 Einwohnern 4 000 organisierte Textilarbeiter sind«, im wesentlich größeren Plauen jedoch nicht einmal 1000.[5]

Frauen spielten in den politischen Parteien eine völlig untergeordnete Rolle. Beitreten durften sie diesen erst mit dem Erlass des Reichsvereinsgesetzes von 1908.

Die revidierte Städteordnung von 1873 und die Ortsstatuten der Stadt, die ein Zensuswahlrecht ausschließlich für männliche Inhaber des städtischen Bürgerrechtes vorsahen, sorgten auch weiterhin für den Ausschluss des größten Teils der erwachsenen Bevölkerung von den Kommunalwahlen. Frauen blieb in Deutschland bis 1918 das aktive wie passive Wahlrecht ohnehin verwehrt. Noch zu den Stadtverordnetenwahlen vom 24. November 1913 waren von 128 000 Einwohnern lediglich 10 905 wahlberechtigt. Anders als bei den Reichstagswahlen besaßen die bürgerlichen Wahllisten bis 1912 quasi eine Monopolstellung bei den kommunalen Wahlen. So wurden bei der Wahl am 20. November 1905 drei bürgerliche Listen aufgestellt (die Listen des Bürgervereins, des Freisinns sowie der Haus- und Grundstücksbesitzer), die teilweise identische Kandidaten aufführten, sodass die Liste der Sozialdemokraten keine Chance besaß.

Doch der vermehrte Wohlstand in der Stadt, der auch einer wachsenden Zahl von Arbeitern und Arbeiterinnen zugutekam, ermöglichte trotz der weiter bestehenden sozialen Schieflage einer zunehmenden Zahl von Arbeitern den Erwerb des Wahlrechts, sodass sich die Lücke zwischen den Kandidaten der politischen Lager allmählich zu schließen begann. Obwohl der Anteil der sozialdemokratischen Stimmen von 27 Prozent im Jahr 1909 auf 41 Prozent im Jahr 1911 stieg, blieben die Kandidaten der SPD außen vor. Erst 1912 wurde schließlich eine längst fällige Reform des lokalen Wahlrechts beschlossen, die die Kommunalwahlen für breitere Bevölkerungsschichten öffnete. Nunmehr erreichte die SPD den Einzug in das Stadtparlament, auch wenn sie dort eindeutig in der Minderheit blieb: Noch kurz vor dem Ersten Weltkrieg stellte man lediglich neun von 58 Stadtverordneten. Auf lokaler Ebene blieb es bei der klaren Dominanz des liberal-bürgerlichen Lagers. Diese bestand ebenso im Stadtrat, der von den liberalen Oberbürgermeistern Johannes Schmid (1902 bis 1912) und Julius Dehne (1912 bis 1916) geleitet wurde.

Ein anderes Bild ergab sich bei den Reichstagswahlen in Plauen, da diese nach dem gleichen und geheimen Männerwahlrecht durchgeführt wurden. Nach dem Durchbruch des Jahres 1903, bei dem 22 der 23 sächsischen Wahlkreise von den Sozialdemokraten gewonnen worden waren (darunter auch der Wahlkreis 23 – Plauen), wurde die SPD 1907 im Plauener Wahlkreis stärkste Partei, verlor aber dennoch das Mandat, da der Liberale Oscar Günther die Unterstützung sowohl des Freisinns wie der Konservativen genoss. Bei der Reichstagswahl von 1912 konnte die SPD mit Hermann Jäckel dieses Mandat jedoch zurückgewinnen. Die Reichstagswahlen spiegeln die parteipolitische Landschaft Plauens realistischer wider als die Wahlen zur Stadtverordnetenvertretung. Seit der Entwicklung zur Großstadt gewann die organisierte Arbeiterschaft allmählich an Gewicht.

Vor dem Kriegsausbruch 1914 konnte trotz der stärker werdenden Polarisierung der soziale Frieden der Stadt weitgehend gewahrt werden. Aufbauend auf einem starken wirtschaftlichen Wachstum und dem damit verbundenen Wohlstandsgewinn breiter Bevölkerungskreise wurde eine Verschärfung ökonomischer und politischer Konflikte verhindert. Zwar kam es insbesondere seit 1910 zu einer zunehmenden Zahl von Streiks für Lohnerhöhungen, die nicht selten von Ausschreitungen, Sachbeschädigungen und Körperverletzungen begleitet waren. Diese betrafen allerdings weitgehend Gewerbezweige wie das Bauhandwerk, zum Beispiel die Steinmetzgehilfen, Maurer, Tischler und Bautischler, Zementarbeiter und Bauarbeiter. Lohnkämpfe in der Textilindustrie waren dagegen eher selten. Der Grund dafür dürfte nicht zuletzt darin zu suchen sein, dass vor allem die Lohnsticker ihr gesellschaftliches Fortkommen weniger im gewerkschaftlichen und politischen Zusammenschluss als vielmehr in individuellem Ehrgeiz suchten.

Auch die Reformbemühungen der Frauenbewegung erreichten Plauen, doch blieb hier gleichfalls eine Radikalisierung aus. Bestimmend war der 1907 gegründete Frauen-Verein unter Leitung von Eugenie Schumann, laut Marte Sorge »eine geistig führende Frau in Plauen«,[6] der sich nicht zuletzt in der sozialen Unterstützung von Frauen hervortat, etwa durch die Gründung eines Frauenheims und einer Rechtsschutzstelle für Frauen sowie kulturelle Veranstaltungen.

1912

Politischer Verein	1904/05	1906/07	1908/09	1910/11	1912/13	1914/15
Alldeutscher Verband	500	450	460	410	450	450
Freisinn/Fortschrittliche Volkspartei	k. A.	350	400	450	600	500
Nationalliberaler Verein	260	k. A.	k. A.	k. A.	k. A.	500
Konservativer Verein	190	160	188	193	k. A.	380
Sozialdemokratischer Verein	k. A.	k. A.	1500	1500	5000	5500
Reichsverband gegen die Sozialdemokratie	k. A.	k. A.	600	600	600	k. A.

Mitgliederzahlen politischer Vereine in Plauen, von 1904/05 bis 1914/15

Häuserzeile an der Herrenstraße mit Blick auf den Altmarkt, um 1910. In den beiden hinteren Gebäuden saßen das Einwohnermeldeamt und das Polizeiamt. Die Häuser mussten für den Bau des neuen Rathauses weichen.
Stadtarchiv Plauen

③ Stadtentwicklung

Ende des Jahres 1904 umfasste das Plauener Stadtgebiet etwa 3 134 Hektar, eine Fläche, die bis zum Ende des Ersten Weltkriegs weitgehend konstant blieb. In der Stadt befanden sich 15 Plätze und 255 Straßen, während es knapp 20 Jahre später 22 Plätze und 305 Straßen waren.

Jahr	Plätze	Straßen
1904	15	255
1908	16	270
1910	20	276
1913	20	292
1923	22	305

Plätze und Straßen, von 1904 bis 1923

In Verbindung mit dem anhaltenden Bevölkerungswachstum wuchs auch die Zahl der bebauten Grundstücke von 4 888 im Herbst 1904 auf 5 895 im Herbst 1913 sowie auf 6 003 Ende 1919.

Im Zuge des Städtewachstums wurden zahlreiche Wohnhäuser im Stil des Historismus sowie des Jugendstils errichtet, die zum Teil trotz der kriegsbedingten Zerstörungen bis heute das Stadtbild prägen, so etwa in der Straßberger Straße, in der Dittesstraße, der Diesterwegstraße, der Pausaer Straße und am Streitsberg. Für die Vorstädte und Randgebiete (zum Beispiel Reusa, Reißig, Bärenstein- und Tenneragebiet) entwickelte das Stadtbauamt bis 1911 eine Reihe von Bebauungsplänen, die nicht immer aufeinander abgestimmt waren; 1912 wurde daraufhin ein Ressort für Stadterweiterung im Stadtbauamt eingerichtet, das die Planungen künftig koordinierte. Von besonderer Bedeutung erwies sich die Errichtung der Kaserne 1903, da sich hieran eine bauliche Erschließung des Westends anschloss. Auch sorgte die Ansiedlung neuer Industriebetriebe in den Jahren 1906 bis 1910 dafür, dass sich das Stadtgebiet weiter Richtung Westen ausdehnte.

Das zentrale Problem der Stadterweiterung stellte der Wohnungsbau dar, der aufgrund des Bevölkerungswachstums zu einem drängenden Problem in den Jahren vor dem Ersten Weltkrieg wurde. Hans von Langermann merkte 1909 kritisch an, dass mit dem industriellen Aufschwung Plauens eine Verschlechterung des Wohnungsangebots und der Wohnverhältnisse einhergegangen sei, die »für die Industrie direkt zu einer Kalamität wurde. Die herangezogenen Arbeiterfamilien mußten 300–350 M. Miete [im Jahr, S. F.] zahlen. Die Folge war, daß sie gar bald Plauen wieder verließen. [...] Seßhafte, geübte Arbeiter wurden immer seltener und konnten durch jüngere, alleinstehende, ungeübte Arbeitskräfte aus Greiz, Gera usw., die in der Regel auch Plauen bald wieder verließen, nicht ersetzt werden.«[7] Diese Schieflage verschärfte sich noch ab dem Jahr 1911, als der Boom der Textilindustrie die Stadt förmlich aus den Nähten platzen ließ. Bereits 1905 lagen die Jahresmietpreise im Durchschnitt bei 285 Mark für eine Einzimmerwohnung mit Küche, 377 Mark für eine Zweizimmerwohnung mit Küche, 509 Mark für eine Dreizimmerwohnung und 682 Mark für eine Vierzimmerwohnung. 1912 zählte Plauen mit jährlichen Mietpreisen von 320 bis 420 Mark für Stube, Kammer und Küche zu den Spitzenreitern unter Deutschlands Städten. Für einen verhältnismäßig gut verdienenden Fabriksticker mit 30 bis 40 Mark in der Woche waren solche Mieten noch erschwinglich, andere Haushalte stießen damit an die Grenze der finanziellen Belastbarkeit: Ein guter Weber etwa brachte im Monat etwas mehr als 100 Mark mit nach Hause, im Akkord arbeitende Ausbesserinnen, Plätterinnen, Stepperinnen und Aufmacherinnen (Verpackerinnen) kamen auf etwa 100 Mark monatlich, und ein »Studierter«, ein junger Volksschullehrer, fing in Sachsen mit 1600 Mark Jahresgehalt plus 500 Mark Wohngeld an.

Stadt	Jahresmiete für eine Stube + Kammer + Küche (in Mark)
Plauen	320–420
Zwickau	240–260
Chemnitz	280–350
Dresden	240–395
Halle	210–270
Jena	180–220
Hamburg Innenstadt	390–430
Hamburg Vororte	280–400
Dortmund	330–360
Bochum	310–330

Jährliche Mietpreise für Arbeiterwohnungen in deutschen Städten, 1912

Die private Bautätigkeit sowie die Bereitstellung von großen Wohnbauten durch die 1897 gegründete und bis 1922 tätige Baugesellschaft Plauen GmbH, die bis 1913 insgesamt 40 Häuser mit 453 Wohnungen errichtete, konnten die Nachfrage nicht befriedigen. 1912 erfolgte daher auf Initiative der Ortsgruppe Plauen des Kartells sächsischer mittlerer Staatsbeamter, des Evangelischen Arbeitervereins und des Ortsverbands des Deutschen (Hirsch-Dunckerschen) Gewerkvereins die Gründung des Gemeinnützigen Wohnungsbauvereins Plauen, dessen Ziel es war, Wohnraum für minderbemittelte Familien zu schaffen. Der Verkauf städtischer Grundstücke an den Wohnungsbauverein traf zwar zunächst auf den Widerstand des Arbeitgeberverbands für Baugewerbe, der Maurer- und Zimmerer-Innung und der Plauener Haus- und Grundstücksbesitzervereine, da das Bauland zu stark vergünstigten Preisen abgegeben und daher eine Konkurrenz der öffentlichen Hand zur privaten Wohnbautätigkeit befürchtet wurde. Doch sah es der Stadtrat als eine soziale Verpflichtung an, den Wohnungsbau finanziell zu fördern. Zu den ersten Projekten des Wohnungsbauvereins gehörte die Errichtung von Mietshäusern an der Meßbacher Straße und Weischlitzer Straße, die 1913 fertiggestellt wurden. Auch in den 1920er-Jahren wurde die Bautätigkeit fortgeführt: So entstanden 1926 drei Mietwohnhäuser an der Morgenberg- und Hans-Sachs-Straße in Haselbrunn, 1927 sechs Häuser an der Hans-Sachs- und Alleestraße sowie 1929 sieben Häuser an der Dobenaustraße. Damit erwies sich der Wohnungsbauverein als wichtiger Impulsgeber für den Wohnungsbau nach 1912. Während des Weltkriegs wurden zudem Pläne für eine »Kriegerheimstätte« entworfen, die den heimkehrenden verwundeten Soldaten und ihren Familien die Grundlage für einen Neuanfang geben sollte. 1920/21 entstand so durch den Reichsverband deutscher Kriegsbeschädigter und Kriegshinterbliebener eine Siedlung an der Reusaer Straße und Damaschkestraße mit 24 Häusern.

Der Wohnungsmarkt entspannte sich trotz des Wohnungsbaus und des Bevölkerungsrückgangs auch nach 1912 nur wenig. Als nach 1918 die Einwohnerzahlen wieder zu steigen begannen, zugleich jedoch die Wirtschaftskrise die Bautätigkeit stark behinderte, verschärfte sich die Wohnungsnot wieder. Wie die Wohnungsnotzählung vom Oktober 1926 ergab, existierte bei einem Gesamtbestand von 32 800 Wohnungen ein Bedarf von 3 297 Wohnungen, das heißt eine Lücke von etwa zehn Prozent. Auf je 1 000 Einwohner kamen zehn »dringendst fehlende Wohnungen« (Landesdurchschnitt: 8,99 je 1 000 Einwohner).[8] Das Bild änderte sich in den folgenden Jahren eher zum Negativen: Bei der Wohnungsnotzählung vom 31. Mai 1929 hatte sich die Zahl der »dringendst fehlenden Wohnungen« je 1 000 Einwohner auf 12,24 erhöht.[9]

Aufgrund des Baubooms nach der Großstadtwerdung entstanden zahlreiche neue Gebäude von zum Teil hohem architektonischem Wert. Allein in den Jahren 1905 bis 1907 zählten dazu: die 11., 12. und 13. Bürgerschule (1905/06), der Neubau der Stickerfachschule (1907), der Neubau des Realgymnasiums und die Erweiterung des Elektrizitätswerks (1907). In den Jahren bis zum Ersten Weltkrieg kamen das Lutherhaus (1907/08), der Erweiterungsbau des Cafés »Trömel« (1910/11), das Kaufhaus Tietz am Postplatz (1912/14), die Feuerwache (1913) sowie der Neubau der Handelskammer an der Breiten Straße (heute Friedensstraße) nach einem Entwurf des renommierten Dresdner Architektenbüros Lossow & Kühne (1913/15) hinzu.

Neben der baulichen Gestaltung des Stadtwachstums wurde zudem die Herstellung von Grünanlagen im Sinne der Stadtverschönerung und der Auflockerung der Bebauung weitergeführt. Bereits Bürger- und Oberbürgermeister Oskar Kuntze (1865 bis 1893; 1882 wurde der Titel Oberbürgermeister in Plauen eingeführt) hatte sich als Verfechter des Stadtgrüns in Form von Hainen einen Namen gemacht. In seine Amtszeit fallen denn auch die Anfänge des Plauener Stadtparks am Bärenstein. Am 9. April 1887 wurden zu Ehren Kaiser Wilhelms I. auf einem Grundstück zwischen Tennera und der Bahnlinie nach Eger, in Nachbarschaft zum zwei Jahre zuvor bepflanzten Bismarck-Hain, 90 Eichen gepflanzt, die den Kern eines Kaiser-Wilhelm-Haines bildeten. In den folgenden Jahren wurde der Kaiser-Wilhelm-Hain nach und nach erweitert, bis Anfang 1893 Ratsoberförster Wilhelm Mauksch dafür plädierte, die bestehenden Anlagen an Bärenstein und Tennera zu einem Stadtpark zu erweitern. Mithilfe einer anonymen Spende von 9 000 Mark konnte bis 1899 eine landschaftsgärtnerische Zusammenführung der Grünanlagen erreicht werden. Im Dezember 1902 schrieb die Stadt schließlich einen Wettbewerb für die weitere Vereinheitlichung des Geländes zu einem Park aus. Nunmehr begann sich die Bezeichnung »Stadtpark« durchzusetzen. Derselbe konnte am 27. August 1906 schließlich für die Öffentlichkeit freigegeben werden.

Parkähnlich gestaltet wurde auch ein neuer Hauptfriedhof im Stadtteil Reusa. Die Arbeiten an der Anlage begannen 1912, sechs Jahre später nahm die Begräbnisstätte den Betrieb auf.

Im Januar 1910 speiste die neu erbaute Talsperre Werda erstmals Trinkwasser in das Plauener Wassernetz ein. Bis dahin hatte sich die Stadt aus vier Quellen- und Grundwasserleitungen sowie zwei Tiefbrunnen versorgt, bei der wachsenden Bevölkerung reichte dieses Reservoir auf Dauer jedoch nicht mehr aus.

Ein wichtiger Faktor für die Stadterweiterung war der Ausbau des Verkehrsnetzes. Auch nach 1904 war die zehn Jahre zuvor gegründete Straßenbahn das wichtigste Verkehrsmittel und zugleich Impulsgeber für die Errichtung neuer Gebäude und Wohnviertel. Zum 1. Januar 1905 war die Linie von Haselbrunn nach Neundorf bis zur Kaserne verlängert worden. Im April 1905 wurde die neue Linie Dittrichplatz – Friedrich-August-Brücke – Bahnhofstraße – Lessingstraße gebaut, die den Betrieb im August des gleichen Jahres aufnahm und

④ Das weit über die Plauener Stadtgrenzen hinaus bekannte Café »Trömel« am »Tunnel«, dahinter das im März 1914 eröffnete Kaufhaus Julius Tietz, um 1920
Stadtarchiv Plauen

bereits 1906 durch die Johann- und Schlachthofstraße bis zum Mendelssohnplatz ausgebaut wurde. 1909 folgten die Verlängerung der Strecke Neundorf–Haselbrunn bis zur Schankwirtschaft »Waldschlößchen« sowie der Anschluss der Südvorstadt an das Straßenbahnnetz mit der »Weißen Linie« von der Hofer Straße durch die Oelsnitzer Straße bis zur Flurgrenze in Reinsdorf. Damit betrug die Länge des Streckennetzes elf Kilometer. 1914 existierten vier Straßenbahnlinien: Oberer Bahnhof–Unterer Bahnhof (3,3 km), Haselbrunn–Neundorf (5,1 km), Dittrichplatz–Preißelpöhl (2,9 km) und Tunnel–Reinsdorf (1 km).

Die wachsende Bedeutung der Straßenbahn spiegelte sich nicht nur im wachsenden Streckennetz, sondern insbesondere in der Zahl der Fahrgäste. Waren im Jahr 1904 insgesamt 3,3 Millionen Fahrgastbeförderungen (circa 9 000 täglich) durchgeführt worden, so waren es auf dem Höhepunkt 1913 nicht weniger als acht Millionen (circa 22 000 täglich).

Angesichts dieser Entwicklung gab es unmittelbar vor Kriegsausbruch Planungen für eine umfangreiche Erweiterung des Straßenbahnnetzes. 1913 schloss die Stadt mit der Sächsischen Straßenbahn-Gesellschaft mehrere Verträge, nach denen 1914 eine zweigleisige Linie vom Dittrichplatz zum Unteren Bahnhof als Verlängerung der Linie Preißelpöhl–Dittrichplatz, 1915 eine eingleisige Linie vom »Tunnel« nach Chrieschwitz und 1916 eine Linie zum geplanten Hauptfriedhof in Reusa erbaut werden sollten. Von diesen Projekten wurde letztlich nur die Linie zum Hauptfriedhof 1920/21 fertiggestellt. Während des Ersten Weltkriegs mussten mehrere Straßenbahnlinien zeitweise den Verkehr einstellen. Auch wurden erstmals Frauen als Schaffnerinnen eingestellt, um die zum Kriegsdienst einberufenen Männer zu ersetzen (der Schaffnerdienst war zum 1. Januar 1907 eingerichtet worden).

Neben der Straßenbahn wuchs ebenso der private Kfz-Verkehr. Dies verdeutlichen die von der Stadt gezählten Kfz-Zulassungen: Bis zum Jahr 1908 bewegten sich die Zulassungen mit 57 Kfz und Krafträdern auf gleichbleibend niedrigem Niveau, während sie anschließend langsam, seit 1911 dann rascher wuchsen.

Jahr	Kfz-Zulassungen	Krafträder-Zulassungen
1910	67	51
1911	200	118
1920	227	86
1921	348	119
1922	449	273
1923	497	323

Zulassungen von Kfz und Krafträdern, 1910 bis 1923 (ausgewählte Jahre)

In den 1920er-Jahren erfolgte die eigentliche Motorisierung, als die Zahl der zugelassenen Kfz deutlich stieg und das Straßennetz befestigt und damit den Bedürfnissen des motorisierten Verkehrs angepasst wurde. Wie die Verkehrszählung von 1924/25 verdeutlichte, wiesen die sächsischen Städte – darunter Plauen – den höchsten Motorisierungsgrad in Deutschland auf. Etwa die Hälfte aller Fahrzeuge besaß einen Verbrennungsmotor.

Auch bezüglich der Außenverbindungen der Stadt gab es nach der Großstadtwerdung weitere wichtige Entwicklungen. Dazu zählte die Bereitstellung sogenannter Kraftwagenlinien in das nähere Umland. 1913 konnte die Linie Plauen–Falkenstein–Auerbach–Rodewisch–Eibenstock ebenso ihren Betrieb aufnehmen wie die Linie Plauen–Oelsnitz. 1921 wurde eine Linie nach Hof eingerichtet, die jedoch schon ein Jahr später ihren Betrieb wieder einstellen musste – sie wurde wie die übrigen Kraftwagenlinien und die Straßenbahn zeitweise ein Opfer der Inflation. Wichtigstes Projekt im Bahnverkehr war die Verbindung zwischen Plauen und Theuma, mit deren Bau nach langen Vorplanungen im März 1915 begonnen wurde. 1923 konnte die Linie mit ihren Zwischenstationen in Chrieschwitz, Kleinfriesen, Neuensalz und Großfriesen an den Verkehr übergeben werden. Durch die neue Bahnlinie wurde die Strecke nach Falkenstein bedeutend verkürzt. Allerdings herrschte in Plauen vor dem Ersten Weltkrieg das Bewusstsein vor, nicht genügend an den überregionalen Verkehr angebunden zu sein. Im Oktober 1905 etwa meldete sich ein Leserbriefschreiber im »Vogtländischen Anzeiger« zu Wort und kritisierte, dass man bei den Verhandlungen über den Etat der Sächsischen Staatseisenbahn »Plauen wieder einmal fast vollständig vergessen hat, insbesondere, daß seine vielfach ausgesprochenen Wünsche nach Bahnhofsbauten und Bahnverbindungen gänzlich unberücksichtigt geblieben sind. Plauen ist eben das Aschenbrödel der sächsischen Großstädte. Es ist zu weit von Dresden entfernt, und man kennt dort bei weitem noch nicht die Bedeutung seiner Industrie und die Bedürfnisse seines Verkehrs.«[10] Vergleichbare Urteile finden sich wiederholt in der zeitgenössischen Presse.

Der Ausbau des großstädtischen Verkehrsnetzes stellte aufgrund des schwierigen Terrains eine erhebliche Herausforderung für die Stadtplaner dar. Dies zeigt sich etwa an dem zentralen verkehrstechnischen Vorhaben einer Syra-Überquerung zur Verbindung der wachsenden Vorstädte im Norden und Westen der Stadt. Bereits in den 1880er-Jahren hatte man Pläne für eine Verlängerung der Breiten Straße Richtung Süden und ihre Anbindung an die Neundorfer Straße entwickelt. 1886 stellte Stadtbaurat Osthoff dieses Vorhaben auf dem Allgemeinen Sächsischen Baugewerketag der Öffentlichkeit vor. Es dauerte dann allerdings noch bis zum Jahr 1894, bis die Brücke in den städtischen Bebauungsplan aufgenommen wurde, und erst im Jahr 1900 wurden durch die Stadt erste Grundstücke am Syratal für den Bau angekauft und beräumt. Ende 1901 äußerte die »Neue Vogtländische Zeitung«, von »besonderer Wichtigkeit für den Verkehr wie überhaupt das gesammte großstädtische Leben und Treiben ist die Herstellung der Ueberbrückung des Syrathales, welch letztere zwei reich bevölkerte, verkehrsreiche Stadttheile, die Neundorfer- und Bahnhofs-Vorstadt enger verbinden soll.«[11] Der Bau der Brücke nach dem Entwurf der Firma Liebold & Co. aus Langebrück wurde schließlich im April 1902 von Stadtrat und Stadtverordnetenversammlung beschlossen. Dabei wurde der ursprüngliche Entwurf mit drei Brückenbögen soweit überarbeitet, dass schließlich nur noch ein einziger, 90 Meter langer Brückenbogen geplant war. Hierdurch sollte die Verkehrsfreiheit der im Tal entlangführenden Dobenaustraße gewährleistet werden. Zugleich entstand damit ein technisches Meisterwerk, hatte die Brücke doch den zur Zeit der Erbauung längsten durchgehenden Bruchsteinbogen der Welt.

Nach dem Baubeginn im März 1903 ging der Bau zügig voran und konnte im Juli 1905 abgeschlossen werden. Bereits im April 1905 hatte der Stadtrat bei der Kreishauptmannschaft angefragt, ob eine Benennung des Bauwerks als »Friedrich-August-Brücke« die königliche Genehmigung finden würde. Nachdem dies positiv beschieden worden war, konnte die Brücke am 25. August 1905 im Beisein König Friedrich Augusts III. eingeweiht werden. Stadtbaurat Georg Fleck nannte die Brücke ein »Wahrzeichen« der Stadt und einen »Merkstein in der Geschichte der Kreisstadt Plauen, ein schönes Denkmal deutschen Bürgersinns, einen Erfolg in der Brückenbaukunst, auf den die deutsche Technik mit Genugtuung blicken darf«.[12] Ohne Zweifel stellte die Brücke eine Ingenieursleistung dar, die einer jungen und wachsenden Großstadt würdig war. 1945 wurde sie in »Friedrich-Ebert-Brücke« umbenannt, 1973 erhielt sie ihren heutigen Namen: »Friedensbrücke«.

Die Expansion Plauens und die Erweiterung der Stadtbebauung schlugen sich nicht allein in einer wachsenden Zahl an Wohn- und Geschäftshäusern sowie Industriebauten nieder, sie ließen bereits vor der Großstadtwerdung eine Erweiterung der Räume der Stadtverwaltung notwendig erscheinen. So war unter der Ägide von Oberbürgermeister Rudolf Dittrich (1893 bis 1899) der Neubau eines Verwaltungsgebäudes diskutiert worden. Dittrich hatte am 16. Juni 1898 den Stadtgemeinderat darüber informiert, »daß die mit dem Wachsthum der Stadt Schritt haltende Erweiterung der Aufgaben der städtischen Verwaltung auch die Vermehrung der Beamten zur unausbleiblichen Folge hat«,[13] die ihrerseits eine vermehrte Zahl an Arbeitsräumen benötigten. Noch im gleichen Jahr wurden fünf Häuser an der Marktstraße und an der Schustergasse von der Stadt angekauft, die als erste von insgesamt 17 Häusern für den Neubau abgerissen werden sollten.

Baubeginn sollte im Jahr 1900 sein. Plauen entwickelte damit seine Pläne für ein neues Rathaus zu einer Zeit, in der auch in zahlreichen anderen Städten derlei Neubauten geplant und durchgeführt wurden, so etwa in Leipzig (1899 bis 1905), Dresden (1905 bis 1910) und Chemnitz (1907 bis 1911).

Aufgrund finanzieller Engpässe entstanden allerdings deutliche Verzögerungen bei der weiteren Planung. Erst im Jahr 1908 konkretisierte sich diese insofern, als der architektonische Entwurf eines Neubaus mit einer Frist bis Ende Juni 1909 ausgeschrieben wurde. Aus den 113 eingehenden Entwürfen wurden in einem mehrstufigen Verfahren schließlich zwei Sieger gleichberechtigt ermittelt, nämlich die Entwürfe von Willy Graf aus Stuttgart und Georg Wrba aus Dresden.

Allerdings wurden auch diese Entwürfe nicht als völlig befriedigend eingeschätzt, und so wurde der seit 1910 amtierende neue Stadtbaurat Wilhelm Goette mit einem neuen Entwurf beauftragt, der schließlich 1911 abgesegnet wurde. Nachdem für die drei Bauabschnitte insgesamt gut 4,4 Millionen Mark bewilligt worden waren, konnte im Herbst 1912 mit den Ausschachtungsarbeiten für das neue Gebäude begonnen werden. Am 2. September 1913 erfolgte die Grundsteinlegung.

Über den Standort des neuen Rathauses gab es keine längeren Diskussionen, war man doch allgemein der Auffassung, das Gebäude möglichst zentral am Unteren Graben in der Nähe des alten Rathauses zu errichten. Umstritten war jedoch das Schicksal des alten Rathauses, dessen Abbruch mehr Platz für den Neubau geschaffen und einen direkten Zugang zum Altmarkt gewährleistet hätte. Letztlich setzten sich dessen Verteidiger aber durch, sei das alte Rathaus doch schließlich »das einzige, wertvolle Gebäude aus alter Zeit in Plauen« und stelle »einen Berührungspunkt mit der Vergangenheit dar, welcher in unserer schnelllebigen Zeit zu wichtig ist um ihn leichten Herzens zu zerstören«.[14] Am 7. Juni 1910 sprach Stadtbaurat Wilhelm Goette vor der Stadtverordnetenversammlung und verkündete, das alte Rathaus sei keineswegs baufällig, sein Erhalt als kulturhistorisches Zeugnis daher umso dringender geboten. Diesem Urteil schlossen sich die Stadtverordneten an, sodass die bis heute im Plauener Stadtbild so charakteristische Verbindung von Altem und Neuem im Rathausbau verwirklicht wurde.

Der Bau des neuen Rathauses zog sich über eine längere Zeit hin, in der die Stadt tiefgreifende Zäsuren erlebte. Oberbürgermeister Julius Dehne hatte bei der Grundsteinlegung ausgeführt: »Plauen ist eine ernste Stadt, eine Stadt der Arbeit, eine Industriestadt. Diese Eigenart unserer Stadt wird auch dieses Haus widerspiegeln: es soll werden edel in der Form, gut im Stoffe, aber schlicht im Schmucke.«[15] Der »Ernst« hatte seit dem Herbst 1912 in Gestalt der Krise der Textilindustrie eine nicht unerhebliche Vertiefung erfahren. Eine weitere Zäsur stellte der Kriegsausbruch 1914 dar, der gleichfalls die Stadt wirtschaftlich und psychologisch hart traf und auch den Rathausneubau verzögerte. So wurde der Rohbau mitten im Krieg fertiggestellt, und am 25. September 1916 wurde auf dem Turm als Zeichen der Vollendung ein Turmknopf mit Wetterfahne angebracht. Eine offizielle Einweihungsfeier gab es jedoch nicht, da aufgrund der Zeitumstände die Räumlichkeiten nicht sofort bezogen werden konnten. Erst vom 6. bis zum 10. September 1918 bezog die Hauptverwaltung das Neue Rathaus, während die übrigen Abteilungen in den Folgejahren einzogen. 1921 wurde dieser Prozess mit dem Einzug des Statistischen Amtes am 22. März, dem Bezug des Stadtverordnetensaales am 27. Mai und des Ratssitzungssaals am 19. August abgeschlossen. Als Stadtverordnetenvorsteher Ulrich Otto den neuen Sitzungssaal der Stadtverordneten seiner Bestimmung übergab, stellte er fest, wie stark sich seit Baubeginn die Zeitumstände und das Schicksal der Stadt gewandelt hatten: »Wir stehen vor der Vollendung des Gebäudes, und doch [herrscht] keine freudige, keine festliche Stimmung, keine Feier, die die Bedeutung des Tages auch äußerlich zum Ausdruck brächte. Wir beugen uns der Not der Zeit. Und die Not der Zeit ist auch der Grund, weshalb dieser Raum nicht die künstlerische Ausschmückung erfahren hat, die geplant war und die wir ihm alle gern gewünscht hätten.«[16] Das Neue Rathaus wurde damit zum Symbol einer Schwellenzeit: zur Zeit der Blüte geplant, im Krieg gebaut und in der Krise eröffnet.

Gleich oberhalb des geplanten neuen Rathauses eröffnete im Oktober 1912 die neue städtische Sparkasse. In das Gebäude zog Anfang der 1920er-Jahre auch die Stadtbücherei ein, zuvor fand die Ausleihe durch zwei ehrenamtlich tätige Lehrer in der Dobenaustraße statt.

Direkt neben der Sparkasse begann 1913 der Bau einer zeitgemäßen Feuerwache, die 1916 teilweise und nach dem Ersten Weltkrieg vollständig in Betrieb genommen wurde. Eine Berufsfeuerwehr unterhielt die Stadt seit 1907, die bis dahin für den Brandschutz verantwortliche Freiwillige Bürgerfeuerwehr blieb parallel dazu bestehen.

Sichtbare Zeichen und Symbole des Selbstbewusstseins der bürgerlichen Gesellschaft der Stadt waren schließlich auch die figürlichen Denkmäler. Nachdem bereits vor der Großstadtwerdung 1904 eine Reihe von Denkmälern errichtet worden war, stellte das Projekt eines Reiterstandbilds für den 1902 verstorbenen sächsischen König Albert das größte Vorhaben dieser Art bis zum Ersten Weltkrieg dar. Grundlage war die verbreitete Verehrung für den Monarchen, die sich bereits unter

⑤ Friedrich-August-Brücke, 1906 nach ihrer Fertigstellung
Stadtarchiv Plauen

(6)
Architekt Wilhelm Goette (1873–1927). Der gebürtige Elsässer arbeitete ab 1910 bis zu seinem Tod als Stadtbaurat in Plauen.
Stadtarchiv Plauen,
Repro Uwe Fischer

(7)
Großbaustelle für das Neue Rathaus, 1913
Stadtarchiv Plauen

1912

anderem in der Benennung des Albertplatzes (1873), des König-Albert-Hains (1889), der König-Albert-Höhe (1887) und der König-Albert-Brücke (1888) ausgedrückt hatte. Im Juli 1902, wenige Wochen nach dem Tod König Alberts, trat ein unter Leitung von Oberbürgermeister Johannes Schmid stehender städtischer Denkmalausschuss zusammen, der die Planungen für ein Reiterstandbild mit geschätzten Kosten in Höhe von 100 000 Mark vorantrieb. Nach nur drei Monaten war bereits die Hälfte dieser Summe bei Sammlungen zusammengekommen. Die Ausführung für das Denkmal wurde dem Leipziger Bildhauer Carl Seffner übertragen, der zur gleichen Zeit als Schöpfer des neuen Bach-Denkmals an der Thomaskirche in Leipzig tätig war. Am 23. April 1907 konnte die Reiterstatue schließlich im Beisein König Friedrich Augusts III. auf dem Altmarkt enthüllt werden. In seinem Dankesschreiben an den Vorsitzenden des geschäftsführenden Denkmalausschusses, Landgerichtspräsident Alwin Hartmann, schrieb Oberbürgermeister Schmid: »Das Denkmal steht, bewundert von Allen, die es sehen, für immer eine Zierde und ein Schmuck Plauens; ein sichtbares Zeichen der vaterländischen Gesinnung einerseits, der Opferfreudigkeit und des Gemeinsinnes Plauenscher Bürger andererseits, aber auch ein Denkmal tatkräftigen, zielbewußten Handelns derjenigen verehrten Männer, welche die zur Schaffung des Werkes bereiten Kräfte gesammelt, organisiert, viele und mühsame Arbeit geleistet […] haben, welches mit der Aufstellung des herrlichen Denkmals nun glücklich erreicht ist.«[17]

Zu den Namensträgern König Alberts zählt auch das König-Albert-Bad, gleichfalls ein wesentlicher öffentlicher Bau des frühen 20. Jahrhunderts. Das 1872 errichtete Stadtbad an der (späteren) Theaterstraße war durch das starke Wachstum der Stadt schon bald unzureichend geworden. 1897 bewilligte die Stadt aus Anlass des 25-jährigen Regierungsjubiläums König Alberts die Summe von 100 000 Mark für die Errichtung eines neuen Stadtbads, was den Ausgangspunkt für konkrete Planungen bildete. 1909 wurden die Baupläne für den unteren Anger schließlich genehmigt und weitere 1,1 Millionen Mark zur Verfügung gestellt. Dabei tat sich vor allem Oberbürgermeister Schmid als maßgeblicher Förderer des Bades, »der größten und besten Badeanstalt des Vogtlandes«,[18] hervor. Als das Bad schließlich am 30. September 1912 eingeweiht und am folgenden Tag eröffnet werden konnte, sprach Bürgermeister Theodor Schurig in seiner Eröffnungsrede vom Stadtbad als einer »sozialen Tat«, um »selbst den Unbemittelten reichlich Gelegenheit zu geben, für den denkbar niedrigsten Preis zu baden«. Zugleich habe man auch etwas für die Verbesserung der Lage der Frauen getan: Schließlich habe man »ein eigenes Frauenschwimmbad geschaffen und auch die Wannen- und Heilbäder für bestimmte Tage den Frauen und Mädchen freigegeben«.[19]

Auch für eine andere damals aufkommende und schnell beliebt werdende Freizeitbeschäftigung, den Kinobesuch, bot die Großstadt schon einige Möglichkeiten – 1912 führten in Plauen fünf Lichtspielstätten Filme vor. Das mit rund 1200 Plätzen größte Kino, das »Capitol«, wurde erst 1928 eröffnet.

Insgesamt lässt sich festhalten, dass Plauen in den zehn Jahren nach seiner Großstadtwerdung eine dynamische Entwicklung mit erheblichem Wachstum und einer Modernisierung seiner Infrastruktur erlebte, eine Entwicklung, die naturgemäß durch den Ersten Welt-

⑧ Aufstellung des König-Albert-Reiterstandbilds auf dem Altmarkt, 1907
Stadtarchiv Plauen

⑨ Das 1912 eröffnete König-Albert-Bad an der Hofer Straße. Rechts, zur Elsterbrücke hin, das Damenbad, das nach dem Zweiten Weltkrieg nicht wieder aufgebaut wurde
Stadtarchiv Plauen

krieg und die Wirtschaftskrise zum Stillstand kam. Dies hatte Auswirkungen auf das Stadtbild, das aufgrund seiner Ausdehnung, des wachsenden Verkehrs und der technischen Neuerungen zunehmend urbaner wirkte. Dennoch behielt die Stadt ihren Zwischencharakter, war doch die Prägung als Ackerbürgerstadt keineswegs völlig verschwunden. Eine der ausführlichsten und eindringlichsten Schilderungen der Stadt, wie sie sich einem auswärtigen Gast darstellte, lieferte im Frühjahr 1910 der Zeitungsredakteur Otto Schulze in dem seit 1906 in Dresden publizierten »Salonblatt«.[20] In einer Mischung aus Stadtbeschreibung und -werbung schilderte Schulze, wie ein fiktiver Fremder, am Unteren Bahnhof ankommend, die Stadt wahrnahm: »[So] eilen wir mit dem Dampfroß gen Plauen, sind aber bei der Ankunft auf dem Unteren Bahnhof einigermaßen erstaunt, alles andere denn großstädtisches Leben zu finden. Ein kahles, nüchternes Stationsgebäude nimmt uns auf, wir schreiten durch dieses hindurch und sehen vor uns zunächst nur einige wenige Straßenzüge mit Mietskasernen modernen Stils, die jeder Eigenart entbehren. Auch diese stehen erst wenige Jahre, vor nicht zu langer Zeit lag der ›Untere Bahnhof‹ weit draußen vor der Stadt. Bevor wir die rechter Hand haltende ›Elektrische‹ besteigen, gehen wir einige Schritte voran bis zur Elsterbrücke und beschauen die jenseits des wasserarmen Flusses liegende Stadt. Viel ist nicht zu sehen. […] Links von uns auf dem gleichen Elsterufer dehnen sich die Arbeitsstätten der Vogtländischen Maschinenfabrik, in denen unablässig an die 2000 Menschen arbeiten. Gegenüber sehen wir zahlreiche Bleichereien und Appreturanstalten mit ihren schmucklosen Fabrikgebäuden. Oberhalb des etwas einförmigen Bildes bieten allerdings geschmackvolle Villen längs der höher gelegenen Straßbergerstraße willkommenen Abschluß. Rechter Hand dehnt sich die mächtige Stadt, von der zunächst nicht allzuviel wahrnehmbar ist.« Nach diesem eher nüchternen Anfang schildert Schulze anschließend die »Entdeckung« des modernen Plauens: »Binnen weniger Minuten stehen wir auf der Bahnhofstraße, der Hauptverkehrsader der Stadt, welche den Hauptbahnhof, den oberen, mit der inneren Stadt verbindet. […] Wir […] wandeln die breite Avenue entlang, die ganz Geschäftsstraße ist und Auslagen aufweist, deren sich auch weit bedeutendere Städte nicht zu schämen brauchten. Von imposanter Wirkung ist der große, von hohen Monumentalbauten umgebene Albertplatz, den geschmackvolle Blumenbeete und drei Denkmäler, das Kriegerdenkmal von 1870/71 und die Standbilder von Bismarck und Moltke, zieren. Lebhaft ist das Gewühl hier zu jeder Tageszeit, und bis hinab zur Hauptpost wird die Straße nicht leer von Wagen- und Fußgängerverkehr. […] Nicht ein Restaurant gewöhnlichen Stiles, sondern fast ein Allgemeinbegriff ist das am Postplatz neben der Lohmühlenpromenade errichtete, mit allem Komfort ausgestattete Café ›Trömel‹ mit seinem vielbesuchten Sommergarten.«

Neben dem großstädtischen Treiben erkannte Schulze die spezifische Industriestruktur als prägend für das Stadtbild: »Die eigenartige Industrie Plauens drückt auch dem gesamten Stadtbilde ihren Stempel auf. Trotz der zahllosen großen und kleinen Etablissements fehlen die rauchigen Schlote und das dunstige Milieu, die sonst Fabrikstädte so unvorteilhaft kennzeichnen. Dank der Fürsorge der Stadtvertretung ist der Bauplan von dem Grundsatz aus aufgestellt, Licht und Luft zu schaffen, und dem ist in den neuen Straßenzügen allenthalben Rechnung getragen.« Aus diesem Klima resultierte schließlich eine hohe Lebensqualität, die noch wenig durch die Schattenseiten der Urbanisierung verdunkelt würde: »Das gesellige Leben in Plauen ist angenehm. Wird auch mit Hochdruck gearbeitet, so ist doch der Plauener nach vollbrachtem Tagewerk dem Vergnügen nicht abhold, ja es ist nicht zu viel gesagt, wenn man behauptet, daß er die vielen ihm gebotenen Veranstaltungen, mögen es Vorträge, Theater- und Zirkusvorstellungen oder Tanzunterhaltungen sein, mit Freuden und Nachdruck wahrnimmt. Eine hervorragende Eigenschaft zeichnet ihn aus und das ist sein stark ausgeprägter Wohltätigkeitssinn, der stets in die Erscheinung tritt, wenn irgendwo von Not und Kümmernis berichtet wird. Im allgemeinen erfreut sich die Bevölkerung eines behäbigen Wohlstandes […].« Das Stadtbild reflektierte nach Schulzes Ansicht demnach die vorteilhafte Verschmelzung von kleinstädtischer Integration und großstädtischer Modernität.

Wirtschaft

In die nach 1900 einsetzende neue Konjunkturwelle fiel im April 1904 die Überschreitung der magischen Zahl von 100 000 Einwohnern. Das agile Plauen war vor allem durch Zuzug, weniger durch Geburtenüberschuss zur Großstadt geworden.

Die Wirtschaft der Großstadt Plauen wurde zu keinem Zeitpunkt von der Großindustrie dominiert, auch wenn sie in ihren Mauern eine wachsende Zahl großer Fabriken beherbergte. Plauen besaß auch nie den Charakter einer klassischen »Arbeiterstadt«, allerdings überwogen in der Ost- und der Südvorstadt, an der Hainstraße und in großen Teilen von Haselbrunn die Fabrikarbeiter. Der besondere Charakter seiner Wirtschaft sowie die in ihm wurzelnden Besonderheiten in der Sozialstruktur seiner Bevölkerung unterschieden Plauen deutlich von anderen industriellen Großstädten im Königreich.

Das rasche Wachstum der Fertigungskapazitäten in der frühen Großstadtphase der Vogtlandmetropole – vor allem in der vorherrschenden Textilindustrie – mögen die folgenden Beispiele veranschaulichen. Ein Großteil der Stickerei- und Spitzenfirmen konzentrierte sich von jeher auf die Viertel, die sich links der Elster nach dem Rähnisberg hinaufziehen. Ein weiteres Quartier entstand nun um den Pauluskirchplatz herum. In der Blumen- (heute Eugen-Fritsch-), der Leißner- und der An-

Gerd Naumann

Beispielloser Wirtschaftsboom – dank Strom

Der Stadtgemeinderat beschloss 1896 die Errichtung eines Elektrizitätswerks, dessen Entwicklung forciert wurde. Am 1. Januar 1905 übernahm das Elektrizitätswerk die Stromlieferungen an die Sächsische Straßenbahngesellschaft. Diese Lieferung, zusammen mit der weiter erheblich gewachsenen Stromabgabe an das Drehstromnetz, erhöhte die gesamte Stromerzeugung der Kraftstation 1906 um 71 Prozent gegenüber derjenigen des Jahres 1904.

Nachdem 1906 sehr brauchbare Metallfadenlampen in den Handel gebracht worden waren, erfuhr die elektrische Glühlampe 1907 immer weitere Verbreitung für die Nutzbeleuchtung. Die Anzahl der angeschlossenen Lampen wuchs um 34 Prozent im Vergleich zu 1906.

Zwischen 1905 und 1907 stieg die Anzahl der angeschlossenen Motoren um weitere 38 Prozent; der Elektromotor fand außer in der Stickereiindustrie und allen damit zusammenhängenden Betrieben auch in den verschiedensten anderen Industrien und kleingewerblichen Betrieben zunehmend Verwendung.

Die Stromabgabe für Beleuchtungszwecke wuchs beständig und war 1907 um 24 Prozent höher als 1904. Für industrielle Zwecke nahm sie bis 1906 um 26 Prozent zu. Die Mehrabgabe des Elektrizitätswerks für Licht und Kraft zusammen mit der Stromlieferung an die Straßenbahn verdoppelte annähernd die gesamten nutzbar abgegebenen Kilowattstunden gegenüber 1904 (1 200 kW Normalleistung) auf 2 210 kW Normalleistung 1907.

Blick in den Gardinen-Konfektionssaal der Gardinen- und Stickerei-Firma Albert Schwarz an der Wielandstraße, um 1920
Festschrift zur Feier des 50jährigen Bestehens der Gardinen- u. Stickerei-Firma Albert Schwarz, Ravensburg b. Bodensee und Plauen i. Vogtland, Ravensburg-Plauen 1922, Repro Heino Strobel

⑪
Vomag, Druck-
maschinenhalle, 1912
Vogtländische
Maschinenfabrik A.-G.
Plauen i. V. Stickmaschinen
1881–1912, Plauen 1912,
Repro Heino Strobel

nenstraße siedelte sich in den drei- bis vierstöckigen Ziegelhäusern im Stil der 1890er-Jahre eine Stickereifirma neben der anderen an. Die Kaiserstraße entwickelte sich zu einer der Prachtstraßen der Stadt. Jenseits der Bahnlinie etablierten sich an der Wielandstraße weitere große Stickereibetriebe, und rechts der Pausaer Straße entwickelte sich das langgezogene, schmale Haselbrunner Geschäfts- und Wohnviertel, das sich bis zum Dorf Haselbrunn erstreckte.

Neben eher kleinen und mittleren Stickerei- und Spitzenfirmen siedelten sich binnen kurzer Zeit große Betriebe verwandter, bis dahin in Plauen nicht vertretener textiler Industriezweige neu in dem Gebiet an. Das waren Hersteller von Tüll- und Webspitzen, von denen die Tüll- und Gardinenweberei AG (1906), die Vogtländische Spitzenweberei (1907) und die 1910 errichtete Plauener Baumwollspinnerei AG die wohl augenfälligsten waren.

Stadteinwärts entwickelte sich das Areal West-, Lützow- (Friedrich-Engels-), Ziegel-, Windmühlenstraße, dazu Gottschald-, Reichs- und Bärenstraße zu einem geschäftigen Quartier, das zu einem der Nervenstränge der Plauener Industrie wurde. Bewegung in die Entwicklung des bis dahin eher locker bebauten Plauener Westends kam vor allem im Zusammenhang mit dem Kasernenneubau für das 10. Sächsische Infanterieregiment Nr. 134, mit dem ein erster wesentlicher Schritt zur Wiedererrichtung der Garnison gemacht worden war. Wie in Haselbrunn bildete sich auch im Westend mit Ansiedlung der Vogtländischen Tüllfabrik AG (1906), der Deutschen Gardinenfabrik AG (1910), beide an der Roonstraße (Louis-Ferdinand-Schönherr-Straße), und der AEG-Glühlampenfabrik an der Parsevalstraße (1910) ein aus großen Fabriken bestehender, neuer und leistungsfähiger Industriekomplex.

In der Oberen Aue wuchsen westlich und östlich der sich auf dem schmalen Terrain zwischen Elster und Bahntrasse ständig ausdehnenden Vogtländischen Maschinenfabrik AG neue Betriebe, darunter die Plauener Kunstseidenfabrik AG an der Leuchtsmühle (1909).

Die das Elstertal seit Langem beherrschenden und schon einmal in den 1880er-Jahren im Zusammenhang mit dem Siegeszug der Ätzspitze erheblich erweiterten großen Appretur-Anstalten dehnten ihre vor allem im Dienste der Spitze stehenden Anlagen gewaltig aus, neue kamen dazu. Dem Betrachter bot sich bald das Bild einer Industriestadt, in der sich entlang der Elster Schornstein an Schornstein reihte.

»Doch weder in den großen Fabriken noch in den Villen noch in den öffentlichen Gebäuden und Anlagen verkörperte sich das ureigentliche Lebenselement Plauens als Spitzenstadt. Der Herzschlag dieser Industrie pulsierte, meist unsichtbar, in den vielen, ganz und gar nicht repräsentativen, sondern recht nüchternen, ja hässlichen Anbauten und Hintergebäuden der Häuser in allen Teilen der Stadt. Hier klapperten die Stickmaschinen. Die Stickereiindustrie war geradezu eine Industrie des Hinterhauses. Der größte Teil der Lohnmaschinenbesitzer existierte in dieser Weise mit ein paar Maschinen, in der Auftragserteilung von den Fabrikanten abhängig, im Übrigen aber selbständig. Sie bildeten das Rückgrat der Industrie.«[21]

Den Puls der kleingliedrigen Industrie bestimmte zunächst die Handstickmaschine, die sich aber nach und nach aus dem Plauener Gebiet zurückzog und in andere Regionen des Vogtlands und Westerzgebirges abwanderte. Ein anderes Bild bot sich bei den teuren, aber hocheffektiven Schiffchenstickmaschinen. Deren Hauptplatz war und blieb das kapitalstarke Plauen, in dem zwischen der Jahrhundertwende und dem Ersten Weltkrieg allein etwa ein Drittel aller derartigen Maschinen arbeiteten, die im Handelskammerbezirk Plauen aufgestellt waren.

»Die Gegend ist düster und malerisch, und ihre derbe und abgehärtete Bevölkerung ist seit Jahrhunderten mit der Industrie verbunden.« Mit diesen unprosaischen Worten charakterisierten englische Gewerkschafter kurz und bündig Plauen und das Vogtland, das sie im Zuge einer Studienreise zu den industriellen Zentren Deutschlands besucht und intensiv unter die Lupe genommen hatten. In einem Buch mit dem Titel »Life and Labour in Germany« wurden die Eindrücke der Reise niedergeschrieben – auch jene, die in Plauen gesammelt worden waren. So entstand eine eigenwillige, ausschnitthafte und auch nicht unumstrittene Anatomie der Vogtlandstadt, die gerade Großstadtstatus erlangt hatte.

Die Arbeiter-Kommission betrachtete die Plauener Verhältnisse aus britischer Perspektive und verglich sie gleichzeitig mit Wahrnehmungen, die sie in anderen Regionen Deutschlands gemacht hatte. Die Schrift ist eine einzigartige Quelle, weil sie neben der Vermittlung geläufiger Tatsachen seltene und detaillierte Einblicke in die inneren Verhältnisse Plauens gewährt. Die Betrachter von außen hielten – zum Teil banal erscheinende, ihnen aber wichtige – Sachverhalte fest, die für die Plauener tagtägliche Erfahrung und deshalb nicht unbedingt berichtswürdig gewesen waren. Einige Reflexionen der Arbeiter-Kommission, allgemeinen wie auch ganz speziellen Charakters, sollen im Folgenden wiedergegeben werden: »Die Beziehungen zu England sind […] von großer Wichtigkeit. Plauen kauft Tülle von Nottingham zu Spitzen und Gardinen; Kambrik von Manchester zu Stickereien; Spitzen von Nottingham zu Konfektion und Garne von Bolton und Bradford. Plauen entspricht dem englischen Nottingham. England und seine Kolonien sind Plauens beste Kunden. Der Handel dieser Stadt mit England stellt einen Wert von mindestens 1.225.500 Pfund Sterling bis 1.470.590 Pfund Sterling dar. Der Handelswert mit den Vereinigten Staaten ist etwas geringer. [Das änderte sich wenige Jahre später, als die USA Großbritannien als Hauptimporteur ablösten, G. N.] Plauen kauft seine Tülle in England, bestickt sie und verkauft sie dann wieder an England. […] Plauen ist der bedeutendste Abnehmer Englands in rohem Tüll mit einem gegenwärtigen Anteil von neun Zehnteln des deutschen Imports. […] Plauen, Sachsens Nottingham, zahlt für deutsche Verhältnisse hohe Löhne. Streiks sind hier selten. Es gibt hier eine große Zahl weiblicher Arbeiter, und die weibliche Bevölkerung ist zahlreicher als die männliche. Fast alle Arbeit ist Akkordarbeit. […] Die Arbeitszeit ist im Sommer von früh 7 bis abends 7 Uhr mit zwei Stunden Pause, nämlich 1,5 Stunde Mittag und je eine Viertelstunde für Frühstück und Nachmittags-Kaffee. Im Winter wird die Arbeitszeit oft mit besonders eingeholter polizeilicher Erlaubnis verlängert. Es ist bemerkenswert, dass die Mädchen, von denen viele aus den benachbarten Dörfern kommen, wo sie bei

---

»Nur gute Spitzen, keine billige Ware«

Auf der stark beachteten Studienreise der Gainsborough-Kommission 1905/06 durch Deutschland – der Delegationsleiter wurde vom deutschen Vizekanzler und sogar vom Kaiser empfangen – besuchte die Abordnung in Plauen einige Firmen und nahm unter anderem folgende Erkenntnisse und Eindrücke mit: »Von der Textilschule gingen wir zu Herrn Hartensteins Gardinenfabrik [Dobenaustraße, G. N.] und kamen auf dem Wege dahin über eine schöne steinerne Brücke, die im letzten September eingeweiht worden war [König-Friedrich-August-Brücke, heute Friedensbrücke, G. N.]. […] Die Webstühle waren englisches Fabrikat. […] Für die in der Fabrik Beschäftigten sind zum unentgeltlichen Gebrauch gute Bäder vorhanden, auch für Handtuch und Seife wird nichts gezahlt. Eine Treppe höher wird Kaffee verabreicht, ebenfalls umsonst, zu jeder Zeit, wenn die Arbeiter oder Arbeiterinnen ihn wünschen. Arbeitszeit in der Fabrik sind 10 Stunden; von morgens 7 Uhr bis nachmittags 7:30 Uhr, mit Pausen von 8:30 bis 9 Uhr vormittags, von 12 bis 1:30 Uhr und von 4 bis 4:30 Uhr nachmittags. In der Nähe dieser Fabrik befindet sich ein Häuserviertel mit Arbeiterwohnungen [Hainstraße, GN], das von einer Baugesellschaft errichtet worden ist. Das Viertel besteht aus 30 Häusern, die im Ganzen 720 Wohnungen enthalten, bestehend aus drei Räumen (einschließlich Küche), Keller und Bodenkammer. […]

Dann sind wir in Herrn Paul Körners Spitzen-Fabrik [Kaiserstraße, GN] gegangen, wo meist Mädchen beschäftigt sind. Verheiratete Frauen dürfen hier ebenfalls arbeiten. […] Diese Firma macht ihre Geschäfte mit London, Nottingham, Manchester, Birmingham, Glasgow und Leeds. Ihre Fabrikate sind nur reelle gute Spitzen – keine billige Ware. In der ganzen Fabrik […] konnten wir feststellen, dass Luft und Ventilation gut waren. Die Mädchen sahen gesund aus und waren gut gekleidet. ‚Sie müssten sie sonntags sehen, wenn sie ihren Staat anhaben', sagte ein Plauener. Tatsächlich haben wir sie in ihrem besten Staate gesehen, als wir am Sonntag durch die Straßen gingen. Wir sahen, dass die Plauener Fabrikmädchen nicht nur verstehen, sich zu kleiden, sondern auch die Mittel haben, sich gut zu kleiden.«
Quelle: Life and Labour in Germany. Reports of the Gainsborough Commission, London 1906, S. 139–141.

den Eltern – meist kleine Bauern und Handwerker – wohnen, eine verhältnismäßig größere Summe für Putz und für Naschwerk verwenden, als für eine ordentliche Kost. Die Plauener Mädchen lieben übermäßig den Putz. […] Infolge [dieser Vorliebe, G. N.] für Süßigkeiten aller Art besteht in Plauen eine abnorme Zahl von Konditoreien und Konfekt-Läden.«

Besonderes Augenmerk der Arbeiter-Kommission galt neben der örtlichen Industrie auch den Bildungseinrichtungen in Plauen. Sie besuchte Einrichtungen der Berufsbildung, wie die Kunstschule für Textilindustrie, und auch Volks- sowie Fortbildungsschulen. Das im Report nachzulesende Fazit der Gäste von der Insel: Plauen hat mit Blick auf seine industrielle Entwicklung nicht nur der allgemeinen Ausbildung große Aufmerksamkeit zugewandt, sondern ganz besonders allem, was mit Handel und Industrie in Zusammenhang steht. Die Plauener Fortbildungsschulen haben immer zu den besten in Sachsen gehört. Schulzwang für diese Schulen ist von der preußischen Städteverwaltungen erst neuerdings eingeführt worden. In Plauen dagegen war der Besuch einer solchen Schule für Mädchen beim Verlassen der Elementarschule schon seit 1876 verbindlich.

In einer Volksschule, deren Schüler hauptsächlich Arbeiterkinder waren, sprach die Kommission in einer Klasse mit elf- bis zwölfjährigen Mädchen. Deren intelligente Antworten und ihre saubere Erscheinung lösten bei den Engländern Erstaunen aus. Auf die obligatorische Frage, ob es jemanden unter ihnen gäbe, der zu Hause nicht genug zu essen habe, antworteten die Mädchen mit einhelligem Gelächter. Ohne Ausnahme waren dies Kinder von Arbeitern aus benachbarten Geschäften und Fabriken und aus Familien kleiner Handwerksbetriebe.

1911/12

Wirtschaftspartner USA

Zwischen 1887 und 1917 existierte der Plauener Konsulatsbezirk der USA, der, veränderten wirtschaftlichen Gegebenheiten folgend, mehrfach seine Gestalt wandelte und im Jahr 1909 seine größte Ausdehnung erreichte. Er umfasste damals neben dem Regierungsbezirk Zwickau das Fürstentum Reuss älterer Linie, den Bezirk des fürstlichen Landratsamtes Schleiz, die preußische Enklave Gefell sowie den nördlichen Teil des bayerischen Regierungsbezirks Oberfranken.
Von der Jahrhundertwende bis 1912 stiegen die Exporte des Plauener Konsulatsbezirks nach Nordamerika insgesamt auf das Achtfache und der Wert der Spitzen- und Stickereiausfuhren auf das über 16-Fache. Die Exportzahlen der Stickereimaschinenindustrie schließlich kletterten auf das 310-Fache. Diese Zahlen zeigen Trends an und weisen auf Interessenverschiebungen hin. Sie sagen jedoch nichts aus über die reale Bedeutung der Exportzweige, können doch die schwindelerregenden Steigerungsraten der Maschinenexporte nicht darüber hinwegtäuschen, dass ihr Anteil an der Gesamtausfuhr des Konsulatsbezirks Plauen niemals die Obergrenze von knapp acht Prozent (1913) überschritt. Der Anteil der Spitzen- und Stickereiausfuhren lag hingegen stets im Bereich zwischen 55 Prozent (1900) und 83 Prozent (1903/04).

»Goldene Jahre«

Aus der spannenden Mikroperspektive zurück zur Makroperspektive auf die Entwicklung von Plauen zwischen Jahrhundertwende und Erstem Weltkrieg: Lang anhaltender wirtschaftlicher Aufschwung, der vom Beginn der 80er-Jahre des 19. Jahrhunderts bis zum Vorabend des Ersten Weltkriegs währte, ließ Plauen und die Plauener Bürger noch einmal »goldene Jahre« durchleben und löste die bislang stürmischste Phase in der Entwicklung der Stadt aus. »Im Großen und Ganzen […] war die organische Fortentwicklung ehrwürdiger gesellschaftlicher Traditionen nicht die starke Seite Plauens. Es war eine Emporkömmlingsstadt, in der jeder seines Glückes Schmied war, in der nicht die Herkunft, sondern die Tüchtigkeit und der geschäftliche Erfolg entschieden. Wenn dieser Stadt daher auch die selbstverständliche, in vielen Generationen gewachsene Kultur-Patina fehlte, […] so brauchte man sich hier doch auch nicht von den vielen Bindungen beengt fühlen, die oft das Zusammenleben in überlieferungsreichen Städten belasten. Plauen bot Vorurteilslosigkeit und Bewegungsfreiheit. Es lebte sich leicht und angenehm in seinen Mauern.«[22]

Zwischen Spitzenboom und Spitzenpleite

»Mode übt auf Industrien, die Modeartikel herstellen, eine unheimliche Kraft aus. Sie vermag blühende Industrien mit einem Schlage zu vernichten.«[23] Auf dem Höhepunkt des internationalen Spitzenbooms 1911/12 vollzog sich ein in seiner Dimension und Tragweite von nur wenigen Zeitgenossen in Plauen, im Vogtland und in Sachsen erkannter plötzlicher, tiefgreifender und – wie sich zeigen sollte – irreversibler modischer Wandel auf internationaler Ebene. Dieser Wandel war die direkte Folge des Ausklingens von Historismus und Eklektizismus als den stilprägenden Phänomenen des 19. Jahrhunderts. Die von Paris dominierte Modewelt löste sich – unwiderruflich wurde dies mit dem Fall der europäischen Monarchien, mit dem zugleich ihre bis dahin bestimmende Rolle in der Mode fiel – vom höfischen Vorbild und nahm sich der bürgerlichen Reformkleidung an, die Stickereien und Spitzen – zumindest in der Alltagskleidung – weitgehend verwarf. Fortgeschrittenes Industriezeitalter und bürgerliche Damenmode befanden sich nunmehr im Einklang.

Das Interesse des In- und Auslands an historisierenden Erzeugnissen aus Plauen und dem Vogtland erlosch fast jäh, was jedoch nicht bedeutet, dass es gar kein Interesse an Stickereien und Spitzen mehr gab. 1913 sank der Wertumfang allein der Exporte nach den USA auf rund 50 Prozent des Wertes von 1912. Die daraus resultierende Absatzkrise verstetigte sich für Plauen und das Vogtland zur langanhaltenden Strukturkrise, verbunden mit erheblicher Erwerbslosigkeit, raschem, wenn auch moderatem Bevölkerungsschwund, und – auf lange Sicht – sozialem Abstieg breiter Bevölkerungskreise bis hin zur existenziellen Bedrohung für die Stickerei- und Spitzenbranche und ihrer Protagonisten schlechthin.

Hauptgrund für Ausmaß und Tiefe der Krise war die bereits erwähnte Branchenmonostruktur der Plauener Wirtschaft – das Ergebnis jahrzehntelanger einseitiger Orientierung auf Stickerei- und Spitzenherstellung, unter sträflicher Missachtung der Gefahren erhöhter Krisenanfälligkeit, die der von Mode und Exporten außerordentlich abhängigen Branche immanent war.

Der Ausbruch des Ersten Weltkriegs und dessen wirtschaftliche Folgen traf die bereits leidgeprüfte Branche mit voller Wucht. Im Juli 1915 wurde staatlicherseits ein Herstellungsverbot für Baumwollwaren erlassen, Mitte 1917 wurde Seide der freien Verwendung entzogen. Im April 1917 schließlich erfolgte die Beschlagnahme der im Auftrag deutscher Firmen angelegten großen Baumwolllager. Von den Rohstofflieferungen des Auslands abgeschnitten und ihrer Exportmöglichkeiten beraubt, stagnierte die Fertigung und kam mit dem Kriegseintritt der USA 1917 gänzlich zum Erliegen. Es darf wohl als Zeichen eines unerschütterlichen Optimismus interpretiert werden, dass sich die Plauener Kunstschule mit Mustern für moderne Maschinenspitzen an den Ausstellungen des Deutschen Werkbunds in Basel (1917) und Kopenhagen (1918) beteiligt hatte.

Der modische Umbruch verstärkte die Bemühungen um neue Wege in der Spitzenherstellung. Neben Reformbewegungen, die von der Handarbeit (Margaretenspitze) und von der Volkskunst ausgingen, gab es auch Versuche, unmittelbar für die Stickmaschine neue Spitzenformen zu entwickeln (Zellenspitze). Wie vordem der Jugendstil und die präraffaelitische Kunstrichtung, so wollte sich die Spitzen- und Stickereiindustrie nun auch der kubistisch-futuristisch-expressionistischen Formensprache bedienen. Es zeigte sich jedoch, dass die neue, bizarre Ornamentik, die der Anlehnung an herkömmliche Vorbilder grundsätzlich auswich, auf Dauer nicht jene ausgewogene, wohltuende Wirkung aufs Auge auszustrahlen vermochte, die das Geheimnis der traditionellen Ornamentgebilde war. Allen Modernisierungsbestrebungen zum Trotz behauptete sich daher gerade in der Spitze das zeitlose, klassische Muster. Seit den 1930er-Jahren war auf der ganzen Welt eine ausgesprochene Renaissance der bewährten klassischen Genres zu registrieren.

Militärstandort – die Friedenszeit des 10. Königlich Sächsischen Infanterieregiments Nr. 134

Am 22. Juni 1898 ging ein langersehnter Wunsch der Plauener in Erfüllung, als das Königlich Sächsische Kriegsministerium dem Stadtrat zu Plauen die besondere Genehmigung erteilte, eine Garnison in der Stärke eines Infanterieregiments mit drei Bataillonen nach Plauen zu verlegen. Schon im Mai 1900 konnte mit dem Kasernen- und Lazarettbau in Plauen-Neundorf begonnen werden. Etwa einen Kilometer östlich von Schneckengrün (circa zehn Kilometer westlich von Plauen) wurde der Schießstand des Regiments mit einer Gesamtfläche von 6,480 Hektar errichtet, während der Garnisonsexerzierplatz, mit einer Gesamtfläche von 40,528 Hektar, zwischen Neundorf und Kobitzschwalde lag. Am 1. Oktober 1903 zogen die »134er« schließlich unter den Klängen des Mückenberger Marsches (»Plau'n bleibt Plau 'n«) in die festlich geschmückte Stadt ein.

Zwischen dem 1. Dezember 1900 und dem 12. Oktober 1904 stieg die Einwohnerzahl Plauens um 28 428 Menschen. Einen nicht unwesentlichen Anteil daran hatte die Einrichtung der Garnison. Etwa 1800 Neu-Plauener waren Angehörige der »134er«, allein im ersten Jahr der Stationierung verlegten 973 Angehörige des ehemals in Leipzig-Gohlis ansässigen Regiments ihren Wohnsitz nach Plauen, denen 1904 ungefähr genauso viele folgten. Dazu kamen Familienangehörige und Dienstleister, um die Kaserne herum entstand ein komplett neuer Stadtteil.

Ab 1905 stabilisierte sich der Anteil der Militärs in der Einwohnerzahl Plauens bei circa 1850 bis 1900 eingetragenen Personen. Allerdings handelte es sich dabei nur um einen Teil des Regiments, die Regimentsstärke betrug zur damaligen Zeit etwa 2 500 bis 3 000 Soldaten, Unteroffiziere und Offiziere. Zu Beginn des Ersten Weltkriegs war das Regiment vollständig in Plauen stationiert, die Verpflegungsstärke lag bei den »134ern« vor der Abfahrt zur Front am 9. August 1914 bei circa 3 350 Soldaten, Unteroffizieren und Offizieren, von denen ein kleiner Teil noch in der Kaserne zurückblieb.

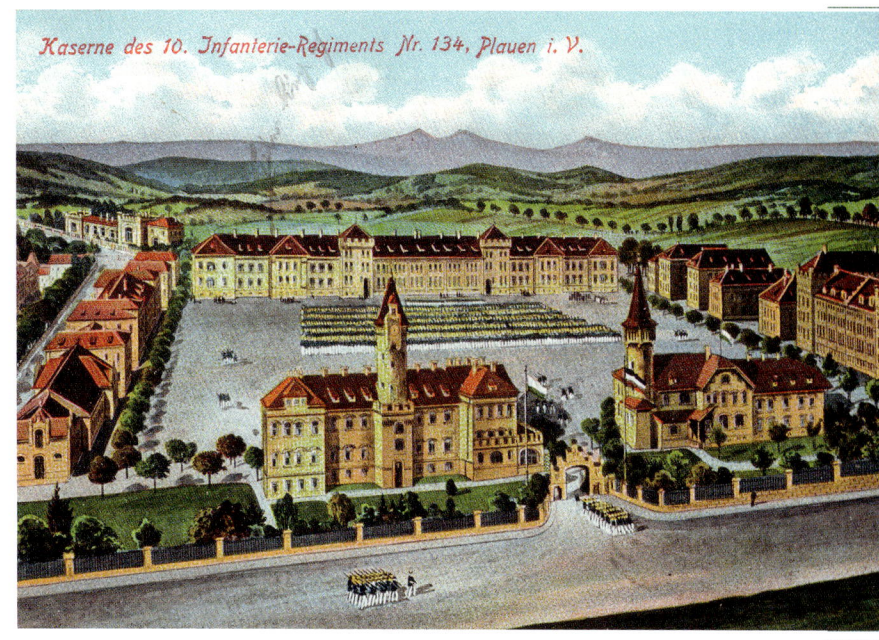

⑫
Gern an die Lieben nach Hause geschickt: Postkarte von der Plauener Kaserne, um 1910
Stadtarchiv Plauen

1903

Manuel Fleischer

Der Erste Weltkrieg

Manuel Fleischer

Kriegsausbruch

Mit der Kriegserklärung Österreich-Ungarns an Serbien nach dem Attentat von Sarajevo begann am 28. Juli 1914 der Erste Weltkrieg. Er sollte alle bisherigen militärischen Auseinandersetzungen in den Schatten stellen und katastrophale Auswirkungen für das Deutsche Reich und Europa haben.

August 1914

Am 1. August 1914 trat Deutschland in den Krieg ein, zunächst überwogen die Freude und die Hoffnung auf einen schnellen Sieg. In Plauen wie überall im Land waren diese Tage vom sogenannten Augusterlebnis geprägt. Laut dem Verwaltungsbericht Plauen ergriff die Leute »[...] eine allgemeine herzergreifende und vaterländische Begeisterung [...]«.[1] In Erwartung der allerneuesten Meldungen versammelten sich viele Menschen auf den Hauptstraßen und vor den Redaktionen der Zeitungen. Auch die Gasthäuser in der Innenstadt waren bis in die späten Abendstunden völlig überfüllt. Die Menschen stimmten Vaterlandslieder an und hielten heroische Reden auf den Kaiser und das Deutsche Reich. Am 31. Juli 1914 druckte der »Vogtländische Anzeiger« die lang erwartete Kriegszustandserklärung des deutschen Kaisers ab. Am 2. August 1914 waren alle Bahnhöfe in Plauen voller Menschen. Viele Wehrpflichtige kamen an, während Urlaubsreisende zurückkehrten. Größere und kleinere Trupps der Reservisten marschierten durch die Stadt zur Kaserne.

Die Bevölkerung versuchte, sich nun mit möglichst großen Vorräten an Lebensmitteln einzudecken. Jedoch verweigerten die Geschäfte bereits nach kurzer Zeit die Annahme von Papiergeld. Dadurch stockten der Handel und die Wirtschaft Plauens. Grundnahrungsmittel, wie zum Beispiel Mehl, wurden in zahlreichen Geschäften bald zur Mangelware. Außerdem stiegen die Preise besonders stark an, sodass es auch zu Unruhen in der Plauener Bevölkerung kam. Am 4. August veröffentlichte der »Vogtländische Anzeiger« alle Mobilmachungstage (2. bis 7. August 1914) des XIX. (2.) Armeekorps und zwei Aufrufe des sächsischen Königs an das Volk und Militär. Im Folgenden druckte der »Vogtländische Anzeiger« einen Befehl an alle Pferde- und Fahrzeuginhaber, auf dem Angerplatz unverzüglich die in den vorangegangenen Musterungen für kriegstauglich befundenen Tiere und Automobile an das Militär abzuliefern.

Wie in allen anderen Orten Deutschlands wurden bald auch in Plauen die wildesten Gerüchte verbreitet, die teilweise Angst und Schrecken verursachten. Es gab unbestätigte Nachrichten über eine Vergiftung der Trinkwassertalsperre Werda, Bombenfunde und Spionagetätigkeiten im Vogtland. Allerdings waren diese Gerüchte nur kurzlebig und erzeugten in der Wirtschaft einen eher unbedeutenden Schaden. Im Gegensatz dazu war der starke Rückgang der heimischen Industrie, der bereits in diesen ersten Kriegstagen seinen Anfang nahm, viel schwerwiegender. Kleine und mittlere Unternehmen konnten aufgrund der zahlreichen Einberufungen von Arbeitgebern und Arbeitnehmern nicht mehr produzieren. Auch die Großbetriebe mussten ihre Produktion einschränken oder komplett stilllegen.

Die »134er« im Krieg

Bereits am 1. August 1914 war bei der Regimentskommandantur der Mobilmachungsbefehl durch das Bezirkskommando Plauen eingegangen. Der erste Mobilmachungstag der »134er« war damit der 2. August. Am 6. August, 18 Uhr, galt das Infanterieregiment als mobil und kriegsbereit.

In den frühen Nachmittagsstunden des 9. August marschierte zunächst die Maschinengewehrabteilung mit dem Regimentsstab und der Regimentskapelle zum Oberen Bahnhof. Ihnen folgten noch am selben und am folgenden Tag die einzelnen Bataillone des Regiments. Zu Tausenden standen die Plauener an den Durchmarschstraßen zwischen Kaserne und Oberem Bahnhof, um ihre »134er« zu verabschieden. Die Polizei und die Freiwillige Feuerwehr waren zur Sicherung des Abmarsches der Truppe auf dem Weg zum Oberen Bahnhof postiert und hatten große Mühe, die Ordnung aufrechtzuerhalten. Freude und Hoffnung waren unglaublich groß.

Bei der Abfahrt zur Front betrug die Verpflegungsstärke des Plauener Truppenteils 84 Offiziere, 3 294 Unteroffiziere und Mannschaften sowie 234 Pferde. Über Leipzig, Gotha, Frankfurt am Main und Mainz erreichte er die Eifel. Der Regimentsstab und die Maschinengewehr-Abteilung wurden in Speicher ausgeladen und im Aufmarschraum des XIX. (2.) Armeekorps der 3. Armee, dem es von nun an angehörte, im Dorf Preist untergebracht. Das I. und II. Bataillon kam nach Bettingen, das III. Bataillon nach Mettendorf (Eifel). Der Operationsplan der Obersten Heeresleitung sah vor, die 3. Armee am rechten Heeresflügel der Westfront, zwischen der 2. und 4. Armee, einzusetzen. Alle drei Armeen sollten nach dem Schlieffen-Plan schnellstmöglich durch Belgien und Nordfrankreich marschieren und damit die französische Front im Norden umgehen.

Die »134er« gehörten somit zu den ersten Regimentern, die im Krieg eingesetzt wurden. Weiterhin nahmen sie unter anderem an den folgenden Schlachten teil: Schlacht bei Lille (15. bis 28. Oktober 1914), Schlacht bei Arras (11. bis 23. Juli 1915), Schlacht an der Somme (5. bis 28. Juli 1916), Schlacht in Flandern (27. Mai bis 8. Juni 1917), Schlacht bei Soissons und Reims (4. bis 13. Juni 1918).

①
Vor der Abfahrt an die Front: Angehörige des Infanterieregiments 134 am Oberen Bahnhof, August 1914
Stadtarchiv Plauen

Ziviler Alltag im Krieg

Bereits in den ersten Augusttagen hielt der Krieg in fast allen Teilen des öffentlichen Lebens in Plauen Einzug. Für die Beseitigung auftretender Kriegsnöte wurden Anfang August 1914 der Freiwillige Wohlfahrtsausschuss und der Nationale Frauendienst gegründet. Letzterer ging aus dem Frauenverein Plauens hervor. Seine Aufgabe war es, Arbeit zu schaffen, Nähstuben, Kinderkrippen und vor allem Speiseanstalten einzurichten. Im September 1914 wurden vier eröffnet, 1917 weitere vier. Der spendenfinanzierte Freiwillige Wohlfahrtsausschuss hatte sich die Unterstützung von Familien einberufener Soldaten, die Verpflegung durchziehender Truppen und das Sammeln sogenannter Liebesgaben (Hilfsgütern für die Truppen an der Front) auf die Fahnen geschrieben.

Besonders starken Einfluss hatten die Mobilmachung und der Kriegsbeginn auf den Verkehr in Plauen. Staatliche Kraftwagenlinien verkehrten kaum noch und die Sächsische Straßenbahngesellschaft musste wegen Personalmangels die Linien Tivoli–Reinsdorf und Albertplatz–Dittrichplatz einstellen.

Plauen erlebte ab dem zweiten Mobilmachungstag eine besonders starke Belegung durch Militärpersonal. Circa 8 000 neu eingezogene Offiziere und Mannschaften mussten vor allem in Bürgerquartieren der Stadt Plauen untergebracht werden, da die Räumlichkeiten der Kaserne nicht ausreichten. Trotzdem gab es genügend Quartiere, da sich die Einwohner Plauens geradezu darum rissen, Soldaten aufzunehmen. Weiterhin sollte nach der Verlegung der meisten Soldaten an die Front schließlich nur noch das Ersatzregiment der »134er« als einziges während der gesamten Kriegszeit in Plauen zurückbleiben.

Ende August 1914 folgten weitere Einschränkungen des öffentlichen Lebens durch die Behörden, wie zum Beispiel die Rationierung von Lebensmitteln und Brennstoffen oder die Einschränkung von Tanzvergnügen jeglicher Art, um nur wenige zu nennen. Die Anzahl der Verordnungen, Aufrufe und Warnungen stieg ins schier Unüberschaubare. Den Höhepunkt bildete, wie überall in Deutschland, die Ausgabe von Lebensmittelkarten in der zweiten Hälfte des Krieges ab 1915/16, womit die Reichsregierung die allgemeine Not lindern wollte.

Allerdings gelang dies kaum wirkungsvoll, wie der »Kohlrübenwinter« (1916/17) und die Spanische Grippe (1918 bis 1920) zeigten. Diese Katastrophen führten auch in Plauen zu massenhafter Unterernährung und zahlreichen Todesopfern unter der Bevölkerung, genauer sind sie für die Stadt bis heute noch nicht untersucht worden.

Das folgenreichste zivile Unglück während des Ersten Weltkriegs ereilte Plauen am 19. Juli 1918. An diesem Tag ereignete sich im ehemaligen Glühlampenwerk an der Parsevalstraße, in dem sich seit 1917 eine Kartuschierwerkstatt der AEG (Allgemeine Elektrizitätsgesellschaft) Berlin befand, eine gewaltige Brandkatastrophe. Dabei kamen 296 Arbeiterinnen, drei Arbeiter und die zwei Kinder des Pförtners ums Leben. Außerdem gab es eine beträchtliche Zahl von Schwerverletzten. Die sofort eingeleiteten Rettungsmaßnahmen wurden zu einem großen Teil von den Soldaten des Reserveregiments Nr. 134 durchgeführt. Die spontane Hilfeleistung brachte den Soldaten große Anerkennung unter der Plauener Bevölkerung ein. Den Oberbürgermeister von Plauen erreichten viele Beileidstelegramme und spontane Spenden, allen voran die des Königs. Friedrich August III. stellte für die Hinterbliebenen 5 000 Mark bereit. Am

Juli 1918

»Reichswollwoche« 1915: Von der Bevölkerung gespendete Stoffe wurden in der Turnhalle der Angerschule zu Decken für die Frontsoldaten umgearbeitet.
Verwaltungsbericht 1914–1923

23. Juli 1918 wurde die Mehrzahl der Opfer in einem von der Stadt bereitgestellten Ehrengrab auf dem Hauptfriedhof Plauen feierlich beigesetzt.

Anfang April 1917 traten die USA in den Ersten Weltkrieg ein. Im Vorfeld dieser Entscheidung war am 12. Februar 1917 das in Plauen seit 1887 bestehende US-amerikanische Konsulat geschlossen worden.

Heimkehr der »134er«

Dezember 1918

Am 17. Dezember 1918 kehrten die »134er« nach fast viereinhalb Jahren Fronteinsatz in die Heimatgarnison Plauen zurück. Aus dem Verwaltungsbericht von 1914 bis 1923 geht hervor, dass trotz der entbehrungsreichen Zeiten die Straßen wie beim Auszug der Truppe mit Fahnen geschmückt waren und die Plauener Bevölkerung ihr Regiment mit Herzlichkeit begrüßte. Für den Empfang und die Versorgung der zurückkehrenden Soldaten stellte der Kommerzienrat Hermann Waldenfels dem Plauener Stadtrat eine Geldsumme von 10 000 Mark (Waldenfels-Stiftung) zur Verfügung.

20 965 Plauener hatten seit dem 1. August 1914 bis zum Kriegsende an der Front gekämpft, 1 131 davon wurden in das österreichisch-ungarische Heer einberufen. Das Plauener Standesamt beurkundete 3 026 gefallene Soldaten und Offiziere, eine spätere offizielle Zählung korrigierte diese Zahl um mehr als 800 nach oben. Weitere 1 700 Kämpfer waren in Kriegsgefangenschaft geraten. Bei einem Einwohnerschnitt von rund 101 900 Personen zwischen 1914 und 1918 bedeutete dies 29,68 Tote auf 1 000 Einwohner. (Im Krieg 1870/71 lag diese Quote noch bei 0,95 Toten pro 1 000 Einwohner.)

Von den im Krieg gefallenen Soldaten erhielten nur 364 auf den Friedhöfen I und II in Plauen ihre letzte Ruhestätte. Weitere 55 wurden auf dem »Ehrenfeld« des Hauptfriedhofes in Plauen-Reusa begraben. Es gab aber auch eine große Anzahl von Vermissten und Gefallenen, die nicht mehr in ihre Heimatstadt überführt werden konnten. Die Gesamtverluste der »134er« betrugen schließlich genau 110 Offiziere und 2 294 Unteroffiziere und Mannschaften.

Wirtschaft

Goldene Zwanziger? Die Weimarer Republik

Gerd Naumann

»Das lebenslustige Gesicht, das die Spitzenmetropole an der Elster in ihren guten Jahren zur Schau getragen hatte, verlor sich jetzt fast ganz. Plauen wurde eine graue Stadt mit den Zügen der Sorge, von Fieber geschüttelt. Wenn das Stickerei-Gebiet zu den politischen Hexenkesseln jener Zeit gehörte, so war das nur der extremste Ausdruck der Tatsache, dass hier Kräfte, die einst vom Strom der Konjunktur getragen und gehalten worden waren, nun unter dem Bann des wirtschaftlichen Debakels die Dämme zerrissen und ausbrachen. Da sie sich nicht mehr in produktiver Arbeit betätigen konnten, verwandelten sie sich in Kräfte der Zerstörung.«[1] Diese wenigen Sätze aus der Feder des Branchenkenners und Autors Willy Erhardt charakterisieren treffend das Essenzielle der Entwicklung Plauens zwischen 1919 und 1933.

Die von der 1913 ausgebrochenen Krise Betroffenen litten nach Ende des Ersten Weltkriegs unter einer zweifachen Last: erstens unter den Folgen des stilistischen Wandels, der als oft beschworene »dauerhafte Ungunst der Mode« fehlgedeutet wurde, und zweitens unter den wirtschaftspolitischen Folgen des verlorenen Krieges. Viele betrachteten die Niederlage Deutschlands als die eigentliche Wurzel des Übels und ihrer wirtschaftlichen Schwierigkeiten.

Denken und Handeln vieler Betroffener war von der in der Zwischenkriegszeit nie ganz erloschenen Hoffnung auf eine Wiederkehr der »goldenen Jahre« und die Wiedererlangung ihres früheren, verloren gegangenen sozialen und materiellen Status geprägt. Eine grundlegende Wendung zum Besseren für die Branche durch grundsätzliche Wandlungen der Mode wurde als realistische Perspektive betrachtet. Diese Hoffnungen mussten sich jedoch als trügerisch und letztendlich als gegenstandslos erweisen, weil sie sich auf die falsche Annahme gründeten, die Dauerkrise seit 1913 wäre eine mit den Krisen im späten 19. und frühen 20. Jahrhundert vergleichbare, modischen Launen geschuldete temporäre Erscheinung, deren Überwindung den Wiederaufschwung zu alten und den Aufstieg zu neuen Höhen ermöglichen würde.

Für diese Sicht spricht der Zuwachs an Spitzen- und Stickereifirmen im Handelskammerbezirk Plauen in den 1920er-Jahren. Viele Neueinsteiger ergriffen die vermeintliche Chance in die Selbstständigkeit, gerade weil der Geschäftsgang allenthalben so schlecht war und zur Gründung eines Verlegerbetriebs schon geringe Mittel ausreichten. Die vielen kleinen Unternehmer, die ihre Ware mitunter auch mit Verlust verkauften, verdarben das Geschäft vollständig. Sie gerieten vielfach in Abhängigkeit von kapitalstarken Kommissionären, von denen sie sich sogar die Preise vorschreiben ließen. Nach 1918 war in der Regel nicht mehr mit einem Unternehmergewinn zu rechnen, sondern nur mit einem Unternehmerlohn. Der Ausbruch der Weltwirtschaftskrise 1929 brachte die schon lange erwartete »Flurbereinigung« in der Branche.

① Blick auf das Vomag-Werksgelände aus Richtung Süden, 1928
Stadtarchiv Plauen

Vielen Unternehmen der vogtländischen Stickerei- und Spitzenindustrie fehlten nach dem Ende des Ersten Weltkriegs nicht nur die Rohstoffe, sondern auch die notwendigen Mittel, um ihre Betriebe wieder in Gang zu bringen. Wer von den Unternehmern damit gerechnet hatte, nach dem Krieg vom Reich entschädigt zu werden, weil die Betriebe jahrelang unverschuldet stillgelegt werden mussten, wurde schwer enttäuscht.

Mit dem Abbau der Kriegsgesellschaften seit Anfang 1919 wurden zur Ingangsetzung der Betriebe bescheidene Rohstoffmengen zur Verfügung gestellt. Zunächst wurden 45 000 Kilogramm, das heißt zwei Prozent des Friedensverbrauchs der vogtländischen Stickereiindustrie verteilt. Trotz der schwierigen Lage stellte die Vereinigung zur Hebung der Spitzenindustrie im großen Stil auf der Leipziger Messe aus. Die sich als geschlossene Gruppe präsentierende Spitzenindustrie überraschte die Öffentlichkeit mit einer ganz neuen Spitzenschöpfung, die unter Kriegsbedingungen entwickelt worden war: der Zellenspitze, die aus der Tüllzelle als Grundelement aufgebaut war und den Versuch eines modernen, nicht historisierenden Spitzengenres darstellte. Die Gardinenfertigung befand sich nach Ende des Ersten Weltkriegs auf dem besten Wege, neben der Spitze zum zweiten Hauptfaktor der Wirtschaft in Plauen und im Vogtland zu werden. Zum Aufschwung trug maßgeblich das Aufkommen der Nähgardine (konfektionierte Gardine) um 1919/20 bei.

Das sogenannte Reichsausgleichsverfahren brachte zahlreiche Stickmaschinenbesitzer um Einkünfte, die ihnen für Lieferungen in das mit dem kaiserlichen Deutschland verfeindete Ausland in der unmittelbaren Vorkriegszeit, in den ersten Monaten des Krieges beziehungsweise in die USA bis 1917 eigentlich zustanden. Bei circa zwölf Millionen Reichsmark Forderungen gegenüber dem Ausland für gelieferte Stickereien und Spitzen entfielen auf die einzelnen Fabrikanten oder Verleger durchschnittlich 12 000 Reichsmark.

Der Versailler Vertrag verbot unmittelbare Schuldenzahlungen ausländischer Kunden an deutsche Gläubiger und übertrug stattdessen den Ausgleich von Forderungen und Verpflichtungen – nach Artikel 296 – an staatliche Ausgleichsämter. Die Außenstände wurden in zunehmend sich entwertendem Papiergeld beglichen. Der Staat vereinnahmte die Valuten, um Reparationen zu bezahlen. Mit dem Ende der Inflation erfolgte die Fixierung eines Abrechnungsbetrags, der nun fünf Promille in Goldmark vom Vorkriegswert einer Warenlieferung betrug. »Diese Abgeltung der Vorkriegsforderungen mit einem 200stel des Goldwertes [glich] einer Vermögenskonfiskation größten Stils.«[2] Es ist leicht erklärlich, so ein zeitgenössischer Beobachter, dass »weite Kreise, nicht nur in der Spitzen- und Stickereiindustrie, über diese Stellung des Reiches sehr erbittert sind. Sie sehen mit Recht nicht ein, warum das Reich 995 Promille ihrer Vorkriegsforderungen einfach einbehält und damit für die Gesamtheit des deutschen Volkes Kriegsentschädigungen zahlt.«[3]

Stark exporthemmend waren auch die Wirkungen einer zeitweiligen 26-prozentigen Reparationsabgabe an die Siegermächte England und Frankreich sowie hohe Einfuhrzölle.

Um des wirtschaftlichen Überlebens der sächsischen Stickerei- und Spitzenindustrie willen musste zu einem »passiven Veredlungsverkehr« mit der Schweiz Zuflucht genommen werden. Beim Veredlungsverkehr werden Roh- oder Halbfabrikate zeitweilig zur Weiterverarbeitung aus- und anschließend wieder eingeführt.

Nach dem Ende des Ersten Weltkriegs profitierte nur noch die Schweiz von den Regelungen des deutsch-schweizerischen Handelsvertrags, vor allem von der Tatsache, dass der Veredlungsverkehr nicht – wie dies die Handelskammer Plauen gefordert hatte – auf die Handmaschinenstickerei beschränkt blieb, sondern auf die Herstellung von Stickereien auf Schiffchenstickmaschinen ausgedehnt worden war. Die Möglichkeit einer ständigen zollfreien Einfuhr auf dem Weg des Veredlungsverkehrs bot der schwer angeschlagenen schweizerischen Stickerei ein breites Betätigungsfeld und erwies sich somit als wirksames Krisenregulativ und erfolgreiches Instrument bei der Bekämpfung der Erwerbslosigkeit – in der Schweiz. 1919 ist als Rekordjahr der Schweizer Stickereiausfuhr in die Geschichte eingegangen, und Deutschland war Hauptabnehmer für die Weißstickereien.

Der deutsche Markt wurde durch diese besondere Praxis mit Wäschestickereien förmlich überschwemmt. Verschärfend wirkte dazu noch der Umstand, dass nach dem Zusatzvertrag zum deutsch-österreichischen Wirtschaftsabkommen (12. Juli 1924) Österreich im Veredlungsverkehr genau so zu behandeln war wie die Schweiz. Nun wurden auch große Mengen Plattstichstickereien in Vorarlberg – wo man weder Tarife noch Arbeitszeitbeschränkungen kannte – im Veredlungsverkehr für Deutschland gestickt. Die zwangsläufige Folge war die Steigerung der Arbeitslosigkeit im Vogtland, weil einige der Maschinenbesitzer, die sich hier auf die Fabrikation von Wäschestickereien umgestellt hatten, ihre Technik stilllegen mussten.

Der neue deutsch-schweizerische Handelsvertrag von 1926 brachte zwar die ersehnte Aufhebung des für die vogtländischen Stickereiproduzenten so nachteiligen vertraglich geregelten passiven Veredlungsverkehrs, aber er spiegelte auch Zugeständnisse der deutschen Unterhändler hinsichtlich der Zollsätze wider. Über den nur sehr unvollkommenen Schutz, den ihr dieser Vertrag bot, war die sächsische Spitzen- und Stickereiindustrie auf das Schwerste enttäuscht und erbittert. Proteste der betroffenen Industrien, ihrer Fachverbände, von Behörden und seitens der sächsischen Abgeordneten in den Parlamenten gegen die vereinbarten Regelungen blieben jedoch ohne Wirkung.

Ab der zweiten Hälfte der 1920er-Jahre wurde der Export der Stickerei- und Spitzenindustrie zunehmend von qualitativ hochwertigen Erzeugnissen bestimmt. Wie die englischen, so statteten auch amerikanische

Einkäufer Plauen nun wieder ihre Besuche ab. Aber sie suchten, wie man in Kommissionärs- und Fabrikantenkreisen zu sagen pflegte, »Hammel mit fünf Beinen«, das heißt, sie hatten es vorwiegend auf Waren von ausgesuchtesten Qualitäten oder von origineller Musterung abgesehen. Die Ausfuhr jener Jahre erreichte maximal ein Fünftel der Rekordhöhe des Jahres 1912, jedoch 40 bis 45 Prozent des Exportwertes.

Nach dem Ersten Weltkrieg wurden ehemalige Importeure vogtländischer Stickereien und Spitzen selbst zu Produzenten und damit Mitwettbewerber auf dem stark geschrumpften Weltmarkt. Der Hauptkonkurrent Schweiz schickte sich an, frühere Märkte und auch Domänen der vogtländischen Hersteller zu besetzen. Seit der Frühzeit der mechanischen Stickerei um 1860 bis in die Zeit um 1900 war die sächsische Stickerei- und Spitzenindustrie nur mit Konkurrenten in der Schweiz und in Österreich konfrontiert. Nach und nach entstanden jedoch in den Hauptabsatzländern der edlen vogtländischen Produkte eigene Stickerei- und Spitzenindustrien, von denen man sich dauerhaft gute Geschäfte versprach. Schon vor dem Ersten Weltkrieg vermochten diese Industrien, die Inlandsmärkte mit einfachen Stapelwaren zu versorgen. Einige unter ihnen traten bereits in mittleren Qualitäten auf Drittmärkten als Konkurrenten St. Gallens und Plauens auf. Nach Ende des Krieges hatten diese Konkurrenzindustrien – verglichen mit Deutschland – im Ringen um Anteile am stark geschrumpften Markt die besseren Karten, weil sie in Gestalt des staatlichen Protektionismus einen wirksamen Schutz erhielten.

Weitaus günstiger gestalteten sich für die Konkurrenz auch die Produktionsbedingungen. Höhere Produktionskosten waren in erster Linie eine hausgemachte deutsche Angelegenheit. Das sächsische Vogtland blieb in Wäschestickereien notwendig auf der Strecke, weil 90 Prozent der feinen und feinsten Stickböden importiert werden mussten und der deutsche Fiskus auf diese Einfuhren einen Zoll erhob, der deutlich über den Einfuhrzöllen der Schweiz und Österreichs lag. Dies hatte eine Verteuerung der Produkte um fünf Prozent zur Folge.

Im Weltmaßstab gesehen hatten sich das Gesamtgefüge der Stickerei- und Spitzenindustrie und ihre Voraussetzungen so grundlegend und unwiderruflich geändert, dass ein großer Teil des Industrieapparats überflüssig, nicht existenzfähig und damit nicht mehr existenzberechtigt war.

Der internationale Spitzenboom, der bis 1912/13 anhielt, hatte zur Aufstellung von immer mehr Maschinen verleitet. Er schuf innerhalb historisch kurzer Zeit einen aufgeblähten Produktionsapparat, der auch ohne nachhaltigen stilistischen Wandel eine internationale Überproduktionskrise großen Ausmaßes heraufbeschwören musste.

Zahlreiche Lohnmaschinenbesitzer im Vogtland sahen sich durch die rasch schwindenden Absatzmöglichkeiten für ihre Produkte – bis zur völligen Stagnation –, durch das Versiegen auch der letzten Rohstoffquellen und vor allem aufgrund der hohen Papiermarktpreise für Altmetall veranlasst, schon während des Ersten Weltkriegs und in der unmittelbaren Nachkriegszeit zahlreiche Stickmaschinen zur Verschrottung zu veräußern. Dies betraf beileibe nicht nur veraltete und verschlissene Maschinen, sondern auch teure Schiffchenstickmaschinen modernster Bauart, die erst im Jahr 1913 aufgestellt worden waren. Zwischen Kriegsbeginn und Juni 1918 »verschwanden« auf diese Weise bereits rund 5 000 Großstickmaschinen. Der Erlös solcher Verkäufe war jedoch durch die rasante Entwertung des Papiergelds bald nach dem Krieg keinen Pfifferling mehr wert.

Bis zum Jahr 1920, so weist eine Zählung der Handelskammer Plauen aus, schrumpfte der Maschinenbestand in der Stickerei- und Spitzenindustrie verglichen mit dem Jahr 1911 um mehr als 31 Prozent. Am Vorabend der Weltwirtschaftskrise existierten nach vorsichtigen Schätzungen im vogtländischen Stickereiindustriegebiet insgesamt noch 6 500 Hand- und Schiffchenstickmaschinen, das waren noch ganze 40 Prozent der 1914 vorhandenen Maschinen.

Im Gegensatz zur Schweiz und zu Vorarlberg griff der Staat in Deutschland nicht im erforderlichen Maß regulierend ein. Die Reduzierung der Produktionsmittel war vielmehr dem Markt und der Spontaneität überlassen. Dasselbe galt für die Modernisierung des Maschinenparks. Die Fachverbände, auf sich allein gestellt, konnten keine Stilllegungs- oder Verschrottungsprämien zahlen. Sie scheiterten in wiederholten Anläufen, weil ihnen zur Disziplinierung der organisierten wie nichtorganisierten Sticker das Durchsetzungsvermögen fehlte. Das Zustandekommen einer starken Kampfgemeinschaft scheiterte am Egoismus der Einzelnen, die den kleinsten gemeinsamen Nenner, ein übergreifendes Interesse nicht erkannten und/oder akzeptierten. »Leider haben viele Unternehmer in der Sächsischen Spitzen- und Stickereiindustrie für diese Tätigkeit eines Fachverbandes, aus der ihnen nur mittelbar Vorteile erwachsen, wenig Verständnis. Sie können eben nicht volkswirtschaftlich denken.«[4]

Der verminderte Bedarf an Stickerei- und Spitzenerzeugnissen hatte in der Zwischenkriegszeit eine latent schwierige Geschäftslage in der gesamten Branche zur Folge. Hinzu kam, dass durch die Dominanz der modernen Automatenstickmaschinen die Besitzer von älteren Handstickmaschinen zum größten Teil auf Dauer beschäftigungslos wurden.

Trotz einer kurzen, nicht frei von Unterbrechungen verlaufenden Konjunkturphase, die von Mitte der 1920er-Jahre bis 1928/29 anhielt, setzte sich die Umschichtung der Industrie fort. Neue textile Fertigungszweige (Trikot-, Strumpf- und Handschuhherstellung) oder auch traditionelle (Weberei, Teppichherstellung) traten das Erbe der Stickerei an, die ihrerseits einst die Weberei abgelöst hatte.

② Straßenzüge der Bahnhofsvorstadt, in der Mitte die Pauluskirche, 1928. Dieses Stadtgebiet wurde im Zweiten Weltkrieg fast komplett ausgelöscht.
Stadtarchiv Plauen

Höchste Erwerbslosenquote aller deutschen Großstädte

Mit kurzen Unterbrechungen in den Jahren 1922, 1924, Anfang 1925 und in der zweiten Hälfte des Jahres 1927 wurde die Stadt Plauen von weit überdurchschnittlicher Erwerbslosigkeit heimgesucht. Plauen hatte lange Zeit die prozentual höchste Erwerbslosigkeit aller Großstädte des Deutschen Reiches aufzuweisen. Vor allem die Anzahl der Vollerwerbslosen auf je 1000 Einwohner lag weit über dem sächsischen und dem Reichsmaßstab.

Allein in Plauen stieg ab der zweiten Hälfte des Jahres 1923 innerhalb nur weniger Monate die Zahl der Kurzarbeiter von 1200 auf über 13500 und die der Vollerwerbslosen von 1500 auf 10500 an. Zu den etwa 24000 Erwerbslosen und Kurzarbeitern kamen noch weitere Unterstützungsberechtigte: Zuschlagsempfänger sowie Klein- und Sozialrentner. Im November 1923 – der Höhepunkt der Inflation stand unmittelbar bevor – erhielten 55 Prozent der Plauener Bevölkerung Unterstützung vonseiten der öffentlichen Hand. Am 17. August 1926 zählte man in Plauen mit 12912 die höchste Zahl der Arbeitssuchenden. Etwa 30 Prozent aller Bürger der Stadt lebten ganz oder teilweise von öffentlichen Mitteln.

Hatte schon die 1913 ausgebrochene Krise viele lohnabhängig Beschäftigte und auch Lohngewerbetreibende in der Stickerei- und Spitzenindustrie in arge wirtschaftliche Bedrängnis gebracht, so raubten Krieg und Inflation häufig die letzten Ersparnisse. Die oft wechselnden, meist geringen Verdienstmöglichkeiten während der Weimarer Zeit konnten die Verluste nicht ausgleichen, sodass zahlreiche Betroffene wiederholt und zum Teil für lange Zeit allein auf die Mittel angewiesen waren, die ihnen aus der Erwerbslosenunterstützung zuflossen.

Armut, Not und bitteres Elend kamen über große Teile einer Bevölkerung, deren Wohlstand sprichwörtlich gewesen war. »Die notwendigsten Anschaffungen an Kleidung, Wäsche und Hausrat mussten nicht nur unterbleiben, es mussten auch in zahlreichen Familien Betten und Möbel verkauft werden, um Mittel für den Lebensunterhalt zu gewinnen, da zu manchen Zeiten von der kaum für das Notdürftigste ausreichenden Unterstützung eben doch nicht alles bestritten werden konnte, namentlich wenn der Mietzins fällig oder die Gas- oder Kohlerechnung zu bezahlen war. [...] Mit Hilfe der Unterstützung können die abgewirtschafteten Hausstände nicht auch nur einigermaßen wieder in Ordnung gebracht werden. Seit Jahren abgerissene Kleidungs- und Wäschestücke sowie das Schuhwerk können nicht instandgesetzt werden.«[5]

In eine besondere Notlage gerieten die vielen älteren Hand- und Schiffchensticker. Als ihre Branche nach 1918 auf die Erzeugung von Qualitätswaren höchsten Wert legen musste, wurden all diejenigen Arbeitskräfte brotlos, die solche Ansprüche nicht mehr erfüllen konnten. Dies betraf eine Vielzahl von Alleinbetrieben und Hausgewerbetreibenden, aber ebenso zahlreiche Fabrikbeschäftigte. Entweder waren die Maschinen zu verschlissen und ungenau – eine häufige Folge des Stickens im Veredlungsverkehr mit der Schweiz –, oder/und der Sticker, der im Alter von 30 bis 40 Jahren seinen Zenit erlebte, war bereits zu alt.

1926, in den »besseren« Jahren der Weimarer Republik, war es nicht selten, dass ein Einzelsticker in 70- bis

80-stündiger Wochenarbeitszeit 14 bis 16 Reichsmark verdiente. Damit lag sein Einkommen sehr oft niedriger als die Einkünfte, die andere aus der Erwerbslosenunterstützung pro Woche erhielten.

»Obwohl Lohnsticker und Heimarbeiter bis spät in die Nacht hinein stickten und arbeiteten, blieb ihnen nach Abzug aller Auslagen nur wenig für ihren Lebensunterhalt übrig. Viele, die nicht freiwillig oder zwangsläufig versichert waren, hatten, wenn sie erwerbslos wurden, keine Mittel in den Händen; denn Erwerbslosen- oder Krisenunterstützung bekamen sie nicht. Ersparnisse konnten sie von dem wenigen, das nur zum Nötigsten reichte, nicht zurücklegen. Die Not vieler Lohnstickgewerbetreibender seit dem Kriege, vor allem der kleinen Lohnsticker und Heimarbeiter, steht beispiellos da. Zur Zeit des Währungsverfalls hatten sie kaum noch trockenes Brot zu essen. Viele Sticker, denen vor dem Kriege keine Wurst gut genug war und für die, um den verwöhnten Ansprüchen zu genügen, eines besonders feine, die sogenannte ›Sticker-Wurst‹ hergestellt wurde, hätten es wohl in der Blütezeit kaum für möglich gehalten, dass sie in ihrem Leben noch einmal aus Mitteln der kommunalen Armenpflege ihr Dasein kärglich würden fristen müssen.«[6]

In der Weltwirtschaftskrise, die seit 1929 die gesamte Weltwirtschaft in einen gewaltigen Strudel des Niedergangs und wirtschaftlichen Verfalls riss, schien auch für die vogtländische Stickerei- und Spitzenindustrie das ultimativ letzte Stündlein geschlagen zu haben. Im Maß und Tempo des Niedergangs stiegen die Zahlen der Vollerwerbslosen und Kurzarbeiter. Vor allem 1931 und 1932 häuften sich epidemisch die Zusammenbrüche auch renommiertester Firmen – wie etwa der bedeutsamen Plauener Spitzenfabrik AG oder der hochangesehenen Firma L. F. Böhler & Sohn, die seit 1795 bestanden hatte. Mit dem Freitod des Vorsitzenden der Fabrikantenschutzgemeinschaft August Nitschke, der am 9. Januar 1932 seinem Leben durch einen Sprung von der Elstertalbrücke ein Ende gesetzt hatte, wurde unter den Plauener Fabrikanten eine Welle von Selbstmorden ausgelöst.

Nach den Chemnitzer Maschinenbauern Kappel und Hartmann musste auch Plauens größter Einzelarbeitgeber, die Vomag AG, vordem ein Vorbild an Anpassungsfähigkeit, am 7. März 1932 die Zahlungen einstellen. Reichlich zwei Monate später, am 15. Mai 1932, wurde der Konkurs angemeldet.

Im Januar 1933 erreichte die Zahl der Erwerbsfähigen ohne Arbeit mit 27 821 den absoluten Höhepunkt. Auf je 1000 Einwohner entfielen somit im Arbeitsamtsbezirk 180,1 und in der Stadt Plauen sogar 196,9 Erwerbslose. Das war die höchste Erwerbslosenquote aller deutschen Großstädte! Der Reichsdurchschnitt lag bei 96,4 Erwerbslosen auf 1000 Einwohner.

Im Januar 1933 »lag die hiesige, einseitige Industrie, die von jeher auf Ausfuhr eingestellt war, in ihren Hauptzweigen vollkommen darnieder. Modewandlungen, mangelnde Ausfuhrmöglichkeiten durch Eigenproduktion der Abnehmerländer, hohe Zölle, verminderte Kaufkraft,

allgemein schlechte Wirtschaftslage durch ungeklärte wirtschaftliche Verhältnisse hatten die Lage trostlos gestaltet und, soweit Arbeitsmöglichkeiten noch bestanden, lediglich ein Anwachsen der Lagerbestände hervorgerufen.«[7]

Die Vorherrschaft der Textilindustrie blieb erhalten. Wenn sich das Übergewicht der Stickerei langsam verminderte, so war das eine gesunde Entwicklung. Der charakteristische Industriezweig neben der Gardinenindustrie war sie aber auch weiterhin. Das Monopol der Maschinenstickerei und Spitzenfertigung für Deutschland blieb dem Vogtland erhalten.

Die Strukturkrise der Plauener Wirtschaft ging in ihr zehntes Jahr, ohne dass es auch nur ansatzweise gelungen war, ihre Voraussetzungen zu wandeln und damit die Verhältnisse zum Besseren zu wenden. Am Ende schien für viele die Welt unterzugehen.

Die Krise der öffentlichen Finanzen

»Die Jahre 1931 und 1932 waren Notjahre ohnegleichen seit der Inflation. Zusammenbrüche, Betriebseinschränkungen und Stilllegungen, Kurzarbeit und zunehmende Arbeiterentlassungen waren alltägliche Erscheinungen. [...] Die Steuereingänge gingen erschreckend zurück. Die Verschuldung der öffentlichen Hand nahm immer bedenklichere Ausmaße an. Kapital- und Arbeitsnot gaben dem öffentlichen Leben das Gepräge. Die allgemeine Lage wird am besten gekennzeichnet durch die Notverordnung des Reichspräsidenten zur Behebung finanzieller, wirtschaftlicher und sozialer Notstände, zur Sicherung von Wirtschaft und Finanzen, zur Sicherung der Haushalte von Ländern und Gemeinden, zur Erhaltung der Arbeitslosenhilfe und der sozialen Versicherungen sowie zur Erleichterung der Wohlfahrtslasten der Gemeinden und durch die sächsische Verordnung zur Sicherung des Staatshaushaltes und der Haushalte der Gemeinden.«[8]

Seit dem Jahr 1931 agierte die Plauener Stadtverwaltung nur noch mit einem Rumpf-Haushalt. Das Stadtparlament vermochte sich lediglich auf die sogenannten Gebührenabschnitte zur Aufrechterhaltung lebenswichtiger Funktionen zu einigen – Straßen- und Schleusenreinigung, Müllbeseitigung und Feuerlöschwesen. Die übrigen 51 Abschnitte des Haushaltsplanes wurden jedoch mit Mehrheit abgelehnt. 1931 und auch im Jahr 1932 stellte die angerufene Kreishauptmannschaft die Arbeitsfähigkeit der Stadtverwaltung wieder her, indem sie als Aufsichtsbehörde die Haushaltspläne für 1931 beziehungsweise 1932 festlegte. Drastische Senkungen der öffentlichen Ausgaben, vor allem durch Gehalts- und Lohnkürzungen der städtischen Bediensteten, vermochten indes nicht ansatzweise, die erhöhten Wohlfahrtsausgaben aufzuwiegen.

Erst nachdem die Nationalsozialisten im März 1933 auch auf lokaler Ebene die Macht ergriffen hatten,

③ Der Plauener Flughafen im Norden der Stadt, 1932. Ab 1927 starteten und landeten hier vier Inlandslinien. 1935 wurde die Zivilluftfahrt in Plauen eingestellt. Von links: das 1932 eröffnete Abfertigungsgebäude, das Restaurant und der Hangar
Repro Uwe Fischer

erstellten städtische Instanzen wieder einen eigenen Haushalt. Durch die anhaltend überdurchschnittlich hohe Erwerbslosigkeit bedingt, wies er im Ansatz noch immer einen Fehlbetrag von annähernd 910 000 Reichsmark auf.

Ansiedlung neuer Industrien

In Plauen wurde vor 1933 immer wieder – eher zaghaft – versucht, neue Gewerbezweige anzusiedeln, um die wirtschaftliche Struktur der Stadt krisenfest zu gestalten. Es gab Verhandlungen, die dazu führen sollten, dass in Plauen Eisenbahnwaggons, Porzellan, Musik- und Spielwaren, Uhren, Bijouterie- und Zündwaren, Schokoladen- und Zuckerwaren gefertigt werden. Zudem wurde versucht, die Sauerstoff- sowie die Elektroindustrie nach Plauen zu ziehen. Trotz günstiger Bedingungen, die vonseiten der Stadt gewährt wurden, vermochten sich nur wenige neue Industriezweige dauerhaft zu etablieren: die Zündwarenfabrikation, die Kabelherstellung, die Erzeugung von Sauerstoff und die Radiofabrikation. All dies brachte nicht die erstrebte Entspannung auf dem Arbeitsmarkt und wandelte nicht den grundsätzlichen Charakter der Plauener Wirtschaft. Die Branchenmonostruktur blieb trotz Auflockerungen weitgehend erhalten, und die Stickerei- und Spitzenindustrie galt nach wie vor als die Hauptindustrie der Stadt.

Notstandsmaßnahmen für die Krisenregion

Bereits 1931 leitete die Stadt Plauen auf der Grundlage einer Notverordnung Schritte ein, um die Massenerwerbslosigkeit wirksam zu senken. Das probate Mittel waren Notstandsarbeiten zu Lasten der öffentlichen Hand. Bevorzugte Einsatzgebiete für die Notstandsarbeiter waren bis 1933 der Ausbau des Landstraßennetzes, die Anlegung kommunaler Straßen, die Herstellung von Fußwegen, Flussregulierung und Brückenbau oder die Einrichtung von Sportanlagen und Volksbädern. Im Rahmen der Notstandsarbeiten entstanden unter anderem der Plauener Flughafen, der im zivilen Linienflugbetrieb von 1926 bis 1935 angeflogen wurde, und die Talsperre Muldenberg. Diese trotz niedrigster Bezahlung teuren, wenn auch wertschaffenden Arbeitsbeschaffungsmaßnahmen erschöpften die öffentlichen, nur zum Teil aus Landesmitteln bezuschussten kommunalen Haushalte und brachten doch nur eine schwache Linderung der Erwerbslosigkeit.

Politische Radikalisierung

Die dargestellten, mehr als angespannten Lebensverhältnisse zahlreicher Plauener Bürger wirkten sich nachhaltig auf deren politisches wie Sozialverhalten aus. Aus den außergewöhnlich extremen Lebensumständen – vor allem dem »Sticker-Elend« – erklärt sich schlüssig die im Vogtland und insbesondere in Plauen zu konstatierende Neigung Erwerbsloser und wirtschaftlich Abgestiegener oder vom Abstieg Bedrohter aller sozialen Schichten zum politischen Radikalismus linker wie rechter Prägung und zur Ablehnung der Weimarer Demokratie.

Die Ergebnisse der zahlreichen Wahlen und Abstimmungen zwischen 1919 und 1933 sind dafür ein unbestechlicher Indikator. Die Hinwendung breitester Bevölkerungskreise zum rechten Radikalismus erklärt sich nachvollziehbar schlüssig aus dem Streben einer Vielzahl Krisenbetroffener nach Wiedererlangung des einstigen privilegierten wirtschaftlichen und sozialen Status als erfolgreiche, gut verdienende Unternehmer beziehungsweise Gewerbetreibende und dem damit verbunden gewesenen materiellen Lebensstandard.

Die Abstimmungsergebnisse weisen aber auch darauf hin, dass sich nicht wenige Krisenbetroffene, die vor allem in der Arbeiterschaft Plauens zu suchen sind, seit der Mitte der 1920er-Jahre der KPD und der SPD anschlossen oder ihr zumindest ihre Wählerstimme gaben. Auf dem Tiefpunkt der Weltwirtschaftskrise, der für Plauen auf das Jahr 1931 zu datieren ist, gab es nur noch zwei Parteien, die Stimmenzuwächse zu verzeichnen hatten: die NSDAP und die KPD. Alle anderen Parteien, die auf lokaler Ebene die Politik in den 1920er-Jahren maßgeblich bestimmt hatten, ereilten Niedergang und Bedeutungsverlust ohnegleichen. Innerhalb von nur zwei Jahren – 1929/30 – vollzog sich eine politische Polarisierung und ein Wechsel im Wählerpotenzial vorher ungekannten Ausmaßes von der politischen Mitte nach links, aber in einem noch viel stärkeren Ausmaße nach rechts.

Das Ende der Weimarer Republik

Der deutschen Wirtschaft und Gesellschaft waren gerade einmal fünf – alles andere als störungsfreie – Jahre für innere Stabilisierung, für Neuaufbau und Rationalisierung vergönnt. Das war genau bemessen die Frist zwischen dem Ausklingen der Inflation Anfang 1924 und der vollen Entfaltung der Weltwirtschaftskrise 1929.

Der 1930 auch in Plauen einsetzende wirtschaftliche Niedergang forcierte die Tendenz zur politischen Radikalisierung und Polarisierung eines Großteils der Bevölkerung. Die Präsidialregime unter den Reichskanzlern Brüning, von Papen und von Schleicher, die nur sich selbst und dem Reichspräsidenten von Hindenburg verpflichtet waren, vermochten trotz Anwendung diktatorischer Vollmachten die Situation der in Agonie übergehenden Weimarer Republik nicht zum Besseren zu wenden.

Seitdem die Krise eskalierte, riss die Kette von Demonstrationen, Kundgebungen und Aufmärschen – auch in Plauen – nicht mehr ab. Halbmilitärisch gekleidete und sich ebenso gebärdende Formationen aller Couleur dominierten zunehmend das Straßenbild. Zusammenstöße zwischen den politischen Gegnern nahmen an Schärfe und Gewalttätigkeit zu, es kam zu Überfällen auf Einzelpersonen und zu regelrechten Saal- und Straßenschlachten. Das Gewaltmonopol des Staates verfiel zusehends.

Die NSDAP bekämpfte, Legalität betonend, den verachteten »Systemstaat« und drohte offen, ihre politischen Gegner – als Marxisten subsumiert – vernichten zu wollen. Die KPD konterte mit der Parole »Schlagt die Faschisten, wo ihr sie trefft!«. Im Strudel der insbesondere von der NSDAP und deren Gliederungen eskalierten Gewalt starben 1930 in Plauen die beiden Kommunisten Kurt Hummel und Martin Groh unter den Kugeln eines SS-Mannes während einer nächtlichen Rangelei, die dem allgegenwärtigen »Kampf um die Straße« zuzuordnen ist.

In der Nacht vom 9. zum 10. Juli 1932 traf eine größere Anzahl SS-Leute, die sich auf dem Marsch zu einem Treffen in Oelsnitz befand, in der Nähe des Gutheinrichsteiches bei Thiergarten auf eine Gruppe Kommunisten, die von einem Agitationseinsatz in Bobenneukirchen und Pirk zurückkehrten. Es kam zum Zusammenstoß, der bald eskalierte. Von einem SS-Mann abgegebene Schüsse töteten den 32-jährigen Plauener Geschirrführer Willy Thoß.

Die Trauerfeier für den Ermordeten blieb bis 1933 das einzige nachweisbare Beispiel für ein gemeinsames Auftreten von SPD, KPD und Gewerkschaften gegen den aufkommenden Nationalsozialismus. Ansonsten bestanden zwischen den sozialdemokratischen Republikverteidigern, die Kommunismus und Faschismus als die zwei Seiten ein und derselben Medaille betrachteten, und den Kommunisten, die die Weimarer Republik durch ein »Sowjetdeutschland« stalinscher Prägung ersetzen wollten und die SPD als »sozialfaschistisch« apostrophierten, schier unüberbrückbare Gegensätze. Das darauf gegründete gegenseitige Misstrauen und die Unterschätzung dessen, was am 30. Januar 1933 geschah, verhinderten nicht nur den Versuch, die Inthronisierung des Hitlerregimes abzuwenden, sondern trugen ihren Teil dazu bei, dass der erste Versuch einer Demokratie in Deutschland scheiterte.

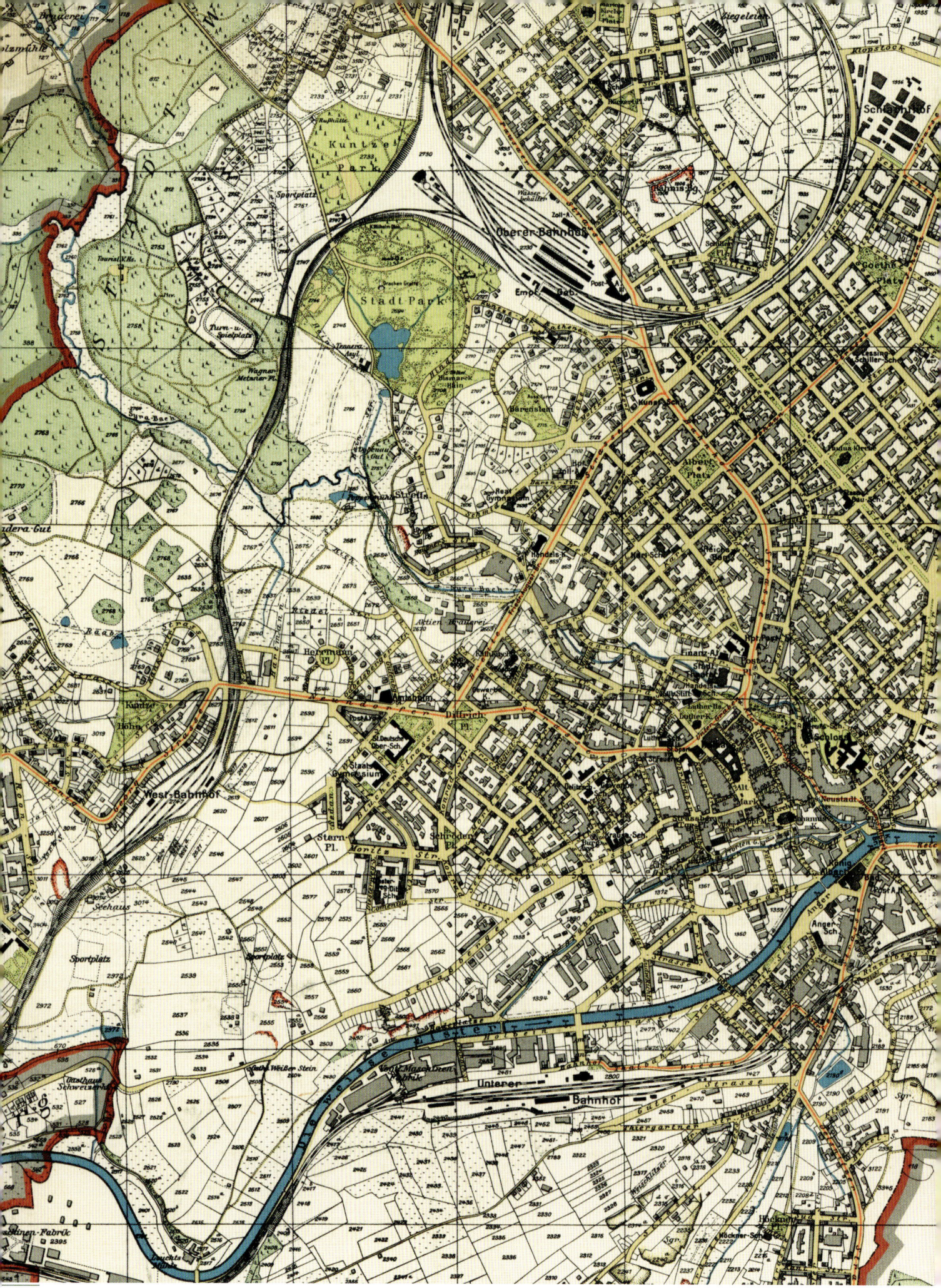

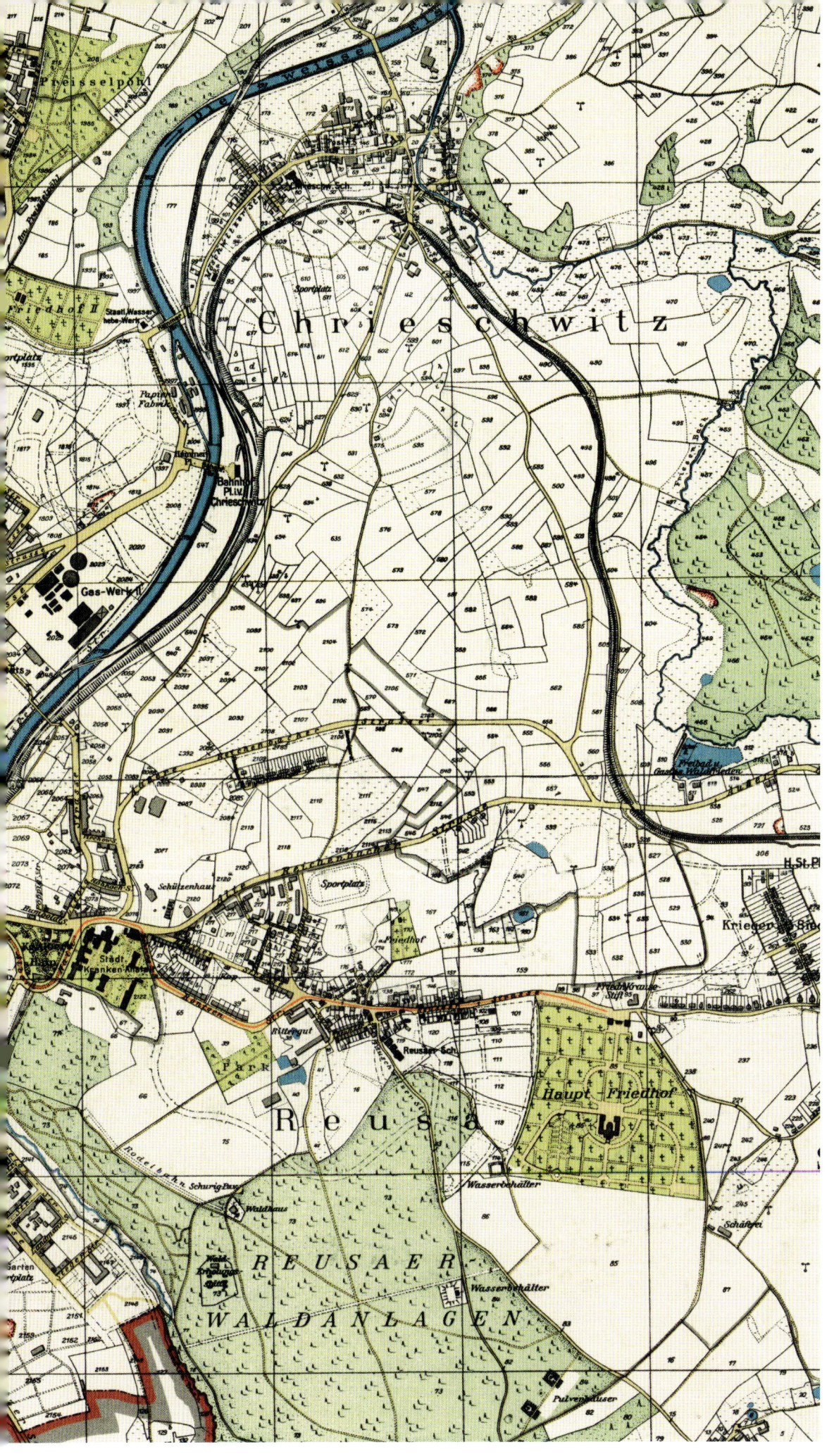

④ Stadtplan des Stadtvermessungsamts Plauen (Ausschnitt), 1930
Stadtarchiv Plauen

Die Herrschaft der Nationalsozialisten

Gerd Naumann

Prolog – der Aufstieg der NSDAP in Plauen

»Eine Hochburg des Nationalsozialismus, die an der Spitze aller Großstädte marschiert.« Im Mai 1937 zogen die Plauener Nationalsozialisten medial Bilanz. Anlass dafür war die 15. Wiederkehr der Gründung ihrer Ortsgruppe inmitten der Wirren der frühen Weimarer Republik. Was da in der Zeitung stand, war eine Aneinanderreihung von Superlativen, Alleinstellungsmerkmalen, die Beschreibung eines kometenhaften Aufstiegs der NSDAP in der Spitzenstadt.

Dieser Selbstdarstellung war selbstverständlich die Tendenz zur Überhöhung und Übertreibung immanent. Auch Nostalgie schwang mit, wenn man sich der »Kampfzeit« erinnerte. Aber selbst dann, wenn die Darstellung auf ihren rationalen Kern, auf Fakten und Tatsachen reduziert wird, bleibt der Befund, dass sich Plauen nach 1922 zu einer Hochburg der Nationalsozialisten mit weit über Sachsen hinaus reichender Strahlkraft entwickelte.

Plauen war eine der ersten Städte außerhalb Bayerns, und in Sachsen nach Zwickau die zweite, in der eine Ortsgruppe der NSDAP gegründet wurde – so geschehen am 31. Mai 1922. Die Gründer waren Hitleranhänger, die zum Teil bereits Mitglieder der Partei waren und ihre Beiträge bisher nach München entrichtet hatten. Sie entstammten vorwiegend kleinbürgerlichem beziehungsweise Handwerkermilieu.

Ende November 1922 – die Ortsgruppe zählte bereits 40 eingeschriebene Mitglieder – formierte sich die örtliche SA und Anfang Januar 1923 die Frauengruppe der NSDAP. Plauen war 1923 die »Geburtsstätte der Hitlerjugend« und der Plauener Schneidersohn Kurt Gruber seit 1926 ihr erster, wenn auch nur kommissarischer Reichsführer.

Nicht in Dresden, Leipzig, Chemnitz oder Zwickau, sondern in Plauen hatte zwischen 1925 und 1933 die Landes- beziehungsweise Gauleitung der sächsischen NSDAP ihren Sitz. Von Plauen aus wurde die Partei im Gau Sachsen reorganisiert, Westsachsen sowie Ostthüringen wurden »missioniert«. Die Plauener Nationalsozialisten pflegten enge Beziehungen nach Oberfranken, die »tätige Unterstützung« bei Auseinandersetzungen mit politischen Gegnern einschloss.

1925 wurde dem Plauener Spitzenfabrikanten Martin Mutschmann die Leitung des Gaues Sachsen der NSDAP übertragen. Nicht nur in dieser Funktion erwies er sich als einer der treuesten Gefolgsleute Adolf Hitlers.

Am 1. März 1933 setzte der NSDAP-dominierte Plauener Stadtrat durch, dass Plauen als erste deutsche Großstadt neben General von Hindenburg auch Hitler die Ehrenbürgerwürde verlieh und die Breite Straße in Adolf-Hitler-Straße umbenannte.

Die Stadt besaß 1933 die meisten Träger des »Goldenen Ehrenzeichens der NSDAP« aller sächsischen Kreise für acht- beziehungsweise zehnjährige Parteimitgliedschaft. Seit Mai 1933 bekleideten Plauener Nationalsozialisten in der sächsischen Regierung die Ressorts des Wirtschaftsministers (Georg Lenk) und des Innenministers (Karl Fritzsch).

Die Entwicklung Plauens zur »Hochburg des Nationalsozialismus« lässt sich nur unter einem multikausalen Ansatz erklären – das heißt, diese Entwicklung hatte viele Gründe. Für die rasch wachsende Massenbasis der NSDAP sind folgende Ursachen hauptsächlich geltend zu machen:

– 1. die am Vorabend des Ersten Weltkriegs ausgebrochene Strukturkrise der Plauener Wirtschaft, die bis Anfang 1933 nicht ansatzweise bewältigt werden konnte,
– 2. der schichtenübergreifende soziale Abstieg zahlreicher Individuen bis hin zu sozialer Verelendung,
– 3. die permanent hohe und weit über dem Reichsdurchschnitt liegende Dauermassenerwerbslosigkeit selbst in den »Goldenen Zwanzigern«,
– 4. die massive wirtschaftliche Benachteiligung der einheimischen Wirtschaft, insbesondere der Textilindustrie, auf internationaler Ebene infolge des verlorenen Ersten Weltkriegs,
– 5. die mangelnde staatliche Fürsorge für die krisengeschüttelte Region, die frühzeitig viele Plauener auf Distanz zur parlamentarischen Demokratie und zur Weimarer Republik gehen ließ.

Im Ergebnis der Wahl zum Plauener Stadtparlament zogen Anfang 1930 elf Stadtverordnete und drei unbesoldete Ratsmitglieder aus den Reihen der NSDAP ins Rathaus ein. Nur drei Jahre später konnte die Plauener NSDAP ihre Sitze in Stadtparlament und Rat mehr als verdoppeln: Im Januar 1933 – vor der Machtübertragung an Hitler wohlgemerkt – stellte die Partei 28 von insgesamt 61 Abgeordneten und sieben von 15 Ratsmitgliedern.

①
Plauener Postplatz, Einheimischen besser bekannt als »Tunnel«, links das weit über Plauen hinaus bekannte Café »Trömel«, Anfang der 1930er-Jahre
Stadtarchiv Plauen

Die »Machtergreifung« in Plauen

Mit dem Votum der Reichstagswahl vom 5. März 1933 im Rücken – von 74 302 gültigen Stimmen waren in Plauen 41 819 für die NSDAP abgegeben worden – schickten sich deren örtliche Führer nun ganz energisch an, die Hebel örtlicher Machtausübung, wenn nötig mit Gewalt, in die eigenen Hände zu bekommen. Die Pläne der »für die Partei, die Bewohnerschaft, ja für das ganze Deutsche Reich so einschneidenden, bedeutungsvollen und weltgeschichtlichen Maßnahme«,[1] die in der Nacht vom 7. auf den 8. März 1933 von den Führern der Plauener NSDAP in einem »stillen Winkel« des Ratskellers geschmiedet wurden, verstießen eindeutig gegen die – wenn auch nur noch in Rudimenten gültige – Weimarer Verfassung. Denn was da geplant wurde, war nicht weniger als der Putsch gegen ein (in bereits eingeschränkter Freiheit gewähltes) Stadtparlament und gegen die der Weimarer Republik verpflichteten staatlichen Strukturen und deren Träger.

Bereits am folgenden Tag wurde der Putsch in Szene gesetzt, der stabsmäßig von der Gauleitung und den örtlichen Residenten der NSDAP vorbereitet worden war und die Blaupause für die »Machtergreifungen« im übrigen Sachsen bildete. Die Plauener Nationalsozialisten mobilisierten ihre paramilitärischen Gliederungen sowie den Nationalsozialistischen Freiwilligen Arbeitsdienst. Seitdem gegen neun Uhr zwei starke Abteilungen des Freiwilligen Arbeitsdienstes vor dem Rathaus Stärke demonstrierend Aufstellung genommen hatten, überschlugen sich die Ereignisse: SS-Leute besetzten gegen halb zehn schlagartig sämtliche Eingänge des Rathauses. Zeitgleich begaben sich die Drahtzieher des Umsturzes, Stadtrat Lenk, Stadtverordnetenvorsteher Glauning, der Fraktionsvorsitzende der NSDAP im Stadtparlament Hartmann, Kreisleiter Hitzler sowie Stadtbaurat Wörner zu Oberbürgermeister Dr. Schlotte und forderten diesen ultimativ auf, sein Amt vorläufig zur Verfügung zu stellen. Schlotte verließ unter Protest sein Arbeitszimmer. Stadtbaurat Wörner erhielt daraufhin den Auftrag, bis auf Weiteres die Amtsgeschäfte des Plauener Oberbürgermeisters kommissarisch zu führen. In rascher Folge enthob die von Schlotte zurückgekehrte Junta, umgeben von einem Kordon SS-Leuten, weitere führende Beamte der Stadtverwaltung, die als nicht der nationalen Bewegung ergeben galten, ihrer Posten. Die Absetzung des Polizeidirektors Goehle, der, »statt gegen den Marxismus energisch einzuschreiten, sich lieber gegen die Nationalsozialisten wendete«,[2] erfolgte in dessen Abwesenheit. In das Schlüsselamt des Polizeidirektors teilte sich zunächst ebenfalls kommissarisch ein Trio: Kreisleiter Hitzler, SA-Oberführer Arthur Hess und der örtliche SS-Führer Heinke.

In den Mittagsstunden hielten die Putschisten das Heft des Handelns fest in der Hand. Etwa 100 SA- und SS-Leute hatten das Rathaus als »Schutzwache« besetzt, und die alarmierten Mannschaften beider Gliederungen standen gemeinsam mit den Formationen des Freiwilligen Arbeitsdienstes für weitere »Säuberungen« zur Verfügung. Auf diese Machtpräsenz gestützt, enthob Stadtrat Lenk (NSDAP) den Direktor des Plauener Schlachthofs, Dr. Feuereißen, seines Amtes. Gleiches geschah in der von 20 SS-Leuten besetzt gehaltenen Amtshauptmannschaft Plauen mit Regierungsrat Schmidt-Breitung, dem Stellvertreter des beurlaubten Amtshauptmanns Beschorner. Eine Gruppe des Freiwilligen Arbeitsdienstes besetzte die Geschäftsräume der so-

März 1933

Die Herrschaft der Nationalsozialisten **271**

② Der Sitzungssaal der Stadtverordneten im Plauener Rathaus, Anfang der 1930er-Jahre
Stadtarchiv Plauen

zialdemokratischen »Volkszeitung« und verhinderte durch die Beschädigung von Maschinen und Inventar das Erscheinen des Blattes.

Der Umsturz dauerte zwar nur einen halben Tag, aber er bedeutete für die Stadt Plauen schlagartig das Ende der Weimarer Verhältnisse. Als äußeres Zeichen für die Erfolge bei der gewaltsamen Wandlung der politischen Verhältnisse beziehungsweise als zustimmende Geste wurden »im Laufe des Revolutionstages [...] nach und nach auf allen Amtsgebäuden und vielen Privathäusern [...] die Hakenkreuzfahne und die alte Reichsflagge Schwarz-Weiß-Rot aufgezogen«.[3]

Wie im übrigen Reich wurden auch in Plauen die kommunistischen Parlamentsmandate ohne eine rechtliche Grundlage annulliert, deren Träger und zahlreiche andere verdächtige Personen desselben politischen Spektrums in Schutzhaft genommen. Das Los der Kommunisten teilten aber auch sozialdemokratische Funktionäre und führende Gewerkschafter.

Am 31. März 1933 erfolgte die Verabschiedung des sogenannten Gleichschaltungsgesetzes. Auf dessen und auf der Grundlage der entsprechenden Sächsischen Verordnung vom 6. April 1933 wurden die städtischen Körperschaften unter Missachtung der Ergebnisse der letzten

③ Straßensammlung des Winterhilfswerks vor dem Café »Trömel«, unterstützt von Theaterschauspielern in historischen Kostümen, 1935
Stadtarchiv Plauen

272 Großstadt Plauen – Kaiserreich, Weimarer Republik, »Drittes Reich«

Kommunalwahlen neu gebildet. Die NSDAP verfügte nunmehr im Rat über drei Viertel aller Sitze.

In den Märztagen des Jahres 1933 tauchte der bekannte SPD-Politiker Eugen Fritsch unter. Er hatte guten Grund dazu, weil er sich seit der Mitte der 20er-Jahre zum Intimfeind Mutschmanns entwickelt hatte. Der Verfechter der Weimarer Republik und ausgewiesene Gegner der aufkommenden nationalsozialistischen Bewegung attackierte als Schriftleiter der »Volkszeitung« und als Stadtverordneter der SPD nicht nur unablässig die Politik und Programmatik der NSDAP, sondern auch deren höchste Würdenträger. Fritsch klagte 1925 öffentlich den sächsischen Landesleiter der NSDAP, Mutschmann, als »Garnschieber des ersten Weltkrieges« und Hitler als »Mann der Großfinanz«[4] an. Mutschmann und Hitler führten daraufhin vor dem Plauener Amtsgericht einen Prozess gegen Fritsch.

Eugen Fritsch wurde 1933 verraten, von Hof nach Plauen überstellt, im Rathaus inhaftiert und misshandelt. Hier begann sein Leidensweg, der über die Zwischenstation Zuchthaus Osterstein schließlich im KZ Hohnstein in der Sächsischen Schweiz endete. Intimfeind Fritsch wurde auf persönlichen Befehl von Gauleiter Mutschmann derart schwer misshandelt, dass er an den ihm beigebrachten Verletzungen am 8. September 1933 verstarb.

Die »Säuberung« der städtischen Verwaltung

Mit dem am 7. April 1933 erlassenen »Gesetz über die Wiederherstellung des Berufsbeamtentums« sollte im »Dritten Reich« eine politisch zuverlässige und auch moralisch einwandfreie Beamtenschaft geschaffen werden. Das hieß im Klartext: Entlassung von »Parteibuch-Beamten« (§ 2), von Kommunisten (§ 2a) und im »Dienstinteresse« (§ 6); Ruhestand für »Nichtarier« sowie »politisch Unzuverlässige« (§ 4).

Bei der Stadtverwaltung hatten zwischen April und Juni 1933 »alle Beamten, Angestellten und Arbeiter, die Mitglieder marxistischer Parteien waren, […] ihren Austritt aus diesen Parteien erklärt«. Diese wurden, »soweit sie als politisch Verführte zu betrachten waren, verwarnt und zur Mitarbeit für die Ziele der nationalsozialistischen Regierung aufgefordert«.[5] Über den Umfang der politisch motivierten »Säuberung« im Plauener Rathaus gibt folgende Übersicht Auskunft:

Entlassungsgrund	Beamte	Angestellte	Arbeiter
§ 2	1	–	–
§ 2a	1	–	37
§ 4	12	14	74
§ 6	5	–	–

»Was Plauen alles plant«

Im April 1935 und im Oktober 1937 gaben Ausstellungen Einblicke in die neuen Intentionen folgenden städtebaulichen Vorstellungen des Plauener Stadtplanungsamtes, der städtischen Bauverwaltung und des Oberbürgermeisters, Stadtbaurat Wörner.

»Was Plauen alles plant« – unter diesem Titel referierte Wörner im Februar 1938 zur städtischen Entwicklung des Jahres 1937 und zu künftigen Vorhaben. Auf seiner Agenda fanden sich unter anderem folgende Vorhaben:

(4)
Das 1926 eröffnete städtische Freibad in Haselbrunn an einem gut besuchten Tag, um 1935
Sammlung Peter Winkler

⑤ Neue Wohnsiedlung Waldesruh, 1934
Stadtarchiv Plauen

- Neubau eines Theaters und anderweitige Unterbringung der Stadtbücherei,
- Umgestaltung des Platzes vor dem »Tunnel« und vor dem Rathaus,
- Errichtung einer Stadthalle,
- Neubau eines Krankenhauses,
- Neubau des Oberen Bahnhofs,
- Errichtung eines Tiergartens (Tiere des Waldes) mit Botanischem Garten,
- Schaffung der Umgehungsstraßen von Plauen,
- Errichtung einer neuen Feuerwache,
- Errichtung verschiedener Bauten: Autobahn, Spinnfaser, Talsperre Pirk, Wohnhäuser, Proviantamt, Wehrkreiskommando.

Das insgesamt 27 Punkte umfassende Programm wies zweifellos eine ganze Reihe realistischer und pragmatischer Züge auf. Neben solchen für den Nationalsozialismus typischen Bauaufgaben enthielt es auch moderne städtebauliche Ansätze zur Verbesserung der Infrastruktur und der Lebensqualität der Bevölkerung.

Nicht erst wegen des am 1. September 1939 ausgebrochenen Zweiten Weltkriegs mussten alle Planungen zurückgestellt werden, die nicht kriegswichtig waren. Bereits ein reichliches Jahr zuvor, im August 1938, war mit Inkrafttreten des neuen Finanzausgleichs zwischen dem Reich und den Gemeinden das Ende auch für kommunal bestimmte Bauaufgaben eingeläutet worden. Das Reich verwandelte nämlich im Dienst der Aufrüstung verschiedene Gemeinde- in Reichssteuern. Wegen des anhaltenden Mangels an billigen Kleinwohnungen und weil private Bauträger trotz Förderung der öffentlichen Hand nicht hinreichend viele Wohnungen erstellen konnten, baute die Stadt – entgegen ihrer 1933 erklärten Absicht, künftig auf kommunalen Wohnungsbau zu verzichten – auf eigenem Grund am Nordosthang des Kemmlers 20 Einfamilienhäuser für kinderreiche Familien im Typ der Schlichtwohnungen, die im Oktober 1934 bezogen wurden. Außerdem finanzierte die Stadt den Ausbau der in kommunalem Besitz befindlichen ehemaligen Wolff'schen Fabrik an der Hofwiesenstraße. Es entstanden 35 Schlichtwohnungen, die ebenfalls an kinder-

⑥ Deutsche Polizei-Fünfkampfmeisterschaften mit internationaler Beteiligung im neuen Plauener Stadion, August 1937
Stadtarchiv Plauen

reiche Familien vermietet wurden. 1938 erfolgte der Abriss dieser Gebäude, weil das Areal für die Errichtung der Vogtländischen Metallwerke GmbH (Vometall) ausgewählt worden war.

Staatliche Förderprogramme haben auch in Plauen den privaten und genossenschaftlichen Wohnungsbau stimuliert. Seine Domäne waren Wohnungen mittleren Komforts, Drei- und Vierzimmerwohnungen, einschließlich Küche. Zwischen 1933 und 1939 entstanden in privater bzw. genossenschaftlicher Trägerschaft größere Wohnhausgruppen unter anderem an der Meßbacher-, Pirker- und Kürbitzer Straße, der Neundorfer- und Werder-(heute Ricarda-Huch-)Straße, der Knieloh-, Bach- und Bismarckstraße, der Konrad-(Siegener-) und Seestraße, der Comenius- und Dittesstraße, der Reusaer Straße (Gartenstadt), der Gartenstraße, der Jößnitzer Straße, der Zaderastraße, der Herbart- und Hegelstraße, der Richard-Hofmann-Straße, der Holbeinstraße, am Zeppelin-(Rosa-Luxemburg-)Platz, am Taubenberg, in der Westendsiedlung und im Kasernenviertel. Darüber hinaus wurden bis zum Ausbruch des Zweiten Weltkriegs eine größere Anzahl Volkswohnungen gebaut – staatlich bezuschusste billige Kleinwohnungen für Arbeiterfamilien mit drei und mehr im Haushalt lebenden minderjährigen Kindern – an der Immelmann-(Max-Liebermann-) Straße, der Richthofen-(Rilke-)Straße, der Weischlitzer Straße und der Reusaer Straße. Auf dem Areal hinter dem »Grünen Kranz« begann 1933 in privater Trägerschaft, eine Gartenstadt mit Einfamilien- und Doppelhäusern sowie Zweigeschossern zu entstehen.

Trotz der beschriebenen häufig staatlich geförderten städtischen, genossenschaftlichen und privaten Bautätigkeit fehlten Mitte Dezember 1944 in Plauen 3 800 Wohnungen. Die Wohnungsnot in der Stadt war also auch im »Dritten Reich« nicht überwunden worden. Infolge der Bombenangriffe auf Plauen stieg der Wohnungsfehlbestand ins schier Unermessliche.

Eines der umfangreichsten Bauvorhaben der Stadt Plauen war die Errichtung des Stadions mit seinen Nebenanlagen im Stadtteil Haselbrunn. Das Aufmarschgelände – zeitgenössisch auch als Maifeld bezeichnet – ging 1937 seiner Vollendung entgegen. Später entstanden eine »Kampfbahn« für leichtathletische Disziplinen und ein Fußballfeld. Eine hölzerne Tribüne sowie Sitzgelegenheiten auf den Böschungen, die an die Kampfbahn grenzten, boten bis zu 4 200 Zuschauern Platz. Auch diese Anlage, die vorwiegend von Wohlfahrtserwerbslosen ausgeführt worden war, konnte 1937 übergeben werden.

Die Stadionanlage teilte indes das Schicksal anderer begonnener Bauten, wie beispielsweise das Kriegerdenkmal auf dem Lindentempel und die großzügig geplante Adolf-Hitler-Schule oberhalb von Schneckengrün. Sie blieb unvollendet, weil der begonnene Krieg bald alle materiellen und personellen Ressourcen band.

	1933	1934	1935	1936	1937
Neubauten					
Fabrikanlagen	–	–	2	1	1
Geschäfts- und Wohnhäuser	217	169	156	135	172
Seiten- und Hintergebäude	4	2	3	5	8
Stall- und Wirtschaftsgebäude	6	8	40	1	6
Schuppen, Schutzdächer, Baubuden	73	108	105	136	152
Scheunen	2	–	–	1	–
Vergrößerungsbauten an					
Fabriken	–	4	4	6	12
Wohn- und Geschäftshäusern	39	30	13	15	21
Hinter- und Wirtschaftsgebäuden	7	2	5	8	9
Veränderungsbauten an					
Fabriken	10	16	27	22	26
Wohn- und Geschäftshäusern	250	250	277	364	387
Hintergebäuden	32	48	26	60	50
Wirtschaftsgebäuden	5	10	5	9	16
Kläranlagen	38	68	77	89	59
Heizungsanlagen	55	69	64	60	82
Dampfkesseln und Motoren	14	19	23	22	29
Straßenbauten, Schleusenbauten und Abschwemmungen	3	6	13	8	79
zusammen	**761**	**813**	**847**	**946**	**1 118**

In den Jahren von 1933 bis 1937 wurden insgesamt 2 655 Wohnungen erstellt.

Bautätigkeit von 1933 bis 1937 in der Kreisstadt Plauen[6]

Die Umsetzung der Programmatik zwischen Anspruch und Wirklichkeit

Regulierende staatliche Eingriffe mit dem Ziel, die Massenarbeitslosigkeit einzudämmen, gab es in Plauen schon vor 1933. Eine besondere Rolle kam dabei dem Freiwilligen Arbeitsdienst zu, der nach Erlass der Notverordnung des Reichspräsidenten vom 5. Juni 1931 geschaffen wurde. Seit Anfang 1932 trat der Freiwillige Arbeitsdienst auch in Plauen in Erscheinung. Die fortschreitende Erwerbslosigkeit im Jahr 1932 ließ die Mitgliederzahlen des Freiwilligen Arbeitsdienstes rasch hochschnellen. Mit 2 000 »Arbeitsdienstwilligen« erreichte sie im Sommer 1933 den höchsten Stand. Die Stadt Plauen bot Beschäftigung für rund 1 300 Arbeitsdienstangehörige bei der Erschließung von Siedlungsland, der Anlegung von Grünflächen, im Straßen- und Tiefbau sowie bei umfangreichen Erdbewegungen, die der Vorbereitung für den Bau des Plauener Stadions dienten. Ende Juni 1932 richtete die »Notgemeinschaft Plauen« das erste offene Lager für weibliche Jugendliche ein, das wenig später als geschlossenes Lager weitergeführt wurde. Im Sommer 1933 existierten in Plauen nicht weniger als acht Lager des Freiwilligen Arbeitsdienstes.

Zum Abbau des überaus großen Potenzials jugendlicher Erwerbsloser – von den 27 470 Arbeitssuchenden im Januar 1933 waren rund 6 700 Jugendliche – diente als zusätzliches Instrument der Regulierung die Einrichtung der Landhilfe ab Anfang März 1933.

Der Aufschwung des Baugeschehens in und um Plauen seit dem Frühjahr 1933 war zunächst alles andere, nur kein sicheres Zeichen für eine selbsttragende Konjunktur. Er hatte seine Ursache vor allem in der Tatsache, dass das Reich über die Gesellschaft für öffentliche Arbeiten (Oeffa) beachtliche Darlehen ausreichte, um schlagartig zahlreiche Erwerbslose im Rahmen des »Sofortprogramms« mit Bauaufgaben an öffentlichen Projekten zu beschäftigen.

Der raschen Bindung einer großen Anzahl von zum größten Teil berufsfremden Arbeitskräften diente auch die Weiterführung des 1932 begonnenen Baus von Stadtrandsiedlungen. Dieser gleich Anfang 1933 in Angriff genommenen Bauaufgabe lagen wenigstens vier Intentionen zugrunde: Neben einer großen Verminderung der Erwerbslosigkeit wurden vor allem die »Bindung der Siedler an die Scholle«, ein wirksamer Beitrag zur Eigenversorgung durch intensive Bodennutzung und ein substanzieller Beitrag zum Abbau der Wohnungsnot in Plauen angestrebt; in der Stadt gab es am 31. März 1933 5 560 Wohnungssuchende, davon 3 520 Wohnungslose und 2 040 ungenügend Untergebrachte.

Trotz der beschäftigungspolitischen Schritte trat erst im Herbst 1933 spürbar ein Sinken der Erwerbslosigkeit ein. Dies war jedoch, wie die angeführten Beispiele augenfällig zeigen, nicht die Folge gestiegener in- und ausländischer Nachfrage, sondern vor allem staatlicher Regulierungsmaßnahmen. In der Plauener Wirtschaft gestaltete sich die Beschäftigungslage in den Webereien und in der Stickerei- und Spitzenindustrie durch Staatsaufträge beziehungsweise Bestellungen durch Wehrverbände, die Deutsche Arbeitsfront und das Winterhilfswerk etwas günstiger. Gleiches galt für die Vomag-Betriebs AG, wenngleich diese eher als andere Firmen aufgrund von Auftragseingängen für den Pressenbau, die Lkw-Herstellung sowie den Rotationsmaschinenbau größere Einstellungen vornehmen konnte. Aber auch ihr hatten Unterstützungskredite und Staatsaufträge das Überleben und die Reorganisation ermöglicht.

1934

Anfang 1934 war ein selbsttragender wirtschaftlicher Aufschwung in Plauen noch nicht in Aussicht. Trotz relativ sich verändernder äußerer Rahmenbedingungen durch die Überwindung der Depression im Reichsmaßstab und trotz oder sogar wegen ganz bestimmter staatlicher Regulierungsmaßnahmen ging die Erwerbslosigkeit nur zögernd zurück, weil sich die Wirtschaft nur langsam zu erholen vermochte. Ein Jahr nach der Machtübertragung an Hitler zählte Plauen noch immer 20 298 Erwerbslose. Das waren 7 653 weniger als im Januar 1933. Dennoch entfielen damit auf je 1000 Einwohner:[7]

Im Arbeitsamtsbezirk Plauen	139,5 Erwerbslose
In der Stadt Plauen	155,5 Erwerbslose
In Sachsen	100,5 Erwerbslose
Im Deutschen Reich	65 Erwerbslose

Das heißt: In Plauen war zu diesem Zeitpunkt die Arbeitslosenquote beinahe zweieinhalbmal so hoch wie im Reichsdurchschnitt.

Wirtschaft

Zur Unterstützung der krisengeschüttelten einheimischen Spitzen- und Stickereiindustrie verfolgten Plauens Stadtväter seit 1933 eine Doppelstrategie, die kurzfristig und langfristig wirkende Förderung miteinander kombinierte. Eine kurzfristig erweiterte Beschäftigung der Stickerei- und Spitzenbetriebe konnte 1933 und Anfang 1934 durch in das Vogtland vergebene Aufträge des Winterhilfswerks erreicht werden.

Die Intervention höchster sächsischer Kreise bewirkte, dass für die Februar-Sammlung des Winterhilfswerks ein Abzeichen aus Plauener Spitze ausgewählt wurde. Am 1. Februar 1934 konnten reichsweit rund fünf Millionen derartige Abzeichen abgesetzt werden. Nachhaltigere Wirkungen hingegen gingen von der Beteiligung der Stadt an einem Zusammenschluss aller an der Fabrikation der Spitze interessierten europäischen Länder in München aus, von dem gemeinsam für Europa Propaganda für die Spitzen betrieben wurde. Denselben Zweck verfolgte ein Werbeamt, das durch Ausstellungen, Modenschauen und Propaganda immer wieder auf die Spitze aufmerksam machte und für ihre Wiederverwendung warb.

Doch zunächst einmal schrumpften die vogtländischen Exporte auf das Negativ-Rekordmaß von acht Prozent der Ausfuhren des Jahres 1912. Allein der Export in die USA betrug 1933 noch ganze 0,8 Prozent des Super-Exportjahrs 1912. Die Brüskierung des Auslands, vor allem aber der unverhüllte Antisemitismus der Hitlerregierung, der im reichsweiten antijüdischen Boykott am 1. April 1933 kulminierte, trugen wesentlich dazu bei, deutschen Waren, explizit der Spitze, temporär den Weltmarkt zu verschließen.

Nach 1933 war ein Paradigmenwechsel in der Stickereibranche zu verzeichnen. Sie wandelte sich tendenziell von einer Luxusindustrie in eine Gebrauchswarenindustrie, die vor allem Artikel des unmittelbaren Lebensbedarfs – Wäsche, Kleidung und Textilien für den Wohngebrauch – herstellte.

Im Zuge der Neuordnung des Arbeitsmarktes wurden 1935/36 Gesetze und Verordnungen erlassen, die nun auch Arbeitszeit und Sticklöhne in der Lohnstickerei tariflich festlegten. Die Schaffung und Einführung eines neuen Stichregulativs folgte 1936.

Im selben Jahr wurde der Maschinenbestand in der Stickerei- und Spitzenindustrie gezählt. Er war von 6 500 (1928) auf 2 794 gesunken. Das Schwergewicht des Maschinenparks verlagerte sich zunehmend aus dem Plauener in das Auerbacher Revier. Die Handstickmaschine war bis auf einen kleinen Rest ausgestorben. Entgegen allen Voraussagen der Volkswirtschaftler hatten sich die Lohnsticker auch der Automaten bemächtigt. Es war noch eine erstaunliche Zahl an Schiffchen-Pantografen von 4,5 Metern Länge vorhanden. Für die Massenfertigung stand noch ein beträchtlicher Bestand an Automaten zur Verfügung.

Ab der zweiten Hälfte der 1930er-Jahre vermochte die Branche trotz Devisen-Zwangsbewirtschaftung, jedoch mit einem günstigen modischen Wind im Rücken und einem Unternehmungsgeist, dem sich, wenngleich nur beschränkt, Entwicklungschancen boten, steigende Umsätze zu verbuchen. Nach und nach gelang es der Plauener Spitzen- und Stickereiindustrie, für die Exporte auch im »Dritten Reich« eine wesentliche Existenzbedingung waren, Plauener Waren gegen Devisen, die ihr allerdings nur über Umwege zugutekamen, ins Ausland zu veräußern.

Seit 1934 befand sich die Gardinenherstellung in ständigem Aufwind. Der in- und ausländische Absatz zog kräftig an. Angesichts der latenten Rohstoffknappheit musste die Erzeugung der Rohstofflage angepasst werden. Unter denselben Rohstoffschwierigkeiten litten auch die vogtländischen Glattwebereien und andere vorgelagerte Industrien, was sich wiederum nachteilig auf die Beschäftigungslage der Ausrüstungsbetriebe auswirkte.

Wirtschaftliche Maßnahmen, die der »Wehrhaftmachung des Deutschen Reiches« zuzuordnen sind, haben in Plauen erst mit erheblicher Verzögerung gegriffen. Es wurden drei Kasernen neu gebaut. Für vor Kriegsbeginn neu errichtete Fabriken, die von vornherein auf Rüstungsfertigung ausgerichtet waren, finden sich nur zwei Beispiele.

Der Zweite Weltkrieg legte die Stickerei- und Spitzenindustrie, wie ab 1914 schon einmal geschehen, wegen Rohstoffmangels und des absoluten Vorrangs der Rüstungsfertigung, aber auch wegen fehlenden qualifizierten Personals und versiegender Exportmöglichkeiten völlig lahm. Andererseits blieben vor allem Webereien und Ausrüstungsanstalten ob ihrer Eignung für die Rüstungsfertigung, sofern noch Rohstoffe oder deren Substitute beschafft werden konnten, in Betrieb.

1936 bis 1938 wurden in Plauen Schritte unternommen, um durch Schaffung neuer Grundstoffbetriebe dem einen textilen Haupterwerbszweig andere zur Seite zu stellen. Damit entstanden endlich auch die langersehnten neuen Dauerarbeitsplätze. Ende 1936 erfolgte die Aufnahme der Zellwollproduktion in den Fertigungsanlagen der Sächsischen Spinnfaser AG (später Sächsische Zellwolle AG), die im Elsterbogen westlich der Leuchtsmühle auf dem Gelände des ehemaligen Kunstseidenwerks errichtet worden waren. Die Viskoseherstellung war einerseits Element des Autarkieprogramms der deutschen Wirtschaft, lag aber andererseits international im Trend. Die Firmengründung erfolgte 1935 im Zeichen des allgemeinen Rohstoffmangels durch sächsische Textilbetriebe, die sich mit der Zellwolle nach dem Viskoseverfahren eine Alternative zur Baumwolle schufen.

Mitte 1938 wurde die Mitteldeutsche Spinnhütte, Zweigwerk Plauen-Reißig, in Betrieb genommen. Das mitten im Reißiger Wald errichtete Zweigwerk der Mitteldeutschen Spinnhütte Celle war die einzige Textilfabrik, die von vornherein und ausschließlich auf die Fertigung eines wichtigen Rüstungsguts ausgerichtet war. Am Ende eines vollstufigen Produktionsprozesses – Einlagern und Aufschließen von Seidenkokons, Spinnen und Weben von Naturseide – stand das Produkt Fallschirmseide, das im vogtländischen Oelsnitz zu Sprungschirmen für die Fallschirmtruppe der Wehrmacht weiterverarbeitet wurde. Auch heute existiert die Anlage noch in einem tadellosen Zustand und ist immer noch unverkennbar – bis hin zu dem charakteristischen grünen Farbanstrich – als ehemaliger Bestandteil des Spinnhütte-Konzerns auszumachen.

1939 war Produktionsbeginn in der nahe der Hammerbrücke gelegenen Flockenbast AG. Die Firma war am 11. Juni 1938 von der Baumwollindustrie Erlangen-Bamberg AG, der Kulmbacher Spinnerei, der Mechanischen Baumwoll-Spinnerei & Weberei Bayreuth, der Neuen Baumwoll-Spinnerei und Weberei Hof und weiteren 14 Firmen gegründet worden. 1943 übernahm die Hanfröste Spreewald GmbH, Vetschau 96 Prozent der Anteile. Sie stellte Flockenbast (Flockenhanf-Flockenflachs) her.

Die Plauener Industrie fertigt Rüstungsgüter

Die Umstellung der Plauener Industrie auf Rüstungsfertigung setzte aufgrund der Grenznähe der Stadt erst nach Annexion der Tschechoslowakischen Republik ein. Den Anfang machten die größeren Betriebe. Folgende Firmen mögen – branchenübergreifend – als Beispiele dienen: Vogtländische Maschinenfabrik AG (Vomag), Sächsische Zellwolle AG, Veredlungswerk GmbH (Hofwiesenstraße 2), Siemens-Schuckert-Werke AG (Albertstraße 122), Plauener Netzwerk Rudert & Co. (Hofwiesenstraße 5), Flockenbast AG (Hammerstraße), Industriewerke AG (Roon-, heute L.-F.-Schönherr-Straße), Vogtländische Metallwerke – Vometall (Dürerstraße 28), Mitteldeutsche Spinnhütte GmbH – Werk Plauen (Celler Straße 20), Dr. Th. Horn, Luftfahrtgerätewerk Plauen GmbH (Pausaer Straße 284), Plauener Baumwollspinnerei AG (Hans-Sachs-Straße 15/17).

Bevor die Vomag AG vollständig auf die Fertigung von Rüstungsgütern umgestellt wurde, fertigte das Werk in der Elsteraue Lkw, Rotationsdruckmaschinen für Tageszeitungen und Bücher, Textilmaschinen und Spezialwerkzeugmaschinen. Im Laufe des Jahres 1941 begann die Herstellung elektrisch gesteuerter MG-Stände für die Verwendung in Jagdflugzeugen (»Schräge Musik«), die aber 1942 an eine andere Firma vergeben wurde. 1942 und 1943 wurden insgesamt 300 schwere Halbkettenzugkraftwagen 18 Tonnen (Sd.Kfz.9) hergestellt. Auch diese Produktion wurde 1944 an einen anderen Hersteller abgegeben. Die Herstellung von 6,5-Tonnen-Lkw sowie der modifizierten 3,5- und 4,5-Tonner endete 1944. Die Ersatzteilherstellung für schon ausgelieferte Fahrzeuge wurde jedoch in erheblichem Umfang beibehalten. Die Herstellung von speziellen

⑦ Panzerkampfwagen IV (Ausführung G): Dieses 1942 in der Vomag gebaute Exemplar wurde in Nordafrika von der britischen Armee erbeutet.
Deutsches Panzermuseum Munster

Der Panzer IV war der mit Abstand am meisten hergestellte deutsche Panzer, sein Anteil an der gesamten Panzerproduktion zwischen 1939 und 1945 lag bei 28 Prozent. Insgesamt liefen 8 635 Panzer IV in technisch weiterentwickelten Versionen vom Band, davon 1073 in der Vomag.

Werkzeugmaschinen zum Feinstbohren von Verbrennungsmotoren war der einzige Produktionszweig neben der Herstellung von Panzern, der sich im Zeitraum von 1942 bis 1945 vergrößerte. 1944 machte die Produktion 16,5 Prozent des Umsatzes der Vomag aus.

Gegen Ende 1940 hatte die Vomag in ihrem Stammwerk die Produktion von Panzern aufgenommen. Ihre weitere Entwicklung zum bedeutenden Hersteller gepanzerter Fahrzeuge erklärt sich schlüssig aus dem wechselvollen Verlauf des Zweiten Weltkriegs. Dem Ende 1942 konzipierten und ab Januar 1943 rigoros umgesetzten »Adolf-Hitler-Panzerprogramm« ist auch die Errichtung der modernen Panzermontagehalle der Vomag 1941/42 zuzuordnen. Die sogenannte Panzerhalle wurde auf der Flur südwestlich des »Weißen Steins« bis zur Leuchtsmühle errichtet. Die ebenerdige Produktionshalle für die Fließbandendmontage von Nutzfahrzeugen wurde sofort nach Fertigstellung im Herbst 1942 für die Endmontage und Prüfung des Panzerkampfwagens IV im Rahmen des »Adolf-Hitler-Panzerprogramms« genutzt. Am 11. Januar 1944 lief der im November 1943 gebaute erste Jagdpanzer IV (V) vom Band.

In der Panzerhalle wurde bis März 1945 produziert. Die Hofbereiche und die übertägigen Randflächen der Gebäude waren mit bis zu 60 Zentimetern mächtigen Betondecken versiegelt. Die Panzerhalle bekam über die Verlängerung des Rangiergleises südlich der Gießerei des Hauptwerkes Bahnanschluss. Dazu wurde die noch heute existierende Panzerbrücke über die Elster gebaut. Die Gleise führten direkt an beziehungsweise mittels eines Gleistrogs in die Panzerhalle.

Die Vomag fertigte zunächst Panzer IV der Versionen F, G und H in Lizenz der Friedrich Krupp AG. 1943 entwickelte sie im Wettbewerb mit der Altmärkischen Kettenfabrik Berlin den Jagdpanzer IV (V) und war bis Kriegsende dessen Alleinhersteller. Auch in die Lieferprogramme des Heeres, der Luftwaffe und der Marine war das Unternehmen auf vielfältige Weise einbezogen.

Die Panzerschmiede war neben dem Oberen Bahnhof das Hauptangriffsziel in Plauen. Im Mai 1945 konstatierte man, dass 50 Prozent der Gebäudesubstanz zerstört wurden. Demgegenüber wurden nur 20 Prozent der Maschinen beschädigt. Auf das Vomag-Werk wurden im Zeitraum zwischen dem 17. März und 8. April 1945 etwa 1545 Tonnen Bomben abgeworfen.

Die Vogtländischen Metallwerke GmbH Plauen Vogtland, kurz Vometall, war eine zur Vomag gehörende Tochterfirma, die sich auf dem Areal des früheren Vomag-Werkes an der Dürer- und Trockentalstraße befand. Die Vometall stellte hauptsächlich Flugzeugpropeller her.

Als im Verlauf des Krieges auswärtige Rüstungsfirmen ihre Fertigung zu dezentralisieren begannen (Messerschmitt AG) oder zusätzliche Fertigungskapazitäten schufen (Luftfahrtgerätewerk Dr. Th. Horn), gründeten sie auch in Plauen Niederlassungen. Nach der Schließung der Flugzeugführerschule, die die Luftwaffe zwischen April 1937 und Juni 1943 auf dem Gelände des Fliegerhorsts Plauen-Kauschwitz unterhalten hatte, errichtete die Erla-Maschinenfabrik GmbH dort Ende 1943 unter der Tarnbezeichnung Pan G.m.b.H. Plauen i. V. ein Auslagerungswerk zur Endmontage des einmotorigen Kolbenjagdflugzeugs Me 109, das bis Mitte April 1945 betrieben wurde.

Das Cockpit-Instrumente fertigende Luftfahrtgerätewerk Dr. Th. Horn gründete 1941 einen weiteren, vom Stammwerk in Leipzig getrennten Betrieb in Plauen. Mit seinem Verlagerungsbetrieb in Kirchberg hatte das Luftfahrtgerätewerk Plauen GmbH 1700 Belegschaftsmitglieder. Bei der Firma Dr. Th. Horn Luftfahrtgerätewerk in der Pausaer Straße 284 befand sich ein Außenlager des Konzentrationslagers Flossenbürg. Am 9. November 1944 wurden 50 Häftlinge in das Werk überstellt. Es handelte sich dabei um männliche Facharbeiter. Sie stammten aus Russland, Frankreich, Polen, der Tschechoslowakei, Deutschland, Belgien, Italien und Jugoslawien. Nach der Auflösung des Lagers am 27. März 1945 kamen 42 Männer in das Arbeitslager Lengenfeld. Von dort traten sie den Evakuierungsmarsch über Johanngeorgenstadt nach Nordböhmen an. In Pistov endete der Todesmarsch. Eine nicht genau bekannte Anzahl Häftlinge kam bei dem Marsch ums Leben.

Am Ende des Krieges war praktisch jeder gewerbliche Betrieb in Plauen in irgendeiner Form in die Rüstungsfertigung einbezogen. Der mit Dauer des Krieges zunehmend angespannten Arbeitskräftesituation versuchten die Industrieunternehmen auch in Plauen, mit dem Einsatz einer größeren Anzahl von Zivil- und Zwangsarbeitern, von Kriegsgefangenen und KZ-Häftlingen zu begegnen. Das KZ Flossenbürg unterhielt in Plauen drei Außenlager (Baumwollspinnerei, Industriewerke, Luftfahrtgerätewerk Dr. Th. Horn) sowie eines in Mehltheuer (Vomag).

Das Ende des Zweiten Weltkriegs wurde für alle Zweige der Plauener Industrie zur vollendeten Katastrophe: Produktionsstätten aller Branchen zerbarsten zusammen mit zahllosen Wohnunterkünften und Einrichtungen der städtischen Infrastruktur Plauens unter den verheerenden Luftschlägen alliierter Bombergeschwader, die über drei Viertel sämtlicher Gebäude der Stadt in Mitleidenschaft zogen.

Bildung

Kaiserreich

Nachdem die Stadt Plauen mit mehr als 100 000 Einwohnern in die Reihe der Großstädte aufgerückt war, stieg die Bevölkerungszahl auch in der Folgezeit weiter kontinuierlich an, wobei die Anzahl der schulpflichtigen Kinder und Jugendlichen besonders rasant wuchs. Erhöhte sich die Einwohnerzahl bis 1912 um rund 28 Prozent, so lag die Steigerungsrate bei Schülern in den Volksschulen bei rund 43 Prozent. Während 1903 etwa 13 100 Jungen und Mädchen in den Volksschulklassen lernten, waren es elf Jahre später rund 19 300.

Dieses Wachstum stellte die Stadt vor große Herausforderungen im Schulbau und in der Gewinnung der notwendigen Lehrkräfte, wobei neben der quantitativen Sicherung des Unterrichts für alle auch eine angemessene logistische Verteilung der drei gesetzlich vorgeschriebenen Volksschultypen (einfache, mittlere und höhere Volksschule) über das gesamte Stadtgebiet realisiert werden musste. In den Jahren 1905 bis 1908 wurden drei große Schulgebäude fertiggestellt, die nicht nur dem damaligen Kenntnisstand von Schulbauten gerecht wurden, sondern zugleich architektonische Schmuckstücke ihrer Wohngebiete bildeten. So wurde 1905 die als mittlere Volksschule konzipierte 11. Bürgerschule in der Dittesstraße auch mit Klassen der einfachen Volksschule eröffnet, die ein Jahr später in die inzwischen fertiggestellte 12. Bürgerschule in der Südvorstadt wechselten.

Das Ostern 1908 eröffnete Schulhaus in der Reißiger Straße war ebenfalls als mittlere Volksschule geplant. Zunächst zogen aber Klassen der künftigen II. Höheren Bürgerschule ein, die bis zur Fertigstellung ihres Gebäudes in der Diesterwegstraße (1911) dort blieben. Erst im Herbst 1908 erfolgte die offizielle Weihe der 13. Bürgerschule als mittlere Volksschule für die Hammervorstadt. Schließlich wurde im April 1913 in der Haselbrunner Rückertstraße der erste Bauabschnitt der 14. Bürgerschule als einfache Volksschule eröffnet, der zweite Teil folgte im August 1914 kurz nach Ausbruch des Ersten Weltkriegs.

Parallel zu diesen Neubauten wurden einige ältere Schulen erweitert, vor allem in den eingemeindeten Orten Haselbrunn, Chrieschwitz und Reusa. Günstigere Bedingungen wurden auch für die katholische Schulgemeinde Plauens geschaffen, indem die seit 1898 bestehende katholische Volksschule nahe der Herz-Jesu-Kirche 1908 eine Zweigstelle in der Südvorstadt erhielt. Bedeutsam für die Schulentwicklung nach der Jahrhundertwende war 1906 die Gründung einer selbstständigen Schule für schwachbefähigte Kinder, eine der ersten in Sachsen überhaupt.

1909 und 1911 erfüllten sich auch lang gehegte Wünsche der Plauener hinsichtlich moderner Gebäude für die höheren Bildungsstätten der Stadt. Das seit 1901 bestehende Realgymnasium mit Realschule konnte 1909 endlich geteilt werden, indem das Realgymnasium das neue Schulhaus unterhalb des Bärensteins bezog, während die Realschule im Schulhaus an der Syrastraße verblieb. Zwei Jahre später wurde in der damaligen Blücherstraße nahe dem Sternplatz das repräsentative Gymnasium eröffnet, um dessen Bau jahrelang erbittert gerungen worden war. Als staatliche Schulen wurden beide Schulneubauten mit Geldern des Königreichs finanziert; dennoch hatte die Stadt vielfältige »Nebenaufgaben« zu erfüllen, um den Baufortschritt zu sichern.

1912 konnte ein bedeutender Schritt in der Mädchenbildung realisiert werden. Allerdings bedurfte es energischer Initiativen des Kultusministers Dr. Heinrich Beck, des Oberbürgermeisters Dr. Johannes Schmid und des Bürgerschuldirektors Dr. Ewald Weller, um die Stadträte von der Nützlichkeit einer Höheren Mädchenschule zu überzeugen. Das geschah im November 1911, und ab Ostern 1912 nahm die neue Bildungsstätte im Gebäude der II. Höheren Bürgerschule in der Diesterwegstraße ihre Arbeit auf.

Schließlich fehlte in Plauen vor dem Ersten Weltkrieg nur noch ein höherer Schultyp, eine Oberrealschule. 1910 war Plauen die einzige deutsche Großstadt ohne diesen lateinlosen Bildungsgang zum Abitur. Das sollte sich 1913/14 ändern, als die Stadtverordneten beschlossen, ab Ostern 1914 für Realschulabsolventen eine Obersekunda zu schaffen und bis 1916 zum Abitur zu führen. Im Juni 1914 legten sie auch den künftigen Standort der Oberrealschule an der Jößnitzer Straße fest, doch wenige Wochen später ließ der Kriegsbeginn diese Pläne zunächst scheitern, sie wurden erst 1928 verwirklicht.

Eine Weiterentwicklung erfuhren ebenso die Fortbildungsschulen, indem sie immer mehr berufsspezifische Klassen erhielten. 1908 gingen die ersten Berufsgruppen vom zwei- zum dreijährigen Lehrgang innerhalb des dualen Systems der Berufsausbildung über. 1914 wurde die dreijährige Berufsschulpflicht für Knaben eingeführt, zu dieser Zeit gab es in Plauen 55 berufliche Fachklassen sowie 18 Klassen für ungelernte Berufe. Die seit 1876 bestehende Kann-Bestimmung, Abgängerinnen der einfachen Volksschulen zu einem zweijährigen Besuch der Berufsschule zu verpflichten, blieb bestehen. Plauen war der einzige Ort in Sachsen, der diese Möglichkeit in die Tat umsetzte.

Roland Schmidt

1912

Das rasche Wachstum der Stadt brachte auch Probleme mit sich, die besondere Schutzmaßnahmen für Kinder und Jugendliche erforderten. 1908 gründete der Plauener Hilfsschuldirektor Johannes Delitsch den Verein der Jugendfürsorge mit dem Ziel, »Pflege, Zucht und Schutz der Jugend von der Geburt bis zur Mündigkeit« zu sichern. Der Verein wandte sich mit Aufklärungsblättern zur Gesundheitspflege an die Eltern, richtete für Kinder und Jugendliche aus zerrütteten Familien vertrauliche Sprechstunden ein, in denen sie gemeinsam mit Sozialarbeitern und Pädagogen nach gangbaren Wegen aus den Zerwürfnissen suchten, und schließlich mobilisierten Delitsch und seine Mitarbeiter 1911 die Einwohner der Stadt zu einer großen Spendenaktion für den Bau des Friedrich-Krause-Stifts in Reusa für sittlich stark gefährdete Kinder und Jugendliche. Am 20. Oktober 1911 zogen die ersten 35 Zöglinge ein, nach 20 Jahren waren es insgesamt 334 Jugendliche, die nach einem längeren Aufenthalt das Heim charakterlich gefestigt verließen, das bis in die 1960er-Jahre bestand.

Mit dem Ausbruch des Ersten Weltkriegs fand die im Wesentlichen kontinuierliche Entwicklung des Plauener Schulwesens ein abruptes Ende. Wie überall in Deutschland wurden auch in Plauen viele Lehrer, Seminaristen und Gymnasiasten vom Kriegstaumel erfasst. Die meisten folgten begeistert den Aufrufen zur Mobilmachung oder meldeten sich freiwillig zum Einsatz an der Front. Das alles wirkte sich auf das Schulwesen der Stadt, auf die Bildung und Erziehung der Kinder äußerst negativ aus. Die einberufenen Lehrer fehlten in der Schule, sodass sofort in allen Schultypen die Zahl der Wochenstunden gekürzt wurde, nicht selten um die Hälfte des gesetzlich vorgeschriebenen Maßes. Vielfach wurden Klassen zusammengelegt. Ältere Lehrer erklärten sich bereit, zusätzliche Stunden zu erteilen, bereits pensionierte Lehrer wurden reaktiviert, sogar die laut Gesetz von 1873 geltende Bestimmung wurde außer Kraft gesetzt, wonach jede Lehrerin mit dem Tag ihrer Hochzeit aus dem Schuldienst ausscheiden musste. Alle diese Maßnahmen trugen zwar dazu bei, weiteren Stundenausfall zu mindern, eine echte Hilfe waren sie aber nur in wenigen Fällen, da die meisten Ersatzkräfte den erneuten Schuldienst völlig unvorbereitet aufnahmen und vielfach physisch überfordert waren. Dazu kamen noch verschiedene schulfremde Pflichten, die Lehrer und Schüler während des Krieges zu erfüllen hatten. Sie sammelten Altmetall und andere kriegswichtige Rohstoffe, Mädchen der höheren Klassen strickten warme Bekleidung, die sie Soldaten bei durchfahrenden Militärzügen überreichten, und Lehrer wurden für kommunale Botengänge wie Verteilen von Lebensmittelkarten eingesetzt.

Gleichzeitig rückten im Unterricht kriegsrelevante Themen in den Vordergrund. So wurden in Naturkunde das Schießen, die Sprengstoffherstellung und die Feldtelegrafie intensiver behandelt, in Erdkunde verschob sich der Akzent auf die kriegführenden Länder, und im Deutschunterricht wurden die Reden Kaiser Wilhelms II. als »klassische Meisterstücke« gepriesen. Beispiele dieser Art ließen sich fortsetzen – sie alle führten zu einer drastischen Senkung des Bildungsniveaus der Schüler. Diese ging mit wachsenden Erziehungsdefizi-

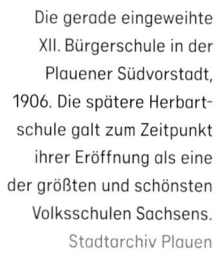

①
Die gerade eingeweihte XII. Bürgerschule in der Plauener Südvorstadt, 1906. Die spätere Herbartschule galt zum Zeitpunkt ihrer Eröffnung als eine der größten und schönsten Volksschulen Sachsens.
Stadtarchiv Plauen

ten der Kinder und Jugendlichen einher, verursacht zum einen durch die schulischen Ausfälle, zum anderen durch die komplizierter werdenden familiären Verhältnisse. Viele Familienväter waren im Fronteinsatz, sodass die Mütter nicht nur allein für die Belange der Familie sorgen, sondern auch die Verantwortung für die Erziehung der Kinder tragen mussten. Und das bei ständiger Ungewissheit, ob und wie der Ehepartner nach Hause zurückkehren würde. Dieser jahrelange Zustand war für viele Frauen eine Belastung, der sie auf Dauer oft nicht gewachsen waren und die sich negativ auf das Verhalten ihrer Kinder auswirkte. Schließlich verursachten die sich häufenden Nachrichten vom Tod des Vaters an der Front bei vielen Kindern tiefgreifende Traumata. Zwar leistete der Verein Jugendfürsorge tatkräftige Hilfe und die Stadt richtete für Jungen im Alter von 12 bis 14 Jahren spezielle Beschäftigungsstunden ein, die von Laien geleitet wurden und einem weiteren Ansteigen der Kinderkriminalität entgegenwirken sollten, doch sie konnten nur einen kleinen Teil der Schüler erfassen.

Schließlich verschärften sich mit fortdauernder Kriegsdauer auch in Plauen die ohnehin seit 1914 spürbaren Versorgungsprobleme. Viele Kinder und Jugendliche sowie Lehrer litten an Unterernährung, die ebenfalls zu sinkenden Unterrichtsleistungen führte.

Doch erst im Januar und März 1918 räumte der sächsische Kultusminister Beck vor beiden Kammern des Landtags ein, dass in ganz Sachsen die Kriegsverhältnisse bei den Lehrern »vielfach starke Abmagerungen, verminderte körperliche Leistungsfähigkeit, vorzeitiges Altern, Nachlassen der Sinnesschärfe u. a.«[1] verursacht hätten und »[...] die vielfach ganz unzulängliche unterrichtliche und erzieherische Versorgung der Schuljugend [...] Erscheinungen [zeigt], die zu ernsten Besorgnissen Veranlassung geben [...]«.[2] 1935 veröffentlichte die Stadt Plauen die Zahl der gefallenen Soldaten: 3 871 Plauener starben an der Front einen sinnlosen Tod, die Zahl der Plauener Kinder, die damit zu Halbwaisen wurden, dürfte schätzungsweise noch höher liegen. 37 Volksschullehrer kehrten nicht mehr aus dem Krieg zurück, analoge Verluste beklagten die höheren Schulen der Stadt. Das Plauener Lehrerseminar veröffentlichte eine Auflistung gefallener Seminaristen der Absolventenjahrgänge 1890 bis 1919, die erst bei Nr. 130 endete. Alle diese Lehrer fehlten in Plauen und im gesamten Vogtland, als im November 1918 endlich die Waffen schwiegen und ein neues Kapitel der Schulentwicklung begann.

Weimarer Republik

Mit der Novemberrevolution 1918 endete für Deutschland nicht nur der Erste Weltkrieg, sondern zugleich die Zeit monarchischer Herrschaft im Deutschen Reich und seinen Teilstaaten. Deutschland wurde eine parlamentarische Demokratie, die auch in der Bildungspolitik weitgehende Veränderungen zeitigte. So wurden im nunmehrigen Freistaat Sachsen im Verlauf der Monate November und Dezember 1918 wichtige Verordnungen erlassen, die am 22. Juli 1919 im »Übergangsgesetz für das Volksschulwesen« ihre Zusammenfassung erfuhren. Es beseitigte die bisherige Gliederung der Volksschulen in einfache, mittlere und höhere sowie ihre Unterscheidung nach Konfessionen zugunsten einer allgemeinen Volksschule, verkündete die Schulgeldfreiheit für die Volks- und Fortbildungsschulen und hob die Privatschulen auf. Es schaffte die geistliche Schulaufsicht ab, führte Lehrer- und Elternräte ein und enthielt im Paragrafen 2 die Bestimmung, dass »Religionsunterricht [...] in der allgemeinen Volksschule nicht mehr erteilt« wird.

Rund drei Wochen später, am 11. August 1919, wurde jedoch die Weimarer Verfassung beschlossen, die es im Artikel 146 den Gemeinden erlaubte, »auf Antrag der Erziehungsberechtigten Volksschulen ihres Bekenntnisses oder ihrer Weltanschauung« einzurichten.[3] Diese als »Weimarer Schulkompromiss« in die Geschichte eingegangene Verfassungsbestimmung war allerorts heftig umstritten, in Plauen führte sie gar zu einem mehrwöchigen Schulstreik der katholischen Eltern und ihrer Kinder, der deutschlandweit durch die Presse ging. Er richtete sich gegen die »Durchmischung« der Klassen mit Kindern evangelischer Konfession, die ab Ostern 1920 auch auf das dritte und vierte Schuljahr ausgedehnt wurde. Vom 31. August bis Ende Oktober 1920 hielten die Eltern ihre Kinder vom Unterricht fern. Erst am 25. Oktober 1920 kam es im Sächsischen Kultusministerium in Dresden unter Beisein eines Vertreters der Reichsregierung zu einer Kompromisslösung mit den Eltern. Sie beließ es bis zu einer gerichtlichen Klärung für die katholischen Volksschulen Plauens bei der bisherigen konfessionellen Ausrichtung, stellte aber

② Der Volksschullehrer Johannes Delitsch (1858–1920) gilt als Pionier des Hilfsschulwesens in Sachsen, er erwarb große Verdienste in der sozialen Fürsorge für gefährdete Kinder und Jugendliche.
Stadtarchiv Plauen

1919

Bildung **281**

③ Das 1911 eröffnete Königliche Gymnasium an der Ecke Blücher- (heute Freiheits-) und Pestalozzistraße, 1920er-Jahre
Sammlung Andreas Krone

deren Lehrer denen der evangelischen Schulen der Stadt gleich. Die Schüler kamen in die beiden katholischen Schulen zurück, der Staat verzichtete auf die Strafverfolgung der Eltern. Es war ein fragiler Burgfrieden geschlossen worden, der bis Mitte der 20er-Jahre hielt, indem es an beiden Schulen weiterhin Klassen mit ausschließlich katholischen Kindern und Lehrern gab.

Auf eine ähnliche Regelung hofften offenbar im Frühjahr 1921 auch Eltern, deren Kinder die beiden bisherigen höheren Volksschulen der Stadt besuchten. Diese Schulen waren jedoch durch das Übergangsschulgesetz vom 22. Juli 1919 den vormals einfachen und mittleren Volksschulen gleichgestellt worden. Ab Ostern 1921 wurde diese Bestimmung realisiert, doch einige Eltern glaubten, sie durch einen Schulstreik unterlaufen zu können. Mit dem Argument, dass sie eine Beeinträchtigung der schulischen Ausbildung ihrer Kinder fürchteten, wenn sie in die Klassen mit niedrigeren Bildungszielen eingereiht würden, hielten sie ihre Kinder ab Ostern 1921 vom Unterricht fern. Doch sowohl das Bezirksschulamt Plauen-Stadt als auch das Kultusministerium bestanden auf der strikten Einführung der einheitlichen Volksschule für alle und drohten Strafmaßnahmen gegen die Eltern an. Erst am 2. Juli 1921 gaben die Eltern ihren Widerstand auf und erklärten den Streik für beendet. Die Stadt zog die 80 bereits erlassenen Strafmandate zurück – ein weiterer Schritt zur allgemeinen Volksschule war vollzogen.

Dieses Anliegen erfüllte auch das reichseinheitliche »Gesetz, betreffend die Grundschule und Aufhebung der Vorschulen« vom 28. April 1920. Es bestimmte die vierjährige Grundschule als den für alle Kinder verbindlichen Einstieg in das Bildungssystem, die jedoch – im Gegensatz zur heutigen Regelung – keine selbstständige Einrichtung, sondern organischer Bestandteil der allgemeinen achtklassigen Volksschule war.

Keine inhaltliche Veränderung, aber doch eine für den Alltagsgebrauch gravierende Maßnahme war der Beschluss des Schulausschusses der Stadt vom 12. Juli 1920, den Volksschulen Namen zu geben. Eigentlich sollten sie die bisherigen Nummernbezeichnungen nur ergänzen, doch sie wurden so schnell von den Plauenern angenommen, dass die Nummern bald in Vergessenheit gerieten. Als Namensgeber fungierten Schriftsteller, Pädagogen oder geografische Bezugspunkte, wobei vielfach bereits bestehende Namen der anliegenden Straßen auf die Volksschule übertragen wurden.

Das erste Nachkriegsschuljahr begann zu Ostern 1919 mit 17 612 Volksschülern. Das waren rund 1 000 weniger als im Schuljahr 1914/15 – ein Beleg für die durch

Krieg und wirtschaftliche Stagnation bedingte rückläufige Entwicklung der Einwohnerzahl. Dagegen blieb die Zahl der Volksschullehrer in den Plauener Schulen – trotz der Kriegstoten – fast gleich. Waren ab Ostern 1914 an den 19 Volksschulen der Stadt 418 Pädagogen angestellt, so waren es Ostern 1919 411, wobei sich der Anteil der Lehrerinnen jeweils auf rund vier Prozent beschränkte. An diesem Verhältnis änderte sich bis Mitte der 1920er-Jahre nichts, wenn sich auch die Gesamtzahl der Volksschullehrer auf 472 erhöhte.

Veränderungen gab es in der Leitungsstruktur der Volksschulen. Zum einen wurde anstelle der Bezirksschulinspektion das Bezirksschulamt gebildet, an dessen Spitze ein Bezirksschulrat stand. Zum anderen gab es künftig Schulleiter statt der Direktoren für die Volksschulen. Hinter der neuen Dienstbezeichnung verbarg sich ein neues Funktionsbild, laut dem der Schulleiter »nur« noch für den geordneten Ablauf des Schulbetriebs sowie die Vertretung der Schule nach außen Verantwortung trug, aber nicht mehr der unmittelbare Vorgesetzte der Lehrer war. Neu war auch die Wählbarkeit der Schulleiter und ihrer Stellvertreter durch ihre Kollegen. Sie erfolgte alle drei Jahre, wobei eine mehrmalige Wiederwahl möglich war.

Im Jahr 1919 erfolgte eine Neuregelung der Lehrergehälter mit entsprechenden Steigerungssätzen nach Dienstjahren. Die jährliche Gehaltssumme bewegte sich bei Lehrern mit einer festen Anstellung zwischen 2 400 und 5 400 Mark, für Frauen – mit gleichen Pflichten – dagegen nur zwischen 2 200 und 4 200 Mark. Diese Regelung war eine der damals in vielen Punkten praktizierten Diskriminierungen der Frau. Sowohl für die Männer als auch für die Frauen brachten jedoch die höheren Gehaltssätze nur einen kurzzeitigen Gewinn, da bereits 1920 erste Anzeichen einer Teuerungswelle spürbar wurden, die im Oktober 1923 mit der Inflation ihren traurigen Höhepunkt fand.

Die steigenden Kosten in allen Lebensbereichen ließen in der ersten Hälfte der 20er-Jahre auch manche fortschrittliche Unterrichtsmaßnahme stagnieren oder gar scheitern. So wurde in Plauen zwar die verfassungsrechtliche Bestimmung der Schulgeldfreiheit in Volks- und Fortbildungsschulen durchgesetzt, die ebenfalls in der Reichsverfassung erklärte Lernmittelfreiheit konnte die Stadt aber nur teilweise erfüllen. Darüber hinaus wurden die 1921 eingeführten fakultativen Fremdsprachenkurse im siebten und achten Schuljahr für Englisch beziehungsweise Französisch aus finanziellen Gründen rasch reduziert. Die seit 1908 betriebenen Kurse des Handfertigkeitsunterrichts für Knaben wurden nach ihrer Unterbrechung in den Kriegsjahren im Oktober 1919 an der nachmaligen Mosen- beziehungsweise Diesterwegschule wieder aufgenommen, aber schon im Sommer 1923 wegen zu hoher Kosten eingestellt.

Mit Beginn des Schuljahrs 1921/22 wurden in den Volksschulen entsprechend dem Übergangsschulgesetz sogenannte Höhere Abteilungen gebildet, die besonders befähigte Schüler ab Klasse fünf zusammenfassten, um sie ab 1925/26 in zwei aufgesetzten Schuljahren, neun und zehn, zu einem qualitativ besseren Abschluss zu führen. 1927 schlossen die ersten 37 Absolventen die Höhere Abteilung mit Erfolg ab.

Nach dem Ende der Inflationszeit wurde im gesamten Freistaat Sachsen eine Politik des Personalabbaus der Staatsbeamten durchgeführt. Ein entsprechendes Gesetz vom 29. Januar 1924 betraf auch die Plauener Lehrerschaft. Von den Volksschullehrern wurden 31 unfreiwillig in den einstweiligen oder vorzeitigen Ruhestand versetzt. Das waren rund acht Prozent aller Volksschullehrer der Stadt, einen ähnlichen Aderlass mussten auch die höheren Schulen der Stadt hinnehmen. Analoge Eingriffe in den Personalbestand aller Schulen erfolgten in den Jahren der Weltwirtschaftskrise 1929 bis 1932.

In der zweiten Hälfte der 1920er-Jahre wurden die meisten Plauener Volksschulen an die Elektroenergieversorgung angeschlossen. Sie garantierte vor allem im Herbst und Winter gesündere Lichtverhältnisse in den Klassenräumen und Turnhallen, darüber hinaus ermöglichte sie bisher undenkbare physikalische und chemische Versuche im Naturkundeunterricht sowie den Einsatz von Rundfunk, Lichtbildern und Filmen als Anschauungsmittel in verschiedenen Fächern.

In den höheren Schulen der Stadt ging der Unterricht nach Ende des Ersten Weltkriegs großteils unverändert weiter. Zwar war aus dem Königlichen Gymnasium ein Staatsgymnasium geworden, der bisherige Unterrichtsinhalt blieb aber weitgehend unangetastet. So protestierten im Juli 1919 die Schülerschaften aller höheren Schulen der Stadt auf dem Schulhof des Gymnasiums gegen die angebliche »Kriegsschuldlüge«, die im Krieg gefallenen Schüler und Lehrer wurden als Helden gefeiert, und ein Großteil der Gymnasiasten, Realgymnasiasten und Oberrealschüler trat in nationalistische Verbände ein. Die körperliche Ertüchtigung fand in den Lehrprogrammen eine höhere Wertigkeit, ab 1924 entstanden in allen Lehranstalten Schulgruppen des Vereins für das Deutschtum im Ausland (VDA).

Unter der Leitung von Rektor Prof. Dr. Richard Kunze wurden am Staatsgymnasium naturwissenschaftliche Schülerübungen eingeführt, die künstlerische und körperliche Erziehung erhielt einen höheren Stellenwert, und erstmals waren auch Arbeits- und Studientage der Gymnasiasten fester Bestandteil der Jahresplanung. 1922 wurden zum ersten Mal Mädchen in das Gymnasium aufgenommen. Veränderungen gab es zudem im Fremdsprachenunterricht. So wurde ab 1923 Spanisch als fakultatives Fach angeboten, und ab 1926 wurde Englisch – wie überall in Sachsen – anstelle von Französisch als erste moderne Fremdsprache obligatorisch.

Ähnliche Veränderungen vollzogen sich auch am Realgymnasium, das bis 1924 von Rektor Prof. Dr. Theodor Matthias geleitet wurde, danach von Studienrat Dr. Hanns Zwicker. Trotz aller wirtschaftlichen Probleme der Stadt erfreute sich die Bildungsstätte eines regen

1928

Zuspruchs. 1926 erreichte sie mit 709 Schülern ihre höchste Frequenz. Analoge Entwicklungen trafen auch auf die Oberrealschule zu. Sie wurde 1926 von 518 Schülern besucht, die noch immer im Schulhaus an der Syrastraße unterrichtet wurden. Erst 1928 erfolgte der Umzug in den bereits 1914 geplanten Neubau in der Jößnitzer Straße, wo unter der bewährten Leitung von Rektor Prof. Dr. Johannes Zemmrich die Gabelung der Oberklassen in einen sprachlichen und mathematisch-naturwissenschaftlichen Zweig vollzogen wurde.

Die Höhere Mädchenschule hatte nach ihrer Gründung Ostern 1912 einen rasanten Aufstieg genommen und bereits im zweiten Jahr ihres Bestehens mit 156 Mädchen nahezu die doppelte Schülerzahl erreicht. Die Zahl der Klassen erhöhte sich von drei auf sechs, sodass das Schulhaus an der Diesterwegstraße um zwölf Unterrichtsräume erweitert und zusätzliche Lehrkräfte gewonnen werden mussten. Der lange Zeit gehegte Wunsch, ein eigenes Schulgebäude zu erhalten, erfüllte sich jedoch nicht. Ostern 1915 übernahm Prof. Dr. Ewald Weller die hauptamtliche Leitung der Schule. 1920 erfuhr die Bildungsstätte eine organisatorische Umgestaltung, indem sie als Konsequenz aus dem Grundschulgesetz nur noch Schülerinnen aufnehmen durfte, die die vierjährige Grundschule absolviert hatten. Dadurch verringerte sich ihre Schuldauer von sieben auf sechs Jahre. Nach mehreren vergeblichen Anläufen konnte der Höheren Mädchenschule 1927 endlich eine dreistufige Studienanstalt aufgesetzt werden, sodass 1930 die ersten 32 Schülerinnen die Reifeprüfung ablegen konnten, deren Abitur völlig dem der Gymnasien, Realgymnasien oder Oberrealschulen entsprach. Allerdings kam 1932 infolge der wirtschaftlichen Notlage keine neue Obersekunda mehr zustande, sodass 1934 die letzten Abiturientinnen die Studienanstalt verließen.

1929/30

Nachdem kurz vor Ausbruch des Ersten Weltkriegs die sächsischen Lehrerseminare ihre Lehrgänge von sechs auf sieben Jahre verlängert hatten, indem bereits Schüler nach siebenjährigem Volksschulbesuch, also mit vollendetem 13. Lebensjahr, aufgenommen wurden, erfolgte ab Ostern 1922 der schrittweise Abbau aller Seminare in Sachsen. Das entsprach der in der Weimarer Verfassung 1919 angekündigten (aber letztlich nicht realisierten) Hochschulbildung aller Lehrer im Deutschen Reich. Per Verordnung vom 4. Januar 1922 wurden keine neuen Seminaristen mehr aufgenommen, während die älteren Jahrgänge ihre Ausbildung noch zu Ende bringen konnten, sodass Ostern 1928 die letzten Absolventen entlassen wurden. Die sächsische Lehrerbildung wurde der Universität Leipzig und der Technischen Hochschule Dresden übertragen, für die Aufnahme eines Studiums war die Hochschulreife unerlässlich. Zu ihrem Erwerb wurde in Plauen wie in vielen anderen Seminarstädten ein neuer Typ der höheren Schule geschaffen, die Deutsche Oberschule. Sie führte Kinder und Jugendliche vom 5. bis 13. Schuljahr zum Abitur, dasselbe Ziel verfolgte eine sechsjährige Aufbauschule nach der siebten Klasse. Die Bezeichnung »Deutsche Oberschule« markierte bereits ihre inhaltliche Ausrichtung: vorrangige Vermittlung deutschen Kulturguts, bis hin zur nationalistischen Interpretation. Die Deutsche Oberschule zog mit in das Gebäude des Lehrerseminars in der damaligen Blücherstraße ein und übernahm auch einen Teil der Internatsplätze. Der Unterricht wurde von den Lehrkräften des sich im Abbau befindlichen Seminars erteilt, und der Direktor der neuen Bildungsstätte war der letzte Leiter des Seminars, Prof. Dr. Georg Schmidt. 1928 schloss das Lehrerseminar für immer seine Pforten, die Deutsche Oberschule wurde 1934 mit der Höheren Mädchenschule vereinigt, doch bis 1937 wurde diese Verbindung wieder aufgelöst, da die Nationalsozialisten das höhere Schulwesen völlig neu strukturierten.

Zur Berufsausbildung der männlichen Lehrlinge wurde noch vor Ausbruch des Ersten Weltkriegs eine dreijährige Berufsschulpflicht eingeführt, wobei der Unterricht in der Gewerbeschule, die 1913 in der Seminarstraße eingeweiht worden war, in zunehmendem Maße berufsspezifisch erfolgte. Allerdings kam es durch die Einberufung mehrerer haupt- und nebenamtlicher Lehrkräfte sowie betrieblicher Lehrmeister zum Heeresdienst zu Abstrichen in der Zahl der erteilten Unterrichtsstunden und in der praktischen Ausbildung der Lehrlinge.

Nach Kriegsende wurden große Anstrengungen unternommen, die Lehrlingsausbildung wieder in geordnete Bahnen zu lenken. So wurden ab 1918/19 verstärkt Fachabteilungen für die Ausbildung in einzelnen Berufen gebildet. Ostern 1924 bestanden an der Plauener Gewerbeschule 17 berufsspezifische Fachabteilungen für männliche Lehrlinge, die wöchentlich acht bis elf Unterrichtsstunden erhielten. Erstmals gab es auch Fachabteilungen für weibliche Lehrlinge. Sie bedeuteten insgesamt einen Fortschritt in der Berufsausbildung der jungen Frauen, doch mit ihren Beschränkungen auf Friseusen, Damenschneiderinnen, Putzmacherinnen und hauswirtschaftliche Arbeitsfelder engten sie deren berufliche Perspektiven weiterhin sehr ein.

Die in den 20er-Jahren rasch wachsende Zahl der Gewerbeschüler – 1929/30 absolvierten rund 2 400 Lehrlinge den theoretischen Teil der dualen Berufsausbildung an dieser Bildungsstätte – erforderte eine wesentliche Erweiterung ihres Lehrkörpers. So waren im gesamten dritten Jahrzehnt des 20. Jahrhunderts durchgängig 65 bis 70 haupt- und nebenamtliche Lehrkräfte unter Vertrag. Da die Räume der Gewerbeschule nicht mehr für alle Schüler ausreichten, mussten mehrere Klassen in der Delitsch-, der Krause- und der Lutherschule unterrichtet werden. 1930 beschloss das Stadtparlament, an der Neustraße ein Lehrwerkstättengebäude zu errichten, das am 23. Mai 1933 seiner Bestimmung übergeben wurde. Damit erhielten die Lehrlinge bedeutend bessere Möglichkeiten einer praktischen Ausbildung im Rahmen der Gewerbeschule.

Eine für die vogtländische Spitzen- und Stickereiindustrie wichtige Entscheidung wurde zu Ostern 1921 gefällt. Die Ausbildung der Musterzeichner-Lehrlinge, die bisher an der Staatlichen Kunstschule für Textil-

④
Mädchenklasse an der Mosenschule, um 1920
Sammlung Jürgen Potzold, Repro Uwe Fischer

industrie stattfand, wurde von der neu gegründeten Städtischen Fachschule für Musterzeichner zu Plauen i. V. übernommen. Die von Prof. Albert Hempel geleitete Anstalt trug wesentlich dazu bei, den Qualitätsstandard der Plauener Spitzen- und Gardinenproduktion zu wahren, ohne dass sie den generellen Rückgang des Gewerbezweigs aufhalten konnte.

Die Staatliche Kunstschule für Textilindustrie wurde nach dem Tod des langjährigen Direktors Prof. Albert Forkel (1921) von Prof. Karl Hanusch geleitet. Sie verfügte über drei Fachklassen zur künstlerischen Textilgestaltung, wobei die Spitzen- und Gardinengestaltung einen besonderen Schwerpunkt bildete. Durch Berufung maßgebender Professoren der Textilgestaltung gelang es Hanusch, Studienbewerber aus ganz Deutschland für die Kunstschule und deren Außenstellen zu gewinnen, sodass sie 1929 insgesamt 281 Studenten zählte. Wichtigster Auftrag der Schule war die Ausbildung von Entwerfern für das textile Kunstgewerbe, wobei die geschmacksbildende Einflussnahme auf die heimische Spitzenindustrie besonders betont wurde. Darüber hinaus bestand eine Kunstklasse für Schüler, die eine über das Textilfach hinausgehende künstlerische Fortbildung anstreben.

Die ehemals Königliche Bauschule Plauen wurde 1920 in Staatsbauschule umbenannt. Ihre Schülerzahl war während der Kriegsjahre um zwei Drittel zurückgegangen, doch 1919/20 stieg sie wieder sprunghaft an und erreichte mit 193 ihren höchsten Stand, da viele ehemalige Bauschüler nach Rückkehr aus dem Heeresdienst Wiederholungskurse belegten. Danach sank die Zahl der Schüler wieder auf 91 im Schuljahr 1923/24. Sie wurden in fünf halbjährigen Kursen von insgesamt sieben hauptamtlichen und drei nebenamtlichen Lehrkräften unterrichtet. Direktor war seit 1923 Oberbaurat Prof.

Dr. Wilhelm Sachs, nachdem Oberbaurat Prof. Dr. Franz Albert in den Ruhestand getreten war.

Die Öffentliche Handelsschule, die von 1910 bis 1933 von Prof. Dr. Eduard Viehrig geleitet wurde, nahm nach Kriegsende einen bedeutenden Aufschwung. Die Höhere Abteilung und die Lehrlingsabteilung konnten bis 1924 ihre Schülerzahlen kontinuierlich steigern, während sich die Frequenz der Mädchenabteilung relativ stabil um die 90 Schülerinnen bewegte. Zu Ostern 1926 wurde ihr eine Wirtschaftsoberschule angegliedert, die in Form einer sechsjährigen Aufbauschule an die Höhere Abteilung anschloss. Zu ihrem 75-jährigen Jubiläum im Herbst 1933 zählte die Öffentliche Handelsschule mit Wirtschaftsoberschule zu Plauen 526 Schüler.

Nationalsozialistische Herrschaft

1929

Mit der »Machtergreifung« der Nationalsozialisten am 30. Januar 1933 kam es wie überall in Deutschland auch in Plauen zu grundlegenden Veränderungen in Ziel, Inhalt und Struktur des Schulwesens. Die generelle Richtung hatte Hitler bereits 1924 in »Mein Kampf« mit den Worten markiert, der völkische Staat habe »seine gesamte Erziehungsarbeit in erster Linie nicht auf das Einpauken bloßen Wissens einzustellen, sondern auf das Heranzüchten kerngesunder Körper. Erst in zweiter Linie kommt dazu die Ausbildung der geistigen Fähigkeiten. Hier aber wieder an der Spitze die Entwicklung des Charakters, besonders der Förderung der Willens- und Entschlusskraft, verbunden mit der Erziehung zur Verantwortungsfreudigkeit, und erst als letztes die wissenschaftliche Schulung.«[4] Auf diese Ziele war ab Frühjahr 1933 eine Fülle punktueller Anweisungen gerichtet, die der ideologischen Orientierung der Schule dienten, bevor in der zweiten Hälfte der 30er-Jahre die umfassende innere und äußere Umgestaltung des Bildungswesens fortgesetzt wurde. So stellte Reichsinnenminister Wilhelm Frick am 9. Mai 1933 der deutschen Schule die Aufgabe, »den politischen Menschen zu bilden, der in allem Denken und Handeln dienend und opfernd in seinem Volk wurzelt«,[5] wobei er der Rassenkunde in allen Schulstufen genügend Raum zubilligte, um die »massenhafte Reinheit des Volkes« zu sichern. Dies richtete sich insbesondere gegen die jüdische Bevölkerung. Per Gesetz wurde die Neuaufnahme jüdischer Schüler an höheren Schulen und Hochschulen auf 1,5 Prozent der Gesamtzahl begrenzt, jüdische Kinder wurden in ihren Klassen häufig gemobbt, jüdische und halbjüdische Lehrer aus dem Schuldienst entlassen. Eine spezielle jüdische Schule wie in anderen Großstädten hat es in Plauen nicht gegeben, sodass der Unterricht für jüdische Kinder vor allem seit der Pogromnacht 1938 weitgehend zum Erliegen kam, bevor er 1942 völlig verboten wurde.

In allen Schulen wurde Rassismus verbindliches Unterrichtsprinzip und in den Abschlussklassen obligatorisches Fach. 1936 wurden die Schüler ab Klasse acht aufgefordert, Ahnentafeln möglichst bis zu den Urgroßeltern anzufertigen. Gleichzeitig kündigte Frick im Mai 1933 die Intensivierung der körperlichen Erziehung an, um die Wehrhaftigkeit der jungen Generation zu erhöhen. Der Schulsport wurde aufgewertet, indem 1935 eine dritte, dann eine vierte und ab 1937 gar eine fünfte Wochenstunde eingeführt wurde, wobei vor allem den völkischen Gemeinschaftssinn fördernde Sportarten wie Fußball oder Kampfsportarten wie Boxen betrieben wurden. Die Note für »Leibesübungen« rückte in den Zeugnissen an die erste Stelle, und vor allem an den höheren Schulen entschied sie maßgeblich über den weiteren Bildungsweg.

— 1933

Die bis 1933 mühsam errungenen Teilerfolge in der Gleichberechtigung beider Geschlechter in der Schule wurden rückgängig gemacht, indem die Mädchen hauptsächlich auf die künftige Rolle als Gattin und Mutter vorbereitet wurden, während das »unverheiratete Mädchen [...] nur auf solche Berufe angewiesen [sei], die der weiblichen Wesensart entspreche. Im übrigen soll jede Berufstätigkeit dem Manne überlassen bleiben.«[6] So wurden in den Schulen – soweit möglich – wieder reine Knaben- und Mädchenklassen gebildet, die höhere Schulbildung für Mädchen wurde eingeengt und der Anteil der Frauen an der Gesamtzahl der Hochschulstudenten auf maximal zehn Prozent begrenzt. In den höheren Schulen für Mädchen wurde der naturwissenschaftliche und fremdsprachliche Unterricht zugunsten der neu eingeführten »Fächer des Frauenschaffens« (Hauswirtschaft, Handarbeiten, Kinderpflege) gekürzt.

Die Durchsetzung dieser Maßnahmen ging mit einer starken politischen Verfolgung kommunistischer, sozialdemokratischer und anderer Gegner der Nazidiktatur unter der Lehrerschaft einher. Bereits am 13. März 1933 hatte das »Sächsische Verwaltungsblatt« verkündet, dass »allen Beamten und Lehrern, die der kommunistischen Partei (KPD und KPD-O) angehörten, mit sofortiger Wirkung die Ausübung des Dienstes untersagt [wird].«[7]

Am 7. April 1933 folgte das »Gesetz zur Wiederherstellung des Berufsbeamtentums« mit der Bestimmung, dass alle Beamten, die nichtarischer Abstammung sind, in den Ruhestand zu versetzen sind. Zwei Wochen später wurden zwölf Plauener Lehrer namentlich in der Presse genannt, die künftig vom Schuldienst fernzuhalten sind, da sie »in ihrer Unterrichts- und Erziehungsarbeit den Absichten der christlichen und abendländischen Erziehung entgegengewirkt haben.«[8] Gegen diese Lehrer wurde ein öffentliches Kesseltreiben entfacht, wobei auch vor Denunziationen seitens der Schüler nicht zurückgeschreckt wurde. Die Auseinandersetzungen zogen sich bis Mitte Juli 1933 hin, letztlich wurden 52 Lehrer beschuldigt, sieben von ihnen wurden entlassen, weitere sieben an auswärtige Schulen strafversetzt und 38 erhielten schriftliche Verwarnungen von Oberbürgermeister Eugen Wörner mit der Drohung, »dass sie bei der geringsten Verfehlung in Zukunft ein Verfahren zur Dienstentlassung zu erwarten haben«.[9]

Zeitgleich bemächtigte sich die Hitlerjugend (HJ) mit ihren Zweigorganisationen Bund Deutscher Mädchen und Bund Deutsches Jungvolk mit raffinierten Werbekampagnen großer Teile der Jugendlichen, indem sie andere Jugendverbände »gleichschalteten« oder zur Selbstaufgabe zwangen. Die HJ bekam einen bis dahin nicht gekannten Einfluss auf die Schule. Noch 1933 erklärte der sogenannte Jugendführer des Deutschen Reiches, Baldur von Schirach, den Sonnabend zum wöchentlichen »Staatsjugendtag«, an dem der Schulunterricht zugunsten des HJ-Dienstes ausfiel. Allerdings bewirkte der Staatsjugendtag innerhalb kurzer Zeit ein starkes Leistungsgefälle der Schüler, sodass er auf Druck der Wirtschaft und auch der Wehrmacht am 1. Dezember 1936 wieder abgeschafft wurde. Am selben Tag wurden alle Jugendlichen per Gesetz zur Mitgliedschaft in der HJ verpflichtet.

Bereits seit 1933 planten die Nationalsozialisten umfangreiche strukturelle Veränderungen im höheren Schulwesen. Es ging darum, Hitlers Forderungen nach völkischer Erziehung, »Rassenreinheit«, Willensbildung, Wehrhaftigkeit sowie geschlechtsspezifischer Erziehung durchzusetzen, gleichzeitig aber auch die kaum noch überschaubare Zahl verschiedenartiger höherer Schulen auf zwei Grundformen zu reduzieren. Doch erst als sie sich des nötigen Rückhalts in der Lehrerschaft sicher waren, schritten sie zur Verwirklichung ihrer Pläne. Im März 1937 wurde in der Presse angekündigt, dass es fortan für die Jungen und Mädchen – getrennt nach dem Geschlecht – nur noch eine Form der höheren Schule geben werde. Sie sollte auf die vierjährige Grundschule aufbauen und statt bisher in neun nur noch in acht Klassen zum Abitur führen. Die Lehrpläne der Oberschule für Jungen und der für Mädchen unterschieden sich wesentlich, da die Mädchenschulen vor allem die »Fächer des Frauenschaffens« betonten. Das Gymnasium – die bisher erste Adresse unter den höheren Schulen – wurde zu einer »Nebenform der Oberschule für Jungen« erklärt und in seiner zahlenmäßigen Verbreitung stark reduziert. Es konzentrierte sich zwar weiterhin auf den Latein- und Griechischunterricht, verlor aber durch die volle Indienststellung in das rassistische Erziehungsprogramm Hitlers weitgehend seinen humanistischen Auftrag. Die Verkürzung der Schulzeit an den höheren Schulen wurde mit bevölkerungspolitischen und wirtschaftlichen Argumenten begründet, doch dürften ebenso militärische Planungen eine Rolle gespielt haben. So legten 1937 nicht nur die Oberprimaner das Abitur ab, sondern völlig überraschend auch die Unterprimaner, für die das eigentlich erst 1939 vorgesehen war. Diese plötzliche Verkürzung der Schulzeit brachte große Unruhe bei Schülern und Eltern mit sich, da innerhalb weniger Tage wichtige Entscheidungen über den weiteren Lebensweg der Abiturienten getroffen werden mussten, für die ursprünglich noch ein Jahr Zeit gewesen wäre.

Für die Stadt Plauen ergab sich aus dem »Neubau des höheren Schulwesens« ab Ostern 1937 die schrittweise Auflösung des Gymnasiums, des Realgymnasiums, der Oberrealschule und der Höheren Mädchenschule (in Verbindung mit der Deutschen Oberschule). An ihre Stelle trat die Oberschule für Jungen, die das Schulhaus der bisherigen Oberrealschule in der Jößnitzer Straße bezog, während die Oberschule für Mädchen in der Diesterwegschule verblieb, wo bisher auch die Höhere Mädchenschule untergebracht war. Das Gymnasium in der Blücherstraße nahm die Jungen aus dem Realgymnasium und der Oberrealschule auf, die sich dessen Lehrkonzeption anschließen wollten, Mädchen allerdings nur in begründeten Ausnahmefällen, zum Beispiel bei bereits begonnener altsprachlicher Ausbildung. Analog wechselten die Mädchen vom Gymnasium und der Oberrealschule zur Oberschule für Mädchen in der Diesterwegstraße. Bedeutete das für die genannten Schulen partielle Veränderungen, so brachte der »Neubau des höheren Schulwesens« dem Plauener Realgymnasium das Aus, indem es Ostern 1938 auf Anordnung von Reichsstatthalter Mutschmann das Schulhaus – die heutige Friedensschule – vollständig verlassen musste, um der Wirtschaftsoberschule sowie anderen Teilen der öffentlichen Handelslehranstalt zur Verfügung zu stehen. Diese Bildungsstätte konnte zwischen 1933 und 1939 ihre Schülerzahl von 526 auf 939 erhöhen, wofür sich das Schulhaus in der Melanchthonstraße 1 als zu klein erwies, zumal es weder über eine Turnhalle noch eine Aula verfügte.

Am 12. August 1938 erhielt das Plauener Gymnasium den Namen »Deutschritterschule«. Diese »Ehrung«, die von Reichsstatthalter Mutschmann auf Vorschlag des Lehrerkollegiums erfolgte, sollte »die Erinnerung an beste Heldenkraft und festesten Heldenmut, an die erfolgreichste Politik des deutschen Mittelalters immer von neuem [wachhalten].«[10] Die Namensgebung »Deutschritterschule« stellte der Staatlichen Oberschule für Jungen Plauen i. V. die unmissverständliche Aufgabe, die jungen Männer wie ehemals die einstigen Ordensritter auf einen bewaffneten Kampf im Osten vorzubereiten. Vier Tage vorher hatte die Oberschule für Jungen in der Jößnitzer Straße (heute Lessinggymnasium) den Namen »Martin Mutschmann« verliehen bekommen.

Auch im Volksschulbereich erfolgten Veränderungen. So wurde per Erlass des Reichserziehungsministers Bernhard Rust vom 1. Juli 1938 eine Mittelschule eingeführt. Sie baute auf die vierte Klasse der Volksschule auf und sollte die bisherigen Schüler der Höheren Abteilungen und andere befähigte Kinder in einem sechsjährigen Lehrgang zu einem Abschluss führen, der den Schülern die nötige Allgemeinbildung für die gehobenen Berufe bescheinigte, die kein Hochschulstudium erforderten. Diese Mittelschulen waren einem straffen Leistungsprinzip verpflichtet; Schüler, die ihm nicht gewachsen waren, sollten möglichst frühzeitig die Schule wieder verlassen. In Plauen wurde diese neue Schulform 1940 in der Lessingschule in der Johannstraße (heute August-Bebel-Straße) eröffnet. Allerdings wurde die Mittelschule bereits mit Beginn des Schuljahrs 1942/43 durch die Hauptschule ersetzt, die nur bis zur achten Klasse geführt wurde. Diese aus dem annektierten Österreich übernommene Schulform bedeutete also eine deutliche Kürzung des Bildungsniveaus gegenüber der sechsjährigen Mittelschule. Die 1942/43 erfolgte Wende im Kriegsverlauf ließ die weitere Entwicklung beider Schulformen zur Nebensache werden.

Da Plauen lange Zeit als »luftsicheres Gebiet« galt, war die Stadt ab Herbst 1940 auch Zielort für die Kinderlandverschickung, vorzugsweise aus nord- und westdeutschen Großstädten, die von englischen Flugzeugen bombardiert wurden. Die Kinder besuchten in der Regel die städtischen Volks- und höheren Schulen.

Bereits mit Beginn des Krieges gestaltete sich der Schulalltag der Kinder und Jugendlichen anders als in den Jahren zuvor. Klassenzusammenlegungen wegen der zur Wehrmacht einberufenen Lehrer erschwerten den Lernprozess der Schüler. Als erste Schule wurde das Gebäude der Martin-Mutschmann-Schule am 21. Mai 1940 beschlagnahmt und als Kriegslazarett eingerichtet, Schüler und Lehrer wurden bis 1945 als »Gäste« in der Deutschritterschule in der Blücherstraße mit untergebracht. Später wurden weitere Schulen als Lazarette oder Erstquartiere für Flüchtlinge aus Ostpreußen zweckentfremdet. Ab Juli 1940 gab es in Plauen Fliegeralarme, deren Häufigkeit bis 1944/45 ständig zunahm. Zwar fielen bis zum Spätsommer 1944 noch keine Bomben, doch die Einwohner der Stadt durchlebten – oft mitten in der Nacht – in Luftschutzkellern Stunden der Angst und Ungewissheit. Das galt auch für die Schüler, sodass ab 18. Januar 1943 spezielle Zeiten für den Unterrichtsbeginn nach nächtlichen Fliegeralarmen fest-

5
Königliche Baugewerkenschule, ab 1910 Königliche Bauschule, nach 1918 Sächsische Staatsbauschule, an der Schild-(Eingang)/Ecke Kaiserstraße, um 1912
Sammlung Peter Winkler

— März 1945

gelegt werden mussten. Das half freilich wenig, denn der oft gestörte Nachtschlaf und die andauernde psychische Belastung ließen das Leistungsvermögen vieler Schüler stark absinken.

Bei dem ersten Bombenangriff auf Plauen am 12. September 1944 wurden auch Unterrichtsräume getroffen, und in den folgenden 13 Angriffen fand diese Entwicklung ihre furchtbare Fortsetzung. Für viele Schüler begann eine unheilvolle Odyssee, weil sie mitunter wöchentlich in eine andere, noch nutzbare Schule verwiesen wurden. Diese Situation dauerte an, bis am 19. März 1945 das Gebiet zwischen Dittrichplatz, Dobenaustraße und Weißer Elster unter schwerem Bombardement lag, dem alle Schulen dieses Bezirks entweder total oder teilzerstört zum Opfer fielen. »Mit diesem Tag«, heißt es lapidar in der handschriftlich gefertigten »Geschichte der Städtischen Oberschule für Mädchen Plauen« unter dem 19. März 1945, »ist laut Anordnung des Oberbürgermeisters wegen der steigenden Gefahr der Fliegerangriffe sämtlicher Unterricht in Plauen vorübergehend eingestellt.«[11]

Ein ähnliches Schicksal wie die allgemeinbildenden Schulen erlitten auch die Plauener Fachschulen. Sie wurden ebenfalls seit 1933 in den Dienst der nationalsozialistischen Erziehung gestellt. So musste sich die Staatliche Kunstschule für Textilindustrie mehrmalige Umbenennungen gefallen lassen, die ihren jeweiligen Ausbildungsschwerpunkten entsprachen. Ab 1935 sollte sie durch eine Modeabteilung die stärkere Verarbeitung der heimischen Spitzenproduktion fördern, doch der erhoffte Durchbruch gelang nicht. Mit Beginn des Krieges wurden führende Lehrkräfte zur Wehrmacht einberufen, sodass die Schule weiter schnell an Reputation verlor. 1944 stellte sie den Lehrbetrieb ein. Am 10. April 1945 wurde das repräsentative Schulgebäude in der Bahnhofstraße 83 total zerstört.

Die Sächsische Staatsbauschule für Hochbau entwickelte sich zu einer Vorbereitungsanstalt für den Besuch einer Technischen Hochschule, darüber hinaus bildete sie in einem fünfsemestrigen Kurs angehende Baumeister aus. Kriegsbedingt kam es ebenfalls zu Abstrichen im Ausbildungsniveau, am 10. April 1945 versank das Schulgebäude an der Schild-/Ecke Kaiserstraße in Schutt und Asche.

Die Hinterlassenschaften des Zweiten Weltkriegs im Bildungswesen der Stadt Plauen sind erschütternd. Von den 21 allgemeinbildenden Schulen der Stadt waren neun völlig zerstört oder »stark beschädigt«, weitere neun galten als »beschädigt«, zwei als »leicht beschädigt«. Eine einzige, die kleine Reißiger Schule im Plauener Norden (eine Zweigstelle der Rückertschule), galt als »unbeschädigt«. Eine Berufsschule wurde zerstört, eine andere leicht beschädigt, drei der sechs Fachschulen für Erwachsene lagen in Trümmern, die restlichen bedurften eines umfangreichen Wiederaufbaus. Viele Kinder und Lehrer verloren im Krieg ihr Leben, leider ist ihre Zahl nie genau ermittelt worden.

Gesundheit und Soziales

Heinz Zehmisch

Stadtkrankenhaus

Das im Dezember 1889 am König-Albert-Hain eröffnete Stadtkrankenhaus hatte eine Kapazität von 114 Betten. Zwischen 1880 (34 286 Einwohner) und 1900 hatte sich die Plauener Bevölkerung mehr als verdoppelt, sodass als zwangsläufige Folge der Krankenhausbereich ständig erweitert werden musste. 1907 verfügte das Stadtkrankenhaus bereits über 317 Betten und 1913 standen 502 Betten zur Verfügung. Dies war erforderlich, weil 1910 in Plauen über 118 000 Einwohner registriert waren. Im Stadtkrankenhaus bestand eine fachspezifische Gliederung für die Gebiete Chirurgie, Innere Medizin, Nervenleiden sowie Haut- und Geschlechtskrankheiten. Eine spezielle Kinderabteilung gab es damals noch nicht. Eine gewisse Änderung erfolgte erst 1922, als im Auftrag des Rates der Stadt Plauen in der Dobenaustraße 14 (König-Albert-Stift) ein Säuglingsheim mit 22 Betten eingerichtet wurde. Dieses Heim zog zehn Jahre später zusammen mit dem Leiter der Einrichtung, Dr. Karl Vogel, in das Herrenhaus des Gutes Syrau und entwickelte sich bald zu einem Krankenhaus für Kleinkinder.

Die vorgenannten Abteilungen wurden jeweils von einem Oberarzt geführt, der Oberarzt der Chirurgischen Abteilung war zugleich der Leiter des Stadtkrankenhauses. Sein Stellvertreter war der Oberarzt der Psychiatrischen und der Nervenabteilung. Zur ärztlichen Besatzung gehörten 1913 noch fünf Hilfsärzte und drei Medizinalpraktikanten. Die ersten Krankenschwestern im Stadtkrankenhaus waren Albertinerinnen aus dem Dresdner Stammhaus. Das medizinische Personal umfasste 1915 insgesamt 66 Personen.

Für die Benutzer des Stadtkrankenhauses gab es eine bereits 1912 gültige Gebührenordnung, die sich auf die Pflegeklasse bezog. Es wurde zwischen vier Pflegeklassen unterschieden, die Kosten pro Tag lagen bei 1,25 bis 8 Mark für Plauener Bürger und 2,50 bis 10 Mark für auswärtige Patienten. Letztere waren also benachteiligt, obwohl der sächsische König Albert bei seiner Bewilligung zum Bau des Krankenhauses in Plauen ausdrücklich ein Krankenhaus für alle Vogtländer gebaut wissen wollte.

Qualität und Effektivität der Leistungen im Stadtkrankenhaus hatten sich 1922 mit der Schaffung einer Röntgenabteilung unter der Leitung von Dr. Erich Thomas deutlich verbessert.

1933 hatte das Stadtkrankenhaus eine Kapazität von 530 Betten. 1939 wurde im Rahmen der Mobilmachung ein bestimmtes Bettenkontingent reserviert. Während des Zweiten Weltkriegs dienten zum Beispiel die Herbart und die Dittesschule sowie das heutige Lessinggymnasium als Teil- oder Reservelazarette. Ebenso wurde die Höhere Waldschule (Tauschwitzer Straße) als Lazarett genutzt. Im Frühjahr 1945 wurden die drei Hauptabteilungen des Stadtkrankenhauses nach Mühltroff, Leubnitz und Bad Elster evakuiert. Das Stadtkrankenhaus wurde zwar von Bomben getroffen, aber nicht zerstört.

Privatkliniken

Die rasch wachsende Bevölkerungszahl einerseits und die nicht Schritt haltende Kapazität des Stadtkrankenhauses andererseits eröffneten Raum für Privatkliniken. 1906 gab es in Plauen zwölf Privatkliniken, in denen die Fachgebiete Chirurgie, Hals-Nasen-Ohren-, Augen-, Kinder- und Frauenheilkunde vertreten waren. Die Kliniken Dr. Lieschke (HNO) und Dr. Heinrich Meyburg jun. (Chirurgie) hatten jeweils zehn Betten. Das hiesige Standortlazarett verfügte 1939 über 100 Betten.

Kliniker, Praktiker und Hebammenwesen

Für den Krankenhausbereich waren über viele Jahre folgende Ärzte auf ihrem Fachgebiet namhafte Vertreter: Prof. Dr. Max Breitung, Chirurg; Prof. Dr. Eduard Stadler, Internist; Dr. Hans Schwabe, Neurologe und Psychiater; Dr. Ludwig Gaupp, Neurologe und Psychiater; Dr. Erich Thomas, Röntgenologe; Dr. Claus Palmedo, Chirurg.

Jeder dieser Mediziner prägte die Entwicklung des Stadtkrankenhauses maßgeblich mit – auch durch mutige Entscheidungen. So übertrug 1938 Prof. Dr. Stadler einer jüdischen Patientin sogenanntes arisches Blut, was ihn in beträchtliche Schwierigkeiten brachte. Es gelang ihm aber, die zuständigen Nazi-Funktionäre davon zu überzeugen, dass bei einer Übertragung das Blut nur ein Medikament ersetzt und keinerlei genetische Auswirkungen hat. Stadlers aufrechte Haltung veranlasste die Stadtverwaltung in den 1980er-Jahren, im Neubaugebiet Plauen-Chrieschwitz eine Straße nach ihm zu benennen.

Die ambulante medizinische Versorgung der Bevölkerung erfolgte um 1912 durch 32 praktische Ärzte in eigener Niederlassung sowie durch circa 18 Fachärzte auf verschiedenen Gebieten.

Eine besondere medizinische Betreuung und Hilfeleistung bei öffentlichen und Sportveranstaltungen leisteten die Arbeitersamariter, zu denen Dr. Ewald

1933

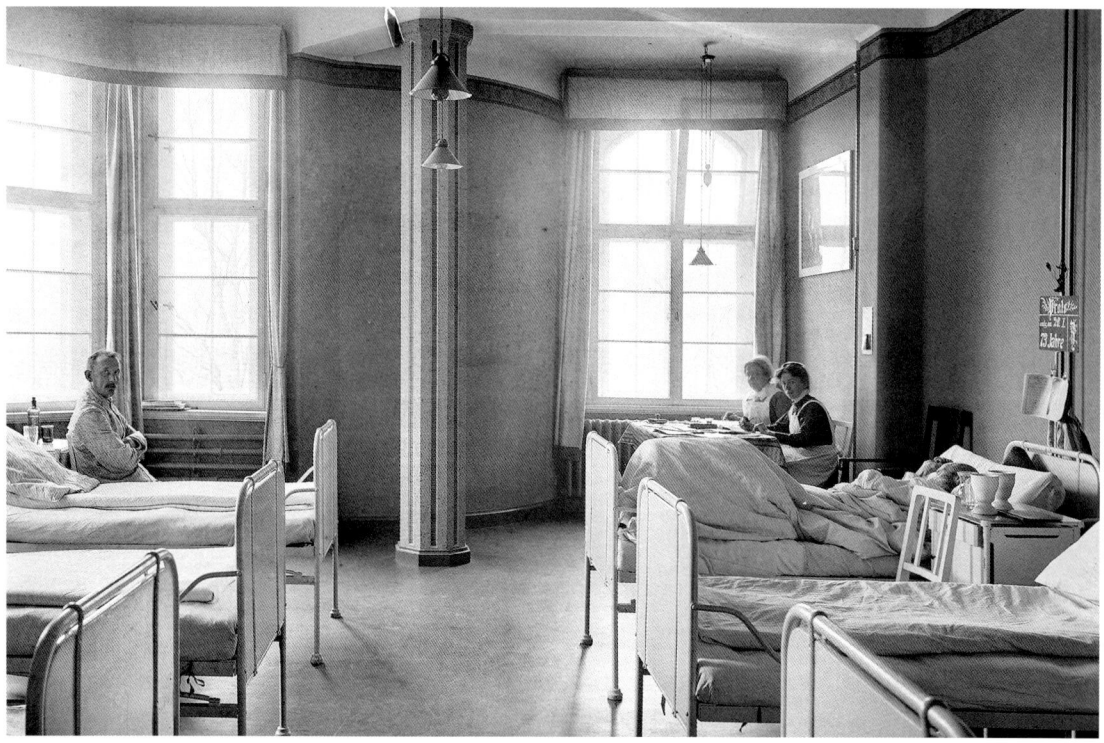

① ②
Stadtkrankenhaus Plauen an der Reichenbacher Straße, um 1920

Patientenzimmer, um 1910
Stadtarchiv Plauen (2)

Simon und Dr. Eberhard Schwarzbach als Kolonnenärzte gehörten. Dr. Simon war Jude; nachdem er 1933 aus kurzer Haft entlassen wurde, emigrierte er mit seiner Familie sofort nach England. Auch Dr. Schwarzbach stand im Visier der Nazis. Wegen seiner politischen Einstellung verbot man ihm, weiterhin in der Mütterberatung tätig zu sein.

Mit Nora Quandt (1922) und Frau Dr. Gertrud von Lamezan (1924) kamen in dieser Zeit auch die ersten weiblichen Ärzte nach Plauen. Sie waren als praktische Ärztinnen tätig.

1912/13 praktizierten in Plauen acht Zahnärzte in eigener Niederlassung, bis 1933 stieg ihre Anzahl auf 18. Eine Besonderheit auf dem Gebiet der Zahnheilkunde ist mit dem Namen Dr. Hans Zorn verbunden. Er trat in die seit 1908 bei der Ortskrankenkasse Plauen bestehende Zahnklinik (Klösterlein) ein und leitete diese von 1928 bis 1933. Es war praktisch eine poliklinische Arbeitsstätte für sieben Zahnärzte und zwölf Zahntechniker, die nach einem strengen Zeitplan im Schichtsystem arbeiteten. Die Patienten (alle AOK-Mitglieder) mussten ein bestehendes Bestellsystem exakt einhalten. Pro Tag wurden über 200 Patienten versorgt. Die Nazis liquidierten 1933 diese Behandlungseinrichtung, nachdem sie bereits zwei jüdische Angestellte sofort entlassen hatten. Weiterhin wurde veranlasst, dass Dr. Zorn für mehrere Jahre aus dem zahnärztlichen Register Deutschlands gestrichen wurde.

Kinder erblickten in Plauen bis 1945 in den häuslichen vier Wänden das Licht der Welt. Bis dahin gab es in der Stadt keine Entbindungseinrichtung für gebärende Frauen. Daher waren die sogenannten Hausentbindungen Praxis, die von Hebammen und in der Geburtshilfe befähigten Ärzten durchgeführt wurden. Im Jahr 1911 – Plauen hatte knapp 123 000 Einwohner – kamen in der Stadt 3 611 Kinder zur Welt, davon 133 Totgeburten. Für die Geburtshilfe standen damals 38 Hebammen zur Verfügung. Als ärztliche Geburtshelfer kamen 1929 Dr. Horst Arnold, ab 1937 Dr. Albert Hönsch hinzu.

Soziale Einrichtungen

Eine soziale Maßnahme von beachtlichem Ausmaß war das sogenannte Ziehkinderwesen. Ziehkinder waren oft unehelich auf die Welt gekommene Babys, die bei Ziehmüttern untergebracht wurden. Das Stadtgebiet war in sechs entsprechende Bezirke untergliedert, in denen jeweils ein Ziehkinderarzt die von Ziehmüttern umsorgten Kinder beaufsichtigte und betreute. 1910 gab es in Plauen 1 242 Ziehkinder, und 1923 standen in der Stadt 2 220 Ziehkinder unter gesundheitlicher Beobachtung. Der Albert-Zweigverein spielte bei dieser sozialmedizinischen Aufgabenstellung eine aktive Rolle.

Einen in die gleiche Richtung zielenden Beschluss verabschiedeten die Plauener Stadtverordneten 1909. In dessen Folge entstand im Jahr darauf eine Mütterberatung im Haus Dobenaustraße 7. Die Beratungsstelle klärte besonders über die Ernährung von Kleinstkindern auf und förderte so das Bruststillen.

1911 wurde das Friedrich-Krause-Stift in Reusa/Kleinfriesen für unbeaufsichtigte und sittlich gefährdete Schulknaben geweiht. Nach dem Ersten Weltkrieg entstanden im Wohlfahrtsheim Plätze für sittlich gefährdete Mädchen und Frauen. In der Bergstraße 3 gab es ein Frauenhaus mit Hospiz. Weiterhin existierten zwei Asylheime – das Tennera-Asyl für arbeitsunfähige und mittellose alte Leute, 1923 etwa fanden darin 17 Männer und 22 Frauen Kost und Unterkunft, sowie ein Bürger-Asyl für minderbemittelte ältere Personen an der Gartenstraße.

Not und Armut waren in der Plauener Bevölkerung während des Ersten Weltkriegs und danach stark verbreitet. Der mittellosen Bevölkerungsgruppen nahmen sich sogenannte Armenärzte an. Plauen hatte sechs dieser Mediziner angestellt, die jeweils für ein bestimmtes Stadtgebiet zuständig waren. Außerdem gab es bei der Stadt ein Armenamt. Nach einem 1918 in Sachsen in Kraft getretenen Wohlfahrtspflegegesetz wurde daraus das Wohlfahrtsamt, die Armenpfleger nannten sich nun

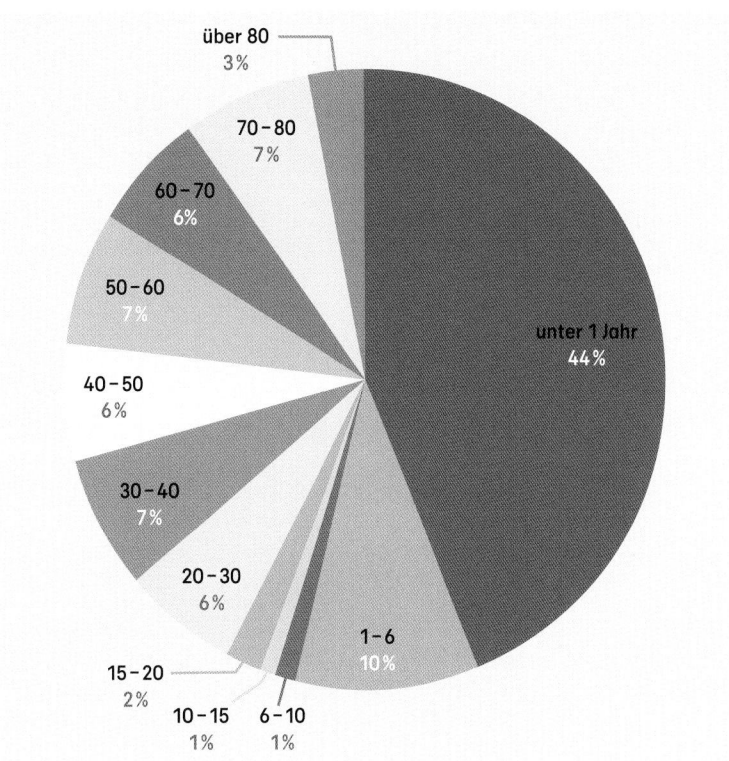

③ Riskantes erstes Lebensjahr: Sterbefälle in Plauen, 1907

»Fürsorger« und »Wohlfahrtspfleger«. Das klang sicher schöner, stillte jedoch nicht den Hunger. Die Not war groß und die Hilfsbedürftigkeit nach dem Ersten Weltkrieg riesig, was aus folgenden Zahlen hervorgeht: 1917 hatte das Armenamt für 151 Bürger ein Armutszeugnis ausgestellt, 1922 waren es bereits 962 Armutszeugnisse. Es gab Brotverbilligung und Kartoffelbeihilfe durch die Kleinrentenfürsorge. Im Jahr 1922 betraf die Fürsorge für Kinderreiche in Plauen 573 erwerbslose Familien mit 3 168 Kindern. Außerdem war das Grundstücksamt angewiesen, kinderreichen Familien »Kartoffelland« zu gewähren. Im Jahr 1921 gab es eine organisierte Mittagsspeisenversorgung für Schulkinder und stillende Mütter. Diese teilte bis zu 5 403 kostenlose Mittagessen pro Woche aus!

Aus medizinischer und sozialer Sicht war schon vor 1905 die Tuberkulose eine Volkskrankheit. Der Kampf dagegen begann in Plauen verspätet, obwohl bereits 1902 unter 1 892 Zugängen im Stadtkrankenhaus 132 Tbc-Patienten festgestellt worden waren. Bis 1916 wurden an Tbc erkrankte Bürger als Patienten von einer Krankenpflegerin des Armenamtes zur Aufnahme in eine Heilstätte vermittelt. Ab 1917 kann von einer stetigen Fürsorgearbeit gesprochen werden. Eine ausgebildete Fürsorgerin nahm ihre Tätigkeit auf, und Dr. Max Facilides hielt täglich Sprechstunden für Tbc-Patienten ab. 1918 koordinierte eine Fürsorgestelle vorbeugende Maßnahmen, und ab 1919 übernahm Dr. Artur Schubart die Aufgabe eines Fürsorgearztes. 1922 standen 1 511 Tuberkulöse unter Beobachtung der Fürsorgestelle, die inzwischen personell verstärkt worden war. Die schon 1913 vorgesehene

Gesundheit und Soziales

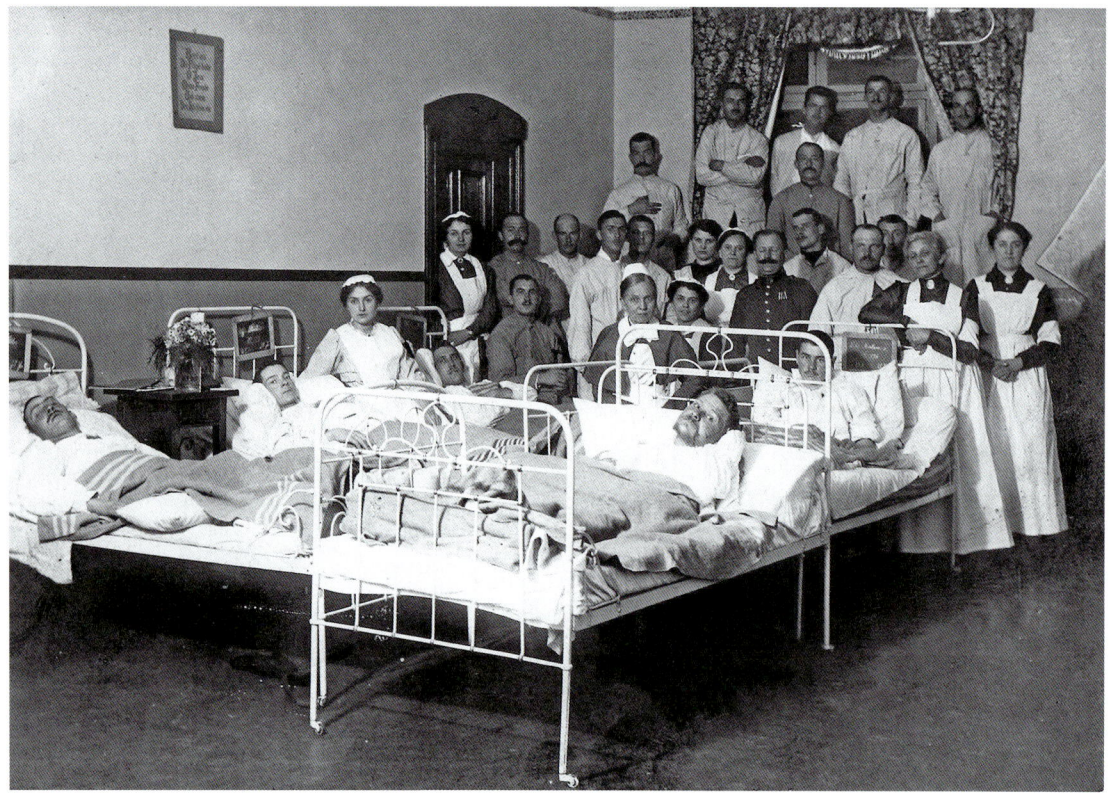

④ Das König-Albert-Stift in der Dobenaustraße diente während des Ersten Weltkriegs als Genesungsheim für Militärangehörige.
Sammlung Heinz Zehmisch

⑤ ⑥ Prof. Dr. Max Breitung (r., 1867–1951), Chirurg, von 1902 bis 1934 Leiter der Chirurgischen Abteilung am Stadtkrankenhaus Plauen

Prof. Dr. med. Eduard Stadler (1874–1956), ein in ganz Deutschland hoch geschätzter Internist
Krankenhausmagazin Vitalis, 4/2001 und 5/2002, Herausgeber: Vogtland-Klinikum Plauen GmbH

Einrichtung einer Walderholungsstätte wurde erst 1926 im Reusaer Wald realisiert. Zwischen 1926 und 1929 hielten sich in dieser Einrichtung insgesamt 462 Patienten zur Kur auf. 1939 endete dieses spezielle Kapitel im Reusaer Wald, und die Betreuungsstätte für Lungenkranke wurde in das örtliche Netz der Reservelazarette aufgenommen.

Apotheken

1905 wurde mit der Südapotheke die siebte Apotheke Plauens eröffnet. Mit der Engel-Apotheke (Reißiger Straße, eröffnet 1930) und der Apotheke im Stadtkrankenhaus gab es in Plauen zwölf Apotheken. Von diesen zwölf Plauener Apotheken wurden durch die Bombardierung sechs zerstört. Die Alte Apotheke (Herrenstraße) sowie die Engel-Apotheke wurden teilzerstört und deshalb ebenfalls geschlossen.

Als herausragende Persönlichkeit für das Apothekenwesen Plauens trat in diesem Zeitabschnitt der Chemiker und Apotheker Dr. Rudolf Bauer hervor. Bauer hatte die Alte Apotheke 1902 für 600 000 Goldmark erworben und nach deren Zerstörung alles unternommen, damit die Apotheke erneut aufgebaut und letztlich im September 1948 wiedereröffnet werden konnte.

Gesundheitsamt

Mit Einrichtung eines Gesundheitsamtes war 1921 in Plauen eine neue Verwaltungsstruktur geschaffen worden, sowohl im Bereich der Führung als auch bei der Verteilung der Aufgaben. Das Gesundheitsamt wurde im Rathaus untergebracht und dem Oberbürgermeister Georg Lehmann unterstellt. Als Direktor des neuen Gesundheitsamtes fungierte der Stadtobermedizinalrat Dr. Artur Schubart, als sein Vertreter der Stadtbezirksarzt Dr. Erich Pflugbeil. Die Schwerpunkte der Arbeit des Gesundheitsamtes bestanden in der Fürsorge, der Betreuung sowie der Gesundheitskontrolle. Dazu war das Amt in vier Abteilungen gegliedert.

In Abteilung 1 waren untergebracht: Schwangeren-, Säuglings-, Kleinkinder-, Krüppel- und Geschlechtskrankenfürsorge, die Eheberatung und Kurangelegenheiten. Die Säuglingsberatung kümmerte sich 1931 zum Beispiel um 8 180 Kinder, die dort vorgestellt wurden. 2 780 davon waren unehelich auf die Welt gekommen. Die Abteilung 2 umfasste das Impfamt, die Medizinalpolizei und das Bestattungsamt. Der Abteilung 3 oblag das Krankenpflegeamt, die Tuberkulose-, Trinker- und Geisteskrankenfürsorge. Alkoholkonsum wuchs sich in Plauen im frühen 20. Jahrhundert zu einem nicht zu unterschätzenden Problem aus. Schon 1907 hatte eine Untersuchung aller 28 528 Plauener Schüler ergeben, dass 1976 täglich Bier und 198 täglich Schnaps tranken. 1928 wurden durch die Trinkerfürsorge insgesamt 1712 Patienten betreut. In Abteilung 4 schließlich war die Schulgesundheitspflege untergebracht. Dafür standen drei Stadtbezirksärzte zur Verfügung, darunter Frau Dr. Freiin von König.

»G. A.V. – Rassenpflegesachen«

»G. A.V. – Rassenpflegesachen« war keine Tarnbezeichnung und auch kein Code. G steht für Gesundheit, A für Amt und V (römisch fünf) bezeichnete die Abteilung, die in Plauen für die Umsetzung der gegen die eigene Bevölkerung gerichteten, inhumanen Gesetze verantwortlich zeichnete.

Das »Gesetz zur Verhütung erbkranken Nachwuchses« (1933), das »Gesetz zum Schutze des deutschen Blutes und der deutschen Ehre« – »Blutschutzgesetz« (1935) und das »Gesetz zum Schutze der Erbgesundheit des deutschen Volkes« – »Ehegesundheitsgesetz« (1935) erreichten ausnahmslos jedes menschliche Individuum, das in den Grenzen des Deutschen Reiches lebte. In Plauen wurde eigens für die Durchführung dieser Gesetze eine besondere Beratungsstelle für Erb- und Rassenpflege beim Gesundheitsamt eingerichtet, ebenso im Januar 1935 eine neue Abteilung (Registrande G. A.V.) für die Erbbestandsaufnahme und Durchführung der Maßnahmen des »Gesetzes zur Verhütung erbkranken Nachwuchses«, die mit einem mittleren Beamten und mehreren Schreibkräften besetzt wurde.

Die zwischen 1935 und 1937 erlassenen gesetzlichen Bestimmungen erweiterten den Aufgabenbereich der Abteilung für Erb- und Rassenpflege erheblich. Mit Beginn des Jahres 1937 erlangte das Streben nach vollständiger Kontrolle eine neue Qualität, als die Erbbestandsaufnahme der Gesamtbevölkerung Plauens in die Wege geleitet wurde. Es wurden umfangreiche Sippentafeln und Hauptkarten angelegt, nebenher diese Personen in eine erbbiologische Kartei aufgenommen. Beide Karteien dienten ebenso wie die Sippentafeln und Sippenakten zur erschöpfenden Auskunft auf gesundheitlichem Gebiet über frühere Krankheiten, »erbbiologische und asoziale Belastungen«, Bestrafungen und Familienverhältnisse der »Sippenmitglieder«.

Das »Gesetz zur Verhütung erbkranken Nachwuchses« bedeutete in der Praxis, dass auf diese Weise registrierte Menschen beiderlei Geschlechts bei verschiedenen psychischen und neurologischen Erkrankungen zwangssterilisiert wurden. Um diese »auffälligen Menschen« zu erfassen, wurden alle möglichen Untersuchungen genutzt. Der Amtsarzt hatte die eingegangenen Diagnosen zu prüfen, um dann dem Gesetz zu folgen, nämlich diesen »Vorgang« zur weiteren Entscheidung dem zuständigen Erbgesundheitsgericht zu überstellen. In Plauen war dem Amtsgericht ein solches Erbgesundheitsgericht angegliedert. In der öffentlichen Wahrnehmung sollte das Erbgesundheitsgericht den Schein als souveräne Instanz wahren. Die Wirklichkeit sah aber anders aus: Das Erbgesundheitsgericht wurde zwar von einem Amtsrichter geleitet, der zusammen mit zwei ärztlichen Beisitzern ein Urteil zu fällen hatte. Da aber das Urteil mit Stimmenmehrheit gesprochen wurde, konnten die zwei Ärzte den Amtsrichter immer überstimmen.

Viele Jahre saß Amtsarzt Dr. Artur Schubart im Erbgesundheitsgericht Plauen, selbst dann noch, als er diese Funktion nicht mehr innehatte. Sein Nachfolger als Amtsarzt war von 1939 bis 1945 Dr. Horst Collin, der von der Rassenideologie reinweg besessen war. Collin verfolgte zum Beispiel eine Bürgerin wegen angeordneter Zwangssterilisation noch bis in das KZ Ravensbrück, wo der Eingriff bei dieser Frau tatsächlich im Juni 1944 durchgeführt wurde. Im Frühjahr 1945 flüchtete Collin zunächst als Patient verkleidet mit der Inneren Abteilung des Stadtkrankenhauses nach Mühltroff und setzte sich dann in Richtung Westen ab.

Zwischen 1934 und 1945 erfasste das Gesundheitsamt für Plauen-Stadt und -Land rund 3 270 Personen, die für eine Zwangssterilisation infrage kamen. 863 dieser Menschen wurden unfruchtbar gemacht. Betroffene, die sich weigerten, führte die Polizei zu. Die involvierten Chirurgen und Röntgenologen wiederum konnten sich dem Auftrag zur Zwangssterilisation kaum widersetzen, ohne persönliche Konsequenzen befürchten zu müssen.

Das »Eheschutzgesetz« hatte zur Folge, dass in Plauen zwischen 1935 und Anfang 1938 136 männliche und 144 weibliche Personen auf Ehetauglichkeit untersucht wurden. Insgesamt 24 Männern und 36 Frauen wurde die Ehetauglichkeit nicht bescheinigt. Für die Gewährung von Ehestandsdarlehen mussten sich im selben Zeitraum 894 Männer und 1108 Frauen einer Untersuchung unterziehen. Die Anträge von 56 Bewerbern und 71 Bewerberinnen auf ein Darlehen wurden abgelehnt, weil die Förderung der Ehe – so die Begründung – nicht im Interesse der Volksgemeinschaft lag. Untersuchungen für die Gewährung der Reichskinderhilfe erfassten zwischen 1935 und 1938 insgesamt 633 Plauener Familien mit 4 205 Personen. Nach erfolgter Untersuchung kamen 121 Familien mit 853 Personen nicht in den Genuss der staatlichen Beihilfe.

Gerd Naumann

Heinz Zehmisch

1935

Kunst und Kultur

Gabriele Roth

1914/15

Theater

Nach Siegfried Staack übernahm im September 1904 Richard Franz als zweiter Intendant die Leitung des 1898 eröffneten Plauener Stadttheaters. Der preußische, württembergische und sächsische Hofschauspieler, geboren 1865 in Wien, galt als hochbegabter Mime, der zuletzt am Dresdner Hoftheater Triumphe gefeiert hatte. Die Stadt Plauen schloss mit Franz einen Vertrag über sechs Jahre und versprach sich wohl einen pragmatischen und ästhetischen Aufschwung ihres Stadttheaters.

Franz baute auf der soliden Struktur seines Vorgängers auf und blieb stets im kommerziellen Spielplan. Anlässlich des 100. Todestags Schillers am 5. Mai 1905 wurde die Spielzeit 1904/05 mit »Don Carlos« eröffnet. Franz spielte die Titelrolle. Die Spielzeit 1905/06 begann mit »Egmont«. Neben bekannten Opern und Operetten wie »Der Wildschütz«, »Undine« und »Wiener Blut« kamen auch neue, unbekannte Stücke auf die Bühne. Die dritte Theatersaison 1906/07 – Plauen hatte bereits 105 400 Einwohner – startete mit »Hamlet« und sah Franz erneut in der Titelrolle.

Pro siebenmonatiger Spielzeit (vom 1. Januar bis 30. April und vom 1. Oktober bis 31. Dezember) gab das Haus unter Franz' Ägide stets weit über 200 Vorstellungen. Er war, wie schon Staack, privater Unternehmer mit allen Risiken. 1910 endete sein Vertrag; er wurde nicht verlängert.

Nach dem Weggang von Franz beriefen der Stadtrat und der Theaterausschuss Theodor Erler zum neuen Direktor des Plauener Musentempels. Erler, geboren 1859 in Schneeberg, war ein solide ausgebildeter und erfahrener Künstler. Seine erste Stelle trat er als Kapellmeister und Schauspieler am Theater in Bromberg (Bydgoszcz) an. Danach arbeitete Erler in Görlitz, Stralsund, Wiesbaden, Kassel, Kiel, Wien, Stettin (Szczecin), Liegnitz (Legnica) und Düsseldorf. 1899 wechselte er nach Plauen.

Als Komponist machte sich Erler zu seiner Zeit einen Namen. 1893 kam in Kiel seine komische Oper »Almira« auf die Bühne. 1895 entstand die Operette »Naturmenschen«, 1901 »Ingomar« – eine Oper, die in Plauen, Greiz und Braunschweig aufgeführt wurde. Des Weiteren komponierte er 1903 und 1906 die Operetten »Der Eisbär« und »Der Rosenkönig«. 1906 folgten die Oper »Der Richter von Zalamea« und die Operette »Tante Ahnfrau«. Diese Werke sind heute in Vergessenheit geraten.

Erlers Berufung ließ den Wunsch der Stadt erkennen, einen erfahrenen und bekannten Künstler zum Theaterdirektor zu ernennen. Für ein jährliches Fixum von 6 000 Mark übernahm er das Haus als Pächter und leitete es unternehmerisch. Er war laut Pachtvertrag am Reingewinn beteiligt, musste jedoch die Kostüme selbst finanzieren. Für Erler eine durchaus lohnende vertragliche Konstellation: In der Spielzeit 1912/13 etwa erwirtschaftete das Haus einen Überschuss von 15 000 Mark, von dem der Direktor 6 000 Mark erhielt – zusätzlich zu seinem Grundgehalt.

Erler schuf gemeinsam mit seiner Ehefrau Lucie Erler-Wendt, lange Zeit in Düsseldorf als Schauspielerin erfolgreich, ein qualitativ hochwertiges Ensemble. Allerdings kam es in späteren Jahren seiner Leitung zu fatalen Intrigen, Schmähungen und egozentrischen Personalentscheidungen.

1914/15, im ersten Kriegswinter, wurde der reguläre Theaterbetrieb ausgesetzt. Der Freiwillige Wohlfahrtsausschuss veranstaltete vogtländische Abende am 27. Dezember 1914 und an Neujahr 1915.

Ein Verdienst Erlers war die Ausdehnung der jährlichen Spielzeit von siebeneinhalb auf zehneinhalb Monate. Die Bespielung des ab 1921 gepachteten Kurtheaters in Bad Elster fiel unter seine Ägide. Ebenso brachte er einige bauliche Veränderungen im Theater auf den Weg. Von 1908 bis 1910 flossen weitere Mittel in den Ausbau des Dekorationsschuppens, 1914 begann eine Berliner Firma mit der Planung und dem Einbau eines eisernen Bühnenvorhangs. Auch dem Bau eines Requisitenhauses konnte man sich zu dieser Zeit nicht mehr verschließen, was der Krieg jedoch verhinderte.

Eine Nervenerkrankung Erlers machte es 1921 notwendig, einen Nachfolger zu suchen. Die Stadtverordneten beschlossen, das Theater nicht weiter zu verpachten, sondern selbst zu betreiben. Erlers Nachfolger Dr. Victor Eckert wurde als Intendant mit Einzelvertrag der Stadt unterstellt.

Eckert war ursprünglich Philologe. Als Schauspieler, Kritiker, Dramaturg und Theaterdirektor brachte der Mittdreißiger eine gründliche Ausbildung und einiges an Erfahrung mit in die Spitzenstadt. Eckert holte ausgezeichnete Künstler aus Deutschland und Österreich, die er persönlich kannte, nach Plauen. Während seiner Intendantenzeit verbesserte sich der technische Zustand des Theaters. Im Sommer 1922 wurden eine neue Bühnenbeleuchtungsanlage und ein Rundhorizont eingebaut.

Ohne öffentliches Geld wäre das Haus allerdings schon damals nicht überlebensfähig gewesen. Im April 1921 winkten die Stadtverordneten Zuschüsse von einer halben Million Mark für den Theaterbetrieb und die

Stadtkapelle durch, ein Jahr später bewilligten sie mehr als zwei Millionen Mark für mittelfristige Umbauten und Neuanschaffungen.

Anfang 1924 erbat Eckert überraschend die Auflösung seines Vertrags. Nach ihm leitete der Geraer Intendant Paul Medenwaldt das Haus wenige Monate, ehe als offizieller Nachfolger Eckerts Curt Strickrodt vom Gothaer Hoftheater kam. Mit Strickrodt engagierte die Stadt abermals einen erfahrenen Bühnenmann; der gebürtige Thüringer hatte als Sänger und Opernregisseur unter anderem in Zürich, Bremen und Darmstadt gearbeitet und 1914 in London das Richard-Wagner-Festival geleitet. Zum Höhepunkt seines Wirkens in Plauen wurde die Strauss-Festwoche vom 6. bis zum 11. März 1927. Der berühmte Komponist Richard Strauss höchstselbst reiste an und dirigierte zwei seiner Opern, den »Rosenkavalier« und »Ariadne von Naxos«. Das Publikum war begeistert, der hiesige Richard-Wagner-Verein ernannte Strauss zum Ehrenmitglied.

Indes: Über dem Intendanten hatte sich das Unheil schon zusammengebraut. Am 12. März 1927 verabschiedete Strickrodt Strauss, einen Tag später meldete die Presse seine fristlose Entlassung. Wegen unsolider Geschäftsführung hatten ihm der Stadtrat und der Theaterausschuss einstimmig den Laufpass gegeben.

In Strickrodts Amtszeit fiel ein mehrmonatiger Umbau 1925/26. Das neue Kulissenhaus, eine Eisenbetonkonstruktion, wurde als Verbindungsbau zwischen Requisitenhaus und Theater eingefügt. Im Mai 1925 begannen die Bauarbeiten. Im Keller des Kulissenhauses entstanden eine Werkstatt und ein Holzlager, das Erdgeschoss war für Kulissen und Prospekte vorgesehen. Im zweiten Stock lagerte der Fundus, und im dritten Obergeschoss mit Oberlicht wurde ein Malsaal eingerichtet.

Den Zuschauerraum versah man mit einem grauen Anstrich, die Verzierungen wurden in Gold gehalten. Für den Vorhang wählte man Violett, das Gestühl blieb mit roten Sitzen unverändert. Leider wurden die elf Medaillons von Künstlern und Tondichtern überstrichen und durch eine geometrische Dekoration ersetzt. Die größte Errungenschaft war die neue Hinterbühne von neun Metern Breite. Durch das Hinausschieben des Südgiebels entstand eine Bühnentiefe von 15 Metern. Am 10. März 1926 fand die Wiedereröffnungsvorstellung statt. Die Umbaukosten beliefen sich auf fast 690 000 Reichsmark, nahezu 140 000 Reichsmark mehr als veranschlagt.

Als Strickrodts Nachfolger erwählte der Stadtrat unter 200 Bewerbern Egon Neudegg. Der 36-Jährige hatte bereits etliche Berufsstationen hinter sich, als er 1927 die Intendanz in Plauen übernahm. Neudegg war ein sehr produktiver Theaterleiter, in der Spielzeit 1929/30 etwa brachte sein Haus 4 Uraufführungen, 13 Erstaufführungen (erste Aufführung eines Werks in einer Übersetzung), 12 Opern, 11 Operetten, 6 Ballette und viele Sondervorstellungen auf die Bühne.

Allerdings hatte der Mann auch seinen Preis. Im städtischen Theaterausschuss setzte ein reger Briefwechsel wegen der Bezahlung Neudeggs ein, es kam zu streitbaren Verhandlungen. Ab dem 1. Januar 1928 einigte man sich auf ein Gehalt von 14 000 Reichsmark pro Jahr und eine jährliche Aufwandsentschädigung von 1200 Reichsmark. Dazu handelte Neudegg eine Pauschale von fünf Reichsmark für geschlossene Vorstellungen sowie auf ein Prozent Reingewinn von Gastspielen und eine zehnprozentige Beteiligung am Reingewinn über 20 000 Reichsmark aus dem Bad Elsteraner Konzertbetrieb aus.

1925/26

①
Plauener Stadttheater, um 1930
Sammlung Peter Winkler

Kunst und Kultur

②
Das Städtische Orchester Plauen, um 1905. Das Ensemble gab häufig auswärtige Gastspiele mit mehreren Konzerten am Tag.
Sammlung Rolf Kanis

Das Verhältnis zwischen den Vertragspartnern blieb allerdings zerrüttet. Ende Dezember 1928 kündigte die Stadt ihrem Theaterchef, machte diese Entscheidung jedoch im März 1930 wieder rückgängig. Nun aber beendete Neudegg seinerseits das Arbeitsverhältnis und folgte im Sommer 1930 einem Ruf nach Magdeburg.

Sein Nachfolger wurde Dr. Rolf Ronnecke. Der kam vom Landestheater in Gotha und amtierte nur kurz. Ronnecke bemühte sich über die lokalen Zeitungen um eine stärkere öffentliche Wahrnehmung des Plauener Theaters als vogtländische Kultureinrichtung, da es mehrmals im Jahr auch in Hof, Auerbach, Greiz, Oelsnitz, Zeulenroda und Bad Elster spielte. Er engagierte ein leistungsstarkes Ensemble zu hohen Gagen. Jedoch gingen die Tageseinnahmen zurück, weshalb er eine Anhebung der finanziellen Zuwendungen verlangte. Der Theaterausschuss lehnte dies rundheraus ab; da der Intendant aber auf seinen Forderungen beharrte, führte der Streit nach kaum einer Spielzeit zur Trennung.

Von 1931 bis 1933 stand Hans Fiala dem Stadttheater Plauen vor. Der österreichische Bariton, Schauspieler, Regisseur und Intendant galt als äußerst vielseitiger Kunstschaffender. Fiala fand ein Torso vor, als er in seiner neuen Arbeitsstätte eintraf. Während der Weltwirtschaftskrise brachen die Besucherzahlen ein und das Plauener Theater geriet in eine finanzielle Notlage. Die Stadt hatte zeitweilig alle Künstler entlassen müssen. Es drohten die Schließung des Hauses und die Auflösung des Orchesters. In ihrer Not wandte sich die Leitung mit einem Appell »Sichert die Erhaltung des Stadttheaters! Erwerbt Stammsitze« über die örtliche Presse an die Öffentlichkeit. »600 neue Stammsitzmieter sind erforderlich, um die Erhaltung des Stadttheaters zu sichern. Das bedeutet bei 120 000 Einwohnern gewiß nicht viel«,[1] zeigte das Schreiben den Ausweg aus der misslichen Finanzlage auf.

Die Rettung gelang, der Theaterausschuss entschied sich, den Spielbetrieb weiterzuführen. Offensichtlich war Fiala genau der richtige Mann in dieser Situation. In wenigen Monaten vermochte er das knapp 120-köpfige Theaterensemble zu überzeugenden Leistungen zu motivieren. Der Spielplan 1931/32 beeindruckte durch eine enorme Vielfalt. Noch wurden Arthur Schnitzler und Erich Kästner gespielt, deren Bücher unter den Nazis auf dem Scheiterhaufen landeten. Doch schon in der Spielzeit 1932/33 passte Fiala den Plauener Spielplan den neuen politischen Gegebenheiten an. Die Presse bescheinigte dem Stadttheater das Bemühen, »völkisches Kulturgut durch Aufführung jüngerer nationaler Schriftsteller dem Publikum näher zu bringen«.[2]

Im Juni 1933 verließ Fiala Plauen, nachdem sein Vertrag nicht verlängert worden war.

In den etwas mehr als zwölf Jahren des nunmehr angebrochenen »Dritten Reiches« sah die Plauener Bühne fünf Intendanten – Otto Maurenbrecher (1933–1935), Karl Kroll (1935/36), Heinrich Voigt (1936/37), Hugo Wolf Leutheiser (1936–1942) und erneut Hans Fiala (1942–1945).

Nach der Machtübernahme Hitlers im Januar 1933 kam für den Posten des Theaterintendanten ausschließlich ein linientreuer Kandidat infrage. Die Wahl fiel auf den erfahrenen Direktor und Intendanten Otto Maurenbrecher, wohl auch, weil er im Frühjahr 1933 in die NSDAP eingetreten war. Der Spielplan während seiner Intendanz war noch relativ vielfältig. In der Operette und Oper setzte er erfolgreich auf bekannte Stücke. Auch die Schauspielklassiker »Wilhelm Tell« von Schiller und Shakespeares »Komödie der Irrungen« sowie einige Lustspiele waren gut besucht, während Maurenbrechers »Räuber«-Inszenierung auf Ablehnung stieß und viele Plätze leer blieben. Zum Repertoire gehörten nun ebenso propagandistisch gefärbte Stücke wie »Ein Kerl, der spekuliert« (Dietrich Eckert) und »Flammen über Troja« (Hans Glauning).

Nach der NS-Machtübernahme wurde bei der Stadt ein Kulturamt eingerichtet, dem das Stadttheater und das Orchester unterstellt waren. Dem Amt stand Oberbürgermeister Eugen Wörner persönlich vor, die kommunalen braunen Machthaber betrachteten die Gleichschaltung der Bühne offensichtlich als Chefsache. Begonnen wurde auch mit dem radikalen Umbau im Inneren des Theaterhauses. Man entfernte den Stuck. Die nüchterne Sachlichkeit der nationalsozialistischen Architektur triumphierte. Eigentlich wollte die Stadtverwaltung einen Theaterneubau. Der Architekt Paul Baumgarten hatte bereits ein Modell erarbeitet, ein für Plauen gigantischer Komplex mit Hauptansicht zur Bahnhofstraße. Doch das Projekt scheiterte, hauptsächlich am Mangel an Rohstoffen, weniger aus finanziellen Gründen.

Maurenbrecher war ein Jahr im Amt, da rumorte es im Ensemble. In einem Brief an den Oberbürgermeister denunzierte ein Parteigenosse den Intendanten. Das Schreiben warf dem Theaterdirektor eine einseitige Personalpolitik, Frauengeschichten und einen rüden Umgangston vor. Auch hätte er sich vor Kollegen gestellt, die Kontakt mit Juden hatten. Wahrscheinlich führten diese Anschuldigungen, gepaart mit der Forderung Maurenbrechers nach einer Etat-Erhöhung, zum Bruch. Mitte Dezember 1934 teilte der Plauener Oberbürgermeister dem Präsidenten der Reichstheaterkammer in Berlin mit, Otto Maurenbrecher wäre freiwillig zurückgetreten. Seiner Karriere taten die Plauener Querelen indessen keinen Abbruch – von 1938 bis 1941 amtierte Maurenbrecher als stellvertretender Intendant des Theaters des Volkes in Berlin, dem späteren Friedrichstadtpalast. Danach arbeitete er in der Reichstheaterkammer.

Nach der Trennung von Maurenbrecher wurde auf Berliner Parteiempfehlung der Österreicher Karl Kroll als neuer Intendant nach Plauen berufen. Kroll leitete seit September 1933 das Grenzlandtheater Hof/Saale, ihm schwebte vor, beide Theater unter einer Intendanz zu verwalten und als neues nationalsozialistisches Volkstheater zu etablieren.

Der 40-jährige Österreicher, infolge einer Verwundung im Ersten Weltkrieg 45-prozentiger Kriegsinvalide, stieß während seines Engagements in Nürnberg (1920–1931) zur nationalsozialistischen Bewegung. Keine Geringeren als der fränkische NSDAP-Gauleiter und fanatische Judenhetzer Julius Streicher sowie der bayerische Nazi-Aktivist und Hitler-Duzfreund Hermann Esser hatten ihn 1933 nach Hof empfohlen.

Doch die von Kroll erstrebte Theaterehe zwischen Hof und Plauen wurde nicht genehmigt. Daraufhin kehrte er Hof den Rücken und übernahm im Januar 1935 die Intendanz in Plauen. Der Spielplan-Entwurf 1935/36 enthielt neben Schauspielklassikern von Hebbel, Schiller, Kleist und Shakespeare 6 klassische Operetten, 6 moderne Operetten, 14 Opern, 5 Lustspiele und 2 Volksstücke. Neben fünf Sinfoniekonzerten und einem großen Chororchester sollten noch diverse Kammermusiken aufgeführt werden. Politische Tendenzstücke wie das 1933 entstandene Schauspiel »Jugend von Langemarck« (Edgar Kahn/Max Monato) – eine verklärende Darstellung einer für Deutschland verlustreichen Schlacht im Ersten Weltkrieg – feierten Premieren.

Kroll scheiterte in Plauen nach nur gut einem Jahr, unter anderem auch, weil seine finanziellen Forderungen für Honorar, Gehalt, Dienstaufwandsentschädigung und seine laxe Personalpolitik bei seinen Vorgesetzten auf Ablehnung stießen. Anfang März 1936 trat er von seinem Posten zurück.

Nachfolger Krolls wurde Heinrich Voigt, der vom Stadttheater Oberhausen kam. Auch er hielt in seiner nur einjährigen Plauener Amtszeit an bekannten Klassikern fest. Der Vorhang öffnete sich für die Opern »Der Wildschütz« (Albert Lortzing), »Don Juan«, »Don Giovanni« (Mozart), »Madame Butterfly«, »Turandot« (Puccini), »Margarethe« (Charles Gounod) sowie die Schauspiele »Maß für Maß« (Shakespeare) und »Der Prinz von Homburg« (Kleist). Daneben standen einige der im »Dritten Reich« unvermeidlichen ideologisierten Vaterlandsstücke auf dem Programm.

Auf Voigt folgte Wolf Leutheiser. Der 47-Jährige hatte Berufserfahrung als Schauspieler, Regisseur, Sänger und Intendant, ab 1933 war er im Kampfbund für deutsche Kultur sowie in der Reichskulturkammer tätig. Auch unter ihm hatten die jährlichen Spielpläne einen beachtlichen Umfang, in der Saison 1938/39 etwa mit sieben Schauspielen, zehn Komödien und Lustspielen, neun Operetten, zwölf Opern und drei Tanzspielen.

Im August 1942 übernahm Hans Fiala erneut die Intendanz. Er erwarb sich als fachlich souveräner Theatermann und Regisseur, der den Spielbetrieb in Plauen auch in den Kriegsjahren aufrecht erhielt, durchaus kulturelle Verdienste, diente aber zugleich als Sprachrohr nationalsozialistischer Theaterkultur. Zwischen 1942 und 1944 führte er bei 15 Inszenierungen Regie, die Premiere seiner letzten Regiearbeit fand am 29. August 1944 statt – drei Tage, bevor Goebbels' Befehl zur Schließung fast aller deutschen Theater in Kraft trat.

Bildende Kunst

Frank Weiß

Wesentlich mit Plauen verbunden war die Herausbildung einer »Kunstlandschaft Vogtland«, die sich um die Wende vom 19. zum 20. Jahrhundert vollzog. Die Entwicklung der Textil- und speziell Spitzen- und Stickereiindustrie seit der Reichsgründung 1871 verlangte nach einer heimischen Einrichtung zur Ausbildung fachlich qualifizierter Zeichner und Entwerfer für maschinell umsetzbare Entwürfe. Künstlerische und ästhetische Gesichtspunkte gerieten im internationalen Warenvergleich zunehmend ins Blickfeld. So war die Stadt Plauen gut beraten, 1877 eine Kunstgewerbliche Fachzeichen-

③
Blick in den großen Saal
des Kunstschulmuseums,
vor 1925
Vogtlandmuseum Plauen

schule zu begründen. Unter ihrem zunächst einzigen Lehrer und sodann langjährigen Direktor Richard Hofmann (1852–1904) erlangte sie bald einen guten Ruf und sollte in der Folge über den genannten Zweck hinaus die regionale Kunstentwicklung stärkend beeinflussen. Dank einer gediegenen Ausbildung und trotz des latent schwelenden Konflikts zwischen Zweckbindung an die Industrie und dem Bestreben nach freierer Kunstpflege gingen zahlreiche bildende Künstler aus ihr hervor, von denen sich etliche an Akademien weiterbildeten. 1890 als Königliche Industrieschule vom Staat übernommen und durch den Vogtländisch-Erzgebirgischen Industrieverein unterstützt, bezog sie 1891 einen stattlichen Neubau an der oberen Bahnhofstraße und gewann internationales Ansehen. Ab 1903 hieß sie Königliche (nach 1918 Staatliche) Kunstschule für Textilindustrie, nach Zusammenlegungen 1934/35 Staatliche Kunst- und Fachschule für Textilindustrie und seit 1942 Staatliche Meisterschule für Textilindustrie. Sie unterhielt Zweigabteilungen in Auerbach, Falkenstein, Eibenstock und Oelsnitz.

1933 wurden Direktor Karl Hanusch und die Professoren Otto Lange, Johannes Maximilian Avenarius und Wilhelm Heckrott entlassen, die Diskussion über »entartete Kunst« spielte dabei mit. Seit 1944 ruhte der Lehrbetrieb kriegsbedingt. Mit der Zerstörung des Hauptgebäudes im Bombenhagel von 1945 war das Ende der Einrichtung de facto besiegelt. Sie konnte sich nicht mehr in alter Form und Bedeutung etablieren.

Zu den einflussreichen Lehrern der Kunstschule gehörten Walther Löbering (1885–1969) und Kurt Geipel (1902–1944). Bekannte Schüler, die im Vogtland auf den Gebieten von Malerei und Grafik tätig wurden, waren zum Beispiel: Friedrich Rudolf Zenker (1868–1953), Albin Enders (1869–1946), Albin Schlehahn (1870–1939), Richard Sachs (1875–1947), Paul Söllner (1877–1947), Friedrich Dietsch (1889–1961), Kurt Geipel, Max Schneider (1903–1980), Gerhard Meyer (1908–1967), Gerhard Oßmann (1910–1990), Otto Scheuch (1916–1997), Horst Fickert (1919–1983), Martin Schmidt (1919–2002), Walter Rahm (1921–1987), Siegfried Hauffe (1923–1997), Lothar Rentsch (1924–2017), Manfred Feiler (1925–2020) und Rolf Andiel (1927–1992).

Besonderer Vorliebe erfreuten sich stets die Landschaftsmalerei und die Aquarelltechnik. Im Werk Paul Söllners trat zudem die Darstellung des Menschen hervor.

Absolventen der Industrieschule begründeten 1903 den Kunstgewerbe-Verein zu Plauen. 1897 wurde der Kunstverein Plauen i. V. ins Leben gerufen, in dessen Vorstand immer wieder auch Vertreter der Stadtspitze zu finden sein sollten, so die Oberbürgermeister Rudolf Dittrich und Johannes Schmid oder die Stadtbauräte Georg Fleck und Wilhelm Goette. Ihm folgte 1907 eine stärker am Heimatgedanken orientierte Vereinigung vogtländischer Schriftsteller und Künstler. Beide Vereine veranstalteten Ausstellungen. Der Kunstverein, der sein Ziel der Errichtung einer Kunsthalle nach dem Vorbild der von 1886 bis 1889 in Mannheim geschaffenen nicht erreichte, konnte bereits ab 1898 den Ausstellungssaal der Industrie- beziehungsweise Kunstschule nutzen. 1927 stellte hier beispielsweise Wassily Kandinsky aus.

Als Beitrag zur Förderung einheimischer Kunst verstand der Plauener Kunsthistoriker Rudolf Johannes Hartenstein (1893–1965) seine seit 1927 und in den 1930er-Jahren publizierten Vorschläge zur Errichtung einer städtischen Gemäldesammlung, die jedoch erfolglos blieben.

Nachdem das Vogtländische Kreismuseum Plauen 1923 sein Domizil in der Königstraße (heute Nobelstraße) bezogen hatte, konnten auch hier regelmäßig Kunstausstellungen durchgeführt werden, die sich dem regionalen, aber auch dem überregionalen Kunstgeschehen widmeten. Als Beispiele seien die 1926 bis 1928 durchgeführten drei Ausstellungen »Kunst ins Volk« genannt, in denen unter anderem Werke von Käthe Kollwitz, Otto Dix, George Grosz, Erich Fraaß, Karl Hanusch und Otto Lange zu sehen waren. Ihr Initiator war der von 1922 bis 1928 in Plauen tätige Feuilletonredakteur der SPD-»Volks-Zeitung für das Vogtland« Erich Knauf. Im Laufe der Zeit entstand zudem eine umfangreiche Sammlung bildender Kunst mit vogtländischem Bezug. Einen Grundstock hatten die Privatsammlung des 1922 verstorbenen Sammlers und Plauener Gymnasialprofessors Robert Wirth und der Nachlass des 1921 in Krebes verstorbenen, in spätromantischer Tradition stehenden Zeichners und Illustrators Hermann Vogel gebildet. Den 1854 in Plauen geborenen Vogel könnte man gleichsam als eine zentrale Persönlichkeit im vogtländischen Kunstleben um 1900 bezeichnen.

Der 1903 in Untergettengrün im Vogtland geborene Zeichner und Karikaturist Erich Ohser verlebte ab 1909 seine Kindheit und Jugend in Plauen. Seit 1934 wurde er besonders durch seine »Vater-und-Sohn«-Bildgeschichten unter dem Pseudonym »e.o.plauen« bekannt. Politisch denunziert, kam er 1944 dem vom Volksgerichtshof zu erwartenden Todesurteil zuvor, sein mitangeklagter Freund Erich Knauf wurde hingerichtet.

Von im Stadtbild vertretenen bildhauerischen Arbeiten sollen einige Beispiele Erwähnung finden. So schuf der 1863 in Plauen geborene und 1915 in Dresden verstorbene Bildhauer Fritz Kretzschmar 1912 den bildplastischen Schmuck am Sparkassengebäude Marktstraße. Die 1945 verloren gegangene Figur eines Hamsters an der Ecke zur Nobelstraße wurde 1991 durch Johannes Schulze nach Fotos des Originalentwurfs nachgebildet und in Bronze gegossen. Das vom Leipziger Carl Seffner (1861–1932) entworfene bronzene Reiterstandbild König Alberts von Sachsen von 1907 auf dem Altmarkt wurde nach dem Zweiten Weltkrieg zerstört.

Nach dem Entwurf des Dresdner Bildhauers Selmar Werner (1864–1953) entstand 1923 das an eine Rolandsfigur erinnernde Standbild des Deutschordenshochmeisters Heinrich von Plauen aus Hardheimer Muschelkalkstein am Rathaus. Auch die monumentalen Figuren am Eingang des 1918 eröffneten Krematoriums gehen auf ihn zurück.

Von dem nach dem Entwurf von Hermann Kreß (1894–1954) in Dresden 1927/28 als Kriegerdenkmal geschaffenen Schlossbrunnen blieb das bronzene Reiterstandbild St. Georgs erhalten. Werke des in Plauen ansässigen Bildhauers und Medailleurs Max Pfeiffer-Quandt (1873–1952) sind das 1922 geweihte Ehrenmal für die Gefallenen des Plauener Infanterieregiments Nr. 134 am Stadtparkring und das Bildnismedaillon am Grabstein für den 1919 verstorbenen Mundartdichter Louis Riedel auf dem Friedhof II. Das 1918 fertiggestellte Krieger-Ehrenmal aus fränkischem Muschelkalkstein auf Friedhof I entstand ebenso nach dem Entwurf des Stadtbaurats Wilhelm Goette wie das Denkmal der Grabanlage auf dem Hauptfriedhof für Opfer des Brandunglücks vom 19. Juli 1918 im Plauener Kartuschierwerk der AEG.

Durchaus bemerkenswert ist auch die bildplastische und ornamentale Gestaltung an den zahlreichen Wohn-, Geschäfts- und sonstigen Gebäuden der Jahrzehnte um 1900 mit ihrer, teilweise miteinander verwobenen, historistischen und jugendstilen Formensprache.

Religion und Sakralarchitektur

Frank Weiß

Hatte seit der Reformationszeit bis um die Mitte des 19. Jahrhunderts das Luthertum als Bekenntnisnorm in Plauen gegolten, so zeichnete sich nunmehr eine zunehmende konfessionelle Differenzierung ab, die mit dem wesentlich durch Zuzug einhergehenden Anstieg der Bevölkerungszahlen in Verbindung stand. Der zwar nach wie vor überwiegende Anteil evangelisch-lutherischer Christen verringerte sich trotz absoluten Zuwachses. Die Volkszählung vom 1. Dezember 1900 ergab unter anderem 69 055 Evangelisch-Lutherische (was 93,46 Prozent entsprach), 140 Evangelisch-Reformierte, 3 996 Römisch-Katholische, 114 Mitglieder der bischöflichen Methodistengemeinde und 208 Juden. 1905 wurden bei 108 541 Einwohnern unter anderem 99 716 evangelisch-lutherische (91,87 Prozent), 7 441 römisch-katholische, 177 evangelisch-reformierte und 135 methodistische Christen sowie 400 Juden gezählt.

Um die Jahrhundertwende wird ein weiter zunehmender Ablösungsprozess von Kirche und traditioneller Kirchlichkeit spürbar, der schon im 19. Jahrhundert und unter anderem im oft als mangelhaft empfundenen Verständnis der Großkirchen für soziale Problemlagen und im wachsenden Einfluss des atheistischen Sozialismus mit seinem Klassenkampfkonzept wurzelte, aber auch allgemein durch gesellschaftliche Umbrüche und Erschütterungen sowie Modernitätsdenken gespeist war. Von 1914 bis 1923 erfolgten in Plauen 7 674 Kirchenaustritte, zwischen 1924 und 1928 waren es noch einmal 4 911. Parallel breitete sich der Gedanke der Feuerbestattung anstelle der im Christentum herkömmlichen Sargbestattung aus, sodass der von Stadtbaurat Wilhelm Goette projektierte, 1918 eröffnete städtische Hauptfriedhof mit einem Krematorium versehen wurde. Im Gegenzug sind aber hier wie allgemein im Vogtland zugleich ein Beharrungsprozess und eine deutliche Tendenz zu neuen christlichen Gemeinschaften zu beobachten. Ein breit gefächertes Spektrum entstand. Als Beispiel kann die 1894 unter Führung des 1848 in Werda im Vogtland geborenen Meeraner Webers August Hermann Hain entstandene kirchenkritische »Christliche Gemeinschaft Hirt und Herde« genannt werden, die 1925 in Sachsen 3 000 Mitglieder zählte und auch in Plauen Fuß fasste.

Nach der ersten Teilung der evangelisch-lutherischen Parochie Plauen im Jahr 1893 (sie war damals die größte im Königreich Sachsen) in Johannis-, Luther- und Pauluskirchgemeinde erforderte das weitere Wachstum der Stadt abermalige Teilungen und Neugründungen. Aus Teilen von Johannis- und Paulusgemeinde ging 1905 die Markusgemeinde im Stadtteil Haselbrunn und aus Teilen der Johannisgemeinde 1914 die Christusgemeinde in der Süd- und Ostvorstadt hervor. Die mit dem Bau der Kaserne 1903/04 gebildete Garnisonsgemeinde nutzte die Pauluskirche mit, sie fand mit der Auflösung des Infanterieregiments Nr. 134 am 1. April 1920 ihr Ende. Die Filialkirchen Straßberg und Jößnitz wurden schon 1902 beziehungsweise 1903 von der Mutterkirche St. Johannis gelöst und bildeten seither selbstständige Kirchgemeinden. Oberlosa hatte diesen Schritt bereits 1866 vollzogen. Die Johannisgemeinde umfasste nun noch außer den städtischen Gebieten (zu denen auch die eingemeindeten früheren Landgemeinden Chrieschwitz, Reusa mit Kleinfriesen, Sorga und Tauschwitz gehörten) die Dörfer Reinsdorf, Meßbach, Thiergarten, Oberneundorf und Zwoschwitz. Ihr Pastoratsgebäude mit Kirchensaal, Untere Endestraße 4, wurde 1903 fertiggestellt und geweiht.

Ausdruck der »Lutherrenaissance« seit dem späten 19. Jahrhundert ist das 1907/08 von der 1905 gegründeten Luther-Stiftung zu Plauen nach Entwürfen von Alfred Müller aus Leipzig erbaute wuchtige Lutherhaus mit der Inschrift »Ein feste Burg ist unser Gott« am Luther-

① Lutherhaus, nach einer Originalzeichnung des Architekten Alfred Müller, 1908
Denkschrift zum Lutherhausbau 1907–1908, Repro Frank Weiß

platz. Es sollte ein Denkmal für den Reformator sein, wofür schon seit 1883 gesammelt worden war, den Zwecken der Luthergemeinde dienen und das kirchliche Gemeinschaftsleben in der Gemeinde in weiterem Umfang fördern. Außer dem großen Luthersaal mit einer Marmorstatue des Reformators nach dem Entwurf von Bruno Wollstädter aus Leipzig erhielt es unter anderem auch Wohnungen und Diensträume. Die Größe der Luthergemeinde und die Ausdehnung der Stadt in Richtung König-Georg-Kaserne bedingte 1906 die Eröffnung der Westendkapelle im Wohnhaus Bülowstraße 1 (heute Robert-Blum-Straße), die 1991 aufgegeben wurde. Darüber hinaus wurden die Hauskapelle im Tennera-Asyl für arbeitsunfähige und alte Arme am Stadtpark und der Betsaal im Seniorenheim Bürgerasyl, Gartenstraße 3, (beide 1945 zerstört) genutzt.

1912/13 wurde die St.-Johannis-Kirche einer umfassenden Innenerneuerung unter Leitung von Stadtbaurat Wilhelm Goette unterzogen. Die damalige Ausmalung entwarf Otto Gussmann von der Dresdner Kunstakademie. 1913 ging mit dem Wegfall der Stelle des Türmers auf dem Nordturm der Kirche eine jahrhundertelange Tradition zu Ende. Im Jahr 1922 wurde das 800-jährige Jubiläum der Weihe der St.-Johannis-Kirche im Rahmen einer Festwoche vom 17. bis zum 24. September mit Gottesdiensten und weiteren Veranstaltungen feierlich begangen.

Die Pläne für die im neoromanisch-neobyzantinischen Stil mit einer Stahlbetonkuppel und 62 Meter hohem Turm erbaute Markuskirche stammten von Heinrich Adam aus Berlin-Charlottenburg, der zugleich die künstlerische Leitung des Baues innehatte, die technische Bauaufsicht übte Stadtbaurat Wilhelm Goette aus. 1910 begannen die Erdarbeiten, die Grundsteinlegung fand am 22. April 1911 statt, die Weihe am 7. September 1913. Die Ausmalung erfolgte durch Willy Schomann aus Berlin-Charlottenburg. Beim 1963 bis 1975 durchgeführten

② Festschrift 800 Jahre St. Johannis-Kirche, 1922
Repro Frank Weiß

③ Markuskirche, Innenansicht, um 1920
Stadtarchiv Plauen

Religion und Sakralarchitektur   **301**

Um- und Erneuerungsbau der Kirche, bei dem der Hauptraum auf Emporenhöhe in zwei Geschosse geteilt wurde, sodass unten Gemeinderäume entstanden, wurden sie überstrichen und um 2003 teilweise wieder freigelegt. Die Orgel schuf 1913 die Bautzener Firma Eule als zweitgrößte des sächsischen Vogtlands.

Die Christusgemeinde umfasste bei ihrer Gründung am 1. Januar 1914 circa 15 750 Gemeindeglieder. Zeitweise wurden schon zuvor Räumlichkeiten für kirchliche Veranstaltungen angemietet. Die 1902 eröffnete Kemmlerschule in der Fiedlerstraße stellte einen Gottesdienstraum zur Verfügung. Auf nationalsozialistisches Geheiß wurde dieser Zustand 1939 beendet. Nach zeitweiliger Mitnutzung der St.-Johannis-Kirche bis 1945 und des Saales der Landeskirchlichen Gemeinschaft in der Fabrikstraße wurde 1949 bis 1998 ein vormaliges Stickereigebäude am Rinnelberg als Christuskapelle genutzt. Ein von dem 1929/30 am Stadtbauamt Plauen tätigen, international anerkannten Architekten Lois Welzenbacher entworfener Kirchenbau mit 700 Sitzplätzen im Sinne der Moderne mit Beton, Stahl und Glas war seinerzeit nicht zustande gekommen.

——— 1926

1932 war Welzenbacher als einziger Architekt aus Österreich in der Ausstellung »International Style« im Museum of Modern Art in New York vertreten.

Als ein markantes Beispiel des Neuen Bauens entstand hingegen an der Ecke Senefelder-/Engelstraße nach dem Entwurf von Fritz Landauer das große Gemeindehaus mit Synagoge der Israelitischen Religionsgemeinde Plauen. Die Grundsteinlegung fand am 7. Juli 1929 statt, die Weihe, an der auch kirchliche Vertreter teilnahmen, folgte am 6. April 1930. Der schlichte Kubus enthielt neben der Hauptsynagoge auch eine Wochensynagoge, einen Gemeindesaal und Verwaltungsräume. Liberale und orthodoxe Strömungen teilten sich in die Nutzung.

Das im bewussten Streben nach Zeitgemäßheit im Inneren und Äußeren errichtete Bauwerk wurde 1930 in der Stuttgarter Schau »Kultbauten der Gegenwart« als vorbildlich gewürdigt, ebenso auf der »Deutschen Bauausstellung« 1931 in Berlin. In der nationalsozialistischen Pogromnacht wurde der Bau am 10. November 1938 niedergebrannt. An seiner Stelle erhebt sich heute das Gemeindehaus der Siebenten-Tags-Adventisten, die das Grundstück nach dem Zweiten Weltkrieg vom Rechtsnachfolger, der Israelitischen Religionsgemeinde Leipzig, erworben hatten.

Als Gemeindehaus mit Saal entstand 1914/15 das Paulushaus, Goethestraße 34, für die Paulusgemeinde nach Plänen von Horst Oehler aus Plauen.

Während des Ersten Weltkriegs waren auch Plauener Kirchen von der Beschlagnahme zum Einschmelzen von für die Rüstungsproduktion verwendbaren Bronzeglocken und zinnernen Orgelpfeifen betroffen. So musste die St.-Johannis-Kirche 1917 die mittlere Glocke abgeben, die Lutherkirche die beiden größeren, ebenso die Markuskirche. Die Lutherkirchen-Orgel büßte ihre Prospektpfeifen ein, und auch die Pauluskirchen-Orgel verlor 59 zinnerne Pfeifen. Die Lutherkirche erhielt 1919 ein neues Geläut aus Eisenhartguss, die Markuskirche 1920 eines aus Stahlguss, die St.-Johannis-Kirche 1924 eine neue Glocke aus Stahlguss.

Die Zeit nach dem Ersten Weltkrieg brachte wesentliche Veränderungen der kirchlichen Strukturen mit sich. Mit dem Ende der Monarchie in der Novemberrevolution 1918 war das in der Reformation eingeführte landesherrliche Kirchenregiment entfallen, das der Landesherr in seinem Territorium als »summus episcopus« (oberster Bischof) ausübte. In Sachsen war dieses Recht seit dem Übertritt Augusts des Starken 1697 zur römisch-katholischen Kirche von »in evangelicis« beauftragten Geheimen Räten beziehungsweise Staatsministern wahrgenommen worden. Eine 1922 überarbeitete Verfassung der Landeskirche trat 1926 in Kraft, verbunden mit der Trennung von Staat und Kirche. Die hiesigen nunmehr fünf evangelisch-lutherischen Kirchgemeinden bildeten zur gemeinsamen Erfüllung kirchlicher Aufgaben und zum Zweck einer Steuergemeinschaft einen erneuerten »Verband evangelisch-lutherischer Kirchgemeinden der Stadt Plauen«.

Als nach dem Tod des ersten Landesbischofs 1933 der sächsische Innenminister Karl Fritsch die Vakanz nutzte, um das Amt und weitere Befugnisse auf den Führer der Arbeitsgemeinschaft nationalsozialistischer Pfarrer Friedrich Coch zu übertragen, lehnte der Pfarrernotbund, aus dem die Bekennende Kirche hervorging, Coch als Irrlehrer ab. In der Sächsischen Landeskirche begann der Kirchenkampf. Die Auseinandersetzung zwischen den mit dem Nationalsozialismus und seiner Ideologie verbundenen Deutschen Christen und der Bekennenden Kirche bildete einen Riss, der sich durch viele Gemeinden zog. Ein bekannter Vertreter der Bekennenden Kirche in Plauen war Pfarrer Adolf Amelung. Er gehörte im Mai 1934 zu den Delegierten der Bekenntnissynode von Wuppertal-Barmen, auf der die Barmer Theologische Erklärung, das theologische Fundament der Bekennenden Kirche, verabschiedet wurde. Das kirchliche Leben wurde durch das NS-Regime und schließlich durch den von ihm begonnenen Zweiten Weltkrieg in wachsendem Maße beeinflusst und beeinträchtigt, 1945 waren die kirchlichen Gebäude, besonders die St.-Johannis- und die Pauluskirche, von der Bombardierung der Stadt gezeichnet, die 1891 erbaute neogotische methodistische Zionskirche in der Weststraße war ganz zerstört.

(4) (5)
Plauener Synagoge, 1930
(Rekonstruktion)
Technische Universität
Darmstadt, Fachgebiet
Digitales Gestalten

Sport und Vereine

Andreas Krone

»Das Fußballspielen (ohne Aufnehmen des Balles) ist eine sehr beliebte und stark verbreitete Leibesübung, [bei der sich] zwei Parteien von je 11 Spielern gegenüberstehen [...]. Die Spielzeit beträgt 2 mal 45 Minuten, mit einer Pause von höchstens 10 Minuten [...]. Das Spiel wird von einem unparteiischen Herrn (Schiedsrichter) geleitet. Gesiegt hat die Partei, die die meisten Tore errungen hat.«[1]

Auch wenn 1912 im Deutschen Reich bereits knapp 140 000 junge Männer dem runden Leder nachjagten – so »stark verbreitet« war die »Leibesübung« unter der Bevölkerung offenbar doch noch nicht. Warum sonst hätte sich der Plauener Fußball-Club Apelles, nach eigener Aussage »größter und leistungsfähigster Club des Vogtlandes«, bemüßigt gefühlt, die aufstrebende Sportart in einer ganzseitigen Adressbuch-Anzeige dermaßen elementar zu erklären?

Andere Sparten hatten solche Werbung in eigener Sache längst nicht mehr nötig. Das Vereinswesen war tief verwurzelt in der Gesellschaft. In Plauen gab es in der ersten Hälfte des 20. Jahrhunderts Hunderte Vereine: solche, in denen sich Berufs- und Fachgruppen zusammenschlossen, und solche, in denen die Mitglieder ihren persönlichen Neigungen und Interessen nachgingen. Bei Letzteren spannte sich der Bogen von gemeinnützigen und Wohltätigkeitsvereinen über Geselligkeits-, Militär-, politische und vaterländische Vereine, Sparvereine, musikalische Vereine, Sport, Radfahr- und Turnvereine bis hin zu Vereinen für Kunst und Wissenschaft sowie für Gartenbau, Landwirtschaft und Tierzucht.

1912 — Im Jahr 1905 waren in Plauen etwa 370 Vereine registriert, bis 1912 erhöhte sich deren Zahl auf rund 620. Diese außerordentliche Steigerung hatte mehrere Ursachen. Zum einen wuchs die Bevölkerung der Stadt in den sieben Jahren um mehr als 20 000 Menschen. Dann vereinfachte das Reichsvereinsgesetz von 1908 in vielen deutschen Ländern, darunter Sachsen, die Bildung von Vereinen. Der Reallohn stieg in Deutschland zwischen 1900 und 1913 um 15 Prozent, was es vielen erleichterte, sich die Mitgliedschaft in einem Verein zu leisten. Die tägliche Arbeitszeit ging zurück, bis 1914 im produzierenden Gewerbe auf etwa zehn Stunden, was ein Quäntchen mehr Freizeit verschaffte. Und sicher regte auch das weithin von Zuversicht und Optimismus beherrschte Lebensgefühl in der prosperierenden Großstadt die Menschen an, sich einer Gemeinschaft Gleichgesinnter anzuschließen.

Den Ersten Weltkrieg überstand die Plauener Vereinslandschaft ohne auffällige Blessuren. Im Gegenteil, ein halbes Jahr nach Kriegsende waren nahezu 650 Vereine eingetragen. Dieser Stand stabilisierte sich in der Weimarer Republik.

Nach der Machtübernahme der Nationalsozialisten wurden gegnerische und missliebige Vereinigungen verboten, alle anderen gleichgeschaltet. Mitte der 1930er-Jahre existierten in Plauen noch etwa 550 Vereine. Unter den 118 Sportgemeinschaften, die allesamt in die Ortsgruppe Plauen des Deutschen Reichsbundes für Leibesübungen zwangseingegliedert worden waren, fanden sich nun auffällig viele Luftbüchsenschützen (43 Vereine). Auch die Kleingärtner, von den Nazis als Eigenversorger im proklamierten Kampf um die deutsche Nahrungsfreiheit hoch geschätzt, erklommen mit 65 Vereinen ungekannte Höhen.

In Vereinen schlossen sich Menschen nahezu aller sozialen Klassen zusammen. Arbeiterschaft und kleinbürgerliche Kreise organisierten sich ebenso wie das vermögendere Bürgertum. Dabei grenzte man sich gern standesgemäß ab, was schon der Mitgliedsbeitrag regelte. »Einfache«, für fast jedermann zugängliche Vereine kassierten monatliche Pfennigbeträge. Der Theaterverein zu Plauen zum Beispiel verlangte Anfang des vorigen Jahrhunderts mindestens eine Mark im Jahr, alternativ gewährte das Statut auch eine Einmalzahlung von 100 Mark. »Bessere« Vereinigungen forderten da ganz andere Summen – wie die Neue Erholungs-Gesellschaft zu Plauen, in der überwiegend Kaufleute sowie Lehrer in gehobener Stellung, Ärzte und höhere Verwaltungs- und Justizbeamte verkehrten. Dem exklusiven Klub in der Neundorfer Straße (Areal neben der heutigen Stadtbücherei, Standort der Gaststätte »Vogtlandgarten«) anzugehören, kostete ein einmaliges »Eintrittsgeld« von 125 Mark oder 150 Mark in sechs Raten sowie eine »Jahressteuer« von 50 Mark.

Die Geschlechter blieben in den Vereinen bis auf wenige Ausnahmen – gemischte Chöre oder der erwähnte Theaterverein etwa – unter sich. Reine Frauenvereine stellten eine absolute Minderheit dar.

Weit verbreitet waren im Kaiserreich und ebenso in der Weimarer Republik Vereinigungen, die gemeinnützige und wohltätige Zwecke verfolgten. 1912 – wenn nicht anders vermerkt, beziehen sich alle folgenden Angaben auf dieses Jahr – wirkten in der Stadt 101 solcher Vereine. Die meisten von ihnen bewegten sich im zwei- oder dreistelligen Mitgliederbereich, eine Handvoll jedoch vereinigte Tausende von Beitragszahlern in ihren Reihen. Als größte vereinsrechtliche Organisationen hoben sich die Vogtländische Bundesgruppe der Naturheilvereine (8 000 Mitglieder), der Wirtschafts-Verein (7 689) und der Konsum- und Sparverein (7 417) ab. Es folgten, schon mit gehörigem Abstand, der Albert-Verein (1 450), der Vogtländische Touristenverein (Wandern, 1 300) sowie die Jugendfürsorge (1 152).

Kleingartenverein Eichberg I & II, um 1910
Sammlung Peter Winkler

Gemeinnützige und Wohlfahrtsvereine verfolgten die unterschiedlichsten Zwecke. So taten sich Einwohner verschiedener Plauener Stadtteile zu Bezirksvereinen zusammen. Die Kirchgemeinden unterhielten Jungfrauen- und Jünglings-, desgleichen Schwestern- und Männervereine. In der Stadt waren zwei Freimaurerlogen mit einigen Hundert Angehörigen aktiv, auch Natur- und Tierschützer hatten sich, noch in überschaubarer Zahl, bereits zusammengetan. Andere Gruppierungen setzten eher spezielle Inhalte auf die Agenda – etwa die Ortsgruppe des Deutschen Sittlichkeitsbundes vom Weißen Kreuz, der Verein für die Feuerbestattung zu Plauen, jener für die Ausbildung begabter Knaben oder die etwas elitär anmutende Sächsische Fechtschule (mit immerhin 700 Mitgliedern).

Als weitere große Gruppierung waren in den ersten Jahrzehnten des vorigen Jahrhunderts die sogenannten Geselligkeitsvereine nicht wegzudenken aus dem Stadtleben. In Plauen existierten 82. Die bedeutenderen kamen auf mehrere Hundert Mitglieder, die meisten jedoch bewegten sich im zweistelligen Bereich. Zu den personell stark aufgestellten Vereinigungen gehörten der erst 1911 gegründete Seereiseklub Plauen (350 Mitglieder) sowie die traditionsreichen Vergnügungsvereine Neue Erholungs-Gesellschaft (1811 gegründet, 327) und Union (1834, 300).

Geselligkeitsvereinen schloss man sich aus den verschiedensten Gründen an – um Kunst und Kultur zu genießen, um sich zu bilden und charakterlich zu entwickeln, um Traditionen zu pflegen, Hobbys und Liebhabereien nachzugehen, und mitunter auch einfach nur zum regelmäßigen Schwatz am Stammtisch. Da bekundeten, nur wenige Beispiele, Theaterfreunde in den Gesellschaften Thalia (250) und Fidele Sterne (30) ihre spezielle Verbundenheit mit dem Musentempel. Einstige Schüler ließen in der Vereinigung ehemaliger Abiturienten der Realschule zu Plauen (190) ihre Kinder- und Jugendzeit wieder aufleben. Bei den Vereinigten Bayern (42) und einem reichlichen Dutzend weiterer Landsleute-Vereine erinnerten sich zugezogene Mitbürger der alten Heimat. Im Pfeifen-Klub Eintracht und zwei weiteren Raucherklubs pafften Herrenrunden einmal wöchentlich oder monatlich genießerisch das Vereinslokal voll, währenddessen in der Casino-Gesellschaft Plauen (110) die »besseren Kreise« unter sich blieben: Dem Vorstand gehörten ein Medizinalrat, ein Plauener Fabrikant und drei millionenschwere Rittergutsbesitzer an.

Auch die Musik führte vor einem Jahrhundert viele Menschen zusammen. In Plauen stimmten allein 75 Männergesangsvereine zur wöchentlichen Singstunde an, dazu noch vier gemischte Chöre. Weiter spielten 15 Instrumentalvereine auf und 27 Kirchen-, Sport- oder Berufsvereine unterhielten eigene Gesangsabteilungen. Die großen Musikantengemeinschaften wie der Lehrergesangsverein und der gemischte Chor des Musikvereins Plauen brachten in voller Besetzung 330 beziehungsweise 250 Personen auf die Bühne, wohingegen die acht Sänger des Doppelquartetts Rheingold zur Hausmusik auch in einer bürgerlichen guten Stube Platz fanden.

② Plauener Radrennbahn an der Straße nach Syrau, der heutigen B 92, 1928; stadtauswärts daneben das Restaurant »Tannenhof«, gegenüber die Straße nach Oberjößnitz mit dem jüdischen Friedhof auf der linken Seite
Stadtarchiv Plauen

Dass der vaterlandsliebende Deutsche seinen Dienst beim Kommiss gern mit Stolz vor sich hertrug, bezeugen 33 Militärvereine in Plauen. Allein der Königlich Sächsische Militärverein ehemaliger Kameraden des 5. Infanterie-Regiments Kronprinz Nr. 104 zu Plauen (der sich bezeichnenderweise im Restaurant »Kriegerdenkmal« traf) vereinigte 415 Veteranen in seinen Reihen, jeweils 400 waren bei den königlich sächsischen Militärvereinen Kavallerie und Artillerie sowie Schützen und Jäger eingeschrieben.

Unter den 20 politischen und vaterländischen Vereinen überwogen die konservativen, deutschnational, auch völkisch, rassistisch und antisemitisch ausgerichteten Organisationen – angeführt von der Ortsgruppe Plauen des Alldeutschen Verbandes mit 450 Mitgliedern. Als personell stark aufgestellter Gegenpol wirkte der Sozialdemokratische Verein für den 23. Sächsischen Reichstagswahlkreis (5 000). In politischen Vereinen wirkten nur Erwachsene mit, Jugendliche unter 18 Jahren durften nach dem Reichsvereinsgesetz von 1908 keine Mitglieder sein.

Eine heute in Deutschland nur noch selten anzutreffende Vereinsart waren die Sparvereine. Plauen hatte elf. In Sparvereinen trafen sich die Mitglieder eher zu geselliger Runde denn zur Geldvermehrung. Die Teilnehmer fütterten einen Sparschrank im Vereinslokal

③ Freibad Haselbrunn mit aufgebauten Tribünen für den Schwimmländerkampf Deutschland–Frankreich im Juni 1934
Stadtarchiv Plauen

regelmäßig mit Kleinbeträgen. Ein Kassierer verwaltete das Geld, zur jährlichen Auszahlungsfeier kam es dann wieder unter die Leute. Oft wurden davon gemeinsame Unternehmungen des Vereins finanziert.

In der Kategorie Kunst und Wissenschaft waren in Plauen 46 Vereine registriert. Gleich zwölf beschäftigten sich mit Stenografie, darunter zwei Damenvereine. Der größte, der Vogtländische Stenographenverband Gabelsberger, vereinigte 2 200 Mitglieder.

Gartenbau-, Landwirtschafts- und Tierzuchtvereine gab es 20, am stärksten vertreten waren die Kaninchen- und Geflügelzüchter (5) sowie die Hundehalter und -ausbilder (4).

Der Volkssport hatte sich zu Beginn des 20. Jahrhunderts zu einer Massenbewegung entwickelt. Tausende Plauener, vornehmlich Männer, ertüchtigten ihren Körper in mehr als 50 Vereinen. Dabei waren Turnen (16) und Radfahren (11) besonders beliebt. Große Turnclubs vereinten mehrere Hundert Mitglieder in ihren Reihen, etwa die Turnergemeinde (650) und der Arbeiter-Turnverein Eiche (448) mit fünf Männerabteilungen und einer Frauenabteilung. Bei den Pedaleuren hingegen erreichte nur der Arbeiter-Radfahr-Verein Frisch Auf Dreistelligkeit (216). In anderen Gruppen, die sich Radlerlust und Radfahrverein Langsam nannten, stand der Leistungsgedanke vermutlich eher weniger im Vordergrund.

Weitere im Verein betriebene Sportarten waren Ringen, Gewichtheben und Boxen, Kegeln, Schießen, Jagen, Reiten, Bergsteigen, Automobil- und Motorradfahren, Handball, Rollschuhlauf, Eis- und Skilauf, Wandern oder auch die Luftfahrt. Zwei 1906 und 1920 gegründete Tennisclubs betrieben Spielstätten am Stadtwald und im Stadtpark. Eigenständige Leichtathletik-Gemeinschaften existierten vor dem Ersten Weltkrieg noch nicht, doch unterhielten einige Vereine Leichtathletik-Abteilungen.

Schwimmvereine gab es in Plauen Mitte der 1920er-Jahre vier mit zusammen etwa 1 200 Mitgliedern. Das Aushängeschild war der Plauener Schwimmverein 1912 (PS 1912), der in den 1930er-Jahren zu den erfolgreichsten Schwimmvereinen Deutschlands gehörte. 1934 richtete der PS 1912 einen Länderkampf Deutschland – Frankreich aus und ein Jahr später die 50. Deutsche Schwimmmeisterschaft. Im November desselben Jahres holte der Plauener Verein die Schwimm-Elite der USA, die während einer vorolympischen Wettkampfreise durch Deutschland tourte, nach Plauen. Im König-Albert-Bad an der Hofer Straße traten die Amerikaner gegen eine deutsche Schwimm-Auswahl an.

Unstreitiger Newcomer unter den Sportarten war zu Beginn des 20. Jahrhunderts der Fußball. Allein zwischen 1900 und 1903 entstanden in Plauen 16 Fußballvereine, weitere folgten in den Jahren darauf. Die meisten verschwanden allerdings bald wieder in der Versenkung. Drei Vereine dominierten den Plauener Fußballsport: der Vogtländische Fußball-Club Plauen (1927 520 Mitglieder), Apelles, ab 1920 Plauener Sport- und Ballspiel-Club (400), sowie der Sportverein Konkordia 05

④
Olympiasieger und Weltrekordler Kurt Helbig, 1928
Stadtgeschichtliches Museum Leipzig, Inv.-Nr. F1399 (a)

(325). Für Apelles liefen 1912 fünf Männer- und zwei Altherren-Mannschaften auf, der VFC schickte bereits in seinem Gründungsjahr 1903 eine Jugendmannschaft auf den Rasen.

Weit über die Grenzen der Stadt hinaus bekannt war die 1903 eröffnete Radrennbahn mit Rollschuhbahn am Tannenhof (Kauschwitz). Bis in die 1930er-Jahre preschten nationale und internationale Spitzenfahrer über das 333-Meter-Betonoval, von dem heute nichts mehr zu erkennen ist. Mit Adolf Keilwerth brachte Plauen einen großen deutschen Radsportler hervor, der sich gegen die besten Berufsfahrer seiner Zeit behauptete und der 1905 auf seiner Hausbahn einen Stundenrekord von 76,40 Kilometern aufstellte.

Gar in die Weltspitze vor drangen der Gewichtheber Kurt Helbig und die Schwimmerin Hanni Hölzner. Der arbeitslose Fleischer Helbig vom Kraftsportverein Jugendkraft kehrte 1928 mit Olympiagold im Dreikampf (Drücken, Reißen, Stoßen) aus Amsterdam zurück, wobei der Leichtgewichtler (bis 67,5 kg) mit 135 Kilogramm in Stoßen einen neuen Weltrekord aufstellte. In den drei folgenden Jahren gewann Helbig bei den Europameisterschaften einen kompletten Medaillensatz, er errang mehrere deutsche Meistertitel und stellte sechs Weltrekorde auf.

Die gebürtige Annabergerin Hanni Hölzner trainierte seit 1934 beim Plauener Schwimmverein 1912. Sie schwamm fünf Weltbestleistungen und belegte bei den Olympischen Spielen 1936 in Berlin über 200 Meter Brust Rang vier. Für den PS 1912 starteten 1935 auch der aus Viersen am Niederrhein stammende Ernst Küppers, Olympiateilnehmer 1928 und 1932, Vizeeuropameister und sechsfacher deutscher Meister im Rückenschwimmen, sowie dessen Ehefrau Reni Küppers-Erkens, mehrfache deutsche Meisterin im Freistilschwimmen und Olympiateilnehmerin 1928.

1928

Jüdisches Leben

Waltraud Schmidt

Entstehung der jüdischen Gemeinde

Lange Zeit kannten die meisten Vogtländer Juden nur aus Zeitungen, Büchern oder vom Hörensagen. Nur wenige hatten Kontakte zu durchreisenden Messejuden und böhmischen Wollhändlern mosaischen Glaubens, verbot doch die repressive sächsische Judengesetzgebung ein dauerhaftes Wohnen in Sachsen. Um dieses Recht zu erhalten, musste man zum Christentum übertreten. Ausnahmen wurden nur für die Städte Dresden und Leipzig gestattet. Das änderte sich erst 1867 mit dem Beitritt Sachsens zum Norddeutschen Bund und der Gründung des Deutschen Reiches 1871. Die damit verbundene Freizügigkeit und der Aufschwung der traditionellen Textilindustrie im Vogtland, besonders der Übergang zur maschinellen Spitzenproduktion, zogen unternehmungslustige junge Leute an.

Sie kamen aus allen zum deutschen Reich gehörenden Ländern, den unter preußischer Herrschaft stehenden Teilen Polens und aus dem Ausland. Den sich zum Christentum evangelisch-lutherischer Konfession bekennenden Vogtländern begegneten mit den Zuzüglern Vertreter anderer religiöser Auffassungen, darunter relativ viele Juden. Jahrhunderte von vielen Gewerben ausgeschlossen, sahen diese in hier neu entstehenden Berufszweigen eine Perspektive.

So gründeten die jüdischen Schweizer Firmen Blank & Co. und Iklé & Reis Filialen. Der spätere Kunstsammler und Stifter des Guggenheim Museums in New York Solomon Guggenheim (Fa. Guggenheim & sons) betätigte sich von 1882 bis 1888 in Plauen als erfolgreicher Auftraggeber und Exporteur von Plauener Spitze.

Das Bedürfnis zur gemeinsamen Religionsausübung und der Wunsch, die Kinder in der Religion der Väter zu unterweisen, führten 1884 zur Gründung einer israelischen Vereinigung in Plauen, die sich zu einer Gemeinde entwickelte. Ab 1896 wurde jährlich ein Kalender herausgegeben, der die vielfältigen sozialen und kulturellen Aktivitäten der Gemeinde widerspiegelt. 1898 erwarb die Gemeinde in Kauschwitz am Oberjößnitzer Weg ein Grundstück und legte einen eigenen Friedhof an.

In den Jahren 1904/05 bestimmte die sächsische Regierung ausführlich Rechte und Pflichten der Juden im Königreich Sachsen und sicherte sich die Kontrolle über sie. So musste sich jeder Jude, der seinen Wohnsitz in Sachsen hatte, ein Grundstück besaß oder ein Gewerbe betrieb, der im Territorium bestehenden jüdischen Gemeinde anschließen.

Die Juden der Amtshauptmannschaften Auerbach, Oelsnitz und Plauen entschieden sich für die Israelitische Religionsgemeinde Plauen (IRGP). Damit erhält man erstmalig eine Zahl der Personen, die sich im Vogtland zum jüdischen Glauben bekannten – allerdings eine nur einigermaßen exakte, denn es ist zu bezweifeln, dass wirklich jeder Jude dieser amtlichen Aufforderung nachkam. Die Fluktuation war groß. Auch gab es immer wieder Auseinandersetzungen mit jüdischen Familien, die im Vogtland Filialen ihrer Firma betrieben, aber nicht dort wohnten. Die Literatur ist hier mitunter unzuverlässig, weil sie keinen Unterschied macht zwischen einem Mitglied der IRGP und einem jüdischen Einwohner Plauens oder eines anderen vogtländischen Ortes.

Entwicklung der Gemeinde

Nach der Volkszählung vom 1. Dezember 1910 lebten in Plauen 749 Juden. Davon waren 237 Bürger eines deutschen Landes und 436 Ausländer. Die meisten stammten aus den damals von Österreich und Russland beherrschten Teilen Polens. Sie kamen überwiegend nicht freiwillig, sondern flohen vor Not und Pogromen, die um die Wende zum 20. Jahrhundert im Zarenreich sehr häufig waren.

Viele Zuwanderer suchten ihr Auskommen als Händler oder Produzenten in der prosperierenden, aber störanfälligen Spitzenindustrie. Als mit dem Ende des Ersten Weltkriegs die großen Monarchien zerfielen und die Grenzen in Ost- und Südosteuropa neu gezogen wurden, kam es zu einer neuen Migrationswelle. Deutsch oder Jiddisch sprechende Juden flohen vor dem Nationalismus der neuen Staaten zu Verwandten oder Bekannten nach Deutschland. Die politischen Wirren brachten es mit sich, dass viele von ihnen staatenlos wurden. In ihren Lebensgewohnheiten, religiösen Traditionen und sozialem Status unterschieden sich die sogenannten Ostjuden von den schon ansässigen deutschen Juden beträchtlich. In den staatlich verordneten jüdischen Einheitsgemeinden Sachsens gab es daher Interessenkonflikte. Bei aller Respektierung von Unterschieden gelang es aber der Plauener Gemeinde besser als anderen, ein starkes Gemeinschaftsgefühl zu entwickeln. Das war vor allem das Verdienst solcher Persönlichkeiten wie Josef Kauffmann, Adolf Simon und in den 1920er-Jahren Isidor Goldberg.

1914 erhielten auch die ausländischen Gemeindeangehörigen unter der Bedingung, fünf Jahre ansässig zu sein, das aktive Wahlrecht innerhalb der Gemeinde, 1919 das passive Wahlrecht. Es gab gemeinsame traditionelle Gottesdienste in einem ehemaligen Stickereigebäude in der Schillerstraße. Die Chassiden hatten aber zudem einen eigenen Betsaal in der Blumenstraße (heute Eugen-Fritsch-Straße) und später in der Alaunstraße (ehemals vom Albertplatz zur Bärenstraße). Für den jüdischen Religionsunterricht gab es zwei Auswahlmöglichkeiten: entweder die liberale Unterweisung in der Karlschule oder der Besuch des Cheder (Unterrichtsraum) in der Wohnung der Familie Scheiner in der Karolastraße.

Auf dem Friedhof gab es keine getrennten Bereiche für liberale und orthodox gläubige Juden. Unterschiedlich war lediglich die Beschriftung der Grabsteine.

Stellung der Plauener Juden im Sozialgefüge der Stadt

Wenn man Anfang des 20. Jahrhunderts die Bahnhofstraße aufwärts ging, kam man an einigen repräsentativen Geschäften vorbei, die Juden gehörten, wie das Warenhaus Tietz, das Modehaus Pollack, Teppich Lewin oder das Kaufhaus Gottheil, Ecke Karlstraße. An der Weststraße hatten die Spitzenfabrikanten Gebrüder Lay ihr Zentralgebäude errichtet. Diese Firma trug wesentlich zum Weltruf der Plauener Spitze bei. Für Vogtländer waren dies Symbole für den Reichtum aller Juden. Die meisten Juden unterschieden sich jedoch sozial kaum vom Durchschnitt der Bevölkerung. Sie betrieben Kleingewerbe meist nur mit Familienmitgliedern oder handelten mit Rohprodukten (Leder, Wolle und Ähnlichem), Partie- und Altwaren. Ein Teil, besonders die »Ostjuden«, lebte in Armut. Im Ersten Weltkrieg war ein Viertel der IRGP auf Unterstützung angewiesen. Die Kindersterblichkeit war hoch. Tuberkulose war eine häufige Todesursache.

Anfang des 20. Jahrhunderts gab es in Plauen zwei jüdische Kassenärzte, Hermann Simon und seinen Sohn Ewald, sowie drei jüdische Rechtsanwälte.

Juden in politischen Auseinandersetzungen Anfang des 20. Jahrhunderts

Eine neue Form der Judenhetze, für die sich die Bezeichnung Antisemitismus eingebürgert hat, bereitete der IRGP Sorgen. Unter Nutzung überlieferter religiöser Vorurteile wurde pseudowissenschaftlich auf Abstammung abgehoben und den Juden ein schlechtes Erbgut angedichtet. Davon ausgehend machte man sie für alle möglichen Probleme verantwortlich. So hetzte 1913 die Plauener Gruppe der Christlich-sozialen Partei des Berliner Hof- und Dompredigers Adolf Stöcker gegen die »jüdische« Neuerung im Handel. Gemeint war der Bau des Warenhauses Tietz am Postplatz.

Zur gleichen Zeit geriet die Spitzenindustrie in ihre schwerste Strukturkrise. Schuld daran sollten die galizischen Partiewarenhändler (Ramscher) sein. Der Plauener Fabrikantenverein tat sich mit einseitigen Anschuldigungen besonders hervor, unterstützt von hämischen Auslassungen in der lokalen Presse. In dieser aufgeheizten Atmosphäre grassierte das Gerücht, unter den Juden gäbe es Spione. Das führte bei Kriegsbeginn Anfang August 1914 zu Gewaltausbrüchen gegen Juden und deren Geschäfte auf der Bahnhof- und Forststraße. Die Stadtverwaltung musste Soldaten zum Schutz der Betroffenen anfordern.

Dessen ungeachtet erwiesen sich die vogtländischen Juden als gute Staatsbürger. Die Wehrpflichtigen folgten der Einberufung. Einige meldeten sich freiwillig.

Die Hetze gegen Juden hielt auch nach dem Ersten Weltkrieg in der Weimarer Republik an, nun propagiert und organisiert durch die sich formierende Nazipartei. Jüdische Gäste waren schon in den 1920er-Jahren in manchen Gaststätten unerwünscht, und auf dem Albertplatz rotteten sich faschistische Schläger zusammen, um besonders vom nahe gelegenen Betsaal zurückkehrende orthodox gläubige Juden anzupöbeln und zu misshandeln.

Als früher Mahner und Kritiker dieser Zustände in Wort und Schrift trat der jüdische Rechtsanwalt Dr. Isidor Goldberg auf. Von 1919 bis 1932 war er mit dem Mandat der Deutschen Demokratischen Partei (DDP) ein äußerst aktives Mitglied des Stadtparlaments. Er stieß aber bei vielen Stadträten und Fabrikanten auf taube Ohren, wurde bedroht und als »Nestbeschmutzer« beschimpft.

Infolge dieser Anfeindungen übernahmen etliche Plauener Juden zionistische Ideen. Einige wanderten sogar in das britische Mandatsgebiet Palästina aus. Die meisten Mitglieder der Gemeinde standen aber der Idee vom Judenstaat skeptisch gegenüber. Schärfste Kritiker waren die Mitglieder des jüdischen Frontkämpferbundes und des Centralvereins deutscher Staatsbürger jüdischen Glaubens. Der 1928 in der jüdischen Gemeinde mehrheitlich gefasste Beschluss, eine Synagoge auf eigenem Grund und Boden zu errichten, war somit auch ein Bekenntnis zum Bleiben trotz Anfeindungen und rückläufiger Mitgliederzahlen. Die Gemeinde entschied sich für das Projekt des Münchner Architekten Fritz Landauer, das, stilistisch und bautechnisch modern, Gemeindeleben und Kulthandlungen unter einem Dach ermöglichte. Unter großer öffentlicher Beteiligung wurde

①
Markantes Beispiel des Neuen Bauens: die Plauener Synagoge (o. r.), vom Bärenstein aus gesehen, 1936
Stadtarchiv Plauen

Jüdisches Leben

der Neubau nach bemerkenswert kurzer Bauzeit 1930 eingeweiht. Er stand bei kulturellen Veranstaltungen allen Bürgern der Stadt offen.

In der politisch aufgeheizten Atmosphäre Anfang der 1930er-Jahre setzte die jüdische Gemeinde ein weiteres Zeichen des Widerstands gegen rechte Umtriebe. 1931/32 führte Rechtsanwalt Dr. Walter Simon im Namen von 13 jüdischen Firmen, zwei Rechtsanwälten und des Arztes Dr. Ewald Simon erfolgreich einen Prozess gegen Martin Mutschmann wegen sittenwidriger Verunglimpfungen in dessen Hetzblatt »Der Freiheitskampf«.

Die Vernichtung der jüdischen Gemeinde

Nachdem die Nazis auch im Plauener Rathaus die Macht übernommen hatten, verhafteten sie tatsächliche oder nur vermutete Gegner. Der jüdische Kaufmann Julius Brandeis, Mitglied des jüdischen Frontkämpferbundes und wirtschaftlicher Konkurrent Martin Mutschmanns, war im März 1933 das erste Mordopfer. Unter den ersten »Schutzhäftlingen« waren mehrere Juden, so auch Isidor Goldberg, seit 1927 Vorsteher der jüdischen Gemeinde. In ihm sahen die vogtländischen Nazis einen Hauptfeind.

Mit der öffentlichen Demütigung von Juden und dem Boykott ihrer Gewerbe im April 1933 fuhren die Nazis fort, ihr antisemitisches Programm zu realisieren. Dabei wurde die in der SA teilweise vorhandene antikapitalistische Stimmung kanalisiert und auf »die Juden« gelenkt. Unmittelbar bedrohte Familien, wie die Goldbergs und Scheiners, waren zur Flucht ins Ausland gezwungen. Andere bereiteten die Auswanderung vor oder zogen sich in die Anonymität großer Städte zurück. Letztlich gerieten aber fast alle, die in europäischen Ländern Zuflucht gesucht hatten, während der deutschen Besatzung in die Hände der Gestapo.

Nach der Volkszählung von 1933, die noch Juden als Mitglieder einer religiösen Gemeinschaft statistisch erfasste, hatte die IRGP 671 Mitglieder, 519 lebten in Plauen. Im Oktober 1939 zählte sie in einer selbst erstellten Liste nur noch 116 Mitglieder, davon 98 in Plauen. Die Gemeinde war verarmt und überaltert. Ihre Mitglieder mussten sich mit dem Namen Sara beziehungsweise Israel als Juden ausweisen und ab 1941 den Davidstern tragen. Vorausgegangen waren »Arisierung« genannte Enteignungen und Berufsverbote.

Im Oktober 1938 wurden 60 in Plauen lebende polnische Juden im Niemandsland zwischen Deutschland und Polen ausgesetzt. Aus polnischen Gettos kamen die meisten von ihnen während der deutschen Besetzung in Vernichtungslager. Im Novemberpogrom 1938 wurde die erst acht Jahre zuvor eingeweihte und noch mit Schulden bei der Dresdner Bank belastete Synagoge bis auf die Grundmauern zerstört. Die offenen Bankforderungen und die Zahlung der von Göring verordneten Kontribution führten zum finanziellen Ruin der Gemeinde.

Aus dem Vogtland wurden nach der sogenannten Reichskristallnacht 46 Männer ins Konzentrationslager Buchenwald gebracht. Ihre Entlassung hing von der erpressten Erklärung ab, Gewerbe und Eigentum aufzugeben und Deutschland zu verlassen. Nicht jeder hatte aber das nötige Geld für die »Reichsfluchtsteuer« oder Verwandte im Ausland, die einen Neuanfang erleichterten. Schweren Herzens übergaben noch wenige Monate vor Kriegsbeginn jüdische Eltern ihre Kinder Hilfsorganisationen, die diese meist in Großbritannien in Heimen oder bei Pflegefamilien unterbrachten. Sie sahen ihre Eltern nie wieder. Die Absicht von drei vogtländischen Familien, mit der MS St. Louis noch im Frühsommer 1939 nach Amerika zu gelangen, endete mit der erzwungenen Rückkehr nach Europa.

Die oben genannten noch 116 Mitglieder der Gemeinde sowie 14 nach Nazijargon »konfessionslose Rassejuden« wurden 1939/40 in Judenhäusern zusammengepfercht. In diese Häuser wurden auch Juden aus anderen Städten gebracht. So konnten sie unter Kontrolle gehalten und in Gruppen oder einzeln deportiert werden.

Vogtländische Juden kamen in Einzeltransporten in die Konzentrationslager Buchenwald, Auschwitz und Sachsenhausen. Im Mai 1942 ging der erste Transport mit 53 deutschen und staatenlosen Bewohnern Plauener Judenhäuser über Chemnitz in das Getto Belzyce bei Lublin. Nach dessen Auflösung kamen die Deportierten in ein Vernichtungslager. Die Transporte in das sogenannte Altersgetto Theresienstadt wurden in größeren Städten zusammengestellt. Für Plauen waren das Leipzig, Dresden und Chemnitz. Der Transport mit den meisten (17) Vogtländern dorthin war der vom September 1942. Beim letzten Transport im Februar 1945 kamen 15 Juden aus dem Vogtland nach Theresienstadt. Sie alle lebten mit einem nichtjüdischen Partner in einer sogenannten Mischehe, was sie bis dahin teilweise vor Repressionen geschützt hatte.

Während für viele der nach Theresienstadt deportierten vogtländischen Juden dies nur Zwischenstation in ein Vernichtungslager war, kehrten die 15 noch im Februar 1945 Verschleppten nach Hause zurück. Zwei von ihnen (Benno Kassel und David Stiefel) fanden ihre Ehefrauen nicht wieder. Sie waren Opfer der Bombenangriffe auf Plauen geworden.

Die meisten Rückkehrer aus den Konzentrationslagern und Zwangsarbeitslagern beteiligten sich nach Kriegsende aktiv am Neuaufbau. So übernahm Manfred Herzfeld die Leitung der Betreuungsstelle für Opfer des Faschismus. Auch wurde der Versuch unternommen, wieder eine jüdische Gemeinde zu gründen. Sie bestand als Teil der Israelitischen Religionsgemeinde Leipzig bis zum Tod ihres Vorstehers David Stiefel 1957.

Die vogtländischen Juden hatten gemäß den Befehlen der sowjetischen Militäradministration schon 1946 ihren Grundbesitz zurückerhalten. Das Grundstück mit den Grundmauern der ehemaligen Synagoge verkauften sie 1949 an die Adventistengemeinde. Der unter Denkmalschutz stehende Friedhof ist jetzt Eigentum des Verbandes der Jüdischen Gemeinden Sachsens.

Die Zerstörung Plauens in der Schlussphase des Zweiten Weltkriegs

Gerd Naumann

Plauen und das Vogtland zählten bis weit in das Jahr 1943 zum »Luftschutzkeller des Reiches«, also zu den Regionen in Deutschland, die sich aufgrund ihrer geografischen Lage praktisch noch außerhalb des Wirkungsbereichs alliierter Bomber befanden und deshalb kaum Luftangriffe befürchten mussten. Eine wirksame, allerdings auf Schwerpunkte konzentrierte deutsche Luftabwehr und das Fehlen geeigneter Langstreckenbegleitjäger für die schweren Bomber von Briten und Amerikanern machten jeden Einflug in die Tiefen des Reiches zum kaum kalkulierbaren Risiko und führten anfänglich zu hohen Verlusten der Alliierten.

Dennoch zeigte sich auch die hiesige Bevölkerung von den Berichten sogenannter Fliegergeschädigter aus anderen Teilen Deutschlands zunehmend beunruhigt. Diese hatten bei den Fliegerangriffen der Briten und Amerikaner eine absolute Übermacht des Gegners gefühlt. Martin Mutschmann, in Personalunion Gauleiter der sächsischen NSDAP, Reichsverteidigungskommissar und Reichsstatthalter in Sachsen, teilte im Mai 1943 der Parteikanzlei mit, dass dieses Gefühl die Stimmung der Menschen in Sachsen insofern beeinflusse, als man natürlich fest damit rechne, dass auch weitere Reichsgebiete betroffen sein würden.

Im Spätsommer 1944, dem Zeitpunkt der ersten Bombardierung Plauens und viereinhalb Jahre nach seinem Beginn, erreichte der Bombenkrieg gegen Deutschland seine grausige Perfektion: Nach Erringung der uneingeschränkten Luftherrschaft – und deshalb immer seltener behelligt von deutschen Jägern und deutscher Flak – tauchten jetzt auch über ganz Sachsen die Bomberpulks der Alliierten auf.

»Beginnen Glaube und Überzeugung zu schwinden, sind Weissagungen, obskure Berichte, Mutmaßungen und Gerüchte bewährte Mittel, eigene Zweifel zu zerstreuen und sich der Illusion, dass wohl alles an Plauen vorübergehen oder wenn doch etwas geschehen sollte, es nicht so schlimm kommen könne, hinzugeben.«[1] Vielen galt Plauen – etwa im Vergleich zu den Städten des Ruhrgebiets oder zu Hamburg – als zu unbedeutend, um aus der Luft angegriffen zu werden. Diese Annahme speiste sich auch und vor allem aus dem verhältnismäßig geringen Umfang der Rüstungsfertigung in der Stadt. Zudem wurde aus der Vermutung, in Plauens Textilindustrie stecke viel ausländisches Kapital, geschlussfolgert, die Alliierten wären nicht so töricht, durch Bombardierungen eigenes Geld zu vernichten. Selbst die früheren jüdischen Mitbürger, denen es gelungen war, noch vor Kriegsausbruch aus Deutschland zu fliehen, wurden zum imaginären Hoffnungsträger. Aufgrund ihrer – gemutmaßten – Stellung in der Plauener Textilindustrie würden sie es nie zulassen, dass die Alliierten ausgerechnet ihr Eigentum in Schutt und Asche legten. Hoffnung erwuchs auch aus dem Gerücht, Plauen würde demnächst wegen seines großen Krankenhauses sowie mehrerer in Schulen oder anderen Gebäuden untergebrachter Reservelazarette zur »Lazarettstadt« erklärt werden.

»Der Preis der Niederlage«

Die von den Alliierten im Februar 1945 von der Krim aus an die Deutschen gerichtete klare Aufforderung, den hoffnungslosen Widerstand aufzugeben, weil sich sonst der Preis ihrer Niederlage weiter erhöhen würde, verhallte wirkungslos, musste unter den gegebenen Umständen wirkungslos verhallen. Obwohl das »Dritte Reich« für jedermann sichtbar dem Untergang geweiht war und zunehmend in Agonie verfiel, setzten die Deutschen ihren Widerstand fort – unter Zwang bis zur Bedrohung der physischen Existenz, aber auch freiwillig –, sei es aus Trotz, aus Verzweiflung oder aus Fanatismus. Schon ab Sommer 1944, aber insbesondere im Winter und Frühjahr 1945 verzeichneten die alliierten Streitkräfte zur endgültigen Niederwerfung der Deutschen einen enormen Zustrom an Menschen und Material, der natürlich auch eingesetzt und verbraucht wurde. Dies hatte zur Folge, dass für die alliierten Einsätze in den letzten Monaten des Krieges, gleich ob am Boden oder in der Luft, unverhältnismäßiger Kräfteeinsatz kennzeichnend war – natürlich auch, um im Angesicht des nahen Sieges eigene Verluste möglichst gering zu halten.

Die Tendenz zu Eskalation und Verstärkung bestimmte insbesondere den von den Alliierten gegen das Reich geführten Krieg aus der Luft: Von den 1,42 Millionen Tonnen Bomben, die insgesamt auf Deutschland fielen, trafen 1,18 Millionen Tonnen im letzten Kriegsjahr, und allein ein Drittel der Tonnage in den letzten vier Monaten ein immer kleiner werdendes von Deutschen kontrolliertes Gebiet.

Immer öfter erlitten nun auch die Menschen in den Städten Sachsens die Wucht und Schwere des modernen Krieges mit all seinen Schrecken und Leiden. Und: Die Zeit für die strategischen Ziele dritter Wahl beziehungsweise der letzten Stunde – wie Plauen – war angebrochen.

Selbst als am Ende der ersten Märzdekade 1945 eine Phase begann, in der die amerikanischen Luftangriffe die eigenen Kriegsanstrengungen nicht mehr wesentlich voranbrachten, weil sich die Wehrmacht ohnehin zusehends in Auflösung befand und der Widerstand am Boden immer sporadischer wurde, blieb der unverhältnismäßige Kräfteeinsatz als Konstante erhalten.

1944/45

① »Tunnel« und Bahnhofstraße nach der Zerstörung, August 1945
Stadtarchiv Plauen

Das besondere Interesse der 8. US-Amerikanischen Luftflotte galt seit Beginn ihrer Attacken gegen Ziele in Plauen im September 1944 der Ausschaltung der Vogtländischen Maschinenfabrik AG (Vomag) als bedeutendem Hersteller gepanzerter Fahrzeuge. Etwa jeder vierte Panzer des Typs IV (Ausführungen F, G und H) – rund 1400 insgesamt – wurde an der Elster endmontiert.

Die 8. United States Army Air Forces (USAAF) führte im März und Anfang April 1945 mit unverhältnismäßigem Aufwand Luftschläge gegen das nicht verteidigte Plauen, das sich zu dem Zeitpunkt auch noch nicht in Frontnähe befand. Die Amerikaner selbst unterschieden dabei zwischen »Area Raids« (Stadtangriffen) und »Plant Raids« (Industrieangriffen), wenngleich die meisten Attacken des Frühjahrs 1945 sowohl dem dicht bebauten Siedlungsgebiet der Stadt (»Town Area«) als auch Industrieanlagen und den Verschiebebahnhöfen galten. Nach ihrem letzten so angelegten konzentrierten Tagangriff auf Plauen am 8. April 1945 rechneten die Amerikaner mit geschätzten 30 000 Toten »in einer zum Großteil zerstörten Stadt«. (Tatsächlich waren bei diesem Angriff 60 Opfer zu beklagen.)

Acht von elf der gegen Plauen geflogenen Bombenangriffe der 8. USAAF fanden trotz widriger Sichtbedingungen und daher zwangsläufig unter Verzicht auf den Einsatz des hochpräzisen Bombenzielgeräts (»Bomb target device Norden sight«) sowie ohne Ergebniskontrolle statt. In all diesen Fällen gelangte das Bodenradarsystem H2X zum Einsatz. Dabei sank die Treffergenauigkeit mit zunehmender Bewölkung dramatisch. Infolgedessen gingen Bombenkonzentrationen häufig weitab der eigentlichen Ziele nieder, was in Unkenntnis der Zusammenhänge zu Spekulationen in der Plauener Bevölkerung über die Intentionen der Abwürfe führte, die bis in die Gegenwart anhalten.

Plauen bekam auch die praktischen Folgen einer strukturellen Veränderung zu spüren, die sich in der USAAF seit Mitte 1944 vollzog: Die Bombenschützen in den schweren viermotorigen Bombern wurden sukzessive durch sogenannte Togglier ersetzt – Besatzungsmitglieder, die eigentlich als Bordschützen (»Nose-Gunner«) fungierten, zugleich jedoch als Bombenschützen ohne eigenes Zielgerät. Ihre Aufgabe war es, den Bombenabwurf auszulösen, wenn der Führungsbomber das Kommando dazu gab. Diese strukturelle Veränderung wirkte sich unmittelbar auf die Taktik der Bombenabwürfe aus, die nun häufig in Geschwader-Formation im Reihenabwurf erfolgten, wodurch sich die amerikanische und die britische Bombardierungspraxis und damit verbunden auch die Trefferbilder – Teppichen ähnelnd – immer weiter annäherten.

Aus alledem folgt die Vermutung, dass die Luftangriffe in den letzten Wochen vor der Kapitulation der deutschen Wehrmacht in erheblichem Maße auch der Entsorgung riesiger Mengen an Abwurfmunition dienten, über die die US-Luftwaffe wie die britische Royal Air Force (RAF) am Schluss des Krieges verfügten.

Für das Bomber Command der RAF existierte indes bis zuletzt kein konzeptionelles Problem. Mit sturer Präzision löschte es eine große deutsche Stadt nach der anderen aus. Plauen traf es mit aller Wucht in der Nacht vom 10. zum 11. April 1945.

Wäre die Verwüstung Plauens am 10. April 1945 vermeidbar gewesen?

Nach Beginn der sowjetischen Weichsel-Oder-Offensive im Januar 1945 erhob der britische Premierminister Churchill die Forderung nach Verstärkung der Aktivitäten im Osten. Die Führung des Bomber Command der RAF antwortete mit dem Vorschlag einer Luftoffensive vor allem gegen mittel- und ostdeutsche Großstädte. Hatte Plauen bis in jene Tage unter den 518 potenziellen urbanen Angriffszielen, die im »Bomber's Baedeker« (Zielhandbuch der Royal Air Force) aufgelistet waren, eine eher untergeordnete Rolle eingenommen, so schien das Schicksal der Stadt nunmehr besiegelt: Eine am 7. Februar 1945 verabschiedete Liste erklärte Plauen ebenso wie Berlin, Dresden, Chemnitz, Leipzig, Halle, Dessau, Potsdam, Erfurt und Magdeburg zu einem Hauptbombardierungsziel, das durch Flächenbombardement zu vernichten wäre. Insgesamt enthielt das Verzeichnis 94 deutsche Städte. Aus Geheimhaltungsgründen erhielt jede Stadt einen englischen Fischnamen – eine Referenz an den angelversessenen Luftmarschall Robert Saundby, den Stellvertreter des Oberbefehlshabers des Bomber Command Arthur (Bomber-)Harris. Das Verzeichnis reicht von »Elver« – »Glasaal« für Aachen bis »Pout« – »Franzosendorsch« für Zwickau. Der Fishcode-Name für Plauen lautete »Brisling« – zu Deutsch »Sprotte«.

Die 156. Squadron RAF, mit der Zielmarkierung über Plauen in der Nacht des 10. April 1945 betraut, benannte in ihrem Operation Record Book die Intention des Angriffs ungeschminkt so, wie sie im Briefing bei den Fronteinheiten ankam: »[...] arase the town of the map.« – »Radiert die Stadt aus der Landkarte.«

Liest man hingegen im offiziellen Bericht des Bomber Command über die Nachtoperation 10./11. April 1945, so gewinnt man den Eindruck, es handele sich nicht um ein und denselben Angriff. Dort heißt es: »Plauen: Die Absicht war die Zerstörung der Eisenbahnanlagen und gleichzeitig das Blockieren der Gleise in den Verschiebebahnhöfen im Norden und Süden der Stadt.«

War die Intention des Angriffs nun, Plauen aus der Landkarte zu löschen oder die Zerstörung der Eisenbahnanlagen? Die Antwort fällt nach einem Blick auf die am 10. April 1945 verwendete Abwurfmunition und angesichts der damit erzielten Wirkungen eindeutig aus: Der zum Einsatz gebrachte, vielfach bewährte Bomben-Mix aus Luftminen (allein hiervon kamen 248 Exemplare à zwei Tonnen zum Abwurf) sowie Spreng- und Brandbomben mit der Bomber-Command-Code-Bezeichnung »Cookie/Plumduff« (statt »Abnormal« für Industrieanlagen) sind das Hauptindiz dafür, dass die RAF mit diesem Angriff die Absicht des »Dehousing« (in etwa »Wohnhäuser zerstören«) gemäß der »Area Bombing Directive« verfolgte. Es sollten größtmögliche Verwüstungen im dicht bebauten Stadtgebiet herbeigeführt und die noch verbliebenen Einwohner terrorisiert werden.

Die am 7. Februar 1945 erfolgte Einstufung Plauens als Hauptbombardierungsziel mündete am 10. April 1945 in der Verwüstung der Stadt durch britisches Flächenbombardement. Der scheinbare Automatismus, der die Entwicklung zwischen diesen beiden Daten prägte, wäre möglicherweise an drei Stellen zu durchbrechen gewesen: zuerst am 2. März 1945, als sich nach einem Briefing die als Gelegenheitsziel eingestufte Sommerfrische Jocketa – stellvertretend für die Elstertalbrücke und somit für die Schnittstelle von oberer und unterer Bahn – auf der Zielliste für die strategische Operation 859 der 8. USAAF wiederfand. Zwölf B-17-Bomber waren dafür vorgesehen, im Falle widriger Bedingungen über den primären beziehungsweise sekundären Zielgebieten die Brücke mit 24,6 Tonnen Bomben zu zerstören. In Hinblick darauf, dass der Nachtangriff des 10. April 1945 mutmaßlich die Zerstörung der Gleisanlagen des Oberen und Unteren Bahnhofs in Plauen bezweckte und die Verkehrsverbindungen nachhaltig unterbrechen sollte, hätte die Zerstörung der Elstertalbrücke möglicherweise aufhebende Wirkung besessen und den verheerenden Flächenangriff überflüssig gemacht.

Der größte Teil der Bomben gelangte am 2. März 1945 über Bahnanlagen der Stadt Chemnitz (Sekundärziel) zum Abwurf. Etliche auf dem Rückflug abgeworfene Bomben, deren Krater heute noch sichtbar sind, schlugen in der Nähe des nur von leichter Flak geschützten Gelegenheitsziels Elstertalbrücke ein, ohne größeren Schaden anzurichten. Der Eisenbahnverkehr war nur für kurze Zeit unterbrochen.

Die zweite Chance, von Verwüstung womöglich verschont zu bleiben, ergab sich auch für Plauen aus der in England geführten Kontroverse über die Wirksamkeit der Flächenangriffe und die dahinterstehenden Motive. Premier Winston Churchill wandte sich am 28. März 1945 in einer Note an die Stabschefs der britischen Streitkräfte mit der Aufforderung, die Frage des Bombardements deutscher Städte ausschließlich um der Steigerung des Terrors willen, wenngleich unter anderen Vorwänden, zu prüfen. Am 4. April 1945 sprachen sich die Befehlshaber zwar für die Begrenzung der Flächenbombardements aus, zugleich aber für deren Beibehaltung – explizit gegen zivile Strukturen – in dieser Phase des Krieges, weil sie ihnen geeignet erschienen, den Vorstoß der alliierten Armeen zu unterstützen, den Krieg zu verkürzen und seine Weiterführung mit anderen Mitteln zu verhindern.

Die dritte, allerdings extrem geringe und ultimativ letzte Chance für Plauen, dem Inferno eines Flächenangriffs doch noch zu entgehen, war mit der Person eines Agenten des OSS – des militärischen Geheimdienstes der USA – verbunden, der seit dem 8. April 1945 im Gebiet in und um Plauen operierte. Fatalerweise gelang es ihm aber am 9. April 1945 nicht, mithilfe seines Handfunkgeräts Kontakt zu einem Mitarbeiter des Geheimdienstes an Bord eines speziell ausgestatteten Mosquito-Flugzeugs herzustellen, um mitzuteilen, was er am 8. April 1945 gesehen hatte: eine brennende, kollabierende Stadt Plauen, in der nichts darauf hinwies, dass sie verteidigt werden sollte, fliehende Menschen und einen völlig zerstörten Bahnhof.

Amerikaner und Briten waren über den Zustand der Stadt und ihrer Bahnhöfe aber auch ohne die Informationen des Agenten vollständig im Bilde, denn beide hatten am 9. April 1945 noch einmal Luftaufklärung über Plauen betrieben – die Amerikaner, um die Ergebnisse ihres Tagangriffs vom 8. April 1945 zu verifizieren, und die Briten, um die Abwehrsituation in der Stadt vor dem beabsichtigten finalen nächtlichen Luftschlag zu prüfen. Bei der Auswertung der Luftbilder konnte ihnen nicht verborgen geblieben sein, dass die Gleisanlagen des Oberen Bahnhofs wie des Unteren Bahnhofs bereits schwer getroffen waren. Die Meldung des Agenten – sofern sie überhaupt vom OSS an die Briten weitergegeben worden wäre – hätte also nur bestätigt, was die Angreifer bereits wissen mussten.

Trotz der beschriebenen Aufklärungslage auf Seiten der Alliierten waren für Plauen die Würfel endgültig gefallen. Nur sechs Tage vor dem Einmarsch der Amerikaner ging die Stadt im Bombenhagel einer Streitmacht von 304 Lancaster-Bombern und sechs Mosquitos der 1. und 8. Gruppe des Bomber Command der RAF unter, die auf bewährte Weise von anderen Flugzeugen abgeschirmt und logistisch unterstützt wurde. Neun »Halifax«, zwei »B 17 Flying Fortress«, eine »B 24 Liberator«, sowie ein Mosquito-Schnellbomber waren für diese Zwecke zusätzlich am Himmel.

Plauen bekam noch im letzten Moment zu spüren, dass sich der Luftkrieg endgültig zum Selbstläufer entwickelt hatte.

318 **Die Nachkriegsjahre (1945–1949)**

329 **Schlaglichter 1950**
Momentaufnahme einer Stadt

330 **Von Trümmern und Träumen**
Die »langen« 50er-Jahre

335 **Die Verwaltung des Mangels**
Entwicklungslinien in Handel und Versorgung

343 **Wirtschaften im Zeichen des Plans**
Industrie, Handwerk und Landwirtschaft

357 **»Alle machen mit!«**
Streiflichter aus Kultur, Bildung, Jugend und Freizeit

371 **Zwischen Platte und Prestige**
Stadtentwicklung und Stadtverfall
unter sozialistischen Vorzeichen

381 **Abgesang und Zeitsprung**
Plauen als Impulsort für die Friedliche Revolution

1945 bis 1990

Plauen im Sozialismus

Die Nachkriegsjahre (1945–1949)

Andreas Krone

Plauen am Ende des Krieges

Das Furchtbarste waren die Toten. 2 358 Frauen, Männer und Kinder starben in Plauen im Bombenhagel. Dies ist die offizielle Zahl der Todesopfer, die wahre liegt ganz sicher höher.

Dann: die Verwüstung der Stadt. Plauen glich einem riesigen Trümmerfeld. Auf die Stadt waren zwischen 45 000 und 50 000 Bomben abgeworfen worden – pro Quadratkilometer 158,87 Tonnen. Damit hatte es Plauen unter allen sächsischen Großstädten sowie Zwickau mit Abstand am schlimmsten getroffen. (Zum Vergleich: Dresden 62,2 Tonnen, Leipzig 88,6 Tonnen, Chemnitz 108,3 Tonnen, Zwickau 32,1 Tonnen.)

Tausende Plauener standen von heute auf morgen ohne Dach über dem Kopf da. Es gab keinen Strom, kein Gas, kein Trinkwasser; dafür überall ausgebrannte und eingestürzte Häuser und von Bombeneinschlägen zerfurchte Straßen und Plätze. Und über allem lag der beißende Geruch der zahllosen Schwelbrände.

Vier von fünf Wohnhäusern in der Stadt waren zerstört oder beschädigt worden. Am schrecklichsten unter dem Bombardement gelitten hatte die obere Bahnhofsvorstadt, wo nahezu kein Stein mehr auf dem anderen lag. Nach einer Schätzung des Plauener Tiefbauamts aus dem Jahr 1950 betrug der Zerstörungsgrad in diesem Stadtbezirk 99 Prozent. Schlimm zugerichtet worden waren auch die Brückentorvorstadt (zwischen Weißer Elster und Hofer Straße, 90 Prozent), die Südvorstadt (65), die Neundorfer- und die Straßberger Vorstadt (50), die Hofer Vorstadt (Meßbacher und Weischlitzer Straße, 50) sowie das Stadtzentrum und Haselbrunn (je 40).

Tausende Menschen verließen die Stadt, der ersten amtlichen Nachkriegszählung zufolge hatte Plauen im August 1945 noch 80 827 Einwohner (1944: 115 040).

Noch nie in seiner Geschichte war Plauen von einer solchen Katastrophe heimgesucht worden. Das kommunale Tiefbauamt bilanzierte fünf Jahre nach Kriegsende, dass in Plauen etwa zwei Millionen Kubikmeter Trümmer und Schutt beräumt wurden – 1,8 Millionen Kubikmeter als unmittelbare Folgen der Bombardierung und weitere 200 000 nach Sprengungen und dem Abriss einsturzgefährdeter Gebäude. Bloß: Wie veranschaulicht man einen Trümmerhaufen von zwei Millionen Kubikmetern?

Würde man diese Menge auf dem etwa 80 mal 50 Meter großen Plauener Altmarkt aufschichten, ergäbe dies einen Quader von 500 Metern Höhe. Wer schon einmal unter dem Berliner Fernsehturm gestanden und nach oben geschaut hat, kann sich eine Vorstellung von knapp 370 Metern Höhe machen. Da müsste noch das Leipziger Völkerschlachtdenkmal (91 Meter) oben drauf – und es würden immer noch 40 Meter (in etwa der Plauener Bärensteinturm) fehlen.

Heute, fast acht Jahrzehnte später, erscheint es einem nahezu unvorstellbar, wie die Menschen es schaffen konnten, ihre Stadt von einer solch unglaublichen Last zu befreien. Noch dazu unter den damaligen Lebensbedingungen. Einer 1995 vom Leipziger Leibniz-Institut für Landeskunde veröffentlichten Studie über Kriegszerstörungen in Deutschland zufolge kamen in Plauen auf jeden Einwohner 15 bis 20 Kubikmeter Trümmermenge. Damit rangierte die Vogtlandstadt unter allen deutschen Großstädten (Stand 1939) auf einem Platz im oberen Mittelfeld. Die Aufräumarbeiten dauerten Jahre – und die Bevölkerung einer so stark zerbombten Stadt wie Plauen musste dabei Überdurchschnittliches leisten, was auch folgender Zahlenvergleich verdeutlicht:

	Deutschland	Plauen	in Prozent
Trümmermengen (geschätzt)	400 Mio. m³	2 Mio. m³	0,5000
bei Einwohnern (Volkszählung vom 29. Oktober 1946)	65 137 274	84 778	0,0013

Trümmermengen im Verhältnis zur Einwohnerzahl

US-amerikanische Besatzung

Am 16. April 1945 besetzten zwei Bataillone des 347. Infanterieregiments der US-Armee Plauen. Bereits tags darauf ernannte der erste US-Stadtkommandant, Major Arthur B. Ebbers, den 68-jährigen Juristen Dr. Max Schlotte wieder zum Oberbürgermeister. Schlotte gehörte in der Weimarer Republik der nationalliberalen Deutschen Volkspartei an, er war seit 1923 Bürgermeister und ab 1932 Oberbürgermeister von Plauen gewesen, ehe ihn die Nationalsozialisten 1933 aus dem Amt gejagt hatten. Auch der frühere Dezernent des Wohlfahrtsamts, der Sozialdemokrat Ernst Diez, kehrte im Mai 1945 auf seinen Posten zurück. Ansonsten nahmen die bisherigen leitenden kommunalen Beamten, sofern sie sich noch in Plauen aufhielten, ihre Dienstgeschäfte zunächst weiterhin wahr.

Bei der Polizei wurden die auffälligsten Hitler-Anhänger aussortiert, alle anderen Beamten verblieben,

16. April 1945

Untere Bahnhofstraße zwischen Rädelstraße und Konsument-Warenhaus, 1974
Walter-Ballhause-Archiv, Walter Ballhause

①
Bahnhofstraße oberhalb
der Kreuzung Jößnitzer
Straße, 1947
Stadtarchiv Plauen

in eingefärbten Uniformen, im Dienst. Zum kommissarischen Leiter der Ortspolizei ernannten die Amerikaner den Chef der Reservekompanie in der König-Georg-Kaserne, Hauptmann Heinrich Neuperti.

Das Plauener Amtsgericht nahm seine Arbeit für den Stadt- und Landkreis Mitte Mai 1945 wieder auf, im Justizwesen wurden nur Richter, Staatsanwälte, Rechtsanwälte und Notare weiterbeschäftigt beziehungsweise zugelassen, die nicht der NSDAP angehört hatten oder zumindest keine aktiven Parteigenossen gewesen waren.

Von den im »Dritten Reich« ausgeschalteten Parteien organisierte sich die KPD nach Kriegsende am schnellsten wieder. Bereits Anfang Mai 1945 hatten eine Handvoll ihrer Funktionäre zusammen mit einigen Sozialdemokraten einen antifaschistischen Aktionsausschuss gegründet, dem sich in den Wochen bis zum Wechsel der Besatzungsmächte auch Kräfte aus dem liberalen sowie dem christlich-demokratischen Lager anschlossen. Dem Drängen der KPD-Leute in führende Positionen der Stadtverwaltung und der Polizei schob die Militärverwaltung unter dem neuen Stadtkommandanten Leutnant Colonel Lathrop B. Read jr. (ab 6. Mai 1945) allerdings einen Riegel vor.

Parteien und politische Organisationen ließen die Alliierten im besiegten Deutschland in den ersten Nachkriegsmonaten nicht zu, auch die Zeitungen mussten ihre Arbeit vorerst einstellen. Stattdessen erschienen »Amtliche Bekanntmachungen«, die erste Ausgabe in Plauen am 30. Mai 1945.

Die städtischen Behörden nahmen den geregelten Dienst bereits wenige Tage nach Kriegsende wieder auf. Unter schwierigsten Bedingungen: Das Rathaus war teilweise zerstört. Das Stadtsteueramt etwa, in dem sich über Wochen unbearbeitete Schecks und Zahlungsüberweisungen sowie Bargeld angesammelt hatten, saß buchstäblich inmitten von Trümmern. Ein Umzug kam nicht infrage, da der Transport der Aktenberge, Karteischränke, des für das Steueramt unentbehrlichen Tresors und des sonstiges Inventars weder organisatorisch noch mit den einsatzfähigen Mitarbeitern zu bewältigen war.

Für die zivile Bevölkerung galten besonders in den ersten Besatzungswochen strenge Restriktionen. Das Verlassen des Stadtgebiets oder der Aufenthalt im Freien über die Sperrstunde hinaus waren nur mit Passierschein erlaubt, ab Mitte Mai durfte der Landkreis Plauen wieder aufgesucht werden.

In Privatbesitz befindliche Gewehre, Pistolen und Revolver sowie Fotoapparate und Ferngläser mussten bei der Polizei abgegeben werden.

Als Zahlungsmittel blieb die deutsche Reichsmark gültig, daneben hatten die Amerikaner Militär-Banknoten in Umlauf gebracht. Ab dem 13. Mai 1945 durften die Einzelhandelsgeschäfte wieder öffnen, ausgenommen von dieser Erlaubnis blieben nur Händler, die geschäftliche Beziehungen zur Wehrmacht oder zu Organisationen der NSDAP unterhalten hatten. Allerdings rückte der Ware-Geld-Handel im Alltag oft in den Hintergrund. Die

Anfang
Mai 1945

wenigen rationierten käuflichen Nahrungsmittel reichten zum Leben kaum aus. Hamsterfahrten gehörten zum Alltag, die Hunger leidenden Stadtmenschen tauschten bei den Bauern Schmuck, Wäsche und anderen Besitz gegen Brot, Kartoffeln, Eier und Speck oder sie lasen abgeerntete Felder nach.

Zur Trümmerberäumung hatte das Stadtbauamt schon Ende April alle Firmen und Werkstätten aufgefordert, soweit möglich Baumaschinen, Baugeräte, Kräne und andere Technik bereitzustellen. Parallel zu den Aufräumarbeiten begann die schrittweise Instandsetzung des Strom-, Wasser- und Gasleitungsnetzes im Stadtgebiet, wobei sich zunächst auf die noch bewohnbaren Straßenzüge sowie auf Ernährungsbetriebe konzentriert wurde.

Mitte Mai 1945 richteten die Besatzer in der Elsteraue zwischen Straßberg und Kürbitz ein Internierungslager für deutsche Militärangehörige ein. Nach amerikanischen Angaben wurden aus diesem Lager im Juni 1945 täglich bis zu 1000 Mann entlassen.

In den ersten Nachkriegswochen trieben sich in der Stadt mehrere Tausend befreite Kriegsgefangene und Fremdarbeiter herum. Plünderungen, Diebstähle und Körperverletzungen waren an der Tagesordnung. Um die Situation unter Kontrolle zu bekommen, brachte die Militärbehörde die Zwangsverschleppten in zwei Plauener Kasernen und dem Fliegerhorst an der Schöpsdrehe sowie in weiteren bewachten Sammellagern unter.

— 1. Juli 1945

Aus dem teilzerstörten Stadtkrankenhaus waren in den letzten Kriegswochen mehrere Stationen ausgelagert worden, so nach Leubnitz, Mühltroff und Bad Elster. Nach dem Einzug der Amerikaner kehrten diese Abteilungen Schritt für Schritt nach Plauen zurück. Verwundete Soldaten wurden im Frühjahr 1945 in mehr als zwei Dutzend Lazaretten und Hilfslazaretten versorgt, die im Krankenhaus, in Schulen und Privatkliniken, aber ebenso Objekten außerhalb Plauens untergebracht waren. Das Notlazarett Herbartschule übernahm die amerikanische Militärverwaltung am 20. April 1945 als alliiertes Hospital, in dem auch Zivilisten behandelt worden.

Schulen und andere Bildungseinrichtungen blieben in der Zeit der US-amerikanischen Besatzung geschlossen.

Für die Plauener Wirtschaft interessierten sich die Amerikaner eher punktuell. In der Vogtländischen Maschinenfabrik AG (Vomag) verhörten sie leitende Mitarbeiter und beschlagnahmten Unterlagen und Bauteile. Ansonsten verfuhren die Besatzer nach der Devise, Produktion, Lieferungen und Dienstleistungen lediglich so weit sicherzustellen, dass Hunger, Krankheiten oder Unruhen gegen die Besatzer vermieden werden.

Obwohl gemäß den alliierten Beschlüssen von London und Jalta bereits Wochen vor Kriegsende feststand, dass Plauen der sowjetischen Besatzungszone zugeordnet werden würde, hofften viele Plauener, angefangen beim Oberbürgermeister, die Amerikaner würden bleiben. Deshalb kam es noch am 30. Juni 1945 – am Tag des Abzugs der Amerikaner aus Plauen – zu einem Treffen zwischen Schlotte und dem Regierungspräsidenten von Thüringen in Weimar. Dieser versicherte dem Plauener Stadtoberhaupt, dass die Demarkationslinie zwischen den beiden Siegermächten entlang der Zwickauer Mulde verlaufen und Plauen unter amerikanischer Verwaltung bleiben würde. Davon ausgehend, sprach man dort schon über tagespolitische Fragen. Zurück in Plauen, fand Schlotte völlig überrascht eine Situation vor, die alle Pläne jäh zunichtemachte: Die Rote Armee zog in Plauen ein. Was der Rathaus-Chef nicht wissen konnte: Nach einem Briefwechsel zwischen Truman und Stalin Mitte Juni 1945 war der Rückzug der amerikanischen Truppen aus künftigem sowjetischem Besatzungsgebiet für die Zeit ab dem 1. Juli 1945 befohlen worden. Zur gleichen Zeit sollten die Westalliierten in Berlin die für sie bestimmten Sektoren übernehmen – so, wie es im Februar 1945 in Jalta beschlossen worden war.

Besatzungswechsel und neue Rathaus-Führung

Am 1. Juli 1945 zogen Einheiten des 101. Gardeschützenregiments der Roten Armee in Plauen ein. Für den 4. Juli befahl der neue Chef der Kreiskommandantur Plauen, Oberstleutnant Nikolai Komarow, Plauens Oberbürgermeister Schlotte und den Landrat des Kreises Plauen Dr. Alexander Schmidt in die Kommandantur an der Neundorfer Straße. Es ging in dieser ersten Besprechung um eine Reihe von Sofortmaßnahmen – als wichtigste die Abgabe von Waffen, die unverzügliche Wiederaufnahme der Produktion und Öffnung von Läden sowie die Registrierung aller Offiziere und Soldaten, die nach 1939 in der Wehrmacht gedient hatten.

Indes: Schlottes – und auch Schmidts – Tage im Amt waren unter den neuen Besatzern gezählt. Am 14. Juli 1945 wurden beide entlassen, dazu zwei bereits unter den Nationalsozialisten besoldete Stadträte und der Polizeidirektor. Auf den Chefsessel im Rathaus rückte der KPDler Herbert Hensel, ein in Plauen bis dato politisch unbeschriebenes Blatt. Der gebürtige Dresdner war erst 1936 zugezogen; die Wahl fiel auf den 38-jährigen Handelsvertreter, weil die Sowjets – zum Missfallen der örtlichen KPD-Leitung – an der Spitze der Stadt keinen bekannten Kommunisten sehen wollten. Diese Personalentscheidung entsprach vollkommen der strategischen Linie der neuen Machthaber, die der führende KPD-Funktionär und spätere SED-Parteichef Walter Ulbricht im Mai 1945 in dem bekannten Satz auf den Punkt gebracht hatte: »Es muss demokratisch aussehen, aber wir müssen alles in der Hand haben.«

Für die zweite Reihe im Rathaus winkte die Kommandantur ausschließlich Kommunisten und Sozialdemokraten durch. Zum Landrat wurde Richard Mildenstrey (KPD) ernannt. In seinem gesamten Handeln war

② Trümmerfeld um die Pauluskirche, heute Standort der Karl-Marx-Grundschule, im Vordergrund die Jößnitzer Straße, 1947

Trümmerfrauen und -männer, Ecke Forst-/ Krausenstraße, um 1948
Stadtarchiv Plauen (2)

der Stadtrat völlig abhängig von den Besatzern. So durfte etwa im ersten Nachkriegsjahr nicht einmal der Oberbürgermeister ohne einen russischen Passierschein das Stadtgebiet verlassen.

Die Bevölkerung machte zwiespältige Erfahrungen mit den Besatzern. Einerseits halfen die Rotarmisten, indem sie zum Beispiel kostenlos Essen ausgaben, andererseits standen kriminelle Übergriffe sowjetischer Soldaten auf der Tagesordnung. Vergewaltigungen sowie Diebstähle von Uhren und Fahrrädern waren die häufigsten Straftaten.

Trümmerberäumung

Als dringendste Maßnahme mussten ab April 1945 die Straßen und Plätze wieder befahr- und begehbar gemacht werden, begonnen bei den Hauptverkehrsadern bis zu den Nebenstraßen. Aus den Trümmern wurde alles noch Verwertbare geborgen, den übrigen Schutt warfen die Räumkolonnen zunächst auf die Ruinengrundstücke oder in die Keller zerstörter Häuser. Dazu zog das Arbeitsamt die gesamte arbeitsfähige Bevölkerung heran – Männer bis 65, Frauen bis 35 und Jugend-

③ Zwischengelagerter Schutt auf dem Plauener Altmarkt, 1948
Stadtarchiv Plauen

Sommer 1945

liche ab 14 Jahren. Zusätzlich zur 48-Stunden-Woche wurden die Bevölkerung und zum Teil auch Flüchtlinge und Umsiedler sonnabends drei bis vier und sonntags fünf bis sieben Stunden zu unentgeltlichen Trümmereinsätzen verpflichtet. Ehemalige NSDAP-Mitglieder hatten zudem an jedem Werktag drei Stunden mit Hacke und Schaufel anzutreten.

Im Sommer 1945 beteiligten sich 4 536 Frauen und 11 730 Männer an den Einsätzen. Als Zusatzration gab das Ernährungsamt Lebensmittelkarten für 250 Gramm Zucker heraus – mehr war nicht vorhanden zum Verteilen. Bis Jahresende 1945 leisteten die Plauener mehr als eine Million Arbeitsstunden und schufteten dabei teilweise unter widrigsten Umständen. Viele besaßen nicht einmal mehr ein Paar Schuhe, sie wickelten die Füße in Lappen oder waren barfuß unterwegs. Versuche der Stadtverwaltung, Stiefel aus Wehrmachtsbeständen und Schuhe aus Weißenfels und aus Bayern zu organisieren, scheiterten am »Njet« der Kommandantur.

Über Jahre gehörten die Trümmerkommandos nun zum Stadtbild. Die Schuttbeseitigung erfolgte durchweg per Hand, ohne den Einsatz von Großraumtechnik. Nur zum Transport auf die zentralen Sammelstellen standen den Arbeitstrupps Bauzüge aus Lokomotiven und Kipploren, Pferdefuhrwerke sowie vereinzelt Lkws zur Verfügung. Einer dieser Bauzüge kam bereits 1946 bei der Beräumung des Gebietes um die Johanniskirche zum Einsatz. Die dort liegenden Schuttmassen wurden ebenso wie die vom ehemaligen Schloss, den angrenzenden Straßen sowie dem Warenhaus am Schulberg und hinter der zu jener Zeit bereits abgerissenen Ruine der Knabenberufsschule an der Syrastraße abgelagert.

Selbst der Altmarkt musste zeitweilig als Deponie herhalten. Der zentrale Platz Plauens wurde im Sommer 1948 wieder freigeräumt. Auf einer eigens verlegten 1,5 Kilometer langen Gleisstrecke transportierten Bauzüge den Schutt zu unbebauten Grundstücken in der Hainstraße. Auch das Abbruchmaterial von umliegenden Straßen und Plätzen wurde mit der Gleisbahn aus dem Stadtzentrum befördert.

Einen Schub brachte die von der Landesregierung 1949 angeordnete Sonderaktion »Arbeitskraft«, an der in Plauen zeitweilig bis zu 5 000 Frauen, Männer und Jugendliche teilnahmen. Die Maßnahme endete am 28. Februar 1950, danach war etwa ein Drittel der Trümmer endgültig beseitigt worden. An wiederverwendbarem Baumaterial konnten allein in der Sonderaktion »Arbeitskraft« mehr als 16 Millionen Ziegel sowie Tausende Tonnen Nutzeisen und Schrott gewonnen werden.

Ernährung, Wohnen und Soziales

Mit dem Mangel umzugehen gelernt hatten die Ämter und Behörden der Stadt bereits während des Krieges. Nunmehr jedoch stand die kommunale Administration vor Herausforderungen, die mitunter schier unlösbar erschienen. Dies traf in besonderem Maße für das Ernährungs-, das Wohnungs- sowie das Wohlfahrtsamt zu.

Dem Ernährungsamt oblag es, Nahrungsmittel für den Handel zu beschaffen und der Bevölkerung Lebensmittelkarten zuzuteilen. Bloß: Woher nehmen, wenn nichts vorhanden war? Vom Landesernährungsamt in Dresden kam keine Unterstützung, die Stadt musste selbst sehen, wie sie ihre Einwohner wenigstens mit dem Allernotwendigsten versorgen konnte.

Landwirtschaftlichen Erzeugern wurde ein Liefersoll für Getreide, Kartoffeln, Gemüse und Ölfrüchte, Fleisch, Milch, Eier und Wolle vorgegeben. Ab Oktober 1945 durften Bauern ihre Überschüsse auf dem »freien Markt« am Plauener Anger verkaufen. Schwarzhandel und Schieberei blühten, Mühlen, Bäckereien, Fleischereien und andere Lebensmittelhersteller mussten immer gewärtig sein, dass die Polizei oder Kontrolleure des Ernährungsamts in der Tür standen. Um das Organisieren und Verteilen von Nahrungsgütern kümmerte sich auch eine Konsum-Genossenschaft, die im April 1946 gegründet worden war.

Der massive Mangel zwang zu strengster Lebensmittelrationierung; Brot, Nährmittel, Zucker, Marmelade, Kartoffeln, Fleisch, Fett, Kaffee-Ersatz und Milch gab es nur auf Karte. Die Zuteilung richtete sich ab November 1945 grundsätzlich nach dem ausgeübten Beruf. Unterschieden wurden sechs Gruppen: Schwerstarbeiter, Schwerarbeiter, Arbeiter, Angestellte, Kinder bis 15 Jahre, sonstige Bevölkerung. Dazu kamen Teilselbstversorger und Selbstversorger. Als Selbstversorger galten Gutsbesitzer, Bauern und Arbeiter in landwirtschaftlichen Betrieben. Kinder erhielten je nach Alter täglich einen Viertel- oder halben Liter Milch. Für das Leitungspersonal der kommunalen Verwaltungen, Parteifunktionäre und Vorsitzende politischer Organisationen sowie Direktoren wichtiger Betriebe ordnete die Sowjetische Militäradministration Sachsen (SMAS) Sonderdeputate an.

Fehlten dem Ernährungsamt Lebensmittel zur Verteilung, so gab es als Ersatz etwas anderes – oder eben auch einmal gar nichts.

Ab Mitte August 1945 bekamen in Plauen viele Arbeiter einmal am Tag etwas Warmes in den Magen, nachdem die Stadt mit der Wurstfabrik Dietzsch in Netzschkau einen Vertrag über die Lieferung von Mittagessen an örtliche Betriebe abgeschlossen hatte. Zeitweilig kochte die Netzschkauer Großküche täglich bis zu 16 000 Mahlzeiten für Plauen, die Portion zu 60 Pfennigen.

Die katastrophale Wohnraumsituation veranlasste die Stadtverwaltung am 22. Juni 1945, ein »Ortsgesetz über die Beschaffung von Wohnraum« zu erlassen. Wohnungsbesitzer wurden verpflichtet, leerstehende beziehungsweise unterbelegte Wohnungen und Räume, in denen eine Unterbringung möglich war, zu melden. Als unterbelegt galt die Nutzung eines Raumes (außer Küche, Bad, Flur, Nebenräume) durch weniger als zwei Personen. Zur Kontrolle suchten Beauftragte des Wohnungsamts jedes Haus in der Stadt auf. In unterbelegte Wohnungen wies das Amt, wenn nötig auch gegen den Willen des Vermieters und des Mieters, obdachlose Einwohner Plauens ein. Zuzüge wurden bis auf wenige Ausnahmen – wie Bauhandwerker sowie zukünftige Angestellte des Stadttheaters – nur noch genehmigt, wenn der Antragsteller keinen Anspruch auf eigenen Wohnraum erhob.

Ende November 1945 stapelten sich im Amt 10 347 Antragsformulare auf Zuweisung von Wohnraum. Dahinter standen 28 619 Personen. Noch einmal mehr als 10 000 Menschen hausten als Einquartierte in »unterbelegten« fremden Wohnungen. Damit hatte in Plauen Ende 1945 nahezu jeder Zweite kein eigenes Dach über dem Kopf.

November 1945

Mit einer nennenswerten Entspannung der Lage rechnete in absehbarer Zeit niemand. Bis zum April 1946 waren erst etwa 6 000 der rund 27 300 zerstörten oder beschädigten Wohnungen recht und schlecht instandgesetzt worden. Vor allem kämpfte das Stadtbauamt mit Materialnot und fehlenden Transportkapazitäten. Im ersten Quartal 1947 erteilte es ganze 113 Genehmigungen für Neubauten mit Wohnungen, im gleichen Zeitraum des folgenden Jahres gar nur 21. Ende 1948 suchten in der Stadt 11 685 Familien eine Wohnung. Vier Jahre nach Kriegsende lebte in Plauen jede Person auf durchschnittlich 7,16 Quadratmetern Wohnfläche – da blieben die eigenen vier Wände für viele ein noch auf längere Sicht unerfüllbarer Traum.

Zahlreiche Menschen benötigten nach Kriegsende zum Überleben die Hilfe der Kommune. Im September 1945 erhielten über 13 Prozent der Plauener Fürsorgezuwendungen, in den folgenden Monaten pegelte sich der Anteil der Unterstützungsempfänger auf um die zehn Prozent ein. Ein Ehepaar mit zwei Kindern hatte Ende 1945 Anspruch auf 39,40 Reichsmark monatlich, Bewohnern von Altenheimen zahlte das Wohlfahrtsamt im Monat eine Mark Taschengeld aus. Mietbeihilfen wurden komplett gestrichen, die Sätze der Kriegerfürsorge gekürzt.

④
Essen auf Marken: Im November 1945 standen einem Angestellten als Tagesration 300 Gramm Brot, 20 Gramm Nährmittel (ersatzweise Fett), 25 Gramm Fleisch, 33 Gramm Marmelade und 20 Gramm Zucker zu. Außerdem hatte jeder Erwachsene Anspruch auf 125 Gramm Quark, 125 Gramm Kaffee-Ersatz und 400 Gramm Salz im Monat.
Andreas Krone

Da die fünf Bedürftigen- und Altersunterkünfte der Stadt – das stark beschädigte Wohlfahrtsheim in der Reißiger Straße, das teilzerstörte Tennera-Asyl, das Friedrich-Krause-Stift, die Schweizerhöhe und das Kinderheim »Sonnenland« in Kobitzschwalde – völlig überlastet waren, richtete das Wohlfahrtsamt noch mehrere provisorische Obdachlosenheime ein.

Die städtischen Stellen versuchten, Möbel und Hausrat auf den Dörfern zu kaufen, und der im Oktober 1945 gebildete Ortsausschuss der Volkssolidarität sammelte Geld, Bekleidung, Möbel und Heizmaterial. Im Winter 1945/46 öffnete die Stadt Wärmestuben in 28 Gaststätten, in denen etwa 40 000 Aufenthalte gezählt wurden. Dennoch konnte gerade im Extremwinter 1946/47 nicht verhindert werden, dass Menschen erfroren.

Winter 1945/46

Entnazifizierung und Enteignungen

Mit dem Wechsel der Besatzungsmächte begann im Sommer 1945 die systematische »Säuberung« in allen Bereichen des öffentlichen Lebens. Ende Juli 1945 zog ein sogenannter Blockausschuss (auch Aktions- oder Dreier-Ausschuss) in die Stadtverwaltung ein. Dem Gremium gehörten je ein Vertreter von SPD (Vorsitz), KPD und der Liberal-Demokratischen Partei (LDP) an, wenig später stieß auch die CDU dazu. Seine Aufgabe: das Aufspüren und Abstrafen von Personen mit NS-Vergangenheit.

Bereits wenige Tage nach seiner Konstituierung legte der Ausschuss eine offensichtlich bereits vorab erstellte Liste mit den Namen von 790 Personen vor, die während der NS-Diktatur in Plauen und Umgebung herausgehobene Positionen in Partei und Staat eingenommen hatten oder die als besonders treue Anhänger des Naziregimes galten. Aufgeführt wurden 377 NS-Ehrenzeichenträger (vergeben an Parteigenossen mit einer Mitgliedsnummer unter 100 000, die sogenannten Alten Kämpfer, oder für »besondere Verdienste«), weiterhin »Denunzianten, Verbrecher gegen die Menschlichkeit«, SS-Angehörige, Angehörige der Gestapo und des SD, wahlunwürdige Personen (vermutlich nahe Verwandte hoher NS-Repräsentanten), SA-, NSKK- und NSFK-Angehörige von Truppenführern aufwärts und NSDAP-Mitglieder ab Ortsgruppenleiter.

Dieser Personenkreis sah sich strengen Sanktionen ausgesetzt. Er durfte nicht mehr im öffentlichen Dienst arbeiten, kein Gewerbe ausüben, keine leitenden Stellungen in Unternehmen bekleiden. Die NS-Aktivisten mussten ihre Wohnung samt Mobiliar und Hausrat aufgeben, ihre Gärten ebenso. Ehrenzeichenträger wurden zudem zeitweilig in ein Sammellager in Zwoschwitz eingewiesen, ihre Konten beschlagnahmt.

Auch einfache Mitglieder der Nazipartei und ihrer Gliederungen gerieten bald in den Sog der Maßregelungen. Ab dem 1. August 1945 mussten sie eine monatliche Zwangsabgabe in Höhe ihres früheren Mitgliedsbeitrags an die Stadtkasse zahlen. Sie erhielten keine Rente, vielen, auch Ehepartnern und Angehörigen, wurde die Wohnung gekündigt.

In der Landwirtschaft waren in den Plauener Stadtteilen Tauschwitz, Kleinfriesen und Chrieschwitz im Spätherbst 1945 im Zuge der Bodenreform Personen mit mehr als 100 Hektar Grundbesitz enteignet worden, desgleichen tatsächliche oder angebliche Nationalsozialisten und Kriegsverbrecher. Das Land wurde, in der Regel in Fünf-Hektar-Parzellen, an sogenannte Neubauern verteilt.

Mit Beginn des Jahres 1946 schlugen die neuen Machthaber einen gemäßigteren Kurs gegenüber ehemaligen NSDAP-Mitgliedern ein. Unter bestimmten Voraussetzungen konnten Ex-NS-Parteigenossen sogar in die KPD eintreten. Woher der Sinneswandel? Im Sommer und Herbst 1946 standen der Volksentscheid, die Kommunal- und die Landtagswahl an, und die KPD brauchte auch Stimmen aus den Reihen einstiger bekennender Hitler-Anhänger. Immerhin machten in Sachsen ehemalige NSDAP-Mitglieder und deren Familienangehörige etwa die Hälfte aller Abstimmungsberechtigten aus.

Im Vorfeld des »Volksentscheids über die Übergabe von Betrieben von Kriegs- und Naziverbrechern in das Eigentum des Volkes« am 30. Juni 1946 waren in Plauen auf Befehl der Sowjets 72 Unternehmen beschlagnahmt worden. 33 Firmen gingen vor der Abstimmung zurück an die Eigentümer, 28 wurden mit dem Volksentscheid enteignet, elf blieben unter Kontrolle der SMAS. Um die Bevölkerung an die Wahlurnen zu agitieren, organisierte die SED mehrere Großveranstaltungen mit Politprominenz, auf der finalen Kundgebung sprach sogar

---

Am Fußboden festgefroren

Die stadtbekannte Medizinerin Dr. Dr. Elisabeth Tröger arbeitete von 1947 bis 1977 als niedergelassene praktische Ärztin und Fachärztin für Innere Medizin in Plauen. Über die Not der Bevölkerung nach dem Krieg schrieb sie in ihren Erinnerungen: »Mein Praxisbeginn fiel in den eiskalten Winter 1947. Ich musste morgens bei 4 Grad Celsius Sprechstunde halten. Der aus Trümmern gerettete eiserne Ofen, der Kohlenknappheit wegen vorwiegend mit Trümmerholz gefüttert, brachte bis Mittag den Raum nicht über 10 Grad. Die Nachmittagssprechstunden musste ich daher in die Wohnräume meiner Familie verlegen. Schwerpunkt meiner Tätigkeit waren anfangs schwere Erkältungskrankheiten, die bei der durch Hunger und Überanstrengungen geringen Widerstandskraft der Patienten nicht selten tödlich endeten. Erfrierungen waren häufig, z. B. fand ich auf dem Weg zur Praxis eines Morgens einen auf der Strasse liegenden Erfrorenen. Eine im Zimmer gefallene Frau fand ich tot vor, am Fussboden angefroren.
Hautkrankheiten waren so häufig, dass ich zu deren Behandlung Sonderstunden festlegte. Seife war knapp, die Wasserleitungen vielfach zerstört, warmes Waschwasser bei den Patienten eine Seltenheit. So entstanden nicht nur Schmutzinfektionen, sondern vielfach Hautschäden durch Flöhe, Läuse, Wanzen u.ä. Auch Darmkrankheiten kamen gehäuft vor, z. T. dadurch, dass die ausgehungerte Bevölkerung aufgefundene Lebensmittel, nicht essbare Pilze, eingesammelte Kräuter, selbst denaturierten Alkohol zu sich nahm oder dass gehamsterte Lebensmittel nicht einwandfrei waren. [...]«
Sammlung Heinz Zehmisch

⑤
Die neue Zeit: Demonstrationszug entlang der Reichenbacher Straße zu einer Kundgebung auf dem Festplatz, in der ersten Reihe rechts Oberbürgermeister Alfred Dittel, links Bürgermeister Ernst Diez, 1946
Stadtarchiv Plauen

der Parteivorsitzende Wilhelm Pieck. Bei 96,1 Prozent Wahlbeteiligung votierten 78,7 Prozent der Wählerinnen und Wähler für die Enteignung.

Das große »Säubern« griff auch im Stadtbild um sich. 1945/46 wurden in Plauen 55 Straßen, Wege und Plätze umbenannt, die wenigsten davon trugen den Namen einer NS-Größe. Denkmäler, die nach kommunistischem Geschichtsverständnis Repräsentanten des Militarismus und der Ausbeutergesellschaft verkörperten, stürzten vom Sockel. Das bekannteste Beispiel war das Reiterstandbild von König Albert auf dem Altmarkt, das im Frühjahr 1946 geschleift wurde.

1947/48 erreichte die Entnazifizierung eine neue Stufe. Im Oktober 1946 hatte der Alliierte Kontrollrat in der Direktive Nr. 38 »Kriegsverbrecher und Personen, die möglicherweise gefährlich werden können«, in fünf Gruppen eingeteilt und entsprechende Strafen und Sühnemaßnahmen festgelegt: Hauptschuldige, Belastete, Minderbelastete, Mitläufer, Entlastete. Daraufhin wurden in den kreisfreien Städten und in den Landkreisen Kreis-Entnazifizierungskommissionen gebildet.

Von Januar bis zu seiner Auflösung im August 1947 überprüften die Kreiskommission sowie ein untergeordneter Entnazifizierungsausschuss für Industrie und Handel mehr als 10 000 Fälle. Zwischen November 1947 und März 1948 durchleuchtete eine nunmehr zentrale Entnazifizierungskommission noch einmal etwa 4 300 Personen. Von diesen wurden 569 als »belastet« eingestuft, was Entlassung oder berufliche Zurücksetzung, bei freien Berufen Berufsverbot bedeutete.

Mit der Auflösung der zentralen Kommission im März 1948 war die Entnazifizierung offiziell abgeschlossen.

Parteien und Wahlen

Wenige Tage nach dem Vereinigungsparteitag von KPD und SPD am 21./22. April 1946 in Berlin schlossen sich die beiden Parteien – gegen den Willen vieler Sozialdemokraten – auch im Kreis Plauen zur SED zusammen. Die LDP hatten Ende Juli 1945 einen Kreisverband gegründet, die CDU einen Monat später. 1948 stießen zum Kreis des sogenannten Antifaschistischen oder auch Demokratischen Blocks noch die Nationaldemokratische Partei Deutschlands (NDPD) und die Demokratische Bauernpartei (DBD). Die Einheitsgewerkschaft FDGB wurde in Plauen im August 1945 ins Leben gerufen, der Ortsverband der Freien Deutschen Jugend (FDJ) im März 1946.

Trotz massiver Propaganda – die SED konnte unter wesentlich besseren Bedingungen als ihre Mitbewerber agitieren – musste die Einheitspartei bei der Kommunalwahl am 1. September 1946 eine herbe Niederlage einstecken. Bei einer Wahlbeteiligung von 93,8 Prozent entfielen auf die SED nur 41,8 Prozent der abgegebenen gültigen Stimmen. Damit zählte der Stadtkreis Plauen zu den fünf von insgesamt 53 sächsischen Wahlkreisen, in denen die SED nicht die stärkste kommunalpolitische Kraft stellte. Wahlsieger wurde die LDP (44,4 Prozent), während die CDU (12,9 Prozent) abgeschlagen auf Rang drei landete.

Die Landtagswahl sieben Wochen später bestätigte dieses grundsätzliche politische Meinungsbild der Plauener Bevölkerung. Denn obwohl es der SED dieses Mal gelang, mit knappem Vorsprung stärkste Partei zu werden, konnte auch die LDP ihr Ergebnis vom 1. September

Die Nachkriegsjahre (1945–1949)

1946 beinahe wiederholen. Die Stimmengewinne der Kommunisten gingen vor allem zu Lasten der in Plauen schwachen CDU.

Das Wählervotum vom 1. September 1946 hatte zur Folge, dass, anders als in den übrigen kreisfreien Städten Sachsens, die SED nicht als stärkste Fraktion in die Stadtverordnetenversammlung einzog. Von den insgesamt 50 Mandaten erhielt sie 22, ebenfalls 22 fielen auf die LDP, die restlichen 6 auf die CDU.

Nach dem Wahlausgang stand der LDP das Amt des Oberbürgermeisters zu. Allerdings brauchte es dafür vier Anläufe. Drei von der LDP präsentierte Kandidaten lehnte die Besatzungsbehörde ab, erst gegen den Plauener Kreisvorsitzenden Herbert Wetzstein hatten die Sowjets keine Bedenken. Nachdem die Stadtverordneten ihn durchgewinkt hatten, räumte KPD-Mann Alfred Dittel am 13. Januar 1947 das Oberbürgermeister-Büro für den 48-jährigen Stickereifabrikanten. Als Wetzsteins Stellvertreter wurden Ernst Diez (SED) und Max Kludas (CDU) gewählt und bestätigt, von den weiteren sieben besoldeten Stadträten gehörten drei der LDP und vier der SED an.

— Januar 1947

Polizei und Justiz

Auf die exekutive Gewalt griffen die neuen Machthaber besonders konsequent zu. Dem alten Kaderbestand wurde nahezu komplett gekündigt. Die Führungsebene der Plauener Polizei übernahmen im Sommer 1945 bewährte Kommunisten. Von den bis Ende 1945 rekrutierten Neueinsteigern stammten 80 Prozent aus der Arbeiterschaft. Bei der Plauener Berufsfeuerwehr wurden im Juli 1946 auf sowjetischen Befehl 15 Unteroffiziere entlassen, deren Vorgesetzte waren schon zuvor auf die Straße gesetzt worden.

Im Amtsgericht Plauen wurden im Oktober 1945 alle ehemaligen NSDAP-Mitglieder entlassen. 26 Angestellte durften zunächst am Plauener Gericht weiterarbeiten. Allerdings gelang es den neuen Machthabern vorerst nicht, in den leitenden Positionen Fuß zu fassen. Es fehlte an qualifiziertem Personal. Ende 1946 gehörten am Landgericht Plauen von neun Richtern vier der LDP an, fünf waren parteilos, am Amtsgericht urteilten zwei LDP- und drei parteilose Richter. Diese »bürgerlichen« Kräfte drängte die SED mit in Lehrgängen geschulten, politisch einwandfreien sogenannten Volksrichtern in den folgenden Jahren aus dem Amt.

Wirtschaft

Nach den verheerenden Kriegsschäden war an eine Normalisierung der industriellen, gewerblichen und handwerklichen Produktion auf Jahre hinaus nicht zu denken. Die Tagesaufgabe lautete schlicht und einfach, die Menschen durchzubringen. Der Fokus wirtschaftlichen Handelns lag daher auf der Herstellung und Beschaffung von Nahrungsmitteln und dringenden Alltagsgütern sowie auf der Instandsetzung von Wohnraum.

Allerdings fehlten dafür Arbeitskräfte und vor allem Material und Rohstoffe. Was zum Bauen benötigt wurde, organisierten sich die Baufirmen nahezu ausschließlich aus den Trümmern. Schnittholz wurde aus frisch gefällten Bäumen gewonnen, Glas bei Privatleuten aus Innenfenstern, Windfängen oder Schränken beschlagnahmt. Betrieben wie Haushalten fehlte die Kohle, für den Transport von Waren und Gütern gab es kaum Fahrzeuge und Kraftstoff. Für Dezember 1945 etwa standen der Stadt gerade noch 15 000 Liter Benzin und 15 500 Liter Diesel zur Verfügung, einzig die Milchautos fuhren täglich. Strom wurde kontingentiert, in den Haushalten durfte nur eine Glühlampe brennen.

Waren einerseits Fachkräfte in den meisten Branchen rar, so hatte andererseits qualifiziertes Personal in den Betrieben oft damit zu tun, Anforderungen der Besatzungsmacht abzuarbeiten oder es war zu Demontagen abgestellt. Zwischen Dezember 1945 und Juni 1946 wurden im Arbeitsamtsbezirk Plauen mit den Nebenämtern Reichenbach und Oelsnitz (bis März 1946) 23 überwiegend größere Betriebe und Verkehrsobjekte demontiert. Das bedeutendste Unternehmen war die Vogtländische Maschinenfabrik AG (Vomag). Nach Kriegsende rappelte sich das Unternehmen zunächst wieder auf. Bis Ende Oktober 1945 hatte das Werk 500 Handwagen, 150 Schubkarren sowie Hunderte von Töpfen, Pfannen, Schrotmühlen und Dreifüßen hergestellt. Zu diesem Zeitpunkt arbeiteten bereits wieder mehr als 1000 Personen im Betrieb. Es existierten auch Konstruktionspläne für einen 6,5-Tonnen-Lkw, der ab Frühjahr 1946 gebaut werden sollte, außerdem war die Herstellung von Druckmaschinen und Feinstbohrwerken vorgesehen. Trotz dringender Appelle des Plauener OB sowie der Deutschen Zentralverwaltung der Industrie, dass das Unternehmen als einziges in der gesamten sowjetischen Besatzungszone Schwer- und Schwerstlastwagen herstelle, senkten die Sowjets den Daumen. Weihnachten 1945 begann der Abbau der Maschinen und Gebäude.

Aus dem geschleiften Großbetrieb ging die Plauener Maschinenbaugesellschaft hervor. Mit 30 Arbeitern, 20 000 Reichsmark Stammkapital und 60 von der SMAS überlassenen Vomag-Maschinen startete die Plamag im Mai 1946 die Produktion.

Im Sommer 1946 wurden Demontagen im Wesentlichen beendet, die Sowjets entnahmen stattdessen Reparationen aus der laufenden Produktion. Dafür forderten die Besatzer am laufenden Band Arbeitskräfte für den Uranbergbau bei der Wismut. Kaum jemand wollte die körperlich schwere Arbeit unter Tage machen – trotz überdurchschnittlich hoher Löhne und privilegierter Versorgung. Dies änderte sich im Sommer 1948. Plötzlich meldeten sich viele Männer freiwillig. Mit der Währungsreform war auch in der Sowjetzone das Geld wieder etwas wert, Handel und Gastronomie boten wieder Waren und Dienstleistungen an, wenn zunächst auch in sehr bescheidenem Umfang und zu völlig überhöhten Preisen.

Ab Mitte des Jahres 1948 machte die kommunistische Propaganda massiv Stimmung gegen die klein- und mittelständische Wirtschaft. Privatunternehmer wurden benachteiligt und schikaniert, als Saboteure der Volkswirtschaft öffentlich angeprangert und vor Gericht gezerrt. Die regelrechte Kriminalisierung des Standes der Gewerbetreibenden trieb viele der Betroffenen zur Flucht in die Westzonen.

Parallel zum Feldzug gegen die Privatwirtschaft rief der SED-Parteivorstand im Juni 1948 die Planwirtschaft aus. Die Aktivisten- und Wettbewerbsbewegung sollte der Produktion einen dynamischen Schub verleihen. Wie überall im Land eiferten Plauener Arbeitskollektive mehr oder weniger freiwillig dem Edelaktivisten Adolf Hennecke nach. Die örtliche SED-Presse bejubelte schier unglaubliche Höchstleistungen – wie die einer Plauener Textilarbeiterin, die das Tagessoll mit sage und schreibe 558 Prozent übererfüllt hatte.

Tatsächlich nahm sich die wirtschaftliche Entwicklung in Plauen wie überall in der SBZ wesentlich bescheidener aus, als es Partei und Medien propagierten – gerade in der im Vogtland stark ausgeprägten Textilindustrie. Unter den 656 Plauener Industriebetrieben im Jahr 1947 waren 417 Textilfirmen, darunter die beiden einzigen Unternehmen in der Stadt mit mehr als 500 Beschäftigten (Erste Plauener Baumwollweberei und Textil-Industriewerke Plauen). Im Frühjahr 1949 kämpften viele der Gardinen-, Spitzen- und Stickwarenhersteller, überwiegend privat geführte Betriebe, ums wirtschaftliche Überleben. Kurzarbeit und Arbeitslosigkeit griffen in der Branche um sich – auch ein Ergebnis der verfehlten Wirtschaftspolitik der SED. Die Deutsche Wirtschaftskommission hatte die Gardinen-, Spitzen- und Stickereiindustrie weder in den Zweijahresplan aufgenommen, noch wurde ihr irgendwelche Unterstützung bei der Wiederaufnahme des Handels mit dem Ausland gewährt.

Handwerk, Handel und Verkehr

Ende 1947 waren in der Stadt etwas mehr als 8 900 Handwerksbetriebe registriert, davon etwa 2 520 Baufirmen. Handelsunternehmen gab es zum selben Zeitpunkt nahezu 5 700.

Im Dezember 1948 eröffnete die staatliche Handelsorganisation (HO) den ersten »freien« Laden nach dem Krieg in der Stadt. Die Kundschaft dürfte bei den Preisen allerdings überschaubar gewesen sein. So kosteten ein Pfund Weizenmehl 10 D-Mark, ein Ei 2,50 D-Mark und ein Damenkleid aus Zellwolle 195 D-Mark. In der HO-Gaststätte verlangte die Bedienung für eine Bockwurst mit Brötchen 7,60 D-Mark, für ein Schweineschnitzel 29,40 D-Mark und für ein Omelette mit zwei Eiern und Schinken 13,90 D-Mark.

Eisenbahnen vom und ab dem Oberen Bahnhof fuhren bereits ab Mai 1945 wieder. Die zerstörte Elstertalbrücke behinderte den Zugverkehr allerdings beträchtlich. Güterzüge wurden umgeleitet, die Fahrgäste der Personenzüge mussten das Elstertal bis zur Einweihung einer Notbrücke Anfang Februar 1946 zu Fuß durchqueren.

Ab Mitte November 1945 beförderte die Straßenbahn auf der Teilstrecke Tunnel – Haselbrunn erstmalig nach Kriegsende Passagiere. Bis Ende 1947 wurden vier weitere Linien in Betrieb genommen. Mitte 1947 zählte die Straßenbahn knapp 800 000 Personenbeförderungen im Monat. Eine Fahrt kostete 20 Pfennige, die Siebener-Karte eine Mark.

Gesundheit und Bildung

Ein Vierteljahr nach Kriegsende standen in Plauen etwa 700 Krankenhausbetten zur Verfügung. Frei praktizierten noch zwölf Allgemeinmediziner, 16 Fachärzte sowie 13 Zahnärzte und Dentisten.

Bis Ende 1947 war die Bettenzahl in den städtischen stationären Einrichtungen (Stadtkrankenhaus, Hilfskrankenhäuser Herbartschule und Kauschwitz, Tbc-Krankenhaus Waldschule, Wöchnerinnenheim »Goldene Rose«, Säuglingsheim Syrau) wieder angestiegen auf beinahe 1 200, dazu kamen noch 81 in Privatkliniken. Dienst taten in diesen Heilstätten allerdings nur 31 Klinikärzte. In freien Praxen behandelten 23 Allgemein-, 34 Fach- und 18 Zahnärzte Patienten. Dennoch blieb die medizinische Versorgungslage angespannt. Einen Ausweg sah die Politik in der Einrichtung von Polikliniken. Unter Leitung von Amtsarzt Dr. Rudolf Friedrich nahm am 1. April 1948 in der Dobenaustraße 14 ein ambulantes medizinisches Behandlungszentrum den Betrieb auf, bis Mitte des Jahres hatten sich unter dessen Dach fünf Abteilungen (Chirurgie, Innere Medizin, Frauenheilkunde, Hals-, Nasen-, Ohren-Heilkunde sowie Zahnmedizin) angesiedelt.

Der erste hauptamtliche Betriebsarzt nahm im März 1948 in der Sächsischen Zellwolle seine Arbeit auf. Zur Gesundheitsfürsorge für werdende Mütter, Säuglinge, Kinder und Jugendliche wurde unmittelbar nach Kriegsende eine Beratungsstelle eingerichtet. Die Geburtenzahlen waren zunächst eingebrochen, 1946 kamen in der Stadt noch 713 Kinder zur Welt (1944: 1 614). Von den ehemals zwölf Plauener Apotheken hatten 1946 acht wieder geöffnet.

Wie überall in der SBZ wurde am 1. Oktober 1945 auch in Plauen der Unterricht in den Volks-, Ober- und Berufsschulen wieder aufgenommen – im neu gebildeten Schulaufsichtsbezirk Plauen-West, zu dem die Stadt Plauen und alle Orte des Kreises Plauen westlich der Elster gehörten, für fast 14 000 Kinder. Der Neubeginn war eine Phase der Provisorien: In der gesamten Stadt Plauen konnten nur 84 Klassenzimmer genutzt werden, die anderen waren zerstört worden oder wurden zweckentfremdet belegt. Zum Unterrichtsstart traten in Plauen ganze 35 »unbelastete« Lehrer an, Durchschnittsalter 60, alle anderen waren als ehemalige

Dezember 1948

NSDAP-Mitglieder entlassen worden. Eilends geworbene Laienlehrkräfte, von denen sich später viele in mehrmonatigen Lehrgängen zu sogenannten Neulehrern qualifizierten, konnten die Personallücke nicht einmal annähernd schließen. Es gab keine Lehrpläne, deshalb galten abgeänderte Lehrpläne von 1928. Neu lediglich: Russisch, das vom ersten Tag an gegeben wurde. Den Mädchen und Jungen fehlten einfachste Unterrichtsmittel wie Schreibpapier oder Bleistifte. Lehrbücher von vor 1933, sofern vorhanden, durften teilweise verwendet werden, anrüchige Textstellen hatte der Lehrer zu schwärzen. Die weltanschauliche Erziehung war von Anfang an Bestandteil der »neuen« Schule: Für Lehrer stieg der Druck zum Eintritt in die SED, während FDJ und Junge Pioniere auf die heranwachsende Generation einwirkten und Pioniergruppen gründeten.

1946 wurde in der SBZ die achtklassige Einheitsschule (Grundschule) eingeführt. Fast alle Jugendlichen gingen anschließend in die Lehre, in ganz Plauen meldeten sich für das Schuljahr 1948/49 nur 37 Jungen und 23 Mädchen für die Aufnahme in die neunte Klasse einer Oberschule an.

Die Kinder lernten unter widrigsten Umständen: Der Wiederaufbau der kriegsbeschädigten Schulgebäude stagnierte. Wegen fehlender Räume und Lehrermangels fiel etwa jede fünfte Unterrichtsstunde aus. In vielen Klassenzimmern spendete im Winter ein gusseiserner Ofen Wärme, zum Heizen brachten die Mädchen und Jungen jeden Tag ein Brikett mit. Ab dem Schuljahr 1948/49 bekamen 6600 Kinder, viele davon unterernährt, täglich ein sogenanntes Schulbrötchen.

Kirche

Trotz teilweise schwerer Beschädigungen fanden in den großen evangelisch-lutherischen Plauener Kirchen – der Hauptkirche St. Johannis, der Luther-, der Paulus- sowie der Markuskirche – nach Kriegsende weiterhin Gottesdienste statt. Die Johanniskirche wurde nach Sicherungsmaßnahmen ab 1951 wieder aufgebaut, an der Paulus- und der Markuskirche begann die Instandsetzung 1946. Auch in der römisch-katholischen Herz-Jesu-Kirche (Gustav-Adolf-Straße) und in den in Plauen bis 1945 ansässigen Religionsgemeinschaften ging das religiöse Leben weiter, mit Ausnahme der Israelitischen Religionsgemeinde, die durch den Holocaust fast alle Mitglieder verloren hatte.

Medien, Kultur und Sport

Offizielle Informationen erhielt die Bevölkerung im ersten halben Jahr nach dem Krieg nur aus lokalen Bekanntmachungen und Nachrichten, aus öffentlichen Anschlägen und aus den vom Oberbürgermeister herausgegebenen »Amtlichen Mitteilungen«. Ab September 1945 gab die KPD die »Sächsische Volkszeitung« (ab April 1946 »Sächsische Zeitung«) mit einer Lokalseite heraus, die SPD die »Volksstimme«. Nach der Fusion beider Parteien erschien ab 20. Mai 1946 die »Freie Presse«, 1947/48 nannte sich das Organ der SED, Bezirk Südwestsachsen noch einmal »Sächsische Zeitung«.

Das kulturelle und sportliche Leben in Plauen entwickelte bereits kurz nach dem Krieg wieder eine Vielfalt, die man so nicht vermutet hätte. Im notsanierten Stadttheater, dessen 200-köpfige Belegschaft im Mai 1945 entlassen worden war, öffnete sich auf Befehl des sowjetischen Stadtkommandanten am 15. Oktober 1945 der Vorhang mit Mozarts »Hochzeit des Figaro«. Komarow genehmigte dem Intendanten ausdrücklich auch das Engagement von Künstlern mit NSDAP-Vergangenheit, wenn sie Qualität hatten. 1946 gab das Haus an 341 Spieltagen 494 Aufführungen. Auch Lichtspielhäuser, Stadtbücherei und – vorübergehend – das Vogtländische Kreismuseum öffneten ihre Pforten wieder. Etwas Ablenkung vom entbehrungsreichen Leben boten den Menschen zudem Tanzveranstaltungen, die schon 1945 wieder stattfanden.

Organisierter Sport wurde in Plauen 1947 in acht Sportarten betrieben: Fußball, Handball, Schwimmen, Kegeln, Tennis, Wandern, Schach und Tischtennis. Fußball stand absolut an der Spitze – von den etwas über 1100 aktiven Sportlerinnen und Sportlern waren mehr als die Hälfte Fußballer. Da Vereine in der SBZ laut Besatzungsbefehl aufgelöst werden mussten, traten die Kicker bis 1949 als Stadtteil-Mannschaften an. Die stärkste Elf stellte in den Nachkriegsjahren Plauen-Süd. Die ehemaligen Konkordia-Spieler wurden zweimal in Folge Bezirksklasse-Meister und stiegen 1948 in die Bezirksliga auf.

Schlaglichter 1950
Momentaufnahme einer Stadt

Wenn der Plauener Oberbürgermeister Heinrich von Gebhardi an einem beliebigen Morgen des Jahres 1950 zur Arbeit in Richtung Rathaus aufbrach, lagen ihm die Trümmer seiner Stadt vor Augen. Von seinem Wohnhaus in der relativ wenig zerstörten Schildstraße war es nicht weit bis zur Kaiserstraße, die früher – in der Zeit des alten Plauen – manchen Reiseführer gar zu einem Vergleich mit der Berliner Prachtstraße Unter den Linden hingerissen hatte. Fiel sein Blick beim Überqueren nach rechts, so sah er die Silhouette der zerstörten Pauluskirche hinter der Kuppe verschwinden. Mit der Bahnhofstraße erreichte er die Plauener Magistrale und am »Tunnel« das zerstörte, deformierte, förmlich zerrissene Zentrum seiner Stadt, das einst ihre Visitenkarte gewesen war, ihr Stolz und ihr Selbstbewusstsein. Hier hatte es geschlagen, das Herz der jungen Metropole, früher, er kannte das alles noch aus eigenem Erleben. Wenig davon war übrig geblieben. Und wenig gab es nun so im Überfluss in Plauen wie Arbeit und Trümmer. Doch das Herz der alten Stadt, es schlug noch.

1950 schrieb von Gebhardi das Grußwort für ein neues Plauener Adressbuch: Es war die »erste komplette Nachkriegsausgabe« und sollte zugleich die letzte sein. Das 832 Seiten starke Kompendium wirft ein Schlaglicht auf die Stadt in ihrer Gestalt des Jahres 1950, bietet eine Momentaufnahme, die bei genauerem Hinsehen mehr verrät als nur Namen und Hausnummern. Wir sehen – auf Papier gebannt – eine getroffene Stadt im rasanten Wandel, eine Stadt, die noch lange nicht wieder zu sich selbst gefunden hat, die noch dabei ist, die Trümmer ihres einstigen Antlitzes wegzuräumen, und die doch schon wieder plant und baut. »Freilich, die Glanzzeit der Stadt ist vorläufig dahin«, sinnierte das Stadtoberhaupt.

Ein Indikator der umfassenden Änderungen waren die Straßennamen. Ihr Wandel war so rasant, dass sogar noch während des Druckes eine Neuerung hinzukam, die nicht mehr berücksichtigt werden konnte (Wartburgstraße in Straße der Deutsch-Sowjetischen Freundschaft). Seit Kriegsende waren es weit über 60: Allein 1950 gab es 13 Änderungen, unter anderem wurde Am Schloß zu Am Volksgut, Am Rittergut zu Am Gut, die Kaiserstraße zur Karl-Marx-Straße und die Moltkestraße zur Lasallestraße, um nur einige zu nennen. Der neue politische Wind wehte auch in die Landschaft der Plauener Straßen und Gassen, und das nicht zum ersten und nicht zum letzten Mal in diesem turbulenten 20. Jahrhundert.

Eine weitere Besonderheit erscheint erst auf den zweiten Blick: Denn im Straßenverzeichnis hallen die vielen realen Leerstellen und Häuserlücken wider, sie klaffen regelrecht: In der Goethestraße springt die Hausnummernfolge von 11 auf 34, dann auf 53, von 71 auf 93 usw. Die Johannstraße (heute August-Bebel-Straße) etwa beginnt nicht mit 1, sondern mit Hausnummer 58. Es sind Lücken, die man heute erklären muss. Der Grund: Die stark zerstörten oder schon abgetragenen Häuser wurden nicht mehr gelistet, man überging sie einfach. Am Platz der Roten Armee (vormals Albertplatz) ist nur noch ein einziges Haus eingetragen. Kaum eine Straße war lückenlos überliefert, alle hatten kleinere oder große Wunden. Der Haupteingang des Rathauses am Unteren Graben hatte einen Bombentreffer abbekommen und »ist z. Zt. nicht passierbar«, wie es im Adressbuch heißt; die Plauener erreichten ihre Stadtverwaltung nun über Nebeneingänge in der Herren- und Marktstraße.

Genauso finden wir in diesem Buch aber auch das noch Erhaltene als Basis für den Neuanfang. Das waren neben der überlieferten innerstädtischen Altbausubstanz des Historismus und Jugendstils auch Wohnkomplexe in der Stegerstraße (Ostvorstadt), die Ende der 1920er-Jahre im Reformbaustil errichtet worden waren und unversehrt blieben. Mitunter wiesen sogar ganze Straßen, wie die Reusaer Straße, kaum Lücken auf. Ebenso waren andere Dinge erhalten geblieben: Wie in ihrer Blütezeit hatte die Plauener Textilindustrie auch jetzt noch ihren Sonder-Branchenteil auf rosa Papier – und im Abkürzungsteil des Adressbuchs findet man noch ganz selbstverständlich das Sigle »St« für »Sticksaal«. Ein gewisses Selbstbewusstsein war noch, war wieder da. Einige Dinge hatten überdauert und bildeten nun den Grundstein für einen neuen Zeitabschnitt, der damals – 1950 – gerade erst begann.

Clemens Uhlig

①
Blick vom Rathausturm: In der Bahnhofsvorstadt harren viele beräumte Flächen noch ihrer Bebauung, um 1955.
Hans Herold

Von Trümmern und Träumen

Die »langen« 50er-Jahre

Clemens Uhlig

Die 1950er-Jahre waren für die beiden Teile, die 1949 aus Nachkriegsdeutschland hervorgegangen waren, eine Zeit der Neuverortung. Man könnte grob sagen, die Bundesrepublik suchte und fand Orientierung im Westen und die DDR im Osten – und es wäre nicht falsch. Doch die Fliehkräfte jener Jahre fanden ihren Gegensatz in den Wünschen und Versuchen, das Land doch noch zu einen. Während die DDR fleißig »gesamtdeutsche Arbeit« betrieb, um die »Gegenseite« jenseits der Zonengrenze für ihren Weg zu gewinnen, hatte die Regierung Adenauer längst den Weg nach Westen angetreten. Das sogenannte Wirtschaftswunder kam und mit ihm die Aufbruchsstimmung. Und ob sie es wollte und zugab oder nicht: Die DDR würde dem aufkeimenden Wohlstand in der Bundesrepublik von nun an hinterherrennen (müssen). Die Gegenseite wurde zur Referenzgröße. Viele stimmten »mit den Füßen ab« und ließen den Sozialismus hinter sich: Im ersten Jahrzehnt der DDR verlor Plauen knapp 5 000 Einwohner; nur wenige kamen zurück. Im Endeffekt vollzog spätestens der Mauerbau 1961 – den angeblich niemand in der Regierung Ulbricht kurz vorher beabsichtigt haben wollte – die Trennung und beendete die »langen« 50er-Jahre.

Republikgründung

1949

Als am 14. Juni 1949 bei einer Stadtverordnetenversammlung in der Festhalle aktuelle Fragen zu Plauen besprochen wurden, ging es nicht nur um den Rechenschaftsbericht des Rates der Stadt und die Bearbeitung zahlreicher Eingaben von Bürgern, sondern auch um die »große« Politik. Die Tatsache, dass die Vertreter der Westmächte es bei der Tagung der Außenminister in Paris abgelehnt hatten, eine Delegation des SED-gelenkten Deutschen Volksrats anzuhören, sorgte in der SBZ für Empörung und zog eine Welle von Resolutionen nach sich. Jener Deutsche Volksrat war aus dem zweiten Deutschen Volkskongress hervorgegangen – auch dieser eine Initiative der SED. Die Partei wollte im Rahmen einer Verfassungsdebatte noch einmal Versuche in Richtung einer deutschen Einheit unternehmen, als sich die Gründung eines westdeutschen Staates 1947 abgezeichnet hatte. Zwar gehörten dem Volksrat zu einem Teil auch westdeutsche Delegierte an, jedoch gab die »Partei der Arbeiter und Bauern« darin klar den Ton an. Plauen folgte dem Beispiel und verabschiedete im Namen des Rates der Stadt sowie der Stadtverordneten ein neunzeiliges Anschreiben, das zu Händen der ebenfalls in Paris weilenden Sowjetdelegation geschickt wurde. Darin wiederholte man die üblichen Forderungen nach Einheit und einem gerechten Friedensvertrag. Plauener Betriebe wie die Mitteldeutsche Spinnhütte verfassten ihrerseits ebenfalls Resolutionen und schickten diese nach Paris. Ob dort – unter anderem angesichts der Fülle an Telegrammen von jenseits der innerdeutschen Grenze – jemand die Appelle aus der »Stadt der Spitze« auch nur wahrnahm, entzieht sich heute freilich unserer Kenntnis. Wir wissen jedoch, dass sie in ihrer Gesamtheit ungehört blieben. In den Augen der Außenminister verfügte der SED-geführte Volksrat über keine Legitimation. Vermutlich hätte der Empfang der Delegation auch nichts mehr an der politischen Großwetterlage geändert. Im Westen waren die Bundesrepublik bereits gegründet und das Grundgesetz verabschiedet worden. Zwar enthielt die Verfassung in der Präambel ein sogenanntes Wiedervereinigungsgebot. Dass es für 40 Jahre auf Eis liegen sollte, ahnte aber keiner. Allerdings lagen andere Ahnungen längst in der Luft.

Noch bevor im Westen der Republik die heiß diskutierte Hauptstadtfrage entschieden war, gab Moskau grünes Licht für den »roten Staat« im Osten. Am 7. Oktober wurde aus dem Deutschen Volksrat die Provisorische Volkskammer: Diese nahm die Verfassung an, an der auf Geheiß des »Großen Bruders« Sowjetunion übrigens vorsorglich seit 1946 gearbeitet worden war. Damit war die Deutsche Demokratische Republik (DDR) aus der Taufe gehoben. Die deutsche Zweistaatlichkeit war besiegelt. Am nächsten Tag lasen die Plauener in ihrer Zeitung von »entscheidungsvollen Stunden« für das deutsche Volk. Obwohl die »Freie Presse« vorgab, das sozusagen kein anderes Thema so »heiß und intensiv diskutiert« worden sei, schien das Leben in Plauen nicht gleich ins Wanken zu geraten. Die Volkshochschule warb für ihren bald beginnenden Kurs zum Thema »Was ist Sozialismus, wer ist Sozialist?« und in den Kleinanzeigen wurden neben Nutrias ganz selbstverständlich eingeebnete »Ruinengrundstücke« in der Bahnhofstraße zum Kauf angeboten.

Die Ereignisse des Jahres 1949 schienen doch auch manchen Stadtverordneten regelrecht überrollt zu haben, sodass der Vorsitzende in der Sitzung am 19. November noch einmal alle Stationen der letzten Wochen, die scheinbar von historischem Rang waren, rekapitulierte. Für Plauen indes ist der 14. November als tatsächlich bedeutendes Datum festzuhalten, denn an diesem Tag hatte die Sowjetische Militäradministration (SMA) die Verwaltungsfunktionen (wieder) in die Hände der deutschen Behörden gegeben. Dafür waren der Landrat des Landkreises Plauen sowie Plauens damaliger Oberbürgermeister Herbert Wetzstein in der Kommandantur erschienen. Zusammen mit seinem Bericht über dieses »Ereignis von höchster Wichtigkeit in der Nachkriegsgeschichte« überbrachte das Stadtoberhaupt den Stadtverordneten nun den Auftrag, selbstverwaltet »einzutreten für eine wahre Demokratie, für die Einheit unseres deutschen Vaterlandes«. Obwohl die Sowjets von nun an den Plauenern »keinerlei Anweisungen« mehr erteilen würden – so lautete die offizielle Version –, sollten sie für die nächsten 40 Jahre in Plauen stationiert bleiben und traten in den rasch eingeübten, bald schon abgedroschenen Riten der gegenseitigen »Freundschaft« immer wieder in Erscheinung: mitunter auch in drastischer Form wie bei der Verhängung der Ausgangssperre im Rahmen der Unruhen am 17. Juni 1953. Wenngleich sich die Besatzungsmacht also nicht aus Plauen zurückzog, sondern nur aus seiner Tagespolitik, endete an diesem Tag – dem 14. November 1949 – die Nachkriegszeit im Vogtland.

Im Zuge der Verwaltungsreform vom Juli 1952 wurden die Länder aufgelöst und in Bezirke aufgeteilt, diese wiederum in Kreise. Plauen behielt den Status der Kreisfreiheit und bildete einen eigenen Stadtkreis, der durch eine gewählte Stadtverordnetenversammlung – mit dem Rat der Stadt als Vollzugsorgan – geleitet wurde. Gemäß dem Prinzip der »doppelten Unterstellung« im zentralistischen Staatsapparat der DDR war der Rat der Stadt aber zugleich dem Rat des Bezirks Karl-Marx-Stadt untergeordnet und stark abhängig von der SED Kreisleitung als örtlicher Parteigrundorganisation. Hier schrieb sich gerade der von 1965 bis 1989 als Erster Sekretär amtierende Werner Schweigler in die Geschichte der Stadt ein. Die Ratsmitglieder waren, abgesehen vom Vorsitzenden, dessen Erstem Stellvertreter und dem Sekretär des Rates, als Stadträte zugleich Leiter der Fachabteilungen des Rates der Stadt.

»In meiner Schule sehen wir heute noch den Himmel.« – Der Wiederaufbau

Eine neue Nationalhymne, die binnen weniger Wochen getextet und komponiert werden musste, erklang bald zwischen Ostseeküste und Erzgebirge. Und aus der Sicht von Plauen fing sie in ihrer ersten Zeile wohl recht gut den Status quo ein, das Lebensgefühl dieser Zeit: »Auferstanden aus Ruinen und der Zukunft zugewandt […]«. Denn in Plauen war man, das beweist ein Blick in das Protokoll eingangs erwähnter Sitzung, 1949 noch mit ganz lebenspraktischen Themen beschäftigt. Im Vorfeld waren zahlreiche Fragen von Bürgern eingegangen, die sich größtenteils mit Themen der zerstörten Stadt und ihrem Wiederaufbau beschäftigten. Kritik war insbesondere daran geäußert worden, dass mehrere Schulen wie etwa die Angerschule »wahllos« abgebrochen worden seien, ebenso viele nur leicht beschädigte Häuser, die doch hätten instandgesetzt werden können. Das Stadtbauamt entgegnete, dass sich ein Wiederaufbau im Fall der meisten Ruinen nicht lohnte und zumindest versucht werde, die Baustoffe wiederzuverwenden, zumal die Materialbeschaffung noch immer »außerordentlich schwierig« sei, vor allem fehlte es an Dachpappe. Dass nur zwei von 26 Plauener Schulen unbeschädigt geblieben waren, führte der Stadtbaurat mehrmals ins Feld, war doch in der Sitzung noch öfter von den »unwürdigen« Verhältnissen in den Schulen die Rede; ein Lehrer ließ in dieser Hinsicht keine Fragen offen und führte aus: »In meiner Schule z. B. sehen wir heute noch den Himmel«. Wenn der Stadtbaurat anmerkte, dass die Mittel für das laufende Jahr zu diesem Zeitpunkt – im Juni – »erst noch im Anrollen« seien, so wundert es nicht, dass die Arbeiten permanent stockten. Dass der Richard-Wagner-Platz und der Goetheplatz bald vom Schutt beräumt werden sollten, wurde zumindest wohlwollend zur Kenntnis genommen; man habe erst einmal der inneren Stadt »ein wirkliches Gepräge« geben – mithin: sie enttrümmern – wollen. »Fehler wurden gemacht«, hieß es selbstkritisch. Doch es war im Wortsinne schon wieder etwas Land zu sehen: Im Februar 1950 waren mit fast 600 000 bewegten Kubikmetern Schutt bereits wesentliche Teile der »Trümmeraktion« geschafft und das Gros der Ruinen beseitigt worden. Das Werk und die Leistungen dieser sogenannten Aufbaugeneration, die das Erbe einer kriegszerstörten Stadt nicht nur vor Augen, sondern nun auch in den Händen hatte, können heute kaum noch ermessen werden. Stadtgebiete wie die Bahnhofsvorstadt glichen im Zwischenraum nach der Trümmerberäumung und vor der Wiederbebauung geradezu Mondlandschaften. Hier hatte die Stadt wahrhaft »ihr Gesicht verloren«. Die Instandsetzung teilzerstörter Gebäude kam indes nur langsam voran und war oft provisorischer Art. Es fehlte an Mitteln und Baustoffen; in Extremfällen griff die Stadt mit einer »zwangsweisen Wiederinstandsetzung« ein.

Andernorts in Plauen war bereits die Wiederbebauung im Gange. Den Grundstein für den planmäßigen Wohnungsneubau bildeten 20 Wohnungen in der Gartenstraße, weitere folgten in der Moritzstraße. Im größeren Stil setzte dieser auch in Plauen erst nach Einrichtung der Bezirke ein – auf Basis der durch sie verabschiedeten Bebauungspläne. 1952 begann in der mittleren Bahnhofsvorstadt der städtische, konzentrierte Wohnungsbau. Bis 1956 entstanden unter anderem die später als Altneubauten bezeichneten Häuser an der Johannstraße (heute August-Bebel-Straße) nahe dem Platz der Roten Armee (heute Albertplatz). Die Ausstattung der Häuser war für damalige Verhältnisse modern: Jede Wohnung verfügte über ein innenliegendes Badezimmer mit Wasserklosett und Badewanne sowie einen in der Fensternische integrierten Speiseschrank. In dem markanten Eckhaus Bahnhofstraße 60 waren zudem vier teilmöblierte »Intelligenzwohnungen« eingerichtet, die mit fast 100 Quadratmetern geräumig genug

1952

Von Trümmern und Träumen **331**

waren, um eine zentrale Diele, ein Arbeitszimmer, eine Loggia sowie einen Balkon zu bieten. In unmittelbarer Nähe entstand mit der 1954 erbauten und geweihten Erlöserkirche auch ein neues Sakralbauwerk. In der Innenstadt ging derweil der Wiederaufbau der teilzerstörten Johanniskirche voran: Die älteste Plauener Kirche konnte 1959 neu geweiht werden und ihr Südturm erhielt vier Jahre später eine neue Barockhaube.

1957 folgte die wiederaufgebaute Pauluskirche, jedoch in stark vereinfachter Form. Bereits 1946 war der Kirchturm mit niedriger Haube instandgesetzt worden, wobei die ursprüngliche Höhe um 23 Meter reduziert wurde. 1954 begann die Neubebauung am späteren Leninplatz (heute wieder Dittrichplatz), wo noch 1950 Ruinensprengungen stattgefunden hatten. Weitere Beispiele für diese erste Phase der Wiederbebauung Plauens in den 50er-Jahren befinden sich im Gebiet um die Pauluskirche, in der Südvorstadt sowie Haselbrunn, mithin den stärker zerstörten Stadtteilen. Das 1951 gegründete Nationale Aufbauwerk (NAW) wurde – anfangs hauptsächlich zur Trümmerberäumung eingesetzt – bald ein wichtiger Motor des Wiederaufbaus. Allein 1955 registrierte man in Plauen 255000 Einsatzstunden von Bürgern. Neben Häusern entstanden Grünanlagen, Spielplätze und besondere Projekte wie die 1959 übergebene Pioniereisenbahn »7. Oktober« an der Hainstraße im Syratal.

Im Vergleich weisen die Hochbauten aus dieser Epoche deutliche Unterschiede zu denen auf, die nach ihnen als Teil sozialistischer Wohnbauprogramme folgen würden. In ihrer halboffenen Bauweise orientierten sie sich an den zeitgemäßen Grundsätzen des aufgelockerten Städtebaus, gingen zugleich aber architektonisch auf Tuchfühlung mit dem historischen Stadtbild. Die Ziegelbauten verfügten noch über klassische Stilelemente wie Fassadengliederung durch Risalite, Gesimse und französische Balkone, während dezente Ornamente für etwas Gefälligkeit sorgten. Hier und da projizierten Wandbilder als Kunst am Bau Alltagsmotive oder die Verheißungen des Sozialismus an die neuen Fassaden. In der Regel hatten die Häuser nicht mehr als vier Geschosse und obendrein einen Dachstuhl mit Spitzdach, auf den die standardisierte Bauweise der DDR schon bald ganz verzichten würde. Auch in ihrer städtebaulichen Anordnung zitierten diese ersten Neubauten noch die Tradition; ihre Ausdehnung und Form *versuchte* zumindest, sich dem einstigen Stadtbild und der Straßenführung anzupassen. Worin sich diese Phase also unterschied, war der Brückenschlag zur Vergangenheit und die ästhetische Ambition, die für die Standardbauweise bald in den Hintergrund treten sollte.

Wenn damit suggeriert wird, dass sich die Machthaber später mehr auf Masse statt Klasse konzentrierten, so ist dies nicht falsch und folgte überdies einer konkreten Notwendigkeit: Trotz aller Bemühungen kam es im Laufe der 50er-Jahre nicht zu einer Entspannung auf dem Wohnungsmarkt. Diesbezügliche Eingaben an den Rat der Stadt ziehen sich wie ein roter Faden durch die Akten und Jahrzehnte. Wer Erfolg haben wollte, musste über stichhaltige Argumente und Eigeninitiative verfügen, möglichst auch über Beziehungen – und hartnäckig sein. 1957 bemühte sich ein Bauingenieur bei der zuständigen Abteilung für Wohnraumlenkung um Zuweisung einer Neubauwohnung. Nachdem die Dringlichkeit seines Anliegens durch das zuständige »Wohnaktiv« – eine örtlich arbeitende Arbeitsgruppe zur Wohnraumvergabe – bestätigt wurde, verpflichtete er sich, zusammen mit seiner Schwester noch 500 Aufbaustunden im Nationalen Aufbauwerk zu leisten. Die Beschreibung seiner damaligen Wohnsituation dürfte den durchschnittlichen Mieter von heute aufhorchen lassen: Zusammen mit seiner Mutter und seiner schon erwachsenen Schwester lebte er in einer Wohnung mit nur einem Schlafzimmer. »Der Wohnraum selbst beträgt 8 qm und ist nicht mehr zumutbar. Sämtliche Räume besitzen keine Doppelfenster. Das Waschhaus kann seit 1945 nicht mehr benutzt werden. Weiter verschlechternd ist der Zustand, daß der Wohnraum nur durch das Schlafzimmer erreichbar ist. Das Wohnhaus ist etwa im Jahre 1890 erbaut. Es ist schwer bombengeschädigt und nach dem Kriege nur äußerst notdürftig repariert. Werterhaltungsarbeiten werden so gut wie gar nicht durchgeführt.« Die Tatsache, dass das Anliegen trotzdem nicht berücksichtigt werden konnte, da »noch dringendere Fälle vorliegen«, spricht wohl für sich. Man fühlt sich beim Lesen dieser Zeilen unweigerlich an das Bonmot von Heinrich Zille erinnert, »man könne einen Menschen ebenso gut mit einer Wohnung erschlagen wie mit einer Axt«.

① Johanniskirche im Wiederaufbau, um 1954
Hans Herold

②
Blick über die Konradstraße (heute Siegener Straße) und Trockentalstraße in Richtung Leninplatz (Dittrichplatz), um 1954
Stadtarchiv Plauen

1950

Stadtplanung mit Visionen – ein neues Zentrum für Plauen?

Die 50er-Jahre waren somit noch nicht das Jahrzehnt, in dem Plauen sein Wohnproblem auch nur ansatzweise hatte lösen können. Es war die Zeit der Pläne, vielfach der großen Utopie. Und die Plauener Stadtväter ließen die Bevölkerung in Bürgerversammlungen daran teilhaben. Die städtebaulichen Ideen dieser Zeit gingen über den Bau von Wohnungen hinaus und tragen noch die Handschrift einer Epoche des Aufbruchs, was an einigen Beispielen für Plauen illustriert werden soll. Kernprojekt und – wenn man so will – Prestigeobjekt dieser Jahre war die Verortung und Gestaltung eines neuen politischen und kulturellen Stadtzentrums. In diesem Zusammenhang wurde schon 1950 mehr oder weniger explizit der alte Standort des Theaters infrage gestellt. Auch die noch erhaltene, aber »hinderliche« Bastion am Nonnenturm befand sich auf dem Prüfstand, war doch das oberste Ziel die »Entflechtung des Verkehrs am Tunnel«. In der entsprechenden Sitzung der Stadtverordneten zur »Tunnelplatzneugestaltung« gab es zu diesen Themen durchaus kontroverse Stimmen: Es fielen Sätze wie »Die Biedermeierzeit ist vorbei« oder »Ein Menschenleben ist wichtiger als eine alte Mauer«. Doch mehr als einer sagte wiederum, er »hänge an den alten Bauwerken«. Beschlossen wurde letztlich nur, die Syraeinwölbung anzugehen, die Bastionsfrage wurde unter anderem aus Finanznot zurückgestellt; dem Protokoll zufolge werde hier »der Kampf um Pfennige geführt«.

Um 1950 war die Neuverortung und Neuplanung des Stadtzentrums ein Grundsatzthema der Plauener Stadtplaner. Die stark zerstörte und nun vielerorts eingeebnete Stadt musste eine solche Diskussion geradezu auf den Plan rufen. Eine Zeit lang schien es gesetzt, dass ein neues Zentrum im Bereich Jößnitzer Straße/ Johannstraße (heute August-Bebel-Straße) entstehen sollte, was aus heutiger Sicht absurd anmutet, jedoch damals nur durch ein Gesetz zwangsweise vereitelt wurde. Zur Debatte standen dann unter anderem Altmarkt, Neustadtplatz und Klostermarkt. In der Sitzung der Stadtverordneten am 12. Dezember 1950 fiel die folgenschwere Entscheidung. Für Stadtbaurat Reinhold Petschinka schien die Sache klar zu sein, sein Plädoyer lautete: »Das Zentrum der Stadt Plauen liegt also am Tunnelplatz.« Damit meinte er den Bereich zwischen »Tunnel« und Schießberg, Theater und Dobenaustraße. Offenbar war es ein Machtwort – oder einfach nur einleuchtend –, jedenfalls schlossen sich die Stadtverordneten diesem Vorschlag an. Immerhin lag der »Tunnel« an der Hauptverkehrsader und bot Raum genug für große Aufmärsche. Der wesentliche und nächste Schritt hierfür lag in der Einbettung der Syra, die bis dato noch immer munter durch die City floss.

Teil der Ausführungen Petschinkas war jedoch ausdrücklich auch die Beseitigung des Theaters, das durch einen kombinierten Theater-Stadthalle-Neubau ersetzt werden sollte, mithin: einem großen städtischen Kulturhaus. Wenngleich diese Pläne noch reichlich nebulös daherkamen, so stimmten die Stadtverordneten in dieser Sitzung dem Vorhaben doch prinzipiell zu – und bereiteten damit immerhin den Weg zum Abriss des Theaters. In der Stadt schienen diese großspurigen Ideen keineswegs nur auf Wohlwollen zu stoßen, forderten doch viele Plauener, sich erst einmal um die Wohnungsnot zu kümmern. Auch die Gerüchte eines Theaterabrisses sorgten für Unruhe und Empörung. Wir wissen heute, dass Plauen sein Theater erhalten konnte, doch flammte das Thema einer neuen Stadt- und Kulturhalle und mit ihm die Aufgabe des alten Theaters immer wieder auf. Die jahrelange Unklarheit in dieser Frage fachte wiederholt die Gerüchteküche an. Unklar war zudem der Wiederaufbau der »Tunnel«-Gaststätte beim Nonnen-

Von Trümmern und Träumen 333

③
Architektur der Aufbauzeit: der sogenannte Stalin-Pavillon, im Hintergrund die Erlöserkirche, um 1955
Hans Herold

turm und gehörte zu den rätselhaften Erscheinungen dieser Zeit. Das Gebäude war schon 1946/47 im Rohbau neu errichtet worden, allerdings kam das Projekt im Zuge der Währungsreform ins Stocken. So gingen die Plauener jahrelang an dem geisterhaft anmutenden Ziegelbau vorbei, in den einfach kein Leben einziehen wollte. Ende der 50er-Jahre fiel der »Blindgänger« dann der Abrissbirne zum Opfer. Im Zuge des Abrisses munkelte man 1957, dass nun ebenso der Nonnenturm und die Bastion weggerissen werden sollen, was den Kulturbund auf den Plan rief. Vehement forderte er, »unserer so schwer geprüften und an Zeugen der Vergangenheit so arm gewordenen Stadt ihr letztes Wahrzeichen zu erhalten«. Das Gerücht blieb ein solches – zum Glück. Eine weitere architektonische Stilblüte dieser Jahre war der »Pavillon der Deutsch-Sowjetischen Freundschaft« – genannt: Stalin-Pavillon –, der seit 1952/53 den Albertplatz dekorierte, einige Jahre zu Ausstellungs- und Messezwecken genutzt wurde und 1968 wieder verschwand.

Für den Moment galt es jedoch, die Syra einzubetten. Mit der Einwölbung des Syrabaches war bereits Anfang des 19. Jahrhunderts im Bereich der Syrastraße begonnen worden. 1952/53 folgte nun die Unterführung zwischen Stadttheater und Syrastraße und schuf damit die gewünschte Möglichkeit zur Anlage des zentralen Platzes, der ungeachtet dessen im Volksmund noch heute den alten Namen »Tunnel« trägt. Zugleich konnten auf diese Weise Schutt- und Trümmermassen versenkt und die im Krieg zerstörte Syraschleuse erneuert werden. 1957 kam es nach einem letzten Bauabschnitt zur Vollendung des Projekts: Seitdem fließt das im Mehltheuerer Forst entspringende Gewässer auf fast einem Kilometer Länge unter der Innenstadt und ist somit unsichtbar.

Blickpunkt Krankenhaus

»Das Wichtigste ist die Gesundheit der Werktätigen«, schrieb sich die DDR schon in den 50er-Jahren auf ihre Fahnen und erschuf auch in Plauen Polikliniken, Beratungsstellen etwa für Tuberkulosekranke, Mütterberatungsstellen sowie Gemeindeschwesternstationen in den ländlichen Ortsteilen. Außerdem engagierte man sich im Bereich der Hygiene und Seuchenbekämpfung und rief zur Mitarbeit in »Hygiene-Aktivs« der Wohnbezirke auf. Der Kristallisationspunkt des städtischen Gesundheitswesens war natürlich das Klinikum. Die entscheidende Zäsur fand 1960 mit der Erhebung vom Stadt- zum Bezirkskrankenhaus und damit zu einem spezialisierten medizinischen Versorgungszentrum im Vogtland statt. Diesem Ereignis waren in den 50er-Jahren grundlegende und mühevolle strukturelle Änderungen durch Schaffung von Fachabteilungen vorausgegangen. In dieser Zeit kamen eine Hals-Nasen-Ohren-Abteilung, eine Augenabteilung, eine Abteilung für chronisch Kranke sowie das Pathologische Institut hinzu. Nachdem 1956 schon eine moderne Kinderstation mit ambulanter Kinderabteilung geschaffen werden konnte, folgte das Kinderkrankenhaus auf dem Klinikgelände Anfang der 60er-Jahre. Die städtische Frauenklinik befand sich zunächst in Außenstellen am »Eichhäuschen« sowie am Hradschin und zog 1967 in das zentrale Gebäude in der Melanchthonstraße um. Neben dem Krankenhaus entstand die dazugehörige Poliklinik mit verschiedenen Außenstellen in der Stadt, die 1959 auf rund 400 000 Behandlungen sowie 50 000 Hausbesuche verweisen konnten. Auch im Folgejahrzehnt schritt der Ausbau voran, unter anderem durch die Schaffung einer Säuglingsabteilung mit Frühgeborenenstation (1963), einer orthopädischen Klinik sowie einer Hautklinik (1968). 1964 konnte die Bezirksblutspendezentrale übergeben werden. Seit 1979 verfügte das Bezirkskrankenhaus über eine Rettungsstelle. 1969 erfolgte die Einweihung der Medizinischen Fachschule. Während sich die Betreuungsangebote verbesserten und erweiterten, kämpfte auch das Klinikum mit maroden und überkommenen Zuständen in Sachen Bau, Anlagen und Ausrüstung – und den bekannten Hürden, wenn man sie beseitigen wollte: Gerade die noch von Anfang des Jahrhunderts stammende Heizung bereitete stetig Kopfzerbrechen, bis 1981 der Anschluss an die Fernwärmeversorgung erfolgte und zumindest dieses Problem Geschichte war. Zu dieser Zeit verfügte das Plauener Bezirkskrankenhaus über mehr als 1000 Betten und beschäftigte über 1200 Menschen, die in ihrem Arbeitsalltag auch die Widrigkeiten der permanenten Mangelsituation zu meistern hatten: Man bedenke, dass das heute standardmäßig verwendete Einwegmaterial damals noch in weiter Ferne lag, Verbandstoffe wie Kompressen und Tupfer selbst zugeschnitten – und Spritzen und Kanülen nach Reinigung und Sterilisation stets wiederverwendet werden mussten. Kreativität und Improvisationsgabe waren wie nahezu überall in der DDR auch hier besonders gefragt. Und die zunehmende ökonomische Schieflage der DDR wirkte sich freilich ebenso im Gesundheitswesen aus. Nicht überall in der Bevölkerung genoss die Einrichtung damals einen guten Ruf, die Rede war etwa von langen Wartezeiten und veralteten Räumlichkeiten und Stationen. In den 80er-Jahren lag der Schwerpunkt der Erweiterung in der Schaffung des neuen Bettenhauses, welches 1991 fertiggestellt werden konnte.

»Kunstbutter« und »Strumpf-Situation« – die 50er- und 60er-Jahre

In den 50er-Jahren war die Versorgungslage noch von markanten Engpässen geprägt. Sie waren eine landläufige Gegebenheit des ersten Jahrzehnts der DDR, blieben es jedoch in unterschiedlicher Ausformung auch darüber hinaus. Nach dem auf die Wiederherstellung des Vorkriegsniveaus ausgerichteten Zweijahresplan (1949/50) folgte der erste Fünfjahresplan dann dem Primat der Planwirtschaft nach sowjetischem Vorbild. Dessen Konzentration auf die Schwerindustrie ging mit der Vernachlässigung der Leichtindustrie und Konsumgüterwirtschaft einher. Zugleich wich das System vor allem im ersten Jahrzehnt der DDR noch stark vom sowjetischen Vorbild ab, und zwar in seiner wirtschaftlichen Diversität. Obwohl man 1952 den »Aufbau des Sozialismus« propagiert hatte, verfügte das Land noch über einen veritablen Privatsektor, der parallel zur staatlichen Wirtschaft – und doch auch unweigerlich in sie eingebunden – agierte. Diese Zahlen nahmen jedoch immer weiter ab; die Rohstoffindustrie war Anfang der 50er-Jahre fast komplett verstaatlicht; der Privatsektor wurde nach und nach zurückgedrängt. Insofern änderte sich die Eigentumsstruktur grundlegend und immer mehr Betriebe und Güter wurden mit Druck in die staatliche Wirtschaftspolitik integriert. Die Schwächen dieser Politik traten bald offen zutage: Während sich auf dem Lande infolge der überstürzt begonnenen Kollektivierung der Landwirtschaft eine »Agrarkrise« andeutete, sorgte die einseitig ausgerichtete Wirtschaftspolitik in den Städten und Betrieben bald für Unmut. Alles hastete den Planvorgaben hinterher. Die Bevorzugung der Schwerindustrie bekam letztlich jeder einzelne zu spüren, waren doch andere Branchen benachteiligt und der Einzelverbraucher stand ohnehin am Ende der Nahrungskette: Bei Rohstoffen, Arbeitskräften und Versorgungsgütern genossen die Großbaustellen absoluten Vorrang, wovon sich der Staat die Erfüllung seiner ehrgeizigen Ziele versprach. Auch Plauen hatte sich in die Versorgungshierarchie einzureihen und nahm hinter der Hauptstadt, der Messestadt Leipzig sowie den Bezirksstädten einen Rang im unteren Mittelfeld ein. Jedoch wurden hier ebenfalls die Läden der Schwerpunktbetriebe bevorzugt beliefert. Von einer kategorischen Benachteiligung der grenznahen Stadt kann indes nicht gesprochen werden, wenngleich die Lage wie überall Schwankungen unterworfen war.

Um die prekäre Versorgungslage bei Nahrungsmitteln abzufedern, wurde 1953 in Plauen ein »Bauernmarkt« etabliert, wo zu Spitzenzeiten 125 Erzeuger aus 25 Dörfern der Umgebung ihre Waren anboten. Insbesondere gab es Fleisch und Wurst, Eier, Gemüse, Milch, Quark, Sahne und gelegentlich sogar das knappe Gut Butter. Diese Zusatzversorgung war begehrt, da Lebensmittel wie Fett, Fleisch und Zucker als Mangelware der Rationierung nach einem Kartensystem unterlagen und nicht selten von minderer Qualität waren. Versuche, Butter durch Margarine in verschiedenen Güteklassen – auch »Kunstbutter« genannt – zu ersetzen, vermochten die meisten Verbraucher nicht zu überzeugen. Zwar konnte man je nach Verfügbarkeit in den staatlichen Geschäften nicht nur seine Marken einlösen – etwa »Fettabschnitte« gegen Butter –, sondern auch noch mehr einkaufen, allerdings hatte das seinen Preis. Während 1952 ein Durchschnittseinkommen 308 Mark betrug, kosteten ein Kilo Butter im Verkauf 24 Mark und ein Kilo Zucker zwölf Mark.

Die labile Versorgungslage äußerte sich besonders drastisch, wenn es zu Hamsterkäufen kam, die nicht selten mit politischen Ereignissen zusammenhingen. Als 1955 seitens der Bundesrepublik die Pariser Verträge unterzeichnet wurden, mit denen die Aufhebung des Besatzungsstatuts, weitgehende Souveränität sowie der Beitritt zu NATO und Westeuropäischer Union einhergingen, reagierte man in Plauen teilweise besorgt

Die Verwaltung des Mangels
Entwicklungslinien in Handel und Versorgung

Clemens Uhlig

① Produkte des Milchhofs Plauen werden im Warenhaus am Postplatz ausgestellt, um 1955.
Stadtarchiv Plauen, Johanna Falk

Die Verwaltung des Mangels   335

bis panisch. Man registrierte »Angstkäufe« insbesondere bei Öl, Talg, Schmalz, Mehl, Nährmitteln, Salz, Streichhölzern und Seife. Die Versuche der Behörden, gegenzulenken, fruchteten nur langsam. Ähnliches passierte im Spätherbst 1956 in Zusammenhang mit dem Volksaufstand in Ungarn, der von der Sowjetunion blutig niedergeschlagen wurde. Es mutet fast ironisch an, dass sich die DDR von dieser anschließend wiederum Bodenschätze, Halbfabrikate und vor allem knapp gewordene Lebensmittel erbitten musste und sich immer enger an den »Großen Bruder« band.

Viele Beispiele dieser Mangelerscheinungen ließen sich noch anführen. Gerade bei Kartoffeln war die Versorgung in den 1950-er Jahren oft lückenhaft und die Lieferungen aus den Hauptanbaugebieten in Mecklenburg kamen selten und manchmal in schlechter Qualität – zum Unmut der Verbraucher, wie ein Beispiel von 1955 zeigt: Da der Bedarf noch »nicht annähernd gedeckt werden« konnte, sprachen am 7. September etwa 40 Frauen im Rathaus vor und verlangten Aufklärung »über die Ursachen der ungenügenden Versorgung«. Ein Jahr zuvor war es aufgrund der Flaschenknappheit überdies zu großen Engpässen in der Getränkeversorgung gekommen, was in den heißen Tagen des Sommers 1954 in Plauen im Wortsinne für eine Durststrecke sorgte. Den Handelsorganen kam hier letztlich auch ein Wetterumschwung zu Hilfe. Allerdings ging diese wohlwollend empfangene »kühle Witterung« im Juli 1954 über in eine bedrohliche Wetterlage mit andauernden und heftigen Niederschlägen. Die daraus resultierende Hochwasserlage versetzte Plauen zwischen dem 9. und dem 13. Juli in den Ausnahmezustand und hinterließ zahlreiche Schäden im Bereich der Elster.

17. Juni 1953

Dass der Bereich Handel und Versorgung große politische Relevanz hatte, war den politischen Entscheidungsträgern vor allem nach dem 17. Juni 1953 auch in Plauen bewusst, wenngleich das restriktive Vorgehen der Sicherheitsorgane größere Unruhen sowie Streiks und Demonstrationen in Plauen sozusagen in letzter Minute verhindert hatte. Doch Engpässe zeigten sich ebenso im Bereich der Konsumgüter, insbesondere bei Textilien. Als im Sommer 1954 ein wochenlang anhaltender »spürbarer Mangel an kunstseidenen Strümpfen« vorherrschte, brachte dies die örtlichen Handelsorgane zunehmend in Erklärungsnot. Nachfragen beim Bezirk ergaben, dass die »Auslieferungspläne übererfüllt« waren – mit anderen Worten: die planmäßigen Mengen waren bereits verkauft und die Lager somit leer. Schon im April hatte der Abteilungsleiter Handel und Versorgung in seinem Bericht – vermutlich unfreiwillig zweideutig – angemerkt, der Bezirk solle nun eingreifen, »damit in den nächsten Wochen der staatliche Handel nicht ohne kunstseidene Damenstrümpfe dasteht«.[1] Die »Strumpf-Situation« wurde deshalb ein Politikum, weil eine Volksbefragung zum »Friedensvertrag«[2] bevorstand. Nur aus diesem Grund konnten kurzerhand noch »5 000 Paar Strümpfe wenige Tage vor der Volksbefragung« bereitgestellt werden.

Obwohl sich das Lebensmittelangebot besserte und auch der Bauernmarkt 1961 abgeschafft werden konnte, musste man bisweilen auch Anfang der 60er-Jahre noch konstatieren, dass die Lage besonders bei Fleisch, Butter, Milch, Eiern, Kartoffeln, Gemüse und Südfrüchten »angespannt« sei. Im gleichen Jahr hatte der VII. Deutsche Bauernkongress festgelegt, dass die Hauptaufgabe der Landwirtschaft in der DDR auf der Viehwirtschaft liege, »weil unsere Bevölkerung mit der Hebung des Lebensstandards immer mehr Erzeugnisse aus der tierischen Produktion verlangt«.[3] Diese Vorgabe ging einher mit der weiteren Etablierung der Intensivhaltung gerade bei Geflügel und der Forcierung der Viehwirtschaft. Während sich die Planaufgaben bei anderen landwirtschaftlichen Produkten in Plauen im Vergleich von 1961 mit 1962 nicht wesentlich unterschieden, war bei der Geflügelproduktion eine Steigerung auf das Doppelte (von 45 auf 93 Tonnen) vorgesehen, was nur durch intensive Hühnerhaltung erreicht werden konnte – freilich verbunden mit den bekannten negativen Auswirkungen für die Tiere. Hierbei handelte es sich nur um eine Fortsetzung des eingeschlagenen Weges, denn in der Zeit von 1958 bis 1961 war bereits eine Steigerung auf fast 500 Prozent erreicht worden. Die staatlichen Zielvorgaben sahen vor, die Geflügelproduktion durch zentrale Großmastbetriebe maximal zu erhöhen, während der Anteil an Kleintierhaltern stetig zurückging. Im Jahr darauf sollte die Produktion mit der Fertigstellung der Intensiv-Geflügelmastanlage in Stöckigt weiter steigen. Ähnliches galt für die Rinderzucht. Bei der Schweinehaltung lautete die Vorgabe, den Bestand kontinuierlich zu erhöhen, wobei der Schwerpunkt auf der LPG »Edwin Hoernle« in Oberlosa lag, die ein sogenannter »Läuferlieferbetrieb« (als »Läufer« wird ein junges Schwein bezeichnet) war und jährlich 1600 Jungtiere abliefern musste. Diese Landwirtschaftspolitik sollte nicht ohne Folgen bleiben.

Einkaufen und einkehren

Im Laufe der 50er-Jahre wurden immer mehr Läden verstaatlicht, sodass bald die HO und der Konsum zu den Hauptakteuren im Einzelhandel wurden. Das Privileg der HO zum teuren Verkauf rationierter Waren sollte ursprünglich die steigende Kaufkraft abschöpfen und den Schwarzmarkt eindämmen, hatte jedoch auch zur Folge, dass private Einzelhändler nachrangig beliefert und damit gewissermaßen »ausgetrocknet« wurden: Viele mussten ihre Läden daraufhin an die HO verkaufen, die ihrerseits stetig expandierte.

Als 1958 die Lebensmittelkarten abgeschafft wurden, blieb diese Privilegierung in Gestalt einer steuerlichen Begünstigung erhalten. Die HO verfolgte das Ziel, ein ausgeglichenes Versorgungsnetz aufzubauen und krempelte die Landschaft der Läden in diesem Sinne regelrecht um, sodass zum Beispiel Lebensmittelgeschäfte in Backwaren- oder Gemüseläden umgewandelt wurden. 1961 meldete der HO-Kreisbetrieb Lebensmittel/Gaststätten einen Anteil von 118 Verkaufsstellen für Lebensmittel (von insgesamt 203) und 31 Gaststätten (von insgesamt 106) im Stadtkreis Plauen. Dieser Prozess der Verstaatlichung dauerte republikweit an. 1982 war die Plauener HO mit 1693 Mitarbeitern der größte Betrieb dieser Art im Bezirk. Zu dieser Zeit besaß die HO in der DDR den Großteil der Geschäfte, gefolgt von den Konsumgenossenschaften; private Geschäfte kamen nur noch auf einen Anteil von 11,6 Prozent.

Neben Waren des täglichen Bedarfs kamen Spezialgeschäfte aller Art hinzu wie beispielsweise das Konfektionsgeschäft für Damen, Herren und Kinder der HO-Industriewaren in der Krausenstraße (1952), das HO-Möbelhaus »Vogtland« am Klostermarkt (1954), das Spezialgeschäft für Gardinen- und Dekostoffe in der Stresemannstraße (1960) sowie die Schallplattenverkaufsstelle »Melodie« in der Windmühlenstraße (1962). Ferner eröffneten HO-Lokale wie die Weinstube »Riesling« in der Krausenstraße (1960) sowie eine HO-Früh- und-Spätverkaufsstelle mit Imbissgastronomie in der Bahnhofstraße 21, wo die Plauener von 7 bis 23 Uhr einkaufen konnten. Für Aufsehen sorgte kurz vor Weihnachten 1956 in Plauen die Eröffnung der ersten sogenannten Selbstbedienungsverkaufsstätte im gesamten Bezirk Karl-Marx-Stadt. Das »Quick« öffnete seine Pforten am 6. Dezember in der Bahnhofstraße 36 und lockte die Kunden mit einem Hauch moderner Einkaufskultur: »Übersichtlich sind die einzelnen Waren in Regalen eingeschichtet und es macht Freude, sich zu bedienen. Mit einem Körbchen am Arm beginnt der Rundgang durch den Laden und am Schluß wird an der Kasse zusammengerechnet. Schnell, einfach, sauber, bequem geht das Einkaufen vor sich, ohne Schlangestehen und Drängelei«, lobte die »Freie Presse«.[4] Auch im Rathaus blickte man mit Wohlwollen auf das neue, stark frequentierte und umsatzstarke Aushängeschild.

Anfang der 80er-Jahre unterhielt die HO-Organisation allein im Bereich Nahrungs- und Genussmittel in Plauen an die 80 Verkaufsstellen unterschiedlicher Art und Größe, 50 davon waren »normale« in der Stadt verteilte HO-Geschäfte. Darüber hinaus gab es elf separate Verkaufsstellen, die an große Volkseigene Betriebe sowie Einrichtungen wie SED-Kreisleitung, Volkspolizei und Krankenhaus angegliedert waren. Viele betriebsinterne Läden wurden gemäß der Versorgungspolitik der DDR als »Schwerpunktbetriebe« bevorzugt beliefert. Andere Geschäfte verfügten über ein Sondersortiment wie beispielsweise Diätwaren, die es nicht überall gab. So wurde hierfür 1974 die HO-Spezialverkaufsstelle Diät-Nahrungsmittel mit Selbstbedienung in der Wilhelm-Pieck-Straße (heute Neundorfer Straße) eröffnet. Zu den flächenmäßig größten und zugleich profitabelsten Vertretern gehörten das bereits erwähnte »Quick« sowie die Kaufhallen Seehaus, Mitte und am Rähnisberg. Die Kaufhalle Mitte war aus dem HO-Einkaufszentrum Mitte hervorgegangen, das 1964 an der Ecke Kurt-Hummel- und Rudolf-Hallmeyer-Straße (heute: Erich-Ohser-/Wettinstraße) eröffnet worden war. Damit sollte die Versorgung »inmitten unserer modernen Neubauten in der Bahnhofsvorstadt« sichergestellt werden, wie man in der »Freien Presse« las. 1955 unterhielt die HO auch sieben Verkaufsstellen in den ländlichen Stadtteilen wie Reinsdorf, Unterlosa, Oberlosa und Stöckigt. Zu den reinen Lebensmittelläden gesellten sich im Laufe der Jahre weitere Spezialläden. In den 70er-Jahren waren das

② Das Herz schlägt noch: Blick über den »Tunnel« (Postplatz) mit Warenhaus und HO-Verkaufsstelle (vorne rechts). Letztere befand sich im Gebäuderest des einst renommierten, 1945 schwer beschädigten Kaffeehauses »Trömel«. Nach dem von vielen bedauerten Abbruch der einstigen Platzdominante bis auf das Erdgeschoss sprach der Plauener Volksmund nur noch vom »Pferdestall«, um 1960.
Hans Herold

1956

Die Verwaltung des Mangels 337

③ Am Oberen Bahnhof wirbt eine Tafel für die örtlichen HO-Gaststätten, Sommer 1966.
Hans Herold

unter anderem die HO-Spezialverkaufsstelle für Wein und Spirituosen »Bouquet« in der Bahnhofstraße (1972), die HO-Verkaufsstelle für An- und Verkauf gebrauchter Waren an der Ecke Herrenstraße/Oberer Steinweg (1973) sowie die HO-Verkaufsstelle für Eisen- und Haushaltswaren in der Hofer Straße (1975). Mitte der 80er-Jahre unterhielt die HO-Industriewaren Plauen an die 60 Spezialgeschäfte, die meisten im Bereich Kleidung und Konfektion. Deren größte und umsatzstärkste Vertreter waren der Modesalon »Exquisit« in der Krausenstraße, das Kaufhaus »Textilia« in der Bahnhofstraße, ein Möbelhaus in der Bahnhof-/Ecke Fritz-Heckert-Straße (heute Stresemannstraße) sowie das Geschäft für Elektrotechnik im sogenannten »Kopfhaus« am Platz der Roten Armee (heute Albertplatz).

Neben HO und privatem Einzelhandel gab es noch die Läden der Konsumgenossenschaft (KG). Die genossenschaftlich organisierten Geschäfte hatten ihre Ursprünge jedoch bereits in der Arbeiterbewegung des 19. Jahrhunderts und wurden nach 1945 reaktiviert. Die Massenorganisation mauserte sich neben der HO zur bedeutendsten Handelsplattform der DDR. Dazu trug auch das beliebte Rabattmarken-System bei: Mitglieder der KG konnten beim Einkauf Konsummarken erhalten, die man fein säuberlich sammelte und sich einmal pro Jahr als »Rückvergütung« auszahlen ließ. 1964 verfügte die Stadtkonsumgenossenschaft über 85 Verkaufsstellen für Lebensmittel, 20 für Industriewaren und vier Konsum-Gaststätten im Stadtbezirk; zwei Jahre später kam die Konsum-Kaufhalle in Reusa als größeres Objekt hinzu. 1971 öffnete eine kombinierte Konsum-Großverkaufsstelle mit Lebensmitteln und Industriewaren in der Liebknechtstraße (ehem. Kaufhaus Westend) und im Jahr darauf der Obst- und Gemüsemarkt in der Weberstraße.

In den 60er-Jahren begann auch in Plauen die Ära der schon erwähnten »Kaufhalle«. Es waren großräumige Selbstbedienungsläden, die – im Rahmen ihrer Möglichkeiten – über ein breiteres Sortiment verfügten.

Unter den frühen Vertretern dieses Pendants zum westdeutschen »Supermarkt« sind in Plauen die Kaufhallen am Rähnisberg (1963 eröffnet als »HO-Großraumverkaufsstätte«), in Reusa (1966) sowie im Seehausgebiet (1972) zu nennen. Gerade in der Peripherie wie in Reusa brachte das manche Erleichterung mit sich. Sie bildete zugleich den vorläufigen Abschluss des dortigen Wohnungsbaus mit zwei neuen Wohnkomplexen. Auch die folgenden Kaufhallen fügten sich in die Neubaugebiete ein und sollten – oftmals in Verbindung mit weiteren Einrichtungen wie Apotheke und Reparaturannahmestelle – die örtliche Versorgung gewährleisten. 1977 bekam Plauen seine bis dato größte Kaufhalle im Neubaugebiet Mammenstraße. Betreiber war die Konsumgenossenschaft. Auf 575 Quadratmetern wurden hier neben Lebensmitteln auch Industrie- und Schreibwaren angeboten.

Wohin man in Plauen gern essen ging, das war wie so vieles »Geschmackssache«. Etwas Auswahl gab es: Immerhin verfügte die Stadt 1983 über 89 Gaststätten und 21 Spartenheime. Abgesehen von dem etwas nobleren »Central-Hotel«, wo mancher Plauener seine Jugendweihe gefeiert hat, zog man für besondere Anlässe etwa die »Freundschaft« in der Bahnhofstraße vor. An dieser Zuschreibung als »repräsentative Gaststätte« für Plauen hielt man übrigens auch in den 80er-Jahren fest: Das Lokal wurde vorrangig beliefert und führte ein erweitertes Getränkeangebot. Bei Wein und Spirituosen bot es stets aktuell lieferbare »Spitzensorten« an: Nicht jedes Restaurant konnte damals auf sechs bis acht verfügbare Sorten Wein verweisen. Die Sache hatte natürlich ihren Preis und die »Freundschaft« somit eine höhere Preisstufe. Für das gewisse Extra sorgten Aktionen wie die »Woche der französischen Küche«, die ab 1983 im Rahmen der Städtepartnerschaft Plauen/Lens stattfand. Als Erweiterung kam 1982 die Selbstbedienungsgaststätte »buffet« hinzu. Mit zwei Restaurants, der Bierklause und der Selbstbedienungskantine »Gastronom« gehörte ebenso der traditionsreiche »Ratskeller«

zu den gefragteren Adressen und konnte nach einer umfassenden Modernisierung 1977 insgesamt 540 Gästen Platz bieten.

1960 erhielt Plauen mit der »Teddy-Milchbar« in der Engelstraße seine erste Nichtrauchergaststätte, die sich – aufgrund dieses Alleinstellungsmerkmals, aber auch aufgrund der modischen Raumgestaltung – wachsender Beliebtheit erfreute. Ein viel besuchtes Ausflugslokal der Plauener und ihrer Gäste war seit jeher die »Tennera«, die ab 1964 unter dem Namen »Vogtlandschenke« firmierte. Vorteilhaft am Stadtrand und am Eingang des Stadtparks und Syratals gelegen, war sie nicht nur zu den Spitzenfesten eine beliebte Adresse. Die noch heute bestehende »Tennera« war um 1956 zusammen mit den Gaststätten »Goldene Rose«, »Prälaten« und »Hofer Bierstube« in die HO eingetreten. Anschließend erfolgte die Einstufung in eine der fünf Preisstufen für Gaststätten, wobei die Stufe V/S sozusagen der Primus war und Stufe I einer einfachen Imbiss- oder Bierkneipe entsprach. Die »Tennera« war mit der Preisstufe II im unteren Mittelfeld angesiedelt. Diese Einstufung hatte Auswirkungen auf sämtliche Preise bis hin zur Kleiderordnung des Personals.

Trotz diverser Neueröffnungen war das Gaststättenangebot in Plauen zugleich ein Kritikpunkt. Schließlich schloss mancher Betrieb im Laufe der Jahrzehnte seine Pforten. Ein Plauener sagte über den Engpass, es war »oft schwer, einen Platz zu bekommen. Du wurdest sowieso immer platziert. Du hast gewartet und dann haben die erstmal geguckt, ob was frei war. Früher standen die Leute teilweise schon hinter deinem Stuhl, haben ihn festgehalten und den Tisch belagert und sobald du bezahlt hast, sind sie wie die Haie auf deinen Tisch gestürzt […].«[5]

»Das Schlangestehen ist eine ständige Begleiterscheinung des Sozialismus.« – Die 70er- und 80er-Jahre

Nach dem Machtwechsel 1971 versuchte die Regierung unter ihrem neuen Generalsekretär Erich Honecker, die Wirtschaft auf eine breitere Basis zu stellen und die Bedürfnisse der Bevölkerung stärker in den Blick zu nehmen. Es schien, als sei die Politik nach den wechselhaften und mitunter holprigen, von Kampagnen geprägten 50er- und 60er-Jahren ein Stück weit im Alltag angekommen. Der neue Staatschef erklärte die »Erhöhung des materiellen und kulturellen Lebensniveaus des Volkes« zur neuen »Hauptaufgabe«. Höhere Löhne und eine bessere Infrastruktur, der Ausbau der Konsumgüterproduktion und des Dienstleistungssystems sollten die Arbeitsproduktivität steigern und die Wirtschaft ankurbeln. Priorität lag dabei auch auf dem Wohnungsbauprogramm und dem Schul- und Gesundheitswesen. Mit dem Auftakt – der Verstaatlichung der gut funktionierenden Privatwirtschaft – stellte sich die Partei zwar erst einmal selbst ein Bein; ein verhaltener Aufwind war dann aber nicht zu leugnen.

In Plauen registrierte man 1972 eine »spürbare Verbesserung«, zumindest bei Porzellan, Haushaltswaren, Nähmaschinen sowie Ersatz- und Zubehörteilen für elektrische Geräte. Ungleich länger jedoch war die Liste der nach wie vor knappen Industriewaren, wobei Kleidung nahezu jeder Art und Haushaltsgeräte hervorstechen. Damit muss auch für Plauen das Paradoxon hervorgehoben werden, dass gerade diese Produkte, die dort überwiegend hergestellt wurden – nämlich Textilwaren – vor Ort schlecht zu haben waren und stattdessen in den Export gingen. Vergleicht man die Warenbereitstellung der Jahre 1973 und 1974 in Plauen, so nahm die Menge der im Laden verfügbaren Güter tatsächlich zu. Beispiele waren Haushaltselektronik wie Badeöfen, Boiler und Waschmaschinen, aber auch Reiseschreibmaschinen und Klappfahrräder. Bei Möbeln betrug die Steigerung sogar fast 20 Prozent. Mit 750 Waschmaschinen waren im Jahr 1974 zwar gut 100 mehr als im Vorjahr eingeplant, doch damit entfielen auf 1000 Haushalte gerade einmal 21 Geräte. Im Bezirksvergleich schnitt Plauen aber noch gut ab: Da waren es nur 16 Geräte. Somit lag die Spitzenstadt immerhin an zweiter Stelle (vermutlich hinter Karl-Marx-Stadt). Letztlich wurde der Plan mit 822 sogar übererfüllt!

1976 waren in Plauen außerdem 458 Waschvollautomaten des Typs »WVA 500« (mit Schleudergang) zu haben. Badewannen hingegen blieben auch in den 70er-Jahren ein knappes Gut: Mit ganzen 130 Stück im Jahr 1973 mussten sich hier im Durchschnitt 1000 Haushalte um vier Stück streiten. Hinzu kommt, dass nicht einmal diese Stückzahl bereitgestellt wurde, sondern lediglich 83 Badewannen. Im Jahr darauf blieb die Menge ebenfalls unterm Soll. Der Bedarf an bestimmten Gütern wie

Jahr	Stückzahl für örtlichen Einzelhandel (HO/Konsum)	Stückzahl »konsument«- Warenhaus	Gesamtmenge Stadt Plauen	Prozentualer Anteil im Bezirksvergleich
1972	299	355	654	6,9
1973	337	308	645	5,1
1974	462	360	822	-
1975	458	352	810	-
1976	475	365	840	-

Versorgung mit Industriewaren in Plauen am Beispiel von Elektronik-Waschautomaten, 1972–1976

Möbeln, Waschhalb- und Vollautomaten sowie Reiseschreibmaschinen war so hoch, dass man sich ab 1975 in gesonderte Vormerklisten eintragen musste: Auf einen Waschautomat »WA 45« wartete man 1976 etwa über ein Jahr. Badewannen gab es ohnehin nur in dringenden, sozial begründeten Fällen.

Ein wichtiger Indikator des Lebensstandards war natürlich – abgesehen vom Auto, dessen Erlangung aufgrund der langen Wartezeiten aber noch in viel weiterer Ferne lag – der (Farb-)Fernseher. 1977 kamen die ersten Zwei-System-Farbfernsehgeräte aus heimischer Produktion in den Handel. Neben Berlin, Leipzig, Magdeburg und Halle erhielt auch der Bezirk Karl-Marx-Stadt 3 000 Geräte des Typs »Chromat 1062« sowie »Chromalux 1063« für den Verkauf – zum Preis von 4 100 beziehungsweise 4 730 Mark: Das entsprach dem Vierfachen eines durchschnittlichen Monatsgehalts. Wer sich den Luxus leisten konnte, kam mit diesen Geräten nun auch in den Genuss, Westfernsehen in Farbe zu sehen, was bis dato nur in Schwarz-Weiß möglich war. Mancher Historiker sah in diesem Zugeständnis der SED-Führung gar eine »Art historischer Kapitulation«. Doch für die Kaufkraftabschöpfung war schlichtweg jedes Mittel recht. Plauen erhielt ad hoc 500 dieser Fernsehgeräte. Für den Verkauf legte man aber vorsorglich fest, es sei »nicht gestattet, dem Kunden das Programm des BRD-Fernsehens vorzuführen«. Auch sonst sollten die Geräte kaum beworben werden. Das war allerdings gar nicht nötig, denn schon im Dezember verkauften sie sich gut. Das wundert nicht, denn zu diesem Zeitpunkt warteten allein im »konsument« 100 Kunden auf einen Farbfernseher.

Die propagierte »Einheit von Wirtschafts- und Sozialpolitik« mag gute Ansätze und Ideen enthalten haben und brachte während der 70er-Jahre in Teilen auch eine messbare Entspannung. Für Plauen lässt sich anhand der Beispiele nachweisen, dass bestimmte Industriegüter zwar besser zu haben waren, doch unterm Strich nach wie vor zu wenig, was sich in Wartezeiten und/oder hohen Preisen äußerte. Spätestens durch die Erdölkrise Ende der 70er-Jahre und die damit verbundenen Ausgaben kam das staatliche Wohlstandsprogramm an seine Grenzen. Die nun forcierte Umstellung von Öl auf Braunkohle heizte in der DDR nicht nur die Wohnungen an, sondern ebenso die Umweltprobleme. Zugleich verschlang sie riesige Investitionsmittel, die wiederum anderswo fehlten – etwa bei der Modernisierung der Industrie und in anderen Wirtschaftszweigen. Der sich zeitgleich in westlichen Ländern vollziehende Strukturwandel mit Übergang zur Dienstleistungsgesellschaft wurde damit verpasst und in der DDR konservierte sich eine »Arbeitswelt mit industriellen Erwerbsstrukturen alter Prägung«. Das Geld, um zumindest teilweise an den propagierten politischen Zielen festhalten zu können, fehlte nicht nur woanders, sondern stammte immer öfter aus fremden Kassen: Die Staatsverschuldung stieg an und bald (1983) musste die DDR sogar den »Klassenfeind« in der Bundesrepublik um einen Milliardenkredit bitten. Der ursprünglich angestrebte ökonomische »Wettlauf« war jedenfalls längst entschieden.

Um den Markt zu regulieren, setzte der Staat nun auf schleichende Preiserhöhungen zu Lasten der Verbraucher. In den 80er-Jahren stiegen die Lebenshaltungskosten für einen normalen Vier-Personen-Haushalt um über zwölf Prozent, bei Bekleidung und Schuhen sogar um über 30 Prozent. Zugleich wurden Importwaren zu überhöhten Preisen angeboten, während immer mehr Produktionsgüter der DDR um der Devisen willen zu Dumpingpreisen ins Ausland gingen und vor Ort fehlten. Dieses Ungleichgewicht verschärfte die finanzielle Schieflage des Landes und unterwanderte letztlich auch die hochgesteckten Ziele der Wirtschafts- und Sozialpolitik, deren Verheißungen bald ihren Glanz verloren hatten.

Währenddessen brachte die Unterzeichnung der KSZE-Schlussakte von Helsinki 1975 der DDR zwar internationales Ansehen, innenpolitisch jedoch setzte sie heikle Wellen in Gang, die das Regime 1961 mit dem Bau der Mauer jäh unterdrückt hatte: Von nun an dokumentierten die »Antragsteller« mit ihrem legalisierten Anspruch auf Ausreise wieder ihre ablehnende Haltung gegenüber der DDR, für die diese neuerliche Abwanderung dann in den 80er-Jahren völlig aus dem Ruder laufen sollte. In unzähligen Ausreiseanträgen wurde die schlechte Versorgungslage als ein Grund angeführt: So hieß es beispielsweise in Plauen, »Handel und Versorgung ist sehr schlecht« oder »das Problem von Nachfrage und Angebot [ist] nicht gelöst«. Eine Mittzwanzigerin, die 1989 ihren Antrag auf ständige Ausreise stellte, wurde noch deutlicher. In der Abteilung Genehmigungsangelegenheiten beim Rat der Stadt erschienen, monierte sie die »Probleme des täglichen Einkaufens«: »Nach allem was man gebraucht, muß man ständig laufen oder lange stehen«. Auch die Situation bei den Gaststätten hatte sie »satt«: »Entweder sie haben geschlossen oder man muß stundenlang auf einen freiwerdenden Platz warten […]. Das Schlangestehen ist eine ständige Begleiterscheinung des Sozialismus. Wer keine Beziehungen […] hat, und ist er noch so arbeitsam und fleißig, hat immer Nachteile.«[6]

Ein bereits genanntes Manko war die Versorgung mit Schuhen, für die 1980 »große Angebotslücken« bei Damen- und Herrenstiefeln sowie Halbschuhen, jedoch auch bei Kinderschuhen sowie »Burschen- und Mädchenstiefeln« konstatiert wurden – eine Verbesserung werde, so die Prognose, »kaum eintreten«. Sie sollte Recht behalten, was im Grunde für die gesamte DDR galt. Knappe Güter dieser Art wurden, wenn denn Lieferung erfolgte, umgehend verkauft, weswegen es gar nicht erst zu einer Bestandsbildung kam. Lücken klafften in den 80er-Jahren (wieder) vor allem bei Elektrogroß- und Küchengeräten, Möbeln, Haushaltswäsche, Damenoberbekleidung, exklusiver Mode, Jugendmode, Schuhen, Strumpfwaren und Kosmetikartikeln. 1984 hieß es aus dem »konsument«-Warenhaus unzweideutig: »Im Mittelpunkt unserer täglichen Arbeit steht der permanente Kampf um Ware.«[7] Die Knappheit gerade bei Textilwaren führte immer deutlicher zur Unzufriedenheit der Kunden, die mittlerweile »sehr ungehalten, kritisch und unsachlich« auftraten. Besser sah es – trotz Lieferverzögerungen – bei Rundfunk- und Fernsehgeräten aus. Die Rückstände bei Spielwaren nahmen sich so immens aus, dass eine gesonderte Liste angefertigt wurde: Man wartete unter anderem auf Kleinfahrzeuge, Plastikspielwaren und Kaspertheater des VEB Anker-Mechanik Eisfeld und Puppen jeder Art vom VEB Sonni Sonneberg.

Auf dem Gebiet der Nahrungsmittelversorgung war die Situation Ende der 70er-Jahre noch ausgeglichen genug gewesen, um etwa das Obstangebot – bei allen Schwankungen – mittels Importen zu 40 Prozent mit Südfrüchten auszustatten. Nach 1980 verschlechterte sich dann auch das Angebot an sich. So ebbte der Import von Waren wie Südfrüchten fast vollständig ab: Dass dem Kunden Bananen, Pfirsiche, Aprikosen und Grapefruits in den Läden nur noch höchst selten begegneten, ist also kein Klischee, sondern eine messbare Tatsache. In Plauen bezeichneten die staatlichen Stellen das Obstangebot beispielsweise im August 1984 als »völlig ungenügend« und es begrenzte sich auf »geringe Mengen Äpfel und Birnen«. Wenn Südfrüchte im Regal lagen, dann mit etwas Glück Orangen oder Zitronen. Orangen und Mandarinen konnten in den 80er-Jahren aus Kuba importiert werden, sodass der Rückgang mit 13 Prozent hier etwas geringer ausfiel, jedoch ebenso die Qualität. Noch 1981 bezog man in Plauen den größten Teil an Orangen aus nichtsozialistischen Ländern und den Rest aus Kuba – allerdings nahm die Gesamtmenge schon ab. Im Falle des oft bemühten Beispiels Bananen ging das Angebot zwischen 1978 und 1988 DDR-weit sogar um mehr als 55 Prozent zurück. Im letzten Jahrzehnt der DDR eroberte deswegen zwangsläufig das heimische Obstangebot die Regale, vor allem Äpfel. Aus Sicht der Verbraucher, die aus dem vorherigen Jahrzehnt »Besseres« gewohnt waren, stellte sich diese Angebotsverengung vielfach als Verschlechterung dar. Ende der 80er-Jahre (1987) registrierte die Staatssicherheit im Bezirk Karl-Marx-Stadt verstärkten Unmut in der Bevölkerung über Engpässe etwa bei Fleisch- und Wurstwaren, Obst und Gemüse, Zuckerwaren und Textilien: »So argumentieren beispielsweise Kunden und Mitarbeiter der Kaufhalle ›Mitte‹ der Stadt Plauen, daß bereits seit mehreren Wochen in ihrer Handelseinrichtung Öl und andere Grundnahrungsmittel fehlen, da diese Waren vom Großhandel ersatzlos gestrichen worden seien.«[8]

Als DDR-Bürger musste man nicht selten einen besonders langen Atem haben, in Schlangen ausharren oder Beziehungen nutzen. Und trotz der recht stabilen Entwicklung der Landwirtschaft gab es nach wie vor auch Grundnahrungsmittel, deren Bedarf nicht durchgehend gedeckt werden konnte. Viele Plauener erinnern sich zum Beispiel noch an das gefühlt regelmäßige

④
Neue Kaufhalle an der Ernst-Schneller-Straße mit vollen Regalen (heute Indoor-Spielplatz, Gebrüder-Lay-Straße, Mammengebiet), um 1977
Stadtarchiv Plauen, Johanna Falk

1987

Die Verwaltung des Mangels 341

»In-der-Schlange-Stehen« beim Fleischer um die Ecke. Die Quellen spiegeln diese Wahrnehmung – zumindest, dass die Versorgung sehr schwankend war. So kam es beispielsweise im Oktober 1982 zu einem anhaltenden Engpass in diesem Bereich. In den fast täglich verfassten Berichten zur Versorgungssituation heißt es, in manchen Verkaufsstellen sei nur eine Sorte Wurst im Verkauf, Fleisch nur in geringen Mengen. Teilweise war hier das Angebot im Stadtkern noch akzeptabel, während in den Rand- und Wohngebieten jedoch »kaum oder gar nicht mehr zum Verkauf angeboten« wurde. Berichte über »große Schlangenbildungen« zogen sich durch den ganzen Monat. Noch Anfang November blickten die Kunden in einigen Verkaufsstellen ins Leere oder erhielten die Ware nur rationiert. Auch abseits von Fleisch- und Wurstwaren bot sich teilweise ein trübes Bild. Die Rede ist von »Versorgungslücken« – zum Beispiel beim Kaffee: Wenn, dann gab es oft nur eine Sorte, hier und da hatte sich das Angebot »stabilisiert«. Selbst der Oberbürgermeister schien der Euphemismen allmählich überdrüssig zu sein und notierte, als er las, dass Öl »nicht ausreichend« im Angebot sei: »Was heißt nicht ausreichend? Gab es überhaupt welches?«

1977

In puncto Kaffee leistete sich der Staat 1977 einen besonderen Fauxpas, als er, um auf die gestiegenen Weltmarktpreise zu reagieren, mit dem »Kaffee-Mix« einen Mischkaffee auf den Markt brachte, der fortan in öffentlichen Einrichtungen, Kantinen und Gaststätten ausgeschenkt wurde. Das Getränk hieß im Volksmund bald »Erichs Krönung« und galt als ungenießbar – zudem ruinierte es zahlreiche Kaffeemaschinen. Nicht nur in Plauen war der Unmut der Menschen greifbar, die über »Kaffeevergeudung – und das im Arbeiter- und Bauernstaat« schimpften oder mutmaßten, der »Staat pfeift aus dem letzten Loch«. Selbiger musste hier zurückrudern und beeilte sich, neuen Kaffee zu importieren.

Zum allgemeinen Mangel kam hinzu, dass die technologische Entwicklung gerade bei Fahrzeugen, Haushaltsgeräten und Radios vielfach in den 70ern stehen geblieben war – wie die DDR-Behörden selbst einräumen mussten. Alternativen fand man nicht zuletzt in den Intershops, wo Importgüter zu hohen Preisen angeboten wurden – doch nicht jeder konnte sich diesen Luxus leisten. Auch in Plauen gesellten sich seit Ende der 70er-Jahre neue und neu klingende Geschäfte zu den bekannten HO- und Konsumläden. In »Exquisit«- und »Delikat«-Geschäften konnten teure Importwaren und vermeintliche Luxusgüter für den »besonderen Einkauf« erworben sowie der Wunsch von Jugendlichen nach Modeprodukten ein Stück weit befriedigt werden. Damit kam der Staat der Nachfrage nach hochwertigen Konsumgütern entgegen und konnte zugleich den Kaufkraftüberhang abschöpfen. Im Bereich der Nahrungs- und Genussmittel des gehobenen Bedarfs eröffnete man relativ kurzfristig im April 1978 in Plauen eine »Delikat«-Verkaufsstelle in der Herrenstraße 20. Anfang der 80er-Jahre konnte Plauen schon auf vier »Delikat«-Geschäfte verweisen. Das flächen- und umsatzmäßig größte blieb das »Delikat« in der Herrenstraße, ein weiteres »Delikat« eröffnete in der Bahnhofstraße, dort befanden sich mit dem »Bouquet« und dem »Sachar« für Süßwaren, Kaffee und Tee noch zwei weitere »HO-Delikat-Spezialverkaufsstellen« – so der offizielle Name – mit exklusiverem Sortiment. In den knapp zehn Jahren zwischen 1978 und 1987 konnten diese Läden ihren Umsatz übrigens halten und teilweise sogar deutlich erhöhen, was auch mit steigenden Preisen zusammenhing.

Bei den »Exquisit«-Läden lag der Schwerpunkt hingegen auf Konsumgütern. In Plauen gab es seit 1974 einen »Exquisit«-Modesalon an der Ecke Bahnhof-/Krausenstraße, 1983 folgten ein Schuhsalon in der Wilhelm-Pieck-Straße (heute Neundorfer Straße) sowie ein weiterer Modesalon für Obertrikotagen (Ecke Wilhelm-Pieck-/Dobenaustraße). Als letztes Geschäft der »Exquisit«-Reihe eröffnete noch im September 1989 die Boutique für sportliche Freizeitbekleidung in der Gottschaldstraße. 1982 gab es in Plauen zudem zwei Intershop-Verkaufsstellen: Eine zur Mitropa gehörige Filiale befand sich im Oberen Bahnhof, eine weitere – dem volkseigenen Einzelhandel angeschlossene – in der Bahnhofstraße 16. Die Intershops galten in der DDR als »Konsumparadiese« und Blickfenster in die Welt der raren Waren aus dem Westen. Noch heute erinnert sich manch ehemaliger DDR-Bürger mit leuchtenden Augen: »Im Intershop gab's alles!« Gegen konvertierbare Währung waren nicht nur Genussmittel wie französischer Cognac oder brasilianischer Kaffee, sondern auch Waschpulver aus der BRD oder begehrte Elektrogeräte und Textilien zu haben. Hier lag das im Schaufenster, was die Menschen in der Produktpalette der Planwirtschaft vermissten, und zwar bezogen auf die Waren an sich sowie auf Qualität – und Aussehen: Schließlich passte sich das Design der in VEB produzierten Waren »mit der planwirtschaftlich bedingten Verzögerung von etwa einem Jahrzehnt der allgemeinen Mode an«.[9] Damit der Staat das kursierende »Westgeld« abschöpfen könnte, führte man in der DDR 1979 verbindlich die »Forumschecks« ein: Gegen diese tauschte man seine Deutsche Mark etwa von der Westverwandtschaft ein und konnte dann im Intershop einkaufen.

Peinliche Begegnung im Intershop

Viele Geschichten ranken sich um den Intershop, der sowohl einfache Arbeiter als auch scheinbar linientreue Parteikader in seinen Bann zog. Ein Lehrling, der um 1970 bei der Reichsbahn lernte und in einem Plauener Internat wohnte, erinnerte sich an eine peinliche Begegnung. Als er dort für seine Eltern etwas kaufen sollte, erschrak er nicht schlecht, die Hausleitung des streng sozialistisch geführten Internats vor ihm in der Schlange anzutreffen. Immerhin gab es dort schon »richtig Ärger«, wenn man mal eine westdeutsche Bierdose auf dem Regal stehen hatte. Die Situation war so peinlich, dass niemand je ein Wort darüber verlor. Spätestens jetzt hatte der gebetsmühlenartig propagierte Sozialismus für ihn einen doppelten Boden.

Wirtschaften im Zeichen des Plans
Industrie, Handwerk und Landwirtschaft

Clemens Uhlig

Neue Vorzeichen – geteilte Räume, blockierte Wege

Die Ausrufung des »Grenzregimes« 1952 wirkte sich für Plauen und seine Wirtschaft besonders negativ aus. Bis dahin war der grenzüberschreitende Verkehr noch möglich gewesen und 1950 verkehrten wöchentlich regulär drei Omnibusse zwischen Plauen und Hof. Nicht erst mit dem Mauerbau 1961, sondern bereits seit 1952 verlief somit wenige Kilometer westlich von Plauen eine globale Blockgrenze. Nicht nur der »Kleine Grenzverkehr« wurde abgeschafft. Auch die Bedingungen für den innerdeutschen Handel gestalteten sich immer schwieriger und bürokratischer, konnten in den 50er-Jahren aber zumindest in Gestalt des Ausgleichs von Warenlieferungen noch fortbestehen. Doch die Hürden etwa durch Beschaffung der für den Interzonenhandel notwendigen Warenbegleitscheine waren hoch. Die Plauener Fabrikanten beklagten sich über weite Wege, lange Verfahren und fehlende Rohstoffe. Versuche, den Warenverkehr mit einer Außenstelle der zuständigen Gesellschaft für Innerdeutschen Handel in Plauen dynamischer zu gestalten, scheiterten. Mit steigendem Verdruss argumentierten die Plauener, dass die Branche aufgrund der Modeabhängigkeit schwer in planwirtschaftliche Modelle passe, jedoch »wegen ihrer Lohnintensivität und ihrer devisenbringenden Eigenschaft« von großer Bedeutung sei. Von wenigen Ausnahmen wie der Sternquell-Brauerei abgesehen, die um den Wegfall der fränkischen Konkurrenz nicht gerade trauerte, galt die örtliche Industrie 1952 als wenig wettbewerbsfähig und obendrein zunehmend »einsatzmüde«.

»Plauen, die Textilstadt« – Facetten der Spitzen-, Stickerei- und Textilindustrie

In dem nunmehr stark beschränkten Exportgeschäft liegt sicherlich eine Ursache für die zahlreichen Entlassungen insbesondere in der Textilindustrie, die ab Mitte 1952 zunehmend zum Problem wurden. Im Herbst 1952 bezeichnete die Plankommission beim Rat der Stadt Plauen gegenüber dem Bezirk die Arbeitslosigkeit als das »gegenwärtig schwierigste wirtschaftspolitische Problem«, das noch immer auf die schweren Zerstörungen des Krieges – nahezu 70 Prozent der Industrieanlagen waren betroffen – zurückgeführt wurde, freilich aber auch mit den Reparationsentnahmen durch die Sowjetunion zusammenhing. Zudem war die Enttrümmerung, für die in den Jahren zuvor viele Arbeitskräfte benötigt wurden, zu diesem Zeitpunkt »so gut wie abgeschlossen« und bot keine Beschäftigung mehr, was die Zahl der Arbeitslosen weiter in die Höhe trieb. Nachdem zwischenzeitlich durch den Aufschwung der Volkswirtschaft mehr Menschen in Lohn und Brot gekommen waren, hatte sich die Lage gerade durch die Entlassungen in der Textilbranche wieder verschärft. Diese drohten aber auch in Betrieben wie dem Kabelwerk, was mit der schlechten Auslastung des Betriebs infolge großer Materialengpässe zusammenhing. Weitere Arbeitslose fielen durch Entlassungen in der Verwaltung sowie im Handel an. Im Rat der Stadt rechnete man im Herbst mit bis zu 2 500 weiteren Stellensuchenden bis Jahresende 1952 – eine düstere Prognose, nicht nur für die Sozialkassen. Den Ausweg aus der Misere suchten die Verantwortlichen vor allem in der Wieder-

1952

①
Neues, altes Selbstbewusstsein: Werbung für Plauener Spitze auf dem Festumzug zum Spitzenfest, um 1956
Stadtarchiv Plauen, Rudolf Fröhlich (2)

belebung der Textilindustrie, die »wieder in Gang gebracht« werden sollte: »Die Plauener Spitzenindustrie genießt Weltruf und wurde auch auf der diesjährigen Messe stark gefragt. Durch die hohe Veredlungsquote d.h. bei einem geringen Materialeinsatz ein hoher Produktionsabgabewert könnten gute Handelsbeziehungen zum Ausland angeknüpft werden«, sinnierte die Plankommission mit Blick auf die Zukunft.[1] Und tatsächlich kam die Produktion bald sprichwörtlich in die Gänge.

Die ersten Jahre nach Gründung der DDR waren auch in der Spitzen- und Stickereiindustrie von Zentralisierungs- und Neuordnungsmaßnahmen geprägt. Nachdem die Betriebe in den Nachkriegsjahren oft nur mühsam wieder auf die Beine gekommen und produktionsbereit waren, folgten nun die Neustrukturierung in Volkseigenen Betrieben (VEB) und mit ihr sogenannte Branchenbereinigungen. Die traditionsreiche Spitzen-, Kleider- und Wäschefabrik in der Plauener Weststraße 21/23 etwa war aus der 1946 nach dem Volksentscheid enteigneten Firma Willy Strobel & Co. hervorgegangen und firmierte seitdem volkseigen unter dem Namen VEB Plauener Spitzen- und Wäschefabrik. 1950 entsprach die Produktpalette wieder der aus den Vorkriegsjahren.

Mit der Branchenbereinigung griff der Staat massiv in das organisch gewachsene Portfolio der Betriebe ein. Dazu gehörte »die Angliederung von Betrieben, Werken und Abteilungen, sowie die Ausgliederung der Konfektionssortimente, die Umsetzung von Arbeitskräften und die Abgabe von Ausrüstungen« in andere Gebiete der DDR.[2] Nach Abschluss dieses Prozesses, in dessen Verlauf die Fertigung von Kleidern, Blusen und Modewaren abgetrennt worden war, produzierte der VEB Spitzen- und Wäschefabrik fortan nur noch Spitzen und Stickereien. In der offiziellen Parteisprache war dies »ein weiterer Schritt zur Spezialisierung im Sinne der sozialistischen Großproduktion«. Folgerichtig änderte sich nun auch der Name: Es war die Geburtsstunde des VEB Plauener Spitze, der am 1. Januar 1953 aus der Taufe gehoben wurde und über 600 Beschäftigte verfügte. Sein Marktanteil an der vogtländischen Stickereiproduktion war zu diesem Zeitpunkt mit zwölf Prozent noch relativ gering, immerhin arbeiteten zugleich noch 124 Privatbetriebe sowie 600 freischaffende Lohnsticker. In den 50er-Jahren wurden jedoch weitere Werke angegliedert, nicht nur in Plauen, sondern auch in Syrau, Brockau, Treuen, Auerbach, Oelsnitz und Falkenstein. 1957 konnte der Betrieb auf insgesamt 185 Stickmaschinen verweisen. Bis 1989 sollten daraus – nach vielen Etappen – über 1400 werden.

Anders als die Plauener Großbetriebe VEB Plamag oder Wema war die Struktur des VEB Plauener Spitze also von Natur aus dezentral. Die vielen Einzelbetriebe waren zwar organisatorisch konzentriert und miteinander verbunden, zur räumlichen Zusammenführung in großen Fertigungszentren fehlten jedoch die Möglichkeiten. Zumindest diese tradierte örtliche Aufteilung in Mittel- und Kleinunternehmen war ein Erbe der Marktwirtschaft, das auch während der DDR-Zeit nicht außer Kraft gesetzt werden konnte. Dennoch funktionierte das Konglomerat nun wie ein Großbetrieb und profitierte in der Gesamtheit von dessen Vorteilen: Nicht nur trat man als ein Betrieb auf, ebenso waren Betriebsabläufe wie Planung, Disposition, Werbung, Auflage und Abrechnung gebündelt.

Getreu der Intention, planwirtschaftliche Betriebsstrukturen mit sozialistischen Konzernen zu schaffen, wurde der VEB Plauener Spitze wiederum in die Vereinigung Volkseigener Betriebe (VVB) Deko mit Sitz in Plauen integriert, zu der auch der VEB Plauener Gardine gehörte, jedoch ebenso viele andere Betriebe in Sachsen und Thüringen sowie darüber hinaus, die zunächst selbstständig blieben und eigenverantwortlich agierten. 1979 trat das neue Kombinat Deko – dem Ministerium für Leichtindustrie zugeordnet – als Rechtsnachfolger an ihre Stelle und bündelte eine Vielzahl an Aufgaben der Entwicklung und Produktion von Stoffen und Erzeugnissen. Dieser Name stand nunmehr stellvertretend für die zentrale Rolle Plauens als Textilstandort.

Mit seinen insgesamt sieben Erzeugnisgruppen beziehungsweise Leitbereichen konnte das gesamte Kombinat im Jahr 1989 auf ein Produktionsergebnis von über 66 Millionen Quadratmetern Textilien insgesamt verweisen – das entspricht über 9 000 Fußballfeldern! Dazu gehörten neben Tüllen und Gardinen (an erster Stelle) auch Möbel- und Dekostoffe sowie Teppiche und Auslegware.[3] Hinzu kamen Produkte für das Programm »1000 kleine Dinge« wie etwa Gummilitze, Fußmatten und Schnürsenkel. In diesem Jahr verfügte das gesamte Kombinat über 33 500 Beschäftigte in 50 Betrieben an 600 Produktionsstätten, 1990 noch knapp über 24 000 (davon 5 485 für die Plauener Gardine und 3 508 für die Plauener Spitze).

Die Plauener Gardine trug als »Europas größter Gardinenproduzent« ihren Teil dazu bei, dass Plauen bisweilen als »die Textilstadt« bezeichnet wurde. Der 1953 aus zehn Betrieben gegründete VEB Plauener Gardine erfuhr zahlreiche Angliederungen und stellte neben Gardinenerzeugnissen – auch für den Export – zudem Tüll als Grundstoff für weiterverarbeitende Betriebe her. Integriert in die VVB beziehungsweise das Kombinat Deko, wurde die Plauener Gardine 1984 als größter und effektivster Betrieb per Beschluss des Zentralkomitees der SED zu dessen Stammbetrieb mit Kombinatsleitung ernannt.

Doch gerade für das exklusive Traditionsprodukt der Plauener Spitze brachte dieser Bündelungsprozess große Einschnitte. Im Zuge der Branchenbereinigung siedelte man den VEB Plauener Spitze schließlich im Bereich der Raumtextilien an, der innerhalb der Deko die Erzeugnisgruppe Stickerei und Spitze mit zahlreichen Betrieben leitete. Zugleich wurde das einstige Hauptsegment der Stickereierzeugnisse für Damenober- und -unterbekleidung zunehmend durch dekorative Produkte wie Gardinen und Spitzendecken verdrängt. Die staatlichen Vorgaben zielten zudem vorrangig auf Menge beziehungsweise Meterware ab, was sich zu Ungunsten

1. Januar 1953

der künstlerisch-ästhetischen Ansprüche in der Stickerei auswirkte. Seit 1957 wurden bereits 65 Prozent der Gesamtproduktion exportiert. »Plauener Spitzen haben Weltruf!«, lautete ein gängiger Werbeslogan, der nun wieder zutraf.

Im Vorfeld des 10. Spitzenfestes 1968 stattete der Kanal »Radio DDR« (Sender Karl-Marx-Stadt) dem VEB Plauener Spitze einen Besuch ab und traf den seit 1954 amtierenden Leiter Bernd Stubenrauch. Er betonte die Bedeutung des Exports, und zwar überwiegend in das nichtsozialistische Ausland: »Plauener Spitze« war, wie Stubenrauch nicht ohne Stolz ausführte, en vogue auf fünf Kontinenten und werde in 40 Länder exportiert. Tatsächlich stieg mit der jährlichen Warenproduktion auch der Exportumsatz, dessen Anteil in nichtsozialistische Länder 1967 mit 5,9 Millionen DM (Valuta) schon fast dreimal so hoch war wie der ins sozialistische Ausland. »Es ist in der Tat so, dass wir der größte Stickereibetrieb in der gesamten Welt sind«, entgegnete Direktor Stubenrauch auf eine diesbezügliche Frage und lobte die Leistungen der »Werktätigen« – annähernd 80 Prozent davon waren Frauen.[4]

Perspektivisch sollte die Textil- und Konfektionsindustrie die Hälfte der gesamten industriellen Produktion Plauens ausmachen, was sich insbesondere auf die Herstellung von Spitzen- und Stickereierzeugnissen, Gardinen und leichter Oberbekleidung bezog. Nicht wenige dieser Produkte gingen zu vergleichsweise billigen Preisen in die Bundesrepublik und fanden sich dort in den Katalogen von Großversandhäusern wie »Quelle« wieder. Im Verlauf der 1960er-Jahre hielten synthetische Stoffe und damit neue Technologien Einzug; in der Gardinenproduktion wurde verstärkt auf die effiziente »Rascheltechnik« umgestellt. Zum Zeitpunkt des Interviews waren helle Stoffe mit »duftigen«, synthetischen Fasern in Mode, entsprechende Blusen könnten einfach gewaschen und ohne Bügel aufgehängt werden, wie eine Mitarbeiterin der Endkontrolle des VEB gegenüber dem Radioreporter ausführte: »Die Hausfrau spart da viel Zeit und Mühe ein.« – »Ideal für die berufstätige Frau!«,

1968

Gardinen, Dekostoffe	Stickerei, Spitze	Textiler Fußbodenbelag	Möbelstoffe	Bänder, Litzen, Posamenten	Zweizylindergarne	VEB Ingenieurbüro und Rationalisierung Plauen
VEB Plauener Gardine (Stammbetrieb)	**VEB Plauener Spitze**	**VEB Halbmond-Teppiche Oelsnitz**	**VEB Möbelstoff- und Plüschwerke Hohenstein-Ernstthal**	**VEB Obererzgebirgische Posamenten- und Effektenwerke Annaberg-Buchholz**	**VEB Zweizylinderspinnereien Werdau**	
Buntgardine Rotschau	Dekostoffe Mülsen St. Jacob	Fußmatten Ohorn	Diwandecken- und Läuferweberei Neukirch	Elastik Lengenfeld	Streichgarnspinnerei Reichenbach	
Dekostoffe Greiz	Effekten- und Tüllstickerei Plauen	Garnveredlung Falkenstein	Gobelin- und Mokettweberei Karl-Marx-Stadt	Erfurter Flechtwaren		
Forster Web- und Strickwaren	Eibenstocker Buntstickerei	Haar- und Wollgarnspinnerei Nossen	Möbelstoffweberei Waltersdorf	Gummilitze Oberlungwitz		
	Goldspitze Rebesgrün					
Gardinen und Dekostoffe Grünbach	Handklöppelspitze Schwarzenberg	Kokosweberei Radeberg	Plüschweberei und Färberei Oberweid/Röhn	Mieder- und Trikotagenbesätze Pöhla		
Raumtex Gera	Kolorit Rodewisch	Kokosweberei Zwickau		Posamenten Waldheim		
Tischdeckenwerk Kottengrün	Maschinen- und Handstickerei Gefell	Roßweiner Teppiche				
Weberei Hildburghausen	Modespitze Plauen	Teppichweberei Frankenberg				
	Plauener Handstickerei					
	Spitze-Bekleidung Pausa	Teppichwerk Nord Malchow				
	Spitzen- und Blusenkonfektion Plauen	Thüringer Teppichfabrik Münchenbernsdorf				
	Spitzen und Stickereien Plauen					
	Stickperle Falkenstein					
	Stickschleier Geyer					
	Sticktex Eibenstock					
	Tapisseriestickerei »Am Aschberg«					
	Textilwerke Babelsberg					

Übersicht VEB Kombinat Deko Plauen, Zusammenstellung Ina Schaller

Wirtschaften im Zeichen des Plans   **345**

erwiderte er, der nicht versäumte, ihr zur jüngst erhaltenen Auszeichnung als »Aktivistin« zu gratulieren.[5]

Vom Ende der 60er-Jahre bis zum Anfang der 80er-Jahre forderten die staatlichen Planauflagen eine stetige Erhöhung der »Meterware« sowie der Arbeitsproduktivität. Gerade im Bereich Stickerei und Spitze – aber ebenso in anderen Branchen mit originär hohen Ansprüchen – brachte das große Probleme mit sich. Einerseits ging diese »Tonnenideologie« mit einem hohen technischen Verschleiß einher und war maschinell ohnehin nur begrenzt umsetzbar, andererseits war sie schwer vereinbar mit einem für Qualität, Originalität, Finesse und auch Regionalität stehenden Produkt.

Mitte der 70er-Jahre versuchte man regierungsseitig, diesem Missstand Herr zu werden und erließ Sonderregelungen zur »weiteren Entwicklung des kunsthandwerklichen Schaffens«. Eine direkte Folge dieser Entwicklungen war die Schaffung einer eigenen Präsentations- und Verkaufsstelle für Plauener Spitze vor Ort: des Salons »Plauener Spitze«, der am 27. August 1976 eröffnet wurde. Darüber hinaus wurden bestimmte Erzeugnisse in die Kategorie »künstlerisch textile Produktion« aufgenommen, was sich auf die Preisbestimmungen auswirkte. In der mittlerweile angebrochenen Ära Honecker hatte der individuelle Kundenwunsch nach hochwertigen und exklusiven Produkten Einzug gehalten in die staatlich gelenkte Planwirtschaft. Die Betonung von Spitze und Stickerei als sprichwörtliches »Spitzenprodukt« fand zudem in der Eröffnung des späteren Spitzenmuseums ihren Widerhall; 1984 war das Museum – offiziell als museale Abteilung des VEB Plauener Spitze – an prominenter Stelle in den repräsentativen Räumen des Alten Rathauses eingerichtet worden. Ein Jahr später erhielt auch die Hauptstadt der DDR im Nikolaiviertel einen eigenen Salon »Plauener Spitze«.

Bernd Stubenrauch hatte in dem genannten Interview erwähnt, dass die technisch-wissenschaftlichen Zentren zur schnellen Realisierung von Kundenwünschen eng zusammenarbeiten würden. Im VEB Plauener Spitze gab es gemeinsame Exkursionen, Tagungen mit dem Deutschen Modeinstitut und den einschlägigen VEB-Instituten, wo »die Grundbedingungen für die musterliche und gestalterische Weiterentwicklung festgelegt und jeweils zu den Frühjahrs- und Herbstmessen unseren in- und ausländischen Kunden vorgelegt« würden.[6] Im Bereich Forschung und Entwicklung arbeiteten Großunternehmen wie die Plauener Spitze und Plauener Gardine aber auch mit Firmen in der Bundesrepublik zusammen, beispielsweise für die Erprobung industrieller Raschel- und Wirkmaschinen. Angeleitet von der starken Exportorientierung erfolgten im Laufe der 80er-Jahre zudem wichtige Modernisierungsmaßnahmen, wobei auch Technologien mit elektronischer Datenverarbeitung Einzug hielten. Entsprechende Maschinen – zum Beispiel Schiffchenstickmaschinen mit elektronischer Steuerung, die auf der Basis von Lochkarten arbeiteten – wurden aus der Bundesrepublik importiert. Wenngleich die überfälligen Investitionen von über 20 Millionen Mark hinter den Notwendigkeiten zurückblieben, so bildeten sie doch die Grundlage für eine zeitgemäße Produktion und hoben sich in diesem Punkt von manch anderen Wirtschaftszweigen ab. Seinerzeit entstanden in 20 Volkseigenen Betrieben mit über 300 Betriebsteilen und rund 1 400 Schiffchenstickmaschinen (am Beispiel der 80er-Jahre) Erzeugnisse, »deren Gediegenheit in Musterung und Ausführung zwischen 1963 und 1989 auf Leipziger Messen mit 33 Goldmedaillen gewürdigt wurden«.[7]

Auch die Damenoberbekleidung spielte für Plauen weiterhin eine Rolle. Mit dem VEB Damenkonfektion Plauen (Dako) wurde ein neues Produktionszentrum für leichte Damenoberbekleidung geschaffen, das sein Refugium im Werk der früheren Industriewerke AG in der Ricarda-Huch-Straße bezog. Das ambitionierte Ziel war, im Jahr 1965 1,3 Millionen Damenoberbekleidungsstücke in Plauen zu produzieren. Unter dem Label »Dako-Moden« kamen die Produkte zum Export in Länder wie Holland, Schweden, die Sowjetunion sowie die Bundesrepublik. Als Leitbetrieb firmierte zunächst der VEB Goldnadel. Dessen hastig betriebene Auflösung im Jahr 1963 demonstrierte jedoch nicht nur ein Paradebeispiel für sozialistische Kommandowirtschaft, sondern auch die vor Ort zwischen den Branchen bestehenden Konflikte um Arbeitskräfte, deren Abwanderung erst mit dem Mauerbau 1961 wirklich eingedämmt werden konnte. Von den über 400 Beschäftigten der »Goldnadel« wurden 100 dem VEB Narva Glühlampenwerk Plauen zugeteilt, um dort die Produktion von Kleinglühlampen für die Konsumgüterindustrie hochzufahren. Die restlichen Mitarbeiter kamen zum VEB Wema, zur Plauener Baumwollspinnerei KG und zur Dako.

1976

② Musterbuch mit Stoffproben der Mitteldeutschen Spinnhütte, 1959
Stadtarchiv Plauen, Uwe Fischer

③
Werk des VEB Hydrauflex in der Wielandstraße mit passierendem Güterzug, um 1975
Stadtarchiv Plauen, Werner Liebner

Streiflichter der industriellen Landschaft Plauens

Ein zweites Standbein der örtlichen Wirtschaft sollte ursprünglich die Wiederaufnahme des Schwerlastwagenbaus und damit die Anknüpfung an die Tradition der einstigen Vomag sein – zumindest sah man das um 1950 im Rat der Stadt so. Zahlreiche Besprechungen mit Regierungsstellen hierzu waren jedoch »im Sande verlaufen«, wie man dort 1952 resigniert feststellte. Zweifelsohne fühlte man sich angesichts der steigenden Zahlen an Arbeitslosen hingehalten und etwas alleingelassen, wie aus dem Bericht an den Bezirk hervorgeht. Neue Anstrengungen konzentrierten sich beispielsweise auf die in Reißig gelegene Mitteldeutsche Spinnhütte, die 1938 das Zweigwerk Plauen-Reißig in Betrieb genommen hatte. Das von vornherein nur auf das Rüstungsgut Fallschirmseide ausgerichtete Werk war 1946 enteignet und dann verstaatlicht worden. In den 50er-Jahren nahm es unter schwierigen Bedingungen die Produktion auf, wobei zunächst auf Kunstseide zurückgegriffen werden musste. Die beschränkten Importmöglichkeiten brachten es mit sich, dass zunächst Naturseidenkokons innerhalb der DDR zu kultivieren waren.

Für diesen Zweck gab es einen »Kreisbeauftragten für Seidenbau im Stadt- und Landkreis Plauen«. Nur die älteren Plauener werden sich vielleicht noch an die Maulbeersträucher und -bäume erinnern, die um 1950 an dem stufenförmigen Hang des Amtsberges angepflanzt wurden und die Futtergrundlage für die Seidenraupenzucht darstellten. 1955 gab es im Stadtgebiet Plauen 33 Maulbeeranlagen mit über 10 000 Pflanzen. Im Laufe der 50er-Jahre versuchte man, Betriebe, Schulen und sonstige Einrichtungen für den Seidenbau zu gewinnen – mit mäßigem Erfolg. Die sprichwörtlichen Fäden liefen bei der Mitteldeutschen Spinnhütte zusammen, deren Produktion bald auch ohne die ehrenamtliche Betätigung in die Gänge kam: 1965 lobte man die Spinnhütte als republikweit »einzigen Betrieb, der Naturseide spinnt und webt«. Er stellte nicht nur Kleiderstoffe aus feiner Naturseide her, sondern spezialisierte sich auch zunehmend auf technische Gewebe aus synthetischen Fasern, welche die Spinnhütte mit einem Exportanteil von 80 bis 90 Prozent zu einem Devisenmagnet machten. Ein Standbein wurde die Produktion von Perlonseiden. Zum Portfolio gehörte – ebenfalls in der Kategorie der Polyamidfasern – das noch über die DDR hinaus nachklingende Produkt »Dederon«, für das auch der Betrieb in Reißig »seine Tore weit geöffnet« hatte, wie es hieß. Neben Dederon-Grundgeweben für Wäschestickereien wurden außerdem Tücher hergestellt und vor Ort gefärbt. Unter den Gebrauchsgütern fand man die Plauener Stoffe in Bettwäsche, Nacht-, Sport-, Arbeitshemden, Schürzen, Frottierbade- sowie Herrentaschentüchern wieder. Bis 1990 gehörte das Werk zum VEB Greika in Greiz.

Der Fahrzeugbau als solcher sollte für Plauen keine besondere Rolle mehr spielen. Als Zulieferbetrieb ist jedoch die seit 1959 halbstaatliche Firma Techno-Chemie zu nennen, die ein Jahr zuvor mit rund 80 Beschäftigten ihr Refugium an der Wielandstraße bezogen hatte. Sie lieferte Druckleitungen für den Fahrzeugbau, aber auch für den Flugzeug- und Schiffsbau sowie Industrieanlagen. Das Unternehmen brachte in seiner Galvanoabteilung ebenso die schillernden Schriftzüge »Trabant« und »Wartburg« an den begehrten DDR-Fahrzeugen zum »Flimmern«, um nur ein Beispiel anzuführen. 1972 wurde es im Rahmen der Verstaatlichung in den VEB Hydrauflex integriert. Am Standort Plauen produzierten etwa 180 Beschäftigte Schläuche für Maschinen aller Art, auch Benzinschläuche für den Trabant sowie den Lkw W 50: In diesem Segment fungierte Hydrauflex mit seinen Werken DDR-weit als Alleinhersteller.

Gleich zwei Unternehmen indes traten in mancherlei Hinsicht das eigentliche Erbe der Vomag an, deren (neue) Namen bald weltweit Anklang und Widerhall finden sollten. Der eine würde mit seinen Druckmaschinen im Wortsinne weltweit für Schlagzeilen sorgen und der andere mit seinen Taktstraßen vielerorts den Ton der Produktion angeben: Die Namen »Plamag« und »Wema«

um 1950

Wirtschaften im Zeichen des Plans   **347**

④ Anlässlich des 20. Jahrestags der DDR geschmückte Gebäude der Wema

Taktstraße für die Sowjetunion in der Werkshalle, 1969
Stadtarchiv Plauen, Rudolf Fröhlich (2)

1964

stehen bis heute für hohe Ingenieurskunst aus Plauen. Während ihre Ursprünge weit zurück liegen, erfuhren sie nach dem Kriegsende die (Wieder-)Belebung und nahmen im ersten Jahrzehnt der DDR ihren Aufschwung.

Das Beispiel Plamag repräsentiert dabei zugleich die nach dem Zweiten Weltkrieg forcierte Verlagerung der Industrie aus dem Elstertal in den Norden und den Osten der Stadt. Nachdem sich die Sowjets im Falle der Vomag gegen eine Fortsetzung als Friedensproduktion entschieden hatten, war die Lkw-Fertigung für Plauen Geschichte – und der Standort ebenfalls. Erbin der seit 1896 profilierten Druckmaschinenproduktion wurde die ein Jahr nach Kriegsende neu gegründete Plauener Maschinenbaugesellschaft mbH (kurz Plamag). Nachdem sie zu Beginn ihre Produktion in der Werkhalle der Sächsischen Zellwolle aufgenommen hatte, kam es 1947 zum Neubau einer Gießerei in Alt-Haselbrunn mit Montage eines Kupolofens aus dem Vomag-Bestand. Mit der politisch intendierten Entscheidung für den Bau eines Druckmaschinenwerks wurde zumindest diese Plauener »Traditionslinie« fortgesetzt und zugleich nach und nach aus der Elsteraue abgezogen.[8] Da die Kapazitäten der dortigen Produktionsstätte ausgereizt waren, erfolgte 1948 der Umzug auf das Gelände des enteigneten früheren Luftfahrtgerätewerks Dr. Th. Horn an der äußeren Pausaer Straße. Nachdem 1951 die erste von mehreren Montagehallen fertiggestellt war, konnten 1957 die letzten Abteilungen umziehen. Gleichzeitig verbesserte sich die betriebliche Infrastruktur und für die Beschäftigten entstanden Küchenräume, Betriebsbücherei, Zahnarztstation und Sanitätsstelle, später ein Erholungs- und Wassersportheim an der Talsperre Pöhl. Durch die Verlängerung der Straßenbahnlinie bis zur Plamag waren auch im Wortsinne die Weichen zu diesem neuen, doch recht entlegenen Industriestandort gestellt.

Ende der 50er-Jahre waren die Kapazitäten der Gießerei schon »völlig ungenügend« geworden, sodass eine Hallenerweiterung nötig wurde. Die Produktionsleistung stieg stetig und 1959 exportierte das Werk bereits in 27 Länder – auch in die USA. Es erfreute sich zahlreicher lukrativer Aufträge und konnte nicht ohne Stolz behaupten, dass Zeitungen »in allen Weltsprachen« auf Plamag-Maschinen gedruckt werden. Dieser positive Trend dauerte an. Die Plamag galt als Betrieb »von erheblicher volkswirtschaftlicher Bedeutung« mit dem Alleinstellungsmerkmal, als einziger Betrieb in der DDR Rotationsdruckmaschinen zu produzieren. Die wirtschaftliche und strategische Tragweite des Betriebs spiegelt sich in der Tatsache wider, dass der Minister für Verarbeitungsmaschinen und Fahrzeugbau zeitweise ein eigenes Büro in der Plamag unterhielt. 1959 wurde die Abteilung Forschung und Entwicklung gegründet. 1964 erfolgte die Eingliederung des Betriebs in die Vereinigung Volkseigener Betriebe (VVB) Polygraph. Von diesem Tag an trug er den Namen VEB Plamag, Plauener Druckmaschinenwerk. Nach diversen Werkserweiterungen arbeiteten auf dem über 227 000 Quadratmeter großen Plamag-Gelände Ende der 1960er-Jahre rund 2 000 »Plamagianer«.

1969 wurde der weithin sichtbare Stahlwasserturm des Typs »Hydroglobus« von ungarischen Spezialisten aufgebaut, was sogar der DEFA in ihrer DDR-weit ausgestrahlten Kino-Wochenschau »Der Augenzeuge« einen Beitrag wert war. In den 80er-Jahren waren die Plamag-Rotationsdruckmaschinen in 40 Ländern gefragt. Dabei ging ein Großteil der ausgelieferten Hoch-, Tief- und Offsetdruckmaschinen in die Sowjetunion sowie generell in die Staaten des Ostblocks. Von den 277 zwischen 1986 und 1989 produzierten Maschinen kamen 106 in die Sowjetunion, 40 nach Indien, 26 in die Volksrepublik China, weitere auch nach Polen und Ungarn – und lediglich 18 Stück verblieben in der DDR. Diese Exportgeschäfte basierten meist auf bilateralen Verträgen und in der Regel handelte es sich faktisch um »Tauschgeschäfte von Maschinen gegen Rohstoffe«. Für den Transport der gewaltigen Anlagen wurden je nach Größe zwischen 8 und 45 Eisenbahnwaggons pro Maschine benötigt, wie der Produktionsleiter 1968 für ein Interview mit dem »Radio DDR« ausführte. Zu dieser Zeit spielte die »Hyperset 1700« im Unternehmensportfolio die »erste Geige«, bei der es sich um eine Neuentwicklung speziell für den Druck von Tageszeitungen im Offsetverfahren handelte. Aus diesem Grund sprach man in dem Beitrag auch von dem »Betrieb, der die Voraussetzungen dafür schuf, dass Sie heute Morgen das ›Neue Deutschland‹ aus dem Briefkasten holen konnten«.[9] Dank eines elektronischen Verfahrens machte es diese Neuerfindung möglich, den Satz in der Zentralredaktion in Berlin und den Druck dann dezentral für die Bezirke in Druckzentren durchzuführen. Einmal davon abgesehen, dass es darüber hinaus in der DDR nicht viele Alternativen in Sachen Tageszeitung gab, so waren derlei Innovationen und die weltweite Bedeutung der Plamag doch zweifelsohne ein Aushängeschild für den Industriestandort Plauen.

Im engeren Sinne als Nachfolgebetrieb der Vomag firmierte seit 1948 in der Herstellung von Präzisionswerkzeugmaschinen und Taktstraßen die Maschinenfabrik Vogtland (Mavo), seit 1953 Werkzeugmaschinenfabrik Vogtland, kurz: Wema. Ihre Anfänge nach dem Krieg hatte sie in den Räumen eines ehemaligen Textilbetriebs in der Stresemannstraße 92; bereits 1950 arbeitete man hier in drei Schichten mit über 400 Mitarbeitern. In der zweiten Hälfte der 50er-Jahre entstand ein neues, modernes Werk mit zwei großen Werkhallen auf dem Gelände zwischen Schenkendorfstraße und der Eisenbahntrasse Leipzig – Hof, gefolgt von einem Sozial- und Verwaltungsgebäude; der markante Turm – gewissermaßen das Wahrzeichen der Wema – entstand um 1960. Für die betriebsinterne Weiterbildung und Qualifizierung wurde ab 1959 eine Betriebsakademie geschaffen – übrigens auch in anderen Plauener Großbetrieben. Einen großen Auftritt hatte die Wema beispielsweise 1960 auf der Leipziger Messe, als sie eine aus 14 Stationen bestehende Taktstraße zur Bearbeitung von Elektromotorengehäusen für die Tschechoslowakei präsentierte. Die »Freie Presse« schwärmte von einem »Hauptanziehungspunkt der diesjährigen Frühjahrsmesse«, den sich auch Walter Ulbricht nicht entgehen ließ. Der Generalsekretär lauschte den Worten des anwesenden Chefkonstrukteurs, der das Meisterwerk vorstellte, und die DEFA drehte einen Werbefilm. 1988 konnte die Wema auf über 2 000 ins In- und Ausland gelieferte Sonderwerkzeugmaschinen und über 200 Taktstraßen verweisen. Exportziele waren neben der Sowjetunion (an erster Stelle) Ägypten, Schweden und die Bundesrepublik (u. a. Daimler-Benz). Rund 2 000 Beschäftigte arbeiteten in dem Betrieb.

1988

Dass Betriebe in der DDR nicht nur auf ihre Produktionsleistung beschränkt, sondern auch Orte gesellschaftlichen Lebens – und politischer Agitation – waren, lässt sich an der Wema gut demonstrieren. Die betriebliche Gemeinschaft erschöpfte sich nicht in der jährlichen Teilnahme an den Feierlichkeiten zum Tag der Arbeit oder den Betriebssportgemeinschaften. Auf Betriebsebene gab es neben Zirkeln für alle Interessengebiete auch Tanzgruppen, Chöre und Singeklubs. Die Beschäftigten waren zudem in Kollektiven und Brigaden organisiert, die miteinander Wettbewerbe ausfochten. Das öffentliche Leben spielte sich somit in besonderer Weise im Umfeld der Betriebe ab. Abgesehen von diesen gesellschaftlichen und kulturellen Angeboten waren sie zugleich Orte der Gesundheitsvorsorge: Schwerpunkt- und Großbetriebe hatten Betriebssanitätsstellen und waren in der Regel mit hauptamtlich tätigen Ärzten ausgestattet; selbiges galt für Betriebszahnstationen.

Ein separates Thema ist die Präsenz von Mitarbeitern aus den »Bruderländern« wie Vietnam, Kuba oder Mosambik. Auch in Plauen arbeiteten einheimische und ausländische Mitarbeiter Seite an Seite zusammen. Im VEB Vogtländische Webtextilien (Vowetex), der vor der Friedlichen Revolution um die 3 000 Beschäftigte hatte, gehörte es zum Beispiel dazu, dass der Betriebsleiter die »vietnamesischen Freunde« zum Tet-Fest – dem vietnamesischen Neujahrsfest – beglückwünschte. Im Februar 1983 waren allein in vier Werken der Vowetex 250 Vietnamesen beschäftigt, um – wie es hieß – sich weiter zu qualifizieren.

Obwohl die Textilindustrie in Plauen die Hälfte des Anteils der industriellen Produktion für sich beanspruchte, verfügten auch Maschinenbau und Elektrotechnik mit 33,5 Prozent über ein gewisses Potenzial, was im Wesentlichen die VEB Plamag, Wema, Glühlampenwerk, Kabelwerk sowie den Stahlbau umfasste. Der Plauener Stahlbau hatte seine Ursprünge bereits im ausgehenden 19. Jahrhundert und war seit 1938 an der Elsteraue angesiedelt. Durch Verstaatlichung entstand 1947 der VEB Stahlbau Plauen: »Überall beim Aufbau der Industrie sind auch unsere Plauener Stahlbauer«, lau-

Wirtschaften im Zeichen des Plans **349**

(5) Menschen auf dem Weg zur Arbeit, am Übergang der Pausaer Straße beim Oberen Bahnhof, 1969
Stadtarchiv Plauen, Rudolf Fröhlich

1956

tete die Maxime 1959 und spiegelte deutlich die wirtschaftliche Leitlinie des ersten Jahrzehnts der DDR wider. Beim Aufbau der Schwerindustrie waren die Plauener Stahlbauer etwa im Eisenhüttenkombinat Fürstenberg (später zu Eisenhüttenstadt gehörig), der Nickelhütte Aue, der Chemischen Werke Buna in Schkopau und der Maxhütte Unterwellenborn beteiligt. In den 50er-Jahren spielte zudem die Montage von Großbaggern für den Braunkohleabbau eine wichtige Rolle. Später umfasste das Sortiment nicht nur Leichtgitterroste und Baugerüste, sondern gemäß der politischen Leitlinie auch Konsumgüter, weswegen in Plauen ebenso Dachlaufstege, Gewächshäuser, Kreissägen und Kinderspielzeug hergestellt wurden. Seit 1969 war der Betrieb Teil des VEB Metallleichtbaukombinat.

»... für die sozialistische Umgestaltung zu gewinnen.« – Verstaatlichung der Privatindustrie

Während diese großen industriellen Betriebe frühzeitig als Volkseigene Betriebe verstaatlicht beziehungsweise neugegründet worden waren, galten für kleinere Industriebetriebe sowie im Handwerk und Kleinhandel »elastische Formen des Übergangs und der allmählichen Einbindung des privaten Sektors in die sozialistische Eigentumsordnung«.[10] Auch in Plauen stieg Ende der 50er-Jahre die Zahl der Betriebe mit dem Modell der Halbstaatlichkeit, wobei der Staat zu 50 Prozent in den Betrieb »einstieg« und nun gezielter Einfluss nehmen konnte. Ab 1956 wurden die Voraussetzungen geschaffen, um die Privatwirtschaft in die Planwirtschaft zu integrieren. Im Oktober 1958 arbeiteten in Plauen bereits sieben größere Betriebe mit Staatsbeteiligung als Kommanditgesellschaften, darunter die Plauener Baumwollspinnerei mit einem Produktionsvolumen von über sechs Millionen Mark. Der Druck auf die Unternehmen, sich dem Beteiligungsmodell zu unterwerfen, stieg stetig. Auch das renommierte Plauener Traditionsunternehmen Ludwig Gräf aus der Branche Nahrung und Genussmittel – bekannt vor allem für seine Liköre wie »Plauener Spitze« – war darunter. Das erklärte Ziel der SED-Stadtleitung, bis Ende 1958 fast die Hälfte des Produktionsvolumens der Privatindustrie in Betrieben mit staatlicher Beteiligung zu bündeln, wurde nur knapp verfehlt: Noch Ende 1958 wuchs die Zahl der Unternehmen mit staatlicher Beteiligung auf 22, zugleich hatten weitere 22 Betriebe diese beantragt, sodass die Abteilung Örtliche Wirtschaft beim Rat der Stadt im September 1959 bereits auf 35 Beteiligungen verweisen konnte und stets neue Betriebe »in der Warteschleife« standen, die meisten aus den Bereichen Konfektion, Textilsowie Bauindustrie. Mit der sogenannten Patenarbeit Volkseigener Betriebe sollte das Tempo erhöht werden. Sie erhielten die Aufgabe, neue Betriebe »für die sozialistische Umgestaltung zu gewinnen«. Die Fäden dieser »Umgestaltung« – die ausdrücklich auch eine »Umerziehung« sein sollte – liefen bei der Partei zusammen. Leitungspersonen wurden auf den politischen Prüfstand gestellt. Gerade die Gewinnung einiger altehrwürdiger und namhafter – dabei aber nicht unbedingt modern aufgestellter – Betriebe war auf diesbezügliche Patenbemühungen großer Plauener Volkseigener Betriebe zurückzuführen: Das betraf beispielsweise die Firmen R. Zöbisch (Ausrüstung), F. A. Hempel (Ausrüstung), R. Ketzel & Co. (Textil) sowie Flaig & Beckmann (Konfektion). Es leuchtet ein, dass mit der Verstaatlichung nicht zwangsläufig die Ideologisierung der Mitarbeiter einherging. Als die Werktätigen des Maschinenbaubetriebs Gustav Obermeyer auf einer Versammlung vor der Volkskammerwahl 1958 in eine politische Diskussion einsteigen sollten, registrierten die Genossen nur »geringe Teilnahme«: Die wenigen Wortbeiträge betrafen vor allem die Verbesserung des Berufsverkehrs von Oberlosa in die Stadt.

Einige Betriebe waren bereits frühzeitig verstaatlicht worden und standen unter der Aufsicht der städtischen Abteilungen Örtliche Industrie sowie Kommunale Wirtschaft. Hierzu gehörten etwa das 1960 aufgegebene Nasspresssteinwerk (Morgenbergstraße), die Metallwarenfabrik, das Reifenerneuerungswerk, der Schlachthof und die Fischwarenfabrikation – und spezielle Unternehmensformen wie die Elgawa (Hammerstraße). Die Elgawa beispielsweise, deren Name sich aus den Anfangsbuchstaben ihrer drei Sparten Elektroinstallation, Gas- und Wasserwerk zusammensetzte, bestand um 1950 als Kommunalwirtschaftsunternehmen der Stadt Plauen und wurde im Laufe der 1950er-Jahre in einen kreisgeleiteten volkswirtschaftlichen Betrieb – Kürzel »VEB (K)« – umgewandelt.

Nicht wenige Betriebe erkannten in dieser Entprivatisierung bei allem staatlichen Druck auch Vorteile und Potenzial. Gerade die Vorzüge vermeintlich gesicherter Aufträge konnten Firmen in die Halbstaatlichkeit locken oder zumindest als Argument dafür dienen. Immerhin griff der Staat nunmehr oft so weit in das Wirtschaftsgeschehen ein, dass er »seine« Volkseigenen Betriebe für die gezielte Auftragsvergabe in die Pflicht nahm. Zugleich erhöhte diese Bevorteilung freilich den ökonomischen Druck auf die noch bestehenden Privatbetriebe.

1960 sollte das Jahr der »Wende« hinsichtlich der sozialistischen Umgestaltung der Wirtschaft in Plauen werden. Deshalb setzte man sich ehrgeizige Ziele, um möglichst viele Betriebe zu gewinnen. »Leitbetriebe« wie die Plauener Gardine, Goldnadel, Vogtländische Baumwollweberei, Plamag sowie die Plauener Spitze – deren Vorzeigerolle immer wieder hervorgehoben wurde – sollten wegweisend fungieren und bei dieser Aufgabe unterstützen. Einige Betriebe wie W. Surmann (Spitzenfabrik), Pein & Co. (Zigarrenfabrik), Gebr. Höppner und F. W. Dischreit (beide Textilveredlung) sollten als »Sofortaufgabe« kurzfristig noch bis zum 30. Juni gewonnen werden. Ziel war es, zunächst die sogenannten Schwerpunktbetriebe zu verpflichten, also wirtschaftlich besonders wichtige Betriebe mit bestimmter Produktausrichtung. Dies klappte nur im Falle der Fa. Gebr. Höppner, andere waren hartnäckiger und in manchen Fällen noch gar nicht zu diesem Schritt zu bewegen. Am Ende des Jahres 1960 waren 43 Betriebe halbstaatlich, was einem Prozentsatz von 48 Prozent entsprach. Eingedenk der laufenden Anträge konnte man aber schon auf fast 74 Prozent Betriebe mit staatlicher Beteiligung in naher Zukunft verweisen – im Bezirksvergleich (65 Prozent) war man in Plauen also relativ weit. Im Frühjahr 1962 konnte der Rat der Stadt auf fast 70 Prozent Betriebe mit staatlicher Beteiligung verweisen, zehn Prozent waren noch in der Warteschlange. Bald darauf wehte mit dem 1963 von Ulbricht propagierten »Neuen Ökonomischen System der Planung und Leitung der Volkswirtschaft« ein neuer Wind in der Wirtschaft. Es sollte den Betrieben nun mehr Eigenverantwortung ermöglichen, die Produktion an der Nachfrage ausrichten und den materiellen Lebensstandard der Menschen erhöhen, was teilweise auch gelang. Durch das Wirtschaftswachstum konnte 1967 die Fünftagewoche eingeführt werden und der Mindesturlaub stieg auf 15 Tage, außerdem verbesserte sich die Versorgungslage mit Konsumgütern.

Da der Perspektivplan jedoch nicht erfüllt werden konnte, fiel das Projekt im Laufe der 60er-Jahre bei der politischen Elite in Moskau und Ost-Berlin in Ungnade und scheiterte. Dieses Ringen um die vermeintlich richtige Wirtschaftspolitik sollte auch entscheidend werden für den Machtwechsel 1971, woraufhin 1972 eine letzte große Verstaatlichungsoffensive folgte. Grund war die beschlossene Aufwertung der Sozialpolitik und mit ihr eine neue Wirtschaftspolitik. Da die Betriebe aus Sicht des Regimes noch immer zu eigenwillig und unabwägbar wirtschafteten, sollte der Staat das Heft des Handelns in die Hand nehmen und Entscheidungsprozesse noch stärker bündeln: Unter dem neuen Generalsekretär Erich Honecker wurde im Laufe der 70er-Jahre die »Einheit von Wirtschafts- und Sozialpolitik« propagiert. Mit Konsumgütern für alle DDR-Bürger sollte deren Lebensstandard merklich steigen, ebenso die Produktion mithilfe neuer Technologien, um damit das Auslandsdefizit abzubauen. Vor diesem Hintergrund setzte infolge des VIII. Parteitags der SED 1972 eine große Kampagne ein, in deren Verlauf noch private wie halbstaatliche Betriebe, ferner zahlreiche Produktionsgenossenschaften des Handwerks (PGH) in Volkseigentum überführt wurden. Nachdem die Verstaatlichung auf dem Gebiet der Grundstoff- und Schwerindustrie sowie der Landwirtschaft längst vollzogen war, griff der Staat nun auf den Privatsektor zu und besiegelte damit das Ende des Unternehmertums. Dieses hatte Walter Ulbricht nach dem Volksaufstand vom 17. Juni 1953 nicht mehr angetastet, zu wichtig war ihm die Funktionsfähigkeit dieses Standbeins der Wirtschaft.

Die Maßnahmen begannen in Plauen im Frühjahr 1972. In der Praxis verkauften die Inhaber ihre Betriebe nun an den Staat und konnten in vielen Fällen auch weiterhin als Betriebsleiter fungieren – nur eben im Auftrag des Staates, der die Regeln machte. Halbstaatliche Betriebe wurden in VEB überführt (in Plauen 74), was eine zukünftige Reprivatisierung ausschloss. Dies galt ebenso für noch private Betriebe von volkswirtschaftlicher Bedeutung (in Plauen 18). Sie wurden entweder als selbstständige VEB gegründet oder an bestehende VEB oder Kombinate angeschlossen. Auch sechs PGH wurden bei dieser Gelegenheit in VEB umgewandelt, wie

⑥
Bei der Arbeit im Friseursalon »Figaro« in der Bahnhofstraße, 1958
Stadtarchiv Plauen,
Klaus Tanneberger

1972

Wirtschaften im Zeichen des Plans **351**

beispielsweise die PGH Plauener Textilien, was auf einstimmigen Beschluss im Rahmen einer Mitgliederversammlung geschah.

Das Tempo der Umstrukturierung war enorm und verunsicherte manchen Betriebsleiter, es gab Skepsis und viele offene Fragen. Letztlich setzten die zahlreichen Beteiligten unter Führung der amtierenden Oberbürgermeisterin Dora Helbig die Vorgabe aber unter hohem zeitlichem Druck um. Über die Gewerkschaftsgruppen war die Belegschaft in diesen Vorgang involviert und stand der Umwandlung nicht selten positiv gegenüber. Nun konnten auch die seitens des Staates schon lange begehrten Betriebe wie Gebrüder Höppner in der unteren Elsteraue in VEB umgewandelt werden und damit im Duktus der SED und ihrer Parteigänger »in die höchste sozialistische Produktionsform«. Im Falle der Firma W. Surmann wurde der vormalige Firmeninhaber, Falk Surmann, nun zum Betriebsdirektor der neuen VEB Spitzen und Blusenkonfektion. Im April und Mai fanden über 100 dieser Neugründungen beziehungsweise Anschlüsse statt. Allein am 28. April 1972 wurden 48 Gründungsversammlungen abgehalten. Nun verschwanden viele Namen alteingesessener Plauener Betriebe aus dem Stadtbild. In wirtschaftlicher Hinsicht hatte der Staat von nun an die Geschicke in der Hand. Damit gingen die unternehmerische Eigeninitiative und Vielseitigkeit einer traditionellen Landschaft selbstbestimmter Betriebe verloren. An diesem Zustand änderte sich bis 1989 auch nichts mehr – vielmehr wurde noch weiter zentralisiert und fusioniert, wobei territoriale Kriterien wesentlich waren und die jeweiligen Sortimente seitens des Staates aufeinander abgestimmt wurden. Ein Beispiel war der 1976 vollzogene Zusammenschluss mehrerer Plauener VEB und Betriebe zum neuen VEB Modespitze, selbiges galt für den VEB Plauener Gardine, an den in diesem Jahr mehrere Volkseigene Betriebe angeschlossen wurden. Die zentrale Planung und Bilanzierung umfasste nun »bis ins Kleinste alle Bereiche der Wirtschaft«.

»Das sozialistische Dorf sei schön und seine Menschen seien klug!« – Blick aufs Land

Seit ihrer Gründung sah die Regierung der DDR in der Landwirtschaft eine wesentliche Projektionsfläche ihres ideologischen Programms. Im Sommer 1952 proklamierte die Regierung die »Schaffung sozialistischer Produktionsverhältnisse auf dem Lande«. Die Bodenreform von 1945 hatte viele parzellierte Agrarflächen geschaffen, was eine Umverteilung des Landes insbesondere an »Neubauern« ermöglichte. Schwierige Startbedingungen, kleine Flächen, unzureichende Ausstattung und letztlich auch die schwierige Integration in die dörflichen Milieus führten dazu, dass gerade viele Neubauern ihre Höfe bald aufgaben und in die Industrie oder gleich in den Westen abwanderten. Die ländliche Gesellschaft war folglich so bunt gemischt wie mobil, was sich negativ auf die Versorgungslage auswirken musste. Der Agrarkrise Anfang der 50er-Jahre versuchte der Staat, mit einer forcierten Kollektivierung Herr zu werden, bis die Ereignisse um den 17. Juni 1953 den Machthabern »die Grenzen ihrer diktatorischen Möglichkeiten« aufzeigten. In den 50er-Jahren war es jene für die DDR typische »Ambivalenz von Lockung und Zwang«, die nicht nur den Prozess der Kollektivierung kennzeichnete. Doch brachte der propagierte und offiziell freiwillige Eintritt in die Landwirtschaftlichen Produktionsgenossenschaften (LPG) nicht den gewünschten Erfolg, obwohl ein dreistufiges Modell die Entscheidung erleichtern sollte: Bei Typ I und II wurde nur die Feldarbeit genossenschaftlich verrichtet, Vieh und Güter konnten in Privatbesitz verbleiben; erst die LPG Typ III arbeitete komplett kollektiv.

Infolge der Eingemeindungen von Oberlosa, Unterlosa, Stöckigt und Thiergarten im Jahr 1950 verfügte der Stadtkreis Plauen über eine landwirtschaftlich nutzbare Fläche von insgesamt 3 186 Hektar im Jahr 1960. In diesem Jahr waren davon nur etwas über 900 Hektar – mithin knapp ein Drittel – LPG-Fläche, verteilt auf vier LPG. Der Rest umfasste »Volkseigene Güter« (v. a. in der Bodenreform enteignetes Land), einzelbäuerliche sowie Privatbetriebe.

Auch in der Landwirtschaft sollte das Jahr 1960 die »Wende« bringen. Die Maßgabe lautete, neue LPG zu gründen, Einzelbauern zu »gewinnen« und das Dorfleben sozialistisch umzugestalten. Eines der gefassten Ziele war die Entwicklung Unterlosas zum »vollgenos-

1952

Verstaatlichung des Handwerks

Nur langsam ging es bei der Verstaatlichung des Handwerks in Form von Produktionsgenossenschaften des Handwerks (PGH) voran. Zu einem Vorzeigebeispiel mauserte sich hier die PGH »Vorwärts« des Malerhandwerks, die 1953 als eine der ersten in Plauen und obendrein im Bezirk gegründet wurde. Bis 1969 vereinigte sie mit 300 Mitgliedern fast das gesamte Malerhandwerk des Stadt- und Landkreises Plauen. Trotz solcher Erfolge konstatierte man im März 1960 im Rathaus, dass bislang nur 17 Prozent der Dienstleistungen auf die Produktionsgenossenschaften entfielen und noch ganze 1 350 Einzelhandwerksbetriebe bestanden. Auch die Brigadearbeit, die die Betriebe zum Anschluss an oder zur Bildung neuer PGH überzeugen sollte, brachte wenig Erfolg. Um 1960 gab es in Plauen 17 PGH. Gemessen an der Zahl an Mitgliedern und Beschäftigten waren die größten PGH die Modespitze (208 Beschäftigte), Plautex (126), Maler »Vorwärts« (123) sowie »Figaro« (99).[11] Als größte fungierte die PGH Plauener Spitzen und Stickereien mit 498 Beschäftigten. Sie war 1958 staatlicherseits als Zusammenschluss für die örtlichen Lohnsticker gegründet worden. 1968 verfügte diese PGH über 80 Großstickmaschinen und exportierte in alle Welt. Gerade für diese Sparte, die über Generationen sozusagen eine Verfügungsmasse der Verleger und Fabrikanten gewesen war, brachte die PGH viele Vorteile wie regelmäßiges Einkommen und geordnete Materialversorgung mit sich. Mit seinem Feldzug gegen den privaten Sektor 1972 vereinnahmte der Staat den bis dato noch bestehenden Mittelstand dann weitgehend, überführte private Betriebe in PGH oder PGH in VEB. Nur ein kleiner »privater Rest« bei Handwerk, Einzelhandel und Industrie hielt sich bis 1989.

LPG	Fläche	Arbeitskräfte	Rest an »einzelbäuerlichen Betrieben«
LPG Typ III Oberlosa mit Unterlosa und Reinsdorf	600 Hektar	111	29 mit 329,5 Hektar
LPG Typ I Oberlosa	34 Hektar	6	
LPG Typ III Tauschwitz mit Stöckigt	191 Hektar	29	9 mit 76,18 Hektar
LPG Typ III Chrieschwitz	45 Hektar	6	16 mit 211,4 Hektar

Situation der Landwirtschaft in Plauen um 1960

senschaftlichen Ortsteil«. Die Arbeit der für den »Landeinsatz« ausgewählten Brigade begann am 14. März 1960. Mit Losungen wie »Vorwärts zum vollgenossenschaftlichen Kreis Plauen-Stadt und Land« oder »Das sozialistische Dorf sei schön und seine Menschen seien klug!« ausgestattet, fuhren die Agitatoren nun mehrmals pro Woche mit dem Omnibus nach Unterlosa, um mit den Bauern zu sprechen und zu verhandeln.[12] In den Tagesberichten ist zu lesen, dass die Brigadiers die Tore der Höfe nicht selten verschlossen vorfanden. Gleichwohl kam es immer auch zu Aussprachen, wobei zumeist eine abwartende, vorsichtige Haltung geäußert wurde. Doch es gab ebenso kategorische Ablehnung. Besonders dramatisch schien das Gespräch mit einer Bäuerin verlaufen zu sein: »Für sie und ihre Kinder gäbe es keinen Eintritt in die LPG. Sie weinte dauernd und schiebt immer andere Bauern vor, welche erst eintreten sollen. Sie betonte, daß der Eintritt freiwillig ist und sagte, wenn wir desöfteren [sic] noch zu ihr kommen, würde sie sich eines Tages hängen. Daraufhin kam die Tochter in die Küche und forderte die Mutter auf, ins Wohnzimmer zu kommen und uns sagte sie ›…und Ihr macht daß Ihr nauskommt!‹ Der Sohn fing dann auch an zu heulen.«[13] Unter den Widersachern und Skeptikern gab es sogar städtische Mandatsträger: »In einem Ortsteil ist ein Stadtverordneter [zugleich] Einzelbauer, der nach einer 1½-stündigen Aussprache zuletzt erklärte, daß er der Letzte sei, der einer LPG beitreten würde.« In einem Dorf musste die Brigade für das Gespräch zudem häufig das Radio abstellen, »weil dort allgemein der Bayrische Rundfunk eingestellt war«.

Nach wenigen Tagen sah OB Friedrich Sieber bereits erste Erfolge in der Arbeit mit den Bauern: »Es gibt harte Auseinandersetzungen mit ihnen, man muß aber am Mann bleiben.« Er betonte jedoch, dass man in der Diskussion »nur bis an die Grenze des Erlaubten gehen und nichts überspitzen« solle. Die Arbeit sollte durch öffentliche Versammlungen und die Kontaktaufnahme mit örtlichen Geistlichen fortgesetzt werden. Anfang April 1960 hatte die staatliche Arbeit ihren Höhepunkt erreicht. Am 8. April etwa fanden in Oberlosa »Einsätze« der Brigade unter Zuhilfenahme von 45 Lehrern und Pionierleitern statt, zeitgleich in Unterlosa ein Einsatz mit 70 Mitarbeitern des Staatsapparats. Der Grad der viel beschworenen »Freiwilligkeit« musste sich angesichts dieses Aufgebots immer weiter in Richtung Anpassungsdruck verschieben. Dieser Druck wurde »von oben« – seitens des Bezirks – immer wieder erneuert und musste vor Ort umgesetzt werden. In kürzester Zeit sollten nun Gründungsversammlungen für neue LPG durchgeführt werden. Als Erfolgsmeldung konnte die Gründung der LPG Typ I »Kemmler« in den vollgenossenschaftlichen Ortsteilen Tauschwitz und Stöckigt vermeldet werden. Aus diesem Anlass gab es ein Volksfest mit Tanz, Sportveranstaltungen, Militärkonzert und Verkaufsmesse. Nahezu täglich standen die Agitatoren nun vor den Hoftoren in den Dörfern, und auch wenn nach wie vor einige verschlossen blieben, so unterschrieb doch Bauer für Bauer nach und nach den Eintritt in die LPG. Am 8. April konnte man für Chrieschwitz den Beitritt von sieben Bauern mit insgesamt fast 100 Hektar Land verkünden, was als »entscheidender Durchbruch« gefeiert wurde. Dass die Brigaden nun sprichwörtlich Tag und Nacht arbeiteten, ist der Meldung zu entnehmen, dass die LPG Typ I »Burgteich« in Thiergarten »in der Nacht von Sonnabend zu Sonntag« gegründet wurde. Die Anzahl der Bauern und ihre eingebrachte Nutzfläche waren dem »Leiter des Meldepunkts« im Rathaus beim Verfassen seines Berichts noch nicht einmal bekannt. Dennoch ist ebenso von Fällen zu lesen, in denen Bauern ihren Ort überstürzt und mit unbekanntem Ziel verlassen hatten.

Schließlich konnte auch in Unterlosa die Gründung einer LPG gefeiert werden und nur noch vier »abseits stehende« Bauern waren zu gewinnen: Unter dem Druck der Partei und ihrer Helfer hatte sich das Gleichgewicht letztlich zugunsten der Genossen verschoben. Am 12. April 1960 konnte Plauen zur »sozialistischen Umgestaltung der Landwirtschaft« melden, dass nunmehr »alle Ortsteile des Stadtkreises Plauen vollgenossenschaftlich geworden« waren. In nicht einmal einem Monat intensivster Agitationsarbeit, ständiger Propaganda und beharrlicher Druckausübung war die Kollektivierung der Landwirtschaft in Plauen im Wesentlichen vollendet worden: Der proklamierte »sozialistische Frühling« war gelungen.

Freilich ist auch dieser Prozess nicht einseitig zu bewerten. Zweifelsohne brachte diese Strukturveränderung für die Bauern viele positive Seiten wie geregelte Arbeitszeiten, Urlaub und Altersvorsorge mit sich. Zwar konnte die Landwirtschaft damit langfristig auf eine »relativ krisenfeste Basis« gestellt werden, kurzfristig ging die Ausgestaltung und Rasanz dieses Prozesses jedoch mit einer Verschlechterung der Versor-

12. April 1960

1961

gungslage einher. Er liegt damit – nun in der Rückschau betrachtet – nicht ohne Grund noch am Vorabend jener großen Zäsur in der Entwicklung der DDR: dem Bau der Mauer 1961.

Für die Versorgung der Stadt Plauen reichte die örtliche landwirtschaftliche Produktion freilich nicht aus, sodass immer größere Einfuhren nötig waren. Dennoch waren die Erzeugnisse der lokalen LPG für die Versorgungslage wichtig und eine »Untererfüllung« des Planes wirkte sich auf diese negativ aus. 1962 etwa wurde dieser Umstand moniert und Rückstände bei Rind- und Geflügelfleisch sowie Milch sollten durch bessere Ausschöpfung örtlicher Futtergrundlagen verbessert werden. Ferner erging die Vorgabe, die Weidebewirtschaftung besonders rationell zu gestalten und das Grünland intensiv zu düngen, um möglichst viel aus den örtlichen Flächen herauszuholen. Die pflanzliche Produktion war deswegen ein Schwerpunkt, weil mit ihr letztlich die stets forcierte Steigerung der tierischen Produktion zusammenhing, auf welche im folgenden Abschnitt noch einzugehen ist. Abgesehen von der Ausnutzung des Grünlands und der Anwendung neuer Methoden der Silierung sollte der Anbau von Kartoffeln und Mais gesteigert werden, wobei die Erdäpfel letztlich insbesondere auf die Teller der Werktätigen gelangen sollten. Gerade die jährliche Kartoffelernte im Herbst dürfte vielen Zeitzeugen noch in Erinnerung sein, da Schüler, Studenten, Helfer aus den Betrieben und anderer Bereiche hierzu herangezogen wurden.

Nicht überall entsprachen die »sozialistischen Großbetriebe« und ihre Arbeit schon den staatlichen Wünschen, so wurde nach wie vor von teils »harter Auseinandersetzung« und »intensiver ideologischer Überzeugungsarbeit« berichtet. Wenn Mitglieder des Kreislandwirtschaftsrats oder des Rates der Stadt bei einer Besichtigung »ihrer« LPG mit einem Betrieb unzufrieden waren – wie beispielsweise 1964 mit der LPG »Burgteich« –, wurde ihm ein »Agronom« als Produktionsorganisator zugeteilt. In diesem Jahr gab es in Plauen neben der LPG »Burgteich« in Thiergarten die LPG »7. Oktober« Chrieschwitz, »Vorwärts« Tauschwitz, »Kemmler« Tauschwitz, »Friesental« Chrieschwitz sowie gewissermaßen als »Vorzeigebetrieb« die LPG »Edwin Hoernle« Oberlosa, die sich, wohl auch aufgrund ihrer Größe, nicht selten durch zusätzliche Produktionsmengen hervortat. Nach Jahren der Konsolidierung lagen die sächsischen Bezirke Ende der 80er-Jahre in der pflanzlichen und tierischen Produktion zwar noch hinter der Bundesrepublik, aber im DDR-Vergleich vorn. Zwischenzeitlich hatte man überall in den LPG der DDR die Arbeitsteilung zwischen Pflanzenbau und Tierproduktion umgesetzt, was das Antlitz des ländlichen Raumes nachhaltig prägte: »Der Neubau von großen Stallgebäuden für die Rinder- und Schweinehaltung sowie Siloanlagen, aber auch Wohnneubauten wie in der Stadt wurden für das Landschaftsbild charakteristisch.«[14]

Ebenso typisch für die groß angelegte und konzentrierte Pflanzenproduktion war die Zusammenlegung von Feldern, was mit immensen Eingriffen in das ursprüngliche Landschaftsbild einherging. Bereits in den Jahren zuvor waren mit Flächenzusammenlegungen bei allen LPG des Typs I die Grundlagen für die DDR-typische Großflächenbearbeitung nach sowjetischem Vorbild gelegt worden. Parallel wurde stetig Grünland in Ackerland umgewandelt. Durch die Zusammenlegung zahlreicher Feldraine zu riesigen Äckern sowie die Abholzung von Hecken, Strauch- und Baumbewuchs verlor das Land seine über Jahrhunderte gewachsene, kleinräumige und aufgelockerte Struktur, sein tradiertes Antlitz und nicht zuletzt zahlreiche botanisch bedeutsame Areale für Flora und Fauna. Meliorationen brachten nicht nur die Trockenlegung sumpfiger Gebiete zum Zweck ihrer besseren Bewirtschaftung mit sich, sondern ließen zugleich zahllose Bachläufe und Gewässer aus der Landschaft verschwinden – und damit wichtige Lebensräume.

Das Vermächtnis des Raubbaus – Umweltverschmutzung und Umweltschutz

Tatsächlich wurde das Thema Umwelt- und Naturschutz, obwohl seit 1970 per Gesetz verpflichtend geregelt, in der DDR lange stiefmütterlich behandelt und trat praktisch erst sehr spät auf den Plan. Seit 1971 gab es zwar ein Ministerium für Umweltschutz und Wasserwirtschaft, das Rechtsgrundlagen erließ, an die auch Sanktionen gekoppelt waren wie das von Betrieben zu entrichtende »Staub- oder Abgasgeld« bei Überschreitung von Grenzwerten. In den 80er-Jahren war in Plauen eine kleine Abteilung Umweltschutz und Wasserwirtschaft beim Rat der Stadt mit dem Thema beauftragt. Der entsprechende Stadtrat kümmerte sich um große und kleine Fragen des Umweltschutzes, betrieb aber ebenso Öffentlichkeitsarbeit und sprach mit Schülern über Umweltschutzfragen. Freilich blieben die Möglichkeiten jedoch auch in Ermangelung der Mittel und der Macht

⑦ Ernteeinsatz mithilfe sowjetischer Soldaten vor den Toren Plauens, September 1973
Stadtarchiv Plauen, Rudolf Fröhlich

⑧
Über den Dächern der
Stadt: rauchende Schlote
und Schornsteine, um 1963
Stadtarchiv Plauen,
Rudolf Fröhlich

örtlicher Stellen weit hinter den Erfordernissen zurück. Umweltschutz war Nebensache und – noch schlimmer – Umweltverschmutzung sozusagen »Verschlusssache«, da Umweltdaten nicht publiziert werden durften. Aus dieser Not heraus entwickelte sich der Umweltschutz zu einer verstärkt ehrenamtlich betriebenen Aufgabe, die in Plauen in Gestalt der Fachgruppe Gesellschaft für Natur und Umwelt an den Kulturbund angegliedert war. Die Naturschutzhelfer um den seit 1960 amtierenden Naturschutzbeauftragten Albrecht Demmig pflegten Objekte, legten Krötenzäune, führten Vogelberingungen durch und beteiligten sich an der Pflanzenkartierung, um die sich der Kreisnaturschutzbeauftragte Rolf Weber maßgeblich verdient machte. Eine Naturschutzverordnung, die auch von den rund 45 Plauener Naturschützern positiv beurteilt wurde, folgte erst im Mai 1989 und trat im September des Jahres in Kraft, mithin – wie wir heute wissen – am Vorabend der Friedlichen Revolution.

Weber erinnerte sich im Rahmen der Arbeit gerade an Probleme und Differenzen mit der Landwirtschaft: »Natürlich war es nicht leicht. Fast machtlos standen wir zur DDR-Zeit der Landwirtschaft gegenüber. Die Probleme sind ja bekannt: Überdüngung, Eutrophierung [= problematische Erhöhung des Nährstoffgehaltes, C. U.], radikaler Herbizideinsatz, Riesen-Agrarflächen, moderne Großtechnik – also möglichst Flächen bis 100 Hektar oder möglichst mehr – ohne Baum und Strauch, und das widersprach natürlich der gesamten Ökologie, und das war ein Reibungspunkt, wo wir also nicht sehr erfolgreich wirken konnten, weil es eben immer am Veto der Landwirtschaft scheiterte. Selbst wenn man mal kleinste Feuchtflächen irgendwie unter Schutz stellen wollte, die also landwirtschaftlich wirklich bedeutungslos waren, war man schon irgendwie verdächtig und das konnte nicht sein. Und was die Industrie anbelangt, hatten wir natürlich noch weniger Einfluss. Und das war ja nun speziell in Plauen die Zellwolle als Haupt-Umweltverschmutzer mit den verschiedenen Abgasen wie Schwefelwasserstoff, Schwefelkohlenstoff, Kohlendioxid; dann eben auch diese Glaubersalz-haltigen Aschedeponien. Und wer heute das Gelände sieht, kann sich nicht vorstellen, was da bis 1989/90 sich abgespielt hat.«[15]

Ein Blick in die Akten des letzten DDR-Jahrzehnts bestätigt, dass die enormen Umweltprobleme in Plauen teilweise durchaus erkannt und Versuche unternommen wurden, sie zu beseitigen – jedoch auch, mit welch geringem Erfolg. 1980 wandte sich der Beauftragte für Umweltschutz und Wasserwirtschaft an seine übergeordnete Behörde beim Rat des Bezirks und äußerte die Sorgen bezüglich des hohen Nitratwerts in der Plauener Trinkwassertalsperre Dröda. Offenbar hatten die Versuche der Kreisbehörden, »die Landwirtschaftsbetriebe zu einer disziplinierten und organisierten Arbeit bei der Düngung« anzuhalten, bislang nichts bewirkt. In Plauen fürchtete man sich vor dem Szenario der Grenzwertüberschreitung, und zwar nicht nur aufgrund der Tatsache, dass in diesem Fall alle Kleinstkinder mit Wasser aus dem Handel hätten versorgt werden müssen, sondern ebenso wegen der »politischen Auswirkungen«. Zu dieser Zeit stieg der Nitratgehalt stetig und lag mit 33 Milligramm pro Liter nur wenige Milligramm unter dem Grenzwert von 40.

Das Thema Wasserversorgung zog sich in Plauen ohnehin wie ein »roter Facen« durch die 40 Jahre DDR, wobei es neben der Qualität des Wassers zumeist die Quantität und flächenmäßige Verteilung waren, die für Probleme sorgten. Auch die Neuerschließung von Talsperren (Pöhl 1964, Dröda 1971 fertiggestellt) im Sinne der Wasserversorgung (und des Hochwasserschutzes) hatte nur teilweise Abhilfe schaffen können. 1968 äußerte

Wirtschaften im Zeichen des Plans

Oberbürgermeister Gerhard Voigt beispielsweise in einem Interview mit dem »Radio DDR« freimütig, dass der Wohnungsbau in den vergangenen Jahren »bedingt durch die Wassersituation« ausgesetzt werden musste.

1985 wurde deswegen ein groß angelegtes »Programm der Stadt Plauen zur rationellen Wasserverwendung 1986–1990« vorgelegt. Die instabile Lage beim Trinkwasser zeigte sich gerade bei Trockenperioden wie im Sommer 1988. Fehlte das Regenwasser, kam es gerade in den 128 Kleingartensparten zu hohen Wasserentnahmen, was sich schnell in der ganzen Stadt bemerkbar machte. Das Problem hing aber auch mit der maroden Infrastruktur zusammen: Rohrbrüche waren an der Tagesordnung und die sanitären Anlagen oft desolat. »Ein absolutes Problem in unserer Stadt sind die defekten Spülkästen und Thermoregler«, wie der Stadtrat für Umweltschutz und Wasserwirtschaft an den Oberbürgermeister berichtete. Aufgrund der Materialknappheit war man 1986 nicht mehr in der Lage, das »Rohrbruchgeschehen zu beherrschen« und akzeptablen Wasserdruck in den Altbauten sowie an Hochlagen (z. B. den Punkthäusern am Oberen Bahnhof) zu gewährleisten; beim Rat der Stadt musste daher festgestellt werden, dass »die elementarsten Versorgungsaufgaben […] nicht mehr erfüllt werden« können. Probleme mit der Wasserversorgung traten auch auf in höher gelegenen Ortslagen außerhalb der Stadt wie etwa Thiergarten, Meßbacher Straße, Nach den drei Bergen, Ober- und Unterlosa, Kinderkurheim Kemmler sowie der Siedlung Neundorf.

Die Brisanz der eigentlichen Umweltprobleme unterstrich der Stadtrat im Schreiben mit dem Verweis »auf die Häufung von Eingaben, Hinweisen und Beschwerden zur Luftbelastung […] zumal die Formulierungen der Eingaben immer aggressiver werden.« Hier ging es ihm besonders um das Problem des VEB Sächsische Zellwolle und eine »dringend erforderliche Absorptionsanlage« für schädliche Abgase. Der Betrieb hatte sein Werk südwestlich der Stadt im Elstertal und produzierte mit über 600 Beschäftigten pro Jahr circa 20 000 Tonnen Viskosefaser. Obwohl die damit einhergehende immense Umweltverschmutzung schon jahrelang im Gespräch und Einwohnern stets baldige Besserung versprochen worden war, wurde der Termin zur Installation immer wieder hinausgeschoben. Tatsächlich war das Problem seit den 70er-Jahren virulent und beschäftigte Bürger, Betrieb und Verwaltung. Die Misere an sich war dabei so alt wie die Fabrik selbst, die Mitte der 30er-Jahre in der Plauener Hauptwindrichtung erbaut worden war. Nun kochte es insbesondere im Vorfeld von Wahlen hoch und vor Ort gab es daher ernsthafte Versuche, durch Gremienarbeit, fachliche Expertise und Kontaktaufnahmen mit höchsten staatlichen Stellen Besserung herbeizuführen. Da sich jedoch nie etwas änderte, merkten und äußerten die Bürger bald, »daß es sich hierbei lediglich um Wahlversprechen handele«, was ihren Unmut weiter schürte – das war 1979. In der Praxis scheiterte die Umsetzung der teuren Umweltschutzmaßnahme immer wieder an fehlenden Mitteln und bürokratischen Hürden in oder zwischen den zuständigen Ministerien.

Ein Gutachten hatte ergeben, dass die Grenzwerte im Fall von Schwefelwasserstoff um das zwölffache, bei Schwefelkohlenstoff (= Kohlenstoffdisulfid) um das 16-Fache überschritten wurden. Der 96 Meter hohe Schornstein verfügte über eine maximal zulässige Schwefelkohlenstoff-Emission von 16 Kilogramm pro Stunde, die er aktuell mit einer Menge von 345 Kilogramm (!) um das fast 22-Fache überstieg. Hinzu kamen die hohe Abwasserbelastung durch eine unzureichende Kläranlage und die Probleme mit der Deponierung anfallender Asche mit Glaubersalzen. Die durch den Betrieb eingeleiteten Maßnahmen hatten die hohen Schadstoffbelastungen nicht reduzieren können. Und diese betrafen Natur, Umwelt und Menschen gleichermaßen – gerade für die Beschäftigten der Zellwolle wurden sie als »schwerwiegend« eingeschätzt, was sich auch zahlenmäßig anhand der Berufskrankheiten infolge des extremen Kontakts mit Schwefelkohlenstoff belegen ließ. Interne Informationen sprachen aus diesen Gründen schon damals, kurz vor dem 40-jährigen Jubiläum der DDR im Jahr 1989, von einer »langfristigen Stilllegung« des Werkes, die möglicherweise auf das Jahr 2000 terminiert war. Die Zellwolle war insofern kaum noch zu retten, was für jene, die dadurch ihren Arbeitsplatz verlieren würden, freilich zunächst einmal schwerer wog. Letztlich sollte es nicht bis zum Jahrtausendwechsel dauern, bis die Plauener wieder etwas freier atmen und sich auch die Natur ein Stück weit erholen konnten.

Nach einer Beratung zwischen den Fachabteilungen der Stadt und des Bezirks war man 1987 zu dem Schluss gekommen, dass außerdem die Ablösung von Heizkraftwerken für die Verbesserung der Luftsituation im gesamten Bezirk wesentlich sei, was in Plauen nicht nur Betriebe wie die Zellwolle und den VEB Energieversorgung betraf. Zur Reduzierung von Schwefeldioxid-Emissionen mittels Entstaubungstechnik waren die Heizwerke der Energieversorgung sowie der VEB Plamag vorgesehen. Die Probleme erstreckten sich außerdem auf industrielle Abwässer, Altlasten und Schadstoffdeponien. Es fällt auf, dass diese Punkte als Absichten zu bezeichnen waren, deren Umsetzung in der Praxis noch keineswegs terminiert war. Vielmehr zeigte das Beispiel Zellwolle, wie viele Jahre sich eine Modernisierung im Sinne des Umweltschutzes hinziehen konnte – um dann im Endeffekt zu scheitern.

Dennoch fand die Arbeit der Umweltschützer längst ihre Resonanz. Ein Vortrag Webers im November 1988 zum damaligen politischen Reizthema Stadtökologie konnte trotz Widerstand stattfinden und sogar die »Freie Presse« berichtete und schrieb über die »ernste Situation des Artenrückgangs« und die engagierte Arbeit der Umweltschützer. Ein wichtiger Erfolg dieser Impulse war, dass das Thema auch auf die Agenda der Gruppen kam, die während oder infolge der Friedlichen Revolution aktiv wurden, wie etwa die Gruppe der 20.

Staatlich organisierte Lebensfreude – kulturelles Leben im Sozialismus

Nach Überwindung der Nachkriegsjahre konnte sich das kulturelle Leben unter sozialistischen Vorzeichen normalisieren. Kultur war eine Sache des Staates und entfaltete sich unter seinen wachsamen Augen unter anderem in Gestalt des Kulturbundes für demokratische Erneuerung (ab 1958 Deutscher Kulturbund, ab 1974 Kulturbund der DDR). Ihm gehörten Arbeitsgemeinschaften, Gruppen und Klubs an. Das klassische Vereinswesen war bereits durch die Verbote der sowjetischen Besatzungsmacht weitgehend zum Erliegen gekommen: Die vielfältigen sportlichen und kulturellen Angebote der Betriebe und Massenorganisationen sollten dieses Vakuum zu einem Gutteil auffüllen. Lediglich das Kleingartenwesen konnte sich ein Stück Autonomie erhalten. Die vielen einzelnen Gartensparten, deren Beitrag zur Selbstversorgung der Bürger durchaus von Bedeutung war, hatte man nur formal in einem Verband der Kleingärtner, Siedler und Kleintierzüchter organisiert.

Daneben gab es die regelmäßigen Festlichkeiten wie anlässlich des Tages der Arbeit (1. Mai) sowie des Tages der Republik (7. Oktober) im Stadtzentrum. Zum Jahreskalender der Feste gehörten Wohngebietsfeste, der Weihnachtsmarkt, Zirkusgastspiele und ein vielfältiges Konzertleben, das von den Sinfonie- und Orchesterkonzerten im Theater bis hin zu Auftritten populärer Gruppen wie »Puhdys« (1972), »Stern-Combo Meißen« (1978 im Rahmen der »Vogtländischen Musiktage«), »Karat« (1984 und 1985) oder »City« (1989) reichte. Gerade das seit 1955 gefeierte Spitzenfest mauserte sich im Laufe der Jahrzehnte zum absoluten Highlight des Plauener Kulturlebens. Bis zu 150 000 Besucher konnten hier aus 80 Veranstaltungen wählen. Und die damit einhergehende Infrastruktur um das Parktheater wurde auch außerhalb der Festwoche zum Austragungsort der kulturellen Sommersaison: Frühschoppen, Kaffeenachmittage, Freiluftkino, Tanzveranstaltungen, Ferienaktionen und Events im Rahmen der Betriebsfestspiele zogen jährlich zahlreiche Besucher an.

Stadttheater

Ein Papier des Rates der Stadt von 1957 bezeichnete die kulturellen Einrichtungen als wichtiges Mittel im offensiven »Kampf gegen die bürgerliche Ideologie« und zählte dazu neben Theater und Kreislichtspielbetrieb – an vorderster Stelle – auch die Stadt- und Kinderbücherei, das Volkskunstkabinett, Kreismuseum sowie die Volksmusikschule. Die 50er-Jahre gelten als konstitutive Phase der DDR, in welcher der Kultur als

»Alle machen mit!«
Streiflichter aus Kultur, Bildung, Jugend und Freizeit

Clemens Uhlig

1957

①
Umzug zum Jubiläum »750 Jahre Stadt Plauen«, das 1974 – politisch motiviert – mit dem 25-jährigen Jubiläum der DDR zusammen gefeiert wurde
Hans Herold

Vehikel der Politik eine besondere Rolle zukam. Das Stadttheater als die erste nach Kriegsende wieder in Betrieb genommene Kultureinrichtung galt nach wie vor als eines der wertvollsten Institute, »um im erzieherischen Sinn auf die Menschen einzuwirken«, zumal es mit Gastspielen in anderen vogtländischen Städten Strahlkraft über Plauen hinaus besaß. 1956 konnten bei 500 Veranstaltungen 256 000 Besucher gezählt werden. Angesichts des Überhangs an klassischen Stücken musste man selbstkritisch feststellen, »daß das Gegenwartsschaffen noch ungenügend vertreten ist«. Erfolge hatte man in dieser Hinsicht mit einem sowjetischen Lustspiel erzielen können.

Überdies musste die Abteilung Kultur beim Rat der Stadt resümieren, dass es bis dato nicht gelungen war, an »die Schichten heranzukommen, die wir als Theaterbesucher in erster Linie wünschen«, womit vor allem Arbeiter und Bauern gemeint waren. Ohnehin war man in der Kulturarbeit von dem Wunsch beseelt, selbigen den Weg in die Welt der Kultur zu weisen, ohne jedoch die traditionelle und geneigte Klientel zu vernachlässigen. Mitte der 50er-Jahre sollte – nach einer etwas experimentierfreudigen vorherigen Spielzeit – beim Programm zum Beispiel wieder eine Art goldener Mittelweg gewählt werden, um das Stammpublikum nicht zu verschrecken. Das Theater befand sich damit in der etwas widersprüchlichen Situation, dass eine Kultureinrichtung eigentlich »Kampfplatz« gegen »bürgerliche Ideologie« sein sollte, faktisch aber nach wie vor in der Hauptsache bürgerliche Zielgruppen ansprach. Aus diesem Grund wurde beispielsweise versucht, den Anteil an Arbeitern im Besucherrat sowie an Theateranrechten in den Betrieben zu erhöhen sowie Kontakte mit den Betrieben zu erhalten und durch Zusammenarbeit auszubauen, um neue Zielgruppen zu gewinnen. Diesen Spagat zwischen Wirtschaftlichkeit und künstlerischem beziehungsweise ideologischem Anspruch galt es, in den nächsten Jahrzehnten auszugleichen. Auch mehr Jugendliche sollten zum Gang ins Theater bewegt werden. 1975 kam es zur Gründung eines eigenen Theaterjugendklubs.

Ein Ziel war – wie generell in der Kultur – die Förderung von Volkskunst und Folklore; so gab es Laienensembles wie das Arbeitertheater, Arbeitervarieté und Kabarettgruppen. Zusammen mit dem Rat der Stadt und den Betrieben kümmerte sich das für das volkskünstlerische Schaffen zuständige Stadtkabinett für Kulturarbeit um zahlreiche interessenspezifische Zirkel, Tanzkapellen, Chöre, Singeklubs, Kabaretts und weitere Gruppen, veranstaltete Konzerte und künstlerische Wettbewerbe. Gerade im Fall des Arbeitertheaters war die Idee aber offenbar größer als der Ertrag, so sorgten stetig sinkende Mitglieder- und Auftrittszahlen in den 60er-Jahren für Auflösungserscheinungen.

Den »ideologischen Zustand« der Belegschaft schätzte man indes als unbefriedigend ein und führte das Beispiel des Ungarischen Volksaufstands an. Dass zahlreiche Künstler ihre Informationen über Westsender (insbesondere den von München ausgestrahlten »Radio Free Europe«) erhielten, war quasi ein offenes Geheimnis. So wurde moniert, dass die meisten über die Entwicklung der Theaterszene in der Bundesrepublik viel besser Bescheid wüssten als über die jene in den sozialistischen Ländern. Durch verstärkte ideologische Einflussnahme in Zusammenarbeit mit Partei und Gewerkschaft sollte dieses »Übel« bekämpft werden. Somit beschränkte sich der »Kampf« gegen das »Bürgerliche« vor allem in den 50er-Jahren ironischerweise nicht nur auf den Zuschauerraum und die Ränge – sondern betraf letztlich auch die eigene Belegschaft. Auch dieses Phänomen war gewissermaßen zeittypisch. Wie wohl in jedem Betrieb gab es hier regelmäßige Diskussionen zu aktuellen politischen Themen, in denen der »Klassenstandpunkt« des Kollektivs abgefragt und gestärkt werden sollte.

Zum Jahresprogramm des Theaters gehörten – am Beispiel der 80er-Jahre – rund 15 bis 20 Inszenierungen im Bereich Schauspiel sowie Musiktheater, mitunter auch Uraufführungen wie 1983 die »Luther-Variationen« des Plauener Komponisten Hans-Wolfgang Sachse. Hinzu kamen rund 15 Sinfoniekonzerte, Sondervorstellungen für die Volkssolidarität, Konzerte zusammen mit der Singakademie Plauen, dem Zentralen Pionier- und FDJ-Chor, betrieblichen Laientheatern wie dem des VEB Vowetex sowie Gastspiele internationaler Ensembles. Musikalische Höhepunkte waren die »Vogtländischen Musiktage« sowie »Robert-Schumann-Tage«. Mit durchschnittlich 320 Veranstaltungen – gemessen an den Jahren 1983 bis 1985 – konnten jährlich rund 125 000 Besucher erreicht werden. Auch im Theater war das Programm am Zyklus der sozialistischen Jahrestage oder sonstiger staatlicher Leitlinien orientiert. Darüber hinaus scheute man sich nicht vor großen und neuen Herausforderungen. So führten die komplexen Aufführungen der Stücke »Peer Gynt« von Henrik Ibsen und »Rosenkavalier« von Richard Strauss das Ensemble im gleichen Jahr »bis an die Grenzen der Leistungsfähigkeit«. Vor der Friedlichen Revolution sorgte das Stadttheater mit mutigen Inszenierungen unter Leitung des Intendanten Peter Radestock sowie dem wöchentlich stattfindenden progressiven Format »Theater brisant« für Aufsehen.

Musikschule »Clara Wieck«

Die Volksmusikschule war erst 1953 gegründet worden und unterhielt ursprünglich vier Außenstellen in Adorf, Bad Brambach, Oelsnitz und Reichenbach. 1959 wurden 770 Schüler von 22 Lehrern betreut, was nicht gerade für ein ausgewogenes Verhältnis spricht. Auch hier sollte der Schwerpunkt der Klientel im sozialistischen Sinne verändert werden, die Maßgabe war, einen Anteil von mindestens 70 Prozent »Arbeiter- und Bauernkinder« zu erreichen. Da Ende der 50er-Jahre noch kein eigenes Gebäude zur Verfügung stand, mussten als

1980er-Jahre

②
Galt als eines der modernsten Kinos der DDR: Eingangsbereich des Lichtspieltheaters »Capitol« in der Bahnhofstraße, um 1955
Hans Herold

Provisorium Räume in der Friedensschule genutzt werden oder der Unterricht in den Wohnungen der Lehrer stattfinden. 1973 konnte die nunmehr nach Clara Wieck benannte Musikschule ihr 20-jähriges Jubiläum feiern. Zumindest offiziell wurde die oben genannte Verteilungsvorgabe in den 70er-Jahren fast erreicht: 1975 schrieb man 68,4 Prozent der Schüler dem Milieu der Arbeiter und Bauern zu. Bei der musikalischen Aufteilung dominierten Streicher, Bläser und Schlagzeug, gefolgt von Klavier und »Volksinstrumenten«. In diesem Jahr unterhielt die Musikschule fünf eigene Orchester und 24 weitere Gruppen, außerdem 17 volkskünstlerische Laienkollektive. Mit diesen Gruppen wurden über das Jahr 1570 öffentliche Spieleinsätze durchgeführt, darunter Schulkonzerte, eigene Konzertreihen, Jugendweihefeiern, Wettbewerbe, Musik- und Kulturtage, Auftritte für ältere Bürger und Konzerte im Bereich der Naherholung sowie für sowjetische Soldaten. 1985 wurde ein Musikunterrichtskabinett gegründet, wodurch weitere Möglichkeiten für Kinder und Jugendliche für musikalische Ausbildung geschaffen wurden, speziell für Blasinstrumente, Klavier und Gitarre. 1986 besuchten 630 Schüler die Plauener Musikschule.

Kinos

Im Bereich des Filmes – dessen Wert als wichtigstes Massenmedium man auch in der Abteilung Kultur erkannte und schätzte – versuchte man sich in den 50er-Jahren an einer »geschickten Politik« der Filmauswahl. Der Anteil an kulturpolitischen Filmen sollte gegenüber den reinen Unterhaltungsfilmen ansteigen. Hier hob man, auf das Jahr 1956 zurückblickend, als Erfolg den DEFA-Propagandafilm »Ernst Thälmann – Führer seiner Klasse« mit rund 40 000 Besuchern hervor, die freilich auch durch Mobilisierungsarbeit von Partei und Massenorganisationen zum Kinobesuch animiert worden waren. Indessen änderte sich die Plauener Kinolandschaft. Im Adressbuch von 1950 waren noch vier Lichtspieltheater gelistet: das »Alhambra« am Oberen Steinweg, das »Lu-Li« (später »Luna«) in der Bahnhofstraße, die »Sachsenhof-Lichtspiele« in der Morgenbergstraße (Haselbrunn) sowie das »Tivoli« in der Pfaffenfeldstraße. Nach dem Wiederaufbau instandgesetzt und 1954 neu eröffnet, galt das »Capitol« als eines der modernsten Kinos in der DDR. 1958 blickte man – im Wortsinne – besonders stolz auf die neue Kinoleinwand: Nach dem Umbau im zeitgemäßen Cynemascope-Verfahren flimmerten die Filme nun im Totalvision-Standard über die Leinwand: Plauen hatte damit ein Lichtspieltheater mit zwölf Metern Breitbildformat. 1966 konnte das »Capitol« in fünfjähriger Bauzeit modernisiert und neu eröffnet werden. Seitdem machte es obendrein mit der modernsten Kinoorgel der DDR von sich reden. Siegfried Metzner – seines Zeichens »Capitol«-Organist – unterhielt die Kinobesucher schon seit Eröffnung des »Capitol« 1954 mit Orgelmusik, was es sonst in der DDR nur noch in Leipzig und Erfurt gab. Eine weitere findige Idee des »Capitol« war die Kinderbetreuung in einem separaten Kinderklubzimmer. 1986 wurde im Haus zusätzlich noch ein Studiokino mit 30 Plätzen und gastronomischer Versorgung eingerichtet, wo besondere Programmkinofilme und Wiederaufführungen gezeigt wurden.

1950

1986

»Alle machen mit!« **359**

Besucher zur Vernissage der Ausstellung von Walter Ballhause am Vogtlandmuseum, 1986
Stadtarchiv Plauen, Rudolf Fröhlich

1957 wurde das traditionsreiche Studiokino »Alhambra« modernisiert und ebenfalls für Normal- und Breitwandfilme ausgestattet: »Der Name Floh- oder Revolver-Kino kann also aus dem Plauener Sprachschatz gestrichen werden«, erklärte der Rat der Stadt 1959. Leider kam es schon wenige Jahre später – 1963 – zur Schließung im Rahmen von bezirksweiten Rationalisierungsmaßnahmen. In den »Luna«-Lichtspielen in der Bahnhofstraße – einst das größte Kino der Stadt und ein regelrechter Filmpalast – wurden noch bis 1964 Filme gezeigt. Anschließend diente das Objekt weiterhin unter diesem Namen als Kulturzentrum des VEB Plauener Gardine. Neben dem »Capitol« überdauerte auch das »Tivoli« – in den 80er-Jahren saniert – die DDR-Zeit. Bis 1989 gehörten sämtliche Filmtheater zur Kreisfilmstelle Plauen. Jährliche Höhepunkte waren neben den Sommerfilmtagen im Parktheater auch einzelne Freilichtkinovorführungen sowie besondere Formate wie das »Festival des sowjetischen Films«. 1986 konnte man auf insgesamt 345 000 Filmbesucher verweisen. Ein von der Kreisfilmstelle unterhaltener Jugendfilmklub veranstaltete regelmäßig Filmforen, Filmdiskotheken und zeigte in einer »Archivfilm-Reihe« besondere, nicht selten ausländische Filme.

Bibliothek

1950er-Jahre

Die Stadtbücherei verfügte in den 50er-Jahren neben der Hauptstelle in der Wilhelm-Pieck-Straße (heute Neundorfer Straße) über Zweig- und Außenstellen in den Stadtbezirken West, Nord, Süd und Preißelpöhl sowie den ländlichen Ortsteilen Chrieschwitz, Unterlosa, Stöckigt und Thiergarten (1958). 1973 gab es noch drei Zweig-, vier Ortsteil- und 14 Schulbibliotheken. Die Stadtbibliothek fungierte auch als Zentrum für Büchereien in den Betrieben (Gewerkschaftsbibliotheken) und sonstigen Einrichtungen: Die Verknüpfung zwischen Stadtbücherei und Gewerkschaften war ein zentrales Anliegen der Büchereiarbeit, galt es doch, »die noch nicht lesenden Werktätigen zum Lesen gerade der Bücher zu erziehen, die ihre sozialistische Weltanschauung erweitern und vertiefen«, wie es 1958 hieß.[1] Zu dieser Zeit verfügte die Bücherei bereits über eine Freihandbibliothek, eine wissenschaftliche Abteilung, eine Kunstabteilung mit Schwerpunkt Textilindustrie sowie eine Heimatbücherei. Zehn Tageszeitungen und 46 Zeitschriften lagen zur Einsicht aus. Neben Sachbüchern hielt man »eine reiche Auswahl guter Romane und Erzählungen vor«. Suggerieren diese Zeilen auch eine vielfältige Auswahl, so ist zu bedenken, dass der Bibliotheksbestand stets und eingehend politisch überprüft und alles Unerwünschte »ausgemistet« wurde. Dies betraf wohlgemerkt nicht nur nationalsozialistische oder völkische Buchtitel unmittelbar nach 1945. Weitergehende »Bereinigungen« und »Bestandssäuberungen« wurden auch nach Gründung der DDR auf Grundlage der »Liste der auszusondernden Bücher« forciert. 1952 wurde für die Plauener Bibliothek festgestellt, dass »dem Leser nur politisch einwandfreies Buchmaterial in die Hand gegeben« werden darf, wobei die »Frage des Geschmackes« zweitrangig sei. Dieser literarische Feldzug gegen »bürgerliche« Werke erstreckte sich schon auf Verlage aus der Bundesrepublik sowie Biografien und Werke der Philosophie, die – mit Ausnahme der Klassik – »genauestens« auf ihren Inhalt zu prüfen waren. Was nicht (mehr) ins Weltbild passte, wurde von den Bibliothekaren aussortiert.

Die Bibliothek für Kinder konnten selbige kostenlos benutzen und sie arbeitete auch in den Schulen sowie im Pionierhaus. Zudem wurden regelmäßig Veranstaltungen wie die »Woche des Buches«, im Bereich der Musikbibliothek, Kinderveranstaltungen sowie Autorenlesungen durchgeführt. Im Zuge der »Literaturpropaganda« wurde etwa die für die DDR-Zeit typische Wandzeitungsarbeit Jahr für Jahr tausendfach unterstützt. Auch seitens der Bibliothek sollten vor allem Werktätige sowie junge und ältere Menschen angesprochen werden, was mit Schulkooperationen beziehungsweise über die Volkssolidarität versucht wurde. 1972 gehörte schon über ein Drittel der Leserschaft zum Bereich Kinderbibliothek, die im Jahr 162 000 Entleihungen registrierte. Die Zahl der Nutzer stieg von etwas über 10 000 (1958) auf 16 000 im Jahr 1982 an. Auch die hauseigene Musikbibliothek war stark frequentiert. 1972 hatte sich in Plauen – im Verhältnis zur Einwohnerzahl – ein Viertel der Menschen als Leser in einer städtischen Bibliothek registriert. Dass es an neuen Ideen nicht mangelte, zeigt das Beispiel einer »Parktheaterbibliothek«, die 1979 zum Auftakt der Sommersaison im Parktheater eingerichtet wurde und am Wochenende zur Buchausleihe im Grünen einlud.

Vogtländisches Kreismuseum

Das Kreismuseum machte Jahr für Jahr nicht nur mit seinem wechselnden Ausstellungsangebot von sich reden. Neben der ständigen Ausstellung, die stets erweitert wurde – 1975 kamen drei Räume hinzu, unter anderem zur vogtländischen Baumwollweberei im 17. und 18. Jahrhundert – gab es regelmäßig wechselnde Sonderausstellungen. Die Themen waren vielfältig und reichten in diesem Jahr von »Urgroßmutters Zeiten« über eine Ausstellung zum »Vogtländischen Bauern« im Rahmen des 450. Jahrestags des Bauernkriegs bis hin zu den Themen »Straßenbahn in Plauen« und »Fotografie – ein Traum der Menschheit«. Die Besucherzahl schwankte zwischen knapp 1000 und über 4000. Publikumsmagnet war stets die jährliche Weihnachtsausstellung, die beispielsweise 1973 nicht zuletzt dank der Verpflichtung eines Glasbläsers in nur einer Woche 11 500 Besucher anlocken konnte. Seit jeher ging die Museumsarbeit jedoch weit über das Präsentieren von Ausstellungen hinaus. Gerade das Kreismuseum wusste sich – abgesehen von Forschungsarbeit und Aufgaben der Bestandserhaltung – stets, mit Vorträgen, Führungen, Veröffentlichungen wie der 1951 entstandenen eigenen Schriftenreihe, die sogenannten Museumshefte, sowie dem museumseigenen Jugendklub im Gespräch zu halten. Dass die Jugendarbeit ohnehin als Anliegen des Hauses von Erfolg gekrönt war, geht aus der Besucherstatistik von 1977 hervor, die bei 32 600 Besuchern immerhin zwei Drittel Jugendliche ausweist.

Die Erziehung zum »sozialistischen Menschen« – Blick auf das Bildungswesen

Jede Familie hatte in der DDR Anspruch auf einen Krippen- beziehungsweise Kindergartenplatz für jedes Kind. Während man Säuglinge bereits nach wenigen Wochen in eine staatliche Krippe geben konnte, begann der Kindergarten als schulvorbereitende Einrichtung im Alter von drei Jahren. Diese weitreichenden Betreuungsangebote hingen auch damit zusammen, dass Frauen gerade in der frühen DDR-Zeit als Arbeitskräfte stark gefragt waren. Die dafür notwendige Infrastruktur musste erst aufgebaut werden. In den 50er-Jahren herrschten auch in Plauen noch häufig Überbelegung und Überlastung. So gab es 1953 im Kinderhort Eisenacher Straße eine Toilette und kein Bad für insgesamt 42 Kinder; nicht selten waren fünf Erzieherinnen für bis zu 80 Kinder zuständig und diese regelrecht »zusammengepfercht«. Die Lage entspannte sich nach und nach: 1956 gab es in Plauen schon 16 Kindergärten mit 854 Plätzen.

1956

Dass es sich beim Personal um Fachkräfte handelte, spricht indes für den qualitativen Anspruch an die Einrichtungen. Schließlich hatten sie klare Erziehungsaufträge, um die Kinder auf den Schuleintritt vorzubereiten. Schon seit 1946 war mit dem »Gesetz zur Demokratisierung der deutschen Schule« für alle Schüler die einheit-

---

Ein Abschiedsgruß der DDR – die 1989 eingeweihte Festhalle

Das Thema »Kulturzentrum« zog sich in Plauen durch die 40 Jahre DDR. Waren die hochtrabenden Ideen der 50er-Jahre bald vom Realismus eingeholt worden, so drängte der Mangel an Veranstaltungsflächen weiterhin. Die alte Festhalle am Festplatz, ein einfacher Holzbau aus den 20er-Jahren, musste 1982 wegen Baufälligkeit schließen und wurde abgerissen. Wie sich der damalige Stadtrat für Kultur, Peter Seeburg, zurückerinnert, war dies »ein absoluter Tiefpunkt, denn nun hatten wir gar nichts mehr in der Stadt«.[2] Das stets vorgebrachte Argument, Plauen habe als größte Stadt im Grenzgebiet West mit vielgestaltiger Industrie kaum angemessene Möglichkeiten für gesellschaftliches Leben, verhallte. Wie es der Stadt an Räumen fehlte, so fehlte es dem maroden Staat an Mitteln.

Damit gab man sich in der Spitzenstadt nicht zufrieden. Mit dem grünen Licht des Metallleichtbaukombinats (MLK) Plauen, das als großer Industriebetrieb über gewisse eigene Ressourcen verfügen konnte, fasste man den Entschluss, den Bau selbst in die Hand zu nehmen. Der MLK projektierte und verwirklichte den Bau. Das Geld trieb der Rat der Stadt auf. Somit wurde die neue Festhalle ein veritabler Schwarzbau und die Verantwortlichen betrachten sein Gelingen noch heute als ein kleines Wunder. Im Herbst 1989 war es soweit.: Am Freitag, dem 29. September erfolgte die Einweihung. Im Rahmen der Festwoche zum 40. Jahrestag der DDR sollte das neue Kulturzentrum erstmals mit einem bunten Veranstaltungsprogramm aufwarten, die meisten Abende waren ausverkauft. Nicht jedoch der Festakt zum DDR-Geburtstag am 6. Oktober, der »unter sehr makabren Bedingungen« stattfand, wie sich Seeburg erinnert – annähernd die Hälfte der Plätze blieb leer: »Da hatten die Menschen schon keinen Sinn mehr dafür gehabt – nachvollziehbarerweise.«

④ Spiel und Spaß mit Sandburgen und Dreirädern, hier vor der Kinder-Kombination westlich der Bahnhofstraße in Plauen, 1973
Stadtarchiv Plauen, Johanna Falk

liche achtjährige Grundschule eingeführt worden. Daran schloss sich entweder eine dreijährige Berufsausbildung oder eine vierjährige, zum Abitur führende Oberschule an. Die Ausrichtung auf die Entwicklung einer »sozialistischen Persönlichkeit« spielte in diesen Lebens- und Erziehungsphasen eine wichtige Rolle. In besonderer Weise galt das für die Schule. Wie bereits erwähnt, wurde ihre Ideologisierung nach Gründung der DDR stark forciert, nicht nur durch Gründung von Pädagogischen Räten als ideologische Kontrollorgane für Lehrer und Schüler. In den 50er-Jahren kamen von der Hochschule neue Lehrkräfte an die Schulen und traten an die Seite der »Neulehrer«, die seit 1945 den Großteil des Lehrkörpers ausgemacht hatten. Aus der Ernst-Thälmann-Schule hieß es 1955 von der Schulinspektion des Stadtbezirks Nord: »Einige Lehrkräfte scheuen sich, ihre Stellung nach außen zu bekennen. (Fahnenschmuck, Abzeichen tragen)« und legten »pazifistische Tendenzen« an den Tag, was durch Schulungen und »kämpferische Auseinandersetzungen« geändert werden sollte. Mithin mussten zunächst die Lehrer sozialistisch erzogen werden, um dann die Schüler zu erziehen. 1961 sollte man in Plauen pathetisch resümieren, es »rangen auch unsere Lehrer um den neuen Menschen«.

Trotz – oder gerade wegen – der alltäglichen politischen »Rotlichtbestrahlung« und Kontrolle wimmelt es in den Akten förmlich von Berichten über Verhaltensverstöße von Schülern. Sie reichen von wahlweise DDR-feindlichen oder BRD-freundlichen Äußerungen über das »Abhören« westlicher Sender, bei Schülern aufgefundene »Presley-Bilder« bis hin zu Republikfluchten – jedenfalls bis 1961. Auch nach dem Mauerbau dauerte die Propagandaschlacht an. So wurde 1966 beispielsweise moniert, dass man im Hort der Ernst-Thälmann-Schule zu wenig über die »Gefährlichkeit des westdeutschen Imperialismus« rede. Lobend hingegen erwähnte der Bericht, dass »die Erzieherinnen versuchen, das Gefühl des Hasses [!] gegen das unmenschliche System des Imperialismus bei den Kindern zu entwickeln«.[4]

Ein Streitpunkt war die 1978 vollzogene Einführung des Wehrkundeunterrichtes an den Schulen. Trotz der unermüdlich wiederholten Vorgabe, ein Friedensstaat

> **»Ich freue mich immer ...« – ein Bericht aus dem Kindergarten Neundorf (1960)**
>
> »Die sozialistischen Erziehungs- und Bildungsziele im Kindergarten erfordern eine allseitige Bildung und Erziehung der Kinder. [...] Die Gründung der neuen LPG ›Goldene Ähre‹ wurde von den Kindern bewußt miterlebt. Der Mutti unseres Volkers überreichten wir als neue LPG-Bäuerin einen Blumenstrauß. [...] Die Liebe und Achtung zu den werktätigen Menschen wurde durch diese Beobachtungen gefördert. [...] Die Kinder freuen sich an allem Neuen und Schönen und helfen mit, dieses zu erhalten und zu pflegen. [...] Auf den Spaziergängen in die nähere und weitere Umgebung wird die Liebe zur Heimat, zur Natur und zu den Tieren angebahnt und vertieft. [...] Ich freue mich immer, mit wieviel Interesse und mit welcher Aufgeschlossenheit die Kinder der jüngsten Gruppe ihre Umwelt betrachten. [...] Ob es die neuen Maschinen der LPG sind oder die Fahrzeuge unserer Volksarmee und der sowjetischen Truppen, alles wird mit Interesse verfolgt und nachgeahmt. [...] Die Förderung der Arbeiter- und Bauernkinder steht im Vordergrund unserer Erziehungsarbeit.
> Im vergangenen Jahr war der Gesundheitszustand unserer Kinder gut. [...] Lebertran im Frühjahr und ausreichender Aufenthalt im Freien und auch ungestörter Mittagsschlaf stärkte die Widerstandskraft der Kinder. [...] Gemeinsam mit Schule und Gemeinde feierten wir den 10. Jahrestag unserer DDR. Der Frauentag wurde mit den Müttern unserer Kinder gefeiert, der Kindertag mit allen vorschulpflichtigen Kindern des Dorfes und dem Elternaktiv. Am 8. Mai besuchten wir mit einigen Kindern unsere sowjetischen Freunde in der Kaserne und überreichten Blumen und erfreuten sie mit Liedern und Spielen.«[3]

zu sein, schritt die Militarisierung der ganzen Gesellschaft in der DDR voran: Schon im Kindergarten wurde den Kleinsten das Soldatenleben etwa mit dem Bastelbogen »Wir spielen Soldat« schmackhaft gemacht. Seit 1978 beschäftigten sich nun Jungen und Mädchen ab der 9. Klasse mit der Waffentechnik der NVA und ihrer Bruderarmeen und besuchten Lehrgänge. Die vormilitärische Ausbildung als integraler Bestandteil schulischer Bildung setzte sich in Lehre und Studium fort. Für Plauener Schüler gab es mehrtägige Wehrausbildungslager, wo Jungen der POS, Erweiterten Oberschule (EOS) und Berufsschulen Schießabzeichen der GST erwerben konnten und an Komplexübungen teilnahmen. Wer wollte, konnte sich hier gleich zur Aufnahme einer militärischen Laufbahn bereiterklären.

Ein Großteil der Plauener Schulen hatte schwere Kriegsschäden davongetragen und die Folgen beschäftigten Lehrer und Schüler häufig noch für viele Jahre. Bis 1952 herrschte in vielen Schulen Schichtunterricht. Die Herbartschule in der Südvorstadt musste ihre Räume bis 1950 als Ausweichkrankenhaus mit der Klinik teilen. Noch Mitte der 50er-Jahre waren mit der Rückert-, Herbart-, Dittes- und Ernst-Thälmann-Schule vier Einrichtungen für den Wiederaufbau vorgesehen und weitere für einen Neubau. In den 50er-Jahren flossen über 1,5 Millionen Mark an Investitionen in die Schulen und Kindereinrichtungen Plauens. 1957 war die Herbartschule vollständig wieder aufgebaut. 1961 erhielt sie als erste im gesamten Bezirk und als eine der ersten in der Republik eine eigene Schul-Zahnstation. Derartige schulmedizinische Einrichtungen gab es bald auch an anderen Plauener Schulen.

Anfangs gab es in Plauen noch zwölf Grund-, drei Mittel- und zwei Oberschulen. Das änderte sich 1959 im Rahmen der nunmehr gesetzlich verankerten technisch-naturwissenschaftlichen Grundausrichtung der Bildung in der DDR. 1959 wurde auch die Herbartschule zu einer zehnjährigen POS umgestaltet. Bereits 1957 hatte man in den Plauener Schulen mit dem Werkunterricht begonnen und den Unterricht stundenweise in die Betriebe verlagert. Um die Schüler auf ihre berufliche Tätigkeit vorzubereiten und qualifizierte Arbeitskräfte auszubilden, wurde die POS nun als Einheitsschule für alle obligatorisch. Mit dem Fach »Einführung in die sozialistische Produktion« (ESP) und »Unterrichtstagen in der Produktion« (UTP) stellte man dabei frühzeitig den Schulterschluss mit den Betrieben her. Der Unterricht war sowohl theoretisch als auch praktisch aufgebaut. Der VEB Plamag, der seit Ende der 50er-Jahre polytechnischen Unterricht erteilte und über ein Polytechnisches Zentrum verfügte, bildete im November 1986 beispielsweise 543 Lehrlinge aus Schulen betriebsnah aus.

Die Klassen der POS blieben in der Regel bis zur zehnten Jahrgangsstufe zusammen. Ein wohl ausgewählter Teil, der üblicherweise bei zehn Prozent lag, konnte in der 9. Klasse an die EOS wechseln, welche direkt zum Abitur führte: Ein Gymnasium in klassischer Form gab es in der DDR nicht. Bis 1963 wurden sechs

Verliebt in Plauen – Erinnerungen an Lehrjahre im Internat (1969 bis 1972)

Die beiden verband anfangs nicht viel, außer, dass sie ihre Lehre bei der Reichsbahn angefangen hatten: sie aus der Oberlausitz kommend, zum »Verkehrskaufmann«, er aus dem Oberen Vogtland, zum »Facharbeiter für Betriebs- und Verkehrsdienst«. Beiden ging es vor allem um die Möglichkeit, parallel auch das Abitur abzulegen: Für Menschen mit christlicher und pazifistischer Weltanschauung war dieses »Schlupfloch« eine der wenigen Möglichkeiten dazu. Die Berufsschule befand sich in Chrieschwitz, das Internat in der Hofer Straße – und ganz im Gegensatz zu dem »westlich« wohlklingenden Straßennamen erlebten sie die Einrichtung als »absolut sozialistisch«: Es wurde viel kontrolliert und vieles war verboten.

Die Einführungsfeier fand im Plauener Theater statt, und da haben sie sich zum ersten Mal gesehen; er erinnert sich, dass sie ihm aufgefallen ist, sie erinnert sich, dass er Kaugummi gekaut hätte.

Das Abenteuer, endlich von zu Hause weg zu sein, wurde bald zur Routine. Die Tage ähnelten sich wie auch die Verpflegung im Internat: Morgens gab es Graubrot mit »Mehrfruchtmarmelade« oder Sirup, dazu Malzkaffee; abends kaltes Abendbrot. Tagsüber war Schule, dann heimlaufen – acht Kilometer pro Tag –, nachmittags lernen, hinter dem Haus auf der Wiese liegen, Tischtennis spielen; ausgehen in die Stadt war die absolute Seltenheit. Außer, wenn Spitzenfest war, »da war richtig was los in Plauen«. Man ging auch mal einkaufen, »da war das Angebot schon schön«, verglichen mit den Heimatorten. Einmal hatte sie sich einen Rock geleistet, der war teurer als ihr ganzer Monatslohn. So etwas vergisst man nicht. Was er nicht vergisst, ist, dass er sie immer wieder besuchte und sei es nur, um ihr beim Stricken zuzuschauen und sich mit ihr zu unterhalten. Und bald machte das zurückhaltende Mädel aus der Lausitz kleine Ausflüge mit ihm, und dann waren sie zusammen. Die Klassen-Abschlussfeier im »Treffer« war lustig und feuchtfröhlich. Das Abschiedsessen der beiden im »Central« hingegen hinterließ Wehmut. Damit war das Plauener Kapitel vorbei. Aber sie würden sich wiedersehen.

Heute – 2021 – freuen sie sich bereits an fünf Enkeln und kommen immer gern nach Plauen. Niederschrift Clemens Uhlig

Grundschulen zu POS und vier zehnklassige Mittelschulen zu Oberschulen ausgebaut. Das galt auch für die traditionsreiche, 1911 als Zweite Höhere Bürgerschule eröffnete Schule in der Diesterwegstraße – das heutige Diesterweg-Gymnasium. Die Schule wurde bis 1959 als Grundschule sowie Oberschule genutzt. 1960 erfolgte

⑤
Kleine Wunder, große Momente: Regenbogen über Plauen, um 1960
Hans Herold

die Umgestaltung der Oberschule zur POS »Adolph Diesterweg«. Unter gleichem Namen firmierte seit 1960 die Erweiterte Oberschule in diesem Haus, die 1974 den politisch motivierten neuen Namen »Erich Weinert« annahm. Jahr für Jahr legten hier zahlreiche Schüler ihr Abitur ab und nahmen dann ein Studium auf. 1978 beispielsweise erhielten von 135 Absolventen 121 eine Zulassung zum Studium, ein Viertel davon in einer technischen Richtung an der Technischen Hochschule Karl-Marx-Stadt, weitere entschieden sich für ein pädagogisches Fach und immerhin 13 zog es an eine Offiziershochschule. Alternativ konnte man das Abitur im Rahmen einer dreijährigen Berufsausbildung ablegen. Große Betriebe boten hierzu Spezialklassen an – in Plauen zum Beispiel der VEB Wema und die Deutsche Reichsbahn. 1986 konnte man in Plauen in 30 Klassen eine kombinierte Berufsausbildung mit Abitur absolvieren.

Bis in die 80er-Jahre kam es in Plauen zu neun Schulneubauten; den Anfang machte die Karl-Marx-Oberschule in der Bahnhofsvorstadt im Jahr 1962. Weitere sieben POS kamen in den folgenden Jahrzehnten hinzu, außerdem eine Sonderschule (Käthe-Kollwitz-Sonderschule in Reusa) sowie zehn Turnhallen, die meisten davon in den 60er-Jahren. Zwischen 1980 und 1982 konnten im Neubaugebiet Plauen-Chrieschwitz drei neue Polytechnische Oberschulen geschaffen werden: Als neunte Neubauschule seit 1949 wurde 1982 die 18. Plauener POS im Chrieschwitzer Hang übergeben.

1959 gab es in Plauen außerdem drei kommunale und fünf Betriebsberufsschulen, die Fachschule für Planung und Statistik, technische Betriebsschulen in verschiedenen Produktionsbetrieben sowie die Betriebsschule für staatlichen und genossenschaftlichen Handel. Hinzu kam die für die Erwachsenenbildung ausgerichtete Volkshochschule, die seit 1949 über 3 500 Lehrgänge durchgeführt hatte. Das Netz an beruflichen Schulen wurde stetig ausgebaut. Zum Lehrjahresbeginn 1986 beispielsweise nahmen an den Berufsschulen in Plauen über 3 000 Lehrlinge ihre Ausbildung auf – die meisten davon in den Betriebsberufsschulen. An acht Berufsschulen und 27 Ausbildungsstätten standen insgesamt 87 Ausbildungsberufe zur Auswahl, mittlerweile auch im Bereich der Datenverarbeitung.

Im Bereich des höheren Schulwesens bedeutete das Ende der renommierten Kunstschule, die – vollkommen zerstört – nur bis Anfang der 1950er-Jahre provisorisch in der Heubnerstraße 1 weiterbetrieben wurde, einen großen Einschnitt. 1958 kehrte dort mit der nach Plauen verlegten Fachschule für Ökonomie neues Leben ein. Jahr für Jahr studierten hier Hunderte angehende Ökonomen; im Mai 1989 wurde die Einrichtung organisatorisch in die neue Technische Hochschule Zwickau integriert. Die Nähe zur »Staatsgrenze West« und das in Plauen stationierte 10. Grenzregiment führten 1963 zudem zur Gründung der Offiziershochschule »Rosa Luxemburg« für die Grenztruppen der NVA.

Jungsein im Sozialismus – Facetten einer politischen Jugend

Aus Sicht der SED gab es in der DDR keine unpolitische Jugend. Die Erziehung zum »neuen sozialistischen Menschen« war der jugendpolitischen Leitlinie sozusagen eingeimpft. Als Jugendlicher konnte man das natürlich bis zu einem gewissen Punkt anders sehen! Gleichwohl drangen Politik und Partei immer wieder in das Leben junger Menschen ein und verlangten ihren Tribut. Dabei veränderten sich die Erfahrungen und Lebenswelten der Jugendlichen freilich von Generation zu Generation.

Besonders in den 50er-Jahren projizierte das Regime große Erwartungen auf die Heranwachsenden. Das lag in der Natur der Sache: Den »großen Plan« vor Augen, schien die junge Generation aus Sicht der SED noch form- und beeinflussbar zu sein – und offen für neue Ideen wie jene des Sozialismus. Gerade die Bildungspolitik spielte in der DDR stets eine besondere Rolle. Diese Rechnung ging aber nur teilweise auf. Immerhin übten die oftmals utopischen Zukunftsversprechen, die etwa in Ferienlagern oder bei FDJ-Gruppenfahrten ventiliert wurden, eine gewisse Anziehungskraft aus. Mit großer Anstrengung wurde die Etablierung der einzig zugelassenen Jugendorganisation – der Freien Deutschen Jugend (FDJ) nebst Pionieren – vorangetrieben. Obwohl sich gerade anfangs noch viele Schüler unter den Flügeln der evangelischen Kirche scharten und lieber zur Jungen Gemeinde gingen, wuchs der Organisationsgrad stetig: 1981/82 lag er DDR-weit bei 86,6 Prozent (Pioniere) beziehungsweise 77,7 Prozent (FDJ). Wenngleich der Eintritt offiziell freiwillig war, konnte eine Nichtmitgliedschaft Nachteile mit sich bringen. Auch die bunte Palette an durchaus attraktiven Angeboten sorgte dafür, dass sich die meisten Kinder und Jugendlichen in die Massenorganisationen einfügten und an den Arbeitsgemeinschaften, Jugendnachmittagen und Ferienaktionen teilnahmen, deren Inhalt zwischen attraktiven Freizeitangeboten und politischer Agitation schwankte. Außerdem fuhren Plauener Schüler regelmäßig zu den ab 1950 stattfindenden »Deutschlandtreffen« der FDJ in Berlin. Im Januar 1961 veranstaltete die FDJ sogar ein »Internationales Jugendtreffen« mit Teilnehmern aus der DDR, Tschechoslowakei (ČSSR) und aus Polen in Plauen. Selbst Jugendliche aus der Bundesrepublik waren als »Gäste« zugegen und hörten für sie wohl seltsam anmutende Reden über den »Kampf gegen den westdeutschen Militarismus und Revanchismus«. Keine acht Monate später, nach dem Bau der Mauer, waren solche Events unmöglich geworden.

Im »real existierenden Sozialismus« war der Weg vorgegeben und die Jugendlichen mussten sich früher oder später arrangieren. Spätestens mit dem Eintritt in Schule und Massenorganisationen hielt die Politik auch Einzug in den Alltag und der Anpassungsdruck war hoch. Ein in den 50er- und 60er-Jahren Aufgewachsener erinnert sich: »Wenn du zum Beispiel nicht in die FDJ gegangen bist und nicht Jugendweihe gemacht hast,

(6)
Rituale des Alltags: Schulappell mit gehissten Pionier- und FDJ-Fahnen und Uniform tragenden Schülern an der Friedensschule, um 1983. Für außerschulische Aktivitäten gab es zudem auch in Plauen ein eigenes Haus der Jungen Pioniere (Pionierhaus) in der Swerdlowstraße (heute Böhlerstraße), das Kindern und Jugendlichen zahlreiche Arbeitsgemeinschaften und ein Kulturprogramm bot – auch während der Schulferien.
Stadtarchiv Plauen,
Rudolf Fröhlich

1981

dann warst du ja Außenseiter. Das waren nur ein, zwei Leute in der Klasse, die das auf die Art und Weise gezeigt haben.«[5] Die Tatsache, dass er sich gegen die Jugendweihe entschied, trug dann dazu bei, dass er später trotz guter Leistungen nicht für die EOS empfohlen wurde und somit auf dem regulären Weg kein Abitur erwerben konnte. Nachdem er dieses auf Umwegen nachgeholt hatte, wurde ihm der Zugang zum Hochschulstudium trotzdem verwehrt, weil er inzwischen seine christliche Weltanschauung ausgeprägt hatte. Hinzu kam, dass er zwar an der »vormilitärischen Ausbildung« teilgenommen, hier allerdings das Schießen verweigert und somit eine pazifistische Haltung an den Tag gelegt hatte. Natürlich konnten solche Wege auch anders verlaufen, doch wurden diese vermeintlich kleinen Dinge berücksichtigt, wenn es darum ging, welcher (berufliche) Weg eingeschlagen werden konnte – und welcher nicht.

Nicht »mitzuschwimmen« hatte also durchaus konkrete Konsequenzen. Obwohl die Weltanschauung freilich völlig unerheblich war für die Frage, ob man ein guter Mathematiker oder Ingenieur sein würde, band der »allmächtige« Staat seine Zustimmung für eine Karriere an ein klares – zumindest vorgetragenes – Bekenntnis zu ihm. Roland Jahn bezeichnete in seinem Buch »Wir Angepassten« das Leben in der DDR als »ein Leben zwischen Anpassung und Widerspruch«.[6] Aus eigener Erinnerung nannte er es »ein vielschichtiges Verhalten, stetig gefangen in einer Dynamik zwischen der Abwägung der Kosten oder dem Nutzen des Anpassens und der Kosten oder dem Nutzen des Widersprechens«.

Gerade die Wahl zwischen Konfirmation und Jugendweihe war für viele eine Art Wegscheide – mithin der erste auszutragende Konflikt um die eigene Loyalität zum Staat. »Es hatte sich dann zugespitzt, und es musste eine Entscheidung her, ob ich Jugendweihe mache oder nicht, und das hat mir mein Vater dann schriftlich mitgegeben für die Schule. Und damit war ich quasi raus, aber es hat mich natürlich betroffen«, erinnert sich ein Zeitzeuge, der sich zwar aus eigener Überzeugung gegen die Jugendweihe entschied, dem diese Entscheidung aber alles andere als leichtfiel.[7] In diesem Punkt konnte sich der Staat gegen die oft streitbar auftretenden Kirchen durchsetzen: Während im ersten Jahr (1955) in Plauen 240 Jugendliche an der Jugendweihe teilnahmen, besuchten 1981 bereits 1119 regelmäßig die Jugendstunden. Mancher entkam dem Konflikt durch die Hintertür und besuchte sowohl Jugendweihe als auch das christliche Pendant, was die Kirche ab etwa 1959 tolerierte. Trotzdem lebten Kirche und Staat bis zum Ende der DDR in einer sonderbaren, nicht selten angespannten Koexistenz. Obwohl der staatliche Feldzug zu seinen Gunsten verlief und sich der Anteil an evangelischen Christen von anfangs 80 Prozent (1950) auf weniger als ein Drittel verringerte, blieben die Kirchen ein Rückzugsort für Andersdenkende und wurden damit letztlich zum Vorzimmer der 1989 auf die Straße getragenen Friedlichen Revolution.

Das offene Fenster – Kultur- und Jugendpolitik in den 60er-Jahren

1965

Am Ende des ersten Jahrzehnts war der Monopolanspruch der FDJ hart und verlustreich errungen und dennoch nicht in Stein gemeißelt, sodass sich die SED auf dem VI. Parteitag 1963 einige Reformideen abnötigte. Um den immer wieder anschwellenden Konflikt mit den Jugendlichen abzuschwächen, schlug das Regime 1963 einen neuen Weg ein: Das »Jugendkommuniqué« vom 17. September gab nicht nur Verständnis für die manchmal »rebellische« Mentalität der jungen Generation vor, sondern floss in Teilen in das neue Jugendgesetz ein und ließ hier und da tatsächlich mehr Freiraum zu. Es war der Anfang des »kurzen Sommers der DDR« (Gunnar Decker).

Natürlich änderte sich nichts an dem propagierten Ziel, junge Menschen zu »sozialistischen Persönlichkeiten« zu erziehen. Doch sorgten aufkeimende »Ostbeat«-Gruppen wie die »Sputniks«, der neue Jugendradiosender »DT64« – auf dem plötzlich Songs der Beatles ertönten – sowie eine dezente Liberalisierung etwa durch Zulassung selbstbewusster, nicht selten kritischer Produktionen vor allem in Literatur und Film für frischen Wind. In der »Freien Presse« erschien 1964 beispielsweise das Buch »Spur der Steine« von Erik Neutsch als Zeitungsroman. Der gleichnamige Film mit Manfred Krug in der Hauptrolle wurde allerdings bereits im Jahr darauf, kurz nach seiner Uraufführung, wieder verboten.

Auch in Plauen störte sich mancher Kultur- und Parteifunktionär an diesem kulturell offeneren Klima, vermisste den autoritären und dogmatischen Stil und befürchtete einen Kontrollverlust. So klagte ein Stadtrat im Sommer 1965 geradezu pathetisch über die »negativen und hemmenden Einflüsse […] überlebter bürgerlicher Lebens- und Denkgewohnheiten« am städtischen Theater und ärgerte sich etwa über die »herausfordernde Diskussion« um eine Gastinszenierung von »Faust I«. Er forderte eine »stärkere Entwicklung des sozialistischen Bewußtseins«. Währenddessen beklagten sich einige Schuldirektoren bei der Abteilung Volksbildung und äußerten »zahlreiche Sorgen über die Entwicklung innerhalb der FDJ und der Jugend«. Man monierte Verstöße »gegen unsere sozialistischen Lebensformen« in den Klubhäusern, führte hier explizit die »Beat-Unkultur« an und sprach von übermäßigem Alkohol- und Nikotingenuss. Die Bereitschaft zur Teilnahme an der Jugendweihe hatte indes leicht abgenommen und in Betrieben und Schulen unterhielt man sich freimütig über »Westsendungen«. Reisende Rentner, die aus der Bundesrepublik zurückkehrten, hätten mit ihren Berichten und Geschenken ein »falsches« – meint: unerwünscht positives – Bild des Westens mitgebracht. Auch neue Freiheiten im künstlerischen und ästhetischen Bereich, etwa in der Arbeit der Fotozirkel, stießen manchem Genossen in Plauen sauer auf. Zudem war aufgefallen, dass allzu eifrige Pioniere von ihren Klassenkameraden belächelt und abfällig als »Kommunist« bezeichnet wurden. Dass all diese Vorkommnisse seit April 1965 in Plauen minutiös protokolliert und monatlich gebündelt an den Bezirksschulrat in Karl-Marx-Stadt berichtet wurden, war kein Zufall, sondern ging auf eine republikweite Anweisung aus Berlin zurück. Dort bereitete man insgeheim schon die Generalabrechnung mit der Politik der gelockerten Zügel vor.

Auf dem 11. Plenum des Zentralkomitees (ZK) der SED Ende 1965 holte Erich Honecker – damals noch Vorsitzender der FDJ – zum Rundumschlag gegen den bei Jugend, Kunst und Kultur eingeschlagenen Kurs aus, im Einvernehmen mit fast allen ZK-Mitgliedern. Die biedere und kleinbürgerliche, oft primitiv vorgetragene Kritik der Partei-Elite verriss Künstler, Filmemacher, Schriftsteller und Intellektuelle gleichermaßen und rieb sich an der »Verbreitung fremder und schädlicher Thesen und unkünstlerischer Machwerke« sowie der als »westlich« diffamierten Pop- und Beatkultur und ihrem Einfluss auf die Jugend. Infolge der als »Kahlschlagplenum« in die Geschichte eingegangenen Tagung landeten zahlreiche Filme und Bücher auf dem Index. Zurück blieb ein frostiges Klima, nicht nur in der kulturellen Szene. Auch in Plauen wurden die Maßnahmen diskutiert. Noch im Frühjahr 1966 hieß es in der Abteilung Kultur über das Theater: »Nicht klar ist man sich über die führende Rolle der Partei auf dem Gebiet der Kultur. Z. B. wird die Kritik an [Stefan] Heym und [Wolf] Biermann nicht verstanden. Man zieht Vergleiche zur Vergangenheit vor dem 20. Parteitag der KPdSU usw.«[8]

Moderne Musik und weite Welt – die »Beat-Kirche« Ende der 1960er-Jahre

Seit Ende 1966 geriet die Markuskirche im Stadtteil Haselbrunn mehr und mehr in den Fokus der örtlichen Staatsbehörden. Es war bekannt geworden, dass dort regelmäßige Veranstaltungen mit bis zu 150 Jugendlichen stattfinden, wobei »im Wechsel Gebete gesprochen und moderne Tanzmusik über Tonband abgespielt« wurden, es handelte sich dabei überwiegend um modern interpretierte Kirchenmusik. Im Rathaus und bei der Volkspolizei klingelten daraufhin förmlich die Ohren, und das nicht nur wegen der seit dem »Kahlschlagplenum« verfemten Beatmusik. Im weiteren Sinne ging es natürlich wie immer um die Befürchtung, die Kirche könnte dem Staat »seine« Jugendlichen abwerben. Auch Lichtbildervorträge mit Impressionen aus der »weiten Welt« sowie Diskussionsabende zu aktuellen und Glaubensfragen standen auf dem Programm. Nachdem infolge einer Aussprache vorerst auf die vermeintlich anstößigen Klänge verzichtet wurde, setzten sich die Teenager stattdessen manchmal mit Kofferradios vor die Kirche und stellten gemeinsam einen Westsender ein. Spätestens als Plakate für eine Veranstaltung »Junge Leute diskutieren« des Arbeitskreises evangelische Jugend Plauen in der Stadt aufgetaucht waren, zog man auch die Staatssicherheit hinzu. Ohnehin war man im Rathaus immer erstaunlich gut von den Ereignissen in der Markuskirche unterrichtet. Mit Gegenveranstaltungen sollte der Einfluss der Kirche nun zurückgedrängt werden. Dennoch gingen die so bezeichneten Beat-Veranstaltungen in der Markuskirche weiter; jedenfalls sind sie noch 1969 belegbar. Sie stehen als Beispiel für die Suche nach Alternativen zum staatlichen Jugendangebot der DDR.

---

366   Plauen im Sozialismus

Auch im Bereich der Musik zog man nun schneller die Daumenschrauben an. So erhielt 1966 die Plauener Roland-Fritsche-Combo aus politisch-ideologischen Gründen Spielverbot; als Begründung hieß es, sie verkenne »die erzieherische Wirkung der Tanzmusik« und richte sich nur nach dem Publikum – die »Versuche des Gegners« einer »ideologischen Diversion« missachtend. Kultur- und Jugendpolitik waren damit in die alten Bahnen zurückgekehrt und das kurzzeitig geöffnete Fenster wieder geschlossen. Es folgten sechs »bleierne Jahre«, bis erst 1971 wieder der Windhauch eines Aufbruchs zu verspüren war.

Zwischen »Hally« und Disko – Schauplätze von Jugendjahren in Plauen

Mit dem Machtwechsel von Ulbricht zu Honecker 1971 begann Anfang der 70er-Jahre eine neue Phase kulturpolitischer Lockerung – angestoßen vom neuen Generalsekretär persönlich – mit den viel zitierten Worten, es komme nicht darauf an, was jemand auf dem Kopf trage, sondern was er im Kopf habe. Von nun an gewährte die Zensur hier und da wieder einige überraschende Freigaben in Kunst und Literatur, während die Haare etwas länger getragen werden durften und manchem westlichen Modetrend nachgeeifert wurde: »Die neuen Leiden des jungen W.« von Ulrich Plenzdorf, in dem der Protagonist an der Enge einer kleinbürgerlichen Gesellschaft zerbricht, sprach viele Jugendliche an und wurde auch in Plauen – jedoch erst in den 80er-Jahren – am Theater aufgeführt. Die X. Weltfestspiele der Jugend 1973 in Ost-Berlin wurden zu einem rauschenden Fest mit Jugendlichen aus 140 Ländern. Über Umwege sickerten Musikplatten und Bücher aus dem Westen ein und wurden sehnsüchtig gehört und verschlungen, überspielt und weitergegeben. Das vorgeblich offene Klima bot begrenzten Raum auch für Subkulturen wie die Blueser und Tramper sowie eigene Kreativität. Da bei Diskotheken und Tanzveranstaltungen nach wie vor 60 Prozent der Musik sozialistischen Stallgeruch haben mussten (sogenannte 60/40-Regel), bediente man sich nun gern der vielen Eigengewächse und spielte etwa Lieder der angesagten Ost-Berliner Bluesband »Engerling« oder der »Klaus Renft Combo«. Deren Verbot im Jahr 1975 markierte – in Verbindung mit dem Paukenschlag der Ausbürgerung Wolf Biermanns im Jahr darauf – den Anbruch einer erneuten Eiszeit in der Jugend- und Kulturpolitik.

Auch am Übergang zu den 80er-Jahren sahen staatliche Stellen in Plauen »Erscheinungen westlicher Beeinflussung« beim Jugendtanz, im Besonderen »inhaltliche Probleme der Darbietungen von Kapellen und Diskos, der Bekleidung und des Verhaltens« der Teilnehmer. Das Thema kam nun mehr und mehr auf die Agenda. Bei aller Mühe, die Jugend in SED-konformem Sinne zu formen, blieb die Lebenswelt der westdeutschen (oder im weiteren Sinne »westlichen«) Jugendlichen ein Sehnsuchtsort vieler DDR-Jugendlicher. Die 1961 gezogene Betonmauer war nicht dicht genug, um auch Ideen, Gedanken und Trends fern- oder aufzuhalten: »Der musikalische, modische und gedankliche Zeitgeist sickerte stetig durch die Mauer.«[9] Und jugendliches Aufbegehren zog sich durch die 40 Jahre DDR.

Vor dem Hintergrund dieser skizzierten staatlichen Stimmungsschwankungen in der Jugendpolitik konnten junge Menschen ihr Leben in der DDR durchaus selbst gestalten. In Plauen bemühten sich der Rat der Stadt und die FDJ-Kreisleitung mit unterschiedlichem Erfolg darum, kreative Angebote und gewisse (Frei-)Räume für die junge Generation zu erschaffen. Neben den städtischen Kultur- und Freizeiteinrichtungen bewegte sich das Potpourri zwischen den Freizeitmöglichkeiten der Schulen, Betriebe, Jugendklubs sowie Tanz- und Sportveranstaltungen. Dass die staatlichen Stellen damit nicht selten den Nerv der Jugendlichen trafen, spricht für deren Kreativität ebenso wie für den Mangel an greifbaren Alternativen. Und in den Betrieben gab es neben Jugendbrigaden – 1981 waren es 192 in Plauen mit insgesamt 1213 Jugendlichen – und Engagements für die »Messe der Meister von Morgen« – 1987/88 mit fast 7000 Jugendlichen – auch eine Reihe kultureller Angebote.

»Jedes Wochenende sind wir irgendwohin tanzen gegangen...« – die »Locations« der Plauener Jugend
(Erinnerungen an die 70er-/80er-Jahre)

»Meine Hauptlocations waren, wo ich jünger war, die ›Plamag‹ und ›Wema‹ und wo ich dann etwas älter war, der ›Comeniusberg‹ – das war das, wo ich mich herumgetrieben hab und wo regelmäßig Tanz veranstaltet wurde. Im ›Vogtlandhof‹ war am Wochenende auch manchmal Familientanz – also für alle Jahrgänge – ebenso im ›Prälaten‹ in der Breitscheidstraße. Im ›Ratskeller‹ haben sie auch irgendwann Disko eingeführt mit sogenannten Diskjockeys, also Amateure, die die Woche über gearbeitet und dann am Wochenende dort Platten aufgelegt haben. Im ›Vogtlandhof‹ haben auch Bands gespielt, auch im ›Stadt Aš‹. Und im ›Comeniusberg‹ war in der Woche am Dienstag, glaube ich, immer Disko und am Wochenende Familientanz, das Publikum war bunt gemischt. Da gab's sogar eine eigene Hausband. Man hatte seinen Tisch, hat sein Essen bestellt und zwischendurch wurde halt getanzt und nach jedem dritten oder vierten Titel war erstmal Pause.

Tanz war auch in der ›Hohle‹ in der Nähe vom Hauptfriedhof und im ›Luna‹ in der Bahnhofstraße. Als Jugendlicher warst Du eigentlich jede Woche unterwegs, jedes Wochenende sind wir tanzen gegangen, das war auch erschwinglich. Der Eintritt hat etwa 1,60 Mark gekostet, ein großes Bier eine Mark.

Manchmal sind wir dann von einer zur anderen Kneipe gelaufen, bis man irgendwo reinkam, weil alles voll war. Es gab ja ein engeres Zeitfenster als heute: 18 Uhr war Einlass, 19 Uhr ging's los, 23 Uhr hörte die Band auf zu spielen, dann wurde abkassiert und alsbald die Stühle hochgestellt. Mitternacht musste jeder raus sein – dann war Polizeistunde. Wer an dem Abend niemanden ›abbekommen‹ hatte, war aber oft schon früher nach Hause gegangen...«[10]

⑦ Tanzveranstaltung in der Festhalle im Rahmen des Vierländertreffens der Jugend in Plauen, 1973
Stadtarchiv Plauen, Rudolf Fröhlich

1977

Jugendtanz und Diskokultur

Es ist nicht falsch zu sagen, dass in der DDR selbst das Tanzen staatlich koordiniert wurde. Der »Jugendtanz« geriet Ende der 70er-Jahre zu einem vordringlichen Thema städtischer Jugendarbeit. Oberbürgermeister Dr. Norbert Martin sah hier 1981 »die größten Probleme« und forderte mehr Angebote. Die Planung des Jugendtanzes oblag einer gleichnamigen Koordinierungsgruppe beim Stadtrat für Kultur, deren Aufgabe es war, Betriebe und Einrichtungen anzuhalten, regelmäßig Jugendtanzveranstaltungen vor allem an den Wochenenden anzubieten. Gerade die Betriebe waren mit ihren räumlichen und personellen Kapazitäten in der Pflicht. So fanden beispielsweise 1977 in ganz Plauen 374 und im Jahr darauf schon 511 Tanz- und Diskoabende statt, die man als »voll ausgelastet« beschrieb. Die Nachfrage war also groß. Im Vergleich zu 1971, als es nur 75 Veranstaltungen dieser Art gegeben hatte, war das eine Steigerung und zugleich eine Tendenz. 1985 fanden im Stadt- und Landkreis Plauen fast 1500 Tanz- und Diskoabende statt – in Plauen waren es pro Monat immerhin etwa 50. Dennoch sah nicht nur die FDJ noch »Luft nach oben«. Obwohl versucht wurde, alle größeren Säle – Gaststätten, Speisesäle von Betrieben und Schulen sowie Jugendklubs – für Jugendtanz zu nutzen, blieb das Raumproblem bestehen.

Anfang der 70er-Jahre gab es in Plauen 14 Diskotheken und 23 Jugendtanzkapellen. Den Musikern wurde seitens des Rates der Stadt »eine hohe politisch-ideologische Einstellung und kulturell-ästhetisches Können« abverlangt. Zu dieser Zeit galten die Kapellen »Inspiration« und »Reflex« als herausragende Vertreter. Viele dieser Kapellen hatten Trägerbetriebe, so gehörten die Gruppen »Plaugard Rhythmiker« zum VEB Plauener Gardine, die »Universo-Combo« zum VEB Wema und die Gruppe »Plamag Schrammeln« zum VEB Plamag. Auch die Diskosprecher mussten für die Moderation der Tanzabende eine mehrjährige Qualifikation absolvieren, die sie in die »politisch-ideologischen Aufgaben« dieser Tätigkeit einführte. Dass sich diese intendierte politische Dimension jener Jugendveranstaltungen in den Erinnerungen der Diskogänger eher selten widerspiegelt, sollte indes kaum verwundern.

Jugendklubs

Um 1980 gab es in Plauen neben dem 1951 gegründeten Jugendklubhaus »Rudolf Hallmeyer« – genannt »Hally« – und der Jugendtanzgaststätte »Eugen-Fritzsch-Heim« (heute »Ranch«) insgesamt 26 Kultur- und Sozialräume sowie Tanzgaststätten für Jugendveranstaltungen – mit einer Kapazität für knapp 5 000 Personen. Ein besonderer Schwerpunkt der Jugendarbeit lag auf den Jugendklubs. So bemühte man sich, neue zu gründen und ihr Angebot zu verbessern. Diese Räumlichkeiten gehörten überwiegend zu Betrieben oder Einrichtungen des Handels. Das »Hally« fungierte dabei als »politisch-methodisches Zentrum« für die Jugendklubarbeit in Plauen. Die bisherigen Angebote genügten aber bei Weitem nicht den Bedürfnissen der Jugendlichen. Häufig wurde beispielsweise bemängelt, dass es in den seit den 60er-Jahren erschlossenen Wohngebieten an Angeboten zur Freizeitgestaltung für Jugendliche fehlte, da man solche bei der Planung einfach nicht oder kaum berücksichtigt hatte. Erst beim Neubaugebiet Chrieschwitz waren Jugendeinrichtungen im Rahmen des »komplexen Wohnungsbaus« von vornherein eingeplant worden. Der dortige Jugendklub in der Dr.-Karl-Gelbke-Straße konnte kurz vor Weihnachten 1985 übergeben werden. Knapp ein Jahr zuvor war mit dem neuen Jugendklub »Seehaus« nach langer Zeit eine Freizeiteinrichtung dieser Art vor Ort geschaffen und damit eine Lücke geschlossen worden.

Um 1985 gab es 15 Jugendklubs der FDJ in Plauen, von denen die meisten den großen Plauener Betrieben zugeordnet waren.[12] Einige wurden hauptamtlich geleitet. Einer der in den 80er-Jahren entstandenen Jugendklubs war der Klub »Fiedlerstraße« in der Ostvorstadt unter der Trägerschaft des VEB Vowetex. Im Juli 1986 gegründet, hatte er fast täglich geöffnet und sollte aufgrund seiner Größe vier hauptamtliche Kräfte zugeteilt bekommen; außerdem gab es einen ehrenamtlichen Klubrat, der seitens der Stadt als »äußerst gut engagiert und politisch gut motiviert« eingeschätzt wurde. Dieses Modell galt ebenso für andere Einrichtungen dieser Art. 1986 hieß es bei der zuständigen Abteilung Kultur des Rates der Stadt, dass die Klubs durch die FDJ angeleitet werden, aber »die Jugendlichen mit hoher Selbständigkeit die Klubarbeit organisieren« und dabei von den Trägern und staatlichen Organen unterstützt werden sollten. Nicht immer klappte das gut, und wenn – wie etwa im ersten Jahr des Jugendklubs Chrieschwitz – die Stadt mit der Arbeit nicht zufrieden war, wurde »durchgegriffen«. Immerhin galten die Jugendklubs nicht nur als Treffpunkte, sondern waren seit 1975 »Grundorganisationen der FDJ«, die ihren Beitrag zur sozialistischen Erziehung zu leisten hatten. Einige Klubs hatten – je nach Trägereinrichtung – bestimmte Bildungsaufträge. So gab es etwa im Klub »Humanité« des Bezirkskrankenhauses Vorträge zur Gesundheitserziehung und der Jugendklub des Museums widmete sich Projekten der Heimatgeschichte.

Der Jugendklub mit dem C im Namen – Folk, Kunst und Blues im »Club Malzhaus«

Mal wieder war es ein kurzzeitig aufgekommener frischer Wind im Vorfeld der X. Weltfestspiele der Jugend 1973, der dem Plamag-Singeklub »Salaspils« im April 1973 überraschend zu einem Proberaum im Kellergewölbe des Plauener Malzhauses verhalf. In den kommenden Monaten reifte die Idee, mehr aus dem historischen Gewölbe zu machen: Es war die Geburtsstunde des »Clubs Malzhaus«. Allein zwei Dinge waren anders als üblich: die englische Schreibweise mit »C« – und die Tatsache, dass dieser Club nicht auf Beschluss von oben, sondern durch Eigeninitiative beherzter junger Menschen gegründet wurde. Bald schon galt der neue Treffpunkt als attraktiv und einmalig in der Stadt und der Andrang wuchs den Malzhäuslern manchmal (O-Ton) »über den Kellerrand«. Das Besondere der Räumlichkeiten hallte im Programm wider: Neben geistig-kulturellen Veranstaltungen wie »Urania«-Vorträgen, Gesprächen mit Musikern, Autoren und bildenden Künstlern wie Lothar Rentsch gab es Galerie- und Schallplattenabende – und generell: viel Musik. Außer Folklore und Rock trafen hier Jazz und Blues den besonderen Geschmack. Konzerte der angesagten Plauener Rockband »Inspiration« oder der Greizer Freejazzcombo »Media Nox« waren rasch ausverkauft – und »Vitamin B« von Vorteil, wenn man dabei sein wollte. Manch einer sprach bald abfällig vom »Eliteklub«.
Im Club traf sich auch der von Wolfgang Rudloff geleitete, langlebige Zirkel »Kunstbetrachtung«. Eng mit dem Malzhaus verbunden war die dort gegründete Folkcombo »Landluper«. Folkmusik wurde ein Aushängeschild des Clubs und spiegelte auch in Plauen einen Zeitgeist wider, in dem Menschen nach Mitteln suchten, um Fragen des Lebens und der Weltlage auf den Punkt zu bringen, um Melancholie und die Sehnsucht nach Freiheit zu artikulieren. Dass man hier über den Tellerrand schaute, war auch den Behörden aufgefallen: »Obwohl man sich Mühe gab, die üblichen Spielregeln zu bedienen, wurde der Klub argwöhnisch beobachtet«, erinnerte sich ein Mitglied.[11] Das achtjährige Jubiläum im August 1981 sollte zugleich das letzte werden. Die alternative Szene um das Malzhaus galt längst als »konterrevolutionäres Zentrum oder Ansammlung von dekadenten Jugendlichen«. Die Staatssicherheit behandelte es mit einem groß angelegten Operativen Vorgang. Unter dem Vorwand der Baufälligkeit des Gebäudes wurde der »Club Malzhaus« dann 1982 durch die Stadt geschlossen. Nicht wenige wählten daraufhin die Ausreise, andere engagierten sich nun innerhalb des Kulturbundes im neu entstandenen »Jazzklub«, der im März 1989 im Rahmen der »1. Plauener Jazztage« internationale Stars und tolles Flair an die Weiße Elster holte.

(8) Radsportler passieren Plauen auf der 27. Internationalen Friedensfahrt, hier die Oelsnitzer Straße, 1974.
Hans Herold

Blickpunkt Sport

In der DDR spielten »Körperkultur« und Sport von Anfang an eine herausragende Rolle: Man begriff sich als Sportnation und rang mit internationalen Erfolgen etwa bei den Olympischen Spielen nicht zuletzt um die Anerkennung des eigenen Staates. Auf den Spitzenfesten gab es neben festlichem Trubel auch Fußballturniere – mitunter Freundschaftsspiele gegen Teams aus der Bundesrepublik – sowie sportliche Darbietungen in Fechten, Leichtathletik und Gymnastik, außerdem Schwimmfeste, Wettkämpfe im Simultan- und Großfeldschach sowie Spitzenfestmeisterschaften im Kegeln und Luftgewehrschießen, um nur Beispiele zu nennen.

Infolge ihres Verbots krempelte der Staat auch die örtlich gewachsene Landschaft der Sportvereine grundlegend um. 1950 fusionierten beispielsweise die Sportgemeinschaften Plauen-Süd, ZSG Zellwolle, Plauen-West und BSG Sachsenverlag und erhielten im Jahr darauf den neuen Namen »Rotation Plauen«. Der neue Klub schaffte bald darauf den Aufstieg in die DDR-Liga und erzielte Erfolge wie 1954 einen Pokalsieg gegen den amtierenden DDR-Fußballmeister Turbine Erfurt. 1968 gab es in Plauen im Bereich des organisierten Sports bereits 25 Betriebssportgemeinschaften (BSG), die meisten davon in den Sparten Fußball (mit fast 60 Mannschaften), gefolgt von Schwimmen, Gymnastik/Turnen, Kegeln und Handball. Als »ranghöchste« Plauener Fußball-Sportgemeinschaft fungierte die seit 1963 unter diesem Namen auftretende BSG Motor Wema Plauen (vormals Wismut Plauen), die ab der Saison 1964 in der DDR-Liga – der zweithöchsten Spielklasse des Landes – kickte. Gerade Werner Bamberger ist vielen Plauenern als herausragender Fußballer noch in Erinnerung.

Die Schulen verfügten oft über eigene Sportplätze oder nutzten öffentliche Sportanlagen gemeinsam, wie die Diesterweg-Oberschule, die EOS und die Dittesschule den Kurt-Mittag-Sportplatz. An Freibädern gab es die Anlage des ehemaligen Naturheilvereins im Preißelpöhl (im Volksmund das »Naddl«) sowie das Freibad Haselbrunn, wo 1979 die DDR-Meisterschaft im Knabenwasserball ausgetragen wurde. Das einst beliebte Freibad »Waldfrieden« konnte aufgrund seiner starken Kriegszerstörungen in den 50er-Jahren nicht reaktiviert werden, obwohl es Versuche in diese Richtung gab. Zu den besonderen (Winter-)Sportstätten gehörte die 1951 eingeweihte Sprungschanze Kleinfriesen der BSG Chemie. Angesichts der meist mageren Winter klingt es heute verwunderlich, dass es in Plauen damals sogar ein »Neujahrsspringen« gab. Anfang der 60er-Jahre folgte die Buchenberg-Schanze in Stöckigt, die im Februar 1962 im Beisein von 3000 Zuschauern eingeweiht wurde. Das Netz an Turnhallen wurde erst nach und nach ausgebaut, wobei zum Beispiel die 1977 eingeweihte Kurt-Helbig-Sporthalle am Comeniusberg zu nennen ist – benannt nach dem berühmten Plauener Sohn, der 1928 Olympiagold im Gewichtheben errang. Auch andere Plauener Sportler erlangten weltweite Bekanntheit. Neben der Schwimmerin und 1976 vierfachen Olympiasiegerin in Montreal Kornelia Ender brachte es auch die Eisschnellläuferin Ruth Schleiermacher zu Ruhm und Ehre und errang 1969 einen Weltmeistertitel. Angeblich hatte man ihr Talent auf der Eisfläche des Plauener Stadtparkteiches entdeckt. Die ebenfalls gebürtige Plauenerin Gabriele »Gaby« Seyfert wurde – von ihrer Mutter trainiert – Vize-Weltmeisterin im Eiskunstlauf und die Kanutin Angelika Bahmann holte 1972 Olympiagold. Angefangen hatte diese Erfolgsgeschichte auf der Weißen Elster in Plauen.

In puncto Radsport gab es nicht nur das traditionelle Rennen »Rund um den Sachsendruck« anlässlich des Spitzenfestes, angelehnt an den großen Plauener Betrieb VEB Sachsendruck, der zur Freude der kleinen und großen Leser übrigens die Kinderbücher für die gesamte DDR druckte. Plauen war auch Station grenzüberschreitender Radrennen wie der Internationalen Friedensfahrt 1972. Zu solchen Anlässen gastierte mitunter auch der DDR-Vorzeigesportler Gustav »Täve« Schur an der Weißen Elster. Auch jenseits vom Radsport fungierte Plauen als Austragungsort internationaler Wettkämpfe: Mancher Freund des Ballsports wird sich vielleicht noch an das Volleyball-Länderspiel zwischen der DDR und Kuba 1979 in der Kurt-Helbig-Halle erinnern. 1969 fand im Rahmen des UEFA-Turniers der europäischen Fußballjugend das Duell zwischen Bulgarien und der Bundesrepublik in Plauen statt – rund 22 000 Fußballfans zog das Ereignis ins Vogtlandstadion.

Phasen der Wohnbebauung

Das bereits in den 50er-Jahren gefasste Vorhaben, mit großflächiger Neubautätigkeit das Wohnungsproblem anzugehen, kam nur langsam in Gang. Zwar entstanden in Plauen 3000 neue Wohnungen, doch konnten diese nicht annähernd den vorhandenen Bedarf decken. Das Bautempo steigerte sich erst in den 60er-Jahren, als im Zuge der Großblock- und Plattenbauweise merkliche Impulse gesetzt werden konnten. Mit der Erschließung neuer, großflächiger Wohngebiete verfolgte man gerade in den vormals schachbrettartig geviertelten Stadtteilen eine »Siedlungsauflockerung« durch halboffene Bauweise. Das brachte Vorteile in der Wohnqualität mit sich, jedoch bedingt durch den Baustil auch jene für den DDR-Städtebau typischen Kontraste. Der »neue Mensch« sollte auch eine neue Umgebung erhalten. Nur aus dem propagierten Bruch mit der gern als »bürgerlich« diffamierten Vergangenheit heraus – sowie aus der Tatsache permanenter Mittelknappheit – ist die Baupraxis der DDR-Zeit zu verstehen. Sie umfasste kampagnenartige Wohnbauprogramme genauso wie schillernde Prestigeprojekte und andererseits – in ihrer Unterlassung und Passivität – den desaströsen Verfall historischer Bausubstanz.

Im ersten Jahrfünft der 60er-Jahre entstand auf dem fast komplett zerstörten Areal zwischen August-Bebel-Straße und oberer Bahnlinie ein erstes großes Wohngebiet dieses »neuen Typs«. Es wurde gar nicht erst versucht, auf der binnen vieler Jahre beräumten Trümmerwüste an die ehemalige Straßenstruktur anzuknüpfen. Das Neubaugebiet östlich der Bahnhofstraße entstand in Gestalt mehrerer fünfgeschossiger Wohnblöcke. Schon bald konnten die ersten Familien einziehen. Für eine Wohnung musste man jedoch – wie bereits erwähnt – nicht einfach nur seinen Bedarf anmelden, sondern vor allem etwas vorweisen. Ein Neumieter, der mit seiner Familie im September 1961 eine Zweieinhalbzimmerwohnung im Block August-Bebel-Straße 32–36 bezog, musste dafür fast 500 Arbeitsstunden im Nationalen Aufbauwerk ableisten. Ein anderes Ehepaar konnte zusammen auf über 1000 Stunden in der »Aufbaukarte« verweisen und bekam nun »eine schöne, sonnige Wohnung mit Einbauküche, Gasbackofen, Warmwasserspender und Gasheizung in der Küche« – gegen eine Monatsmiete von 40 bis 50 Mark.[1] Wenn man vorher womöglich unter den eingangs beschriebenen Umständen in einem abgewohnten und unkomfortablen Altbau gehaust hatte, stellte dies freilich eine enorme Verbesserung dar – zumal es nicht beim Wohnungsbau an sich blieb. Neubaugebiete erhielten auch eine neue Infrastruktur zur Grundversorgung, in diesem Fall das HO-Einkaufszentrum – die spätere »Kaufhalle Mitte« – sowie die Kinderkrippe »Rudolf Hallmayer« (heute Kita »Zwergenland«). Das neue Viertel profitierte zudem von der Karl-Marx-Oberschule in der Jößnitzer Straße, die 1962 eingeweiht wurde und 700 Mädchen und Jungen in 20 Klassen aufnehmen konnte; wenige Jahre später folgte in unmittelbarer Nachbarschaft mit dem Kindergarten »Jenny Marx« – benannt nach Karl Marx' Ehefrau – die bis dato modernste und größte Einrichtung dieser Art in Plauen. Den sprichwörtlichen Schlusspunkt dieser Bauaktivität östlich der Bahnhofstraße bildeten 1965/66 als Höhendominanten die vier zehngeschossigen Punkthäuser beim Oberen Bahnhof, deren Bau verglichen mit gewöhnlichen Wohnneubaublöcken übrigens doppelt so viel Geld kostete. Auf dem Dachgarten eines dieser Punkthäuser interviewte das »Radio DDR« im Sommer 1968 im Vorfeld des Spitzenfestes – bei bester Fernsicht – die offenbar sehr zufriedenen Neumieter. Gelobt wurden neben dem schönen Blick vor allem der Wohnkomfort mit Zentralheizung, permanentem Warmwasser (»Das ist ständig da!«) sowie die »schöne moderne Küche«. Der Reporterin fiel außerdem ein kleiner »Kulturraum« auf, wo regelmäßig Dachgartenfeste veranstaltet wurden. Auch das war Sozialismus: Das »Wohnkollektiv« sollte »zusammenrücken« und erhielt dafür Raum. Wenige Hundert Meter entfernt war ein Jahr zuvor (1967) ein kombiniertes Apartment- und Geschäftshaus in Gestalt des »Kopfhauses« eröffnet wor-

Zwischen Platte und Prestige

Stadtentwicklung und Stadtverfall unter sozialistischen Vorzeichen

Clemens Uhlig

1965/66

①
Sozialistisches Wohnidyll im Neubaugebiet Suttenwiese, 1968
Hans Herold

Stadtteil	Zeitraum	Wohnungen
Östlich der Bahnhofstraße	1959/60–1964	etwa 750
Alte Reichenbacher Straße	1962–1964	400
Suttenwiese	1964–1966	520
Seehaus	1968–1972	1100
Westlich der Bahnhofstraße	1972/73 (1. Teil)	350
	1977–1979 (2. Teil/ elfgeschossige Häuser)	322
Dörffelstraße (zwischen Marien- und Gartenstraße)	1973–1976	470
Mammenstraße (Ostvorstadt)	1974–1979	1660
Chrieschwitzer Hang	1977–1986	5700

Wichtigste Wohnneubauprojekte in Plauen seit 1959

den, das die linksseitige Bahnhofstraße vom Platz der Roten Armee (heute Albertplatz) abschloss.

Mitte der 1960er-Jahre entstand mit der »Suttenwiese« das nächste große Neubauvorhaben in Plauen. Als im Februar 1964 die Bagger anrollten, musste die Zeitung ihren Lesern erst einmal erklären, wo diese überhaupt liegt. Auf dem Gebiet in Reusa südlich der Kleinfriesener Straße zwischen Tauschwitzer Straße und Hauptfriedhof entstanden über 500 Wohnungen.

— 1964

Obwohl die Zahl der Wohnungen in den 60er-Jahren wuchs, gab es noch reichlich »Luft nach oben«. Ende 1967 suchten allein über 2800 Familien eine neue Bleibe, hinzu kamen 54 kinderreiche wohnungssuchende Familien (d. h. vier Kinder und mehr), die bevorzugt behandelt werden sollten – ebenso Schwerpunktbetriebe, die über eigene Wohnungskontingente verfügten. Nicht eingerechnet waren die zahlreichen Anfragen von Alleinstehenden und Paaren. In den ersten drei Quartalen dieses Jahres gingen in der Abteilung Wohnungswirtschaft allein 1332 Eingaben zu Wohnungsfragen ein. Für etwas Abhilfe sorgte am Ende der Dekade das bisher größte neue Wohngebiet Seehaus auf dem Gelände zwischen Sternplatz und Westbahnhof. In architektonischer Hinsicht vollzog sich dabei eine Zäsur, wurde hier doch erstmals großflächig auf die sogenannte »rationelle Bauweise« mit vorgefertigten Großplatten zurückgegriffen, die mit Tiefladern aus dem Plattenwerk Oelsnitz (Erzgebirge) antransportiert wurden. Neben den Wohnbauten eröffnete hier bald die erste Kinderkrippe-Kindergarten-Kombination Plauens. Und weiter: »Ein Friseursalon Figaro und eine zeitweilige Verkaufsstelle wurden eingerichtet. Es entstanden überall Rasenflächen, Kinderspielplätze und Sportanlagen, Parkplätze und Garagen«, schrieb Museumsdirektor i. R. Rudolf Donnerhack als einer der ersten Mieter im Seehausgebiet 1971 in der Zeitung.[2] Bald darauf folgten die neue Kaufhalle und die Gaststätte (und Schülergaststätte) »Comeniusberg«.

— 1971

Gerade das ab Mitte der 1970er-Jahre groß angelegte Neubaugebiet Mammenstraße repräsentierte das Wohnungsbauprogramm als zentralen Bestandteil von Honeckers Sozialpolitik: Die beabsichtigte Erfüllung der Wohlstandsversprechen für die breite Masse ließ sich damit jedoch noch nicht realisieren. Die größte, effektivste und auffälligste Siedlung gedieh gegen Ende des Jahrzehnts vor den Toren der Stadt – fernab der städtischen Siedlungsstruktur – in Gestalt des Neubaugebiets Chrieschwitzer Hang. Dieses größte und kühnste Wohnbauprojekt Plauens in den 40 Jahren DDR demonstrierte einen Sozialismus in Reinkultur. Mit dem Chrieschwitzer Hang bekam auch Plauen seine »Betonburgen«, ausgelegt für insgesamt 18000 Bewohner. Was von außen betrachtet völlig gleichförmig aussah, war in sich jedoch ein Mosaik vieler kleiner, oft liebevoll gestalteter Wohn- und Lebensräume: ein Rückzugsort nicht selten zur Flucht ins Private, ein Refugium der Selbstverwirklichung inmitten einer durchnormierten Welt des Wohnens, in dem die Maße der Zimmer für die genormten Schrankwände ausgelegt waren. Wer Glück hatte, verfügte über einen Balkon und dekorierte diesen im Wortsinne nach allen Regeln der Kunst.

Nicht immer war die Freude am neuen Refugium von Dauer. Es war nicht nur das Hellhörige und Grobe an den Plattenbauten, oder das Verwirrende vieler gleich aussehender »Wohnscheiben« – wo man erst einmal die richtige Tür finden musste –, sondern ebenso ihre bauliche Anfälligkeit. Während die Altbausubstanz ohnehin verkümmerte, erwiesen sich bald auch die sozialistischen »Eigengewächse« als fehlerhaft: Allein im Mammengebiet lagen Ende 1986 Schäden in Höhe von rund 750000 Mark »auf Grund konstruktiver Mängel in der Dachzone« vor. Hinzu kamen Feuchtigkeitsschäden »an den Fugen der Giebelwände zwischen den Platten, die zumeist nach Ablauf des Garantieanspruchs auftraten«. Die diesbezüglichen Eingaben der Bewohner häuften sich. Im Wohngebiet Chrieschwitzer Hang waren derweil in 130 Wohnungen wegen fehlender Ersatzteile seit etwa einem halben Jahr die Spülkästen defekt. Auch Rohrbrüche traten mit gewisser Regelmäßigkeit auf und sorgten für Unmut. Die zuständige PGH Sanitärtechnik sah sich jedoch mit Verweis auf Arbeitskräfte- und Materialmangel außerstande, wirklich Abhilfe zu schaffen. Manchmal waren die Probleme noch gravierender: So kam es Ende der 70er-Jahre im Wohngebiet Dörffel-

②
Am Chrieschwitzer Hang,
Neubauten an der
Dr.-Karl-Gelbke-Straße,
1979
Stadtarchiv Plauen,
Klaus Tanneberger

straße zu Unfällen und Beschwerden beim Umgang mit installierten Gasgeräten; die Bauaufsicht prüfte und sprach von einer »permanenten Gefahr der CO-Vergiftung«. Als Ursache wurde die schlechte Abgasregulierung ausgemacht. Da es auf den X. Parteitag zuging und man die politischen Konsequenzen der Abschaltung von rund 200 Gasthermen für untragbar hielt, behalf man sich kurzerhand mit Maßnahmen zur »Verbesserung der Frischluftzufuhr« durch Schaffung zusätzlicher Schlitze in den Türen – und der Aufforderung an die Mieter, beim Betrieb der Geräte »ausreichend für Lüftung zu sorgen«.

In den 80er-Jahren gelang es den Plauener Stadtplanern zumindest, den Wohnungsbestand deutlich zu erhöhen und das Verhältnis zwischen Einwohnern und Wohnungen zu verbessern. Dabei kam ihnen freilich auch ein Missstand zugute, der ab Mitte der Dekade vielerorts in der DDR zu konstatieren war: die neuerliche Abwanderungswelle durch Ausreise in die Bundesrepublik. So verlor Plauen innerhalb dieses Jahrzehnts mehrere Tausend Einwohner[3] – die meisten 1989 – und konnte zugleich weiteren Wohnraum erschließen, wodurch sich der Saldo leicht verbesserte:

	1980 (zum 31.12.)	1988 (zum 3.3.)
Einwohner	78 828	77 108
Wohnungen	36 412	38 802
Verhältnis: Anzahl der Wohnungen auf 100 Einw.	46	50

Wohnraumentwicklung in Plauen in den 80er-Jahren

Trotz dieses Effekts entsprach das Verhältnis von Einwohnern zu Wohnungen bei Weitem noch nicht dem Bedarf der Bevölkerung. 1987 beispielsweise standen gerade einmal 1500 vermittelte Wohnungen einer Masse an 5000 Wohnungsanträgen gegenüber, die noch dazu stieg. Als probates Mittel aus der Misere konnte in manchen Fällen noch der in der DDR nicht unübliche Wohnungstausch herhalten; im Jahr 1986 wurden davon in Plauen offiziell 525 durchgeführt. Die Nachfrage nach neuen Wohnungen war auch deswegen so groß, weil ein Großteil der Wohnungen in Plauen zu klein war (d. h. Ein- bis Zweiraumwohnungen) und somit oft nicht den Ansprüchen und Lebensrealitäten der Menschen entsprach. Der verbesserte Wohnungssaldo ist somit höchstens eine quantitative Aussage und keine qualitative.

Altstadtverfall und Denkmalpflege

Zu den landläufigen Fehlleistungen sozialistischer Baupolitik gehörte die Vernachlässigung der Altbausubstanz. Nicht selten wurden in Plauen ganze Häuser baupolizeilich gesperrt und im Extremfall bestand sogar Einsturzgefahr. Andererseits konnten frei gewordene Altbauwohnungen aufgrund ihres Zustands oft nicht ohne Weiteres neu bezogen werden. Für die Instandsetzung fehlte es an Personal, Material und Mitteln, sodass sie nicht selten an Mieter übergeben wurden, die sich zum Selbstausbau bereiterklärten. In den 80er-Jahren rückte das Thema in den Fokus der Stadtverwaltung – doch oftmals war es schon zu spät. Der Staat hatte sich viele dieser Probleme selbst geschaffen. So boten die sozialstaatlich bedingt äußerst geringen Mieten keinen Anreiz zur Verkleinerung des Wohnraums und machten – noch gravierender – eine Instandhaltung seitens der Vermieter nahezu unmöglich. Viele Hausbesitzer sahen sich zum billigen Verkauf an die Stadt oder Gemeinde genötigt. Über die Hälfte der Mehrfamilienhäuser in der DDR gehörte dem Staat und ihr Schick-

③ Das alte Plauen: sanierungsbedürftige Altbauten am Mühlberg gegenüber der alten Stadtmühle, um 1970
Stadtarchiv Plauen, Johanna Falk

sal lag in den Händen der Kommunalen Wohnungsverwaltung (KWV). Aufgrund des Sanierungs- und Modernisierungsstaus entwickelten sich die Mieter bald zu »handwerklichen Universal-Fachleuten« (Stefan Wolle). Doch auch hohes Improvisationsgeschick und die Kompensation der Knappheit durch Materialbezug auf dem Schwarzmarkt vermochten es nicht, die desolaten Verhältnisse wirklich zu ändern.

1980

1980 stand für die Plauener Stadtplaner fest: »Mit dem Wohnkomplex Chrieschwitz ist die extensive Erweiterung der Stadt abzuschließen.«[4] Planmäßig wollte man sich nun der Innenstadt annehmen und die Modernisierung vorhandener Häuser neben kleineren Neubaumaßnahmen (z. B. Lückenschließungen) zum neuen Schwerpunkt machen. Das war bitter nötig und längst überfällig, mitunter auch schon zu spät, zumal es oft bei Absichten blieb. Immerhin war die Altbausubstanz vielfach mehr als kritisch und obendrein die Qualität der Wohnungen dürftig. Besonders sanierungsbedürftig waren die Dachbereiche sowie im Hausinneren die Sanitär- und Elektrotechnik. Man bedenke, dass fast die Hälfte der Wohnungen noch kein eigenes Bad und keine Dusche hatte: Gerade hier war Plauen im DDR-Durchschnitt besonders weit abgeschlagen. 1971 war es obendrein ein offenes Geheimnis, dass 60 Prozent der Schornsteine in Plauen reparaturbedürftig sind. Auf dem X. Parteitag der SED hatte Erich Honecker gefordert, »die vorhandenen Bauanlagen intensiver zu nutzen, besser zu pflegen und zu erhalten, sie zu rekonstruieren und zu modernisieren«, was sich besonders auf die maroden Altstadtgebiete bezog. Das war zumindest den Worten nach eine Trendwende, hatten Altbauten bis Mitte der 70er-Jahre doch allgemeinhin nur so lange eine Daseinsberechtigung, wie sie nicht Neubauvierteln oder einem neuen Stadtzentrum im Wege standen.

Nun sollte sich das Verhältnis Neubau/Modernisierung zugunsten der Modernisierung verlagern. Um den Zustand »seiner« Plauener Altstadt wissend, berichtete Oberbürgermeister Dr. Norbert Martin 1981 gegenüber der SED-Kreisleitung jedoch nüchtern: »Der Verschleißgrad der vorhandenen Altbausubstanz und der daraus resultierende Aufwand für die Erhaltung bedingen sorgfältig abzuwägen, in welchen Teilabschnitten der Reko- [= Rekonstruktion, C. U.] Gebiete es volkswirtschaftlich effektiv ist, zu modernisieren oder abzureißen und neu zu bauen.« Schon sein Vorgänger Gerhard Sachs war zu dem Schluss gekommen, dass die Kapazitäten des örtlichen Bauwesens »in keiner Weise« für die nötigen Instandsetzungs- und Modernisierungsarbeiten ausreichen würden: So fehlte es nicht nur an Geld und Personal, sondern auch ganz konkret an Gerüsten und Baustoffen. Abhilfe sah man darin, dass die Hausbewohner selbst tätig werden und ihre Wohnungen ausbauen – wissend, dass es hier ebenfalls nicht nur an Material, sondern gleichsam an staatlicher Unterstützung bei den Reparaturen fehlte. Ganz konkret nannte Sachs in seinem Schreiben vier Stadtviertel, in denen für Ende der 80er-Jahre »komplexe Rekomaßnahmen« geplant waren: Das waren die Gebiete Dörffel- und Burgstraße, Wilhelm-Pieck-Straße (heute Neundorfer Straße) sowie Trockentalstraße. Unter »Rekonstruktion« verstand man in der DDR-Sprache wahlweise Sanierung und Modernisierung von Altbauten oder Betrieben, was auch deren teilweisen Um- und Rückbau – also Abriss – beinhalten konnte.

Zu dieser Zeit (1980) war eine Baubestandsermittlung im Gange mit dem Ziel, »die nicht mehr erhaltenswerte [!] Substanz kurzfristig zu räumen und abzubrechen« und dabei die »jährliche Abbruchquote« zu erhöhen. In die Gunst einer Sanierung sollten daher nur auserwählte Gebäude kommen, bei denen anschließend noch »eine Restnutzungsdauer von wenigstens 15 Jahren erreicht wird«. Offenbar war dieser mehr oder weniger kontrollierte – vielmehr: forcierte – Abriss in den Augen der Stadtoberen die einzige Möglichkeit, den städtebaulichen Problemen beizukommen.

Immerhin konnte man im April 1988 resümieren, dass in den letzten zwei Jahren neben 835 errichteten Neubauwohnungen auch 267 Reko-Wohnungen geschaffen und weitere 662 modernisiert wurden. Hinzu kamen über 2000 Wohnungen, die Bad/Dusche beziehungsweise ein Innen-WC erhalten hatten. Diese Zahlen konnten jedoch niemanden ernsthaft zufriedenstellen, wenn man ihnen nur die Fülle an maroden Gebäuden gegenüberstellte. Man konstatierte einen »hohen Anteil baulich gesperrter sowie schwer vermietbarer Wohnungen«, und auch OB Dr. Martin musste einsehen, dass man offenbar versäumt hatte, die Kriegsschäden zu überwinden. Aber das war angesichts des Modernisierungsstaus allenfalls ein Teil des Problems oder vielmehr eine Rückdatierung der Verantwortung. 1988 sah man sich mit der bitteren Realität konfrontiert, dass Plauen im Bezirksvergleich mit großem Abstand über die meisten baulich gesperrten (452) sowie schwer vermietbaren Wohnungen (4178) verfügte. Insofern lag auch hier der schwierig zu vermittelnde Widerspruch einer »Gleichzeitigkeit von Wohnungsnot und Wohnungsleerstand« vor.

Obwohl das Problem also erkannt war, blieb der Erfolg sehr punktuell. Das hing mit der schlechten finanziellen Ausgangslage zusammen – gerade bei der kostenintensiven Sanierung alter Gebäude –, aber auch damit, dass viele Handwerksbetriebe und die großen Baukombinate vornehmlich auf Neubautätigkeiten eingestellt waren – daher fehlte es an Fachkräften und Expertise. Zudem waren die städtischen Baukapazitäten bis 1986 stark durch das Großprojekt Chrieschwitzer Hang gebunden – mithin eine »überzogene Betonung der extensiven Bebauung«, wie man noch 1989 konstatierte. Großräumige Sanierungen wurden nicht mehr vorgenommen, man beschränkte sich in Plauen auf einzelne Reko- oder »Werterhaltungsmaßnahmen«. Mit Ausnahme einzelner Lückenschließungen entlang der Bahnhofstraße konzentrierte man sich auf kulturell und sportlich wichtige Objekte und Vorzeigegebäude.

Abgesehen von der Rettung der Altbausubstanz gab es seit Ende der 70er-Jahre Bemühungen im Bereich des Denkmalschutzes, welcher beim Rat der Stadt im Aufgabenbereich des Stadtrats für Kultur ressortierte. So kam es 1976/77 zur Aufstellung und Verabschiedung einer Kreisdenkmalliste. Zum neuen Kreisdenkmalpfleger wurde Klaus Nenner berufen. Unter dessen Leitung nahm ein »Denkmalpflegeaktiv« teilweise ehrenamtlich Aufgaben des Denkmalschutzes wahr, führte Objektbegehungen durch, stieß dringend notwendige Reparaturen an, beriet Eigentümer und Bauherren in Fachfragen des Denkmalschutzes und überwachte laufende Bau- und Sanierungsmaßnahmen. Kurzum: Es war das Sprachrohr für die Denkmäler der Stadt. Die beschlossene Denkmalliste unterlag laufender Erweiterung und umfasste folgende »Betreuungskomplexe«: »Geschichtsdenkmale«, »Denkmale zur Kultur und Lebensweise des werktätigen Volkes«, »Denkmale der Produktions- und Verkehrsgeschichte«, »Stadtkern« (darunter 70 Einzelobjekte) sowie »Denkmale der Landschafts- und Gartengestaltung« wie zum Beispiel der Stadtpark.

Ähnlich wie bei den Umwelt- und Naturschützern war auch der Einfluss der Denkmalpfleger sehr begrenzt. 1978 beschwerte sich der Kreisdenkmalpfleger beim Oberbürgermeister über die Vernachlässigung des Themas in Plauen: »In den vergangenen 30 Jahren ist in Plauen im Vergleich zu anderen Städten nur ein Minimalaufwand getrieben worden.«[5] Mit Ausnahme des Kreismuseums seien die anderen Denkmalobjekte »nur Denkmale auf dem Papier«, spitzte er zu. Wenn wieder einmal geplante Rekonstruktionsmaßnahmen gestrichen wurden – wie 1977 bei der baufälligen Wilhelm-Külz-Brücke (alte Elsterbrücke) –, wurde der Kreisdenkmalpfleger durch Bittschreiben und Aktivierung seiner Kontakte tätig – und hatte in diesem Fall auch Erfolg, konnte die Rekonstruktion der Brücke doch 1984 abgeschlossen werden. Um 1980 beschäftigten sich die Plauener Denkmalschützer zudem mit dem Malzhaus sowie dem Lochbauerngehöft im Elstertal, das zu diesem Zeitpunkt ein Ferienheim des VEB Strickmaschinenwerks Karl-Marx-Stadt war. Sanierungsmaßnahmen liefen ferner – wohl nicht ganz zufällig – an dem Gebäude Walkgasse 7, das damals als ältestes Parteilokal der KPD in Plauen galt und nicht nur auf der Kreisdenkmalliste stand, sondern auch in »besonderer Betreuung« – und Ende der 70er-Jahre umfassend und teuer instandgesetzt wurde; zu diesem Zeitpunkt wurde es als Jugendklub genutzt. Auf der Denkmalliste waren zudem Gebäude im unmittelbaren Stadtkern, wie das historische Bürgerhaus im Braugässchen 2, das nach dem Rathaus als besonders wertvoll deklariert wurde. Für Denkmäler dieser Art gab es zumindest findige Nutzungsvorschläge.

Letztlich mussten aber nicht nur viele Denkmäler, sondern auch zahlreiche Altbauten sowie die von Oberbürgermeister Sachs genannten vier Sanierungsgebiete aus den erläuterten Gründen in der DDR unangetastet bleiben beziehungsweise ihrer »Rettung« harren. Mithilfe der Denkmalschützer gelang es aber zumindest, einige »Leuchtturmprojekte« in die Tat umzusetzen. Hervorzuheben sind als seltenes frühes Beispiel die Instandsetzung des Nonnenturms (1959/60) und für

Zwischen Platte und Prestige **375**

1973

spätere Jahrzehnte die Rekonstruktion des Zuschauerraums im Theater (insbesondere 1979–1981), Erneuerung des Brückenüberbaus der alten Elsterbrücke (1979–1984, 1986 folgte die Nachbildung der alten Postmeilensäule), die Maßnahmen am und im Alten Rathaus (Fassade, Innenräume/Spitzenmuseum und Kellerausbau; 1981–1984), die Instandsetzung des Lochbauernhofs im Elstertal (1981–1983) sowie die Restaurierung des Innenraums der Lutherkirche (1983 abgeschlossen).

Zwei Vorzeigebauten – Oberer Bahnhof und Rathaus

Abgesehen von der Wohnbebauung hinterließen die 40 Jahre DDR auch viele Funktionsbauten, oftmals im direkten Umfeld der Neubaugebiete sowie der Produktionsbetriebe. Typische Vertreter weiterer Wirtschafts- und gesellschaftlicher Gebäude sind das äußerst schlichte Verwaltungs- und Sozialgebäude des VEB Kraftverkehr in der Klopstockstraße (erbaut 1967/68) sowie das neue Gebäude des VEB Milchhof Plauen an der Pausaer Straße (1974).

Ein herausragendes Beispiel des Bauschaffens in Plauen ist zweifelsohne das neue Empfangsgebäude am Oberen Bahnhof, das zwischen 1970 und 1973 errichtet wurde und die seit der Zerstörung 1945 bestehenden Provisorien ablöste. Kurz vor Weihnachten, am 21. Dezember 1973, erhielt Plauen den modernsten Bahnhof in der DDR und viele Plauener empfanden es tatsächlich als eine Art Weihnachtsgeschenk. Nicht nur die Eisenbahner waren stolz auf diese neue Visitenkarte der Stadt. Der Grund für die 58 Millionen Mark teure Investition ist in der damaligen verkehrstechnischen Bedeutung Plauens für den grenzübergreifenden Transitreise- und Interzonenverkehr – gerade in die Bundesrepublik – zu suchen. Nach den Vorarbeiten wie umfangreichen Geländeregulierungen schloss sich die 14-monatige Bauzeit an, wobei das Stahlbetonskelett seine charakteristische Vorhangfassade aus türkisblau emaillierten Stahl-Aluminium-Verbundprofilen erhielt. In der Wandelhalle prangt seitdem eine Kupferwandgestaltung der Künstler Martin Schmidt und Walter Rahm.

Dass der aus Berlin angereiste stellvertretende Minister für Verkehrswesen, Dr. Heinz Schmidt, ausgerechnet aufgrund einer Zugverspätung die Eröffnungsfeier des Bahnhofs verzögerte, konnte der freudigen Stimmung zur Einweihung keinen Abbruch tun. Auch die »Freie Presse«, die diese Begebenheit in ihrem Bericht übrigens geflissentlich ausließ, überschlug sich tags darauf mit Lob: »Wohin das Auge auch fällt: Modernität par excellence. Beeindruckend die kluge Raumaufteilung. Großzügigkeit und Übersichtlichkeit. Zweckmäßig und harmonisch läuft alles zusammen.«[6] In den 70er-Jahren kreuzten hier täglich über 100 Züge und 8 000 Reisende, die nicht nur eine Mitropa-Bahnhofsgaststätte und Postschalter, sondern auch weitere Versorgungs- und Einkaufsläden vorfanden. Unter den Fernverkehrszügen dürfte vielen Plauenern noch der zwischen Berlin und Karlovy Vary (Karlsbad) verkehrende »Karlex« ein Begriff sein. Mit dem neuen Bahnhof einher ging die Neugestaltung und Aufwertung seiner Umgebung, insbesondere des Verkehrsbereichs: So wurden im Rahmen der Bauarbeiten die Brücke über die Pausaer Straße um die dritte Tunnelröhre erweitert und 1975 der neue Busbahnhof eingeweiht, von dem aus 40 Linien im Berufs- und Urlauberverkehr verkehrten (Stand 1983). Neben dem Taxiverkehr wurde zudem die Straßenbahn mit zwei Linien geschickt an den neuen Verkehrsknotenpunkt angebunden.

Als zweites Hochbau-Highlight ist der in der ersten Hälfte der 70er-Jahre erfolgte Rathausneubau zu nennen. Über 20 Jahre hatte es also gedauert, bis die bombenzerstörte Nordwestfassade aus dem Plauener Stadtbild verschwand. Im Rahmen der Wiederinstandsetzung wurde der demontierte Gebäudeteil durch eine zeitgemäße, aber optisch nicht unumstrittene verglaste Stahlkonstruktion mit schräger Fassade ersetzt: Im Volksmund kursierte die Bezeichnung »Aquarium«. Auch das Interieur veränderte seine Gestalt, wobei der neue, großzügige Plenarsaal hervorzuheben ist. Den Eingangsbereich zierte eine künstlerische Wandgestaltung von Karl-Heinz Adler und Friedrich Kracht. Den Treppenschaft vor dem Plenarsaal schmückte seitdem ein Relief von Hannes Schulze, das sich passender-

④
Zeitgemäßer Hingucker: Wanddekoration in der Empfangshalle des Oberen Bahnhofs, 1974
Hans Herold

⑤
Im Zentrum: Otto-Grotewohl-Platz (heute Postplatz) und Rathaus mit neuer Fassade, Ende 1970er-Jahre
Stadtarchiv Plauen, Johanna Falk

weise ein Bonmot von Bertolt Brecht zur Vorlage nahm: »Die Mühen der Gebirge liegen hinter uns, vor uns liegen die Mühen der Ebenen.« Manchem Teilnehmer der Einweihungsfeier muss diese Metapher während der Rede von Oberbürgermeister Sachs zum Greifen nahe gewesen sein. Das Stadtoberhaupt schaffte es, in seiner 15-minütigen Ansprache das eigentliche Thema des Anlasses – den Rathausneubau – nur in einem Satz zu erwähnen. In der restlichen Zeit plätscherte das übliche Mantra des Marxismus-Leninismus mit Beschwörungen der Arbeiterklasse und Aufzählung von Parteitagen, wobei das Wort »Sozialismus« fast 20 Mal fiel. Vermutlich waren die Zuhörer schon daran gewöhnt. Die Schlüsselübergabe für diesen innerstädtischen Lückenschluss an prominenter Stelle erfolgte am 28. Oktober 1976.

Innenstadtgestaltung und neue Akzente im Verkehrswesen

Die hochtrabenden Pläne für das neue Stadtzentrum, die in den frühen Jahren ventiliert worden waren und die Gemüter erhitzt hatten, landeten bald wieder in der Schublade – vorerst. Trotzdem änderte sich ab den 60er-Jahren einiges rund um den Postplatz, der seit 1966 den offiziellen Namen Otto-Grotewohl-Platz trug – zumindest im Volksmund aber der »Tunnel« blieb. Nach Abriss der von den Plauenern gerne als »Pferdestall« titulierten HO-Verkaufsstelle (vormals Café »Trömel«) war Platz geschaffen für die Umgestaltung des Areals zum innerstädtischen Verkehrsknotenpunkt. Tatsächlich wurde der Platz damit weitläufiger und konnte gerade bei den Maidemonstrationen als Aufmarschfläche verwendet werden, jedoch im kleineren Stil – und das Theater blieb unangetastet. Dennoch veränderte sich das Areal im Herzen der Stadt in der zweiten Hälfte des 20. Jahrhunderts so gravierend, dass mancher Alt-Plauener, der seine Heimat wieder einmal aufsuchte, es fast nicht mehr wiedererkannte. Was völlig verschwand, war die Lohmühlenanlage. Das gärtnerische Kleinod war Anfang des Jahrhunderts unter der Ägide des Plauener Stadtgartendirektors Gustav Undeutsch erschaffen worden. Zu Beginn der 50er-Jahre verschwand die Anlage im Zuge der Syraeinwölbung. 1958 wurde die Idee, dort zwei Volleyballplätze zu errichten, seitens der Stadt verworfen, da dies »im Zentrum der Stadt nicht angebracht« sei. Wie vieles, war jedoch den Stadtplanern noch unklar, was mit dem Areal passieren sollte. Seit 1966 verlief auf diesem Gelände ein Fußweg.

Die im März 1964 vorgestellten Gestaltungspläne umfassten nicht nur breitere Fahrbahnen und größere Haltestellenbereiche, sondern auch die Klarstellung, dass zwar der Nonnenturm erhalten bliebe, jedoch die Bastion im Sinne der Verkehrsführung abgetragen werde. Im Juli begannen die Arbeiten für die erste Etappe, die sich vor allem der Erneuerung der Verkehrsanlagen widmete und obendrein eine neue Wartehalle hinterließ. Die eigentlichen Eingriffe fielen jedoch in das darauffolgende Jahrzehnt. Schon 1968 hatte Oberbürgermeister Gerhard Voigt angekündigt, dass sich die Stadtplanung in Plauen nach 1970 besonders seinem Stadtkern zuwenden wird. An diese Worte hielt man sich gebunden.

Im März 1969 gab es eine Ausstellung zur künftigen Gestaltung des Zentrums und der zentrumsnahen Gebiete im Rathaus, die weit über 11 000 Besucher ansprach. Ganz klar: Das Thema war Stadtgespräch. In einer Stadtverordnetensitzung stellte Stadtbaudirektor Karl Piehler dann die Ergebnisse eines Ideenwettbewerbs vor, der im August 1968 ausgeschrieben worden

1976

1969

Zwischen Platte und Prestige   **377**

⑥ Neue Visitenkarte: Vorplatz des Oberen Bahnhofs mit Punkthäusern, 1975
Hans Herold

1975

war. Die eingegangenen elf Arbeiten projizierten unterschiedliche Ideen auf die Stadt und plädierten mal für Erhalt, mal für Entfernung vorhandener Bausubstanz (z. B. Feuerwache, Postgebäude, Altmarkt). Neben den acht zugelassenen Vorschlägen stach das Projekt der Deutschen Bauakademie unter Leitung Hermann Henselmanns heraus, das nach vorherigen Absprachen mit örtlichen Stellen außer Konkurrenz eingereicht worden war. Die Empfehlung einer »Kongresshalle« mit 2 000 Plätzen ging aus diesem Wettbewerb als Quintessenz hervor, wobei als optimaler Standort das Gebiet zwischen dem Rathaus und der Bahnhofstraße angesehen wurde; sie sollte mit dem Rathaus verbunden werden, sodass eine »geschlossene Baugruppe« entstand. In der Ausführung dieser Halle befürwortete die Jury eine Dominante mit einer »in Stahlleichtbauweise ausgeführten Kuppel«. Ein Entwurf hatte eine weitere »Dominante« auf dem Schlossberg vorgesehen und sprach von einem »radikalen Eingriff«. Die zahlreichen während der Ausstellung geäußerten Besuchermeinungen fasste der Stadtbaurat so zusammen: Über Erhalt oder Beseitigung der historischen Bausubstanz inklusive Nonnenturm seien sie auseinandergegangen. Ein klares Votum sei jedoch für die »Erhaltung des Stadtkerns und Beibehaltung des Maßstabes unseres Altmarktes« abgegeben worden: Ganz abgeneigt schienen die Plauener also nicht zu sein. Seinen Vortrag schloss der Stadtbaurat mit einer Beschwörung: »Wenn es gelingt, […] die Neugestaltung unseres Stadtzentrums und der zentrumsnahen Gebiete zur Sache eines jeden Plauener Bürgers zu machen, dann dürfte die Verwirklichung des Programms gesichert sein.« Vielleicht waren diese Worte schon das Menetekel für die großspurigen Pläne.

Die Stadtplaner wollten explizit »eine wesentliche Veränderung im Erscheinungsbild der Stadt«. Mancher Entwurf griff empfindlich in das gewachsene Stadtbild der City und angrenzender Bereiche ein; auch Betriebe sollten verlagert werden. Angesichts all der »Visionen« fällt heute auf, wie wenig davon am Ende umgesetzt wurde. Mancher Plauener wird sagen: glücklicherweise. Denn weder am »Tunnel« noch auf dem Schlossberg entstanden bis 1989 »Dominanten«. Wahrscheinlich waren es – wie so oft – Sachzwänge, die die Visionäre wieder einfingen. Stadtbaurat Karl Piehler hatte in seinem Vortrag bereits auf die enormen Engpässe der regionalen Bauwirtschaft hingewiesen und hier das Hauptproblem ausgemacht.

Jedenfalls kam es am »Tunnel« vor allem zu Tiefbauarbeiten. 1969 wurden durch Sprengungen in der Klosterstraße weitere Flächen geebnet für die Umsetzung des Generalverkehrsplans. Ab 1975 hatte Plauen dann ein neues Gleisdreieck mit Zentralhaltestelle der Straßenbahn. Nunmehr umschloss die Triangel der Straßenbahngleise ein weitläufiges Areal. In der Mitte entstand ein geräumiges Haltestellengebäude nebst einem überdimensionalen Flutlichtmast. Durch die angrenzenden Grünanlagen gerade um den Nonnenturm sowie Richtung Klostermarkt stellte sich der Platz – im Gegensatz zu heute – betont grün und farbenfroh dar. Ein Springbrunnen erfüllte ab 1982 das Gelände mit seinem Plätschern und mag manchen älteren Plauener – zumindest mit geschlossenen Augen – an den einstigen Isidore-Schmidt-Brunnen in der damaligen Lohmühlenanlage erinnert haben.

Im Rahmen der damit abgeschlossenen Neugliederung des Zentrums kam es auch zur Umleitung der in Richtung alte Elsterbrücke führenden Straßenbahnlinie durch die Syrastraße, die grundhaft ausgebaut wurde. Bis dato hatte sich die »Tram« noch durch Klosterstraße und Unteren Steinweg zur Elsterbrücke geschlängelt. Nun war die alte Elsterbrücke dem stetig ansteigenden Verkehr nicht mehr gewachsen. Immerhin kamen 1967 in Plauen bereits fünf Einwohner auf ein Fahrzeug und in den 80er-Jahren machte der Individualverkehr schon über die Hälfte aus. Aus diesem Grund entschied man sich für einen Neubau, verlängerte die Syrastraße und schloss die neue Elsterbrücke mit Haltestellenbereich an, die den Auto- und Straßenbahnverkehr ab 1973 aufnahm. Im Rahmen dieser Baumaßnahmen kam es 1974 zur Sprengung der letzten noch vorhanden Altbauten in der Syrastraße, unter anderem des Komplexes Nr. 41 und 43 (vormals Gaststätte »Goldene Kugel«). Die alte Elsterbrücke führte fortan ein Schattendasein und harrte lange ihrer Rekonstruktion. Erst 1984 konnte sie im sanierten Zustand für den Fußgängerverkehr freigegeben werden.

In der Hauptsache zielte der neue Verkehrsplan auf eine Verkehrsberuhigung der Innenstadt ab, die mit der Übergabe des neuen Busbahnhofs am Oberen Bahnhof Form annehmen konnte. Damit einhergehend kam es auch zur Umgestaltung der oberen Bahnhofstraße und zur Neuverlegung der Straßenbahntrasse zwischen dem Platz der Roten Armee (heute Albertplatz) und dem Oberen Bahnhof. 1975 wurde der Busbetrieb am Klostermarkt eingestellt. Der Plan, die Bahnhofstraße zukünftig zur Fußgängerzone zu machen, war schon 1961 gefasst worden. Bis Anfang der 70er-Jahre rollte auf dieser Plauener »Lebensader« noch der Autoverkehr. Mit der Schaffung eines großflächigen Fußgängerbereichs wollte es Plauen nun so machen »wie andere Großstädte«, die Verkehrssicherheit und zugleich die Qualität der City erhöhen, auch hinsichtlich des Lärms und der Luftverschmutzung. Die Straßenbahn sollte indes weiterhin die Bahnhofstraße auf und ab fahren. Im Mai 1975 wurde der »Tunnel« dann planmäßig für den Straßenverkehr gesperrt – die Anliegerstraßen wurden also »abgebunden« – und später auch nicht wieder geöffnet, ebenso die Bahnhofstraße, die zwischen »Tunnel« und Jößnitzer Straße den Status einer verkehrsberuhigten beziehungsweise verkehrsarmen Zone erhielt.

Seit den 60er-Jahren lag ein Hauptaugenmerk der Verkehrsplanung auf der Verbreiterung von Straßen im Sinne der besseren »Durchlassfähigkeit« für den »künftig zu erwartenden Verkehr«, wie es 1969 hieß. Beispielsweise wies ein Teil der F-Straßen (= Fernverkehrsstraßen) noch eine geringe Fahrbahnbreite von unter 6,5 Metern auf und war damit »nicht mehr zumutbar«. Auch den Zustand der meisten Straßen schätzte man als unbefriedigend ein, insbesondere dort, wo Straßenbahngleise verliefen. Hier kam es durch schlechte Wartung immer wieder zu Schäden an den Straßendecken. Deswegen versuchte man, Straßenbahntrassen wenn möglich mit eigenem Gleiskörper zu separieren, was außer bei Neuerschließungen wie in der Syrastraße sowie im Stück zwischen Platz der Roten Armee und Friedensstraße zumeist kaum umsetzbar war. Dass es in Plauen noch zu keinem »Verkehrschaos« gekommen war, schrieb man allein der Tatsache zu, dass »herausragende Verkehrsströme« fehlten und sich der Verkehr damit besser verteilen könne. Zudem spielte der Durchgangsverkehr in der grenznah gelegenen Stadt eine untergeordnete Rolle. Um 1970 hielt die automatische Ampelregelung Einzug in Plauen. Bis dahin gehörten Verkehrspolizisten zur Regelung des Verkehrs an den Kreuzungen etwa am »Tunnel« sowie am Leninplatz (Dittrichplatz) zum Stadtbild.

Die meisten Änderungen in der örtlichen Verkehrsführung ergaben sich wohl im Bereich rechts und links der Bahnhofstraße sowie im Kreuzungsbereich zur Friedensstraße. Einerseits entstand durch Erschließung der neuen Wohngebiete eine gänzlich neue Straßenstruktur. Im Zuge des Neubauprojekts Oberer Bahnhof kam es dort im Großraum der Kreuzung überdies zu einer grundlegenden Neuordnung. Nicht nur wurden die Wohngebiete westlich der Bahnhofstraße – anders als früher – durch Sackgassen von der Friedensstraße abgebunden. Auch deren Straßenführung änderte sich ab 1968 in diesem Bereich und wurde damit ihrer Aufwertung zur Hauptverkehrsader gerecht. Während sie bis

1984

Vom »Karlex« auf die Bimmelbahn – damals am Unteren Bahnhof

Abgesehen vom Oberen und dem Westbahnhof hatte – oder vielmehr hat – Plauen auch noch mehr Bahnverkehr zu bieten. Gemeint ist die »untere« Bahn zwischen Gera und Weischlitz mit damals drei Halten: Plauen-Chrieschwitz, Unterer Bahnhof und Werkhaltepunkt Plauen-Zellwolle. Neben dem 2015 zugunsten des neuen Haltepunkts Plauen-Mitte aufgegebenen Unteren Bahnhof ist der 2006 geschlossene Bahnhof Plauen-Chrieschwitz aufgrund der Diskussionen um die 2017 abgerissene Fußgängerbrücke noch vielen in Erinnerung. Der Untere Bahnhof bekam 1967 als Ersatz für das im Krieg zerstörte ein neues Bahnhofsgebäude. Im Jahr darauf zog die »Mitropa« ein. Bis in die 60er-Jahre hielten hier Fern- und Schnellzüge, die das Elstertal mit Berlin oder Leipzig verbanden – und mit Karlsbad in Gestalt des »Karlex«. Umsteigen konnte man nicht nur in die Straßenbahn Richtung Oberer Bahnhof (eingestellt 2007), sondern auch in die Eisenbahn nach Falkenstein. »Blumen pflücken während der Fahrt verboten« – für manche fasst das die Erinnerung an die gemächliche Bahnfahrt über Chrieschwitz, Theuma und Bergen am besten in Worte. Leider gab es die 1923 eröffnete Strecke nicht einmal 50 Jahre lang. Nachdem immer mehr eingespart und gekürzt und die Fahrzeit schier endlos wurde – 1970 brauchte man für die knapp 27 Kilometer von Plauen nach Falkenstein entschleunigende 1¼ Stunden –, kam abrupt die Stilllegung. Stillschweigend, ohne »großen Bahnhof« sozusagen – denn auf schlechte Schlagzeilen verzichtete man. Am 26. September 1970 trug die letzte Lok das Transparent »Ade, Du kleine Bimmelbahn, fährst zum letzten mal 's Bergel ran!«

Zwischen Platte und Prestige

Auch auf dem Gebiet der für Plauen bedeutenden Straßenbahn – die allein im Jahr 1960 immerhin 18 Millionen Fahrgäste beförderte – brachten die 40 Jahre DDR einige Neuerungen. In den 50er-Jahren hatte hier die Überwindung der Kriegseinwirkungen »Vorfahrt« und der zweigleisige Ausbau des Netzes stand im Vordergrund. Dieser Stand konnte 1965 wieder erreicht werden. In der Folgezeit widmete sich die Plauener Straßenbahn – seit 1951 als VEB Verkehrsbetrieb der Stadt Plauen firmierend – dem Ausbau von Wendeschleifen wie an der Endhaltestelle der Linie 5 in der Südvorstadt (1964) sowie der Linie 3 in Preißelpöhl (1968). So konnten die Triebwagen mit Beiwagen verkehren und mehr Fahrgäste befördern: Um 1970 fuhren beziehungsweise quietschten in Plauen 42 Triebwagen mit 23 Beiwagen über die innerstädtischen Schienen. Bei der Netzerweiterung standen einzelne Betriebe (z. B. zur Plamag 1965) sowie Neubaugebiete im Vordergrund. 1969 nahm sich der Rat der Stadt vor, die Verkehrsanbindung der Wohngebiete zukünftig stärker zu berücksichtigen. Ein positives Beispiel stellte die 1984 in Betrieb genommene Trasse zum Neubaugebiet Chrieschwitz dar. Diese Straßenbahnstrecke vom neuen Verkehrsknotenpunkt »Treffer« (sogenannter »Trefferknoten«, benannt nach der dortigen HO-Gaststätte »Treffer«) bis Waldfrieden galt Mitte der 80er-Jahre als wichtigste und »bevölkerungswirksamste« verkehrstechnische Baumaßnahme in Plauen und verschlang bei dreijähriger Bauzeit 7,5 Millionen Mark. Andere Projekte hingegen kamen nie zur Umsetzung, etwa die Straßenbahnlinie vom Neustadtplatz bis zum Chrieschwitzer Bahnhof. Die 1969 als »dringend notwendig« deklarierte Linie durch die Hammerstraße sollte etwa Industriebetriebe wie den Plauener Stahlbau, die Plauener Gardine sowie die Versorgungsbetriebe der Elgawa anbinden. Eigentlich sollte das Vorhaben bis 1971 abgeschlossen sein, was jedoch nie geschah. So umfasste das Netz 1983 die sieben Linien Plamag–Neundorf (1), Oberer Bahnhof–Unterer Bahnhof (2), Waldfrieden–Neundorf (3), Plamag–Reusa (4), Südvorstadt–Preißelpöhl (5), Oberer Bahnhof–Waldfrieden (6) sowie Reusa–Unterer Bahnhof (7). Seit 1976 eroberten die Kurzgelenk-Triebwagen das Stadtbild und beendeten nach und nach den Beiwagenbetrieb. In den 80er-Jahren bestimmten zunehmend auch neue Fahrzeuge des Typs KT4D »Tatra« das Bild auf den Plauener Gleisen, die teilweise – in modernisierter Form – noch heute unterwegs sind.

⑦ Straßenbahn vorm Empfangsgebäude des Unteren Bahnhofs

Szene am Bahnsteig mit Zug in Richtung Greiz, 1976
Hans Herold (2)

1971

dato an der Reichsstraße abgeknickt war, um sich an das Schachbrettmuster der Bahnhofsvorstadt anzuschmiegen, sah ihr neuer Verlauf eine geschwungene Form bis zur Eisenbahnunterführung an der Pausaer Straße vor. Der erste Spatenstich für diese neue Linienführung fand im September 1968 statt. Für die Verlegung musste die bisherige Straßenstruktur durchkreuzt werden, weswegen die damals unterhalb der Hohen Straße verlaufende Lasallestraße als solche und mit ihr die dortige Bausubstanz verschwand – auch eine Villa wurde dafür Anfang 1969 abgerissen. Während die Hochbauarbeiten am Oberen Bahnhof gerade auf Hochtouren liefen, war die Erschließung dieses neuen Verkehrsknotenpunkts mit neuen Straßenverläufen und Straßenbahngleisen sowie einem Fußgängertunnel im Herbst 1971 abgeschlossen.

Abgesang und Zeitsprung

Plauen als Impulsort der Friedlichen Revolution

Clemens Uhlig

Etappen einer Empörung – Plauen im Vorfeld des 7. Oktober 1989

»Der Blick vieler Bürger geht mit großer Aufmerksamkeit in östliche Richtung«, schrieben Mitarbeiter des Staatlichen Kunsthandels der DDR/Kunstgalerie Vogtland im Oktober 1989 an die Stadtverordnetenversammlung. »Seit Michael Gorbatschow«, so weiter, »geht von dieser Richtung unter den Begriffen ›Glasnost‹ und ›Perestroika‹ eine Hoffnung aus. Auch wir brauchen dringend mehr Offenheit. Ein Beschönigen und Verschweigen von Problemen hilft uns nicht weiter«.[1] Zwar schlug der Brief im Vergleich zu manch anderem Schreiben, das zu dieser Zeit im Rathaus einging, noch moderate Töne an, doch war er Ausdruck des neuen Selbstbewusstseins, das sich die Plauener in diesem Jahr erkämpft hatten und noch erkämpften.

Unter den Ereignissen dieser Jahre und speziell dieses Jahres ragt der 7. Oktobers 1989 mit der ersten Massendemonstration in Plauen als Schlüsselereignis heraus. Betrachtet man die Jahre zuvor, so war dieses Ereignis auch der Kulminationspunkt einer Entwicklung. Es war nicht allein ein Ausdruck der Unzufriedenheit der Menschen mit Problemen, die hier ansatzweise erläutert wurden. Es war auch eine Folge von Zumutungen der unmittelbar zurückliegenden Monate im Jahr 1989. Und es war ein Erfolg der Vorarbeit einiger weniger, die offenbar in dem Wissen handelten, dabei den Rückhalt vieler zu haben.

Anders denken und widersprechen – Streiflichter zivilen Ungehorsams

Bis zum Anbruch der 80er-Jahre kreisten Erscheinungen zivilen Ungehorsams häufig um Intellektuelle und Kulturschaffende, die sich kritisch zur Politik der SED äußerten oder ihre Bücher illegal in der Bundesrepublik veröffentlichten, so wie der Greizer Lyriker Reiner Kunze mit »Die wunderbaren Jahre« (1976). Wie gezeigt wurde, war die im gleichen Jahr vollzogene Ausbürgerung Biermanns auch in Plauen kritisch diskutiert worden. Wenn man einmal von der fast alltäglichen Kritik an der Versorgungslage absieht, so waren gerade solche Formen freien Denkens und Hinterfragens, konträre politische Äußerungen oder gar Schulterschlüsse mit politisch Geächteten in den Augen des Staates ein Affront. Beispiele dafür gab es im Laufe der DDR-Zeit gleichfalls in Plauen. Der 1954 hier geborene Utz Rachowski etwa musste die EOS verlassen, nachdem er einen Philosophieclub gegründet hatte. 1979 wurde er wegen Verbreitung von »Hetzschriften in Versform« – womit eigene Gedichte sowie Werke von Reiner Kunze, Jürgen Fuchs und Wolf Biermann gemeint waren – festgenommen und zu 27 Monaten Haft verurteilt. 1980 konnte er im Rahmen des Häftlingsfreikaufs der Bundesrepublik die DDR verlassen und wurde ausgebürgert.

Widerspruch gegen staatliches Handeln hatte es aber ebenso im Rahmen politischer Ereignisse gegeben – und zwar auch von vermeintlich »einfachen« Bürgern. Als die Reformversuche des »Prager Frühlings« im August 1968 gewaltsam niedergeschlagen wurden und Panzer der im Plauener Westend stationierten sowjetischen Soldaten Richtung Tschechoslowakei rollten, waren in Plauen nicht wenige enttäuscht – hatten sie doch gehofft, der Funke könnte auf die DDR überspringen. In Betriebsversammlungen erhob hier gar mancher das Wort und fragte beispielsweise: »Wieso kommt es, daß in einem sozialistischen Staat von der Größe der ČSSR eine bestimmte Meinungsfreiheit vorliegt und bei uns nicht? Das setzt doch einen gewissen Mut voraus.«[2] Dennoch kam es – mit Ausnahme einiger vereinzelter Aktionen – in Plauen nicht zu großen Protesten. Zu stark wirkten auch die Erinnerungen an die Volksaufstände 1953 in der DDR oder 1956 in Ungarn nach.

Doch 20 Jahre später schien die Situation eine andere zu sein. In weltpolitischer Hinsicht sorgte der besagte Machtwechsel in der Sowjetunion für neuen Wind, der in der DDR auf eine quasi landläufige Lethargie traf. Die Situation Ende der 80er-Jahre muss man sich als ambivalent vorstellen, als ein Nebeneinander von Agonie und Aufbruch. Der Plauener Steffen Kollwitz, von dem noch die Rede sein wird, erinnerte sich mit den Worten: »Die Leute haben sich nur in ihre private Nische zurückgezogen, haben zusammen gemeckert im Freundes- und Bekanntenkreis, aber keiner hat was gemacht.«[3] Doch auf der anderen Seite keimten zeitgleich zarte Pflanzen von zivilem Engagement – häufig in Anlehnung an globale soziale Bewegungen wie der Umwelt- oder der Friedensbewegung –, aus dem sich oft Gedanken und auch Strukturen des Widerspruchs und zivilen Ungehorsams entwickelten. Menschen suchten (Frei-)Räume für ihre Betätigung und fanden sie außerhalb der staatlichen Räume häufig in denen der Kirchen oder häuslichen Gruppen. Man diskutierte über Bücher von Schriftstellern – oft ehemaligen DDR-Bürgern, die längst zur Ausreise gezwungen oder ausgebürgert wor-

1968

1980er-Jahre

Abgesang und Zeitsprung **381**

① »Webt, bleicht, färbt«: graue Fassaden gehörten zum Stadtbild, hier mit Vowetex-Werbeschriftzug in der Max-Planck-Straße, um 1980
Stadtarchiv Plauen, Werner Liebner

1987

den waren. Doch bei den Menschen in der DDR, die nun illegal ihre Werke lasen, sie weitergaben und darüber sprachen, hinterließen sie nach wie vor Eindruck.

Er wirkte nach und schweißte kleine Gruppen zusammen, die gemeinsam anders dachten und deswegen nicht selten mit dem Staat in Konflikt gerieten. Ein Plauener Beispiel dafür ist Klaus Hopf. Mit einer pazifistischen Äußerung angeeckt, kam er zu den Bausoldaten – dem Wehrersatzdienst der DDR – und lernte dort einen Leipziger Theologiestudenten kennen, der in der Messestadt Mitinitiator eines Montagskreises war. Gemeinsam lasen sie Werke von Fuchs und Kunze. Man vernetzte sich und Hopf etablierte 1987 auch in Plauen zunächst eine »Ghana-Gruppe« und dann ein Namibia-Projekt im Zeichen der damals aufkommenden Eine-Welt-Bewegung. Diese Zusammenkünfte waren zunächst nicht primär politisch oder gar regimekritisch, sondern knüpften vielmehr an den staatlich propagierten Solidaritätsgedanken an. Häufig nutzten sie kirchliche Räume. Gerade die Markuskirche, wo Hopf als Hausmeister arbeitete, trat durch die jährlichen Friedensdekaden hervor und wurde in Person des Pfarrers Hans-Günter Pötzsch auch von der Staatssicherheit überwacht. In der Kirche traf Klaus Hopf auf Steffen Kollwitz, der dort in der Jungen Gemeinde aktiv war. Einen Schwerpunkt ihrer Arbeit bildeten Aktionen im Rahmen der Bewegung »Schwerter zu Pflugscharen«. Diese Begegnung sollte noch weite Kreise ziehen.

Sehnsucht nach Franken – die Städtepartnerschaft mit Hof 1987

Spätestens mit dem Bau der Mauer 1961 war die Nachbarregion Franken für die Plauener in weite Ferne gerückt. Erst mit der Einführung des Kleinen Grenzverkehrs 1973 wurde das Dogma ein Stück weit aufgeweicht: Da Plauen und Hof in das Einzugsgebiet des deutsch-deutschen Grenzverkehrs aufgenommen wurden, konnten Franken nunmehr zu kurzen touristischen oder Besuchszwecken wieder nach Plauen fahren. Dass die Staatssicherheit ein Auge auf sie hatte, hielt die meisten nicht davon ab, sich in Plauen umzusehen, Gaststätten zu besuchen und auf Tuchfühlung zu gehen. So avancierte etwa die seit 1908 unter diesem Namen firmierende »Hofer Bierstube« in Chrieschwitz ab 1986 zu einem beliebten Stammtisch-Treffpunkt zwischen Bürgern aus Hof und Plauen. Im Jahr darauf kam es dann mit der Begründung der offiziellen Städtepartnerschaft zu einem folgenreichen Ereignis. Im Zeichen der sowjetischen Entspannungspolitik waren seit 1986 schon mehrere deutsch-deutsche Partnerschaften entstanden, doch Plauen und Hof als Partnerstädte waren besonders: Sie liegen keine 30 Kilometer voneinander entfernt, zum Greifen nah, und sie verband seit jeher ein freundschaftliches Verhältnis. Diese Sprengkraft war sicherlich nicht allen Entscheidungsträgern klar vor Augen gewesen. Doch die Plauen-Hofer Partnerschaft wurde auf hoher staatlicher Ebene ausgemacht: Der bayerische Ministerpräsident Franz Josef Strauß hatte die Genehmigung durch die DDR zu einer der Bedingungen für den zweiten Milliardenkredit 1987 gemacht. Und Honecker, dem finanziell die Hände gebunden waren, willigte mit dem grünen Licht des Staatsrats ein.

Die Vertragsverhandlungen waren von mancher Irritation, Unbeholfenheit und heikler Situation geprägt. Auch in der SED-Kreisleitung war man sich der Brisanz der Anbahnungen bewusst und forderte, das Thema Friedensarbeit ins Zentrum zu stellen. Letztlich wurde der schwer errungene Kontrakt von den Stadtverordneten einstimmig angenommen und am 9. Oktober 1987 durch die beiden Oberbürgermeister Dr. Norbert Martin sowie Dr. Hans Heun ratifiziert. Es folgten vielbesuchte Ausstellungen, Konzerte, Friedensseminare, Jugendgruppenreisen und Sportwettkämpfe. Doch die Dynamik des Prozesses ging darüber hinaus. Obwohl die Partnerschaft formal nur auf offiziellem Wege stattfinden sollte, war die Flut an Annäherungsversuchen von Einrichtungen, Kirchen, Vereinen, Gruppen und Personen bald nicht mehr zu überblicken oder zu steuern. Dieses Miteinander sollte die Bürger aus Ost und West nachhaltig prägen und artikulierte sich in Plauen auch 1989/90.

»Es kann so nicht sein!« – Die Kommunalwahlen im Mai 1989 und die Folgen

Eine wichtige Wegmarke im Revolutionsjahr 1989 waren die Kommunalwahlen der DDR am 7. Mai, die als Farce enttarnt wurden, nachdem regimekritische Wahlbeobachter vielerorts Wahlfälschungen festgestellt und öffentlich gemacht hatten. Anfang des Jahres fasste man in Plauen im Kreis um Steffen Kollwitz den Entschluss, am Wahlsonntag in den Wahlräumen zugegen zu sein und die Auszählung zu überwachen. »Eigentlich wusste ja jeder: So, wie das Ergebnis immer ausgefallen ist, kann es eigentlich nicht mit der Realität übereinstimmen. Die Leute waren unzufrieden, alle haben immer geschimpft, trotzdem war immer ein Wahlergebnis von 99,9 Prozent – und wir hatten die Vermutung, dass an irgendeiner Stelle manipuliert wird.«[4] Also informierte man sich über Wahllokale, wälzte Rechtsgrundlagen und konnte etwa 60 Menschen gewinnen, die sich bereiterklärten, als Wahlbeobachter zu fungieren – und sich damit zu exponieren. Am Tag der Wahl konnten dann etwa 40 Prozent der Wahllokale abgedeckt und die Ergebnisse im Anschluss – übrigens in der Wohnung von Klaus Hopf – zusammengetragen werden. Erst später erfuhr man, dass auch die Staatssicherheit zugegen war. Das Gefühl dieses Abends beschrieb Kollwitz später als »befreit und euphorisch«. Immerhin konnte man dokumentieren, dass es insgesamt zehn Prozent Nein-Stimmen und ungefähr die gleiche Zahl Nichtwähler beziehungsweise ungültige Stimmen gab. Als Egon Krenz abends im Fernsehen das Wahlergebnis verkündete, habe man »herzlich gelacht«. Natürlich entsprach es nicht annähernd den ermittelten Werten. Im Anschluss wurden Eingaben verfasst und an offizielle Stellen verschickt. Die Reaktionen – sofern welche kamen – schwankten zwischen Vertrösten und nichtssagenden Auskünften. Enttäuscht musste man zur Kenntnis nehmen, dass selbst die Stadtverordneten das Ergebnis sogar einstimmig bestätigten, niemand das Wort erhob oder die Wahlfälschung thematisierte, die längst »stadtbekannt« war. Die Gruppe um Kollwitz reagierte wütend und wollte weitermachen. Der O-Ton lautete: »Es kann so nicht sein!«

Man ließ sich nicht entmutigen. Im September kam es zur Gründung des Arbeitskreises »Umdenken durch Nachdenken«. Man traf sich in der Markuskirche und befasste sich mit Themen wie Kommunalpolitik, Wahlrecht und Zivildienst. Diese Ereignisse standen im Zeichen der Ausreisewelle, weshalb sich die Zusammensetzung der etwa 20 Mann starken Gruppe durch Abwanderung oder Flucht laufend änderte. Mit Rückgriff auf den Aufruf zum sogenannten Neuen Forum entschloss sich der Arbeitskreis noch im September, von nun an auch unter diesem Namen aufzutreten. Damit war hier ebenfalls die DDR-weit aufkeimende Basisbewegung aus der Taufe gehoben worden, wenngleich die eigentliche Gründung später stattfand. Erstmals formierte sich in der DDR eine politische Opposition.

② Kreative Ideen: Graffitikunst bringt Farbe an die porösen Fassaden in der Burgstraße, November 1987.
Doris Naumann

7. Mai 1989

Die Bewegung wuchs rasch. Mit etwa 50 Postkarten wurde ein Kreis von Unterstützern zum geplanten Gründungsabend am 5. Oktober in die Markuskirche eingeladen. Es erschienen um die 2 000 Menschen. Als Reaktion auf diesen Ansturm wurde kurzfristig eine Friedensandacht anberaumt – die erste in Plauen. »Wer da dabei war, wird das nie vergessen«, erinnerte sich Steffen Kollwitz: Die Atmosphäre war angespannt und pendelte zwischen »Totenstille« und »plötzlichem Beifall bei kritischen Worten«. Auch viele Arbeiter aus den Betrieben waren sozusagen nach Feierabend in ihren Arbeitsklamotten erschienen: Wieder handelte es sich um ein bunt gemischtes Publikum, »und jeder wollte wissen, wie geht es weiter in diesem Land«.[5] Niemand – weder die Organisatoren noch die Besucher – wusste, was vor, während oder im Anschluss an die Veranstaltung passieren würde. In Leipzig, wo solche Friedensgebete schon seit einiger Zeit stattfanden, war es danach schon mehrfach zu gewaltsamen Auflösungen mit zahlreichen Festnahmen gekommen. In den Seitenstraßen um die Plauener Markuskirche warteten an diesem Abend Sicherheitskräfte in Mannschaftswagen auf ihren Einsatz, zu dem es nicht kam. Alles verlief friedlich. »Der Tag war ganz wichtig«, schätzte Kollwitz ein, der von nun an zusammen mit Klaus Hopf als Kontaktperson des zu gründenden Neuen Forums fungierte. Von da an sammelten sich regelmäßig fremde Menschen in seinem Treppenhaus, um bei ihm für die Bewegung zu unterzeichnen: »Ich weiß gar nicht, wer alles in meinem Wohnzimmer war in der Zeit.«

»Ich kann Ihnen versichern, ich habe geweint.« – Die Durchfahrt der Züge von der Prager Botschaft

Die Veranstaltung in der Markuskirche konnte ungeahnte Massen von Menschen mobilisieren, die den Weg nach Haselbrunn fanden, um in durchaus riskanter Si-

Abgesang und Zeitsprung **383**

tuation ein Zeichen für eine Veränderung zu setzen. Was sich in diesen Tagen entlang der Eisenbahnmagistrale in Richtung Hof – insbesondere am Oberen Bahnhof – abspielte, musste die Dramatik und die Dynamik des in Gang gesetzten Prozesses jedoch weiter anheizen.

Die Ausreisewelle begleitete die Menschen in der DDR bekanntlich schon seit den 70er-Jahren, doch Ende der 80er-Jahre nahm sie im Wortsinne noch einmal Fahrt auf: Immer mehr gerade junge Menschen sahen ihre Zukunft nicht mehr in dem erstarrten, reformunfähigen Staat und entschieden sich, einen Antrag auf ständige Ausreise zu stellen. Die Einwohnerentwicklung Plauens spiegelt diesen Umstand: in den 80er-Jahren verlor die Stadt fast 5000 Einwohner, über zwei Drittel davon allein im Jahr 1989. Doch die Tragweite dieses Schrittes lässt sich mit dieser Zahl nicht erfassen. Man ließ viel zurück, an erster Stelle Familienmitglieder und Freunde: Kaum eine Plauener Familie war nicht betroffen. Der Plauener Historiker Gerd Naumann erinnerte sich an das vorherrschende bedrückende Gefühl und sprach von einer »Erosion« des eigenen Umfelds, die tiefe Spuren hinterließ und wodurch »das Problem der Gesellschaft auf einmal ein ganz persönliches wurde«.[6] Doch die Regierung und die Medien der DDR wussten sich nicht anders zu helfen, als das Problem zu verschweigen, zu egalisieren oder die Menschen zu diffamieren. Eine Plauenerin, die sich im Oktober 1989 an Oberbürgermeister Dr. Martin wandte, sprach ihr Zerwürfnis in diesem Punkt offen an und verurteilte dabei nicht nur die unterlassene beziehungsweise offensichtlich falsche Berichterstattung: »Wissen Sie, wenn ich diese Bilder gesehen habe, auf welche Art und Weise diese jungen Menschen, die Hoffnung und Zukunft unseres Staates, die DDR verlassen haben, war ich erschüttert und tief bewegt. Und das ging bestimmt vielen Menschen so. Mit Nichts gingen diese jungen Menschen weg. Ich kann ihnen nur wünschen, daß sie den Weg in die Ungewißheit auch meistern. – Und wie hieß es in unseren Medien? Wir weinen ihnen keine Träne nach. Ich kann ihnen versichern, ich habe geweint. Obwohl das für mich alles unbekannte Menschen der DDR waren.«[7]

Der O-Ton Hans-Dietrich Genschers, der am Abend des 30. September 1989 auf dem Balkon der Prager Botschaft erschienen war, um den dort »gestrandeten« DDR-Flüchtlingen ihre Ausreise zu verkünden, ist hinlänglich bekannt. Damit hatte der Außenminister der BRD eine Hoffnung entfacht, der nun weitere Wellen von DDR-Bürgern folgten. Die Züge wurden über das Territorium der DDR geleitet, damit die Staatssicherheit noch die Pässe einziehen konnte. Dieser Umweg wurde für viele Menschen zur Zerreißprobe, nicht nur für die Passagiere selbst, sondern letztlich auch für die DDR-Bürger, die nun mit dem Anblick Tausender Ausreisender konfrontiert wurden. Nachdem es schon in Dresden zu Krawallen gekommen war, leitete man die Züge über Cheb (Eger) und Bad Brambach, aber nach wie vor über Plauen.

5. Oktober 1989

Für den Plauener Detlev Braun, der am Vormittag des 1. Oktober, einem Sonntag, am Stadtwald den ersten durchfahrenden Zug mit seiner Schmalfilmkamera festhielt, begann nun eine »emotionale Zeit«. Am 4. Oktober kursierten wieder Gerüchte, dass am Oberen Bahnhof etwas passieren würde. Aus diesem Grund begab er sich gegen 21 Uhr zum Bahnhof, wo schon viele Menschen – man geht von rund 1000 aus – versammelt waren, unter denen einige auch die Absicht hatten, auf einen Zug nach Hof »aufzuspringen«. Die meisten wollten einfach schauen oder noch einmal winken. Die Situation war angespannt. Detlev Braun betonte im Rückblick, dass schon an diesem Abend sozusagen »jedermann« dort versammelt war, also ganz normale Plauener Bürger, die am nächsten Tag wieder in ihre Betriebe zur Arbeit gehen würden. In der Nacht, so erinnerte sich Braun – es war nun schon der 5. Oktober –, wurde von den Menschen auf dem Bahnhof erstmals das Deutschlandlied gesungen, als ein Interzonenzug in Richtung München abfuhr. Anschließend wurde der Bahnhof durch Sicherheitskräfte mit Gewalt geräumt und hermetisch abgeriegelt. Noch immer erwartete man die Züge aus Prag. Als am Morgen die ersten einfuhren, kamen die Menschen teilweise in ihrer Frühstückspause zum Bahnhof: »Von der Wema waren vielleicht 200, 300 Leute oben, die ihrem Unmut auf dem Bahnhofsvorplatz Luft machten«, blickte der Plauener Jörg Schneider zurück.[8]

Die Geschehnisse dieser Nacht und dieses Tages wurden zum Stadtgespräch und fachten neben der Gerüchteküche auch die ohnehin schon aufgeheizte Stimmung an. Allein am 5. Oktober passierten noch einmal acht Züge mit 7607 Menschen im 45-Minuten-Takt das Vogtland und Plauen in Richtung Hof. Die Rolle der Ausreisenden und Botschaftsbesetzer für die Friedliche Revolution wurde lange Zeit unterschätzt oder sogar verschmäht. Mittlerweile steht fest, dass auch sie den Druck auf die politische Führung der DDR im Herbst 1989 erhöhten. Sie taten es mittelbar durch ihre schiere Masse sowie teilweise die exponierte Teilnahme an oppositionellen Aktionen noch vor der Ausreise – und unmittelbar durch das erhebliche Potenzial der Flüchtlingszüge und deren Begleiterscheinungen, welche die Menschen empörten und die Lage weiter zuspitzten. Nicht umsonst erwähnten viele Plauener in ihren Erinnerungen an diese Herbsttage die Ereignisse am Oberen Bahnhof, die mit dazu beigetragen hatten, dass sie auf die Straße gingen.

Unter den Teilnehmern der Friedensandacht in der Markuskirche war auch Jörg Schneider, der Steffen Kollwitz an diesem Abend einen Zettel in die Hand drückte. Beide waren sich bis dato unbekannt. Das Papier sollte noch breite Wirkung entfalten: Es war eine Einladung zu einer »Protestdemonstration« am 7. Oktober um 15 Uhr auf dem Theaterplatz. An diesem Samstag sollte am Tag der Republik der 40. Republikgeburtstag gefeiert werden – so wollte es jedenfalls die SED-Kreisleitung.

(3)
Versuchte Machtdemonstration: Tanklöschfahrzeug mit Wasserwerfer am 7. Oktober 1989 am »Tunnel«
Stadtarchiv Plauen, Ingrid Friedrich

»Jetzt oder nie!« – Beginn der Demonstrationen

»Es gab einen Konsens, den es danach nicht wieder gegeben hat«, beschrieb Gerd Naumann die Stimmung in jenen Tagen Anfang Oktober 1989. Seit Kurzem erschienen allabendlich immer mehr leuchtende Kerzen als stille Zeichen der Verbundenheit in vielen Plauener Fenstern. Dass etwas in der Luft lag, spürten damals viele Plauener. »Man hat schon vorher gemerkt, es brodelt«, erinnerte sich Jörg Schneider mit Blick auf die Ausreisezüge und die Friedensandacht. Er war damals 22 Jahre alt und gelernter Werkzeugmacher. Während seines Grundwehrdienstes bei den Grenztruppen hatte er den Entschluss gefasst, im Anschluss an seine Armeezeit etwas gegen den Staat zu unternehmen. Auf der Schreibmaschine tippte er etwa 125 gleichlautende Flugblätter mit einem Aufruf an die »Bürger der Stadt Plauen«. Er unterschrieb ihn im Namen einer »›Initiative‹ zur demokratischen Umgestaltung der Gesellschaft« – »Es sollte ja den Eindruck erwecken für die Bevölkerung, dass dahinter tatsächlich irgendeine Organisation steckt, dass die Leute nicht so viel Angst haben müssen, zu dieser Demo zu kommen.«[9] Im Schutz der Nacht verteilte er die Zettel zusammen mit zwei Arbeitskollegen an Haltestellen, Kirchentüren, Hauseingängen und in Telefonzellen. Die Staatssicherheit wurde bald auf die Flugblätter aufmerksam und verfolgte die Urheber mit Spürhunden – ohne Erfolg. Der Aufruf ging in Plauen um und die Mund-zu-Mund-Propaganda tat – wie schon im Vorfeld der Friedensandacht – ihr Übriges.

Am Tag darauf fanden sich in den Nachmittagsstunden – etwa ab dem 7. Oktober 1989, 14:30 Uhr – immer mehr Menschen im Gebiet um den Theaterplatz und Otto-Grotewohl-Platz ein, wo anlässlich des Republikgeburtstags ein Familienfest stattfinden sollte. Zeit und Ort für die »Protestdemonstration« waren aufgrund des Nebeneinanders mit dem kleinen Volksfest geschickt gewählt worden: Schließlich waren alle Plauener aufgerufen, mitzufeiern. Doch nach Feiern war vielen Anwesenden nicht zumute. Es dauerte nicht lange, und die Stände des Familienfestes wurden abgeräumt, während sich der Platz mit Menschen füllte: Viele wollten schauen, was da vor sich ging. Die Polizeipräsenz in der Stadt war bereits groß. Sicherheitsorgane befanden sich in Alarmbereitschaft und kontrollierten die Zugangsstraßen zur Stadt. Man fragte sich, was als Nächstes passieren würde. Eine Kundgebung war nicht geplant. Der Aufruf führte das Wort »Protestdemonstration« im Titel: Was genau das war und daraus entstand, musste sich in diesen heiklen Nachmittagsstunden erst entwickeln. Detlev Braun sagte mit Blick auf diese Augenblicke: »In Plauen gab es eine Spontaneität.« Einvernehmlichen Berichten zufolge begann es mit einem kleinen Kind, das – auf einen Schaltkasten gehoben – »Gorbi!, Gorbi!« rief, woraufhin die Umstehenden zunächst lachten und schließlich in den Ruf einstimmten. Jörg Schneider bezeichnete diesen Moment im Rückblick als »Erlösung«: Jetzt fand die Masse den Mut und rief zusammen »Gorbi!, Gorbi!« – es war der erste Sprechchor der Friedlichen Revolution in Plauen. Unterdessen war erfolglos versucht worden, den Theaterplatz durch den Einsatz junger Wehrpflichtiger zu räumen. Auch wenig später am Rathaus eingesetzte Wehrpflichtige der Polizeibereitschaft Karl-Marx-Stadt erwiesen sich als untauglich für den Einsatz gegen friedliche Zivilisten.

Noch vor 15 Uhr kreiste tieffliegend über den Köpfen der Menschen ein Polizeihubschrauber und stachelte die Atmosphäre weiter an. Gegen halb vier wurden die überall verteilten Menschen per Lautsprecher ultimativ aufgefordert, den Platz zu verlassen, um »Ver-

7. Oktober 1989

④ Das Volk auf den Beinen: Demonstration am »Tunnel« mit Blick in die Bahnhofstraße, 14. Oktober 1989
Stadtarchiv Plauen, Rudolf Fröhlich

kehrssicherheit« zu gewährleisten. Als das nicht geschah, fuhren zwei Tanklöschfahrzeuge aus Richtung Feuerwache in Richtung »Tunnel« und hielten per Strahlrohr wahllos in die auseinanderstiebende Menge, wobei auch auf Kinderwagen keine Rücksicht genommen wurde. Einige Demonstranten – die nun mehr und mehr zu solchen wurden – warfen Steine, wobei die Frontschutzscheibe des Fahrzeugs zerbarst und ein Feuerwehrmann verletzt wurde.

Die Berichte der Teilnehmer stimmen fast einvernehmlich überein, dass diese Momente die entscheidenden waren. Die staatliche Aggression mit Wasserwerfern war sozusagen der Tropfen, der das Fass zum Überlaufen brachte: »Aus einer passiven Masse wurde auf einmal eine parteiergreifende, empörte Masse«, schätzte ein Teilnehmer rückblickend ein. Die Bewegung drängte weiter Richtung Rathaus. Demonstranten versuchten erfolglos, einzudringen, Scheiben gingen zu Bruch. Ein junger Mann wurde zusammengeschlagen. Der herbeigerufene Notarzt erinnerte sich, dass Rathausmitarbeiter den Weg blockierten und die Arbeit der Sanitätsleute behinderten. Kurz vor der Abfahrt des Rettungswagens ins Krankenhaus wies ein Stasi-Offizier außerdem an, ohne Sondersignal zu fahren: »Wir waren so empört – auch die Kollegen vom Roten Kreuz –, dass wir natürlich auf dem Innenhof die Sirene einschalteten und mit Tatütata davonbrausten.«[10]

Zwischen Rathaus und Lutherkirche hatten sich mittlerweile martialisch aussehende und auftretende Polizei-Spezialkräfte zu einer Sperrkette formiert, die versuchten, die Demonstranten wieder in Richtung »Tunnel« zu treiben. An der Frontlinie dieser hin und her wogenden Bewegung kam es immer wieder zu Gewalt und die Situation drohte, weiter zu eskalieren. »Aus der Gefahr des Niederknüppelns heraus kam dann der Ruf: ›Lasst sie stehen, wir kehren um!‹«, erinnerte sich Siegmar Wolf, der an diesem Tag eines der ersten Transparente entrollte. Es formierte sich ein Zug rückwärts über die Bahnhofstraße, Friedensstraße und wieder zurück zum Rathaus. Etwa 2 000 Menschen wählten einen Umweg über die Kreisdienststelle der Staatssicherheit in der Gabelsberger Straße. Dabei erschallten Sprechchöre wie »Reformen!«, »Stasi raus!« und »Gorbi, hilf!«. Es war der erste von vielen kommenden Demonstrationszügen in Plauen, zukünftig jedoch in entgegengesetzter Richtung.

Zurück am Rathaus waren die Leute, so Wolf, »aufgewühlt und entschlossen« und forderten, dass der Oberbürgermeister zu ihnen spricht. Erneut war die Situation aufgeladen. »Im Rathaus Kopflosigkeit, eine grenzenlose Kopflosigkeit«, so die Erinnerung des damaligen Stadtrats für Kultur, Peter Seeburg.[11] Als die Lage an diesem Punkt wieder zu eskalieren drohte, war es der Plauener Superintendent Thomas Küttler, dem es – zwischen den Fronten stehend – gelang, mit seinem Auftreten und seinen Argumenten die heikle Situation und die Menschen zu beruhigen. »Herr Küttler schlug vor, dass wir jetzt einfach alle gehen, aber wiederkommen. Und mit dem Kompromiss konnten – glaube ich – irgendwie alle auch mehr oder weniger leben«, fasste es der Plauener Jens Bühring zusammen.¹² Im Anschluss gingen die Menschen dann langsam auseinander. Was zurückblieb, war neben der deutlichen Ansage, wiederzukommen, auch die Polizeipräsenz vor dem Rathaus sowie das Licht Hunderter Kerzen dort und vor der gegenüberliegenden Lutherkirche. Noch im Laufe des Abends kamen weitere dazu: Auch das wurde zu einem Symbol der Friedlichen Revolution in Plauen.

Doch war Plauen längst und speziell während dieser Nacht eine hochgerüstete Stadt. Immer mehr Einsatzkräfte der Sicherheitsorgane mit Staatssicherheit sowie ein NVA-Regiment waren zwischenzeitlich in der Stadt zusammengezogen worden. Später kam es zu völlig willkürlichen Verhaftungen. Jens Bühring gehörte zu jenen, die noch spät abends auf dem Heimweg festgenommen, über Nacht im Gefängnis auf dem Amtsberg festgehalten und von der Polizei brutal drangsaliert wurden. Diese gewalttätigen und demütigenden Erfahrungen teilte er mit 60 weiteren Verhafteten. Man warf ihm die Teilnahme an einer »Zusammenrottung« vor und meinte damit die Demonstration am Nachmittag. 29 Inhaftierte wurden am darauffolgenden Sonntag mit Verwarnung freigelassen, gegen die verbleibenden Personen wurden Ordnungsstrafen verhängt oder Ermittlungsverfahren eingeleitet.

Nicht nur das Agieren beziehungsweise Versagen der Staatsorgane und städtischen Vertreter an diesem 7. Oktober empörte viele Menschen, sondern auch der Umgang damit in der Zeit danach. Das Verhältnis zwischen Volk und Staat war grundlegend gestört. Es kam zu Zerwürfnissen sowie Parteiaustritten. Die Feuerwehr distanzierte sich nachträglich von dem erhaltenen Befehl, Tanklöschfahrzeuge gegen die Bürger einzusetzen. In der »Freien Presse« erschien erst am 10. Oktober unter der Überschrift »Gewissenlose Provokation« ein Artikel, der vielen Menschen einmal mehr die perfide Logik des SED-Staates vor Augen führte. Vor Verkleinerungen, Verzerrungen und Verunglimpfungen strotzend, zeichnete er das Bild einer illegalen Zusammenrottung weniger Hundert Menschen, die marodierend und brüllend durch die Innenstadt zogen, Fensterscheiben zerschlugen und einen Pkw in Brand setzten: »In diesem Musterbeispiel sozialistischer Pressedemagogie«, so spitzte es der Journalist Udo Scheer treffend zu, »muss selbst der Vergaserbrand an einem Pkw abseits in der Dobenaustraße, der vom Fahrer und Umstehenden gelöscht werden kann, für die Lüge herhalten.«¹³ Der Artikel brachte die Menschen weiter auf, führte er ihnen doch vor Augen, wie unfähig und dreist die SED-Führung auf die Geschehnisse blickte, die nun das ganze Land erfassten. Am Samstag darauf kamen wieder Tausende Menschen in die Plauener Innenstadt. Die ausgehandelte Maxime »Wir kommen wieder!« wurde zum Auftakt weiterer Demonstrationen und Kundgebungen in den Folgemonaten. Es dauerte noch zwei Wochen, bis Oberbürgermeister Dr. Martin am 21. Oktober zu einem direkten Dialog mit den Demonstranten bereit war. Über 35 000 Menschen waren an diesem Tag in der Innenstadt erschienen, mittlerweile verstärkt durch Teilnehmer aus dem gesamten Landkreis: Es war kein einfaches Auditorium für den beim Volk bereits in Ungnade gefallenen OB. Die Plauener Rentnerin Anneliese Saupe hatte indes dafür gesorgt, dass die Ereignisse auch in der Bundesrepublik publik wurden und brachte nach dem 7. Oktober zwei Berichte und einen Film – in die Unterwäsche eingenäht – mit dem Interzonenzug nach Hof zur »Frankenpost«. Sie fungierte noch mehrere Monate als »Auslandskorrespondentin« der Ereignisse in Plauen.

Die Geschehnisse am 7. Oktober 1989 katapultieren Plauen zwar nicht auf die Titelseiten der Tageszeitungen, aber dennoch mitten in das Herz der Friedlichen Revolution. Hier fand die aktive Vorarbeit einiger weniger, hier nur teilweise genannter, Protagonisten den Rückhalt der Massen, sodass mit einem kurzfristig verteilten Aufruf letztlich um die 15 000 Menschen – so die Schätzung – zum Gang auf die Straße mobilisiert werden konnten. Diese Fülle an Menschen war nicht nur für die Teilnehmer selbst, sondern vor allem für die Staatsorgane überraschend. Unvorbereitet, durchaus beeindruckt und überfordert musste sie zur Kenntnis nehmen, dass ihr in Plauen tatsächlich *das Volk* gegenüberstand. Ein breit gefächertes und bunt gemischtes Aufgebot an einer im Verhältnis zur Einwohnerschaft enormen Zahl an Menschen war erschienen, um den Unmut mit den Verhältnissen in der DDR kundzutun. Als die Sicherheitsorgane mit Gewalt einschritten, wurde die Versammlung endgültig zur Demonstration. An vielen Punkten hätte die Lage an diesem Tag eskalieren können. Die Besonnenheit einzelner Personen, aber auch der breite Wille zur Erhaltung des Friedens verhinderten dies. Die entstandene »Patt-Situation« hatte den Staatsorganen ein Einlenken abgenötigt. Anders als noch am 2. Oktober in Leipzig – wo rund 20 000 Bürger auf die Straße gegangen waren –, wurde diese erste Demonstration in Plauen nicht gewaltsam aufgelöst. Angesichts der Ereignisse in Leipzig, wo sich schon seit September mehrmals Tausende Menschen versammelt hatten, kann Plauen jedoch nicht auf die »erste Großdemonstration« auf dem Gebiet der DDR verweisen.

Es waren vielmehr zwei Punkte, die Plauens Schlüsselrolle ausmachen: Einerseits repräsentierte hier die durchmischte Zusammensetzung relativ großer Teile der Einwohnerschaft tatsächlich die »breite Masse«. In dieser Eigenschaft wies sie die Staatsmacht in ihre Schranken. Ferner kam es – Punkt zwei – nicht (mehr) zu einem massiven Einschreiten mit dem Ziel der gewaltsamen Auflösung, deren Folgen freilich unabsehbar gewesen wären. Zwei Tage später verzichtete die Polizei dann auch in Leipzig – anders als zuvor – auf diesen Schritt. Plauen setzte damit einen wesentlichen Impuls für diese im engeren Sinne *Friedliche* Revolution. »Viele sind ermutigt worden durch den Mut der Plauener«, erinnerte sich auch Bundespräsident a. D. Joachim Gauck – damals Bürgerrechtler und Protagonist der Protestbewegung in Rostock – mit Blick auf die Ereignisse 1989.¹⁴

»Lassen wir die Kerzen brennen.« – Aus Freiheit wird Einheit

Mit den Entwicklungen im Land änderte sich von nun an ebenfalls der Ton in der »Freien Presse«. Über das erste Rathausgespräch unter Beteiligung von Bürgern am 13. Oktober war bereits eine vergleichsweise objektive Meldung erschienen, die auch eine gewisse Korrektur der Berichterstattung über den 7. Oktober enthielt. Die Tatsache, dass beispielsweise am 18. Oktober ein offener Brief der Mitarbeiter des VEB Vowetex abgedruckt wurde, der den »Höhepunkt einer jahrelangen Unzufriedenheit nahezu aller Bevölkerungsschichten« konstatierte und klare Forderungen stellte, wäre noch eine Woche zuvor undenkbar gewesen. Die Taktfolge der Ereignisse war rasant. Um den Dialog aufzunehmen und für die Forderungen einzustehen, gründete sich nach dem Dresdner Vorbild auch in Plauen die Gruppe der 20. Am 12. Oktober entstand nun auch das Neue Forum in der Markuskirche – zu diesem Zeitpunkt hatten sich bereits 3000 Menschen in die Listen eingetragen. Dass sich in den Wirren dieser Tage noch ein zweiter Ableger um den Plauener Rainer Zahn gründete, tat der gemeinsamen Sache indes keinen Abbruch.

12. Oktober 1989

Am 12. Oktober traf der Runde Tisch als Rathausgespräch mit 25 Bürgern erstmals zusammen. Ab dem 14. Dezember saßen sich in diesem Gremium dann Bürgervertreter der Gruppe der 20, Stadträte sowie Vertreter der alten und neuen Parteien gegenüber, die Moderation hatte wiederum Superintendent Küttler inne und bewies auch hierbei großes Geschick. Auf der Sitzung am 18. Januar 1990 ging es nicht nur um Fragen in Bezug auf die ehemalige Stasi-Kreisdienststelle, sondern ebenso um den Umweltschutz und hier insbesondere das strittige Thema des Verbleibs der Plauener Zellwolle. Ein weiteres Arbeitsfeld dieser ersten Sitzungen war die Vorbereitung der Kommunalwahlen am 7. Mai 1990 – es sollten die ersten und letzten freien Kommunalwahlen in der DDR werden.

Viele Personen gestalteten und prägten den nun in Gang gesetzten Prozess der friedlichen Demokratisierung mit. Freie Wahlen und Reformen waren die Hauptanliegen der Akteure und ihrer Sympathisanten um das Neue Forum, das sich in dieser Zeit zur treibenden Kraft entwickelte. Als diese fungierte es auch, als am 8. Dezember 1989 die Kreisdienststelle der Staatssicherheit in der Gabelsberger Straße besetzt und versiegelt wurde. Diese vielen Stationen – Demokratisierung im personellen und strukturellen Bereich, Treffen, Gespräche, Auseinandersetzungen, aber auch Parteigründungen bis hin zur teilweisen Erweiterung des Runden Tisches auf die Übernahme der Ratsgeschäfte – standen nicht für sich. Sie wurden begleitet von den regelmäßigen und ausdauernden Demonstrationen, zu denen sich die Plauener bis zum Frühjahr 1990 Samstag für Samstag zusammenfanden.

9. November 1989

Als am 9. November 1989 in Berlin die Mauer fiel, dürfte mancher Plauener Lokalpolitiker davon erst mit Verspätung erfahren haben: Im Rahmen einer außerordentlichen Stadtverordnetenversammlung standen an diesem Abend die Mandatsträger des Rates auf dem Prüfstand. Die Vertrauensfrage ergab – für viele überraschend –, dass mit Ausnahme des Stadtrats für Wohnungspolitik alle inklusive dem Oberbürgermeister im Amt bleiben durften. Vorausgegangen waren heftige Diskussionen im Rahmen eines Bürgerforums in der Festhalle: Die Zeitung nannte es den »Festhallendisput«. Ungeachtet dessen erklärten immer mehr Mandatsträger in den nächsten Wochen ihren Rücktritt und wurden abberufen, darunter auch der Sekretär des Rates, Wolfgang Luft. Bereits bei einer Beratung des Rates der Stadt mit Vertretern der Gruppe der 20 am 21. November wurde deutlich, dass es personelle Änderungen geben wird. Die Akteure beugten sich damit nicht nur dem steigenden Druck, sondern setzten auch ein Zeichen der Bereitschaft für Veränderung. Oberbürgermeister Dr. Martin nahm seinen Hut am 23. November 1989. Sein Stellvertreter Janfried Döhler übernahm die Amtsgeschäfte bis zur Kommunalwahl im darauffolgenden Jahr.

Während es in der Lokalpolitik galt, unter improvisierten Bedingungen und oft zähem Ringen Demokratisierung und Tagespolitik miteinander in Einklang zu bringen, überschlugen sich die Ereignisse im Land: »Ich bin sprachlos. Ich kann dies noch gar nicht richtig verdauen – wir DDR-Bürger können in die BRD fahren, ohne großes Hin und Her. Ich glaube, die Umgestaltung kommt langsam zum Tragen und der Kampf des Volkes zahlt sich aus. […] Überraschungen kommen bestimmt, kämpfen und arbeiten wir für die Zukunft und lassen wir die Kerzen brennen, die Hoffnung nimmt ihren Lauf«, zitierte die »Freie Presse« einen Leserbrief.[15] Mittlerweile hatten sich auch unzählige Plauener und Vogtländer in die langen Autoschlangen Richtung Westen eingereiht. Während in Sonntagsgesprächen und Foren über dringende Themen wie Umweltprobleme, Arbeitsplätze und Altstadtverfall diskutiert wurde, eröffnete man an der damaligen Fernstraße 173 bei Blosenberg einen provisorischen Grenzübergang, um dem »starken Reiseverkehr zwischen der DDR und BRD, speziell zwischen Plauen und Hof« gerecht zu werden. Beim Volkspolizeikreisamt herrschte enormer Andrang von Menschen, die sich das in den ersten Wochen noch notwendige Visum einstempeln lassen wollten. Tausende machten sich täglich auf in Richtung Franken und sorgten für bis zu 65 Kilometer lange Staus an der innerdeutschen Grenze, die bald der Vergangenheit angehören sollte. Das Interesse am Nachbarn war gerade in Plauen und dem Vogtland naturgemäß groß, hatten die Grenznähe sowie die seit 1987 bestehenden Kontakte mit Hof doch dazu beigetragen, dass hier frühzeitig der Wunsch nach »Reisefreiheit« artikuliert wurde. Immerhin stand das Wort bereits auf dem ersten am 7. Oktober entrollten Transparent. So dauerte es nicht lange, bis die Menschen auf den Demonstrationen statt nur »Reformen« vielmehr die Wiedervereinigung forderten. Am 6. Dezember kam es außerdem zu einem Warnstreik einiger Betriebe, die einen Volksentscheid zur Einheit forderten.

Als am 17. März 1990 – am Vortag der letzten Volkskammerwahl der DDR – die Abschlusskundgebung stattfand, konnte Plauen auf insgesamt 22 Demonstrationen zurückblicken. Diese letzte Kundgebung sollte ausdrücklich nicht – wie die vorangegangenen – dem Wahlkampf dienen, der Plauen längst erfasst und manchen prominenten Besucher in die Spitzenstadt geführt hatte, wie etwa Willy Brandt am 23. Februar. Stattdessen ging es um die Erinnerung und Würdigung der jüngsten Vergangenheit, wobei der Ton nach wie vor kämpferisch war. Noch einmal waren 35 000 Menschen aus Sachsen, Thüringen und auch aus Bayern erschienen. »Ursprünglich ging es um die Freiheit und später um die Einheit«, fasste der Plauener Superintendent als eine der Schlüsselfiguren die Ereignisse der vergangenen Monate treffend zusammen. Er wurde an diesem Tag mit der Ehrenplakette der Stadt ausgezeichnet.[16] Nach dem Wahlsonntag titelte die »Freie Presse« stolz: »Das war unsre erste freie Wahl«, bei der sich die Plauener – nun auch wirklich – zu fast 95 Prozent beteiligt hatten. Werbeanzeigen für »Wella«, »Opel« oder stolze Berichte über einen neuen Mercedes für die Rettungsstelle der Schnellen Medizinischen Hilfe gehörten nun schon langsam zum bekannten Zeitungsbild.

Diese Dynamik drängte das Neue Forum, dessen Ziel ja die demokratische Umgestaltung der DDR gewesen war, nach und nach in den Hintergrund. Als es bei den Kommunalwahlen im Mai 1990 mit 6,6 Prozent in das Stadtparlament einzog, konnte man das im Verhältnis zum DDR-weiten Stimmanteil aber als Achtungserfolg verbuchen. Am 31. Mai 1990 wurde Dr. Rolf Magerkord in der konstituierenden Stadtverordnetenversammlung zum neuen Oberbürgermeister von Plauen gewählt.

Eine neue Zeit war angebrochen, die Zukunft ungewiss. Mittelfristig nahm die zurückgedrängte DDR-Bürgerbewegung des Neuen Forums als regelrechter Motor des Reformprozesses zumindest seinen Platz in der Geschichte ein. Seine Mitglieder und Mitstreiter konnten auf turbulente und ereignisreiche Monate zurückblicken, in denen es ihnen gelungen war, wichtige Ziele und Ideen jenes Herbstes 1989 in die Tat umzusetzen: allen voran die Beseitigung des Machtmonopols der SED, die Auflösung der Staatssicherheit und die Einführung demokratischer Rechte. Doch vieles war auch anders gekommen, als gedacht – doch wer vermochte schon, in einem Herbst wie dem des Jahres 1989 in die Glaskugel zu blicken?

Eine Plauenerin, die am 7. Oktober vom Fenster aus den Menschenstrom bemerkt hatte, brauchte nicht lange zu überlegen und »ging einfach nachschauen«. Begeistert von der Aufbruchsstimmung schloss sie sich an und verpasste daraufhin fast keine Demonstration mehr. Auch zehn Jahre später erinnerte sie sich noch lebhaft daran, wie ihre kleine Enkeltochter auf dem Nachhauseweg »Stasi raus!« gerufen hatte. Einer ihrer Sätze möge nachhallen, für alle damals beteiligten Zeitzeugen wie auch für jene, welche die DDR und ihr Ende selbst nicht mehr erlebt haben. Sie sagte: »Ich wache jeden Morgen auf mit der Freude darüber, wie unsere Situation jetzt ist, dass wir ein Deutschland sind – und wieder freie Menschen.«[17]

(5) Prominenter Besuch: Willy Brandt spricht im Rahmen einer Wahlkundgebung auf dem Altmarkt, 23. Februar 1990. Stadtarchiv Plauen, Rudolf Fröhlich

Mai 1990

Abgesang und Zeitsprung

394	**Das war doch erst gestern** Ist Gegenwart Geschichte?
396	**Verwaltung im Wandel** Strukturen und Aufgabenbereiche
407	**Wirtschaftliche Strukturen** Der steinige Weg von der Planwirtschaft in die Marktwirtschaft
431	**Bau und Umwelt** Privates und städtisches Engagement bei der Gestaltung der Stadt
448	**Die Kulturlandschaft**
455	**Die Bildungslandschaft**
462	**Die Entwicklung der Kirchen**
466	**Die Gesundheitsversorgung**
470	**Soziales** Vielfalt des Lebens
474	**… und das ist noch nicht alles** Ausblicke und Visionen

1990 bis zur Gegenwart

Plauen in einem offenen politisch-gesellschaftlichen Transformations-prozess

Das war doch erst gestern

Ist Gegenwart Geschichte?

Ina Schaller

Entwicklungen der Gegenwart darzustellen, ist immer eine Herausforderung. Weniges kann als abgeschlossen betrachtet werden, Prozessverläufe sind unübersichtlich und Ausgangspunkte für Entwicklungen nicht immer eindeutig definierbar. Zudem erscheinen die Perspektiven auf das Geschehen nahezu unbegrenzt vielfältig. Jeder Zeitgenosse ist zugleich Zeitzeuge, nahm beziehungsweise nimmt nicht nur anders wahr, sondern bewertet auch je nach individuellem Lebenslauf und Erfahrungen unterschiedlich. Zwischen Rückblick, Gegenwartsbeschreibung und Perspektiven gibt es Überschneidungen und doch auch riesige Lücken.

Besonders schwierig wird es, wenn eine Umbruchsituation zu verarbeiten ist und sich die Frage nach Kontinuitäten trotzdem stellt. Das, was sich in der ereignisreichen Übergangszeit 1989/90 und im Verlauf der 90er-Jahre (Revolution nach der Revolution) entwickelt hat, prägte jeden Zeitgenossen (altersabhängig allerdings ganz verschieden) – »in eine neue Dimension katapultiert«,[1] vollzog sich ein unvollendeter Umbruch, der uns bis heute Probleme bereitet. Es gibt Verlierer und Gewinner, aber auch Menschen, bei denen die Veränderungen scheinbar nicht mit tiefgreifenden Einschnitten verbunden waren. Brüche in Lebenswegen, Unsicherheiten, Desillusionierung und auch Zusammenbrüche wurden verschieden verarbeitet. Die Auseinandersetzung mit der eigenen Lebensgeschichte führte zu anderen Herangehensweisen an das Neue. Ob man sich im Nachhinein als der DDR zustimmend, sie ablehnend oder gänzlich unpolitisch sah, beeinflusste das Erleben ebenfalls. Und man konnte auch nicht einfach – wie am 14. Dezember 1990 am Ende der letzten DDR-Nachrichtensendung »Aktuelle Kamera« – »Das war's«[2] sagen und verschwinden. Der »Gedanke der Benachteiligung hat sich über Jahre tief in die Mentalität der Menschen eingegraben«,[3] und Veränderungen sowie Umdenken erfordern Zeit: »Nie waren die Menschen in Ost und West in den vergangenen 30 Jahren zufriedener als 2019.«[4]

Daraus ergibt sich eine weitere Herausforderung bei der Beschäftigung mit Zeitgeschichte: Es ist viel Material vorhanden, aber keineswegs alles zugänglich; Studien und Ähnliches sind Spiegel des aktuellen Zeitgeistes, Momentaufnahmen. Um den mehrdimensionalen Einschnitt in vielerlei Hinsicht erfassen und ein breites Spektrum darzustellen zu können, muss eine Themenauswahl vorgenommen und Grundsätzliches an Ausgewähltem verdeutlicht werden.

Die Entwicklung zum Bürger im vereinten Deutschland erforderte von allen in der DDR sozialisierten Menschen zahlreiche Neuorientierungen. Die politischen, gesellschaftlichen und wirtschaftlichen Rahmenbedingungen wandelten sich innerhalb kürzester Zeit, und die Euphorie über das Erleben der Beendigung des Kalten Krieges verdeckte nur kurz und oberflächlich, dass jeder einzelne sein Leben auch neu lernen musste: Vom DDR-einheitlichen Endverbraucherpreis (EVP) zur Preisgestaltung entsprechend Angebot und Nachfrage über Haustürgeschäfte oder den Umgang mit sich im Briefkasten stapelnden Gewinnbenachrichtigungen beziehungsweise Einladungen zu Kaffeefahrten mit unwiderstehlichen Angeboten (Lamadecke, …) – alles erforderte Entscheidungen und das Sammeln neuer Erfahrungen und schließlich eine Neuausrichtung im Leben.

Parallel dazu mussten sich all jene, die aus den unterschiedlichsten privaten und beruflichen Gründen aus der Bundesrepublik nach Plauen kamen, mit der vorgefundenen Situation, der Mentalität der Vogtländer und den DDR-Gewohnheiten arrangieren. Wenngleich wir alle Deutsch sprechen, so ist es doch oft nicht dieselbe Sprache, die verwendet wird. Eine Annäherung auch in kommunikativer Hinsicht war notwendig: Sich aufeinander einzulassen, am Verstehen zu arbeiten und davon ausgehend Projekte in Angriff zu nehmen – all das erforderte Zeit.

Eine wesentliche gesamtgesellschaftliche Erfahrung bestand darin, dass man gemeinsam und friedlich Dinge erreichen kann. So, wie sich die Bewertung des 7. Oktober 1989 in Plauen entwickelte, so veränderten sich auch Selbstbewusstsein und Auftreten. Wenn sich ein System mit Demonstrationen ins Wanken bringen und letztlich umgestalten ließ, warum sollte das nicht auch in Zukunft so funktionieren? Plauener gingen 2005 gegen Hartz IV auf die Straße, 2015 aus Protest gegen die Flüchtlingspolitik der Regierung (Bürgerinitiative »Wir sind Deutschland« – WsD) und 2020, um zu verdeutlichen, dass sie mit den Einschränkungen der Bundesregierung gegen die Corona-Pandemie nicht einverstanden sind (2021 Querdenker). Bei diesen Zusammenkünften waren sich die meisten beim *Dagegen* weitgehend einig, aber nicht beim *Wofür*.

Mit den ersten Begleiterscheinungen der Währungs-, Wirtschafts- und Sozialunion ab dem 1. Juli 1990 wurde vielen schon bewusst, dass nicht alles besser werden wird, aber auf jeden Fall anders: erst leere, dann ostproduktfreie Geschäfte über Nacht, Auftragseinbrüche bei den Betrieben, keine Möglichkeit zum Verkauf von Produziertem und vieles andere folgte. Der Plauener Oberbürgermeister Dr. Rolf Magerkord formulierte: »Das jetzt ›einheitliche Wirtschaftsgebiet‹ brachte gleichsam ›über Nacht‹ die erduldete ›Notversorgung‹ der HO- und Konsumläden durch ein ›nie gekanntes Niveau (und Fülle) des Warensortiments‹ zum Erliegen, was ›zu völlig überzogenen Einzelhandelspreisen‹

1989/90

↑
Spiegelbilder des Neuen Rathauses, der Sparkasse Vogtland und der Lutherkirche in einer Glasfassade an der Ecke Dobenau-/ Neundorfer Straße, 2012
Martin Reißmann

führte. Andererseits reichte das Sozialhilfegesetz der Bundesrepublik nicht aus, die stärker werdenden sozialen Verwerfungen durch Arbeitsplatzverluste zu verhindern. Der Blick in die Zukunft – hin zur deutschen Einheit mit Zuversicht und Gründergeist zu verbinden – trübte sich für viele Menschen ein.«[5]

Die Feierlichkeiten aus Anlass der bevorstehenden Deutschen Einheit begannen im Vogtland am Abend des 2. Oktober, sozusagen auf der ehemaligen Grenzlinie in Gutenfürst. Plauen und Hof hatten dieses »Vogtlandfest« organisiert, und vermutlich 10 000 Menschen aus den Städten und Landkreisen der Region nahmen teil: »Bayrische Bierzeltatmosphäre, babylonisches Stimmengewirr dominierte Opern- und Volksmusik. Dann um Mitternacht erklang das Deutschlandlied und zu Händels Feuerwerksmusik steigen minutenlang Raketen krachend in den klaren Nachthimmel.«[6]

Am 3. Oktober 1990 schließlich fand in Plauen anlässlich des Beitritts der DDR zur Bundesrepublik ein ökumenischer Dankgottesdienst mit etwa 2 000 Teilnehmern in der Johanniskirche statt, eine Gedenklinde wurde gepflanzt und auf dem Altmarkt ein Volksfest gefeiert. Am Tag darauf verlieh Dr. Magerkord während der Festsitzung der Stadtverordnetenversammlung dem Superintendenten Thomas Küttler die Ehrenbürgerwürde für sein Engagement seit dem 7. Oktober 1989.

Mit in diesem Jahr entstandenen und auch weiterentwickelten Traditionen wird nun jährlich der Tag der Deutschen Einheit begangen. Bereits am 7. Oktober 1990 erinnerten die Plauener mit dem Ablaufen der traditionsreichen Route durch die Innenstadt an die für sie alles verändernde Demonstration. Am Denkmal zur Erinnerung an die Friedliche Revolution (Abb. 1, S. 474) finden seit 2010 sowohl das städtische Gedenken an die Ereignisse ab dem 7. Oktober 1989 als auch die Feier des Erreichens der Deutschen Einheit statt. Eine von Wolfgang Sachs geleitete Projektgruppe hatte die Denkmal-Idee seit 2009 vorangetrieben. Unter 14 Entwürfen gefiel der von Peter Luban am besten. Abgekürzt wird das im Oktober 2010 geweihte Kunstwerk »Wende-Denkmal« genannt, aber es steht für viel mehr: für das Selbstverständnis der Plauener, Impulsort der Friedlichen Revolution gewesen zu sein! Und im Laufe der Jahre knüpfte sich daran die Diskussion um den angemessenen Standort für ein Informations- und Dokumentationszentrum zum Thema an. Wir werden erleben, ob im Brandschutzamt ein akzeptierter Erinnerungsort entsteht. Bundespräsident Frank-Walter Steinmeier würdigte die Rolle Plauens 1989, indem er anlässlich von 30 Jahren Friedliche Revolution sein ZDF-Sommerinterview in Plauen stattfinden ließ.

Dr. Magerkord betonte in seinen Redebeiträgen am 2. und 3. Oktober 1990 beiderseits der ehemaligen deutschen Grenze, »dass ein jeder durch sein persönliches Verhalten am deutschen Einigungsprozess mitzuwirken habe«,[7] und daran hat sich bis heute nichts geändert. Seine Aussagen passen grundsätzlich bis in die Gegenwart und dazu auch seine Aufforderung, »sich der Chancen des Neubeginns bewusst zu sein«[8] – immer!

①
Südportal der Lutherkirche am 7. Oktober 2019
Norman Richter

»Unsere friedliche Revolution, die in Plauen bereits am 7. Oktober 1989 begann, hat uns in weniger als einem Jahr in die Einheit Deutschlands geführt. Gestern haben wir sie mit Freude gefeiert. Nun gilt es, diese Einheit mit Gottes Hilfe nach innen zu gestalten.

4. Oktober 1990.
Thomas Küttler Superintendent«

Eintrag von Superintendent Thomas Küttler in das Goldene Buch der Stadt

Das war doch erst gestern 395

Verwaltung im Wandel

Strukturen und Aufgabenbereiche

Ina Schaller
Lars Gruber

Vom Rat der Stadt zu einem bürgerorientierten Dienstleistungsunternehmen

Ein Staat »wird abgewickelt«, könnte man unter Rückgriff auf ein zeitgenössisches Lieblingswort formulieren ... und es gestaltete sich fast wie der umfangreiche Umbau eines bewohnten Hauses: Die deutsche Einheit sollte wiederhergestellt werden, die Menschen handelten und arbeiteten in der Hoffnung darauf, dass das Vorhaben gelingt, aber für alle möglichen sich entwickelnden Probleme fehlte die Fantasie. In der ersten Jahreshälfte 1990 entstanden Pläne für eine Zeit, für die noch keineswegs alle Rahmenbedingungen festgelegt waren. Der Plauener Oberbürgermeister Dr. Rolf Magerkord verglich das mit »einem Blindflug ins Ungewisse«.[1]

— Juli 1990

Infolge des im Juli 1990 von der Volkskammer verabschiedeten Ländereinführungsgesetzes bestand ab dem 3. Oktober 1990 auch der Freistaat Sachsen, allerdings dauerte es noch, bis die Verfassungsorgane (Landtagswahlen am 14. Oktober) arbeiten konnten. Der Regierungsbezirk Chemnitz wurde am 1. Januar 1991 gebildet. Und es gab sowohl die Stadt als auch den Landkreis Plauen. Zwischen allen Ebenen waren Abstimmungen notwendig, um die anstehenden Entwicklungen bewältigen zu können. »Plauens Status als Vogtlandmetropole und Oberzentrum in einstiger Größe wiederzuerlangen war ein anzustrebendes Ziel. Als kreisfreie Stadt hatte sie landesbehördliche Aufgaben zu erfüllen. Umweltfachamt, Landwirtschaftsamt, Polizeidirektion, Zollamt und Teilbereiche der Justiz- und Gerichtswesen als Landesbehörden wie das Arbeitsamt waren bereits ansässig«, fasste Dr. Magerkord zusammen.[2]

Grundlage dafür war eine Verwaltungsreform als Bestandteil des umfassenden Systemwandels: Das in der DDR auf der Grundlage des demokratischen Zentralismus bestehende Verwaltungssystem mit Kommandostruktur und Hierarchien sowie der Verflechtung von Sozialistischer Einheitspartei Deutschlands (SED) und Behörden musste abgebaut und föderalistische Strukturen, rechtsstaatliche Gewaltenteilung sowie kommunale Selbstverwaltung mussten etabliert werden. Für den Rat der Stadt als Institution der kommunalen öffentlichen Verwaltung hatte zudem das Prinzip der doppelten Unterstellung gegolten: Sowohl der Stadtverordnetenversammlung, seiner örtlichen Volksvertretung, die ihn wählte, als auch dem Rat des Bezirks Karl-Marx-Stadt gegenüber war er verantwortlich gewesen und eigenständiges Handeln infolge von Weisungen und informellen Strukturen nahezu unmöglich. Die Verwaltung insgesamt musste in ihrer kommunalpolitischen, personellen und finanzpolitischen Entscheidungsfindung unabhängig werden. Im Verlauf des Jahres 1990 erließen die Volkskammer und die Regierung Modrow verschiedene Gesetze, die den Führungsanspruch der SED beseitigten, das Ministerium für Staatssicherheit (MfS) auflösten, das kommunale Selbstverwaltungsrecht wieder einführten sowie den Übergang volkseigenen Vermögens in kommunales regelten. Dabei galt beim Umbau der Verwaltungen bundesweit das Partnerländer-Modell, in Sachsen halfen »Leihbeamte« aus Baden-Württemberg und Bayern. Die Beschäftigten im Rathaus mussten sich vollständig von den DDR-Strukturen lösen und auf das neue System einstellen. Eine konsequente Trennung der politischen Führungs- und Kontrollstruktur von administrativen Arbeitsebenen, eine klar definierte neue Leitungs- und Verwaltungshierarchie sowie die Abgrenzung der Aufgabenkomplexe, um Überschneidungen zu eliminieren, führten allerdings ebenso wie die Entlassung ehemaliger Stasi-Mitarbeiter zum Personalabbau.

An der Spitze des Rathauses standen in den vergangenen 30 Jahren nur drei Oberbürgermeister (OB). Dr. Rolf Magerkord wurde am 31. Mai 1990 aus den Reihen der Stadtverordneten während deren erster Versammlung und 1994 von den Plauenern für eine neu festgelegte siebenjährige Amtszeit zum OB gewählt. Er trat 2000, ein Jahr vor dem Ablauf der Wahlperiode, zurück.

①
Oberbürgermeister
Dr. Rolf Magerkord –
Eintrag zur Verleihung der
Ehrenbürgerwürde,
27. September 2001
Stadt Plauen

Ralf Oberdorfer bekleidete diese Funktion seit dem 1. September 2000, wurde zweimal wiedergewählt (2007 und 2014), stand aber für eine weitere Wahl nicht zur Verfügung. Unter sieben Kandidaten setzte sich am 4. Juli 2021 Steffen Zenner durch und wird bis 2028 im Amt sein.

Dem OB standen zunächst noch Stellvertreter und Beigeordnete zur Seite, seit 1994 Bürgermeister. Er ist nicht nur Chef der Stadtverwaltung und verantwortlich für die städtische Volksvertretung, sondern repräsentiert die Stadt. Die Neujahrsempfänge an wechselnden Orten im Stadtgebiet spielen dabei eine besondere Rolle: Das Geschaffene steht im Mittelpunkt, und die Zahl derer, die der städtischen Einladung folgen, gilt als eine Art Gradmesser der gegenseitigen Wertschätzung. So fand man sich 2001 und 2017 in der Sternquell-Brauerei ein, 2002 in der Stadt-Galerie, 2003 in der Sparkasse Vogtland. Auch die MAN Plamag Plauen (2004), Neoplan (2009), die Plauener Straßenbahn (2011), das Vogtland-Klinikum (2012 und 2019), Vosla (2013), Wema (2014) und die Econtrol-Glas GmbH & Co. KG (2016) waren schon Veranstaltungsorte, aber ebenso die neue Festhalle (2008), das Vogtlandtheater (2020), das Landratsamt (2018) oder Schulen wie das BSZ »Anne Frank« (2007) oder die Friedensschule (2010). Die Teilnehmer bekamen die Gelegenheit, sich selbst ein Bild vom Entstandenen zu machen.

Der aus 48 Volksvertretern bestehende Stadtrat existiert seit August 1994, wird alle fünf Jahre neu gewählt und ersetzte die bis dahin arbeitenden 70 Mitglieder der Stadtverordnetenversammlung (SVV). Nachdem im letzten Quartal 1989 kaum mehr Stadtverordnetenversammlungen durchgeführt worden waren, hatte sich dieses Gremium Anfang 1990 aufgelöst. Der Runde Tisch sprang ein, bis nach der Kommunalwahl im Mai auch die neu ausgerichtete kommunale Arbeit der SVV konstruktiv, allerdings aufgrund fehlender gesetzlicher Grundlagen zugleich improvisiert beginnen konnte. Beratende und beschließende Ausschüsse, zum Beispiel für Finanzen, Bauwesen oder Umwelt, ergänzen seitdem die Arbeit des Stadtparlaments.

Mehrere Verwaltungsreformen veränderten im Laufe der 1990er-Jahre die Organisationsstruktur des Rathauses. Während sich der Rat der Stadt in der DDR nach üblichem Muster noch in Abteilungen und Ämter untergliedert hatte, verfügte die Stadtverwaltung Plauens 1991 über neun Dezernate mit jeweiligen Dezernenten beziehungsweise Beigeordneten, denen insgesamt 38 Ämter mit 96 Sachgebieten zugeordnet waren. Entsprechend der veränderten Bedürfnisse und Anforderungen waren zunächst die bestehenden Abteilungen innerhalb des Rates der Stadt überprüft und darauf basierend Umstrukturierungen (später bis zur Neukonzeption) der Stadtverwaltung begonnen worden. Durch Auflösung von Ämtern (Ausgliederung nichtstädtischer Aufgaben), die Veränderung von Sachgebietszuordnungen und damit verbundenen Verschiebungen von Ämtern zwischen den Dezernaten reduzierte sich deren

② Oberbürgermeister Ralf Oberdorfer, 2020
Stadt Plauen, Igor Pastierovič

Zahl 1992 auf acht und 1993 auf sieben. 1994 waren die Umstrukturierungen im Rathaus an einem Punkt angekommen, an dem neben einem Büro OB vier Dezernate mit Bürgermeistern bestanden. Neben dem Baubürgermeister (Bau/Verkehr/Wohnung) Gottfried Baumann und Uwe Täschner für Bildung/Kultur/Gesundheit/Soziales war Jochen Fügmann für die Finanzen verantwortlich, und Recht/Sicherheit/Ordnung bildeten den Aufgabenbereich Hermann Veitenthals von Maltitz.

Die Einführung des Neuen Steuerungsmodells 1997 setzte den OB an die Spitze eines Dezernats und reduzierte die Zahl der Bürgermeister auf drei. Seit 1998 existierten der Bereich des OB und daneben drei Geschäftsbereiche mit insgesamt neun Fachbereichen, untergliedert in Fach- und Sachgebiete. Dr. Magerkord konstatierte 1998: »Nachdem wir das ›Plauener Modell‹ der Verwaltungsreform und die neue ›Führungsriege‹ unterhalb der Bürgermeisterressorts für neun Fachbereiche festgeschrieben hatten, galt die Plauener Stadtverwaltung für die Städte in den ostdeutschen Bundesländern als Impulsgeber.«[3] Die Struktur mit einem OB und zwei Bürgermeistern wurde 2001 etabliert.

Legislative und Exekutive sind strikt getrennt, und eine Entlastung der Stadtverwaltung von nachgeordneten Einrichtungen, ihre Verschlankung, konnte durch Privatisierung, Verpachtung und Rechtsträgerwechsel (Verkäufe aus kommunalem Eigentum) realisiert werden.

Staatliche Behörden wie die Bundesanstalt für Arbeit oder das Finanzamt übernahmen ebenso wie Privatpersonen beziehungsweise private Träger Aufgaben, für die eine Stadtverwaltung in der Bundesrepublik nicht verantwortlich ist. Infolge von Strukturveränderungen wurden zudem viele wichtige Funktionsebenen nach Zwickau verlegt, unter anderem das Schulamt, die Polizeidirektion, Rettungsleitstelle, Staatsanwaltschaft. Bemühungen, ein Oberschulamt in Plauen zu etablieren, scheiterten 1999 endgültig. Plauen gehört auch nach 1990 leider nicht zu den infrastrukturell besonders geförderten Leuchtturmregionen (Leipzig, Dresden und Chemnitz/Zwickau).

Verwaltung im Wandel **397**

③ Rathaus und Altmarkt von der Marktstraße aus, 2021
Lars Eckert

Andererseits musste die Stadt Aufgaben übernehmen, für die sie bis 1990 nicht verantwortlich war: Sie wurde Träger von Krippen, Kindergärten, Horten und Schulen. Das Pass- und Meldewesen, genauso wie das Führerscheinwesen und die Kfz-Zulassungen waren in der DDR Unterabteilungen der Volkspolizei gewesen.

Ende der 90er-Jahre war neben dem Aufbau einer kommunalen Selbstverwaltungsstruktur auch die Straffung der Verwaltungsführung gelungen. Veränderungen ergaben sich weiterhin kontinuierlich durch aktuelle Entwicklungen mit veränderten Schwerpunktsetzungen. Effektivität, eine problem- und bürgernahe Arbeit, flexibles Handeln, knappe Finanzen, konsequenter Schuldenabbau und notwendige Investitionen, die angemessene Anwendung staatlicher Vorgaben sowie eine zeitgemäße leistungsfähige technische Ausstattung blieben bei allen Modernisierungen im Mittelpunkt und stellen Herausforderungen dar. Seit den 2000er-Jahren schreitet die Digitalisierung der Verwaltung voran, und in den letzten Jahren hielten Elemente des eGovernments zunehmend Einzug in die Arbeit des Rathauses. Ein Beispiel ist die laufende Einführung der elektronischen Aktenverwaltung (Projekt eAkte). Die Um-, Rück- oder Neubenennung von 54 Straßen, Plätzen und Brücken war hingegen im April 1991 eine einmalige Aktion und schloss – wie die bundesweite Änderung der Telefonvorwahlen (ab 1. Juni 1992) oder der Postleitzahlen (ab 1. Juli 1993) – ein Kapitel der Geschichte ab.

»Das Rathaus wurde für alle Probleme der ›erste Anlaufpunkt‹«, schrieb Dr. Magerkord über die Situation 1990[4] – und daran hat sich wenig geändert. Auch ein Bürgerbüro kümmert sich inzwischen schon 30 Jahre um die Anliegen der Plauener. Dabei hatte sich das städtische Personal bis 1998, als die Stadt Plauen erstmals seit 1990 der größte Arbeitgeber der Region war, deutlich verringert: von 3 662 Beschäftigten 1991 auf 1 119 im Jahr 1998. Eine Aufzählung Dr. Magerkords von 1992 listet »für das Rathaus selbst 560 Angestellte« und dazu noch weitere 2 409 Mitarbeiter »in den ›nachgeordneten Einrichtungen‹« auf: im Vogtlandklinikum 1 100, in Kindergärten/-krippen 600, in Horten 82, im Vogtlandtheater 255, in der Musikschule 22 und weitere im Vogtlandmuseum, in der Vogtlandbibliothek, im Malzhaus, Parktheater, in der Festhalle, in den Sportstätten und Bädern, der Kläranlage, bei der Straßenbahn, Berufsfeuerwehr und im Schlachthof.[5] Konsequent war man beim Stellenabbau vorgegangen (Unternehmensgründungen, Privatisierungen, Vorruhestandsregelungen), erreichte damit allerdings keine Kostenersparnis, da Tarifsteigerungen die Personalkosten wachsen ließen. Die 1999 erfolgte Eingliederung der Gemeinden Jößnitz, Kauschwitz, Neundorf und Straßberg vergrößerte das städtische Personal um 1 247 Arbeiter, Angestellte und Beamte.

Bei einem Blick in den Haushaltsplan 2020 lässt sich neben dem Aufgabenspektrum der Stadt auch gut die Komplexität und zum Teil Langfristigkeit aller Planungen erkennen: Die meisten Plauener Baustellen gibt es aufgrund städtischer Investitionen. Unter Anknüpfung an die Stadtkonzepte 2011 und 2022 entsteht seit 2018 das Stadtkonzept 2033 mit dem Ziel, »eine langfristige und nachhaltige Entwicklungs- und Umsetzungsstrategie für eine stabile Entwicklungsplanung der Stadt aufzuzeigen«.[6]

Kommunale Betriebe

Als Eigenbetriebe der Stadt Plauen, die den Geschäftsbereichen der Bürgermeister zugeordnet sind, bestehen 2021 der Kulturbetrieb der Stadt Plauen (Vogtlandkonservatorium, Vogtlandmuseum, Vogtlandbibliothek) sowie die Gebäude- und Anlagenverwaltung (GAV) der Stadt Plauen (verantwortlich unter anderem für die Bewirtschaftung städtischer Grundstücke und Immobilien sowie kommunaler Friedhöfe und des Krematoriums, Straßenaufsicht und Unterhaltung städtischer Wege).

Aufgrund der Verantwortlichkeit der Stadt für die öffentliche Daseinsfürsorge (in Bezug auf Abfall, Verkehr und Wohnungen) existieren gemeinnützige und kommunale Unternehmen, in denen die Stadt alleiniger Gesellschafter ist beziehungsweise die Mehrheit der Anteile besitzt. Zu den Eigengesellschaften (100 Prozent) gehören die Wohnungsbaugesellschaft mbH Plauen, die Plauener Straßenbahn GmbH (mit jeweils 51 Prozent Beteiligung an der Stadtwerke – Strom Plauen GmbH & Co. KG und der Erdgas Plauen GmbH) sowie die Abfallentsorgung Plauen GmbH. Beteiligt ist Plauen an der Freizeitanlagen Plauen GmbH (90 Prozent) und der Theater Plauen-Zwickau gGmbH (50 Prozent). Dadurch sind funktionierende Stadtstrukturen und eine kontinuierliche Stadtentwicklung gewährleistet.

Die Entwicklung des Beschriebenen führte seit 1990 je nach Aufgabenfeld über mehrere Zwischenschritte. Zunächst hatte manche Rathausabteilung nur neue Aufgabenfelder zugewiesen bekommen: »Der bisherigen ›Gebäudewirtschaft‹ die Konzepte für den Sozialen Wohnungsbau, dem ›Stadtplanungsamt‹ Konzepte für Industrie- und Gewerbeansiedlung und dem ›Gesundheitsamt‹ die Umstrukturierung des ›Bezirkskrankenhauses‹ in ein Vogtland-Klinikum.«[7]

Beim notwendigen Umbau städtischer Unternehmen galt es von Beginn an, solide Gesellschaftermodelle zu realisieren, »d. h., der Mehrheitsanteil von 51 zu 49 Prozent sicherte der Stadt die Entscheidungshoheit zu.

Der VEB Kraftverkehr Plauen als kommunales Unternehmen wurde zunächst aus dem VEB Verkehrskombinat Karl-Marx-Stadt herausgelöst und im Juli 1991 als Plauener Omnibusbetrieb GmbH (POB) privatisiert. Deren Aufgabe war es, weiterhin den Busverkehr von Plauen in die benachbarten Städte und Kreise zu sichern; 2021 ist die POB ein wichtiger Baustein im Öffentlichen Personennahverkehr (ÖPNV) des Verkehrsverbunds Vogtland und zu den angrenzenden Städten in Bayern und Thüringen. Die Anteile der Stadt Plauen reduzierten sich von Jahr zu Jahr, das Unternehmen wird inzwischen komplett privatwirtschaftlich geführt. Auch der gesamte Lkw-Verkehr einschließlich der Werkstätten und die Fahrausbildung liegen mittlerweile in privaten Händen.

Der VEB Energieversorgung Plauen war Teil des VEB Energiekombinat Karl-Marx-Stadt und bestand aus den Teilbereichen Fernwärmeversorgung, Energieversorgung und Gasversorgung, die einzeln privatisiert wurden. Die Fernwärme übernahm die Wärmeversorgung Plauen GmbH (WVP) mit ihren zwei Heizkraftwerken im Seehausgebiet und an der Hammerstraße. Die Umstellung von Braunkohle auf Erdgas begann 1991 (Brennstofftüchtigung), auch das Leitungsnetz ist den neuen Gegebenheiten angepasst worden. 50 Kilometer Fernwärmenetz direkt in der Erde und in begehbaren Kanälen sowie kleinere dezentrale Kesselanlagen sorgen für eine ungestörte Versorgung. Die WVP gehörte seit 1992 zur Energieversorgung Südsachsen AG (EVS AG), die 1999 Teil der envia Energie Sachsen-Brandenburg AG (RWE) wurde, aus der 2002 durch Fusion mit der Mitteldeutschen Energieversorgung AG (MEAG) envia Mitteldeutsche Energie AG (enviaM) entstand, deren Mehrheitseigentümer seit 2019 e.on ist. Als 100-prozentige Tochtergesellschaft der enviaM ging WVP 2013 in der enviaTHERM GmbH auf, die schon zuvor für den Vertrieb der Plauener Fernwärme verantwortlich gewesen ist.

Die Energieversorgung war zunächst für 20 Jahre an die EVS AG verpachtet. 2010 gründete die Stadt Plauen (51 Prozent) eine eigene Gesellschaft: die Stadtwerke – Strom Plauen GmbH & Co. KG. Sie betreibt seither das Plauener Stromnetz in Zusammenarbeit mit enviaM (49 Prozent). Seit 2016 der Ausbau eines Glasfasernetzes begann, versorgt das Unternehmen seine Kunden nicht mehr nur mit Strom, sondern auch mit Multimedia-Produkten. Für die Gasversorgung gab es bis 1991 in Plauen Stadtgas, das aus der Vergasung von Koks gewonnen wurde. Seither ist das gesamte Gasnetz auf Erdgas umgestellt und wird durch die Stadtwerke Gas Plauen betrieben und instandgehalten.

Die Erzgebirge Wasser/Abwasser AG Chemnitz (EWA AG) übernahm 1990 die Aufgaben des VEB Wasserversorgung und Abwasserbehandlung Karl-Marx-Stadt, Betriebsbereich Plauen. 1993 gelang die Gründung des Zweckverbands Wasser und Abwasser Vogtland (ZWAV), dem die Stadt Plauen als Gründungsmitglied angehört und der das gesamte Wasser- und Abwassernetz einschließlich der Aufbereitung seit diesem Zeitpunkt erledigt. Verbandsvorsitzende waren bisher die Plauener Oberbürgermeister Dr. Rolf Magerkord und Ralf Oberdorfer.

»Die Bereitschaft zum vogtländischen Zusammenhalt zeigte sich in der Gründungsversammlung des Wasser- und Abwasserzweckverbandes in der Plauener Festhalle. Bürgermeister und Vertreter von 148 Städten und Gemeinden stimmten mehrheitlich für den Verband nachdem die ›Entflechtung‹ aus der EWA AG Chemnitz finanziell, technisch und anlagenseitig abgeschlossen war.«[8] Diese Einigkeit bröckelte bis 2008 gelegentlich in Abhängigkeit der Gedankenentwicklung im Vorfeld der Kreisreformen, führte auch zu Austritten und organisatorischen Problemen. Die Zahl der Verbandsgemeinden sank bis 2017 unter anderem durch Eingemeindungen auf 37.

Der zum VEB Fleischkombinat Karl-Marx-Stadt gehörende Schlachthof (VEB Schlacht- und Verarbeitungsbetrieb Plauen) wurde 1990 ebenfalls in eine GmbH umgewandelt, aber letztlich Ende 1993 (Abb. 2, S. 410) geschlossen. Zu groß wären die notwendigen Investitionen gewesen, um allen Anforderungen für einen weiteren Betrieb entsprechen zu können.

④
Schornstein des Heizkraftwerks, 2021
Ina Schaller

Stadtteile Plauens

Geodaten © Stadt Plauen 2021

Stadtteile Plauens

Stasi-Abwicklung

Die Kreisdienststelle (KD) Plauen der Staatssicherheit befand sich in der Gabelsberger Straße 11. Zuständig waren die in sechs Referate eingeordneten 60 hauptamtlichen Mitarbeiter (Stand 1. Dezember 1989) der KD für die Bereiche Medizin, Volkswirtschaft, Volksbildung und Staatsapparat, unter anderem auch die Absicherung der 8,2 Kilometer langen Staatsgrenze des Kreises Plauen zur Bundesrepublik, die Spionageabwehr und das Wehrkreiskommando Plauen sowie die Führung von 483 Inoffiziellen Mitarbeitern. Insgesamt war die Kreisdienststelle als territorial tätige Instanz des MfS für die 102 400 Einwohner in Stadt und Kreis Plauen verantwortlich.

Bereits kurz nach den Ereignissen des 7. Oktober 1989 in Plauen entschied der Leiter der KD, Oberst Friedrich Steudel, zusammen mit der Bezirksverwaltung der Staatssicherheit, alle relevanten Akten kurzfristig nach Karl-Marx-Stadt zu bringen, um bei einer befürchteten Stürmung durch Demonstranten diesen nichts Brisantes in die Hände fallen zu lassen. Das geschah zwischen dem 17. und 23. Oktober 1989. Die gesammelten Informationen sollten in Karl-Marx-Stadt durch die abgeordneten hauptamtlichen Mitarbeiter schnell gesichtet, geordnet, sortiert und gegebenenfalls vernichtet werden. Da der Platz dort knapp wurde, entschied man sich ab dem 23. Oktober 1989, einen Teil der Akten im Heizwerk in Einsiedel zu verbrennen.

Gleichzeitig arbeitete das MfS an einer Umstrukturierung, weshalb Generalleutnant Siegfried Gehlert, der Leiter der Bezirksverwaltung Karl-Marx-Stadt, am 2. November 1989 Plauen besuchte. Ende des Monats stand fest, dass von den bisherigen 22 KD nur vier als Kreisämter übrigbleiben sollten, eines davon in Plauen. Allerdings wurde der gesellschaftliche Druck auf das MfS immer stärker. Auch in Plauen bildete sich in der Gruppe der 20 eine Untergruppe »Ordnung, Sicherheit und Recht«. Personen dieser Arbeitsgruppe erzwangen am 8. Dezember 1989 den Einlass und fanden eine fast besenreine KD vor, »nur« noch ein Waffenarsenal mit 60 Langwaffen, 30 Pistolen sowie 60 000 Schuss Munition konnte gesichert werden.

Allmählich bekam man einen Einblick in das Ausmaß der Bespitzelung. Die Staatssicherheit vor Ort war nicht nur für Genehmigungsangelegenheiten, Sicherheitsüberprüfungen und die Erstellung von Stimmungs- und Lageberichten zuständig. Die KD Plauen war zudem an weiteren Orten im Einsatz: Durch die Hände der Mitarbeiter in der operativen Postkontrolle im Postamt 4 gingen, das Postgeheimnis verletzend, alle Postsendungen aus der Bundesrepublik: Briefe wurden geöffnet und die Inhalte der KD zugänglich gemacht. An der Grenzübergangsstelle Gutenfürst befand sich sogar ein Referat der KD Plauen. Mit dem im Kasernenkomplex an der Schöpsdrehe untergebrachten »Verwaltung 2000«, verantwortlich für die Abschirmung, Absicherung und Überwachung aller Personen der militärischen Streitkräfte, war sie jedoch nur verbunden, es unterstand direkt der Hauptabteilung I der Staatssicherheit. Die KD Plauen arbeitete auch bei der Schleusung und Rückschleusung von Agenten mit der Hauptverwaltung Aufklärung zusammen, unter anderem an der heutigen Bundesstraße 173, Ortslage Ullitz. Im Stadtgebiet gab es mehr als 20 konspirative Wohnungen, eine Dienstvilla, Büros in volkseigenen Betrieben sowie mehrere konspirative Kontrollpunkte, wie zum Beispiel im Wasserturm Neundorf, und Funkanlagen im ganzen Kreisgebiet.

Die komplette Auflösung der KD ab Januar 1990, mit Beräumung von allem Genutzten und dem Abbau von Anlagen, geschah meist ohne Überwachung und Kontrolle durch Bürger. Der Komplex in der Gabelsberger Straße ging in den Besitz der Stadt über, und das DRK Plauen nutzte diesen von 1991 bis 1998 als Verwaltungsgebäude. Heute ist von der alten Bebauung nichts mehr zu sehen, neue Wohnhäuser entstanden.

Eine »Stasiüberprüfung« aller Mitarbeiter in der Verwaltung war aus der Sicht der Zeitgenossen notwendig, da sich mit der Auflösung des MfS 1990 herauskristallisiert hatte, dass fast alle öffentlichen Bereiche von inoffiziellen oder gesellschaftlichen Mitarbeitern (GMS, systemnahen informellen Informanten) durchdrungen waren. Eine von der Volkskammer im Juni 1990 eingesetzte Sonderkommission sollte die endgültige Auflösung dieses Ministeriums absichern und alle Verbrechen vollständig aufklären.

Mitarbeiter der Verwaltung mussten seit 1990 zunächst einen Fragebogen ausfüllen beziehungsweise bestätigen (Selbstauskunft), dass sie in keiner Weise für das MfS tätig gewesen sind. Durch das 1991 im Bundestag verabschiedete Stasi-Unterlagen-Gesetz wurde ein Wegschließen der Stasi-Akten verhindert. Ferner schuf dies die Grundlage für eine umfassende zeitnahe Aufarbeitung sowie eine Überprüfung aller Mitarbeiter im öffentlichen Dienst durch die Stasi-Unterlagen-Behörde, nach ihrem ersten Leiter auch »Gauck-Behörde« genannt. Mit deren Auflösung im Sommer 2021 wurden die Akten und Unterlagen ins Bundesarchiv überführt. Dr. Magerkord stellte 1992 fest, dass der Forderung nach endgültiger Lösung der politischen Altlasten und damit pauschalen Verdächtigungen erst Ende November 1991 durch die ihre Arbeit aufnehmende Gauck-Behörde in Berlin ein Ende gesetzt werden konnte. »Einer vom ›Ältestenrat‹ der Stadtverordneten beauftragten Gruppe aus vier Personen wurde der ›Überprüfungsvorgang‹ anvertraut. Noch Mitte des Jahres lagen keine Ergebnisse vor. Die Personaldaten der ›Gauck-Behörde‹ zu übergeben und gegebenenfalls nach positivem Bescheid zusammen mit dem jeweiligen Personalrat Entlassungen vorzunehmen, war eine Aufgabe, die erst Mitte des Jahres 1994 zum Abschluss kam: Etwa neun Prozent der ›Überprüften‹ waren ehemalige Mitarbeiter oder Informanten der Staatssicherheit.«[9] »Die vierteljährlichen Berichte im Stadtrat über die Auskünfte der Gauck-Behörde über Stadträte und Bedienstete und daraus folgende Kündigungen trugen zum Rückgang von Verdächtigungen bei.«[10]

⑥
Behördenzentrum mit Albert-Einstein-Gymnasium, 1997
Stadtarchiv Plauen, Luftbild-Service Richard Büschel/Bad Schlema

Plauens »Entmilitarisierung«

Im Jahr der Deutschen Einheit waren sowohl die Areale von vier Kasernen im Stadtgebiet als auch die Übungsgelände am Stadtrand noch militärisch besetzt, 2021 sind sie vollständig und vielfältig zivil genutzt, der Weg dahin war nicht unproblematisch.

Die Stadtverwaltung stand 1990 in intensiver Verbindung zu staatlichen Organen der DDR wie den Grenztruppen sowie der Nationalen Volksarmee (NVA) und bis zum vollständigen Abzug 1991 auch mit der Westgruppe der russischen Truppen (WGT – bis 1989 Gruppe der sowjetischen Streitkräfte in Deutschland = GSSD). Danach galt es, das Hinterlassene zu begutachten und für die künftige Stadtentwicklung zu nutzen. Dr. Magerkord berichtet auch davon, dass 1990 Tausende Gasmasken für den Zivilschutz aus Bunkeranlagen innerhalb der Stadt entnommen und diese zivilen Schutzräume in Wohnhäusern insgesamt aufgelöst wurden.

Die Grenztruppen der NVA nutzten die ehemalige König-Georg-Kaserne bis 1985 als Offiziershochschule, bis 1989 für das Grenzausbildungsregiment 12 »Rudi Arnstadt« und infolge der zum 1. August 1989 ergangenen Befehle 85/89 und 87/89 des Ministeriums für Nationale Verteidigung als Grenzausbildungszentrum 36 für die Grenzkompanien. In der Kaserne an der Schöpsdrehe (ehemaliger Fliegerhorst) war das Grenzregiment 10 »Ernst Grube« untergebracht. Mit der Grenzöffnung am 9. November 1989 fiel die Grundlage für Grenztruppen und deren Ausbildung weg, die Grenzausbildungsregimenter wurden zum 31. Mai 1990 aufgelöst, der Grenzschutz der DDR zum 2. Oktober 1990 endgültig beendet, die NVA in die Bundeswehr eingegliedert. Dies vollzog sich ebenso wie die Entlassung der Soldaten nahezu unbemerkt. Nur eine zivile Wehrverwaltung blieb vor Ort. Die Beräumung der Kaserne dauerte noch bis zum 30. September 1990. Mit der Übergabe des letzten militärisch genutzten Gebäudes in zivile Hand endete im September 1994 auch die zwischenzeitliche Nutzung durch die Bundeswehr. Diese zog sich mit der Auflösung des Verteidigungskreiskommandos 754 (Arbeitsbeginn im Mai 1991) auch endgültig aus Plauen zurück. Das Wehrkreiskommando Plauen hatte seine Tätigkeit mit Beginn des Jahres 1991 eingestellt. In der Bundeswehr stehen seit 2001 auch Frauen alle Laufbahnen offen, seit der Aussetzung der Wehrpflicht 2011 in einer Berufsarmee. Der Grundwehrdienst hatte 1990 zwölf Monate, seit dem 1. Juli 2010 noch sechs gedauert.

Das leerstehende Kasernengelände sollte zu einem Behördenzentrum entwickelt werden. Mit fortschreiten-

⑦
Gelände der ehemaligen
Hindenburg- und Zadera-
Kaserne (Hintergrund), 1997
Stadtarchiv Plauen,
Luftbild-Service Richard
Büschel/Bad Schlema

der Altlastenbeseitigung, Sanierung und Umbau zogen verschiedene Behörden der Stadt Plauen und des Freistaats Sachsen in den Komplex ein, zum Beispiel Finanzamt, Forstamt, Hauptzollamt Erfurt – Standort Plauen, Sächsisches Landesamt für Umwelt, Landwirtschaft und Geologie – Außenstelle Plauen. Im Januar 1997 konnte das Justizgebäude eingeweiht werden, Landgericht und Amtsgericht Plauen sowie die dazugehörige Staatsanwaltschaft hatten das Schlossareal im Stadtzentrum geräumt und damit den Weg für eine Umgestaltung freigemacht. Im Bereich der Schöpsdrehe befindet sich ein Gewerbegebiet der Stadt (Abb. 4, S. 412).

Die Truppen der sowjetischen Armee, unter anderem das 29. Garde-Motor-Schützenregiment der 1. Gardepanzerarmee, nutzten mehrere Liegenschaften in Plauen und im Vogtland, darunter auch die ehemalige Hindenburg-Kaserne an der Neundorfer Straße und die ehemalige Kirchbach-Kaserne an der Zaderastraße. Die Gebäude befanden sich 1989 in einem sehr schlechten Zustand, ebenso waren die Offiziersneubauten am Rosa-Luxemburg-Platz bereits nach wenigen Jahren heruntergewirtschaftet.

Mit der Unterzeichnung des Zwei-plus-Vier-Vertrags (Vertrag über die abschließende Regelung in Bezug auf Deutschland) am 12. September 1990 wurde der Abzug aller Truppen der WGT vereinbart. Daraufhin begann man auch in Plauen, die Verlegung von 2 123 sowjetischen Armeeangehörigen und ungefähr 500 Zivilangehörigen in die Heimat zu planen. Der »Stadtkommandant der Sowjetischen Streitkräfte Major Sawatskij informierte uns kurz vor dem Tag der Wiedervereinigung über die Anordnung zu Zoll- und Verbrauchssteuer-Entlastung von Waren nach der Truppenzollordnung der BRD und über die Schließung des sehr beliebten ›Russenmagazins‹ in Neundorf […] Lärmbelästigungen, Verkehrsdelikte und Einbrüche in Gartenanlagen erforderten nach wie vor Kontakte zur Kommandantur.«[11] Somit war die Stadt bis zum vollständigen Abzug der WGT immer wieder gefordert. Der Heimtransport von Technik und Militärangehörigen samt Familien erfolgte mit dem Zug. In Mehltheuer und auf dem Oberen Bahnhof in Plauen wurde die Technik verladen, der Weg durch das Syratal, die »Panzerstraße« durch das Landschaftsschutzgebiet Syratal, noch ein letztes Mal intensiv genutzt. Am 19. November 1991 war der Abzug vollbracht, und Oberstleutnant Wladimir Jankowski konnte in einer Feierstunde im Rathaus mit dem Eintrag ins Goldene Buch der Stadt verabschiedet werden.

Die verlassenen Standorte waren zum Teil hochgradig belastet durch Munition, Treibstoffe, Schmiermittel und Chemikalien. Beide Kasernengelände mussten zu-

Verwaltung im Wandel **403**

⑧ Standorte des Landratsamtes bis 2016, rechtes Gebäude bis 1991 sowjetische Kommandantur, 2021
Ina Schaller

nächst beräumt, von Altlasten befreit und grundlegend saniert werden. Die Gebäudesubstanz schien überwiegend nicht erhaltenswert, viele Mannschafts- und Offizierswohngebäude wurden abgerissen und insbesondere für die Kasernengelände waren Nutzungskonzepte gefragt. Villen gingen in Privatbesitz über und die Kommandantur an der Neundorfer Straße konnte saniert und durch das Landratsamt des Landkreises Plauen, später Vogtlandkreis, genutzt werden. Für die Zadera-Kaserne, in deren Bereich ein Gewerbegebiet entstand, kostete dies rund 25 Millionen D-Mark. Das Areal der Hindenburg-Kaserne an der Neundorfer Straße erforderte 60 Millionen D-Mark Sanierungskosten und entwickelte sich zu einem Wohngebiet. In den Mannschaftsgebäuden entstanden mit der Sanierung Wohnungen, rundum Eigenheime. Der Truppenübungsplatz Schneckengrün/Neundorf/Zwoschwitz wurde ebenfalls von Altlasten befreit.

Kreisreformen und der Verlust der Kreisfreiheit

An Plauens Bedeutung als zentrale und größte Stadt im Vogtland gibt es keinen Zweifel, aber ob sie als kreisfreie Stadt den Status als Oberzentrum entwickeln und behaupten kann, war lange Zeit umstritten. Die Diskussion schloss auch den Bau eines Landratsamts in Plauen ein, der nicht förderfähig war, solange Plauens Kreisfreiheit bestand. Verwaltungs- und Kreisreformen sollten zu Zentralisierungen führen, mit dem Ziel, behördliche Arbeit zu vereinfachen und Kosten einzusparen, unter anderem durch Personalabbau.

1996

Im Januar 1996 entstand der Vogtlandkreis durch Zusammenlegung der Landkreise Auerbach, Klingenthal, Oelsnitz, Reichenbach und Plauen – mit Sitz in der kreisfreien Stadt Plauen. Was im Ergebnis so unspektakulär klingt, beschäftigte die Vogtländer in allen Landkreisen und auch in der Stadt Plauen seit 1990, im Juni 1992 schließlich lag ein Gesetzentwurf der sächsischen Staatsregierung vor: »In den ›Neuen Bundesländern‹ mussten Verwaltungsgebiete durch Kreisreformen mit teilweiser Verschiebung von Landesgrenzen neu erfasst werden. Bis 1993 konnten Städte und Kreise ihre Stellungnahmen dem Innenministerium in Dresden vortragen. Das Sächsische Gemeindereformgesetz sollte 1994 in Kraft treten. Für Plauen stand die Position als Kreisfreie Stadt (seit 1907) und ›Hauptstadt des Vogtlandes‹ (seit 1602) nicht in Frage. Doch der Gliederung in Göltzschtal-Kreis und Elstertal-Kreis setzte Plauen die Bildung eines ›Gesamt-Vogtlandkreises, bestehend aus den … fünf Kreisen Auerbach, Klingenthal, Oelsnitz, Plauen und Reichenbach‹ entgegen. Das führte zu heftigen kontroversen Haltungen, die quer durch kommunale und landespolitische Mandatsträger zu verspüren waren.«[12] Die Zwei-Kreis-Variante stand nach dem Kreisgebietsreformgesetz vom Juni 1993 fest. »Noch einmal brauchte es vor der endgültigen Entscheidung zur Kreisreform am Tag der Verabschiedung des Gesetzes in Dresden den Zusammenhalt der Landräte und Bürgermeister für einen einheitlichen Vogtlandkreis. Minister Milbradt richtete seinen Blick bereits auf die Bildung ›leistungsfähiger Verwaltungseinheiten‹.«[13] Erst mit dem zweiten Kreisgebietsänderungsgesetz vom September 1995 stand die Bildung eines Vogtlandkreises mit Sitz in der kreisfreien Stadt Plauen fest. Nachdem Meßbach zum 1. Januar 1994 und Großfriesen mit dem 1. Januar 1996 nach Plauen eingemeindet worden waren, fanden mit den Bürgermeistern von Jößnitz, Kauschwitz, Straßberg und Neundorf Ende 1996 Gespräche über den Gesetzentwurf zur Eingemeindung statt, die zum 1. Januar 1999 vollzogen wurde. Für die Plauener war die von Ministerpräsident Kurt Biedenkopf in einem Interview mit der »Freien Presse« getroffene Aussage, dass am »oberzentralen und kreisfreien Status« der Stadt Plauen »keiner kratzt«, das Beste in dem ganzen Prozess.[14]

Als Anfang der 2000er-Jahre in Dresden der Plan reifte, die Kosten für die Verwaltung in den Landkreisen und kreisfreien Städten weiter und grundlegend zu senken, überraschte das, da die letzte Kreisgebietsreform erst fünf Jahre zurücklag und Strukturreformen dieses Ausmaßes sehr kostenintensiv sind. Trotz aller Bedenken von Regionalpolitikern, aber auch Verbänden und der Bevölkerung, begann das Innenministerium in Dresden 2005 die erneute Arbeit, um die bestehenden 22 Landkreise auf zehn sowie die sieben kreisfreien Städte auf drei zu reduzieren. Das Maßnahmenpaket basierte auf der Annahme, dass aufgrund des Wegzugs und der Demografie die Bevölkerungszahl weiter sinken würde (200 000 Einwohner sollten in einer kreisfreien Stadt beziehungsweise einem Landkreis leben) und man die Verwaltungskosten grundlegend verringern könnte: jährliche Einsparungen von 160 Millionen

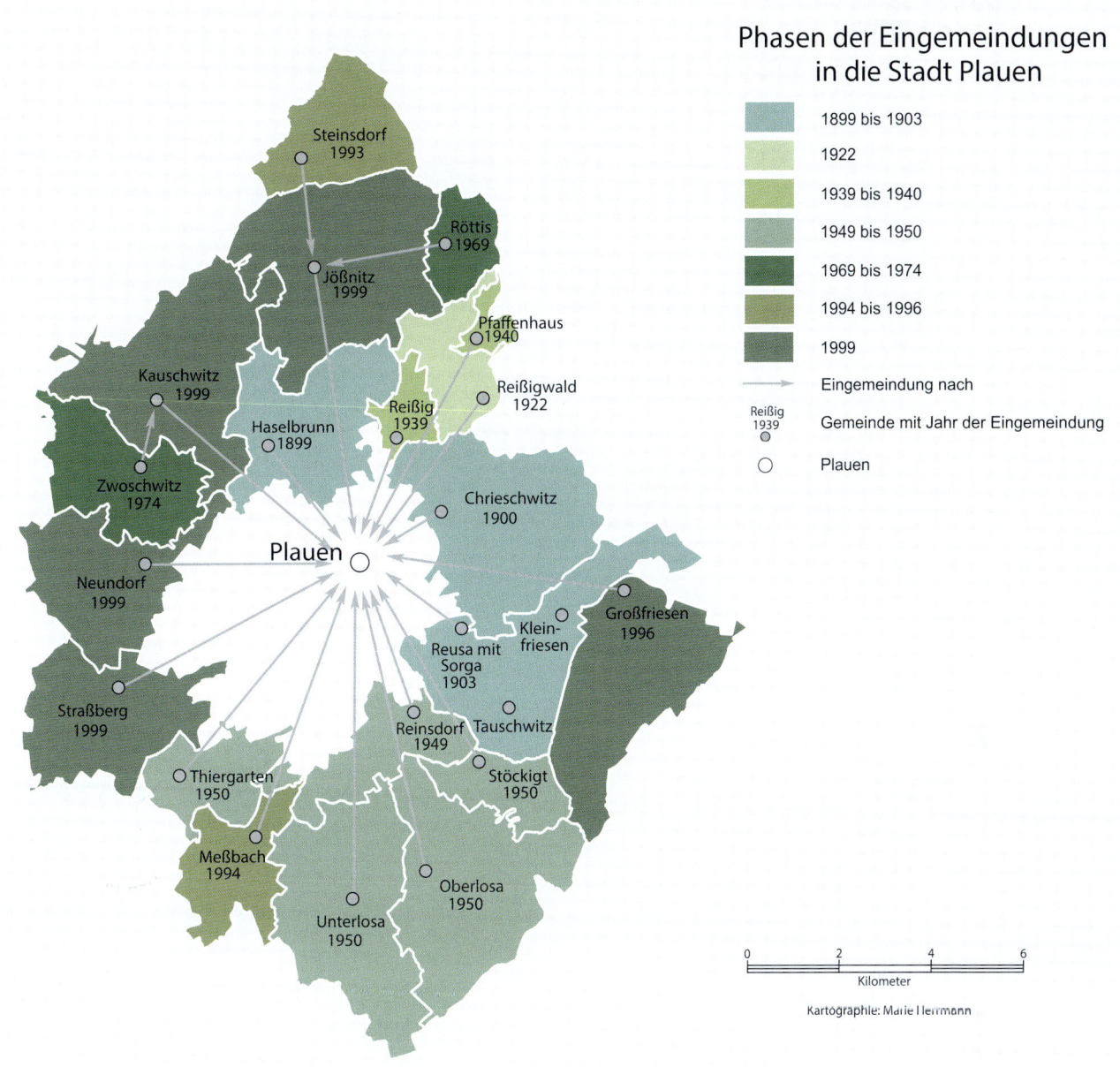

Euro. Dabei bedachte man nicht, dass dadurch Kreise mit teilweise extremen Ausmaßen entstanden, die die Verwaltung und die Menschen vor ganz neue Herausforderungen stellten. So ist der neue Landkreis Mittelsachsen nur minimal kleiner als das Bundesland Saarland. Auch die Schwächung des ländlichen Raumes fand in der Verwaltungsreform keine Berücksichtigung. Die meisten Kreise, kreisfreien Städte, aber auch die Bürger wehrten sich gegen die Kreisreform. In Plauen plante man eine gemeinsame Verwaltung zusammen mit dem Vogtlandkreis, um die gewünschten Synergieeffekte zu nutzen. Gerade im Jahr 2007, als 100 Jahre Kreisfreiheit gefeiert wurden, war dieses Thema dauernd präsent. Oberbürgermeister Ralf Oberdorfer setzte sich an die Spitze des Protests und sprach in Dresden regelmäßig vor. Dieses Engagement war sicher auch ein Grund für seine Wiederwahl im Juni 2007 mit 87,1 Prozent der Stimmen. Es fanden mehrere Veranstaltungen mit Landespolitikern statt, unter anderem im Theater der Stadt Plauen bekamen die Landtagsabgeordneten des Vogtlands wiederholt und eindringlich die Meinung von der Bevölkerung verdeutlicht. Allerdings bezog die Landesregierung unter Ministerpräsident Georg Milbradt abweichende Meinungen nicht in die Entscheidungsfindung ein. Im Januar 2008 wurde die auch als Kreisreform oder Kreisgebietsreform 2008 bezeichnete Verwaltungs- und Funktionalreform im Landtag mit den Stimmen der Regierungskoalition aus CDU und SPD beschlossen. Die Landtagsabgeordneten der CDU (Heidan, Heinz, Hösl, Petzold) und SPD (Bräunig) aus dem Vogtland ordneten sich ebenfalls der Koalitionsmeinung unter.

⑨ Phasen der Eingemeindungen in die Stadt Plauen

2008

Plauen klagte noch vor dem Sächsischen Verwaltungsgericht, scheiterte aber am 23. April 2008.

So ist Plauen seit dem 1. August 2008 Große Kreisstadt im Vogtlandkreis. Mit der Verwaltungsreform der sächsischen Landesbehörden gingen auch Teile staatlicher Aufgaben auf Kreise und Kommunen über. Seit dem 2. Juli 2009 ist die Zusammenarbeit von Stadt Plauen und Vogtlandkreis mit einer Auseinandersetzungsvereinbarung im Detail geregelt. Über Zuständigkeiten und damit verbundene notwendige Finanzierungen besteht immer wieder einmal Klärungsbedarf. Die erhofften Kosteneinsparungen sind nicht eingetreten, eher das Gegenteil musste eingestanden werden. Selbst das Institut für Wirtschaftsforschung e.V. (IFO) Dresden stellte in der von der Landesregierung 2018 beauftragten Studie fest, dass sich die öffentlichen Ausgaben in den sächsischen Landkreisen sowohl vor als auch nach den Kreisfusionen genauso entwickeln wie in Landkreisen anderer Bundesländer, die auf Kreisfusionen verzichteten.«[15]

Christian Espig

Städtepartnerschaften und regionale Entwicklungen kommunaler Zusammenarbeit

Wichtige Kennzeichen der historischen Entwicklung Plauens in den Jahren seit 1990 sind sicherlich das gewachsene eigenverantwortliche Handeln als Kommune und auch die verstärkte Zusammenarbeit mit Partnern, um Aufgaben anzugehen oder Ziele zu erreichen. War das kommunale Handeln in der DDR vielfach von zentralstaatlich ausgegebenen Vorgaben gesteuert, galt es nun oft, selbst die Initiative zu ergreifen. In diesem Zusammenhang lohnt es sich, einen Blick auf die Städtepartnerschaften und auf Beispiele kommunaler Zusammenarbeit in der Region zu werfen.

Die verschiedenen Städtepartnerschaften, teilweise bereits seit den 1960er-Jahren bestehend, wurden nach 1990 weiter gepflegt und konnten, besonders bei Kommunen in der Bundesrepublik sowie in Westeuropa, überhaupt umfangreicher gestaltet werden. Außerdem wuchs mit der EU-Erweiterung 2004 der Wunsch nach neuen Partnern aus dem osteuropäischen Bereich.

An Partnerstädten sind zu nennen: in der Bundesrepublik Hof (Bayern) und Siegen (Nordrhein-Westfalen, seit 1990), außerhalb der Landesgrenzen Aš (Tschechische Republik, seit 1962), Steyr (Österreich, seit 1970), Cegléd (Ungarn, seit 2005), Pabianice (Polen, seit 2005), Šiauliai (Litauen, seit 2010) sowie für den Ortsteil Jößnitz die mittelfränkische Gemeinde Heilsbronn. Bis 2005 bestand zudem eine Freundschaft zur französischen Stadt Lens, die zum Beispiel 1998 anlässlich der Fußballeuropameisterschaft von einer Delegation besucht wurde.

Gegenseitige gemeinsame Aktivitäten sind – wie bei anderen Städtepartnern auch – Schüler- und Kulturaustausche sowie Besuche und Zusammenkünfte im sportlichen, wissenschaftlichen (Besuch der Kinderuni in Steyr) und wirtschaftlichen Bereich. Als Beispiel sei nur daran erinnert, dass das Theater der Stadt Plauen bereits mehrere Gastspiele in Steyr gab, während das Steyrer Christkind regelmäßig den Plauener Weihnachtsmarkt eröffnet. Händler aus Pabianice sind gern gesehene Gäste zum Europäischen Bauernmarkt. Der am 3. August 1990 unterzeichneten Partnerschaft zu Siegen attestiert Dr. Magerkord rückblickend wichtige Impulse beim Umbau und der Neustrukturierung der Verwaltung.

Eine ganz besondere Freundschaft verband und verbindet Plauen aber mit dem benachbarten Hof, die Wiederbelebung der historischen Beziehungen gelang bereits 1987. Besonders nach der Öffnung der innerdeutschen Grenze war die oberfränkische Stadt Ziel der Plauener. Am 18. September 1991 unterzeichneten dann beide Oberbürgermeister eine neue städtepartnerschaftliche Vereinbarung. Amtshilfe, gemeinsame Petitionen im Interesse der Entwicklung im ehemaligen Grenzgebiet und im Alltäglichen – als Gegenmodell zu den ehemaligen »Jahresplänen« trat jetzt das »Offene Prinzip« in den Begegnungen der Menschen beider Städte in Kraft, wie es Dr. Magerkord zusammenfasst.[16] Bis heute findet noch ein lebhafter Austausch, gerade in der Kultur und im Sport, zwischen den beiden Nachbarstädten statt.

Neben den Städtepartnerschaften war und ist Plauen seit 1990 auch in regionale Entwicklungen kommunaler Zusammenarbeit eingebunden. So beschlossen die Stadtverordneten im April 1992 den Beitritt zur Arbeitsgemeinschaft Vogtland/Westerzgebirge der Euregio Egrensis. Damit wuchs die Bindung im Dreiländereck zwischen Sachsen, Bayern und der Tschechischen Republik, zwischen Vogtland, Oberfranken und dem Okres Cheb.

Ein wichtiges Element zur Bewältigung kommunaler Aufgaben war in den letzten drei Jahrzehnten zudem die Gründung von mehreren vogtländischen Zweckverbänden, in denen die Stadtverwaltung oder in Plauen angesiedelte Firmen Mitglied wurden und damit in deren Netzwerke eingebunden sind. Geschlossen wurden diese zunächst meist zwischen den vogtländischen Landkreisen und der Stadt Plauen, nach 1996 fortgeführt von Vogtlandkreis und kreisfreier Stadt – und nach 2008 teilweise aufgelöst. Zu nennen wären hier zum Beispiel der Rettungszweckverband Südwestsachsen (RZV, 1994), der Zweckverband für die Sparkasse Vogtland, der ZWAV (1993) oder der Verkehrsverbund Vogtland (Zweckverband ÖPNV Vogtland, 1994), in den etwa die Straßenbahn GmbH integriert ist.

Mit dem »Kulturweg der Vögte« entstand zwischen 2014 und 2020 eine moderne, Grenzen überschreidende kulturhistorische Destination für das gesamte historische Gebiet des Vogtlands, die ganz verschiedene Partner – vom Tourismusverband über Kommunen, Kirchgemeinden und Vereine bis zu Hochschulen – aus Thüringen, Sachsen, Bayern und der Tschechischen Republik verbindet. In Plauen waren die Euregio Egrensis, das Vogtlandmuseum und der Förderverein Komturhof mit seinem Konventsgebäude an der Realisierung dieses Projekts beteiligt.

Wirtschaftliche Strukturen

Der steinige Weg von der Planwirtschaft in die Marktwirtschaft

Beim Beschäftigen mit der Wirtschaft ist die Themenvielfalt so groß, dass eine Beschränkung dringend notwendig ist. Es kann nicht dargelegt werden, wie sich alle bis 1990 in Plauen bestehenden Produktionsstätten entwickelt haben – aber welchen Einflüssen sie ausgesetzt waren, mit welchen Schwierigkeiten sie konfrontiert waren und welche Strukturen aus alldem bis heute entstanden sind. Ganz grob betrachtet brachen spätestens mit der Währungsunion am 1. Juli 1990 die funktionierenden Vertriebssysteme und bestehenden Absatzmärkte weitgehend weg, mit der Auflösung des Rates für gegenseitige Wirtschaftshilfe (RGW) und der Umstellung des Handels auf konvertible Währungen verschärfte sich Anfang 1991 die Situation erneut. Produkte, die in preislicher und qualitativer Hinsicht wettbewerbsfähig sind, eine Umstellung von Plan auf Bedarf sowie das Finden neuer Absatzmärkte mussten möglichst schnell realisiert werden – alles beim gleichzeitigen Zwang zur Kosteneinsparung, unter anderem auch durch Personalabbau. Kollektiv und Brigade, Betriebskantine, -kindergarten, -berufsschule, alle nicht zur Produktion benötigten Betriebsteile verschwanden. Die Auseinandersetzung mit der Konkurrenz wurde unerlässlich. So gingen nicht nur viele Beschäftigte in Kurzarbeit oder Arbeitslosigkeit, sondern suchten sich auch neue berufliche Wege.

Die Arbeit der Treuhandanstalt

Ausgangspunkt für diese Tätigkeit war der Beschluss der Modrow-Regierung am 1. März 1990, eine »Anstalt zur treuhänderischen Verwaltung des Volkseigentums« zu gründen, um das Volkseigentum zu erhalten und im Interesse der Allgemeinheit zu verwalten. Ergänzt wurde dieser Auftrag am 17. Juni 1990 mit einem Volkskammer-

Rainer Maria Kett
Ina Schaller

①
Blick über die Elsteraue mit altem Stadtbad und Vowetex auf die Altstadt, 1993
Helmut Schneider

1994/2008

Rainer Maria Kett

Gesetz zur Privatisierung und Reorganisation des volkseigenen Vermögens, das in Kombination mit dem Staatsvertrag vom 18. Mai 1990 und dem Einigungsvertrag die Grundlage für die Arbeit der Treuhandanstalt legte, die nach dem 3. Oktober als eine Anstalt des öffentlichen Rechts unter der Fachaufsicht des Bundesfinanzministeriums arbeitete. Am 16. Juli konstituierte sich die DDR-Treuhandanstalt in Ost-Berlin, und obwohl diese Institution schon Ende 1994 ihre Tätigkeit einstellte und bis 2008 abgewickelt wurde, ist der Unmut in großen Teilen der Bevölkerung noch immer ungebrochen. Manche bezeichneten sie als den »Maschinenraum der Einheit«, und so ist es auch nachvollziehbar, dass sie zur »Projektionsfläche für alles, was im Osten schief lief«, wurde.

In der DDR gab es 1989 fast 170 zentralgeleitete und 90 bezirksgeleitete Kombinate, diesen zugeordnet waren VEB, die sich wiederum in Werke und darunter in Produktions- oder Betriebsstätten aufgliederten. Auch alle Einrichtungen der Handelsorganisation (HO) fielen als volkseigene Betriebe im Gegensatz zu den ihren Mitgliedern gehörenden Genossenschaften (zum Beispiel Konsum) in den Zuständigkeitsbereich der Treuhandanstalt. Diese sollte zunächst die Strukturen entflechten und die einzelnen im Register der volkseigenen Wirtschaft eingetragenen Unternehmen (VEB und auch selbstständige Betriebsteile) in Kapitalgesellschaften umwandeln beziehungsweise in diesem Prozess unterstützen: Flexible, unternehmerisch handelnde Wirtschaftseinheiten wurden als eine unverzichtbare Bedingung für einen erfolgreichen Wandel betrachtet.

Zwischen April und Juni 1990 entstanden bereits 3605 Kapitalgesellschaften, die meisten Kombinate tauschten »VEB Kombinat« gegen Aktiengesellschaften im Aufbau (AG i. A.), die untergeordneten oder bereits ausgetretenen Betriebe gingen den Weg einer GmbH i. A. der Treuhandanstalt. Teilweise schlossen sich auch Werke eines Großbetriebs oder VEB eines Leitbereichs zusammen. Die meisten Plauener Produktionsstätten gehörten als VEB, Werke oder Betriebsstätten zu Kombinaten mit Sitz außerhalb Plauens. Die Treuhandanstalt konnte angesichts dieser Vielfalt nur scheitern, denn sie sollte gemäß dem politischen Auftrag innerhalb von knapp fünf Jahren – also unter enormem Zeitdruck – etwa 8500 (die Zahl wurde 1992 auf 14 600 korrigiert) Kombinate und VEB mit über vier Millionen Beschäftigten in rund 45 000 Betriebsstätten sowie 2,4 Millionen Hektar land- und forstwirtschaftliche Flächen nicht nur in eine privatwirtschaftliche Rechtsform übertragen, sondern vor allem wettbewerbsfähige Unternehmen schaffen. Pro Arbeitstag wären also von den durchschnittlich 3000 Mitarbeitern der Treuhandanstalt theoretisch 15 bis 30 Unternehmen final zu bearbeiten gewesen. Favorisiert wurde offiziell eine Rückübertragung an Alteigentümer (Reprivatisierung) beziehungsweise schnelle Privatisierung; zu sanieren, um Betriebe verkaufbar beziehungsweise allein lebensfähig zu machen, stellte den zweiten Handlungsschwerpunkt dar.

Es war aber allen von Beginn an bewusst, dass Liquidieren manchmal das einzig Sinnvolle sein wird, in Liquidation (i. L.) stand deswegen auch zeitweise hinter manchem Firmennamen.

In der Realität dauerte ein einzelner Vorgang oft mehrere Jahre. Die Treuhandanstalt litt unter ständiger Personalknappheit, und da »Erfahrung in marktwirtschaftlichen Systemen« ein unabdingbares Einstellungskriterium war, fehlten ostdeutsche Mitarbeiter mit Entscheidungsbefugnis. Die Komplexität der Kombinatsstruktur und die innerbetrieblichen Abläufe waren aber keineswegs mit einem Blick erfassbar. So wurden durch isolierte Entscheidungen bestehende industrielle Kerne, Lieferketten und wissenschaftliche Forschungsnetzwerke zerstört. Und das fehlende Controlling bei der Treuhandanstalt machte solche Fehlentwicklungen nicht zeitnah sichtbar.

Zur Wahrheit gehören aber ebenso Fehleinschätzungen der Initiatoren der »Staats-Holding«: Die Dynamik der Prozesse des Jahres 1990 konnte niemand voraussehen. Dass das im Übrigen auch viel zu hoch angesetzte Volksvermögen nicht bewahrt werden konnte, zeigte sich mit der Währungsreform. Selbst den leistungsfähigsten Betrieben der DDR gelang es nicht, unter marktwirtschaftlichen Bedingungen mit der Masse an Werktätigen, der durch die Kombinatsstruktur bedingten dezentralen Produktion und veralteter Technik beziehungsweise Verschuldung infolge von Modernisierungen zu überleben. Es galt, Personal und Schulden abzubauen, Produktionsabläufe zu optimieren, das Vorhandene effektiv zu nutzen, Absatzmärkte zu finden und den Vertrieb neu zu organisieren.

Offene Vermögensfragen als Investitionsbremse?

Die großen wirtschaftlichen Unterschiede zwischen der DDR und der Bundesrepublik Deutschland zeigten sich in besonderer Weise bei Fragen von Eigentum an Grund und Boden und an Unternehmen. In der DDR waren private Vermögenswerte entschädigungslos oder gegen diskriminierend geringe Summen in Volkseigentum überführt oder in staatliche Verwaltung genommen sowie Enteignungen nationalsozialistisch Verfolgter in der Zeit vom 30. Januar 1933 bis 8. Mai 1945 in der Regel nicht wiedergutgemacht worden. Ferner gehörte der Grund und Boden, auf dem VEB standen, nicht den Betrieben. Daran hatten sie als sogenannte Rechtsträger vielmehr ein in der Regel unentgeltliches Nutzungsrecht. Ähnliches galt für die vielen »Häuslebauer« des Eigenheim-Programms der DDR. Sie bauten oder kauften Eigenheime auf Grund und Boden, der ihnen nicht gehörte (weitere Vermögensfragen).

Bereits diese dem Staatsziel der DDR geschuldete Lage, das Eigentum so weit wie möglich zu verstaatlichen, stellte eine besondere Herausforderung bei der Herstellung der Einheit Deutschlands im Bereich des privaten Vermögens dar. Sie erschien als Hemmnis der Umsetzung von Wirtschafts- und Währungsunion und sollte deshalb einer möglichst raschen Klärung zugeführt werden. Gesetze mussten erlassen, Unrecht musste wiedergutgemacht werden: Rückübertragung vor Entschädigung, Investoren mussten kreditwürdig bleiben oder werden, um Innovation möglich zu machen.

Vergleichsweise unkompliziert gestaltete sich die Lösung bei den nicht wiedergutmachungsbefangenen Unternehmen. In Zuständigkeit der Treuhandanstalt wurden den zu sanierenden und/oder zu veräußernden Unternehmen die zugehörigen Grundstücke wieder zugeordnet, sodass vollständige Eröffnungsbilanzen, als Ausgangspunkt für die GmbH-Gründung, möglich wurden. Die oben umrissenen Wiedergutmachungsfragen lösten das Sächsische Landesamt zur Regelung offener Vermögensfragen im Unternehmensbereich und das Amt zur Reglung offener Vermögensfragen. Jede Frage war individuell und konkret zu regeln. In den zehn Jahren von 1990 bis 2000 wurden in diesem Sinne im Amt zur Regelung offener Vermögensfragen der Stadt Plauen 12 022 Ansprüche geklärt – mehr als 98 Prozent. Insofern waren schließlich etwaige Investitionshemmnisse in der Fläche beseitigt und die positive Entwicklung Plauens als Ganzes beschleunigt.

Plauener Betriebe im Wandel

Für einen Teil der Betriebe gab es aufgrund ihres Zustands keine Perspektive. Das Scheitern der Treuhandanstalt war auch die Folge des desolaten Zustands der DDR-Wirtschaft. In Plauen beispielsweise verschwanden die Elgawa (Elektroinstallation, Gas- und Wasserwerk), die Baumwollspinnerei und die Vowetex (Vogtländische Webtextilien, 1993) nahezu sang- und klanglos. Dabei hatten die beiden Letztgenannten zu einem der größten Kombinate gehört, konnten sich aber als eigenständige GmbH nicht etablieren.

Das Ende des VEB Sächsische Zellwolle Plauen, der zum VEB Chemiefaserkombinat Schwarza gehört hatte, war nicht verwunderlich und wurde in Teilen der Bevölkerung durchaus positiv aufgenommen, denn die technologiebedingte Umweltverschmutzung war nicht zu übersehen, eine Schließung schon in der DDR angedacht. Bereits 1991 nahm die Beschäftigungs- und Sanierungsgesellschaft Sächsische Zellwolle ihre Arbeit auf und sicherte so Arbeitsplätze und eine Beräumung des Geländes.

Manche Betriebe konnten sich dank Reprivatisierung oder seriöser Investoren im neuen System behaupten. Der VEB Sternquell-Brauerei Plauen war in der DDR ein

Rainer Maria Kett
Ina Schaller

Zum Kombinat Baumwolle Karl-Marx-Stadt gehörten 1989:

27	Volkseigene Betriebe als Großbetriebe mit
215	zugeordneten Werken
236	Produktionsstätten (Pst.) und
76	Produktionsbereichen (PB)
70 000	Beschäftigten

Ein zugehöriger Großbetrieb war der **VEB Vowetex Plauen (Südwestsachsen)** mit fünf Werken und zahlreichen Produktionsstätten sowie einem Produktionsbereich (Reichenbach):

Werk 1 Adorf	Werk 2 Plauen	Werk 3 Treuen	Werk 4 Plauen	Werk 5 Lößnitz
Pst. Oelsnitz	Pst. Plauen	Pst. Treuen	Pst. Plauen	Pst. Lößnitz
Pst. Zaulsdorf	Pst. Syrau	Pst. Treuen	Pst. Plauen	Pst. Lengenfeld
Pst. Gettegrün	Pst. Sonneberg	Pst. Altmannsgrün	Pst. Plauen	
Pst. Oelsnitz	Pst. Mühltroff	Pst. Treuen	Zentr. Ratiomittelbau Plauen	
Pst. Tirpersdorf	Pst. Plauen	Pst. Rotschau	Zentr. Bau Plauen	
		Pst. Werda	ORZ Plauen	
		Pst. Werda	FE/Technik Plauen	
		Pst. Grünbach		
		Pst. Grünbach		

Ein weiterer Großbetrieb war der **VEB Vereinigte Baumwollspinnereien und Zwirnereien Flöha,** zu dem gehörte die **Plauener Baumwollspinnerei** neben weiteren acht Betrieben, denen Werke und Pst. unterstanden.

Verschwundene Plauener Betriebe: Baumwollspinnerei und Vowetex

Werk des VEB Sternquell-Brauerei Olbernhau und gehörte damit zum VEB Getränkekombinat Karl-Marx-Stadt. Für die größte Braustelle im ehemaligen Bezirk fand sich bereits im Oktober 1990 mit der Reichelbräu-AG Kulmbach, die 51 Prozent der Sternquell-Brauerei GmbH Plauen übernahm, ein Investor, der zu seiner Verantwortung stand. Das »lebensnotwendige« Unternehmen hat zwar seine Produktion schon ab 2014 schrittweise in das Gewerbegebiet Neuensalz verlegt, ist aber aus dem Plauener Stadtbild trotzdem nicht wegzudenken.

Auch das Vogtländische Kabelwerk (Voka) ist ein Beispiel für eine erfolgreiche Privatisierung. Der zum Kombinat VEB Kabelwerk Oberspree (KWO) gehörende VEB Kabelwerk Plauen (KWP) blieb 1990 zunächst im Kombinatsverbund, war somit ab 1. Mai Teil der KWO Kabel AG, die sich ab 1. Juli 1991 in Liquidation befand. Aber das Werk Plauen konnte durch die Treuhand einzeln privatisiert werden, es ging an die Wilms-Gruppe. Günstig in diesem Prozess war sicherlich, dass zum einen notwendige Zertifikate und DIN-Normen für den westdeutschen Markt schon vorhanden und der Betrieb als Hersteller und Lieferant gelistet waren. Zum anderen war es jetzt von Vorteil, nicht auf eine Vielzahl sozialistischer Auftraggeber und/oder Abnehmer von »Billigproduktion« angewiesen zu sein. Schon 1994 begann die Vergrößerung durch Nutzung des ehemaligen Plauener Schlachthofs. Mit 1 000 Kilometern Kabel täglich ist das Voka größter deutscher Kabelhersteller, ständig auf Wachstumskurs und in Weiterentwicklung hinsichtlich Produkten und Kundengewinnung, aber auch im Ausbau des Standorts. Im ehemaligen Plauener Reifenwerk (Celler Straße 18) befindet sich die KTS Kabeltrommelservice GmbH.

Ebenso ist die Hydrauflex für Plauen eine der wenigen von Anfang an erfolgreichen Privatisierungen mit Langzeitstabilität. Der VEB Hydrauflex Plauen als Teil des VEB Kombinat Fortschritt Landmaschinen Neustadt/Sachsen wandelte sich 1990 in die Hydrauflex GmbH mit Werken in Stelzen und Lauter um, woraus 1994 die Hydrauflex GmbH Schlauchleitungen hervorging. Dem Umzug von der Wieland- an die Schenkendorfstraße 1994 folgte 2005 der ins Gewerbegebiet Neuensalz, wo 2012 ein zweites Werk die Produktion aufnahm. Auf 10 000 Quadratmetern werden mit 200 Mitarbeitern komplette Hydrauliksysteme für Maschinen und Fahrzeuge gefertigt. Die Plauener Seidenweberei GmbH hingegen ist ein Beispiel für erfolgreiche Reprivatisierung. Innerhalb des VEB Kombinat Wolle und Seide Meerane war der Plauener Standort dem Großbetrieb VEB Greika (sieben Werke und weitere Betriebsteile) als Produktionsstätte 3 im Werk IV zugeordnet. Die Mitteldeutsche Spinnhütte Celle GmbH erwarb 1990 von der Greika Thüringen Weberei und Veredlungs-GmbH die Celler Straße 20 zurück. Die beiden Produktionsstandorte wurden 1996

② Vogtländisches Kabelwerk, 2016
Voka GmbH

als Plauener Spinnhütte GmbH zusammengeschlossen. Unter der Eigenmarke »Seidenweber Collection®« entwirft, fertigt und vertreibt die Plauener Seidenweberei GmbH seit 2013 ihre luxuriösen Produkte, aber 2021 sind auch Behelfs-Mund-/Nasen-Masken im Angebot.

Langfristig gescheitert hingegen ist die Reprivatisierung einer Produktionsstätte in der Stresemannstraße 91, die innerhalb des VEB Kombinat Wolle und Seide Meerane dem Werk II des VEB Brokat Mühltroff zugeordnet war und 1990 als Textilveredlung Gamma GmbH & Co. Plauen in die Marktwirtschaft startete. In der ehemaligen Höppnerschen Fabrik bestand von 2003 bis zur Insolvenz 2005 noch die Plauener Textilveredlungs-GmbH. Der Abbruch der Gebäude erfolgte 2011.

An einzelnen Standorten gelang auch die Übernahme durch Geschäftsführer im Rahmen eines Management-Buy-Out (MBO), allerdings hatte kaum ein Ostdeutscher so viel Kapitalrücklagen oder war hinreichend kreditwürdig, dass kapitalstarke Firmen entstanden oder ein Unternehmen gekauft werden konnte. Bei der Umstrukturierung der DDR-Volkswirtschaft waren die Westdeutschen somit weitgehend unter sich, allerdings bereuten viele ihr Engagement, da sich weder die Hoffnungen auf Absatz im osteuropäischen Markt noch Kundengewinnung im Westen kurzfristig erfüllten. Mit veralteter Technik und fehlendem Umsatz konnten selbst weitreichende Investitionen die Talfahrt mit Kurzarbeit, Arbeitslosigkeit und Schließung von Standorten nicht verhindern. Da die Treuhand Privatisierungen weiter favorisierte, nahm sie »eine flächendeckende Deindustrialisierung in Kauf, denn das kurzfristige Überangebot von Unternehmen in einem Umfeld schrumpfender Märkte, westdeutscher Überkapazitäten und Rezessionserwartungen ließ die Kaufinteressenten nicht gerade Schlange stehen.«[1] Die Ostdeutschen spürten häufig nur die Folgen dieses Prozesses: Im Zuge der Privatisierung der DDR-Volkswirtschaft verloren mehr als 2,4 Millionen Arbeitskräfte ihren Job.

Die Geschäftsführung des VEB Reifenwerk beziehungsweise Reifenerneuerungswerk Plauen, der zum VEB Reifenkombinat Fürstenwalde gehörte, kaufte noch vor der AG-Bildung des Kombinats den Betrieb und benannte ihn in Vogtländische Reifenwerke GmbH (VRW) um. Als Investor fand sich die Continental AG, deren Tochterfirma Vergölst die VRW übernahm, aber weder die versprochenen Investitionen tätigte noch Arbeitsplätze sicherte oder schuf, vielmehr die Produktion einstellte und die modernen Produktionsanlagen an eine norwegische Firma (unter ihrem Dach) verkaufte. Nur der VRW-Fachhandel mit einem Drittel der zuletzt 150 Beschäftigten blieb zunächst erhalten. Immerhin existierten ein großes Firmengelände und auch heute noch einige der 15 meist gut gelegenen Servicestationen.

Mancher Betrieb verschwand in den letzten 30 Jahren trotz umfangreicher Investitionen und allen Engagements aus verschiedensten Gründen beziehungsweise richtete sich vollkommen neu aus. Blicken wir auf die für Plauen lange Zeit dominierenden Bereiche des Maschinenbaus und der Textil- und Bekleidungsindustrie: Der VEB Polygraph Druckmaschinenwerk Plamag Plauen war innerhalb des VEB Kombinat Polygraph »Werner Lamberz« Leipzig einer von acht VEB mit über 40 Betriebsteilen. Das Kombinat wandelte sich weder in eine AG um noch wurde es liquidiert: Alle Betriebsdirektoren sprachen sich für eine sofortige Trennung vom Kombinat aus, und so entstand schon im Frühjahr 1990 auch die Plamag Maschinenbau Plauen GmbH, mit der MAN Roland Druckmaschinen AG als Investor, um einen starken Konkurrenten im umkämpften Markt zu kontrollieren und vom Know-how der Plauener zu profitieren. 2011 meldete der Mutterkonzern Insolvenz an, der Plauener Standort war zu diesem Zeitpunkt »mit 816 Leuten das größte Unternehmen aus dem verarbeitenden Gewerbe«.[2] Die Plamag wurde zunächst als eigene Gesellschaft ausgegliedert, aber Anfang 2012 entließ MAN die Hälfte der verbliebenen 700 Mitarbeiter. Kurze Zeit konnte die Plamag Plauen GmbH als Lohnfertiger eines Privatunternehmers bestehen, bald darauf war ganz Schluss. Nach der Insolvenz sollten 2013 Werksgelände und Anlagen verkauft und das Gelände als Industriepark Plamag Plauen vermarktet werden. Ein Neuanfang als IBS Plamag Maschinenbau mit 112 Mitarbeitern gelang. Seit 2017 ist die Plamag GmbH eine eigenständige Firma unter dem Dach der Krauss-Maffei Technologies GmbH. Der Maschinenbauer konzentriert sich in Plauen auf Kunststoffverarbeitungsmaschinen.

Der VEB Werkzeugmaschinenfabrik Vogtland (Wema) war Teil des VEB Werkzeug-Maschinenkombinat »Fritz Heckert« Karl-Marx-Stadt, startete als Werkzeugmaschinenfabrik Vogtland GmbH in die Marktwirtschaft (Abb. 4, S. 460) und konnte 1992 privatisiert werden. Nach der Insolvenz 2008 entstand mit der Übernahme durch die SVQ GmbH 2009 die Wema Vogtland Technology GmbH, inzwischen Weltmarktführer bei Umbauten und Überholungen von Werkzeugmaschinen. Ein Teil des DDR-Betriebsgeländes wird als Logistikpark Plauen-Vogtland vermarktet.

(3)
Höppnersche Fabrik, 2005
Lutz Pöhlmann

Wirtschaftliche Strukturen **411**

Plamag, Plauen Park und Gewerbepark Schöpsdrehe, 2013
Helmut Schneider

1989/2019

»NARVA« (N für Stickstoff, AR für Argon, VA für Vakuum) oder Glühlampenwerk hieß der VEB Narva Glühlampenwerk Plauen auch innerhalb des VEB Kombinat Narva »Rosa Luxemburg« Berlin bei den Plauenern. »NARVA« ist noch heute Markenname für Produkte der Nachfolgebetriebe des Kombinats. Der Plauener Betrieb wandelte sich bereits am 1. April 1990 zur Narva Glühlampenwerk Plauen GmbH. Mit dem 1. Mai 1991 übernahm die Philips Technologie GmbH als Investor, und die Umbenennung zur Narva Speziallampen GmbH Plauen folgte. Zwischen 1991 und 1997 vollzog sich die Entwicklung zum Philips Automotive Lighting Business Center Plauen, immer wieder gab es unter Philips Neuausrichtungen, andere Produktionsschwerpunkte und Kunden. 2008 kam es zur Verschmelzung mit der Philips Technologies GmbH. Nachdem 2011 die Produktion der H4-Lampe in die polnische Partnerstadt Pabianice verlagert und die Produktionsstraße in Plauen demontiert worden war, verkaufte Philips 2012 das Plauener Werk an die Bavaria Industries Group AG. Unter diesem Dach entstand die Vosla GmbH Plauen (VOgtländische SpeziaLAmpen) – mit den zwei Marken »VOSLA« und »NARVA«. Die 2017 drohende Insolvenz konnte mit der Übernahme durch DI Kapital/DI Mittelstand abgewendet werden. Auf der Homepage fasst das Unternehmen seine Entwicklung zusammen mit: »NARVA, PHILIPS, VOSLA – drei Markennamen, drei Epochen«.

Ein Wechselbad der Gefühle haben auch die Mitarbeiter des Sachsendrucks immer wieder erleben müssen. Als Sachsendruck Plauen GmbH (SDP) in die Suche nach einem Investor gestartet, schien 1991 mit der Sebaldus-Gruppe die Privatisierung gelungen, doch es folgten die Schlott-Gruppe, Offizin Andersen Nexö (OAN) Leipzig GmbH 2008, Insolvenz 2014, Pinguin-Gruppe 2016 – es ging immer weiter, erforderte aber auch viel Kraft.

Im Bereich der Textil- und Bekleidungsindustrie verloren ab 1990 die meisten Beschäftigten ihre Arbeit: In zehn Kombinaten und 264 Betrieben arbeiteten Ende 1989 rund 300 000 Beschäftigte – 30 Jahre später waren es in den fünf neuen Bundesländern noch 16 000 Mitarbeiter. Da in Plauen die Textilindustrie einer der stärksten Industriezweige war, musste auch hier der höchste Rückgang der Beschäftigtenzahlen hingenommen werden. Zu den besonderen Umständen im Zusammenhang mit der deutschen Einheit kamen veränderte Ansprüche der Kunden und die zunehmende Globalisierung, sodass dieser Industriezweig deutschlandweit kriselte: Allein zwischen 1990 und 2000 verringerte sich deutschlandweit die Produktion in der Textilindustrie um ein Viertel, in der Bekleidungsindustrie sogar um fast ein Drittel.

Neben den Betrieben und Produktionsstätten des schon erwähnten Kombinats Baumwolle traf es in Plauen weitere. Der VEB Plauener Damenkonfektion (Dako – dk moden) im VEB Kombinat Oberbekleidung Lößnitz (republikweit für Damenoberbekleidung zuständig) wandelte sich in die Plauener Damenkonfektion GmbH um, ab 1992 Bekleidungswerke Plauen GmbH. Doch trotz Investoren erfolgte 2005 die Liquidation.

Neben der Leitung des VEB Kombinat Musikinstrumente Markneukirchen/Klingenthal in der Engelstraße 8 befanden sich auch die Leitung des Kombinats Deko (Übersicht S. 345) und dessen Stammbetrieb in Plauen: der VEB Plauener Gardine. Der VEB Kombinat Deko, 1989 mit 33 500 Beschäftigten in 50 Betrieben, wandelte sich in die Deko AG mit der Treuhandanstalt als alleinigem Gesellschafter um, eine Holding-Gesellschaft ohne eigene industrielle Produktion, nur mit der Aufgabe, die im Kombinatsverband verbliebenen 25 Unternehmen zu reprivatisieren oder mithilfe von Investoren zu privatisieren, sich sozusagen selbst überflüssig zu machen. Bis zum 31. Dezember 1990 reduzierte sich die Zahl der Beschäftigten auf 10 508, am 31. Dezember 1991 verblieben noch 2 934, und im Dezember 1992, als die Deko AG rückwirkend zum 30. Juni 1991 aufgelöst wurde, waren es noch 327 Arbeitnehmer. Erst 2001 war die Liquidation beendet. Weder der VEB Plauener Gardine noch der VEB Plauener Spitze waren im Kombinat verblieben und damit Teil der Deko AG geworden. Beide Großbetriebe innerhalb des Kombinats wandelten sich in GmbH um und ließen nichts unversucht, um sich als Unternehmen zu etablieren.

Der VEB Plauener Gardine hatte innerhalb des Kombinats Deko eine besondere Stellung, da er nicht nur Leitbetrieb in der Erzeugnisgruppe Gardinen/Dekostoffe und damit für sieben weitere VEB verantwortlich, sondern seit 1984 aufgrund seiner Leistungsfähigkeit (größter und effektivster Betrieb im Kombinat) auch Stammbetrieb des Kombinats war. Die Umwandlung in die Plauener Gardine GmbH betraf hingegen nur den einzelnen ehemaligen VEB mit seinen 5 500 Mitarbeitern in drei Werken in Plauen (Plaugard), Falkenstein (Falgard) und Zwickau (Gardeko) und den Produktionsstätten, zwölf allein der Plaugard zugehörig. Günter Lippmann beschreibt in seinem Arbeitsmaterial zur Plauener Gardine die Herausforderung, die 1990 darin bestand, dass »versucht werden musste das große konzernähnliche Gebilde gleich einem Schiff in einem Sturm einigermaßen fahrtauglich zu halten, damit es ohne große Schäden neu Kurs aufnehmen kann. Bei den ›wechselnden Winden‹, also fast täglichen Neuigkeiten über diskutierte Lösungsansätze [...] war dies ein Unterfangen mit offenem Ausgang.«[3] »[...] einen Industriekoloss dieser Größe, den Erwartungen entsprechend, in kürzester Zeit grundlegend neu auszurichten«[4] und gleichzeitig die der Währungsunion folgenden Umsatz- und Renditeeinbrüche abzufangen, verlangte den Verantwortlichen alles ab. Ganze Produktionsstätten mussten infolge der Unverkäuflichkeit des Produzierten (fehlende Nachfrage) stillgelegt, ein viel zu großer Teil der Belegschaft entlassen werden. Mehrere Sanierungskonzeptionen entstanden, alle mit dem Ziel, ein verschlanktes Unternehmen mit rentabler Produktion zu etablieren. Man geriet in eine Art Abwärtsspirale, weil mit dem nicht endenden Rückgang der Umsätze auch immer schneller weitere Kapazitäten abgebaut werden mussten. Die frei werdenden Grundstücke und Gebäude konnten durch Verkauf dem Betrieb nützen. Mit der Berliner Wiebe-Textil-AG als Hauptanteilseigner und der Textilgruppe Hof (25 Prozent) waren Investoren gefunden, die 1992 immerhin 13 Produktionsstätten (7 Plaugard, 7 Falgard und 1 Gardeko) und 1 200 Beschäftigte übernahmen und mit denen sich große Hoffnungen verbanden. Aber die Insolvenz des Investors verhinderte eine Entwicklung, und die Geschäftsleitung beantragte ein Gesamtvollstreckungsverfahren des Traditionsbetriebs. Es konnte weiter produziert und nach einem Käufer gesucht werden, aber auf Basis eines Sozialplans erhielt zunächst die gesamte Belegschaft Kündigungen. 1995 war mit der Augsburger Carl Albani Gardinenfabrik GmbH & Co. ein neuer Investor gefunden. Allerdings beschränkte dieser die Übernahme auf die erst 1990 fertiggestellte, mit modernen Maschinen bestückte Produktionsstätte in der Elsteraue und übernahm nur 180 Beschäftigte.

Dr. Magerkord bezeichnete die Plauener Gardine GmbH & Co. noch am 21. August 2000 als »letztes größeres Textilunternehmen«,[5] 2008 gab es sie nicht mehr: geschlossen und die Produktion ins Ausland verlagert – kein Einzelschicksal, aber damit endete die 100-jährige Geschichte der Plauener Gardine. Die zum Unternehmen 1989 gehörenden Gebäude wurden zum Teil kommunalisiert und umgenutzt (Wohnungen, Innovationszentrum, Fördergesellschaft), manche stehen als Industrieruine mitten im Stadtbild, andere, zuletzt 2021 in der Louis-Ferdinand-Schönherr-Straße 6 (bis 1994 genutzt), wurden abgerissen und das Areal neu gestaltet.

⑤ Betriebsgelände des VEB Plauener Spitze, Weststraße 21/23 (Betriebsdirektion) mit Hinterhäusern I und II, 2021
Ina Schaller

2000/08

Wirtschaftliche Strukturen 413

Der VEB Plauener Spitze war innerhalb des Kombinats Deko als Leitbetrieb in der Erzeugnisgruppe Stickerei Spitze verantwortlich für 17 weitere Betriebe. Zum eigenen VEB gehörten drei Werke: in Plauen (zeitweise mit 20 Produktionsstätten), Dresden und Leipzig. Mit dem 11. Juli 1990 fand – auch in diesem Fall außerhalb der Deko AG – die Umwandlung in die Plauener Spitze GmbH statt, die Werke in Dresden und Leipzig gingen eigenständig diesen Weg. Im zweiten Halbjahr 1990 reduzierten sich die Mitarbeiter von rund 3 000 auf 1 942, Ende 1992 waren es noch 360, 1993 weniger als 20. Das Stammkapital hatte 1991 die Pfersee Kolbermoor AG Augsburg erworben, manche Produktionsstätte konnte reprivatisiert, andere durch MBO ausgegliedert werden. Verschiedene Unternehmen in branchenüblicher mittelständischer Größe entstanden. 1992 betrug der Umsatz nur noch 60 Prozent von dem, was 1991 erzielt worden war, zum 1. August 1993 wurde die eigene produktive Geschäftstätigkeit eingestellt.

Auch wenn der Großbetrieb nicht mehr existiert, so bleibt die Spitze doch Imageträger der Stadt. Bereits im April 1990 hatte sich der Branchenverband Plauener Spitze und Stickereien e.V. gegründet und die Marke Plauener Spitze® 1994 als geografische Herkunftsangabe, eine Mischung aus Qualitätssiegel und Dachmarke für alle regional erzeugten Stickereierzeugnisse, weltweit schützen lassen. Mitglieder und teilweise zugleich Lizenznehmer sind mehrere Stickereiunternehmen in der Stadt Plauen und im Vogtland, Forschungs- und Bildungseinrichtungen sowie private Personen.

2013 existierten 35 Familienbetriebe mit rund 1 000 Beschäftigten, und immer wieder wurde und wird in neueste Stickereitechnik investiert, spielt der Zukunftsmarkt mit technischen Stickereien und Stickverfahren auch zur Herstellung von Spezialtextilien eine Rolle – Raumtextilien wie Gardinen und Tischwäsche, Brautkleider und Accessoires für die Damenober- und -unterbekleidung bleiben Hauptprodukte der Branche. Statt eines Strukturbruchs darf man in diesem Bereich von einem Strukturwandel sprechen: Kleine, aber gut funktionierende Gewerbebetriebe entstanden – oder, wie es auf der Homepage der W. Reuter & Sohn Spitzen und Stickereien GmbH, einer Reprivatisierungs-Erfolgsgeschichte, heißt: »In den letzten drei Jahrzehnten nahmen engagierte Unternehmer, wie unsere Familie, das Schicksal der Stickereibranche im Vogtland wieder in ihre Hände.«

Das Spitzenfest wird jährlich gefeiert, eine Spitzenprinzessin seit 1996 gewählt, das Spitzenmuseum, die Schaustickerei Plauener Spitze im Obstgartenweg und der Verein Vogtländische Textilgeschichte Plauen e.V. vermitteln Spitzen-Geschichte. Es gab bis 2016 den Verein Deutsches Innovationszentrum für Stickerei e.V., den Showroom Lochkarte 36 und sogar einen internationalen Designpreis: plauen-vogtland stick-stich. Das Informations- und Designzentrum für Spitzen-, Stickerei- und Textilindustrie (IDZ) bewahrt die 250 000 Exponate umfassende historische Mustersammlung.

> ## Zusammenarbeit mit der Treuhandanstalt
>
> Rainer Maria Kett im Gespräch mit dem Geschäftsführer eines Stickereiunternehmens über dessen Erfahrungen:
>
> »[…] Unsere PGH und später der VEB entstand aus 60 Kleinstunternehmen mit 100 Maschinen und 300 Beschäftigten. […] Wir wollten das Unternehmen wieder entflechten und perspektivisch in zwei Betrieben verdichten. […] Die Zusammenarbeit mit der Treuhandanstalt gestaltete sich extrem schwierig: Ständig wechselten die Ansprechpartner mit Entscheidungskompetenz, man verstand weder die Struktur der Branche noch das Bilanzrecht, es sollte um jeden Preis an einen westdeutschen Investor verkauft werden – auf keinen Fall an Mitarbeiter. […] Erst als die Privatisierung durch diese Sturheit fast zum Erliegen kam, änderte man die Strategie. […] Die Treuhand wollte unsere Lösung nicht, nach zehn Verhandlungen waren wir keinen Schritt weiter und unsere Unterlagen landeten einfach im Müll, wo sie zum Glück jemand sicherstellte und uns zurückgab. Diese Haltung gefährdete auch die Existenz unserer Firma, weil uns die Banken wegen der Unsicherheiten kein Firmenkonto genehmigen wollten, obwohl wir gut produzierten und exportierten. […] Nach drei weiteren Jahren endlich Bewegung: Der VEB wurde in einen VEB i. L. umgewandelt, dann in eine PGH, danach in eine PGH i. L. und diese dann in die vorbereitete GmbH übertragen. Und obwohl die Umwandlungen nur juristisch und nicht gegenständlich erfolgten, denn der Gegenstand blieb ja immer gleich, wurde jedes Mal die Grunderwerbssteuer fällig. Wir zahlten also dreimal Grunderwerbssteuer, um hinterher dieselben Liegenschaften zu haben wie vorher. Dazu waren auch noch frühere Anteilseigner oder deren Erben auszuzahlen […]. Insgesamt dauerte die Abwicklung des ganzen Vorgangs mehr als vier Jahre. Wäre nicht so viel Zusammenhalt im Unternehmen gewesen, hätten wir es nicht geschafft.«

Die Elsteraue als Industriestandort ist auch seit 1990 nicht wegzudenken. Im Bereich Hammerstraße steht nicht nur das Heizkraftwerk und damit das mit 171,7 Metern höchste Bauwerk Plauens (Abb. 4, S. 399), sondern auch zahlreiche weitere Unternehmen nutzen dort Vorhandenes, errichteten Neues und möchten weiter ausbauen.

Die Wurzeln der Plauen Stahl Technologie GmbH (PST) lassen sich im VEB Metalleichtbaukombinat (MLK), Werk Plauen finden. 1990 war daraus die Stahlbau Plauen GmbH hervorgegangen, die in der Lentjes AG zunächst einen Investor fand, ab 2001 in der mg capital GmbH und erst seit 2003 durch die Neugründung als PST vollständig auf Erfolgskurs ist: anerkannter Spezialist für Brückenbau, Kraftwerksbau und Stahlkonstruktionen.

Der Plauener Apparate-Spezialist Tubetech besteht seit 2001 im Bereich der Hammerstraße, beschäftigt 65 Mitarbeiter und investiert weiter in den Standort.

Die Meiser Vogtland OHG befand sich zunächst auch im MLK-Gelände, wechselte dann aber wegen ihres Platzbedarfs ins Oelsnitzer Industriegebiet Johannisberg und entwickelte sich dort bis 2021 zum größten vogtländischen Industrie-Arbeitgeber.

Zudem siedelten sich am Leuchtsmühlenweg, im Gewerbegebiet Zellwolle, neue Unternehmen an. Der Ausgangspunkt für die Richard Köstner AG war der 1997 begründete Plauener Stahlhandel: H&S Stahlpartner

⑥
Drei Kleider im Spitzenmuseum Plauen, 2021
Uwe Fischer

Vitrine im Hintergrund: Kleid aus Plauener Tüllspitze, um 1910

Vitrine im Vordergrund: Rock und Bolero aus Plauener Ätzspitz (Luftspitze), um 1900

Kleid aus Plauener Spitze, Design: Irene Luft, München, getragen von Franziska Knuppe auf dem Wiener Opernball 2013

⑦ Plauener Stahl Technologie GmbH, 2021
© Plauen Stahl Technologie GmbH

Seit Ende 2020 kämpften die letzten Plauener MAN-Beschäftigten erneut um den Plauener Standort. Im März 2021 wurde die Übernahme von BMC durch die Firma Binz aus Ilmenau als Zweigniederlassung zum 1. April bekannt – damit kann ein Wirtschaftsstandort erhalten werden, aber das Ende des Plauener Busbaus bedeutet es trotzdem. Dabei schien zwischen 2011 und 2013 mit der Schaffung einer neuen Werksstruktur und 18 Millionen Euro Investitionen durch Neoplan, 2012 über 450 Mitarbeitern (1991 nur 147), ständig zunehmenden Aufträgen und wachsendem Umsatz alles nur bergauf zu gehen. Doch dann wechselten sich positive Nachrichten wie die Grundsteinlegung für die neue Neoplan-Lackiererei 2013 mit negativen wie der großen Entlassungswelle 2015 und anschließender Neuausrichtung ab. Hier zeigt sich wieder, dass auch innovative Unternehmen mit engagierten Arbeitnehmern vor einer Schließung nicht sicher sind.

Im März 2021 beantragte die Geschäftsführung der Firma E-Control-Glas im Gewerbegebiet Oberlosa zum Beispiel auch die Eröffnung eines Insolvenzverfahrens. Der Spezialglashersteller hatte seit 2009 elf Millionen Euro an seinem Plauener Standort investiert und beschäftigt 50 Mitarbeiter.

Die Industrie- und Handelskammer bestand seit 1991 wieder als Bezirkskammer und ab 1992 als Regionalkammer. Auch das traditionelle Gebäude in der Friedensstraße konnte im November 1992, 130 Jahre nach der Konstituierung der Plauener Handels- und Gewerbekammer, wiederum feierlich eingeweiht werden,

Plauen GmbH, mit Investitionen durch Haßmann GmbH & Co. Hof und Stahl-Schaff GmbH Schwarzenbach/Saale. 2000 übernahm zunächst der Mühl-Konzern den Betrieb und 2002 schließlich die Richard Köstner AG. Auch das MAN Bus Modification Center (BMC) befindet sich in diesem Bereich.

Unternehmen	2011	2013	2015	2017	2019	2020/21
BAP Boysen Abgassysteme Plauen GmbH & Co. KG	130	–	–	–	–	430
Car Trim GmbH Plauen	230	–	–	–	–	–
Finanzamt Plauen	–	–	–	–	–	239
Hydrauflex GmbH Plauen	–	–	200	–	–	über 100
Kaufland Plauen, Reichenbach, Rodewisch	520	500	500	500	470	450
Landratsamt Vogtlandkreis	1131	1016	1012	986	1043	1042
Manroland, Werk Plamag Plauen	816	250	geschlossen			
Meiser Vogtland OHG	664	770	797	770	700	802
Möbelhaus Biller Plauen	–	–	–	179	–	über 100
Neoplan Plauen – MAN BMC Plauen	442	446	210	–	–	über 100
Plauen Stahl Technologie GmbH						über 100
Sachsendruck – SDP Sachsendruck GmbH	–	260	–	–	–	über 100
Sparkasse Vogtland	766	766	758	549	530	521
Stadtverwaltung Plauen	695	849	839	795	826	850
Vogtländisches Kabelwerk GmbH Plauen	475	450	450	380	350	300
Vosla, zuvor Philips Technologie GmbH Plauen	440	355	325	336	200	über 100
ZWAV	275	257	248	243	249	230

Mitarbeiterzahl in ausgewählten Unternehmen

nachdem es von der Treuhand (Sitz der SED-Kreisleitung galt als Sondervermögen) rückübertragen worden war.

Die im März 1993 gegründete Initiative Plauen vereint die Plauener Gewerbetreibenden in ihrem Handeln für eine belebte Innenstadt und erarbeitet gemeinsam mit der Stadtplanung zum Beispiel Nutzungskonzepte.

Die Unternehmen der Textilbranche und im Maschinenbau verloren an Bedeutung, Automatisierung und Digitalisierung verringern die Anzahl der Beschäftigten weiter. Eine Vielzahl von Branchen und mittelständischen Unternehmen kennzeichnen die Situation 2020. Der Dienstleistungssektor dominiert mit rund 75 Prozent in der Wirtschaftsstruktur Plauens. Der größte Arbeitgeber war 1998 erstmals seit dem politischen Umbruch 1990 die Stadtverwaltung, das verdeutlichte auch den Schwund der großen Unternehmen. Rund 25 000 Arbeitnehmer, etwas mehr Männer als Frauen, beschäftigt in ungefähr 4 700 Unternehmen, über 100 Gaststätten und Cafés sowie 650 Einzelhandelsgeschäften, werden bei der Beschreibung des Wirtschaftsstandorts Plauen von dessen Wirtschaftsförderung benannt.

Werbung für den Standort Plauen

Schon unmittelbar in der tiefgreifendsten Umbruchphase entstand der Gedanke, das Potenzial der Region zu demonstrieren. Nach der Vertragsunterzeichnung mit der Firma Kinold-Ausstellungsgesellschaft konnten die Vorbereitungen beginnen: Im Gelände der Plauener Festhalle fand man das passende Areal und eine »mutmachende und zukunftsweisende« Vogtland-Regionalausstellung (VOREA) erlebte vom 22. September bis zum 4. Oktober 1992 den »Ansturm« Zehntausender Besucher (69 490), formulierte Dr. Magerkord über die erste VOREA mit 350 Ausstellern.[6] Alle zwei Jahre präsentierten Unternehmen ihre Produkte und warben für ihre Leistungen. Im Oktober 1994 eröffnete sie der sächsische Ministerpräsident Kurt Biedenkopf, auch 1996 und 1998 informierten sich zahlreiche Besucher, 2000 wurde die Wirtschaftsmesse weniger angenommen, im September 2004 konnten Besucher ein letztes Mal diese Vielfalt erleben.

Eine weitere Großveranstaltung mit regionaler und auch landesweiter Aufmerksamkeit sowie hohen Besucherzahlen ist der Europäische Bauernmarkt, der im Mai 1996 zum ersten Mal stattfand. Seither strömen im Frühjahr – coronabedingte Ausnahme 2021 – immer Tausende Besucher in die Festhalle des Möbelhauses Biller, um die ganze Breite an landwirtschaftlichen Produkten aus verschiedenen Ländern Europas kennenzulernen.

Seit 2014 lädt die »Schau auf Design« – als Treffpunkt innovativer Unternehmen der Region – an verschiedenen ehemaligen Plauener Industriestandorten

> ## Zur Entwicklung der Bevölkerung
>
> Die Internationale Statistikkonferenz von 1887 legte fest, dass alle Städte mit über 100 000 Einwohnern als Großstädte gelten. Landstädte haben unter 5 000 Einwohner, Kleinstädte weniger als 20 000 Einwohner und Mittelstädte unter 100 000 Einwohner.
>
> Betrachtet man Plauen unter diesem Gesichtspunkt, ergibt sich eine Entwicklung von der Kleinstadt über die Mittelstadt 1866/67 bis zur Großstadt 1904 sowie infolge der Bevölkerungsverluste nach dem Zweiten Weltkrieg zurück zur Mittelstadt. Die funktionale Stadtstruktur im Mittelalter und in der Neuzeit vor der Industriellen Revolution ähnelt trotz geringerer Bevölkerungszahlen der heutigen Stadtstruktur sehr.
>
> Die Zahlen der Geburten und Sterbefälle sind die Komponenten der natürlichen Bevölkerungsbewegung, während die Zu- und Fortzüge die räumliche abbilden. Diese Prozesse werden durch die unterschiedlichsten sozioökonomischen Aspekte beeinflusst.
>
> Der stetige Rückgang der Bevölkerung konnte auch durch die Eingemeindungen nicht aufgehalten werden. Die negative natürliche Bevölkerungsentwicklung wird durch eine negative räumliche begleitet. Die Überalterung der städtischen Bevölkerung ist auf die Abwanderung junger Menschen nach 1989 zurückzuführen. Von 1990 bis 2019 hatte sich der Anteil der unter 18-Jährigen um 32,7 Prozent verringert, während der Anteil der über 65-Jährigen im gleichen Zeitraum um 40,4 Prozent angewachsen ist. Seit 1971 hatte Plauen keinen Geburtenüberschuss mehr, das heißt, die Sterberate war immer höher als die Geburtenrate. Dagegen ist der Wanderungssaldo, der 1990 negativ war, seit 2009 wieder im positiven Bereich. Uwe Ulrich Jäschke

Ina Schaller

1992/2004

(2014 und 2015 Plamag-Gelände, 2016 und 2018 Plauener Gardine in der Elsteraue) zum Staunen über das kreative Potenzial der Region ein.

Als Markenbotschafterin für die Stadt darf man das Amt der Plauener Spitzenprinzessin bezeichnen, das seit September 1996 existiert: Katja Balzer folgten Nadien Riedel (ab 1999), Yamina Hadji (ab 2004), Sophie Gürtler (ab 2007), Maria Nenner (ab 2010), Rika Maetzig (ab 2013), Barbara Riss (ab 2017) und Maxi Schulz (ab 2021).

Von den in der DDR vorhandenen Neonschrift-Werbeanlagen der VEB Plauener Gardine, Wema, Voka, Damenmäntel Plauen, Plauener Spitze, Vowetex Plauen, Glühlampenwerk Plauen (bis 2007 noch »Narva. Autolampen aus Plauen« an der Pausaer Straße) ist 2021 nichts mehr zu sehen, nur Sternquell leuchtet noch, allerdings erneuert, am alten Standort.

Wirtschaftliche Strukturen **417**

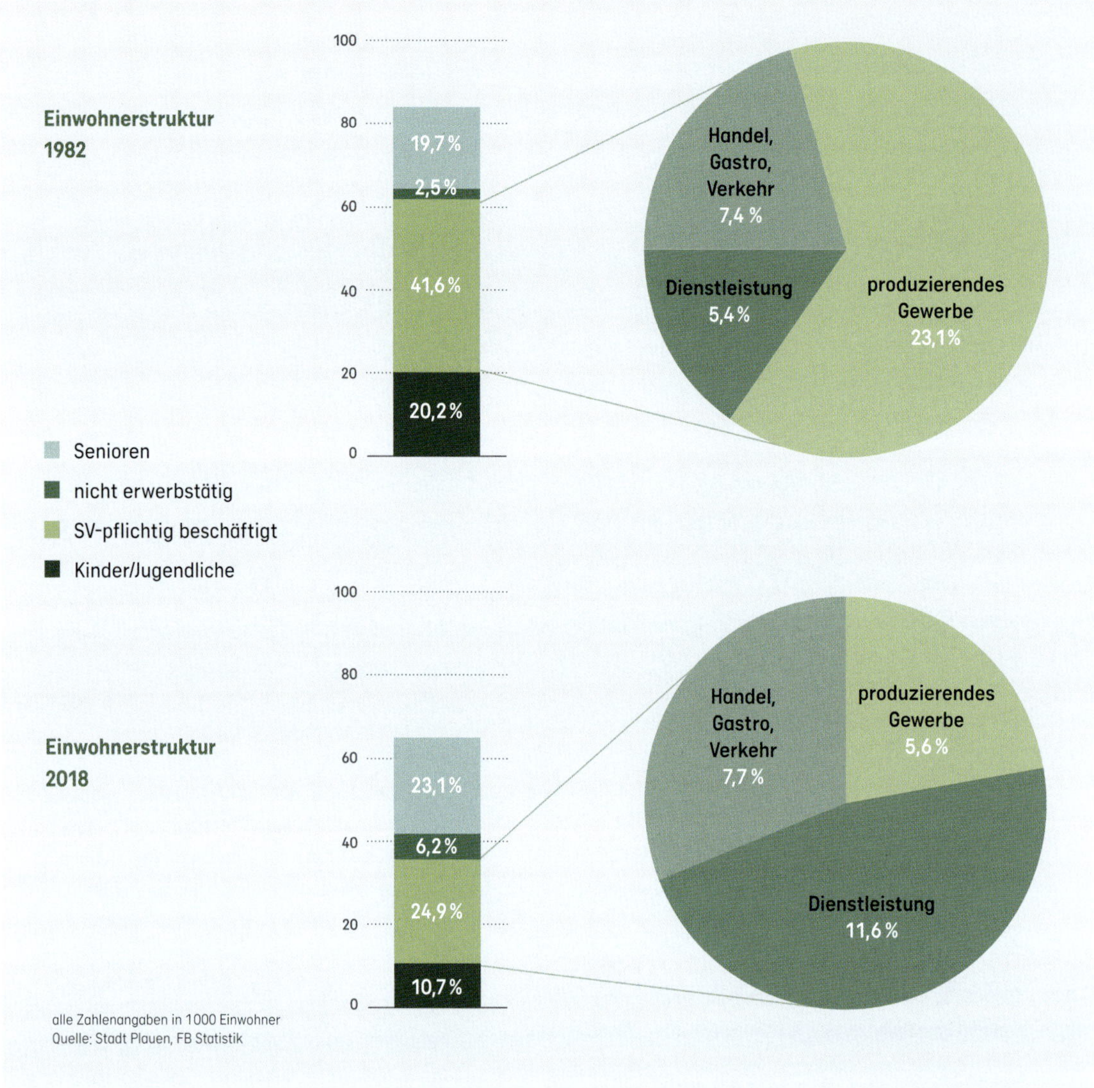

Einwohnerstruktur 1982

- Senioren: 19,7 %
- nicht erwerbstätig: 2,5 %
- SV-pflichtig beschäftigt: 41,6 %
- Kinder/Jugendliche: 20,2 %

Handel, Gastro, Verkehr 7,4 %
Dienstleistung 5,4 %
produzierendes Gewerbe 23,1 %

Einwohnerstruktur 2018

- Senioren: 23,1 %
- nicht erwerbstätig: 6,2 %
- SV-pflichtig beschäftigt: 24,9 %
- Kinder/Jugendliche: 10,7 %

Handel, Gastro, Verkehr 7,7 %
produzierendes Gewerbe 5,6 %
Dienstleistung 11,6 %

alle Zahlenangaben in 1000 Einwohner
Quelle: Stadt Plauen, FB Statistik

⑧ Entwicklung von Einwohnerzahl und Branchen, 1982 und 2018
Gestaltung Rainer Maria Kett

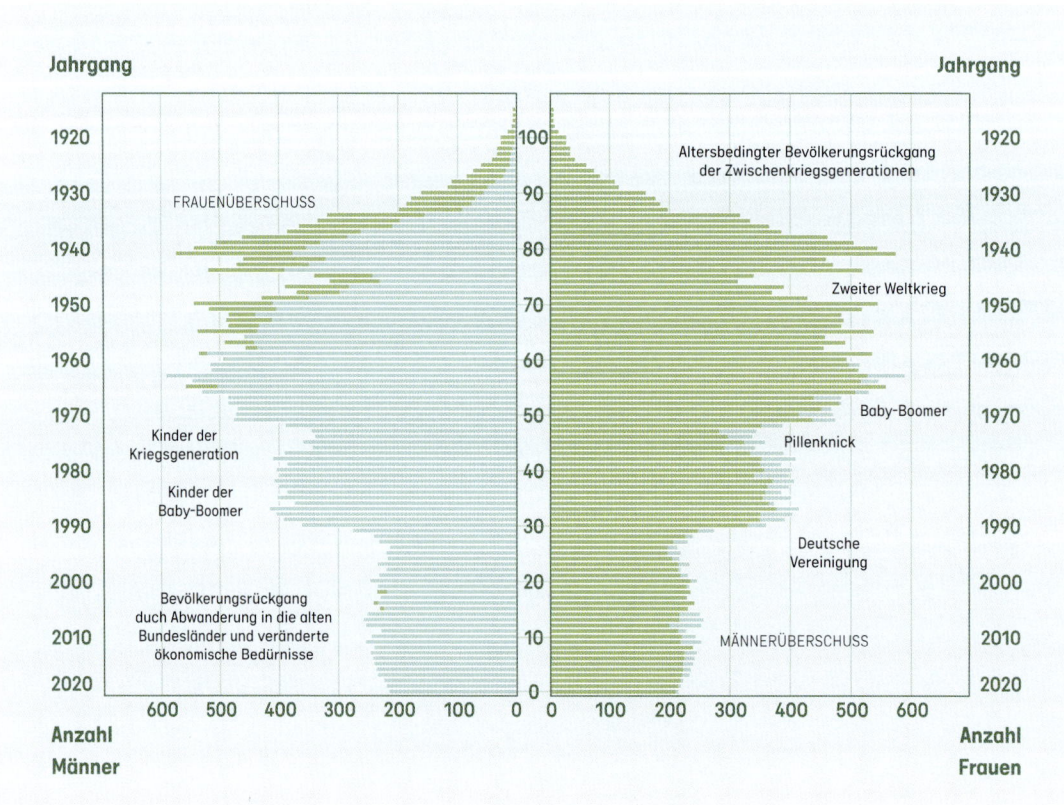

⑨ Altersstruktur der Stadt Plauen, 2020
Gestaltung Uwe Ulrich Jäschke

418 Plauen in einem offenen politisch-gesellschaftlichen Transformationsprozess

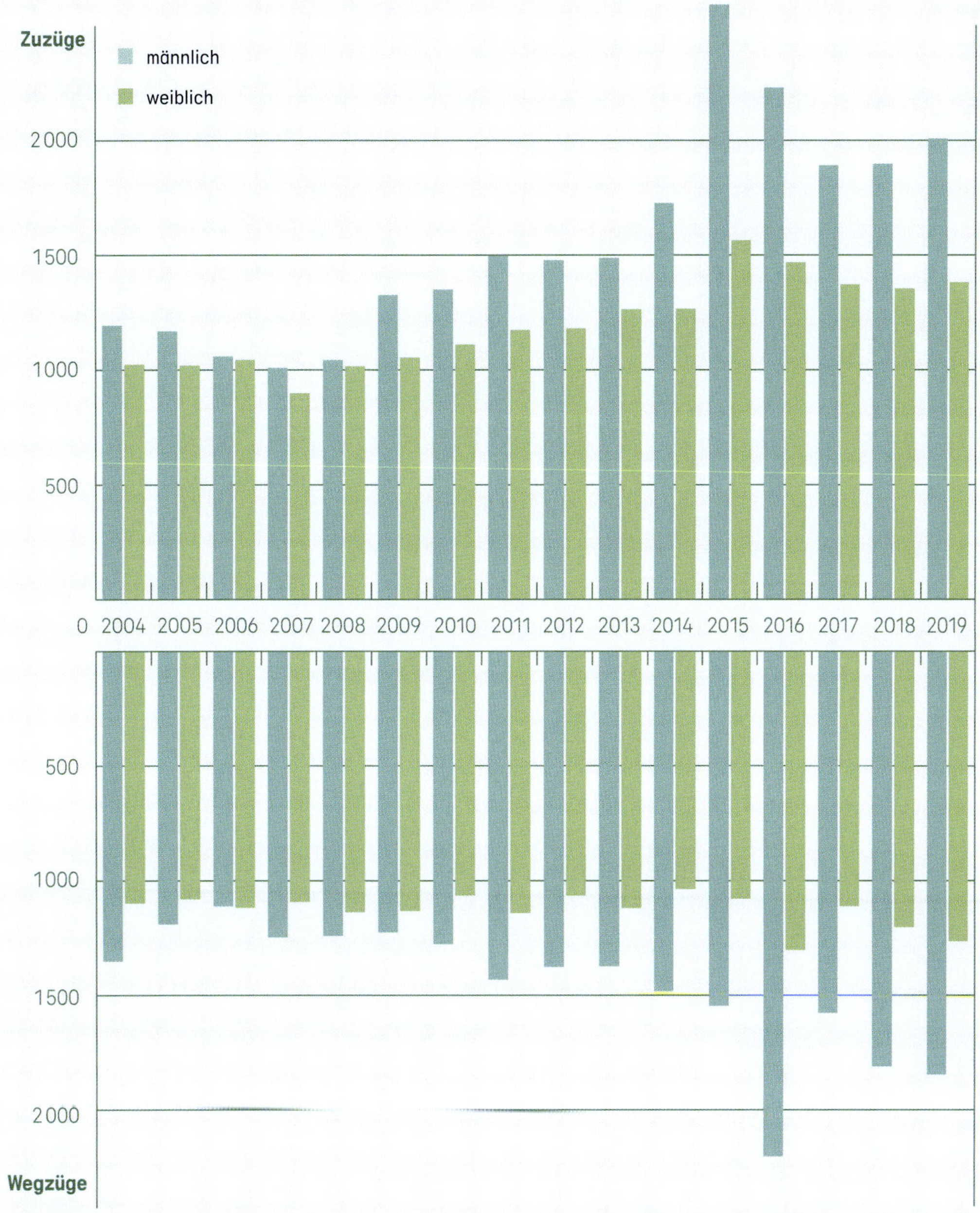

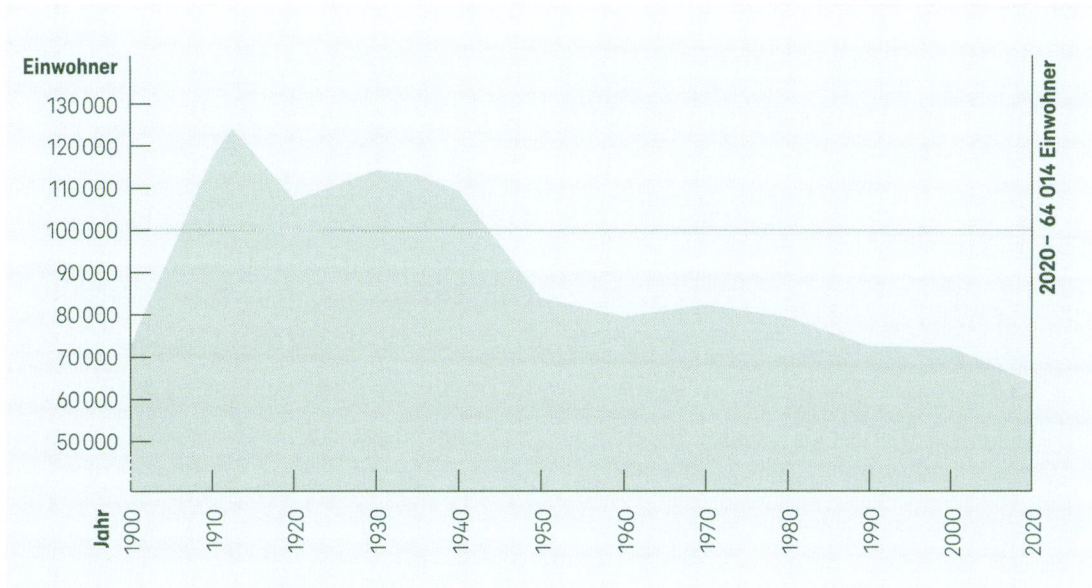

⑩ Weg- und Zuzüge, von 2004 bis 2019

⑪ Einwohnerzahlen, von 1900 bis 2020

Wirtschaftliche Strukturen 419

Peter Albrecht
Ina Schaller

Infrastruktur

Das Leben einer Stadt und insbesondere die Wirtschaft basieren auf einer leistungsfähigen Infrastruktur. Im engeren Sinne betrifft dies den Verkehr (Straßenbau, Anschluss ans Autobahnnetz, Individualverkehr, öffentlicher Nahverkehr, Bahnnetz – Elektrifizierung, Personenfern- und Güterverkehr usw.), aber auch alle Einrichtungen, die als Schaltzentralen bezeichnet werden können. Plauen verlor zum Beispiel die Handwerkskammer, die Bahn- und Brückenmeisterei und die Güterabfertigung, erhielt aber im Juli 1995 die modernste Autobahnmeisterei Sachsens.

Die Herstellung der sächsisch-bayrischen Autobahnverbindung war ein prestigeträchtiger Akt: Bereits im November 1991 konnte der erste Bauabschnitt der A 72 (Hof–Chemnitz) zwischen den Anschlussstellen Plauen-Süd und Plauen-Ost freigegeben werden, im September 1993 war die Autobahnbrücke bei Pirk vierspurig ausgebaut. Und mit dem seit Januar 1991 fast ununterbrochen verfügbaren PL-Kennzeichen lässt sich zeigen, wer man ist.

— 1993

Auch bei der Bahn stand zunächst die zweigleisige Verknüpfung von Plauen und Hof im Zentrum – im Mai 1993 konnte der Lückenschluss gefeiert werden. Die Stadt war damit endgültig an die zum Kernnetz der Deutschen Bahn AG gehörenden Strecken angeschlossen, Eisenbahnknotenpunkt der Verbindungen zwischen Leipzig/Dresden–Nürnberg, Zwickau–Marienbad und Gera–Eger geworden. Das euroregionale Nahverkehrssystem EgroNet wurde im Mai 2002 eröffnet. Vogtlandbahn und DB Regio bewirtschaften den regionalen Schienenpersonennahverkehr.

⑫
Oberer Bahnhof, 2018
Ina Schaller

Die Bahnhöfe veränderten sich grundlegend. Nach dem Ende der DDR verfügte die Stadt über vier Bahnhöfe und einen Haltepunkt: den Oberen, den Unteren und den Westbahnhof sowie den Bahnhof Chrieschwitz und den Haltepunkt Zellwolle. Der Wegfall von Rangiermöglichkeiten und die Beschränkung auf Aus- und Einstieg führten dazu, dass nur der Obere Bahnhof erhalten blieb. Aus dem Westbahnhof wurde der Haltepunkt Plauen-West, hinzu kamen der neu erbaute Haltepunkt Plauen-Mitte und in den eingemeindeten Ortsteilen die Haltepunkte Straßberg (seit 2004) und Jößnitz. Im Zuge der Inbetriebnahme von Plauen-Mitte an der Reichenbacher Straße wurden 2015 die ebenfalls an der Strecke Weischlitz–Gera liegenden Stationen Unterer Bahnhof, Zellwolle und endgültig auch Chrieschwitz aufgelassen.

Der Obere Bahnhof, der bei seiner Einweihung am 21. Dezember 1973 als modernster Bahnhof der DDR galt, steht seit 2007 mit seiner Architektur und der von den bildenden Künstlern Martin Schmidt und Walther Rahm künstlerisch gestalteten Wand in der lichtdurchfluteten Empfangshalle als der bedeutendste Großbahnhof aus der Nachkriegszeit in Sachsen unter Denkmalschutz. Jede Veränderung im gesamten Bahnhofsgebäude und -gelände, vom Verbindungsgang zu den Bahnsteigen über den Vorplatz mit Treppen- und Grünanlage bis hin zum ehemaligen Busbahnhof (heute Parkplatz) mit Gebäude, aber auch einschließlich des gesperrten hinteren Zugangs zu den Bahnsteigen vom alten Busbahnhof aus, bedarf somit der Zustimmung der Behörde.

Seit der Sanierung 2011 zeigt sich die Halle mit frischer Farbe an den Wänden und einer erneuerten Glasfassade. Allerdings hat sich im Inneren in den vergan-

genen 30 Jahren viel mehr geändert. In der ehemaligen Mitropa-Gaststätte befindet sich – nach verschiedenen anderen Nutzungen – 2021 eine Spielothek. Zeitungskiosk sowie Bistro im vorderen Bereich der Empfangshalle stehen leer, der Zeitungsladen ist näher an den Verbindungsgang zu den Bahnsteigen gezogen. Die Räume in den oberen Etagen, die um das Jahr 2000 herum noch von Vereinen und auch Parteien für Versammlungen, Veranstaltungen und Ausstellungen genutzt werden konnten, vermietet das Verkehrsunternehmen nicht mehr. Den Fahrkartenverkauf betreibt mittlerweile ein Privatunternehmen. Der »einzige Anlaufpunkt des Vogtlandkreises für Fahrplanauskunft und Ticketverkauf der verschiedenen Bahnunternehmen« steht 2021 zur Diskussion, eine »Nahverkehrs-Schnittstelle ohne Auskunft« könnte Realität werden.[7] Die Weichen auf dem Bahnhof stellt seit 2006 ein elektronisches Stellwerk in Leipzig. Von dort kommen auch die Bahnhofsansagen.

Der Außenbereich des Bahnhofs wurde in den 1990er-Jahren umgebaut. Im hinteren Bereich nahe der Kuntzestraße, wo früher die Busse abfuhren, befinden sich nun Parkmöglichkeiten für Omnibusse und Pkw. An der Stelle des früheren Parkplatzes nahe dem Seiteneingang zum Empfangsgebäude entstand der Busbahnhof mit Straßenbahnhaltestelle (ÖPNV-Schnittstelle = Verknüpfungsstelle des öffentlichen Personennahverkehrs). Die Unterführung im hinteren Bereich der Bahnsteige, durch die Reisende auf kurzem Weg zum ehemaligen Busbahnhof gelangten, ist gesperrt und liegt brach. Aufzüge ermöglichen Rollstuhlfahrern und Familien mit Kinderwagen den bequemen Zugang zu den Bahnsteigen. Seit 2012 fahren die Züge mit elektrischer Energie, die Elektrifizierung der Strecke von Reichenbach bis Plauen, auf die bereits zu DDR-Zeiten gewartet wurde, ist bis nach Hof gelungen.

Der Bahnsteig des 1923 eingeweihten Bahnhofs Chrieschwitz war Anfang der 2000er-Jahre schon seit Längerem nur über die 1984 errichtete Fußgängerbrücke zu erreichen. Weil dieses Bauwerk derart marode geworden war, dass es Anfang März 2006 gesperrt werden musste, ging das mit der Schließung der Anlage einher. Acht Jahre später diente Plauen-Chrieschwitz während des Baus des neuen Haltepunkts Plauen-Mitte für etwa 18 Monate noch einmal als Ersatz. Damit das möglich wurde, ließ die Stadt einen Überweg über die Gleise bauen. Die Fahrgäste der Elstertalbahn kamen mit dem Schienenersatzverkehr aus Richtung Weischlitz und gelangten von Chrieschwitz aus mit der Vogtlandbahn nach Greiz und Gera. Nach der Fertigstellung von Plauen-Mitte 2015 war damit Schluss. Das Stadtzentrum ist durch diesen nun etwas besser als früher an die Elstertalbahn angeschlossen. Eine direkt vor dem Haltepunkt errichtete Straßenbahnhaltestelle sowie eine Bushaltestelle sorgen für die Anbindung an den städtischen Personennahverkehr. Dazu kommen Parkplätze für die Pkw der Reisenden. Die Bauarbeiten für das am Ende 11,5 Millionen Euro teure Projekt einer neuen ÖPNV-

⑬
Haltepunkt Plauen-Mitte (ÖPNV-Schnittstelle), 2021
Ina Schaller

Schnittstelle, zu der neben dem Haltepunkt mit der Anbindung an den Nahverkehr auch eine neue Eisenbahnbrücke über die Reichenbacher Straße sowie eine zusätzliche Fahrspur dieser Trasse bis zur Bismarckstraße gehörten, begannen im Herbst 2012 mit dem Bau der Gewerbestraße »An der Meisterei«. Bis zur Übergabe dauerte es drei Jahre.

Außerdem ist der Haltepunkt Plauen-Straßberg (seit 1990 ein Plauener Ortsteil) ein gutes Beispiel für die Veränderung bei der Bahn: Die Station (Inbetriebnahme 2004) besteht aus einem 120 Meter langen Bahnsteig, der über eine Zufahrt auch für Rollstuhlfahrer erreichbar ist. Dazu kommen Parkplätze und eine Haltestelle, von der aus man mit dem Linientaxi der Straßenbahn und dem Rufbus weiterfahren kann. Ein eigentliches Bahnhofsgebäude, wie es historisch am geschlossenen Unteren Bahnhof existierte, wird heute bei wenig frequentierten Haltepunkten nicht mehr errichtet.

Der Stolz der Plauener auf ihre Straßenbahn spiegelt sich in aufwendigen Jubiläumsfeiern, zum Beispiel füllte 1994 die Jubiläumsparade anlässlich von 100 Jahren Betriebserlaubnis die Straßen, aber auch in der Nutzung der »Bierelektrischen« und dem Kampf für den Erhalt des gesamten Netzes wider. Der VEB Straßenbahn Plauen wurde zunächst aus dem VEB Verkehrskombinat Karl-Marx-Stadt herausgelöst und in die Plauener Straßenbahn GmbH umgewandelt, die eine Eigengesellschaft der Stadt Plauen ist. Man entschied sich 1992, die 25 seit 1976 eingesetzten Tatra-Straßenbahnzüge zu modernisieren und baute 1996 eine energiesparende Choppersteuerung ein. Bereits im Verkehrsentwicklungsplan 1993 waren zwei Stadtbuslinien geplant, um nicht ans Straßenbahnnetz angeschlossene Stadtgebiete problemfrei erreichen zu können. Am 1. November 1995 eröffnete Dr. Magerkord die 14 Haltestellen umfassende und fünf Kilometer lange Stadtbuslinie zwischen Stadtpark/Bethanien und Chrieschwitz/Friesenbrücke. Am Oberen Bahnhof (1999) und am Postplatz (2001) entstanden neue ÖPNV-Schnittstellen, im Mai 2010 konnte der neue Betriebshof nach Um-, Aus-

Wirtschaftliche Strukturen **421**

2007

und Neubau übergeben« werden. Seit 2007 gibt es vier Stadtbuslinien mit 25 Haltestellen, die den Chrieschwitzer Hang, Ostvorstadt, Stadtpark und Unteren Bahnhof erschließen, die Straßenbahnlinie 2 zum Unteren Bahnhof wurde in diesem Zusammenhang ein- und der Abendverkehr der Straßenbahn auf Nachtbuslinien umgestellt. Die zwei ersten Niederflurbahnen fuhren 2013 durch Plauen, und 80 Prozent der Infrastruktur sind grundhaft erneuert. 2018 standen 15 Kurzgelenktriebwagen und neun Niederflurgelenktriebwagen sowie sechs Niederflurbusse, auf zehn Linien, davon vier Stadtbuslinien, für die Plauener zur Verfügung. Wenn alles wie gewünscht verläuft, dann ist die Straßenbahn in Plauen bis 2043 erst einmal gesichert. Und der Werbung der Plauener Straßenbahn GmbH ist nichts hinzuzufügen: »Lebenslinien unserer Stadt. Gestern – Heute – Morgen … wir gehören dazu!«

Ein Zweckverband ÖPNV Vogtland (ZVV) entstand 1994 mit dem Ziel, neben der Organisation des Personennahverkehrs ein integriertes Bahn-Bus-System im Verbandsgebiet zu schaffen. Seit 1998 war die Mobilitätszentrale, inzwischen Tourismus- und Verkehrszentrale Vogtland, Kommunikations- und Servicestelle für alle ÖPNV-Nutzer. Eine schöne Schlagzeile 2021 lautet: »Plauen ist das Nahverkehrs-Drehkreuz im Vogtland und Vierländereck.«[8]

Und trotzdem spielt auch der Ausbau innerstädtischer Straßen (fast 400 Kilometer) und Fußwege eine große Rolle (mehr dazu unter Stadtsanierung). Der im Vergleich zur DDR stets steigende Motorisierungsgrad, der erhöhte Parkraumbedarf und der zunehmende Freizeitverkehr fordern den Stadtplanern viel ab. Seit 1995 existiert ein Parkraumkonzept, das seitdem bedarfsgerecht fortgeschrieben wird. In den Parkhäusern und Tiefgaragen der Innenstadt stehen fast 1 500, in größeren Parkbereichen der Stadt nahezu 400 und im öffentlichen Straßenraum weitere 500 Pkw-Stellplätze zur Verfügung. Am Behördenzentrum und im Bereich der Festhalle gibt es Raum für 330 beziehungsweise 500 Pkw.

Ina Schaller

Gern hätten die Verantwortlichen in den 90er-Jahren Plauens alten Flugplatz in der Gemeinde Kauschwitz wieder aufgebaut. Nachdem alle Bemühungen in dieser Richtung aufgegeben werden mussten, »kam es überregional mit der Partnerstadt Hof zur Gründung einer Flughafen Hof-Plauen GmbH & Co. KG. mit Einbeziehung der Landkreise Hof und Vogtland«.[9] Ein gemeinsamer Regionalflughafen ist besser als gar kein Anschluss an den Flugverkehr, war der Gedanke, aber 2018 zog sich der Vogtlandkreis als Mitbetreiber zurück, nur der Name bleibt.

2018

Bereits 1992 »erstreckte sich das Baugeschehen auf alle Stadtteile Plauens. Straßenbau, Wohnungsneubau, Baulückenschließung, Erdgas-, Strom- und Fernwärmeversorgung durch westdeutsche Unternehmen führten zu einer spürbaren Verbesserung der städtischen Infrastruktur«.[10] »Wenn Bautätigkeit mit geringen Eigenmitteln zu sichtbaren und spürbaren Verbesserungen der Infrastruktur führen soll, müssen die Projekte mit Bundes- und Landesmitteln förderfähig sein.

Parallel dazu muss jeder Beitrag privater Investoren genutzt werden.«[11] Diese von Dr. Magerkord 1993 formulierte Sichtweise hat sich durchgesetzt, und so wird in Plauen nicht nur mit Fördergeldern aus dem Freistaat und vom Bund gebaut, sondern auch mit europäischen – zum Beispiel für die Neugestaltung der Elsteraue.

Wenn alle von Industrie-, aber auch Arbeits- und Lernwelt 4.0 sprechen, dann muss der Stand der Digitalisierung ebenfalls kurz betrachtet werden. Deutschlandweit haben 60 Prozent der Haushalte Breitband-Internet mit mindestens 1 000 Mbit/s, Sachsen hinkt mit 45 Prozent etwas hinterher. Breitband definierte die Bundesregierung übrigens in ihrer Breitbandstrategie vom Februar 2009 mit einer Datenübertragungsrate von mindestens 1 Mbit/s. Eine zweistellige Millionensumme wurde bisher in Plauen in die digitale Infrastruktur investiert, und fast 50 Prozent der erforderlichen Tiefbauarbeiten zum Gesamtnetz sind abgeschlossen. Verschiedene Anbieter stellen den Plauenern Internetanschlüsse bereit. Das Kabelinternet können 60 Prozent der Plauener Haushalte mit Geschwindigkeiten zwischen 16 und 250 Mbit/s nutzen. Weitere 35 Prozent verfügen über Glasfaseranschlüsse mit Übertragungsraten zwischen 30 und 250 Mbit/s, 18 Prozent haben 1 000 Mbit/s zur Verfügung. Die Mittel aus dem DigitalPakt Schule helfen bei der Digitalisierung der Schulen. In den Unternehmen muss aus Wirtschaftlichkeitsgründen ohnehin vernetzter gedacht und gehandelt werden. Ohne ein leistungsfähiges Internet ist erfolgreiches wirtschaftliches Handeln nicht denkbar.

Industrie- und Gewerbegebiete

Im Jahr 1990 bestanden nur innerstädtische Gewerbeflächen, seit 1991 wurden ehemalige landwirtschaftliche und militärische Standorte umgenutzt sowie Pläne »auf der grünen Wiese« entworfen – 2021 werden ungefähr fünf Prozent des Stadtgebiets als Industrie- und Gewerbefläche genutzt. Bereits in der DDR gab es das Bestreben, Industrie aus dem Stadtzentrum an den Rand zu verlagern. In der ersten Hälfte der 90er-Jahre spielten dabei zunächst das Verhältnis und der Nutzen von privaten und städtischen Investitionen im gleichen Bereich (Einzelhandel oder Einkaufszentren), der oft kostenaufwendige Um- und Ausbau von Vorhandenem im Stadtgebiet oder der Neubau außerhalb oder gar die Nutzung der Angebote von Fremdanbietern eine große Rolle. Es galt, Industriestandorte zu erhalten sowie zugleich neue Industrie- und Gewerbegebiete auszuweisen und zu erschließen, um den Erfordernissen an eine zeitgemäße Produktion und moderne Arbeitsbedingungen, auch für die mögliche Ansiedlung von Industrie, klein- und mittelständischem Gewerbe sowie Handelseinrichtungen, gerecht zu werden. Flächen in Oberlosa und Neuensalz gerieten in den Fokus, und die Stadt verhandelte mit dem Landkreis Plauen.

Flächennutzungsplan der Stadt Plauen

wirksam seit 7. Oktober 2011

--- Auszug ---

Legende
- Wohnbaufläche
- Gemischte Baufläche
- Gewerbliche Baufläche
- Sonderbaufläche
- Kerngebiet
- Fläche für den Gemeinbedarf
- Sonstige Hauptverkehrsstraße
- Versorgungsanlagen, Abfall und Abwasserbeseitigung
- Grünfläche
- Wasserfläche
- Fläche für die Landwirtschaft
- Fläche für Wald
- Bahnanlagen
- Autobahn und autobahnähnliche Straße
- Gemarkungsgrenze

Geodaten © Stadt Plauen 2021

Flächennutzungsplan der Stadt Plauen

Wirtschaftliche Strukturen 423

Vom naturnahen zum urbanen Flächennutzungsbild

Mit der zunehmenden Urbanisierung Mitte des 19. Jahrhunderts dehnten sich die bebauten Flächen innerhalb der Stadt Plauen aus. Das ländlich geprägte Weichbild mit Feldern, Wiesen, Weiden und Gärten wandelte sich in einen Verstädterungsraum. Dadurch verringerten sich die naturnahen zugunsten der städtischen Nutzungsarten.

Der Bebauungsflächenmangel wurde durch Eingemeindungen (Abb. 9, S. 405) kompensiert, die zugleich den Anteil der landwirtschaftlichen Nutzfläche auf 53 Prozent erhöhten; damit ist Plauen führend unter den fünf größten Städten Sachsens. Während in der Regel die Randlagen großer Städte suburbanisiert oder industrialisiert sind, weist Plauen eine rein ländliche Stadtrandzone auf. Ringförmig umschließen landwirtschaftlich genutzte Flächen und Waldgebiete im Norden und Süden den Stadtraum. Mit einer Waldfläche von 19 Prozent folgt Plauen der Landeshauptstadt Dresden mit 21 Prozent.

Nur 28 Prozent des Stadtgebiets sind bebaut. Vor allem nach dem Ersten Weltkrieg entstanden teilweise mit Eigenheimen durchmischte Gartenanlagen, ab 1961 die in industrieller Bauweise errichteten Wohngebiete in offen strukturierter Form. Die seit 1990 geschaffenen Gewerbegebiete finden sich in Stadtrandlage mit guter Verkehrsanbindung.   Uwe Ulrich Jäschke

»Im grundhaft erschlossenen Industrie- und Gewerbegebiet Neuensalz überraschte Sachsens Wirtschaftsminister Schommer Landrat Röhn und mich mit einem Fördermittel Scheck von 42 Millionen Mark und der Nachricht eines Invest-Vorhabens der Textilgruppe Hof gemeinsam mit Unternehmen aus den USA in Höhe von 236 Millionen Mark. Gleich dem Werk in Hof-Moschendorf soll das neue Werk ab 1995 466 neue Arbeitsplätze auf dem ›Bekleidungssektor‹ bereitstellen [...]. Keine 14 Tage später: TEXTILGRUPPE HOF zieht sich zurück. Für mich die größte Enttäuschung des Jahres.«[12] Diese Aussage Dr. Magerkords von 1993 ist ein gutes Beispiel für die Unsicherheit vieler Entwicklungen, auch die Plauener Gardine GmbH hatte ihre Hoffnungen in die Textilgruppe Hof gesetzt. Auf der einen Seite siedelten sich Betriebe in den Gewerbegebieten an, andererseits gab es Absagen von Investoren und Betriebsschließungen mit weiteren Entlassungen. »Der Gewinn und der Verlust an Arbeitsplätzen im Gewerbe- und Industriebereich glichen sich nicht aus.«[13] Und trotz solcher Rückschläge gab niemand auf, suchten die Verantwortlichen immer wieder neue Wege, um notwendige Entwicklungen realisieren zu können. Die Unterstützung der Ansiedlung von Betrieben in den Gewerbegebieten Neuensalz, Reißig und Gut Reusa sowie die Umnutzung von kleineren Industriebrachen und leerstehenden Industriegebäuden liefen 1994 parallel ab, von 700 Baustellen im Stadtgebiet spricht Dr. Magerkord. Die »durch Fehlplanung sog. Projektgesellschaften entstandenen gewaltigen Baugruben am Dittrichplatz und im Randbereich des Goetheplatzes«[14] konnten an potenzielle Bauträger vermittelt werden, anderes Wünschenswerte ließ sich auch weiterhin nicht realisieren. Ende der 90er-Jahre verringerte sich die Bautätigkeit, gleichzeitig gab es aber auch immer wieder Investitionen in größere Projekte. Der Ausbau der Plauener Industrie- und

		2002	2003	2004	2005	2006	2007	2008	2009	2010	2011
Gesamtfläche		375 ha	372 ha		384 ha			412 ha			
Fläche in Gebieten		135 ha	134 ha		147 ha			175 ha			
städtische Industrie- und Gewerbegebiete		6						7			
	Industrie- und Gewerbegebiet – 1991/1993 – Neuensalz/Nord – 46,6 ha											
	Gewerbegebiet – 1996 – Neuensalz/Süd – 12,3 ha											
	Gewerbegebiet – 1991 – Zadera – 13,2 ha											
	Gewerbepark – 1993/1994 – Reißig – 21,6 ha /17,4 ha											
	Mischgebiet – 1993 – Gut Reusa – 5,8 ha											
	Gewerbepark – 1998 – Schöpsdrehe – 8,1 ha											
	Industrie- und Gewerbegebiet – 1993/2006 – Oberlosa Teil 2a – 27,7 ha/27,1 ha											
städtische Entwicklungsflächen	Kauschwitz – 45,5 ha											
	Oberlosa Teil 2b – 25 ha											
	Oberlosa Teil 1 – 20 ha/13 ha											
Firmen		86	88	91	92	96	97	100	101		95
nicht-städtische Industrie- und Gewerbegebiete		2			3						
	Gewerbegebiet Chrieschwitz/Am Alten Postweg											
	Gewerbegebiet – 1995 – Zellwolle/Leuchtsmühlenweg											
	Industrie- und Gewerbegebiet – 2004 – Logistikpark Plauen-Vogtland/Wema											
Firmen		20	14		25			26			

Gewerbe- und Industrieflächen in ihrer Entwicklung (alle Angaben gerundet)

(15) Gewerbegebiet Neuensalz/Nord, 2020
Stadt Plauen, Oliver Orgs

Gewerbegebiete gelang, 2021 sind nur noch kleinere Grundstücke frei, die Ansiedlung größerer Unternehmen ist nicht mehr möglich.

Im Industrie- und Gewerbegebiet Oberlosa investierten zuletzt 2014/15 die Rubinmühle Vogtland, Stammsitz in Lahr/Baden-Württemberg, und das Maschinenbauunternehmen VCM GmbH in neue Standorte. Neben der modernsten Hafermühle Europas mit einer Kapazität von 150 000 Tonnen an Getreideprodukten im Jahr entstanden drei hochmoderne Produktionshallen zur Fertigung von Hightech-Werkzeugmaschinen. Die BAP Boysen Abgassysteme Plauen GmbH & Co. KG beispielsweise erweiterte 2018 mit einer zweiten Produktionshalle ihr 2008 angesiedeltes Unternehmen.

Mehr als 3 000 Beschäftigte arbeiten in den zehn Plauener Gewerbegebieten. Im Internetauftritt der Stadt und im Gewerbeflächenreport der IHK gibt es detaillierte Angaben dazu. Im Bewusstsein der Notwendigkeit, weitere Standorte schaffen zu müssen, um größere Unternehmerwünsche erfüllen zu können, arbeiten die Stadtverantwortlichen seit Anfang 2000 an der Sicherung der notwendigen Flurstücke zur Schaffung von Entwicklungs- oder Potenzialflächen (Vorsorgestandorten): in Kauschwitz (45 Hektar), Oberlosa Teil 2 b (25 Hektar) und Oberlosa Teil 1 (13 Hektar). Niemand mag Schlagzeilen wie: »Bis zu drei Investoren entgehen dem Vogtland jeden Monat«[15] – aber die Erschließung gestaltet sich schwierig.

Handel im Wandel

Die Einzelhandelslandschaft in Plauen hat sich in den Jahren zwischen 1990 und 2020 grundlegend verändert. Mit rund 30 000 Quadratmetern Verkaufsfläche, verteilt auf 461 Geschäfte, startete der Plauener Einzelhandel in die freie Marktwirtschaft. Bis dahin dominierten die staatliche Handelsorganisation (HO) und die Konsum-Genossenschaft das Warenangebot, prägten Kaufhallen in den Wohngebieten und kleinteiliger Einzelhandel die Einzelhandelsstruktur. Vor allem das Warenhaus im Stadtzentrum und die Einzelhändler in der Bahnhofstraße lockten traditionell die Vogtländer zum Einkaufen nach Plauen.

Mit der Währungsunion am 1. Juli 1990 änderte sich das Einkaufsverhalten der Vogtländer und der Plauener. Durch die Nähe zur ehemaligen Grenze kam es zu einem enormen Einkaufstourismus nach Oberfranken, vor allem in das benachbarte Hof, um dort die attraktiven Angebote der Fach- und Supermärkte und des etablierten inhabergeführten Einzelhandels zu nutzen. Plauener Kaufkraft floss dorthin ab.

In der Plauener Bevölkerung wuchs der Wunsch nach Angeboten in der eigenen Stadt. Zeitgleich drängten die großen Einzelhandelsunternehmen auf den ostdeutschen Markt. Zunächst kauften die Plauener die »Westprodukte« auf dem Wochenmarkt, später dann in Provisorien für den Verkauf (Zelt von Norma auf dem Neustadtplatz) oder umgenutzten Industriegebäuden (Aldi-Filiale in Dako-Halle, Kaufland Morgenbergstraße in Baumwollspinnerei Plauen). Anfangs noch fehlende Steuerungsmöglichkeiten im Baurecht, oft ungeklärte Eigentumsverhältnisse und unzureichend vorhandene große Flächen für den Einzelhandel in innerstädtischen Lagen führten unter anderem zu den großflächigen Einzelhandelsansiedlungen in den 1990er-Jahren am Rande der Stadt. Standorte wie Globus Weischlitz, Plauen Park im Ortsteil Kauschwitz und Elster Park im Ortsteil Chrieschwitz wurden in der Folge von den Plauenern und den Vogtländern gern zum Einkaufen genutzt.

Petra Schneider

In der Plauener Innenstadt entwickelte sich der Einzelhandel in den 1990er-Jahren vor allem mit der Sanierung der Altstadt. Baulücken wurden geschlossen, zahlreiche Gebäude städtebaulich in Wert gesetzt. So entstanden in diesem Zeitraum beispielsweise der Klostermarkttreff am Oberen Steinweg, das Modehaus Wöhrl und die Oheim-Passage als neue Einzelhandelsstandorte. Für bereits traditionell in der Altstadt verankerte Geschäfte wurden bessere städtebauliche Rahmenbedingungen geschaffen. Durch die Privatisierung des Handels und einen Existenzgründerboom kam es zu einem Anbieterzuwachs und mehr Angebotsvielfalt in der Innenstadt. In der zweiten Hälfte der 1990er-Jahre konnte vor allem die untere Bahnhofstraße mit dem Bau der Drogerie Müller und der Eröffnung des Einkaufszentrums »Die Kolonnaden« (1999) als Einzelhandelsstandort deutlich aufgewertet werden.

Diese Entwicklungen machten ein seit Jahren schwelendes Problem deutlicher: die fehlende Verbindung zwischen der nunmehr sehr attraktiven Altstadt und der traditionellen Einkaufszone Bahnhofstraße. Verschiedene Ideen zur Bebauung der Fläche am »Tunnel«/Postplatz wurden entwickelt, in deren Ergebnis das ECE-Projekt für ein innerstädtisches Shoppingcenter entstand. Die Plauener diskutierten die Planungen kontrovers, auch weil der vorhandene Einzelhandel eine große Konkurrenz bekam. Fürsprecher der am Standort vorhandenen Grünanlage (Lohmühlenanlage) und Gegner des Vorhabens standen dessen Befürwortern gegenüber. Im Rahmen des abschließenden Bürgerentscheids im September 1999 stimmten mehr als zwei Drittel der wahlberechtigten

⑯ Baustelle ECE/Stadtgalerie, mit einem Blick auf die freigelegten »Tunnel«-Röhren der Syra, 2000
Sammlung Lars Buchmann

⑰ ECE/Stadtgalerie, 2020
Norman Richter

⑱ Bahnhofstraße – mit »konsument« (roter Schriftzug links), Hauptpost und alten Kolonnaden (rechts), 1992
Stadtarchiv Plauen, Ingrid Friedrich

Plauener für den Bau des Einkaufszentrums, das im Oktober 2001 öffnete. Im Objekt werden die traditionellen Wegebeziehungen zwischen der Bahnhofstraße und der Altstadt aufgenommen und verbinden das Center mit den angrenzenden Einkaufsstandorten. Mit dem Bau der Stadt-Galerie siedelten sich in deren Umfeld am Postplatz namhafte Einzelhandelsfilialisten an.

Das benachbarte traditionelle Warenhaus (Tietz-Konsument-Horten) schloss im Jahr 2000 seine Türen für immer und ist nach langjährigen Bemühungen um eine Nachnutzung seit Ende 2016 Sitz des Landratsamts des Vogtlandkreises. Die 2000er- und 2010er-Jahre waren geprägt von der Konkurrenz der Innenstadt mit den Einkaufsstandorten am Stadtrand und in der Umgebung. Die massiven Expansionen im Einzelhandel führten in den 2000er-Jahren zu einer gewissen Marktsättigung. Der Wettbewerb zwischen den Anbietern und auch den Angebotsformen nahm zu, der kleinteilige Einzelhandel hatte es gegenüber den überregional agierenden Anbietern schwerer: Geschäftsaufgaben waren die Folge, kleine Einzelhandelsflächen wurden vor allem in den 2010er-Jahren weniger nachgefragt, im Lebensmitteleinzelhandel häuften sich Betreiber- und Standortwechsel.

Die Sicherung und Stärkung sowohl des Einzelhandels in der Innenstadt als auch der Nahversorgung der Bevölkerung rückten immer mehr in den Fokus der Einzelhandelsentwicklung in Plauen. Mit über 190 000 Quadratmetern Verkaufsfläche und rund 650 Einzelhandelsgeschäften nimmt die Stadt Plauen 2021 ihre Versorgungsfunktion im Einzelhandel für die Plauener und Vogtländer wahr.

Ein neuer Wirtschaftszweig entsteht – der Tourismus

Als am 7. Mai 1985 die Plauen-Information eröffnet wurde, ahnte niemand, dass der Tourismus einmal ein wichtiger Wirtschaftsfaktor werden würde – auch für die Stadt Plauen. Die Grundaufgabe der 1993 in »Tourist-Information der Stadt Plauen« umbenannten Einrichtung ist auch nach 35 Jahren die gleiche: touristische Serviceleistungen für die Besucher der Stadt. Aber 1990 änderte sich die wirtschaftliche Situation für die bis dahin überwiegend durch den Freien Deutschen Gewerkschaftsbund (FDGB) vermittelten Gästehäuser und Ferienzimmer grundlegend. Privatisierung war angesagt – eine Riesenchance für die Vermieter: Hotels entstanden, die vorhandenen Unterkünfte wurden saniert und modernisiert. Selbst hohe Ansprüche der nun zahlreichen Besucher und Übernachtungsgäste aus der BRD konnten erfüllt werden. So gab es 1992 in Plauen bereits 382 Betten mit 35 055 Übernachtungen, 2019 standen 872 Betten zur Verfügung, die Übernachtungszahl betrug 135 316. Nicht zu vergessen, aber nicht statistisch erfasst sind die vielen Kleinvermieter (unter neun Betten) und natürlich die unzähligen Tagesgäste.

Werbung bekam einen neuen Stellenwert: Flyer, Unterkunftsverzeichnisse, Stadtpläne und Wanderkarten wurden in besserer Qualität und in größeren Mengen als bisher benötigt. Bereits 1990 war die Stadt Plauen auf Tourismusmessen in Siegen und Köln vertreten. Bis heute folgten unzählige weitere Präsentationen im In- und Ausland, nun meist in Partnerschaft mit dem Tourismusverband Vogtland (TVV) und dem

Martina Roth

2016

⑲
An der Weißen Elster, 2021
Ina Schaller

(20) Altmarkt mit Markttreiben, 2021
Lutz Pöhlmann

Landestourismusverband (LTV) Sachsen sowie der Tourismus Marketing Gesellschaft Sachsen GmbH (TMGS).

Dass man nur gemeinsam stark ist, um »seine« Stadt, »sein« Gebiet, »sein« Bundesland zu vermarkten, erkannten alle Verantwortlichen schnell. Deshalb gründeten die fünf Landkreise Plauen, Auerbach, Klingenthal, Oelsnitz und Reichenbach sowie die kreisfreie Stadt Plauen am 7. Januar 1991 den Fremdenverkehrsverband Vogtland (jetzt TVV). Bis heute ist die Stadt Plauen als ständiges Mitglied in dessen Vorstand vertreten.

Nur drei Monate später, am 5. April 1991, erfolgte die Gründung des Landesfremdenverkehrsverbands Sachsen (jetzt LTV). 1999 wurden Verbands- und Marketingarbeit getrennt, die TMGS nahm ihre Arbeit auf. Die Stadt Plauen ist heute bei den Themenschwerpunkten Städtetourismus, Kunst und Kultur, Familienurlaub und Aktivurlaub mit zahlreichen Angeboten vertreten.

Um mit Stolz auf das bis jetzt Erreichte blicken zu können, war es für die Plauener Touristiker aber ein langer, teils schwieriger Weg – mit sehr vielen Erfolgen, aber auch mit Rückschlägen, wenn zum Beispiel gewünschte und angedachte Projekte wegen finanzieller Engpässe verschoben werden mussten.

— 1997

Die Durchführung des Tages der Sachsen 1997 brachte für die Stadt – nach vier Jahren zähen Ringens – eine Neuordnung der Verkehrsinfrastruktur und insbesondere ein modernes »Hotel-Leitsystem«. Das von den Hoteliers der Stadt erarbeitete und finanzierte Leitsystem war fast ein sächsisches »Pilotprojekt«, etliche Städte folgten dem Plauener Beispiel. Weitere Schritte zur Vermarktung der Region waren die Ortseingangsstelen, das touristische Leitsystem für Fußgänger und Werbetafeln an der Autobahn A 72 zu den Alleinstellungsmerkmalen der Stadt: Plauener Spitze, e.o.plauen und Friedliche Revolution 1989.

Anlage, Ausbau und Pflege von Wanderwegen, zum Beispiel der Partnerschaftsweg Plauen – Hof, der Vogtland-Panorama-Weg oder der Planetenweg, sind ein wichtiges Aufgabenfeld. Es gibt inzwischen ein gutes Radwegenetz, der Elsterradweg führt fast durch die Innenstadt – wenn auch die notwendigen Radwege in der Stadt zum Teil noch fehlen und es für die Verantwortlichen diesbezüglich in den nächsten Jahren noch viel zu tun gibt. Das jetzige vogtländische Wander- und Radwegenetz verbindet mit den verschiedenen Wegen die Region.

Seit dem Bestehen der Tourist-Information wurden über 70 Stadtführer ausgebildet. Stadtführungen werden teilweise in Fremdsprachen sowie zu ständig neu entwickelten Themen angeboten. Tourismuskonzepte und die daraus jährlich aufgestellten Marketing- und Mediapläne sind der Leitfaden für die Arbeit der Tourist-Information und machen ein aktives touristisches Marketing aus. Bis dahin immer selbst erarbeitet, wurde 2009 erstmals eine externe Firma mit der Erstellung eines Tourismuskonzepts für die Stadt beauftragt – das Ergebnis: Die drei wichtigsten Säulen für den Tourismus Plauens sind die Alleinstellungsmerkmale Plauener Spitze, e.o.plauen und die Friedliche Revolution 1989.

Viele der vorgeschlagenen Maßnahmen konnten umgesetzt werden, manche erwiesen sich als nicht realisierbar, neue wurden entwickelt.

Im Rahmen des »Stadtkonzept Plauen 2033« wird neben allen Teil- und Fachgebieten der Stadt ab 2021 auch der Tourismus neu beleuchtet, ein modernes Tourismuskonzept entsteht. Wir dürfen gespannt sein, wohin die Reise für Plauen geht!

Von der Arbeitslosigkeit zum Fachkräftemangel

Über die Bedeutung der Arbeit im Leben eines Menschen kann man sicher verschiedener Meinung sein – hat man unverschuldet keinen Arbeitsplatz mehr, entwickelt sich daraus ein ganz anderes Thema. Die Härte des Systemwechsels – Günter Lippmann bezeichnet den »Umbruch als Crashkurs«[16] – ließ Träume platzen. Durch die unzähligen Betriebsschließungen und -umstrukturierungen (auch schrittweiser Abbau der personellen Überbesetzung in den Betrieben) sowie Behörden- und Verwaltungsreformen mit Stellen- beziehungsweise Personalabbau mussten viele Plauener in der ersten Hälfte der 90er-Jahre die völlig neue Erfahrung der Arbeitslosigkeit machen. Für das Jahr 1989 wurden in Plauen rund 43 000 Beschäftigte gezählt, 1990 verblieben noch 39 000, fast 29 000 waren es 1999 und 20 Jahre später 25 000. Zeitweise lag die Arbeitslosenquote bei 20 Prozent, waren 7 000 Menschen arbeitslos, besonders viele Frauen, da in der zusammengebrochenen Textil- und Bekleidungsindustrie überwiegend Frauen beschäftigt gewesen waren. Sachsenweit dominierten Männer als Arbeitslose zum ersten Mal im Januar 2001.

Der Plauener Arbeitsamtsbezirk entstand am 1. Juli 1990, und das Arbeitsamt Plauen nutzte zunächst das Gebäude des ehemaligen Wehrkreiskommandos in der Richard-Hofmann-Straße und war auch für den Arbeitsamtsbezirk Vogtland zuständig. Die Bundesagentur für Arbeit Plauen hat fünf vogtländische Geschäftsstellen (Auerbach, Klingenthal, Oelsnitz, Plauen, Reichenbach). Von Beginn der Tätigkeit an bemühte man sich um Arbeitsbeschaffungsmaßnahmen (ABM), ein nicht wegzudenkender Faktor zur wesentlichen Entlastung des Arbeitsmarkts, später kamen Ein-Euro-Jobs dazu, allerdings konnte keine Maßnahme des sogenannten zweiten Arbeitsmarkts die Arbeitsplatzverluste ausgleichen – dabei waren es beispielsweise im März 1991 um die 2 500 ABM-Stellen. Private Bildungsträger fingen Entlassene mit Umschulungen und Qualifizierungen vorübergehend auf. Andere wurden zu Abbrucharbeiten und Renaturierung maroder Industrieflächen herangezogen – weit entfernt von gelernten Berufen oder gewünschten Arbeitsplätzen. Auch die Kurzarbeit stieg an. 1992 entstanden für den zweiten Arbeitsmarkt zwei Gesellschaften, die vor allem auch Auffangnetz für Langzeitarbeitslose sein und soziale Härtefälle vermeiden sollten, unter anderem durch Organisation und Management von Arbeitsförderobjekten, beispielsweise ABM. Zum einen war das die Plauener Arbeitsförderungs-, Fortbildungs- und Umschulungsgesellschaft, die Pafu GmbH, die auf Initiative der Kirchgässner GmbH, ehemals Elgawa, von der Stadt gegründet wurde. Aus der Plauener Spitze heraus entwickelte sich die Gesellschaft für Arbeitsförderung, Beschäftigung und Strukturentwicklung (ABS) Textil Plauen GmbH. Transfergesellschaften entstehen auch heute noch in der Zusammenarbeit von Betriebsrat, Unternehmen und Bundes-

Ina Schaller

1989/2009

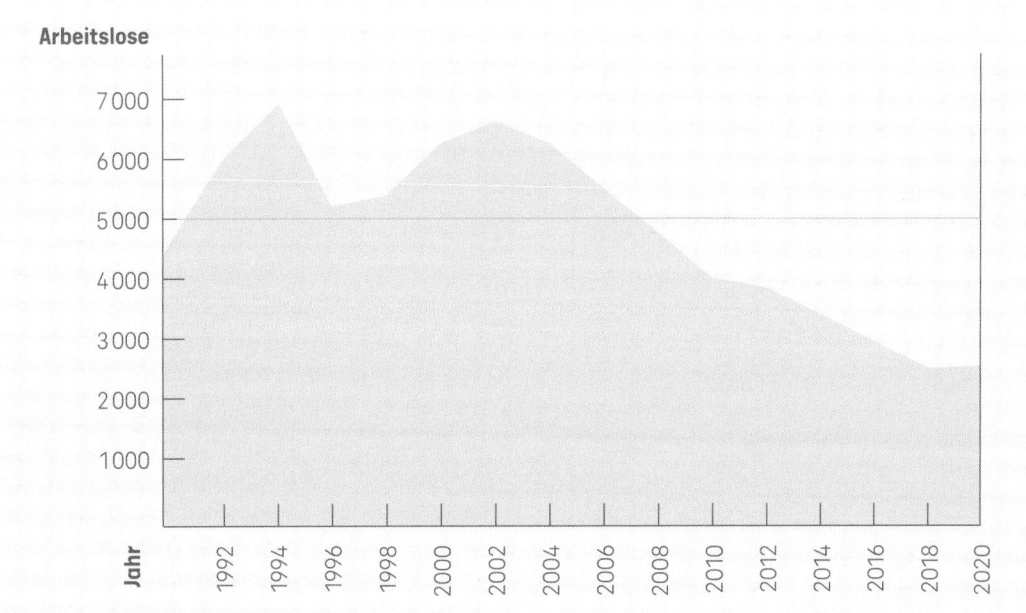

Arbeitslosenzahlen für Plauen

Wirtschaftliche Strukturen

agentur für Arbeit und sollen von Arbeitslosigkeit bedrohte Beschäftigte in einen neuen Job bringen. Das Unternehmen, was Arbeitsplätze abbaut, finanziert die Arbeit der Gesellschaft und zusammen mit der Bundesagentur für Arbeit die entlassenen Beschäftigten. Im besten Fall kommt es innerhalb von zwölf Monaten infolge von Berufsberatung, Bewerbungstraining und auch Weiterbildung zur Vermittlung einer Stelle.

»Die hohe Arbeitslosigkeit im Vogtlandkreis (21,7 %) erfordere die gemeinsame Zusammenarbeit« von Kreis- und Stadtverantwortlichen,[17] formulierte Dr. Magerkord 1997. Trotzdem hatte Plauen 1999 die niedrigste ostdeutsche Arbeitslosenquote, innerhalb Sachsens auch noch 2000/01 (zwischen 12 und 13 Prozent) – von positiver Stagnation war die Rede und der Hoffnung, dass sich die Betriebe stabilisiert hätten. Die Ursachen für diese zaghafte Erholung sah man in der Zahl der Pendler nach Bayern, auch dem Wegzug junger Menschen, einer wahrnehmbaren Nachfrage am ersten Arbeitsmarkt und einer geschickten Nutzung der Maßnahmen des zweiten: zahlreiche ABM, Strukturanpassungsmaßnahmen (beispielsweise Lohnkostenzuschüsse) und Weiterbildungsmaßnahmen des Arbeitsamtes. Allerdings erhöhten sich gleichzeitig die Zahlen der Sozialhilfe- und Wohngeldempfänger, von einem wachsenden Armutsproblem und dem Entstehen einer neuen sozialen Unterschicht (Zweiklassengesellschaft) wurde gesprochen.

2002/06

Die Instabilität der wirtschaftlichen Situation, Plauens Konjunkturschwäche, zeigte sich allerdings deutlich, indem der bundesweit 2005 mit 18,7 Prozent erreichte Höhepunkt der Arbeitslosigkeit in Plauen von 2002 bis 2006 nahezu gleich bestand und durchschnittlich 6 000 Plauener auf Arbeitssuche waren. Seit Juni 2001 sank der Arbeitskräftebedarf, Betriebe meldeten zuerst deutlich weniger, später kaum noch freie Stellen – und wenn, dann suchten Arbeitgeber spezialisierte Arbeitskräfte. Zwischen 2002 und 2004 erreichte die Arbeitslosenzahl wieder den Stand von 1998, die Zahl der Firmen mit Kurzarbeit erhöhte sich, und Maßnahmen wie Ich-AGs (Existenzgründerzuschuss) wurden nicht besonders gut angenommen. Die 100-prozentige Förderung für den zweiten Arbeitsmarkt fiel 2004 weg, das reduzierte die Möglichkeiten des Einsatzes für Arbeitslose. Gleichzeitig erhöhte sich die Nachfrage nach Ein-Euro-Jobs / Minijobs, deren Nutzer aus der Statistik herausfallen.

Mit dem Inkrafttreten der Arbeitsmarktreform, der Hartz-IV-Gesetze 2005 mussten sich auch erwerbsfähige ehemalige Sozialhilfebezieher arbeitslos melden, Sozialhilfe und Arbeitslosenhilfe wurden zum neuen Arbeitslosengeld II (ALG II) zusammengelegt, Arbeitsgemeinschaften (Argen) für ALG-II-Bezieher zuständig. Das Arbeitslosengeld gibt es seit 2006 nur noch für zwölf Monate, über 55-Jährige können es 18 Monate beziehen, zuvor konnte ein Anspruch von bis zu 32 Monaten bestehen. Zudem wurden auf dem zweiten Arbeitsmarkt wieder verstärkt Weiterbildungsmaßnahmen, die in den zurückliegenden Jahren stark reduziert gewesen waren, gefördert.

In der zweiten Hälfte 2006 deutete sich eine Belebung in der Wirtschaft an, die Zeitarbeit als Branche erlebte einen Aufschwung, Leihfirmen meldeten freie Stellen. Die Hoffnung auf einen Abbau der Arbeitslosigkeit wuchs, im Dezember gab es sachsenweit die niedrigsten Arbeitslosenzahlen seit 1996, der zweite Arbeitsmarkt boomte mit mehr Qualifizierung und Programmen für Jugendliche. Die anhaltende gute wirtschaftliche Entwicklung führte 2007 wieder zu einem deutlichen Arbeitskräftebedarf, im September/Oktober waren erstmals wieder Arbeitslose über 50 gefragt, nicht genutzte Ressourcen und zunehmende Erfahrungen. Ende des Jahres konnte sachsenweit der niedrigste Stand an Arbeitslosen seit 1994 gemeldet werden und im Rückblick wurde vom günstigsten Jahr seit der Wende gesprochen. Die Hoffnung auf Beständigkeit dieser Situation basierte im für Sachsen typischen dominierenden Mittelstand, der weitgehend unabhängig von globalen Faktoren wie US-Immobilien- und Bankenkrise, Börsencrash existierte.

In Sachsen sanken 2008 die Zahlen auf die geringste Juli-Arbeitslosigkeit seit 17 Jahren. Die Gründe dafür waren vielfältig: Unternehmen stellten ein – damit weiterer Beschäftigtenanstieg, Arbeitslose wurden Rentner oder waren vorübergehend in ABM, Ein-Euro-Job oder einer Qualifizierungsmaßnahme untergebracht.

Die Verringerung der Zahl der Langzeitarbeitslosen und der Jugendarbeitslosigkeit war seit Anfang der 90er-Jahre ein Problemkreis; jahreweise, beispielsweise 1999, konnte deren Zahl zwar kurzzeitig reduziert werden, aber bis ungefähr 2009 standen nie genügend freie Stellen oder Ausbildungsplätze zur Verfügung. Die Entwicklung in diesem Bereich ist Teil der Konjunkturentwicklung insgesamt: 2001 bis 2002 kamen meist 2,3 Bewerber auf einen Ausbildungsplatz, bis 2005 wurden es 3,5, ab 2007 waren es drei und seit 2008 sank die Zahl von zwei bis zur umgekehrten Situation: 2021 stehen zwei Ausbildungsplätze einem Bewerber gegenüber. Arbeitslosigkeit war für längere Zeit kein gesamtgesellschaftliches Thema mehr. Arbeitskräftemangel und vor allem fehlendes qualifiziertes Personal (Fachkräftemangel) wurden die neuen »heißen« Themen. Fortbildungsmaßnahmen haben weiterhin eine große Bedeutung, ABM spielen kaum noch eine Rolle. Unternehmen und Einrichtungen kämpfen mit besonders attraktiven Konditionen um Arbeitnehmer.

Nachdem noch im Mai 2019 ein Arbeitslosen-Tiefstand für das Vogtland gemeldet werden konnte, stiegen die Zahlen seit Jahresende wieder – die Stimmung in der regionalen Wirtschaft hatte sich infolge des Brexit und einer verhaltenen Auftragslage verändert, Investitionen wurden zurückgestellt, keine neuen beziehungsweise weniger Arbeitskräfte benötigt. »Die Coronapandemie hat die deutsche Wirtschaft in eine tiefe Krise gestürzt. Die Kurzarbeit hat verhindert, dass viele Menschen ihren Job verlieren.«[18] Somit passte der Anstieg der Arbeitslosigkeit zur Jahreswende 2020/21 (Dezember 6,5 Prozent – Januar 7,4 Prozent) zur Entwicklung in den zurückliegenden Jahren, verbunden mit den typischen saisonal bedingten Veränderungen.

Stadtsanierung privater Träger

Aktivitäten bis 1990

Die Stadt Plauen war, wie alle ostdeutschen Städte, Ende der 1980er-Jahre von enormem Gebäudeverfall betroffen. Die Altbausubstanz, die durch dauerhaften Materialmangel zusehends verfiel, litt besonders unter diesen Umständen. Viele Eigentümer waren deshalb gezwungen, sich von ihren Immobilien zu trennen. Manche Immobilienbesitzer verschenkten ihre Häuser, andere versuchten, sie in die Obhut des VEB Gebäudewirtschaft Plauen zu überführen. Letzteres war mit der Hoffnung verbunden, von den wenigen Materialzuteilungen profitieren zu können und das Gebäude dadurch in seiner Substanz zu erhalten.

Mit dem Fall der Mauer im Jahr 1989 und dem damit verbundenen Wechsel an der Spitze des Ministeriums für Bauwesen und Wohnungspolitik vereinbarten die damaligen Minister Gerhard Baumgärtel und Gerda Hasselfeldt die Errichtung eines sogenannten Modellstadtprogramms. In ihm wurden zunächst Weimar, Meißen, Brandenburg und Stralsund als Orte festgelegt, die einer »systematischen Stadterneuerung« unterzogen werden sollten. Im Februar 1990 kam mit Halberstadt die fünfte Stadt hinzu. Bis zum 1. Juli 1990 erhöhte sich die Zahl der förderfähigen Städte und Gemeinden auf 700. Für die Finanzierung dieses Programms beschlossen die DDR und die BRD die Zweitverwendung des Reisemittelzahlungsfonds, in dem sich zum damaligen Zeitpunkt 1,5 Milliarden Mark der DDR befanden. Mitte 1990 lief das Förderprogramm vorerst aus, wurde aber aufgrund des enormen Bedarfs bis 1991 verlängert.

Bau und Umwelt
Privates und städtisches Engagement bei der Gestaltung der Stadt

Andreas Stephan

Die Stadtverwaltung Plauen stellte zu dieser Zeit erste Untersuchungen zu umfangreichen städtischen Sanierungsmaßnahmen an. In der Vorlage der Sitzungsunterlagen Nr. 12/91–4.7. bis 4.9. wurde vermerkt, dass »[...] im Prinzip der gesamte Bereich der inneren Stadt mit seiner Wohnbebauung vor 1920 sanierungsbedürftig ist«. Das Hauptaugenmerk richtete sich dabei auf die Belichtung, Besonnung und Belüftung von Wohnungen und Arbeitsstätten. Aber auch die Zugänglichkeit der Grundstücke und die Auswirkung der vorhandenen Mischung von Wohnungen und Arbeitsstätten sollte neben weiteren Aspekten berücksichtigt werden. Nach mehreren Vorberatungen fasste die Stadtverordnetenversammlung am 4. April 1991 den Beschluss, das Areal zwischen folgenden Straßen und Plätzen als Sanierungsgebiet »Plauen-Altstadt« auszuweisen: Pfortengäßchen, Mühlberg, Straßberger Straße, Nobelstraße,

① Broschüre eines Bauträgers, 1990er-Jahre
Repro Andreas Stephan

② Spendenaufruf des Neuen Forums Plauen, 1989
Wilfried Fuchs

sischen Denkmalschutzgesetzes am 4. März 1993 war die Grundlage zum Schutz und zur Pflege von Kulturdenkmalen in Sachsen geschaffen worden. Plauen erhielt neben einer aus DDR-Zeiten sehr überschaubaren Denkmalliste erstmalig eine Inventarisierung sämtlicher im Stadtgebiet vorhandener Denkmale.

Für eine angepasste und behutsame Sanierungsarbeit des Altbaubestands war dieses Gesetz ein wesentliches und bis heute wichtiges Instrument. Außerdem war dadurch privaten Bauherren die Möglichkeit gegeben, Fördertöpfe des Bundes und des Landes weiterführend auszuschöpfen. Um die bestehenden Immobilien sanieren zu können, mussten jedoch die Eigentumsverhältnisse geklärt werden. Seit der am 3. Oktober 1990 vollzogenen Einheit Deutschlands bis zum Jahr 1993 registrierte die Stadt Plauen 1 430 Kaufverträge. Dabei wechselten 174 unbebaute Grundstücke, 581 bebaute Grundstücke und 675 Eigentumswohnungen den Eigentümer. Hinzu kamen Immobilien und Grundstücke aus Restitutionsansprüchen, die auf der Grundlage des am 23. September 1990 von der Volkskammer der DDR verabschiedeten Gesetzes zur Regelung offener Vermögensfragen beruhten. Verkäufer waren hauptsächlich kommunale Einrichtungen und die Treuhandanstalt, da zudem die zentral organisierte Wohnungsvergabe entfiel.

Dieser neu entstandene Immobilienmarkt wurde dabei zu großen Teilen durch Investoren aus den Alt-Bundesländern bestimmt. Im Neubausektor sah die Lage ähnlich aus. Insbesondere durch private Initiative gelang es in Zusammenarbeit mit der Stadt Plauen, wesentliche Lückenschließungen durchzuführen. Im Rückblick lassen sich für die Zeit zwischen 1990 und 2020 drei Bauphasen feststellen:

Erste Phase – Bauboom bis 1998

Die erste Phase, die bis ungefähr 1998 andauerte, war von einer beispiellosen Bautätigkeit geprägt. Während die in den 1970er- bis 1980er-Jahren entstandenen Plattenbauten aus Beton über Fernwärme, Warmwasser und Spülklosett verfügten, fehlten diese technischen Errungenschaften in nahezu allen vor 1945 errichteten Objekten. Selbst die in den 1950er- und 1960er-Jahren entstandenen Wohngebäude, die meist in Blockbauweise und massiv aus Ziegeln errichtet worden waren, besaßen zwar innenliegende Badezimmer mit WC, aber eine Zentral- oder Fernheizung war nicht vorhanden.

Mit der Währungsunion konnte die Investitionstätigkeit in die verschlissene Bausubstanz beginnen. Tausende Alteigentümer, aber auch Kapitalanleger nutzten zahlreiche staatliche Anreize, um auf dem ostdeutschen Immobilienmarkt zu investieren. Der Staat förderte den Erwerb von Immobilen in noch nie dagewesener Weise. Die Medien sprachen zu dieser Zeit von einem »Jahrhundertgeschenk«. Durch das Gesetz über Sonderabschreibung und Abzugsbeträge in Fördergebieten waren hochattraktive Abschreibungsmöglichkeiten für neu gebaute oder sanierte Mietwohnungen entstanden.

③ Typische Wohnsituation in Altbauten, 1989, Kochgelegenheit in der Liebigstraße 38
Andreas Stephan

④ Typische Wohnsituation in Altbauten, 1989, Trockenabort in der Langen Straße 54
Andreas Stephan

⑤ Lessingstraße 11 nach der Sanierung, 1991
Andreas Stephan

⑥ August-Bebel-Straße 85/87 nach der Sanierung, 1997
Andreas Stephan

Gasse zwischen Hammerklause und Sparkasse, Marktstraße, Altmarkt, Herrenstraße, Unterer Graben, Otto-Grotewohl-Platz (Postplatz), Klostermarkt, Untere Endestraße, Schulberg und Komturhof. Dieser wichtige Beschluss eröffnete die Möglichkeit, kommunale und private Bauvorhaben in das vom Bund und Land geförderte Sanierungsprogramm zu integrieren.

Mit dem in der Neundorfer Vorstadt am 6. Juli 1997 festgeschriebenen Sanierungsgebiet »Burgstraße«, das die Bereiche um die Burgstraße und das Areal südwestlich der Neundorfer Straße bis hin zur Straßberger, Siegener, Moritz- und Wildstraße umfasste, kam ein weiterer Bereich hinzu. Durch das Inkrafttreten des säch-

Zusätzlich erhielt der Erwerber bei Fremdvermietung eine Sonderabschreibung von 50 Prozent der Herstellungskosten.

Bauträgergesellschaften schossen wie Pilze aus dem Boden. In deren Folge entstanden, verstreut über das gesamte Stadtgebiet, unzählige Baustellen. Kachelöfen und Schornsteine wurden beseitigt und durch moderne Heizkörper und zentrale Heizkessel ersetzt, Kastenfenster aus Holz mit Kunststofffenstern getauscht, Wasser- und Abwasserrohre, aber auch die Gebäudeelektrik erneuert. Die Trockenklosetts, die sich im Treppenhaus auf halber Treppe befanden, konnten entfernt und zu Abstellräumen umfunktioniert werden. Eine neue Bedachung und die Instandsetzung der historischen Fassaden erfolgten ebenfalls. Die generalsanierten Gebäude leuchteten innerhalb der grauen Straßenzüge. Getrieben vom Hunger nach neuesten technischen Standards und hellen Räumlichkeiten wurden bedauerlicherweise auch erhaltenswerte Details wie Decken- und Wandstuck, Füllungstüren oder originale Parkettfußböden entfernt oder überbaut.

Während dieser ersten Sanierungswelle waren bei den Wohnungssuchenden das äußere Erscheinungsbild und die Gebäudeausstattung die Hauptkriterien bei der Wahl von Wohnraum. Der räumliche Aspekt spielte damals noch keine Rolle. So wurden Gebäude, die sich aus der Sicht von 2021 in eher unattraktiven Wohnlagen befinden, wie beispielsweise an der Pausaer Straße, Siegener Straße, unteren Trockentalstraße, Hammerstraße, unteren Lessingstraße, Martin-Luther-Straße oder Am Unteren Bahnhof, saniert. In der Produktionsstätte 2 des VEB Plauener Gardine an der Hegelstraße 64, einem Fabrikationsgebäude, entstand Wohnraum. Der Umbau der Produktionsstätte 4 des VEB Plauener Gardine an der Morgenbergstraße 19 zum Innovationszentrum, das Gebäude des VEB Plauener Baumwollspinnerei an der Morgenbergstraße 41 (heute Kaufland) oder die Produktionsstätte 2 des VEB Plauener Damenkonfektion an der Rähnisstraße 19 (heute Handwerkskammer) stellten positive Beispiele für die Nachnutzung von Industriegebäuden oder Fabrikationsstandorten dar. Außerdem begann 1993 der Großvermieter Wohnungsgenossenschaft Plauen eG (AWG), seinen Wohnungsbestand an die modernen Verhältnisse der Marktwirtschaft anzupassen. Die Wohngebäude in der Geschwister-Scholl-Straße, Schmidstraße oder Meßbacher Straße zeugen von der Sanierungsarbeit der 1990er-Jahre.

Durch die Schaffung neuer Wohnbaustandorte konnte der Wohnungsmarkt Ende 1997 auf 3 000 neue Wohneinheiten zurückgreifen. So gibt es seitdem beispielsweise das Wohnbauprojekt »Lindenschloß« an der Gabelung Schloß- und Lindenstraße, die »Residenz Karlsberg« an der Gabelung Ziegel- und Karlstraße und das Altstadtensemble »Musikwinkel« am Topfmarkt in unmittelbarer Nähe zur Johanniskirche. Ein Wohn- und Geschäftshauskomplex an der Ecke Körner- und Burgstraße, die Wohnanlage »Comeniusberg« entstanden ebenso wie das Wohn- und Geschäftshaus an der Martin-Luther-/Ecke Jößnitzer Straße sowie die Wohnanlagen »Straßberger Tor« und »Castello«, letztere eindrucksvoll am Stadtparkrand auf dem Streitsberg gelegen. Die größten Wohnbauprojekte wurden jedoch im Stadtteil Reusa realisiert: an der Kleinfriesener, Georg-Benjamin- und Willy-Brandt-Straße insgesamt 500 Wohneinheiten mit einem Investitionsvolumen von 70 Millionen DM. Darüber hinaus entstanden an der Röntgen- und Reusaer Straße etwa 100 Wohneinheiten.

Zweite Phase – Stagnation zwischen 1998 und 2008

Die zweite Phase, die bis zur Finanzkrise im Jahr 2008 andauerte, war von Stagnation bei privaten Investitionen, hartem Preiskampf, Mietpreissenkung und Gebäuderückbau geprägt. Durch den Wegfall staatlicher Subventionen und das Auslaufen der Eigenheimzulage kamen die Investitionen, vor allem beim Neubau, fast völlig zum Erliegen. Die hauptsächlichen Probleme waren der Einwohnerschwund und die Differenzierung der Einkommensverhältnisse. Die finanzielle Belastung, insbesondere für einheimische Investoren, stellte darüber hinaus ein großes Hemmnis dar. Infolgedessen verfiel die Bausubstanz weiter, es kam teilweise zum Totalabriss. Unter diesen ökonomischen Bedingungen und dem damit verbundenen Wertewandel fand ein Umdenken weg vom standardisierten hin zum individuellen Wohnen statt. Einige wenige Investoren erkannten diesen Trend und begannen, sich mehr und mehr diesen finanziellen Herausforderungen zu stellen. Insbesondere der Frank Müller GmbH gelang es in dieser Zeit, leerstehende und verfallene Bausubstanz zu sanieren und dadurch für das Plauener Stadtbild zu erhalten.

Mit dem 58 Hektar großen Sanierungsgebiet »Östliche Bahnhofsvorstadt« (Gebiet zwischen der Hammer-, Reißiger, Martin-Luther-, August-Bebel-, Karl-, Gott-

⑦ Wohnanlage »Residenz Karlsberg«, 1996
Achim Kraft

Fertigst.	Objekt	Fertigst.	Objekt	Fertigst.	Objekt
1998	Jößnitzer Straße 108	2003	Annenstraße 21	2006	Beethovenstraße 33
	Jößnitzer Straße 141		Bismarckstraße 4		Breitscheidstraße 81
1999	Beethovenstraße 32		Gluckstraße 14		Freiheitsstraße 10
	Geibelstraße 62		Gluckstraße 19		Freiheitsstraße 35
	Schubertstraße 19		Krausenstraße 14a		Jößnitzer Straße 149
2000	Fiedlerstraße 30		Liebknechtstraße 42		Schumannstraße 24
	Stöckigter Straße 55		Max-Planck-Straße 73		Schumannstraße 26
	Stöckigter Straße 57		Moritzstraße 36		Weststraße 39
2001	Beethovenstraße 11		Neundorfer Straße 111	2007	Am Preißelpöhl 32
	Fiedlerstraße 24		Reinsdorfer Straße 45		Antonstraße 17
	Fiedlerstraße 12		Rückertstraße 36		Antonstraße 43
	Haselbrunner Straße 110		Schildstraße 43		Gluckstraße 25
	Humboldstraße 4	2004	Bonhoefferstraße 148		Händelstraße 7
	Stöckigter Straße 83		Jößnitzer Straße 127		Jößnitzer Straße 151
2002	Breitscheidstraße 106		Knielohstraße 35		Krausenstraße 20
	Breitscheidstraße 76		Krausenstraße 16		Seumestraße 55
	Gluckstraße 21		Moritzstraße 78	2008	Bärenstraße 14
	Hainstraße 8		Reinsdorfer Straße 33		Bärenstraße 16
	Jößnitzer Straße 135		Schlachthofstraße 13		Bonhoefferstraße 138
	Knielohstraße 43		Schumannstraße 25		Fichtestraße 18
	Moritzstraße 54	2005	Beethovenstraße 17		Goethestraße 69
	Robert-Blum-Straße 11		Freiheitsstraße 37		Haselbrunner Straße 122
	Schildstraße 41		Geibelstraße 31		Jahnstraße 34
	Schillerstraße 7		Mosenstraße 17		Neundorfer Straße 49
	Stegerstraße 5		Mozartstraße 17		Scheffelstraße 8
	Stöckigter Straße 81		Ostenstraße 26		Schumannstraße 15
	Stöckigter Straße 43		Ostenstraße 28		Schumannstraße 17
			Scheffelstraße 6		Haselbrunner Straße 120
			Schumannstraße 23		

(8) Gebäudebestand der Stadt Plauen nach Baujahr
Gestaltung Andreas Stephan

Übersicht über die Sanierungsarbeiten zwischen 1998 und 2008

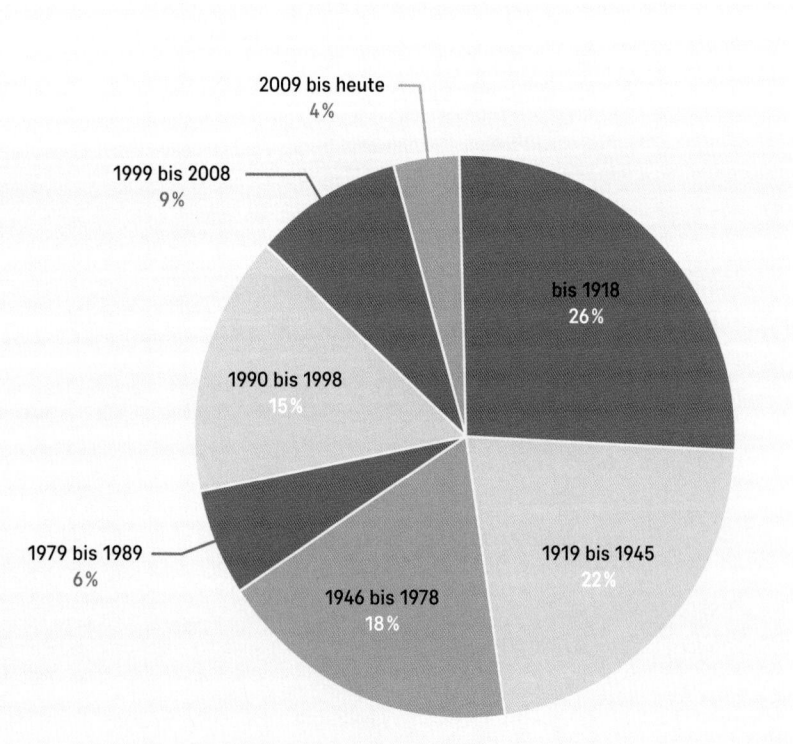

schald-, Bahnhofstraße und Hradschin), das am 24. April 2006 festgelegt und bis 2025 verlängert wurde, erhielt Plauen ein drittes Areal, in dem der Verfall des privaten Gebäudebestands gestoppt werden sollte.

Dritte Phase – erneuter Aufschwung ab 2008

Die dritte Phase, die gegenwärtig anhält, wird von der weltweit herrschenden Niedrigzinsphase angetrieben. Die ab 2008 einsetzende globale Banken- und Finanzkrise gab dem Gebäudeverfall eine entscheidende Wendung. Viele Investoren suchen seither nach sicheren Anlagemöglichkeiten. Dabei entwickelte sich die Immobilie wieder zur festen Anlagegröße. Insbesondere kritische Immobilien, bei denen der Verfall so weit fortgeschritten war, dass eigentlich nur noch ein Gebäudeabriss infrage kam, konnten mit Fördergeldern und dem Einsatz privaten Kapitals erhalten werden.

Aber auch der Teilrück- und Umbau von jahrzehntelang brachliegenden Fabrikgebäuden zu Wohnraum gelang und wertete sie auf. Ein Beispiel stellt die Brache des ehemaligen Sachsendrucks an der Rädel- und Bergstraße dar. Nach dem Abriss großer Gebäudeteile wurde

das an der Bergstraße gelegene Haupthaus zu attraktivem Wohnraum umgebaut. Das markante Gebäude Kaiserstraße 11, das nahezu 100 Jahre als Geschäfts- und Produktionsgebäude fungiert hatte, konnte 2018 ebenfalls als Wohnhaus für die Nachwelt erhalten werden. Die Differenzierung und Individualisierung des Wohnungsmarkts schreitet unaufhaltsam fort. Gebäude, die über keinen Balkon, moderne Badeinrichtung und ein entsprechendes Umfeld verfügen, ließen sich im Jahr 2020 kaum noch vermieten. Moderne Heizungslösungen bis hin zu Fußbodenheizungen wurden in den letzten drei Jahrzehnten ebenfalls eine Selbstverständlichkeit. Im gehobenen Wohnsegment gehören Fahrstuhl, Echtholzparkett, Dachterrassen und Loggien oder übergroße Balkone mittlerweile zum Standard.

Stadtsanierung öffentlicher Träger

Die Notwendigkeit zur Sanierung bestehender Gebäude sahen ab 1990 natürlich nicht nur die privaten Hausbesitzer, sondern auch die Kommune. Bereits im September 1992 erfolgte allerdings in der Kleinfriesener/ Georg-Benjamin-Straße die Grundsteinlegung für das erste Wohnneubauprojekt (200 Mietwohnungen) nach der Wende. Im gleichen Jahr wurde mit der Erschließung künftiger Gewerbegebiete und der Schließung der Bebauungslücke Bahnhofstraße/Ecke Karlstraße begonnen. Damit war der Anfang gemacht, aber bis 2021 ist die Aufgabe der Stadtsanierung noch nicht abgeschlossen: Häuser instand setzen, Quartiere umgestalten, Rückbau beziehungsweise Abbruch von Wohnraum rea-

Peter Albrecht

⑨ ⑪ (links)
Karlstraße 62 vor und nach der Sanierung, 2009 und 2013
Andreas Stephan

⑩ ⑫ (rechts)
Schumannstraße 25 vor und nach der Sanierung, 2004
Andreas Stephan

Bau und Umwelt **435**

⑬ Chrieschwitzer Hang, 1999
Stadtarchiv Plauen, Luftbild-Service Richard Büschel/Bad Schlema

lisieren. Im Folgenden seien aus den Bereichen des Wohnungs- und Straßenbaus, der Gestaltung von Plätzen, aber auch an ausgewählten historischen Gebäuden einige Entwicklungslinien vorgestellt.

Kommunaler Wohnungsbau

Das Statistische Landesamt gibt die Zahl der Wohnungen in Plauen (Stand 31. Dezember 2018) mit 42 389 an. Die beiden größten Vermieter sind die Wohnungsbaugesellschaft Plauen mbH (Wbg) und die AWG. Letztere bewirtschaftet 2021 als Großvermieter 4 600 Wohnungen und beschäftigt 41 Mitarbeiter. Das Unternehmen weist im sachsenweiten Vergleich der Genossenschaften einen der höchsten Eigenkapitalanteile aus und gilt als schlank, modern und zukunftssicher.

Die aus dem VEB Gebäudewirtschaft Plauen am 17. September 1990 entstandene Wbg ist mit 7 625 Wohnungen und 177 Gewerbeeinheiten (Stand 31.12.2019) der größte Vermieter im Vogtlandkreis. Verkauf, Rückbau und der Wunsch nach größeren Wohnungen verringerten die Zahl der 1990 vorhandenen 15 198 Wohnungen seither um fast die Hälfte. Der Abriss erfolgte vor allem in den Plattenbauvierteln Mammengebiet und Chrieschwitzer Hang, in letzterem wurde um 840 auf 1 550 reduziert. Von 2001 bis 2015 veräußerte der Betrieb 160 Häuser mit 1 250 Wohnungen, 2015 zum Beispiel erwarb ein Immobilieninvestor aus Frankfurt am Main 22 Häuser mit 420 Wohnungen in Jößnitz, Haselbrunn sowie der Südvorstadt.

Neben den Platten- und Großblockbauten im Mammengebiet, in Chrieschwitz sowie dem Seehaus verfügte die Wbg 2019 über etwa 1 700 Wohnungen in Altneubauten (60er-Jahre) und rund 670 Altbauwohnungen (vor 1945 errichtet). Dazu kamen mehr als 70 Wohnungen, die nach 1990 von dem Unternehmen gebaut wurden. Der Leerstand betrug nach Vermieterangaben 8,1 Prozent. Sanierung ist ein wesentliches Aufgabenfeld der Wbg – allein bis 2014 flossen 386,6 Millionen Euro in die Modernisierung und Instandhaltung des eigenen Besitzes. Insgesamt beträgt die Investitionssumme von 1990 bis 2020 fast eine halbe Milliarde Euro.

Das Stadtbild veränderte sich dadurch an vielen Stellen, wurde bunter und attraktiver. Lücken in den Häuserzeilen und Plätzen, die teilweise seit den Zerstörungen des Weltkriegs bestanden hatten, verschwanden – so an der Marktstraße und am Altmarkt im Herzen Plauens: Unter der Adresse Altmarkt 7 errichtete die Wbg in den Jahren 2002 und 2003 einen rund 590 000 Euro teuren Bau, der die 6,94 Meter breite Lücke beseitigte. In den Neubau zog ein Gewerbe ein. Drei Etagenwohnungen und eine Maisonettewohnung entstanden. Im Jahr 2012 weihte der Großvermieter mitten im Zentrum den Neubau an der Marktstraße gegenüber dem Rathaus ein. Die 28 Wohnungen in dem 60 Meter langen Komplex waren sehr begehrt. Der Großvermieter bekam über 100 Bewerbungen für dieses Objekt. Im Erdgeschoss sind ein Laden und eine Bäckerei mit Café untergebracht, das schnell zum Anlaufpunkt vieler Plauener geworden ist. Die Kosten für den Komplex lagen bei 5,6 Millionen Euro.

Mammengebiet, 1999
Stadtarchiv Plauen,
Luftbild-Service Richard
Büschel/Bad Schlema

Das Bild der Innenstadt veränderte sich auch an der Bahnhofstraße. Von 2010 bis 2015 gestaltete die Wbg die Bahnhofstraße 26 bis 30 neu. Infolge des Bedürfnisses nach mehr Wohnfläche entstanden aus 80 Einraumwohnungen 33 Wohnungen mit zwei oder zweieinhalb Räumen. Die Kosten für das Projekt gegenüber dem Filmtheater »Capitol« lagen bei 2,5 Millionen Euro.

Im Stadtkern wohnen die Plauener mittlerweile gern. Für die 36 sanierten Wohnungen in der Bahnhofstraße 63 und 65, wo sich seit 2019 der neue Firmensitz (Erdgeschoss und die erste Etage) befindet, gab es eine Warteliste mit mehr als 100 Interessenten. Jene Mieter, die vor den Bauarbeiten in dem Gebäude gewohnt hatten, wurden zuerst bedacht, danach arbeitete man die Liste ab.

Bunter und vielfältiger geworden ist es auch in den Plattenbauvierteln, in denen immer noch die meisten Wbg-Mieter zu Hause sind. Im Jahr 2012 erstellte der Architekt Wolf R. Eisentraut ein Konzept zur Fassadengestaltung, das im Mammengebiet und in Chrieschwitz Anwendung fand. Vom Häuserblock an der Arwed-Roßbach-Straße im Mammengebiet aus strahlen die Farben weit ins Stadtzentrum hinein. Das triste Grau von einst schwand seit 1990 zusehends. Zwischen den zum Teil um einige Etagen gekürzten Plattenbauten wuchs in Chrieschwitz viel Grün. Auch in der Ostvorstadt sieht man große Rasenflächen, wo früher einmal Menschen wohnten. Deren Verringerung veränderte das Zusammenleben, führte im Mammengebiet im Jahr 2007 zur Schließung der an der Gebrüder-Lay-Straße zentral gelegenen Kaufhalle, was viele bedauerten. Das vier Jahre später eröffnete Indoor-Spielhaus wird gut besucht und wertet das Umfeld auf. Für die Bewohner des Viertels hinzugekommen ist 2007 die Stadtbuslinie ins Zentrum. Zuvor mussten die Mieter entweder zur Straßenbahnhaltestelle in der Bickelstraße oder der Knielohstraße laufen.

Auch die Grundrisse haben sich mittlerweile geändert. Beim Betreten von Wohnungen aus den 60ern bietet sich einem immer das gleiche Bild: Auf einer Seite finden sich direkt nebeneinander die schmalen Bäder und Küchen. Der größere Platzbedarf und auch der Wunsch nach Individualisierung bestimmten zunehmend die Arbeit von Planern bei Umbauarbeiten. Zudem entstehen Neubauten meist barrierefrei oder barrierearm, sodass sich auch Rollstuhlfahrer darin ohne Probleme bewegen können. In einer Zeit, in der die Menschen immer älter und viele auch pflegebedürftig werden, aber trotzdem den Umzug ins Pflegeheim vermeiden wollen, ist das von großer Bedeutung.

Die Plätze

Die meisten größeren Plätze in der Innenstadt zeigen 30 Jahre nach dem Ende der DDR ein verändertes Gesicht, der Umbau des Postplatzes in der Stadtmitte ist keinem Plauener entgangen und hat viele berührt. Das große Gleisdreieck der Straßenbahn mit den Wartehallen und dem Fahrkartenverkauf in der Mitte sowie der von Büschen, Bäumen und Sitzbänken gesäumte Weg in Richtung Klostermarkt machten dem Bau der Stadtgalerie (Eröffnung 2001) Platz. Die Galerie und die damit

⑮ Klostermarkt vor der Errichtung des Kaufhauses Wöhrl, 1992
Stadtarchiv Plauen, Ingrid Friedrich

1992

⑯ Kaiserstraße und Reißiger Straße – historisches Pissoir und Pauluskirche links, Reißiger Block der Wbg rechts, 2021
Lars Eckert

verbundene Umgestaltung des Postplatzes schufen einen zentralen Anlaufpunkt im Stadtzentrum und kosteten insgesamt 91 Millionen Euro. Die Straßenbahn errichtete dort ihre Zentralhaltestelle mit Servicegebäude und legte das Gleisdreieck neu an. Alle angrenzenden Bereiche wie die Syrastraße zum Hradschin hin und die Klosterstraße Richtung Klostermarkt wurden umgestaltet. An dem Projekt beteiligte sich neben der Stadt und der Straßenbahn auch der ZWAV.

Das Einkaufszentrum Klostermarkt-Treff ist zwar längst wieder Geschichte. Aber dessen Eröffnung am 12. November 1992 mit etwa 20 Geschäften markiert nach der Eröffnung des ersten McDonald's-Restaurants in Ostdeutschland im Dezember 1990 den Anfang der Veränderungen an und auf dem Klostermarkt. Ringsum entstanden Neubauten und wurde saniert. Für rund eine halbe Million Euro zur Aufwertung des Klostermarkts baute man 1999 unter anderem die etwas erhöhte Fläche mit den Treppen im vorderen Bereich und den kleineren Brunnen. Der Schöpfer des Wendedenkmals, Peter Luban, schuf 2003 den großen Klostermarktbrunnen mit den Bronzefiguren am anderen Ende des Areals, der zu einem Anziehungspunkt geworden ist.

Ein Brunnen schmückt seit dem Jahr 2007 auch den Altmarkt, der oft als »die gute Stube der Stadt« bezeichnet wird. Der Künstler Norbert Marten aus Westerstede in Niedersachsen hat die Anlage mit den Skulpturen sowie mit Sitzbänken geschaffen. Eine der Skulpturen stellt König Albert von Sachsen dar, dessen Reiterstandbild ab 1907 diesen Platz geziert hatte, 1946 aber beseitigt wurde. Der Altmarkt konnte 2006 nach nur einjähriger Sanierung (für knapp 1,5 Millionen Euro) wieder seiner Bestimmung übergeben werden. Die Stadtverwaltung ließ das Pflaster des Altmarkts in Form verschiedener Raster und an der Südostecke ein Hochbeet mit vier würfelartig geschnittenen Bäumen anlegen sowie Lichtfliesen einsetzen.

Auch der »Straßberger-Tor-Platz« (Kreuzungsbereich Straßberger Straße – Mühlberg – Oberer Graben) bietet seit 1997 ein ansprechenderes Bild. Im Bereich des ehemaligen Stadttors, des Straßberger Tors, veränderte sich die Straßenführung, neue Gehwege kamen dazu, neue und mit Grün eingefasste Parkplätze sowie eine andere Beleuchtung. Die Kosten für dieses Bauprojekt betrugen 366 000 Euro. Auf dem Albertplatz (in der DDR »Platz der Roten Armee«) entstand im Bereich der beseitigten Wasserspiele ein Blumenbeet.

Die Straßen

Was man auf Stadtbildern von 1990 häufig sieht, ist das Kopfsteinpflaster. Die Straßen Plauens waren davon geprägt. Wer von den älteren Einwohnern erinnert sich nicht an die holprigen Fahrten durch die Stadt mit einem kaum gefederten Zweitakter. Die Jößnitzer Straße, die Neundorfer Straße, die Weststraße, die Reinsdorfer Straße in der Südvorstadt, die Klopstockstraße und die Beethovenstraße im Preißelpöhl und viele andere waren ganz oder teilweise mit dem haltbaren, langlebigen Kopfsteinpflaster ausgestattet gewesen. Seither hat sich auf den Plauener Straßen viel getan, und das merkt man nicht nur an deren neuem Belag. Kaum wiederzuerkennen ist zum Beispiel die Burgstraße. Aufnahmen von 1990 lassen sie uns heute fast als eine Art Feldweg erscheinen. Für 402 000 Euro verwandelten Baufirmen diesen Verkehrsweg im gleichnamigen Sanierungsgebiet in eine ansehnliche Straße. Neben der neuen Fahrbahn entstanden in den Jahren 2001 und 2002 ein Parkplatz und ein Spielplatz. Damit verbesserte sich die Wohnqualität in diesem Bereich ganz enorm.

Die Bahnhofstraße ist bis zum Albertplatz als Fußgängerzone erhalten geblieben. Die aufgestellten kleinen Spielgeräte sowie Vater-und-Sohn-Figuren faszinieren vor allem Kinder und Gäste der Stadt. Sitzgelegenheiten unter Bäumen laden zum Verweilen ein.

Die Plauen durchkreuzenden Bundesstraßen wurden bis 2020 auch weitgehend ausgebaut, die B 92 beispielsweise vierspurig zwischen Plamag und Oberem Bahnhof. Eine umfassende Sanierung der Friedensbrücke fand zwischen 2001 und 2004 statt. Die Chamissostraße als stark genutzte Trasse erhielt ab April 2002 eine dreispurige Fahrbahn.

Weitere größere Straßenbauprojekte waren in den vergangenen drei Jahrzehnten unter anderem die Aufwertung der Neundorfer und der Kaiserstraße – beide mit zahlreichen Fällungen von Straßenbäumen verbunden. An der Kaiserstraße zwischen Reißiger und Jößnitzer Straße fielen elf Linden, an der Neundorfer Straße laut Stadtratsbeschluss vom Januar 2009 insgesamt 48 Gehölze. Diese Baumaßnahme kostete zehn Millionen, die an der Kaiserstraße mehr als zwei Millionen Euro. Die denkmalgeschützte Haube des Pissoirs vom Anfang des 20. Jahrhunderts konnte bewahrt werden, indem man sie auf ein neues Stromhäuschen setzte.

In der Altstadt ließ das Plauener Rathaus an vielen Stellen Straßenzüge auf Vordermann bringen. Das geschah etwa im Jahr 2005 für rund 370 000 Euro mit der Nobelstraße, an der sich das Vogtlandmuseum und das Erich-Ohser-Haus als Anziehungspunkte für die Touristen und die Tagesgäste Plauens befinden. Bereits ein Jahr zuvor war der Obere Steinweg umgestaltet worden – Kostenpunkt: etwa 173 000 Euro.

Die Liste von Straßenerneuerungen ließe sich weiter fortsetzen, es bleibt aber auch festzuhalten, dass wegen oft nicht ausreichender Gelder viele kleinere und weniger stark befahrene Straßen in den Wohngebieten und Ortsteilen über längere Zeit noch in einem mangelhaften Zustand blieben. Das trifft auch auf Gehsteige zu, für die es nur im Verbund mit einer Straßensanierung größere Beträge an Fördermitteln gibt. Mit eigenen Geldern ließ und lässt die Stadtverwaltung jedoch jährlich eine kleine Zahl an Fußwegen sanieren.

Historische Gebäude

Das Schloss

Im Jahr 1990 war das ehemalige Schloss der Vögte eine abgeriegelte Ruine, der Schlosshang nicht zugänglich. Auf dem Amtsberg arbeitete noch das Kreisgericht und daneben saßen Häftlinge im Gefängnis ein, 1991 zum Beispiel 35 Männer, bei einer Belegungskapazität von 150. Wer nicht unbedingt auf diesen Berg musste, der ließ es sein.

Das hat sich inzwischen geändert. Die Justizvollzugsanstalt wurde 2007 geschlossen und sechs Jahre später abgebrochen. Danach begannen Archäologen mit der Untersuchung des Geländes und später die Baufirmen mit der Sanierung. Im erneuerten Gerichtsgebäude lernen seit 2019 die Studentinnen und Studenten der Berufsakademie. Die den meisten Plauenern zu DDR-Zeiten verborgen gebliebene, inzwischen wiederhergerichtete Bastion dient mittlerweile als Aussichtspunkt. Um den einstigen Vorposten des Schlosses und den Schlosshang wieder freizulegen, mussten – zum Leidwesen von Naturschützern – zahlreiche Bäume entfernt werden.

Zu den geschichtlich bedeutenden Bauten auf dem Schlossberg gehört auch das einstige Schlossportal. Im Frühjahr 2019 ließ es der Staatsbetrieb Sächsisches Immobilien- und Baumanagement (SIB) wieder aufbauen. Weil im Bereich der Portalpfeiler die Gründung fehlte, das

2007/13

Justizvollzugsanstalt, Altstadt und Sparkasse an der Weißen Elster, 2013
Helmut Schneider

Bau und Umwelt

rissige und abgeschürfte Portal somit nicht standsicher war, hatte man es zweieinhalb Jahre zuvor abgebaut. Ein Dresdner Steinmetz und -bildhauer bearbeitete die Steine aus Sandstein und den Sockel aus Granit, ergänzte sie und gestaltete einiges neu (für etwa 100 000 Euro).

Dreimal so viel schlägt nach Berechnungen des SIB für die Erneuerung des Roten Turms zu Buche, die im Juni 2020 gestartet wurde. Wie die übrigen Reste des Schlosses und das einstige Gerichtsgebäude ist dieser Teil der ehemaligen Stadtmauer weithin sichtbar. Er prägt das Stadtbild mit und springt Touristen und Ausflüglern geradezu ins Auge, wenn sie mit Bussen und Pkw auf der benachbarten großen Parkfläche des Neustadtplatzes ankommen. Vorgesehen ist die Sanierung der besonders stark verwitterten Mauerwerksbereiche, die Reparatur der Fenster oder deren Ersatz in Anlehnung an die Originale. Allerdings ließ der Staatsbetrieb wissen, dass dieses Bauwerk aus dem 15. Jahrhundert für Besucher unzugänglich bleiben wird.

— 2022

Auf dem Schlossgelände entsteht laut Plan bis 2022 außerdem ein dreigeschossiger Multifunktionsbau mit Foyer, Garderobe und Toiletten im Erdgeschoss, Bibliothek der Studienakademie im ersten Stock sowie großem Hörsaal unter der Dachkonstruktion. Die Ruinenmauer zur Syrastraße hin soll als Außenwand vor diesem Gebäude stehen. Für diese umfangreichen Bauarbeiten auf dem Schlossberg und am Schlosshang sind 27,3 Millionen Euro kalkuliert.

Das Neue Rathaus

Bis zum Stadtjubiläum 2022 soll nicht nur der Neubau auf dem Schlossgelände stehen, sondern auch die Rathaussanierung beendet sein. Diese hat sich vor allem im Inneren, aber auch außen mehr als drei Jahrzehnte hingezogen. Bereits 1991 haben die Arbeiten begonnen.

⑱
Konventsgebäude, 2018
Ina Schaller

Die Stadtverwaltung ließ den Rathausturm in Ordnung bringen, die Heizung modernisieren, das Dach herrichten, die Fenster erneuern und anderes mehr. Für die Maßnahmen am Verwaltungsbau samt Ratskeller und Spitzenmuseum gab das Rathaus in einer Broschüre über die Stadtsanierung für den Bauabschnitt bis 2002 13 Millionen Euro Kosten an. Aber die Arbeiten im Haus gingen weiter.

Am spektakulärsten für die Plauener war sicher die Beteiligung der Öffentlichkeit an der Entscheidung über die Fassadengestaltung. Nach monatelangen Diskussionen über einen Neubau, die Sanierung oder Rekonstruktion des Vorhandenen stimmte am 8. Mai 2012 die Mehrheit der Mitglieder im Stadtrat für den Neubau der Rathausfassade. Ein Architektenwettbewerb wurde ausgelobt, an dem sich 30 Büros beteiligten. Dies ermöglichte, eher traditionell oder avantgardistisch vorzugehen, aber eben auch, die Glasfront den Anforderungen der Zeit entsprechend zu sanieren. Über die Entwürfe durften die Bürger dann diskutieren, bis Anfang 2013 die Stadtrat-Entscheidung folgte. Diskussionsrunden über die räumliche Aufteilung der einzelnen Etagen im Neubau schlossen sich an, für 2014 waren Feinabstimmung und Beschluss geplant. Aufgrund der angespannten Haushaltssituation konnten die Neubaupläne allerdings nicht verwirklicht werden. Nachdem der Stadtrat Ende 2015 über die Sanierung des Nordwestflügels entschieden hatte, begannen 2019 die Arbeiten. Die 1976 eingebaute und im Laufe der Jahre stark in Mitleidenschaft gezogene Glasfassade zum Lutherpark hin soll bis 2022 erneuert sein und 12,4 Millionen Euro kosten.

Das Konventsgebäude

Das Konventsgebäude unterhalb der Johanniskirche war nach seiner Zerstörung im Zweiten Weltkrieg fast sechs Jahrzehnte lang eine Ruine im Stadtzentrum von Plauen. Erst mit dem 2004 angebrachten Notdach begann die Rettung dieses außergewöhnlichen historischen Gebäudes. Vielfältige Baumaßnahmen holten den zu DDR-Zeiten vergessenen Bau schrittweise ins kulturelle und gesellschaftliche Leben der Stadt zurück.

Mit der 2007 erfolgten Errichtung eines Steildachs in Schieferdeckung gelang die dauerhafte Sicherung des Hauses, und der ein Jahr später ins Leben gerufene Förderverein nutzt die Räume seitdem für zahlreiche Veranstaltungen und Ausstellungen.

Bis zum offiziellen Sanierungsende 2017 konnten für über eine Million Euro neue Fenster und Türen, der Bau der Empore und des Nordflügels, Beleuchtung, Büro- und Sanitäranlagen sowie die Gestaltung der Außenanlagen (Teile der Stadtmauer freigelegt, ein neuer Fußweg in das Gebäude, Schotterrasenfläche) realisiert werden, sodass das Konventsgebäude ein weiterer Anlaufpunkt für das kulturelle Leben in der Stadt geworden ist. Seit 2012 erstrahlt eines der wenigen baulichen Zeugnisse des Deutschen Ordens in Mitteldeutschland abends im Scheinwerferlicht.

Die Altstadt mit Malzhaus und Vogtlandmuseum

Nach der Schließung des Malzhauses von 1982 bis 1989 mit einhergehendem Verfall brauchte das Gebäude eine umfangreiche Modernisierung und Instandsetzung. Dafür wurden bis 2006 rund sechs Millionen Euro aufgewendet. Unter anderem war im Keller eine Absenkung des Fußbodens erforderlich, um die nötige Raumhöhe für Veranstaltungen zu erreichen. Die Schaffung der Galerie, der Gaststätte im Erdgeschoss, des Biergartens, die Sanierung der sanitären Anlagen, der Einbau einer Künstlergarderobe und viele andere Arbeiten folgten. Das Malzhaus stellt heute mit seinem vielfältigen Angebot für nahezu alle Altersgruppen einen Anziehungspunkt für Stadtbewohner und Gäste Plauens dar.

Die Häuser an der Nobelstraße wurden ebenfalls modernisiert. Mithilfe des Programms der städtebaulichen Förderung und Geldern der Einzeldenkmalpflege wurden die Rekonstruktion des Festsaals, des Spitzenzimmers sowie des Napoleonzimmers und weiterer Ausstellungsräume im Vogtlandmuseum möglich. Die für Besucher relevantesten Änderungen sind jedoch die Schaffung des neuen Empfangsbereichs, einer neuen Kasse mit Museumsshop, eines Cafés, einer WC-Anlage sowie eines Durchgangs von der Nobelstraße über den Innenhof bis zum Oberen Graben. Allein diese Arbeiten im Jahr 2014 kosteten 415 000 Euro. Insgesamt investierten die Stadt und der Freistaat seit 1990 einen zweistelligen Millionenbetrag in die Einrichtung. Im Jahr 2020 kamen noch das neue Depot an der Seminarstraße sowie ein Raum der Vögte hinzu.

Ein abschreckendes Bild in Plauens Mitte bot nach der Wende die leerstehende Vowetex (Abb. 1, S. 407) an der Ecke Komturhof und Hofwiesenstraße. Um dieses Problem zu lösen, wurde das Sanierungsgebiet »Altstadt« zum 3. August 1995 um diese Fläche erweitert. Das machte den Grundstückskauf und schließlich den Abriss der Brache möglich. Auf dem Gelände steht heute das Hauptgebäude der Sparkasse Vogtland (Abb. 17, S. 439).

Das neue Hauptgebäude des Landratsamts

Die Kreisbehörde ist ins Zentrum Plauens gerückt: von der Neundorfer Straße an den Postplatz. Zum Sitz des neuen Landratsamts wählte man das ehemalige prunkvolle Kaufhaus Tietz. Der historische Baukörper mit Fassade zur Bahnhofstraße blieb bestehen, aber das Innere des Gebäudes wurde an die neue Funktion als Behördenzentrum angepasst. Neben einem neuen Lichthof entstanden daher im Bereich zur Forststraße auch Neubauten. Vorbereitungen für den Umbau des Gebäudekomplexes begannen im Jahr 2009, nachdem das Landratsamt 2008 auch die Zuständigkeit für die größte Stadt des Vogtlands erhalten hatte. Die Entscheidung des Kreistags zum Bau fiel am 16. Dezember 2010, das Richtfest fand am 7. November 2014 statt, am 28. Juli 2016 stand der Rohbau des zugehörigen Parkhauses an der Rädelstraße. Ende 2016 begann der Umzug von der Neundorfer Straße und anderen Dienststellen an den Postplatz: Das neue Amt bietet in 356 Büroräumen Platz für 625 Mitarbeiter von 15 Dienststellen, mehr als die Hälfte der Mitarbeiter des Landratsamts. Mit der Zentralisierung an einem Standort sollten die Zersplitterung der Verwaltung in 19 Objekten beseitigt und Mieten sowie Sanierungskosten eingespart werden. In ersten belastbaren Kostenrechnungen war man von 35,6 Millionen Euro Baukosten ausgegangen – ohne Parkhaus, für das aber kein privater Investor gefunden werden konnte. 50 Millionen Euro weist die 2018 vorgelegte Schlussrechnung aus. Die Mehrkosten begründete die Kreisverwaltung später auch mit der Verzögerung der geplanten Bauzeit, Problemen im Bauablauf, Insolvenzen von zwei beauftragten Baufirmen und falschen Planansätzen.

Die Flächen im Erdgeschoss an der Bahnhofstraße, gegenüber dem Bäckergeschäft mit Café, wurden im Jahr 2018 umgebaut und eingerichtet. Dort finden sich ein Selbstbedienungsbereich der Sparkasse Vogtland und eine Versicherung.

Veränderungen im Stadtbild

**Rainer Maria Kett
Ina Schaller
Andreas Stephan**

Zwar hat sich die Einwohnerzahl seit 1912 halbiert, doch die Struktur der ehemaligen Großstadt konnte Plauen bewahren – und hat sich dabei in den letzten 30 Jahren trotzdem grundlegend gewandelt. Die Innenstadt und die sieben kernstädtischen Räume, Haselbrunn, Preißelpöhl, Chrieschwitz, Reusa, Ost- und Südvorstadt und die Neundorfer Vorstadt, konnten aufgrund zahlreicher Investitionen teilweise zu ihrem alten Glanz zurückfinden. Ende 2018 waren drei Viertel der Gebäude vollsaniert, weitere 15 Prozent teilsaniert. Da viele Maßnahmen jedoch 20 Jahre und länger zurückliegen, besteht hier in absehbarer Zeit wieder Handlungsbedarf. Die restlichen zehn Prozent der Gebäudesubstanz sind in einem baufälligen, ruinösen oder unsanierten Zustand. Für die Zukunft wird es wichtig sein, wie sich Plauen als Wirtschaftsstandort entwickelt.

Aus der einstigen Industriestadt mit den vielen großen Industrieschornsteinen entlang der Weißen Elster ist ein Bildungszentrum und wichtiger Ort für Dienstleistungen in der Region geworden. Klinikum, Diakonie, Landratsamt, Berufsakademie und viele weitere Einrichtungen prägen das Stadtleben mit. Der Verlust an Industriearbeitsplätzen wirkt sich allerdings unmittelbar auf das Bevölkerungswachstum und das damit verbundene Wohnungsangebot aus. Problematisch war in den 90er-Jahren der überdurchschnittliche Wegzug von jungen Leuten nach der Berufsausbildung oder dem Studium in Richtung Westdeutschland. Die »Alterung« der Stadtbevölkerung war nicht zu übersehen, und weiterführende Bildungseinrichtungen konnten diesen Prozess noch nicht beenden. Zwar profitiert Plauen momentan von Zuzügen aus dem vogtländischen Umland, gibt aber im Gegenzug junge Menschen in Regionen mit besseren Bildungs- und Arbeitsangeboten ab.

2016

(19) Blick vom Rathausturm auf Schlossterrassen und Weiße Elster, 2019
Norman Richter

Uwe Ulrich Jäschke

Insgesamt sind derzeit 11 685 Gebäude als Wohngebäude deklariert, unabhängig von ihrem Bauzustand. Die vielen Fabrikgebäude sind entweder anderen Funktionen gewichen, warten noch auf neue Nutzungsmöglichkeiten oder mahnen uns als unübersehbare Industriebrache zu Kreativität in der Stadtgestaltung. Viele traditionelle innerstädtische Gewerbeflächen in der Elsteraue blieben erhalten, an der Peripherie der Stadt in den Industrie- und Gewerbegebieten siedelten sich zudem neue und schnell wachsende Unternehmen an. Produktionsstätten in Wohngebieten sind hingegen die Ausnahme, andererseits gibt es Gebäude, bei denen keineswegs auf den ersten Blick zu sehen ist, dass hier eine Firma ihren Sitz hat. Mitunter ist ein ganzes Haus Geschäftshaus geworden. Vor allem junge Leute wollen Verantwortung übernehmen, nicht nur Arbeitnehmer sein. Dank des Internets spielt der Ort, an dem man ein Unternehmen aufbaut, eine untergeordnete Rolle.

Wer mit Besuchern der Stadt ins Gespräch kommt oder mit offenen Augen reist, nimmt die zahlreichen positiven Entwicklungen wahr: Sanierte und renovierte Häuser sowie Neubauten dominieren. Das in den letzten 30 Jahren Entstandene lädt zum Flanieren ein.

Seit Dezember 1990 können Plauener McDonald's am Klostermarkt nutzen. Gegenüber wuchs 1992/93 das erste Wöhrl-Kaufhaus in den neuen Bundesländern und oberhalb davon die Oheim-Passage. An der Bahnhofstraße entstanden die Drogerie Müller, 1998/99 die Kolonnaden, am »Tunnel« die Stadtgalerie 2000/01 neu. Die Gebäude der Deutschen Bank (Postplatz 2, zuvor Staatsbank) und Hauptpost wurden 2000 beziehungsweise 2003 saniert und umgenutzt, der Umbau des Kaufhauses zum Landratsamt beschäftigte ab 2009 das gesamte Vogtland. Zwischen 1992 und 1994 entstand am Rosa-Luxemburg-Platz das Möbelhaus Biller, und in Richtung Neundorf entwickelten sich in ehemaligen Kasernengeländen Behördenzentrum und Wohnpark.

Das größte Kaufland eröffnete im Oktober 1993 an der Morgenbergstraße, und 1994 beziehungsweise 1995 kamen noch die Einkaufszentren Plauen Park in Kauschwitz und der Elster Park am Chrieschwitzer Hang hinzu.

Mit den Ideen zur Belebung der Innenstadt konnte Plauen den ersten Platz bei der »Ab in die Mitte, City-Offensive Sachsen 2016« in Leipzig erreichen: Von 2017 bis 2019 wurden 300 000 Euro investiert, um unter dem Motto »schräg ist spitze« die Bahnhofstraße mit Sitz- und Spielgelegenheiten sowie Farbe zu beleben.

Erfolgreich war Plauen auch 2018 mit dem Projektentwurf »ZUKUNFT LEBEN im Plauener Süden«, das »sieben Großprojekte, alle Teil des Stadtkonzeptes 2022« umfasste. Damit wurde die Stadt Modellkommune und darf nach der Bestätigung im Dezember 2020, dass das eingereichte detaillierte Konzept »die Förderkriterien des Modellvorhabens erfüllt«, in insgesamt acht Projekte 50 Millionen Euro (je zur Hälfte von Bund und Land) investieren.[1] Und nebenbei gibt es in der ganzen Stadt immer wieder grüne Flächen, die alles lebenswerter machen.

Natur und Umweltschutz

Geologie, naturräumliche Umgebung und Klima

Die Große Kreisstadt Plauen ist das Zentrum im mittleren und südlichen Vogtlandkreis. Mit einer Fläche von 102,11 Quadratkilometern und 64 597 Einwohnern (Stand 31. Dezember 2019) ist Plauen die fünftgrößte Stadt im Freistaat Sachsen. Sie befindet sich in verkehrsgünstiger Lage im Vierländereck Sachsen–Bayern–Thüringen–Tschechien. Neben der guten Verkehrsanbindung über die Bundesautobahnen ist Plauen ein wichtiger Bahnverkehrsknotenpunkt.

Das Stadtgebiet von Plauen ist landschaftlich von der vogtländischen Kuppenlandschaft mit kleinen Bachtälern und Talauen geprägt. Der Hauptfluss durch Plauen ist die Weiße Elster. Die mittlere Höhe beträgt 412 Meter. Der tiefste Punkt Plauens ist am Austritt der Weißen Elster an der nordöstlichen Stadtgrenze (303 Meter).

Geologie

Das Vogtland wird unter dem Begriff Thüringisch-Fränkisch-Vogtländisches Schiefergebirge, das ein Rumpfgebirge der europäischen variskischen Gebirgsbildung ist, eingeordnet. Regionalgeologisch gehört das Stadtgebiet von Plauen in die großgeologische Einheit der Vogtländischen Hauptsenke (Vogtländisches Syklinorium). Begrenzt wird diese Senke im Nordwesten vom Bergaer Sattel (Bergaer Antiklinorium) und im Südwesten durch das Vogtländische Schiefergebirge (Fichtelgebirgisch-Erzgebirgische Antiklinalzone). Bis auf den Stadtteil Kauschwitz, der in einem Ausläufer der Mehltheuerer Kulmmulde liegt, ist das Stadtgebiet Teil der Hauptmulde.

Die anstehenden Gesteine sind überwiegend marine Sedimente, die im Erdaltertum (Paläozoikum) vor 570 bis 375 Millionen Jahren (Kambrium bis Mitteldevon) abgelagert wurden. Zuerst wurde sandiges und toniges Material sedimentiert, im Silur und Mitteldevon folgten stark kohlenstoffhaltige Ablagerungen unter sauerstoffarmen Bedingungen. Durch die Hebung während der variskischen Gebirgsbildung kam es im Unter- bis zum Mitteldevon (400 bis etwa 370 Millionen Jahre) zu einem Gesteinswechsel, kalkig-sandige Flachmeersedimente wurden abgelagert. Durch die Bruchtektonik im Oberdevon entstand in der Vogtländischen Hauptmulde ein intensiver basischer Basaltvulkanismus, der basaltoide Deckenergüsse und Tuffabscheidungen verursachte. Die variskische Gebirgsbildung endete vor ungefähr 300 Millionen Jahren im Oberdevon mit der Hebung und Hauptfaltung des variskischen Hochgebirges.

Im Zuge der Gebirgsbildung wurden die Sedimente umgewandelt und bilden heute massige und schiefrige Gesteine, verändert durch die Regionalmetamorphose. Während des Vulkanismus im Oberdevon entstanden die verschiedensten Diabase und ihre Tuffe sowie Diabaskonglomerate und -brekzien. Diabastuffe liegen an der Rentzschmühle, Kissenlava bei Reinsdorf, Diabaskonglomerate am Rähnisberg und Bärenstein sowie im Triebeltal offen.

Seit dem Karbon wurde das variskische Hochgebirge zunehmend erodiert und im Tertiär (Eozän) eingerumpft. Das Stadtgebiet selbst ist geologisch außergewöhnlich kompliziert aufgebaut. Verschiedene Gesteinsschichten sind gegeneinander verschoben, verworfen und erodiert.

Vor zwei Millionen Jahren bildete sich entlang von Verwerfungslinien das heutige Gewässernetz aus. Zwischen Möschwitz und Elsterberg hat sich die Weiße Elster klammartig in einen zum Teil mehrere Hundert Meter mächtigen basischen, flächenhaft ausgebildeten

Deckenerguss eingetieft. Zwischen Oelsnitz und Plauen, in den gering verwitterungsresistenten älteren Schiefergesteinen (Ordovizium bis Devon), haben sich breite, meist trogförmige Talformen ausgebildet. So teilt die Weiße Elster mit ihrem breiten Kerbsohlental die Kernstadt in einen Nord- und Südteil. Ausgehend vom Bett der Elster steigt im Nordteil ein Diabasrücken auf Höhe des ehemaligen Schlosses steil an. Darauf folgt ein flacheres Gebiet, das aus verschiedenen Ton- und Alaunschiefern des Ordoviziums, des Silurs und des Devons besteht. Westlich und nordwestlich schließen sich Diabasgesteine, getrennt durch eine breite Störung, als Zone von stark zersetztem Diabas und Schiefer an. Im südlichen Teil der Stadt sind Tonschiefer des Ordoviziums und des Devons zu finden, die sich entlang der Weißen Elster von Thiergarten bis Reusa ziehen.

Naturräumliche Umgebung

Während Günther Schönfelder das Stadtgebiet von Plauen einfach den Naturraum Vogtland (CV2) als Teil der Zentraleuropäischen Mittelgebirgsschwelle (C),

 Geologische Karte der Stadt Plauen

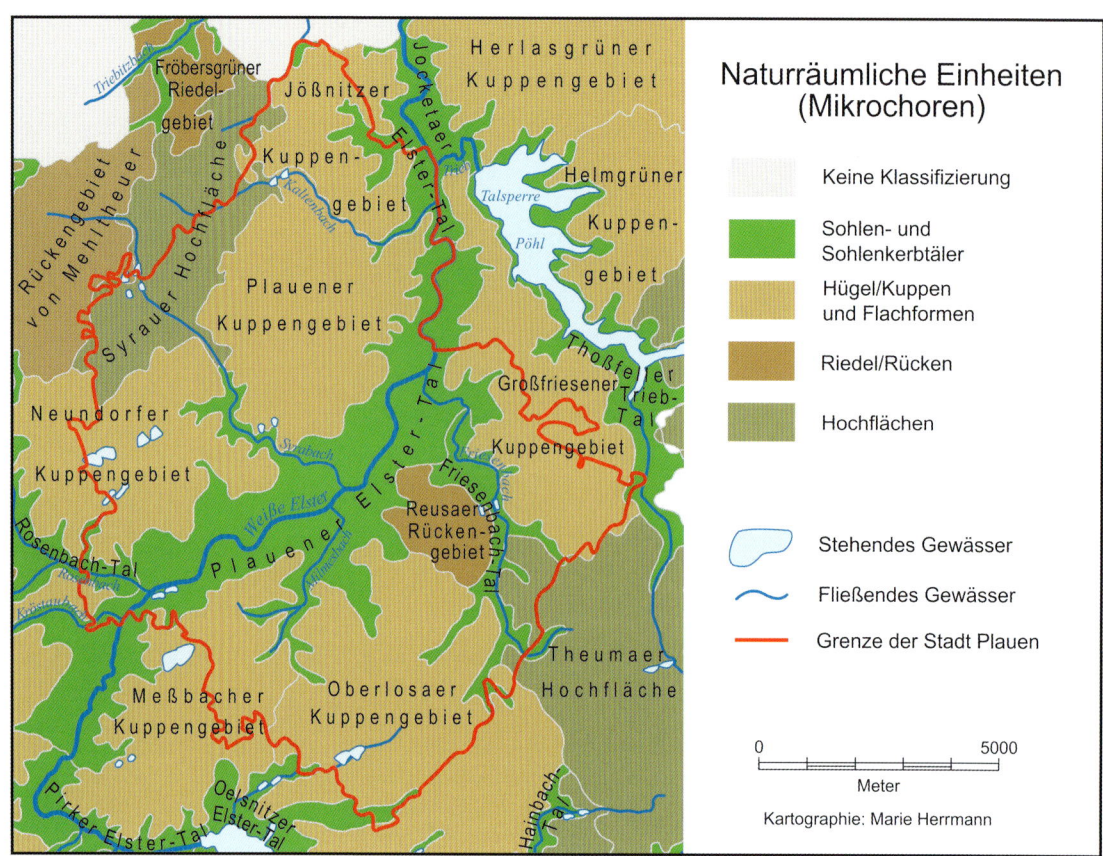

㉑ Naturräumliche Einheiten

Untergebiet Thüringisch-Fränkisches Mittelgebirge mit Vogtland (CV) bezeichnet, gliedern Günter Haase und Karl Mannsfeld in ihrem chorischen Ansatz den Stadtraum von Plauen weitaus detaillierter.

Die Makrogeochore Vogtland (B1) ist Teil des sächsischen Berglands und Mittelgebirges, das rund ein Drittel der sächsischen Landesfläche einnimmt und dessen Naturausstattung maßgeblich vom geologischen Untergrund und der Höhenlage bestimmt wird. Als »Unteres mittelvogtländisches Kuppenland« wird die dazugehörige Mesogeochore bezeichnet. Das Stadtgebiet von Plauen liegt bis auf einen kleinen Teil des Rosenbachtals und des Rückengebiets von Mehltheuer im Osten und dem westlichen Teil der Theumaer Hochfläche in dieser Mikrogeochore. Die Mikrogeochoren des Stadtgebiets sind nach Naturraumtypen gegliedert:

Den Naturraumtyp Sohlenkerb- und Sohlentäler kennzeichnen mittelsteile bis steile Hänge, die mit einem deutlichen Knick in die Aue übergehen. Prägende Gesteine sind hier Diabas und Tonschiefer. Die Raumeinheiten sind das Jocketaer Elstertal mit dem Kaltenbach in der Vogtländischen Schweiz und das Plauener Elstertal als breites Sohlental mit Flusssedimenten und Terrassenresten. Zu diesen gehören auch die Hauptzuflüsse Syra und Milmesbach. Im Süden gibt es mit geringen Anteilen das Oelsnitzer Elstertal bei Meßbach und Unterlosa. Das Friesenbachtal ist ebenfalls ein Soh-

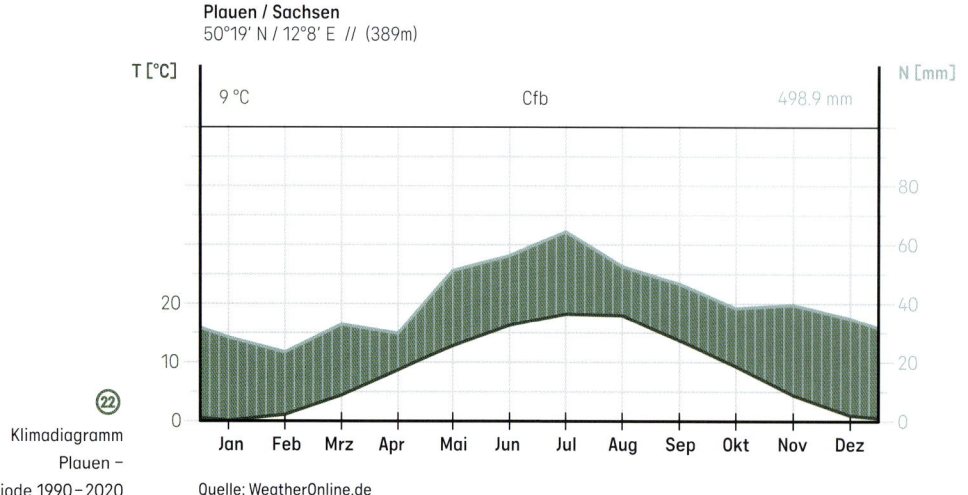

㉒ Klimadiagramm Plauen – Periode 1990–2020

Monat	N [mm]	T [°C]
Jan	28.5	0.1
Feb	23.4	1.1
Mrz	32.9	4.4
Apr	29.8	8.7
Mai	51.2	12.8
Jun	56.3	16.3
Jul	64.4	18.2
Aug	52.7	18
Sep	46.7	13.7
Okt	38.5	9.3
Nov	39.6	4.4
Dez	34.9	1
Jahr	498.9	9

Quelle: WeatherOnline.de

Datenbasis 1990-2020

lenkerbtal in Ton- und Schluffschiefer mit einigen Steillagen und mündet bei Chrieschwitz in die Weiße Elster. Einen nur sehr geringen Anteil am Plauener Stadtgebiet hat das Rosenbachtal.

Die genannten Täler sind in den Naturraumtyp Hügel/Kuppen und Flachformen eingebettet, der eine wellige Fläche, in der Kuppen (Pöhle) und Mulden eingebunden sind, darstellt. Tonschiefer und Diabasvarietäten sind die hauptsächlichen Gesteine. Das Syratal zerschneidet das Plauener und das Neundorfer Kuppengebiet. Widerstandsfähiger Diabas steht an den Talrändern zur Syra offen an. In flachen Abschnitten auf der Fläche liegen Tonschiefer an. Der Neundorfer Raum ist durch zahlreiche Pöhle aus Diabaskuppen geprägt.

Das flachwellige Jößnitzer Kuppengebiet im Norden der Stadt besteht aus Diabasen, hauptsächlich aus Tuffen und Brekzien. Kerb- und Sohlenkerbtäler fallen zur Weißen Elster ab. Im Süden der Stadt liegen das Oberlosaer Kuppengebiet und das Meßbacher Kuppengebiet. Sie sind durch viele Erhebungen und eingebettete Dellen und Quellmulden gekennzeichnet. Hier liegen auch die höchsten Kuppen des Stadtgebietes, der Kulmberg (525 Meter) und der Kemmler (507 Meter). Die Gesteine sind Diabase in den Kuppenlagen und Tonschiefer, Grauwacken und Kieselschiefer in der Fläche.

Nördlich des Friesenbachs liegt mit rund 50 Prozent das Großfriesener Kuppengebiet im Plauener Stadtgebiet. Das sich südlich des Friesenbachs anschließende Reusaer Rückengebiet besteht aus asymmetrischen Rücken und Rückenspornen mit Kerbtälchen, Mulden- und Kerbnischen. Die Hänge fallen seitlich zur Weißen Elster im Westen und im Osten zur Trieb beziehungsweise zur Talsperre Pöhl ab. Im Westen deckt die Stadtfläche geringfügig das Rückengebiet von Mehltheuer.

Die Syrauer Hochfläche liegt im Nordwesten. Hochflächen sind hoch gelegene, meist wellige Flächen, die durch abfallende Hänge begrenzt werden. Typisch für dieses schwach wellige Gebiet sind breite Quellmulden und vereinzelte Flachkuppen aus Diabasgesteinen über Tonschiefer. Die Theumaer Hochfläche schneidet im Südosten die Stadtgrenze geringfügig.

Klima

Nach der effektiven Klimaklassifikation von Geiger und Köppen liegt die Stadt Plauen in der Klimazone Cfb: warmgemäßigte feuchte Westwindzone Mitteleuropas mit wechselhafter Witterung. Allerdings wirken im Vogtland kontinentale Einflüsse stärker, sodass die Sommer wärmer und die Winter kälter sind als in westlichen Regionen Deutschlands. Durch die abschirmende Wirkung der umgebenden Mittelgebirge ist das Wetter im Vogtland wind- und niederschlagsärmer als in ähnlichen Mittelgebirgslagen in Deutschland.

In Plauen beträgt die durchschnittliche Lufttemperatur 9 Grad Celsius, wobei die wärmsten Monate Juli und August mit durchschnittlichen Temperaturen von etwa 18 Grad Celsius sind. Im Raum Plauen gibt es im Jahr durchschnittlich 44 Sommertage (≥ 25 Grad Celsius) bei einer mittleren Sonnenscheindauer um die 1 400 Stunden im Jahr. Der durchschnittliche jährliche Niederschlag im Zeitraum von 1990 bis 2020 beträgt aufgrund der Mittelgebirgsleelage in Plauen 499 Millimeter und ist damit der niedrigste im Vogtland. Mit Schneefall ist von November bis April, vereinzelt auch im Oktober oder im Mai zu rechnen. Die Anzahl der Frosttage liegt zwischen 60 und 124, im Durchschnitt 97 Tage.

Südwestliche bis südliche Windrichtungen sind in Plauen vorherrschend, wobei es in der kalten Jahreszeit zu »böhmischen Winden«, also Kaltluftausflüssen aus dem Böhmischen Becken, kommen kann. Die durchschnittliche Windgeschwindigkeit beträgt etwa drei bis vier Meter pro Sekunde.

Umweltschutz – Krisen und Aufschwünge

Ina Schaller

Der erste Umweltbericht der Stadt entstand 1990 und bildete die Voraussetzung für eine zielgerichtete Arbeit im Natur- und Umweltschutz. Am Anfang allen Handelns stand die offene Bekundung, das Eingestehen der bestehenden Missstände – sei es die durch Plauener Betriebe (zum Beispiel die Plauener Zellwolle oder den Schweinemastbetrieb in Reißig) verursachte Geruchs- und Gewässerverschmutzung, der Farbenschimmer in der Weißen Elster infolge des Schaffens der Lackiererei der Verkehrsbetriebe oder die Hinterlassenschaft von sowjetischen Streitkräften und NVA. Hinzu kam das wachsende Umweltbewusstsein der Bürger.

Das freimütig-offene, »unverpackte« Reden über Missstände begann bereits im November 1989. Als »Hauptverschmutzer von Plauen« (s. S. 356) wurde die Zellwolle benannt, da waren sich die Beteiligten von drei Zusammenkünften in verschiedenster Zusammenset-

Windrose Plauen, mittlere jährliche Häufigkeitsverteilung in Prozent

Bau und Umwelt **445**

1991/95

zung einig. Forderungen: stilllegen, sanieren, eine umweltfreundlichere Alternativproduktion aufnehmen. Trotz aller Stufen- und Sozialpläne wurde die Produktion erst im April 1991 eingestellt, bis 1995 wurden dann alle Anlagen demontiert und das Betriebsgelände für elf neue Betriebe vorbereitet. Die Rekultivierung des stark belasteten Umfelds (Glaubersalzdeponie, Aschedeponie) gelang durch Spezialbetriebe und zahlreiche ABM-Kräfte, die vielfach auch in Naturschutzprojekten Aufgaben fanden. Die zunehmende Sensibilisierung für Belange des Umweltschutzes führte zur Suche effizienter Lösungen für bestehende Probleme, aber erst die Entwicklungen ab 1990 ließen wirksames Agieren zu, Naturschutzverbände entstanden.

Moderne Technik für die Müllentsorgung kam in Plauen bereits im August 1990 zum Einsatz. Mit der Gründung der Abfallentsorgung Plauen GmbH war Plauen »›die erste kreisfreie Stadt in Ostdeutschland, ... die durch die Privatisierung der Müllentsorgung‹ ein bewährtes System der Müll- und Sero-Entsorgung für die 90er-Jahre einführte« (SEkundär-ROhstoffe).[2] Schon 1991 lag ein erstes Abfallwirtschaftskonzept vor, das seitdem fortgeschrieben wird. Als ebenso wichtig betrachtet Dr. Magerkord die Gründung eines Müllentsorgungsverbands für die Städte und Gemeinden des Vogtlands. Bereits im März 1993 schlossen sich, sachsenweit wieder in einer Vorreiterrolle, Oelsnitz, Auerbach, Klingenthal sowie Stadt und Landkreis Plauen zum Entsorgungsverband Vogtland (EVV) zusammen, um umweltschonende Abfallentsorgungs- und Verwertungsanlagen (Deponien usw.) kostengünstiger als allein zu schaffen und nutzen zu können. Mit der Eingliederung Plauens in den Vogtlandkreis war der EVV aufgelöst und der Vogtlandkreis für alle bisherigen Aufgaben verantwortlich. Ein Vorteil für das Vogtland ist es auch, dass sich ein Staatliches Umweltfachamt, eines von fünf in Sachsen, in Plauen befindet.

Die Verschmutzungen im Stadtgebiet betrafen 1990 Wasser, Boden und Luft gleichermaßen. Chemikalien für Herstellung, Veredlung und Färbung der Textilien, aber auch eine intensive Landwirtschaft verunreinigten Boden und Wasser. Zu solchen Altstandorten gehörten neben industriell oder gewerblich genutzten Flächen ebenso der ehemalige Agrarflugplatz und das Tanklager an der Schöpsdrehe sowie die geräumten militärischen Objekte. Bestand der Verdacht auf Altlasten, so mussten das Gelände erkundet sowie Deponien, Vergrabungen und Verfüllungen untersucht werden. Neben einem zum Teil großflächigen Rückbau, verbunden mit Entsiegelung des Bodens, bildete das fachgerechte Entsorgen von Abfällen aller Art und Munitionsresten einen Schwerpunkt, Abdecken und Rekultivieren konnten sich anschließen. Deutlichste Belastungen durch Schadstoffe waren auf Industriealtstandorte zurückzuführen: Halden oder Deponien, zum Beispiel am rechten Elsterufer südlich des Possigwegs mit Aschen, Viskose/Zellwolle und Schlachtabfällen, wurden so bearbeitet. Ammoniak ist im Umfeld landwirtschaftlicher Großbetriebe ein Thema, beispielsweise wurden durch die Gülle der Schweinemästerei in Reißig (11 000 Schweine) der angrenzende Wald und Bäche geschädigt. Pestizide, Überdüngung und Erosion sind hingegen Problemkreise im Pflanzenbau.

Auf dem Gelände des bis 1976 betriebenen Gaswerks Plauen, Hammerstraße 86, versuchte enviaM zunächst auf der Grundlage eines Sanierungskonzepts von 1997, über die Reinigung des Grundwassers die Schadstoffe zu beseitigen. 2009/10 entschied man, neben der Fortführung der Grundwasserreinigung nun doch eine Spezialfirma zu beauftragen, um den belasteten Boden abzutragen und fachgerecht zu entsorgen – das kostete rund vier Millionen Euro, brachte kurzfristig eine Geruchs-, Lärm- und Staubbelastung für die Anlieger und langfristig einen altlastenfreien Betrieb. Das Voka hat zum Beispiel einen eigenen Recyclingbetrieb für die Aufbereitung produktionsbedingter Abfälle, ein Nachhaltigkeitskonzept gehört zu einem modernen Unternehmen.

Es gibt Landesprogramme und europäische Fonds zur Brachflächenrevitalisierung – mit dem Ziel, infolge strukturellen Wandels oder militärischer Abrüstung entstandene Brachflächen, Altlasten, Abfälle, Gefahrenquellen, Umweltschäden mittels Abriss, Flächenentsiegelung und Beräumung zu beseitigen sowie Grün- und Freiflächen zu gestalten beziehungsweise eine erfolgreiche Renaturierung herbeizuführen. Umgesetzt wurde dies zum Beispiel 2009 bei den Industriebrachen des Sachsendrucks an der Ecke Forst-/Rädelstraße, 2010 bei der Hydrauflex an der Wielandstraße, 2011 bei der Textilveredelung Gamma GmbH an der Stresemannstraße oder bei militärischen Brachen beispielsweise 2012 Am Taubenhügel in Neundorf.

Auch Altablagerungen, zum Beispiel in Form von Halden/Müllkippen/Gemeindekippen, müssen erkundet und gegebenenfalls bearbeitet werden. Aschen und andere Auffüllungen bieten oft keinen tragfähigen Untergrund. Illegale Müllablagerungen bilden einen weiteren Problemkreis, aber eben auch notwendige Tiefbaumaßnahmen und die durchaus unabwendbare Versiegelung von Flächen. Dadurch sind, vor allem bei der Bebauung von Auen, die Fließgewässer betroffen, oft schon verrohrt und eingedeicht, und Hochwasser(-Schutz) wird ein Thema. Mit dem Rückbau beziehungsweise der Sanierung oder Rekultivierung von Industriestandorten sowie einer effizienten Abwasserklärung konnte die Wasserqualität deutlich verbessert werden, seit 2015 sind zudem vollbiologische Kleinkläranlagen zur Verbesserung der Wassergüte als Standard vorgesehen. Der Fischbestand in der Weißen Elster und auch die lange Zeit verschwundenen Perlmuscheln bekamen wieder eine Chance. Für die Verunreinigung der Luft waren neben den Industriebetrieben veraltete Heizungsanlagen, die Nutzung von Festbrennstoffen und der Autoverkehr verantwortlich.

Der DDR-Fuhrpark städtischer Betriebe wurde recht schnell modernisiert, auch Biodiesel erprobt, der Umbau von Heizungsanlagen durch neue Heizkessel und die Nutzung von Öl und Gas beziehungsweise Fernwärme statt Festbrennstoff und Ofenheizung vorangetrieben. Die Immissionsbelastung verringerte sich, aber durch die Zunahme des Individualverkehrs stellen Autoabgase und der Staubgehalt der Luft vor allem an viel befahrenen Straßen im Stadtgebiet eine Belastung dar. Straßensanierungen, auch mit veränderter Straßenführung, neue Tempo-30-Zonen in Wohngebieten und ein Plan von einem großräumigen Lkw-Lenkungskonzept, das den städtischen Lkw-Durchgangsverkehr reguliert und verringert, sollen langfristig die Situation verbessern.

Der Umbau der Produktion, die Schaffung energieeffizienterer Strukturen, Neubauten in Gewerbegebieten auf aktuellstem Stand der Technik und des Umweltschutzes sind ebenso wichtig wie eine stärkere Nutzung regenerativer Energien, Konzepte zur Energieeinsparung in städtischen Objekten, energiesparende Sanierung von Wohnungen, Versorgung mit Fernwärme, Umstellung von Stadt- auf Erdgas oder die Verringerung des Energieverlusts durch Wohnungsleerstand. Die Energieeinsparungsverordnung (ENEV) fordert von allen Verantwortlichen auch immer wieder innovative Ideen: Im Rahmen des Modellprojekts »Energieökologisches Konzept« entstand während des Umbaus im Stadtbad eine Geothermie-Anlage mit Wärmerückgewinnung, es gibt bewegliche Lamellen mit Solarzellen an der Glasfassade Richtung Hofer Straße und eine energetische sanierte Fassade. Eine nachhaltige kommunale Energiepolitik ist seit 2008 das erklärte Ziel. Das beinhaltet einen effizienten Umgang mit Energie und verstärkte Nutzung erneuerbarer Energien. 2014 konnte Plauen bereits zum zweiten Mal die Auszeichnung des »European Energy Award« entgegennehmen.

Revitalisierung, Renaturierung und Begrünung bleiben wichtige Zielsetzungen, auch im Hinblick auf die Schaffung öffentlich zugänglichen Erholungsraums. Bereits im Frühjahr 1991, noch vor dem Abzug der sowjetischen Armee, waren Erkundungen um den Großen Weidenteich möglich. Die Fülle wertvoller Biotoptypen bietet für zahlreiche Pflanzen und Tiere ideale Bedingungen. Schon 1990 konnte das Naturschutzgebiet (NSG) Großer Weidenteich gesichert werden, 1994 folgte die Syrau-Kauschwitzer-Heide, der Elsterhang bei Röttis ist das dritte Plauener NSG. In der Stadt lässt es sich im Landschaftsschutzgebiet (LSG) Syratal gut durchatmen, aber auch in den LSG Unteres Friesenbachtal und Leubnitz-Tobertitzer Riedelgebiet. Es gibt zudem 40 Naturdenkmale, aber für die Freizeit der Plauener bedeutender ist das breite Band an halböffentlichen Erholungsflächen in Form der zahlreichen Kleingartenanlagen. Vollkommen uneingeschränkt zugänglich hingegen sind die Wälder um Plauen und das Elstertal.

㉔
Umbau der Kläranlage, 1997
Stadtarchiv Plauen, Luftbild-Service Richard Büschel/Bad Schlema

Insgesamt kennzeichnet das Stadtgebiet ein niedriger Versiegelungsgrad, eine weitreichende Erschließung durch ÖPNV und eine gute Vernetzung der Freiflächen. Mit dem Projekt »Grüne Klammer« innerhalb des Förderprogramms »Zukunft Stadtgrün« sollen zudem der Stadtpark und die Elsteraue durch eine »grüne Gestaltung« aller Plätze in der Innenstadt noch stärker verbunden werden – idealerweise wird das gesamte Hempelsche Areal eine grüne Flaniermeile bis zur Elster. Wander- und Radwege laden zur Entdeckung ebenso ein wie das Vogtländische Umwelt- und Naturschutzzentrum Pfaffengut zu verschiedenen naturnahen Veranstaltungen.

Der Erhalt der Straßenbahn und der Ausbau von Schnittstellen des ÖPNV bleiben weiterhin entscheidende Aufgaben, allerdings muss die Stadt auch für die wachsende E-Mobilität eine Lade-Infrastruktur schaffen (erste Ladestationen im Stadtgebiet 2014) und Konzepte für einen emissionsfreien öffentlichen Nahverkehr entwickeln. Die Fridays-for-Future-Bewegung, zu der sich auch Plauener Schüler und Schülerinnen seit April 2019 zusammengefunden hatten, rüttelte wach und sensibilisierte: Ressourcenschonendes Wirtschaften und Bauen, unter anderem durch geringen Flächenverbrauch, Mülltrennung, bewusste Entscheidungen für Mehrweg oder Einweg, das Vermeiden von Abfall, das Schließen von Materialkreisläufen, können alle bereits im Kleinen realisieren.

2014

Die Kulturlandschaft

Ina Schaller

Grenzenlose Vielfalt – Kultur überall

Plauen ist ohne ein vielfältiges kulturelles Leben nicht vorstellbar. Ein Spaziergang durch die Stadt mit einem bewussten Wahrnehmen von Fassadengestaltungen und architektonisch herausragenden Gebäuden ist schon faszinierend. Man kann zudem in den Parks (Stadtpark, Hammerpark – 2014 Eröffnung, Arboretum – im Aufbau seit 2008) schlendern und durchatmen oder Türme (Kemmlerturm, Bärensteinturm – Neubau 1996/97) besteigen, um einen fantastischen Blick auf die Stadt und das Umland zu haben. Am Plauener Stadtstrand lässt es sich seit 2010, auf den Elsterterrassen (Abb. 19, S. 427) seit 2018 gut entspannen, mit Blick auf den Fluss und abseits der Aufgeregtheit der Stadt. An der alten Stadtmauer entlang kann man bis zum Malzhaus das Altstadtflair genießen und 2022 werden die Schlossterrassen (Baustart 2016) begehbar sein. Es besteht die Möglichkeit, in der Vogtlandbibliothek ein Medium auszuleihen oder im Lesesaal etwas zu schmökern, vor dem Vogtlandkonservatorium den vielfältigen Tönen der Musikschüler zu lauschen, in den Galerien, im Vogtland-, Spitzen- oder Luftschutzmuseum, in der Schaustickerei oder im Alaunbergwerk immer wieder Neues zu entdecken, im Theater, Parktheater, Kino oder der Festhalle in neue Welten einzutreten, an Veranstaltungen der Stadt, verschiedener Institutionen und Vereine teilzunehmen und einfach nur zu genießen… So lebt es sich gut in Plauen. Doch wer finanziert und organisiert das alles?

Das Kino befindet sich seit Oktober 1990 in privater Hand. Die Ufa hatte »Capitol« und »Tivoli«, in der DDR durch die Bezirksfilmdirektion Karl-Marx-Stadt betrieben, von der Treuhand übernommen und 1997 den »Ufa-Filmpalast ›Capitol‹« mit acht Kinosälen und 1 200 Plätzen modernisiert eröffnet. Zwischen 2003 und 2010 besaß CineStar GmbH und Co. KG das Haus, bevor es nach dreimonatiger Schließung im Juli 2010 durch die Betreiber des »Central-Kinos« Hof wiedereröffnet wurde. Die Capitol-Kino Plauen GmbH hofft 2021 auf eine wirtschaftliche Erholung nach dem Ende der Corona-Beschränkungen.

Andere wichtige kulturelle Gebäude befinden sich in städtischer Hand, auch wenn sie zum Teil von Vereinen bewirtschaftet werden: Die Mitglieder des Malzhaus e. V. sorgen für Leben im soziokulturellen Zentrum Malzhaus, einem ebenso historisch wie touristisch bedeutenden Ort (2018 Aussichtsplattform fertiggestellt). Zu einem liebevoll gestalteten Platz in der Elsteraue haben sich die Weberhäuser in den Händen des Unikat e. V. entwickelt. Das Konventsgebäude des Deutschen Ordens, um das sich der Förderverein Komturhof Plauen e. V. kümmert, ist ein markanter Bau mit starker Außenwirkung. 2008 zum Beispiel fand die Eröffnung des Tages des offenen Denkmals für den Freistaat Sachsen hier statt. Die Kulturfabrik Alte Kaffeerösterei wird seit 1996 vom Kulturzentrum Alte Kaffeerösterei e. V. betrieben und trägt mit einem breit gefächerten Kunst- und Kulturangebot zur Lebensqualität in Plauen bei.

Die Festhalle, welche nach dem Abschluss des Um- und Ausbaus 2007 mit gläserner Fassade nun 1 350 Menschen fasst, ist der Raum für Großveranstaltungen aller Art und wird, ebenso wie das Parktheater, von der Stadt bewirtschaftet. Über eine stärkere Nutzung des Parktheaters allgemein und für Stadtfeste wird seit 30 Jahren diskutiert, Baumaßnahmen wie ein Dach (2013) oder zeitgemäße Sitzgelegenheiten zeigen, dass ein großes Interesse an diesem Veranstaltungsort besteht.

Das Vogtlandtheater Plauen als Teil des fusionierten Theaters Plauen-Zwickau

Lutz Behrens

»Wir alle sind angetreten, um Theater zum Erlebnis, zum Bestandteil des Lebens eines kultivierten Menschen werden zu lassen. Jeder Abend bei uns soll Freude, Entspannung, Empfindsamkeit oder Nachdenklichkeit bringen, soll helfen, Ihr Leben, Ihren Alltag aufregender, schöner und auch wärmender zu gestalten.« Mit diesen Worten begrüßte zur Spielzeit 1991/92 Intendant Dieter Roth die »liebe[n] Freunde des Theaters unserer Stadt«. Unüberhörbar ist der einfühlsame, fast flehende Duktus der Ansprache, verbunden mit dem Hinweis auf die Lebenshilfe, aber auch Menschlichkeit und Wärme versprechende Funktion eines neuen Theaters – in kälter werdenden Zeiten.

① Kino »Tivoli«, 1992
Stadtarchiv Plauen, Ingrid Friedrich

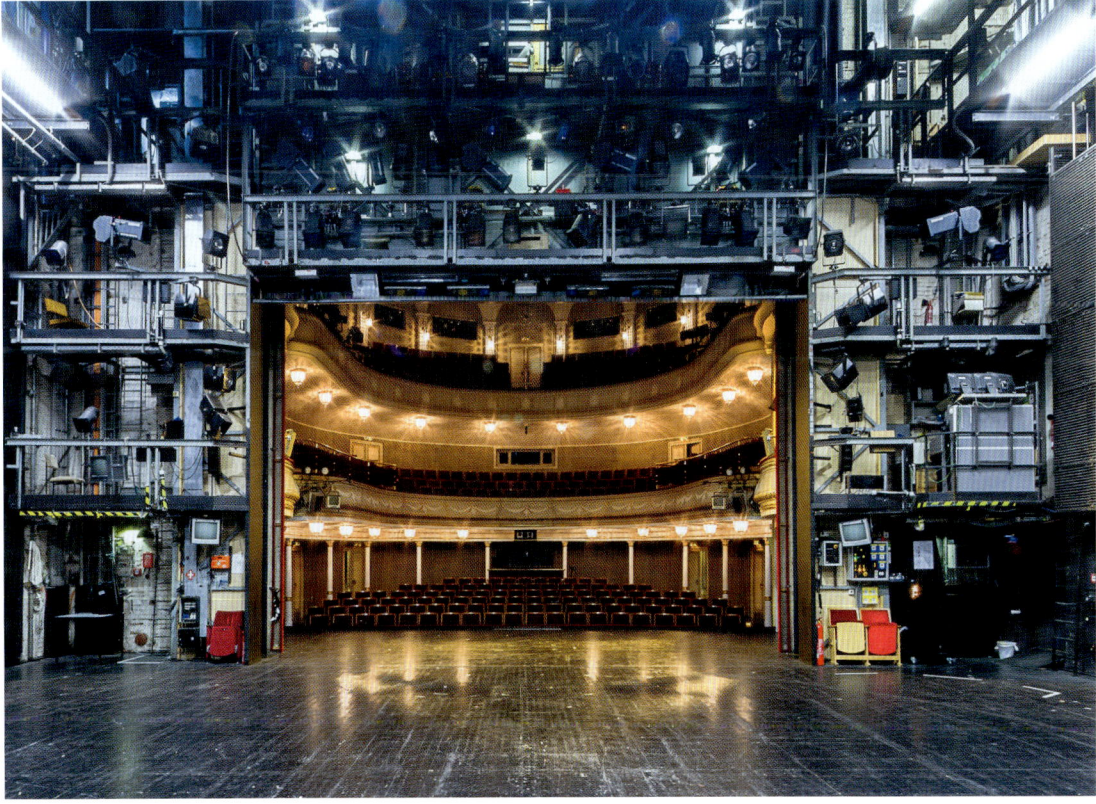

②
Zuschauerraum und Bühne
des Vogtlandtheaters, 2021
Theater Plauen-Zwickau

Das Plauener Stadttheater wurde in 40 Jahren DDR nicht geschlossen, sondern behielt auch seinen Ruf als Sprungbretttheater. Im heißen Herbst 1989 avancierte es zu einem Brennpunkt gesellschaftlicher Auseinandersetzungen und trieb die Umwälzung der Verhältnisse mit voran. Dann, nach der Maueröffnung, den Monaten vor der Deutschen Einheit und danach, geriet das Theater in Plauen ins Abseits. Jetzt, wo alles möglich war, keine ideologischen Zwänge und Repressalien das Theaterleben beschwerten, blieb das Publikum aus. Existenzielle Veränderungen forderten ihren Tribut. Auch die Namensänderung in Vogtlandtheater änderte daran nichts.

Die Krise erkennend, initiierte der aus Braunschweig gekommene Wilfried Hub einen Theaterförderverein.

Die Kulturlandschaft

Bewusst stellte er das neue Vorhaben in die Tradition des Theatervereins, der einst den Bau des Hauses am Ende des 19. Jahrhunderts befördert und erreicht hatte. Als erster Vorsitzender des neuen Fördervereins bekannte sich Plauens Oberbürgermeister Dr. Rolf Magerkord zum Theater der Stadt. Langsam, aber stetig wuchs der Zuspruch des Publikums: dank einer klugen Spielplangestaltung, vieler Ideen und dem Anknüpfen an bildungsbürgerliche und urbane Traditionen. Herausragend und beispielhaft war die alle Fesseln sprengende, das Theater vom Dach bis zum Keller in Anspruch nehmende, alle Sparten fordernde und bis an die personellen Grenzen gehende Inszenierung des »Untergang der Titanic« (1997).

2001

Die Stadt Plauen hatte Anfang der 90er-Jahre das Haus als städtischen Eigenbetrieb übernommen. Aber von Anfang an schwebte das Damoklesschwert knappen Geldes über der Institution Theater. Zwar half das Kulturraumgesetz des Freistaats Sachsen, aber eine Stadt wie Plauen konnte sich ein opulentes Mehrspartentheater anscheinend nicht mehr leisten. Lösungen für das Dilemma waren gefragt. Eine geplante Fusion mit dem Theater in Hof, die sich dazu durch den Charme und etatistischen Vorteil einer länderübergreifenden Verbindung ausgezeichnet hätte, wurde durch ein Votum der Hofer Bürgerschaft gegen eine solche Zusammenarbeit abgewiesen. Ein Zusammengehen mit dem Theater Zwickau bot sich danach an. Unbestritten bleibt jedoch, dass Theaterfusionen ein notwendiges Übel marktwirtschaftlicher Szenarien darstellen und der Identifikation einer konkreten Stadtgesellschaft mit seinem Theater eher konträr gegenüberstehen. So fand denn auch die nach 100 Jahren Selbstständigkeit 2000 erfolgte Gründung der Theater Plauen-Zwickau gGmbH, gebildet aus dem Vogtlandtheater Plauen und dem Theater der Stadt Zwickau und mit einem Grundlagenvertrag juristisch abgesichert, nicht nur Befürworter.

Von Herbst 1998 bis Sommer 1999 war die 101. Spielzeit des Plauener Theaters gelaufen – als »Jubiläumsspielzeit zum 100. Geburtstag« angekündigt. Intendant Dieter Roth scheute sich nicht, den bevorstehenden Verlust des eigenständigen Mehrspartentheaters der Stadt Plauen als »Absurdität einer brutalen gesellschaftlichen Wahrheit« zu brandmarken. Auf dem Spielplan im Oktober 1998 standen neben den obligatorischen Festveranstaltungen die Puccini-Oper »Turandot«, Lessings »Nathan der Weise« und ein großer Ballettabend. In der Jubiläumsspielzeit wurden auch die Inszenierungen der »Rocky Horror Show« in der Sternquell-Brauerei und des Musicals »Jesus Christ Superstar« in der Plauener Johanniskirche zu Publikumserfolgen. Zudem erschien eine 280 Seiten starke Festschrift zu 100 Jahren Theater in Plauen, finanziert und herausgegeben vom Förderverein des Vogtlandtheaters Plauen.

Das Jahr des Übergangs gestaltete behutsam und erfolgreich der ehemalige Zwickauer Intendant, nun erster Intendant des Theaters Plauen-Zwickau, Wolfgang Hauswald. Er war ehrlich und bekannte: »Gewünscht haben wir uns die Fusion alle nicht.« Sie sei aus ökonomischer Not entstanden und »die beste von allen schlechten Lösungen«. Er brachte während seiner Intendanz in Plauen beide Teile von Goethes »Faust« auf die Bühne.

Nachdem laut seinem Nachfolger, dem ersten Generalintendanten Georg Mittendrein, der Brecht zitierte, die »Mühen der Gebirge« bewältigt worden seien, obläge seinem Team und ihm die Meisterung der »Mühen der Ebene«. Er bot Wagners »Tannhäuser« und das Rock-'n'-Roll-Musical »Buddy« mit der Geschichte um den Musiker Buddy Holly. Der Förderverein etablierte in seiner Intendanz ab 2001 die bis heute sehr erfolgreiche Reihe »Der Theaterförderverein lädt ein« – erster Gast: die aus Jößnitz bei Plauen stammende Opernsängerin Dagmar Schellenberger. Eine Vielzahl prominenter nationaler Theaterleute folgte. Gespräche mit Mitarbeiterinnen und Mitarbeitern des Plauener Theaters gestatten den Blick hinter die Kulissen.

Dem Wiener Georg Mittendrein folgte ab 2003 als Generalintendant der promovierte Musikwissenschaftler Ingolf Huhn. Für ihn war die Tatsache, dass es in Plauen und Zwickau »ein großes, funktionierendes Theater gibt, und dass hier ein Ensemble ist, das in zwei Häusern ein volles Programm spielen kann – Schauspiel und Musiktheater, Tanztheater, Puppentheater und Konzert – eigentlich ein Wunder«. Ingolf Huhn grub vergessene Werke des Musiktheaters aus – in seiner ersten Spielzeit: »Die Nibelungen« von Heinrich Dorn. 2006 erregte er bundesweit Aufsehen, als er eine Oper Max von Schillings, ein erklärter Antisemit und NSDAP-Mitglied, auf die Bühne brachte. In seine Intendanz fielen der »Jedermann« von Hugo von Hofmannsthal in der Plauener Johanniskirche und – jahrelang überaus erfolgreich – »Das Ballhaus« von Steffen Mensching.

Es war Rüdiger Bloch, Musiker, Dirigent und Ex-Intendant des Theaters Freiberg, der für ein Jahr (Spielzeit 2008/09) Übergangsnachfolger des Intendanten Huhn wurde. Mit der Spielzeit 2009/10 begann die Ära von Generalintendant Roland May. Mit ihm kam Volker Arnold als Geschäftsführer, der Renate Wünsche ablöste. Inzwischen ist Sandra Kaiser die Geschäftsführerin. Mit Roland May stand jedes Theaterjahr unter einem Motto (beginnend mit »anders leben« bis zum doppeldeutigen »Wiedersehen« 2021/22).

Getreu der Devise »Das Beständige ist der Wechsel« verlief die Personalpolitik des neuen Generalintendanten. So verabschiedete sich PR-Direktor Christian Pöllmann; seine Arbeit erledigt nun Carolin Eschenbrenner als Leiterin der Öffentlichkeitsarbeit. Der Theaterpädagoge Uwe Fischer musste gehen, und in Plauen übernahm Steffi Liedtke die Arbeit mit Kindern und Jugendlichen. Im Ballett folgte auf Bronislav Roznos als Ballettdirektor Torsten Händler. Generalmusikdirektor Georg Christoph Sandmann ging, nach ihm kam Lutz de Veer; inzwischen leitet das Orchester Generalmusikdirektor Leo Siberski. Der personelle Aderlass schlug hohe Wellen. Roland May formulierte in seinem ersten Spielzeitheft: »Die Verknüpfung von bewahrenswerter

Tradition und stetiger Erneuerung gehört seit Jahren zu den Anliegen der Theatermacher der Regionen.«

Die Zeit der Intendanz von Roland May, die mit der Spielzeit 2009/10 begann und geplant 2022 endet, war die zweitlängste in der Geschichte des Theaters, ob fusioniert oder selbstständig. Werner Friede leitete 20 Jahre das Plauener Stadttheater (von 1965 bis 1985); Dieter Roth tat dies von 1991 bis 2000. In seiner ersten Spielzeit legte Roland May einen Schwerpunkt auf das Jubiläum »20 Jahre Mauerfall«; ihm trug er mit Rossinis Oper »Wilhelm Tell«, dem Tanzstück »Das Haus. Ein Wändestück«, einer Komödie im Puppentheater und Büchners »Dantons Tod« Rechnung. Für 2011/12 blieb die Puccini-Oper »Tosca« in Erinnerung. Dem Spielzeit-Motto »Ruhestörung« für 2012/13 wurde das Theater mit den Inszenierungen »Die Tragödie des Macbeth« von Shakespeare, Schillers »Don Carlos« und der Oper »Tannhäuser« von Richard Wagner gerecht. Auch »Die Weber«, das Schauspiel von Gerhart Hauptmann, zeigte, wie Theater aktuelle Ereignisse aufnimmt. Im November 2013 erlebte das Karl-Marx-Musical »Comeback« (vom Prinzen-Sänger Tobias Künzel) seine Uraufführung in Plauen und zeitigte »eine bisher noch nie dagewesene Medienpräsenz« (Roland May). Ein Zeichen setzte die Oper »Joseph Süß« mit der Musik von Detlev Glanert. 2014 schloss das Theater mit 30 Schulen Kooperationsverträge ab, um ein junges Publikum verstärkt für einen Besuch zu gewinnen.

15 Jahre Fusion konnten 2015 gefeiert werden – die Bilanz: 10 400 Vorstellungen in den vier Sparten Musiktheater, Schauspiel, Ballett und Puppentheater. Die Zahl der Mitarbeiterinnen und Mitarbeiter (es waren vor der Fusion 439) schrumpfte auf 324. Aber: 2,1 Millionen Zuschauer besuchten die unterschiedlichsten Vorstellungen, und 320 000 Musikliebhaber kamen in die Konzerte des Philharmonischen Orchesters.

2016 begann die Generalsanierung des Gewandhauses in Zwickau, neue Spielstätten wurden erschlossen. Im Schauspiel erregte »Terror« von Ferdinand von Schirach die Gemüter. Mit dem Ballett »Glashäuser« des israelischen Choreografen Oded Ronen erlebte Plauen 2019 eine bemerkenswerte Uraufführung. 30 Jahre nach den Wende-Ereignissen von 1989 zeigte das Theater Plauen-Zwickau im Oktober 2019 »Wir sind auch nur ein Volk« nach Texten von Jurek Becker.

Ab März 2020 schränkte die Corona-Pandemie den Besuch von Theatern erheblich ein, brachte ihn dann komplett zum Erliegen. Auch die Wiedereröffnung des Zwickauer Gewandhauses verzögerte sich bis zum September 2021. Am 7. März 2020 gelang es eine Woche vor dem Lockdown, den inzwischen 18. Theaterball vom Theaterförderverein Plauen und Theater Plauen-Zwickau im Großen Haus des Vogtlandtheaters in Plauen wie in den Jahren davor groß in Szene zu setzen. Im November 2020 wählte der Aufsichtsrat des Theaters Plauen-Zwickau Dirk Löschner (bislang Intendant und Geschäftsführer der Theater Vorpommern GmbH) ab August 2022 für fünf Spielzeiten zum neuen Generalintendanten.

③
Weisbachsches Haus aus Richtung Böhlerstraße, 2018
Fabian Sorger

Museen, Galerien, Konservatorium und Bibliothek

Ina Schaller

Zum Kulturbetrieb der Stadt Plauen gehören 2021 das Vogtlandmuseum Plauen, die Vogtlandbibliothek Plauen und das Vogtlandkonservatorium »Clara Wieck«. Daneben gibt es Galerien und immer auch Ideen und Wünsche, was noch entstehen beziehungsweise sich ändern müsste. Schon 1993, als man gerade begann, die Fassade des Vogtlandmuseums als erste an der Nobelstraße denkmalpflegerisch aufzuarbeiten, stand der Wunsch nach einem Textil(-Industrie-)Museum im Raum – seitdem verschwand er nicht und geht mit der Neugestaltung der Elsteraue und der Rekonstruktion des Weisbachschen Hauses in Erfüllung. Umbau und Sanierungsmaßnahmen im Vogtlandmuseum gab es fast die gesamten letzten 30 Jahre: Im Februar 1995 wurde es nach dreijähriger Schließung zwar wieder für den Publikumsverkehr geöffnet, aber ein Ende aller wünschenswerten Arbeiten lag noch in weiter Ferne.

Neben dem Jüdischen Friedhof und dem Hermann-Vogel-Haus ist auch das Spitzenmuseum im Alten Rathaus seit 2020 eine Außenstelle des Vogtlandmuseums. Es war 1993 wiedereröffnet worden, nachdem zwischen der Stadt und der neu gegründeten Spitzen-Museum GmbH ein Pachtvertrag über Räume im Erdgeschoss des Alten Rathauses geschlossen werden konnte. Zwischen 2003 und 2005 wurde es in zwei Bauabschnitten neu gestaltet und bis zum 31. März 2020 vom Förderverein Plauener Spitzenmuseum betrieben. In der Schaustickerei am Obstgartenweg kann man seit Juni 1997 in die textile Geschichte eintauchen. Und mehr als ein Spitzenzentrum für Stickerei und Spitze soll sich im Weisbachschen Haus in der Elsteraue etablieren. Textile Erlebniswelt – Textilzentrum – Spitzenerlebniswelt oder doch »Deutsches Forum für Textil und Spitze« – es entsteht eine weitere museale Attraktion, deren Eröffnung für 2023 geplant ist und gleichzeitig der Elsteraue als Standort der Kreativwirtschaft eine ganz besondere Bedeutung geben wird.

1993

Auch in Galerien, zum Beispiel im Malzhaus, gibt es immer wieder Neues zu entdecken. Eine herausragende Stellung hat allerdings die am 3. Oktober 1993 an der Bahnhofstraße eröffnete Kunstgalerie e.o.plauen. Gleichzeitig entstand die e.o.plauen-Gesellschaft als gemeinnütziger Verein, mit dem Ziel, die Erinnerung an Erich Ohser zu bewahren und zu pflegen sowie der Idee, im Gedenken an den Zeichner und Karikaturisten die Gestaltung eines Cartoonisten-Preises in Auftrag zu geben. Den ersten von der Stadt Plauen und der e.o.plauen-Gesellschaft verliehenen Preis erhielt 1995 der Karikaturist Friedrich-Karl Wächter. Manche Verleihung stellte einen besonderen kulturellen Höhepunkt des Stadtlebens dar, zum Beispiel 1997, als Hans-Dietrich Genscher den e.o.plauen-Förderpreis an die Karikaturistin Anke Feuchtenberger übergab. Bereits 1996 konnte zum Thema »Väter und Söhne« ein erstes wissenschaftliches Symposium der e.o.plauen-Gesellschaft stattfinden. Christian Ohser hatte zudem zugesagt, für wechselnde Ausstellungen alle sechs Monate Leihgaben aus dem Schaffen seines Vaters zur Verfügung zu stellen. Im November 2004 wurde zur Pflege, Bewahrung und wissenschaftlichen Aufarbeitung des vom Enkel Peter Ohser übergebenen Künstlernachlasses die »Erich Ohser-e.o.plauen-Stiftung« gegründet. Im September 2010 konnte nach Aus- und Umbau des historischen Gebäudes an der Nobelstraße 7 (seit Juni 2009) das Erich-Ohser-Haus als städtische Galerie am neuen Standort eröffnen.

Doch auch unter der Erde lässt sich in Plauen einiges entdecken, ob das Alaunbergwerk »Ewiger Friede«, der Zollkeller oder das Luftschutzmuseum »Meyerhof« – zu allem können Mitglieder des Vogtländischen Bergknappenvereins zu Plauen e.V. für Interessierte zahlreiche Informationen geben. Zweimal im Jahr, im Juni zur Nacht der Muse(e)n und im September zum Tag des offenen Denkmals, kann jeder im Stadtgebiet noch viel mehr entdecken.

Die in der DDR zentral geleiteten Musikschulen gingen 1990 nicht nur in städtische Trägerschaft über, es schlossen sich auch bereits Musikschule und Musikunterrichtskabinett zusammen. Nachdem es der Stadt Plauen 1991 gelungen war, über das Bundesvermögensamt das »Haus der Massenorganisationen« am Theaterplatz zu kaufen und anschließend umzubauen, hatte die Musikschule endlich ein Gebäude mit genügend Raum für alle musikalischen Genres. Bereits 1992 konnten der Umzug aus der Neundorfer Straße realisiert und die Musikschule »Clara Wieck« am neuen Standort eröffnet werden. Seit Oktober desselben Jahres heißt die Einrichtung »Vogtlandkonservatorium ›Clara Wieck‹«. Schnell stieg die Zahl begeisterter Schüler an. Besonders mit der elementaren Musikerziehung vergrößerte sich das Angebot. Seit 1996 arbeitete sie als Eigenbetrieb der Stadt Plauen, und seit dem 1. Januar 2000 gehört sie zum Kulturbetrieb der Stadt.

Die Plauener Stadtbibliothek in der Neundorfer Straße wurde 1993 in »Vogtlandbibliothek« umbenannt. Dem Auszug der Musikschule folgte bei laufendem Betrieb eine vollständige Rekonstruktion des Gebäudes bis 1998, sodass den Plauener Mediennutzern schließlich ein ganzes neu gestaltetes Haus zur Verfügung stand. Parallel dazu wurden Außenstellen und -magazine aufgelöst, es gelang aber auch, den lange brachliegenden Zeitschriftenbestand zu erschließen. Bereits im November 1997 konnten die Nutzer in neuen, hellen und schönen Räumen unterwegs sein, und als zum 100. Jahrestag der Bibliothek, am 7. November 1998, die Bauarbeiten beendet wurden, war schon erkennbar, dass die Einrichtung aufgrund ihrer vielfältigen und ansprechenden Medienbestände eine Institution für die Region geworden war. Denn das Angebot vergrößerte sich und passte sich immer wieder – alle Möglichkeiten und Fördergelder nutzend – an aktuelle Entwicklungen und Nutzerbedürfnisse beziehungsweise -wünsche an: erster Computer mit CD-ROM Laufwerk und Videothek seit 1993, Umstellung der Ausleihe auf Computer seit 1996. Zwischen Bewahrung und Weiterentwicklung einen Weg zu finden, gelang ebenso wie das Erreichen verschiedener Generationen. In den letzten Jahren wurden weitere Umbauten, beispielsweise im Bereich des Feuerschutzes, durchgeführt. Die Freihandabteilung mit ihren Beständen und Möglichkeiten ist ein Zentrum der Information, Kommunikation und Anregung für jedermann, der Lesesaal oder die Regionalabteilung laden zum Verweilen vor Ort ein.

Die Elsteraue als städtebauliches Sonderprojekt

»Der Stadtteilraum Elsteraue als gliederndes, aber auch verbindendes Element zwischen den urbanen Wohnstandorten nimmt im Rahmen des städtebaulichen Entwicklungskonzeptes eine Sonderstellung ein. Er berührt viele Fachkonzepte und erfordert viele Abstimmungen«, heißt es im integrierten Stadtentwicklungskonzept (InSEK) des Fachgebiets Stadtplanung und Umwelt 2019. Und diese Mischung von Handel, Industrie, Kultur, Tourismus und Wohnen macht die Entwicklung dieses grünen Bandes durch die ganze Stadt so spannend. Alles kommt hier zusammen. Auf Industrie und Wohnen an den traditionellen Standorten soll nicht verzichtet werden, gleichzeitig aber eine Durchgrünung gelingen, mit flussnaher Verlegung des Elsterradwegs und erlebnisnaher Ausgestaltung der Uferräume auf der ganzen Länge durch die Stadt. Eine Flaniermeile, eine erlebbare Auenlandschaft soll Plauener und Gäste hier zusammenkommen und sowohl Natur als auch (Industrie-)Kultur erleben lassen. Die Neugestaltung des Geländes der Hempelschen Fabrik und der Museumsumbau des Weisbachschen Hauses von 2020 bis 2023 stellen dabei wichtige Schritte dar.

Vereine

Auch das Vereinsleben musste sich 1989/90 erst entwickeln, da es diese Organisationsform nicht als freien Zusammenschluss im heutigen Verständnis gegeben hatte, sondern nur eingebunden in eine Massenorganisation, zum Beispiel den Kulturbund. So erfolgten zahlreiche Gründungen aus diesem heraus, aber es wurde auch an die Vorkriegstradition angeknüpft. Der Plauener Schützenverein Treffer und der Plauener Alpenverein, ebenso der Verein für vogtländische Geschichte, Volks- und Landeskunde sahen sich als Nachfolger 1945 aufgelöster Verbindungen, knüpften gleichzeitig allerdings auch an Gruppen innerhalb von Massenorganisationen an. Der Verein der Freunde Plauens, der Förderverein Komturhof oder auch der Vogtländische Bergknappenverein waren hingegen zum Beispiel Neugründungen, deren Beiträge zur Gestaltung der Stadt und des Zusammenlebens heute nicht mehr wegzudenken sind. Die Weihnachtsmeile in der Elsteraue, das wiederaufgebaute Konventsgebäude oder Plauen unter Tage gehen auf ihre Initiativen zurück. Andere Zusammenschlüsse, wie der Förderverein der Parkeisenbahn Syratal Plauen, kümmern sich um den Fortbestand beliebter Freizeitorte oder wurden, beispielsweise im November 2000 der Förderverein für Erhalt und Rekonstruktion des Freibades Haselbrunn, gegründet, um bestimmte Vorhaben voranzubringen, Letzterer auf Initiative von Oberbürgermeister Oberdorfer.

Die Stadt unterstützt die Vereinstätigkeit nicht nur mit Fördermitteln, sondern auch durch gemeinsame Veranstaltungen, zum Beispiel 1993 ein Kolloquium zum 350. Geburtstag des Pfarrers und Astronomen Georg Samuel Dörffel, war außerdem Gastgeber der Landestagung Sächsischer Heimatschützer und leistete durch ihre Maßnahmen für den Erhalt der kulturellen Vielfalt im Vogtland sicher zudem ihren Beitrag dazu, »dass die ›1. Sächsischen Literaturtage‹ in Plauen und der Region stattfinden konnten«.[1]

Dr. Magerkord sprach 1991 davon, dass 400 Vereine ein ungeheures Potenzial zur Gestaltung des Zusammenlebens bieten, und bis heute engagieren sich Plauener gleichermaßen sportlich, künstlerisch, historisch und sozial, gärtnern, kümmern sich um den Umweltschutz und vieles mehr. Frauen, Kinder, Männer, Familien, Jugendliche, Alte, Kranke, Einsame, Opfer von Verbrechen – für fast alle Probleme im Leben gibt es Vereine, die Hilfestellungen geben und das Leben bereichern können.

Wegen ihres Einsatzes für die Stadtgemeinschaft und die Entwicklung Plauens insgesamt sind noch der Verein Plauener Spitzenfest und der Dachverband Stadtmarketing Plauen zu nennen. Aktivitäten und Interessen für eine wirkungsvolle Präsentation Plauens, eine lebendige Stadt sowie eine nachhaltige Stadtentwicklung werden gebündelt und Veranstaltungen für die Plauener und ihre Gäste organisiert.

Veranstaltungen

Bei der Vielzahl von Festen im Jahresverlauf muss man schon häufiger abwägen, worin die eigenen Prioritäten bestehen. Mit einer ordentlichen Silvesterfeier startet man ins neue Jahr, besucht im Januar noch die Weihnachtsausstellung im Museum, für die im Advent keine Zeit war, und freut sich auf den Fasching. Verschiedene Vereine laden zu Prunksitzungen und Ähnlichem in und um Plauen herum ein, und wer da die alten Bekannten noch nicht getroffen hat, wird das beim großen Faschingsumzug (seit 1994) und der anschließenden kleinen Feier auf dem Altmarkt tun. Plauener Frühling und

④
Vater und Sohn auf dem Altmarkt, 2019
Stadt Plauen, Gunther Brand

Die Kulturlandschaft 453

(5) Folkherbst, Preisverleihung, 2018
Malzhaus Plauen

(6) Luftschutzmuseum »Meyerhof«, 2004
Norman Richter

Herbst, Vogelschießen oder Rummel, die seit 2006 im Juni durchgeführte Plauener Nacht der Muse(e)n und das Spitzenfest – immer wieder gibt es verführerische Angebote. »Großen Zuspruch hatten wieder die großen Heimat- und Traditionsfeste am legendären ›Treffer‹. So wurden das 33. Spitzenfest und das als ›Rummel‹ beliebte Pfingstfest in diesem Jahr erstmals wieder als ›Schützenfest‹ eröffnet«,[2] stellte Dr. Magerkord 1992 fest. Dazu kommen Stadtteilfeste und Jubiläen, Messen und Konzerte, die Open-Air-Aufführung des Theaters auf der Freilichtbühne im Parktheater und alles, was engagierte Plauener gern feiern möchten. Im Malzhaus gehört die Konzertreihe Folkherbst mit der Verleihung des »Eisernen Eversteiners« seit 1993 zum Jahresprogramm.

Der Tag des offenen Denkmals, das Freiräumerfestival oder das Festival Mitte Europa (1992 bis 2015) weiteten sich ebenfalls zu Festen mit überregionaler Bedeutung aus. Auch das IBUg-(Industriebrachen-Umgestaltung)Festival 2015 in Plauen war ein voller Erfolg und hinterließ deutliche Spuren zum Beispiel im Bereich der Kulturfabrik Alte Kaffeerösterei in der Hans-Sachs-Straße. Der Plauener Weihnachtsmarkt ist aus mehreren Gründen etwas Besonderes: Partnerstädte, Vereine und Plauener rücken näher zusammen. Vom Alaunbergwerk aus bringt der Bergknappenverein das Licht auf den Altmarkt, das Christkindl aus Steyr ist anwesend, und alle Besucher trinken aus einer Tasse, deren Design sie im Jahr zuvor selbst gewählt haben – und einige Zeit gab es mit Gerd Köhler (verstorben 2014) sogar einen »Stadt-Weihnachtsmann«.

Der Höhepunkt im Veranstaltungsjahr bleibt für viele Plauener das Spitzenfest. Die als Reduzierung des Feierns wahrgenommene Verlegung des Festgeländes vom Parktheater in die Innenstadt ist immer noch nicht bei allen verwunden. 2019 fand das Spitzenfest mit einem großen Umzug durch die Stadt zum 60. Mal statt. Das Stadtarchiv hatte aus diesem Anlass eine Ausstellung gestaltet, die viele Erinnerungen wach werden ließ.

Auch Großveranstaltungen wie der Tag der Sachsen 1997 und der Tag der Vogtländer 2008 fanden in Plauen statt. Mit dem ersten Teil des großen Festumzugs für den Tag der Sachsen 1997 feierte Plauen zugleich 875 Jahre Bestehen. Die Vorbereitung des zweitgrößten Volksfestes Deutschlands hatte es allerdings in sich: Sponsoren für Geld- und Sachspenden, mitarbeitende Vereine, kreative Köpfe wurden gesucht und eine angemessene Infrastruktur musste geschaffen werden. Das Baugeschehen in Plauen im Vorfeld des Tages der Sachsen war enorm. Mehr als 800 Vereine mit 30 000 Aktiven (allein 2 000 Schützen) hatten sich angemeldet – der »»Tag der Sachsen in Plauen‹ brach alle Rekorde, ›stand wettermäßig unter einem guten Stern und lockte in den Tagen vom 5. bis 7. September 380 000 Besucher und Akteure … in die Vogtlandmetropole. [...] Es dauerte einige Tage, bis die Stadt wieder ihren normalen Rhythmus erreicht hatte.‹«[3]

Daneben entwickelte sich in Plauen auch die Ausgestaltung verschiedener Gedenktage: Am 27. Januar, dem seit 1996 begangenen Gedenktag für die Opfer des Nationalsozialismus, findet eine Kranzniederlegung an der Grab- und Gedenkstätte für die Opfer des Faschismus auf dem Hauptfriedhof statt. Den Opfern der Luftangriffe wird am 10. April mit einer Kranzniederlegung an der dafür geschaffenen Grab- und Gedenkstätte auf dem Hauptfriedhof gedacht. Ebenso kommen Plauener an diesem Tag im Bereich des Luftschutzmuseums »Meyerhof« zusammen, um an die Zerstörung und Opfer des schwersten Bombenangriffs auf Plauen zu erinnern. Zum Gedenken an die Reichspogromnacht und damit an die Verfolgung, Vertreibung und Ermordung der jüdischen Einwohner Plauens in der Zeit des Nationalsozialismus wird im November der Standort der ehemaligen Synagoge in der Engelstraße (Abb. 5, S. 465) genutzt. Seit 1991 treffen sich jährlich Plauener zum Volkstrauertag auf dem Hauptfriedhof und erinnern an die Toten durch Terror, Krieg und Gewalt.

Die Bildungslandschaft

Ina Schaller

Die Umstrukturierung von 1990 bis 1992

Bis zum Schuljahresende am 7. Juli 1990 wurde im Wesentlichen nach dem alten Schul- und Ausbildungssystem der DDR unterrichtet. Weggefallen waren Ende des Jahres 1989 schon die Sechs-Tage-Schulwoche, der Unterricht in Wehrerziehung und Staatsbürgerkunde sowie ideologische Inhalte anderer Fächer. Anfang 1990 gab es vom Bildungsministerium eine Übergangskonzeption und neue Rahmenpläne, am 17. Juni 1990 mit dem Gesetz zur Änderung und Ergänzung der Verfassung der DDR dann die Änderung des Schulrechts. Schon seit der Kommunalverfassung vom 17. Mai 1990 gehörten Bildungs- und Kinderbetreuungseinrichtungen zu den Aufgaben der kommunalen Selbstverwaltung, kreisfreie Städte waren auch für Schülerbeförderung und Berufsschulen zuständig. Die Neustrukturierung der Bildungsbereiche musste bis zum Schul- und Ausbildungsanfang am 1. September 1990 realisiert werden. Mit der Vorläufigen Schulordnung vom 18. September 1990 waren die Berechtigung und Verpflichtung der Kommune zur Errichtung, Verwaltung und Bewirtschaftung allgemeinbildender Schulen festgeschrieben, aber noch keine neuen Schularten.

Dr. Magerkord fasste die ersten Veränderungen so zusammen: »Nach der kommissarischen Besetzung der Direktorenstellen und dem Entfernen von politischen und pädagogisch institutionellen Bereichen und Fächern wie Staatsbürgerkunde, Wehrunterricht, Pionier- und FDJ-Arbeit und Jugendweihe sowie der Klassifizierung (A und B = Arbeiter- und Bauernkinder, I = Angehörige der Intelligenz) vor den Namen der Kinder und Jugendlichen in den Klassenbüchern standen die Lehrkräfte vor der Aufgabe, ihre Fähigkeiten allein dem Bildungsauftrag der jeweiligen Fachspezifik zu widmen.«[1] Die Trennung zwischen Partei und Schule konnte durch den Nicht-Einsatz vorhandenen Unterrichtsmaterials sowie Streichung weiterer Unterrichtsinhalte beziehungsweise -fächer – zum Genannten kämen noch Zivilverteidigung, Einführung in die sozialistische Produktion (ESP) und Produktive Arbeit (PA) hinzu – relativ einfach realisiert werden.

Die seit den 60er-Jahren etablierte zentralisierte Schulstruktur in der Allgemeinbildung fand ihr Ende mit der Verabschiedung des Schulgesetzes für den Freistaat Sachsen am 3. Juli 1991. Ab dem 1. August 1991 entstand ein gegliedertes Schulsystem – aus den Polytechnischen Oberschulen wurden nach einer Übergangsphase ab 1992 Grundschulen, Mittelschulen (MS, ab 2013 Oberschulen – OS) und zum Teil auch Gymnasien. Weitere Anpassungen betrafen die Hilfsschule, aus der die Käthe-Kollwitz-Schule für Lernförderung hervorging, und die Erweiterte Oberschule »Erich Weinert« (Diesterwegstraße 3), die sich schon Ende Oktober 1990 Gymnasium »in Gründung« nannte.

Für die Fachschulen (in Plauen Ökonomie, Medizin, Agraringenieurwissenschaften und die Kreislandwirtschaftsschule) gab es hingegen im bundesdeutschen Schulsystem keine Entsprechung, sodass sie nicht unmittelbar weitergeführt wurden. Am 19. Juli 1990 trat das letzte von der Volkskammer beschlossene Gesetz über die Berufsschulen in Kraft, ab dem 1. September 1990 galt zudem das Berufsbildungsgesetz der BRD: Die Kammern übernahmen die Prüfungshoheit, Berufsbezeichnungen und Ausbildungsdauer änderten sich – alle DDR-Berufe mussten in adäquate bundesdeutsche überführt werden. Die Auflösung der Betriebsschulen (BS) und Betriebsberufsschulen (BBS) erfolgte zum 31. August 1990. Das Schulverwaltungsamt im Dezernat Bildung und Kultur der Stadt Plauen wurde für die Lehrer verantwortlich, und als neuer Schulträger übernahm die Stadt von den Betrieben entschädigungslos Schulgebäude und Lehrlingswohnheime mit Inventar für die Absicherung der beruflichen Erstausbildung. Alles Übrige – Erwachsenenbildung, berufsbegleitendes Ingenieurstudium, polytechnische Zentren, Lehrbetriebe oder -werkstätten – verblieb entweder bei den Betrieben oder wurde aufgelöst. Praktischer Werkstatt- und Laborunterricht war so kaum zu realisieren.

① Bildungsstandort Stresemannstraße mit (gelber) Turnhalle, dahinter Volkshochschule (ehemalige Betriebsberufsschule der Wema) und rechts davon ehemalige Betriebsberufsschule des MLK, 2021
Ina Schaller

Nur die Lehrlinge im dritten und vierten Jahr schlossen noch »nach alt« ab, für das erste und zweite Lehrjahr galten schon die neuen Lehrpläne. Ein schwerer Schlag für die Betroffenen und die Befürworter dieses Bildungsgangs war der Wegfall der Berufsausbildung mit Abitur. Nur fünf Wochen nach Schuljahresbeginn 1990/91 endete für die Schüler des 1. und 2. Lehrjahrs diese Ausbildungsform und sie mussten sich binnen weniger Tage entscheiden, ob sie Abitur machen oder in die Berufsausbildung wechseln wollen. Allerdings erfolgte bereits 1991 die Gründung des ersten Wirtschaftsgymnasiums im gesamten westsächsischen Raum an der Kommunalen Berufsschule (KBS) II, ab 1992 konnten sich Berufliches Gymnasium (BGY) und Fachoberschule (FOS) als neue praxisorientiertere studienqualifizierende Bildungsangebote etablieren.

Für den Zustand der Schulgebäude, Anlagen, Möblierung und Lehrmittel war ab dem Schuljahr 1990/91 allein der Schulträger zuständig. Die Stadt Plauen nutzte in dieser schwierigen Anfangszeit die Kontakte zur nahen Partnerstadt Hof, um erste Einblicke in das westdeutsche Bildungssystem zu gewinnen und dringend benötigte Hilfestellung zu erhalten, eine Notwendigkeit bei den vielen schnell zu realisierenden Veränderungen.

Freie Schulen und private Bildungsträger, von denen beispielhaft hier nur das Institut für Wissen und Bildung (IWB, König-Albert-Stift) an der Dobenaustraße 14/16 genannt sei, etablierten sich – jedem stehen für seinen Bildungsweg verschiedenste methodische und inhaltliche Möglichkeiten offen. Auch in der Volkshochschule Plauen (VHS), deren Träger 1993 die Fördergesellschaft für berufliche Bildung e. V. Plauen wurde und die sich seit 2012 in den neuen Räumen an der Stresemannstraße (zuvor in der Rädelstraße und ab 1993 in der Herbartschule) befindet, gibt es zahlreiche Angebote für fast alle Altersgruppen und Interessengebiete.

Allgemeinbildende Schulen

Auch nach den grundlegenden Veränderungen zwischen 1990 und 1992 blieb das Schulsystem bis 2021 organisatorisch ständig in Bewegung und brachte viele Veränderungen mit sich, die im Detail schwerlich wiederzugeben sind. Die Schulnetzplanung war oft Gegenstand heftiger Debatten, wenn man nur an den 1995 ausgetragenen Streit um das dritte Plauener Gymnasium oder an die Schließung von Mittelschulen denkt.

Blickt man auf die Entwicklung der letzten drei Jahrzehnte zurück, so sind aus den 18 POS in Plauen bis 2021 elf Grundschulen geworden, und mit der Montessori-Grundschule Plauen kam eine ganz neue Einrichtung dazu. Die meisten Gebäude sind inzwischen saniert, zum Beispiel im März 2006 die Grundschule »Karl Marx« oder 2017 die Grundschule »Astrid Lindgren«. Da für den Besuch einer Grundschule das Wohnortprinzip gilt, ist die Auslastung der einzelnen Einrichtungen recht unterschiedlich. Die Festlegung neuer Schulbezirke zu einer besseren Verteilung der Schüler und Schülerinnen wird derzeit diskutiert.

Bei den weiterführenden allgemeinbildenden Schulen sind die Oberschulen die schülerstärksten. In Plauen gibt es eine Montessori-Oberschule und fünf städtische Einrichtungen, deren zweizügiger Fortbestand im Februar 2021 gesichert werden konnte. Gerangel um einzelne Schulen hatte es immer gegeben, da aufgrund der Anmeldungen weder die Dittes- noch die Friedensschule zweizügig planen konnten: Ersterer drohte das Aus, Letztere hätte eine Erweiterung benötigt. Ab dem Schuljahr 2021/22 wird eine jeweils zweizügige Klassenbildung an allen fünf kommunalen Schulen erfolgen.

Zwei allgemeinbildende Gymnasien runden das Angebot ab, ein drittes, das Albert-Einstein-Gymnasium, bestand eigenständig von 1994 bis 2003 in einem Gebäude im Bereich des heutigen Parkplatzes innerhalb des Behördenzentrums (Abb. 6, S. 402). Die bestehenden Einrichtungen werden fortwährend modernisiert: 2019 erhielt das Diesterweg-Gymnasium eine Aula und wurde der Anbau am Lessing-Gymnasium fertiggestellt.

Aus der 1990 konzipierten Käthe-Kollwitz-Schule für Lernförderung entwickelte sich bis in die Gegenwart das Käthe-Kollwitz-Schule Plauen Förderzentrum mit Förderschwerpunkt Lernen und in der Tauschwitzer Straße 7 das Alte Reusaer Schule Förderzentrum mit Förderschwerpunkt emotionale und soziale Entwicklung. Die Stadt erneuerte bereits in den 90er-Jahren die Unterrichtsräume der Käthe-Kollwitz-Schule, doch erst im November 2004 war die Sanierung der Schule beendet.

Es ist beachtenswert und zeigt das Engagement der Stadt Plauen als Schulträger, dass von 19 Schulen zwölf Einrichtungen bis heute vollständig und vier teilweise (2020 und 2021 die Wartberg-Grundschule) auf den neuesten Stand gebracht wurden.

— 1989/2021

② Umfassende Sanierung der Grundschule »Am Wartberg«, 2021
Ina Schaller

DDR-Nutzung	heutige Adresse	Nutzung im Schuljahr 2020/21		
		Grundschule	Oberschule	anderes
POS Seumeschule	Rückertstraße 35	Grundschule »Friedrich Rückert«		
POS Kemmlerschule	Fiedlerstraße 3 (Ostvorstadt)		Kemmlerschule	
POS Dittesschule	Dittesstraße 31 (OS), Seminarstraße 13/15 (GS)	Erich-Ohser-Grundschule	Dittesschule OS	
POS Herbartschule	Herbartstraße 2 (Südvorstadt)	Grundschule »Johann Friedrich Herbart«		
POS Friedensschule	Weststraße 64		Friedensschule Plauen – OS	
POS Mosenschule	Reißiger Straße 44			BSZ »Anne Frank«
POS Rückertschule	Rückertstraße 33		OS »Friedrich Rückert«	
POS Oberlosa (ab 1974 Außenstelle)	Zum Sportplatz 4	Grundschule Oberlosa		
POS und EOS »Adolph Diesterweg« – EOS ab 1974 »Erich Weinert«	Diesterwegstraße 3			Diesterweg-Gymnasium
POS »Ernst Thälmann«	Jößnitzer Straße 88			Lessing-Gymnasium
POS »Karl Marx«	Forststraße 60	Grundschule »Karl Marx«		
POS »Clara Zetkin«	Am Weinberg 28	Grundschule Reusa		
mit der Außenstelle Alte Reusaer Schule	Tauschwitzer Straße 7			Alte Reusaer Schule Förderzentrum mit Förderschwerpunkt emotionale und soziale Entwicklung
POS »Juri Gagarin«	Alte Zwoschwitzer Straße 1	Grundschule Kuntzehöhe		
14. POS »Dr. Salvador Allende«	Friedrich-Engels-Straße 1			Ausweichquartier für Grundschule »Am Wartberg«
15. POS »Wenzel Verner«	Stöckigter Straße 40	Grundschule »Astrid Lindgren«		
16. POS »Wilhelm Pieck«	Anton-Kraus-Straße 14	Grundschule »Am Wartberg«		
17. POS »Otto Grotewohl«	Anton-Kraus-Straße 16		Hufeland-OS	
18. POS »Kurt Spörl«	Anton-Kraus-Straße 18		Evangelische Montessori-OS Plauen	
Kinderkombination	Marie-Curie-Straße 12	Evangelische Montessori-Grundschule Plauen		
Käthe-Kollwitz-Schule Hilfsschule	Tauschwitzer Straße 15	Käthe-Kollwitz-Schule Plauen Förderzentrum mit Förderschwerpunkt Lernen		
POS Jößnitz (ab 1999 zu Plauen)	Gerhart-Hauptmann-Straße 6	Grundschule Jößnitz		
POS »Rudolf Hallmeyer« Neundorf (ab 1999 zu Plauen)	Schulstraße 10	Grundschule Neundorf		
Poliklinik	Dobenaustraße 14/16			IWB Plauen: Freie OS und Berufliches Gymnasium Plauen
Schule für die Kinder der sowjetischen Offiziere	Neundorfer Straße 206			

Plauener allgemeinbildende Schulen 2021 und ihre DDR-Wurzeln

**Klaus Adler
Rainer Maria Kett
Ina Schaller**

Berufsbildende Schulen

Nachdem Plauen infolge der Auflösung der BS und BBS für die Berufsbildung als Schulträger verantwortlich geworden war, bestanden im Übergangsschuljahr 1990/91 neben den KBS I und II fünf gewerbliche Schulen. Die Heimaterfahrungen der am Aufbau des Kultusministeriums beteiligten Beamten aus Baden-Württemberg und Bayern waren in die Ausgestaltung des sächsischen Systems eingeflossen: FOS und Berufsfachschulen (BFS) aus Bayern und die Idee von Schulzentren, mit bis zu fünf Schularten unter einem Dach, aus Baden-Württemberg. In welcher Form dies in Plauen realisiert werden sollte, blieb dabei in der ersten Hälfte des Jahres 1992 ein viel diskutiertes Thema. Man konnte sich vorstellen, alle alten und neuen denkbaren Ausbildungen in einer Einrichtung anzusiedeln und diese in einer der Plauener Kasernen oder einem leeren Industriekomplex unterzubringen – sozusagen ein »BSZ-Monstrum« zu begründen. Schließlich entschied man sich für zwei Berufliche Schulzentren in Plauen: Das BSZ für Wirtschaft am Standort Reißiger Straße entstand durch die Fusion der KBS II mit der Betriebsschule »Bruno Siegel« der Deutschen Reichsbahn (Möschwitzer Straße; Außenstelle bis 1995). Aus den Gewerbeschulen (GS) sowie den KBS in Plauen und Oelsnitz wurde das BSZ für Technik gebildet, mit der Stammschule in der ehemaligen KBS I in der Seminarstraße und sechs Außenstellen (Standorte der fusionierten Schulen). Die Förderschule für Lernbehinderte sowie Ausbildungen der Ingenieurschule für Textiltechnik Reichenbach kamen hinzu.

Im BSZ für Technik lernten 1992/93 bereits so viele Auszubildende, dass die gesetzliche Obergrenze von 3 000 Schülern im nächsten Schuljahr überschritten worden wäre. Mit drei Maßnahmen konnte das reguliert werden: Die Medizinische Fachschule gliederte man nach nur einem Jahr aus dem BSZ für Technik aus und in das BSZ für Wirtschaft ein. Der Landrat des Landkreises Oelsnitz erwirkte 1995 den Neubau der Außenstelle, der 1997 fertiggestellt und dann für eine kurze Zeit ein eigenständiges BSZ war. Das Kolping-Schulwerk übernahm 1996 die berufsbildende Förderschule für Lernbehinderte in freie Trägerschaft.

Die Suche nach einem Schulgebäude, das zumindest einen Teil der Außenstellen unnötig macht, führte 1995 zur Planung des Umbaus eines Fabrikgebäudes an der Uferstraße. 1999 konnten das Bauvorhaben erfolgreich abgeschlossen und der Schulbetrieb am neuen Standort aufgenommen werden. Der Gebäudekomplex in der Seminarstraße blieb als Außenstelle bestehen. Der Schulname »Berufliches Schulzentrum e.o.plauen« ergab sich 1997 aus einem Gespräch mit Christian Ohser und der Idee, das Pseudonym seines Vaters als Namen für das Schulzentrum zu wählen, um damit den berühmtesten Schüler der Schule und Schöpfer von »Vater und Sohn« zu ehren. Mit der 1993 erfolgten Übernahme der Medizinischen Fachschule änderte sich an der Reißiger Straße der Schulname zu »Berufliches Schulzentrum für Wirtschaft und Gesundheit ›Anne Frank‹ Plauen«, und eine Außenstelle in der Röntgenstraße kam hinzu. Es begann die Entwicklung von zwei starken, tragfähigen Säulen der beruflichen Ausbildung – dem Bereich Wirtschaft und Verwaltung sowie dem Bereich Gesundheit und Sozialwesen.

Schulen in der DDR	ursprüngliche Adresse	Veränderung 1990/91	Zuordnungen von Berufen ab 1992 BSZ e.o.plauen	BSZ »Anne Frank«
BBS Baukombinat/ Wohnungsbaukombinat*	Thomas-Mann-Straße 5	GS Bau/Holz Plauen*	bis 1999	–
BBS Dako	Eugen-Fritsch-Straße 32	GS Bekleidung	bis 1999	–
BBS MLK*	Stresemannstraße 81	GS Metall*	bis 1999	–
BS »Bruno Siegel« der Deutschen Reichsbahn*	Möschwitzer Straße	keine Veränderung	–	bis 2001
BBS Wema *	Stresemannstraße 92	1991 aufgelöst – Schüler und Lehrer in die GS Metall integriert	x	–
BS Plauener Gardine*	ab 1983 in Seumeschule, Rückertstraße 35	GS Textil*	bis 1999	–
KBS I Plauen	Seminarstraße 13/15	keine Veränderung	x	–
KBS II Plauen	Reißiger Straße 46	keine Veränderung	–	x
KBS Oelsnitz		keine Veränderung	bis 1997 und ab 2014 erneut	
Medizinische Fachschule	Gelände des Bezirkskrankenhauses Plauen	GS Gesundheit/Pflege	1992/93	ab 1993/94

Plauener berufsbildende Schulen 2021 und ihre DDR-Wurzeln, * Berufsausbildung mit Abitur

③
Fördergesellschaft, 2021
Lars Eckert

Das Jahr 1994 war für die Ausbildung der kaufmännischen Berufe im Vogtland von großer Bedeutung, da gemeinsam mit dem BSZ für Wirtschaft Rodewisch die Doppelausbildung einzelner Berufe (zum Beispiel Bank- und Bürokaufleute) beseitigt werden konnte. Um für die Zukunft gerüstet zu sein, brauchte es jetzt nur noch verbesserte Arbeits- und Lernbedingungen. Mit dem Einzug in die Außenstelle in der Wielandstraße (Abb. 4, S. 460) waren 1995 die bisherigen weggefallen und stand ein modernes Schulgebäude zur Verfügung. Aber das Streben nach nur einem Standort lohnte sich: Die Rekonstruktion und Erweiterung des BSZ am Standort Reißiger Straße unter Einbeziehung der Mosenschule wurden bis 2003 vorbereitet und schließlich bis 2007 in vier Schritten realisiert.

Neben der Berufsschule (größte Schulart) mit den traditionellen Ausbildungsberufen im kaufmännischen Bereich konnte mit der Entwicklung der vollzeitschulischen Ausbildungen im sozialen Bereich das Spektrum der Bildungsgänge kontinuierlich erweitert werden. Nach der Beteiligung an verschiedenen Schulversuchen gelang es meist, den erprobten Ausbildungsgang auch ins Haus zu holen: die BFS für Sozialwesen, 2000 die FOS für Sozialwesen, 2004 das BGY mit der Fachrichtung Gesundheit und Soziales, 2008 die Fachrichtung Sozialpädagogik an der Fachschule (FS) für Sozialwesen.

Durch die Kreisreform 2008 wurde die Stadt Plauen Bestandteil des Vogtlandkreises, und dieser übernahm im folgenden Jahr die Trägerschaft für die beiden Plauener BSZ. Da die Schulnetzplanung eher einer Art Prozess gleicht, gibt es immer wieder Veränderungen. Aufgrund rückläufiger Schülerzahlen fand 2011 eine neue Schulnetzplanung für die berufsbildenden Schulen statt. 2014 wurde die Zahl der BSZ im Vogtlandkreis auf drei reduziert, zwei davon existieren in Plauen: Das BSZ für Wirtschaft, Gesundheit, Ernährung und Forstwirtschaft »Anne Frank« Plauen hatte nach der Fusion mit dem BSZ für Ernährung und Hauswirtschaft, Agrarwirtschaft Falkenstein diesen neuen Schulnamen und zwei Außenstellen; zum BSZ e.o.plauen kam das BSZ Oelsnitz als Außenstelle hinzu, und das Mietverhältnis für die Seminarstraße wurde beendet. Ab dem Schuljahr 2021/22 verändert sich die Zuordnung von Ausbildungsberufen erneut. Das BSZ e.o.plauen soll sich zum sächsischen Kompetenzzentrum für den Berufsbereich Textiltechnik weiterentwickeln.

Eine Besonderheit in den neuen Bundesländern sind die überbetrieblichen (Aus-)Bildungsstätten und Bildungsträger. Sie entstanden, staatlich gefördert, als Folge des massiven wirtschaftlichen Umbruchs vor allem 1990 und sollten alle Jugendlichen auffangen, deren Ausbildung durch die Auflösung von BBS beziehungsweise das Scheitern von Betrieben gefährdet war. Aus vielen solcher »Übergangslösungen« entwickelten sich dauerhafte Einrichtungen. In Plauen ist die Fördergesellschaft für berufliche Bildung (seit 1990) dafür ein gutes Beispiel. Sie entstand aus einer Ausgründung von Werkstätten und Computerbereichen der BS Plauener Gardine, der später noch die BBS Wema, das Lehrlingswohnheim des Metalleichtbaukombinats (MLK) und das Ausbildungszentrum Handel und Versorgung angegliedert wurden. In den 90er-Jahren konnten so Hunderte Lehrlinge, die durch Insolvenzen oder Entscheidungen der Treuhandanstalt ihren Ausbildungsplatz verloren oder aufgrund einer Benachteiligung keine Lehrstelle bekamen, ihre Lehrausbildung erfolgreich zu Ende bringen oder beginnen.

2021 gibt es zudem berufsbildende Schulen in freier Trägerschaft und die zum Vogtland-Klinikum gehörende Krankenpflegeschule.

2008

Ina Schaller — Fachschule – Fachhochschule – Berufsakademie – Hochschulbildung

Bei vielen ist die Trauer über den Wegfall der DDR-Fachschulen mindestens genauso groß wie darüber, dass es nicht gelang, eine Fachhochschule in Plauen zu etablieren. Dabei wurde an der Realisierung dieses von vielen gehegten Wunsches, den auch Oberbürgermeister Dr. Magerkord und die städtischen Entscheidungsträger nie aufgaben, immer gearbeitet. Schon 1991 hatte die sächsische Landesregierung Hoffnungen für eine gemeinsame Fachhochschule Plauen und Reichenbach geweckt. Nach den Abendgesprächen im Anschluss an die erste Kabinettssitzung der sächsischen Landesregierung in Plauen am 17. September 1991 bestand das Gefühl, »dass die baldige Gründung einer Fachhochschule mit Sitz in Plauen und Reichenbach ›nun gesichert sei‹«.[2]

Mit dieser Hoffnung entstanden ein Konzept und Bedarfsplan mit der Perspektive für 1994: Eine FOS für Textil sollte etabliert und deren Absolventen dann unter anderen die künftigen Studierenden werden. Mit 200 bis 400 Studienplätzen wollte man starten, später auf 3 000 bis 4 000 erhöhen. »Das Konzept, das wohlwollend vom Wissenschaftsrat begutachtet wurde, enthielt die Fachbereiche und Fächerkombinationen Wirtschaft, Design/Kunst, Umweltschutz, Informatik und Textilwesen.«[3] »Gespräche der Vertreter der Städte Plauen und Reichenbach in Dresden oder die Ministerbesuche in Plauen führten bis Jahresende zu keiner Entscheidung für eine Fachhochschule im Vogtland«,[4] während 1993 für die Aus- und Weiterbildung des regionalen Handwerks ein Technologie- und Ausbildungszentrum in der Rähnisstraße, für Neugründungen von mittelständischen Betrieben das Innovationszentrum Plauen Vogtland e. V. (seit 2010 Bildungs- und Technologiezentrum Vogtland) in der Morgenbergstraße und für die Förderung der Berufsorientierung das Berufsinformationszentrum in der Meßbacher Straße (2021 in der Neundorfer Straße und digital) etabliert werden konnten.

Mehrere mögliche Standorte im Stadtgebiet Plauens wurden für das Projekt ins Auge gefasst: der Stammsitz der Plauener Spitze in der Weststraße (Abb. 5, S. 413), die Zadera-Kaserne (Abb. 7, S. 403) und auch das große Konstruktionsgebäude der Wema in der Wielandstraße (Anmietung für zehn Jahre – 1 DM pro Jahr). Immer wieder hoffte man. Dann wurde eine Entscheidung »in das Jahr 1995 verschoben«,[5] und über 1996 formuliert Oberbürgermeister Magerkord: »Unschlüssigkeit und Vertröstungen sächsischer Minister zum Thema Fachhochschule Vogtland waren kaum noch zu verkraften.«[6]

1997 bewegte sich dann doch etwas: »Bereits Anfang des Jahres deutete der Leiter des Referats Fachhochschule im Ministerium für Wissenschaft und Kunst gegenüber der Plauener Initiativgruppe Fachhochschule Vogtland an, dass die Errichtung einer sog. Be-

1997

Konstruktionsgebäude der Wema an der Wielandstraße, 2019
Wema Technology GmbH

rufsakademie nach süddeutschem Modell für Plauen alternativ möglich wäre.«[7] Statt einer Fachhochschule wurde 1999 eine Studienakademie nach baden-württembergischen Vorbild eingerichtet. Zunächst in der Rückertstraße angesiedelt, wo es zwischen 2002 und 2011 auch den Lehr- und Studienbetrieb der privaten DIPLOMA Vogtländische Fachhochschule Plauen gab, bezog die Staatliche Studienakademie Sachsen in Plauen 2006 die Immobilie Melanchthonstraße 1/3. Der im Juli 2006 eingeweihte sogenannte Klaußner-Bau bot Platz für 242 Studierende in neun Seminargruppen. Am 15. Dezember 2006 wurde die Staatliche Studienakademie Plauen zum 7. Standort der Berufsakademie (BA) Sachsen erklärt und in das Gesetz über die Berufsakademie im Freistaat Sachsen (SächsBAG, novelliert im August 2017) aufgenommen. Der Umzug in den Campus-Neubau auf dem Schlossberg im Zentrum der Stadt Plauen fand im Frühjahr 2019 statt. Hinsichtlich der Anzahl der Studierenden ist die räumliche Kapazität noch nicht ausgeschöpft, und langfristig bleibt die Umwandlung in eine duale Hochschule das Ziel.

Neben diesen Entwicklungen konnte 2008 zudem ein Vertrag über die Bildung der Außenstelle Plauen der Westböhmischen Universität Pilsen – Institut für Kunst und Design – unterzeichnet werden, die im November bereits mit der Immatrikulation der ersten Studenten ihre Arbeit aufnahm, 2011 aber leider wieder geschlossen wurde.

(5)
Klaußner-Bau,
Melanchthonstraße, 2021
Ina Schaller

(6)
Staatliche Studienakademie, 2021
Gert Müller

Die Bildungslandschaft   **461**

Die Entwicklung der Kirchen

Beatrice Rummel

① Johanniskirche, 1991
Stadtarchiv Plauen, Ingrid Friedrich

② Johanniskirche, 1993
Stadtarchiv Plauen, Rudolf Fröhlich

83 Tage nach dem letzten ökumenischen Friedensgebet am 8. April 1990 in der St.-Johannis-Kirche gingen alle Menschen in der noch bestehenden DDR einer vertrauten Tätigkeit nach – sie stellten sich in die Schlange, um von nun an in D-Mark zu bezahlen. Am darauffolgenden Sonntag waren überall laut klingelnde Kollekten in den Kirchen in und um Plauen zu hören – diese fielen spürbar niedriger aus. Die Pfarrer predigten zwar wie immer, waren aber nun keine Ostpfarrer mehr, sondern hatten 70 Prozent des Westpfarrergehalts in der Tasche. Das fühlte sich für alle sehr fremd an und rief viel Neid hervor – waren doch die Pfarrerinnen und Pfarrer bis dahin die am schlechtesten bezahlten Akademiker der abgewickelten Republik gewesen.

Weil eine geringe Anzahl von Pfarrern als Mitarbeiter der Stasi alle unter Generalverdacht stellte, kümmerten sich die damaligen Kollegen des Plauener Konvents um ein vom Landeskirchenamt bestätigtes Überprüfungsschreiben der Gauck-Behörde. Lange bestehende Vakanzen wurden in den folgenden Jahren von schwer vermittelbaren Pfarrern aus den alten Bundesländern besetzt. Sie waren frei vom Generalverdacht der Stasi-Zugehörigkeit, aber durch einen anderen Erfahrungshintergrund beim Leiten von Kirchgemeinden geprägt. Ehemalige SED-Kader, in Wirtschaft, Bildung und Kultur wieder aktiv, säten Misstrauen gegen Kirche und Pfarrer, die nun plötzlich auch zum Religionsunterricht in die Schulen verpflichtet wurden.

Inzwischen hatte sich in vielen Plauener Kirchgemeindekreisen aller Konfessionen und im Plauener Pfarrkonvent die Stimmung sehr verändert. Nachdem in der DDR für die meisten der politische Gegner klar gewesen war, entwickelte sich der Umgang mit vielen zum Teil gegenteiligen Überzeugungen zur neuen Herausforderung. Kirchgemeindemitglieder der römisch-katholischen Herz-Jesu-Gemeinde, die lange Jahre in der CDU mitgearbeitet hatten, waren nun in der Plauener Stadtverordnetenversammlung tätig. Christen aller Konfessionen brachten sich am Runden Tisch ein, um die demokratischen Prozesse mitzugestalten. Die evangelische Pfarrerschaft Plauens bemühte sich bis dahin um politische Neutralität, um für alle Menschen ansprechbar zu bleiben. Im Vogtland und Sachsen wiederum waren Pfarrer federführend bei Parteigründungen und der Besetzung politischer Ämter.

Nach dem letzten ökumenischen Friedensgebet am 8. April 1990 schienen viele Menschen, die während der vergangenen Monate die Johanniskirche noch gefüllt hatten, kein Interesse mehr am Gebet für den Frieden zu haben. Die gewohnte Haltung, alle Probleme des Alltags irgendwie von jemandem regeln zu lassen, musste die Mitarbeiterschaft aller Kirchen überfordern. Sie haben viel zugehört, ohne viel tun zu können, als Betriebe abgewickelt und Menschen arbeitslos wurden. Die logische Konsequenz war die Abwendung von der Kirche – das angebotene Gottvertrauen machte die Menschen in der neuen Freiheit nicht alltagstauglich.

Seit dem 3. Oktober 1990 vermerkte das staatliche Einwohnermeldewesen nun auch die Kirchenzugehörigkeit zwecks Kirchensteuer. Viele folgten bei den Steuersparmodellen dem Hinweis Nummer eins – Austritt aus der Kirche, um die Kirchensteuer für sich zu sparen. So hat sich die Kirchenmitgliedschaft über die Jahre bis heute halbiert und liegt derzeit bei zwölf Prozent der Gesamtbevölkerung Plauens. Aber auch Veränderungen im gesellschaftlichen und privaten Leben führten zu einer weiteren Lösung der Menschen von den Religionsgemeinschaften. Die Nähe zur bayrischen Grenze ließ viele Berufstätige zu Pendlern werden, die in Plauen wohnen und in Hof, Selb oder noch weiter weg ihrer Arbeit nachgehen. Auf diese Weise veränderte sich das Freizeitverhalten. Der Sonntagsgottesdienst wird bei vielen durch ein lang ausgedehntes Familienfrühstück ersetzt.

So verbleiben bis heute als Gottesdienstbesucher vor allem die älteren Einwohner, doch die Familien kommen gern zu den Events in den Gemeinden. Die vielen Förderprogramme für Kinder- und Jugendfreizeiten werden genutzt und die neu ermöglichten Rüstzeit-Reiseziele im Fränkischen angesteuert. Bald versammelten sich die Gemeinden in ihren neu restaurierten Kirchen, für die Fördermittel und alle dazu benötigten Baumaterialien bereitstanden. Das Limex-Sonderbauprogramm, welches Kirchenbaumaßnahmen nicht in DDR-Mark, sondern in D-Mark zum Wechselkurs von 1:1 finanziert hatte, war Geschichte. Von 1992 bis 1994 wurde am Chrieschwitzer Hang die Versöhnungskirche erbaut. Alle Linien ihres Altars weisen in Richtung Neubaugebiet. Das Kirchenschiff als Grundriss einer Hand symbolisiert, dass die Gemeinde ihre Sonntagsgottesdienste auf der behütenden und tragenden Hand Gottes feiert. Neben der traditionellen Liturgie nimmt hier der rhythmische Lobpreis seinen Raum ein. Im Jahr 1996 erfolgte die Einweihung der Neuapostolischen Kirche in Reusa.

Der »kleine Grenzverkehr«, der nun keiner mehr war, brachte die Menschen im neu entstandenen »Vierländereck« schrittweise näher zusammen. Vogtländer aus Böhmen, Bayern, Sachsen und Thüringen feierten am 1. Juli 2012 den Vogtländischen Kirchentag in Plauen. Die gelebten Partnerschaften zu Aš und Hof trugen zum Gelingen und zur Ausstrahlung dieses Tages bei und werden bis heute weiter gepflegt.

Als Ersatz der bis 2011 läutenden Eisenhartgussglocken rufen seit Oktober 2013 neue Bronzeglocken des ältesten – 1122 urkundlich erwähnten – Gebäudes dieser Stadt zum Gebet und zum Frieden. Drei Jahre zuvor wurden die Bronzeglocken der Lutherkirche eingeweiht. Die Stadtverwaltung Plauen hat diesen auf

2012

③
Johanniskirche, 2021
Ina Schaller

Die Entwicklung der Kirchen   **463**

einander abgestimmten Klang der dicht beieinander stehenden Kirchen mitfinanziert. In dieser Zeit kam auch die Anfrage an die Superintendentur, den Runden Tisch für »Demokratie, Toleranz und Zivilcourage« zu moderieren – dies erfolgte bis Ende 2020.

Das Reformationsjahr 2017 wurde über weite Strecken ökumenisch gefeiert, denn »ecclesia semper reformanda est« – die Kirche muss immer wieder erneuert werden. Den Turm der St.-Johannis-Kirche schmückten in jenem Jahr die katholische wie evangelische Kirchenfahne mit ihrem jeweils gelben beziehungsweise violetten Kreuz auf weißem Grund. Zwei Jahre zuvor ist auch das ökumenische Osterfeuer auf dem Altmarkt zu einer festen Tradition geworden.

Darüber hinaus wurde »Vernetzung« zum Programm, um Versöhnungsprozesse in der Gedenk- und Erinnerungskultur, aber auch an sozialen Brennpunkten zu leben. Diese kommt besonders in der von Kirche, Diakonie und Stadtverwaltung geförderten Stadtteilarbeit der Markuskirche zum Tragen. Unter ihrem Dach nutzen die Evangelische Jugend Plauen, Diakonie, Plauener Tafel und andere städtische Einrichtungen das Erprobungsfeld, um Menschen – insbesondere Kindern und Jugendlichen – aus sozial schwachen Milieus weiterzuhelfen.

Der Kulturweg der Vögte nimmt die vogtländischen Kirchen in Thüringen, Sachsen und Böhmen unter diesem historischen Gesichtspunkt in den Blick. Noch vorhandene Epitaphe in den Kirchen Plauens und Umgebung weisen auf die bestatteten Vögte und Patronatsherren der Rittergüter und Burgen hin. Als besonderer Höhepunkt fand in den Kirchen auf dem Kulturweg der Vögte vom 21. bis zum 25. August 2019 ein Orgelmarathon des Kantors der Dresdner Frauenkirche, Matthias Grünert, statt. Dieser endete in der St.-Johannis-Kirche und damit – äußerst passend – an einem der geschichtsträchtigsten Orte des Vogtlands und einer der mittelalterlichen Grablegen der Vögte.

Innerkirchliche Strukturveränderungen gaben den Verwaltungseinheiten ein neues Gesicht und neue Herausforderungen: Am 17. November 2019 wurde die Römisch-Katholische Pfarrei Herz-Jesu neu gegründet und reicht nun von Bad Brambach bis Plauen. Seit dem 1. Januar 2020 ist Plauen Ephoralstadt des Kirchenbezirks Vogtland, der die ehemaligen Kirchenbezirke Auerbach und Plauen in sich vereinigt. Am 2. Januar 2021 trat die Struktur des Evangelisch-Lutherischen Kirchgemeindebunds Plauens in Kraft, der Kirchgemeinden der Region Plauen unter seinem Dach vereint.

In der St.-Johannis-Kirche wurde am 10. April 2021 ein Nagelkreuz aus Coventry übergeben – wegen Covid-19 ein Jahr später als geplant: »75 + 1« Jahre nach der Zerstörung Plauens und dem schnell folgenden Kriegsende. Das ökumenische Nagelkreuzzentrum Plauen und das damit verbundene Wandernagelkreuz dienen dazu, Wunden der Geschichte zu heilen und eine Kultur des friedlichen Miteinanders zu schaffen. Dieses

④ Glockenweihe Lutherkirche, 2010
Lutherkirchgemeinde Plauen, Jan Herrmann

Versöhnungsgeschehen zwischen Gott und den Menschen begann am Kreuz von Jesus von Nazareth. Seine Worte »Vater vergib« werden jeden Mittwoch im Gebet für die Stadt zu Gott gerufen.

Ein Überblick über die Kirchen in Plauen ist so vielfältig wie die Menschen, die hier wohnen:

Evangelisch-Lutherischer Kirchgemeindebund Plauen mit den sieben Kirchgemeinden St. Johannis (vereint mit Straßberg), Luther, Markus-Paulus, Stephanus, Theuma-Altensalz, Jößnitz und Steinsdorf

Evangelisch-Lutherische Kirchgemeinde St. Michaelis

Römisch-Katholische Herz-Jesu-Kirche

Rumänisch-Orthodoxe Kirche

Zudem gibt es konfessionelle Arbeitgeber wie Diakonie und Caritas, aber auch zahlreiche freie Gemeinden und religiöse Sondergemeinschaften:

Landeskirchliche Gemeinschaft

Evangelisch-methodistische Erlöserkirche

Baptistische Gemeinde

Brüdergemeinde

Selbstständige Evangelisch-Lutherische Kirche St. Matthäus

Siebenten-Tags-Adventisten (auf dem Gelände der ehemaligen Synagoge)

pfingstlich ausgerichtete Christen

Katholisch-Apostolische Gemeinde

Neuapostolische Kirche

Christengemeinschaft mit ihrer anthroposophischen Lehre

Kirche Jesu Christi der Heiligen der letzten Tage (Mormonen)

Religionsgemeinschaft der Zeugen Jehovas, deren Königreichssaal 1998 in der Hammerstraße entstand.

Es besteht ein interreligiöser Dialog mit der muslimischen Gemeinde. Eine jüdische Gemeinde war in Plauen 1945 wieder entstanden, besteht aber schon seit 1957 nicht mehr. Der Jüdische Friedhof kann in den Sommermonaten besucht werden. Am Standort der ehemaligen Synagoge wurde 1993 ein Gedenkstein angebracht.

Blick in Richtung Herz-Jesu-Kirche und Kirche der Adventgemeinde (Engelstraße), im Vordergrund rechts die Friedensschule und dahinter das alte Brauereigelände, 2018
Ina Schaller

Ökumenische Nagelkreuzgemeinschaft, 2021
Beatrice Rummel

Die Entwicklung der Kirchen

Die Gesundheitsversorgung

Heinz Zehmisch
Ina Schaller

Könnten wir als Zeitreisende unterwegs sein, so wären alle Beteiligten wohl gleichermaßen erstaunt: DDR-Errungenschaften (Betriebsgesundheitssystem, Impfsystem, engmaschige Betreuung chronisch Kranker usw.) sind zwar verschwunden, die Arbeits- und Versorgungsbedingungen haben sich allerdings deutlich verbessert. Missstände innerhalb des staatlichen Gesundheitswesens spielen heute keine Rolle mehr, die Kommerzialisierung des Gesundheitswesens sowie die Trennung des stationären vom ambulanten Sektor hingegen sorgen für andauernden Gesprächsstoff. Die DDR-Krankenversicherungsträger (Sozialversicherungskasse = SVK und Deutsche Versicherungs-Anstalt = DVA, ab 1969 Staatliche Versicherung der DDR) mussten einer Vielzahl gesetzlicher und privater Krankenkassen weichen, die Chipkarte löste den grünen, das gesamte Leben dokumentierenden Sozialversicherungsausweis ab. Es ist heute schlichtweg nicht vorstellbar, dass es *ein* Dokument gibt, in dem alle (staatlich) relevanten Daten zu einer Person festgehalten sind: Schulbildung, beruflicher Werdegang mit Verdienst, sämtliche Arztbesuche mit Diagnosen und alle Impfungen.

① Heutiger Standort des Ärztehauses an der Ecke Neundorfer Straße 14/ Theaterstraße, 1992
Stadtarchiv Plauen, Ingrid Friedrich

Polikliniken und niedergelassene Ärzte

Polikliniken waren staatliche Einrichtungen, die als eine Art Stadtteilkrankenhäuser der ambulanten medizinischen Versorgung dienten und ein System niedergelassener freiberuflicher Ärzte ersetzen sollten. Ihr Weiterbestehen konnte zwar im Einigungsvertrag nicht festgeschrieben werden, aber eine Übergangsfrist sollte es geben, um eine leistungsfähige Gesundheitsversorgung zu garantieren.

111 Ärzte in vier Polikliniken versorgten im Dezember 1990 noch die Plauener: am Platz der Roten Armee (heute Albertplatz) – mit Windmühlenstraße und Pausaer Straße, an der Dobenaustraße – mit Kinderzahnklinik Gottschaldstraße und Ziegelstraße, an der Gartenstraße – mit Hofwiesenstraße und an der Anton-Kraus-Straße – mit Gebrüder-Lay-Straße und Hammerstraße. Der letzte ärztliche Direktor der Plauener Poliklinik, OMR Dr. Herold, wurde Ende 1990 von der Stadt Plauen entlassen.

	Ärzte in Plauen	Zahnärzte in Plauen	Betten Helios	Betten Bethanien
1989/ 1990	225 in Polikliniken	52 in Polikliniken	783	
1999	297 in Krankenhäusern und niedergelassen	64 in Krankenhäusern und niedergelassen	674	58
2009	119 niedergelassen	58 niedergelassen	667	
2018	158 niedergelassen	57 niedergelassen	647	58

Schon im Herbst 1990 zeichnete sich jedoch ab, dass sowohl die staatlich angestellten Poliklinikärzte als auch die Medizingeräte- und Pharmaindustrie für alternativen Formen aufgeschlossen waren. Der Massenstart in die Selbstständigkeit führte zu einem plötzlichen Strukturwandel. Bereits zum 1. Januar 1991 gab es erste Niederlassungen in verschiedenen Fachrichtungen, infolge der Gesundheitsreform ging zwischen dem 1. April 1991 und dem 31. Dezember 1992 der größte Teil der Ärzte in die freie Niederlassung, Einzel- und Gemeinschaftspraxen, aber auch Ärztehäuser in ehemaligen Polikliniken entstanden. Niedergelassene Ärzte arbeiten dort in eigener Praxis, nutzen Synergieeffekte, müssen sich jetzt aber zwangsläufig mit vielfältigen nichtärztlichen Aufgabenfeldern wie Gebührenordnung, Zulassungsordnung, Steuern, Krankenkassen, Kammern usw. beschäftigen. Nach umfangreichen Umbau- und Modernisierungsmaßnahmen wurde im März 1992 zum Beispiel der Standort Gartenstraße als Ärztehaus mit sechs Fachrichtungen (Frauen- und Kinderheilkunde, Allgemein- und Zahnmedizin, Chirurgie und Urologie) eingeweiht. Verwaltung und Sitz der aus den verbliebenen drei Standorten gebildeten Plauener Poliklinik be-

Vogtland-Klinikum
Plauen, 1996
Helmut Schneider

fanden sich in der Dobenaustraße, alle Fachrichtungen außer Chirurgie und Urologie waren vertreten, im Dezember 1991 arbeiteten noch 14, 1992 immerhin zehn Ärzte als Angestellte. Doch auch die Einrichtungen in der Gebrüder-Lay-Straße und in der Anton-Kraus-Straße entwickelten sich zu Ärztehäusern. 1993/94 waren nur vier Ärzte in der Poliklinik verblieben, ein kostendeckendes Wirtschaften gelang nicht, im ersten Quartal 1995 wurde sie aufgelöst – für die Stadt war das auch ein Beitrag zum Personalabbau und damit zur Kostenverringerung.

Aber der Gedanke lebt weiter: Medizinische Versorgungszentren (MVZ) entstehen mittlerweile und führen wiederum verschiedene Ärzte, zum Teil als Angestellte von Kliniken, zusammen, am Helios Vogtland-Klinikum Plauen seit 2006.

Krankenhäuser

Mit dem Bezirkskrankenhaus und dem Bethanien-Krankenhaus existierten 1990 zwei Einrichtungen verschiedener Träger zur medizinischen Versorgung der Bevölkerung des Vogtlands. Im Gelände des städtischen Bezirkskrankenhauses begann 1990 eine umfangreiche Sanierung und Modernisierung: Es entstand zunächst ein neues Bettenhaus (Haus 5), um die Versorgungsbedingungen zu verbessern, zwischen Juli 1991 und 2008 nutzten es die Fachrichtungen Chirurgie, Urologie und Kieferchirurgie, dann erfolgten Abriss und Neubau. Bereits im Januar 1991 war das städtische Krankenhaus auf Beschluss der Stadtverordneten in »Vogtland-Klinikum Plauen« umbenannt worden, 1994 erfolgte die Umwandlung in eine GmbH (Eigengesellschaft der Stadt Plauen).

Als »Haus der Schwerpunktversorgung« war es für das gesamte Vogtland, über 300 000 Menschen, zuständig, wurde im August 1993 zum akademischen Lehrkrankenhaus der Universität Leipzig berufen und im Juli 1994 in eine gemeinnützige GmbH, mit der Stadt Plauen als alleinigem Gesellschafter, umgewandelt.

Auch im Bethanien-Krankenhaus, das sich in Trägerschaft der Bethanien Krankenhaus Chemnitz gemeinnützige GmbH befindet und in der evangelisch-methodistischen Kirche beheimatet sieht, konnten mehrere Baumaßnahmen realisiert werden. Mit der 1994 erfolgten Übernahme der HNO-Klinik des Vogtland-Klinikums (27 Betten) war der Weg zum »Spezialversorger« beschritten.

Doch auch im Vogtland-Klinikum investierte die Stadt fortwährend in eine räumliche und technische Modernisierung. Die Sanierung des Hauptgebäudes begann bereits 1993; 1994 konnten die Cafeteria eröffnet und der neue Hubschrauberlandeplatz übergeben werden, die Unfallchirurgische Klinik entstand. Zwischen 1996 und 2001 gelang es, alle über das Stadtgebiet verteilten Außenkliniken in das Areal an der Röntgenstraße

Die Gesundheitsversorgung   **467**

③
Bethanien-
Krankenhaus, 2021
Lars Eckert

zu integrieren: die Orthopädische Klinik (zuvor Suttenwiese), die Frauenklinik (zuvor Melanchthonstraße), die Hautklinik (zuvor Hradschin und kurz Suttenwiese) und die Augenklinik (zuvor Weisestraße). Ein neuer Funktionsbau mit fünf OP-Sälen, Rettungsstelle und Zentralsterilisation konnte im Februar 2001 ebenfalls in Betrieb genommen werden, und Bürgermeister Uwe Täschner informierte im Dezember 2002, dass die Stadt in den letzten Jahren 60 Millionen Euro ins Vogtland-Klinikum investiert hat.

Bedenkt man alle anderen Anforderungen, denen sich die Stadt stellen musste, und den damit verbundenen Zwang, nach Einsparmöglichkeiten zu suchen, so wird nachvollziehbar, dass 2001/02 durchaus auch schon laut darüber nachgedacht wurde, ob die Stadt Plauen in der Lage wäre, auf Dauer die erforderlichen Geldmittel aufzubringen. Es reifte die Erkenntnis, dass die Existenz des Klinikums nur durch Verkauf gesichert werden kann, und der Stadtrat beschloss, Angebote von Klinikbetreibern einzuholen. Eine Bürgerinitiative gegen den Verkauf erreichte einen Bürgerentscheid (19. Januar 2003), bei dem sich weniger als 40 Prozent der 58 429 Abstimmungsberechtigten beteiligten; die Mehrheit war gegen den Verkauf, aber da dies nicht 25 Prozent der Gesamtstimmen waren, blieb das letzte Wort beim Stadtrat. In nichtöffentlicher Sitzung entschied sich dieser am 20. März 2003 für einen Verkauf (15 Millionen Euro) an die HUMAINE Gesellschaft für Klinikmanagement mit Sitz in München.

— 2003

Diese verkaufte das Vogtland-Klinikum im Oktober 2006 an die Helios-Klinik-Gruppe; seitdem heißt es »Helios Vogtland-Klinikum Plauen«. Und es wurde weiter investiert: 2011 konnte das Helios Vogtland-Klinikum Plauen ein neues Bettenhaus und zahlreiche Abteilungen in einem neuen Gebäude unterbringen, aber auch die Kita »Klinikwichtel« entstand 2012 auf dem Klinikgelände. Das Vogtland-Klinikum blickte 2014 auf 125 und das Bethanien-Krankenhaus 2010 auf 100 Jahre Bestand zurück.

An beiden Standorten werden weiterhin bauliche Erweiterungen vorgenommen und im Inneren aktuelle Entwicklungen berücksichtigt. Seit 2009 gibt es im Vogtland-Klinikum zum Beispiel eine Palliativstation, und immer wieder stellt man sich neuen Zertifizierungen.

Apotheken und weitere Gesundheitseinrichtungen

Auch Apotheken waren in der DDR staatlich – somit standen hier ebenfalls Privatisierungen, aber ebenso Neugründungen an. Traditionsreiche inzwischen geschlossene Apotheken waren die Alte Apotheke in der Herrenstraße (älteste Apotheke in der Stadt, März 2001) und die Engel-Apotheke (Reißiger Straße, Januar 2004). In Plauen gibt es 2021 noch 19 Apotheken.

Anstelle der DDR-Bezirksblutspendezentrale existiert heute der DRK-Blutspendedienst Nord-Ost; die Bereitschaft zur Blut- beziehungsweise Plasmaspende muss ständig neu geweckt werden, um die Versorgung der medizinischen Einrichtungen zu gewährleisten. Im Juni 2005 zog die Johanniter-Unfallhilfe in ihre neue Rettungswache in der Siegener Straße ein (ehemaliger Straßenbauhof) und nahm den Betrieb auf. Eine große

Mitarbeiterzahl des Helios Vogtland-Klinikums Plauen

2003	2006	2011	2013	2015	2017	2019	2021
1200	1000	1000	1124	1089	1150	1218	1500

moderne Feuerwache entstand zwischen 1997 und 1999 in Chrieschwitz (Poeppigstraße), die Plauener Feuerwehr verließ die Stadtmitte. Das Technische Hilfswerk hat seinen Platz innerhalb des Behördenzentrums an der Europaratstraße.

Corona-Pandemie

Die Verwirrung in diesem Themenbereich beginnt schon bei der Bezeichnung. Von einer Corona-Pandemie zu sprechen, ist legitim, da das Corona-Virus in der Form SARS-CoV-2 weltweit für Infektionswellen, Kranke und Tote verantwortlich ist. Covid-19 ist ebenfalls korrekt, da es die durch SARS-CoV-2 ausgelöste Lungenkrankheit bezeichnet. Darüber hinaus kann Corona mittlerweile sogar als gesamtgesellschaftlicher Konflikt bezeichnet werden, da die Maßnahmen zur Begrenzung der Ausbreitung von Virus und Krankheit gravierende Auswirkungen auf alle Lebensbereiche haben.

Als im März 2020 erste Infektionen in Deutschland auftraten, dominierte noch die Überzeugung von einer Beherrschbarkeit des Ganzen, schließlich leben wir im 21. Jahrhundert. Aus Unglauben und Zweifeln wurden durch die Entstehung erster Hotspots ein Ernstnehmen und Einstellen auf die Situation: Toilettenpapier, Seife, Nudeln, Mehl waren ausverkauft, Homeoffice und Homeschooling veränderten den Tagesablauf, viele gewohnte Freizeitaktivitäten waren undenkbar. Die Zahl der Radfahrer, Jogger, Wanderer und Spaziergänger vergrößerte sich. Mit der Gewöhnung an die Beschränkung kamen selbsthergestellte Mund-Nasen-Schutze zum Einsatz, wurde Desinfektionsmittel alltäglich und bewegte man sich beim Einkaufen und in öffentlichen Gebäuden entsprechend der Klebeband-Wegemarkierungen. Dem Abflachen der ersten Welle folgte die Lockerung der Maßnahmen im Sommer, vor Reisen in Risikogebiete wurde gewarnt, die Stimmung pendelte zwischen »Alles-vorbei«-Sorglosigkeit und der Befürchtung einer zweiten Welle, die dann ab September 2020 die Infektionszahlen auch wieder steigen ließ. Nach den Herbstferien wurde das Tragen eines Mund-Nasen-Schutzes zum Beispiel in Schulgebäuden Pflicht, aber die Welle rollte.

Der Vogtlandkreis startete auf der deutschlandweiten Karte schwarz ins Jahr 2021: Mit über 1000 Erkrankten auf 100 000 Einwohner innerhalb der letzten sieben Tage war die Situation außer Kontrolle geraten, in keinem Gebiet der Bundesrepublik lag der Inzidenzwert höher. Das mit dem Abflachen dieser zweiten Welle kurze Aufatmen tat gut, gab aber dieses Mal niemandem Anlass zur Hoffnung, dass jetzt alles vorbei sei. Der Vormarsch von Mutationen startete eine dritte Welle, verhinderte, dass Gastronomie, Hotelbranche, Kultur- und Sporteinrichtungen, Reisebranche, stationärer Einzelhandel, Kindereinrichtungen oder Schulen wieder öffneten – und legte damit das gesamtgesellschaftliche Leben für einen längeren Zeitraum lahm, als das 2020 der Fall gewesen war.

So ist ein Jahr nach der ersten Infektion eines Deutschen nicht alles gut, sondern alles höchst problematisch und die Stimmung überall angespannt. Corona-Hotspot oder Risikogebiet als abschreckende Begriffe 2020 lassen ein Jahr später die meisten kalt. Diskussionen über die Einschränkung von Grundrechten (Wie streng darf/muss ein Lockdown sein?) oder Solidarität zum gegenseitigen Schutz werden hitzig geführt. Gleichzeitig wurden das Tragen eines medizinischen Mund-Nasen-Schutzes, einer FFP2-Maske, Schnelltestzentren, Selbsttests und Impfzentren sowie Impfungen alltäglich, Auseinandersetzungen darüber, verschiedene (als Gefahr angesehene) Impfstoffe und Impf-Priorisierung aber auch. Und das Personal in Krankenhäusern und Pflegeeinrichtungen arbeitet zum Teil jenseits der Belastungsgrenze. Jeder kann erkennen, dass vernetzte Technik kein absoluter Problemlöser ist, Globalisierung auch Probleme schafft und in vielen Bereichen ohne empathische Menschen gar nichts funktioniert.

Ina Schaller

März 2020

④
Impfzentrum Plauen in der Mehrzweckhalle des Behördenzentrums, 2021
Lars Eckert

Soziales
Vielfalt des Lebens

Ina Schaller **Eine Gesellschaft im Wandel**

Veränderungen gehören zum Leben, aber der Systemwechsel 1990 ging tiefer, weil er alles betraf, wie ein Durchrütteln im Trabant auf einer Kopfsteinpflasterstraße – man konnte sich ihm nicht entziehen.

In der DDR waren Sozial- und Gesundheitswesen in einem Ministerium vereint und im Rahmen der Sozialversicherung (SV, heute gesetzliche Kranken- und Unfallversicherung) wurden bei Krankheit und Unfällen materielle Sicherheit, unentgeltliche ärztliche Hilfe, Arzneimittel und andere medizinische Sachleistungen gewährt. Gesetzlich garantiert waren eine gesellschaftliche Fürsorge im Alter und bei Invalidität, spezielle medizinische Betreuung, materielle und finanzielle Unterstützung bei Geburten und die Gewährung von Kindergeld: Kinderkrippen, Behindertenwerkstätten, Alten- und Pflegeheime, Heime für psychisch und physisch behinderte Menschen und Betreuung für behinderte, schulbildungsunfähige Kinder und Jugendliche standen zur Verfügung. Im Rahmen der Verantwortung des Staates für die Lösung der sozialen Probleme galt diese als eine gesamtgesellschaftliche Aufgabe.

Daraus ergab sich zum Beispiel auch eine umfassende betriebliche Fürsorge. In den Betrieb ging man nicht nur zum Arbeiten, man gab zudem den Nachwuchs im Betriebskindergarten ab, konnte den Betriebsarzt aufsuchen, im Werkskonsum einkaufen und hatte mit dem Kollektiv, der Brigade eine Gemeinschaft, in der man Ausflüge unternahm oder Veranstaltungen besuchte. Doch die Betriebe sollten nicht nur Ferien- und Kinderbetreuungsangebote schaffen sowie bei der Wohnraumversorgung mitwirken, sondern auch zur »Entwicklung des sozialistischen Menschen« beitragen. Das Arbeitskollektiv war in seiner Bedeutung für die sozialistische Sozialisierung der Familie gleichgestellt. Hinzu kam, dass die Gleichberechtigung insgesamt gelebt wurde, die Beschäftigungsquote der Frauen in den 80er-Jahren über 90 Prozent lag, ein Schwangerschaftsabbruch seit 1972 möglich und auch die Pille kostenlos erhältlich war.

Nach den Kommunalwahlen im März 1990 kümmerte sich das Ministerium für Gesundheitswesen um alle gesundheitlichen und medizinischen Aspekte, die sozialen Aufgaben wurden dem neu gebildeten Ministerium für Familie und Frauen zugeordnet: Kleinkindbetreuung (Krippen), Familienplanung, Schwangerschaftsabbruch, Betreuung älterer Menschen, sofern es sich dabei nicht um Heime oder medizinische Betreuungsaufgaben handelte. Mit dem 1. Juli 1990 begann die Integration der beiden völlig unterschiedlichen Krankenversicherungs- und Gesundheitsversorgungssysteme in Ost und West. Die Betriebe beispielsweise gliederten alle produktionsfernen Bereiche aus, auch die medizinische Behandlung und soziale Betreuung. Die Gesundheitsämter wurden in den Landkreisen und kreisfreien Städten im August 1990 eingerichtet. Mit dem 31. Dezember 1990 verschwand die zentrale SV; Renten-, Kranken-, Unfall- und Arbeitslosenversicherung gibt es seitdem einzeln. Hinzu kam 1995 noch die Pflegeversicherung.

Das staatlich finanzierte und gelenkte System hatte zu einer Art Versorgungsmentalität geführt, und es kostete deshalb ab 1990 besonders viel Kraft, sich auf das Neue einzustellen und die Herausforderungen zu meistern. Zudem hat sich vieles nahezu unbemerkt entwickelt, unsere Medienlandschaft und Kommunikation ganz nebenbei dramatisch. Telefonzellen gibt es im Stadtgebiet kaum noch, und je nach Lebensalter kennt man noch kantige gelbe, abgerundete gelbe oder nur welche in Magenta. Ein Haushalt ohne Telefonanschluss war nach 1990 schon kaum mehr denkbar, aber sich ein Leben ohne mobile Geräte, und zwar auch außerhalb der Wohnung vorzustellen, gelingt heute kaum noch jemandem. Parallel dazu sind Themen wie Glasfaserkabel und öffentliches, freies WLAN noch nicht abgearbeitet. Ähnliche Dimensionen lassen sich bei der Betrachtung der Arbeit der Post feststellen – das Filialnetz schrumpfte, Aufgabenbereiche wurden ausgelagert, viele Anbieter erledigen inzwischen ehemals rein postalische Aufgaben. Briefkästen muss man fast schon suchen, deren Leerung findet – gefühlt – seltener statt, die Zustellung veränderte sich, und mit e-post gibt es Neues, während Traditionelles wie ein Telegramm kaum noch bekannt ist. Digitale soziale Medien scheinen alles Analoge zunehmend zu überlagern. »Überall ist Veränderung, das hält uns auf Trab. Gewissheiten bröckeln. Und wir alle merken, dass die Zeitenwende, in der wir uns befinden, tatsächlich in unser Alltagsleben hineinwirkt.«[1]

Soziale Einrichtungen für alle Bevölkerungsgruppen

In den Bereich der kommunalen Daseinsvorsorge gehörten ab 1990 nicht nur die Bereitstellung von Energie, Verkehrsmitteln, Schlachthöfen, Abfallbeseitigung, Trinkwasserver- und Abwasserentsorgung (s. S. 398/399), sondern auch Dienstleistungen der Gesundheits-, Wohnungs-, Arbeitslosenfürsorge usw. für alle Bevölkerungsgruppen. Neben der Stadt übernahmen gemeinnützige und privatgewerbliche Organisationen Dienstleistungen im Bereich von Erziehung, Pflege, Betreuung und Beratung, organisatorisch institutionalisiert, beruflich oder ehrenamtlich, zum Beispiel: Arbeiterwohlfahrt (AWO) Kreisverband Vogtland e. V., Caritasverband, Diakonisches Werk Stadtmission Plauen e. V. (Diakonie), DRK, Johanniter, Kinderladen Zukunft e. V., Lebenshilfe Plauen gGmbH, Malteser, Paritas gGmbH, SBW Vogtlandkreis gGmbH, verschiedene Kirchgemeinden, Volkssolidarität. Die jeweiligen Konzepte und die Qualifikation der Fachkräfte sind für das Niveau der Fürsorge entscheidend.

Unter den 42 Kindereinrichtungen, die 1989/90 in Plauen bestanden, waren acht Kinderkombinationen, zwölf Krippen, 15 Kindergärten, fünf Betriebskindergärten und zwei Sonderkindergärten mit 1 192 Krippen- und 2 601 Kindergartenkindern. Krippen und Kindergärten wurden 1993 zu Kindertageseinrichtungen (Kitas) vereint, Horte wechselten 1994 aus dem Schulverwaltungsamt in den Verantwortungsbereich des Stadtjugendamts. Die Zahl der betreuten Kinder schrumpfte bis 1994 auf rund 300 Krippen- und 2 100 Kindergartenkinder. Die grundsätzliche Umgestaltung der Arbeit in den Einrichtungen nahm einen großen Raum ein: Neue Farbe an den Wänden, neue Möbel und Materialien waren relativ schnell sichtbar, 2010 acht (von 23) kommunale und zwölf (von 22) Kitas freier Träger saniert. 2011 konnte in der Elsteraue die Kita »Sonnenblume« eröffnet werden, seit 2019 entsteht eine weitere im Gelände der ehemaligen Hempelschen Fabrik. Die sich verändernde Arbeit mit den Kindern, ab 2007 auf der Grundlage des sächsischen Bildungsplans, entwickelte sich je nach Konzept der Einrichtung verschieden. Darüber wird auch 2021 teilweise heftig diskutiert, insbesondere über das offene Erziehungskonzept.

Kinder- und Jugendeinrichtungen für den Freizeitbereich spielten immer eine große Rolle. Das Ende der in der DDR staatlichen Jugendclubs kam schleichend, zunächst wurden Hally, Oase und Seehaus vom Jugendamt übernommen, später an verschiedene Vereine übergeben. Beliebte Einrichtungen, in denen engagierte Menschen voller Kreativität im Einsatz sind, vor allem auch für die jüngere Generation, gibt es 2021 viele, einige Beispiele: Die Stadt Plauen ist Träger des Kinder- und Jugendhauses »eSeF«, der Deutsche Kinderschutzbund, Ortsverband Plauen e. V. betreibt das Kindercafé »Mücke« und das Kinder-Kultur-Café. Dank des Kinderland Plauen e. V. existieren der Kinderclub »Fünfte« und der Jugendclub »No Name«. Der JOEL e. V. lädt ins Jugendzentrum »BOXENSTOPP« und den Kinder- und Teenietreff Preißelpöhl sowie den »Markuskeller« ein, es gibt die Elterninitiative »Zeit für Kids«, das Mehrgenerationenhaus, den Mobile Jugendarbeit Plauen e. V., den Oase e. V. mit dem Jugendzentrum »Oase« und den Spiel-Spaß-Kindertreff e. V. mit zahlreichen Angeboten. Auch in der Freizeitanlage Syratal, dem Pfaffengut und den Weberhäusern bekommen Kinder und Jugendliche vielfältiges geboten. Über 40 öffentliche Spielplätze und ein Indoor-Spielplatz sind nutzbar. Beliebte Diskotheken, wie »Trend« (Haselbrunn) und »Prince« (Chrieschwitz), hatten 2011 zuletzt geöffnet.

Die Kinder- und Jugendbetreuung sowie -fürsorge ist ein anspruchsvolles und facettenreiches Aufgabenfeld. Das Kinder- und Jugendwohnheim, die Ausgaben für die Jugendhilfe, die Beschäftigung der Verantwortlichen mit aktuellen Erscheinungsbildern (Essstörungen wie Bulimie, selbstverletzendes Verhalten wie Ritzen, Übergewicht u. Ä.), das Für-Kinder-da-Sein, wenn Familien es nicht (ganztags) können – alles muss im Blick behalten werden. Die Plauener Jugendherberge, die sich zunächst am Wolfsbergweg befunden hatte, eröffnete 1995 im Reusaer Waldhaus und zog 2007 in die ehemalige Feuerwache ein.

Der sächsische Bildungsplan

Der sächsische Bildungsplan entstand 2007 und ist ein Leitfaden für pädagogische Fachkräfte, um Kinder ganzheitlich und so individuell wie nur möglich zu fördern und zu fordern. In den vergangenen 14 Jahren schritt die Entwicklung in den Einrichtungen unterschiedlich voran – je nach Konzeption (offen, halboffen oder geschlossen) wird der Sächsische Bildungsplan ganz unterschiedlich gelesen und umgesetzt. Man kann gut erkennen, dass die Arbeit mit und die Umsetzung von dem Sächsischen Bildungsplan sehr stark vom Team und dessen Leitung abhängen. Bezieht man sich stark auf die Aussage, dass das Kind der Konstrukteur und der Erzieher der Co-Konstrukteur ist, hat das zur Folge, dass pädagogische Fachkräfte die Kinder vollkommen allein agieren lassen, ohne Angebote zu schaffen. Daraus ergeben sich immer öfter Defizite in einigen Bereichen, die bei der Überprüfung der Schulfähigkeit besonders deutlich werden. Im Idealfall allerdings sind in den Einrichtungen die materiellen, räumlichen und personellen Voraussetzungen so beschaffen, dass alle Erzieherinnen und Erzieher an einem Strang ziehen und unter Berücksichtigung der Bildungsthemen der Kinder individuelle Angebote, die die einzelnen Bildungsbereiche verknüpfen, anbieten. Die Kinder werden motiviert und didaktisch-methodisch in ihrer Entwicklung begleitet, mit dem Ziel des Erreichens der Schulfähigkeit. Das war der Plan der Projektgruppe bei der Erstellung der Konzeption.

Unternehmen als Arbeitgeber	2011	2013	2015	2017	2019	2021
Arbeiterwohlfahrt (AWO)	785	753	753	948	1035	991
Diakonie	1110	1375	1390	1410	1445	1950
Volkssolidarität	437	551	584	631	672	721

Mitarbeiterzahl in ausgewählten Unternehmen

2007

Neben einer Verringerung der Einwohnerzahl ist die Zunahme des Anteils älterer Menschen an der Stadtbevölkerung festzustellen. Auch deren Bedürfnisse dürfen nicht vergessen werden: Barrierefreiheit, Kultur, ÖPNV, Teilhabe und Wohnraum als Stichworte dazu. Seit dem 2007 beschlossenen Gesetz steht fest, dass das Renteneintrittsalter 2029 endgültig nicht mehr bei 65, sondern bei 67 liegt, Spekulationen 2021 über eine Anhebung auf 70 Jahre folgten noch keine Regelungen.

Weder Senioren noch Pflegebedürftige müssen zwangsläufig in ein Heim umziehen; Pflegedienste, betreutes Wohnen, Kurzzeit- und Tagesbetreuungen können in Anspruch genommen werden. In der DDR bestanden neben kirchlichen Einrichtungen in Plauen die Feierabendheime für Senioren Am Bärenstein und in der Reißiger Straße und ein Feierabend- und Pflegeheim am Kastanienweg, insgesamt 604 Plätze 1989 – rund 800 in deutlich mehr Einrichtungen sind es 30 Jahre später. Und rein begrifflich kann man heute auch in einer Seniorenresidenz, beispielsweise im »Haus am Elsterpark«, »Elstertalblick« oder »An der Rädelstraße« leben oder seit 2020 im ASPIDA Pflegecampus Plauen »Seniorenpflege« und »Junge Pflege«. Im Mehrgenerationenhaus steht ein Seniorenbüro zur Verfügung.

Entscheidend für die Lebensqualität Hilfe beanspruchender Menschen ist immer engagiertes Personal. In der DDR wurden Krankenschwestern an der Medizinischen Fachschule ausgebildet, durchliefen in drei Jahren alle Abteilungen des Krankenhauses und erwarben dabei umfangreiche Kenntnisse und Fähigkeiten. Erfolgte anschließend ein Einsatz im Gesundheitswesen, dann arbeiteten sie im Krankenhaus; war Sozialwesen im Arbeitsvertrag unterstrichen, dann kümmerten sie sich zum Beispiel, wie ein Altenpfleger heute, um alte Menschen in Feierabendheimen.

Als weitere Spezialisierung gibt es den Beruf Heilerziehungspfleger: Die Betreuung und Pflege von Menschen mit Beeinträchtigungen/Handicaps steht hier im Mittelpunkt. Seit 2001 befindet sich in der Hofwiesenstraße auch eine Werkstatt für behinderte Menschen der Lebenshilfe Plauen GmbH. Psychisch Kranke, Suchtkranke und -gefährdete sowie sozial Gefährdete finden für ihre Probleme ebenfalls Ansprechpartner bei kommunalen Einrichtungen und freien Trägern. Es gibt Notunterkünfte für Männer, Frauen und Obdachlose, eine Babyklappe des Kaleb Vogtland e.V., und die Opferhilfe Sachsen e.V. hat auch eine Beratungsstelle in Plauen. Daneben haben sich Selbsthilfeangebote/-gruppen etabliert, mittlerweile als feste Säule des Sozialsystems. Sie setzen sich für Gleichbetroffene ein, holen Erkrankungen oder Probleme (beispielsweise Trauer, Schmerz, sexuelle Identität) aus der Tabuzone und bieten bei regelmäßigen Treffen die Möglichkeit zum Erfahrungsaustausch. Im Hinblick auf Barrierefreiheit in der Stadt ist noch eine ganze Menge zu tun, in kleinen Schritten geht es voran.

Staatliche Regelungen schützen zudem Personengruppen vor Schädigungen, wie das Nichtraucherschutz-Gesetz 2007 vor den Gefahren des Passivrauchens: Seit Februar 2008 (Ausnahmeregelungen 2009) darf in Behörden, Einrichtungen der gesundheitlichen Versorgung, Bildungseinrichtungen, Heimen, Kulturhäusern, gastronomischen Einrichtungen und Sportstätten nicht mehr geraucht werden.

Viele Einrichtungen planten in die Arbeit bei ihren Hilfsangeboten bis 2011 auch Zivildienstleistende fest ein. Es war die häufigste Form der Ableistung des Wehrdienstes für anerkannte Wehrdienstverweigerer. Bereits die Herabsetzung der Dienstzeit von einem Jahr auf sechs Monate ließ den Fachkräftemangel in der Pflege offensichtlich werden. Massive Probleme in diesem Bereich bestehen seit der Aussetzung der Wehrpflicht 2011, der Bundesfreiwilligendienst konnte die Lücken nicht füllen.

Qualitativ und quantitativ gibt es für viele Problemkreise immer wieder einmal große Herausforderungen, aber infolge der zunehmenden Privatisierung und der weitreichenden Betreuungs- und Hilfsangebote ist eine Ausweitung des städtischen Engagements nicht notwendig. Das gilt auch für die insgesamt neun Friedhöfe, die die Plauener noch nutzen können: zwei städtische (Hauptfriedhof und in Kauschwitz) und sieben kirchliche (Friedhof I und in Jößnitz, Neundorf, Oberlosa, Steinsdorf, Staßberg, Thiergarten). Auf dem Friedhof II sind Bestattungen seit 2011 nur noch im Ausnahmefall möglich, in den entwidmeten Grabfeldern der Anlage entsteht seit 2008 ein Arboretum (Baumpark) und lädt zum Entdecken von Trauerkultur, Bildhauerkunst und verzaubernder Natur ein.

Berufsbild Altenpfleger

Nur wenige wissen, wie vielseitig das Tätigkeitsspektrum in der Altenpflege ist. Examinierte Altenpfleger, also Pflegefachkräfte für die Pflege alter Menschen, arbeiten beispielsweise in Einrichtungen der Langzeitpflege. Sie unterstützen alte Menschen dort bei der Körperpflege, sie verabreichen Medikamente, führen Verbandwechsel durch und begleiten die Seniorinnen und Senioren in ihrem Alltag. Aber nicht nur im »Heim« sind Altenpfleger tätig, sondern auch in ambulanten Pflegediensten, welche die Patienten in ihrem häuslichen Umfeld besuchen. Oft ergeben sich hier abwechslungsreiche Touren für die Pflegefachkräfte: Einem Patienten werden die Kompressionsstrümpfe angezogen, die nächste zu Pflegende wird beim Baden unterstützt und bekommt das Frühstück zubereitet, andere erhalten ihre Medikamente oder ihre Injektionen. Ein Einsatzbereich mit einem etwas anderen Tätigkeitsschwerpunkt ist die Tagespflegestätte. Hier steht nicht die grundpflegerische Versorgung der Gäste im Vordergrund, sondern das Beisammensein, die psychosoziale Begleitung, gemeinsame Aktivitäten wie beispielsweise die tägliche Zeitungsschau, kreative Bastelangebote, gemeinsames Singen und Lachen, aber auch leichte sportliche Betätigungen wie Spaziergänge. Natürlich sind Altenpfleger ebenso in Krankenhäusern, insbesondere auf gerontopsychiatrischen Stationen, tätig. Wohnpflegegruppen, die sich auf die ambulante Intensivpflege spezialisiert haben, Wohngemeinschaften für Seniorinnen und Senioren und stationäre Hospize beschäftigen Altenpfleger. Doch auch die Ausbildung in der Pflege unterliegt dem Wandel. So sind seit 2020 Gesundheits- und Krankenpfleger sowie Altenpfleger im neuen Berufsbild Pflegefachmann/-frau vereint.

Sportstätten

Einen Sportstättenleitplan gibt es seit 1993, ebenso einen Sportentwicklungsplan – beides wurde seither fortgeschrieben, um der demografischen Entwicklung und den sich wandelnden Bedürfnissen im Sport- und Freizeitbereich für alle Altersgruppen gerecht werden zu können, sowohl für den Leistungssport als auch den Freizeitbereich. Jeder Sportler hat seine eigene Meinung, was der Stadt gelungen beziehungsweise noch ausbaufähig ist.

Die Sanierung (1992), der Teilabriss (2005) sowie der Um- und Neubau (2005 bis 2007) des Alten Stadtbades zum Sportbad mit Sauna (2009/10) verbesserten die Bedingungen für Freizeitsportler und Vereine (Schwimmen, Tauchen, Wasserball) erheblich. Es gibt zum einen mehr Platz als zuvor in der Schwimmhalle Hainstraße (1984 bis 2007 genutzt) und dem alten Stadtbad zusammen und zum anderen ein wettkampfgerechtes Becken (Schwimmen, Wasserball, Synchronschwimmen) sowie Tribünen für 190 Zuschauer.

Den Plauener Sportlern und Sportinteressierten stehen 2021 zudem ein Stadion, 14 Sportplätze, 32 Sporthallen, zwei Freibäder, Tennis-, Kegel- und Bogensportanlagen sowie ein Golfplatz zur Verfügung. Besonderes bürgerliches Engagement seit 2000 sorgte dafür, dass das in der zweiten Hälfte der 90er-Jahre geschlossene Freibad Haselbrunn ab 2001 saniert und ab 2002 genutzt werden konnte. Das Freibad Preißelpöhl war bereits zwischen 1992 und 1995 komplett saniert worden und begrüßte im August 1996 wieder Gäste.

Die Turnhallen wurden inzwischen weitgehend saniert, 2001/02 die Kurt-Helbig-Sporthalle, zuletzt 2020/21 die der Grundschule »Am Wartberg«. Neu entstand 2007 – im Rahmen der Rekonstruktion des BSZ »Anne Frank« – die sogenannte Einheit-Arena an der Wieprechtstraße, eine Dreifelderhalle, die für den Sportunterricht des BSZ und des Lessing-Gymnasiums sowie den Vereinssport und Wettkämpfe genutzt wird. Vorbereitungen für ein weiteres Bauvorhaben können seit 2020 am Lessing-Gymnasium beobachtet werden.

Fast 100 Sportvereine arbeiten in Plauen, am bekanntesten sind die Gewichtheber vom AC Atlas, die Wasserballer vom SVV Plauen, die Fußballer des VFC Plauen sowie die Handballer vom HC Einheit und SV 04 Oberlosa.

Zahlreiche Fitnessstudios stehen den Plauenern zur Verfügung, der größte Sportpark in Südwestsachsen entstand in nur einem halben Jahr und lädt bereits seit 1994 am Rand des Vogtlandstadions zum Trainieren ein. Ein altes Industriegebäude nutzt zum Beispiel Westend-Sport. Der 2007 eröffnete BMX- und Skate-Park »Skateplaza-AREA241« an der Elsteraue wird vom Verein 2plus4macht1 e. V. betrieben und gilt als größter und anspruchsvollster Skatepark Deutschlands.

① Schwimmhalle an der Hainstraße, 1992
Stadtarchiv Plauen, Ingrid Friedrich

② Schwimmhalle an der Hofer Straße, 2019
Ina Schaller

… und das ist noch nicht alles
Ausblicke und Visionen

Ina Schaller

Die Arbeit an diesem Kapitel endet in einer Zeit, in der vieles unsicher ist, hinterfragt wird und für die Zukunft nur eingeschränkt geplant werden kann – Kernfrage: Wann wird die Corona-Pandemie überwunden sein?

Aber so war das Leben schon immer; wer das vorliegende Buch von Beginn an gelesen hat, konnte das am Beispiel Plauens nachvollziehen. Immer wieder wurden die Menschen vor neue Herausforderungen gestellt und mussten ihr Leben neu ausrichten – und sie haben das gemeistert. Nur erscheint uns heute vieles – infolge einer Nachrichtenflut auf allen Kanälen – größer, mächtiger, bedrohlicher, herausragend, einzigartig …

①
Wendedenkmal, 2021
Ina Schaller

②
Oberbürgermeister Dr. Rolf Magerkord – Eintrag in das Goldene Buch der Stadt zur Verleihung der Ehrenbürgerwürde, 27. 9. 2001
Stadt Plauen

⬇
Feuerwerk zum Spitzenfest, 2017
Norman Richter

Blicken wir auf Dinge zurück, die in den letzten 30 Jahren die Bezeichnung »Krise« erhielten, dann fallen den meisten sicher Klima-, Finanzkrise (2008) und Flüchtlingskrise (2015/16) ein. Auch der seit 2001 wachsende Terrorismus beschäftigte uns, die Aktivitäten des Islamischen Staates (IS) oder das Erstarken rechten Gedankenguts. Der Jahrhundertsommer 2003 (Rekordtemperaturen im August) oder das Hochwasser von 2013 sind manchen sicher noch in Erinnerung – vielleicht mit Gänsehautgefühl – und die Älteren sagen nur: 1954 war schlimmer … So nimmt alles seinen Lauf und jeder anderes in seiner Biografie mit.

Der politisch-gesellschaftlich-strukturelle Einschnitt in allen Lebensbereichen durch die Entwicklungen der Jahre 1989/90 ist für die Jüngeren eine von vielen Geschichten »der Alten«, für ebendiese aber etwas ganz Großes und Folgenreiches. Konstruktiv an alles heranzugehen, bedeutet auch das Bekenntnis zur Demokratie und ein konsequentes Nein, wenn Gefahren abgewendet werden müssen. Im August 1992 zum Beispiel konnte eine rechte Gedenkveranstaltung so verhindert werden, am 1. Mai 2016 entwickelte sich alles ganz anders – und trotz eines Bürgerbekenntnisses zu einem bunten Plauen musste die Welt am 1. Mai 2019 einen Aufmarsch erleben, der bei den ältesten Einwohnern schlimmste Erinnerungen weckte. Und dabei ist »der Kampf um das Sagbare«[1] ein Problemkreis unserer Zeit – Dinge zu sagen oder zu meinen und danach auch zu handeln, das sind oft zwei ganz verschiedene Dinge.

Der Ruf Plauens ist das, was uns alle begleitet: In den Tiroler Alpen gibt es seit 1898 eine Plauener Hütte, im Oktober 1993 erhielt eine Boing 737-300 der Lufthansa den Namen »Plauen«, seit März 2004 durchquert auch ein ICE »Plauen/Vogtland« die Bundesrepublik, und Pate für ein U-Boot ist unsere Stadt ebenfalls. Als »Kommune des Jahres« wurde Plauen 2003 und 2008 vom Ostdeutschen Sparkassen- und Giroverband ausgezeichnet. Und nennt man uns »in der Fremde« Ossi, Sachse oder Vogtländer? Kommt man aus einer Stadt an der Elster, der Stadt der Spitze oder aus der der Friedlichen Revolution? Muss man über die Geschichte der ehemaligen Haupterwerbszweige Textilindustrie und Maschinenbau Bescheid wissen oder ist das irrelevant? Womit identifiziert man sich – muss es ein Stadtlogo sein?

Jeder von uns trägt sein Bild im Herzen, hält seinen Lieblingsplatz, vielleicht ja auch erst seit dem ersten Wettbewerb dazu, ganz bewusst im Foto fest und alle zusammen treffen sich beim jährlichen Spitzenfest (seit 1955), bei dem gemeinsamen Nachlaufen der Demonstrationsrunde vom 7. Oktober 1989 und leben damit die Plauener Stadtgemeinschaft.

> »Heimat ist nicht dort, wo ich bin, sondern das, was ich mache.
> Ich mache einen Ort zu meiner Heimat.«
> Saša Stanišić[2]

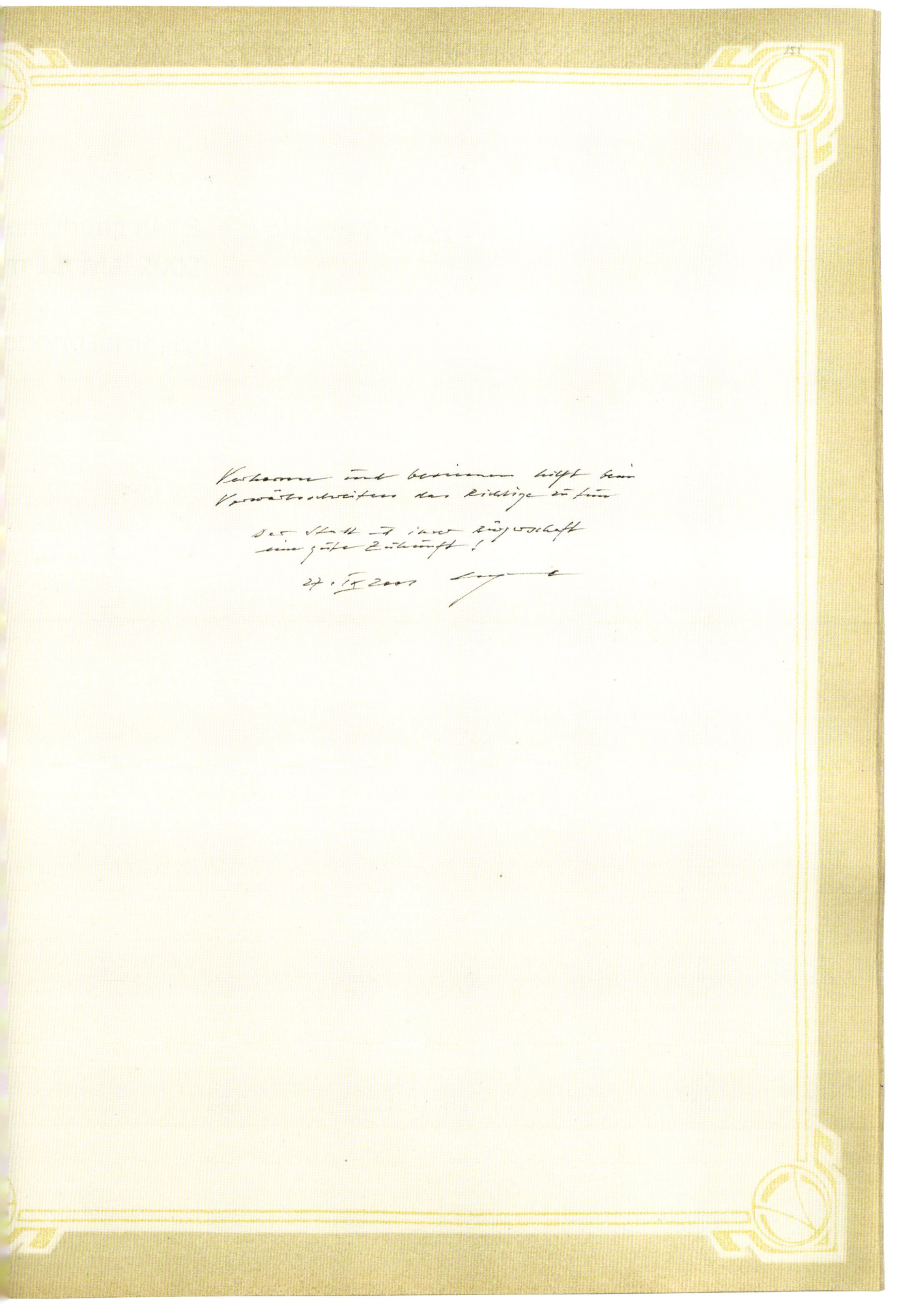

482		**Literatur, Quellen und Anmerkungen**
482	1	Von der Urgeschichte über das Mittelalter bis zur Mitte des 16. Jahrhunderts
488	2	Vom Übergang Plauens an das albertinische Kursachsen bis zum Ende des 18. Jahrhunderts
494	3	Das »lange 19. Jahrhundert« – Auftakt zur neuzeitlichen Stadtentwicklung, Industrialisierung, Großstadtbildung
499	4	Großstadt Plauen – Kaiserreich, Weimarer Republik, »Drittes Reich«
503	5	Plauen im Sozialismus
507	6	Plauen in einem offenen politisch-gesellschaftlichen Transformationsprozess
511		**Autorinnen und Autoren**
512		**Impressum**

Anhang

Literatur, Quellen und Anmerkungen

1 Von der Urgeschichte über das Mittelalter bis zur Mitte des 16. Jahrhunderts

Gesamtes Kapitel

Literatur und sonstige Quellen

Bachmann, Walter: Das alte Plauen. Ein Beitrag zur Inventarisation der Bau- und Kunstdenkmale, Dresden 1954.

Blanckmeister, Franz: Sächsische Kirchengeschichte, Dresden 1899.

Blaschke, Karlheinz / Haupt, Walther / Wießner, Heinz: Die Kirchenorganisation in den Bistümern Meißen, Merseburg und Naumburg um 1500, Weimar 1969.

Bönhoff, Leo: Die Parochie Plauen und ihre Entwicklung im Zeitraume 1122–1905, in: Mitteilungen des Altertumsvereins zu Plauen i. V., 19. Jahresschrift, Plauen 1908, S. 53–119.

Buchner, Gabriele / Unger, Sigrid / Weiß, Frank: 800 Jahre Land der Vögte (1209–2009), Vogtlandmuseum Plauen, Historisches Archiv des Vogtlandkreises Oelsnitz, Plauen 2009.

Bünz, Enno / Friedreich, Sönke / Ranacher, Christian / Vogel, Lutz (Hrsg.): Vogtland. Kulturlandschaften Sachsens, Bd. 5, Leipzig 2013.

Dehio, Georg: Handbuch der deutschen Kunstdenkmäler. Sachsen II. Regierungsbezirke Leipzig und Chemnitz, München 1998

Donnerhack, Rudolf: Aus der Geschichte Plauens, in: Plauen. Ein kleines Stadtbuch (Museumsreihe, Heft 25), Plauen 1963, S. 32–58.

Fasbender, Christoph: Kulturweg der Vögte. Entdeckungsreise durch das Vogtland der Vormoderne, Regensburg 2020.

Fiedler, Hermann: Beiträge zur Geschichte der Stadt Plauen, Plauen 1876.

Goldammer: Die kirchliche Entwicklung des Vogtlandes, besonders der Ephorie Plauen bis einschliesslich zur Reformation, in: Mitteilungen des Altertumsvereins zu Plauen i. V., 23. Jahresschrift, Plauen 1913, S. 133–156.

Kötzschke, Rudolf / Kretzschmar, Hellmut: Sächsische Geschichte, Dresden 1935 (Neuaufl. Würzburg 2002).

Leipoldt, Johannes: Die Geschichte der ostdeutschen Kolonisation im Vogtlande auf der Grundlage der Siedlungsformenforschung, in: Mitteilungen des Vereins für Geschichte und Altertumskunde zu Plauen i. V., 36. Jahresschrift, Plauen 1928, S. 1–215.

Limmer, Karl August: Entwurf einer urkundlichen Geschichte des gesammten Voigtlandes, Bd. 1–4, Gera 1825–1828.

Ludwig, Walther: Ein Gang durch Alt-Plauen (Museumsreihe, Heft 6), Plauen 1955.

Ludwig, Walther: Urkunden zur Geschichte der Deutschordens-Komturei Plauen, Teil I (1224–1. 3. 1266) (Museumsreihe, Heft 13), Plauen 1957.

Ludwig, Walther: Urkunden zur Geschichte der Deutschordens-Komturei Plauen, Teil II (22. 3. 1266–17. 6. 1300) (Museumsreihe, Heft 19), Plauen 1959.

Ludwig, Walther: Ein Gang durch das alte Plauen, in: Plauen. Ein kleines Stadtbuch (Museumsreihe, Heft 25), Plauen 1963, S. 78–103.

Ludwig, Walther: Ein Gang durch Alt-Plauen (Schriftenreihe des Vogtlandmuseums Plauen, Heft 60), 2., überarb. u. erw. Aufl., Plauen 1993.

Müller, Johannes: Urkunden und Urkundenauszüge zur Geschichte Plauens und des Vogtlandes, in: Mitteilungen des Altertumsvereins zu Plauen i. V., 1. Jahresschrift, Plauen 1880, S. I–CXII.

Müller, Johannes: Urkunden und Urkundenauszüge zur Geschichte Plauens und des Vogtlandes, in: Mitteilungen des Altertumsvereins zu Plauen i. V., 2. Jahresschrift, Plauen 1882, S. I–CII.

Müller, Johannes: Urkunden und Urkundenauszüge zur Geschichte Plauens und des Vogtlandes, in: Mitteilungen des Altertumsvereins zu Plauen i. V., 3. Jahresschrift, Plauen 1883, S. I–CII.

Müller, Johannes: Urkunden und Urkundenauszüge zur Geschichte Plauens und des Vogtlandes. Nachträge zu der Sammlung in der 1., 2. und 3. Jahresschrift (1880, 1882, 1883), in: Mitteilungen des Altertumsvereins zu Plauen i. V., 4. Jahresschrift, Plauen 1884, S. I–LXXXII.

Müller, Johannes: Ergänzende Nachweise und Berichtigungen zu der Urkundensammlung in der 1.–3. Jahresschrift, in: Mitteilungen des Altertumsvereins zu Plauen i. V., 4. Jahresschrift, Plauen 1884, S. LXXXIII–LXXXVI.

Müller, Johannes: Urkunden und Urkundenauszüge zur Geschichte Plauens und des Vogtlandes. Mitteilungen des Vereins für vogtländische Geschichte und Altertumskunde zu Plauen i. V., 5. Jahresschrift, Plauen 1885, S. I–CLX.

Neupert sen., Alwin: Kleine Chronik der Stadt Plauen i. Vogtl. von 1122 bis zum Ausgang des 19. Jahrhunderts, Plauen 1908.

Neupert sen., Alwin: Werdegang der Stadt Plauen im Vogtlande von der Niederlassung der Sorben-Wenden an der Elster bis zum Beginn des 20. Jahrhunderts. Beilageheft zu Mitteilungen des Vereins für vogtländische Geschichte und Altertumskunde zu Plauen i. V., 27. Jahresschrift, Plauen 1917.

Pietsch, Ernst: Die Entstehung der Städte des sächsischen Vogtlandes, in: Mitteilungen des Vereins für vogtländische Geschichte und Altertumskunde zu Plauen i. V., 32. Jahresschrift, Plauen 1922, S. I–VIII und 1–123.

Pietsch, Ernst: Geschichte der Stadt Plauen, II. Die Verfassung und Verwaltung der Stadt bis zur Mitte des 16. Jahrhunderts, III. Wirtschaft des Rates (unveröffentlichte Forschungsarbeiten, Abschriften), 1938 (StadtA Pl, Archivbibliothek, Ha 34 und Ha 36).

Plauen und das mittlere Vogtland (Werte unserer Heimat, Bd. 44), hrsg. von einem Autorenkollektiv unter Leitung von Horst Fröhlich, Berlin 1986.

Plauen – Die Altstadt. Ein Rundgang zu den historischen Denkmalen (Mitteilungen des Vereins der Freunde und Förderer des Vogtlandmuseums Plauen e. V.), Plauen 2011.

Plauener Chronik [vor 1783] (StadtA Pl, A. S. 494).

Raab, C. von: Regesten zur Orts- und Familiengeschichte des Vogtlandes. I. Band. 1350–1485, Plauen 1893.

Raab, C. von: Regesten zur Orts- und Familiengeschichte des Vogtlandes. II. Band. 1485–1563. Beilageheft zu Mitteilungen des Altertumsvereins zu Plauen i. V., 13. Jahresschrift, Plauen 1898.

Raab, C. von: Nachträge zu den Regesten zur Orts- und Familiengeschichte des Vogtlandes. I. und II. Band, in: Mitteilungen des Altertumsvereins zu Plauen i. V., 14. Jahresschrift, Plauen 1901, S. LXXIX–LXXXIX.

Raab, C. von: Das Amt Plauen im Anfang des 16. Jahrhunderts und das Erbbuch vom Jahre 1506, in: Mitteilungen des Altertumsvereins zu Plauen i. V., Beilage zur 15. Jahresschrift, Plauen 1902.

Richter, Johannes: Plauen in ur- und frühgeschichtlicher Zeit, in: Plauen. Ein kleines Stadtbuch (Museumsreihe, Heft 25), Plauen 1963, S. 19–31.

Sachsens Kirchen-Galerie, 11. Bd. Abt. 12, Das Voigtland, umfassend die Ephorien: Plauen, Reichenbach, Auerbach, Markneukirchen, Oelsnitz und Werdau, Dresden [1844].

Sahle, Patrick: Das Plauener Stadtbuch von 1388 und die Stadtbuchforschung (Magisterarbeit) Köln 1996 URL: https:// www.mgh-bibliothek.de/dokumente/a/ a012963.pdf.

Schmidt, Berthold: Urkundenbuch der Vögte von Weida, Gera und Plauen, sowie ihrer Hausklöster Mildenfurth, Cronschwitz, Weida und z. h. Kreuz bei Saalburg, I. Band, 1122–1356 (Thüringische Geschichtsquellen, Neue Folge 2. Bd. Der ganzen Folge 5. Bd.), Jena 1885.

Schmidt, Berthold: Urkundenbuch der Vögte von Weida, Gera und Plauen, sowie ihrer Hausklöster Mildenfurth, Cronschwitz, Weida und z. h. Kreuz bei Saalburg, II. Band, 1357–1427 (Thüringische Geschichtsquellen, Neue Folge 2. Bd. Der ganzen Folge 5. Bd. Zweiter Teil), Jena 1892.

Steche, Richard: Beschreibende Darstellung der älteren Bau- und Kunstdenkmäler des Königreichs Sachsen, 11. Heft Amtshauptmannschaft Plauen, Dresden 1888.

Tromler, Karl Heinrich: Sammlungen zur Geschichte des alten heydnischen und dann christlichen Voigtlandes, Leipzig 1767.

Vogel, Julius: Rats-Register von Plauen, Plauen 1890.

Wild, Erich: Regesten zur Geschichte des Vogtlandes im 14.–17. Jahrhundert. Beilage zu Mitteilungen des Vereins für vogtländische Geschichte und Altertumskunde zu Plauen i. V., 38. Jahresschrift, Plauen 1929.

Wild, Erich: Geschichte und Volksleben des Vogtlandes in Quellen aus 700 Jahren, Plauen 1936.

Wissenswertes aus der Geschichte der Stadt Plauen. Eine Auswahl interessanter Dokumente aus dem Plauener Stadtarchiv, Plauen 1974.

Die Besiedlung des Dobnagaus um Plauen

Anmerkungen

1 »Des Magisters Paulus Gebhard aus Plauen, Bürgers von Coburg, Elegie über Lage, Kennzeichen und Unglücksfälle der Stadt Plauen, die an der Westgrenze Meißens gelegen ist, nahe bei dem Volk der alten Varisker« (Übersetzung Theodor Hingst, Anmerkungen A. Neupert), in: Mitteilungen des Altertumsvereins zu Plauen i. V., 25. Jahresschrift, Plauen 1915, S. 29–47.
2 Oettel 1747, S. 1–2.
3 Beiträge zur Chronik Plauens und des Voigtlands. Einige Nachrichten vom Ursprung der Stadt Plauen und ihrer Herrschaft, in: Voigtländischer Anzeiger, 10. 6. 1815.

Literatur und sonstige Quellen

Billig, Gerhard: Ur- und Frühgeschichte des Vogtlandes (Museumsreihe, Heft 5), Plauen 1954, S. 66–67.

Billig, Gerhard: Pleißenland – Vogtland. Das Reich und die Vögte. Untersuchungen zu Herrschaftsorganisation und Landesverfassung während des Mittelalters unter dem Aspekt der Periodisierung, Plauen 2002.

Billig, Gerhard / Radig, Wolfgang / Richter, Johannes / Schmidt, F. L.: Probleme der frühgeschichtlichen Forschung im Vogtland (Reichenfelser Kolloquium), in: Jahrbuch des Kreismuseums Hohenleuben-Reichenfels 6, 1957, S. 5–17.

Bosl, Karl: Die Reichsministerialität der Salier und Staufer. Ein Beitrag zur Geschichte des hochmittelalterlichen deutschen Volkes, Staates und Reiches (Monumenta Germaniae Historica, Schriften, Bd. 10), Stuttgart 1950/51, Nachdruck 1986.

Bünz, Enno: Das Regnitzland um Hof – eine »terra incognita« zwischen den Bistümern Bamberg und Naumburg, in: Josef Urban (Hrsg.): Das Bistum Bamberg um 1007 (Studien zur Bamberger Bistumsgeschichte, Bd. 3), Bamberg 2006, S. 202–231.

Coblenz, Werner: Corpus der archäologischen Quellen zur Frühgeschichte auf dem Gebiet der Deutschen Demokratischen Republik, 4. Lieferung: Bezirke Cottbus, Dresden, Karl-Marx-Stadt, Leipzig/Berlin 1985.

Eichler, Ernst / Hellfritzsch, Volkmar / Richter, Johannes: Die Ortsnamen des sächsischen Vogtlandes, 1. Das Namenbuch (Schriftenreihe des Vogtlandmuseums Plauen, Heft 50), Plauen 1983.

Eichler, Ernst / Hellfritzsch, Volkmar / Richter, Johannes: Die Ortsnamen des sächsischen Vogtlandes, 2. Zur Namenkunde und Siedlungsgeschichte (Schriftenreihe des Vogtlandmuseums Plauen, Heft 53), Plauen 1985.

Eichler, Ernst / Hellfritzsch, Volkmar / Walther, Hans / Weber, Erika (Bearb.): Historisches Ortsnamenbuch von Sachsen, Bd. 1–3, Berlin 2001.

Kraft, Ingo: Ein seltener Fund in Plauen, in: Arbeits- und Forschungsberichte zur sächsischen Bodendenkmalpflege, Bd. 47, 2005, S. 324–327.

Ludwig, Walther: Vogtland – Land der Vögte, in: Sächsische Heimatblätter, Jg. 8, 1/1962, S. 33–44.

Ludwig, Walther: Urkunden zur Burgenpolitik der Vögte von Weida, Plauen und Gera im 13. Jahrhundert, in: Arbeits- und Forschungsberichte zur sächsischen Bodendenkmalpflege 11/12, 1963, S. 365–426.

Oettel, Johann Paul: Zuverläßige Historie aller Herren Pastoren Und Superintendenten Der Königl. Pohln. und Churfürstl. Sächßl. Creyß-Stadt Plauen, im Voigtlande, Seit der Reformation des seel. Herrn D. Martin Luthers, biß auf gegenwärtige Zeiten […], Schneeberg 1747.

Richter, Johannes: Eine neue slawische Fundstelle im Vogtland, in: Ausgrabungen u. Funde 1, 1956, S. 85–87.

Sickel, Theodor (Bearb.): Monumenta Germaniae Historica. Die Urkunden der deutschen Könige und Kaiser II, 2. Die Urkunden Ottos des III., Berlin 1893 (Neuaufl. Berlin 1957).

Simon, Klaus: Beiträge zur Ur- und Frühgeschichte des Vogtlandes I. Archäologische Quellen, in: Arbeits- und Forschungsberichte zur sächsischen Bodendenkmalpflege 33, Berlin 1989, S. 115–226.

Simon, Klaus: Beiträge zur Ur- und Frühgeschichte des Vogtlandes II. Kulturgeschichtliche Auswertung, in: Arbeits- und Forschungsberichte zur sächsischen Bodendenkmalpflege 34, Berlin 1991, S. 63–156.

Schmidt, Berthold: Die Entstehung der Reichsunmittelbarkeit und Landesherrschaft der Vögte von Weida, Plauen und Gera, der Vorfahren des fürstlich reußischen Hauses, in: 25. Jahresbericht und Mitteilungen des Vereins für Greizer Geschichte, Greiz 1918, S. 3–64.

Die Weiheurkunde der St.-Johannis-Kirche von 1122

Anmerkungen

1 Bünz 2006, S. 221.
2 Schlesinger 1962, S. 188.
3 Die beiden Kürzel »C« und »X« im ersten Absatz stehen für die symbolische Anrufung Christi. Dabei weist »C« auf die lateinische, »X« auf die griechische Schreibweise (Χριστός = Christós).
4 Pietsch 1922, S. 3–4 (Wiedergabe erfolgt ohne Übernahme der Fußnoten).
5 Wild 1936, S. 403–405.
6 Billig 2007, S. 38.

Literatur und sonstige Quellen

Billig, Gerhard: Die Grenzbeschreibung des Dobnagaus 1122, in: Der Vogtlandatlas. Regionalatlas für Natur, Geschichte, Bevölkerung, Wirtschaft, Kultur, 3. Aufl., Chemnitz 2007, S. 38–39.

Bünz, Enno: Das Regnitzland um Hof – eine »terra incognita« zwischen den Bistümern Bamberg und Naumburg, in: Josef Urban (Hrsg.): Das Bistum Bamberg um 1007 (Studien zur Bamberger Bistumsgeschichte, Bd. 3), Bamberg 2006, S. 202–231.

Pietsch, Ernst: Die Urkunde Bischof Dietrichs I. von Naumburg über die Weihe der Johanniskirche im Jahre 1122, in: Festschrift zur 800jährigen Jubelfeier der St. Johannis-Kirche zu Plauen, Plauen 1922, S. 3–9.

Rosenfeld, Felix: Urkundenbuch des Hochstifts Naumburg I (967–1207) (Geschichtsquellen der Provinz Sachsen und des Freistaates Anhalt, N. R. Bd. 1), Magdeburg 1925.

Schlesinger, Walter: Kirchengeschichte Sachsens im Mittelalter, Bd. 1, Köln 1962.

Stadtentstehung und -entwicklung im 12. und 13. Jahrhundert

Anmerkungen

1 Schmidt 1885, Nr. 633, S. 303–304.
2 Schmidt 1892, Nr. 159, S. 130.
3 Müller 1882, Nr. CXCV, S. XXXVIII–XXXIX; vgl. Ludwig 1956 (Steinwegtor).
4 StadtA Pl, UR IX 18; Bl. 50 b.
5 Müller 1883, Nr. CCCXXXVII, S. XLIII–XLIV.
6 StadtA Pl, RR I I 124 und 125.
7 StadtA Pl, Geutebrück, Abschrift, Bl. 76–77.
8 Müller 1885, Nr. DXXVIII.
9 Sahle 1996, S. 119, Nr. 21.
10 Ludwig 1957, S. 12.
11 Burghardt i. Vorb., 76v–78v [3].
12 Beierlein 1934, S. 18.
13 Pietsch 1923, S. 11/12.

Archivalische Quellen

Stadtarchiv Plauen:

I III I B 3 a, Die von Kaufmann Johann Christian Baumgärtel gesuchte Überlassung eines Teils des großen Zwingers und die darüber mit dem Amt Plauen entstandene Differenz, 1788.

Ha 40, Geutebrück, Gottfried: Chronica der Stadt Plauen im Voigtlande (Abschrift durch Ernst Pietsch; originale Handschrift um 1709, Universitätsbibliothek Halle).

RR I I 124, Kämmereirechnungen Plauen, 1677/78.

RR I I 125, Kämmereirechnungen Plauen, 1678/79.

RR I XVI 10, Gemeine Kastenrechnungen Plauen, 1540–1545.

UR IX 18, Kopienbuch der Stadt Plauen, 1548/49.

Literatur und sonstige Quellen

Alberti, Julius: Die Familie »von Plauen« in Schleiz, in: 50. und 51. Jahresbericht des Vogtländischen Alterthumsforschenden Vereins zu Hohenleuben und 2. und 3. Jahresbericht des Geschichts- und Alterthumsforschenden Vereins zu Schleiz. o. O. u. J. [1880], S. 98–102.

Beierlein, P. R.: Vogtländische Hospitäler um 1580, in: Vogtländischer Anzeiger und Tageblatt, Beilage Beschaulich daheim, 22. 4. 1934.

Biller, Thomas: Die mittelalterlichen Stadtbefestigungen im deutschsprachigen Raum, 2 Bde., Darmstadt 2016.

Billig, Gerhard / Wißuwa, Renate: Altstraßen im sächsischen Vogtland, Stand und Aufgaben der Forschung (Schriftenreihe des Vogtlandmuseums Plauen, Heft 55), Plauen 1987.

Böddiker, Uta / Reichel, Markus: Stadtkernarchäologie in Plauen, in: Sächsische Heimatblätter, 43. Jg., 4/1997, 197–206.

Bundszus, Martina: Bürger, Burg und Brakteaten. Die Stadtkerngrabungen in Plauen. Neues vom Roten Turm zu Plauen (PL-05), in: Archäologie aktuell, 4/1996, Dresden 1997, S. 124–127.

Burghardt, Ivonne: Teiledition der Rechnungen des Amtes Plauen 1436–1545. Aus dem Bestand des Hauptstaatsarchives Weimar Reg. Bb. (Rechnungen) 1876–1952, in: Wicke, Jörg/Burghardt, Ivonne: Burg und Schloß der Vögte zu Plauen. Archäologische Befunde eines zentralen Herrschaftssitzes im regionalhistorischen Kontext. Veröffentlichungen des Landesamtes für Archäologie Sachsen (i. Vorb.).

Devrient, Ernst (Hrsg.): Urkundenbuch der Stadt Jena und ihrer geistlichen Anstalten, II. Band. 1406–1525 (Thüringische Geschichtsquellen, Neue Folge. Dritter Band. Der ganzen Folge Sechster Band. Zweiter Teil), Jena 1903.

Devrient, Ernst (Hrsg.): Urkundenbuch der Stadt Jena und ihrer geistlichen Anstalten, III. Band. Nachtrag (c. 890–1525); 1526-1580 (Thüringische Geschichtsquellen, Neue Folge. Dritter Band. Der ganzen Folge Sechster Band. Dritter Teil), Jena 1936.

Fischer, Jörg: Straßberg im Mittelalter – Dorf, Burg, Vögte, in: Mitteilungen des Vereins für vogtländische Geschichte, Volks- und Landeskunde, 24. Jahresschrift, Plauen 2018, S. 47–71.

Fröhlich, Horst / Färber, Katrin: Plauen in historischen Stadtansichten aus vier Jahrhunderten, Plauen 2012.

Hampe, Theodor: Nürnberger Ratsverlässe über Kunst und Künstler im Zeitalter der Spätgotik und Renaissance (1449) 1474–1618 (1633), I. Bd. (1449) 1474–1570., Wien/Leipzig 1904.

Johnson, Eduard: Entstehung des Bergwerkes auf der Dobenau (Vogtländische Altertümer XXIV), in: Vogtländischer Anzeiger und Tageblatt, 22. 8. 1897.

Johnson, Eduard: Gnade Gottes auf der Dobenau (Vogtländische Altertümer XXV), in: Vogtländischer Anzeiger und Tageblatt, 4. 9. 1897.

Kroker, Martin: Stadtbefestigung, Ordensburg und Siedlungsbeginn. Ausgrabung auf dem Gelände der ehemaligen Textilfabrik Vowetex in Plauen, in: Archäologie aktuell, 6/1998/99, Dresden 2000, S. 96–101.

Ludwig, Walther: Neues aus alten Urkunden. Das Steinwegtor doch urkundlich nachweisbar!, in: Der Juni 1956, hrsg. vom Kulturbund zur demokratischen Erneuerung Deutschlands Kreisleitung Plauen, Plauen 1956.

Ludwig, Walther: Die Abtragung der Stadttore zu Plauen. 1. Die Toranlagen der Stadt Plauen, in: Kulturelle Rundschau des Stadt- und Landkreises Plauen, Heft 1/1961, Plauen 1961, S. 8–9.

Ludwig, Walther: Die Abtragung der Stadttore zu Plauen. 2. Die Abtragung der Brückentorhäuser, in: Kulturelle Rundschau des Stadt- und Landkreises Plauen, Heft 2/1961, Plauen 1961, S. 23–25.

Ludwig, Walter: Die Abtragung der Stadttore zu Plauen. 3. Die Abtragung der übrigen Stadttore, in: Kulturelle Rundschau des Stadt- und Landkreises Plauen, Heft 3/1961, Plauen 1961, S. 42–44.

Ludwig, Walter: Die Abtragung der Stadttore zu Plauen. 4. Der Abbruch des Torschreiberhäuschens an der Elsterbrücke, in: Kulturelle Rundschau des Stadt- und Landkreises Plauen, Heft 6/1961, Plauen 1961, S. 93–95.

Martin, J. E. A. (Hrsg.): Urkundenbuch der Stadt Jena und ihrer geistlichen Anstalten, I. Bd. 1182–1405 (Thüringische Geschichtsquellen, Neue Folge. Dritter Band. Der ganzen Folge Sechster Band. Erster Theil), Jena 1888.

Müller, Christine: Frühe Städte im Vogtland – Weida, Gera und Plauen im Vergleich, in: Mitteilungen des Vereins für vogtländische Geschichte, Volks- und Landeskunde, 25. Jahresschrift, Plauen 2019, S. 5–36.

Müller, Gert: Vogtländische Altertümer II. Das Bergwerk »Gnade Gottes« auf der Dobenau im Vogtland, in: Mitteilungen des Vereins für vogtländische Geschichte, Volks- und Landeskunde, 24. Jahresschrift, Plauen 2018, S. 4–46.

Mohr, Ferdinand: Die Bastei neben dem Nonnenturme, in: Vogtländischer Anzeiger und Tageblatt, 24. 10. 1926.

Neupert sen., Alwin: Werdegang der Straßenbenennung in Plauen, in: Mitteilungen des Vereins für vogtländische Geschichte und Altertumskunde zu Plauen i. V., 24. Jahresschrift, Plauen 1914, S. 92–101.

Ortsakte Plauen, Landesamt für Archäologie Sachsen, Ortsaktenarchiv

Pietsch, Ernst: Der Rückgang von Handel und Verkehr des sächsischen Vogtlandes im 16. Jahrhundert, in: Mitteilungen des Vereins für vogtländische Geschichte und Altertumskunde zu Plauen i. V., 33. Jahresschrift, Plauen 1923, S. 9–22.

Reichel, Markus: Mittelalterliche Mauern und eisenzeitliche Schichten. Eine Übersicht der Stadtkerngrabungen in Plauen, in: Archäologie aktuell im Freistaat Sachsen 2, 1994, S. 201–210.

Städtische Verwaltung, Rechte und Privilegien

Anmerkungen

1 StadtA Pl, UR IX 5, Bl. 21b.
2 Müller 1885, S. LXXX.
3 Brunner 2004, S. 18.
4 Raab 1885, S. 86.
5 Sahle 1996, S. 132.

Archivalische Quellen

Staatsarchiv Bamberg:

Nachlass Longolius Bd. 25, Markgraftum Brandenburg-Bayreuth, Geheimes Hausarchiv Plassenburg, Akten und Bände Nr. 7975, 1775.

Stadtarchiv Plauen:

UR IX 5, Stadtbuch, 1388.

Literatur und sonstige Quellen

Brunner, Sabine: Die Entwicklung des Stadtrechts der Stadt Plauen bis zur Frühen Neuzeit, in: Das Vogtland. Schrift zu Kultur und Geschichte des Vogtlandes, 1/2004, S. 15–22.

Bütow, Sascha: Städter und Bürger. Rechtliche Gruppen in der Stadt und soziale Dynamik, in: Köster, Gabriele/Link, Christina (Hrsg.): Faszination Stadt – Die Urbanisierung Europas im Mittelalter und das Magdeburger Recht (Katalog zur Ausstellung), Dresden 2019, S. 432–434.

Ermisch, Hubert: Die sächsischen Stadtbücher des Mittelalters, in: Neues Archiv für sächsische Geschichte 10, Dresden 1889, S. 83–143 und 177–215.

Forberger, Carl: Plauisches Stadtregiment im 16. Jahrhundert (Museumsreihe, Heft 14), Plauen 1957.

Göschel, Heinz (Hrsg.): Lexikon Städte und Wappen der DDR, Leipzig 1979.

Grimms Wörterbuch digital. URL: https://www.woerterbuchnetz.de/DWB?lemid=S29653 (Zugriff am 7. 7. 2021).

Kintzinger, Martin: Stadtbücher, in: Lexikon des Mittelalters, Bd. 8, München 1997.

Leisering, Eckhart: Die Wappen der kreisfreien Städte und Landkreise im Freistaat Sachsen (Veröffentlichungen der Sächsischen Archivverwaltung. Reihe B: Kleine Schriften, Bd. 1), Halle (Saale) 2000.

Neupert sen., Alwin: Der Bierzwang in Plauen, in: Mitteilungen des Vereins für vogtländische Geschichte und Altertumskunde zu Plauen i. V., 24. Jahresschrift, Plauen 1914, S.160–166.

Neupert sen., Alwin: Das Stadtregiment, in: Werdegang der Stadt Plauen im Vogtlande. Beilageheft zu Mitteilungen des Vereins für vogtländische Geschichte und Altertumskunde zu Plauen i. V., 27. Jahresschrift, Plauen 1917, S. 14–19.

Raab, C. von: Aus einem Amtsrechnungsbuche des Landes zu Plauen vom Jahr 1438–39, in: Mitteilungen des Altertumsvereins zu Plauen i. V., 14. Jahresschrift, Plauen 1900, S. XII–XXV.

Schmidt, Berthold: Das reußische Wappen und die reußischen Landesfarben, in: Festschrift des Vogtländischen Altertumsforschenden Vereins zu Hohenleuben zur Feier des 25. Regierungsjubiläums Herrn Heinrichs XIV., [o. O.] 1892, S. 1–39.

Speer, Christian: Stadtbücher im Magdeburger Rechtskreis. Die Anfänge neuer Formen pragmatischer Schriftlichkeit im 13. und 14. Jahrhundert, in: Köster, Gabriele / Link, Christina (Hrsg.): Kulturelle Vernetzung in Europa. Das Magdeburger Recht und seine Städte, Begleitband zur Ausstellung, Dresden 2018, S. 333–363.

Städtisches und wirtschaftliches Leben

Anmerkungen

1 Pietsch 1938, S. 434.
2 Ebd., S. 439.
3 Raab Regesten II, S. 6.
4 Bachmann 1954, S. 129.
5 Neupert sen. 1913.
6 Wild 1936, S. 236, S. 209.
7 Pietsch 1922, S. 5.
8 Raab 1902, S. 98.
9 Fröhlich 1963, S. 60.
10 Mohr 1913, S. 70.

Archivalische Quellen

Landesarchiv Thüringen – Staatsarchiv Weimar:
Reg. T fol. 301 P1, Alaun- und Vitriol-Bergwergk zu Plauen, der Alaungraben genannt, 1542 bis 1548.

Literatur und sonstige Quellen:

Albinus, Petrus: Meißnische Land- und Berg-Chronica, Dresden 1590.

Bein, Louis: Die Industrie des sächsischen Vogtlandes. Wirtschaftsgeschichtliche Studie. Zweiter Theil: Die Textil-Industrie, Leipzig 1884.

Best, Roland / Naumann, Helmut: Die historische Plauener Schloßwasserleitung und ihr Zustand heute, in: Vogtland-Jahrbuch, 9. Jg., Auerbach o. J., S. 6–11.

Best, Roland / Naumann, Helmut: Die historische Schloßwasserleitung in Plauen, in: Mitteilungen des Vereins für vogtländische Geschichte, Volks- und Landeskunde, 3. Jahresschrift, Plauen 1994, S. 11–16.

Billig, Gerhard: Ur- und Frühgeschichte des sächsischen Vogtlands (Museumsreihe, Heft 5), Plauen 1954.

Bohnsack, Almut: Spinnen und Weben. Entwicklung von Technik und Arbeit im Textilgewerbe (Bramscher Schriftenband 3), Dramsche 2002.

Brunner, Sabine: Die Entwicklung des Stadtrechts der Stadt Plauen bis zur Frühen Neuzeit, in: Das Vogtland. Schrift zu Kultur und Geschichte des Vogtlandes, 1/2004, S. 15–22.

Clemens, Lukas / Matheus, Michael: Die Walkmühle, in: Lindgren, Ute: Europäische Technik im Mittelalter 800 bis 1200. Tradition und Innovation. Ein Handbuch, Berlin 1996, S. 233–234.

Dähne, Reinhard / Roser; Wolfgang: Die Bayerische Eisenstraße von Pegnitz bis Regensburg (Haus der Bayerischen Geschichte, Bd. 5), München 1988.

Dick, Paul: Die Geschichte der im Stadtgebiet von Plauen vorhanden gewesenen Mühlen (unveröffentlichte Forschungsarbeit), 1963 (StadtA Pl, Forschungsarbeiten, Nr. 100).

Dick, Paul: Das Brauwesen der Stadt (unveröffentlichte Forschungsarbeit), o. J. (Vogtlandmuseum Plauen).

Dick, Paul: Die alten Gasthöfe der Stadt Plauen (unveröffentlichte Forschungsarbeit), o. J. (Vogtlandmuseum Plauen).

Dick, Paul: Zur Geschichte der Plauener Papiermühle (unveröffentlichte Forschungsarbeit), o. J. (StadtA Pl, Forschungsarbeiten, Nr. 106).

Fischer, Jörg: Straßberg im Mittelalter – Dorf, Burg, Vögte, in: Mitteilungen des Vereins für vogtländische Geschichte, Volks- und Landeskunde, 24. Jahresschrift, Plauen 2018, S. 47–71.

Forberger, Carl: Plauisches Stadtregiment im 16. Jahrhundert (Museumsreihe, Heft 14), Plauen 1957.

Fröhlich, Horst: Plauens Weg zur Industriestadt, in: Plauen. Ein kleines Stadtbuch (Museumsreihe, Heft 25), 1963, S. 59–77.

Grimms Wörterbuch digital. URL: https://www.woerterbuchnetz.de/DWB?lemid=S29653 (Zugriff am 7. 7. 2021).

Kania, Katrin: Kleidung im Mittelalter. Materialien, Konstruktion, Nähtechnik. Ein Handbuch, Köln 2010.

Lohrmann, Dietrich: Antrieb von Getreidemühlen, in: Ute Lindgren: Europäische Technik im Mittelalter 800 bis 1200. Tradition und Innovation. Ein Handbuch, Berlin 1996.

Mohr, Ferdinand: Plauen in der guten alten Zeit. Erinnerungen und Schilderungen eines alten Bürgers, Plauen 1913.

Müller, Johannes: Die Anfänge des Schulwesens in Plauen, in: Mitteilungen des Altertumsvereins zu Plauen i. V., 1. Jahresschrift, Plauen 1880, S. 31–42.

Neupert, sen., Alwin: Bierzwang in Plauen sonst und jetzt, in: Plauener Sonntags-Anzeiger, 14.12.1913.

Neupert sen., Alwin: Der Bierzwang in Plauen, in: Mitteilungen des Vereins für vogtländische Geschichte und Altertumskunde zu Plauen i. V., 24. Jahresschrift, Plauen 1914, S. 160–166.

Ott, Rainer: Der vogtländische Bergbau bis 1875. Eine Zusammenfassung des überlieferten Schriftgutes, Berlin 2009.

Pietsch, Ernst: Die Urkunde Bischof Dietrichs I. von Naumburg über die Weihe der St. Johannis-Kirche im Jahr 1122, in: Festschrift zur 800jährigen Jubelfeier der St. Johannis-Kirche zu Plauen 1922, Plauen 1922, S. 3–9.

Pietsch, Ernst: Plauener Markt und Marktpolizei um 1500, in: Vogtländisches Jahrbuch, 2. Jg., Plauen 1923, S. 52–54.

Pietsch, Ernst: Geschichte der Stadt Plauen, III. Wirtschaft des Rates (unveröffentlichte Forschungsarbeiten, Abschriften), 1938 (StadtA Pl, Archivbibliothek, Ha 36).

Raab, C. von: Chrieschwitz in früheren Jahrhunderten, in: Mitteilungen des Altertumsvereins zu Plauen i. V., 13. Jahresschrift, Plauen 1898, S. 30–45.

Raab, C. von: Der Besitz des Klosters zu Plauen, in: Mitteilungen des Altertumsvereins zu Plauen i. V., 16. Jahresschrift, Plauen 1904, S. 18–40.

Schuster, Robert: Das Schulwesen in Plauen bis zum Jahre 1841, in: Alt-Plauen in Wort und Bild, Plauen 1903, S. 25–34.

Schurig, Kurt: Beiträge zur Geschichte des Bergbaues im sächsischen Vogtlande, Plauen 1875.

Schweppe, Helmut: Handbuch der Naturfarbstoffe. Vorkommen, Verwendung, Nachweis, Hamburg 1993.

Simon, Klaus: Beiträge zur Urgeschichte des Vogtlandes. I. Archäologische Quellen. II. Kulturgeschichtliche Auswertung, in: Arbeits- und Forschungsberichte zur sächsischen Bodendenkmalpflege, Berlin 1989/1991, Bd. 33, S.115–226 und Bd. 34, S. 63–156.

Simon, Klaus: Ein Schmelzofen der späten Bronzezeit aus dem sächsischen Vogtland. Arbeits- und Forschungsberichte zur sächsischen Bodendenkmalpflege, Bd. 35, Berlin 1992, S.51–82.

Streit, Felix: Die Hospitäler St. Elisabeth und St. Johannis zu Plauen, in: Alt-Plauen in Wort und Bild, 1903, S. 39–41.

Tautmann, Dietmar: Die wirtschaftliche und soziale Entwicklung der Stadt Hof, Bd. 1, Hof 1979.

Weller, Ewald: Siebenhundert Jahre Schulgeschichte der Kreisstadt Plauen. Ein Beitrag zur Schulgeschichte Sachsens überhaupt, Plauen 1941.

Stadt- und Landesherrschaft im 14. und 15. Jahrhundert

Literatur und sonstige Quellen

Billig, Gerhard: Die Burggrafen von Meißen aus dem Hause Plauen – ein Nachspiel zur reichsunmittelbaren Stellung der Vögte von Weida, Plauen und Gera, Teil 1, in: Mitteilungen des Vereins für vogtländische Geschichte, Volks- und Landeskunde, 4. Jahresschrift, Plauen 1995, S. 13–48.

Billig, Gerhard: Die Burggrafen von Meißen aus dem Hause Plauen – ein Nachspiel zur reichsunmittelbaren Stellung der Vögte von Weida, Plauen und Gera, Teil 2, in: Mitteilungen des Vereins für vogtländische Geschichte, Volks- und Landeskunde, 6. Jahresschrift, Plauen 1998, S. 51–82.

Geigenmüller, J. Willy: Die Zollern und das Vogtland, in: Vogtländischer Anzeiger und Tageblatt, Beilage Vogtland meine Heimat, 29.10.1938 und 5.11.1938.

Müller, Johannes: Zum 400jährigen Jubiläum des erblichen Anfalls der Herrschaft Plauen an die Krone Sachsen. Festvortrag am 2. Mai 1882, in: Mitteilungen des Altertumsvereins zu Plauen i. V., 3. Jahresschrift, Plauen i. V. 1883, S. 83–96.

Raab, C. von: Die Herrschaft Plauen, ihre Lehnsmannschaft und deren Besitzungen im Anfang des 15. Jahrhunderts, in: Mitteilungen des Altertumsvereins zu Plauen i. V., 8. Jahresschrift, Plauen 1891, S. 79–115.

Raab, C. von: Eine Kriegsverpflegung im 15. Jahrhundert, in: Mitteilungen des Altertumsvereins zu Plauen i. V., 8. Jahresschrift, Plauen 1891, S. 120–127.

Raab, C. von: Aus einem Amtsrechnungsbuche des Landes zu Plauen vom Jahre 1438–1439, in: Mitteilungen des Altertumsvereins zu Plauen i. V., 14. Jahresschrift, Plauen 1901, S. I–XXXV.

Raab, C. von: Der Besitz der Wettiner im Vogtlande 1378–1402, in: Mitteilungen des Altertumsvereins zu Plauen i. V. 14. Jahresschrift, Plauen 1901, S. LVIII–LXXVIII.

Schmidt, Berthold: Die Reußen. Genealogie des Gesamthauses Reuß älterer und jüngerer Linie sowie der ausgestorbenen Vogtslinien zu Weida, Gera und Plauen und der Burggrafen zu Meißen aus dem Hause Plauen, Schleiz 1903.

Juden im mittelalterlichen Plauen

Anmerkung

1 Lämmerhirt 2007, S. 168.

Archivalische Quellen

Stadtarchiv Plauen:

Kirchenbuchkartei St. Johannis: Begräbnisse 1700–1800.

NR II I A 17, Eidbuch der Stadt Plauen I, 1681–1765, Bl. 139.

Literatur und sonstige Quellen

Beierlein, Paul Reinhard: Geschichte der Stadt und Burg Elsterberg, Teil 1: Urkundenbuch, Elsterberg 1928.

Lämmerhirt, Maike: Juden in den wettinischen Herrschaftsgebieten. Recht, Verwaltung und Wirtschaft im Spätmittelalter (Veröffentlichungen der Historischen Kommission für Thüringen. Kleine Reihe, Bd. 21), Köln/Weimar/Wien 2007.

Pietsch, Ernst: Die Juden des Vogtlandes im Mittelalter (unveröffentlichte Forschungsarbeit), 1935 (StadtA Pl, Nachlass Pietsch, Manuskripte und Abschriften, Nr. 17/18).

Schmidt, Waltraud: Zur Problematik: Ansiedlung von Juden im mittelalterlichen Plauen, in: Mitteilungen des Vereins für vogtländische Geschichte, Volks- und Landeskunde, 3. Jahresschrift, Plauen 1994, S. 3–10.

Warg, Walter: Die Juden Plauens und des Vogtlandes im Mittelalter, in: Bunte Bilder aus der Vergangenheit des Vogtlandes und seiner Kreisstadt Plauen, Plauen 1911, S. 114–117.

Weiß, Frank: Aus Plauens Friedhofsgeschichte, in: 100 Jahre Hauptfriedhof & Krematorium Plauen 1918–2018, Plauen 2018, S. 8–11.

Wießner, Heinz: Das Bistum Naumburg, 1,1 Die Diözese (Germania Sacra, Neue Folge 35, 1), Berlin/New York 1997.

Kirchliches Leben

Anmerkung

1 Müller 2010, S. 76.

Archivalische Quellen

Stadtarchiv Plauen:

RR I IVB 1, 3. Bauregister über die Pfarrkirchen zu Plawen, 1557.

RR I XVI 1a, Gemeine Kastenrechnungen Plauen, 1529–1540.

RR I XVI 10, Gemeine Kastenrechnungen Plauen, 1540–1545.

RR I XVI 1c, Gemeine Kastenrechnungen Plauen, 1557–1558.

RR I XVIII 1, Gotteshausrechnungen Plauen, 1559–1579.

Literatur und sonstige Quellen

Alberti, Julius: Der deutsche Ritterorden in Thüringen und im Vogtland, in: 47., 48. und 49 Jahresbericht des Vogtländischen Alterthumsforschenden Vereins zu Hohenleuben und 1. Jahresbericht des Geschichts- und Alterthumsforschenden Vereins zu Schleiz, Weida 1879, S. 1–13.

Bornkamm, Helga/Ebeling, Gerhard (Hrsg.): Martin Luther. Auseinandersetzung mit der römischen Kirche (Martin Luther. Ausgewählte Schriften, Bd. 3), Frankfurt a. M./Leipzig 1995.

Bott, Gerhard/Arnold, Udo (Hrsg.): 800 Jahre Deutscher Orden. Ausstellung des Germanischen Nationalmuseums Nürnberg in Zusammenarbeit mit der Internationalen Historischen Kommission zur Erforschung des Deutschen Ordens, Gütersloh/München 1990.

Festschrift zur 800jährigen Jubelfeier der St. Johannis-Kirche zu Plauen, Plauen 1922.

Festschrift zur Weihe der wiederaufgebauten Hauptkirche St. Johannis Plauen (Vogtl.) 25. Oktober 1959, Plauen 1959.

Fischer, William: Das Regelhaus der Sammlung der Schwestern der dritten Regel zur Buße des h. Dominikus und die Beteiligung des Rates an der Säkularisierung des Klosters zu Plauen, in: Vogtländische Forschungen, Dresden 1904, S. 81–124.

Hänsel, Robert: Vom Bau der Kirche St. Johannis nach dem großen Stadtbrande 1548, in: Vogtländischer Anzeiger und Tageblatt, Beilage Vogtland meine Heimat, 28. 1. 1939.

Hilpert, Alfred: Die Sequestration der geistlichen Güter in den kursächsischen Landkreisen Meißen, Vogtland und Sachsen 1531 bis 1543, in: Mitteilungen des Altertumsvereins zu Plauen i. V., 22. Jahresschrift, Plauen 1912, S. 1–136.

Hilpert, Alfred: Die Säkularisation des Dominikanerklosters zu Plauen, in: Mitteilungen des Altertumsvereins zu Plauen i. V., 23. Jahresschrift, Plauen 1913, S. 1–22.

Lampe, Karl H.: Urkundenbuch der Deutschordensballei Thüringen, 1. Bd. (Thüringische Geschichtsquellen, Neue Folge 7. Bd. Der ganzen Folge 10. Bd.), Jena 1936.

Müller, Johannes: Der große Brand Plauens i. J. 1548 und der Wiederaufbau der Stadt, in: Mitteilungen des Altertumsvereins zu Plauen i. V., 4. Jahresschrift, Plauen 1884, S. 26–42.

Müller, Rainer: Die Veitskirche auf dem Veitsberg bei Wünschendorf – Beobachtungen zur mittelalterlichen Baugeschichte, in: Sachenbacher, Peter/Beier, Hans-Jürgen (Hrsg.): Gera und das nördliche Vogtland im hohen Mittelalter (Beiträge zur Frühgeschichte und zum Mittelalter Ostthüringens 4), Langenweißbach 2010, S. 75–84.

Müller, Thomas T. (Hrsg.): Der Deutsche Orden und Thüringen. Aspekte einer 800-jährigen Geschichte (Mühlhäuser Museen. Forschungen und Studien, Bd. 4), Mühlhausen 2014.

Neupert sen., Alwin.: Altplauische Winkel und Sonstiges was der Vergessenheit anheimzufallen droht. I. Im Kloster, in: Mitteilungen des Altertumsvereins zu Plauen i. V., 25. Jahresschrift, Plauen 1915, S. 92–97.

Pietsch, Ernst: Die Erstürmung und Zerstörung des Dominikanerklosters zu Plauen am 2. Mai 1525, in: Vogtländisches Jahrbuch, 3. Jg., Plauen 1925, S. 62–64.

Raab, C. von: Der Besitz des Klosters zu Plauen, in: Mitteilungen des Altertumsvereins zu Plauen i. V., 16. Jahresschrift, Plauen 1904, S. 18–40.

Ranacher, Christian: Rauth, Georg, in: Sächsische Biografie, hrsg. vom Institut für Sächsische Geschichte und Volkskunde e. V. Online-Ausgabe. URL: www.isgv.de/saebi/ (Zugriff am 4. 8. 2020).

Rupp, Cornelia: Pilgerzeichen, in: Westphalen, Thomas (Hrsg.): Der Fund, Dresden 2007, S. 126–127.

Sommerlad, Bernhard: Der Deutsche Orden in Thüringen. Geschichte der Deutschordensballei Thüringen von ihrer Gründung bis zum Ausgang des 15. Jahrhunderts (Forschungen zur thüringisch-sächsischen Geschichte 10), Halle 1931.

Steube, Karl Werner: Einiges zur Hausbesitzforschung, in: Plauen. Ein kleines Stadtbuch (Museumsreihe, Heft 25), Plauen 1963, S. 104–108.

Vogel, Julius: Geschichte des Deutschen Ordenshauses zu Plauen i. V., in: Mitteilungen des Altertumsvereins zu Plauen i. V., 7. Jahresschrift, Plauen 1889, S. 35–67.

Vogel, Julius: Das Deutsche Ordenshaus in Plauen, in: Alt-Plauen in Wort und Bild, Plauen 1903, S. 12–13.

Vogel, Julius: Ein Kampf im Komturhof, in: Mitteilungen des Altertumsvereins zu Plauen i. V., 17. Jahresschrift, Plauen 1906, S. 142–144.

Vogel, Julius: Dominikaner-Kloster und Nonnenhaus zu Plauen i. V., in: Mitteilungen des Altertumsvereins zu Plauen i. V., 20. Jahresschrift, Plauen 1909, S. 121–152.

Völkel, A. F.: Geschichte des Deutschen Ritterordens im Vogtland. Ein Beitrag zur Heimatkunde, Plauen 1888.

Walch, Johann Georg (Hrsg.): Dr. Martin Luthers sämtliche Schriften, 21. Bd., 1. Teil, 1. Abt., Dr. Martin Luthers Briefe nebst den wichtigsten Briefen, die an ihn gerichtet sind, und einigen anderen einschlagenden interessanten Schriftstücken. Briefe vom Jahre 1507 bis 1532 incl., St. Louis 1903.

Weiß, Frank: 875 Jahre St. Johanniskirche in Plauen. Zum Jubiläum der urkundlichen Ersterwähnung von Kirche und Ort, in: Sächsische Heimatblätter, Jg. 43, 4/1997, S. 190–196.

Weiß, Frank: Plauen Hauptkirche St. Johannis (Schnell, Kunstführer Nr. 2304, 2. Aufl.), Regensburg 2006.

Die Reformation und ihre Folgen

Anmerkungen

1 Auerbach 1889, S. 30.

2 Walch 1903, Nr. 711.

3 StadtA Pl, RR I XVI 1a, Bl. 406 a.

4 Ebd., Bl. 160.

Archivalische Quellen

Stadtarchiv Plauen:

RR I XVI 1a, Gemeine Kastenrechnungen Plauen, 1529–1540.

RR I XVI 10, Gemeine Kastenrechnungen Plauen, 1540–1545.

RR I XVI 1b, Gemeine Kastenrechnungen Plauen, 1546–1555.

RR I XVI 1c, Gemeine Kastenrechnungen Plauen, 1557–1558.

Literatur und sonstige Quellen

Auerbach, Heinrich Berthold: Die sociale Frage im fünfzehnten Jahrhundert mit besonderer Bezugnahme auf das Vogtland, in: 60. Jahresbericht des Vogtländischen Altertumsforschenden Vereins zu Hohenleuben, 1889, S. 1–34.

Becker, Curt/Bünz, Enno/Freiherr von Campenhausen, Axel u. a. (Hrsg.): Dialog der Konfessionen. Bischof Julius Pflug und die Reformation. Ausstellungskatalog Zeitz

2017 (Schriftenreihe der Vereinigten Domstifter zu Merseburg und Naumburg und des Kollegiatsstifts Zeitz, Bd. 10), Petersberg 2017.

Brunner, Sabine / Pohl, Wolfgang: Neue Quellen über den Beginn der Reformation in Plauen, in: Mitteilungen des Vereins für vogtländische Geschichte, Volks- und Landeskunde, 2. Jahresschrift, Plauen 1993, S. 31–39.

Buchwald, Georg: Ein ungedruckter Brief Paul Rebhuns vom Jahre 1542, in: Mitteilungen des Altertumsvereins zu Plauen i. V., 13. Jahresschrift, Plauen, S. 45–47.

Diezel, Rudolf: Das Prämonstratenserkloster Mildenfurt bei Weida (Thüringen), Jena 1937.

Fischer, William: Die kirchlichen Gerätschaften Plauens zur Zeit der Einführung der Reformation, in: Mitteilungen des Altertumsvereins zu Plauen i. V., 17. Jahresschrift, Plauen 1906, S. 83–101.

Freytag, Richard: Dr. Hans Edler von der Planitz, Erb-, Lehn-, Gerichts- Patronatsherr von Auerbach, ein Freund Luthers und Förderer der Reformation. Ein Beitrag zur Geschichte des vogtländischen Adels, in: Mitteilungen des Altertumsvereins zu Plauen i. V., 22. Jahresschrift, Plauen 1912, S. 137–192.

Goll, Michael: Die Einführung der Reformation in Plauen. Reform und Reformation bis zur 2. Visitation 1533, Plauen 2003.

Gritzner: Ueber die im Jahre 1533 vorhandenen Kirchengeräte in Plauen, Oelsnitz und Adorf, in: Mitteilungen des Altertumsvereins zu Plauen i. V., 24. Jahresschrift, Plauen 1914, S. 111–116.

Hartenstein, R. J.: Die Thossener Kirche (Museumsreihe, Heft 24), Plauen 1962.

Herrmann, Johannes: Burggraf Heinrich IV. von Plauen und seine Kirchenordnung 1552, in: Mitteilungen des Vereins für vogtländische Geschichte, Volks- und Landeskunde, 4. Jahresschrift, Plauen 1995, S. 60–73.

Irmisch, Gottlieb Friedrich: Das höchstrühmliche Andencken des vormahls um Plauen Hochverdient gewesenen Churfl. Sächs. Ober Hof Predigers D. Matthiä Hoe von Hoenegg [...], Plauen 1746.

Jetter, Manfred/Echternach, Horst/Reller, Horst/Kießig, Manfred (Hrsg.): Evangelischer Erwachsenenkatechismus. Kursbuch des Glaubens, 5. Aufl., Gütersloh 1989.

Junghans, Helmar (Hrsg.): Das Jahrhundert der Reformation in Sachsen. Festgabe zum 450jährigen Bestehen der Evangelisch-Lutherischen Landeskirche Sachsens, Berlin 1989.

Müller, Johannes: Die Anfänge des Schulwesens in Plauen, in: Mitteilungen des Altertumsvereins zu Plauen i. V., 1. Jahresschrift, Plauen 1880, S. 31–42.

Müller, Johannes: Die Protokolle der Kirchenvisitationen in den Ämtern Vogtsberg und Plauen vom 15. Febr. – 6. März 1529 und vom 23. März – 13. April 1533 bezhl. in Elsterberg vom 19. – 20. Sept. 1533, in: Mitteilungen des Altertumsvereins zu Plauen i. V., 6. Jahresschrift, Plauen 1887, S. I–XCV.

Müller, Johannes: Eine Predigt Paul Rebhun's nebst Bemerkungen über seine Schriften, in: Mitteilungen des Altertumsvereins zu Plauen i. V., 6. Jahresschrift, Plauen 1887, S. 65–83.

Müller, Johannes: Kirchliche Landesordnung des Kurfürsten Johann von Sachsen vom Jahre 1527. Ein Beitrag zur Geschichte der Reformation, in: Mitteilungen des Altertumsvereins zu Plauen i. V., 6. Jahresschrift, Plauen 1887, S. 84–87.

Neupert sen., Alwin: Vom alten zum neuen Plauen. Besoldungen der Kirchen und Schuldiener im Kurfürstentum Sachsen im Jahre 1545, in: Mitteilungen des Altertumsvereins zu Plauen i. V., 24. Jahresschrift, Plauen 1914, S. 167–168.

Neupert sen., Alwin: Die Ruine Dobenau. Sagen und Urkunden, in: Mitteilungen des Altertumsvereins zu Plauen i. V., 24. Jahresschrift, Plauen 1914, S. 85–91.

Raab, C. von: Ein vogtländisches Widenbuch v. J. 1545, in: Mitteilungen des Altertumsvereins zu Plauen i. V., 8. Jahresschrift, Plauen 1891, S. 1–56.

Ranacher, Christian: Rauth, Georg, in: Sächsische Biografie, hrsg. vom Institut für Sächsische Geschichte und Volkskunde e. V. Online-Ausgabe. URL: https://www.isgv.de/saebi/ (Zugriff am 4. 8. 2020).

Schmidt, Berthold: Der Besitz des Klosters Kronschwitz in Stadt und Amt Plauen, in: Mitteilungen des Vereins für vogtländische Geschichte und Altertumskunde zu Plauen i. V., 17. Jahresschrift, Plauen 1906, S. 180–204.

Schmidt, Martin: Coelestin, Georg und Johann Friedrich, in: Neue Deutsche Biographie, Bd. 3, Berlin 1957, S. 308–309.

Vogel, Julius: Alt-Plauens katholische Kapellen, in: Mitteilungen des Altertumsvereins zu Plauen i. V., 20. Jahresschrift, Plauen 1909, S. 153–160.

Walch, Johann Georg (Hrsg.): Dr. Martin Luthers sämtliche Schriften, 21. Bd., 1. Teil, 1. Abt., Dr. Martin Luthers Briefe nebst den wichtigsten Briefen, die an ihn gerichtet sind, und einigen anderen einschlägigen interessanten Schriftstücken. Briefe vom Jahre 1507 bis 1532 incl., St. Louis 1903.

Wießner, Heinz: Das Bistum Naumburg, 1,1 Die Diözese (Germania Sacra, Neue Folge 35, 1), Berlin/New York 1997.

Notzeiten
Anmerkungen:
1 Sahle 1996, S. 127.

2 Müller 1884, S. 29.

3 StadtA Pl, RR I XVI 1a, Bl. 31.

4 StadtA Pl, RR I XVI 1b, Bl. 261.

Archivalische Quellen
Stadtarchiv Plauen:

RR I XVI 1a, Gemeine Kastenrechnungen Plauen, 1529–1540.

RR I XVI 1b, Gemeine Kastenrechnungen Plauen, 1546–1555.

Literatur und sonstige Quellen
Donnerhack, Rudolf: Der Vogtländische Bauernaufstand 1525 (Museumsreihe, Heft 3), Plauen 1953.

Fritsche, Alwin: Die Unruhen im Vogtlande im Jahre 1525, in: 47., 48. u. 49. Jahresbericht des Vogtländischen Alterthumsforschenden Vereins zu Hohenleuben und 1. Jahresbericht des Geschichts- und Alterthumsforschenden Vereins zu Schleiz, Weida 1879, S. 60–141.

Müller, Johannes: Der große Brand Plauens i. J. 1548 und der Wiederaufbau der Stadt, in: Mitteilungen des Altertumsvereins zu Plauen i. V., 4. Jahresschrift, Plauen 1884, S. 26–42.

Neupert sen., Alwin: Der vogtländische Bauernkrieg und die Schlacht bei der Possig, in: Neue Vogtländische Zeitung, 31. 10. 1915.

Neupert sen., Alwin: Der vogtländische Bauernkrieg und die Schlacht bei der Possig, in: Mitteilungen des Altertumsvereins zu Plauen i. V., 26. Jahresschrift, Plauen 1916, S. 265–274.

Neupert sen., Alwin: Die St. Johannis-Kirche im Jahre 1525 als Gerichtssaal, in: Plauener Sonntags-Anzeiger, 24. 9. 1922.

Pietsch, Ernst: Zur Geschichte der Bauernunruhen des Jahres 1525 im sächsischen Vogtland, in: Mitteilungen des Vereins für vogtländische Geschichte und Altertumskunde zu Plauen i. V., 34. Jahresschrift, Plauen 1925, S. 29–54.

Pietsch, Ernst: Die urkundlichen und älteren chronikalischen Berichte über den Einfall der Hussiten ins Vogtland im Jahre 1430, in: Mitteilungen des Vereins für vogtländische Geschichte und Altertumskunde zu Plauen i. V., 38. Jahresschrift, Plauen 1931, S. 30–69.

Rannacher, Ewald: Die Strafgeldregister des Bauernkrieges im Vogtland und im Amt Zwickau, 1525–1527, in: Mitteilungen des Vereins für vogtländische Geschichte und Altertumskunde zu Plauen i. V., 43. Jahresschrift, Plauen 1941, S. 7–75.

Vogel, Julius: Ein grauenvoller Tag in der Geschichte Alt-Plauens (25. Januar 1430), in: Bunte Bilder aus der Vergangenheit des Vogtlandes und seiner Kreisstadt Plauen, Plauen 1903, S. 30–32.

Wild, Erich: Anno 1525. Noch ein Gedenkblatt zur Geschichte des Bauernkrieges im Vogtland, in: Vogtländisches Jahrbuch, 6. Jg., Plauen 1928, S. 52–56.

Schmalkaldischer Krieg und erneute Herrschaft der Herren von Plauen ab 1547
Literatur und sonstige Quellen
Beierlein, Paul Reinhard: Zur Geschichte des Epitaphs des Burggrafen Heinrich IV. von Meißen in der Johanniskirche zu Plauen, in: Vogtländischer Anzeiger und Tageblatt, 14. 1. 1939.

Beierlein, Paul Reinhard: Ein vogtländisches Inventarium vom Jahre 1566. Zugleich ein Beitrag zur Geschichte der Erwerbung des Vogtlandes durch die Wettiner (Museumsreihe, Heft 10), Plauen 1956.

Beierlein, Paul Reinhard: Das burggräfliche Vogtland, in: Jahrbuch des Museums Hohenleuben-Reichenfels, Bd. 20, 1972, S. 65–71.

Billig, Gerhard: Die Burggrafen von Meißen aus dem Hause Plauen – ein Nachspiel zur reichsunmittelbaren Stellung der Vögte von Weida, Plauen und Gera, Teil 1, in: Mitteilungen des Vereins für vogtländische Geschichte, Volks- und Landeskunde, 4. Jahresschrift, Plauen 1995, S. 13–48.

Billig, Gerhard: Die Burggrafen von Meißen aus dem Hause Plauen – ein Nachspiel zur reichsunmittelbaren Stellung der Vögte von Weida, Plauen und Gera, Teil 2, in: Mitteilungen des Vereins für vogtländische Geschichte, Volks- und Landeskunde, 6. Jahresschrift, Plauen 1998, S. 51–82.

Falke, Johannes: Die Erwerbung der Voigtlande durch Kurfürst August, in: Archiv für die sächsische Geschichte, Bd. III, 1. Heft, S. 137–186 und 2. Heft, S. 241–308.

Neupert sen., Alwin: Drei Vorträge gehalten im Verein für Vogtländische Geschichte und Altertumskunde am 15. November 1917. 2. Das aus der Plauischen Stadtkirche verschwundene Epitaphium des Burggrafen Heinrich IV., in: Mitteilungen des Vereins für vogtländische Geschichte und Altertumskunde zu Plauen i. V., 28. Jahresschrift, Plauen 1918, S. 77–81.

Pietsch, Ernst: Bilder Wolfgang Krodels des Aelteren im Vogtland, in: Mitteilungen des Vereins für vogtländische Geschichte und Altertumskunde zu Plauen i. V., 39. Jahresschrift, Plauen 1934, S. 17–28.

Raab, C. von: Ein fürstliches Hausgerät im 16. Jahrhundert, in: Mitteilungen des Altertumsvereins zu Plauen i. V., 15. Jahresschrift, Plauen 1902, S. 36–40.

Richter, Johannes: Zur Genealogie und Geschichte der Burggrafen zu Meißen und Grafen zum Hartenstein aus dem älteren Hause Plauen, in: Sächsische Heimatblätter, Jg. 38, 5/1992, S. 299–303.

Richter, Johannes: Burggraf Heinrich IV. von Meißen, Graf zu Hartenstein, Herr zu Plauen und Gera – »Der Eroberer von Hof«, in: Geschichte am Obermain, Bd. 19, Lichtenfels 1993/94, S. 47–55.

Richter, Johannes: Burggraf Heinrich IV. von Meißen, Graf zum Hartenstein, Herr von Plauen und Gera – Geschichte und Genealogie, in: Mitteilungen des Vereins für vogtländische Geschichte, Volks- und Landeskunde, 4. Jahresschrift, Plauen 1995, S. 5–12.

Schmidt, Berthold: Burggraf Heinrich IV. zu Meißen, Oberstkanzler der Krone Böhmen und seine Regierung im Vogtlande, Gera 1888.

Schmidt, Berthold: Die Reußen. Genealogie des Gesamthauses Reuß älterer und jüngerer Linie sowie der ausgestorbenen Vogtslinien zu Weida, Gera und Plauen und der Burggrafen zu Meißen aus dem Hause Plauen, Schleiz 1903.

W[ersebe]., A. v.: Rückblicke auf Sachsens Kämpfe um die Mitte des Jahrhunderts der Reformation, in: Mitteilungen des Altertumsvereins zu Plauen i. V., 4. Jahresschrift, Plauen 1884, S. 43–63.

Wild, Erich: Das Vogtland im Schmalkaldischen Kriege, in: Mitteilungen des Vereins für vogtländische Geschichte und Altertumskunde zu Plauen i. V., 41. Jahresschrift, Plauen 1938, S. 1–135.

2 Vom Übergang Plauens an das albertinische Kursachsen bis zum Ende des 18. Jahrhunderts

Gesamtes Kapitel

Literatur und sonstige Quellen

Bachmann, Walter: Das alte Plauen. Ein Beitrag zur Inventarisation der Bau- und Kunstdenkmale, Dresden 1954.

Blanckmeister, Franz: Sächsische Kirchengeschichte, Dresden 1899.

Böhm, Georg / Donnerhack, Rudolf / Fischer, Rudolf u. a.: Die Straßennamen der Stadt Plauen (Museumsreihe, Heft 36), Plauen 1970.

Bönhoff, Leo: Die Parochie Plauen und ihre Entwicklung im Zeitraume 1122–1905, in: Mitteilungen des Altertumsvereins zu Plauen i. V., 19. Jahresschrift, Plauen 1908, S. 53–119.

Buchner, Gabriele / Unger, Sigrid / Weiß, Frank: 800 Jahre Land der Vögte (1209–2009), Vogtlandmuseum Plauen, Historisches Archiv des Vogtlandkreises Oelsnitz, Plauen 2009.

Dehio, Georg: Handbuch der deutschen Kunstdenkmäler. Sachsen II: Regierungsbezirke Leipzig und Chemnitz, München 1998.

Dietmann, Karl Gottlob: Die gesamte der ungeänderten Augsp. Confeßion zugethane Priesterschaft in dem Churfürstenthum Sachsen und denen einverleibten, auch einigen angrenzenden Landen, bis auf das jetzt laufende 1752te Jahr, Theil I Bd. 3, Dresden/Leipzig 1755.

Donnerhack, Rudolf: Aus der Geschichte Plauens, in: Plauen. Ein kleines Stadtbuch (Museumsreihe, Heft 25), Plauen 1963, S. 32–58.

Falk, Rudolf: Vogtländische Ahnenschaft. Teil 1: Die Verkartung der Kirchenbücher. Teil 2: Plauener und Reichenbacher Kirchenbücher um 1600, Plauen 1933.

Falk, Rudolf: Plauen im Vogtlande. Familiengeschichtlicher Wegweiser durch Stadt und Land, Heft 2, Leipzig 1936.

Fiedler, Hermann: Beiträge zur Geschichte der Stadt Plauen, Plauen 1876.

Forberger, Carl: Plauisches Stadtregiment im 16. Jahrhundert (Museumsreihe, Heft 14), Plauen 1957.

Grünberg, Reinhold: Sächsisches Pfarrerbuch. Die Parochien und Pfarrer der Ev.-luth. Landeskirche Sachsens (1539–1939): I. Die Parochien der ev.-luth. Landeskirche Sachsens; II. Die Pfarrer der ev.-luth. Landeskirche Sachsens (1539–1939) 1. Abt. A–L; II. Die Pfarrer der ev.-luth. Landeskirche Sachsens (1539–1939) 2. Abt. M–Z, Freiberg 1940.

Kötzschke, Rudolf / Kretzschmar, Hellmut: Sächsische Geschichte, Dresden 1935 (Neuaufl. Würzburg 2002).

Limmer, Karl August: Entwurf einer urkundlichen Geschichte des gesammten Voigtlandes, Bd. 1–3, Gera 1825–1827.

Ludwig, Walther: Ein Gang durch Alt-Plauen (Museumsreihe, Heft 6), Plauen 1955.

Ludwig, Walther: Urkunden zur Geschichte der Deutschordens-Komturei Plauen. Teil I und II (Museumsreihe, Heft 13 und 19), Plauen 1957 und 1959.

Ludwig, Walther: Ein Gang durch das alte Plauen, in: Plauen. Ein kleines Stadtbuch (Museumsreihe, Heft 25), Plauen 1963, S. 78–103.

Ludwig, Walther: Ein Gang durch Alt-Plauen (Schriftenreihe des Vogtlandmuseums, Heft 60), 2., überarb. u. erw. Aufl., Plauen 1993.

Mocker, Heinz / Anderson, Hans-Joachim: Register der Bürgeraufnahmen der Stadt Plauen im Vogtland 1654 bis 1770 (Schriftenreihe der Stiftung Stoye, Bd. 31), Neustadt an der Aisch 1998.

Münster, Sebastian: Cosmographey: das ist / Beschreibung Aller Länder / Herrschafften vnd fürnemesten Stetten des ganzen Erdbodens […], Basel 1598.

Naumann, Günter: Sächsische Geschichte in Daten, Berlin/Leipzig 1991.

Neupert sen., Alwin: Alte und neue Stadtpläne von Plauen, in: Mitteilungen des Altertumsvereins zu Plauen i. V., 17. Jahresschrift, Plauen 1906, S. 219–227.

Neupert sen., Alwin: Kleine Chronik der Stadt Plauen i. Vogtl. von 1122 bis zum Ausgang des 19. Jahrhunderts, Plauen 1908.

Neupert sen., Alwin: Personen- und Sach-Register zur »Kleinen Chronik der Stadt Plauen von 1122 bis zum Ausgang des 19. Jahrhunderts«, in: Mitteilungen des Altertumsvereins zu Plauen i. V., 22. Jahresschrift, Plauen 1912.

Neupert sen., Alwin: Werdegang der Straßenbenennung in Plauen, in: Mitteilungen des Altertumsvereins zu Plauen i. V., 24. Jahresschrift, Plauen 1914, S. 92–101.

Neupert sen., Alwin: Werdegang der Stadt Plauen im Vogtlande von der Niederlassung der Sorben-Wenden an der Elster bis zum Beginn des 20. Jahrhunderts. Beilageheft zu Mitteilungen des Vereins für vogtländische Geschichte und Altertumskunde zu Plauen i. V., 27. Jahresschrift, Plauen 1917.

Neupert sen., Alwin: Drei Vorträge gehalten im Verein für Vogtländische Geschichte und Altertumskunde am 15. November 1917. 1. Historische Wanderungen durch die Stadt Plauen und deren Umgebung. 2. Das aus der Plauischen Stadtkirche verschwundene Epitaphium des Burggrafen Heinrich IV. 3. Das Weichbild der Stadt Plauen im 17. Jahrhundert und die Plauische Stadthirte, in: Mitteilungen des Vereins für vogtländische Geschichte und Altertumskunde zu Plauen i. V., 28. Jahresschrift, Plauen 1918, S. 67–86.

Plauen – Die Altstadt. Ein Rundgang zu den historischen Denkmalen (Mitteilungen des Vereins der Freunde und Förderer des Vogtlandmuseums Plauen e. V.), Plauen 2011.

Plauen und das mittlere Vogtland (Werte unserer Heimat, Bd. 44), hrsg. von einem Autorenkollektiv unter Leitung von Horst Fröhlich, Berlin 1986.

Poenicke, G. A. (Hrsg.): Album der Rittergüter und Schlösser im Königreiche Sachsen, Bd. V: Voigtländischer Kreis, Leipzig 1859.

Sachsens Kirchen-Galerie, 11. Bd., Abt. 12: Das Voigtland, umfassend die Ephorien: Plauen, Reichenbach, Auerbach, Markneukirchen, Oelsnitz und Werdau, Dresden [1844].

Sahle, Patrick: Das Plauener Stadtbuch von 1388 und die Stadtbuchforschung (Magisterarbeit), Köln 1996.

Steche, Richard: Beschreibende Darstellung der älteren Bau- und Kunstdenkmäler des Königreichs Sachsen, Heft 11: Amtshauptmannschaft Plauen, Dresden 1888.

Steube, Karl Werner: Einiges zur Hausbesitzforschung, in: Plauen. Ein kleines Stadtbuch (Museumsreihe, Heft 25), Plauen 1963, S. 104–108.

Tromler, Karl Heinrich: Sammlungen zur Geschichte des alten heydnischen und dann christlichen Voigtlandes, Leipzig 1767.

Vogel, Julius: Rats-Register von Plauen. Verzeichnis der Mitglieder des Stadt-Rates zu Plauen i. V. aus den Jahren 1421–1890 […], Plauen 1890.

Weller, Ewald: Siebenhundert Jahre Schulgeschichte der Kreisstadt Plauen. Ein Beitrag zur Schulgeschichte Sachsens überhaupt, Plauen 1941.

Wild, Erich: Regesten zur Geschichte des Vogtlandes im 14.–17. Jahrhundert. Beilageheft zu Mitteilungen des Vereins für vogtländische Geschichte und Altertumskunde zu Plauen i. V., 39. Jahresschrift, Plauen 1929.

Wild, Erich: Geschichte und Volksleben des Vogtlandes in Quellen aus 700 Jahren, Plauen 1936.

Wissenswertes aus der Geschichte der Stadt Plauen. Eine Auswahl interessanter Dokumente aus dem Plauener Stadtarchiv, Plauen 1974.

Zimmermann, Ingo: Sachsens Markgrafen, Kurfürsten und Könige, Berlin 1990.

Zschommler, Max: Interessante und berühmte Vogtländer. Ein Ehrenbuch des Vogtlandes, Plauen 1913.

Plauen im albertinischen Kurfürstentum Sachsen

Literatur und sonstige Quellen

Neupert sen., A.: Schloß Reusa, seine Vorbesitzer und der durch eingeworfene Fehdebriefe daselbst im Jahre 1746 erregte Aufstand, nach einem Aktenstück aus dem Reusaer Schloßarchiv, in: Mitteilungen des Altertumsvereins zu Plauen i. V., 21. Jahresschrift, Plauen 1910, S. 102–116.

Steube, Karl Werner: Einiges zur Hausbesitzforschung, in: Plauen. Ein kleines Stadtbuch (Museumsreihe, Heft 25), Plauen 1963, S. 104–108.

Vogel, Julius: Geschichte des Rittergutes Reusa 1428–1910, in: Mitteilungen des Altertumsvereins zu Plauen i. V., 23. Jahresschrift, Plauen 1913, S. 23–60.

Städtisches Leben und wirtschaftliches Wachstum

Anmerkungen

1 StadtA Pl, NR IX 17.
2 StadtA Pl, RR I I 83 b.
3 StadtA Pl, RR I I 83 a.
4 StadtA Pl, NR IX 17.
5 StadtA Pl, RR I I 1, Bl. 31.
6 StadtA Pl, SchüA 17, Nr. 13.
7 StadtA Pl, SchüA 383, Bl. 2.
8 StadtA Pl, NR IX 17.
9 StadtA Pl, RR I I 1, Bl. 1.
10 Krünitz 1801, S. 11.
11 Höffer 1893, S. 1.
12 StadtA Pl, NR VI 61, Bl. 3 b.
13 Krünitz 1801, S. 11.
14 SächsStA DD, 10078, Nr. 1577, Bl. 119.
15 Fröhlich 2012, S. 8.
16 StadtA Pl, Kartei Quatembersteuer.
17 StadtA Pl, A. S. 494 .
18 StadtA Pl, Geutebrück, Abschrift.
19 Forberger 1957, S. 41.

Archivalische Quellen

Kirchenarchiv Wurzbach:

K8/38-1 Kirchgemeinde Heinersdorf mit Klettigshammer, Kirchenbuch 1628–1736, S. 21.

Landesarchiv Thüringen – Staatsarchiv Greiz:

Amt Lobenstein, Nr. 251, fol. 194.

Amt Lobenstein, Nr. 251, fol. 604r.

Sächsisches Staatsarchiv – Hauptstaatsarchiv Dresden:

10078 Landes-Ökonomie-, Manufaktur-und Kommerziendeputation, Nr. 1436, Verbesserung der Krempel-, Spinn- u. Webmaschinen, 1792–1793.

10078 Landes-Ökonomie-, Manufaktur-und Kommerziendeputation, Nr. 1566, Einrichtung einer Kattundruckerei in Plauen durch Johann August Neumeister, 1754–1764.

10078 Landes-Ökonomie-, Manufaktur-und Kommerziendeputation, Nr. 1567, Kattundruckerei zu Plauen, 1780–1791.

10078 Landes-Ökonomie-, Manufaktur-und Kommerziendeputation, Nr. 1577, Kattundruckerei in Zwickau, 1785–1809.

10026 Geheimes Kabinett, Nr. Loc. 01432/02, Das über die Anlegung einer Kattundruckerei in der Stadt Plauen erteilte Privilegium u. d. Extension auf die Leinwand und Schleierdruckerei, 1755–1808.

10025 Geheimes Konsilium, Nr. Loc.5418/04, Die dem Kattundrucker Johann Paul Martini als einen Fremden anzugedeihende beneficia bei vorhabender Anrichtung einer Druckerei in Plauen, 1753.

10025 Geheimes Konsilium, Nr. Loc. 5441/01, Die Anlegung einer Kattundruckerei in Plauen im Vogtland und das darüber gesuchte Privileg, 1755–1803.

Stadtarchiv Plauen:

I IV III C 1, Kaufmann Carl Heinrich Höfers Stiftungen, 1787.

A. S. 494, Plauener Chronik, [vor 1783].

Ha 40, Geutebrück, Gottfried: Chronica der Stadt Plauen im Voigtlande (Abschrift durch Ernst Pietsch; originale Handschrift um 1709, Universitätsbibliothek Halle).

Kartei zum Quatembersteuerregister 1719 Plauen.

NR VI 4, Erweiterung der hiesigen Bleichplätze und was dem mehr anhängig, 1704.

NR VI 61, Johann Paul Baumgärtel gegen Beschränkungen der Innung, 1764.

NR VI 64, Die bei hiesiger Baumwollwarenfabrik zur Ausgabe der Baumwolle und Annehmung des Gespinsts auf den Dörfern bestellten Factoren, 1765–1776.

NR VI 88, Einrichtung der Baumwollspinnerei bei der hiesigen Fabrik, 1766–1767.

NR IX 17, Verschiedene Ratsbekanntmachungen, 1679–1717.

RR I I 1, Kämmereirechnungen Plauen, 1560–1570.

RR I I 83 a, Kämmereirechnungen Plauen, 1639/40.

RR I I 83 b, Kämmereirechnungen Plauen, 1639/40.

RR I I 173 b, Kämmereirechnungen Plauen, 1721/22.

SchüA 3, Register Vogelschießen, 1764/65.

SchüA 4, Register Vogelschießen, 1766/67.

SchüA 17, Register Vogelschießen, 1786.

SchüA 18, Register Vogelschießen, 1787.

SchüA 87p, Register Vogelschießen, 1763.

SchüA 106, Register Scheibenschießen, 1784.

SchüA 107, Register Scheibenschießen, 1786.

SchüA 383, Der Scheibenschützen zu Plauen jährliches Gnadengeld, 1653–1703.

SchüA 384, Der Scheibenschützen zu Plauen jährliches Gnadengeld, 1653–1703.

UR IX 47, Bürgerbuch der Stadt Plauen, 1654–1770, Bl. 160.

Urkunden, Nr. 46, Ordnung der Schleierhändler vom 22. Dezember 1600.

Stadtarchiv Zwickau

AG 2104 N VIII, Acta des in Plauen verstorbenen Herrn J. A. Neumeister, Nachlass, 1811.

Literatur und sonstige Quellen

Adressbuch der Kreisstadt Plauen im Vogtlande 1874, Plauen 1874, S. III–XXV.

Adreß-Handbuch der Königlich Sächsischen Kreis-, Fabrik- und Handelsstadt Plauen, Plauen 1854, S. 131–134.

Albinus, Petrus: Meißnische Land- und Berg-Chronica, Dresden 1590.

Bartsch, Ludwig: Sächsische Kleiderordnungen aus der Zeit von 1450–1750. 39. Bericht über die Königliche Realschule I. O. nebst Progymnasium zu Annaberg, Annaberg 1882, S. 1–28. URL: http://www.modetheorie.de/fileadmin/Texte/b/Bartsch-Saechsische_Kleiderordnungen_1_1882.pdf (Zugriff am 30. 5. 2021).

Beierlein, Paul Reinhard: Altes unbekanntes Vogtland. Bilder aus der Zeit Augusts des Starken, Dresden 1939.

Beierlein, Paul Reinhard: Johann August Richter und Christian Rosenstecher sowie ihr Anteil an den Zürnerschen Kursächsischen Ortsansichten und Trachtenbildern, in: Mitteldeutsche Blätter für Volkskunde, Dresden Juli 1940, S. 15–36.

Bein, Louis: Die Industrie des sächsischen Voigtlandes, wirtschaftsgeschichtliche Studie, Zweiter Theil, die Textil-Industrie, Leipzig 1884.

Bergsicherung Sachsen GmbH: Schreiben an die Stadt Plauen, Oberbürgermeister, über den Auftrag zur Beseitigung von Gefahren durch den Nachbruch des alten Schachtes auf dem Dobenaufelsen vom 5. 11. 2013.

Bergsicherung Sachsen GmbH: Verwahrungsdokumentation 14/33/00/005 (Bergwerk), o. J.

Bohnsack, Almut: Spinnen und Weben. Entwicklung von Technik und Arbeit im Textilgewerbe (Bramscher Schriftenband 3), Bramsche 2002.

Deutsches Wörterbuch von Jacob Grimm und Wilhelm Grimm, digitalisierte Fassung im Wörterbuchnetz des Trier Center for Digital Humanities, Version 01/21. URL: https://www.woerterbuchnetz.de/DWB?lemid=A00001 (Zugriff am 6. 6. 2021).

Dick, Paul: Die Geschichte der im Stadtgebiet von Plauen vorhanden gewesenen Mühlen (unveröffentlichte Forschungsarbeit), 1963 (StadtA Pl, Forschungsarbeiten, Nr. 100).

Dick, Paul: Das Brauwesen der Stadt (unveröffentlichte Forschungsarbeit), o. J. (Vogtlandmuseum Plauen).

Dick, Paul: Die alten Gasthöfe der Stadt Plauen (unveröffentlichte Forschungsarbeit), o. J. (Vogtlandmuseum Plauen).

Färber, Katrin: Eine Plauener Stadtansicht in doppelter Ausführung, in: Kalender Sächsische Heimat 2013, Dresden 2012.

Färber, Katrin / Schad, Beate: Die Familie L. O. Hartenstein und ihre Bedeutung für die vogtländische Textil- und Gardinenindustrie, Plauen 2020.

Fiedler, Hermann: Die Armbrust und die Büchsenschützen in Plauen vom 15. Jahrh. bis Anfang des 19. Jahrh., in: Beiträge zur Geschichte der Stadt Plauen, Plauen 1876, S. 192–198.

Fischer, William: Eine Säckung in Plauen im Jahre 1683, in: Mitteilungen des Altertumsvereins zu Plauen i. V., 16. Jahresschrift, Plauen 1904, S. 141–143.

Forberger, Carl: Plauisches Stadtregiment im 16. Jahrhundert (Museumsreihe, Heft 14), Plauen 1957.

Fröhlich, Horst: Vogtland-Mosaik. Volkskundliche und kulturgeschichtliche Streiflichter, Plauen 2004.

Fröhlich, Horst / Färber, Katrin: Plauen in historischen Stadtansichten aus vier Jahrhunderten, hrsg. vom Verein der Freunde und Förderer des Vogtlandmuseums Plauen e. V., Plauen 2012.

Geigenmüller, J. Willy: Die Lauensteinische Stiftung, in: Vogtländischer Anzeiger und Tageblatt, Beilage Vogtland meine Heimat, 19. 11. 1938, 26. 11. 1938, 3. 12. 1938.

Höffer, Carl Heinrich: Versuch einer Geschichte der Baumwollnen Waaren-Manufaktur im Voigtländischen Creiß von 1550 bis 1790, in: Mitteilungen des Altertumsvereins zu Plauen i. V., 9. Jahresschrift, Plauen 1893, S. 1–57.

Höppner, Gebrüder: Höppner Ausrüstung, 125 Jahre deutscher Tatkraft, 1810–1935, Plauen 1935.

Johnson, Eduard: Entstehung des Bergwerkes auf der Dobenau (Vogtländische Altertümer XXIV), in: Vogtländischer Anzeiger und Tageblatt, 29. 8. 1897.

Johnson, Eduard: Gnade Gottes auf der Dobenau (Vogtländische Altertümer XXV), in: Vogtländischer Anzeiger und Tageblatt, 4. 9. 1897.

Kreyenschulte, Sebastian: Genese und Entwicklung des Schützenwesens im Nordmünsterland, 2017. URL: https://www.academmia.educ (Zugriff am 25. 5. 2021).

Krünitz, Johann Georg: Ökonomisch-technologische Enzyklopädie, Bd. 84, 1801 (elektronische Ausgabe der Universitätsbibliothek Trier). URL: https://www.kruenitz.uni-trier.de (Zugriff am 30. 5. 2021).

Müller, Gert: Vogtländische Altertümer II. Das Bergwerk »Gnade Gottes« auf der Dobenau im Vogtland, in: Mitteilungen des Vereins für vogtländische Geschichte, Volks- und Landeskunde, 24. Jahresschrift, Plauen 2018, S. 4–46.

Müller, Gert / Krabath, Stefan: Die Silbergrube auf der Burgruine Dobenau in Plauen gibt ihr Geheimnis preis. Frühneuzeitlicher Bergbau im Vogtland, in: Archaeo, 11 (2014), S. 16–19.

Müller, Johannes: Urkunden und Urkundenauszüge zur Geschichte der Stadt Plauen und des Vogtlandes, in: Mitteilungen des Altertumsvereins zu Plauen i. V., 5. Jahresschrift, Plauen 1885, S. I–CLX.

Neupert sen., Alwin: Die ältesten Bilder von Plauen, in: Alt-Plauen in Wort und Bild, Plauen 1903.

Neupert sen., Alwin: Die privileg. Kattunfabrik Facilides & Co. und der Plauische Grossindustrielle Kammerrat Ernst Wilhelm Conrad Gössel, in: Mitteilungen des Altertumsvereins zu Plauen i. V., 23. Jahresschrift, Plauen 1913, S. 105–106.

Neupert sen., Alwin Der Bierzwang in Plauen, in: Mitteilung des Altertumsvereins zu Plauen i. V., 24. Jahresschrift, Plauen 1914, S.160.

Neupert sen., Alwin: Historische Wanderungen durch die Stadt Plauen und deren Umgebung, in: Mitteilungen des Vereins für vogtländische Geschichte und Altertumskunde zu Plauen i. V., 28. Jahresschrift, Plauen 1918, S. 67–77.

Meijler, Doris: Aus der Tradition des Plauener Weihnachtsmarktes, in: Von Andreasabend bis Zuckermännle. Weihnachtsfest und Weihnachtsbrauch im Vogtland, Plauen 2016, S. 51–58.

Ott, Rainer: Der vogtländische Bergbau bis 1875. Eine Zusammenfassung des überlieferten Schriftgutes, Berlin 2009.

Pietsch, Ernst: Von der Wiederaufrichtung des Taltitzer und Plauener Galgens in den Jahren 1681 und 1693, in: Vogtland, 5. Jg., Nr. 2, Februar 1936, S. 20–22.

Pietsch, Ernst: Zur Säckung, in: Mitteldeutsche Blätter für Volkskunde, 12. Jg., H. 1, April 1937, S. 45.

Rätzer, Siegfried: Die Baumwollwarenmanufaktur im sächsischen Vogtlande von ihren Anfängen bis zum Zusammenbruch des napoleonischen Kontinentalsystems, Mylau 1914.

Richter, Karl / König, Joachim: Bergschadenkundliche Analyse des Altbergbaus im Stadtgebiet Plauen und nächster Umgebung (unveröffentlicht), Zwickau 1973.

Schäfer, Michael: Eine andere Industrialisierung: Die Transformation der sächsischen Textilexportgewerbe 1790–1890, Bd. 7: Regionale Industrialisierung, Stuttgart 2016.

Schrader, Wolfgang: Tüchtig, tapfer, tugendhaft und treu. Impressionen aus sechs Jahrhunderten Schützengeschichte, Faltblatt zur Sonderausstellung im Vogtlandmuseum Plauen, Plauen 2006.

Schurig, Kurt: Beiträge zur Geschichte des Bergbaues im sächsischen Vogtlande, Plauen 1875.

Starke, Holger: Vom Bürgerbräu zum Premium Pils. 150 Jahre Sternquell-Brauerei, Plauen 2007.

Stranz, Thomas: Alter Stollen Risiko für Straße. Bergamt lässt Anlage aus dem Jahr 1764 verfüllen und sichern – im Zweiten Weltkrieg Luftschutzkeller, in: Freie Presse (Plauen), 29. 7. 2009.

Tautmann, Dietmar: Die wirtschaftliche und soziale Entwicklung der Stadt Hof, Bd. 1, Hof 1979.

Brände, Seuchen, Naturereignisse

Anmerkungen

1 Beierlein 1969, S. 53.
2 Fiedler 1876, S. 182.
3 Ebd., S. 187.
4 StadtA Pl, RR I I 84 a.
5 Raab 1893, S. 61.
6 StadtA Pl, NR II I A 17, Bl. 50 v.
7 J. F. P. 1721.
8 Grässe 1874, S. 273.

Archivalische Quellen

Landesarchiv Thüringen – Staatsarchiv Greiz:
HA 436, Hausarchiv Schleiz, 1654.

Stadtarchiv Plauen:
A. S. 494, Plauener Chronik, [vor 1783].

NR II I A 17, Eidbuch der Stadt Plauen I, 1681–1765.

NR II I B 3, Was bei der Anwesenheit des ObristLieut. und Bau-Directoris Johann Christoph Naumann von Dresden in Plauen anno 1720 ergangen ist, 1720.

RR I I 27, Kämmereirechnungen Plauen, 1589/90.

RR I I 84 a, Kämmereirechnungen Plauen, 1640/41.

Literatur und sonstige Quellen

Beierlein, Paul Reinhard: Beiträge zur vogtländischen Geschichte (Museumsreihe, Heft 34), Plauen 1969.

Beiträge zur Chronik der Stadt Plauen und des Voigtlandes, in: Voigtländischer Anzeiger, 22. 7 1815.

Eine Von unserem grossen und schrecklichen GOTT abgeschickte Heuschreckliche Schreck-Ruthe / So wegen der Menschen Sünde In unser Nachbarschafft / zu Plauen im Voigt-Lande am 15 und folgenden Tagen Augusti dieses lauffenden 1693sten Jahres / sich mercklich blicken lassen. Darbey auch ein Buß-Lied mit angesetzt. Gedruckt zu Dresden.

Feuer-Ordnung der Stadt Plauen im Voigtlande / verneuert. Anno 1654 (StadtA Pl, O. u. h. v., K 13 Nr. 12).

Fiedler, Hermann: Beiträge zur Geschichte der Stadt Plauen, Plauen 1876.

Fritzsch, Carl: Das Voigtland. Chroniken seiner Städte, Schlösser und Burgen, Bd. 1, H. 2, Plauen 1840.

Grässe, Johann Georg Theodor: Der Sagenschatz des Königreichs Sachsen, Bd. 1, Dresden 1874.

J. F. P. Med. & Phil. Cult.: Curiöse Untersuchung Des am ersten Martii ietzlauffenden 1721sten Jahres Grossen Licht und Feuer-Zeichens in Norden, Plauen 1721.

Neupert sen., Alwin: Buchdruck, Buchhandel und Zeitungswesen in Plauen bis zum Ende des 19. Jahrhunderts, in: Mitteilungen des Vereins für vogtländische Geschichte und Altertumskunde zu Plauen i. V., 28. Jahresschrift, Plauen 1918, S. 87–98.

Pietsch, Ernst: Der große Brand in Plauen am 4. Mai 1732, in: Vogtländischer Anzeiger und Tageblatt, Beilage Beschaulich daheim, 3. 7. 1932.

Pietsch, Ernst: Der große Brand Plauens am 2. Mai 1635, in: Vogtländischer Anzeiger und Tageblatt, 5. 5. 1935.

Raab, C. v.: Zwei vogtländische Chroniken, in: Mitteilungen des Altertumsvereins zu Plauen i. V., 9. Jahresschrift, Plauen 1893, S. 58–74.

Kriegszeiten

Anmerkungen

1 Droysen 1880, S. 57–58.
2 Ebd., S. 58.
3 »Beschehenes treffen zwischen dem von Bredau vnnd den Schwedischen bey Plawen, im Aprilen Anno. 1640. DIMICATIO AD PLAVENAM.« Kupferstich von Matthäus Merian in: Theatri Europaei Vierdter Theil / Das ist Glaubwürdige Beschreibung Denckwürdiger Geschichten / die sich in Europa / […] Anno 1638. biß Anno 1641. exclusivè begeben haben. […] Beschrieben durch J. P. A. […] Gedruckt zu Franckfurt am Mayn / bey Johann Görlin. ANNO MDCXCII (3. Auflage; 1. Auflage 1643).

4 Beiträge zur Geschichte, 1815.
5 Falk 1941, S. 20.
6 Ebd., S. 20.

Literatur und sonstige Quellen

Beierlein, Paul Reinhard: Zeitgenössische Berichte über den Holckschen Einfall ins Vogtland vom Jahre 1632, in: Mitteilungen des Vereins für vogtländische Geschichte und Altertumskunde zu Plauen i. V., 39. Jahresschrift, Plauen 1934, S. 29–75.

Beierlein, Paul Reinhard: Siebenjähriger Krieg und Elsterflöße, in: Neues Archiv für Sächsische Geschichte, Bd. 61, Dresden 1940, S. 242–251.

Beiträge zur Geschichte Plauens und des Voigtlands, in: Voigtländischer Anzeiger, 14.10.1815 und 18.11.1815.

Dorsch, Walter: Vogtl. Kriegsereignisse bis zum Ende des siebenjährigen Krieges, in: Bunte Bilder aus der Vergangenheit des Vogtlandes und seiner Kreisstadt Plauen, Plauen 1911, S. 37–56.

Droysen, G.: Holcks Einfall in Sachsen im Jahre 1633, in: Neues Archiv für Sächsische Geschichte und Alterthumskunde, Bd. 1, H. 1, Dresden 1880, S. 14–65, 129–183.

Eger, Paul: Einquartierung in Plauen zu Beginn des Siebenjährigen Krieges, 1756–1757, in: Mitteilungen des Vereins für vogtländische Geschichte und Altertumskunde zu Plauen i. V., 43. Jahresschrift, Plauen 1941, S. 77–96.

Falk, Rudolf: Waffen, Soldatentum und Kriegsgeschehen, Vogtländisches Kreismuseum zu Plauen, 4. Jahresgabe 1941, Plauen 1941.

Fischer, William: Die Schweden in Sachsen, insbesondere im Vogtlande 1706 und 1707, in: Festschrift zur Feier des fünfzigjährigen Bestehens des Vogtländischen Alterthumsforschenden Vereins in Hohenleuben nebst dem 44., 45. und 46. Jahresbericht und Festbericht, o. O. u. J. [1876], S. 10–64.

Fischer, William: Neue Materialien zur Geschichte Plauens im Jahre 1632, in: Mitteilungen des Altertumsvereins zu Plauen i. V., 17. Jahresschrift, Plauen 1906, S. 75–82.

Günther, Arno: Die Schweden im Vogtlande 1706–1707, in: Mitteilungen des Altertumsvereins zu Plauen i. V., 17. Jahresschrift, Plauen 1906, S. 205–218.

Kaffenberger, Philipp/Kraft, Wilhelm: Roßdorf und Gundernhausen im Dreißigjährigen Krieg. Beiträge zu Geschichte, Kultur und Brauchtum von Roßdorf und Gundernhausen, Roßdorf 1987.

Söllner, Max: Geschichtliches aus dem Vogtland. Nach Urkunden und anderen alten Niederschriften, Plauen 1935.

Plauen im Sekundogeniturfürstentum Sachsen-Zeitz von 1657 bis 1718

Anmerkungen

1 Schattkowsky/Wilde 2010, S. 308–309.
2 StadtA Pl, NR II I A 17, Bl. 19.
3 StadtA Pl, Geutebrück, Abschrift, S. 12–16.
4 Ebd., S. 16–18.
5 Ebd., S. 20–22.

Archivalische Quellen

Stadtarchiv Plauen:

A. S. 13, Amt Plauen – erste Baurechnung über den Schlossbau 19. Febr. bis auf den Abend vor Michaelis 1670.

A. S. 14, Schloss- und Schlossturmbau 1670/71, 1675, 1715/1727.

Ha 40, Geutebrück, Gottfried: Chronica der Stadt Plauen im Voigtlande (Abschrift durch Ernst Pietsch; originale Handschrift um 1709, Universitätsbibliothek Halle).

NR II I A 17, Eidbuch der Stadt Plauen I, 1681–1765.

RR I I 27, Kämmereirechnungen Plauen, 1589/90.

Literatur und sonstige Quellen

Blanckmeister, Franz: Sächsische Kirchengeschichte, Dresden 1899.

Fiedler, Hermann: Beiträge zur Geschichte der Stadt Plauen, Plauen 1876.

Fischer, William: Cardinal Herzog Christian August zu Sachsen-Zeitz und die Deutschordensballei Thüringen, in: Mitteilungen des Altertumsvereins zu Plauen i. V., 3. Jahresschrift, Plauen 1883, S. 1–27.

Johnson, Eduard: Hofstaat und Jagdgefolge in Plauen 1680 (Vogtländische Altertümer XC), in: Vogtländischer Anzeiger und Tageblatt, 13.5.1900.

Matzerath, Josef: Aspekte sächsischer Landtagsgeschichte. Die Mitglieder der (kur-)sächsischen Landstände 1694 bis 1749, Dresden 2015.

Neupert sen., Alwin: Schloß Reusa, seine Vorbesitzer und der durch eingeworfene Fehdebriefe daselbst im Jahre 1746 erregte Aufstand, nach einem Aktenstück aus dem Reusaer Schloßarchiv, in: Mitteilungen des Altertumsvereins zu Plauen i. V., 21. Jahresschrift, Plauen 1910, S. 102–116.

Neupert sen., Alwin: Altplauische Winkel und Sonstiges was der Vergessenheit anheimzufallen droht. 4. Urkundliche Nachrichten über den »roten Turm«, in: Mitteilungen des Altertumsvereins zu Plauen i. V., 25. Jahresschrift, Plauen 1915, S. 102–104.

Säckl, Joachim: Barocke Fürstenresidenzen an Saale, Unstrut und Elster. Schlösser und Museen, Petersberg 2007.

Schattkowsky, Martina / Wilde, Manfred (Hrsg.): Sachsen und seine Sekundogenituren. Die Nebenlinien Weißenfels, Merseburg und Zeitz (1657–1746) (Schriften zur Sächsischen Geschichte und Volkskunde, Bd. 33), Leipzig 2010.

Religion und Sakralarchitektur

Anmerkungen

1 Wild, Aegidius: Chalkomn-emosynon Oder Glocken-Gedächtnüß/ Warumb solche bey einer Christlichen Gemeine gebrauchet werden/ und was sich ein ieder Christ sein Christenthumb recht zuführen bey dem Glocken-Klang und Gebrauch erinnern sol. [...], Zwickau 1649.

Archivalische Quellen

Kirchenarchiv St. Johannis Plauen:
Tv 3a, Proclamationsbuch 1648–1679.

Stadtarchiv Plauen:

I IV I B 1 A, Der 1693 auf hiesigem Gottesacker angefangene neue Kirchenbau, 1693.

I IV I B 11, Die beim Consistorium zu Leipzig von Advocat Karl August Meisner wegen Schadhaftigkeit der Orgel in der hiesigen Gottesackerkirche gemachte Anzeige, 1819.

I IV III C 1, Kaufmann Carl Heinrich Höfers Stiftungen, 1787.

A. S. 3, Summarische Registratur wegen des Consistoriums zu Plauen, 1513–1583.

NR II I B 3, Was bei der Anwesenheit des ObristLieut. und Bau-Directoris Johann Christoph Naumann von Dresden in Plauen anno 1720 ergangen ist, 1720.

NR IVB 1, 3. Bauregister über die Pfarrkirche zu Plauen, 1557.

NR IVB 7, Kämmereirechnung Plauen – Erkaufung einer neuen Orgel in der Kirche zu Plauen nach dem Brand von 1635, 1622–1707.

RR I IV I 70A, Kirchen-Inspektion Plauen, Verzeichnis des Vermögens der Haupt- und Pfarrkirche St. Johannis zu Plauen vom 31. Dezember 1849, 1850.

RR I XVI 1b, Gemeine Kastenrechnungen Plauen, 1548/49.

RR I XVIII 1, Gotteshausrechnungen Plauen, 1559–1579.
RR I XVIII 2, Gotteshausrechnungen Plauen, 1597–1619.
RR I XVIII 3, Gotteshausrechnungen Plauen, 1620–1654.
RR I XVIII 4, Gotteshausrechnungen Plauen, 1692–1693.
RR I XVIII 5, Gotteshausrechnungen Plauen, 1693–1694.

Literatur und sonstige Quellen

Aujesky, Joachim: Exulanten aus Kärnten in Plauen. Die Familie Wurtz/Wurtzer/Wurzer, in: Blätter für fränkische Familienkunde, Bd. 29 (2006), S. 57–67.

Bautz, Friedrich Wilhelm: Franz, Wolfgang, in: Biographisch-Bibliographisches Kirchenlexikon, Bd. 2, Hamm 1990, Sp. 112.

Christlicher Sermon, Welcher Bey Legung Des Grund-Steins Zu der neuen Gottes-Acker-Kirchen/ allhier zu PLAUEN/ In Volckreicher Versammlung/ Den 24. Aug. 1693. gehalten worden/ Von M. Johann Heiffeln/SS. Th.Bacc. Superintend. Und Pastore primario daselbsten. Gedruckt bey Paul Friedrich Hallern.

Festschrift zur 800jährigen Jubelfeier der St. Johannis-Kirche zu Plauen, Plauen 1922.

Festschrift zur Weihe der wiederaufgebauten Hauptkirche St. Johannis, Plauen (Vogtl.) 25. Oktober 1959.

Fischer, William: Die kryptocalvinistischen Geistlichen des Vogtlandes: in Neue Vogtländische Zeitung, 3. Beilage, 27.4.1902.

Fischer, William: Eine Bittschrift der Geistlichen und Lehrer Plauens aus dem Jahre 1598, in: Mitteilungen des Altertumsvereins zu Plauen i. V., 17. Jahresschrift, Plauen 1906, S. 167–171.

Georg Samuel Dörffel (1643–1688). Theologe und Astronom. Wissenschaftliches Kolloquium »Georg Samuel Dörffel und seine Zeit« 23./24. Oktober 1993 in Plauen (Vogtl.), hrsg. vom Verein für vogtländische Geschichte, Volks- und Landeskunde, Plauen 1994.

Gerlach, Rudolf: Dörffel, Georg Samuel, in: Neue Deutsche Biographie 4 (1959), S. 30 f. (Online-Version). URL: https://www.deutsche-biographie.de/pnd11948689X.html#ndbcontent (Zugriff am 25.4.2021).

Günther, Georg: Geschichte des Orients Plauen. Festgabe zum Hundertjähren Jubiläum der Freimaurerloge daselbst, Plauen 1889.

Hartenstein, R. J.: Das Altarwerk der Lutherkirche zu Plauen, in: Vogtländisches Jahrbuch, 5. Jg., Plauen 1927, S. 22–29.

Hartenstein, R. J.: Die gotischen Schnitzwerke der Stadt, in: Plauen. Ein kleines Stadtbuch (Museumsreihe, Heft 25), Plauen 1963, S. 112–117.

Hertrampf, Hans-Dieter: Hoë von Hoënegg – sächsischer Oberhofprediger 1613–1645, in: Herbergen der Christenheit. Jahrbuch für deutsche Kirchengeschichte 1969, Berlin 1970, S. 129–148.

Hoë von Hoënegg, Matthias: Vale Carissima Plavia. Das ist/ Christlicher Abschied/ den D. Hoe/ dazumal Churfürstlicher Superintendens zu Plauen/ von seinen lieben Zuhörer daselbst/ auch gantzer incorporirten Land- und Priesterschafft genommen hat: Zum Gedächtnüß vnd auff begeren/ in Druck verfertiget, Leipzig 1612.

Irmisch, Gottlieb Friedrich: Das höchstrühmliche Andencken des vormahls um Plauen Hochverdient gewesenen Churfl. Sächs. Ober Hof Predigers D. Matthiä Hoe von Hoenegg […], Plauen 1746.

Klueting, Harm: Pezel, Christoph, in: Neue Deutsche Biographie 20 (2001), S. 287 f. (Onlinefassung). URL: https://www.deutsche-biographie.de/pnd116139374.html (Zugriff am 18. 5. 2021).

Ludwig, Ulrike: Christoph Pezel, in: Sächsische Biographie, hrsg. vom Institut für Sächsische Geschichte und Volkskunde e. V. Online-Ausgabe. URL: http://www.isgv.de/saebi/ (Zugriff am 18. 5. 2021).

Oettel, Johann Paul: Zuverlässige Historie aller Herren Pastoren und Superintendenten Der Königl. Pohln. Und Churfürstl. Sächßl. Creyß-Stadt Plauen im Voigtlande, Seit der Reformation des seel. Herrn D. Martin Luthers, biß auf gegenwärtige Zeiten. Nebst einigen zur Plauischen Kirchen- und Reformations-Geschichte dienlichen Anmerckungen, Aus richtigen Uhrkunden und Nachrichten gesammlet von Johann Paul Oettel, Cive Plaviensi, Schneeberg 1747.

Pfitzner, Elvira: Zum 350. Geburtstag des Plauener Gelehrten Georg Samuel Dörffel, in: Mitteilungen des Vereins für vogtländische Geschichte, Volks- und Landeskunde, 3. Jahresschrift, Plauen 1994, S. 45–52.

Pietsch, Ernst: Die Salzburger Emigranten in Plauen 1732, in: Vogtländischer Anzeiger und Tageblatt, Beilage Beschaulich daheim, 17. 7. 1932.

Reinhardt, Curt: Magister Georg Samuel Dörffel. Ein Beitrag zur Geschichte der Astronomie im 17. Jahrhundert, in: Mitteilungen des Altertumsvereins zu Plauen i. V., 2. Jahresschrift, Plauen 1882, S. 1–77.

Schröder, A.: Die Silberschätze der Johanniskirche zu Plauen i. V., in: Vogtländisches Jahrbuch, 7. Jg., Plauen 1929, S. 30–32.

Siegert, Hans: Georg Samuel Dörffel, der vogtländische Pfarrer und Astronom, in: Vogtländischer Anzeiger und Tageblatt, Beilage Vogtland meine Heimat, 6. 8. 1938.

Stichert, Franz Otto: Mittheilungen über einige voigtländische Exulanten, aus Diptycha Exulum oder Exulanten-Register etc. von Dr. George Heinr. Götze, Sup. in Lübeck. Altenburg bei J. L. Richter 1714, in: 18. und 19. Jahresbericht des Voigtländischen Alterthumsforschenden Vereins, Jahr 1843 und 1844, Gera o. J., S. 73–80.

Wartenberg, Günther: Ernestiner und Albertiner in der Reichs-, Landes und Kirchenpolitik 1554–1601, in: Sächsische Heimatblätter, 1/2004, S. 43–51.

Weisflog, Theodor: Altes und Neues aus der Geschichte der Lutherkirche, Plauen 1900.

Weiß, Frank: Das Südportal der Plauener Lutherkirche und sein Meister, in: Mitteilungen des Vereins der Freunde und Förderer des Vogtlandmuseums Plauen e. V., 5. & 6. Jahresschrift, Plauen 1996, S. 11–13.

Weiß, Frank: Plauen Lutherkirche (Schnell, Kunstführer Nr. 2305), Regensburg 1997.

Weiß, Frank: 875 Jahre St. Johanniskirche in Plauen. Zum Jubiläum der urkundlichen Ersterwähnung von Kirche und Ort, in: Sächsische Heimatblätter, Jg. 43, 4/1997, S. 190–196.

Weiß, Frank: Plauen Hauptkirche St. Johannis (Schnell, Kunstführer Nr. 2304), 2. Aufl., Regensburg 2006.

Weiß, Frank: Aus Plauens Friedhofsgeschichte, in: 100 Jahre Hauptfriedhof & Krematorium Plauen 1918–2018, Plauen 2018, S. 8–11.

Weiß, Frank: Orgelgeschichte(n) der Lutherkirche Plauen, in: Kalender Sächsische Heimat, 29. Jg., 2021.

Zehmisch, Heinz: Erinnerung an Dr. Christoph Pezel, einem Plauener und Schüler von Philipp Melanchthon, in: Mitteilungen des Vereins für vogtländische Geschichte, Volks- und Landeskunde, 10. Jahresschrift, Plauen 2004, S. 43–46.

Zezschwitz, von: Eine Geschichte des Consistoriums zu Plauen i. V. im 16. Jahrhundert. Mitgeteilt aus einem Aktenstück der Kgl. Superintendentur Plauen i. V., in: Mitteilungen des Altertumsvereins zu Plauen i. V., 20. Jahresschrift, Plauen 1909, S. 244–248.

Architektur, Kunst, Kunsthandwerk und Musik

Anmerkungen

1 StadtA Pl, Geutebrück, Abschrift, S. 73.
2 Hampe 1904, S. 605.
3 StadtA Pl, Kartei Quatembersteuer.
4 StadtA Pl, Geutebrück, Abschrift, S. 158–159.
5 Ebd., S. 148.
6 LA Thür. StaatsA Greiz, HA 435, Nr. 8.
7 LA Thür. StaatsA Greiz, HA 435, Nr. 207.
8 StadtA Pl, RR I XVI 11.
9 StadtA Pl, RR I I 83 b.
10 StadtA Pl, RR I XVI 11.
11 StadtA Pl, I IV III C 1, Bl. 24 b.
12 StadtA Pl, NR IV B 7.
13 StadtA Pl, RR I I 82 a und 83 a.

Archivalische Quellen

Landesarchiv Thüringen – Staatsarchiv Greiz:
HA 435, Nr. 8, Hausarchiv Schleiz.

HA 435, Nr. 207, Hausarchiv Schleiz.

Stadtarchiv Plauen:
I IV III C 1, Kaufmann Carl Heinrich Höfers Stiftungen, 1787.

Ha 40 Geutebrück, Gottfried: Chronica der Stadt Plauen im Voigtlande (Abschrift durch Ernst Pietsch; originale Handschrift um 1709, Universitätsbibliothek Halle).

Handschriften, Nr. 1, Vier Briefe von Johann Sebastian Bach an den Rat der Stadt Plauen, Leipzig 1726.

Kartei zum Quatembersteuerregister 1719 Plauen.

Kirchenbuchkartei St. Johannis: Taufen 1567–1580, 1585–1698, 1699–1785; Trauungen 1567–1580, 1625–1800; Begräbnisse 1567–1580, 1700–1800.

NR IV B 7, Kämmereirechnung Plauen – Erkaufung einer neuen Orgel in der Kirche zu Plauen nach dem Brande von 1635, 1622–1707.

RR I I 80 a, Kämmereirechnungen Plauen, 1636/37.
RR I I 81 a, Kämmereirechnungen Plauen, 1637/38.
RR I I 82 a, Kämmereirechnungen Plauen, 1638/39.
RR I I 83 a, Kämmereirechnungen Plauen, 1639/40.
RR I I 83 b, Kämmereirechnungen Plauen, 1639/40.
RR I XVI 11, Gemeine Kastenrechnungen Plauen, 1641–1653.
RR I XVIII 1–5, Gotteshausrechnungen Plauen, 1559–1579, 1597–1619, 1620–1654, 1692–1693, 1693–1694.
UR IX 46, Vormünder- und Bürgerbuch der Stadt Plauen, 1570–1654.

Literatur und sonstige Quellen

Buchholz, Albin: Das Sertum musicale oder Musicanten Buch – ein bedeutendes Dokument zur Plauener Stadtmusikgeschichte, in: Mitteilungen des Vereins für vogtländische Geschichte, Volks- und Landeskunde, 3. Jahresschrift, Plauen 1994, S. 17–38.

Buchholz, Albin: Der Meister und sein Schüler. Vier Briefe Johann Sebastian Bachs nach Plauen, in: Mitteilungen des Vereins für vogtländische Geschichte, Volks- und Landeskunde, 7. Jahresschrift, Plauen 2000, S. 44–48.

Buchholz, Albin: Zum vogtländischen Orgelbau im 16./17. Jahrhundert, in: Mitteilungen des Vereins für vogtländische Geschichte, Volks- und Landeskunde, 10. Jahresschrift, Plauen 2004, S. 34–42.

Buchholz, Albin: Orgeln im sächsischen Vogtland. Eine Dokumentation zu einer eindrucksvollen Orgellandschaft mit Fotos, Kommentaren und Kurzbiographien (212. Veröffentlichung der Gesellschaft der Orgelfreunde), Altenburg o. J.

Dähnert, Ulrich: Historische Orgeln in Sachsen. Ein Orgelinventar, Frankfurt 1980.

Fischer, Hermann/Wohnhaas, Theodor: Historische Orgeln in Oberfranken (107. Veröffentlichung der Gesellschaft der Orgelfreunde), München/Zürich 1985.

Flade, Ernst: Der Orgelbauer Gottfried Silbermann. Ein Beitrag zur Geschichte des deutschen Orgelbaues im Zeitalter Bachs, Leipzig 1926.

Hampe, Theodor: Nürnberger Ratsverlässe über Kunst und Künstler im Zeitalter der Spätgotik und Renaissance (1449) 1474–1618 (1633). I. Band (1449) 1474–1570, Wien/Leipzig 1904.

Hartenstein, R. J.: Die Thossener Kirche (Museumsreihe, Heft 24), Plauen 1962.

Hintze, Erwin (Hrsg.): Sächsische Zinngießer (Die deutschen Zinngießer und ihre Marken, Bd. 1), Leipzig 1921.

Marquardt, Peter. URL: http://www.hamburgerpersoenlichkeiten.de/hamburgerpersoenlichkeiten/login/person.asp (Zugriff am 19.11.2020).

Merkel, Walter: Vogtländische Musiker vor 1900 (Museumsreihe, Heft 12), Plauen 1957.

Neupert sen., Alwin: Vom Stadtpfeifer bis zur städtischen Kapelle in Plauen, in: Mitteilungen des Altertumsvereins zu Plauen i. V., 24. Jahresschrift, Plauen 1914, S. 155–160.

Neupert sen., Alwin: Der Ratsbeschluss vom Jahre 1829: »das in hohem Grade baufällige Rathaus abzubrechen und ein neues Rathaus zu erbauen«, in: Mitteilungen des Altertumsvereins zu Plauen i. V., 23. Jahresschrift, Plauen 1913, S. 73–78.

Neupert sen., Alwin: Wann und von wem ist das Haus Nr. 13 in der Königstraße (jetzt Gasthaus zur Königsburg) erbaut worden?, in: Mitteilungen des Altertumsvereins zu Plauen i. V., 24. Jahresschrift, Plauen 1914, S. 142–145.

Neupert sen., Alwin: Zwei Plauische berühmte Emailmaler, in: Mitteilungen des Altertumsvereins zu Plauen i. V., 24. Jahresschrift, Plauen 1914, S. 151–154.

Neupert sen., Alwin: Vom Stadtpfeifer bis zur städtischen Kapelle in Plauen, in: Mitteilungen des Altertumsvereins zu Plauen i. V., 24. Jahresschrift, Plauen 1914, S. 155–160.

Pietsch, Ernst: Der Festsaal im Vogtländischen Kreismuseum zu Plauen, in: Vogtländisches Jahrbuch, 4. Jg., Plauen 1926, S. 49–51.

Pietsch, Ernst: Der »Igel« an der Alten Apotheke zu Plauen, in: Vogtländischer Anzeiger und Tageblatt, 24.1.1935.

Rosenberg, Marc: Der Goldschmiede Merkzeichen, Bd. 3: Deutschland N–Z, Frankfurt a. M. 1925.

Schröder, A.: Die Silberschätze der Johanniskirche zu Plauen i. V., in: Vogtländisches Jahrbuch, 7. Jg., Plauen 1929, S. 30–32.

Seiffert, Max: Das Plauener Orgelbuch von 1708, in: Archiv für Musikwissenschaft, 2. Jg. (1919–1920), Bückeburg/Leipzig 1919/20, S. 371–393.

Steube, Karl Werner: Häuserbuch der Stadt Plauen 1506–1844 (unveröffentlichte Forschungsarbeit), 1968 (StadtA Pl, Forschungsarbeiten, Nr. 258).

Vollhardt, Reinhard: Geschichte der Cantoren und Organisten von den Städten im Königreich Sachsen, Berlin 1899.

Weiß, Frank: Der Festsaal im Vogtlandmuseum Plauen, in: Mitteilungen des Vereins der Freunde und Förderer des Vogtlandmuseums Plauen e. V., 3. & 4. Jahresschrift, Plauen 1994, S. 7–8.

Weiß, Frank: Das Südportal der Plauener Lutherkirche und sein Meister, in: Mitteilungen des Vereins der Freunde und Förderer des Vogtlandmuseums Plauen e. V., 5. & 6. Jahresschrift, Plauen 1996, S. 11–13.

Weiß, Frank: Malerei im Vogtland. Bildwerke und Maler aus neun Jahrhunderten, Plauen 2002.

Plauen als Druckort

Anmerkungen

1 StadtA Pl, UR IX 46, Bl. 226 b.

Archivalische Quellen

Stadtarchiv Plauen:
UR IX 46, Vormünder- und Bürgerbuch der Stadt Plauen, 1570–1654.

Literatur und sonstige Quellen

Herbst, Klaus-Dieter: Fülle, Johannes, in: Biobibliografisches Handbuch der Kalendermacher von 1550 bis 1750. URL: https://www.presseforschung.unibremen.de/dokuwiki/doku.php?id=fuelle_johann (Zugriff am 1.6.2021).

Neupert sen., Alwin: Buchdruck, Buchhandel und Zeitungswesen in Plauen bis zum Ende des 19. Jahrhunderts, in: Mitteilungen des Vereins für vogtländische Geschichte und Altertumskunde zu Plauen i. V., 28. Jahresschrift, Plauen 1918, S. 87–98.

Das Postwesen

Anmerkungen

1 StadtA Pl, RR I I 83a.
2 Eger 1927, S. 72.

Archivalische Quellen

Stadtarchiv Plauen:
RR I I 83a, Kämmereirechnungen Plauen, 1639/40.

Literatur und sonstige Quellen

Beierlein, Paul Reinhard/Taubert, Erhard: Aus Leben und Werk Adam Friedrich Zürners (Museumsreihe, Heft 39), Plauen 1972.

Eger: Beiträge zur Geschichte des Postwesens in der Kreisstadt Plauen und im Vogtland und zur Geschichte der Postfamilien Albert und Irmisch, Plauen i. V. 1927.

Voigt, E.: Über sächsische und insbesondere vogtländische Postverhältnisse in den Jahren 1722–1823, in: Bunte Bilder aus der Vergangenheit des Vogtlandes und seiner Kreisstadt Plauen, Plauen 1911, S. 108–113.

Die Stadt Plauen am Ende des 18. Jahrhunderts

Anmerkungen

1 Leonhardi 1796, S. 311–312; der Hinweis auf die Erbauung des Manufakturhauses – des heutigen Weisbachschen Hauses – in Crottendorfer Marmor ist unzutreffend.

Literatur und sonstige Quellen

Leonhardi, Friedrich Gottlob: Handbuch für Reisende durch die sächsischen Lande, Leipzig 1796.

3 Das »lange 19. Jahrhundert« – Auftakt zur neuzeitlichen Stadtentwicklung, Industrialisierung, Großstadtbildung

Gesamtes Kapitel

Literatur und sonstige Quellen

Adressbücher der Kreisstadt Plauen i. V., 1854–1904/05, Plauen 1904.

Bericht über den Stand und die Verwaltung der Gemeindeangelegenheiten der Kreisstadt Plauen i. V. auf die Jahre 1865/66–1889/90, 1. und 2. Teil, Plauen 1890; auf das Jahr 1894, Plauen 1895; auf das Jahr 1895, Plauen 1896; auf das Jahr 1897, Plauen 1898; auf das Jahr 1898, Plauen 1899.

Bericht über die Verwaltung und den Stand der Gemeindeangelegenheiten der Kreisstadt Plauen i. V. auf die Jahre 1899 und 1900, Plauen 1902; auf die Jahre 1901 und 1902, Plauen 1904; auf die Jahre 1903 und 1904, Plauen 1906.

Neupert, Alwin: Kleine Chronik der Stadt Plauen i. Vogtl. von 1122 bis zum Ausgang des 19. Jahrhunderts, Plauen 1908.

Neupert, Alwin: Kleine Chronik der Stadt Plauen i. Vogtl., Neue Folge 1901–1908, Plauen 1909.

Herausragende Vorgänge im Plauener Zeitgeschehen

Archivalische Quelle

Stadtarchiv Plauen:

NL Dr. Rudolf Falk, Nr. 3, Bd. 2, Stadtgeschichte O–Z, 1932–1944, Fehre, Arno: Plan der Stadt Plauen vom Jahre 1795 (maschinenschriftl. Manuskript), Bl. 44–46.

Literatur und sonstige Quellen

Biedermann, Yvonne: Karl Braun (1807–1868). Leben und Werk, Hamburg 2009.

Buchholz, Albin: Johann Friedrich Fincke – Kantor und »Achtundvierziger«, in: Vogtländische Heimatblätter, Jg. 19, 2/1999, S. 22–23.

Donnerhack, Rudolf: Aufruhr, Not, Krieg im Vogtland 1790–1815 (Museumsreihe, Heft 15), Plauen 1958.

Falk, Rudolf: Geschichte der Kreisstadt Plauen, in: Adressbuch der Kreisstadt Plauen, 1942/43, Plauen 1943, S. 9–24.

Friedreich, Sönke: Der Weg zur Großstadt. Stadtentwicklung, bürgerliche Öffentlichkeit und symbolische Repräsentation in Plauen (1880–1933), Leipzig 2017.

Fritzsche, Reinhard: Von den ersten vogtl. Dampfmaschinen, in: Vogtländischer Anzeiger und Tageblatt, 28. 2. 1937.

Groß, Reiner: Geschichte Sachsens, Dresden/Leipzig 2007.

Günther, Oscar: Franz Moritz Kirbach. Lebensbild eines deutschen Mannes, Plauen 1905.

Hager, Ronny: Braun, Karl – Dr. h. c., in: Berühmte Vogtländer, hrsg. vom Verein für vogtländische Geschichte, Volks- und Landeskunde, Bd. III, Plauen 2002, S. 17.

Kramer, Gerd: Haselbrunn, seit 1899 Stadtteil von Plauen, in: Plauen und das mittlere Vogtland (Werte unserer Heimat, Bd. 44), hrsg. von einem Autorenkollektiv unter Leitung von Horst Fröhlich, Berlin 1986, S. 83–85.

Kramer, Gerd: Chrieschwitz, seit 1900 Stadtteil von Plauen, in: Plauen und das mittlere Vogtland (Werte unserer Heimat, Bd. 44), Berlin 1986, S. 87–88.

Kramer, Gerd: Reusa, seit 1903 Stadtteil von Plauen, in: Plauen und das mittlere Vogtland (Werte unserer Heimat, Bd. 44), Berlin 1986, S. 128–130.

Kramer, Gerd: 100 Jahre Eingemeindung von Haselbrunn, in: Mitteilungen des Vereins für vogtländische Geschichte, Volks- und Landeskunde, 7. Jahresschrift, Plauen 2000, S. 4–24.

Kramer, Gerd: 100 Jahre Eingemeindung von Chrieschwitz, in: Mitteilungen des Vereins für vogtländische Geschichte, Volks- und Landeskunde, 8. Jahresschrift, Plauen 2001, S. 18–41.

Kramer, Gerd: Die Herausbildung der Großstadt Plauen, in: Mitteilungen des Vereins für vogtländische Geschichte, Volks- und Landeskunde, 9. Jahresschrift, Plauen 2003, S. 82–119.

Krauß, Rudolf: Das sächsische Vogtland in der Bewegung von 1848–1850, Plauen 1935.

Mammen, Franz von: Franz August Mammen in Plauen, Dresden/Leipzig 1935.

Meinel, Kurt: Otto Leonhard Heubner. Sein Leben, seine turngeschichtliche und politische Bedeutung, Dresden 1928.

Neupert, Alwin: Kriegsdrangsale und Heimsuchungen der Stadt Plauen während der Napoleonischen Kriege, in: Mitteilungen des Altertumsvereins zu Plauen i. V., 26. Jahresschrift, Plauen 1916, S. 284–312.

Neupert, Alwin: Werdegang der Stadt Plauen im Vogtland, Plauen 1917.

Neupert, Alwin: Zwei Jahre des bittersten Notstandes 1817 und 1847, in: Mitteilungen des Vereins für vogtländische Geschichte und Altertumskunde zu Plauen i. V., 29. Jahresschrift, Plauen 1919, S. 95–98.

Niebour: Plauener in der Frankfurter Nationalversammlung, in: Mitteilungen des Vereins für vogtländische Geschichte und Altertumskunde zu Plauen i. V., 28. Jahresschrift, Plauen 1918, S. 55–61.

Pietsch, Ernst: Die Geschichte der Stadt Plauen, in: Deutschlands Städtebau. Plauen i. Vogtl., Berlin 1926, S. 3–9.

Pietsch, Ernst: Ein bisher unbekannter Plan der Stadt Plauen vom Jahre 1795 aufgefunden, in: Vogtländischer Anzeiger und Tageblatt, 2. 9. 1932.

Poenicke, Gustav Adolf: Voigtländischer Kreis, in: Album der Schlösser und Rittergüter im Königreiche Sachsen. V. Section, Leipzig o. J. [1859].

Rank, Max: Die Revolution 1848–1849 im Vogtland (Museumsreihe, Heft 7), Plauen 1956.

Schrader, Wolfgang: Zwischen Trikolore und Zarenadler. Die Stadt Plauen in der Zeit von 1806 bis 1813, Plauen 1995.

Veränderungen in der Stadtverwaltung und bei den zentralörtlichen Institutionen

Archivalische Quellen

Stadtarchiv Plauen:

I II IA 2, Die Einführung der allgemeinen Städte-Ordnung und Errichtung der örtlichen Statuten, 1832.

I II IA 64, Feier zur Erinnerung an die vor 25 Jahren erfolgte Einführung der Städteordnung in Plauen und das 25-jährige Amtsjubiläum, 1857.

I III IVB 348a, Umbau des Stadthauses, 1875.

Literatur und sonstige Quellen

Allgemeine Städteordnung für das Königreich Sachsen, Dresden 1832.

Bürgermeister Wieprecht, in: Vogtländischer Anzeiger und Tageblatt, 6. 1. 1905.

Die Feier der Einführung der neu erwählten obrigkeitlichen Behörden in der Kreis-Stadt Plauen, in: Voigtländischer Anzeiger, 10. 11. 1832.

Die Feuersbrünste, in: Fiedler, Hermann: Beiträge zur Geschichte der Stadt Plauen, Plauen 1876, S. 169–192.

Die Wasserfluthen, in: Fiedler, Hermann: Beiträge zur Geschichte der Stadt Plauen, Plauen 1876, S. 158–169.

Eger, Paul: Beiträge zur Geschichte des Postwesens in der Kreisstadt Plauen und im Vogtland und zur Geschichte der Postfamilien Albert und Irmisch in Plauen, Plauen 1927.

Eine Ehrenpflicht für Plauen, in: Unser Vogtland, Bd. II, 3. Heft/Juni 1895, S. 106–110.

Enzmann, Max: Die Bürgermeister der Kreisstadt Plauen, in: Vogtländischer Anzeiger und Tageblatt, 20. 7., 22./23. 7. und 25. 7. 1944.

Festausgabe der Vaterländischen Lieder und Gedichte von O. Kuntze-Plauen i. V. Den deutschen Bürgerschützen gewidmet zum XII. Mitteldeutschen Bundesschießen in Plauen i. V., Plauen 1889.

Fortbildungsschuldirektor Herold, in: Vogtländischer Anzeiger und Tageblatt, 13. 5. 1915.

Friedreich, Sönke: Standpunkte und Standorte. Stadtentwicklung und Denkmalsdiskussionen in Plauen i. V. 1871–1900, in: Volkskunde in Sachsen, 27/2015, S. 49–86.

Friedreich, Sönke: Eine provinzielle Großstadt. Städtische Selbstwahrnehmung in Plauen/Vogtl. um 1900, in: Moderne Stadtgeschichte, 1/2018, S. 108–126.

Jahresbericht des Rathes der Kreisstadt Plauen 1845, Plauen 1847.

Königlich Sächsische Revidierte Städteordnung und Städteordnung für mittlere und kleine Städte vom 24. April 1873, Leipzig 1898.

Kramer, Gerd: Die urbane Aufwertung von Plauen durch zentrale Funktionen – zur historisch-geographischen Situation vor der Kreisfreiheit, in: 100 Jahre Kreisfreiheit der Stadt Plauen, Plauen 2007, S. 28–43.

Mohr, Ferdinand: Plauen in der guten alten Zeit. Erinnerungen und Schilderungen eines alten Bürgers, Plauen 1913.

Neupert, Alwin: Das »alte« Sparkassen-Gebäude, in: Mitteilungen des Altertumsvereins zu Plauen i. V., 24. Jahresschrift, Plauen 1914, S. 146–149.

Rechenschafts-Bericht des Rathes der Stadt Plauen 1854, Plauen 1855.

Röber, Martina: Kuntze, Oskar Theodor, in: Berühmte Vogtländer, hrsg. vom Verein für vogtländische Geschichte, Volks- und Landeskunde, Bd. III, Plauen 2002, S. 53.

Röber, Martina: Verwaltungsgeschichtliche Aspekte zu Beginn des kommunalpolitischen Wandlungsprozesses und der urbanen Aufwertung der Stadt Plauen, Vortragsmanuskript zur Veranstaltung der AG Stadtarchive und AG Kreisarchive in Chemnitz am 23. 11. 2007.

Röber, Martina: Von der Einführung der Sächsischen Städteordnung bis zur Bildung der bezirksfreien Stadt Plauen im Jahre 1907, in: 100 Jahre Kreisfreiheit der Stadt Plauen, Plauen 2007, S. 3–16.

Röber, Martina: Aus der Geschichte des amerikanischen Konsularbezirks Plauen im Vogtland (1887–1917), in: Mitteilungen des Vereins für vogtländische Geschichte, Volks- und Landeskunde, 22. Jahresschrift, Plauen 2016, S. 152–171.

Verzeichnis der wichtigsten Gesetze und Verordnungen der Staatsreformen 1830–1846, in: Sächsische Heimatblätter, Jg. 29, 1/1983, S. 43.

Vetter, Klaus: »Licht aus!« Die Plauener Gefängnisgeschichte, Plauen 2007.

Wolf, Hasso: Chronik der Sparkasse in Plauen, Plauen 2003.

Zehrer, Adalbert: Aufhebung des »Vogtländischen Kreises« und Errichtung der Amtshauptmannschaft Plauen mit Voigtsberg vor 100 Jahren, in: Vogtländische Zeitung und Tageblatt, 29. 5. 1935.

Herausbildung von Gewerbe und Industrie

Die Entstehung der Weißwaren- und Stickereiindustrie

Archivalische Quellen

Sächsisches Staatsarchiv – Hauptstaatsarchiv Dresden:
10078, Landes-Ökonomie-, Manufaktur- und Kommerziendeputation, Nr. 1568, Kattundruckerei zu Plauen, 1792–1811.

Ebd., Nr. 1473, Baumwollspinnerei auf Maschinen, 1814–1829.

Stadtarchiv Plauen:
I I V A34, Immobiliarversicherungswesen der Stadt Plauen – Veränderungen, 1857–1859.

Brandversicherungskataster der Stadt Plauen, 1850.

Brandversicherungskataster der Stadt Plauen – Nachträge, Bd. 2, 1846–1850.

GK 1, 17 Böhler.

Literatur und sonstige Quellen

Bein, Louis: Die Industrie des sächsischen Vogtlandes. Wirtschaftsgeschichtliche Studie. 2. Teil: Die Textilindustrie, Leipzig 1884.

Forberger, Rudolf: Industrielle Revolution in Sachsen 1800–1861. Die Revolution der Produktivkräfte in Sachsen 1800–1831, Bd. 1 und 2, Berlin 1982.

König, Albin: Die sächsische Baumwollindustrie am Ende des vorigen Jahrhunderts und während der Kontinentalsperre. Leipziger Studien aus dem Gebiet der Geschichte, Leipzig 1899.

Schmidt, Rudolf: Plauensche Jugenderinnerungen. Niedergeschrieben im 81. Lebensjahre, Plauen 1913.

Teuscher, Arno: Beiträge zur Geschichte der »Erholung« unter besonderer Berücksichtigung ihrer familien- und kulturgeschichtlichen Bedeutung für die Stadt Plauen und die Zeit von 1790–1860. Festschrift zur Feier des 125jährigen Bestehens der Plauener »Erholungsgesellschaft«, Plauen 1936.

Tröger, Otto: Friedrich Ludwig Böhler. Lebensbild eines Plauischen Handelsherrn und Industriellen. Nach seinen Aufzeichnungen bearbeitet, Plauen 1914.

Voigtländischer Anzeiger, 12. 6. 1807.

Nachlass Weisbach (in Privatbesitz der Familie).

Die zunehmende Dominanz der Stickerei- und Spitzenindustrie

Literatur und sonstige Quellen

Bein, Louis: Die Industrie des sächsischen Vogtlandes. Wirtschaftsgeschichtliche Studie. 2. Teil: Die Textilindustrie, Leipzig 1884.

Bericht über die Verwaltung und den Stand der Gemeindeangelegenheiten der Kreisstadt Plauen i. V. auf die Jahre 1905, 1906 und 1907, Plauen 1909; auf die Jahre 1911, 1912 und 1913, Plauen 1925.

Die Groß-Industrie des Königreichs Sachsen in Wort und Bild, 1. Teil, Leipzig 1892; 2. Teil, Leipzig 1893.

Erhardt, Willy: Das Glück auf der Nadelspitze, Plauen 1995.

Forkel, Albert / Zimmermann, Ottomar: Plauener Spitzen und Stickereien, in: Salonblatt – Moderne illustrierte Wochenschrift für Gesellschaft, Theater, Kunst und Sport, Jg. 5, Nr. 18, Dresden 1910.

Freier, Klaus: Von der Handstickerei zum Stickautomat. Zur Geschichte und Zukunft der vogtländischen Spitzen- und Stickereiindustrie, in: Sächsische Heimatblätter, Jg. 41, 3/1995, S. 133–136.

Fritzlar, Jürgen: Die Entwicklungen in der vogtländischen Spitzen- und Stickereiindustrie, in: Eurostitch Magazine, Ausgabe 4, Nr. 21/1996.

Fröhlich, Horst: Plauens Weg zur Industriestadt, in: Plauen. Ein kleines Stadtbuch (Museumsreihe, Heft 25), Plauen 1963, S. 59–77.

Fröhlich, Horst / Schimmack, Ernst: Ursprung und Entwicklung der Plauener Spitzenindustrie, in: Sächsische Heimatblätter, Jg. 6, 8/1961, S. 465–475.

Glier, Erich: Die sächsische Spitzen- und Stickereiindustrie, Plauen 1932.

Hempel, Albert: Ein Lagenbild der vogtländischen Textilindustrie, Chemnitz 1925.

Lutterotti, Anton von: Südtiroler Landeskunde, Bozen 2000.

Naumann, Gerd: Plauen i. V. 1933–1945, hrsg. von Curt Röder, Plauen 1995.

Naumann, Gerd: Die Plauener Spitzen- und Stickereiindustrie in Vergangenheit und Gegenwart, in: Sächsische Heimatblätter, Jg. 43, 4/1997, S. 236–246.

Naumann, Gerd: Zur Geschichte des Vogtländisch-Erzgebirgischen Industrievereins zu Plauen i. V. 1888–1949, in: Mitteilungen des Vereins zur Förderung des Plauener Spitzenmuseums e. V., Jahresschrift für das Jahr 1997, Plauen 1998, S. 36–47.

Naumann, Gerd: Grundzüge der wirtschaftlichen Entwicklung in der Stadt Plauen von der Mitte des 19. Jahrhunderts bis zum Jahre 1914. Ein Beitrag zur Anatomie des Prozesses der Großstadtwerdung, in: Mitteilungen des Vereins für vogtländische Geschichte, Volks- und Landeskunde, 10. Jahresschrift, Plauen 2004, S. 53–71.

Naumann, Gerd: Caroline Marie Wilhelmina Krause, in: Frauenstraßennamen in Plauen (Faltblatt), hrsg. von der Stadt Plauen, Plauen 2006.

Naumann, Gerd: Schnorr, Fedor. Kaufmann, Unternehmer, Kommerzienrat, in: Berühmte Vogtländer, hrsg. vom Verein für vogtländische Geschichte, Volks- und Landeskunde, Bd. IV, Plauen 2008, S. 81.

Schuster, Horst: Plauen als Standort der Textilindustrie, Plauen 1937.

Tröger, Otto: Die geschichtliche Entwicklung der vogtländischen Textilindustrie, in: Salonblatt – Moderne illustrierte Wochenschrift für Gesellschaft, Theater, Kunst und Sport, Jg. 5, Nr. 18, Dresden 1910.

Tümpner, Walter G.: Aus der Geschichte der Stadt Plauen, 5. überarb. u. fortgeschr. Aufl., Plauen 2016.

Unser Vogtland. Heimatkundliche Lesestücke für die Schulen des sächsischen Vogtlandes, Leipzig 1913.

Wagner, Irene: Plauener Textilindustrien im 19. Jahrhundert in bedeutenden Firmen, Dissertation, Leipzig 1943.

Die Entwicklung industrieller und gewerblicher Unternehmen neben der Textilbranche

Archivalische Quellen

Archiv der St.-Johannis-Kirche Plauen:
Akte des Kirchenvorstandes: Erweiterung des im Juli 1866 neu angelegten Gottesackers v. J. 1880, Vol. II, 1876–1887.

Kirchenbücher St. Johannis: Aufgebotsbuch 1868/293; Taufbücher 1869/860, 1871/484, 1874/579, 1877/584, 1877/585, 1879/444, 1883/127; Sterbebuch 1881/415 (Anton Benjamin Liebner)

Sächsisches Staatsarchiv – Staatsarchiv Chemnitz:
30131 Amtsgericht Plauen, Nr. 505, Handelsregister für die Stadt Plauen, Bd. 5, 1884–1937, HR 263 Eisengießerei und Maschinenfabrik Hermann Tröger.

Ebd., Nr. 507, Handelsregister für die Stadt Plauen, Bd. 7, 1891–1936, HR 1259 Vogtländische Maschinenfabrik A.-G. und HR 1300 Maschinenfabrik Max Hornbogen.

Stadtarchiv Plauen:
I VI I 80B, Anzeigen über neu angemeldete Firmen, 1865–1879.

II III IVB 248, Vormalige Hornbogen'sche Grundstücke in der Hofer-Vorstadt, 1902–1911.

A. S. 123, Errichtung einer Ziegelei durch Zimmermeister Hofmann, 1876/78.

Bauakten: Brunnenstraße 13, ab 1871; Brunnenstraße 15, Bd. III, ab 1899; Hofer Straße 16, Bd. I, 1871–1920; Klemmstraße 7, Bd. I, 1904–1935; Neundorfer Straße 60/62, Bd. I, II, ab 1873; Ostenstraße 2, Bd. I, ab 1881; Trockentalstraße 35/37, Bd. I, 1881–1899; Trockentalstraße 33, 35, 37, Bd. II, 1894–1935; Trützschlerstraße 19, ab 1866; Trützschlerstraße 25, ab 1869.

Literatur und sonstige Quellen

50jähriges Bestehen der Geschäftsbücherfabrik von F. W. Kaiser, in: Vogtländischer Anzeiger und Tageblatt, 16. 4. 1905.

75 Jahre Aktienbrauverein zu Plauen, in: Vogtländischer Anzeiger und Tageblatt, 29. 11. 1932.

75jähriges Geschäftsjubiläum der Firma Carl Tröger, Sohl- und Vachelederfabrik in Plauen, in: Neue Vogtländische Zeitung, 26. 11. 1916.

100 Jahre Ludwig Gräf 1826–1926, Plauen o. J. [1926].

Adressbücher 1905–1906, 1906–1907, 1907–1908 der Kreisstadt Plauen i. V., Plauen 1905, 1906, 1907.

August Horch: Wir bauen Motorwagen für alle Zwecke. Stationen des Automobilbaus Reichenbach (Vogtl.) März 1902–Juni 1904, Reichenbach o. J. [2002].

Berichte des Gewerbevereins zu Plauen i. Vogtl., Plauen 1893–1901.

Brauereibesitzer W. F. Hammer, in: Vogtländischer Anzeiger und Tageblatt, 25. 7. 1908.

Deutschlands Jubiläumsfirmen. Handelskammerbezirk Plauen, Leipzig 1927.

Dick, Paul: Das Brauwesen der Stadt Plauen (unveröffentlichte Forschungsarbeit), o. J. (StadtA Pl, Forschungsarbeiten Nr. 112 a).

Erhardt, Willy: Das Glück auf der Nadelspitze. Vom Schicksalsweg der vogtländischen Stickereiindustrie, Plauen 1995.

Fein-Spinn-Maschinen-Bau in Plauen, in: Plauener Sonntags-Anzeiger, 2. 2. 1913.

Festschrift zum 100jährigen Bestehen der Firma J. G. Spranger, Plauen, Bauschlosserei und Eisenkonstruktion, 1826–1926, Plauen o. J.

Friedreich, Sönke: Städtische Industrialisierung in Sachsen, in: Sächsische Heimatblätter, Jg. 66, 2/2020, S. 94–100.

Gedenkschrift anläßlich des 25jährigen Geschäfts-Jubiläums der Dampf-Bier-Brauerei von Bernh. Hüttel Plauen i. V. 1873–1898, Plauen 1898.

Jahres-Berichte der Handels- und Gewerbekammer zu Plauen, Plauen 1864–1904.

Kramer, Gerd: Der Werdegang der Maschinenfabrik und Eisengießerei F. Beyer & Zetzsche in der Stadt Plauen im Vogtland, in: Mitteilungen des Vereins für vogtländische Geschichte, Volks- und Landeskunde, 19. Jahresschrift, Plauen 2013, S. 50–82.

Martens, Alex: 75jähriges Bestehen der Gastwirtschaft Tunnel in Plauen, in: Plauener Sonntags-Anzeiger, 7. 11. 1926.

Neupert, Alwin: Bierzwang in Plauen sonst und jetzt, in: Mitteilungen des Altertumsvereins zu Plauen i. V., 24. Jahresschrift, Plauen 1914, S. 160–166.

Rauh, Karl: Die Kreisstadt Plauen i. Vogtl., seine Geschichte, Industrie und Umgebung in Wort und Bild, Chemnitz o. J. [1907].

Starke, Holger: Vom Bürgerbräu zum Premium Pils. 100 Jahre Sternquell-Brauerei Plauen, Plauen o. J. [2007].

Suhr, Christian: Die Entstehung der Vogtländischen Maschinenfabrik AG Plauen zum Großunternehmen und ihre verschiedenen Produktionszweige, in: Mitteilungen des Vereins zur Förderung des Plauener Spitzenmuseums e. V., Jahresschrift für das Jahr 1997, Plauen 1998, S. 20–24.

Vogtländische Maschinenfabrik (vormals J.C. & H. Dietrich) Aktiengesellschaft Plauen i. V., Berlin 1922.

Zur Vierzig-Jahrfeier der Firma Emil Trömel in Plauen i. V. 1880–1920, Plauen o. J.

Die rasche und vielgestaltige Verstädterung

Die Ausdehnung der Bebauung mit Vorstädten

Archivalische Quellen

Stadtarchiv Plauen:

I III IVB 94, Gesuch des Maurermeisters Rädel um Erlaubnis zur Errichtung zweier Wohngebäude in dem ehemals Heubnerschen Garten an der Bahnhofstraße, 1851.

I III IVB 192, Feststellung des Neubauplanes für die Neundorfertor-Vorstadt, 1867.

I III IVB 245, Feststellung des Neubauplanes an beiden Seiten der Bahnhof-Vorstadt, 1872.

I III IVB 477, Feststellung des Bebauungsplanes für einen Teil der Kemmler-Vorstadt, 1878.

I III IVB 478, Feststellung des Bebauungsplanes für das Gebiet zwischen der Hoferstraße und dem Milmesbach, 1876.

II III IVB 10, Feststellung des Bebauungsplanes für die Straßberger und Neundorfer Vorstadt, 1890.

II III IVB 130, Abänderung des Bebauungsplanes für die Hofer Vorstadt, Bd. I, 1901.

Bauakten zur Auswahl der von 1868 bis 1904 errichteten Wohnhäuser und Villen.

Bauakten zur Auswahl von Kulturdenkmalen, die im Zeitraum von 1830 bis 1904 entstanden.

Literatur und sonstige Quellen

Akten der Unteren Denkmalschutzbehörde der Stadt Plauen, Plauen 2020.

Ausführliches Denkmalverzeichnis des Landesamtes für Denkmalpflege Sachsen, Dresden 2018.

Baulandpreise und Wert der Hausgrundstücke in Plauen von 1865 ab bis Ende 1900, in: Vogtländischer Anzeiger und Tageblatt, 20. 10. 1911.

Der »Neuemarkt« sonst und jetzt, in: Vogtländischer Anzeiger und Tageblatt, 19. 1. 1878.

Der Neuemarkt, in: Vogtländischer Anzeiger und Tageblatt, 25. 1. 1878.

Die Baugesellschaft G.m.b.H. Plauen, in: Vogtländischer Anzeiger und Tageblatt, 19. 4. 1922.

Ein neuer Stadtteil (Leserbrief), in: Vogtländischer Anzeiger und Tageblatt, 20. 12. 1904.

Goette, Wilhelm: Die bauliche Entwicklung der Stadt Plauen seit 1898, in: Neue Vogtländische Zeitung, 3. 3. 1923.

Goette, Wilhelm: Lage und bauliche Entwicklung der Stadt Plauen, in: Deutschlands Städtebau. Plauen i. Vogtl., Berlin 1926, S. 10–50.

Kaiser, Emil: Die Silhouette der Stadt Plauen, in: Plauener Sonntags-Anzeiger, 1. 3. 1925.

Kaiser, Emil: Von der baulichen Entwicklung der Stadt Plauen, in: Vogtländischer Anzeiger und Tageblatt, 1. 1. 1937.

Kramer, Gerd: Stadtentwicklung Plauen, in: Der Vogtlandatlas, 3. Aufl., Chemnitz 2007, S. 62–65.

Meiner, Felix: Bodenspekulation und Recht der Stadterweiterung in Plauen i. V., Leipzig 1907.

Osthoff, Georg: Die Stadterweiterung Plauens, in: Vogtländischer Anzeiger und Tageblatt, 12. 4. 1885.

Straßenbau-Ordnung für die Stadt Plauen vom 10. Juli 1871 nebst Nachträgen vom 23. Mai 1877 und 3. Juni 1878 und die Localbau-Ordnung vom 1. November 1844 nebst Nachträgen vom 7. November 1876 und 5. März 1878, Plauen o. J.

Straßenbau-Ordnung für die Stadt Plauen i. V., Plauen 1896.

Vetters, Max: Die Bauthätigkeit in Plauen, in: Neue Vogtländische Zeitung, 27. 9. 1902.

Der Ausbau des Straßen- und Schienennetzes

Archivalische Quellen

Stadtarchiv Plauen:

I III IV B 60, Benennung der nach dem Brande im Jahre 1844 neu entstandenen Stadtteile und Straßen sowie auch spätere Straßenbenennungen, Bd. I, 1846–1892.

I III IV 268, 269, Herstellung von Straßen, Bd. I 1868, Bd. II 1873.

III III IV E 32, Benennung der Straßen, Bd. II, 1893–1902, Bd. III, 1902–1909.

Literatur und sonstige Quellen

Appelt, Walter: »Redlichs Garten« in Plauen, in: Plauener Sonntags-Anzeiger, 7. 1. und 14. 1. 1934.

Benennung verschiedener Straßen und Plätze hiesiger Stadt, in: Vogtländischer Anzeiger und Tageblatt, 20. 10. 1874.

Die feierliche Eröffnung der Eisenbahnstrecke zwischen Reichenbach und Plauen, in: Voigtländischer Anzeiger, 17. 7. 1851.

Dietzsch, Paul: Jüdengasse – Königstraße. Aus der Geschichte einer Straße Alt-Plauens, in: Vogtländischer Anzeiger und Tageblatt, 12. 3. 1938.

Hellfritzsch, Volkmar: Die Stadt Plauen in ihren Straßennamen, in: Das Vogtland, 2004, S. 3–6.

Kramer, Gerd: Die technische Infrastruktur als Wegbereiter der großstädtischen Entwicklung von Plauen, in: Mitteilungen des Vereins für vogtländische Geschichte, Volks- und Landeskunde, 10. Jahresschrift, Plauen 2004, S. 72–88.

Mohr, Ferdinand: Vergessene Wege und Straßen in Plauen, in: Plauener Sonntags- Anzeiger, 11. 2. 1917.

Mohr, Ferdinand: Alt-Plauen. Erinnerungen aus den Jahren 1840/1850, Plauen 1923.

Neupert, Alwin: Verkehrsverhältnisse und wirtschaftliche Zustände im alten Plauen, in: Mitteilungen des Altertumsvereins zu Plauen i. V., 19. Jahresschrift, Plauen 1908, S. 245–269.

Neupert, Alwin: Werdegang der Straßenbenennung in Plauen, in: Adressbuch der Kreisstadt Plauen i. V. 1913–1914, Plauen 1913, S. 115–118.

Pferdebahn in Plauen, in: Vogtländischer Anzeiger und Tageblatt, 24. 2. 1882.

Pietsch, Ernst: 75 Jahre Sächsisch-Bayrische Eisenbahn 1851–1926, in: Jahrbuch 1927 der Landesgruppe Sachsen des Reichsbundes Deutscher Technik, Plauen 1927, S. 115–126.

Treiber, Karsten: 125 Jahre Straßenbahn Plauen. Die Chronik der Straßenbahn 1894–2019, Plauen 2019.

Zehrer, Adalbert: Die Wegeverhältnisse in früherer Zeit, in: Vogtländischer Anzeiger und Tageblatt, 1.1.1933.

Zemmrich, Johannes: Bilder aus Plauen i. V. VI. Die Bahnhofstraße, in: Unsere Heimat, 4/1902/03, S. 94–96.

Die Entfaltung der Wasser-, Gas- und Stromversorgung

Literatur und sonstige Quellen

Grunert, Eugen: Das älteste Wasserwerk der Stadt Plauen, seine Vorgeschichte und Entstehung, in: Vogtländischer Anzeiger und Tageblatt, 5. und 19.2.1933.

Henoch, Gustav: Quellenbildung mit Bezug auf die Quellen im Milmesthale, in: Voigtländischer Anzeiger, 17. und 18.5.1865.

Huber, Franz: Das Städtische Elektrizitätswerk der Kreisstadt Plauen in seinen ersten zehn Betriebsjahren 1897–1907, Plauen 1908.

Jäckel, Otto: Festschrift zur 50jährigen Jubiläums-Feier der städtischen Gasanstalten Plauen i. V., 1856–1906, Plauen 1906.

Merkel, Rudolf Albert: Die Gasanstalt der Stadt Plauen seit ihrer Errichtung im Jahre 1856 bis Ende des Jahres 1880, eine Gedenkschrift zur Feier des 25jährigen Bestehens derselben, Plauen 1881.

Mohr, Ferdinand: Wasserversorgung der Stadt Plauen in älterer und neuerer Zeit, in: Plauener Sonntags-Anzeiger, 7.8.1926.

Neupert, Alwin: Fünfundsiebzig Jahre Straßenbeleuchtung, in: Mitteilungen des Vereins für vogtländische Geschichte und Altertumskunde zu Plauen i. V., 29. Jahresschrift, Plauen 1919, S. 93–95.

Rödiger, Karl: Vom Röhrenkasten bis zur Talsperre, in: Heimat-Buch der Vereinigung vogtländischer Schriftsteller und Künstler, Plauen 1911, S. 24–29.

Technischer Führer durch Plauen, Plauen 1891.

Zehrer, Adalbert: Von Insellichtern und Oellampen. Die Entwicklung des heimischen Beleuchtungswesens/Als die ersten Gasanstalten entstanden, in: Klingenthaler Zeitung, 25./26.9.1937.

Die Fortschritte in der Gesundheitspflege und Krankenfürsorge

Literatur und sonstige Quellen

Aus der Geschichte des Turnens in Plauen. Die Errichtung der ersten Turnhalle, in: Vogtländischer Anzeiger und Tageblatt, 21.8.1937.

Die Kloster- später Lohmühle, in: Fiedler, Hermann: Beiträge zur Geschichte der Stadt Plauen, Plauen 1876, S. 62–67.

Eingesandt (Leserbrief), in: Der Voigtländer, 2.6.1866.

Fleischer, Georg: Im Dienst für die Kranken. Das Plauener Krankenhaus im Spiegel der Medizingeschichte, Plauen 2011.

Friedreich, Sönke: Sauber bleiben. Zum historischen Verhältnis von Stadt und Industrie in Plauen, in: Volkskunde in Sachsen, 30/2018, S. 41–56.

Heidel, Dittmar: Betrachtungen zur 150jährigen Arbeit des Roten Kreuzes in Plauen i. V. von 1869 bis 2019, Plauen 2019.

Helmrich, Richard: Von der Badestube bis zum König-Albert-Bad, in: Mitteilungen des Altertumsvereins zu Plauen i. V., 23. Jahresschrift, Plauen 1913, S. 119–132.

Kaiser, Emil: Das Turnwesen in Plauen und im Vogtland in der zweiten Hälfte des 19. Jahrhunderts, Hof 1907.

Leserbrief (Spottverse), in: Voigtländische Vereinsblätter, 6.2.1850.

Meinel, Kurt: Otto Leonhard Heubner. Sein Leben, seine turngeschichtliche und politische Bedeutung, Dresden 1928.

Osthoff, Georg: Project einer Kranken-Anstalt für Plauen i. V., Plauen 18.4.1885.

Plauener Krankenhäuser sonst und jetzt, in: Neue Vogtländische Zeitung, 7.12.1913.

Riechelmann, Ludwig: Das Turnwesen in Plauen von seiner Begründung bis auf die Gegenwart, Plauen 1866.

Ueber die sanitären Verhältnisse Plauens vor 100 Jahren, in: Vogtländischer Anzeiger und Tageblatt, 9.9.1894.

Zehmisch, Heinz: Von der Badestube bis zum Vogtlandklinikum. Ein Streifzug durch die Medizingeschichte der Stadt Plauen, Plauen 2007.

Wachsender Zuspruch für Religionsgemeinschaften

Literatur und sonstige Quellen

Die katholische Kirche in Plauen i. V., in: St.-Benno-Kalender 1903, S. 50–63.

Festschrift zum hundertjährigen Jubiläum der Evangelisch-methodistischen Gemeinde Plauen 1869–1969, Plauen 1969.

Festschrift zum 125jährigen Jubiläum der Evangelisch-methodistischen Kirchgemeinde in Plauen, Plauen 1994.

Grundsteinlegung zur katholischen Kirche zu Plauen i. V., in: Vogtländischer Anzeiger und Tageblatt, 29.6.1901.

Kesselring, Franz: Denkschrift zur Erinnerung an die Einweihung der Pauluskirche in Plauen i. V. am 29. November 1897, Plauen 1897.

Kunze, Brigitte: Aus der Plauener Friedhofsgeschichte. Teil 1: Anlage und Grabstätten von Friedhof I, in: Mitteilungen des Vereins für vogtländische Geschichte, Volks- und Landeskunde, 12. Jahreschrift, Plauen 2006, S. 15–51.

Protokoll des Preisgerichts bei dem Wettbewerb, betreffend die Erbauung einer evangelischen Kirche für Plauen i. V., Plauen o. J. [1891].

Schmidt, Hannes: Zur Geschichte der Israelitischen Religionsgemeinde in Plauen i. V. (Schriftenreihe des Vogtlandmuseums Plauen, Heft 57), Plauen 1988.

Der bedeutungsvolle Aufschwung des Bildungswesens

Literatur und sonstige Quellen

Fickert, Artur: Festschrift zur Feier des 75-jährigen Bestehens. Öffentliche Handelslehranstalt mit Wirtschaftsoberschule und Lehrlingsabteilung zu Plauen i. V. 1858–1933, Plauen 1933.

Flämig, Rüdiger: Die Staatliche Kunst- und Fachschule für Textilindustrie Plauen/Vogtl. 1877–1945, Plauen 1996.

Gesetz und Verordnungsblatt für das Königreich Sachsen, Jg. 1, Dresden 1835.

Handbuch der Schulstatistik des Königreiches Sachsen, 19. Ausgabe, Dresden 1903.

Mitteilungen über die Verhandlungen des Landtages 1836/37, Dresden 1837.

Palm, Johann Friedrich: Über die Begründung der Realschule zu Plauen und Zittau und ihre Verbindung mit den Gymnasien – ein Beitrag zur Geschichte des Realschulwesens im Königreich Sachsen, Dresden 1855.

Schmidt, Roland: Schulstreik gegen Durchmischung (Plauen hatte einst zwei katholische Volksschulen), in: Vogtland-Anzeiger, 26.6.1997.

Schmidt, Roland: Schulpolitische Premiere in Plauen, in: Vogtland-Anzeiger, 26.6.2003.

Schmidt, Roland: Zum Gedenken an Friedrich Dittes, einen großen Sohn des Vogtlandes, in: Vogtland-Anzeiger, 28.9.2004.

Schmidt, Roland: Das Vogtland bekam 1874 die ersten königlichen Bezirksschulinspektoren, in: Vogtland-Anzeiger, 23.12.2004.

Schmidt, Roland: Bürgerschuldirektor Adolph Gustav Caspari, in: Vogtland-Anzeiger, 3.5.2005.

Schmidt, Roland: Johannes Delitsch (1858–1920) – Hilfsschullehrer und Sozialpädagoge von überregionaler Bedeutung, in: Mitteilungen des Vereins für vogtländische Geschichte, Volks- und Landeskunde, 14. Jahresschrift, Plauen 2008, S. 27–41.

Schmidt, Roland: Namen sind nicht nur Schall und Rauch, in: Vogtland-Anzeiger, 11.10.2008.

Schmidt, Roland: Stadtschuldscheine ermöglichen Bau, in: Vogtland-Anzeiger, 18.6.2015.

Schmidt, Roland: Eine Plauener Schulgeschichte. Vor 175 Jahren wurde Prof. Dr. Christian Achmed Scholtze geboren, in: Vogtland-Anzeiger, 15.9.2015.

Schmidt, Roland: Ein Festtag für die ganze Stadt, in: Vogtland-Anzeiger, 9.6.2016.

Steinmetz, Hans-Dieter: Plauen ist mir nämlich sehr ans Herz gewachsen. Zum Aufenthalt Karl Mays am Lehrerseminar der Vogtlandstadt, in: Karl-May-Haus-Information, Nr. 17/2003, Hohenstein-Ernstthal 2003, S. 1–54.

Vogtländischer Anzeiger und Tageblatt, 30.10.1920.

Weller, Ewald: Siebenhundert Jahre Schulgeschichte der Kreisstadt Plauen i. V., Plauen 1941.

Vielseitige Zunahme des Vereinswesens

Literatur und sonstige Quellen

100 Jahre Gesellschaft Union zu Plauen 1838/1938, Plauen 1938.

Allgemeiner Turnverein Plauen i. V., Festschrift zum 50jährigen Vereins-Jubiläum 1861–1911, Plauen o. J. [1911].

Bericht über das Wirken des Gewerb-Vereins zu Plauen seit dem Entstehen desselben bis Ostern 1846 aus den Protocollen dargestellt, Plauen 1846.

Berichte des Kaufmännischen Vereins, Plauen 1876–1896.

Buchholz, Albin: Johann Friedrich Fincke und das »Voigtländische Turnbüchlein« von 1846, in: Beiträge zur Musikgeschichte des Bezirkes Karl-Marx-Stadt, Teil 6, 1988, S. 47–61.

Buchholz, Albin: Der Richard-Wagner-Verein für Plauen und Umgebung, in: Vogtländische Heimatblätter, Jg. 33, 2/2013, S. 12–17.

Denkschrift zur Feier des 50jährigen Bestehens des Kaufmännischen Vereins zu Plauen i. V. e. V. 1875–1925, Plauen 1925.

Engel, Moriz: Liederkranz für frohe Lebensstunden, Plauen 1816.

Erinnerungsschrift zur Feier des 25jährigen Bestehens des Arbeiter-Turn- und Sportvereins »Eiche« e. V. Plauen i. V. 1902–1927, Plauen 1927.

Festschrift herausgegeben zur Feier des 25. Stiftungsfestes im Gewerbeverein, Plauen, Vogtl., 1867–1892, Plauen 1892.

Festschrift zur 25jährigen Jubel-Feier des Vogtländischen Touristenvereins zu Plauen am 29. und 30. April 1905, Plauen 1905.

Festschrift des Vogtl. Fußball-Club 03 Plauen, herausgegeben aus Anlaß des 25jährigen Bestehens 13. bis 21. Mai 1928, Plauen o. J.

Flade, Ernst: Die frühesten Geselligkeitsvereine Plauens und ihre Pflege der Musik, in: Vogtländischer Anzeiger und Tageblatt, 21. 1. 1939.

Fröhlich, Horst: Vereine in Plauen 1848–1878, in: Jahrbuch für Volkskunde und Kulturgeschichte, 17. Bd. 1974, Berlin 1975, S. 107–138.

Fröhlich, Horst: Vogtland-Mosaik. Volkskundliche und kulturgeschichtliche Streifzüge, Plauen 2004.

Grünert, Anja: Der Verein der Naturfreunde Plauen e. V. 1875–1945 (Abschlussarbeit an der Fachschule für Archivwesen Potsdam), 1993 (StadtA Pl, Forschungsarbeiten Nr. 93).

Jubiläums-Festschrift Männer-Gesangverein, Ossian Plauen 1879–1929, Plauen 1929.

Kunstmann, Richard: Festschrift zur 50jährigen Jubelfeier des Vereins der Naturfreunde zu Plauen, 1875–1925, Plauen 1925.

Maria-Verein. Rückblick auf die 50 Jahre seines Bestehens 1852–1902 und Mitgliederverzeichnis, Plauen 1902.

Quandt, Carl: Geschichte des Musikvereins zu Plauen i. V., Plauen 1891.

Richard Wagner-Verein für Plauen und Umgegend. Rechenschaftsbericht auf das Jahr 1892.

Schuster, Emil: Festschrift zum 25jährigen Jubiläum des Lehrervereins zu Plauen. Bericht über die Tätigkeit des Lehrervereins bez. des früheren Bezirkslehrervereins zu Plauen auf die Zeit von 1873 bis 1898, Plauen 1898.

Teuscher, Arno: Beiträge zur Geschichte der »Erholung« unter besonderer Berücksichtigung ihrer familien- und kulturgeschichtlichen Bedeutung für die Stadt Plauen und die Zeit von 1790–1860. Festschrift zur Feier des 125jährigen Bestehens der Plauener »Erholungsgesellschaft«, Plauen 1936.

Geistig-kulturelle Bereicherungen

Archivalische Quelle

Archiv der St. Johannis-Kirche Plauen:
Sterbebucheintrag 1874/398 (Otto Hermann Gessing)

Literatur und sonstige Quellen

100 Jahre Bibliothek Plauen 1898–1998, Plauen 1998.

150 Jahre Vogtländischer Anzeiger und Tageblatt (1789–1939), in: Vogtländischer Anzeiger und Tageblatt, 11./12. 3. 1939.

Dannhauer, Carl: Plauen als Theaterstadt, in: Heimat-Buch der Vereinigung vogtländischer Schriftsteller und Künstler, Plauen 1911, S. 80–84.

Denkschrift zur Feier des 125jährigen Bestehens des Vogtländischen Anzeigers und Tageblattes, Plauen 1914.

Dietel, Oscar: Zur Eröffnung unseres Stadttheaters, in: Vogtländischer Anzeiger und Tageblatt, 2. 10. 1898.

Festschrift aus Anlaß der 10jährigen Stiftungs-Feier der Museums-Gesellschaft zu Plauen (Vogtländer-Museum), Plauen 1904.

Gedenkstein für Eduard Johnson bei Sachsgrün, in: Mitteilungen des Vereins für vogtländische Geschichte, Volks- und Landeskunde, 13. Jahresschrift, Plauen 2007, S. 160–162.

Hager, Ronny: Johann Gottlieb Jahn (1804–1878) – Oelsnitzer Chronist und vogtländischer Historiker, in: Mitteilungen des Vereins für vogtländische Geschichte, Volks- und Landeskunde, 11. Jahresschrift, Plauen 2005, S. 33–49.

Kramer, Gerd: Die heimatverbundenen Wirkungsbereiche von Friedrich Oscar Metzner im Vogtland, in: Mitteilungen des Vereins für vogtländische Geschichte, Volks- und Landeskunde, 11. Jahresschrift, Plauen 2005, S. 50–82.

Krauß, Rudolf: Ein Stück Zeitgeschichte. Der »Vogtländische Anzeiger« vor 100 Jahren, in: Vogtländischer Anzeiger und Tageblatt, 5. 6. und 12. 6. 1937.

Kunze, Alfred: Plauderei um 75 Jahre, in: Vogtländischer Anzeiger und Tageblatt, 13. 8. und 20. 8. 1938.

Neupert, Alwin: Mag. Moriz Erdmann Engel, ein Lebensbild, in: Mitteilungen des Altertumsvereins zu Plauen i. V., 17. Jahresschrift, Plauen 1906, S. 102–109.

Neupert, Alwin: Buchdruck, Buchhandel und Zeitungswesen bis zum Ende des 19. Jahrhunderts, in: Mitteilungen des Vereins für vogtländische Geschichte und Altertumskunde zu Plauen i. V., 28. Jahresschrift, Plauen 1918, S. 87–98.

Pietsch, Ernst: Theater in Plauen vor 1898, in: Stadttheater Plauen, Spieljahr 1928/29, S. 22–27.

Richter, Johannes: Johnson, Eduard – Dr. phil., in: Berühmte Vogtländer, hrsg. vom Verein für vogtländische Geschichte, Volks- und Landeskunde, Bd. I, Plauen 1997, S. 48.

Schmidt, Roland: Begnadeter Lehrer, Journalist und Schriftsteller, in: Vogtland-Anzeiger, 17. 1. 2003.

Schmidt, Roland: Pädagoge, Wanderfreund und Redakteur, in: Vogtland-Anzeiger, 3. 4. 2020.

Schwanitz, Rolf: Spurensuche. Zur Geschichte der Sozialdemokratie in Plauen und dem Vogtland, Leipzig 2015.

Theater 100. Festschrift zum 100-jährigen Bestehen des Vogtland Theaters Plauen, hrsg. vom Theaterförderverein, Plauen 1998.

Was bieten die Sammlungen des Altertumsvereins?, 2. Abdruck vom Jahre 1910.

4 Großstadt Plauen – Kaiserreich, Weimarer Republik, »Drittes Reich«

Gesamtes Kapitel

Literatur und sonstige Quellen

Bericht über die Verwaltung und den Stand der Gemeindeangelegenheiten der Kreisstadt Plauen i. V. auf die Jahre 1905, 1906 und 1907, Plauen 1909; auf die Jahre 1908, 1909 und 1910, Plauen 1912.

Verwaltungsbericht der Kreisstadt Plauen auf die Jahre 1911, 1912 und 1913, Plauen 1925; auf die Jahre 1914 bis 1923, Plauen 1928; auf die Jahre 1924 bis 1928, Plauen 1931; auf die Jahre 1929 und 1930, Plauen o. J.; auf die Jahre 1931, 1932 und das Jahr der nationalsozialistischen Revolution 1933, Plauen 1937.

Plauen ist Großstadt

Anmerkungen

1 Naumann, W. 1902, S. 15.
2 Naumann, G. 1996, S. 9.
3 Mohr 1913, S. 20, 22–23.
4 SächsStA-C, 30048 Amtshauptmannschaft Plauen, Nr. 114, Bl. 2–4.
5 Langermann 1909, S. 89.
6 Sorge 1932, 17. 4.
7 Langermann 1909, S. 65.
8 StadtA Pl, III I VII 41, Bl. 22–23.
9 Ebd., Bl. 10–11.
10 Leserbrief 1905, 31. 10.
11 Ueberwölbung 1901, 10. 11.
12 StadtA Pl, II I 18, Bl. 210–211.
13 StadtA Pl, II III IV B 124, o. S.
14 Leserbrief 1910, 3. 6.
15 Bericht über die Verwaltung 1925, S. 9.
16 Bericht über die Verwaltung 1928/29, S. 25.
17 StadtA Pl, II IX I 192, Bl. 238–239.
18 König-Albert-Bad 1912, 29. 9.
19 Einweihung des König-Albert-Bades 1912, 2.10.
20 Vgl. Schulze 1910, S. 512–518.
21 Erhardt 1995, S. 119.
22 Ebd., S. 120–121.
23 Glier 1932, S. 111.

Archivalische Quellen

Sächsisches Staatsarchiv – Hauptstaatsarchiv Dresden:
11359 Infanteriedivisionen, Infanterieregimenter, Infanteriebataillone, Nr. 1402, Regimentsjubiläum, 1906.

Sächsisches Staatsarchiv – Staatsarchiv Chemnitz:
30048 Amtshauptmannschaft Plauen, Nr. 114, Ausscheiden der Stadt Plauen aus dem Bezirksverband, 1905–1911.

Stadtarchiv Plauen:
I IX I 98, Errichtung einer amerikanischen Konsulatsagentur, 1882–1915.
II I I 18, Anwesenheit Seiner Majestät des Königs Friedrich August in Plauen, 1905.
II III IV B 124, Errichtung des neuen Rathauses, 1907–1910.
II III IV B 193, Friedrich-August-Brücke, Bd. I, 1900–1903.
II III IV 19, Verlegung und Einquartierung einer Garnison, Bd. II, 1898.
II IX I 192, Errichtung des König-Albert-Denkmals (Enthüllung), 1907.
III I VII 60, Statistische Angaben über Wirtschaft, Gebäude und Haushaltungen in Plauen – Stadterweiterungsamt, 1900–1930.
III I VII 23, Wohnungszählungen, Bd. III, 1926–1932.
III I VII 37, Verkehrszählungen, Bd. I, 1925–1937.
III I VII 41, Wohnungsnotzählungen, Bd. I, 1925–1931.
SplAB 158, Arbeitseinstellungen, 4 Bde., 1890–1923.

Literatur und sonstige Quellen

100 Jahre AWG Wohnungsgenossenschaft Plauen 1912–2012, hrsg. von der AWG Wohnungsgenossenschaft Plauen, Plauen 2012.

Adressbuch der Kreisstadt Plauen i. V. 1904–1905; 1906–1907; 1908–1909; 1910–1911; 1912–1913; 1914–1915.

Bein, Louis: Die Industrie des sächsischen Vogtlandes. Wirtschaftsgeschichtliche Studie, 2. Teil: Die Textilindustrie, Leipzig 1884.

Best, Roland / Röber, Martina: Zur Geschichte des König-Albert-Denkmals in Plauen, in: Mitteilungen des Vereins für vogtländische Geschichte, Volks- und Landeskunde, 9. Jahresschrift, Plauen 2003,, S. 94–106.

Blaschke, Karlheinz: Bevölkerungsgeschichte von Sachsen bis zur Industriellen Revolution, Weimar 1967.

Blaschke, Karlheinz: Entwicklungstendenzen im sächsischen Städtewesen während des 19. Jahrhunderts (1815–1914), in: Matzerath, Horst (Hrsg.): Städtewachstum und innerstädtische Strukturveränderungen. Probleme des Urbanisierungsprozesses im 19. und 20. Jahrhundert, Stuttgart 1984, S. 44–64.

Die Einweihung des König-Albert-Bades, in: Vogtländischer Anzeiger und Tageblatt, 2.10.1912.

Erhardt, Willy: Das Glück auf der Nadelspitze, Plauen 1995.

Forkel, Albert / Zimmermann, Ottomar: Plauener Spitzen und Stickereien, in: Salonblatt – Moderne illustrierte Wochenschrift für Gesellschaft, Theater, Kunst und Sport, Jg. 5, 18/1910, S. 504–511.

Freier, Klaus: Von der Handstickerei zum Stickautomat, in: Sächsische Heimatblätter, Jg. 41, 3/1995, S. 133–136.

Friedreich, Sönke: Der Weg zur Großstadt. Stadtentwicklung, bürgerliche Öffentlichkeit und symbolische Repräsentation in Plauen (1880–1933), Leipzig 2017

Fröhlich, Horst: Plauens Weg zur Industriestadt, in: Plauen. Ein kleines Stadtbuch (Museumsreihe, Heft 25), Plauen 1963, S. 59–77.

Fröhlich, Horst / Schimmack, Ernst: Ursprung und Entwicklung der Plauener Spitzenindustrie, in: Sächsische Heimatblätter, Jg. 6, 8/1961, S. 465–475.

Glier, Erich: Die sächsische Spitzen- und Stickereiindustrie seit 1914: Niedergang und Existenzkampf einer deutschen Mode- und Exportindustrie, Plauen 1932.

Gunst, Konrad: Die Geldentwertung in den Jahren 1914–1924, Pfullingen 1925.

Handels- und Gewerbekammer Plauen: Die Bevölkerungsverhältnisse des Bezirks der Handels- und Gewerbekammer Plauen nach der Volkszählung vom 1. Dezember 1890, Plauen 1891.

Hempel, Albert: Ein Lagebild der vogtländischen Textilindustrie, Chemnitz 1925.

Illgen, Rudolph: Geschichte der Entwicklung der Stickereiindustrie des Vogtlandes und der Ostschweiz, Annaberg 1913.

Das König-Albert-Bad, in: Neue Vogtländische Zeitung, 29. 9. 1912.

Kramer, Gerd: Die Herausbildung der Großstadt Plauen, in: Mitteilungen des Vereins für vogtländische Geschichte, Volks- und Landeskunde, Jg. 9 (2003), S. 82–119.

Kramer, Gerd: Die technische Infrastruktur als Wegbereiter der großstädtischen Entwicklung von Plauen, in: Mitteilungen des Vereins für vogtländische Geschichte, Volks- und Landeskunde, 10. Jahresschrift, Plauen 2004, S. 72–88.

Langermann, Hans von: Zur sozialen Lage der sächsischen Textilarbeiter im Handelskammerbezirk Plauen i. V., München 1909.

Leserbrief (anonym), in: Vogtländischer Anzeiger und Tageblatt, 31. 10. 1905.

Leserbrief (anonym): Fürs »alte« Rathaus!, in: Vogtländischer Anzeiger und Tageblatt, 3. 6. 1910.

Life and Labour in Germany. Reports of the Gainsborough Commission, London 1906, S. 132–145.

Meiner, Felix: Bodenspekulation und Recht der Stadterweiterung in Plauen i. V., Leipzig 1907.

Mensdorf, Joachim / Reichenbach, Klaus: 110 Jahre Straßenbahn Plauen 1894–2004. Die Chronik der Straßenbahn, hrsg. von der Plauener Straßenbahn GmbH, Plauen 2004.

Mohr, Ferdinand: Plauen in der guten alten Zeit. Erinnerungen und Schilderungen eines alten Bürgers, Plauen 1913.

Naumann, Doris: Schumann, Eugenie, in: Sächsische Biografie, hrsg. vom Institut für Sächsische Geschichte und Volkskunde e. V. URL: http://saebi.isgv.de/biografie/Eugenie_Schumann_(1853-1921) (Zugriff am 22. 6. 2018).

Naumann, Gerd: Plauen i. V. 1933–1945, hrsg. von Curt Röder, Plauen 1995.

Naumann, Gerd: Zur Geschichte des Vogtländisch- Erzgebirgischen Industrievereins zu Plauen i. V. 1888–1949, in: Mitteilungen des Vereins zur Förderung des Plauener Spitzenmuseums e. V., Jahresschrift für das Jahr 1997, Plauen 1998, S. 36–47.

Naumann, Gerd: Grundzüge der wirtschaftlichen Entwicklung in der Stadt Plauen von der Mitte des 19. Jahrhunderts bis zum Jahre 1914. Ein Beitrag zur Anatomie des Prozesses der Großstadtwerdung, in: Mitteilungen des Vereins für vogtländische Geschichte, Volks- und Landeskunde, 10. Jahresschrift, Plauen 2004, S. 53–71.

Naumann, Walther: Zur Wohnungsfrage im Königreich Sachsen, Leipzig 1902.

Neue Vogtländische Zeitung, 29. 7. 1905.

Neupert, Alwin sen.: Plauen auf dem Wege zur Großstadt in der Zeit von 1860–1910, in: Plauener Sonntags-Anzeiger, 20.10.1918.

Plauen und das mittlere Vogtland (Werte unserer Heimat, Bd. 44), hrsg. von einem Autorenkollektiv unter Leitung von Horst Fröhlich, Berlin 1986.

Plauener Sonntags-Anzeiger, 23.11.1913; 27.11.1913; 15.11.1914.

Reichstag Election January 1907. URL: http://redsaxony.utoronto.ca/Figure_S.12.2_SPD_Press_Agitation_Election_Costs_in_Saxony_by_Constituency_1907-1912.htm (Zugriff am 22.6.2018).

Röber, Martina: Kuntze, Oskar Theodor, in: Berühmte Vogtländer, hrsg. vom Verein für vogtländische Geschichte, Volks- und Landeskunde, Bd. III, Plauen 2002, S. 53.

Röber, Martina / Naumann, Doris: 100 Jahre Syratalviadukt in Plauen, hrsg. von der Stadt Plauen, Plauen 2005.

Röber, Martina / Naumann, Doris: Zur Geschichte des Plauener Stadtbades 1912 bis 2007, hrsg. von der Stadt Plauen, Plauen, o. J.

Sächsisches Volksblatt, 21.11.1905; 18.7.1912.

Schäfer, Michael: Eine andere Industrialisierung. Die Transformation der sächsischen Textilexportgewerbe 1790–1890, Stuttgart 2016.

Schatz, Bruno: Das Kgl. Sächs. 10. Infanterie-Regiment Nr. 134, in: Erinnerungsblätter deutscher Regimenter. Sächsische Armee. Heft 3, I. u. II. Teil, Dresden 1922.

Schulze, Otto: Das Vogtland und seine Kreisstadt Plauen, in: Salonblatt – Moderne illustrierte Wochenschrift für Gesellschaft, Theater, Kunst und Sport, Jg. 5, 18/1910, S. 511–518.

Schuster, Horst: Plauen als Standort der Textilindustrie, Plauen 1937.

Sorge, Marte: 25 Jahre Frauen-Verein Plauen, in: Plauener Sonntags-Anzeiger, 17.4.1932.

Statistisches Jahrbuch für das Königreich Sachsen, Jg. 41 (1913), Jg. 42 (1914/15), Dresden 1913 und 1915.

Tröger, Otto: Die geschichtliche Entwicklung der vogtländischen Textilindustrie. In: Salonblatt – Moderne illustrierte Wochenschrift für Gesellschaft, Theater, Kunst und Sport, Jg. 5, Nr. 18, Dresden 1910, S. 501–503.

Die Ueberwölbung des Syrathal-Viaduktes, in: Neue Vogtländische Zeitung, 10.11.1901.

Der Vogtlandatlas. Regionalatlas für Natur, Geschichte, Bevölkerung, Wirtschaft, Kultur, 3. Aufl., Chemnitz 2007.

Vogtländischer Anzeiger und Tageblatt, 8.4.1887; 7.8.1909; 29.9.1912.

Wagner, Irene: Plauener Textilindustrien im 19. Jahrhundert in bedeutenden Firmen, Dissertation, Universität Leipzig, 1943.

Der Erste Weltkrieg

Anmerkungen
1 Verwaltungsbericht 1914–1923, Bd. III, S. 3.

Literatur und sonstige Quellen
Aufruf unseres Königs, in: Vogtländischer Anzeiger und Tageblatt, 4.8.1914.

Erklärung des Kriegszustandes!, in: Vogtländischer Anzeiger und Tageblatt, Sonderblatt, 31.7.1914.

Oertliches und Sächsisches, in: Vogtländischer Anzeiger und Tageblatt, 12.8.1914.

Schatz, Bruno: Das Kgl. Sächs. 10. Infanterie-Regiment Nr. 134, in: Erinnerungsblätter deutscher Regimenter. Sächsische Armee. Heft 3, I. u. II. Teil, Dresden 1922.

Goldene Zwanziger? Die Weimarer Republik

Anmerkungen
1 Erhardt 1995, S. 160–161.
2 Glier 1932, S. 107.
3 Ebd., S. 53.
4 Ebd., S. 247.
5 Verwaltungsbericht 1914–1923, Bd. 2, S. 238.
6 Glier 1932, S. 220.
7 Verwaltungsbericht 1931–1933, S. 3.
8 Ebd., S. 101.

Literatur und sonstige Quellen
Deutschlands Städtebau. Plauen i. Vogtl., Berlin-Halensee 1926.

Erhardt, Willy: Das Glück auf der Nadelspitze, Plauen 1995.

Glier, Erich: Die sächsische Spitzen- und Stickereiindustrie, Plauen 1932.

Naumann, Gerd: Plauen i. V. 1933–1945, hrsg. von Curt Röder, Plauen 1995.

Naumann, Gerd: Die Plauener Spitzen- und Stickereiindustrie in Vergangenheit und Gegenwart, in: Sächsische Heimatblätter, Jg. 43, 4/1997, S. 236–246.

Naumann, Gerd: Zur Geschichte des Vogtländisch-Erzgebirgischen Industrievereins zu Plauen i. V. 1888–1949, in: Mitteilungen des Vereins zur Förderung des Plauener Spitzenmuseums e. V., Jahresschrift für das Jahr 1997, Plauen 1998, S. 36–47.

Schuster, Horst: Plauen als Standort der Textilindustrie, Plauen 1937.

Statistisches Jahrbuch für den Freistaat Sachsen, 49. Ausg. (1930), Dresden 1931.

Wagner, Irene: Plauener Textilindustrien im 19. Jahrhundert in bedeutenden Firmen, Dissertation, Universität Leipzig, 1943.

Die Herrschaft der Nationalsozialisten

Anmerkungen
1 Verwaltungsbericht 1931–1933, S. 5
2 Ebd., S. 64.
3 Ebd.
4 Die Straßennamen 1970, S. 30.
5 Verwaltungsbericht 1931–1933, S. 50.
6 StadtA Pl, III IX II A 3, Bl. 133.
7 Verwaltungsbericht 1931–1933, S. 64.

Archivalische Quellen
Stadtarchiv Plauen:

III I I 41, Kreisleitung der NSDAP Plauen, 1935–1943.

III I VII 67, Verwaltungsberichte der Stadt Plauen, 1934–1937.

III I VII 68, Verwaltungsberichte der Stadt Plauen, 1938–1945.

III III I B 460, Ankauf des Hauses Schloßstraße 15/17 für ein Arbeitslager, später Haus der Hitlerjugend, 1933–1936.

III III IV B 225, Festlichkeiten usw., Bd. 5, 1936–1947.

III III IV E 47, Zubringerstraßen zu den Reichsautobahnen, 1936–1943.

III III IV E 50, Reichsautobahnen, 1933–1945.

III VII I 52, Bäderverbot für Juden, 1933–1938.

III IX I 194, Beglückwünschungen, Bd. 7, 1931–1934, Bd. 8, 1934–1935.

III IX I 206, Haus der Jugend, Adolf-Hitler-Schule, 1933–1938.

III IX I 214, Hitlerjugend, 1934–1945.

III IX I 215, Heranziehung neuer Industrien usw., Bd. 3, 1935–1939.

III IX I 216, Bund deutscher Mädel, 1933–1940.

III IX I 217, Rechenschaftsberichte usw. der Stadt Plauen, 1934–1938, 1944.

III IX I 227, Beglückwünschungen, Bd. 9, 1936, Bd. 10, 1937/38.

III IX I 238, Beglückwünschungen, Bd. 11, 1938–1940, Bd. 12, 1940.

III IX I 254, Beglückwünschungen, Bd. 13, 1942/43.

III IX IIA 3, Politische Begebenheiten, Tagungen usw., 1933–1940, 1944.

IV III XXX 18, Autobahn Thoßfell–Pirk, 1934–1940.

IV III XXXI 23, Spinnhütte Werk Reißig, 1937–1941.

SplAB 10, Ratssitzungen, 1933.

SplAB 170, Politische Unruhen, 1920–1924.

SplAB 171, Machtübernahme des Nationalsozialismus, 1933.

Ssg 96, Hitlerjugend, 1939–1946.

Ssg 97, Hitlerjugend-Heime, 1938–1939.

VA 495 / Ü 3/81, Privatakte des Oberbürgermeisters Wörner, 1933–1943.

Vogtlandmuseum Plauen:
Sammlung zeitgeschichtlicher Dokumente 1914–1945.

Literatur und sonstige Quellen
Adressbuch der Kreisstadt Plauen i. V. 1933; 1934/35; 1936; 1937; 1938; 1940; 1941; 1942/43.

Die Straßennamen der Stadt Plauen (Plauener Museumsreihe, Heft 36), Plauen 1970.

Im Zeichen des Hakenkreuzes. Bielefeld 1933–1945, Bielefeld 1983.

Jacobeit, Sigrid und Wolfgang: Illustrierte Alltags- und Sozialgeschichte Deutschlands 1900–1945, Münster 1995.

Krebs, Max (Hrsg.): Deutsche Zeitenwende. Vom Nationalismus zum Nationalsozialismus, Dresden 1933.

Laser, Rudolf / Mensdorf, Joachim / Richter, Johannes: 1944/1945 Plauen. Eine Stadt wird zerstört, Plauen 1995.

Lukat, Katherine: Zwangsarbeit in Plauen im Vogtland. Lebens- und Arbeitsbedingungen ausländischer Zivilarbeiter, Kriegsgefangener und KZ-Häftlinge im Zweiten Weltkrieg, Köln 2020.

Naumann, Gerd: Plauen i. V. 1933–1945, hrsg. von Curt Röder, Plauen 1995.

Naumann, Gerd: Plauen im Bombenkrieg 1944/1945, Plauen 2011.

Plauener Zeitgeschichte 1933–1938 (Verwaltungsbericht), Plauen 1939.

Schlag nach! Wissenswerte Tatsachen aus allen Gebieten, Leipzig 1939.

Schumacher, Martin: M. d. R. Die Reichstagsabgeordneten der Weimarer Republik in der Zeit des Nationalsozialismus, Düsseldorf 1992.

Statistisches Jahrbuch deutscher Gemeinden, Jgg. 29 (1934) – 36 (1941), hrsg. vom Deutschen Städtetag, Jena 1934 – 1941.

Wirtschaft und Staat in Deutschland, 3 Bde., Berlin 1978 – 1980.

Bildung

Anmerkungen

1 Sächsische Schulzeitung 1918, S. 96.
2 Ebd., S. 57.
3 Reichsgesetzblatt 1919, S. 1383.
4 Hitler 1941, zit. nach Gamm 1990, S. 48.
5 Frick 1933, zit. nach Gamm 1990, S. 74.
6 Frick 1934, zit. nach Fricke-Finkelnburg 1989, S. 190.
7 Sächsisches Verwaltungsblatt, 1933, Nr. 21, S. 151.
8 StadtA Pl, III IV I H 180, Bl. 32.
9 Verwaltungsbericht 1931 – 1933, S. 250; StadtA Pl, III IV I H 180, Unterakte Volksschule, o. Bl.; Unterakte Notizen des Stadtrates Kötz, o. Bl.
10 Deutschritterschule 1938/39, S. 21.
11 Tagebuch 1945.

Archivalische Quellen

Stadtarchiv Plauen:
III IV I H 180, Durchführung des Gesetzes zur Wiederherstellung des Berufsbeamtentums vom 7. 4. 1933, 1933.

Gedenkbuch für die Plauener Toten des 1. Weltkrieges, 1935.

Literatur und sonstige Quellen

Adressbuch der Kreisstadt Plauen 1930, Plauen 1930.

Deutschritterschule Plauen i. V.: Jahresbericht auf das Schuljahr 1938/39 (hektographiert).

Fricke-Finkelnburg, Renate: Nationalsozialismus und Schule. Amtliche Erlasse und Richtlinien 1933 bis 1945, Opladen 1989.

Gamm, Hans-Jochen: Führung und Verführung – Pädagogik des Nationalsozialismus, 3. Aufl., München 1990.

Gesetz- und Verordnungsblatt des Freistaates Sachsen, Dresden 1919.

Höffken, Günter: Zur Institutionalisierung und Entwicklung der Mittelschule in Preußen 1872 bis 1945 unter besonderer Berücksichtigung des Chemieunterrichts, Dissertation, Universität Potsdam, 2006.

Krone, Andreas: Plauen 1945 bis 1949 – vom Dritten Reich zum Sozialismus. Entnazifizierung und personellstruktureller Umbau in kommunaler Verwaltung, Wirtschaft und Bildungswesen, Dissertation, Technische Universität Chemnitz, 2001.

Reichel, Andreas: Die sächsische Schulreform in der Weimarer Republik, Dissertation, Technische Universität Dresden, 2014.

Reichsgesetzblatt, Berlin 1919, 1933 und 1936.

Sächsisches Verwaltungsblatt, Jg. 2 (1933), Dresden 1933.

Sächsische Schulzeitung, Jg. 84 (1917) und Jg. 85 (1918).

Schmidt, Roland: Schulstreik gegen die Durchmischung, in: Vogtland-Anzeiger (Plauen), 26. 6. 1997.

Schmidt, Roland: Lang ersehnt und heiß erkämpft, in: Vogtland-Anzeiger (Plauen), 27. 3. 2003.

Schmidt, Roland: Plauens Schulwesen vor hundert Jahren – bildungspolitische Herausforderung an eine junge Großstadt, in: Mitteilungen des Vereins für vogtländische Geschichte, Volks- und Landeskunde, 10. Jahresschrift, Plauen 2004, S. 89 – 107.

Schmidt, Roland: In den Ferien war Krieg, in: Vogtland-Anzeiger (Plauen), 2. 8. 2004.

Schmidt, Roland: Johannes Delitsch (1858 – 1920) – Hilfsschullehrer und Sozialpädagoge von überregionaler Bedeutung, in: Mitteilungen des Vereins für vogtländische Geschichte, Volks- und Landeskunde, 14. Jahresschrift, Plauen 2008, S. 27 – 41.

Schmidt, Roland: Von einst schönster Schule blieb nichts mehr übrig, in: Vogtland-Anzeiger (Plauen), 29. 9. 2011.

Schmidt, Roland: Rückertschule – Bildungsstätte seit 100 Jahren, in: Vogtland-Anzeiger (Plauen), 4. 4. 2013.

Schneider, Barbara: Die Höhere Schule im Nationalsozialismus. Zur Ideologisierung von Bildung und Erziehung, Köln/Weimar/Wien 2000.

Seydewitz, Paul von (Hrsg.): Das Königlich-Sächsische Volksschulgesetz vom 26. 4. 1873, 4. Aufl., Leipzig 1903.

Plauener Seminarbote, [Plauen] 1908 – 1937.

Tagebuch der Oberschule für Mädchen (Handschriftliche Aufzeichnungen): Eintrag vom 19. März 1945. (Das Buch befindet sich im Besitz des Diesterweg-Gymnasiums Plauen i. V.).

Weller, Ewald: Siebenhundert Jahre Schulgeschichte der Kreisstadt Plauen i. V., Plauen 1941.

Zur Neuordnung der höheren Schulwesens in Sachsen. Denkschrift des Ministeriums für Volksbildung, Dresden 1926.

Gesundheit und Soziales

Literatur und sonstige Quellen

Fischer, Cornelia und Thomas: Die Entwicklung der psychiatrischen Betreuungspraxis in Plauen unter besonderer Berücksichtigung der Jahre 1933 – 1945, Dissertation, Universität Leipzig, 1992.

Zehmisch, Heinz: Von der Badestube bis zum Vogtlandklinikum. Ein Streifzug durch die Medizingeschichte der Stadt Plauen, Plauen 2007.

Kunst und Kultur

Anmerkungen

1 Sichert die Erhaltung des Stadttheaters 1931, 27. 8.
2 Kunst und Wissenschaft 1933, 21. 5.

Archivalische Quellen

Stadtarchiv Hof:
A 2204, Personalakte Karl Kroll.

Literatur und sonstige Quellen

75 Jahre Theater der Stadt Plauen, Plauen 1973.

Amtliches Fernsprechbuch für Berlin, Ausgabe 1936, 4.1. III. Verzeichnis der Teilnehmer Teil I [Einwahl Berlin].

Blubacher, Thomas: Egon Neudegg, in: Kotte, Andreas (Hrsg.): Theaterlexikon der Schweiz, Bd. 2, Zürich 2005, S. 1319.

Buchholz, Albin: Aus dem Vogtland in die Niederlausitz und zurück (unveröffentlichte Forschungsarbeit), o. O. u. J.

Busch, Stefan: Und gestern, da hörte uns Deutschland. NS-Autoren in der Bundesrepublik, Würzburg 1998, S. 144 – 207.

Dannhauer, Carl: Plauen als Theaterstadt, in: 50 Jahre Stadttheater Plauen, Plauen 1948.

Heimat-Buch der Vereinigung vogtländischer Schriftsteller und Künstler, 3. Aufl., Plauen 1912.

Krone, Andreas: Eintrittskarten auf Ratenzahlung, in: Historikus Vogtland, Jg. 12, III/2017, S. 24 – 25.

Krusche, Friedemann: Theater in Magdeburg, Bd. 2, Magdeburg 1995.

Kunst und Wissenschaft. Das Plauener Stadttheater 1932/33, in: Vogtländischer Anzeiger und Tageblatt, 21. 5. 1933.

Mache, Birgit: Im Rampenlicht. 100 Jahre Theater am Schillerplatz in Cottbus, Cottbus 2008, S. 22 – 31.

Neuer Theater-Almanach, Berlin, Jgg. 1905, 1906, 1907, 1908, 1909, 1910, 1911, 1912, 1913, 1914.

Neupert sen., Alwin: Mitteilungen des Altertumsverein zu Plauen i. V., 24. Jahresschrift, Plauen 1914, S. 169 – 174.

Papke, Gabriele: Wenns löfft, donn löffts: Die Geschichte des Theaters in Bamberg von 1860 bis 1978: Alltag einer Provinzbühne, Bamberg 1985.

Rischbieter, Henning/Eichler, Thomas/Panse, Barbara: Theater im »Dritten Reich«: Theaterpolitik, Spielplanstruktur, NS-Dramatik, Seelze-Velber 2000.

Schatte, Hartmut: Ein Gubener Intendant im »wiedergewonnenen Osten«, in: Lausitzer Rundschau, 4. 10. 2006.

Sichert die Erhaltung des Stadttheaters! Erwerbt Stammsitze, in: Neue Vogtländische Zeitung, 27. 8. 1931; Vogtländischer Anzeiger und Tageblatt, 27. 8. 1931.

Theater Plauen, Spielzeit 1935/36, Plauen 1935.

Theater 100. Festschrift zum 100-jährigen Bestehen des Vogtland Theaters Plauen, hrsg. vom Theaterförderverein, Plauen 1998.

Wagner, Manfred: Niederösterreich. Eine Kulturgeschichte von 1861 bis heute, Bd. 2: Niederösterreich und seine Künste, Wien 2005.

Weiß, Frank: Maler aus dem Kreis Plauen, Plauen 1985.

Weiß, Frank: Gemälde aus der Sammlung des Vogtlandmuseums Plauen (Katalogreihe des Vogtlandmuseums Plauen, Heft 1), Plauen 1986.

Weiß, Frank: Plauen auf historischen Postkarten, Plauen 1991.

Weiß, Frank: Plauen in alten Ansichten. Europäische Bibliothek, Zaltbommel/Niederlande 1993.

Weiß, Frank: Malerei im Vogtland. Bildwerke und Maler aus neun Jahrhunderten, Leipzig 2002.

Religion und Sakralarchitektur

Literatur und sonstige Quellen

25 Jahre Verein für Feuerbestattung zu Plauen i. V. 30. März 1926.

100 Jahre Hauptfriedhof & Krematorium Plauen 1918 – 2018, Plauen 2018.

100 Jahre Markuskirche Plauen, Plauen 2013.

Denkschrift zum Lutherhausbau in Plauen 1907 – 1908. Im Auftrag der Luther-Stiftung verfasst von Pfarrer Th. Weisflog, Plauen 1908.

Distel, Walter: Protestantischer Kirchenbau seit 1900 in Deutschland, Zürich/Leipzig 1933.

Festschrift zur 800jährigen Jubelfeier der St. Johannis-Kirche Plauen, Plauen i. V. 1922.

Obst, Helmut: Apostel und Propheten der Neuzeit. Gründer christlicher Religionsgemeinschaften des 19./20. Jahrhunderts, Berlin 1981.

Schmidt, Hannes: Zur Geschichte der Israelitischen Religionsgemeinde Plauen i. V. (Schriftenreihe des Vogtlandmuseums Plauen, Heft 57), Plauen 1988.

Schnabel, Matthias: 100 Jahre Christusgemeinde, Plauen 2015.

Sport und Vereine

Anmerkungen
1 Adressbuch 1905, S. 104.

Archivalische Quellen
Stadtarchiv Plauen:
Sportchronik von Klaus Hermann, Ordner Nr. 1.

Literatur und sonstige Quellen
100 Jahre VFC Plauen. 1903–2003, hrsg. vom VFC Plauen, Plauen 2003.

110 Jahre Gewichtheben in Plauen. 1894–2004, hrsg. vom AC Atlas Plauen e. V., Plauen 2004.

Adressbuch der Kreisstadt Plauen i. V. 1905–1906, Plauen 1905.

Adressbuch der Kreisstadt Plauen i. V. 1912–1913, Plauen 1912.

Beuschel, Werner: Maria Lenk – ein brasilianisches Sportidol in Sachsen, in: Sportmuseum Leipzig. Zeitschrift des Fördervereins Sächsisches Sportmuseum Leipzig e. V., Ausgabe 2016, S. 20–26.

Neue Erholungs-Gesellschaft zu Plauen. Grundgesetz vom 16. April 1891 und Geschäftsordnung vom 24. März 1902, Plauen 1902.

Krone, Andreas: Letztes Rennen. Die Plauener Radrennbahn am Tannenhof, in: Historikus Vogtland, Jg. 4, 1/2009, S. 24–26.

Statuten des Theatervereins zu Plauen, Plauen o. J. [um 1900].

Jüdisches Leben

Literatur und sonstige Quellen
Goldberg, Isidor: Blätter der Erinnerung, Plauen 1930.

Krone, Andreas / Schmidt, Waltraud / Nitsche, Jürgen: Sittenwidrige Verunglimpfung, in: Historikus Vogtland, Jg. 7, 1/2012, S. 8–9.

Pöllmann, Werner / Schmidt, Waltraud / Krone, Andreas: Begnadete Händler, in: Historikus Vogtland, Jg. 6, 3/2011, S. 14–18.

Ristau, Daniel: Die Novemberpogrome in Sachsen 1938, Leipzig 2018.

Schmidt, Hannes: Zur Geschichte der Israelitischen Religionsgemeinde Plauen i. V. (Schriftenreihe des Vogtlandmuseums Plauen, Heft 57), Plauen 1988.

Schmidt, Waltraud: Der Ramscherkrieg – ein antisemitisch aufgeladener Abschnitt aus der vogtländischen Geschichte, in: Antisemitismus in Sachsen, hrsg. von Ephraim Carlebach, Stiftung und Sächsische Landeszentrale für politische Bildung, Dresden 2004, S. 105–109.

Schmidt, Waltraud: Die Juden im Vogtland unter den Nürnberger Rassegesetzen, in: Mitteilungen des Vereins für vogtländische Geschichte, Volks- und Landeskunde, 19. Jahresschrift, Plauen 2013, S. 83–113.

Schmidt, Waltraud: Immer mit Anfeindungen gelebt, in: Historikus Vogtland, Jg. 13, II/2018, S. 20–23.

Specht, Franziska: Zwischen Ghetto und Selbstbehauptung. Musikalisches Leben der Juden in Sachsen 1934–1941, Altenburg 2000.

Ulbricht, Gunda / Glöckner, Olaf (Hrsg.): Juden in Sachsen, Leipzig 2013.

Die Zerstörung Plauens in der Schlussphase des Zweiten Weltkrieges

Anmerkungen
1 Laser / Mensdorf / Richter 1995, S. 7.

Archivalische Quellen
British National Archives, Kew:
Air 14/3422, Air 14/3795, Intelligence narrative of operations Nos. 981–1087, 1945 Jan–June.

Stadtarchiv Plauen:
Polizeiliche Unterlagen der Bombentoten, Verschütteten und Vermissten der Stadt Plauen, Karton I, Nr. 4, Tote, Vermisste und Verschüttete mit Kontrollnummern – 2. und 4. Polizeirevier, 1945–1946.

Ebd., Karton I, Nr. 5, Angriff Rathaus, Angriff Meisterschule am 10. 4. 1945 – Bergungsgut – 2. und 4. Polizeirevier, 1945–1946.

Ebd., Karton III, Nr. 2122, Bd. 1, Bombentote, 1945–1946.

Ssg 39, Luftkrieg, 1942–1945.

VA 18884 / Ü 2/96, Kommunale Auslandsbeziehungen der Stadt Plauen, 1985–1989.

The National Archives and Records Administration Washington DC:
U. S. Strategic Bombing Survey. European Survey – General Records. Published Records and Supporting Records. 1937–1945.

U. S. Strategic Bombing Survey. Munitions Division; Motor Vehicle and Tank Branch Plant Report No. 9. Voigtländer Maschinenfabrik A.G. Plauen Germany. Korrigierte Entwürfe und Fragmente.

The United States European War Strategic Bombing Survey Summary Report. Washington, D.C., 30 September 1945. From US Air Force Historical Research Agency Maxwell AFB United States Government Printing Office Washington: 1946 Foreword.

Literatur und sonstige Quellen
Army Air Forces Statistical Digest World War II. 1945. (Reprint Wrocław o. J.)

Bölsche, Jochen: So muss die Hölle aussehen, in: Der Spiegel, 6. 1. 2003, S. 38–50.

Freeman, Roger A. / Crouchman, Alan / Maslen, Vic: The Mighty Eight War Diary, London 1990.

Friedrich, Jörg: Der Brand. Deutschland im Bombenkrieg 1940–1945, München 2002.

Girbig, Werner: 1000 Tage über Deutschland. Die 8. amerikanische Luftflotte im 2. Weltkrieg, München 1964.

Girbig, Werner: Die Luftoffensive gegen die deutsche Treibstoffindustrie und der Abwehreinsatz 1944–1945, Stuttgart 2003.

Groehler, Olaf: Geschichte des Luftkriegs, 2. Aufl., Berlin 1977.

Groehler, Olaf: Bombenkrieg gegen Deutschland, Berlin 1990.

Habbe, Christian: Die Schlacht am Himmel. Mit dem Rechen des Todes, in: Spiegel Special, 1. 4. 2003, S. 72–80.

Haywood S. Hansell, Jr. Major General, USAF, Retired. The Strategic Air War Against Germany and Japan: A Memoir Office of Air Force History United States Air Force, Washington, D. C. 1986. URL: http://www.ibiblio.org/hyperwar/AAF/Hansell/index.html (Zugriff am 12. 11. 2020).

Heidenreich, Bernd / Neitzel, Sönke (Hrsg.): Der Bombenkrieg und seine Opfer (Polis 39, Hessische Landeszentrale für politische Bildung), Wiesbaden 2004.

Hohn, Uta: Die Zerstörung deutscher Städte im Zweiten Weltkrieg. Regionale Unterschiede in der Bilanz der Wohnungstotalschäden und Folgen des Luftkriegs unter bevölkerungsgeographischem Aspekt, Dortmund 1991.

Hohn, Uta: The Bomber's Baedeker – Target Book for Strategic Bombing in the Economic Warfare against German Towns 1943–45, in: GeoJournal, Volume 34, Number 2, 10/1994, S. 213–230.

Kucklick, Christoph: Feuersturm – Der Bombenkrieg gegen Deutschland, Hamburg 2003.

Laser, Rudolf / Mensdorf, Joachim / Richter, Johannes: Plauen 1944/45. Eine Stadt wird zerstört, Plauen 1995.

Middlebrook, Martin / Everitt, Chris: The Bomber Command War Diaries. An Operational Reference Book: 1939–1945, London 1990.

Scheibert, Horst: Jagdpanzer. Jagdpanzer IV – Jagdpanther (Waffen-Arsenal, Bd. 62), Friedberg 1980.

Spielberger, Walter J.: Der Panzerkampfwagen IV und seine Abarten, Stuttgart 1975.

The United States Strategic Bombing Survey Summary Report (European War), Washington, D. C., 30. September 1945. URL: https://www.ibiblio.org/hyperwar/AAF/USSBS/ETO-Summary.html (Zugriff am 12. 11. 2020).

5 Plauen im Sozialismus

Gesamtes Kapitel

Literatur und sonstige Quellen

Freie Presse, Organ der Bezirksleitung Bezirk Karl-Marx-Stadt der SED/Lokalteil Plauen, zahlreiche Artikel (detaillierte Übersicht im Stadtarchiv einsehbar).

Hoffmann, Dierk: Von Ulbricht zu Honecker. Die Geschichte der DDR 1949–1989 (Deutsche Geschichte im 20. Jahrhundert, 15), Berlin-Brandenburg 2013.

Kleßmann, Christoph: Die doppelte Staatsgründung. Deutsche Geschichte 1945–1955, 5. Aufl., Bonn 1991.

Kleßmann, Christoph: Zwei Staaten. Eine Nation, Deutsche Geschichte 1955–1970, Bonn 1997.

Kramer, Gerd: Die Wiederbebauung von Plauen seit 1945, in: Sächsische Gebirgsheimat, 1989 (2.–8. 10.).

Plauen 1949–1959. Ein Bild- und Leseheft zum 10. Jahrestag unserer Deutschen Demokratischen Republik, hrsg. von der Gemeinsamen Kommission »10 Jahre DDR« in Plauen, Plauen 1959.

Röber, Martina / Naumann, Doris: Plauen in den fünfziger Jahren. Ein Jahrzehnt Stadtgeschichte in Bildern, Daten und Fakten, hrsg. von der Stadt Plauen, Plauen 2009.

Röber, Martina / Naumann, Doris: Plauen in den sechziger Jahren. Ein Jahrzehnt Stadtgeschichte in Bildern, Daten und Fakten, hrsg. von der Stadt Plauen, Plauen 2011.

Röber, Martina / Naumann, Doris: Plauen in den siebziger Jahren. Ein Jahrzehnt Stadtgeschichte in Bildern, Daten und Fakten, hrsg. von der Stadt Plauen, Plauen 2013.

Wolle, Stefan: Die heile Welt der Diktatur. Alltag und Herrschaft in der DDR 1971–1989, 4. Aufl., Berlin 2013.

Wolle, Stefan: Der große Plan. Alltag und Herrschaft in der DDR 1949–1961, Berlin 2013.

Zentner, Christian u. a.: Die DDR. Eine Chronik deutscher Geschichte. Spannendes aus den Bereichen Politik, Wirtschaft, Kultur, Sport und Alltag, St. Gallen 2017.

Die Nachkriegsjahre (1945–1949)

Archivalische Quellen

Stadtarchiv Plauen:

A 140: Allgemeine Verwaltung (Hauptverwaltung) – Schriftverkehr mit der Kommandantur, 30. April 1945–1949.

Literatur und sonstige Quellen

Adressbuch der Kreisstadt Plauen i. V. 1942/43, Plauen 1943.

Amtliche Bekanntmachungen der Militärregierung, des Oberbürgermeisters von Plauen, des Landrates und sonstiger Behörden, Jg. 1, 1945.

Bode, Volker: Kriegszerstörungen 1939–1945 in Städten der Bundesrepublik Deutschland: Inhalt und Probleme bei der Erstellung einer thematischen Karte (mit farbiger Kartenbeilage), in: Europa regional / 3 (1995), S. 9–20. URL: https://nbn-resolving.org/urn:nbn:de:0168-ssoar-48554-2 (Zugriff am 14. 11. 2019).

Bode, Volker: Kriegszerstörung und Wiederaufbau deutscher Städte nach 1945, in: Bundesrepublik Deutschland, Bd. 5 (Dörfer und Städte), Leipzig 2002, S. 88–91. URL: http://archiv.nationalatlas.de/wp-content/art_pdf/Band5_88-91_archiv.pdf (Zugriff am 14. 11. 2019).

Dick, Paul: Kleine Chronik der Stadt Plauen, o. O. [Plauen] u. J.

Einwohnerverzeichnis Plauen i. V. 1947, Plauen 1947.

Foitzik, Jan (Hrsg.): Sowjetische Kommandanturen und deutsche Verwaltung in der SBZ und frühen DDR, Berlin/München/Boston 2015.

Fuchs, Ludwig: Die Besatzungspolitik der USA in Thüringen von April bis Juli 1945, Dissertation, Universität Leipzig, 1966.

Hohn, Uta: Die Zerstörung deutscher Städte 1940 bis 1945: Luftkrieg und Stadtplanung, Schadenserfassung und Schadensbilanz, in: Nipper, Josef/Nutz, Manfred (Hrsg.): Kriegszerstörung und Wiederaufbau deutscher Städte. Geographische Studien zu Schadensausmaß und Bevölkerungsschutz im Zweiten Weltkrieg, zu Wiederaufbauideen und Aufbaurealität (Kölner Geographische Arbeiten, 57), Köln 1993, S. 3–23.

Hohn, Uta.: Die Zerstörung deutscher Städte im Zweiten Weltkrieg. Regionale Unterschiede in der Bilanz der Wohnungstotalschäden und Folgen des Luftkrieges unter bevölkerungsgeographischem Aspekt (Duisburger Geographische Arbeiten, 8), Dortmund 1991.

Im Aufbauwettkampf hat Plauen die Landeshauptstadt Dresden überflügelt, in: Sächsische Volkszeitung, 1. 3. 1946.

Kohn, Kurt: Zur Geschichte der Plauener Arbeiterbewegung in den Jahren 1945/1946 nach der dunkelsten Ära deutscher Geschichte, Plauen 1987.

Krone, Andreas: Plauen 1945 bis 1949 – Vom Dritten Reich zum Sozialismus. Entnazifizierung und personellstruktureller Umbau in kommunaler Verwaltung, Wirtschaft und Bildungswesen, Dissertation, Technische Universität Chemnitz, 2001.

Laser, Rudolf / Mensdorf, Joachim: Seventyfive Days only. 75 Tage US-Besatzung in Plauen, 16. April – 30. Juni 1945, Plauen 2000.

Laser, Rudolf / Mensdorf, Joachim / Richter, Johannes: 1944/1945 Plauen. Eine Stadt wird zerstört, Plauen 1995.

Leonhardt, Alfred / Reinhardt, Jürgen / Mehner, Heinz: Plauen vor 20 Jahren (Schriftenreihe des Vogtlandmuseums Plauen, H. 31), Plauen o. J. [1965].

Naumann, Gerd: Bomben auf Plauen. Eine Bilanz in Zahlen, in: Freie Presse, 7. 5. 2020.

Naumann, Gerd: Plauen im Bombenkrieg 1944/1945, 2. Aufl., Plauen 2011.

Ortsgesetz über den Arbeitseinsatz, in: Sächsische Volkszeitung, 3. 10. 1945.

Röder, Curt (Hrsg.): Plauen 1945 … und die schweren Nachkriegsjahre, Plauen 1998.

Statistisches Jahrbuch 1946, I.– III. Teil, Plauen 1946.

Statistisches Jahrbuch 1947, Plauen 1947.

Treber, Leonie: Mythos Trümmerfrauen. Von der Trümmerbeseitigung in der Kriegs- und Nachkriegszeit und der Entstehung eines deutschen Erinnerungsortes, Essen 2014.

Wahl, Volker: Besatzungswechsel 1945 in Thüringen, in: Landesarchiv Thüringen, Schaukasten Folge 3 (zuletzt aktualisiert 2015). URL: https://www.thueringen.de/mam/th1/staatsarchive/sk/folge_3.pdf (Zugriff am 28. 11. 2019).

Weber, Rolf: Das Landschaftsschutzgebiet Syratal bei Plauen im Wandel der Zeiten, in: Mitteilungen des Landesvereins Sächsischer Heimatschutz e. V., 2/1996, S. 13–21.

Weber, Rolf: Die Besiedlung des Trümmerschutts und der Müllplätze durch die Pflanzenwelt (Ruderalflora von Plauen) (Schriftenreihe des Vogtlandmuseums Plauen, H. 21), Plauen 1960.

Zehmisch, Heinz: Von der Badestube bis zum Vogtlandklinikum. Ein Streifzug durch die Medizingeschichte der Stadt Plauen, Plauen 2007.

Schlaglichter 1950
Momentaufnahme einer Stadt

Literatur und sonstige Quellen

Adressbuch der Stadt Plauen i. V., Plauen 1950.

Von Trümmern und Träumen
Die »langen« 50er-Jahre

Archivalische Quellen

Stadtarchiv Plauen:

A 53, Eingaben der Bevölkerung, 1957.

A 144, Stadtverordnetenprotokolle, 1948–1952.

A 218, Ratssitzungsunterlagen, 1953.

A 276, Ratsvorlagen, Bd. 1, 1968.

Bauakte August-Bebel-Straße 1, 1952–1968.

VA 39260 / Ü 2/97, Bebauung, Altstadt, Teilgebiet F, 1933–1977.

Literatur und sonstige Quellen

Amtliche Bekanntmachungen mit Anzeigen für die Stadt Plauen, diverse Nummern der Jahrgänge 1950, 1957, 1958.

Nationales Aufbauwerk der Stadt Plauen im Vogtland – 1956, hrsg. vom Rat der Stadt Plauen, Plauen 1956.

Plato, Alice von: Bedeutende Ereignisse vor Ort. Denkmalsenthüllung, Gartenbauausstellung und Stadtneugründung, in: Saldern, Adelheid von (Hrsg.): Inszenierte Einigkeit. Herrschaftsrepräsentation in DDR-Städten, Stuttgart 2003.

Stephan, Andreas: Das malerische Plauen, Kalender 2020, Monat April (August-Bebel-Straße 2–18, Bahnhofstraße 58/60), hrsg. von der Maler Plauen GmbH, Plauen 2019.

Wackwitz, Stephan: Osterweiterung. Zwölf Reisen, Frankfurt a. M. 2008.

Die Verwaltung des Mangels
Entwicklungslinien in Handel und Versorgung

Anmerkungen
1 StadtA Pl, A 120, Bl. 462.
2 Offizieller Titel: »Für Friedensvertrag und Abzug der Besatzungstruppen oder EVG-Vertrag und Generalvertrag und Belassung der Besatzungstruppen auf 50 Jahre«.
3 StadtA Pl, A 211, Bl. 49v – 50.
4 Käuferansturm, 1956, 8. 12.
5 Zeitzeugeninterview Nr. 2.
6 StadtA Pl, VA 17580/1, Bl. 7.
7 StadtA Pl, A 2923, o. Bl.
8 Zit. nach Schoor 2014, S. 76 f.
9 Wolle 2013, S. 306.

Archivalische Quellen
Der Bundesbeauftragte für die Unterlagen des Staatssicherheitsdienstes der ehemaligen DDR:
MfS, BV Karl-Marx-Stadt, Abt. XX, Nr. 300, Stimmungsberichte zu den Ereignissen vom 17. bis 24. Juni 1953 im Bezirk Karl-Marx-Stadt, 1953.

Stadtarchiv Plauen:
A 120, Situationsberichte von Handel und Versorgung, 1950 – 1957.
A 116, NAW, Berichte, Protokolle und Schriftverkehr der Abteilung Industrie, 1950 – 1959.
A 119, Sozialistische Umgestaltung der Landwirtschaft, 1960.
A 211, Stadtverordneten- und Ratsvorlagen, 1958 – 1962.
A 218, Ratssitzungsunterlagen, 1953.
A 610, Milchversorgung 1952 – 1955, Kartoffelversorgung 1953 – 1955, 1952 – 1955.
A 2017, Ausreisen/Übersiedlungen aus der DDR in die Bundesrepublik 1983 – 1990, Buchstabe W, 1983 – 1990.
A 2922, Handel und Versorgung, 1970 – 1981.
A 2923, Handel und Versorgung, 1982 – 1984.
VA 10037 / Ü 2/18, Verkaufsstellennetz von Plauen, 1954 – 1959.
VA 14080 / Ü 2/13, Industriewaren, 1974 – 1976.
VA 14081 / Ü 2/13, Industriewaren, 1972 – 1973.
VA 14068 / Ü 2/13, Rapporte 1972 – 1973 GHG, Kaffee-Mix 1977, Versorgungskonzeption 1979, 1977 – 1979.
VA 34186 / Ü 2/16, Handelsnetzkartei, 1978 – 1987.
VA 112020 / Ü 4/10, Gaststätte Tennera, 1956 – 1988.

Literatur und sonstige Quellen
Judt, Matthias: »Bananen, gute Apfelsinen, Erdnüsse u. a. sind doch keine kapitalistischen Privilegien.« Alltäglicher Mangel am Ende der 1980er Jahre in der DDR, in: Dossier Bildung, hrsg. von der Bundeszentrale für politische Bildung, 12. 7. 2013. URL: https://www.bpb.de/geschichte/zeitgeschichte/deutschlandarchiv/163470/bananen-gute-apfelsinen-erdnuesse-u-a-sind-doch-keine-kapitalistischen-privilegien (Zugriff am 22. 2. 2021).

Käuferansturm auf »Quick«, in: Freie Presse (Plauen), 8. 12. 1956.

Zeitzeugeninterview Nr. 2 (Zeitzeuge männlich, Jg. 1957, in Plauen geboren), geführt am 29. 1. 2021 (Audiospur beim Autor).

Wirtschaften im Zeichen des Plans
Industrie, Handwerk und Landwirtschaft

Anmerkungen
1 StadtA Pl, A 125, Plankoordination und örtliche Industrie, Bl. 363.
2 Bühring 2012, S. 14. In diesem Fall mussten 45 Wäsche-, Stepp- und Spezialmaschinen an den Limbacher Kreis abgegeben werden.
3 Fehrman 2012, S. 77. Im Einzelnen handelte es sich um 32,1 Mio. m² Tülle und Gardinen, 2,8 Mio. m² Möbelstoffen, 16 Mio. m² Dekostoffe sowie 15,3 Mio. m² Teppiche und Auslegeware.
4 StadtA Pl, AV-Stadtfunk, Nr. 11, hier bei 00:39:50 (Interview mit Werner Stubenrauch, VEB Plauener Spitze).
5 Ebd., hier bei 00:37:20 (Interview mit Sonja Franke, VEB Plauener Spitze).
6 Ebd., hier bei 00:39:00 (Interview mit Werner Stubenrauch, VEB Plauener Spitze).
7 Naumann 1997, S. 245.
8 Vgl. Kramer 1987, 12.–18. 1. (Kalenderbeitrag). Zur politischen Motivation der Entscheidung siehe Naumann 2011, S. 262 f.
9 StadtA Pl, AV-Stadtfunk, Nr. 11, hier ab 00:28:25 (Anmoderation für den Besuch in der Plamag).
10 Kleßmann 1997, S. 314.
11 Alle 17 PGH waren: Bau Fortschritt (95 Beschäftigte), Sanitärtechnik (36), Fußbodenbau (48), Maler Vorwärts (123), Holzhandwerk (70), Schlosserhandwerk (20), Kfz.-Handwerk (76), Elektrohandwerk (72), Bekleidung Elegant (44), Plauener Spitzen und Stickereien (498), Plautex (126), Modespitze (208), Raumgestaltung (26), Eisenbahnmodellbau (38), Holzschutz (35), Figaro (99) und Papier (40); vgl. StadtA Pl, VA 1,10 / Ü 2/82, o. Bl.
12 StadtA Pl, A 119, Bl. 178.
13 Ebd., Bl. 151.
14 Groß 2007, S. 305.
15 StadtA Pl, AV-Wende, Nr. 48, Weber, Rolf, hier ab 00:06:15 (Ausdruck geringfügig angepasst). Aufgenommen um 2000.

Archivalische Quellen
Stadtarchiv Plauen:
A 16, Eingaben der Bevölkerung, 1949 – 1952.
A 116, NAW, Berichte, Protokolle und Schriftverkehr der Abteilung Industrie, 1950 – 1959.
A 119, Sozialistische Umgestaltung der Landwirtschaft, 1960.
A 125, Plankoordinierung und Kontrolle der örtlichen Industrie, 1951 – 1961.
A 176, Sozialistische Umgestaltung privatkapitalistischer Betriebe, Unterlagen staatlicher Beteiligung, 1958 – 1960.
A 178, Sozialistische Umgestaltung privatkapitalistischer Betriebe, Anträge für staatliche Beteiligung, B – N, Bd. 1, 1956 – 1964.
A 178, Unterlagen staatliche Beteiligungen, Bd. 3, 1958 – 1964.
A 211, Stadtverordneten- und Ratsvorlagen, 1958 – 1962.
A 321, Stadtverordnetenangelegenheiten, 1960 – 1961.
A 1451, Landwirtschaft, 1960 – 1967.
A 2393, Zuarbeiten, Berichte, Referate zu Stadtverordnetenversammlungen, 1971 – 1990.
A 2696, Verstaatlichung von Betrieben mit staatlicher Beteiligung, 1972.
A 3219, Preisprüfungen und Preiskontrollberichte, 1947 – 1975.
A 3369, Zusammenarbeit mit Fachabteilungen, Bd. 1, 1959 – 1968.
AV-Stadtfunk, Nr. 11, Sonderbeitrag über Plauen und die »Plauener Spitze« in der Sendereihe »Erlebte Heimat« (Radio DDR) am 16. 6. 1968 im Vorfeld des 10. Spitzenfestes, 1968.
AV-Wende, Nr. 48, hier: Weber, Rolf.
Dako, Nr. 314, Umprofilierung Goldnadel und Glühlampe, 1963.
VA 1,10 / Ü 2/82, PGH-Beirat, 1960 – 1961.
VA 36 / Ü 3/13, Umwandlung von Privatbetrieben in VEB-Betriebe, 1972.
VA 4654 / Ü 5/95, Interzonenhandel, Submissionen, staatliche Vertragskontore, 1949 – 1952.
VA 4741 / Ü 5/01, Bodenreform, Übernahmeprotokolle, Neubauernstellenanzeigen u. a., 1949 – 1953.
VA 4752 / Ü 5/01, Bodenreform, Ertragsausschüttungen, Neubauernstellen u. a., 1953 – 1954.
VA 8517 / Ü 1/18, Seidenraupenzucht, 1959 – 1960.
VA 16428 / Ü 3/08, Schriftverkehr zu Umweltschutz, Wasserwirtschaft, Landwirtschaft, 1977 – 1989.
VA 78323 / Ü 6/02, Statistische Monatsberichte und Quartalsberichte der Sanitätsstelle: Maschinenfabrik Vogtland (Wema), 1950 – 1956.

Literatur und sonstige Quellen
50 Jahre Stahlbau Plauen, hrsg. von der Stahlbau Plauen GmbH, Plauen 1997.

60 Jahre Maler Plauen. 60 Jahre Meisterwerke aus Meisterhand, hrsg. von der Maler Plauen GmbH, Plauen 2013.

100 Jahre Druckmaschinen aus Plauen (1896 – 1996), hrsg. von der Man Plamag Druckmaschinen AG, Plauen 1996.

Blei, Karl-Heinz/Foerster, Christel: Plauen, 2. Aufl., Leipzig 1983.

Bühring, Lothar: Der VEB Plauener Spitze und die Vogtländische Stickereiindustrie / Entwicklung und Umgestaltung von 1945 bis 1990, in: So war es ... Vogtländische Textilindustrie nach 1945, hrsg. vom Verein Vogtländische Textilgeschichte e. V., Plauen 2012, S. 6 – 53.

Fehrman, Klaus: Zur Entstehung und Entwicklung der VVB Deko und des VEB Kombinates Deko bis zum Jahre 1989, in: So war es ... Vogtländische Textilindustrie nach 1945, hrsg. vom Verein Vogtländische Textilgeschichte e. V., Plauen 2012, S. 54 – 80.

Fernsprechbuch Plauen (Vogtl) und Umgebung, Jg. 1952.

Friedreich, Sönke/Spieker, Ira: Fremde – Heimat – Sachsen. Neubauernfamilien in der Nachkriegszeit, Dresden 2014.

Groß, Reiner: Geschichte Sachsens, 4. Aufl., Dresden/Leipzig 2007.

Hinz-Wessels, Annette: Artikel »Wirtschaftsreformen«, in: Stiftung Haus der Geschichte der Bundesrepublik Deutschland (Hrsg.): Lebendiges Museum Online. URL: http://www.hdg.de/lemo/kapitel/geteiltes-deutschland-modernisierung/reformversuche-im-osten/wirtschaftsreformen.html (Zugriff am 26. 2. 2021).

Kramer, Gerd: Die Entwicklung des VEB Druckmaschinenwerk Plamag Plauen, in: Sächsische Gebirgsheimat 1987 (12.–18.1.).

Naumann, Gerd: Die Plauener Spitzen- und Stickereiindustrie in Vergangenheit und Gegenwart, in: Sächsische Heimatblätter, Jg. 43, 4/1997, S. 236–246.

Naumann, Gerd: Plauen im Bombenkrieg 1944/45, 2. Aufl., Plauen-Kauschwitz 2011.

Ritter, Jürgen / Lapp, Peter Joachim: Die Grenze. Ein deutsches Bauwerk, Berlin 1997.

Roesler, Jörg: Ostdeutsche Wirtschaft im Umbruch 1970–2000, Bonn 2003.

Schad, Beate u. a.: Bauwerke der Textilindustrie in Plauen. Eine fotografische Dokumentation von 1997 mit Betrachtungen zur Textilgeschichte Plauen, Plauen 1998.

Schöne, Jens: Frühling auf dem Lande? Die Kollektivierung der DDR-Landwirtschaft, 3. Aufl., Berlin 2010.

Sonderwerkzeugmaschinen, Taktstraße, Fertigungsstraßen aus Plauen, hrsg. vom VEB Werkzeugmaschinenfabrik Vogtland Plauen, Plauen 1988.

Starke, Holger: Vom Bürgerbräu zum Premium Pils. 150 Jahre Sternquell-Brauerei, hrsg. von der Sternquell-Brauerei GmbH, Plauen 2007.

Werk unserer Hände. 1962–1976, hrsg. von der Plamag/Leitung der Betriebsparteiorganisation der SED des VEB Polygraph Druckmaschinenwerk Plamag Plauen, Plauen/Zwickau 1985.

»Alle machen mit!«
Streiflichter aus Kultur, Bildung, Jugend und Freizeit

Anmerkungen

1 Mitteilungsblatt 1958.
2 Zeitzeugeninterview mit Peter Seeburg, bei 00:09:35. Nachfolgendes Zitat: ebd., bei 00:14:40.
3 StadtA Pl, Gde. Neundorf, Nr. 302, o. Bl. Auszug aus einem »Bericht über die Erfüllung des Jahresarbeitsplanes« des Kindergartens Neundorf, datiert vom 6. 10. 1960. Für Wiedergabe passagenweise gekürzt. Die damals noch selbständige Gemeinde Neundorf gehört seit 1999 zu Plauen.
4 StadtA Pl, A 501, Bl. 40.
5 Zeitzeugeninterview Nr. 1, bei 00:06:45.
6 Jahn 2014, S. 16. Für das nachfolgende Zitat siehe S. 14.
7 Zeitzeugeninterview Nr. 1, bei 00:06:05.
8 StadtA Pl, A 1448, Bl. 105. Für das nachfolgende Zitat Bl. 73.
9 Wurschi 2014, S. 19.
10 Zeitzeugeninterview Nr. 2.
11 Gotter/Wolff/Wolff 2000, S. 39.
12 StadtA Pl, A 1348, Bl. 247f. sowie – bzgl. der Zahl »15« – Bl. 195. Es waren dies die Jugendklubs »Chrieschwitz«, »Seehaus« (beide Rat der Stadt Plauen), »R. Hallmeyer«, »Fiedlerstraße« (Vowetex), »Parkstraße« (Plauener Gardine), »Wenzel Verner« (Stadtbaubetrieb), »Bergstraße« (Wohnungsbaukombinat), »Narva« (Glühlampenwerk), »Museum« (Vogtlandmuseum), »Plamag«, »Humanité« (Bezirkskrankenhaus) und »Wema«.

Archivalische Quellen

Stadtarchiv Plauen:

A 110, Protokolle, Jugendweihe und Berichte, Ferienpläne, Maßnahmenplan der Schulen von der Abt. Volksbildung, 1950–1961.

A 111, Schriftverkehr mit Abteilung Kultur, Körperkultur und Sport, Ausschuss zur Förderung der deutschen Intelligenz, Stadttheater, 1950–1961.

A 125, Plankoordinierung und Kontrolle der örtlichen Industrie, 1951–1961.

A 145, Begehungen und Ausbauten von Schulen und Kindergärten, 1953–1955.

A 501, Analysen und Einschätzungen zum Unterricht und zur Erziehung, 1966–1968.

A 855, Informationsberichte, Mitteilungen an den Bezirksschulrat, Bd. 1, 1965–1967.

A 1348, Jugend-Freizeit, Unterlagen von Stadtrat P. Seeburg, Einschätzung der Jugendklubs, 1974–1988.

A 1448, Kultur, 1963–1967.

A 1565, Rundschreiben der übergeordneten Staatsorgane zu Fragen der Kirchenpolitik, 1957–1984.

A 2230, Beschäftigungsverhältnisse, Einstellungen und Entlassungen von Arbeitskräften in der Stadtbücherei, 1948–1949.

A 2393, Zuarbeiten, Berichte und Referate zu Stadtverordnetenversammlungen, 1971–1990.

A 2433, Einladungen und Arbeitsunterlagen zu Dienstberatungen, 1985–1986.

A 3369, Zusammenarbeit mit Fachabteilungen, Bd. 2, 1959–1968.

Gde. Neundorf, Nr. 302, Schule Neundorf, 1955–1962.

Stat. Nr. 876, Bibliotheksberichterstattung, 1958–1964.

SKK 54, Jugendklub »Malzhaus«, 1974–1981.

VA B539 / Ü 2/93, Schriftverkehr mit der Abteilung Kultur, 1963.

VA 10050 / Ü 2/18, Bereitstellung von Waren und Personal zu Sonderveranstaltungen, 1961–1964.

VA 16434 / Ü 3/03, Zusammenarbeit mit der Abteilung Jugendfragen, Körperkultur, Sport, 1974–1989.

VA 39269 / Ü 2/97, Bebauung, Obere Aue, 1933–1979.

Literatur und sonstige Quellen

Anhalt, Markus: Die Macht der Kirchen brechen. Die Mitwirkung der Staatssicherheit bei der Durchsetzung der Jugendweihe in der DDR, Göttingen 2016.

Fernsprechbuch Plauen, Jg. 1969.

Färber, Katrin: Die Geschichte der Kunstschule Plauen 1877–1945. Von der Kunstgewerblichen Fachzeichenschule zur Kunstschule für Textilindustrie, in: Geisler, Thomas A. / Stöver, Kerstin / Thomas, Ute: Nouveautés. Kunstschule und Spitzenindustrie in Plauen, Dresden 2020, S. 28–33.

Fleischer, Georg-Michael: Im Dienst für die Kranken. Das Plauener Krankenhaus im Spiegel der Medizinalgeschichte, 2. Aufl., Plauen-Jößnitz 2019.

Gotter, Ute / Wolff, Ulrich / Wolff, Jürgen B.: Das Malzhaus in Plauen. Von Grafen, Mälzern, Kulturhungrigen und der Kunst durchzuhalten, Leipzig 2000.

Jahn, Roland: Wir Angepassten. Überleben in der DDR, München/Zürich 2014.

Kelch, Johanna: »Vereinsmeierei« in der DDR, in: MDR Zeitreise, 21. 2. 2020. URL: https://www.mdr.de/zeitreise/ddr/vereine-frueher-und-heute-100.html (Zugriff am 15. 2. 2021).

Kerbel, Barbara: Von der Krippe bis zur Hochschule – das Bildungssystem der DDR, in: Dossier Bildung, hrsg. von der Bundeszentrale für politische Bildung, 1. 7. 2016. URL: https://www.bpb.de/gesellschaft/bildung/zukunft-bildung/230383/von-der-krippe-bis-zur-hochschule-das-bildungssystem-der-ddr (Zugriff am 16. 2. 2021).

Lapp, Peter Joachim: Offiziershochschule »Rosa Luxemburg«. Kaderschmiede der DDR-Grenztruppen, Aachen 2014.

Miethe, Ingrid / Soremski, Regina / Suderland, Maja u. a.: Bildungsaufstieg in drei Generationen. Zum Zusammenhang von Herkunftsmilieu und Gesellschaftssystem im Ost-West-Vergleich, Opladen/Berlin/Toronto 2015.

Mitteilungsblatt, hrsg. vom Rat der Stadt Plauen, Nr. 1/1958.

Rudloff, Wolfgang: 35 Jahre Folkindividualisten »Landluper« mit eigener Note und unverwechselbarer Geschichte, in: Vogtländische Heimatblätter, Jg. 35, 1/2015, S. 28–34.

Schmidt, Roland: Artikel »Zeitlinie«, »Die Herbartschule wird 100 Jahre alt« sowie »100 Jahre Diesterwegschule Plauen«, in: Schulgeschichte des sächsischen Vogtlandes. URL: http://schulgeschichte.de (Zugriff am 16./17. 2. 2021).

Von wegen Frieden. Militarisierung im Friedensstaat DDR, in: Jugendopposition in der DDR, hrsg. von der Bundeszentrale für politische Bildung und Robert-Havemann-Gesellschaft e. V., letzte Änderung Dezember 2019. URL: https://www.jugendopposition.de/145331 (Zugriff am 17. 2. 2021).

Jugendweihe, in: Jugendopposition in der DDR, hrsg. von der Bundeszentrale für politische Bildung und Robert-Havemann-Gesellschaft e. V., letzte Änderung September 2017. URL: https://www.jugendopposition.de/145438 (Zugriff am 17. 2. 2021).

Jugendkultur, in: Jugendopposition in der DDR, hrsg. von der Bundeszentrale für politische Bildung und Robert-Havemann-Gesellschaft e. V., letzte Änderung Dezember 2019. URL: https://www.jugendopposition.de/145340 (Zugriff am 17. 2. 2021).

Tümpner, Walter G.: Stadtchronik. Aus der Geschichte der Stadt Plauen, 6. Aufl., Plauen 2018.

Wurschi, Peter: Jungsein in der DDR, Erfurt 2014.

Zeitzeugeninterview Nr. 1 (Zeitzeuge männlich, Jg. 1952, nicht in Plauen geboren), geführt am 15. 5. 2020 (Audiospur beim Autor).

Zeitzeugeninterview Nr. 2 (Zeitzeuge Rolf Ulbricht, Jg. 1957, in Plauen geboren), geführt am 29. 1. 2021 (Audiospur beim Autor).

Zeitzeugeninterview mit Peter Seeburg, von 1972 bis 1990 Stadtrat für Kultur beim Rat der Stadt Plauen, geführt am 1. 7. 2020 (Audiospur beim Autor).

Zwischen Platte und Prestige
Stadtentwicklung und Stadtverfall
unter sozialistischen Vorzeichen

Anmerkungen

1 Für Fleiß 1961, 26.9.
2 Eintausend Familien 1971, 30.10.
3 Zum 31.12.1980 zählte Plauen 78 828 Einwohner, zum 31.12.1988 noch 77 593. Im Jahr 1989 war dabei mit einem Stand von 73 971 zum 31.12. der größte Schwund auszumachen. Vgl. StadtA Pl, Stat. Nr. 61, o. Bl.
4 StadtA Pl, A 3161, o. Bl.
5 StadtA Pl, A 917, Bl. 156 f.
6 Unser »Neuer« 1973, 22.12.

Archivalische Quellen

Stadtarchiv Plauen:

A 271, Ratssitzungsunterlagen, 1967.

A 649, Werterhaltung Nonnenturm, 1951–1960.

A 917, Denkmalpflege, 1977–1980.

A 921, Weisungen des Stadtbaudirektors, Umgestaltung Stadtzentrum u. a., 1969–1977.

A 1167, Verkehrsplanung, 1980–1985.

A 1387, Denkmalpflege der Stadt Plauen (Fotos und Text), 1984.

A 1695, Ratsvorlagen der Tagungen des Rates der Stadt Plauen, 13.–20. Tagung, 1986.

A 2915, Baugeschehen in Plauen, 1978–1980.

A 3161, Zusammenarbeit mit der SED, 1978–1981.

AV-Stadtfunk, Nr. 13, Mitschnitt der Einweihung des neuen Empfangsgebäudes Oberer Bahnhof in Plauen am 21.12.1973 um 12:30 Uhr, 1973.

AV-Stadtfunk, Nr. 17, Mitschnitt der Festsitzung zur Einweihung des neuen Plenarsaales im wiederaufgebauten Neuen Rathaus der Stadt Plauen am 28.10.1976, 1976.

Stat. Nr. 61, Bevölkerungsstatistik, 1985–1990.

VA 16412 / Ü 2/08, Statistiken, 1987–1989.

VA 39260 / Ü 2/97, Bebauung Altstadt, Teilgebiet F, 1933–1977.

Literatur und sonstige Quellen

Eintausend Familien im jüngsten Wohngebiet Plauens, in: Freie Presse (Plauen), 30.10.1971.

Für Fleiß nun der Preis, in: Freie Presse (Plauen), 26.9.1961.

Morgner, Martin: Thüringen 1949–1990 (Historischer Reiseführer durch die DDR), Halle 2015.

Müller, Udo: Stadt des Jugendstils. Denkmalpflege in Plauen, in: Sächsische Heimatblätter, Jg. 43, 4/1997, S. 207–214.

Rettig, Wilfried: Die Eisenbahnen im Vogtland. Entwicklung, Hauptstrecken, Fahrzeuge, Bahnbetriebswerke und Hochbauten (Bd. 1), Freiburg 2002.

Rettig, Wilfried: Die Eisenbahnen im Vogtland. Neben- und Schmalspurstrecken, Bahnanlagen, Unfälle und Anekdoten (Bd. 2), Freiburg 2002.

Schroeter, Sabina: Die Sprache der DDR im Spiegel ihrer Literatur. Studien zum DDR-typischen Wortschatz, Berlin/New York 1994.

Springer, Philipp: Verbaute Träume. Herrschaft, Stadtentwicklung und Lebensrealität in der sozialistischen Industriestadt Schwedt, 2. Aufl., Berlin 2007.

Unser »Neuer« innen besehen, in: Freie Presse (Plauen), 22.12.1973.

Warnecke, Jakob: »Wir können auch anders«. Entstehung, Wandel und Niedergang der Hausbesetzungen in Potsdam in den 1980er und 1990er Jahren, Berlin-Brandenburg 2019.

Abgesang und Zeitsprung
Plauen als Impulsort
der Friedlichen Revolution

Anmerkungen

1 StadtA Pl, A 1408, Bl. 8.
2 Zit. nach Uhlig 2018, S. 13.
3 StadtA Pl, AV-Wende, Nr. 4, Kollwitz, Steffen, hier ab 00:40:50.
4 Ebd., hier ab 00:01:00.
5 StadtA Pl, AV-Wende, Nr. 27, Braun, Detlev, hier ab 00:12:20.
6 StadtA Pl, AV-Wende, Nr. 24, Naumann, Gerd, hier ab 00:02:25.
7 StadtA Pl, A 1408, Bl. 1 f.
8 Zit. nach Scheer 2014, S. 157.
9 Bericht von Jörg Schneider, in: Palast der Gespenster: Der letzte Jahrestag der DDR, Dresden 2019, hier ab 00:19:37. URL: https://www.youtube.com/watch?v=Qi7JdYvzLfQ (Zugriff am 4.3.2021).
10 StadtA Pl, AV-Wende, Nr. 10, Dr. Spiegler, hier ab 00:03:00. Anschließendes Zitat: ebd., ab 00:03:30.
11 Bericht von Peter Seeburg, in: Palast der Gespenster: Der letzte Jahrestag der DDR, Dresden 2019, hier ab 01:09:40. URL: https://www.youtube.com/watch?v=Qi7JdYvzLfQ (Zugriff am 3.3.2021).
12 Bericht von Jens Bühring, in: ebd.
13 Scheer 2014, S. 193.
14 Gauck 2019.
15 Freudensekt 1989, 14.11.
16 Küttler 1990, 19.3.
17 StadtA Pl, AV-Wende, Nr. 1, Erler, Helga, hier ab 00:11:20.

Archivalische Quellen

Stadtarchiv Plauen:

A 1408, Bürgerbriefe an den Rat bzw. den Oberbürgermeister zur Wendezeit, 1989.

AV-Wende, Nr. 1, hier: Erler, Helga.

AV-Wende, Nr. 1, hier: Saupe, Anneliese.

AV-Wende, Nr. 3, hier: Grosch, Karl-Heinz.

AV-Wende, Nr. 4, hier: Kollwitz, Steffen.

AV-Wende, Nr. 10, hier: Dr. Spiegler.

AV-Wende, Nr. 24, hier: Naumann, Gerd.

AV-Wende, Nr. 27, hier: Braun, Detlev.

Literatur und sonstige Quellen

Freudensekt mit bitterer Pille, in: Freie Presse (Plauen), 14.11.1989.

Gauck, Joachim: 30 Jahre Friedliche Revolution in Plauen, in: Offizieller Internetauftritt von Bundespräsident a. D. Joachim Gauck, 7.10.2019. URL: https://www.joachim-gauck.de/geschichte-und-gedenken/2019/friedliche-revolution-plauen (Zugriff am 4.3.2021).

Küttler, Thomas: Ein Hauptziel erreicht, in: Freie Presse (Plauen), 19.3.1990 (S. 2, Republikteil).

Küttler, Thomas: Die Wende in Plauen. Es war das Volk. Eine Dokumentation, Plauen 1991.

Palast der Gespenster. Der letzte Jahrestag der DDR (Dokumentation), Film von Heike Bittner und Torsten Körner, hrsg. vom MDR Fernsehen, 2019. URL: https://www.youtube.com/watch?v=Qi7JdYvzLfQ (Zugriff am 2.3.2021).

Rachowski, Utz: Lebenslauf, in: Internetauftritt von Utz Rachowski. URL: https://www.rachowski.de/lebenslauf (Zugriff am 2.3.2021).

Scheer, Udo: Wir kommen wieder! Plauen 89. Eine Stadt demonstriert sich nach Deutschland, Halle/Saale 2014.

Schwanitz, Rolf: Zivilcourage, Plauen 1998.

Uhlig, Clemens: Prager Frühling. Aufruhr im Ostblock, in: Historikus Vogtland, Jg. 13, 2/2018, S. 10–13.

6 Plauen in einem offenen politisch-gesellschaftlichen Transformationsprozess

Gesamtes Kapitel

Archivalische Quellen

Stadtarchiv Plauen:

Vorlass Dr. Magerkord.

B 21, Entwurf des Verwaltungsberichts der Stadt Plauen 1990 bis 1994.

Literatur und sonstige Quellen

100 Jahre Kammergebäude, Festschrift. Industrie- und Handelskammer, Regionalkammer Plauen, Plauen 2015.

1 000 Tipps für Bürger und Gäste unserer Stadt, 5. Aufl., Plauen 2000, 9. Aufl., Plauen 2016.

1991–2006. 15 Jahre Stadtsanierung, Plauen 2007.

20 Jahre Deutsche Einheit. 1990–2010 Plauen, Plauen 2010.

Albrecht, Peter: Plauen und seine neue Mitte, in: Freie Presse (Plauen), 26./27. 9. 2009.

Amtlicher Statistikbericht der Stadt Plauen 2001 bis 2009. Plauen 2010; 2012, Plauen 2012.

Amtliche Veröffentlichungen der Stadt Plauen ab 1. 1. 2016. URL: https://www.plauen.de/de/rathaus/amtliche_bekanntmachungen.php (Zugriff am 8. 4. 2021).

Berthold, Lothar: Besuch in Plauen 1990, Fürther Geschichtswerkstatt, Fürth 2015.

Das Plauener Branchenbuch, seit 1993 alle zwei Jahre.

Der Vogtlandatlas, 3. Aufl., Plauen 2004.

»Die Corona-Krise ist ein Marathonlauf, kein Sprint.«, in: Vogtland-Anzeiger, 25. 4. 2020.

Die 40 größten Arbeitgeber des Vogtlands, in: Freie Presse (Plauen), 4. 1. 2011; 8. 1. 2013; 5. 1. 2015.

Die 50 größten Arbeitgeber des Vogtlands, in: Freie Presse (Plauen), 3. 1. 2017; 5. 1. 2019; 6. 1. 2021.

enviaM saniert Altlasten auf Gelände des ehemaligen Gaswerkes Plauen, 15. 6. 2009, in: Pressebox. URL: https://www.pressebox.de/inaktiv/envia-mitteldeutsche-energie-ag-chemnitz/enviaM-saniert-Altlasten-auf-Gelaende-des-ehemaligen-Gaswerkes-Plauen/boxid/269890 (Zugriff am 8. 4. 2021).

Eure Geschichte: 30 Jahre danach (1990–2020), mdr Onlineportal. URL: https://www.mdr.de/zeitreise/schwerpunkte/eure-geschichte/nachwendegeschichte/index.html (Zugriff am 8. 4. 2021).

Flächennutzungsplan Stadt Plauen, in: Stadt Plauen. Fachgebiet Stadtplanung. URL: https://www.plauen.de/media/dokumente/stadtleben/stadtplanung/fnp/fnp_begruendung_30. 7. 10.pdf (Zugriff am 8. 4. 2021).

Gless, Florian/Gretemeier, Anna-Beeke: Editorial, in: stern, Nr. 51a, 14. 12. 2019, S. 3.

Hermann, Konstantin (Hrsg.): Sachsen seit der Friedlichen Revolution, Sonderausgabe der Sächsischen Landeszentrale für politische Bildung, Dresden/Beucha/Markkleeberg 2010.

IHK Chemnitz (Hrsg.): Städtevergleich im Kammerbezirk Chemnitz, Chemnitz 2020.

Integriertes und gesamtstädtisches Energie- und Klimaschutzkonzept für die Stadt Plauen, 2016. URL: https://www.plauen.de/media/dokumente/stadtleben/iek_ekk_plauen_bericht.pdf (Zugriff am 8. 4. 2021).

Jacobs, Olaf (Hrsg.): Die Treuhand. Ein deutsches Drama, Sonderausgabe für die Landeszentralen für politische Bildung, Halle 2020.

Katapult. Knicker, Nr. 1, Greifswald 2018.

Landschaftsplan. Stadt Plauen. Textteil, Plauen 2010.

Mitteilungsblatt der Stadt Plauen 2011 bis 2015. URL: https://www.plauen.de/de/rathaus/presse-mitteilungen/archiv/archiv_mb.php (Zugriff am 8. 4. 2021).

Müller, Uwe: Zerklüfteter Westen – einheitlicher Osten, in: Die Welt, 29. 10. 2005.

Plauens Innenstadt atmet auf, in: Freie Presse (Plauen), 1. 10. 2001.

Riedel, Ulrich: Plauens Zentrum boomt: Seit 2011 24 Prozent mehr Einwohner, in: Freie Presse (Plauen), 15. 2. 2019.

Selbmann, Uwe: Nächste Millionen-Investition in der Elsteraue steht in Aussicht, in: Freie Presse (Plauen), 18. 6. 2020.

Stadtkonzept 2033. URL: https://www.plauen.de/de/rathaus/stadtkonzept-2033.php (Zugriff am 8. 4. 2021).

Statistik Stadt Plauen. URL: https://www.plauen.de/de/rathaus/wissenswertes/zahlen-fakten/statistik.php (Zugriff am 8. 4. 2021).

Statistischer Bericht der Stadt Plauen, Plauen 1995.

Statistisches Jahrbuch Sachsen 1990, Kamenz 1990; 1992, Kamenz 1993; 2000, Kamenz 2000.

Thümmel, Marjon: Plauen verkabelt ganze Welt, in: Vogtland-Anzeiger, 3. 8. 2019.

Tillack, Hans-Martin: Der große Unterschied, in: stern, Nr. 40, 23. 9. 2004, S. 96–98.

Wie sieht die Stadt aus, in der wir leben wollen?, edition brand eins, Jg. 2, Heft 3/Januar–März 2019.

Zahlen. Daten. Fakten, Stadt Plauen, 15. 11. 2010.

Das war doch erst gestern
Ist Gegenwart Geschichte?

Anmerkungen

1. Eure Geschichte 2020.
2. Engel 2020, 14. 12.
3. Zukunftsforscher 2020, 4. 11.
4. Schütz 2020, 11. 9.
5. Magerkord 1990, S. 3.
6. Ebd., S. 5.
7. Ebd.
8. Ebd.

Literatur und sonstige Quellen

Albrecht, Peter: Probleme der Nachwendezeit debattiert, in: Freie Presse (Plauen), 27. 10. 2018.

Beyer, Tino: Plauen setzt sich ein Denkmal, in: Freie Presse (Plauen), 5. 10. 2010.

Dietrich, Nancy: Standort geklärt: Wendezentrum kommt ins Ex-Brandschutzamt, in: Freie Presse (Plauen), 19. 11. 2020.

Engel, Esteban: Zum Abschluss nur zwei Worte: »Das war's«, in: Freie Presse (Plauen), 14. 12. 2020.

Eumann, Jens: Rechte kapern regionale Coronaproteste, in: Freie Presse (Plauen), 26. 3. 2021.

Riedel, Ulrich: Friedliche Revolution: Orte sollen Weltkulturerbe werden, Freie Presse (Plauen), 5. 3. 2021.

Schott, Sabine/Selbmann, Uwe: Wendezentrum: Zähes Ringen um beste Lösung, in: Freie Presse (Plauen), 26. 9. 2020.

Schütz, Jutta: Ost und West nach 30 Jahren Einheit: Eine Erfolgsgeschichte?, in: Freie Presse (Plauen), 11. 9. 2020.

Vor 30 Jahren begann neues Parlamentszeitalter, in: Freie Presse (Plauen), 3. 6. 2020.

Zukunftsforscher: »Gedanke der Benachteiligung sitzt tief«, in: Freie Presse (Plauen), 4. 11. 2020.

Verwaltung im Wandel
Strukturen und Aufgabenbereiche

Anmerkungen

1. Magerkord 1990, S. 3.
2. Magerkord 1991, S. 10.
3. Magerkord 1998, S. 16.
4. Magerkord 1990, S. 2.
5. Magerkord 1992, S. 1.
6. Behrens 2019, 3. 3.
7. Magerkord 1991, S. 7.
8. Magerkord 1993, S. 3.
9. Magerkord 1992, S. 1.
10. Magerkord 1995, S. 1.
11. Magerkord 1990, S. 4.
12. Magerkord 1991, S. 11.
13. Magerkord 1993, S. 3.
14. Magerkord 1997, S. 13.
15. Blesse 2018, S. 34.
16. Magerkord 1991, S. 11.

Literatur und sonstige Quellen

100 Jahre Druckmaschinen aus Plauen (1896–1996), hrsg. von der MAN Plamag Druckmaschinen AG, Plauen 1996.

Albrecht, Peter: Das ewige Rätsel um Plauener Stadtteile und ihre Grenzen, in: Freie Presse (Plauen), 4. 8. 2018.

Behrens, Lutz: Stadtkonzept bringt kaum jemanden aus dem Konzept, in: Vogtland-Anzeiger, 3. 3. 2019.

Beyer, Tino: Der letzte Akt der Kreisreform, in: Freie Presse (Plauen), 3. 7. 2009.

Bilanz der Verkehrsüberwachung, in: Plauener Stadtnachrichten, Februar 2021.

Blesse, Sebastian/Rösel, Felix: Kreise gewachsen – Bilanz durchwachsen: Zehn Jahre Kreisgebietsreform in Sachsen und Sachsen-Anhalt, in: ifo Dresden berichtet, 2018, 25. Jahrgang, Nr. 04.

Das leere Wort Freunde, 1. Sonderausgabe Historikus Vogtland, Plauen 2020.

Dietrich, Nancy / Selbmann, Uwe: Der OB geht: »Es war eine erfüllte Zeit«, in: Freie Presse (Plauen), 5. 1. 2021.

»Haben vieles aus dem Stegreif gemacht«, in: Vogtland-Anzeiger, 29. 5. 2020.

Horsch, Holger: »Hat nicht wenigstens die Stasi die Stimmung im Lande gekannt?« MfS und SED im Bezirk Karl-Marx-Stadt. Die Entmachtung der Staatssicherheit in den Regionen, Teil 3 (BF informiert 19/1997), S. 8 f., in: Publikationen. URL: https://www.stasi-unterlagen-archiv.de/informationen-zur-stasi/publikationen/publikation/hat-nicht-wenigstens-die-stasi/ (Zugriff am 8. 4. 2021).

Kluth, Winfried: Neugründung der Länder und Rückkehr zur kommunalen Selbstverwaltung, 3. 9. 2020, in: Geschichte, Deutsche Einheit. URL: https://m.bpb.de/geschichte/deutsche-einheit/lange-wege-der-deutschen-einheit/47200/verwaltung-der-laender (Zugriff am 8. 4. 2021).

Kreisdienststelle Plauen, in: Archiv, Bestandsübersichten. URL: https://www.bstu.de/archiv/bestandsuebersichten/bestaende-und-teilbestaende-des-stasi-unterlagen-archivs/kreisdienststelle-plauen-3/ (Zugriff am 8. 4. 2021).

Kuhr, Uwe: Unterschätzte Kreisreformen, in: Freie Presse (Plauen), 24. 2. 2017.

Lapp, Peter Joachim: Offiziershochschule »Rosa Luxemburg«: Kaderschmiede der DDR-Grenztruppen, Aachen 2014.

Mensdorf, Joachim/Reichenbach, Klaus: 110 Jahre Straßenbahn Plauen 1894 – 2004, Plauen 2004.

Offiziershochschule »Rosa Luxemburg« Plauen, in: Forum DDR Grenze. URL: www.forum-ddr-grenze.de (Zugriff am 8. 4. 2021).

Plauener Stadtverwaltung: Die Entwicklung der Verwaltungsstruktur in der Stadtverwaltung Plauen seit 1990 (unveröffentlicht), Plauen 2015 (StadtAPl, Archivbibliothek, D 41/299).

Riedel, Ulrich: Zoff um Kosten für Leitstelle: Jetzt naht die nächste Reform, in: Freie Presse (Plauen), 24. 2. 2021.

Schreyer, Hannelore/Fleischhauer, Tom (Hrsg.): »Die Freunde« zwischen Nähe und Distanz, Plauen 2013.

Selbmann, Uwe: Von Sporthalle bis Straßenbau: Dafür gibt Plauen 2020 Geld aus, in: Freie Presse (Plauen), 19. 12. 2019.

Stolp, Stefan: Zehn Jahre große Kreise in Sachsen, in: Freie Presse (Plauen), 1. 8. 2018.

Wirtschaftliche Strukturen
Der steinige Weg von der Planwirtschaft in die Marktwirtschaft

Anmerkungen

1 Jacobs 2020, S. 101.
2 Mehr Branchenmix 2021, 7.1.
3 Lippmann 2014, S. 65.
4 Ebd., S. 67.
5 Magerkord 2000, S. 10.
6 Magerkord 1992, S. 6.
7 Keipert 2019.
8 Nahverkehrs-Drehkreuz 2021.
9 Magerkord 1998, S. 17.
10 Magerkord 1992, S. 4.
11 Magerkord 1993, S. 2.
12 Ebd., S. 5.
13 Magerkord 1996/97, S. 9.
14 Magerkord 1995, S. 5.
15 Jähn 2020, 8.2.
16 Lippmann 2014, S. 65.
17 Magerkord 1997, S. 12.
18 Ulrich 2021, 2.1.

Archivalische Quellen

Vogtlandmuseum Plauen:

Lippmann, Günter: Arbeitsmaterial zur Geschichte und Entwicklung der Plauener Gardine (unveröffentlicht), Plauen 2014

Literatur und sonstige Quellen

Abbruch der Industriebrache Schönherr-Straße – Freizeitanlage soll entstehen, in: Plauener Stadtnachrichten, Februar 2021.

Arbeitslosigkeit in Sachsen steigt an, in: Freie Presse (Plauen), 3. 3. 2021.

Auf über hundert Quadratkilometern erstreckt sich eine Spitzen-Stadt, in: Leben in Plauen, November 2004.

Beherbergungsstätten, Gästebetten, Auslastung sowie Ankünfte, Übernachtungen und Aufenthaltsdauer in der Stadt Plauen – Monatserhebung im Tourismus, Beherbergungsstatistik 1992 – 2006, Statistisches Landesamt des Freistaates Sachsen 2007.

Beherbergungseinrichtungen, Gästebetten und deren Auslastung sowie Ankünfte, Übernachtungen und Aufenthaltsdauer in der Stadt Plauen – Monatserhebung im Tourismus 2019, Statistisches Landesamt des Freistaates Sachsen 2020.

Bluhm, Katharina: Zwischen Markt und Politik, Opladen 1999.

Böick, Marcus: Wieso war der Hass so groß?, in: Die Zeit, Nr. 44, 22. 10. 2020.

Boysen vergrößert sich in Plauen und schafft neue Jobs. URL: https://www.spitzenstadt.de/nachrichten-aus-plauen/boysen-vergroessert-sich-in-plauen-und-schafft-neue-jobs (Zugriff am 8. 4. 2021).

Branchenverband Plauener Spitze und Stickereien e. V. URL: www.plauenerspitze.info (Zugriff am 8. 4. 2021).

Das Thema heute: MAN Plamag, in: Freie Presse (Plauen), 11./12. 5. 1996.

Decker, Kerstin: In einem verkauften Land, in: Freie Presse (Plauen), 5. 8. 2020.

Dietrich, Nancy: Tubetech: Auftragsbücher für 2021 voll, in: Freie Presse (Plauen), 22. 4. 2021.

Eckert, Ronny: Textile Wende – 9. 10. 2019, in: Techtextil Blog der Messe Frankfurt. URL: https://www.techtextil-blog.com/textile-wende (Zugriff am 8. 4. 2021).

Einzelhandel in Plauen, Bayreuth 1996.

Einzelhandelskonzept für die Stadt Plauen, Erfurt 2007 und Fortschreibungen, Plauen 2016.

Europa fördert Sachsen. Ausgabe Vogtlandkreis, Dresden 2019.

Flughafen: Name bleibt »Hof-Plauen«, in: Freie Presse (Plauen), 6. 1. 2017.

Hähnig, Anne: Wieso war der Hass so groß?, in: DIE ZEIT, Nr. 44, 22. 10. 2020.

Im Vogtland deutlich mehr Arbeitslose, in: Freie Presse (Plauen), 30. 1. 2021.

In noch keinem Mai so wenig Arbeitslose, in: Freie Presse (Plauen), 31. 5. 2019.

Investitionen: Bestenfalls Schrottwert, in: Der Spiegel, Nr. 50, 6. 12. 1992. URL: https://www.spiegel.de/wirtschaft/bestenfalls-schrottwert-a-965a28a2-0002-0001-0000-000013691699?context=issue (Zugriff am 8. 4. 2021).

Jähn, Nicole: Bis zu drei Investoren entgehen dem Vogtland jeden Monat, in: Freie Presse (Plauen), 8. 2. 2020.

Jubelt, Bernd: Volkssolidarität übernimmt Pafu GmbH, in: Freie Presse (Plauen), 29. 12. 2004.

Keipert, Mario: 125 Jahre Plauener Straßenbahn, in: Vischelant, Nr. 15, Sommer 2019.

Kombinate. Was aus ihnen geworden ist, Berlin/München 1993.

Konjunktur schwächelt, in: Freie Presse (Plauen), 14. 10. 2019.

Konvolut Stadt Plauen. Kommunale Statistikstelle, Mai 2021.

Konvolut Stadt Plauen. Wirtschaftsförderung, Mai 2021.

Lehmann, Jörg: Mehr Männer arbeitslos, in: Freie Presse (Plauen), 7. 2. 2001.

Letzter Bus aus Plauen fährt die Fußball-Profis von RB Leipzig, in: Freie Presse (Plauen), 24. 3. 2021.

Löbbe, Klaus: Die Chemiefaserindustrie am Standort Deutschland (Wirtschaft und Finanzen 227), Düsseldorf 2008.

Luftreinhalteplan für die Stadt Plauen, Plauen 2009.

Mädler, Katrin: Zitterpartie für Plauens Busbauer: IG-Metall befürchtet Werk-Aus, in: Freie Presse (Plauen), 20. 1. 2021.

Mehr Branchenmix, in: Freie Presse (Plauen), 7. 1. 2021.

MERKWÜRDIG! 25 Jahre Stadtbus Plauen, in: Vischelant, Nr. 20, Winter 20/21.

Mit Nadel und Zwirn, Bild 11654154, 20. 6. 2003, in: picture-alliance/Globus Infografik. URL: https://www.picture-alliance.com/cms/4/Globus Infografik (Zugriff am 8. 4. 2021).

Müller, Manuela: Plamag: Krauss-Maffei kauft seinen Zulieferer, in: Freie Presse (Plauen), 10. 12. 2016.

Müller, Manuela: Wema: Der Traditionsbetrieb mit dem »V« macht wieder Karriere, in: Freie Presse (Plauen), 27. 9. 2018.

Müller, Manuela: Sachsendruck: Die Neuen sind die Alten, in: Freie Presse (Plauen), 15. 1. 2019.

Nagel, Ramona: Bester Arbeitsmarkt seit der Wende, in: Freie Presse (Plauen), 1. 11. 2007.

Nahverkehrsplan für den Nahverkehrsraum Vogtland, 4. Fortschreibung, 8. 10. 2020. URL: https://vogtlandauskunft.de/media/vogtlandauskunft/Download/Auschreib_Bekanntm/Nahverkehrsplan_2021/20200901_NVP_Fortschreibung4_VBVS_ZVV.pdf (Zugriff am 8. 4. 2021).

Oberer Bahnhof soll barrierefrei werden, in: Freie Presse (Plauen), 3. 3. 2021.

Pfüller, Brigitte: Wie aus Plamag ein Roland wird, in: Sächsische Zeitung, 18. 2. 2002. URL: https://www.saechsische.de/plus/wie-aus-plamag-ein-roland-wird-448473.html (Zugriff am 8. 4. 2021).

Plauen. Spitzenstadt mit Kompetenz, Plauen 2017.

Plauen ist das Nahverkehrs-Drehkreuz im Vogtland und Vierländereck, in: Plauener Stadtnachrichten, 6. Jahrgang, Nr. 2, April 2021.

Rathaus erstellt Tourismuskonzept; in: Freie Presse (Plauen), 17. 2. 2021.

Reißmann, Martin: Plauener Stahl-Profis kennen keine Kurzarbeit, in: Vogtland-Anzeiger, 31. 5. 2011.

Repert, Karsten: Unternehmen feiert 70. Geburtstag, in: Blick, 22. 9. 2018.

Riedel, Ulrich: Plauens Zentrum boomt: Seit 2011 24 Prozent mehr Einwohner, in: Freie Presse (Plauen), 15. 2. 2019.

Riedel, Ulrich: Ruine fällt, Verkehrsübungsplatz kommt: Und ein Bonus für Plauen, in: Freie Presse (Plauen), 13. 10. 2020.

Riedel, Ulrich: Tram-Vertrag bis 2043: Ein Ja mit Hintertürchen. in: Freie Presse (Plauen), 4. 11. 2020.

Riedel, Ulrich: Plauens Heißhunger auf Gewerbeflächen, in: Freie Presse (Plauen), 21. 4. 2021.

Schultz, Barbara/Strauf, Simone: Regionalanalyse des Arbeitsmarktes für Frauen im sächsischen Vogtland, Freiburg 1998.

Selbmann, Uwe: Unternehmerisches Engagement rettet ein Zeugnis glanzvoller Zeit, in: Freie Presse (Plauen), 28. 8. 2020.

Selbmann, Uwe: Worum es bei MAN auch geht, in: Freie Presse (Plauen), 30. 1. 2021.

So war es … Vogtländische Textilindustrie nach 1945, hrsg. vom Verein Vogtländische Textilgeschichte Plauen e. V., Plauen 2012.

Strietzel, Grit: 60 Kilo Sprengstoff zerbersten Schornstein und Fabrikwand, in: Freie Presse (Plauen), 19. 6. 1996.

Über uns. Firmenporträt, in: W. Reuter & Sohn Spitzen und Stickereien GmbH. URL: https://stickerei-reuter.de/unternehmen/firmenportrait (Zugriff am 8. 4. 2021).

Uhlig, Swen: Vogtlandstädte im Vergleich, in: Freie Presse (Plauen), 21. 1. 2021.

Uhlig, Swen: So viele Industrieflächen gibt es wirklich, in: Freie Presse (Plauen), 6. 2. 2021.

Uhlig, Swen: Wie ein Mittelständler zum Retter des MAN-Werks wurde, in: Freie Presse (Plauen), 9. 3. 2021.

Uhlig, Swen: Spezialglashersteller droht Zahlungsunfähigkeit, in: Freie Presse (Plauen), 16. 3. 2021.

Ulrich, Christoph: Sachsens Arbeitsagentur erwartet Nachbeben auf dem Arbeitsmarkt, in: Freie Presse (Plauen), 2. 1. 2021.

Welche Breitbandtechnologien gibt es in Plauen?, in: Internetanbieter.de. URL: https://www.internetanbieter.de/staedte/dsl-in-plauen/#gref (Zugriff am 8. 4. 2021).

Wie definiert die deutsche Bundesregierung »Breitband«?, in: Breitbandnetze. URL: https://www.gpon.eu/breitband/definition.html (Zugriff am 8. 4. 2021).

»Wir sind in einer glücklichen Lage«, in: Freie Presse (Plauen), 30. 3. 2021.

Wirtschaftsgeschichte Sachsens im Industriezeitalter, Leipzig 2006.

Bau und Umwelt
Privates und städtisches Engagement bei der Gestaltung der Stadt

Anmerkungen

1 Dietrich 2018; Modellkommune 2021.
2 Magerkord 1991, S. 7.

Archivalische Quellen

Stadtarchiv Plauen:

AV-Wende, Nr. 11, Beitrag Weber, Rolf.

AV-Wende, Nr. 22, Beitrag Demmig, Albrecht.

VA 77166 / Ü 3/2004, Sitzungsunterlagen der Stadtverordnetenversammlung, 1991.

Literatur und sonstige Quellen

Bastian, Olaf/Syrbe, Ralf-Uwe: Naturräume in Sachsen – eine Übersicht, in: Landschaftsgliederungen in Sachsen, hrsg. vom Landesverein Sächsischer Heimatschutz, Dresden o. J.

Bernhardt, Arnd/Freyer, Günter: Der Naturraum, in: Plauen und das mittlere Vogtland (Werte unserer Heimat, Bd. 4), hrsg. von einem Autorenkollektiv unter Leitung von Horst Fröhlich, Berlin 1986, S. 1–8.

Der Grundstücksmarkt in Plauen, Plauen 1993.

Dietrich, Nancy: Millionen-Paket bringt sieben Gewinner, in: Freie Presse (Plauen), 19. 11. 2018.

Dietrich, Nancy: Weisbachsches Haus: So soll der Vorplatz aussehen, in: Freie Presse (Plauen), 17. 3. 2021.

Dietrich; Nancy: Rathaus: Hülle fällt – neue Glasfassade sichtbar, in: Freie Presse (Plauen), 31. 3. 2021.

Freydank, Eberhardt: Das Klima des Vogtlandes, in: Der Vogtlandatlas. Regionalatlas zur Natur, Geschichte, Bevölkerung, Wirtschaft, Kultur des sächsischen Vogtlandes, 3. Aufl., Chemnitz 2007, S. 24–25.

Haase, Günter/Mannsfeld, Karl (Hrsg.): Naturraumeinheiten, Landschaftsfunktionen und Leitbilder am Beispiel von Sachsen (Forschung zur deutschen Landeskunde, Bd. 259), Flensburg 2002.

Heidenreich, Fanny/Villinger, Clemens: Stadtsanierung, Modellstadtprogramm und Raumordnung, in: Deutsche Einheit 1990. URL: https://www.deutsche-einheit-1990.de/ministerien/ministerium-fuer-bauwesen-staedtebau-und-wohnungswirtschaft/stadtsanierung-modellstadtprogramm-und-raumordnung/ (Zugriff am 8. 4. 2021).

Hempelsches Areal wird Green Mile, in: Vogtland-Anzeiger, 25. 1. 2020.

Kraft, Achim: Städtebauliche Veränderungen in Plauen seit der Wende und Chancen für die Zukunft, in: Sächsische Heimatblätter, Jg. 43, 4/1997, S. 214–225.

Landschaftsplan Stadt Plauen. Textteil, in: Stadt Plauen. Fachbereich Bau und Umwelt. URL: https://www.plauen.de/media/dokumente/stadtleben/stadtplanung/fnp/landschaftsplan/landschaftsplan_textteil.pdf (Zugriff am 8. 4. 2021).

Modellkommune Plauen. 50 Millionen für Plauen, in: Plauener Stadtnachrichten, Februar 2021.

Naturnah!-aktuell. Umweltmagazin, in: KJ 4/2009.

Naturschutzgebiete Sachsen, in: Natur Sachsen. URL: https://www.natur.sachsen.de/download/natur/Naturschutzgebiete_Sachsen_281_420.pdf (Zugriff am 8. 4. 2021).

Reichenbach-Behnisch, Jana: Niedrigschwellige Instandsetzung brachliegender Industrieanlagen mit nutzungsorientiertem Umbau zu kostenoptimierten Arbeitsräumen für die Kreativwirtschaft in strukturschwachen Regionen bei fortführender energetischer Optimierung, in: Forschungsinitiative Zukunft Bau, F 2963. URL: https://www.irbnet.de/daten/rswb/16059007986.pdf (Zugriff am 8. 4. 2021).

Riedel, Ulrich: »Straßen wie Ende der DDR-Zeit«, in: Freie Presse (Plauen), 2. 12. 2020.

Riedel, Ulrich: Trio rangelt um Zuständigkeiten: Bahn-Servicecenter droht das Aus, in: Freie Presse (Plauen), 17. 2. 2021.

Schönfelder, Günther: Physiogeographische Übersicht (Naturräume), in: Atlas zur Geschichte und Landeskunde von Sachsen, hrsg. vom Landesvermessungsamt Sachsen, Leipzig/Dresden 2007, Karte A 6.

Syrbe, Ralf-Uwe: Naturräumliche Ordnung, in: Der Vogtlandatlas. Regionalatlas für Natur, Geschichte, Bevölkerung, Wirtschaft, Kultur, 3. Aufl., Chemnitz 2007, S. 14–15.

Weber, Rolf/Demmig, Albrecht: Geschichte des Naturschutzes im sächsischen Vogtland (Schriftenreihe des Vogtlandmuseums Plauen, Heft 61), Plauen 1996.

Die Kulturlandschaft

Anmerkungen

1 Magerkord 1999, S. 2.
2 Magerkord 1992.
3 Magerkord 1997, S. 13.

Literatur und sonstige Quellen

Albrecht, Peter: Schaustickerei digitalisiert rund 100 ausgewählte Spitzenkragen, in: Freie Presse (Plauen), 17. 3. 2021.

Albrecht, Peter: Kinobetreiber in Wartestellung: Verluste steigen von Tag zu Tag, in: Freie Presse (Plauen), 24. 3. 2021.

Kulturraum: Plauen erwägt den Austritt, in: Freie Presse (Reichenbach), 9. 2. 2021. URL: https://www.freiepresse.de/vogtland/reichenbach/kulturraum-plauen-erwaegt-den-austritt-artikel11336955 (Zugriff am 8. 4. 2021).

Neues Spitzenzentrum sucht weiter einen Namen, in: Freie Presse (Plauen), 2. 3. 2021.

Piontkowski, Torsten: Plauen verlässt den Kulturraum, in: Vogtland-Anzeiger, 31. 3. 2021. URL: https://www.vogtland-anzeiger.de/vogtland/plauen-verlaesst-den-kulturraum-artikel11423393 (Zugriff am 8. 4. 2021).

Schlossterrassen, in: Stadt Plauen. Rathaus. Plauen baut. URL: https://www.plauen.de/de/rathaus/plauen_baut/schlossterrassen/schlossterrassen_aktuell.php (Zugriff am 8. 4. 2021).

Schott, Sabine: Festhalle: Konzept noch nicht in Sicht, in: Freie Presse (Plauen), 17. 2. 2021.

Spitzenmuseum erhält neuen Betreiber, in: Freie Presse (Plauen), 14. 10. 2019.

Die Bildungslandschaft

Anmerkungen

1 Magerkord 1990, S. 3.
2 Magerkord 1991, S. 11.
3 Magerkord 1992, S. 3.
4 Magerkord 1993, S. 3.
5 Magerkord 1994, S. 9.
6 Magerkord 1996, S. 6.
7 Magerkord 1996/97, S. 9.

Literatur und sonstige Quellen

Berufsbildung hängt in der Luft, in: Freie Presse (Plauen), 31. 3. 1992.

Dietrich, Nancy: BA im Aufwind: »In Plauen bis zu 1 000 Studierende möglich«, in: Freie Presse (Plauen), 13. 3. 2020.

Schober, Sophie: Oberschulen und Gymnasien im Bereich Plauen, in: Freie Presse (Plauen), 11. 1. 2019.

Schott, Sabine: Rettungsanker: Neue Bezirke für die Plauener Grundschulen, in: Freie Presse (Plauen), 16. 1. 2021.

Schulgesetz für den Freistaat Sachsen, 3. 7. 1991, in: Landesrecht Sachsen. URL: https://www.revosax.sachsen.de/vorschrift/4192.1 (Zugriff am 8. 4. 2021).

Selbmann, Uwe: Alle Oberschulen in Plauen ab Herbst zweizügig, in: Freie Presse (Plauen), 4. 2. 2021.

Teilschulnetzplan für die berufsbildenden Schulen im Freistaat Sachsen, hrsg. vom Sächsischen Staatsministerium für Kultus, Dresden 2021.

Verordnung über Grundsätze und Regelungen für allgemeinbildende Schulen und berufsbildende Schulen, 18. 9. 1990, in: Deutsche Einheit 1990. URL: https://deutsche-einheit-1990.de/wp-content/uploads/Gbl-Schulordnung_kl.pdf (Zugriff am 8. 4. 2021).

Von der Berufsakademie zur Dualen Hochschule, in: Freie Presse (Plauen), 14. 1. 2021.

Zwei Drittel der Fünftklässler in Plauen wollen zur Oberschule, in: Freie Presse (Plauen), 24. 3. 2020.

Die Gesundheitsversorgung

Literatur und sonstige Quellen

Beyer, Tino: Die fünf Phasen der Pandemie im Vogtland, in: Freie Presse (Plauen), 15. 3. 2021.

Jetzt buchen oder lieber warten?, in: Freie Presse (Plauen), 13. 3. 2021.

Mehr testen für weniger Corona, in: Freie Presse (Plauen), 13. 3. 2021.

Öffnungsschritte aus dem Corona-Lockdown, in: Freie Presse (Plauen), 6. 3. 2021.

Zehmisch, Heinz: Von der Badestube bis zum Vogtlandklinikum, 2. Aufl., Plauen 2008.

Soziales
Vielfalt des Lebens

Anmerkung

1   Gless 2019, S. 3.

Literatur und sonstige Quellen

Berger, Jana / Granso, Doreen: Die soziale Ausbildung am BSZ »Anne Frank«, Plauen 2021.

Der Friedhofswegweiser, 2. Aufl., Plauen 2018.

Ex-Schwimmbad: Abriss noch in diesem Jahr, in: Freie Presse (Plauen), 5. 6. 2020.

Färber, Renate: Fast 1 200 Menschen ohne eigene Bleibe, in: Freie Presse (Plauen), 24./25. 11. 2007.

Kastner, Daniel: Droge Handy, in: P. M., 7/2006.

Künftig erst mit 67 in Rente, in: Freie Presse (Plauen), 24./25. 3. 2007.

Ministerium für Gesundheitswesen, in: Deutsche Einheit 1990. URL: https://deutsche-einheit-1990.de/ministerien/mfg/ (Zugriff am 8. 4. 2021).

Neues Gesetz schützt Nichtraucher, in: Freie Presse (Plauen), Pfingsten 2007.

Schley, Eric: Gab es Gemeinwesenarbeit in der DDR?, in: GRIN. Wissen finden & publizieren. URL: https://www.grin.com/document/112869 (Zugriff am 8. 4. 2021).

Selbmann, Uwe: Das Bad für die Plauener als Basis für weitere Planungen, in: Freie Presse (Plauen), 19./20. 7. 2003.

Selbsthilfe ohne Vereins-Status, in: Freie Presse (Plauen), 21. 1. 2008.

Soziale Dienste, in: FDGB-Lexikon, Berlin 2009. URL: https://library.fes.de/FDGB-Lexikon/texte/sachteil/s/Soziale_Dienste.html (Zugriff am 8. 4. 2021).

… und das ist noch nicht alles
Ausblicke und Visionen

Anmerkungen

1   Kortheuer-Schüring 2021.
2   Kluin 2019, S. 52.

Literatur und sonstige Quellen

Blenz, Frank: Lieblingsplatz – ein Fotowettbewerb für Plauen, in: Freie Presse (Plauen), 11. 8. 2018.

Blenz, Frank: Neues Logo – logisch?!, in: Vogtland-Anzeiger, 23. 2. 2019.

Hammerschmidt, Ulrich: Katastrophe, in: Freie Presse (Plauen), 12. 2. 2021.

Hoidn-Borchers, Andreas/Vornbäumen, Axel: »Es gibt unendlich viele richtige Leben im falschen«, in: stern, Nr. 50, 5. 12. 2019, S. 47 – 52.

Kluin, Katharina / van Versendaal, Dirk: »Bei rechtem Gedankengut endet meine Toleranz«, in: stern, Nr. 51a, 14. 12. 2019, S. 48 – 52.

Kortheuer-Schüring, Renate: Der Kampf um das Sagbare, in: Freie Presse (Plauen), 2. 1. 2021.

Müller, Manuela: Neonazi-Aufmarsch am 1. Mai: Wie Plauener sich wehren wollen, in: Freie Presse (Plauen), 27. 4. 2019.

Riedel, Ulrich: Ein Jazzkeller, mehr Sicherheit, ein Stück DDR …, in: Freie Presse (Plauen), 9. 1. 2021.

Was in Sachsen ab Montag noch erlaubt ist, in: Freie Presse (Plauen), 12. 12. 2020.

Autorinnen und Autoren

Klaus Adler, Lehrer
Syrau

Peter Albrecht, freier Journalist
Plauen

Dr. Lutz Behrens, Erziehungswissenschaftler, Redakteur
Plauen

Roland Best, Bauingenieur
Plauen

Dr. Gabriele Buchner, Lehrerin
Plauen

Martina Bundszus, Archäologin
Neuberin-Museum Reichenbach

Dr. Christian Espig, Historiker, Archivar
Greiz

Katrin Färber, Museologin
Vogtlandmuseum Plauen

Manuel Fleischer, Historiker
Arnsberg (Westf.), vormals Plauen

Dr. Sönke Friedreich, Volkskundler
Institut für Sächsische Geschichte und Volkskunde, Dresden

Dagmar Groß, Verwaltungsfachwirtin
Stadt Plauen, Untere Denkmalschutzbehörde

Lars Gruber, Anlagenverantwortlicher Leit-, Sicherungs- und Telekommunikationstechnik
Plauen

Prof. Dr. Uwe Ulrich Jäschke, Geograf
Hochschule für Technik und Wirtschaft, Fakultät Geoinformation, Dresden

Rainer Maria Kett, Lehrer
Plauen

Dr. Gerd Kramer, Geograf
Plauen

Dr. Andreas Krone, Lehrer, Herausgeber
Tobertitz

Gert Müller, Verwaltungsfachwirt
Plauen

Gerd Naumann, Museologe
Jocketa

Gabriele Roth, Souffleuse
Jößnitz

Martina Roth, Ökonomin, Touristikerin
Plauen

Beatrice Rummel, Pfarrerin
Plauen

Ina Schaller, Lehrerin
Schneckengrün

Prof. Dr. Roland Schmidt, Bildungshistoriker
Leipzig

Waltraud Schmidt, Lehrerin
Rößnitz

Petra Schneider, Ökonomin
Stadt Plauen, Wirtschaftsförderung

Andreas Stephan, Maler- und Lackierermeister, Geschäftsführer
Jößnitz

Clemens Uhlig, Historiker, Archivar
Stadtarchiv Plauen

Frank Weiß, Kunsthistoriker
Plauen

Jörg Wicke, Archäologe
Jena

Dr. Heinz Zehmisch, Mediziner
Plauen

Impressum

Herausgeber
Stadt Plauen
Der Oberbürgermeister

Arbeitsgruppe Jubiläumsschrift
Dr. Gabriele Buchner, Katrin Färber, Horst Fröhlich (†), Ronny Hager, Dr. Gerd Kramer (Gesamtbearbeitung Kapitel 3), Dr. Andreas Krone (Gesamtbearbeitung Kapitel 4), Doris Meijler (Koordinatorin), Ina Schaller (2. Koordinatorin, Gesamtbearbeitung Kapitel 6), Clemens Uhlig (Gesamtbearbeitung Kapitel 5), Frank Weiß (Gesamtbearbeitung Kapitel 1 und 2)

Mitarbeit bei Redaktion und Bildauswahl
Manuel Friedel, Kristin Helmig, Franziska Roth, Stadtarchiv Plauen

Dank gilt den Vordenkern und den zahlreichen Unterstützern, die mit fachlichen Hinweisen, vielfältigen Anregungen, durch Bildbereitstellung oder praktisches Mitwirken Anteil am Entstehen dieses Buches hatten.

© 2021 Sandstein Verlag, Dresden, Stadt Plauen und Autoren

Lektorat
Sina Volk, Sandstein Verlag

Gestaltung
Simone Antonia Deutsch, Annett Stoy, Sandstein Verlag

Satz und Reprografie
Katharina Stark, Jana Neumann, Christian Werner, Sandstein Verlag

Druck und Verarbeitung
FINIDR s. r. o., Český Těšín

Schrift
Gravitica

Papier
Multiart silk 135 g/m²

Abbildungen

Einband
Bahnhofstraße in Plauen, Gemälde von Kurt Geipel (Ausschnitt), 1938
Vogtlandmuseum Plauen, Uwe Fischer

Vorsatz
Ätzspitze in der Art der Italienischen Nadelspitze, Schiffchenstickmaschine, Plauen, um 1915
Vogtlandmuseum Plauen, Uwe Fischer

Nachsatz
Tüllstickerei mit Ätzspitzenapplikationen, Schiffchenstickmaschine, Plauen, um 1930
Vogtlandmuseum Plauen, Uwe Fischer

Die Beiträge spiegeln die Sicht der jeweiligen Autoren wider.

Aus Gründen der besseren Lesbarkeit wird im Text verallgemeinernd das generische Maskulinum verwendet und auf die gleichzeitige Verwendung der Sprachformen männlich, weiblich und divers verzichtet. Sämtliche Formulierungen und Personenbezeichnungen gelten aber gleichermaßen für alle Geschlechter.

Die Deutsche Nationalbibliothek verzeichnet diese Publikation in der Deutschen Nationalbibliografie; detaillierte bibliografische Daten sind im Internet über http://dnb.dnb.de abrufbar.

Dieses Werk einschließlich seiner Teile ist urheberrechtlich geschützt. Jede Verwertung außerhalb der engen Grenzen des Urheberrechtsgesetzes ist ohne Zustimmung des Verlages und des Herausgebers unzulässig und strafbar. Das gilt insbesondere für die Vervielfältigung, Übersetzungen, Mikroverfilmungen und die Einspeicherung und Verarbeitung in elektronischen Systemen.

www.sandstein-verlag.de
ISBN 978-3-95498-626-2